PUBLIÉ AVEC LE CONCOURS DU
CENTRE NATIONAL DU LIVRE

ROMANS DE FEMMES
DU XVIIIe SIÈCLE

MME DE TENCIN • MME DE GRAFFIGNY • MME RICCOBONI
MME DE CHARRIÈRE • OLYMPE DE GOUGES • MME DE SOUZA
MME COTTIN • MME DE GENLIS • MME DE KRÜDENER
MME DE DURAS

TEXTES ÉTABLIS, PRÉSENTÉS ET ANNOTÉS
PAR RAYMOND TROUSSON
Professeur à l'université libre de Bruxelles

ROBERT LAFFONT

Première édition 1996
Première réimpression 2000

Ce volume contient :

PRÉFACE

Sortir de sa condition

Inférieures ? Supérieures ? Égales ? On ne finissait pas d'en débattre. Si, au Moyen Âge et dans les cercles aristocratiques, la codification de l'amour courtois supposait l'exaltation de la femme, elle n'empêchait pas la misogynie des fabliaux ni les tirades des sermonnaires nourris de saint Paul, Tertullien ou Athanase contre le sexe pervers et dangereux, instrument du démon. Le XVIᵉ siècle lança, prématurée et purement livresque, la grande Querelle des femmes et, jusqu'au XIXᵉ, paraîtront des dizaines de traités de controverse, dont un bon nombre soutiennent la thèse de la supériorité du sexe prétendu faible [1].

Déjà Cornelius Agrippa l'affirme en 1509 dans le savant *De nobilitate et praecellentia foeminae sexus*, suivi par Jean Bouchet et par Antoine Héroët dans *La Parfaicte Amye*, synthèse tardive de l'idéologie courtoise. Marie de Romieu dit de même dans son poème, *L'Excellence de la femme surpasse celle de l'homme*, et Pierre de Brinon célèbre en 1599 *Le Triomphe des dames*. Au siècle suivant, certaines femmes commencent à jouer un rôle politique — la princesse de Condé ou Mme de Longueville — ou social — les salons de la marquise de Rambouillet ou de Mme de La Sablière —, mais leur situation demeure effacée dans la bourgeoisie et dans la vie publique. Elles continuent cependant à trouver des défenseurs convaincus et lorsqu'en 1617, Jacques Olivier lance une attaque antiféministe dans son *Alphabet de l'imperfection et malice des femmes*, il soulève une vague impressionnante de répliques. En 1673, Poullain de La Barre publie un ouvrage qui fait date : *L'Égalité des deux sexes* [2], où il montre comment le statut de la femme a été créé et maintenu par les

---

1. Sur l'histoire de cette controverse, voir l'ouvrage de M. Angenot, *Les Champions des femmes. Examen des discours sur la supériorité des femmes, 1400-1800*, Québec, Presses de l'Université, 1977.
2. Voir B. Magne, *Le Féminisme de Poullain de La Barre. Origine et signification*, Toulouse, Privat, 1964.

structures juridiques et sociales et non en raison d'une infériorité naturelle. D'autres suivront, depuis Mme Galien et l'*Apologie des femmes*
(1737) ou l'abbé de Dinouart avec *Le Triomphe du sexe* (1749) jusqu'à
Boudier de Villemert et son *Ami des femmes* (1758).

Les Lumières n'ont élevé en faveur des femmes que des revendications modérées. Dans son plaidoyer, Poullain de La Barre avait cependant
proclamé que «l'esprit n'a point de sexe», et Jaucourt, à l'article
«Femme» de l'*Encyclopédie*, assure que l'infériorité traditionnellement
reconnue n'est pas légitimée par le droit naturel[1]. D'autres engageaient
aussi la discussion, non sans réserves. Les doctrines d'Helvétius,
pour qui l'inégalité procède de l'éducation et du milieu, étaient en
principe favorables aux femmes — «Si les femmes sont en général inférieures [aux hommes], c'est qu'en général elles reçoivent encore une
plus mauvaise éducation» —, mais il réfléchissait néanmoins qu'il
convenait d'améliorer cette éducation surtout pour atténuer la néfaste
influence qu'elles exercent sur les hommes. D'Alembert le concédait,
brimées par les préceptes aristotéliciens, le droit romain et la morale
chrétienne, elles étaient en effet maintenues dans une «espèce d'asservissement», mais le baron d'Holbach, dans son *Éthocratie*, tout en
critiquant l'éducation insuffisante des couvents, tenait que «les femmes,
par la faiblesse de leurs organes, ne sont pas susceptibles des connaissances abstraites, des études profondes et suivies». Diderot, lui, les
voyait «en servitude», mais revenait néanmoins aux vieux poncifs
concernant leur «organisation délicate» qui les rend inaptes à l'effort
soutenu et à la concentration intellectuelle. Il observait d'ailleurs en
annotant le traité *De l'homme* où Helvétius évoquait les Saphos, les
Hypathies, les Élisabeths et autres Catherines II : «Le petit nombre
de femmes de génie fait exception et non pas règle.» Ce qui ne le retenait pas, dans *Sur les femmes*, petit morceau paru en 1772 dans la
Correspondance littéraire de Grimm, de tracer un désolant raccourci de
la destinée féminine :

> Le moment qui la délivrera du despotisme de ses parents est arrivé ; son
> imagination s'ouvre à un avenir plein de chimères ; son cœur nage dans
> une joie secrète. Réjouis-toi bien, malheureuse créature ; le temps aurait
> sans cesse affaibli la tyrannie que tu quittes ; le temps accroîtra sans cesse
> la tyrannie sous laquelle tu vas passer. On lui choisit un époux. Elle
> devient mère, l'état de grossesse est pénible presque pour toutes les

---

1. Voir L. Steinbrügge, «Le concept de nature féminine dans le discours philosophique
et littéraire du XVIIIᵉ siècle», dans *Studies on Voltaire and the Eighteenth Century*, 304,
1992, p. 743-745 ; *id.*, «Qui peut définir les femmes ? L'idée de la "nature féminine" au
siècle des Lumières», dans *Dix-Huitième Siècle*, 26, 1994, p. 333-348. Voir aussi
P. Charbonnel, «Repères pour une étude du statut de la femme dans quelques écrits théoriques des philosophes», dans *Études sur le XVIIIᵉ siècle*, III, 1976, p. 93-110 ; *French
Women in the Age of Enlightenment*, éd. établie par S. I. Spencer, Bloomington, Indiana
University Press, 1984.

femmes. C'est dans les douleurs, au péril de leur vie, aux dépens de leurs charmes, et souvent au détriment de leur santé, qu'elles donnent naissance à des enfants. [...] L'âge avance ; la beauté passe ; arrivent les années de l'abandon, de l'humeur et de l'ennui. [...] Qu'est-ce alors qu'une femme ? Négligée de son époux, délaissée de ses enfants, nulle dans la société, la dévotion est son unique et dernière ressource. Dans presque toutes les contrées, la cruauté des lois civiles s'est réunie contre les femmes à la cruauté de la nature. Elles ont été traitées comme des enfants imbéciles. Nulle sorte de vexations que, chez les peuples policés, l'homme ne puisse exercer impunément contre la femme.

Il ne fallait pas compter sur Rousseau pour changer les choses. « Toute l'éducation des femmes [1], lisait-on au livre V de l'*Émile*, doit être relative aux hommes. Leur plaire, leur être utiles, se faire aimer et honorer d'eux, les élever jeunes, les soigner grands, les conseiller, les consoler, leur rendre la vie agréable et douce, voilà les devoirs des femmes dans tous les temps, et ce qu'on doit leur apprendre dès leur enfance [1]. » La femme demeure ce que l'a faite la nature, un être sexué destiné à être épouse et mère alors que si l'homme est assurément fait pour devenir époux et père, il l'est aussi pour devenir autre chose — citoyen, par exemple. La nature, assure Rousseau, a soumis la femme, éternelle mineure, à l'homme, il le répète dans l'*Émile* : « La femme est faite pour plaire et pour être subjuguée », « il est dans l'ordre de la nature que la femme obéisse à l'homme », « la dépendance étant un état naturel aux femmes, les filles se sentent faites pour obéir ». Sa Sophie n'aura donc droit qu'à une instruction très limitée. Si elle est, plus que son compagnon, asservie à ses sensations et par conséquent mieux capable d'observations fines, elle est fermée aux raisonnements abstraits, aux idées générales : « L'art de penser n'est pas étranger aux femmes, mais elles ne doivent faire qu'effleurer les sciences de raisonnement. Sophie conçoit tout et ne retient pas grand-chose. » Il appartient à la femme d'assumer physiquement et moralement sa condition naturelle, non de la réinventer. Ce n'était pas le chemin de l'émancipation.

Voltaire, qui admirait sincèrement la supériorité intellectuelle de

---

1. La littérature sur le sujet est abondante. Voir entre autres L. Abensour, *Histoire générale du féminisme*, Paris, Delagrave, 1921 ; *La Femme et le Féminisme avant la Révolution*, Paris, Leroux, 1928 ; P. Hoffmann, *La Femme dans la pensée des Lumières*, Paris, Ophrys, 1977 ; « Ambiguïté du féminisme des Lumières », dans *Travaux de linguistique et de littérature*, XVII, 1979, p. 59-76 ; E. J. Gardner, « The Philosophes and women : Sensationalism and sentiment », dans *Woman and Society in Eighteenth-Century France. Essays in honour of J. S. Spink*, Londres, Athlone Press, 1979, p. 19-27 ; R. Niklaus, « Diderot and women », *ibid.*, p. 69-82 ; E. Jacobs, « Diderot and the education of girls », *ibid.*, p. 83-95 ; D. Williams, « The politics of feminism in the French Enlightenment », dans *The Varied Pattern. Studies in the 18th Century*, éd. établie par P. Hughes et D. Williams, Toronto, Hakkert, 1971, p. 333-351 ; R. Baader, « Die Frau im Ancien Régime (II) Forschungsbericht und Sammelrezensionen von 25 Neuerscheinungen », dans *Romanistische Zeitschrift für Literaturgeschichte*, V, 1981, p. 296-339 suiv.

Mme du Châtelet et condamnait l'éducation dispensée aux filles dans les couvents, où l'on négligeait de leur apprendre à penser, donnait pourtant, dans ses *Nouveaux Mélanges*, cette description d'une surprenante brutalité :

> Qui es-tu, toi, animal à deux pieds, sans plumes, comme moi-même, que je vois ramper comme moi sur ce petit globe ? Tu arraches comme moi quelques fruits à la boue qui est notre nourrice commune. Tu vas à la selle, et tu penses ! Tu es sujet à toutes les maladies les plus dégoûtantes, et tu as des idées métaphysiques ! J'aperçois que la nature t'a donné deux espèces de fesses par-devant, et qu'elle me les a refusées ; elle t'a percé au bas de ton abdomen un si vilain trou que tu es porté naturellement à le cacher. Tantôt ton urine, tantôt des animaux pensants sortent par ce trou ; ils nagent neuf mois dans une liqueur abominable entre cet égout et un autre cloaque, dont les immondices accumulées seraient capables d'empester la terre entière ; et cependant ce sont ces deux trous qui ont produit les plus grands événements. Troie périt pour l'un ; Alexandre et Adrien ont érigé des temples à l'autre. L'âme immortelle a donc son berceau entre ces deux cloaques ! Vous me dites, madame, que cette description n'est ni dans le goût de Tibulle, ni dans celui de Quinault : d'accord, ma bonne ; mais je ne suis pas en humeur de te dire des galanteries [1].

Leur éducation, on s'en doute, n'est pas trop soignée, et Molière se gausse de la pédanterie féminine dans *Les Femmes savantes* ou *Les Précieuses ridicules,* tandis que Mme Dacier, l'illustre helléniste, doit s'excuser d'être savante. D'aucuns s'avisent pourtant que l'infériorité intellectuelle des femmes pourrait bien résulter de leur manque d'instruction et non de l'insuffisance de leurs capacités. Poullain de La Barre déjà en était convaincu : « Si les femmes avaient étudié dans les universités, avec les hommes, ou dans celles qu'on aurait établies pour elles en particulier, elles pourraient entrer dans les degrés et prendre le titre de docteur et de maître en théologie, et en médecine, en l'un et l'autre droit, et leur génie, qui les dispose si avantageusement à apprendre, les disposerait aussi à enseigner avec succès [2]. » En 1685, le *Traité du choix et la méthode des études* de Claude Fleury suggère qu'elles devraient être mieux formées : lecture, écriture, arithmétique, science ménagère. Deux ans plus tard, le *Traité de l'éducation des filles* de Fénelon ajoute une teinture de littérature, de musique, d'histoire, de latin. En 1730, le *Projet pour perfectionner l'éducation des filles,* de l'abbé de Saint-Pierre, les autorise à se frotter aux sciences et aux arts. Surtout, on condamne l'éducation des couvents, antres de l'ignorance et l'obscurantisme. A la fin du siècle, Mme de Miremont, dans son *Traité de l'éducation des femmes* — pas moins de sept volumes, de 1779 à 1789 —, propose le développement

---

1. *Dictionnaire de la pensée de Voltaire par lui-même*, éd. établie par A. Versaille, Bruxelles, Éditions Complexe, 1994, p. 439.
2. *De l'égalité des deux sexes*, Paris, J. Du Puis, 1673, p. 162-163.

d'un système d'instruction publique, qui inclurait les langues, la géographie et l'histoire[1].

Saines réactions à une époque qui voit Mme du Châtelet s'entretenir avec Fontenelle de physique et d'astronomie, traduire les *Principia mathematica* de Newton, vulgariser Leibniz, discuter métaphysique avec Voltaire ou lire Cicéron et Pope dans le texte, mais trop souvent l'éducation des filles ne préoccupe guère, Mme Riccoboni le déplore :

> Voilà pourtant les êtres dominants dans la nature, destinés à commander, à régir, à guider notre sexe, et à le maîtriser! On fait tout pour eux; dix ans sont employés à leur donner de l'esprit, de la raison, à les rendre capables de voir, de sentir, de juger; ils possèdent tout, jouissent de tout; le monde semble créé pour eux seuls.
>
> Nous, négligées de nos pères, trop souvent regardées comme des êtres inutiles, à charge, qui viennent enlever une portion de l'héritage d'un fils, seul objet de la vanité d'une grande maison, on nous abandonne aux soins d'une vieille femme de chambre, qui passe de la toilette, où elle commence à déplaire, à l'emploi difficile d'éclaircir nos premières idées. Nous sortons des mains de cette inepte gouvernante, pour entrer dans des maisons, où des filles, qui ne connaissent point le monde, nous enseignent à le haïr, nous répètent de le craindre, sans nous prévenir sur ses véritables dangers.
>
> [...] Nous rentrons dans la maison paternelle, pour y perfectionner des talents frivoles. [...] On nous marie enfin, et c'est un prodige si, à trente ans, une femme est parvenue, par ses réflexions, par une étude pénible des autres et d'elle-même, à penser, d'après les seules inspirations de son âme, qu'elle est formée pour acquérir les connaissances et pratiquer les vertus qui sont le partage égal des deux sexes. [...] Communément les hommes sont élevés, et les femmes s'élèvent elles-mêmes[2].

En 1783 déjà, il est vrai, Choderlos de Laclos, dans un texte qui resterait inédit jusqu'au XXe siècle, s'écriait sur un ton qui eût ravi une Olympe de Gouges : « Ô femmes! approchez et venez m'entendre. [...] Venez apprendre comment, nées compagnes de l'homme, vous êtes devenues son esclave. [...] Apprenez qu'on ne sort de l'esclavage que par une grande révolution. Cette révolution est-elle possible? C'est à vous seules à le dire puisqu'elle dépend de votre courage[3]. » Mais la Révolution elle-même n'apportera pas aux femmes une égalité qui n'était décidément pas faite pour tous[4].

---

1. Voir P. Rousselot, *Histoire de l'éducation des femmes en France*, Paris, Didier, 1883, 2 vol. ; M. Sonnet, *L'Éducation des filles au temps des Lumières*, Paris, Cerf, 1987 ; A. de Luppé, *Les Jeunes Filles de l'aristocratie et de la bourgeoisie à la fin du XVIIIe siècle*, Paris, Champion, 1924 ; S. Snyders, *La Pédagogie en France aux XVIIe et XVIIIe siècles*, Paris, PUF, 1964.

2. *L'Abeille*, dans *Œuvres complètes*, Paris, Foucault, 1818, t. III, p. 475-476.

3. *Discours pour l'académie de Châlons-sur-Marne*, dans *Œuvres complètes*, éd. établie par L. Versini, Paris, Gallimard, « Bibliothèque de la Pléiade », 1979, p. 390-391.

4. Voir plus loin l'introduction au *Mémoire de Mme de Valmont* d'Olympe de Gouges.

La difficile carrière des lettres

Le poids de la tradition et des préjugés, une instruction déficiente, le confinement dans les tâches domestiques rendaient malaisé l'accès de la femme à la création. Mme Cottin, elle-même veuve et sans enfants, n'ignore pas cependant que « l'importance de leurs devoirs ne laisse pas [aux femmes] le temps de s'occuper des ouvrages d'imagination [1] ». Parmi elles, on compte peu de peintres, malgré Angelica Kaufmann ou Mme Vigée-Lebrun ; en musique, même si Élisabeth de La Guerre, épouse de l'organiste de Saint-Séverin, a été protégée jadis par Louis XIV, on les tient pour des exécutantes, non pour des créatrices. N'est-ce pas naturel, disait Voltaire dans les *Questions sur l'Encyclopédie* ? « On a vu des femmes très savantes comme il en fut de guerrières ; mais il n'y en a jamais eu d'inventrices. » C'était bien l'opinion de La Bruyère, au chapitre « Des femmes » :

> Pourquoi s'en prendre aux hommes de ce que les femmes ne sont pas savantes ? Par quelles lois, par quels édits, par quels rescrits leur a-t-on défendu d'ouvrir les yeux et de lire, de retenir ce qu'elles ont lu, et d'en rendre compte ou dans leur conversation ou par leurs ouvrages ? Ne se sont-elles pas au contraire établies elles-mêmes dans cet usage de ne rien savoir, ou par la faiblesse de leur complexion, ou par la paresse de leur esprit ou par le soin de leur beauté, ou par une certaine légèreté qui les empêche de suivre une longue étude, ou par le talent et le génie qu'elles ont seulement pour les ouvrages de la main, ou par les distractions que donnent les détails d'un domestique, ou par un éloignement naturel des choses pénibles et sérieuses, ou par une curiosité toute différente de celle qui contente l'esprit, ou par un tout autre goût que celui d'exercer leur mémoire ?

La faiblesse est de l'espèce, car on suppose volontiers qu'elles n'ont pas les mêmes dispositions naturelles ni les mêmes aptitudes. C'est l'avis de Rousseau qui, dans la *Lettre à d'Alembert*, consent à dire du bien de la *Cénie* de Mme de Graffigny, « quoique cette charmante pièce soit l'ouvrage d'une femme ». Exception et, pas plus qu'une hirondelle ne fait le printemps, une exception n'a valeur démonstrative : « Ce n'est pas à une femme, continue Rousseau, mais aux femmes que je refuse les talents des hommes. » A ses yeux, cette femme a du reste, avec sa famille, ses enfants, son mari, bien d'autres tâches qui lui conviennent mieux. Si, comme il le soutenait dans le *Discours sur l'inégalité*, l'homme qui médite est un animal dépravé, que dire de la femme bel esprit qui, refusant son rôle naturel, se mêle de penser, d'écrire, de créer ? Infidèle à sa vocation, elle se « dénature » sans même avoir les moyens de ses ambitions :

---

1. *Malvina*, Paris, Maradan, 1800, t. II, p. 90.

Les femmes, en général, n'aiment aucun art, ne se connaissent à aucun, et n'ont aucun génie. Elles peuvent réussir aux petits ouvrages qui ne demandent que de la légèreté d'esprit, du goût, de la grâce, quelquefois même de la philosophie et du raisonnement. Elles peuvent acquérir de la science, de l'érudition, des talents, et tout ce qui s'acquiert à force de travail. Mais ce feu céleste qui échauffe et embrase l'âme, ce génie qui consume et dévore, cette brûlante éloquence, ces transports sublimes qui portent leurs ravissements jusqu'au fond des cœurs, manqueront toujours aux écrits des femmes ; ils sont tous froids et jolis comme elles ; ils auront tant d'esprit que vous voudrez, jamais d'âme ; ils seraient cent fois plutôt sensés que passionnés. Elles ne savent ni décrire ni sentir l'amour même. La seule Sapho, que je sache, et une autre, méritèrent d'être exceptées. Je parierais tout au monde que les *Lettres portugaises* ont été écrites par un homme [1].

Élevé dans l'admiration des mœurs spartiates et le puritanisme calviniste, Rousseau relègue la femme dans sa fonction de mère de famille et condamne le principe même de l'ambition féminine, estimant, à la manière des Anciens, que « la femme la plus honnête était celle dont on parlait le moins ». Mais sa misogynie le faisait deviner juste : les *Lettres portugaises*, au XVIIIe et au XIXe siècle attribuées à une femme, sortaient en effet d'une plume masculine.

Ces femmes, il y a certes beau temps qu'elles règnent dans les salons et ceux de Rambouillet ou de Mlle de Scudéry avaient ouvert la voie. Au XVIIIe siècle, Mme de Lambert, la duchesse du Maine, Mmes de Tencin, Geoffrin, du Deffand, Dupin, d'Épinay, Mlle de Lespinasse et d'autres maintiennent la tradition, tandis que la fin du siècle verra fleurir encore ceux de Mme Necker, de Fanny de Beauharnais, de Julie Talma, de Mme Condorcet, de Mme de Staël ou de Mme de Souza. De la Régence à la Révolution, disaient les Goncourt, la femme est dans les salons « le principe qui gouverne, la raison qui dirige, la voix qui commande ». Dans l'ombre, elles ont barre sur tout, du ministère à l'Académie, et leurs salons rassemblent l'élite de la littérature, de la philosophie, des arts et des sciences, de la politique ou de l'aristocratie, mais leur rôle est celui d'hôtesses avisées et adroites, qui peuvent stimuler la conversation ou même la création, non être ambitieuses pour elles-mêmes [2]. Il est de bon ton d'afficher à leur égard une soumission à la fois respectueuse et enjouée — Mme de Tencin parle de ses « bêtes » ou de sa « ménagerie », Mme d'Épinay mène ses « ours », dont le plus difficile à apprivoiser est le grognon Jean-Jacques — mais c'est avant tout une marque de politesse et un jeu mondain. Elles regroupent habilement les intelligences et les talents, sans occuper le devant de la scène. Si dévorée qu'elle soit

---

1. *Œuvres complètes*, Paris, Gallimard, « Bibliothèque de la Pléiade », 1995, t. V, p. 44, 94-95.
2. Voir J. Bertaut, *La Vie littéraire au XVIIIe siècle*, Paris, Tallandier, 1954, p. 18-76.

d'ambition, Mme de Tencin doit la satisfaire par personne interposée, en œuvrant à la carrière de son frère ou en soutenant contre Voltaire la candidature de Marivaux à l'Académie, et Mme de Souza demeure dans les coulisses pour conseiller Talleyrand et cabaler contre Mirabeau.

De tout temps, les moralistes ont dénoncé l'ambitieux, toujours insatisfait de son sort, menant égoïstement sa carrière, impatient de se distinguer du commun et de renier la condition où Dieu l'a placé. La monarchie absolue, société fermée, ne l'apprécie pas davantage, puisque l'ambitieux est une menace pour la hiérarchie, et elle se défie à bon droit des intellectuels qui prétendent instaurer une nouvelle législature de l'esprit et détrôner les anciens pouvoirs spirituels dévolus aux théologiens. La prétention des hommes de lettres à s'élever, voire à jouer un rôle dans l'État et l'ordre social choquait déjà au siècle précédent. Dans *Les Femmes savantes*, Molière lui-même traitait un peu vite de cuistres ambitieux ceux qui prétendaient accéder à une place digne de leurs talents :

> Il semble à trois gredins, dans leur petit cerveau,
> Que, pour être imprimés, et reliés en veau,
> Les voilà dans l'État d'importantes personnes.

C'est prétendre à la domination, à la reconnaissance extérieure, et la faute est plus lourde encore pour la femme que pour l'homme parce que l'ambition a une connotation essentiellement virile[1]. L'ambitieuse ne transgresse pas seulement le code social, mais même le code naturel, puisqu'elle refuse les limites de son sexe. On vit ainsi certaines femmes, au XVIIe siècle, se détourner de la carte du Tendre pour contempler d'autres paysages. Mme de Sévigné était férue de théologie, Mme de Grignan des théories cartésiennes, Mme de La Sablière et Mme Deshoulières s'intéressaient à la physique, aux mathématiques, à l'astronomie, Mme de La Fayette étudie le latin et Mme Dacier sait le grec. Molière, inquiet de certains excès qui lui paraissaient compromettre leur vocation naturelle, chargeait son Chrysale de faire la leçon aux pédantes oublieuses de leurs devoirs au profit d'un savoir et d'un souci de briller qui leur tournaient la tête. Or se soustraire à son destin, c'est renoncer au bonheur, bien des femmes, même célèbres, l'admettent. En 1800, au lendemain du succès de *Claire d'Albe*, Mme Cottin regrette de devoir sa célébrité à l'absence des doux soins qui sont l'apanage de la condition féminine :

> Ne croyez pas pourtant que je sois partisane des femmes auteurs, tant s'en faut. [...] Il semble que la nature ne donna un cœur si tendre aux femmes, qu'afin de leur faire attacher tout leur bonheur dans les seuls devoirs d'épouse et de mère, et ne les priva de toute espèce de génie que pour ôter à leur vanité le vain désir d'être plus qu'elles ne doivent : que s'il

---

1. Voir les réflexions de E. Badinter, *Émilie, Émilie. L'ambition féminine au XVIIIe siècle*, Paris, Flammarion, 1983, p. 20-30.

est permis à quelques-unes d'exercer leur plume, ce ne peut être que par exception, et lorsque leur situation les dégage de ces devoirs, qui sont comme la vie du reste de leur sexe. Et alors même, je veux qu'elles sentent assez leur insuffisance pour ne traiter que des choses qui demandent de la grâce, de l'abandon et du sentiment [1].

Mme de Staël elle-même, peu suspecte cependant de faiblesse, le dira encore dans *De l'Allemagne* : « On a raison d'exclure les femmes des affaires publiques et civiles ; rien n'est plus opposé à leur vocation naturelle que tout ce qui leur donnerait des rapports de rivalité avec les hommes ; et la gloire elle-même ne saurait être pour une femme qu'un deuil éclatant du bonheur [2]. »

Au surplus, l'homme impatient de parvenir avait une chance de se pousser dans l'armée, l'Église, la magistrature, l'administration ou le commerce, toutes issues fermées aux femmes. Quelle voie leur demeurait ouverte, sinon celle de la littérature ?

La découverte n'était pas neuve et, sans remonter jusqu'à Sapho ou la savante Hypathie, les femmes ne manquaient pas qui avaient brillé dans les lettres : Marie de France et Christine de Pisan, Hélisenne de Crenne et Marguerite de Navarre, Louise Labé et Pernette du Guillet, Mme de La Fayette et Mme d'Aulnoy, Mlle de Scudéry et Mme de Villedieu... Elles se comptaient par dizaines qui s'étaient fait un nom [3] et le XVIIIe siècle les recense volontiers, comme l'avocat Aublet de Maubuy qui raconte en six volumes *Les Vies des femmes illustres de la France* (1762-1768), ou Joseph de La Porte, auteur d'une *Histoire littéraire des femmes françaises* (1769), ou encore J.-F. de La Croix avec son *Dictionnaire historique portatif des femmes célèbres* (1769), et Mme de Genlis s'occupera *De l'influence des femmes sur la littérature française* (1811). « Je prétends, écrivait La Porte, faire voir ce que peut une femme dans la carrière des sciences lorsqu'elle sait se mettre au-dessus de préjugé qui lui défend d'orner son esprit et de perfectionner sa raison. » Il s'en fallait cependant que tous fussent de cet avis, et Restif de La Bretonne n'avait guère de sympathie pour les femmes qui s'entêtaient à vivre la plume à la main : « Que je plains la femme auteur ou savante ! écrivait ce disciple de Rousseau. Jeune personne, elle est réellement à plaindre. Elle a perdu le charme de son sexe ; c'est un homme parmi les femmes, et ce n'est pas un homme parmi les hommes [4]. » Triste portrait du bas-bleu, hommasse et sans charme, être amphibie — erreur de la nature, dira encore Jean-Baptiste Suard : « Connaissez-vous une femme qui, par calcul, se fût faite auteur si elle avait pu se faire jolie femme, et qui pouvant voir adorer ses

---

1. 12 avril 1800, cité par L. C. Sykes, *Madame Cottin*, Oxford, Blackwell, 1949, p. 330.
2. *De l'Allemagne*, Paris, Garnier, s.d., p. 524.
3. Voir J. Larnac, *Histoire de la littérature féminine en France*, Paris, Kra, 1929.
4. Restif de La Bretonne, *L'Œuvre*, éd. établie par H. Bachelin, Paris, Éditions du Trianon, 1930-1932, t. II, p. 346.

charmes se fût bornée à entendre admirer ses talents [1]? » Louis Sébastien Mercier, saluant au passage Mmes Riccoboni, de Genlis, de Beauharnais ou Olympe de Gouges, préférait chercher dans la jalousie et la mesquinerie masculines les raisons de cet ostracisme :

> Si l'on ne défend point aux femmes la musique, la peinture, le dessin, pourquoi leur interdirait-on la littérature ? [...] Mais voici le danger. L'homme redoute toujours dans la femme une supériorité quelconque. [...] Dès que les femmes publient leurs ouvrages, elles ont d'abord contre elles la plus grande partie de leur sexe, et bientôt presque tous les hommes. [...] L'homme voudra bien que la femme possède assez d'esprit pour l'entendre, mais point qu'elle s'élève trop, jusqu'à vouloir rivaliser avec lui et montrer égalité de talent. [...] Tous les hommes ont une disposition secrète à rabaisser la femme qui veut s'élever jusqu'à la renommée. [...] Un triomphe éclatant serait fort alarmant pour l'orgueil et pour la liberté des hommes.
>
> [...] L'homme veut subjuguer la femme tout entière, et ne lui permet une célébrité particulière, que quand c'est lui qui l'annonce et qui la confirme. [...] Une femme qui écrit doit faire exception, on en conviendra ; car les devoirs d'amante, d'épouse, de mère, de sœur, d'amie, souffrent toujours un peu de ces ingénieuses distractions de l'esprit, et l'homme tremble que les qualités du cœur ne viennent à se refroidir au milieu de l'enchantement de la renommée. Il désire enfin qu'elle ne soit susceptible que d'une sorte d'enchantement ; de celui-là que l'homme voudrait inspirer exclusivement [2].

La tradition littéraire féminine est souvent liée à l'existence d'un monde aristocratique, à la fois dans le sens social et dans celui d'une ouverture intellectuelle [3]. Ni Marguerite de Navarre, ni Mme de La Fayette, ni Mme de Tencin ou, plus tard, Mme de Krüdener ou Mme de Duras n'écrivent pour assurer leur subsistance : grandes dames et dames riches. Mais il en est d'autres, et depuis longtemps, pour qui l'écriture procède des exigences alimentaires. Au début du XVe siècle déjà, celle qu'on a appelée « le premier homme de lettres du Moyen Âge », Christine de Pisan, veuve à vingt-cinq ans et chargée d'enfants, a dû vivre de ses écrits, travaillant sur commande et sollicitant la protection des grands. Ce n'était pas chose aisée et ce ne l'est pas davantage trois siècles plus tard, en particulier pour les femmes.

Car pénible est souvent la condition d'auteur, les hommes eux-mêmes en savent quelque chose. Il y a bien les pensions, les sinécures de secrétaires ou de bibliothécaires, ou encore la direction de revues comme le *Mercure* ou la *Gazette de France*, mais cette manne tombe sur les écri-

---

1. J.-B. Suard, « Fragments sur les femmes », dans *Mélanges de littérature*, Paris, Dentu, 1804, t. I, p. 21.
2. L. S. Mercier, « Femmes-auteurs », dans *Tableau de Paris*, éd. établie sous la dir. de J.-C. Bonnet, Paris, Mercure de France, 1994, t. II, p. 1009-1012.
3. M. Mercier, *Le Roman féminin*, Paris, PUF, 1976, p. 41.

vains qui ont pignon sur les avenues de la littérature officielle et les femmes ne font guère partie de ce nombre. On pouvait aussi se faire patronner par les nantis : Helvétius, fermier général, a épaulé Marivaux ou Saurin. Encore fallait-il approcher le mécène et se résigner, comme Jean-Jacques à ses débuts, à avaler quelques couleuvres dans l'ergastule des La Popelinière ou des Dupin. Même un succès avéré n'est pas une garantie pour l'avenir. Marmontel en a eu un avec *Denys le Tyran*, mais Mme de Tencin s'est empressée de ruiner ses illusions : « Malheur, me disait-elle, à qui attend tout de sa plume ; rien de plus casuel. L'homme qui fait des souliers est sûr de son salaire ; l'homme qui fait un livre ou une tragédie, n'est jamais sûr de rien[1]. » Du reste, quand bien même on multiplierait les *best sellers*, les libraires ne paient pas lourd.

L'écrivain pouvait encore se mettre aux gages de ces libraires, ce qui revenait à renoncer à son œuvre personnelle pour compiler encyclopédies et dictionnaires, ouvrages de bon rapport, du moins pour le libraire : ce fut le cas d'un Guillard de Beaurieu, longuement exploité par Panckoucke. L'éditeur s'en trouvait bien, Fenouillot de Falbaire en témoigne dans son *Avis aux gens de lettres* : « La plupart ont un train de maison considérable, des ameublements chers, des campagnes charmantes, tandis qu'ordinairement l'écrivain aux ouvrages duquel ils doivent cette opulence, est relégué sous les toits, à un troisième, à un quatrième étage, où une simple lampe éclaire sa pauvreté et ses travaux[2]. » En effet : Panckoucke engraisse, Guillard de Beaurieu finit à l'hôpital de la Charité.

Vivre de sa plume, c'est vouloir résoudre la quadrature du cercle. Prévost ou Lesage s'en tirent tout juste, non sans produire pas mal d'œuvres alimentaires, et Marivaux, malgré la renommée de son théâtre, vit médiocrement la dernière partie de sa vie. Jean-Jacques n'a pas eu un sou de son *Discours sur les sciences et les arts*, puis a touché six cents livres pour le *Discours sur l'inégalité*, mille pour le *Contrat social*, deux mille pour *La Nouvelle Héloïse*, le plus grand succès de librairie du siècle. Il en a touché, c'est vrai, six mille pour *Émile*, mais combien d'auteurs pouvaient prétendre à la gloire de Rousseau ? En 1767, Restif aura cinq louis de son premier roman, *La Famille vertueuse*. « Ah ! s'écrie Mercier dans son *Tableau de Paris*, loin de cette carrière, vous qui ne voulez pas connaître l'infortune et l'humiliation. » Et il rapporte l'histoire de ce libraire parisien qui « disait fort naïvement : "Je voudrais bien tenir dans mon grenier, Voltaire, Jean-Jacques Rousseau et Diderot, tous trois sans culotte ; je les nourrirais bien, mais je les ferais travailler[3]." »

Comment s'étonner si se constitue un prolétariat de la littérature ? Le

---

1. Marmontel, *Mémoires*, éd. critique par J. Renwick, Clermont-Ferrand, G. de Bussac, 1972, t. I, p. 116.
2. Fenouillot de Falbaire, *Avis aux gens de lettres*, Liège, 1770, p. 38-39.
3. Voir M. Pellisson, *Les Hommes de lettres au XVIII⁰ siècle*, Genève, Slatkine reprints, 1970, p. 86-90 ; J. Lough, *An introduction to eighteenth-century France*, Londres, Longmans, 1960, p. 239-240, 241-243 ; L. S. Mercier, *Tableau de Paris, op. cit.*, t. I, p. 346.

pauvre hère fait pauvre chère, va les bas troués et les souliers percés, dort dans une mansarde, traîne dans les cafés. De Belloy, l'auteur du *Siège de Calais* et de *Gaston et Bayard*, dit Collé, « a été réduit exactement à la mendicité [1] ». Le jeune Diderot a vécu de leçons de mathématiques, de traductions, de sermons pour prédicateurs en panne d'inspiration. D'Allainval dort dans la rue, Fagan en vient à demander l'aumône et, dit encore Collé, se laisse abrutir « par le vin, la crapule, la mauvaise compagnie et la misère ». Grimm rapporte que Guyot de Merville, au bout du rouleau, s'est jeté à l'eau [2].

Alors ? Pour les plus démunis restent les basses besognes : pamphlets, libelles, plagiats, pornographie aident à surnager besogneux et irréguliers, chats maigres aux dents longues, humiliés et aigris. Certains versent dans l'abjection, se perdent dans les milieux mal famés, chez la Paris, la Carlier, la Gourdan, trichent au jeu ou se font chevaliers d'industrie. La Morlière fait un peu de tout cela, Mouhy est pilier de cafés, chef de claque, espion de police et proxénète, Boismorand, joueur enragé, est pamphlétaire à gages. Descendons d'un échelon encore pour rencontrer Ange Goudar, l'auteur de *L'Espion chinois*, qui prostitue sa femme, la belle Sara, escroque, espionne, ou Théveneau de Morande, le scandaleux pamphlétaire du *Gazetier cuirassé*, qui se fait maître chanteur, fréquente souteneurs, prostituées et voleurs.

Bien sûr, le tableau n'est pas toujours aussi sombre, mais d'autre part la plupart de ces expédients sont interdits aux femmes auteurs. Beaucoup d'entre elles occupent un rang social modeste, n'ont pas de fortune personnelle et doivent subvenir à leurs besoins pour motif de veuvage, de célibat ou de séparation. Et vivre de quoi, alors que, sauf dans le peuple, il n'y a guère de professions accessibles aux femmes ? Sur une centaine de femmes auteurs dans le siècle, plusieurs sont polygraphes : compilations historiques, traductions, littérature morale et pour enfants et, bien entendu, romans [3]. Quelques-unes ont des situations pittoresques : Charlotte Bourette, qu'on appelle la « Muse limonadière », tient le Café allemand, rue Croix-des-Petits-Champs, et adresse des vers aux auteurs célèbres, Mlle de Saint-Phallier, l'auteur du *Portefeuille rendu*, est courtisane [4]. Plus banalement, Mme de Graffigny est de petite noblesse provinciale, veuve et sans le sou, renflouée un moment par les *Lettres d'une Péruvienne* et *Cénie*, mais meurt en laissant quarante-deux mille livres de dettes. C'est d'abord le besoin qui l'a faite auteur, Raynal l'observe dans ses *Nouvelles littéraires* : « Cette femme, ne pouvant se

---

1. Ch. Collé, *Journal et Mémoires*, publ. par A. Bonhomme, Genève, Slatkine reprints, 1967, t. III, p. 314.
2. M. Pellisson, *Les Hommes de lettres au XVIIIᵉ siècle, op. cit.*, p. 165-171.
3. M. L. Girou-Swiderski, « Profil socio-économique de la femme de lettres française », dans *Studies on Voltaire and the Eighteenth Century*, 264, 1989, p. 1159-1161.
4. R. Darnton, *Le Grand Massacre des chats : attitudes et croyances dans l'ancienne France*, Paris, R. Laffont, 1985, p. 146.

distinguer par ce qui donne de l'éclat à nos femmes, s'est jetée dans le bel esprit, et vit avec les gens de lettres. » Mme Riccoboni, ancienne actrice pourvue d'une modique pension, tire le diable par la queue et court après les libraires pour se faire payer romans et traductions.

De la sensibilité au roman

Si elles optent pour l'aventureuse carrière des lettres, vers quelle littérature se tourner ? Une formation insuffisante et la crainte du reproche de pédantisme ne leur permettent pas trop d'aborder les grands sujets, comme la philosophie, l'économie ou la politique ; le respect des mœurs leur interdit le roman libertin, elles ne disposent pas de l'expérience nécessaire pour traiter le picaresque ou l'aventure. Comme toujours, il y a des exceptions : Mme de Graffigny joue un peu les Montesquieu, Mme de Charrière compose des brochures politiques et des romans sur la Révolution, l'Émigration ou la conception kantienne de la morale, Mme de Genlis s'en prend à la philosophie au nom de la religion et s'attire le sobriquet de « Mère de l'Église », Olympe de Gouges multiplie les pamphlets et signe la *Déclaration des droits de la femme*. Il existe même une presse féminine. Déjà en 1728-1729, une demoiselle Barbier s'occupe de *La Spectatrice*, où elle présente une critique du mariage et les revendications d'une femme philosophe ; Mme Le Prince de Beaumont, avant de se faire un nom comme éducatrice des jeunes filles, tient les rubriques du *Nouveau Magasin français* (1750-1752) ; de 1787 à 1789, Mme Dufrénoy anime *Le Courrier lyrique*. Il y a surtout le *Journal des dames* (1759-1777), dont Mmes de Beaumer, de Maisonneuve et de Montanclos sont les principales rédactrices. Féminine, cette presse n'est pas nécessairement féministe, ne prêche pas la révolte, le refus du mariage ou de la famille [1] et n'offre, cela va sans dire, que des débouchés limités, avant de disparaître au début des années 1790. Le théâtre non plus n'est pas l'affaire des femmes, et bien rares sont celles qui réussissent à faire recevoir une pièce à la Comédie-Française [2].

Mais ne s'accorde-t-on pas à reconnaître à la femme une aptitude

---

1. Voir S. Van Dijck, « Femmes et journaux au XVIIIᵉ siècle », dans *Australian Journal of French studies*, XVIII, 1981, p. 164-178 ; S. Diaconoff, « Feminism and the feminine periodical press in the age of ideas », dans *Studies on Voltaire and the Eighteenth Century*, 264, 1989, p. 680-684 ; E. Sullerot, *Histoire de la presse féminine en France des origines à 1848*, Paris, Colin, 1966 ; N. R. Gelbart, *Feminine and Opposition Journalism in Old Regime France : Le Journal des dames*, Berkeley, University of California Press, 1987 ; *Dictionnaire des journaux 1600-1789*, éd. établie sous la dir. de J. Sgard. Oxford, Voltaire Foundation, 1991, 2 vol.

2. E. Showalter (« French women dramatists of the eighteenth century », dans *Studies on Voltaire and the Eighteenth Century*, 264, 1989, p. 1203) cite, entre 1702 et 1758, Mmes Barbier, Poisson de Gomez, Du Boccage et Graffigny. Olympe de Gouges aura bien du mal à faire représenter *L'Esclavage des nègres*, à la fin de 1789.

particulière à la correspondance ? Sans être vraiment écrivain, elle trouve comme un compromis dans l'art de la lettre, illustré incomparablement par une Sévigné ou une Lespinasse. Au chapitre « Des ouvrages de l'esprit », La Bruyère y insistait déjà :

> Ce sexe va plus loin que le nôtre dans ce genre d'écrire. Elles trouvent sous leur plume des tours et des expressions qui souvent en nous ne sont l'effet que d'un long travail et d'une pénible recherche ; elles sont heureuses dans le choix des termes, qu'elles placent si juste, que tout connus qu'ils sont, ils ont le charme de la nouveauté, et semblent être faits seulement pour l'usage où elles les mettent ; il n'appartient qu'à elles de faire lire dans un seul mot tout un sentiment, et de rendre délicatement une pensée qui est délicate.

La femme n'est-elle pas plus « immédiate », plus proche de la nature, plus spontanée et moins raisonnable, sensible et délicate ? Or la lettre est l'expression directe du moi. On pensait alors que les *Lettres portugaises* étaient par excellence le cri douloureux d'une femme abandonnée et seule la mauvaise humeur de Rousseau lui faisait soupçonner qu'elles étaient l'œuvre d'un homme, donc le produit d'un art littéraire élaboré et non le déchirant gémissement d'une religieuse délaissée par son amant. Puisque les femmes maniaient si adroitement la plume de l'épistolière, ne leur était-il pas aisé de glisser de la lettre authentique à la lettre imaginée, au roman épistolaire ? La pudeur, la délicatesse, le tact qu'on leur accordait, et qu'elles revendiquaient elles-mêmes, pouvaient les conduire à une littérature « sensible » à laquelle conviendrait parfaitement une écriture un peu papillonnante et superficielle, prolixe et affective qu'on disait volontiers leur appartenir en propre[1]. S'impose un mythe de l'écriture féminine, caractérisée selon tous les critiques par la *délicatesse*, le *naturel*, la *négligence*, l'*absence de recherche*, la *spontanéité*. Les femmes elles-mêmes s'y reconnaissent et, chez Mme Riccoboni, Fanni Butlerd oppose l'ingénuité de son propre style à celui, apprêté et concerté, de son amant[2]. Leur exquise sensibilité les prépare, mieux que les hommes, à se mettre à l'écoute du cœur, Stendhal l'explique toujours dans *De l'amour* : « Il a été donné aux femmes de sentir, d'une manière admirable, les nuances d'affection, les variations les plus insensibles du cœur humain, les mouvements les plus légers des amours-propres. »

Il y avait là un piège, dans lequel tombaient les femmes elles-mêmes. Mme de Staël reprochait à Jean-Jacques d'avoir soutenu qu'elles ne savaient pas peindre l'amour et disait des romancières : « C'est par l'âme, l'âme seule qu'elles sont distinguées. [...] C'est elle enfin qui leur tient

---

1. Voir B. Didier, *L'Écriture-femme*, Paris, PUF, 1991, p. 32.
2. Voir A. Wolfgang, « Fallacies of literary history : the myth of authenticity in the reception of *Fanni Butlerd* », dans *Studies on Voltaire and the Eighteenth Century*, 304, 1992, p. 735-736.

lieu d'instruction et d'expérience, et les rend dignes de sentir ce qu'elles sont incapables de juger[1].» Faire d'elles les grandes prêtresses de la sensibilité est peut-être un hommage, mais qui comporte ses risques. A l'homme le rationnel, à la femme la sensibilité. Michelet résumait brutalement : «L'homme est un cerveau, la femme une matrice[2].» Cette perspective donne la spécificité féminine comme relevant exclusivement d'une physiologie, en faisant bon marché d'une longue histoire culturelle et sociale au moins aussi susceptible que la condition biologique de déterminer conduites et formes de pensée[3].

La même perspective pouvait rendre compte de leur aptitude à pratiquer un certain genre littéraire et le roman devrait leur aller comme un gant, puisque son «sujet principal, disait Chapelain en 1660, est l'amour», ce que répète encore Mme Dufrénoy soixante ans plus tard. Qu'il s'agisse des dissertations de la *Clélie* chez Mlle de Scudéry, de la retenue de Mme de La Fayette, du mélodrame de Mme de Tencin, du bonheur paisible selon Mme de Souza ou des imaginations passionnées et pathétiques de Mme Cottin, le sujet demeure et seule change la manière de le traiter[4]. Quand Dorat compose une médiocre héroïde inspirée par les *Mémoires du comte de Comminge* de Mme de Tencin, il reconnaît humblement la supériorité féminine dans la peinture des sentiments :

> Les femmes auteurs [...] ont, si on peut le dire, plus de souplesse dans le cœur, et possèdent mieux que nous le grand art des développements : l'on dirait que l'attrait de leur sexe se communique à leurs ouvrages : elles excellent surtout dans les peintures où l'amour est la nuance qui domine : l'habitude de ce sentiment leur en facilite l'expression[5].

Choderlos de Laclos dit de même dans sa controverse avec Mme Riccoboni à propos des *Liaisons dangereuses*. Pas de doute là-dessus, confirme La Harpe à la fin du siècle en répétant ce qui est devenu un véritable lieu commun :

> Les romans sont, de tous les ouvrages de l'esprit, celui dont les femmes sont le plus capables. L'amour, qui en est toujours le sujet principal, est le sentiment qu'elles connaissent le mieux. Il y a dans la passion une foule de nuances délicates et imperceptibles, qu'en général elles saisissent mieux que nous, soit parce que l'amour a plus d'importance pour elles,

---

1. *Lettres sur les ouvrages et le caractère de J.-J. Rousseau*, Genève, Slatkine reprints, 1979, p. 16-17.
2. Cité par P. Darmon, *Mythologie de la femme dans l'ancienne France*, Paris, Seuil, 1983, p. 177.
3. Voir C. Piau, «L'écriture féminine», dans *Dix-Huitième Siècle*, 16, 1984, p. 369-370.
4. Voir A. Kibédi-Varga, «La désagrégation de l'idéal classique dans le roman français de la première moitié du XVIIIᵉ siècle», dans *Studies on Voltaire and the Eighteenth Century*, 26, 1963, 1965, p. 971-972.
5. *Collection complète des œuvres de M. Dorat*, Neuchâtel, Société typographique, 1776, t. I, p. 27-28.

soit parce que, plus intéressées à en tirer parti, elles en observent mieux les caractères et les effets[1].

Et Mme Cottin revendique à son tour en 1800, dans *Malvina*, cette disposition particulière de la femme écrivain à traiter d'un sentiment que sa nature l'amène à connaître et à analyser avec plus de compétence et de pertinence que les hommes :

> Je crois que les romans sont le domaine des femmes. [...] A l'exception de quelques grands écrivains qui se sont distingués dans ce genre, elles y sont plus propres que personne ; car, sans doute, c'est à elles qu'appartient de saisir toutes les nuances d'un sentiment qui est l'histoire de leur vie, tandis qu'il est à peine l'épisode de celle des hommes[2].

On peut aussi, comme l'a fait subtilement Georges May, retourner la question : les femmes étaient-elles faites pour le roman, ou le roman était-il fait pour elles ? Au XVIIIe siècle, le succès public fut considérable. De 1700 à 1750, on a compté près d'un millier de titres, et nettement plus du double pour la seconde moitié du siècle[3]. La réussite est donc avérée et d'autant plus singulière que le roman a du mal à se définir, à trouver sa voie et surtout à s'imposer dans la hiérarchie des genres. Ceux mêmes qui l'ont pratiqué avec le plus d'éclat affectent de le tenir en piètre estime. Ces romans qui pullulent, assure Voltaire à la fin de l'*Essai sur la poésie épique*, « font l'amusement de la jeunesse frivole, [...] mais les vrais gens de lettres les méprisent ». Trente ans plus tard, la préface de *La Nouvelle Héloïse* n'en fait grâce qu'aux peuples corrompus et assure que « jamais fille chaste n'a lu de roman », tandis que Diderot, dans l'*Éloge de Richardson*, attendra la lecture des Anglais pour admettre qu'il peut être autre chose qu'« un tissu d'événements chimériques et frivoles, dont la lecture était dangereuse pour le goût et pour les mœurs », opinion partagée par le chevalier de Jaucourt dans l'*Encyclopédie*.

Les romanciers ne sont pas seuls à dédaigner le roman. Depuis long-temps, la critique le tient en suspicion, le relègue bien loin derrière la poésie et la tragédie, le donne pour un divertissement vulgaire, indigne de l'art comme de la pensée. Il n'existait pas chez les Anciens : c'est donc un genre roturier, qui ne peut exciper de ses quartiers de noblesse. Il est corrupteur, puisque son sujet par excellence est l'amour. En 1665 déjà, le janséniste Nicole gronde : « Un faiseur de romans et un poète de théâtre est un empoisonneur public » — un avis encore partagé par Rousseau, et les directeurs de conscience, au XVIIe siècle, interdisaient la lecture de ces ouvrages néfastes. Le XVIIIe siècle les lit, les dévore même,

---

1. *Lycée ou Cours de littérature ancienne et moderne*, Paris, Deterville, 1818, t. XIV, p. 254.
2. *Malvina*, éd. cit., t. II, p. 85-86.
3. Voir S. P. Jones, *A List of French Prose Fiction from 1700 to 1750*, New York, Wilson, 1939 ; A. Martin, V. G. Mylne, R. Frautschi, *Bibliographie du genre romanesque français 1751-1800*, Londres, Mansell - Paris, France Expansion, 1977.

mais ne désarme pas. On les rejette au nom du goût, parce qu'ils sont invraisemblables, absurdes, et au nom de la morale parce qu'ils présentent au lecteur les séductions trompeuses de l'hédonisme, de la sensibilité, de l'individualisme. Se fait-il réaliste, on l'accuse de s'ouvrir au vulgaire et de s'encanailler. Lenglet du Fresnoy en 1734, le P. Bougeant en 1735, le P. Porée en 1736 et en 1755 encore l'abbé Jaquin tirent à boulets rouges sur un genre littéraire qui véhicule la fausse philosophie moderne, propage l'irréligion, présente le vice sous les couleurs de la vertu. Ces romans sont si pernicieux, assure l'abbé Jaquin, qu'il appartient aux parents d'en empêcher la lecture et à l'autorité de les proscrire. Cette proscription, le P. Porée l'avait déjà réclamée à cor et à cri : « Que les lois transpercent, s'écriait-il pathétiquement, que les flammes détruisent, et fassent disparaître si faire se peut de tout le territoire toutes les œuvres empoisonnées des auteurs de romans. Et qu'ainsi on prenne enfin soin un jour de la littérature et de l'État. » Il avait bien failli obtenir satisfaction puisque, à partir de 1737 ou 1738, le janséniste chancelier d'Aguesseau, pour une fois d'accord avec le jésuite Porée, organise une véritable chasse aux sorcières qui équivaut presque à une interdiction pure et simple [1].

Bref, on en est à se demander, comme l'abbé Irailh, si le genre romanesque n'est pas « un genre pernicieux de sa nature » et s'il est conciliable avec le bon sens, les bonnes mœurs et le bon goût. Il est pourtant vrai, continue le même critique, « qu'on n'en a jamais tant vu, que depuis cinquante ans ». Admettons-les donc, si du moins ils n'offensent pas la morale, mais en sachant que les écrivains de génie regarderont toujours les romanciers « comme les grands peintres regardent les barbouilleurs d'éventails et de colifichets [2] ».

Les écrivains de génie seulement, ou les adversaires les plus résolus du roman ne seraient-ils pas aussi les partisans les plus obstinés de la supériorité masculine, abondamment démontrée dans les genres « nobles » ? Si le roman est d'abord le domaine de la femme, ceux qui font fi du roman pourraient bien être aussi ceux qui dédaignent les femmes, ou du moins témoignent à l'un et aux autres une indifférence méprisante et soutiennent qu'un genre frivole convient à un sexe évaporé et superficiel [3]. Les romans ? Bons pour les femmes. Puisque l'amour a pour elles une importance toute particulière et qu'il n'est pas de roman sans amour, il est normal qu'elles écrivent avant tout des romans, un genre auquel elles seraient en quelque sorte prédestinées. Le succès de

---

1. Sur ces problèmes, voir l'ouvrage essentiel de Georges May sur *Le Dilemme du roman au XVIIIe siècle*, Paris, PUF, 1963 (en particulier, pour la proscription, les pages 75-105). Voir aussi H. Coulet, *Le Roman jusqu'à la Révolution*, Paris, Colin, 1967, t. I, p. 323-329. On trouvera de nombreux textes critiques de l'époque dans l'ouvrage de H. Coulet (*ibid.*, t. II, p. 96-181) et dans *Texte zur französischen Romantheorie des 18. Jahrhunderts*, Tübingen, 1974.

2. Abbé Irailh, *Querelles littéraires*. Paris, 1761, t. II, p. 338-353.

3. C'est la thèse développée par G. May, *op. cit.*, p. 207-229.

certaines romancières, de Mme de Tencin et de Mme de Graffigny à
Mme Riccoboni, observe Georges May, était fait pour renforcer cette
opinion. S'il faut, pour faire un bon roman selon les préceptes de Laclos,
de la finesse, de la profondeur, du tact, de la délicatesse et surtout « cette
sensibilité précieuse, sans laquelle il n'existe point de talent », on peut en
conclure que les femmes sont « particulièrement appelées à ce genre
d'ouvrages » car « leur éducation, leur existence dans la société, toutes
leurs qualités louables, et, s'il faut tout dire, quelques-uns mêmes de
leurs défauts, leur promettent, dans cette carrière, des succès que, selon
nous, elles chercheraient vainement dans toute autre [1] ».

En somme, la tolérance à l'égard de la littérature romanesque irait de
pair avec une attitude relativement féministe, avec un esprit novateur et
progressiste : qui agrée l'égalité des genres est aussi disposé à accepter
l'égalité des sexes, attitude qui fut celle, rappelle Georges May, de réformateurs comme Fénelon, l'abbé de Saint-Pierre ou Laclos, de romanciers
comme Prévost, Marivaux ou Bernardin de Saint-Pierre. Si les femmes, à
partir du XVIIe siècle, se taillent une part importante dans la production
romanesque, c'est parce que les hommes affectent de leur abandonner un
genre vulgaire et méprisé, dont la pratique ne confère pas une gloire de bon
aloi. Il fallait, en 1678, être une grande dame comme la comtesse de La
Fayette pour écrire un roman sans s'inquiéter de l'opinion et oser lancer
une mode bientôt suivie par nombre d'imitatrices. Ramassé par les femmes,
soutenu par un snobisme mondain, pratiqué par des auteurs surtout issus du
milieu aristocratique, le roman, conclut Georges May, put connaître une
promotion qui finit par l'imposer même à une critique sclérosée.

Romans-Mémoires, romans épistolaires

Aux femmes, donc, le royaume du romanesque. Mais comment s'en
partager les provinces ?

Quand le genre prend ses distances à l'égard des grandes machines du
siècle précédent et de l'interminable narration à la troisième personne
selon le point de vue du narrateur omniscient, la recherche s'oriente vers
davantage de vérité et d'authenticité. Accusé de s'égarer dans le
merveilleux, l'extraordinaire, l'invraisemblable, le roman, pour acquérir
le prestige de l'histoire, se tourne vers la formule des pseudo-Mémoires,
mettant en scène des personnages censés raconter leur propre expérience,
évolution facilitée par l'audience de nombreux Mémoires, authentiques
ou apocryphes [2]. Du même coup s'abolit la distance spatiale et temporelle

---

1. Laclos, *Œuvres complètes*, éd. établie par Laurent Versini, Paris, Gallimard,
« Bibliothèque de la Pléiade », 1979, p. 449.
2. Voir G. May, *Le Dilemme du roman au XVIIIe siècle, op. cit.*, p. 47-53 ; « L'histoire a-
t-elle engendré le roman ? », dans *Revue d'histoire littéraire de la France*, LV, 1955,
p. 155-176.

des *Grand Cyrus* et des *Cassandre* selon Mlle de Scudéry et La Calprenède, qui fait place à l'époque contemporaine, et les personnages eux-mêmes renoncent à se nommer superbement Artamène, Oroondate ou Alcidiane pour s'appeler Lescaut, Jacob ou Meilcour[1]. En outre, le passage du *il* au *je* constitue une innovation essentielle et donnera lieu à quelques belles réussites, depuis *Gil Blas*, *Manon Lescaut* ou les *Confessions du comte de**** jusqu'aux *Égarements du cœur et de l'esprit*, *La Vie de Marianne* ou *Le Paysan parvenu*[2]. L'apparence autobiographique crée l'illusion romanesque, l'impression du vécu et favorise la réflexion sur une destinée individuelle dans une vision rétrospective. Le genre eut un succès considérable et l'on a pu en dénombrer au moins deux cents dans la première moitié du siècle[3].

La crédibilité s'y voyait garantie par divers procédés rapidement devenus conventionnels[4]. Pour les *Mémoires du comte de Comminge* de Mme de Tencin ou *La Vie de Marianne* de Marivaux, on parlait d'un manuscrit découvert par hasard, que le prétendu éditeur donnait au public sans y rien changer. Le fait que le manuscrit n'était pas destiné à la publication était une manière d'en garantir l'authenticité par la fiction d'un texte rédigé par l'intéressé à son usage exclusif. Au contraire, les narrateurs de *Gil Blas* et du *Paysan parvenu* prétendent publier eux-mêmes leurs « Mémoires » parce qu'on y trouvera « l'utile mêlé avec l'agréable » et que le récit de leurs aventures « ne sera pas inutile à ceux qui aiment s'instruire » : le moi s'institue en modèle et en exemple, à suivre ou à éviter, enseigne une leçon.

Parmi les quatorze romans retenus ici, le roman-Mémoires est cependant peu représenté. Mme de Charrière, dans *Caliste*, insère le récit de William dans un roman par lettres et seuls les *Mémoires du comte de Comminge* ainsi que *Ourika* et *Édouard* relèvent de la formule des Mémoires, et il est significatif que les œuvres de Mme de Tencin et de Mme de Duras se situent avant et après la grande vogue du roman épistolaire.

Car si le roman-Mémoires connaît le meilleur accueil dans la première moitié du siècle, il est éclipsé, dans la seconde, par le roman épistolaire. Malgré le cas fameux des *Lettres portugaises*, la lettre n'est pas fréquente avant 1730, en dépit des *Lettres persanes* et de leurs imitations. Le genre s'affirme en 1732 avec Crébillon et ses *Lettres de la marquise de M**** et se développe avec les romans de Mme de Graffigny et de

---

1. Voir L. Versini, « De quelques noms de personnages dans le roman du XVIIIe siècle », dans *Revue d'histoire littéraire de la France*, LXI, 1961, p. 177-187.

2. Voir V. G. Mylne, *The eighteenth-century French novel*, Cambridge University Press, 2e éd., 1981, p. 32.

3. Voir S. P. Jones, *A List of French Prose Fiction from 1700 to 1750*, New York, Wilson, 1939.

4. Voir Ph. Stewart, *Imitation and Illusion in the French Memoir-Novel*, New Haven, Yale University Press, 1969.

Mme Riccoboni, atteint un sommet avec *La Nouvelle Héloïse* : on en comptera plus de cent cinquante entre 1750 et 1778 et son succès sera largement européen [1]. Quant au grand roman de Laclos, s'il constitue l'apogée du genre, il en marque aussi le déclin et ses formules ne se renouvelleront plus guère. Au-delà, il s'essouffle et Mme de Staël, avec *Delphine* en 1802 et *Corinne* en 1807, prolonge une manière qui se survit. En 1823, Hugo condamnera ces « conversations de sourds-muets » au profit du roman « dramatique » à la Walter Scott. Aussi le XIXᵉ siècle en offre-t-il peu d'exemples : *Sténie*, une œuvre de jeunesse de Balzac, qui pratiquera encore la lettre dans les *Mémoires de deux jeunes mariées* et, très artificiellement, dans *Le Lys dans la vallée*, l'*Adèle* de Nodier et, chez George Sand, *Jacques* et *Mademoiselle La Quintinie* [2].

Dans la prétention à l'authenticité, les lettres se révélaient plus convaincantes encore que les Mémoires. Dans ceux-ci en effet, le narrateur se voit à distance, juge celui qu'il a été, adopte volontiers un point de vue critique sur ses errements d'autrefois, sa vision rétrospective lui permet de transformer son expérience en destin. Le roman par lettres supprime toute distance entre l'écriture et l'événement, constitue une suite d'instantanés, laisse le narrateur dans la même ignorance que le lecteur sur ce qui va suivre, traduit sa psychologie de manière immédiate, sans médiation temporelle, et n'est pas enfin sujet aux déformations du souvenir [3].

La formule pouvait varier. La plus aisée est celle du roman à une voix, à la manière des *Lettres portugaises* ou des *Lettres d'une Péruvienne*, pur soliloque, cri dans le vide et d'autant plus pathétique qu'il n'éveille pas d'écho. Le confident demeure passif, muet, simple récepteur qui ne contribue pas à l'action, comme chez Mme de Charrière dans les *Lettres de mistriss Henley* ou les *Lettres écrites de Lausanne*, ou chez Mme de Souza dans *Adèle de Sénange*. Dans certains cas, la réponse existe, même si elle n'est pas donnée, dans les *Lettres de la marquise de M**** de Crébillon ou les *Lettres de Fanni Butlerd* de Mme Riccoboni. Ici le destinataire fantôme s'étoffe un peu, dans la mesure où le narrateur évoque au moins ses réponses, voire en reproduit des fragments [4].

Cette monodie concentre l'attention sur un épistolier unique — principe retenu par nombre de femmes auteurs — mais elle pouvait évidemment encourir le reproche de monotonie. Il en va autrement dans la polyphonie, où se croisent et se répondent les lettres de plusieurs

1. Voir F. Jost, « Le roman épistolaire et la technique narrative au XVIIIᵉ siècle », dans *Comparative Literature. Matter and Method*, éd. établie par O. Aldridge, Chicago, University of Illinois Press, 1969, p. 175-205.

2. Sur le roman épistolaire et son évolution, voir les travaux essentiels de L. Versini : *Laclos et la tradition*, Paris, Klincksieck, 1968 ; *Le Roman épistolaire*, Paris, PUF, 1979.

3. Voir R. Ouellet, « La théorie du roman épistolaire en France au XVIIIᵉ siècle », dans *Studies on Voltaire and the Eighteenth Century*, 89, 1972, p. 1212-1213.

4. Voir J. Rousset, *Forme et Signification*, Paris, Corti, 1963, p. 76-77.

personnages : *Lettres persanes*, *La Nouvelle Héloïse* ou *Les Liaisons dangereuses*. Les lettres ne sont plus ici simple narration mais, véritables événements, elles multiplient les points de vue, font partie de l'intrigue et sans cesse la relancent. Sans atteindre l'ampleur et la diversité de ces grands modèles, Mmes de Charrière, Cottin ou de Krüdener s'y essaieront avec plus ou moins de maîtrise.

Comme pour le roman-Mémoires, les auteurs mettent en œuvre divers moyens susceptibles de garantir la crédibilité. Ces lettres livrées aujourd'hui au public, on les a découvertes par hasard ou on se les est au contraire procurées avec beaucoup de peine. L'auteur se donne pour un simple traducteur (*Lettres d'une Péruvienne*) ou un éditeur (*Werther*), à la rigueur chargé par des tiers de « mettre en ordre » cette correspondance, voire de l'« élaguer » (*Les Liaisons dangereuses*). Les fautes, les maladresses, les défaillances de style, les longueurs, les imperfections seront autant de preuves qu'il ne s'agit pas du travail d'un professionnel mais de missives spontanées, échangées par des particuliers qui ne songeaient pas à jouer la carte de la littérature. En présentant sa *Nouvelle Héloïse*, Jean-Jacques use toujours du même artifice, le poussant jusqu'à signaler, dans des notes en bas de page, les gaucheries stylistiques de ses personnages et, dans sa première préface, il laisse adroitement planer le doute sur l'authenticité du roman : « Ai-je fait le tout, et la correspondance entière est-elle une fiction ? Gens du monde, que vous importe ? »

Si la lettre présentait des avantages, elle offrait aussi des difficultés et des inconvénients qui risquaient parfois de remettre en question l'authenticité démontrée à grand-peine. Le roman épistolaire commençant *in medias res*, il faut bien, d'une manière ou d'une autre, donner au lecteur des renseignements indispensables sur les situations, les personnages, leurs origines, leurs relations. Cela ne se fait guère qu'au prix de la vraisemblance. Pourquoi la mère de Cécile, dans les *Lettres écrites de Lausanne*, donne-t-elle à sa parente des informations, que celle-ci est censée posséder depuis toujours, sur sa famille, son mariage et son veuvage ? Il arrive aussi que les réponses de l'interlocuteur se voient reproduites fragmentairement dans le discours de l'épistolière alors que, si cette transcription est nécessaire pour le lecteur, elle ne l'est évidemment pas pour le correspondant qui les a écrites. Pourquoi, chez Mme de Graffigny, Zilia prend-elle la peine de détailler à Aza des faits qu'il connaît aussi bien qu'elle ? Pourquoi, lorsqu'ils sont réunis et se voient chaque jour, Fanni Butlerd et son amant continuent-ils à s'écrire ? Le sommet de l'invraisemblable est atteint dans *La Nouvelle Héloïse* lorsque Saint-Preux, attendant Julie dans sa chambre, se réjouit de trouver une plume et du papier pour lui écrire. Et que penser de ces personnages qui écrivent impitoyablement, même à l'article de la mort, comme on chante à l'opéra son proche trépas, et de ces conversations

rapportées mot pour mot par une infaillible mémoire ? Artifices et subter-
fuges, qui font partie des servitudes du genre.

Dans la mesure où l'on prétendait les femmes particulièrement douées
pour la correspondance véritable, le roman épistolaire devait leur
convenir et elles furent nombreuses, en effet, à l'illustrer : ici même, sur
quatorze romans, onze sont épistolaires pour deux romans-Mémoires et,
due à Mme de Genlis, une nouvelle à la troisième personne. Consacré
aux femmes, composé très souvent par des femmes, observe Laurent
Versini, le roman par lettres a aussi les femmes pour premier public. Il se
prêtait à la peinture de l'amour, à l'étude de son évolution et de ses
ravages, à l'analyse des sentiments, à l'introspection. Montesquieu y
voyait l'une des raisons de sa vogue : « Ces sortes de romans réussissent
ordinairement, parce que l'on se rend compte soi-même de sa situation
actuelle ; ce qui fait plus sentir les passions que tous les récits qu'on en
pourrait faire [1]. » La lettre, emblématique de l'absence, exprime aussi le
manque, le vide, la solitude de celui ou celle qui l'écrit, puisqu'elle n'a
de raison d'être qu'en fonction de l'éloignement, de la séparation
avec l'objet aimé [2]. Elle propose un dialogue parfois illusoire, parce que
la réponse fait défaut, parce que l'absent évolue au loin, se transforme
dans l'absence. Inévitablement, elle entraîne aussi la répétition, la redite,
le ressassement de celle qui dit sans relâche un amour peut-être sans réciproque, comme dans *Fanni Butlerd* ou les *Lettres d'une Péruvienne*.
C'est ce dont prend conscience l'héroïne de Mme Riccoboni : « J'écris
pour vous prouver que mon cœur est sans cesse occupé de vous : j'écris
pour écrire. [...] Je dis, je vous aime, je répète, je vous aime. » D'une
certaine manière, la lettre est bien le fait de la femme, celle qui reste
quand l'homme s'éloigne. Guerres, croisades, missions, obligations
diverses font de lui un éternel Ulysse, d'elle une Pénélope. Roland
Barthes l'a noté : « Historiquement, le discours de l'absence est tenu par
la Femme : la Femme est sédentaire, l'Homme est chasseur, voyageur ; la
Femme est fidèle (elle attend), l'Homme est coureur (il navigue, il
drague). C'est la Femme qui donne forme à l'absence, en élabore la
fiction, car elle en a le temps ; elle tisse et elle chante ; les Fileuses, les
Chansons de toile disent à la fois l'immobilité (par le ronron du rouet) et
l'absence (au loin, des rythmes de voyage, houles marines, chevau-
chées) [3]. »

En outre, pour des êtres exclus du social, la lettre permet le
déploiement de la subjectivité, l'émergence d'un *je* rarement manifesté

---

1. *Quelques Réflexions sur les Lettres persanes*, dans *Œuvres complètes*. Texte présenté
et annoté par R. Caillois. Paris, Gallimard, « Bibliothèque de la Pléiade », 1956, t. I, p. 129.
2. Voir S. L. Carrell, *Le Soliloque de la passion féminine ou le dialogue illusoire. Étude
d'une formule monographique de la littérature épistolaire*, Tübingen, Narr - Paris, Place,
1982, p.11-12.
3. R. Barthes, *Fragments d'un discours amoureux*, Paris, Seuil, 1977, p. 20.

dans la vie réelle. C'est pourquoi le roman épistolaire à une voix glisse volontiers vers le journal intime camouflé en correspondance, la confidence faite au papier, la forme épistolaire n'étant plus qu'une apparence [1], comme chez Mme de Charrière dans les *Lettres de Mistriss Henley*, chez Mme de Souza ou même chez Mme de Krüdener. C'est aussi pourquoi il n'a guère besoin d'événements, de péripéties, puisqu'il concentre l'attention sur la vie intérieure, celle de l'âme et du sentiment, comme le voyait fort bien Mme de Staël :

> Les romans par lettres supposent toujours plus de sentiments que de faits ; jamais les anciens n'auraient imaginé de donner cette forme à leurs fictions : et ce n'est même que depuis deux siècles que la philosophie s'est assez introduite en nous-mêmes pour que l'analyse de ce qu'on éprouve tienne une si grande place dans les livres. Cette manière de concevoir les romans n'est pas aussi poétique, sans doute, que celle qui consiste tout entière dans les récits, mais l'esprit humain est maintenant bien moins avide des événements même les mieux combinés, que des observations sur ce qui se passe dans le cœur. Cette disposition tient aux grands changements intellectuels qui ont eu lieu dans l'homme ; il tend toujours plus en général à se replier sur lui-même, et cherche la religion, l'amour et la pensée dans le plus intime de son être [2].

Situations, personnages, thèmes

Si chacun des romans brefs retenus ici [3] a évidemment sa spécificité, cette production présente cependant un certain nombre de situations, de personnages, de thèmes et de constellations psychologiques communs qui créent, tout au long d'un siècle, un ensemble relativement cohérent et homogène.

Par les situations d'abord, forcément limitées. L'amour occupant la première place, les romancières développent inévitablement les cas où il se voit trahi ou les circonstances et les obstacles qui le contrarient : une femme sincère se donne à un amant indigne (Mme Riccoboni), des jeunes filles sans fortune ni pouvoir de décision attendent un mariage qui décidera de leur sort (Mme de Charrière), un sentiment profond est confronté aux convenances sociales et aux exigences du rang (Mme de Genlis, Mme de Duras), aux préjugés (Mme de Charrière dans *Caliste*), des amants sont séparés par une autorité arbitraire ou un sort cruel (Mme de Tencin, Mme de Graffigny), une femme mariée

---

1. Voir J. Rousset, *Forme et Signification*, *op. cit.*, p. 70.
2. *De l'Allemagne*, éd. cit., p. 357-358.
3. La brièveté des romans retenus est la raison de l'absence de *Delphine* ou de *Corinne*, trop considérables pour faire partie de ce volume, et dont il existe, au moins pour *Corinne*, une édition récente aisément accessible (*Corinne ou l'Italie*, préface de S. Balayé, Paris, Gallimard, « Folio », 1985). Inutile de dire que certains des auteurs cités ici — Mmes de Charrière, de Genlis, Cottin... — ont aussi composé des romans plus longs.

éveille l'amour d'un autre homme, l'ignore (Mme de Krüdener), lui résiste vertueusement (Mme de Souza) ou succombe tragiquement (Mme Cottin).

Le roman sentimental — à la manière de son contraire, le roman libertin — convoque aussi un personnel romanesque peu nombreux. Au premier rang, la jeune femme et l'amant. Dans la plupart des cas, leurs relations sont pures : seules Mme Riccoboni et Mme Cottin mettent en scène, la première une relation charnelle, l'autre un adultère, tandis que Mme de Charrière, dans *Caliste*, évoque le passé d'une fille entretenue. Les figures paternelles — voire celle du frère, dans *Mademoiselle de Clermont* — sont peu fréquentes et représentent volontiers la tyrannie et l'oppression, leur veto injuste ou leur respect des conventions sociales menant leurs enfants au malheur, comme chez Mme de Tencin ou Mme de Duras. La soumission au vœu d'un père mourant, qui la destine à un homme âgé et qu'elle n'aime pas, prépare de loin la faute et la mort de Claire d'Albe. La mère est rare, impuissante devant l'autorité maritale (*Mémoires du comte de Comminge*) ou elle-même despotique et injuste (*Adèle de Sénange*) et seule Mme de Charrière fait d'elle, dans les *Lettres écrites de Lausanne*, un personnage essentiel, aimant et attentif au bonheur de sa fille. Quelques amis, fidèles et dévoués, jouent les utilités, comme Élise chez Mme Cottin ou Ernest chez Mme de Krüdener : voix de la raison, de la sagesse, que l'héroïne ou le héros n'écoutent pas ou entendent trop tard. A ces inébranlables amis de les soutenir jusqu'au bout en gémissant sur leur sort. Leur rôle peut aussi se réduire à celui de destinataire muet comme, chez Mme de Charrière, la parente de Mrs Henley, le Dorville des *Lettres neuchâteloises* ou l'inexistant Henri, confident de lord Sydenham dans *Adèle de Sénange*.

L'héroïne est communément dotée de toutes les vertus souhaitables, belle et d'une grande perfection morale, jusqu'aux limites de la vraisemblance [1]. Mme de Tencin en propose le modèle agréé avec Adélaïde de Lussan : «Une fille qui joignait à la plus parfaite régularité des traits, l'éclat de la plus brillante jeunesse. Tant de charmes étaient encore relevés par son extrême modestie.» La formule n'a guère varié, près de soixante-dix ans plus tard, sous la plume de Mme de Genlis : «Une beauté parfaite, un esprit fin et délicat, une âme sensible, et cette douceur, cette égalité de caractère, si précieuses et si rares.» Classique, abstrait, le portrait n'individualise pas mais campe un type. Mme de Souza ou Mme de Krüdener varient un peu la recette en présentant des filles très jeunes, encore presque enfants, mutines et capricieuses, puériles et charmantes. Descriptions convenues, presque toujours évasives : nous ne saurons pas si la Fanni de Mme Riccoboni

---

1. Voir M.-L. Swiderski, «La thématique féministe dans le roman sentimental après 1750», dans *Aufsätze zum 18. Jahrhundert in Frankreich*, p. p. H. J. Lope, Francfort, Lang, 1979, p. 113.

ou l'Adèle de Mme de Souza sont grandes ou petites, brunes ou blondes [1]. Seule Mme de Charrière refuse le stéréotype dans un souci peu commun de réalisme. Dans les *Lettres neuchâteloises*, Marianne a du charme, mais elle n'est ni la plus jolie ni la plus élégante de la petite société. Dans les *Lettres écrites de Lausanne*, rien de moins romanesque que la jeune Cécile : assez grande et bien faite, soit, mais elle est sujette aux maux de tête, elle a le cou épais, prend aisément des engelures, transpire quand elle danse. Elle lit, sait un peu de géographie et d'arithmétique, coud, brode et tricote, mais elle ne peint pas, ne touche pas de la harpe, ne sait ni l'anglais ni l'italien. Personnage attachant, vrai, et dont le contraire est l'angélique, l'aérienne Valérie de Mme de Krüdener saisie par le regard extasié de l'idéaliste Gustave : « ... quelque chose d'idéal »... « une pensée »... « le modèle de tous les charmes, de toutes les séductions ».

Si l'homme joue logiquement les premiers rôles dans le roman libertin, univers androcentrique, en revanche il ne fait pas trop brillante figure dans le roman féminin. N'était-ce pas déjà le cas, au XVIᵉ siècle, chez Hélisenne de Crenne, dans *Les Angoisses douloureuses qui procèdent d'amour* ? C'est qu'il ne se met pas lui-même en scène, mais se trouve observé de l'extérieur. Un mari peut avoir des traits positifs et offrir un substitut bienveillant de la figure paternelle, mais il est alors beaucoup plus âgé que son épouse : chez Mme de Krüdener, le comte est de vingt ans l'aîné de Valérie, M. d'Albe a quarante ans de plus que sa femme et M. de Sénange pousse l'écart au-delà du demi-siècle. Si ces mariages disproportionnés ne sont pas donnés pour satisfaisants, du moins permettent-ils au mari les allures d'un conseiller, d'un mentor assagi par l'expérience, souriant de l'innocence et des enfantillages de sa femme. On demeure ici dans la tradition de *La Princesse de Clèves*, celle de l'époux sympathique, attachant, d'une réelle noblesse de caractère, et qui n'a guère de tort que celui d'être trop vieux pour éveiller l'amour d'une très jeune femme. Chez Mme de Souza, l'excellent M. de Sénange n'a du reste conclu qu'un mariage blanc destiné à épargner le couvent à la pauvre Adèle sacrifiée par une mère rapace. Nulle part cependant n'apparaît l'équivalent de Wolmar, le sage et lucide législateur de *La Nouvelle Héloïse*, sinon en caricature dans *Adèle de Sénange* ou *Claire d'Albe*.

D'autres illustrent des aspects plus déplaisants de l'état conjugal. Chez Mme de Tencin, le comte de Bénavidès, despotique, emporté, brutal, odieux, soupçonne injustement Adélaïde et la séquestre. Si ces brutalités relèvent également d'une typologie — celle du mari et, en particulier, de

---

1. Convenue aussi, et quasi inévitable depuis *La Princesse de Clèves*, la scène du bal ou de la danse où l'héroïne révèle son charme et sa grâce : elle figure dans les romans de Mmes de Charrière, de Souza, de Genlis, de Krüdener, de Duras, sans parler de la *Delphine* de Mme de Staël.

l'Espagnol arrogant, jaloux, vindicatif —, Mme de Charrière, instruite par sa propre expérience, apparaît plus originale dans son portrait de M. Henley. Celui qui semble avoir toutes les qualités requises pour faire «un mari de roman», mène au contraire sa femme au désespoir et au désir de mort. Nulle violence ni cruauté cependant : rien qu'un flegme inaltérable, une désolante monotonie, une complète incompréhension des sentiments de l'autre, un rationalisme terne... Conception toute moderne du couple, divisé par l'incommunicabilité et l'incompatibilité des caractères.

L'amant sera donc mieux traité ? Rien n'est moins sûr. Certes, tous ne sont pas inconstants comme celui de Zilia chez Mme de Graffigny et n'ont pas la perfidie, l'égoïsme, l'insincérité et le caractère intéressé du séducteur de Fanni Butlerd. C'est pour les infidèles et les hypocrites de son espèce que Senancour observe dans *Oberman* : « Si l'homme est l'ami naturel de la femme, les femmes n'ont souvent pas de plus funeste ennemi. Tous les hommes ont les sens de leur sexe ; mais attendez celui qui en a l'âme. Que peut avoir de commun avec vous cet être qui n'a que des sens [1] ? » La plupart du temps, ils ne sont ni des scélérats, ni des libertins, ni même affligés de bien grands défauts, mais plutôt faibles, indécis — « dévirilisés » [2]. Au siècle précédent, l'amant cornélien était un être de gloire et de passion. Dans le roman sentimental, il est souvent faible, hésitant comme le seront toujours Léonce dans *Delphine* et Oswald dans *Corinne*, chez Mme de Staël, ou l'irrésolu Adolphe de Benjamin Constant. Vouée par son éducation et l'ordre social à dépendre de l'homme, la jeune fille a cru en lui, son bonheur et son avenir sont suspendus à un mot qu'elle attend en vain. La faiblesse de l'amant, son indécision, son asservissement aux préjugés ou à l'autorité paternelle feront sans doute, chez Mme de Charrière, le malheur de Marianne et de Cécile. L'apathie et l'irrésolution masculines font mieux ressortir, par contraste, les qualités féminines de dévouement, de générosité, de courage, l'aptitude à l'amour véritable et au sacrifice. On ne reprochera pas au comte de Comminge, chez Mme de Tencin, de ne pas aimer Adélaïde, mais sa passion est aveugle, égoïste, injustement jalouse et cause la perte d'une femme qui lui est bien supérieure par l'audace et la volonté. Chez Mme de Duras, en face d'Édouard qui s'incline, désespéré, devant le préjugé aristocratique, c'est Natalie de Nevers qui se montre, en héroïne déjà stendhalienne, prête à tout braver. Du reste, il n'est pas fréquent que la narration soit confiée à un personnage masculin et, lorsque c'est le cas, le narrateur met lui-même en évidence sa fragilité et son asthénie : chez Mme de Krüdener, Gustave meurt d'amour

---

1. Senancour, *Obermann*, éd. critique par G. Michaut, Paris, Droz, 1931, t. II, p. 174 (lettre LXXX).

2. P. Fauchery, *La Destinée féminine dans le roman européen du dix-huitième siècle*, Paris, A. Colin, 1972, p. 96 ; A. L. A. Mooij, *Caractères principaux et tendances des romans psychologiques chez quelques femmes auteurs, de Mme Riccoboni à Mme de Souza*, Groningen, De Waal, 1949, p. 28.

et de consomption et le William de *Caliste* confesse lamentablement les faiblesses, les hésitations, les indécisions qui ont causé la mort d'une femme admirable. Trouvaille, d'ailleurs, de lui avoir confié la parole et la confession de sa propre aboulie. Narré par Caliste elle-même, on versait dans le récit de la victime, attendrissant, voire larmoyant — l'ornière du roman féminin, que n'évite pas toujours Mme Riccoboni. S'agit-il, chez ces romancières, d'une incapacité à représenter un personnage réellement différent, à endosser une personnalité masculine comme certains romanciers — Balzac, par exemple — savent exprimer l'âme féminine ? S'agit-il d'une revanche prise sur celui auquel la société accorde tous les privilèges et qui se décerne depuis toujours les attributs de la force et du pouvoir[1] ? Au moins une manière de désacraliser un mythe masculin séculaire et de tendre au héros traditionnel un miroir moins narcissique et moins complaisant.

C'est aussi, peut-être, que nombre de ces romans ont, plus ou moins évident, un support autobiographique et que les auteurs s'inspirent d'une expérience personnelle. Triste collection de femmes déçues ou désabusées ! Mme de Charrière a vécu à Colombier la monotone existence de sa Mrs Henley aux côtés d'un homme sans grands défauts, certes, mais incapable de la comprendre ; Mme de Graffigny et Mme Riccoboni ont connu des unions malheureuses et la seconde une liaison décevante directement transposée dans son roman ; Mme de Souza et Mme de Krüdener ont été désappointées par des époux trop âgés ; Mme de Duras a souffert d'un amour sans retour pour Chateaubriand ; Mme Cottin s'est vue repoussée par Hippolyte Azaïs. Moins aptes que leurs confrères en littérature, en raison de leur formation insuffisante et des contraintes imposées à leur sexe, à se tourner vers des thèmes plus généraux, à se dégager de leur condition inviduelle, elles disent ce qu'elles ont vécu et senti[2]. Reconnaître l'existence de cette inspiration personnelle ne revient pas, comme on l'a dit[3], à soutenir que seul l'écrivain mâle aurait le talent de généraliser et de dépasser l'autobiographie dans laquelle s'embourberait l'insuffisance créatrice de la femme. Chateaubriand ne dit-il pas dans *Le Génie du christianisme* : « Nous sommes persuadés que les grands écrivains ont mis leur histoire dans leurs ouvrages. On ne peint bien que son propre cœur, en l'attribuant à un autre, et la meilleure partie du génie se compose de souvenirs » ?

Cette tendance à se recentrer sur elles-mêmes se révèle dans les titres évoquant un personnage féminin : Adèle, Claire, Lilia, Cécile, Mathilde, Caliste, Eugénie, Ourika, Valérie... Compte tenu du confinement des

---

1. Voir B. Didier, *L'Écriture-femme*, *op. cit.*, p. 30.
2. Voir P. Fauchery, *La Destinée féminine dans le roman européen du dix-huitième siècle*, *op. cit.*, p. 94.
3. Voir A. Wolfgang, « Fallacies of Literary History : the Myth of Authenticity in the Reception of *Fanni Butlerd* », dans *Studies on Voltaire and the Eighteenth Century*, 304, 1992, p. 737.

femmes dans certains rôles, il n'était pas aisé non plus de faire d'elles des héroïnes. Ou bien le romancier met en scène un personnage dont la liberté d'action et de pensée est limitée, et alors il ne s'agit plus d'une héroïne, c'est-à-dire d'une figure tenant un rôle de premier plan et à partir de laquelle s'organisent les autres éléments du récit [1] ; ou bien il dessine un caractère exceptionnel, supérieur à son statut social par ses qualités ou même ses vices, et il sort du vraisemblable [2]. Mme Riccoboni en faisait la remarque à Laclos en lui reprochant d'avoir campé, avec la marquise de Merteuil, un de ces « caractères qui ne peuvent exister ».

Les romancières se tournent donc volontiers vers l'analyse du *moi*, passant ainsi de l'objectivité classique à la subjectivité et à l'individualisme et ce sont bien des *moi* outragés et douloureux que peignent Mme Riccoboni ou Mme de Charrière dans *Fanni Butlerd* et *Mrs Henley*. Plus la société les empêche de dire *je*, plus elles le disent dans leurs textes [3] — d'où leur prédilection pour certaines formes littéraires, comme la lettre, le journal intime, le roman. Délaissant épisodes et péripéties, le roman sentimental s'attache à la vie intérieure, aux états d'âme, à l'histoire d'un être saisi moins dans la durée que dans un moment de crise.

Enfermées dans un univers étroit, souvent fort éloignées des intérêts de l'homme — politique, religion, philosophie, affaires... — ces romancières parlent de leurs expériences limitées. N'embrassant pas la totalité du réel, elles se tournent vers ce qu'elles connaissent, le monde du sentiment et des affaires domestiques, évitent ce qui exige de l'ampleur dans le développement, affectionnent le récit épistolaire qui autorise la digression, le détail, l'immédiateté de la notation [4]. De là aussi certain goût du concret, du particulier, de l'observable, du simple. Mme de Charrière excelle dans le roman intimiste, donne une place inusitée à la nourriture, aux repas [5], et Mme de Souza, dans la préface d'*Adèle de Sénange*, prétend évoquer des « détails fugitifs », « de petits intérêts », des « sentiments journaliers », atteindre une certaine vérité humaine :

> Cet ouvrage n'a point pour objet de peindre des caractères qui sortent des routes communes : mon ambition ne s'est pas élevée jusqu'à prétendre étonner par des situations nouvelles ; j'ai voulu seulement montrer, dans la vie, ce qu'on n'y regarde pas, et décrire ces mouvements ordinaires du cœur qui composent l'histoire de chaque jour. Si je réussis à faire arrêter un instant mes lecteurs sur eux-mêmes, et si, après avoir lu cet ouvrage, ils se disent : « Il n'y a rien là de nouveau », ils ne sauraient me flatter davantage.

---

1. Voir T. Todorov, *Littérature et Signification*, Paris, Seuil, 1967, p. 58.
2. Voir S. Simmons, « Héroïne ou figurante ? La femme dans le roman du XVIIIe siècle en France », dans *Studies on Voltaire and the Eighteenth Century*, 193, 1980, p. 1924.
3. Voir B. Didier, *L'Écriture-femme*, op. cit., p. 19.
4. Voir P. Fauchery, *La Destinée féminine dans le roman européen du dix-huitième siècle*, op. cit., p. 111-112.
5. Voir B. Didier, « La nourriture dans les romans d'Isabelle de Charrière », dans *Dix-Huitième Siècle*, 15, p. 187-197.

On ne saurait être plus loin du roman héroïque ou à événements. Le discours féminin tend à la représentation d'une existence dépourvue d'extraordinaire et de péripéties, banale, envahie par le quotidien, le privé, le domestique : souffrances et déceptions sentimentales, couple, famille, enfant, éducation, maternité — «écriture du Dedans», selon l'expression de Béatrice Didier [1], au point que l'attente même des lectrices conduira des écrivains, et non des moindres, à modifier leur création dans le sens des goûts qu'ils leur connaissent ou leur supposent [2].

Si elles s'intéressent à la condition de la femme, les romancières ne s'inscrivent pas pour autant dans la ligne d'un féminisme au sens moderne du terme et ne revendiquent pas une totale émancipation [3] : même Mme de Staël ou George Sand demeureront prosaïquement en faveur du mariage, vocation naturelle. Elles mettent surtout en évidence le tragique latent de leur sort, la passion amoureuse menant à la solitude et au désespoir en raison de l'inconstance masculine — Mme Riccoboni en offre l'exemple le plus démonstratif dans les *Lettres de Fanni Butlerd*. On ne trouvera pas ici l'équivalent de la vengeance de Mme de La Pommeraye contre le marquis des Arcis racontée par Diderot, ni la joie farouche de la Roxane des *Lettres persanes*, ni la machiavélique volonté de revanche de Mme de Merteuil. Peut-être débouche-t-on ainsi davantage sur le pathétique que sur la révolte ouvertement exprimée, mais les justes plaintes de l'héroïne sont faites pour éveiller chez la lectrice la colère et l'indignation : c'est bien l'effet produit par Fanni, Caliste ou Mrs Henley, êtres solitaires dont l'autonomie est paralysée par les institutions et les mentalités [4]. S'il n'y a pas révolte, il y a au moins protestation, revendication d'une élémentaire équité. Est-ce parce qu'elle est femme que Mrs Henley devrait «avoir tort, toujours tort» ? Quant à Fanni Butlerd, elle ne demande entre les sexes qu'une estime égale et mutuelle, la conclusion d'une sorte de contrat moral respectant la dignité de l'une et l'autre partie. Comme l'observaient très bien Guizot et Pauline de Meulan : «Ce n'est pas ce qu'on impose aux femmes qui déplaît aux héroïnes de Mme Riccoboni, mais c'est ce dont on dispense les hommes [5].»

---

1. B. Didier, *L'Écriture-femme, op. cit.*, p. 37. Voir aussi I. Brouard-Arends, «De l'allégeance à la contestation : la représentation de l'intimité dans l'univers romanesque d'Isabelle de Charrière», dans *Une Européenne : Isabelle de Charrière en son siècle*, colloque de Neuchâtel 1993, Neuchâtel, Attinger, 1994, p. 149.

2. P. Fauchery, *La Destinée féminine dans le roman européen du dix-huitième siècle*, *op. cit.*, p. 10.

3. J. Rossard, *Pudeur et romantisme*, Paris, Nizet, 1982, p. 7 ; M.-L. Swiderski, «La thématique féministe dans le roman sentimental après 1750», dans *Aufsätze zum 18. Jahrhundert in Frankreich*, éd. cit., p. 121.

4. P. Hoffmann, «Sur le thème de la révolte de la femme dans quelques romans du XVIIIᵉ siècle français», dans *Romanische Forschungen*, XCIX, 1987, p. 20-21.

5. M. et Mme Guizot, *Le Temps passé. Mélanges de critique littéraire et de morale*, Paris, Perrin, 1887, p. 138.

S'ils évitent la peinture du vice et des passions ou du moins les condamnent, ces romans se proposent moins de renverser les valeurs que de restaurer leur sens et se font volontiers moralisants et didactiques. Le roman, disait Rousseau, convient aux peuples corrompus. Trente ans plus tard, Dampmartin enseigne au contraire que la fonction du roman est de combattre la corruption des mœurs [1]. De là l'apologie ou la réhabilitation du mariage, conclusion souhaitable de toute aventure amoureuse, la passion hors convention demeurant destructrice et funeste, Jean-Jacques l'avait assez montré dans *La Nouvelle Héloïse*, et l'union libre n'étant pas moralement ni religieusement acceptable. Adèle et Sydenham, chez Mme de Souza, attendront vertueusement le décès du vieux Sénange pour trouver la récompense légitime de leur honnête amour et les dernières lignes sanctifient l'union : « Je viens de l'autel. Adèle est à moi ; je lui appartiens. » Chez Mme de Krüdener, c'est un plaidoyer pour le couple et malheur à celle qui, comme Claire d'Albe chez Mme Cottin, cède un instant à un penchant inavouable et profane le mariage. Quant aux héroïnes de Mme de Charrière, toutes l'attendent, l'espèrent, se désolent à la perspective de ne pas trouver preneur. Rien de surprenant : dans une société qui n'envisage pas pour elle l'éventualité d'un célibat délibéré, où la femme est aliénée, dépendante, le mariage devient la seule issue offerte. Que peuvent faire, dans les *Lettres neuchâteloises* ou les *Lettres écrites de Lausanne*, des jeunes filles de bonne famille, mais pauvres, à qui leur condition interdit de déroger et de se mésallier, sinon se figer dans l'attente, espérer le retour ou la venue du prétendant acceptable ? Ce n'est pas pour rien que l'amour et le mariage constituent pour ces personnages de véritables obsessions.

Aussi la conception de l'amour est-elle aux antipodes de celle qui régit le roman libertin, où il est ce qu'on nomme un « commerce » et qui ne saurait durer sans lasser. « Les amants, explique le comte des *Confessions* de Duclos, se prennent parce qu'ils se plaisent et se conviennent, et ils se quittent parce qu'ils cessent de se plaire, et qu'il faut que tout finisse. » Cet amour — ce « goût » plutôt — est un jeu à jouer selon des lois et qui n'engage en rien l'être profond : seuls comptent les obstacles et la victoire. L'art de vivre libertin donne l'épicurisme pour une morale et une règle de conduite, fait de la sécheresse du cœur un moyen d'autodéfense, prêche l'économie dans la passion et la prodigalité dans le plaisir. C'est ce qu'enseigne Crébillon dans *La Nuit et le Moment*, c'est ce qu'enseigne toujours Vivant Denon dans *Point de lendemain*.

Rien de semblable dans le roman sentimental, où l'amour — non le « goût » — est la grande, l'unique affaire, idéalisé d'ailleurs par le grand roman rousseauiste qui avait su à la fois encenser le sentiment et faire

---

1. A.-H. Dampmartin, *Essai de littérature à l'usage des dames*, Amsterdam, 1794, t. I, p. 336.

l'éloge du mariage. « Pour qui sait aimer, dit Mme de Charrière dans les *Lettres écrites de Lausanne*, c'est la seule occupation, la seule distraction, le seul plaisir de la vie. » Un sentimentalisme qui devenait parfois envahissant. L. S. Mercier s'en plaint dans sa *Néologie* : « Le sentimentalisme est aujourd'hui à la mode comme les cravates. On en a jusqu'aux oreilles. » Un siècle plus tard, et passé la grande vague romantique, Bouvard et Pécuchet, qui ont tenté d'en faire leurs délices, en sortent écœurés : « A haute voix et l'un après l'autre, ils parcoururent *La Nouvelle Héloïse, Delphine, Adolphe, Ourika*. Mais les bâillements de celui qui écoutait gagnaient son compagnon, dont les mains bientôt laissaient tomber le livre par terre. Ils reprochaient à tous ceux-là de ne rien dire sur le milieu, l'époque, le costume des personnages. Le cœur seul est traité ; toujours du sentiment ! comme si le monde ne contenait pas autre chose ! »

La sexualité, surtout féminine, demeure évidemment un sujet tabou. Passe pour les menues faveurs, une main furtivement baisée, un pied mignon qu'on laisse entrevoir, une rougeur qui trahit l'émoi, mais le désir et l'amour physique sont rarement évoqués. Dans *Valérie*, la jeune femme est fort embarrassée quand Gustave apprend qu'elle est enceinte, rappel insupportable de la possession charnelle et, chez Mme de Duras, Natalie recule au premier signe des ardeurs d'Édouard. Quelques romancières montrent cependant plus d'audace. Fanni Butlerd ne laisse pas ignorer ses désirs et, trahie, tenaillée par la jalousie, s'écrie : « L'enfer est dans mon lit ! » Claire d'Albe se laisse emporter par une passion furieuse et sensuelle. Dans les *Lettres écrites de Lausanne*, l'innocente Cécile, victime d'assauts un peu vifs qui lui ont révélé la brutalité du désir masculin, se voit mise en garde par sa mère : « Cécile, il ne faut pas vous faire illusion : un homme cherche à inspirer, pour lui seul, à chaque femme, un sentiment qu'il n'a le plus souvent que pour l'espèce. Trouvant partout à satisfaire son penchant, ce qui est trop souvent la grande affaire de notre vie n'est presque rien pour lui. »

L'amour ne conduit pas pourtant aux dénouements heureux. Chez Mme de Tencin, les amants séparés échouent au couvent, la Zilia des *Lettres d'une Péruvienne* se retire dans la solitude, la Fanni de Mme Riccoboni est blessée à jamais, Caliste dépérit et s'éteint, Claire d'Albe et Frédéric expient leur faute par la mort, chez Mme de Genlis Mlle de Clermont perd l'homme qu'elle vient d'épouser, le Gustave de Mme de Krüdener est détruit par une passion impossible, chez Mme de Duras Ourika et Édouard ne connaîtront pas davantage le bonheur. Une constante tragique se décèle tout au long d'un siècle et, chez Mme de Staël, ni *Delphine* ni *Corinne* ne finissent bien, pas plus d'ailleurs que l'*Adolphe* de Benjamin Constant ou, plus tard, le *Dominique* de Fromentin. Seule l'*Adèle de Sénange* de Mme de Souza s'achève en conte bleu — peu convaincant.

Peut-être sera-t-on frappé, dans ces romans, par l'absence de l'Histoire, même si leurs auteurs — Mmes de Charrière, de Genlis ou Cottin qui est

même, avec *Eugénie et Mathilde*, l'auteur d'un des bons romans de l'Émigration — lui font place dans d'autres œuvres. Passe pour Mmes de
Tencin, de Graffigny ou Riccoboni, qui sont d'une époque où l'on
n'imagine guère de bouleversements politiques. Passe même pour Mme de
Souza dont l'*Adèle de Sénange*, publiée en 1794, sous la Terreur, était
composée dès 1788, avant la Révolution, l'exécution de son mari et l'exil,
et qu'elle publia telle quelle, un peu comme le reflet nostalgique d'un
monde à jamais disparu. Mais les événements sont également absents chez
Mme Cottin, Mme de Genlis — qui situe *Mademoiselle de Clermont* à la
fin de la Régence — ou Mme de Krüdener. Seule Mme de Duras, dans
Ourika, leur fait place un instant. Romans dont l'individu et son histoire
intérieure demeurent le centre et où l'Histoire est comme laissée entre
parenthèses, qui contrastent avec *L'Émigré* où Sénac de Meilhan, en 1797,
mêle étroitement l'individuel et le collectif, le sentiment et l'Histoire.

   Tous les romans réunis dans ce volume ont connu en leur temps un
succès considérable, parfois européen, qui souvent s'est maintenu bien
avant dans le XIXᵉ siècle [1], et ils furent lus et admirés par Stendhal, Balzac,
Hugo ou George Sand. Faut-il déplorer aujourd'hui que le roman féminin
du XVIIIᵉ siècle ne compte « aucun chef-d'œuvre décisif [2] » ? Il vaudrait
mieux redécouvrir sans prévention des textes qui ne sont pas sans qualité
et ne méritent pas l'oubli. Mme de Souza ou Mme Cottin nous font mieux
pénétrer l'atmosphère d'une époque révolue, les sentiments qui l'ani-
maient et les revendications qui commençaient à se faire jour, et elles le
font avec les moyens qui étaient ceux de leur temps, en recourant au
système de références, de conventions et d'images qui leur était commun
avec leurs lecteurs. De Mme de Tencin à Mme de Duras, des dizaines
d'éditions ont témoigné de l'intérêt que leur portait un public enthousiaste.
Et comme disait Théophile Gautier dans la préface des *Grotesques* où il
entreprenait de réhabiliter Théophile de Viau, Saint-Amant ou Cyrano de
Bergerac, eux aussi alors bien oubliés : « Nul ne dupe entièrement son
époque. Un public n'a jamais complètement tort d'avoir du plaisir. »

                                                                        R. T.

Note sur la présente édition

   Conformément au principe de la collection « Bouquins », on trouvera
ici le texte intégral des romans publiés. L'orthographe a été modernisée
et la typographie uniformisée (italique réservé aux titres et aux termes

---

   1. Voir A. Martin, « Romans et romanciers à succès de 1751 à la Révolution d'après les
rééditions », dans *Revue des sciences humaines*, 35, 1970, p. 383-389.
   2. P. Fauchery, *La Destinée féminine dans le roman européen du dix-huitième siècle*,
op. cit., p. 112.

soulignés, majuscules et tirets selon les conventions modernes). Dans les cas où l'auteur a utilisé l'italique pour mettre en évidence certaines expressions, elle a été conservée.

Quitte à répéter certaines explications, chaque texte est pourvu, s'il est nécessaire, d'un système de notes autonome. Les éventuelles notes des auteurs sont appelées par des lettres, celles de l'éditeur par des chiffres.

R. T.

CHRONOLOGIE

Cette Chronologie n'a aucune prétention à l'exhaustivité. Elle vise seulement à donner un aperçu de la fréquence des romans de femmes dans la période considérée.

Dates	Politique et société	Romans de femmes
1735	Assemblée du clergé de France. Guerre de Succession de Pologne. Signature à Vienne des préliminaires de paix.	Mme de Tencin, *Mémoires du comte de Comminge*. Mme de Lintot, *Trois Nouveaux Contes des fées*.
1736	Interdiction des tenues de loge maçonnique. Guerre russo-turque. La Lorraine est attribuée à Stanislas Leczinski.	Mme Lévesque, *Lilia*.
1737	Confirmation de la cession des duchés de Lorraine et de Bar à Stanislas. Pour avoir remis au roi son ouvrage sur les miracles du diacre Pâris, le conseiller au Parlement Carré de Montgeron est mis à la Bastille.	Mme Gomez, *Histoires du comte d'Oxford et de milady d'Herby*.
1738	Clément XII condamne la franc-maçonnerie. Paix de Vienne : Stanislas renonce à la couronne de Pologne et reçoit le duché de Lorraine. Maurepas ministre d'État. Guerre entre l'Autriche, la Turquie et la Russie. Fin de la guerre de Succession de Pologne.	Mme de Lassay, *Histoire du prince Adonistus*.
1739	Élisabeth, fille de Louis XV, épouse par procuration l'infant Philippe. Paix entre la Turquie et la Russie.	Mme de Tencin, *Le Siège de Calais*.

Lettres, arts, sciences en France	Lettres, arts, sciences hors de France	Dates
Prévost, *Le Doyen de Killerine.* Mouhy, *La Paysanne parvenue.* La Chaussée, *Le Préjugé à la mode.* Du Halde, *Description de la Chine.* Rameau, *Les Indes galantes.* Bouguer, Godin, La Condamine partent pour le Pérou afin de mesurer un arc de méridien.	Linné, *Systema naturae.* Algarotti, *Le Newtonianisme pour les dames.* Pergolèse, *Olimpiade.*	1735
Voltaire, *Le Mondain; Alzire; L'Enfant prodigue.* D'Argens, *Lettres juives.* Crébillon fils, *Les Égarements du cœur et de l'esprit.* Clairaut et Maupertuis en Laponie (mesure de la terre). Euler, *Traité de mécanique.* Naissance de Cl. H. Ledoux.	Euler, *Mechanica.* Hogarth, *Les Quatre Heures de la journée.* Pergolèse, *Stabat Mater.*	1736
Marivaux, *Les Fausses confidences.* Rameau, *Castor et Pollux.* Début des salons annuels de peinture et de sculpture. Naissance de Bernardin de Saint-Pierre.		1737
Voltaire, *Discours en vers sur l'homme; Éléments de la philosophie de Newton.* Piron, *La Métromanie.* Mouhy, *La Paysanne parvenue.* Rouelle commence son cours public de chimie. Naissance de Delille.	Händel, *Saül; Israël en Égypte; Faramondo.*	1738
D'Argens, *Lettres chinoises.* Chardin, *La Pourvoyeuse.* Bouchardon, *L'Amour taillant un arc dans la massue d'Hercule.*	D. Hume, *Traité de la nature humaine.* Händel, *Suzanna.*	1739

Dates	Politique et société	Romans de femmes
1739	L'Angleterre déclare la guerre à l'Espagne.	
1740	Avènement de Marie-Thérèse d'Autriche et de Frédéric II de Prusse. Frédéric II envahit la Silésie.	Mme de Lintot, *Histoire de Mademoiselle de Salens*. Mme de Villeneuve, *La Jeune Américaine*.
1741	Avènement d'Élisabeth de Russie. Début de la guerre de Succession d'Autriche.	Mme Levesque, *Le Siècle ou Mémoires du comte de Solinville*.
1742	Benoît XIV condamne les missions jésuites en Chine. Traité de Berlin garantissant à la Prusse la possession de la Silésie.	
1743	Mort du cardinal de Fleury. Début du règne personnel de Louis XV. Traité de Worms : alliance de l'Angleterre, de l'Autriche et de la Sardaigne contre la France.	Mlle de Lubert, *Le Prince Glacé et la princesse Étincelante ; La Princesse couleur de rose*.

Lettres, arts, sciences en France	Lettres, arts, sciences hors de France	Dates
Rameau, *Dardanus*.		**1739**
Marivaux, *L'Épreuve*. Prévost, *Histoire d'une Grecque moderne*. Crébillon, *Le Sopha*. Boucher, *Le Triomphe de Vénus*. Coustou, *Les Chevaux de Marly* (1740-1745). Chardin, *Le Bénédicité ; La Mère laborieuse*. Laurin, Euler, Bernouilli rendent compte des marées par la gravitation. Charles Bonnet découvre la parthénogenèse des pucerons. Naissance de L. S. Mercier, de Sade, de Chamfort.	S. Richardson, *Pamela*. Frédéric II, *Anti-Machiavel*. Tiepolo, fresques du palais Clerici. Canaletto, *Vue du bassin de Saint-Marc*. Händel, *Douze Grands Concertos*. J. S. Bach, *Le Clavier bien tempéré* (1740-1744).	**1740**
Voltaire, *Mahomet*. Duclos, *Histoire de Mme de Luz*. La Chaussée, *Mélanide*. P. André, *Essai sur le Beau*. Rameau, *Pièces de clavecin*. Mort de J.-B. Rousseau. Naissance de Choderlos de Laclos, de Grétry.	Händel, *Le Messie*.	**1741**
Traduction de la *Paméla* de Richardson. L. Racine, *La Religion*. Marivaux, *La Vie de Marianne* (10ᵉ et 11ᵉ parties) Boucher, *Le Repos de Diane*. Pigalle, *Mercure*.	E. Young, *Les Nuits*. H. Fielding, *Joseph Andrews*.	**1742**
Voltaire, *Mérope*. Rousseau, *Dissertation sur la musique moderne*. D'Alembert, *Traité de dynamique*. Nollet, *Leçons de physique expérimentale*. Clairault, *Théorie de la figure de la terre*.	H. Fielding, *Jonathan Wild*.	**1743**

Dates	Politique et société	Romans de femmes
1744	D'Argenson aux Affaires étrangères. Grève et révolte des ouvriers de Lyon. Grave maladie de Louis XV. Déclaration de guerre contre la Hongrie et l'Angleterre. Frédéric II s'empare de Prague.	Mme de Gomez, *Les Journées amusantes*. Mme Levesque, *Le Prince des aigues marines*.
1745	Mme de Pompadour maîtresse du roi. Victoire de Fontenoy. Machault d'Arnouville devient contrôleur des finances.	Mme de Fontaines, *Histoire d'Aménophis*. Mme de Lintot, *Histoire de Mlle Dattily*. Mme de Villeneuve, *Les Belles Solitaires*.
1746	Mort de Philippe V d'Espagne.	
1747	Prise de Berg-op-Zoom. Disgrâce du marquis d'Argenson	Mme de Graffigny, *Lettres d'une Péruvienne*. Mlle de Lubert, *La Veillée galante*.
1748	Traité d'Aix-la-Chapelle, qui met fin à la guerre de Succession d'Autriche. Fouilles de Pompéi.	Mme Le Prince de Beaumont, *Le Triomphe de la vérité*. Mlle de Lussan, *Anecdotes de la cour de François Ier*.

Lettres, arts, sciences en France	Lettres, arts, sciences hors de France	Dates
Marivaux, *La Dispute*. Baculard d'Arnaud, *Les Époux malheureux*. Vauvenargues, *Réflexions et Maximes* Pigalle, *Mercure*.	Piranèse, *Prisons*. Muratori, *Annales d'Italie* (1744-1749).	**1744**
Voltaire, *Poème de Fontenoy, Le Temple de la Gloire*. Diderot traduit l'*Essai sur le mérite et la vertu* de l'Anglais Shaftesbury. La Mettrie, *Histoire naturelle de l'âme*. Maupertuis, *La Vénus physique*. Vaucanson invente un métier à tisser mécanique. Falconet, *Milon de Crotone*.	Hogarth, *Le Mariage à la mode*. Mort de Swift. Frédéric II commence à Potsdam la construction du château de Sans-Souci.	**1745**
Voltaire entre à l'Académie française. Diderot, *Pensées philosophiques*. D'Argens, *La Philosophie du bon sens*. Condillac, *Essai sur l'origine des connaissances humaines*. Vauvenargues, *Introduction à la connaissance de l'esprit humain*.	*La Serva padrona* de Pergolèse est jouée à Paris. Händel, *Judas Maccabaeus*.	**1746**
Diderot et d'Alembert dirigent l'*Encyclopédie*. Gresset, *Le Méchant*. Voltaire, *Zadig*. La Mettrie, *L'Homme-Machine*. Boucher, *L'Enlèvement d'Europe*. Rameau, *Le Temple de la gloire*. Mort de Vauvenargues, de Lesage.	Burlamaqui, *Principes du droit naturel*. L. A. Muratori, *La Dévotion réglée*.	**1747**
Montesquieu, *L'Esprit des lois*. Diderot, *Les Bijoux indiscrets*. Voltaire, *Sémiramis*. Toussaint, *Les Mœurs*. Pigalle, *Vénus*.	T. G. Smollett, *Les Aventures de Roderick Random*. Klopstock, *La Messiade*. D. Hume, *Essai sur l'entendement humain*.	**1748**

Dates	Politique et société	Romans de femmes
1748		
1749	Création de l'impôt du vingtième. Mgr de La Motte, évêque d'Amiens, exige des mourants un billet de confession avant l'extrême-onction. Renvoi de Maurepas, ministre de la Marine, remplacé par Rouillé. Machault ministre d'État.	Mme Dalibard, *Le Portefeuille rendu.*
1750	Le clergé proteste contre l'impôt du vingtième. Le chancelier d'Aguesseau démissionne.	Mme Dalibard, *Les Caprices du sort.*
1751	Affaire des billets de confession (querelle des jansénistes et des molinistes) (1751-1758).	Mme Fauques, *Le Triomphe de l'amitié.* Mlle Guichard, *Mémoires de Cécile.* Mlle de Lubert, *Les Hauts Faits d'Esplandian.*
1752	Agitation parlementaire et janséniste. Guerre franco-anglaise aux Indes. Pour protester contre le refus des sacrements, le parlement de Paris saisit le temporel de l'archevêché. Querelle des Bouffons.	Mlle de Lubert, *Mourat et Turquiat.* Mme de Villeneuve, *Le Beau-frère supposé.* Mme de Puisieux, *Le Plaisir et la Volupté.*

Lettres, arts, sciences en France	Lettres, arts, sciences hors de France	Dates
J.-B. Lemoyne, *Voltaire*. Naissance de David.	S. Richardson, *Clarissa Harlowe*. L. Euler, *Introductio in analysim infinitorum*. Fouilles de Pompéi.	**1748**
Diderot, *Lettre sur les aveugles*, emprisonnement à Vincennes. Buffon, début de l'*Histoire naturelle*. Voltaire, *Nanine ; Sermon des Cinquante*. Condillac, *Traité des systèmes*. Pigalle, *L'Enfant à la cage*. Rameau, *Zoroastre*. Bouchardon, *Statue équestre de Louis XV* (1749-1757).	Swedenborg, *Les Arcanes célestes* (1749-1757). H. Fielding, *Tom Jones*. J. S. Bach, *L'Art de la fugue*.	**1749**
Rousseau, *Discours sur les sciences et les arts*. Voltaire, *Oreste*. Prospectus de l'*Encyclopédie*. Voltaire part pour la Prusse.	Haydn, *Messe en fa majeur*. Mort de J. S. Bach.	**1750**
Prévost traduit la *Clarissa Harlowe* de Richardson. Voltaire, *Le Siècle de Louis XIV*. Duclos, *Considérations sur les mœurs de ce siècle*. Maupertuis, *Système de la nature*. Début de l'*Encyclopédie*. Quentin de La Tour, *Autoportrait*.	H. Fielding, *Amélie*. D. Hume, *Enquête sur les principes de la morale*. Goldoni, *La Locandiera*. Th. Gray, *Élégie écrite dans un cimetière de campagne*.	**1751**
Voltaire, *Micromégas ; La Loi naturelle ; Diatribe du docteur Akakia*. D'Alembert, *Éléments de musique*. Rousseau, *Le Devin du village*. Querelle des Bouffons entre les partisans de l'opéra français et de l'opéra italien. Première condamnation de l'*Encyclopédie*. Construction de la place Stanislas à Nancy (1752-1757).	Expérience du cerf-volant, par Benjamin Franklin, prouvant l'identité de la matière électrique et de la foudre.	**1752**

Dates	Politique et société	Romans de femmes
1753	Exil du Parlement à Pontoise.	Mme de Villeneuve, *La Jardinière de Vincennes*. Mlle Brohon, *Les Amants philosophes*. Mme de Puisieux, *L'Éducation du marquis de**. Mlle Fauques, *Abbassaï, Contes du sérail*. Mme Lezay-Marnezia, *Lettres de Julie à Ovide*.
1754	Persécutions contre les protestants. Naissance du duc de Berry, futur Louis XVI.	Mme Le Prince de Beaumont, *Civan, roi de Bunho*. Mme de Villeneuve, *Le Juge prévenu*.
1755	Tremblement de terre de Lisbonne. Suspension de la nécessité des billets de confession. Le bandit Louis Mandrin est exécuté à Valence.	Mme Bruneau de La Rabatellière, *Le Solitaire de Tarrasson*. Mlle Fauques, *Les Préjugés trop bravés et trop suivis*. Mlle de Lubert, *Léonille*. Mme de Richebourg, *La Veuve en puissance de mari*. Mme de Puisieux, *Zamor et Almanzine*. Mme Fagnan, *Le Miroir des princesses orientales*.
1756	Frédéric II envahit la Saxe. Début de la guerre de Sept Ans : la France, l'Autriche et la Russie alliées contre la Prusse et l'Angleterre.	Mme Le Prince de Beaumont, *Lettres de Madame du Montier*. Mme Dalibard, *Les Caprices du sort*.
1757	Attentat de Damiens contre Louis XV. Peine de mort contre tous ceux qui impriment, vendent ou diffu-	Mme Riccoboni, *Lettres de Mistriss Fanni Butlerd*. Mme d'Épinay, *Histoire de Madame de Montbrillant* (1757-1770).

Lettres, arts, sciences en France	Lettres, arts, sciences hors de France	Dates
Buffon, *Discours sur le style*. Rousseau, *Lettre sur la musique française ; Narcisse*. Morelly, *La Basiliade*. *Correspondance littéraire* de Grimm (1753-1790).	Goldoni, *La Locandiera*. Ch. Linné, *Species plantarum*.	**1753**
Diderot, *Pensées sur l'interprétation de la nature*. Fréron commence à publier l'*Année littéraire*. Condillac, *Traité des sensations*. Crébillon, *Le Triumvirat*. Naissance de Bonald.	S. Gessner, *Daphnis*. D. Hume, *Histoire d'Angleterre*.	**1754**
Rousseau, *Discours sur l'inégalité*. Voltaire, *La Pucelle d'Orléans ; Précis du siècle de Louis XV*. Morelly, *Code de la nature*. Crébillon, *La Nuit et le Moment*. Voltaire s'installe aux Délices, à Genève. Greuze, *Le Père de famille*. Quentin de La Tour, *Madame de Pompadour*. Mort de Montesquieu et de Saint-Simon.	Winckelmann, *Réflexions sur l'imitation des artistes grecs*.	**1755**
Voltaire, *Poème sur le désastre de Lisbonne ; Essai sur les mœurs*. Rousseau, *Lettre à Voltaire sur la Providence*. D'Holbach, *Le Christianisme dévoilé*. Marmontel, *Contes moraux*. Fragonard, *Les Lavandières*.	Piranèse, *Antiquités romaines*. Burke, *Recherches philosophiques sur l'origine des idées que nous avons du beau et du sublime*. S. Gessner, *Les Idylles*. Naissance de Mozart.	**1756**
Diderot, *Le Fils naturel ; Entretiens sur le Fils naturel*. T. VII de l'*Encyclopédie* contenant l'article « Genève » de d'Alembert.		**1757**

Dates	Politique et société	Romans de femmes
1757	sent des ouvrages tendant à troubler l'ordre. Renvoi de Machault et d'Argenson. Frédéric II vainqueur à Leuthen et à Rossbach.	Mme de Villeneuve, *Mémoires de Mlles de Marsange*. Mme Benoist, *Journal en forme de lettres*. Mme Bédacier, *La Comtesse de Mortane*.
1758	Choiseul arrive aux Affaires étrangères. Clément VIII devient pape.	Mme Riccoboni, *Histoire de M. le marquis de Cressy*. Mlle Fauques, *La Dernière Guerre des bêtes*. Mme Gomez, *Les Cent Nouvelles nouvelles*. Mme de Bénouville, *Les Pensées errantes*.
1759	Charles III d'Espagne accède au trône. Silhouette est nommé contrôleur général. Expulsion des jésuites du Portugal. Les Anglais assiègent Québec.	Mme Riccoboni, *Lettres de milady Juliette Catesby*. Mme Benoist, *Mes principes*.
1760	George III d'Angleterre accède au trône. Perte de Montréal.	Mme de Beaumer, *Les Caprices de la fortune*. Mme de La Guesnerie, *Mémoires de miledi B*. Mme Benoist, *Les Doux et Paisibles Délassements de l'amour*.
1761	Entente entre Espagne, France, Parme et les Deux-Siciles contre l'Angleterre. Lally-Tollendal capitule à Pondichéry.	Mme de Belvo, *Lettres au chevalier de Luzeincour*.

Lettres, arts, sciences en France	Lettres, arts, sciences hors de France	Dates
Palissot, *Petites Lettres sur de grands philosophes*. Rameau, *Les Surprises de l'amour*. Falconet, *La Baigneuse*. Début de la construction de la place Louis XV, par Gabriel. Naissance de Canova. Mort de Fontenelle, de Réaumur.		1757
Rousseau, *Lettre à d'Alembert sur les spectacles*. Helvétius, *De l'esprit*. Diderot, *Le Père de famille ; De la poésie dramatique*.	Swedenborg, *Du Ciel et de l'Enfer*.	1758
Voltaire, *Candide*. Diderot, *Lettre sur les sourds et muets*, premier *Salon*, début de la correspondance avec Sophie Volland. L'*Encyclopédie* condamnée par le Parlement. Greuze, *La Jeune Fille qui pleure son oiseau mort*. Naissance de Robespierre et de Danton.	S. Johnson, *Rasselas*. Lessing, *Lettres sur la littérature moderne* (1759-1765). Goldoni, *Les Rustres*. Mort de Händel. Naissance de Schiller.	1759
Palissot, *Les Philosophes*. Voltaire, *L'Écossaise ; Tancrède*. Diderot commence *La Religieuse*. Voltaire s'installe à Ferney.	L. Sterne, *Tristram Shandy* (1760-1767).	1760
Rousseau, *La Nouvelle Héloïse*. Marmontel, *Contes moraux*. Voltaire, *Appel à toutes les nations*. Diderot commence la rédaction du *Neveu de Rameau*. Greuze, *L'Accordée de village*.	J. Macpherson, *Ossian*. C. Gozzi, *L'Amour des trois oranges*. Winckelmann, *Remarques sur l'architecture des Anciens*. Haydn, premières *Symphonies*.	1761

Dates	Politique et société	Romans de femmes
1762	Catherine II de Russie accède au trône. Affaire Calas.	Mme de Puisieux, *Alzarac*. Mme Robert, *La Paysanne philosophe*. Mlle Fauques, *Les Zélindiens*. Mme de Kéralio, *Les Succès d'un fat*.
1763	Traité de Paris : la France cède à l'Angleterre le Canada, la rive gauche du Mississippi et l'Inde.	Mme de Charrière, *Le Noble*. Mme Robert, *La Voix de la nature*. Mlle Uncy, *Contes moraux*. Mme Thiroux d'Arconville, *L'Amour éprouvé par la mort*.
1764	Les jésuites expulsés de France. Mort de Mme de Pompadour, remplacée par Mme Du Barry. Stanislas Poniatowski élu roi de Pologne.	Mme Élie de Beaumont, *Lettres du marquis de Roselle*. Mme Riccoboni, *Histoire de miss Jenny*.
1765	Joseph II empereur germanique. Réhabilitation de Calas.	Mme Le Prince de Beaumont, *Lettres d'Émérance à Lucie*. Mme Riccoboni, *Histoire d'Ernestine*. Mme de Saint-Aubin, *Mémoires en forme de lettres*. Mme Robert, *Voyages de Milord Céton*. Mme de Saint-Chamond, *Camédris*.
1766	Annexion de la Lorraine à la France à la mort de Stanislas. Exécution du chevalier de La Barre. Voyage de Bougainville.	Mme Benoist, *Célianne ou les amants séduits par leurs vertus*, *Élisabeth*. Mme Le Prince de Beaumont, *Mémoires de Mme la baronne de Batteville*. Mme de Miremont, *Mémoires de Madame la marquise de Crémy*.

Lettres, arts, sciences en France	Lettres, arts, sciences hors de France	Dates
Rousseau, *Émile ; Du Contrat social.* Diderot, *Éloge de Richardson.* Construction du Petit Trianon, par Gabriel. Naissance d'André Chénier.	Gozzi, *La Princesse Turandot.* Naissance de Fichte. O. Goldsmith, *Le Citoyen du monde.* Goldoni, *Princesse Turandot.*	**1762**
Rousseau, *Lettre à Christophe de Beaumont.* Voltaire, *Traité sur la tolérance.* Mably, *Entretiens de Phocion.* Crébillon, *Le Hasard au coin du feu.* Falconet, *Pygmalion et Galatée.* Mort de Marivaux, de Prévost.	Lessing, *Minna de Barnhelm.*	**1763**
Voltaire, *Dictionnaire philosophique ; Jeannot et Colin.* Rousseau, *Lettres écrites de la montagne.* Baculard d'Arnaud, *Les Amants malheureux.* Soufflot, église Sainte-Geneviève. Naissance de M. J. Chénier. Mort de Rameau.	Beccaria, *Des Délits et des peines.* H Walpole, *Le Château d'Otrante.* Parini, *Poème sur l'éducation.* Winckelmann, *Histoire de l'art dans l'Antiquité.* Naissance d'Ann Radcliffe. Mort de Hogarth.	**1764**
Sedaine, *Le Philosophe sans le savoir.* De Belloy, *Le Siège de Calais.* Baculard d'Arnaud, *Le Comte de Comminge.* Rousseau, *Projet de constitution pour la Corse.* Greuze, *La Malédiction paternelle.*	Goldoni, *L'Éventail.*	**1765**
Morellet traduit *Des Délits et des peines*, de Beccaria. Voltaire, *Commentaire sur « Des Délits et des peines ».* Marmontel, *Bélisaire.* Falconet commence sa statue de Pierre le Grand. Fragonard, *L'Escarpolette.* Naissance de Germaine Necker, future Mme de Staël.	O. Goldsmith, *Le Vicaire de Wakefield.* C.-M. Wieland, *Histoire d'Agathon* (1766-1773). Lessing, *Laocoon.*	**1766**

Dates	Politique et société	Romans de femmes
1767	Les jésuites expulsés d'Espagne.	Mme Benoist, *Lettres du colonel Talbert*. Mme Robert, *Nicole de Beauvais*. Mme Le Prince de Beaumont, *La Nouvelle Clarice*. Mme Riccoboni, *Lettres d'Adélaïde de Dammartin*. Mme Thiroux d'Arconville, *Mémoires de Mlle de Valcourt*.
1768	Achat de la Corse. Maupeou devient chancelier. Voyage de Cook. Guerre russo-turque. En Pologne, Confédération de Bar (1768-1772).	Mme Benoist, *Agathe et Isidore*. Mme de Puisieux, *Mémoires d'un homme de bien*; *Histoire de Mlle de Terville*. Mlle de Milly, *Histoire du cœur*. Mme Robert, *Les Ondins*. Mme de Villeneuve, *Le Temps et la Patience*.
1769		Mme Beccary, *Lettres de milady Bedfort*. Mme Benoist, *Sophronie*.
1770	Renvoi de Choiseul. Abolition des parlements. Terray, d'Aiguillon, Maupeou au pouvoir. Mariage du Dauphin et de Marie-Antoinette d'Autriche.	Mme Benoist, *L'Erreur des désirs* Mme Thiroux d'Arconville, *Dona Gratia d'Ataïde*. Mme Beccary, *Mémoires de Lucie d'Olbery*.

Lettres, arts, sciences en France	Lettres, arts, sciences hors de France	Dates
Voltaire, *L'Ingénu*. Beaumarchais, *Eugénie ; Essai sur le genre dramatique sérieux*. Marmontel, *Bélisaire*. D'Holbach, *Le Christianisme dévoilé*. Mercier de La Rivière, *Ordre naturel et essentiel des sociétés politiques*. Chaudon, *Dictionnaire antiphilosophique*. Restif, *La Famille vertueuse*. L. S. Mercier, *L'Homme sauvage*. Naissance de B. Constant.	Lessing, *La Dramaturgie de Hambourg* (1767-1769). Gluck, *Alceste*. Machine à vapeur de Watt.	**1767**
Voltaire, *L'Homme au quarante écus ; Dialogue entre A,B,C ; La Princesse de Babylone*. D'Holbach, *La Contagion sacrée*. Naissance de Chateaubriand.	L. Sterne, *Voyage sentimental*. Mozart, *Bastien et Bastienne*.	**1768**
Voltaire, *Essai sur les mœurs*. Diderot, *Le Rêve de d'Alembert*. Saint-Lambert, *Les Saisons*. Dorat, *Les Baisers*. Restif, *Le Pied de Fanchette ; Le Pornographe*. L. S. Mercier, *Jenneval*. Le Tourneur traduit *Les Nuits* de Young. Naissance de Napoléon.		**1769**
D'Holbach, *Système de la nature*. L. S. Mercier, *L'An 2440*. Restif, *Le Mimographe*. Delisles de Sales, *De la philosophie de la nature*. Raynal, *Histoire des deux Indes*. Diderot, *Entretien d'un père avec ses enfants*. Voltaire, *Questions sur l'Encyclopédie*.	Herder, *Essai sur l'origine du langage*. Naissance de Beethoven, de Hegel, de Hölderlin et de Wordsworth.	**1770**

Dates	Politique et société	Romans de femmes
1770		
1771	Interdiction de l'exportation des blés. Maupeou réduit l'opposition parlementaire. Mauvaise récolte, crise agricole et financière.	Mme Benoist, *Folie de la prudence humaine*.
1772	Premier partage de la Pologne.	Mme Riccoboni, *Lettres d'Élisabeth-Sophie de Vallière*. Mme de Coteneuve, *Lettres du baron d'Olban*.
1773	Émeutes de la faim à Bordeaux. Fondation du Grand Orient de France. Clément XIV supprime l'ordre des Jésuites.	
1774	Mort de Louis XV, avènement de Louis XVI. Rappel du Parlement. Vergennes, Malesherbes et Turgot au gouvernement. Proclamation de la liberté du commerce des grains. Soulèvement des colonies anglaises d'Amérique.	Mme de Laisse, *Nouveau Contes moraux*.
1775	Montée du prix des grains, émeutes, guerre des farines.	Mlle Motte, *Célide*.

Lettres, arts, sciences en France	Lettres, arts, sciences hors de France	Dates
Galiani, *Dialogue sur le commerce des blés* (1770-1772). Mort de Boucher.		**1770**
Crébillon, *Lettres athéniennes.* De Belloy, *Gaston et Bayard.* Buste de Diderot, par Houdon. Monge invente la géométrie analytique. Ledoux, pavillon de Mme Du Barry à Louveciennes (1771-1779). Mort d'Helvétius.	T. G. Smollett, *Humphrey Clinker.* Goldoni, *Le Bourru bienfaisant.* Haller, *Usong.*	**1771**
Helvétius, *De l'Homme.* D'Holbach, *Le Bon Sens.* Cazotte, *Le Diable amoureux.* Rousseau, *Considérations sur le gouvernement de Pologne.* Diderot, Rédaction du *Supplément au voyage de Bougainville.* Naissance de Charles Fourier.	Lessing, *Emilia Galotti.* Naissance de Coleridge, de Novalis, de F. Schlegel.	**1772**
Baculard d'Arnaud, *Les Épreuves du sentiment.* Diderot, rédaction du *Paradoxe sur le comédien*; de *Jacques le Fataliste*; *Les Deux Amis de Bourbonne*; *Commentaire sur Hemsterhuis* L. S.Mercier, *Du théâtre.* Départ de Diderot pour la Russie. D'Holbach, *La Politique naturelle.*	Goethe, *Götz de Berlichingen.* Wieland, *Les Abdéritains.*	**1773**
Abbé Gérard, *Le Comte de Valmont.* David, prix de Rome. Gluck, *Orphée* et *Iphigénie* à Paris.	Goethe, *Werther.* Bürger, *Lenore.* Gluck, *Iphigénie en Aulide.*	**1774**
Beaumarchais, *Le Barbier de Séville.*	Sheridan, *Les Rivaux.*	**1775**

Dates	Politique et société	Romans de femmes
1775	Washington prend la tête des Insurgents d'Amérique.	Mlle d'Albert, *Confidences d'une jolie femme.* Mme de Boisgiron, *Les Suites d'un moment d'erreur.* Mme de Fourqueux, *Zély.*
1776	Proclamation d'indépendance des colonies d'Amérique. Renvoi de Turgot, appel à Necker.	Mlle Motte, *Histoire de Zulmie Warthei.* Mme de Beauharnais, *Volsidor et Zulménie.* Mme de Monbart, *Les Loisirs d'une jeune dame.* Mlle Poulain, *Lettres de Mme la comtesse de La Rivière.*
1777	Effondrement du prix des grains. Necker mène une politique d'économie. La France vient en aide aux Insurgents d'Amérique, corps expéditionnaire de La Fayette.	Mme Riccoboni, *Lettres de Mylord Rivers.* Mme Ormoy, *Les Malheurs de la jeune Amélie.* Mme de Coteneuve, *Confiance trahie.* Mme de Boisgiron, *Lettres de Mademoiselle de Boismiran*
1778	Traité de commerce entre la France et l'Amérique.	Mme Beccary, *Milord d'Ambi, histoire anglaise.* Mlle Motte, *Lettres du marquis de Sézannes.* Mme de Beauharnais, *Lettres de Stéphanie.*
1779	Abolition de la question préparatoire dans les procès.	
1780	Joseph II d'Autriche accède au trône, programme de réformes.	Mme de Beauharnais, *L'Abailard supposé.*

Lettres, arts, sciences en France	Lettres, arts, sciences hors de France	Dates
Voltaire, *Histoire de Jenny*. L. S. Mercier, *La Brouette du vinaigrier*. Restif, *Le Paysan perverti*. Diderot rédige le *Plan d'une université pour le gouvernement de Russie*.		**1775**
Voltaire, *La Bible enfin expliquée*. Restif, *Les Gynographes*. Le Tourneur traduit le *Werther* de Goethe, Shakespeare, Ossian.	Gibbon, *Le Déclin et la chute de l'Empire romain*. A. Smith, *Recherches sur la nature et les causes de la richesse des nations*.	**1776**
Voltaire, *Dialogues d'Évhémère* De Belloy, *Gabrielle de Vergy*. Marmontel, *Les Incas*. Loaisel de Tréogate, *Les Soirées de mélancolie*. Houdon, *Diane*. Pigalle, monument de Maurice de Saxe. Bélanger, folie de Bagatelle.	F. M. Klinger, *Tempête et Passion*. Sheridan, *L'École de la médisance*. Gluck, *Armide*.	**1777**
Buffon, *Époques de la nature*. Voltaire, *Irène*. L. S. Mercier, *De la littérature*. Parny, *Poésies érotiques*. Restif, *Vie de mon père*. Mort de Voltaire et de Rousseau.	Clara Reeve, *Le Vieux Baron anglais*. Lavater, *La Physiognomonie*. Mort de Piranèse.	**1778**
Lemierre, *Les Fastes*. Roucher, *Les Mois*. Loaisel de Tréogate, *La Comtesse d'Alibre*. Diderot, *Essai sur les règnes de Claude et de Néron*. Mort de Chardin. Querelle des gluckistes et des piccinnistes.	Lessing, *Nathan le Sage*. D. Hume, *Sur la religion naturelle*.	**1779**
Rousseau, publication posthume des *Dialogues*.	Lessing, *L'Éducation du genre humain*.	**1780**

Dates	Politique et société	Romans de femmes
1780		Mme de Malarme, *Lettres de milady Lindsey*; *Mémoires de Clarence Welldone*.
1781	Renvoi de Necker. Victoire de Washington sur les Anglais.	Mme de Beauharnais, *L'Aveugle par amour*. Mme Beccary, *Mémoires de Fanny Spingler*. Mme Benoist, *Les Erreurs d'une jolie femme ou l'Aspasie française*. Mme Loquet, *Voyage de Sophie et d'Eulalie*. Mme de Colleville, *Lettres du chevalier de Saint-Alme*.
1782	Paix entre l'Angleterre et les États-Unis. Campagne de Suffren aux Indes.	Mme de Genlis, *Adèle et Théodore*. Mme de Vasse, *Les Aveux d'une femme galante*. Mme Robert, *Adélaïde*. Mme de La Guesnerie, *Les Ressources de la vertu*.
1783	Traité de Versailles, naissance des États-Unis d'Amérique. Calonne devient contrôleur des Finances. Premières ascensions en ballon (Pilâtre de Rozier, les frères Montgolfier).	Mme de Malarme, *Anne Rose-Tree*. Mme Monneron, *Annamire*. Mme de Colleville, *Alexandrine*
1784	Necker, *De l'administration et des finances de la France*. Début de l'affaire du Collier.	Mme de Charrière, *Lettres neuchâteloises*; *Lettres de mistriss Henley*. Mme de Genlis, *Les Veillées du château*.

Lettres, arts, sciences en France	Lettres, arts, sciences hors de France	Dates
Bertin, *Les Amours*. Restif, début des *Contemporaines*. Delille, *Les Jardins*. Ledoux, l'hôtel Thélusson. Voltaire par Houdon. Naissance de Nodier, d'Ingres et de Béranger. Mort de Condillac.	Wieland, *Obéron*.	**1780**
Condamnation de la troisième édition de l'*Histoire des deux Indes* de Raynal. Condorcet, *Réflexions sur l'esclavage*. L. S. Mercier, début du *Tableau de Paris*. Restif, *L'Andrographe*. V. Louis, galeries du Palais-Royal Houdon, statue de Voltaire.	Kant, *Critique de la raison pure*. Fussli, *Le Cauchemar*. Mort de Lessing. Mozart, *Idoménée*.	**1781**
Rousseau, publication des six premiers livres des *Confessions* et des *Rêveries*. Beckford, *Vathek*. Sade rédige le *Dialogue entre un prêtre et un moribond*. Laclos, *Les Liaisons dangereuses*. Naissance de Lamennais. Ch. de Wailly, l'Odéon.	Mozart, *L'Enlèvement au sérail*. Schiller, *Les Brigands*. Alfieri, *Saül ; Mérope*. Mort de J. S. Bach. Goya, *Autoportrait*.	**1782**
Loaisel de Tréogate, *Dolbreuse*. Buffon, *Histoire naturelle des minéraux*. Restif, *La Dernière Aventure d'un homme de quarante-cinq ans*. Carnot, *Essai sur les machines*. Lavoisier, synthèse de l'air. David, *Andromaque*. Naissance de Stendhal. Mort de d'Alembert.	Schiller, *La Conjuration de Fiesque*. Alfieri, *Antigone ; Oreste ; Agamemnon*.	**1783**
Beaumarchais, *Le Mariage de Figaro*. Bernardin de Saint-Pierre, *Les Études de la nature*. L. S. Mercier, *Mon bonnet de nuit*.	Herder, *Idées pour une philosophie de l'histoire de l'humanité* (1784-1791). Schiller, *Intrigue et amour*.	**1784**

Dates	Politique et société	Romans de femmes
1784		Mme de Malarme, *Histoire d'Eugénie Bedford.* Mme de Monbart, *Lettres tahitiennes.*
1785	Le cardinal de Rohan est mis à la Bastille.	Mme de Charrière, *Lettres écrites de Lausanne.* Mlle Fontette de Sommery, *Lettres de madame la comtesse de L***.* Mme de Malarme, *Richard Bodley.*
1786	Mort de Frédéric II de Prusse.	Mme Daubenton, *Zélie dans le désert.* Mme de Montolieu, *Caroline de Lichtfield.* Mme de Malarme, *Tout est possible à l'amitié.* Mme Loquet, *Cruzamante.* Mme Benoist, *Lettres sur le désir de plaire.*
1787	Assemblée des notables. Exil de Calonne, appel à Loménie de Brienne. Suppression de la corvée. Liberté pour les protestants français.	Mme de Charrière, *Caliste.* Mme de Beauharnais, *Les Amants d'autrefois.* Mme Gacon-Dufour, *L'Homme errant fixé par la raison* ; *Le Préjugé vaincu.*
1788	Abolition de la torture. Convocation des États généraux. Rappel de Necker.	Mme Mérard de Saint-Just, *Histoire de la baronne d'Alvigny* ; *Mon journal d'un an.* Mme de Malarme, *Lettres de mylord Walton.* Olympe de Gouges, *Mémoire de Mme de Valmont.* Mlle Fontette de Sommery, *Lettres de Mlle de Tourville.* Mme Gacon-Dufour, *Les Dangers de la coquetterie.*

Lettres, arts, sciences en France	Lettres, arts, sciences hors de France	Dates
Ducis adapte le *Macbeth* de Shakespeare. Pigalle, *L'Enfant à l'oiseau*. Grétry, *Richard Cœur de Lion*; *L'Épreuve villageoise*. Mort de Sophie Volland et de Diderot.		1784
Restif, *La Paysanne pervertie*. David, *Le Serment des Horaces*. Ledoux, barrières de Paris. Lavoisier, loi de conservation de la matière.	Kant, *Fondement de la métaphysique des mœurs*. Naissance de Manzoni.	1785
Vicq d'Azyr, *Traité d'anatomie et de physiologie*.	Mozart, *Les Noces de Figaro*. Goethe, *Iphigénie*.	1786
Marmontel, *Éléments de littérature*. Parny, *Chansons madécasses*. David, *La Mort de Socrate*. Lavoisier imagine une nouvelle nomenclature chimique. Lagrange, *Mécanique céleste*.	Mozart, *Don Giovanni*. Goethe, *Egmont*. Schiller, *Don Carlos*. Goldoni, *Mémoires*. Beckford, *Vathek*. Mort de Gluck.	1787
Bernardin de Saint-Pierre, *Paul et Virginie*. Barthélemy, *Anacharsis*. Rousseau, publication des six derniers livres des *Confessions*. Rivarol, *Petit Almanach de nos grands hommes*. Restif, début des *Nuits de Paris*. Necker, *De l'importance des idées religieuses*. Monge, *Traité de statistique*. Mort de Quentin de La Tour.	Kant, *Critique de la raison pratique*. Naissance de Byron.	1788

Dates	Politique et société	Romans de femmes
1789	Réunion des États généraux, serment du Jeu de paume. Renvoi de Necker, prise de la Bastille, rappel de Necker. Abolition des privilèges. Déclaration des droits de l'homme. Washington devient le premier président des États-Unis.	Mme de Beauharnais, *Les Nœuds enchantés*. Mme Beaufort d'Hautpoul, *Zilia*. Mme Monneron, *Le Temple de la mode*.
1790	Constitution civile du clergé et mise en vente de ses biens. Abolition des lettres de cachet, de la noblesse héréditaire. Fêtes de la Fédération. Soulèvement des Noirs de Saint-Domingue. Mort de Joseph II, avènement de Léopold II d'Autriche.	
1791	Fuite de Varennes. Arrestation du roi. Réunion de la Législative. Décret contre les émigrés et les réfractaires. Voltaire au Panthéon. Mort de Mirabeau.	Mlle Fontette de Sommery, *Le Rosier et le brouillard*.
1792	Ministère girondin, déclaration de guerre, bataille de Valmy. Réunion de la Convention. Proclamation de la patrie en danger, manifeste de Brunswick. Prise d'assaut des Tuileries. Massacres de Septembre. Proclamation de la République.	Olympe de Gouges, *Le Prince philosophe*. Mme Lory de Narp, *Les Victimes de l'amour*. Mme de Kéralio, *Les Visites*.
1793	Exécution de Louis XVI. Soulèvement vendéen, Terreur, victoire des Jacobins sur les Girondins. Assassinat de Marat par Charlotte Corday. Déclaration de guerre à la Hollande, à l'Angleterre et à l'Espagne.	Mme de La Grave, *Le Château d'Alvarino*.

Lettres, arts, sciences en France	Lettres, arts, sciences hors de France	Dates
M. J. Chénier, *Charles IX.* A. Chénier, *Ode au jeu de paume.* J.-J.Rousseau, les *Confessions* (2e partie). Grétry, *Raoul ; Barbe-Bleue.* David, *Le Serment du jeu de paume.* Cabanis, *Du degré de certitude de la médecine.* Mort de d'Holbach.	Ann Radcliffe, *The Castles of Athlin and Dunbayne.* J. Cadalso, *Lettres marocaines.* Goethe, *Torquato Tasso.* Alfieri, *Marie Stuart.* Mozart, *Cosi fan tutte.* W. Blake, *Les Chants de l'innocence.*	**1789**
Saint-Martin, *L'Homme de désir.* Sénac de Meilhan, *Des principes et des causes de la révolution en France.* Saint-Martin, *L'Homme de désir.* Expériences de Galvani, de Volta sur l'électricité. Naissance de Lamartine.	Ann Radcliffe, *A Sicilian Romance.* Burke, *Réflexions sur la révolution de France.* W. Blake, *Le Mariage du ciel et de l'enfer.* Goethe, première version de *Faust.*	**1790**
Volney, *Les Ruines.* L. S. Mercier, *De J.-J. Rousseau considéré comme l'un des premiers auteurs de la Révolution.* Sade, *Justine.* Girodet, *Sommeil d'Endymion.*	Ann Radcliffe, *Le Roman de la forêt.* Mozart, *La Flûte enchantée.* Haydn, *Orphée et Eurydice.* Th. Paine, *Les Droits de l'homme.* Mort de Mozart.	**1791**
Cloots, *La République universelle.* Beaumarchais, *La Mère coupable.* M. J. Chénier, *Caïus Gracchus.* Rouget de Lisle, *La Marseillaise.* Gossec, *Offrande à la liberté.* Cazotte est guillotiné.	M. Wollstonecraft, *Défense des droits de la femme.* Naissance de Shelley et de Rossini.	**1792**
Volney, *La Loi naturelle.* S. Maréchal, *Le Jugement dernier des rois.* Senancour, *Sur les générations actuelles.*	Jean-Paul, *La Loge invisible.* Monti, *Bassviliana.* Alfieri, *Il Misogallo.* Haydn, *Stabat Mater.*	**1793**

Dates	Politique et société	Romans de femmes
1794	Élimination des hébertistes, des dantonistes. Fête de l'Être suprême. Chute de Robespierre. Réaction thermidorienne. Rousseau au Panthéon.	Mme de Souza, *Adèle de Sénange*. Mme de Cazenove d'Arlens, *Alfrede ou le Manoir de Warwick*. Mme de Staël, *Zulma*.
1795	Terreur blanche. Constitution de l'an III : instauration du Directoire. Rétablissement de la liberté des cultes.	Mme de Genlis, *Les Chevaliers du cygne*. Mme de Pont-Wullyamoz, *La Recette du médecin Nicoclès*.
1796	Conspiration des Égaux. Exécution de Babeuf. Bonaparte général en chef de l'armée d'Italie.	Mme de Charrière, *Trois Femmes*. Mme de Malarme, *Les Trois Sœurs*. Mme de Cazenove d'Arlens, *Henriette et Emma*. Mme Mérard de Saint-Just, *Démence de madame de Panor*. Mme Ménard, *Les Malheurs de la jalousie*. Mme d'Hautpoul, *Lilia*.
1797	Coup d'État de Fructidor contre les royalistes. Victoire de Bonaparte à Rivoli.	Mme de Pont-Wullyamoz, *Léonore de Grailly*. Mme Morel de Vindé, *Suite des Lettres d'une Péruvienne*. Mme de Sancy, *Alphonse d'Armoncourt*.

Lettres, arts, sciences en France	Lettres, arts, sciences hors de France	Dates
Dupuis, *De l'origine de tous les cultes.* Condorcet, *Esquisse d'un tableau historique des progrès de l'esprit humain.* M. J. Chénier et Méhul, *Le Chant du départ.* David, *La Mort de Marat.* Chappe, le télégraphe. Suicide de Condorcet. Exécution de Roucher, d'André Chénier, de Lavoisier, suicide de Chamfort.	A. Radcliffe, *Les Mystères d'Udolphe.* W. Blake, *Chants d'expérience.* W. Godwin, *Les Aventures de Caleb Williams.* Goya, *La Maison des fous.*	**1794**
Sade, *Aline et Valcour ; La Philosophie dans le boudoir.* Louvet, *Récit de mes périls.* Saint-Martin, *Lettre à un ami ou Considérations sur la Révolution française.* Senancour, *Aldomen.* Mme de Staël, *Essai sur les fictions.*	M. G. Lewis, *Le Moine.* J. P. Richter, *Hespérus.* Goethe, *Élégies romaines.* Schiller, *Lettres sur l'éducation esthétique de l'homme.* Jean-Paul, *Hespérus.* Goethe, *Années d'apprentissage de Wilhelm Meister* (1795-1796). Goya, *La Duchesse d'Albe.*	**1795**
Mme de Staël, *De l'influence des passions.* B. Constant, *De la force du gouvernement actuel.* Diderot, publication posthume de *Jacques le Fataliste,* de *La Religieuse.* J. de Maistre, *Considérations sur la Révolution française.* Bonald, *Théorie du pouvoir politique.* Pigault-Lebrun, *L'Enfant du carnaval* Ducray-Duminil, *Victor ou l'Enfant de la forêt.*	Wackenroder, *Épanchements d'un moine ami des arts.* L.Tieck, *Le Blond Eckbert* Jean-Paul, *Vie de Quintus Fixlein.*	**1796**
Sénac de Meilhan, *L'Émigré.* Chateaubriand, *Essai sur les révolutions.* Sade, *La Nouvelle Justine ; Histoire de Juliette.*	Ann Radcliffe, *The Italian.* Hölderlin, *Hyperion.* Goethe, *Hermann et Dorothée.* Schelling, *Idées pour une philosophie de la nature.* Goya, *Les Caprices.*	**1797**

Dates	Politique et société	Romans de femmes
1797		
1798	Coup d'État de Floréal contre les Jacobins. Départ de l'expédition d'Égypte.	Mme de Charrière, *Honorine d'Userche*. Mme de Genlis, *Les Petits Émigrés*. Mme de Malarme, *Les Trois Frères*. Mme Ménégault, *Delphina*. Mme de Cazenove d'Arlens, *Les Orphelines de Flower-Garden*. Mme Ducos, *Marie de Sinclair*. Mme Gacon-Dufour, *Georgeana*. Mme de Vasse, *La Belle Indienne*.
1799	Retour d'Égypte de Bonaparte. Coup d'État du 18 brumaire. Réouverture des églises le dimanche.	Mme de Genlis, *Les Vœux téméraires*. Mme de Charrière, *Sainte-Anne*. Mme de Souza, *Émile et Alphonse*. Mme Cottin, *Claire d'Albe*. Mme de Malarme, *Théobald Leymour*. Mme Mérard de Saint-Just, *Le Château noir*. Mme de Méré, *Lise et Valcour*. Mme Giroust de Morency, dite de Quinquet, *Illyrine*. Mme Ducos, *Clémence de Villefort*. Mme Duplessy, *Le Mariage de la sœur du diable*. Mme de La Grave, *Sophie de Beauregard*. Mme de Guizot, *Les Contradictions*. Mme de Montalembert, *Élise Duméril*.
1800	Plébiscite ratifiant la constitution de l'an VIII, instaurant le Consulat.	Mme de Genlis, *Les Mères rivales ou la calomnie*. Mme Guénard de Méré, *Sulmée ; Irma ou les Malheurs d'une jeune orpheline*.

Lettres, arts, sciences en France	Lettres, arts, sciences hors de France	Dates
Barruel, *Mémoires pour servir à l'histoire du jacobinisme.* Restif, *Monsieur Nicolas.* Naissance de Vigny, de Schubert.	Naissance de Heine.	**1797**
Mme de Staël, *Des circonstances actuelles.* Fiévée, *La Dot de Suzette.* Révéroni Saint-Cyr, *Pauliska.* Ducray-Duminil, *Cœlina ou l'enfant du mystère.* L. S. Mercier, *Le Nouveau Paris.* Restif, *L'Anti-Justine.* David, *Bonaparte.* Gros, *Le Pont d'Arcole.* Naissance de Michelet, de Comte et de Delacroix.	Wordsworth et Coleridge, *Ballades lyriques.* Hölderlin, *Mort d'Empédocle.* Beethoven, *La « Pathétique ».* Haydn, *La Création.* Mort de Casanova. Naissance de Leopardi, de Mickiewicz.	**1798**
La Harpe, *Le Lycée.* Senancour, *Rêveries sur la nature primitive de l'homme.* Parny, *La Guerre des dieux.* Saint-Martin, *Le Crocodile.* David, *Les Sabines.* Laplace, *Mécanique céleste.* Naissance de Balzac. Mort de Beaumarchais, de Marmontel.	F. Schlegel, *Lucinde.* Schiller, *La Cloche ; Wallenstein.* Hölderlin, *Hyperion.* Naissance de Pouchkine.	**1799**
Mme de Staël, *De la littérature.* Sade, *Les Crimes de l'amour, Idée sur les romans.* Pinel, *Traité de l'aliénation.* Volta, la pile électrique.	Novalis, *Hymnes à la nuit.* Jean-Paul, *Titan.* Paganini, *Vingt-Quatre Caprices pour violon seul.*	**1800**

Dates	Politique et société	Romans de femmes
1800		Mme de Malarme, *Miralba, chef de brigands*. Mme Le Vacher de Charnois, *Nella ou la Corinthienne*.
1801	Signature du Concordat. Assassinat du tsar Paul Ier; Alexandre Ier lui succède.	Mme Cottin, *Malvina*. Mme de Souza, *Charles et Marie*. Mme Giroust de Morency, dite de Quinquet, *Rosaline*; *Lise ou les hermites du mont Blanc*. Mme de Montalembert, *Élise Duménil*.
1802	Consulat à vie. Promulgation du Concordat, messe à Notre-Dame.	Mme de Genlis, *Mademoiselle de Clermont*. Mme de Staël, *Delphine*. Mme Gay, *Laure d'Estelle*. Mme Giroust de Morency, dite de Quinquet, *Euphémie*.
1803	La France vend la Louisiane aux États-Unis.	Mme Cottin, *Amélie Mansfield*. Mme de Guénard, *Albano*. Mme Desbrosses, *Mathilde de Puiseley*. Mlle Polier de Bottens, *Félicie et Florestine*.
1804	Exécution du duc d'Enghien. Promulgation du Code civil. Bonaparte empereur.	Mme de Genlis, *La Duchesse de la Vallière*. Mme de Krüdener, *Valérie*.
1805	Batailles de Trafalgar, d'Austerlitz.	Mme Cottin, *Mathilde*. Mme d'Argebouse, *Adolphe de Morni*.

Lettres, arts, sciences en France	Lettres, arts, sciences hors de France	Dates
Cuvier, *Leçons d'anatomie comparée (1800-1805)*. Lemercier, *Pinto*.		**1800**
Chateaubriand, *Atala*. Ballanche, *Du sentiment*. Pixérécourt, *Célina ou l'enfant du mystère*. Baour-Lormian traduit Ossian en vers.	Schiller, *Marie Stuart* ; *La Pucelle d'Orléans*. Mort de Novalis. Haydn, *Les Saisons*. Beethoven, *Sonate « Clair de lune »*.	**1801**
Chateaubriand, *Génie du christianisme*. Restif, *Les Posthumes*. Bonald, *La Législation primitive*. Naissance de Hugo et de Dumas.	Kleist, *La Cruche cassée*. Novalis, *Heinrich von Ofterdingen*. Foscolo, *Dernières Lettres de Jacopo Ortis*.	**1802**
Ch. Nodier, *Le Peintre de Salzbourg*. Cabanis, *Rapports du physique et du moral*. Mort de Choderlos de Laclos et de La Harpe. Expulsion de France de Mme de Staël. Naissance de Mérimée et de Quinet.	Beethoven, *Sonate « A Kreutzer »*. Mort de Klopstock, Herder, Alfieri. Naissance de Berlioz.	**1803**
Millevoye, *Poésies diverses*. Senancour, *Oberman*. Naissance de G. Sand, E. Sue, Sainte-Beuve. Gros, *Les Pestiférés de Jaffa*.	Schiller, *Guillaume Tell*. Beethoven, *Symphonie « Eroïca »*. Mort de Kant. Goya, *La Maja desnuda*.	**1804**
Raynouard, *Les Templiers*. Delille traduit l'*Énéide*.	W. Scott, *Le Lai du dernier ménestrel*. Uhland, *Ballades*. Moratin, *Le Oui des jeunes filles*. A. Schlegel, *Considérations sur la civilisation*. Beethoven, *Fidelio*. Mort de Schiller.	**1805**

Dates	Politique et société	Romans de femmes
1806	Reprise du calendrier grégorien. Mise en place du Blocus continental. Dissolution du Saint Empire romain germanique.	Mme de Charrière, *Sir Walter Finch et son fils William*. Mme Cottin, *Élisabeth*. Mme de Genlis, *Alphonsine ou la Tendresse maternelle*. Mme Cazenove d'Arlens, *Lettres de Clémence et d'Hippolite*.
1807	Bataille de Friedland, traité de Tilsit.	Mme de Genlis, *Le Siège de La Rochelle*. Mme de Staël, *Corinne*. Mme Chemin, *Le Courrier russe*.
1808	Soulèvement de Madrid. Création de la noblesse impériale. La traite des Noirs est interdite aux États-Unis.	Mme de Souza, *Eugène de Rothelin*. Mme d'Hautpoul, *Séverine*. Mme Grandmaison, *Les Époux philosophes*.
1809	Capitulation de Vienne. Napoléon excommunié par Pie VII.	
1810	Napoléon épouse Marie-Louise. Disgrâce de Fouché. La France annexe la Hollande.	Mme de Malarme, *Mylord Clive*.
1811	Naissance du roi de Rome.	Mme de Malarme, *Stanislas*.

Lettres, arts, sciences en France	Lettres, arts, sciences hors de France	Dates
Pigault-Lebrun, *La Famille Luceval*. Delille, *L'Imagination*. Legouvé, *La Mort de Henri IV*. Mort de Restif, de Fragonard. David, *Le Sacre*.	Arnim et Brentano, *Le Cor enchanté de l'enfant*. Lavater, *L'Art de connaître les hommes par la physionomie*. Beethoven, *Sonate « Appassionata »*.	**1806**
Chênedollé, *Le Génie de l'homme*. Ingres, *La Grande baigneuse*.	Goethe, *Torquato Tasso*. A. W. Schlegel, *Parallèle entre la Phèdre d'Euripide et celle de Racine*. Hegel, *Phénoménologie de l'esprit*. Fichte, *Discours à la nation allemande*. Wordsworth, *Poésies*. Beethoven, *Coriolan*.	**1807**
Fourier, *Théorie des quatre mouvements*. Naissance de Nerval et de Barbey d'Aurevilly. Girodet, *Funérailles d'Atala*. Gros, *La Bataille d'Eylau*.	Goethe, *Premier Faust*. Kleist, *Michel Kohlhaas*, *Penthésilée*. Beethoven, *La « Pastorale »*.	**1808**
Delille, *Les Trois Règnes de la nature*. Chateaubriand, *Les Martyrs*. Barante, *De la littérature française au XVIIIᵉ siècle*. B. Constant adapte *Wallenstein*.	Goethe, *Affinités électives*. Manzoni, *Uranie*. Naissance de Poe, de Gogol, de Darwin. Schelling, *Essence de la liberté humaine*. Schlegel, *Cours de littérature dramatique*. Beethoven, *Concerto « L'Empereur »*. Mort de Haydn.	**1809**
B. Constant, *Cécile*. J. de Maistre, *Essai sur les principes des constitutions*. Mme de Staël, *De l'Allemagne*. Naissance de Musset, de Chopin, de Schumann.	Kleist, *Catherine de Heilbronn*. W. Scott, *La Dame du lac*. Beethoven, *Egmont*. Goya, *Les Désastres de la guerre*.	**1810**
Chateaubriand, *Itinéraire de Paris à Jérusalem*.	Goethe, *Poésie et Vérité*. La Motte-Fouqué, *Ondine*.	**1811**

Dates	Politique et société	Romans de femmes
1811		Mme de Montolieu, *Le Nécromancien*. Mme d'Antraigues, *Le Fils d'Asmodée*. Mme Barthélemy-Hadot, *Stanislas Zamoski*. Mme de Beauharnais, *La Marmotte philosophe*. Mme de Blésinska, *Ladislas*. Mme de Choiseul-Meuse, *Aline et Dermance*. Mme Ducos, *Lettres de Louise et de Valentine*. Mme Hozier, *Les Grottes de Chartres*. Mme de Maraise, *Charles de Montfort*.
1812	Échec du coup d'État de Malet et Laborie. Campagne de Russie, incendie de Moscou, passage de la Berezina. Destruction de la Grande Armée.	Mme de Montolieu, *Falkenberg*. Mme Barthélemy-Hadot, *Les Mines de Mazara*. Mme de Castéra, *L'Incendie du monastère*. Mlle Degotty, *Marie de Valmont*. Mme Dufrénoy, *La Femme auteur*. Mme de Malarme, *Le Naufrage*. Mme de Méré, *Achillen fils de Roberville ; Les Amies du couvent ; Le Château de Vauvert*. Mme de Montolieu, *Le Baron d'Adelstan*. Mme de Rome, *Les Deux Forteresses*.
1813	La Russie, puis l'Autriche entrent en guerre contre la France. Défaite de Napoléon à Leipzig.	Mme de Malarme, *Charles et Arthur*. Mme Gay, *Léonie de Montbreuse*.
1814	Invasion de la France, abdication de Napoléon.	Mme de Genlis, *Les Ermites des Marais Pontins*.

Lettres, arts, sciences en France	Lettres, arts, sciences hors de France	Dates
Pixerécourt, *Les Ruines de Babylone.* Maine de Biran, *Nouvelles Considérations sur le physique et le moral de l'homme.* Naissance de Th. Gautier.	Shelley, *Nécessité de l'athéisme.* J. Austen, *Bon Sens et sensibilité.* Suicide de Kleist. Naissance de Liszt.	1811
Millevoye, *Élégies.* Cuvier, *Recherches sur les ossements fossiles.*	Byron, *Childe Harold* (I et II). Frères Grimm, *Contes.* A. von Arnim, *Isabelle d'Égypte.*	1812
Mme de Staël, *De l'Allemagne.* Mort de Delille.	Shelley, *La Reine Mab.* Byron, *Le Giaour ; La Fiancée d'Abydos.* J. Austen, *Orgueil et préjugé.* Naissance de G. Büchner. Cherubini, *Les Abencérages.* Naissance de Wagner, de Verdi.	1813
Chateaubriand, *De Bonaparte et des Bourbons.* Ballanche, *Antigone.*	Byron, *Le Corsaire.* W. Scott, *Waverley.*	1814

Dates	Politique et société	Romans de femmes
1814	Entrée de Louis XVIII à Paris, la Charte «octroyée». Napoléon à l'île d'Elbe, Congrès de Vienne.	Mme de Rémusat, *Charles et Claire ou la Flûte*.
1815	Retour de l'île d'Elbe, Waterloo, abdication de l'Empereur. Louis XVIII retour de Gand, début de la Terreur blanche, création de la Sainte-Alliance. Chateaubriand pair de France et ministre d'État.	Mlle Polier de Bottens, *Anastase et Nephtalie*.
1816	Dissolution de la «Chambre introuvable». Abrogation du divorce. Exécution du maréchal Ney.	Mme de Genlis, *Les Battuécas*
1817	Loi électorale censitaire.	Mme Brayer de Saint-Léon, *Athanasie de Réalmont*. Mme Messageot de Tercy, *Louise de Sénancourt*.
1818	Congrès d'Aix-la-Chapelle (Angleterre, Prusse, Autriche, Russie). Retrait des troupes d'occupation.	Mme Gacon-Dufour, *L'Héroïne moldave*. Mme Sirey, *Marie de Courtenay*.
1819	Ministère Decazes. Début du Zollverein.	
1820	Assassinat du duc de Berry. Soulèvement libéral en Espagne. Révolte à Naples.	Mme de Rémusat, *Lettres espagnoles*.

Lettres, arts, sciences en France	Lettres, arts, sciences hors de France	Dates
David, *Léonidas aux Thermopyles.* Géricault, *Le Cuirassier blessé.* Ingres, *La Grande Odalisque.* Mort de Sade, Bernardin de Saint-Pierre.	Chamisso, *Histoire merveilleuse de Peter Schlemihl.* Hoffmann, *Fantaisies à la manière de Callot*, t. I. Naissance de Lermontov.	1814
Béranger, *Chansons.* M. J. Chénier, *Tableau de la littérature française depuis 1789.* Lamarck, *Histoire naturelle des animaux sans vertèbres.*	Shelley, *Alastor.*	1815
B. Constant, *Adolphe.* Delavigne, *Premières Messéniennes.* Cuvier, *Le Règne animal.*	Hoffmann, *Élixirs du diable.* Grillparzer, *L'Aïeule.* Goethe, *Voyage en Italie.* Byron, fin de *Childe Harold.* Coleridge, *Christabel.*	1816
Lamennais, *Essai sur l'indifférence* Ballanche, *Essai sur les institutions sociales.* Mort de Mme de Staël.	Byron, *Manfred.* Keats, *Poèmes.* Th. Moore, *Lalla Rookh.* Schubert, *Ve Symphonie.*	1817
Ch. Nodier, *Jean Sbogar.* Naissance de Gounod. Geoffroy Saint-Hilaire, *Philosophie anatomique.*	Keats, *Endymion.* Naissance de Tourguéniev et de K. Marx.	1818
Chênedollé, *Études poétiques.* Latouche publie les *Poésies* d'André Chénier. M. Desbordes-Valmore, *Élégies et Romances.* V. Hugo, *Bug-Jargal.* Delavigne, *Les Vêpres siciliennes.* Gérard, *Corinne au cap Misène.* Géricault, *Le Radeau de la Méduse.*	W.Scott, *Ivanhoë.* Shelley, *Ode au vent d'ouest.* Keats, *Odes.* Byron, *Mazeppa.* Goethe, *Le Divan oriental-occidental.* Schubert, *La Truite.* Schopenhauer, *Le Monde comme volonté et représentation.* Rossini, création à Paris du *Barbier de Séville.*	1819
Lamartine, *Méditations.* Ch. Nodier, *Le Vampire.* Ballanche, *Le Vieillard et le Jeune Homme ; L'Homme sans nom.*	Ch. R. Maturin, *Melmoth l'errant.* Shelley, *Prométhée délivré.* Keats, *Hypérion.* Weber, *Le Freischütz.*	1820

Dates	Politique et société	Romans de femmes
1821	Mort de Napoléon. Ministère Villèle. Insurrection grecque. Soulèvement à Turin.	Mme de Genlis, *Palmyre et Flaminie*. Mme Daminois, *Alfred et Zaïda*.
1822	Procès des quatre sergents de La Rochelle. Congrès de Vérone. Proclamation de l'indépendance grecque, massacres de Scio. Chateaubriand aux Affaires étrangères.	Mme de Cubières, *Marguerite Aimond*.
1823	Prise de Trocadéro par l'armée française.	Mme de Genlis, *Les Veillées de la chaumière*.
1824	Chateaubriand dans l'opposition. La « Chambre retrouvée ». Mort de Louis XVIII, avènement de Charles X.	Mme de Genlis, *Les Prisonniers*. Mme de Duras, *Ourika*. Mme de Salm, *Vingt-Quatre Heures d'une femme sensible*.
1825	Loi sur le sacrilège, vote du « milliard des émigrés ». Sacre de Charles X. Nicolas Ier succède à Alexandre Ier, mutinerie des « Décembristes ».	Mme de Duras, *Édouard*.

Lettres, arts, sciences en France	Lettres, arts, sciences hors de France	Dates
Ch. Nodier, *Smarra*. Béranger, *Chansons*. Cuvier, *Discours sur les révolutions du globe*. Saint-Simon, *Le Système industriel*. Naissance de Baudelaire, de Flaubert.	W. Scott, *Kenilworth*. Quincey, *Confessions d'un mangeur d'opium*. Heine, *Poèmes*. Kleist, *Le Prince de Hombourg*. Hegel, *Fondements de la philosophie du droit*. Naissance de Dostoïevski.	1821
Vigny, *Poèmes*. V. Hugo, *Odes*. A. Soumet, *Saül*. Ch. Nodier, *Trilby*. Balzac, *L'Héritière de Birague; Jean-Louis; Le Vicaire des Ardennes*. Stendhal, *De l'amour*. Delacroix, *La Barque de Dante*.	Pouchkine, *Le Prisonnier du Caucase*. Byron, *Caïn*. Mort de Shelley, de Hoffmann.	1822
Stendhal, *Racine et Shakespeare*. Lamartine, *La Mort de Socrate*. V. Hugo, *Han d'Islande*. Guizot, *Essais sur l'histoire de France*. Niepce invente la photographie.	W. Scott, *Quentin Durward*. Mickiewicz, *Ballades et Romances*. A. Manzoni, *Le Comte de Carmagnola*. Beethoven, *IXᵉ Symphonie*.	1823
A. Comte, *Système de philosophie positive*. Saint-Simon, *Catéchisme des industriels*. Delacroix, *Le Massacre de Scio; Le Tasse dans la maison des fous*. Mort de Géricault.	Grillparzer, *Ottokar*. Byron meurt à Missolonghi.	1824
Mérimée, *Théâtre de Clara Gazul*. Balzac, *Wann-Chlore*. Lamartine, *Dernier Chant du pèlerinage d'Harold*. Lamennais, *De la religion considérée dans ses rapports avec l'ordre politique et social*. Saint-Simon, *Le Nouveau Christianisme*. Boieldieu, *La Dame blanche*. Mort de David.		1825

MADAME DE TENCIN

MÉMOIRES DU COMTE DE COMMINGE
(1735)

INTRODUCTION

Saint-Simon la méprisait et l'appelait « la religieuse Tencin », criait partout qu'elle était « religieuse et coureuse ». Dans *Le Rêve de d'Alembert*, Diderot parle de « la belle et scélérate chanoinesse Tencin ». Ailleurs, c'était « la nonne », « la défroquée ». Elle avait été du temps de la Régence et femme résolue à ne pas se laisser enfermer dans sa condition. Elle était intrigante et sans principes, sa vertu ne pesait pas lourd. Celle de Mmes de Parabère, de Sabran ou de Fallari ne pesait pas davantage, mais l'honneur d'incarner la corruption de toute une époque revint à Mme de Tencin.

Sa famille venait de ce Dauphiné où était arrivé, au début du XVIᵉ siècle, son trisaïeul Pierre Guérin, colporteur et orfèvre. L'ascension fut tenace et régulière. Son fils Antoine fut juge-mage, ainsi qu'on nommait les magistrats chargés, en première instance, de tous les procès civils. Son fils à lui, François, acquit une charge de conseiller au parlement de Grenoble et, par sa femme, devint propriétaire de la terre de Tencin, dont il prit le nom. Le fils de François, Antoine comme son grand-père et magistrat comme les autres, épouse Louise de Buffévent, d'une très ancienne famille. Président à mortier au parlement de Grenoble, il aura cinq enfants [1].

Priorité au fils aîné : François de Tencin, né en 1676, succède à son père dans ses charges. La première fille, Marie-Angélique, est mariée au receveur général du Dauphiné, Charles de Ferriol, dont elle aura deux enfants, Pont-de-Veyle, auteur de comédies, de chansons et de petits vers, et d'Argental, qui se contentera du titre d'ami de Voltaire. Le frère de son mari, autrefois en mission en Turquie, en avait ramené une fillette

---

1. Pour les données biographiques, voir P.-M. Masson, *Madame de Tencin (1682-1749)*, Paris, Hachette, 1909 ; J. Sareil, *Les Tencin. Histoire d'une famille au dix-huitième siècle*, Genève, Droz, 1969. Pour un aperçu plus général : R. de Castries, *La Scandaleuse Madame de Tencin*, Paris, Perrin, 1986.

rachetée à des soldats et qui, élevée avec les fils de sa belle-sœur, deviendra la célèbre Mlle Aïssé. La deuxième fille, Marie-Françoise, sera casée à son tour comme comtesse de Grolée.

Restaient les cadets, dont le sort n'était pas enviable sous l'Ancien Régime puisqu'ils se voyaient écartés de la succession afin d'éviter la dispersion du patrimoine. Heureusement, l'Église assurait le repos des familles. Pierre de Tencin, né en 1679, fit ses études chez les Oratoriens. En 1703, il est archidiacre de Sens, puis grand vicaire de l'archevêque, en 1705 docteur de la Sorbonne. Dans trente ans, il sera cardinal, par la grâce du pape et par celle de sa sœur.

La cadette, nommée Alexandrine Claude, est née le 27 avril 1682[1]. A huit ans, on la relègue chez les Dominicaines de Montfleury, à côté de Grenoble ; elle n'en a pas seize quand on la contraint à prononcer ses vœux. Elle n'y vécut pas les austérités des Carmélites. Le parloir de Montfleury était un salon fort bien fréquenté et la haute société affluait aux cérémonies, exercices, distributions de prix des religieuses. D'Alembert visitera un jour ce même couvent où avait vécu sa mère et écrira à une prieure : « Qu'il est digne d'envie le séjour que votre monastère présente à une âme bien née ! Loin du tumulte des cours vos jours sont filés de soie[2]… » Alexandrine en jugeait autrement et la claustration lui paraissait insupportable. Une de ses héroïnes dira, dans *Les Malheurs de l'amour* : « Dans un couvent, il ne suffit pas de vouloir être contente pour l'être, […] et les chaînes y sont bien pesantes, quand la raison seule est chargée de les porter[3]. » Aussi la chronique scandaleuse lui prêtera-t-elle plus tard des aventures indignes de son habit. Il est vrai que si l'éducation des filles se faisait alors dans les couvents, elles n'y endossaient pas nécessairement une cuirasse de vertu et les cloîtres n'étaient pas pépinières de vestales : témoins Mmes de Fontange, de Montespan, de Parabère, puis de Mailly, de Châteauroux, de Pompadour. Du moins la jeune fille fait-elle déjà preuve d'une présence d'esprit peu commune puisque, le jour même de sa prise de voile, elle fait enregistrer sa protestation par un notaire. Elle rêvait donc de sauter la clôture. Delandine, débonnaire érudit, en parle avec retenue :

> Les charmes de la retraite, si touchants pour quiconque aime à réfléchir, des devoirs pieux à remplir sous les regards propices d'un Dieu, cet état paisible et heureux de l'âme, qui jouit de son innocence et de ses sacrifices, cette ivresse douce que puise dans la méditation religieuse un cœur

---

1. Certains biographes ont hésité sur la date (1681, 1682, 1685) et sur le prénom (Claudine Alexandrine). L'acte de baptême ne laisse pas de doute (voir W. I. Osterode, « La date précise de la naissance de Mme de Tencin », dans *Studi francesi*, XVI, 1972, p. 346-347).

2. Cité par V. Du Bled, « Les salons du XVIIIe siècle. Mme de Tencin », dans *Nouvelle Revue*, CX, 1898, p. 656.

3. *Les Malheurs de l'amour*, dans *Œuvres de Mmes de La Fayette, de Tencin et de Fontaines*, par M. Auger, Paris, Lepetit, 1820, 4 vol., t. III, p. 270.

ardent et affectueux, occupèrent cinq ans celui de Mme de Tencin. Ce fut au bout de ce temps qu'une existence trop tranquille cessa d'avoir de l'agrément pour elle [1].

Le cœur de la jeune femme brûlait en effet d'ardeurs plus profanes et la version de Saint-Simon, hargneuse, a davantage de réalisme :

> Tant de commodités, dont Mme de Tencin abusa largement, ne firent que lui appesantir le peu de chaînes qu'elle portait. On la venait trouver avec tout le succès qu'elle eût pu désirer ailleurs ; mais un habit de religieuse, une ombre de régularité, quoique peu contrainte, une clôture, bien qu'accessible à toutes les visites des deux sexes, mais d'où elle ne pouvait sortir que de temps en temps, était une gêne insupportable à qui voulait nager en grande eau, et qui se sentait des talents pour faire un personnage par l'intrigue [2].

Elle ronge donc son frein jusqu'à la mort de son père, en 1705. Fut-elle alors aidée, comme le prétend Duclos, par son directeur de conscience tombé amoureux d'elle [3] ? En tout cas, elle quitte Montfleury, prend le titre de chanoinesse du chapitre de Neuville, près de Lyon, qui n'entraînait pas d'obligation de résidence [4]. Le processus de sécularisation est en marche, mais elle ne sera officiellement relevée de ses vœux qu'en 1712 [5].

Vers 1710, elle s'est installée à Paris chez sa sœur et retrouve son frère, dévoré d'ambition et aspirant déjà au chapeau de cardinal. Dans le salon de Mme de Ferriol, affligée d'un mari vieux et sourd mais pourvue d'un amant riche, le maréchal d'Uxelles, elle rencontre Fontenelle et fait la connaissance — intime — de Matthew Prior, poète et diplomate, et de lord Bolingbroke, ses débuts en galanterie coïncidant avec ses débuts dans l'intrigue. Femme, elle ne pouvait nourrir un rêve de carrière, mais elle pouvait vouer son énergie à celle d'un frère intelligent mais un peu mou. Une paire de larrons, dit encore l'impitoyable Saint-Simon :

> L'abbé Tencin et elle ne furent jamais qu'un cœur et qu'une âme par la conformité des leurs, si tant est que cela se puisse dire en avoir. Il fut son confident toute sa vie ; elle de lui. [...] Le frère et la sœur, qui vécurent toujours ensemble, eurent l'art que personne ne l'entreprît sur cette vie vagabonde et débauchée d'une religieuse professe, qui en avait même

---

1. Delandine, « Observations sur les romans, et en particulier sur ceux de Mme de Tencin », dans *Journal encyclopédique*, 2, 1787, p. 503.

2. Saint-Simon, *Mémoires*, éd. établie par Y. Coirault, Paris, Gallimard, « Bibliothèque de la Pléiade », 1987, t. VII, p. 508.

3. Duclos, *Mémoires secrets sur les règnes de Louis XIV et de Louis XV*, Paris, Buisson, 1791, p. 42.

4. Saint-Simon rapporte qu'elle n'y mit jamais les pieds. Ch. de Coynart en concluait un peu vite qu'elle n'avait jamais été chanoinesse de Neuville (« La jeunesse de Mme de Tencin », dans *Le Correspondant*, CCXXXVIII, 1910, p. 341-368).

5. Contrairement à ce qui fut souvent dit, le bref du pape fut bel et bien « fulminé », le 5 novembre 1712. Voir J. Sareil, *Les Tencin. Histoire d'une famille au dix-huitième siècle*, *op. cit.*, p. 72.

quitté l'habit de sa seule autorité. On ferait un livre de ce couple honnête... [1].

Fontenelle introduisit Mme de Tencin au Palais-Royal, où elle eut l'honneur d'amuser un moment le Régent. Belle occasion de servir son frère, mais Philippe d'Orléans appréciait les dames expertes, non les Machiavels en jupons. Il la renvoya en lui disant galamment, s'il faut en croire Duclos, « qu'il n'aimait pas les putains qui parlent d'affaires entre deux draps [2] ». Faute de grives... Elle tomba « du maître au valet » et fut bientôt « la maîtresse publique » — Saint-Simon *dixit* — de l'ambitieux abbé Dubois et chargée, prétend la chronique, de l'organisation des orgies de Saint-Cloud destinées par le retors ministre à amollir la volonté du Régent.

Elle s'est installée dans un appartement de la rue Saint-Honoré, beau quartier et belle rue, animée par la proximité de l'Opéra, de ses spectacles et de ses bals masqués. Les dames fréquentent ses commerces luxueux, chez Dulac pour choisir leurs mouches, chez Crevon pour leurs parfums. Non loin, impasse Orry, le café Marion accueille gens de condition, acteurs, écrivains et musiciens [3]. Le frère et la sœur intriguent à qui mieux mieux dans le sillage de Dubois, à qui Mme de Tencin ne s'inquiète pas trop d'être fidèle. Ses amants sont nombreux, mais la rumeur se plaira, au fil des années, à en augmenter le nombre. Et de citer le comte d'Argenson, l'abbé de Louvois, Fontenelle et Houdar de La Motte, son médecin Astruc, son neveu d'Argental et même — sans aucune preuve, mais on ne prête qu'aux riches — son propre frère, « l'incestueux coquin ».

A passer d'un lit à l'autre, un accident devait arriver. De sa liaison avec le chevalier Destouches, lieutenant général de l'artillerie, la voilà grosse. L'enfant naquit pendant que le père était aux Antilles. Mme de Tencin le fit abandonner sur les marches de la petite chapelle de Saint-Jean-le-Rond, proche Notre-Dame. L'encombrant nouveau-né fut recueilli par l'épouse d'un vitrier, Mme Rousseau, et baptisé le 17 novembre 1717. Il ne la quittera qu'à cinquante ans, pour aller vivre avec Mlle de Lespinasse. Mme de Tencin ne se soucia jamais de lui et l'oublia même dans son testament : « Elle ne lui a rien donné, rien laissé, écrira Collé, et a toujours eu avec lui les procédés les plus durs et les plus inhumains [4]. » Sans le reconnaître pour son fils, Destouches prendra soin de l'enfant et lui laissera une pension. Ce sont les Destouches qui lui feront abandonner son nom de Jean Le Rond. Il deviendra célèbre, l'un des plus grands mathématiciens de son temps et le codirecteur de l'*Encyclopédie* sous celui de d'Alembert.

1. Saint-Simon, *Mémoires*, t. VII, p. 508-509.
2. Duclos, *Mémoires secrets*, *op. cit.*, p. 149.
3. Voir Hénard Robert, *La Rue Saint-Honoré*, Paris, E. Paul, 1908.
4. Ch. Collé, *Journal et Mémoires*, Genève, Slatkine reprints, 1967, t. I, p. 350.

En 1719, l'abbé de Tencin a été chargé d'obtenir la conversion au catholicisme du fameux banquier John Law et la voilà dans la spéculation, moins tentée pourtant par l'argent que par le pouvoir, au moins par frère interposé. Car l'abbé aussi cabale de son mieux, et ses intrigues à Rome procurent le chapeau de cardinal à Dubois, dont on espère de la reconnaissance.

En 1726, Mme de Tencin est compromise dans un grave scandale. Son amant, Charles de La Fresnaye, qui avait été banquier expéditionnaire en cour de Rome et se mêlait avec elle d'agiotage, voyant ses affaires mal engagées, avait placé sur sa tête contrats de rente et obligations. En automne 1725, il se prétend grugé, volé, dépouillé par « une scélérate ». La tête perdue, il se persuade qu'elle veut le faire tuer, rédige un testament accablant, puis se rend chez elle, le 6 avril 1726, et se tire un coup de pistolet dans la poitrine. Le gaillard était fou, mais il laissait un document qui n'arrangeait pas la réputation de Mme de Tencin :

> Sur l'avis et les menaces que m'a fait depuis longtemps Mme de Tencin de m'assassiner ou de me faire assassiner, […] et que son caractère la rend capable des plus grands crimes, j'ai cru que la précaution de faire mon testament, ainsi qu'il suit, était très convenable.
>
> […] Cette misérable a eu pour moi les façons les plus indignes, et si monstrueuses, que le souvenir m'en fait frémir : mépris public, noirceur, cruauté, tout cela est encore trop faible pour exprimer la moitié de tout ce que j'ai essuyé ; mais sa grande haine est venue de ce que je l'ai surprise, il y a un an, me faisant une infidélité avec Fontenelle, son vieil amant, et de ce que j'ai depuis découvert qu'elle avait, avec son neveu d'Argental, le même commerce qu'avec moi. Cette infâme a couché avec moi pendant quatre ans, au vu et au su de tous ses domestiques, d'une partie de ses parents et amis et, après cela, n'a pas eu honte de me traiter publiquement comme un valet, et par ses friponneries m'a mis hors d'état de payer mes dettes [1].

Arrêtée, menée au Châtelet, Mme de Tencin y fut interrogée toute la nuit, mise en présence du cadavre, puis transférée à la Bastille. Les commentaires allaient bon train. Dans sa *Chronique*, Barbier lui reconnaissait « de l'esprit comme un diable », mais ne la croyait pas coupable. C'était aussi l'opinion du président Bouhier, qui écrivait à son ami Mathieu Marais à propos de ce fou de La Fresnaye : « Je ne crois pas la dame plus coupable de sa mort que de la galanterie avec Fontenelle [2] ». Enfin, le 3 juillet, elle se vit déchargée de toute accusation, mais le coup était porté. Traînée dans la fange par les chansonniers, elle partit se remettre aux eaux de Passy. Elle était innocente, mais calomniée… « Il

---

1. Le texte du testament est cité par P.-M. Masson, *Madame de Tencin (1682-1749)*, *op. cit.*, p. 253-256.

2. *Chronique de la Régence et du règne de Louis XV*, Paris, Charpentier, 1857, t. I, p. 420-421 ; *Correspondance littéraire du président Bouhier*, Université de Saint-Étienne, 1981, nº 9, p. 18, 15 avril 1726.

est difficile, écrit le président Bouhier, que la lessive du Grand Conseil n'ait laissé quelque tache à la dame de Tencin, que toutes les eaux de Passy n'effaceront point [1]. »

Elle avait quarante-cinq ans et commençait à s'empâter. Elle fit réflexion que le temps de la galanterie était passé et qu'il lui fallait chercher désormais d'autres moyens de pouvoir. Après la mort du cardinal Dubois, le couple fraternel repartit à l'assaut. Désormais archevêque d'Embrun, Tencin s'emploie de son mieux dans la lutte contre le jansénisme et sa sœur l'épaule si bien en faisant de son salon un foyer constitutionnaire et d'agitation ultramontaine, que le nouveau ministre, le cardinal de Fleury, doit la prier de s'éloigner quelque temps de la capitale. Des années durant, tenaces, ils mèneront leur combat d'ambitieux. Mme de Tencin se multiplie sur tous les fronts, pousse peut-être dans les bras de Louis XV sa première maîtresse, Mme de Mailly, puis s'ingénie à soutenir la favorite suivante, Mme de La Tournelle, bientôt duchesse de Châteauroux, et la suivante encore, la Pompadour. Active, fébrile, toujours en travail, elle intrigue et cabale de son mieux. En 1739, son frère a reçu le chapeau de cardinal et est nommé archevêque de Lyon l'année suivante, ministre d'État deux ans plus tard. Il se voit déjà en successeur de Fleury, mais à la mort de celui-ci, Louis XV proclame sa volonté d'être lui-même son premier ministre, et la succession tant convoitée échappe aux Tencin.

Les centres d'intérêt de Mme de Tencin s'étaient peu à peu déplacés et l'on parlait beaucoup de son salon. Il ne s'était pas peuplé en un jour. Elle avait fait ses classes chez sa sœur, Mme de Ferriol, et fréquenté chez l'aimable Mme de Lambert. Pour des raisons tactiques, elle avait beaucoup hanté diplomates, courtisans et hauts dignitaires ecclésiastiques, mais la mort de Mme de Lambert, en 1733, laissait une place à prendre et Mme de Tencin l'investit, rassemblant autour d'elle écrivains et savants. On y rencontrait d'abord les « sept Sages » : l'éternel Fontenelle, Marivaux, le physicien Mairan, le numismate De Boze, l'érudit Mirabaud, le médecin Astruc, l'écrivain Duclos — tous académiciens ou en passe de l'être. C'était le noyau dur, mais on verra aussi chez elle, assidus à ses « mardis », l'aimable Piron et Saurin, les savants suisses Cramer et Jalabert, l'Italien Guasco, puis Montesquieu, Tremblay, Réaumur, l'abbé de Saint-Pierre, Gentil-Bernard, le comte de Tressan et, vers la fin, Marmontel et le jeune Helvétius [2]. En somme, tout ce qui comptait alors dans les lettres et les sciences. Sauf Voltaire, avec qui l'on entretient des rapports courtois mais distants. Dans ce salon ultramontain, on n'appréciait pas trop les esprits forts. Lors d'une vacance à l'Académie française, la dame ne se fit pas faute de soutenir

---

1. *Correspondance littéraire du président Bouhier*, *op. cit.*, p. 58, 22 juillet 1726.
2. Voir J. Sareil, *Les Tencin. Histoire d'une famille au dix-huitième siècle, op. cit.*, p. 216-226 ; P. M. Masson, *Madame de Tencin (1682-1749), op. cit.*, p. 182-195.

contre lui son Marivaux — et l'emporta. Les femmes étaient moins nombreuses, mais on rencontrait cependant chez elle Mme du Châtelet, Mme Dupin, Mme de La Popelinière ou Mme Geoffrin — qui attendait sa succession comme elle avait jadis guetté celle de Mme de Lambert.

Entourée de ses fidèles, qu'elle nommait gentiment ses « bêtes » ou sa « ménagerie », vêtue sans recherche, elle menait la conversation avec une autorité discrète et leur témoignait de l'amitié et une affection vraie, toujours prête à leur être utile. En 1748, elle se chargea de diffuser *L'Esprit des lois* de son ami Montesquieu. On parlait avec esprit de littérature et de sciences, sans se priver de discussions qui rappelaient un peu les salons du XVIIᵉ siècle et la préciosité, quitte à remettre à la mode les débats de casuistique amoureuse. Voyons, jetait quelqu'un : « Est-il plus supportable de se croire haï de ce qu'on aime que d'en pleurer la mort ? » C'est la question qu'elle posera elle-même dans *Le Siège de Calais* [1]. Ses familiers ont laissé d'elle des portraits sympathiques, parfois sous des noms d'emprunt. Marivaux surtout, dans *La Vie de Marianne*, où il fait l'éloge de son salon plein d'esprit et de bonne compagnie et où elle apparaît sous les traits de l'aimable Mme Dorsin [2].

Duclos, qui la représente dans Mme de Tonins, lui fait aussi crédit de beaucoup d'esprit — trop même — et critique, un peu grognon, coteries et chapelles : « Le ton de cette petite république était de blâmer généralement tout ce qui ne venait pas d'elle [3]. » Marmontel, qui y avait été présenté pour donner lecture de sa tragédie d'*Aristomène*, pense de même. Pour lui, Mme de Tencin offrait adroitement à chacun l'occasion de briller, et chacun la saisissait à sa manière :

> Dans Marivaux, l'impatience de faire preuve de finesse et de sagacité perçait visiblement. Montesquieu, avec plus de calme, attendait que la balle vînt à lui, mais il l'attendait. Mairan guettait l'occasion. Astruc ne daignait pas l'attendre. Fontenelle seul la laissait venir sans la chercher ; et il usait si sobrement de l'attention qu'on donnait à l'entendre, que ses mots fins, ses jolis contes n'occupaient jamais qu'un moment. Helvétius, attentif et discret, recueillait pour semer un jour [4].

Elle touchait à la fin d'une carrière bien remplie. Gravement malade en 1746, elle se remit, puis quitta la rue Saint-Honoré pour la rue Vivienne. Souffrante, paralysée, elle gardait sa lucidité. Elle mourut le 4 décembre 1749, et celle que Sainte-Beuve disait encore « cupide, rapace, intrigante » s'en fut en laissant ses biens à son médecin Astruc et

---

1. *Le Siège de Calais*, préface de P.-J. Rémy, Paris, Desjonquères, 1983, p. 180-181.
2. Marivaux, *Romans*, Paris, Gallimard, « Bibliothèque de la Pléiade », 1949, p. 246-259.
3. Ch. Duclos, *Les Confessions du comte de****, éd. critique par L. Versini, Paris, Didier, 1969, p. 86.
4. Marmontel, *Mémoires*, éd. critique par J. Renwick, Clermont-Ferrand, G. de Bussac, « Écrivains d'Auvergne », 1972, t. I, p. 100-101.

oubliant sans remords ses neveux et le fils qu'elle n'avait jamais voulu connaître, ce dont s'indigne Collé. Sincèrement ému, Marivaux écrivit à une amie : « Mme de Tencin n'est plus. La longue habitude de la voir qui m'avait lié à elle n'a pu se rompre sans beaucoup de sensibilité de ma part. » L'âge rend égoïste, et l'on rapporte ce mot de Fontenelle, qui la fréquentait depuis plus de trente ans : « Eh bien ! j'irai dîner le mardi chez Mme Geoffrin [1]. » Ce sont les indifférents qui deviennent centenaires.

*
* *

Dans un salon où se coudoyaient écrivains et beaux esprits, lequel communiqua à Mme de Tencin la démangeaison d'écrire ? « A force de voir des auteurs, dit Sabatier de Castres, elle voulut le devenir à son tour [2]. » Elle le devint en effet, et à plusieurs reprises. Ce furent d'abord, en 1735, les *Mémoires du comte de Comminge*, sur lesquels on reviendra. *Le Siège de Calais* parut en 1739, *Les Malheurs de l'amour* en 1747. A sa mort, elle laissait les deux premières parties des *Anecdotes de la cour et du règne d'Édouard II, roi d'Angleterre*, que compléta Mme Élie de Beaumont, l'épouse de l'avocat des Calas [3]. On lui attribua aussi — il s'agirait d'une œuvre de jeunesse — l'*Histoire d'une religieuse, écrite par elle-même*, qui parut en mai 1786 dans la *Bibliothèque universelle des romans* [4].

Si l'on en croit la tradition, *Le Siège de Calais* serait né d'une gageure. Comme on se plaignait, rapporte encore Sabatier, du déroulement uniforme des romans — rencontre, obstacles, mariage — Mme de Tencin aurait parié « qu'il était possible d'en composer un décent, en le faisant commencer à peu près où les autres finissent ». C'est bien le cas en effet de cette nouvelle historique dont l'action se situe au XIVe siècle, et où l'auteur s'ingénie à nouer les fils de plusieurs intrigues imbriquées sur le thème des amours contrariées.

Le début répondait à la gageure. Mariée sans amour, Mme de Granson lutte contre son penchant pour l'insensible M. de Canaple. Un soir, il se glisse par erreur dans son lit tandis que, trompée par l'obscurité, elle le prend pour son mari. Au petit jour, il découvre sa méprise et fuit, mais

---

1. Cité par J. Sareil, *Les Tencin. Histoire d'une famille au dix-huitième siècle*, *op. cit.*, p. 397.

2. Sabatier de Castres, *Les Trois Siècles de notre littérature*, Amsterdam, 1773, t. III, p. 251.

3. Le récit développe deux intrigues, avec enlèvements, assassinats, maris barbares. Dans sa *Correspondance littéraire* (mars 1776, t. XI, p. 226-227), Grimm déplore l'absence de couleur historique, mais loue « la grâce et la simplicité du style ». La Harpe (*Correspondance littéraire*, Genève, Slatkine reprints, t. I, p. 296) apprécie caractères et situations, mais juge la partie rédigée par Mme de Beaumont très inférieure aux deux autres.

4. Le texte aurait été transmis par l'abbé Trublet, qui l'avait connue. Voir A. Martin, *La Bibliothèque universelle des romans 1775-1789*, Oxford, Voltaire Foundation, 1985 (*Studies on Voltaire and the Eighteenth Century*, 231), p. 222.

une bague oubliée le trahit. Indignée, n'osant révéler sa faute involontaire, elle lui témoigne désormais la plus grande froideur, alors qu'il éprouve à son tour une passion violente et tente de désarmer son mépris par son humilité. Sur ce départ viennent se greffer, rapportées dans des récits intercalés, les amours contrariées de M. de Châlons et de Mlle de Mailly, de Milord d'Arundel et de Mlle de Roye. Tout est ici, comme à plaisir, quiproquos, malentendus, couvent, abandon d'enfant et mariage secret avec, en arrière-plan, la guerre franco-anglaise et le siège de Calais par Édouard III. Les héros sont chevaleresques, les héroïnes vertueuses. La conclusion en prend à son aise avec l'histoire. Édouard ayant exigé, à la reddition de la ville, la vie de six bourgeois, Canaple et Châlons consentent, dissimulant leurs nobles origines, à se ranger parmi eux. Qu'à cela ne tienne. Veuve à présent — son mari est mort à la bataille de Crécy — Mme de Granson, rassurée sur les sentiments et la bonne foi de son amant par une émouvante lettre d'adieu, revêt des habits d'homme et va supplier le souverain de l'exécuter à la place de Canaple. Touchée, la reine intervient, obtient la grâce des martyrs et tout finit par des mariages.

Si ce romanesque surprend aujourd'hui, il n'en est pas moins conforme à une technique éprouvée visant à retarder habilement un dénouement attendu. Rien de libertin dans la scène du début. Il s'agit seulement d'une adroite modification de la démarche narrative : les protagonistes sont contraints, en quelque sorte, de remonter le cours de l'intrigue jusqu'au moment où l'héroïne, préalablement possédée, consent à s'avouer éprise [1] et où le mariage vient sanctifier ses sentiments. A partir de là, les récits secondaires se multiplient, artificiellement rattachés à l'intrigue principale.

Cet art ne pratique pas le portrait, mais les stéréotypes. Canaple : « Peu d'hommes étaient aussi bien faits que lui ; toute sa personne était remplie de grâce » ; Mlle de Mailly : « Je n'ai point vu de traits plus réguliers, et, ce qui se trouve rarement ensemble, plus de grâce et d'agrément [2]. » Art classique, qui évite l'individuel, la particularisation, et pas davantage de décors. Guère non plus de lutte intérieure, le héros obéissant toujours à son devoir, et pas davantage de souvenirs personnels : même si Mme de Tencin a vécu le couvent et l'abandon d'enfant, ces éléments font partie de l'arsenal romanesque. On y découvre enfin le culte de la souffrance chez des héroïnes vertueuses et poursuivies par leur famille tyrannique ou un destin hostile [3]. Souffrance est synonyme de sensibilité et l'amour,

---

1. J. Decottignies, « Les romans de Madame de Tencin. Fable et fiction », dans *La Littérature des Lumières en France et en Pologne*, Varsovie, 1976, *Acta Universitatis Wratislaviensis*, 339, p. 256.

2. *Le Siège de Calais*, *op. cit.*, p. 13, 38.

3. Voir S. Jones, « Madame de Tencin : an eighteenth-century woman novelist », dans *Woman and Society in Eighteenth-Century France*. Essays in honour of J. S. Spink, éd. établie par E. Jacobs, W. H. Barber, J. H. Bloch, F. W. Lealey, E. Le Breton, Londres, Athlone Press, 1979, p. 200.

« cette funeste passion », frappe les héros comme une fatalité : on est proche des romans de Prévost.

L'ouvrage fut bien accueilli, quoique l'abbé Granet en jugeât les caractères faibles[1]. Plus sévère, l'abbé Prévost regretta la complication des récits intercalés, estimant que le roman eût été comparable à *La Princesse de Clèves*

> [...] si l'auteur s'était autant occupé du soin d'intéresser le cœur, que de celui de plaire à l'esprit ; si l'aventure qui sert de fondement à l'intrigue principale, n'avait pas quelque chose d'un peu contraire aux bienséances ; si quelques-uns des caractères avaient un peu plus de vérité ; si quelques événements étaient mieux fondés ; si les sentiments n'allaient pas quelquefois de la délicatesse au raffinement ; si quelques pensées n'étaient pas plus subtiles que justes, et quelques expressions peu conformes au langage de la nature[2].

Cela faisait beaucoup de *si*. Pourtant peu féru de romans, Voltaire n'en comptait pas autant : « Je lis actuellement *Le Siège de Calais*, écrit-il le 27 juillet 1739 à Mlle Quinault, j'y trouve un style pur et naturel que je cherchais depuis longtemps. » Sabatier de Castres y voyait « de l'art, de la délicatesse, le ton de la bonne compagnie », quoique ce fût dans un récit « dont la vertu n'est pas le fondement ». La Harpe le déclara « plein d'intérêt et de goût ». Seule Mme de Genlis, toujours chipie, bouda son plaisir : « Jamais une intrigante, de quelque classe qu'elle puisse être, n'a eu un bon ton »[3]. Le succès du roman et le nombre des éditions démentirent ce jugement[4].

Les Malheurs de l'amour parurent en 1747, deux ans avant la mort de Mme de Tencin. Ici encore, le récit était double. C'étaient d'abord les amours contrariées de Pauline, héritière riche mais sans naissance, avec M. de Barbasan, que sa propre mère l'empêche d'épouser afin d'accaparer sa fortune. Emprisonné à la suite d'un duel, Barbasan fuit et devient, hélas, l'amant de la fille du geôlier qui l'a aidé à s'évader. Histoire coupée par celle de Mlle de Joyeuse, devenue religieuse après avoir été indignement abusée par le comte de Blanchefort. Sans amour, Pauline accepte de faire une fin en épousant l'honnête président d'Hacqueville qui, mal aimé, en mourra de désespoir. Retour soudain de Barbasan, qui la sauve d'un agresseur et, blessé, meurt à son tour.

Singulier roman, fondé sur le jeu des apparences, des méprises et des

1. Abbé Granet, *Réflexions sur les ouvrages de littérature*, Paris, Briasson, 1743, t. IX, p. 51.

2. Prévost, *Le Pour et Contre*, Paris, Didot, 1733-1740, 20 vol., t. XVII, feuille CCXLIV, p. 77-78, 82.

3. Sabatier de Castres, *Les Trois Siècles de notre littérature*, *op. cit.*, t. III, p. 251 ; La Harpe, *Correspondance littéraire*, *op. cit.*, t. XIV, p. 252 ; Mme de Genlis, *De l'influence des femmes sur la littérature française*, Paris, Lecointe, 1866, t. II, p. 150-151.

4. Voir A. Martin, V. G. Mylne, R. Frautschi, *Bibliographie du genre romanesque français 1751-1800*. Londres, Mansell - Paris, France Expansion, 1977, p. 203.

malentendus : les coupables ne le sont pas en réalité, les plus aimables se
révèlent les plus corrompus et chaque fois, la femme est victime d'un
sentiment auquel elle s'est abandonnée avec confiance. Ici encore, dans
un XVIIᵉ siècle de pure convention, se multiplient serments, couvents,
mariages secrets, duels, évasions. Le souvenir de Mme de La Fayette
n'est pas absent. Vertige de l'aveu : Pauline confesse à M. d'Hacqueville
son amour pour Barbasan et il en meurt comme M. de Clèves. Comme
ceux du roman précédent, les personnages sont « sensibles » et Pauline
est mise en garde par son amie : « Vous avez un fonds de sensibilité qui
m'alarme pour le repos de votre vie[1]. » Elle-même confesse : « J'avais un
cœur avec lequel je ne pouvais être longtemps en repos. » Si l'on parle
des « malheurs » de l'amour, c'est qu'il semble bien n'y en pas avoir
d'heureux : l'hostilité d'une mère dénaturée, la cupidité d'un beau-père,
les fautes d'un amant, l'indignité d'un mari représentent pour la femme
autant de périls où sombre sa bonne foi. L'homme n'est pas flatté :
inconstant, intéressé, faible, malhonnête, il est bien inférieur aux figures
féminines, seules capables d'un sentiment authentique.

Ce pathétique attendrissant avait sa séduction. Delandine tenait ces
situations pour « déchirantes » et mettait en garde contre la lecture d'un
tel roman : « De pareils écrits portent dans l'âme un attendrissement trop
profond. Leur lecture est d'un instant ; mais l'émotion qu'ils causent peut
déterminer les goûts et les penchants de toute la vie. » On tenait aussi le
récit pour une édifiante leçon de morale. Ces pages, disait encore Auger
en 1820, offrent « une foule d'instructions salutaires [qui] résultent des
malheurs produits par l'oubli des devoirs ou des règles de la prudence »[2].

Très appréciés, *Le Siège de Calais* et *Les Malheurs de l'amour*
s'effacent cependant devant les *Mémoires du comte de Comminge*, le
premier roman publié en 1735 par Mme de Tencin. Un critique fameux
du siècle passé, Abel Villemain, en gardait un souvenir enthousiaste :

> Pour le goût, la passion, le naturel, rien ne surpasse les *Mémoires du
> comte de Comminge*. On y sent, comme dans les ouvrages de l'abbé
> Prévost, le contrecoup de la solitude et l'émotion du cloître. La dernière
> scène est d'un pathétique admirable. [...] A-t-on jamais imaginé situation
> plus touchante ? [...] Le roman du *Comte de Comminge* [...] est resté le
> plus beau titre littéraire des femmes au XVIIIᵉ siècle. La pureté délicate
> de *Zaïde* et de *La Princesse de Clèves* s'y retrouve, avec une simplicité
> plus libre et plus animée. Surtout, on n'y voit rien de ces grâces un peu
> maniérées, fort à la mode dans la société même de Madame de Tencin. Tout
> est naturel et ingénu dans cet ouvrage d'une personne qui l'était si peu[3].

---

1. *Œuvres de Mmes de La Fayette, de Tencin et de Fontaines*, t. III, p. 257.
2. Delandine, « Observations sur les romans, et en particulier sur ceux de Mme de
Tencin », *op. cit.*, p. 513 ; Auger, *Œuvres*, t. I, p. 16.
3. A. Villemain, *Cours de littérature française. Tableau de la littérature du XVIIIᵉ siècle*,
Paris, Didier, 1852, t. I, p. 260. Un demi-siècle plus tard, V. Du Bled restait du même avis
(« Les salons du XVIIIᵉ siècle. Mme de Tencin », dans *Nouvelle Revue*, CX, 1898, p. 653).

Cette réussite, le roman ayant paru sous l'anonymat, ce qui n'avait rien de surprenant pour une femme de condition, on la lui a pourtant contestée, sans preuves, en l'attribuant, en tout ou en partie, à ses neveux d'Argental et Pont-de-Veyle, appelés au moins en collaboration, comme s'il fallait absolument l'intervention d'une plume masculine pour répondre d'une œuvre de qualité. Contribution d'autant moins probable que Mme de Tencin tenait d'Argental pour un nigaud et «une âme de chiffe» et que Pont-de-Veyle ne s'est jamais illustré que dans des bluettes sans portée [1].

Le genre des pseudo-Mémoires était alors à la mode, au point qu'on a pu en dénombrer, entre 1700 et 1750, plus de deux cents, l'auteur se donnant seulement, comme ici, pour l'éditeur de papiers opportunément découverts. Il s'agissait moins de duper le lecteur que d'insérer le récit à la fois dans l'histoire, ce qui lui conférait une sorte de dignité, et dans une convention littéraire où l'usage de la première personne aide à créer l'illusion de l'authenticité [2]. Ceci établi, la situation historique est moins précise encore que pour *Le Siège de Calais*, de très vagues repères permettant tout juste de pencher pour les débuts du règne de Louis XIV.

A l'origine, une implacable haine entre familles, qui rappelle celle des Montaigus et des Capulets chez Shakespeare ou, plus proche, celle des parents de Céladon et d'Astrée dans le roman d'Honoré d'Urfé. Le comte de Comminge et Adélaïde de Lussan, qui s'aiment, seront les victimes de l'obstination odieuse du père du jeune comte. Sur ce thème, on pouvait broder et Mme de Tencin n'y manque pas, mais plus sobrement et de manière plus linéaire que dans ses autres romans. Ici, point de détours ni de récits intercalés; l'œuvre y gagne en concision et en efficacité.

Elle ne tente pourtant pas d'innover et utilise les traditionnels ressorts romanesques. Ses héros sont, comme il convient, du meilleur monde, et l'on prend soin de nous en avertir dès les premières lignes : «La maison de Comminge, dont je sors, est une des plus illustres du royaume.» Deux jeunes gens faits l'un pour l'autre séparés par l'arbitraire paternel, le mariage avec un brutal, quelques coups d'épée, la séquestration d'un amant désespéré et d'une épouse innocente, la réclusion claustrale, une mort pathétique : ces ingrédients n'étaient pas neufs, mais Mme de Tencin s'entendra, en romancière adroite, à en tirer le meilleur parti. Comme chez Prévost et d'autres, le hasard tient son rôle [3]. Déguisée en homme, Adélaïde a suivi Comminge à la Trappe et le croit voué à Dieu, revenu à la paix de l'âme, quand elle le voit répandre des larmes sur son

---

1. Voir P. M. Masson, *Madame de Tencin (1682-1749)*, *op. cit.*, p. 131-133; *Mémoires du comte de Comminge*, présentés et annotés par J. Decottignies, Lille, Giard, 1969, p. 16-25.

2. Voir S. P. Jones, *A List of French Prose Fiction from 1700 to 1750*, New York, Wilson, 1939.

3. Voir M. Mariani, «Un roman d'amour de Mme de Tencin : les *Mémoires du comte de Comminge*», dans *Quaderni di filologia e lingue romanze*, 3e série, I, 1986, p. 116-117.

portrait et comprend qu'il n'a jamais cessé de l'aimer. Un carrosse verse à point nommé pour réunir les jeunes gens, et l'auteur s'en amuse elle-même : « On s'attend bien que c'étaient Adélaïde et sa mère. » Chez Mme de La Fayette, le chevalier de Guise, le prince de Clèves et le duc de Nemours étaient frappés d'amour à la première vue de Mlle de Chartres et il n'en va pas autrement ici : « Je l'aimai dès ce premier moment. » Entre Adélaïde et Comminge, nul besoin de discours : « Les cœurs aussi sensibles que les nôtres s'entendent bien vite. » Cette sensibilité fait les âmes d'élite, mais doit aussi les perdre, elle est leur « fatalité ». Baculard d'Arnaud le dit encore en 1745, dans *Les Époux malheureux* : « Hélas ! qu'on est malheureux d'avoir un cœur sensible ! » Quinze ans plus tard, dans *La Nouvelle Héloïse*, Saint-Preux exhalera la même plainte : « Ô Julie, que c'est un fatal présent du ciel qu'une âme sensible [1] ! » Un père intraitable, une mère plus humaine mais finalement soumise à son mari, un époux jaloux et tyrannique composent encore une typologie sans surprise et un personnel romanesque en service dans d'innombrables romans du temps [2]. Malheureuse, sacrifiée, Adélaïde se voudra avant tout fidèle à l'honneur et au devoir. Elle refuse d'écouter Comminge qui lui propose de fuir avec lui, au nom du droit de l'individu au bonheur. Mariée au despotique Bénavidès, il peut lui arriver de soupirer : « C'est une cruelle chose [...] quand il faut mettre toujours le devoir à la place de l'inclination. » Elle s'acharnera pourtant à conserver l'estime de son mari, proscrira l'amant qui l'a rejointe malgré ses ordres. Maîtrisant son amour, elle n'est pas moins cornélienne que Chimène quand elle se rend justice : « Si je n'ai pas été maîtresse de mes sentiments, je l'ai du moins été de ma conduite. »

L'analyse des caractères l'emporte sur l'art du portrait, toujours tributaire de la généralisation classique. Si Comminge, qui tient la plume, ne se décrit pas, Mlle de Lussan est « une fille qui joignait à la plus parfaite régularité des traits, l'éclat de la plus brillante jeunesse ». Rien de surprenant. Le vidame de Chartres était « l'homme du monde le mieux fait et le plus beau », Mlle de Chartres « une beauté parfaite » et le duc de Nemours « ce qu'il y avait de mieux fait et de plus agréable à la Cour ». Chez Prévost, il faudra se contenter de savoir Manon « charmante » et Laclos ne prendra pas la peine de nous dire si Mme de Merteuil est blonde ou brune.

On en dira autant des paysages, à peine esquissés et sans couleurs, sauf lorsqu'il leur arrive de servir à évoquer l'état d'âme. Retiré dans un château proche des Pyrénées, Comminge se complaît dans l'âpreté d'un décor adapté à son désespoir : « On voit à l'entour des pins, des cyprès,

---

1. Voir M. Delon, « Fatal présent du ciel qu'une âme sensible. Le succès d'une formule de Rousseau », dans *Études Jean-Jacques Rousseau*, 5, 1991, p. 53-64.

2. On en verra une liste impressionnante dans l'excellente édition de J. Decottignies, qui s'attache à inscrire les *Mémoires* dans le contexte littéraire de l'époque (éd. cit., p. 55-66).

des rochers escarpés et arides, et on n'entend que le bruit des torrents qui se précipitent entre les rochers. Cette demeure si sauvage me plaisait, par cela même qu'elle ajoutait encore à ma mélancolie.» Mme de Tencin pousse au sombre, comme dans l'évocation de la Trappe où s'enterreront les amants, et il n'est pas surprenant qu'une telle description ait inspiré Mme Radcliffe, grande prêtresse du roman noir[1], ni que cette tendance au funèbre ait conduit Baculard d'Arnaud à tirer du roman le drame pathétique des *Amants malheureux*. Les personnages disent aussi, vingt-cinq ans avant Rousseau, la volupté des larmes et la jouissance de la souffrance que connaissaient déjà certains personnages de Prévost. Dès les premières lignes, Comminge avoue n'écrire ses Mémoires que pour «rappeler les plus petites circonstances de [ses] malheurs, et les graver [...] plus profondément dans [son] souvenir». Plus loin : «Mes larmes coulaient, et j'y trouvais une espèce de douceur ; quand le cœur est véritablement touché il sent du plaisir à tout ce qui prouve à lui-même sa propre sensibilité.» Une telle volupté conduit aisément au masochisme. Adélaïde perdue, Comminge rêve de quitter le monde : «J'imaginais presque un plaisir à me rendre encore plus misérable que je ne l'étais.» Et des années durant, insensible aux privations et aux austérités, c'est sa douleur qu'il cultive à la Trappe, «dans un lieu où rien ne [le dérobait] à [sa] douleur».

Enfin, la situation de ces amants désespérés ne donnera pas lieu non plus à ces effusions complaisamment décrites dans lesquelles excellera Rousseau et l'on en restera — formulation classique encore — à la rhétorique de l'indicible. Dans une situation un peu semblable à celle où Saint-Preux attend Julie, Mme de Tencin se borne à écrire : «J'entrai dans sa chambre dans un état plus aisé à imaginer qu'à décrire.» L'ellipse économise la palette et le modèle n'est jamais loin, *Princesse de Clèves* ou *Princesse de Montpensier* : si Bénavidès n'a pas la noblesse grave et douloureuse de M. de Clèves, Comminge a l'ardeur indiscrète de Nemours et Adélaïde la vertu de la princesse.

Les contemporains ne s'y sont pas trompés. L'abbé Desfontaines félicite l'auteur d'un style qui «approche un peu» de celui de Mme de La Fayette et d'avoir su éviter de «donner rien de bourgeois à ses peintures». L'abbé de La Porte reconnaît «le style pur, délicat et ingénieux sans affectation de *Zaïde* et de *La Princesse de Clèves*», et La Harpe confirme : «*Le Comte de Comminge* [...] peut être regardé comme le pendant de *La Princesse de Clèves*»[2].

---

1. Dans *A Sicilian Romance*. Le roman de Mme de Tencin avait été traduit dès 1756, puis dans des périodiques anglais en 1781-1782 et 1787. Voir M. Lévy, «Une nouvelle source d'Ann Radcliffe : les *Mémoires du comte de Comminge*», Caliban, 1, 1964, p. 149-156.

2. Desfontaines, *Observations sur les écrits modernes*, t. III, p. 257, 17 décembre 1735 ; La Porte, *Histoire littéraire des femmes françaises*, Paris, Lacombe, t. III, p. 238 ; La Harpe, *Correspondance littéraire, op. cit.*, t. VII, p. 369.

Utilisant les recettes du roman-Mémoires, reprenant situations et personnages conventionnels, Mme de Tencin est loin cependant d'être une simple suiveuse et *Comminge* est plus personnel qu'il n'y paraît. Desfontaines ou Baculard d'Arnaud ont salué l'effet moral de la conclusion et, au début du XIXe siècle, Auger s'extasiait toujours sur l'admirable enseignement de la scène finale où Adélaïde, sur le point de mourir, révèle son identité, l'émotion faisant oublier l'invraisemblance de la situation :

> Si nul roman n'est plus attendrissant que *Le Comte de Comminge*, nul n'offre aussi des leçons de vertu et de conduite plus fortes et en plus grand nombre. Quel tableau plus frappant des maux qu'entraînent les haines de famille, la dureté des parents qui combattent sans motifs légitimes l'inclination de leurs enfants, les mariages mal assortis et contractés avec répugnance, les coupables imprudences d'une passion que la raison ne règle pas ! Quel plus beau triomphe de la religion sur l'amour, que les derniers moments d'Adélaïde, mourant sur la cendre, et exhortant aux vertus austères du christianisme l'amant qu'elle a enfin sacrifié à son Dieu [1] !

Édifiant ? Pas autant qu'on le croirait, et une lecture attentive montre Mme de Tencin peut-être moins pressée de prêcher que de saper l'édifice de la morale conventionnelle. Car si elle ne bouleverse pas le répertoire des données romanesques, elle s'entend à l'interpréter à sa manière [2].

Le père de Comminge est un barbare, jaloux, mesquin, envieux, qui s'emporte jusqu'à tirer l'épée contre son propre fils. Si la mère semble d'abord compatir, elle ne tarde pas à se ranger du côté de son époux et à exhorter son fils à la résignation. L'oppression sociale n'est fondée sur aucun motif légitime. Il n'est pas question de s'opposer à une mésalliance, voire à une passion dégradante, de sauver un Des Grieux sur le point de se perdre : seule la haine explique l'attitude d'un père abusant d'un pouvoir exorbitant. C'est le rôle même de la famille qui se voit mis en cause.

L'héroïne à son tour n'est pas un décalque de l'image traditionnelle. Comminge refusant de renoncer à l'aimée est séquestré par son père, qui a juré de ne le délivrer que lorsque Adélaïde sera mariée, donc hors d'atteinte. Une telle contrainte est banale dans l'univers romanesque, mais ici Adélaïde agit non en victime passive, mais en individu volontaire. Non seulement elle décide de se marier pour sauver son amant mais, parmi les soupirants possibles, elle choisit, afin d'épargner la

---

1. *Œuvres complètes*, t. I, p. 13.
2. Pour ce qui suit, on ne peut que rappeler les pénétrantes analyses de J. Decottignies, qui ont renouvelé la lecture du roman. Voir éd. cit., p. 79-118 et, du même auteur, « Roman et revendication féminine d'après les *Mémoires du comte de Comminge* », dans *Roman et Lumières au XVIIIe siècle*, Paris, Éditions sociales, 1970, p. 311-320. Voir aussi H. Coulet, « Expérience sociale et imagination romanesque dans les romans de Mme de Tencin », dans *Cahiers de l'Association internationale des études françaises*, 46, 1994, p. 31-51.

jalousie à Comminge, le plus détestable par le physique comme par le caractère. L'oppression débouche sur un sacrifice sublime qui lui-même, Adélaïde ne cessant d'aimer Comminge, profane l'institution sacrée du mariage, la jeune femme finira par le reconnaître elle-même.

Les rôles d'amants ne sont pas non plus conformes à la *vulgate* romanesque. Comminge aime, certes, mais sa conduite n'est pas celle du chevalier sans reproche. Adélaïde mariée et malheureuse sous la domination d'un époux sans délicatesse, lui, n'écoutant que sa passion, se déguise en peintre pour pénétrer jusqu'à elle, sans souci de son repos ni de sa réputation, et sera cause de la catastrophe. Alors que le véritable amour suppose la confiance, il la suspecte de n'être pas insensible aux soins de dom Gabriel, son beau-frère, et la jeune femme ne manque pas d'en être douloureusement surprise : « Quoi, me dit-elle, vous osez me faire des reproches : vous osez me soupçonner, vous... » Alors qu'elle est tout dévouement, Comminge est égoïste. Même s'il lui arrive d'en prendre conscience — « Je me reprochais dans ces moments de l'aimer plus pour moi que pour elle » — il est incapable de se contraindre. Il faudra le désastre final où s'abîme Adélaïde pour qu'il prenne enfin — et trop tard — conscience de ses fautes : « Je repassais les malheurs de sa vie, je me trouvais partout. » En effet.

Dom Gabriel lui-même, s'il se comporte avec respect et désintéressement, n'en est pas moins un inconstant, que ses sentiments pour Adélaïde ont détaché de celle avec qui il était engagé. Décidément les hommes, dans ce roman de femme, n'apparaissent pas grandis : faibles, lâches, égoïstes, injustement soupçonneux, changeants lorsqu'ils sont amants, impérieux, possessifs et despotiques quand ils sont pères ou maris.

Reste le couvent, épisode ou conclusion de tant de récits. A la différence de *La Princesse de Clèves*, Dieu ne gagne rien à cette retraite. Comminge y blottit sa passion, y cultive « cette douleur qui [lui] était devenue si chère », passe des heures, non à faire pénitence, mais à contempler le portrait de celle qu'il ne peut oublier. J'y cherchais, dit-il, « l'assurance que mes larmes ne seraient point troublées, et que je passerais ma vie entière dans cet exercice ». Il a offert à la religion un fantôme de dévotion. Adélaïde à son tour fait du cloître un usage sacrilège. Elle y apporte « un cœur plein de passion » et quand elle croit voir que Comminge a trouvé la paix, elle n'éprouve que révolte : « Loin de bénir le Seigneur de l'avoir mis dans la voie sainte, je blasphémai contre lui de me l'avoir ôté. » Sa mort ne mènera pas Comminge à la pénitence et s'il demande à se retirer dans un ermitage solitaire, ce n'est pas par contrition, mais par désespoir d'amour : « J'y suis depuis plusieurs années, n'ayant d'autre occupation que celle de pleurer ce que j'ai perdu. » N'a-t-il pas obtenu du supérieur que ses cendres seront mêlées à celles d'Adélaïde dans le même tombeau ? Une conclusion à la

Tristan et Iseut, qui n'a rien que de profane. Si l'amour triomphe, la religion et l'institution monastique sont bafouées.

Mme de Tencin a bien repris thèmes, motifs, situations et types traditionnels, mais son art consiste — au-delà d'un style fluide, élégant et harmonieux — dans une adroite subversion de leur sens traditionnel qui prête au roman celui d'une insurrection permanente contre les valeurs essentielles de la famille, de la société et même de la religion. Le diable ne s'était pas fait ermite, et la débauchée de la Régence ne s'était pas, sur le tard, confite en dévotion. Bien au contraire, elle revendiquait le droit de l'individu à diriger son destin.

Leur portée subversive ne fut guère perçue des contemporains, mais les *Mémoires du comte de Comminge* firent du moins verser bien des larmes :

> Voulez-vous livrer votre cœur à cette émotion sombre et profonde, à cette langueur attachante qui fait longtemps rêver, et dispose à la bienfaisance, à l'amitié, à l'amour, à tous les sentiments tendres de la nature ? Prenez *Le Comte de Comminge*. Quelle tristesse y respire ! Qu'on y trouve à la fois de douleur et de charmes ! Que le style en est pénétrant ! [...] Comme elle devait sentir vivement, pour peindre ainsi qu'elle l'a fait[1] !

Grimm aussi s'attendrissait. Ce roman de Mme de Tencin, « femme célèbre de plus d'une manière », disait-il, est « en possession de faire pleurer ». Et Auger avouait qu'il était difficile d'en lire quelques pages « sans se sentir ému jusqu'aux larmes »[2]. La mode des larmes passée, le réaliste Balzac sera plus sévère : dans *La Maison du chat-qui-pelote*, la romanesque Augustine découvrira *Comminge* « dans l'armoire d'une cuisinière récemment renvoyée ». N'importe : il avait connu une vogue européenne et aura des dizaines d'éditions jusqu'à la fin du XIXe siècle[3]. Ce fut le succès — mérité — d'une femme à l'existence agitée, dont Villemain disait qu'elle avait su pratiquer « le grand art d'arriver à la considération sans estime ».

R. T.

---

1. Delandine, « Observations sur le roman, et en particulier sur ceux de Mme de Tencin », *op. cit.*, p. 512-513.

2. Grimm, *Correspondance littéraire*, t. VI, p. 133, 1er décembre 1764 ; Auger, *Œuvres complètes*, t. I, p. 18.

3. On en trouvera l'analyse dans l'édition de J. Decottignies, p. 119-134 ; A. Martin, V. G. Mylne, R. Frautschi, *Bibliographie du genre romanesque français 1751-1800*, *op. cit.*, p. 99.

(1735)

AVIS AU LECTEUR

Ce manuscrit a été trouvé dans les papiers d'un homme après sa mort. On voit bien qu'il a donné des noms faux à ses personnages et que ces noms sont mal choisis ; mais on a donné le manuscrit tel qu'il était et sans y avoir rien changé. Du reste, on a lieu de croire que les événements sont vrais, parce qu'on a d'ailleurs quelque connaissance de la façon dont le manuscrit est venu entre les mains de celui chez qui on l'a trouvé.

Je n'ai d'autre dessein en écrivant les Mémoires de ma vie que de rappeler les plus petites circonstances de mes malheurs, et de les graver, encore s'il est possible, plus profondément dans mon souvenir.

La maison de Comminge, dont je sors, est une des plus illustres du royaume. Mon bisaïeul qui avait deux garçons donna au cadet des terres considérables au préjudice de l'aîné et lui fit prendre le nom de marquis de Lussan. L'amitié des deux frères n'en fut point altérée ; ils voulurent même que leurs enfants fussent élevés ensemble. Mais cette éducation commune dont l'objet était de les unir les rendit au contraire ennemis presque en naissant.

Mon père qui était toujours surpassé dans ses exercices [1] par le marquis de Lussan en conçut une jalousie qui devint bientôt de la haine ; ils avaient souvent des disputes, et comme mon père était toujours l'agresseur, c'était lui qu'on punissait. Un jour qu'il s'en plaignait à l'intendant de notre maison : « Je vous donnerai, lui dit cet homme, les moyens d'abaisser l'orgueil de M. de Lussan ; tous les biens qu'il possède vous appartiennent par une substitution [2] et votre grand-père n'a pu en

---

1. L'ensemble des exercices pratiqués par les jeunes nobles dans les académies, l'escrime, l'équitation, la danse, etc.
2. Terme juridique de l'ancien droit. La substitution est une libéralité contenue dans un testament, adressée à une personne appelée *grevé*, à charge pour elle de la conserver et de la restituer à sa mort à un tiers qui lui est substitué.

disposer. Quand vous serez le maître, ajouta-t-il, il vous sera aisé de faire valoir vos droits. »

Ce discours augmenta encore l'éloignement de mon père pour son cousin ; leurs disputes devenaient si vives qu'on fut obligé de les séparer ; ils passèrent plusieurs années sans se voir, pendant lesquelles ils furent tous deux mariés. Le marquis de Lussan n'eut qu'une fille de son mariage et mon père n'eut aussi que moi.

A peine fut-il en possession des biens de la maison par la mort de mon grand-père, qu'il voulut faire usage des avis qu'on lui avait donnés ; il chercha tout ce qui pouvait établir ses droits ; il rejeta plusieurs propositions d'accommodement ; il intenta un procès qui n'allait pas à moins qu'à dépouiller le marquis de Lussan de tout son bien. Une malheureuse rencontre qu'ils eurent un jour à la chasse acheva de les rendre irréconciliables. Mon père, toujours vif et plein de sa haine, lui dit des choses piquantes sur l'état où il prétendait le réduire ; le marquis, quoique naturellement d'un caractère doux, ne put s'empêcher de répondre, ils mirent l'épée à la main. La fortune se déclara pour M. de Lussan ; il désarma mon père et voulut l'obliger à demander la vie :

« Elle me serait odieuse, si je te la devais, lui dit mon père.

— Tu me la devras malgré toi », répondit M. de Lussan, en lui jetant son épée et en s'éloignant.

Cette action de générosité ne toucha point mon père ; il sembla au contraire que sa haine était augmentée par la double victoire que son ennemi avait remportée sur lui ; aussi continua-t-il avec plus de vivacité que jamais les poursuites qu'il avait commencées.

Les choses étaient en cet état quand je revins des voyages qu'on m'avait fait faire après mes études.

Peu de jours après mon arrivée, l'abbé de R..., parent de ma mère, donna avis à mon père que les titres d'où dépendait le gain de son procès étaient dans les archives de l'abbaye de R..., où une partie des papiers de notre maison avait été transportée pendant les guerres civiles.

Mon père était prié de garder un grand secret, de venir lui-même chercher ses papiers ou d'envoyer une personne de confiance à qui on pût les remettre.

Sa santé qui était alors mauvaise l'obligea à me charger de cette commission ; après m'en avoir exagéré l'importance : « Vous allez, me dit-il, travailler pour vous plus que pour moi, ces biens vous appartiendront, mais quand vous n'auriez nul intérêt, je vous crois assez bien né pour partager mon ressentiment, et pour m'aider à tirer vengeance des injures que j'ai reçues. »

Je n'avais nulle raison de m'opposer à ce que mon père désirait de moi, aussi l'assurai-je de mon obéissance.

Après m'avoir donné toutes les instructions qu'il crut nécessaires, nous convînmes que je prendrais le nom de marquis de Longaunois, pour ne donner aucun soupçon dans l'abbaye où Mme de Lussan avait plusieurs parents ; je partis, accompagné d'un vieux domestique de mon père et de mon valet de chambre. Je pris le chemin de l'abbaye de R... Mon voyage fut heureux. Je trouvai dans les archives les titres qui établissaient incontestablement la substitution dans notre maison, je l'écrivis à mon père, et comme j'étais près de Bagnères, je lui demandai la permission d'y aller passer le temps des eaux. L'heureux succès de mon voyage lui donna tant de joie qu'il y consentit.

J'y parus encore sous le nom de marquis de Longaunois, il aurait fallu plus d'équipage[1] que je n'en avais pour soutenir la vanité de celui de Comminge. Je fus mené le lendemain de mon arrivée à la fontaine. Il règne dans ces lieux-là une gaieté et une liberté qui dispensent de tout le cérémonial ; dès le premier jour, je fus admis dans toutes les parties de plaisir ; on me mena dîner chez le marquis de La Valette qui donnait une fête aux dames ; il y en avait déjà quelques-unes d'arrivées que j'avais vues à la fontaine et à qui j'avais débité quelque galanterie que je me croyais obligé de dire à toutes les femmes. J'étais près d'une d'elles quand je vis entrer une femme bien faite, suivie d'une fille qui joignait à la plus parfaite régularité des traits, l'éclat de la plus brillante jeunesse. Tant de charmes étaient encore relevés par son extrême modestie : je l'aimai dès ce premier moment, et ce moment a décidé de toute ma vie. L'enjouement que j'avais eu jusque-là disparut, je ne pus faire autre chose que la suivre et la regarder. Elle s'en aperçut et en rougit. On proposa la promenade, j'eus le plaisir de donner la main à cette aimable personne. Nous étions assez éloignés du reste de la compagnie pour que j'eusse pu lui parler ; mais moi, qui quelques moments auparavant avais toujours eu les yeux attachés sur elle, à peine osai-je les lever quand je fus sans témoin ; j'avais dit jusque-là à toutes les femmes même plus que je ne sentais. Je ne sus plus que me taire aussitôt que je fus véritablement touché.

Nous rejoignîmes la compagnie sans que nous eussions prononcé un seul mot, ni l'un ni l'autre ; on ramena les dames chez elles, et je revins m'enfermer chez moi. J'avais besoin d'être seul pour jouir de mon trouble et d'une certaine joie qui, je crois, accompagne toujours le commencement de l'amour. Le mien m'avait rendu si timide que je n'avais osé demander le nom de celle que j'aimais ; il me semblait que ma curiosité allait trahir le secret de mon cœur. Mais que devins-je quand on me nomma la fille du comte de Lussan ? Tout ce que j'avais à redouter de la haine de nos pères se présenta à mon esprit ; mais de toutes les réflexions, la plus accablante fut la crainte que l'on n'eût inspiré à Adélaïde, c'était le nom de cette belle fille, de l'aversion pour tout ce qui portait le mien. Je me sus bon gré d'en avoir pris un autre, j'espérais

1. Mise, manière dont on est vêtu et tout ce qui accompagne (chevaux, carrosse, domestiques, etc.).

qu'elle connaîtrait mon amour sans être prévenue contre moi ; et que quand je lui serais connu moi-même, je lui inspirerais du moins de la pitié.

Je pris donc la résolution de cacher ma véritable condition encore mieux que je n'avais fait, et de chercher tous les moyens de plaire, mais j'étais trop amoureux pour en employer d'autre que celui d'aimer ; je suivais Adélaïde partout. Je souhaitais avec ardeur une occasion de lui parler en particulier, et quand cette occasion tant désirée s'offrait, je n'avais plus la force d'en profiter. La crainte de perdre mille petites libertés dont je jouissais me retenait et ce que je craignais encore plus, c'était de déplaire.

Je vivais de cette sorte quand, nous promenant un soir avec toute la compagnie, Adélaïde laissa tomber en marchant un bracelet où tenait son portrait ; le chevalier de S. Odon, qui lui donnait la main s'empressa de le ramasser, et après l'avoir regardé longtemps, le mit dans sa poche ; elle le lui demanda d'abord avec douceur ; mais comme il s'obstinait à le garder, elle lui parla avec beaucoup de fierté ; c'était un homme d'une jolie figure que quelque aventure de galanterie où il avait réussi avait gâté. La fierté d'Adélaïde ne le déconcerta point : « Pourquoi, lui dit-il, mademoiselle, voulez-vous m'ôter un bien que je ne dois qu'à la fortune ? J'ose espérer, ajouta-t-il en s'approchant de son oreille, que quand mes sentiments vous seront connus, vous voudrez bien consentir au présent qu'elle vient de me faire. » Et sans attendre la réponse que cette déclaration lui aurait sans doute attirée, il se retira.

Je n'étais pas alors auprès d'elle, je m'étais arrêté un peu plus loin avec la marquise de La Valette ; quoique je ne la quittasse que le moins qu'il me fût possible, je ne manquais à aucune des attentions qu'exigeait le respect infini que j'avais pour elle ; mais comme je l'entendis parler d'un ton plus animé qu'à l'ordinaire, je m'approchai ; elle contait à sa mère avec beaucoup d'émotion ce qui venait d'arriver. Mme de Lussan en fut aussi offensée que sa fille ; je ne dis mot, je continuai même la promenade avec les dames, et aussitôt que je les eus remises chez elles, je fis chercher le chevalier. On le trouva chez lui, on lui dit de ma part que je l'attendais dans un endroit qui lui fut indiqué, il y vint :

« Je suis persuadé, lui dis-je en l'abordant, que ce qui vient de se passer à la promenade est une plaisanterie ; vous êtes un trop galant homme pour vouloir garder le portrait d'une femme malgré elle.

— Je ne sais, me répliqua-t-il, quel intérêt vous pouvez y prendre, mais je sais bien que je ne souffre pas volontiers des conseils.

— J'espère, lui dis-je, en mettant l'épée à la main, vous obliger de cette façon à recevoir les miens. »

Le chevalier était brave ; nous nous battîmes quelque temps avec assez d'égalité, mais il n'était pas animé comme moi par le désir de rendre service à ce qu'il aimait. Je m'abandonnai sans ménagement ; il me

blessa légèrement en deux endroits, il eut à son tour deux grandes blessures ; je l'obligeai de demander la vie, et de me rendre le portrait. Après
l'avoir aidé à se relever, et l'avoir conduit dans une maison qui était à
deux pas de là, je me retirai chez moi, où après m'être fait panser, je me
mis à considérer le portrait, à le baiser mille et mille fois. Je savais
peindre assez joliment ; il s'en fallait cependant beaucoup que je ne fusse
habile ; mais de quoi l'amour ne vient-il pas à bout. J'entrepris de copier
ce portrait, j'y passai toute la nuit, et j'y réussis si bien que j'avais peine
moi-même à distinguer la copie de l'original. Cela me fit naître la pensée
de substituer l'un à l'autre ; j'y trouvais l'avantage d'avoir celui qui avait
appartenu à Adélaïde, et de l'obliger, sans qu'elle le sût, à me faire la
faveur de porter mon ouvrage. Toutes ces choses sont considérables
quand on aime, et mon cœur en savait bien le prix.

Après avoir ajusté le bracelet de façon que mon vol ne pût être
découvert, j'allai le porter à Adélaïde. Mme de Lussan me dit sur cela
mille choses obligeantes. Adélaïde parla peu. Elle était embarrassée,
mais je voyais à travers cet embarras la joie de m'être obligée, et cette
joie m'en donnait à moi-même une bien sensible. J'ai eu dans ma vie
quelques-uns de ces moments délicieux, et si mes malheurs n'avaient été
que des malheurs ordinaires, je ne croirais pas les avoir trop achetés.

Cette petite aventure me mit tout à fait bien auprès de Mme de Lussan ;
j'étais toujours chez elle ; je voyais Adélaïde à toutes les heures, et
quoique je ne lui parlasse pas de mon amour, j'étais sûr qu'elle le
connaissait et j'avais lieu de croire que je n'étais pas haï. Les cœurs
aussi sensibles que les nôtres s'entendent bien vite : tout est expressif
pour eux.

Il y avait deux mois que je vivais de cette sorte, quand je reçus une
lettre de mon père qui m'ordonnait de partir. Cet ordre fut un coup de
foudre ; j'avais été occupé tout entier du plaisir de voir et d'aimer
Adélaïde. L'idée de m'en éloigner me fut toute nouvelle, la douleur de
m'en séparer, les suites du procès qui était entre nos familles se présentèrent à mon esprit, avec tout ce qu'elles avaient d'odieux. Je passai la
nuit dans une agitation que je ne puis exprimer. Après avoir fait cent
projets qui se détruisaient l'un l'autre, il me vint d'un coup dans la tête
l'idée de brûler les papiers que j'avais entre les mains, et qui établissaient
nos droits sur les biens de la maison de Lussan. Je fut étonné que cette
idée ne me fût pas venue plus tôt. Je prévenais par là les procès que je
craignais tant. Mon père qui y était très engagé pouvait, pour les
terminer, consentir à mon mariage avec Adélaïde ; mais quand cette espérance n'aurait point eu lieu, je ne pouvais consentir à donner des armes
contre ce que j'aimais. Je me reprochai même d'avoir gardé si longtemps
quelque chose dont ma tendresse m'aurait dû faire faire le sacrifice
beaucoup plus tôt. Le tort que je faisais à mon père ne m'arrêta pas ; ses
biens m'étaient substitués, et j'avais eu une succession d'un frère de ma

mère que je pouvais lui abandonner, et qui était plus considérable que ce que je lui faisais perdre.

En fallait-il davantage pour convaincre un homme amoureux ; je crus avoir droit de disposer de ces papiers, j'allai chercher la cassette qui les renfermait ; je n'ai jamais passé de moment plus doux que celui où je les jetai au feu. Le plaisir de faire quelque chose pour ce que j'aimais me ravissait : si elle m'aime, disais-je, elle saura quelque jour le sacrifice que je lui ai fait ; mais je le lui laisserai toujours ignorer si je ne puis toucher son cœur. Que ferais-je d'une reconnaissance qu'on serait fâché de me devoir ? Je veux qu'Adélaïde m'aime et je ne veux pas qu'elle me soit obligée.

J'avoue cependant que je me trouvai plus de hardiesse pour lui parler ; la liberté que j'avais chez elle m'en fit naître l'occasion dès le même jour.

« Je vais bientôt m'éloigner de vous, belle Adélaïde, lui dis-je, vous souviendrez-vous quelquefois d'un homme dont vous faites toute la destinée ? »

Je n'eus pas la force de continuer ; elle me parut interdite, je crus même voir de la douleur dans ses yeux.

« Vous m'avez entendu, repris-je, de grâce répondez-moi un mot.

— Que voulez-vous que je vous dise ? me répondit-elle ; je ne devrais pas vous entendre et je ne dois pas vous répondre. »

A peine se donna-t-elle le temps de prononcer ce peu de paroles, elle me quitta aussitôt, et quoique je pusse faire dans le reste de la journée, il me fut impossible de lui parler ; elle me fuyait, elle avait l'air embarrassé ; que cet embarras avait de charmes pour mon cœur ! Je le respectai, je ne la regardais qu'avec crainte ; il me semblait que ma hardiesse l'aurait fait repentir de ses bontés.

J'aurais gardé cette conduite si conforme à mon respect et à la délicatesse de mes sentiments, si la nécessité où j'étais de partir ne m'avait pressé de parler ; je voulais, avant que de me séparer d'Adélaïde, lui apprendre mon véritable nom. Cet aveu me coûta encore plus que celui de mon amour.

« Vous me fuyez, lui dis-je. Hé, que ferez-vous, quand vous saurez tous mes crimes ou plutôt tous mes malheurs ! Je vous ai abusée par un nom supposé : je ne suis point ce que vous croyez ; je suis le fils du comte de Comminge.

— Vous êtes le fils du comte de Comminge ? s'écria Adélaïde. Quoi, vous êtes notre ennemi ! C'est vous, c'est votre père qui poursuivez la ruine du mien.

— Ne m'accablez point, lui dis-je, d'un nom aussi odieux. Je suis un amant prêt à tout sacrifier pour vous. Mon père ne vous fera jamais de mal, mon amour vous assure de lui.

— Pourquoi, me répondit Adélaïde, m'avez-vous trompée ? que ne vous montriez-vous sous votre véritable nom ; il m'aurait avertie de vous fuir.

— Ne vous repentez pas de quelque bonté que vous ayez eue pour moi, lui dis-je, en lui prenant la main que je baisai malgré elle.

— Laissez-moi, me dit-elle, plus je vous vois et plus je rends inévitables les malheurs que je crains. »

La douceur de ces paroles me pénétra d'une joie qui ne me montra que des espérances. Je me flattai que je rendrais mon père favorable à ma passion ; j'étais si plein de mon sentiment qu'il me semblait que tout devait sentir et penser comme moi. Je parlai à Adélaïde de mes projets en homme sûr de réussir.

« Je ne sais pourquoi, me dit-elle, mon cœur se refuse aux espérances que vous voulez me donner. Je n'envisage que des malheurs, et cependant je trouve du plaisir à sentir ce que je sens pour vous : je vous ai laissé voir mes sentiments, je veux bien que vous les connaissiez, mais souvenez-vous que je saurai quand il le faudra les sacrifier à mon devoir. »

J'eus encore plusieurs conversations avec Adélaïde avant mon départ, j'y trouvais toujours de nouvelles raisons de m'applaudir de mon bonheur : le plaisir d'aimer et de connaître que j'étais aimé remplissait tout mon cœur ; aucun soupçon, aucune crainte, pas même pour l'avenir, ne troublaient la douceur de nos entretiens ; nous étions sûrs l'un de l'autre parce que nous nous estimions, et cette certitude, bien loin de diminuer notre vivacité, y ajoutait encore les charmes de la confiance. La seule chose qui inquiétait Adélaïde était la crainte de mon père.

« Je mourrais de douleur, me disait-elle, si je vous attirais la disgrâce de votre famille ; je veux que vous m'aimiez, mais je veux surtout que vous soyez heureux. »

Je partis enfin plein de la plus tendre et de la plus vive passion qu'un cœur puisse ressentir et tout occupé du dessein de rendre mon père favorable à mon amour.

Cependant il était informé de tout ce qui s'était passé à Bagnères. Le domestique qu'il avait mis près de moi avait des ordres secrets de veiller sur ma conduite ; il n'avait laissé ignorer ni mon amour, ni mon combat contre le chevalier de S. Odon. Malheureusement le chevalier était fils d'un ami de mon père. Cette circonstance, et le danger où il était de sa blessure, tournait encore contre moi. Le domestique qui avait rendu un compte si exact m'avait dit beaucoup plus heureux que je n'étais ; il avait peint Mme et Mlle de Lussan remplies d'artifices, qui m'avaient connu pour le comte de Comminge et qui avaient eu dessein de me séduire.

Plein de ces idées, mon père, naturellement emporté, me traita à mon retour avec beaucoup de rigueur ; il me reprocha mon amour comme il m'aurait reproché le plus grand crime.

« Vous avez donc la lâcheté d'aimer mes ennemis, me dit-il, et sans respect pour ce que vous me devez et pour ce que vous devez à vous-même, vous vous liez avec eux ; que sais-je même si vous n'avez point fait quelque projet plus odieux encore.

— Oui, mon père, lui dis-je en me jetant à ses pieds, je suis coupable, mais je le suis malgré moi : dans ce même moment où je vous demande pardon, je sens que rien ne peut arracher de mon cœur cet amour qui vous irrite ; ayez pitié de moi, j'ose vous le dire, ayez pitié de vous ; finissez une querelle qui trouble le repos de votre vie ; l'inclination que la fille de M. de Lussan et moi avons prise l'un pour l'autre aussitôt que nous nous sommes vus est peut-être un avertissement que le Ciel vous donne. Mon père, vous n'avez que moi d'enfant, voulez-vous me rendre malheureux, et combien mes malheurs me seront-ils plus sensibles encore quand ils seront votre ouvrage ? Laissez-vous attendrir pour un fils qui ne vous offense que par une fatalité dont il n'est pas le maître. »

Mon père qui m'avait laissé à ses pieds tant que j'avais parlé me regarda longtemps avec indignation.

« Je vous ai écouté, me dit-il enfin, avec une patience dont je suis moi-même étonné, et dont je ne me serais pas cru capable ; aussi c'est la seule grâce que vous devez attendre de moi ; il faut renoncer à votre folie ou à la qualité de mon fils ; prenez votre parti sur cela, et commencez à me rendre les papiers dont vous êtes chargé ; vous êtes indigne de ma confiance. »

Si mon père s'était laissé fléchir, la demande qu'il me faisait m'aurait embarrassé ; mais sa dureté me donna du courage.

« Ces papiers, lui dis-je, ne sont plus en ma puissance ; je les ai brûlés, prenez pour vous dédommager les biens qui me sont déjà acquis. »

A peine eus-je le temps de prononcer ce peu de paroles, mon père furieux vint sur moi l'épée à la main ; il m'en aurait percé sans doute, car je ne faisais pas le plus petit effort pour l'éviter, si ma mère ne fût entrée dans le moment. Elle se jeta entre nous.

« Que faites-vous, lui dit-elle, songez-vous que c'est votre fils », et me poussant hors de la chambre, elle m'ordonna d'aller l'attendre dans la sienne.

Je l'attendis longtemps ; elle vint enfin. Ce ne fut plus des emportements et des fureurs que j'eus à combattre, ce fut une mère tendre qui entrait dans mes peines, qui me priait avec des larmes d'avoir pitié de l'état où je la réduisais.

« Quoi, mon fils, me disait-elle, une maîtresse, et une maîtresse encore que vous ne connaissez que depuis quelques jours, peut l'emporter sur une mère. Hélas ! si votre bonheur ne dépendait que de moi, je sacrifierais tout pour vous rendre heureux. Mais vous avez un père qui veut être obéi ; il est prêt à prendre les résolutions les plus violentes contre vous. Voulez-vous m'accabler de douleur ? Étouffez une passion qui nous rendra tous malheureux. »

Je n'avais pas la force de lui répondre ; je l'aimais tendrement ; mais l'amour était plus fort dans mon cœur.

« Je voudrais mourir, lui dis-je, plutôt que de vous déplaire, et je mourrai si vous n'avez pitié de moi. Que voulez-vous que je fasse ? il m'est plus aisé de m'arracher la vie que d'oublier Adélaïde ; pourquoi trahirais-je les serments que je lui ai faits ? Quoi, je l'aurais engagée à me témoigner de la bonté, je pourrais me flatter d'en être aimée et je l'abandonnerais ? Non, ma mère, vous ne voulez pas que je sois le plus lâche des hommes. »

Je lui contai alors tout ce qui s'était passé entre nous ; « Elle vous aimerait, ajoutai-je, et vous l'aimeriez aussi ; elle a votre douceur, elle a votre franchise ; pourquoi voudriez-vous que je cessasse de l'aimer ? »

« Mais, me dit-elle, que prétendez-vous faire ? Votre père veut vous marier et veut en attendant que vous alliez à la campagne. Il faut absolument que vous paraissiez déterminé à lui obéir. Il compte vous faire partir demain avec un homme qui a sa confiance ; l'absence fera peut-être plus sur vous que vous ne croyez. En tout cas n'irritez pas encore M. de Comminge par votre résistance ; demandez du temps. Je ferai de mon côté tout ce qui dépendra de moi pour votre satisfaction. La haine de votre père dure trop longtemps. Quand sa vengeance aurait été légitime, il la pousserait trop loin. Mais vous avez eu un très grand tort de brûler les papiers. Il est persuadé que c'est un sacrifice que Mme de Lussan a ordonné à sa fille d'exiger de vous.

— Ha ! m'écriai-je, est-il possible qu'on puisse faire cette injustice à Mme de Lussan ? Bien loin d'avoir exigé quelque chose, Adélaïde ignore ce que j'ai fait, et je suis bien sûr qu'elle aurait employé pour m'en empêcher tout le pouvoir qu'elle a sur moi. »

Nous prîmes ensuite des mesures, ma mère et moi, pour que je pusse recevoir de ses nouvelles. J'osai même la prier de m'en donner d'Adélaïde qui devait venir à Bordeaux. Elle eut la complaisance de me le promettre, en exigeant que si Adélaïde ne pensait pas pour moi comme je le croyais, je me soumettrais à ce que mon père souhaiterait. Nous passâmes une partie de la nuit dans cette conversation, et, dès que le jour parut, mon conducteur me vint avertir qu'il fallait monter à cheval.

La terre où je devais passer le temps de mon exil était dans les montagnes, à quelques lieues de Bagnières, de sorte que je fis la même route que je venais de faire. Nous étions arrivés d'assez bonne heure, le second jour de notre marche, dans un village où nous devions passer la nuit ; en attendant l'heure du souper, je me promenais dans le grand chemin quand je vis de loin un équipage qui allait à toute bride et qui versa très lourdement à quelques pas de moi. Le battement de mon cœur m'annonça la part que je devais prendre à cet accident. Je volai à ce carrosse ; deux hommes qui étaient descendus de cheval se joignirent à moi pour secourir ceux qui étaient dedans ; on s'attend bien que c'étaient

Adélaïde et sa mère ; c'étaient effectivement elles. Adélaïde s'était fort
blessée au pied ; il me sembla cependant que le plaisir de me revoir ne lui
laissait pas sentir son mal.

Que ce moment eut de charmes pour moi ! Après tant de douleurs,
après tant d'années, il est présent à mon souvenir. Comme elle ne pouvait
marcher, je la pris entre mes bras, elle avait les siens passés autour de
mon cou et une de ses mains touchait à ma bouche. J'étais dans un
ravissement qui m'ôtait presque la respiration. Adélaïde s'en aperçut,
sa pudeur en fut alarmée ; elle fit un mouvement pour se dégager de
mes bras. Hélas ! qu'elle connaissait peu l'excès de mon amour ;
j'étais trop plein de mon bonheur pour penser qu'il y en eût quelqu'un
au-delà.

« Mettez-moi à terre, me dit-elle d'une voix basse et timide, je crois
que je pourrai marcher.

— Quoi, lui répondis-je, vous avez la cruauté de m'envier le seul bien
que je goûterai peut-être jamais ? »

Je serrais tendrement Adélaïde en prononçant ces paroles ; elle ne dit
plus mot, et un faux pas que je fis l'obligea à reprendre sa première
attitude.

Le cabaret était si près que j'y fus bientôt. Je la portai sur un lit, tandis
qu'on mettait sa mère, qui était beaucoup plus blessée qu'elle, dans un
autre ; pendant qu'on était occupé auprès de Mme de Lussan, j'eus le
temps de conter à Adélaïde une partie de ce qui s'était passé entre mon
père et moi. Je supprimai l'article des papiers brûlés dont elle n'avait
aucune connaissance. Je ne sais même si j'eusse voulu qu'elle l'eût su.
C'était en quelque façon lui imposer la nécessité de m'aimer et je voulais
devoir tout à son cœur. Je n'osai lui peindre mon père tel qu'il était.
Adélaïde était vertueuse. Je sentais que pour se livrer à son inclination,
elle avait besoin d'espérer que nous serions unis un jour ; j'appuyais
beaucoup sur la tendresse de ma mère pour moi et sur ses favorables
dispositions. Je priai Adélaïde de la voir.

« Parlez à ma mère, me dit-elle, elle connaît vos sentiments ; je lui ai
fait l'aveu des miens, j'ai senti que son autorité m'était nécessaire pour
me donner la force de les combattre s'il le faut, ou pour m'y livrer sans
scrupule ; elle chercha tous les moyens pour amener mon père à proposer
encore un accommodement ; nous avons des parents communs que nous
ferons agir. »

La joie que ces espérances donnaient à Adélaïde me faisait sentir
encore plus vivement mon malheur :

« Dites-moi, lui répondis-je, en lui prenant la main, que si nos pères
sont inexorables, vous aurez quelque pitié pour un malheureux.

— Je ferai ce que je pourrai, me dit-elle, pour régler mes sentiments
par mon devoir ; mais je sens que je serai très malheureuse si ce devoir
est contre vous. »

Ceux qui avaient été occupés à secourir Mme de Lussan s'appro-chèrent alors de sa fille, et rompirent notre conversation.

Je fus au lit de la mère qui me reçut avec bonté ; elle me promit de faire tous ses efforts pour réconcilier nos familles. Je sortis ensuite pour les laisser en liberté ; mon conducteur qui m'attendait dans ma chambre n'avait pas daigné s'informer de ceux qui venaient d'arriver, ce qui me donna la liberté de voir encore un moment Adélaïde avant de partir. J'entrai dans sa chambre dans un état plus facile à imaginer qu'à repré-senter, je craignais de la voir pour la dernière fois. Je m'approchai de la mère, ma douleur lui parla pour moi bien mieux que je n'eusse pu faire. Aussi en reçus-je encore plus de marques de bonté que le soir précédent. Adélaïde était à un autre bout de la chambre ; j'allai à elle d'un pas chan-celant. «Je vous quitte ma chère Adélaïde.» Je répétai la même chose deux ou trois fois ; mes larmes que je ne pouvais retenir lui dirent le reste. Elle en répandit aussi ; «Je vous montre toute ma sensibilité, me dit-elle, je ne m'en fais aucun reproche ; ce que je sens dans mon cœur autorise ma franchise et vous méritez bien que j'en aie pour vous. Je ne sais quelle sera votre destinée, mes parents décideront de la mienne.

— Et pourquoi nous assujettir, lui répondis-je, à la tyrannie de nos pères ; laissons-les se haïr puisqu'ils le veulent, et allons dans quelque coin du monde jouir de notre tendresse et nous en faire un devoir ?

— Que m'osez-vous proposer, me répondit-elle, voulez-vous me faire repentir des sentiments que j'ai pour vous ; ma tendresse peut me rendre malheureuse, je vous l'ai dit, mais elle ne me rendra jamais criminelle. Adieu, ajouta-t-elle, en me tendant la main, c'est par notre constance et par notre vertu que nous devons tâcher de rendre notre fortune meilleure ; mais quoi qu'il nous arrive, promettons-nous de ne rien faire qui puisse nous faire rougir l'un de l'autre.»

Je baisais, pendant qu'elle me parlait, la main qu'elle m'avait tendue ; je la mouillais de mes larmes. «Je ne suis capable, lui dis-je enfin, que de vous aimer et de mourir de douleur.»

J'avais le cœur si serré que je pus à peine prononcer ces dernières paroles. Je sortis de cette chambre, je montai à cheval et j'arrivai au lieu où nous devions dîner sans avoir fait autre chose que de pleurer ; mes larmes coulaient et j'y trouvais une espèce de douceur ; quand le cœur est véritablement touché, il sent du plaisir à tout ce qui prouve à lui-même sa propre sensibilité.

Le reste de notre voyage se passa comme le commencement, sans que j'eusse prononcé une seule parole. Nous arrivâmes le troisième jour dans un château bâti auprès des Pyrénées ; on voit à l'entour des pins, des cyprès, des rochers escarpés et arides, et on n'entend que le bruit des torrents qui se précipitent entre les rochers. Cette demeure si sauvage me plaisait par cela même qu'elle ajoutait à ma mélancolie ; je passais les journées entières dans les bois ; j'écrivais quand j'étais revenu des lettres où j'exprimais tous mes sentiments. Cette occupation était mon unique plaisir. Je les lui donnerai un jour, disais-je, elle verra par là à quoi j'ai passé le temps de l'absence. J'en recevais quelquefois de ma mère ; elle m'en écrivit une qui me donnait quelque espérance. Hélas, c'est le dernier moment de joie que j'ai ressenti ; elle me mandait que tous nos parents travaillaient à raccommoder notre famille, et qu'il y avait lieu de croire qu'ils y réussiraient.

Je fus ensuite six semaines sans recevoir des nouvelles : grand Dieu de quelle longueur les jours étaient pour moi ! J'allais dès le matin sur le chemin par où les messagers pouvaient venir, je n'en revenais que le plus tard qu'il m'était possible, et toujours plus affligé que je ne l'étais en partant ; enfin je vis de loin un homme qui venait de mon côté, je ne doutai point qu'il ne vînt pour moi, et au lieu de cette impatience que j'avais quelque moment auparavant, je ne sentis plus que de la crainte ; je n'osais m'avancer, quelque chose me retenait ; cette incertitude qui m'avait semblé si cruelle me paraissait dans ce moment un bien que je craignais de perdre.

Je ne me trompais pas : les lettres que je reçus par cet homme, qui venait effectivement pour moi, m'apprirent que mon père n'avait voulu entendre à aucun accommodement ; et pour mettre le comble à mon infortune, j'appris encore que mon mariage était arrêté avec une fille de la maison de Foix, que la noce devait se faire dans le lieu où j'étais, que mon père viendrait lui-même dans peu de jours pour me préparer à ce qu'il désirait de moi.

On juge que je ne balançai pas un moment sur le parti que je devais prendre ; j'attendis mon père avec assez de tranquillité ; c'était même un adoucissement à ma malheureuse situation d'avoir un sacrifice à faire à Adélaïde ; j'étais sûr qu'elle m'était fidèle, je l'aimais trop pour en douter : le véritable amour est plein de confiance.

D'ailleurs ma mère, qui avait tant de raisons de me détacher d'elle, ne m'avait jamais rien écrit qui pût me faire naître le moindre soupçon. Que cette constance d'Adélaïde ajoutait de vivacité à ma passion ! Je me trouvais heureux quelquefois que la dureté de mon père me donnât lieu de lui marquer combien elle était aimée ; je passai les trois jours qui s'écoulèrent jusqu'à l'arrivée de mon père à m'occuper du nouveau sujet que j'allais donner à Adélaïde d'être contente de moi ; cette idée, malgré ma triste situation remplissait mon cœur d'un sentiment qui approchait presque de la joie.

L'entrevue de mon père et de moi fut de ma part pleine de respect mais de beaucoup de froideur ; et de la sienne de hauteur et de fierté.

« Je vous ai donné le temps, me dit-il, de vous repentir de vos folies, et je viens vous donner le moyen de me les faire oublier. Répondez par votre obéissance à cette marque de ma bonté, et préparez-vous à recevoir comme vous devez M. le comte de Foix et Mlle de Foix, sa fille, que je vous ai destinée ; le mariage se fera ici ; ils arriveront demain avec votre mère, et je ne les ai devancés que pour donner les ordres nécessaires.

— Je suis bien fâché, monsieur, dis-je à mon père, de ne pouvoir faire ce que vous souhaitez, mais je suis trop honnête homme pour épouser une personne que je ne puis aimer ; je vous prie même de trouver bon que je parte d'ici tout à l'heure ; Mlle de Foix, quelque aimable qu'elle puisse être, ne me ferait pas changer de résolution et l'affront que je lui fais en deviendrait plus sensible pour elle, si je l'avais vue.

— Non, tu ne la verras point, me répondit-il, avec fureur. Tu ne verras pas même le jour ; je vais t'enfermer dans un cachot destiné pour ceux qui te ressemblent. Je jure qu'aucune puissance ne sera capable de t'en faire sortir que tu ne sois rentré dans ton devoir ; je te punirai de toutes les façons dont je puis te punir ; je te priverai de mon bien ; je l'assurerai à Mlle de Foix pour lui tenir autant que je le puis les paroles que je lui ai données. »

Je fus effectivement conduit dans le fond d'une tour ; le lieu où l'on me mit ne recevait qu'une faible lumière d'une petite fenêtre grillée qui donnait dans une des cours du château. Mon père ordonna qu'on m'apportât à manger deux fois par jour et qu'on ne me laissât parler à personne. Je passai dans cet état les premiers jours avec assez de tranquillité, et même avec une sorte de plaisir. Ce que je venais de faire pour Adélaïde m'occupait tout entier et ne me laissait presque pas sentir les incommodités de ma prison. Mais quand ce sentiment fut moins vif, je me livrai à toute la douleur d'une absence qui pouvait être éternelle ; mes réflexions ajoutaient encore à ma peine ; je craignais qu'Adélaïde ne fût forcée de prendre un engagement. Je la voyais entourée de rivaux empressés à lui plaire ; je n'avais pour moi que mes malheurs ; il est vrai qu'auprès d'Adélaïde, c'était tout avoir ; aussi me reprochais-je le moindre doute et lui en demandais-je pardon comme d'un crime.

Ma mère me fit tenir une lettre où elle m'exhortait à me soumettre à mon père dont la colère devenait tous les jours plus violente. Elle ajoutait qu'elle en souffrait beaucoup elle-même, que les soins qu'elle s'était donnés pour parvenir à un accommodement l'avaient fait soupçonner d'intelligence avec moi.

Je fus très touché des chagrins que je causais à ma mère, mais il me semblait que ce que je souffrais moi-même m'excusait envers elle. Un jour que je rêvais comme à mon ordinaire, je fus retiré de ma rêverie par un petit bruit qui se fit à ma fenêtre ; je vis tout de suite tomber un papier dans ma chambre ; c'était une lettre ; je la décachetai avec un saisissement qui me laissait à peine la liberté de respirer. Mais que devins-je après l'avoir lue ! Voici ce qu'elle contenait :

Les fureurs de M. de Comminge m'ont instruite de ce que je vous dois ; je sais ce que votre générosité m'avait laissé ignorer. Je sais l'affreuse situation où vous êtes et je n'ai pour vous en tirer qu'un moyen qui vous rendra peut-être plus malheureux ; mais je le serai aussi bien que vous, et c'est là ce qui me donne la force de faire ce qu'on exige de moi. On veut par mon engagement avec un autre s'assurer que je ne pourrai être à vous : c'est à ce prix que M. de Comminge met votre liberté. Il m'en coûtera peut-être la vie et sûrement tout mon repos. N'importe, j'y suis résolue. Vos malheurs, votre prison sont aujourd'hui tout ce que je vois. Je serai mariée dans peu de jours au marquis de Bénavidès. Ce que je connais de son caractère m'annonce tout ce que j'aurai à souffrir. Mais je vous dois du moins cette espèce de fidélité de ne trouver que des peines dans l'engagement que je vais prendre. Vous, au contraire, tâchez d'être heureux : votre bonheur ferait ma consolation. Je sens que je ne devrais point vous dire tout ce que je vous dis ; si j'étais véritablement généreuse, je vous laisserais ignorer la part que vous avez à mon mariage ; je me laisserais soupçonner d'inconstance ; j'en avais formé le dessein. Je n'ai pu l'exécuter ; j'ai besoin dans la triste situation où je suis de penser que du moins mon souvenir ne vous sera pas odieux. Hélas ! il ne me sera pas bientôt permis de conserver le vôtre ; il faudra vous oublier, il faudra du moins y faire mes efforts. Voilà de toutes mes peines celle que je sens le plus ; vous les augmenterez encore si vous n'évitez avec soin les occasions de me voir et de me parler. Songez que vous me devez cette marque d'estime, et songez combien cette estime m'est chère, puisque de tous les sentiments que vous aviez pour moi, c'est le seul qu'il me soit permis de vous demander…

Je ne lus cette fatale lettre que jusqu'à ces mots : « On veut par mon engagement avec un autre s'assurer que je ne pourrai être à vous. » La douleur dont ces paroles me pénétrèrent ne me permit pas d'aller plus loin. Je me laissai tomber sur un matelas qui composait tout mon lit. J'y demeurai plusieurs heures sans aucun sentiment, et j'y serais peut-être mort sans le secours de celui qui avait soin de m'apporter à manger. S'il avait été effrayé de l'état où il me trouvait, il le fut bien davantage de l'excès de mon désespoir, dès que j'eus repris la connaissance. Cette lettre, que j'avais toujours tenue pendant ma faiblesse et que j'avais enfin achevé de lire, était baignée de mes larmes et je disais des choses qui faisaient craindre pour ma raison.

Cet homme qui jusque-là avait été inaccessible à la pitié ne put alors se défendre d'en avoir. Il condamna le procédé de mon père, il se reprocha d'avoir exécuté ses ordres, il m'en demanda pardon. Son repentir me fit naître la pensée de lui proposer de me laisser sortir seulement pour huit jours, lui promettant qu'au bout de ce temps-là, je viendrais me remettre entre ses mains. J'ajoutai tout ce que je crus capable de le déterminer. Attendri par mon état, excité par son intérêt et par la crainte que je ne me vengeasse un jour des mauvais traitements que j'avais reçus de lui, il consentit à ce que je voulais, avec la condition qu'il m'accompagnerait.

J'aurais voulu me mettre en chemin dans le moment, mais il fallut aller chercher les chevaux et l'on m'annonça que nous ne pourrions en avoir que pour le lendemain. Mon dessein était d'aller trouver Adélaïde, de lui montrer tout mon désespoir et de mourir à ses pieds si elle persistait dans ses résolutions. Il fallait pour exécuter mon projet arriver avant son funeste mariage, et tous les moments que je différais me paraissaient des siècles. Cette lettre que j'avais lue et relue je la lisais encore ; il semblait qu'à force de la lire, j'y trouverais quelque chose de plus. J'examinais la date, je me flattais que le temps pouvait avoir été prolongé : elle se fait un effort, disais-je ; elle saisira tous les prétextes pour différer. Mais puis-je me flatter d'une si vaine espérance ? reprenais-je. Adélaïde se sacrifie pour ma liberté, elle voudra en hâter le moment. Hélas ! comment a-t-elle pu croire que la liberté sans elle fût un bien pour moi ? Je retrouverai partout cette prison dont elle veut me tirer. Elle n'a jamais connu mon cœur ; elle a jugé de moi comme des autres hommes, voilà ce qui me perd. Je suis encore plus malheureux que je ne croyais, puisque je n'ai pas même la consolation de penser que du moins mon amour était connu.

Je passai la nuit entière à faire de pareilles plaintes. Le jour parut enfin ; je montai à cheval avec mon conducteur. Nous avions marché une journée sans nous arrêter un moment, quand j'aperçus ma mère dans le chemin qui venait de notre côté. Elle me reconnut, et après m'avoir montré sa surprise de me trouver là, elle me fit monter dans son carrosse. Je n'osais lui demander le sujet de son voyage ; je craignais tout dans la situation où j'étais et ma crainte n'était que trop bien fondée.

« Je venais, mon fils, me dit-elle, vous tirer moi-même de prison, votre père y a consenti.

— Ah ! m'écriai-je, Adélaïde est mariée. »

Ma mère ne me répondit que par son silence. Mon malheur qui était alors sans remède se présenta à moi dans toute son horreur. Je tombai dans une espèce de stupidité[1] et, à force de douleur, il me semblait que je n'en sentais aucune.

Cependant mon corps se ressentit bientôt de l'état de mon esprit. Le frisson me prit que nous étions encore en carrosse ; ma mère me fit mettre au lit ; je fus deux jours sans parler et sans vouloir prendre aucune nourriture ; la fièvre augmenta et on commença le troisième à désespérer de ma vie. Ma mère qui ne me quittait point était dans une affliction inconcevable ; ses larmes, ses prières et le nom d'Adélaïde qu'elle employait me firent enfin résoudre à vivre. Après quinze jours de la fièvre la plus violente, je commençai à être un peu mieux ; la première chose que je fis fut de chercher la lettre d'Adélaïde. Ma mère qui me l'avait ôtée me vit dans une si grande affliction qu'elle fut obligée de me la rendre. Je la mis dans une bourse qui était sur mon cœur où j'avais déjà mis son portrait. Je l'en retirais pour la lire toutes les fois que j'étais seul.

Ma mère dont le caractère était tendre s'affligeait avec moi ; elle

---

1. Stupeur, engourdissement.

croyait d'ailleurs qu'il fallait céder à ma tristesse et laisser au temps le soin de me guérir.

Elle souffrait que je lui parlasse d'Adélaïde ; elle m'en parlait quelquefois et comme elle s'était aperçue que la seule chose qui me donnait de la consolation était l'idée d'être aimé, elle me conta qu'elle-même avait déterminé Adélaïde à se marier.

« Je vous demande pardon, mon fils, me dit-elle, du mal que je vous ai fait ; je ne croyais pas que vous y fussiez si sensible. Votre prison me faisait tout craindre pour votre santé et même pour votre vie. Je connaissais d'ailleurs l'humeur inflexible de votre père, qui ne vous rendrait jamais la liberté tant qu'il craindrait que vous pussiez épouser Mlle de Lussan. Je me résolus de parler à cette généreuse fille, je lui fis part de mes craintes, elle les partagea, elle les sentit peut-être encore plus vivement que moi. Je la vis occupée à chercher les moyens de conclure promptement son mariage. Il y avait longtemps que son père, offensé des procédés de M. de Comminge, la pressait de se marier : rien n'avait pu la déterminer jusque-là.

« "Sur qui tombera votre choix ? lui demandai-je.

« — Il ne m'importe, me répondit-elle, tout m'est égal puisque je ne puis être à celui à qui mon cœur s'était destiné."

« Deux jours après cette conversation, j'appris que le marquis de Bénavidès avait été préféré à ses concurrents ; tout le monde en fut étonné et je le fus comme les autres.

« Bénavidès a une figure désagréable qui le devient encore davantage par son peu d'esprit et par l'extrême bizarrerie de son humeur. J'en craignis les suites pour la pauvre Adélaïde. Je la vis pour lui en parler dans la maison de la comtesse de Gerlande où je l'avais vue.

« "Je me prépare, me dit-elle, à être très malheureuse, mais il faut me marier ; et depuis que je sais que c'est le seul moyen de délivrer monsieur votre fils, je me reproche tous les moments que je diffère. Cependant ce mariage que je ne fais que pour lui sera peut-être la plus sensible de ses peines ; j'ai voulu du moins lui prouver par mon choix que son intérêt était le seul motif qui me déterminait. Plaignez-moi, je suis digne de votre pitié et je tâcherai de mériter votre estime par la façon dont je vais me conduire avec M. de Bénavidès." »

Ma mère m'apprit encore qu'Adélaïde avait su par mon père même que j'avais brûlé nos titres ; il le lui avait reproché publiquement le jour qu'il avait perdu son procès. « Elle m'a avoué, me disait ma mère, que ce qui l'avait le plus touchée était la générosité que vous aviez eue de lui cacher ce que vous aviez fait pour elle. »

Nos journées se passaient dans de semblables conversations, et quoique ma mélancolie fût extrême, elle avait cependant je ne sais quelle douceur inséparable dans quelque état que l'on soit de l'assurance d'être aimé.

Après quelques mois de séjour dans le lieu où nous étions, ma mère reçut l'ordre de mon père de retourner auprès de lui ; il n'avait presque pris aucune part à ma maladie, la manière dont il m'avait traité avait éteint en lui tout sentiment pour moi. Ma mère me pressa de partir avec elle, mais je la priai de consentir que je restasse à la campagne et elle se rendit à mes instances.

Je me retrouvai encore seul dans mes bois ; il me passa dès lors dans la tête d'aller habiter quelque solitude, et je l'aurais fait si je n'avais été retenu par l'amitié que j'avais pour ma mère ; il me venait toujours en pensée de tâcher de voir Adélaïde, mais la crainte de lui déplaire m'arrêtait.

Après bien des irrésolutions, j'imaginai que je pourrais du moins tenter de la voir sans être vu.

Ce dessein arrêté, je me déterminai d'envoyer à Bordeaux pour savoir où elle était un homme qui était à moi depuis mon enfance et qui m'était venu retrouver pendant ma maladie ; il avait été à Bagnières avec moi ; il connaissait Adélaïde ; il me dit même qu'il avait des liaisons dans la maison de Bénavidès.

Après lui avoir donné toutes les instructions dont je pus m'aviser et les lui avoir répétées mille fois, je le fis partir ; il apprit en arrivant à Bordeaux que Bénavidès n'y était plus, qu'il avait emmené sa femme peu de temps après son mariage dans des terres qu'il avait en Biscaye. Mon homme qui se nommait Saint-Laurent me l'écrivit et me demanda mes ordres ; je lui mandai d'aller en Biscaye sans perdre un moment. Le désir de voir Adélaïde s'était tellement augmenté par l'espérance que j'en avais conçue qu'il ne m'était plus possible d'y résister.

Saint-Laurent demeura près de six semaines à son voyage ; il revint au bout de ce temps-là ; il me confia qu'après beaucoup de peines et de tentatives inutiles, il avait appris que Bénavidès avait besoin d'un architecte, qu'il s'était fait présenter sous ce titre et qu'à la faveur de quelque connaissance qu'un de ses oncles, qui exerçait cette profession, lui avait autrefois donnée, il s'était introduit dans la maison ; « je crois, ajouta-t-il, que Mme de Bénavidès m'a reconnu, du moins me suis-je aperçu qu'elle a rougi la première fois qu'elle m'a vu. » Il me dit ensuite qu'elle menait la vie du monde la plus triste et la plus retirée, que son mari ne la quittait presque jamais, qu'on disait dans la maison qu'il en était très amoureux, quoiqu'il ne lui en donnât d'autre marque que son extrême jalousie, qu'il la portait si loin que son frère n'avait la liberté de voir Mme de Bénavidès que quand il était présent.

Je lui demandai qui était ce frère ; il me répondit que c'était un jeune homme dont on disait autant de bien que l'on disait de mal de Bénavidès, qu'il paraissait fort attaché à sa belle-sœur. Ce discours ne fit alors nulle impression sur moi ; la triste situation de Mme de Bénavidès et le désir de la voir m'occupaient tout entier. Saint-Laurent m'assura qu'il avait pris toutes les mesures pour m'introduire chez Bénavidès. « Il a besoin d'un peintre, me dit-il, pour peindre un appartement, je lui ai promis de lui en mener un, il faut que ce soit vous. »

Il ne fut plus question que de régler notre départ. J'écrivis à ma mère que j'allais passer quelque temps chez un de mes amis, et je pris avec Saint-Laurent le chemin de la Biscaye. Mes questions ne finissaient point sur Mme de Bénavidès ; j'eusse voulu savoir jusqu'aux moindres choses de ce qui la regardait. Saint-Laurent n'était pas en état de me satisfaire ; il ne l'avait vue que très peu. Elle passait les journées dans sa chambre sans autre compagnie que celle d'un chien qu'elle aimait beaucoup ; cet article m'intéressa particulièrement. Ce chien venait de moi. Je me flattai que c'était pour cela qu'il était aimé ; quand on est bien malheureux, on sent toutes ces petites choses qui échappent dans le bonheur. Le cœur dans le besoin qu'il a de consolation n'en laisse perdre aucune.

Saint-Laurent me parla encore beaucoup de l'attachement du jeune Bénavidès pour sa belle-sœur ; il ajouta qu'il calmait souvent les emportements de son frère et qu'on était persuadé que sans lui Mme de Bénavidès serait encore plus malheureuse. Il m'exhorta aussi à me borner au plaisir de la voir et à ne faire aucune tentative pour lui parler. « Je ne vous dis point, continua-t-il, que vous exposeriez votre vie si vous étiez découvert ; ce serait un faible motif pour vous retenir, mais vous exposeriez la sienne. » C'était un si grand bien pour moi de voir du moins Adélaïde que j'étais persuadé de bonne foi que ce bien me suffirait. Aussi me promis-je à moi-même, et promis-je à Saint-Laurent encore plus de circonspection qu'il n'en exigeait.

Nous arrivâmes après plusieurs jours de marche qui m'avaient paru plusieurs années ; je fus présenté à Bénavidès qui me mit aussitôt à l'ouvrage. On me logea avec le prétendu architecte qui de son côté devait conduire les ouvriers.

Il y avait plusieurs jours que mon travail était commencé sans que j'eusse encore vu Mme de Bénavidès ; je la vis enfin un soir passer sous les fenêtres de l'appartement où j'étais pour aller à la promenade ; elle n'avait que son chien avec elle ; elle était négligée ; il y avait dans sa démarche un air de langueur ; il me semblait que ses beaux yeux se promenaient sur tous les objets sans en regarder aucun. Mon Dieu, que cette vue me causa de trouble ! Je restai appuyé sur la fenêtre tant que dura la promenade. Adélaïde ne revint qu'à la nuit. Je ne pouvais plus la distinguer quand elle repassa sous ma fenêtre, mais mon cœur savait que c'était elle.

Je la vis la seconde fois dans la chapelle du château. Je me plaçai de façon que je la pusse regarder pendant tout le temps qu'elle y fut, sans être remarqué. Elle ne jeta point les yeux sur moi ; j'en devais être bien aise, puisque j'étais sûr que si j'en étais reconnu, elle m'obligerait à partir. Cependant je m'en affligeai, je sortis de cette chapelle avec plus de trouble et d'agitation que je n'y étais entré.

Je ne formai pas encore le dessein de me faire connaître, mais je sentais que je n'aurais pas la force de résister à une occasion si elle se présentait.

La vue du jeune Bénavidès me donnait aussi une espèce d'inquiétude ; il venait me voir travailler assez souvent ; il me traitait, malgré la distance qui paraissait être entre lui et moi, avec une familiarité dont j'aurais dû être touché. Je ne l'étais cependant point. Ses agréments et son mérite que je ne pouvais m'empêcher de voir retenaient ma reconnaissance ; je craignais en lui un rival ; j'apercevais dans toute sa personne une certaine tristesse passionnée qui ressemblait trop à la mienne pour ne pas venir de la même cause, et ce qui acheva de me convaincre, c'est qu'après m'avoir fait plusieurs questions sur ma fortune [1] : «Vous êtes amoureux, me dit-il. La mélancolie où je m'aperçois que vous êtes plongé vient de quelques peines de cœur ; dites-le-moi ; si je puis quelque chose pour vous, je m'y emploierai avec plaisir. Tous les malheureux en général ont droit à ma compassion, mais il y en a d'une sorte que je plains encore plus que les autres. »

Je crois que je remerciai de très mauvaise grâce dom Gabriel (c'était son nom) des offres qu'il me faisait. Je n'eus cependant pas la force de lui nier que je fusse amoureux, mais je lui dis que ma fortune était telle qu'il n'y avait que le temps qui pût apporter quelque changement.

«Puisque vous pouvez en attendre quelqu'un, me dit-il, je connais des gens encore plus à plaindre que vous. »

Quand je fus seul, je fis mille réflexions sur la conversation que je venais d'avoir ; je conclus que dom Gabriel était amoureux et qu'il l'était de sa belle-sœur. Toutes ses démarches que j'examinais avec attention me confirmèrent dans cette opinion. Je le voyais attaché à tous les pas d'Adélaïde, la regarder des mêmes yeux dont je la regardais moi-même. Je n'étais cependant pas jaloux, mon estime pour Adélaïde éloignait ce sentiment de mon cœur. Mais pouvais-je m'empêcher de craindre que la vue d'un homme aimable qui lui rendait des soins, même des services, ne lui fît sentir d'une manière plus fâcheuse encore pour moi que mon amour ne lui avait causé que des peines ?

J'étais dans cette disposition lorsque je vis entrer dans le lieu où je peignais Adélaïde menée par dom Gabriel.

«Je ne sais, lui disait-elle, pourquoi vous voulez que je voie les ajustements qu'on fait à cet appartement. Vous savez que je ne suis pas sensible à ces choses-là.

— J'ose espérer, lui dis-je, madame, en la regardant, que si vous daignez jeter les yeux sur ce qui est ici, vous ne vous repentirez pas de votre complaisance. »

---

1. État, situation, condition en général.

Adélaïde, frappée de mon son de voix, me reconnut aussitôt ; elle baissa les yeux quelques instants et sortit de la chambre sans me regarder, en disant que l'odeur de la peinture lui faisait mal.

Je restai confus, accablé de la plus vive douleur : Adélaïde n'avait pas daigné même jeter un regard sur moi, elle m'avait refusé jusqu'aux marques de sa colère. Que lui ai-je fait ? disais-je. Il est vrai que je suis venu contre ses ordres. Mais si elle m'aimait encore, elle me pardonnerait un crime qui lui prouve l'excès de ma passion. Je concluais ensuite que puisque Adélaïde ne m'aimait plus, il fallait qu'elle aimât ailleurs ; cette pensée me donna une douleur si vive et si nouvelle que je crus n'être malheureux que de ce moment. Saint-Laurent, qui venait de temps en temps me voir, entra et me trouva dans une agitation qui lui fit peur.

« Qu'avez-vous, me dit-il, que vous est-il arrivé ?

— Je suis perdu, lui répondis-je, Adélaïde ne m'aime plus, elle ne m'aime plus, répétai-je, est-il bien possible. »

Hélas ! que j'avais tort de me plaindre de ma fortune avant ce cruel moment ; par combien de peines, par combien de tourments ne rachèterais-je pas ce bien que j'ai perdu, ce bien que je préférais à tout, ce bien qui au milieu des plus grands malheurs remplissait mon cœur d'une si douce joie.

Je fus encore longtemps à me plaindre sans que Saint-Laurent pût tirer de moi la cause de mes plaintes ; il sut enfin ce qui m'était arrivé.

« Je ne vois rien, dit-il, dans tout ce que vous me contez qui doive vous jeter dans le désespoir où vous êtes ; Mme de Bénavidès est sans doute offensée de la démarche que vous avez faite de venir ici. Elle a voulu vous en punir en vous marquant de l'indifférence ; que savez-vous même si elle n'a point craint de se trahir si elle vous eût regardé !

— Non, non, lui dis-je, on n'est point si maître de soi quand on aime ; le cœur agit seul dans un premier mouvement. Il faut, ajoutai-je, que je la voie, il faut que je lui reproche son changement. Hélas ! après ce qu'elle a fait, devait-elle m'ôter la vie d'une manière si cruelle ? que ne me laissait-elle dans cette prison ? J'y étais heureux puisque je croyais être aimé. »

Saint-Laurent, qui craignait que quelqu'un ne me vît dans l'état où j'étais, m'emmena dans la chambre où nous couchions ; je passais la nuit entière à me tourmenter. Je n'avais pas un sentiment qui ne fût aussitôt détruit par un autre. Je condamnais mes soupçons, je les reprenais ; je me trouvais injuste de vouloir qu'Adélaïde conservât une tendresse qui la rendait malheureuse. Je me reprochais dans ces moments de l'aimer plus pour moi que pour elle.

« Si je n'en suis plus aimé, disais-je à Saint-Laurent, si elle en aime un autre, qu'importe que je meure ; je veux tâcher de lui parler, mais ce sera seulement pour lui dire un dernier adieu. Elle n'entendra aucun reproche de ma part : ma douleur que je ne pourrai lui cacher les lui fera pour moi. »

Je m'affermis dans cette résolution ; il fut conclu que je partirais aussitôt que je lui aurais parlé ; nous en cherchâmes les moyens. Saint-Laurent me dit qu'il fallait prendre le temps que dom Gabriel irait à la chasse où il allait assez souvent, et celui où Bénavidès serait occupé à ses affaires domestiques auxquelles il travaillait certains jours de la semaine.

Il me fit promettre que pour ne faire naître aucun soupçon, je travaillerais comme à mon ordinaire et que je commencerais à annoncer mon départ prochain.

Je me remis donc à mon ouvrage, j'avais presque sans m'en apercevoir quelque espérance qu'Adélaïde viendrait encore dans ce lieu ; tous les bruits que j'entendais me donnaient une émotion que je pouvais à peine soutenir ; je fus dans cette situation plusieurs jours de suite ; il fallut enfin perdre l'espérance de voir Adélaïde de cette façon et chercher un moment où je pusse la trouver seule.

Il vint enfin ce moment. Je montais comme à mon ordinaire pour aller à mon ouvrage quand je vis Adélaïde qui entrait dans son appartement ; je ne doutai pas qu'elle ne fût seule. Je savais que dom Gabriel était sorti dès le matin et j'avais entendu Bénavidès dans une salle basse parler avec un de ses fermiers.

J'entrai dans la chambre avec tant de précipitation qu'Adélaïde ne me vit que quand je fus près d'elle ; elle voulut s'échapper aussitôt qu'elle m'aperçut ; mais la retenant par sa robe : «Ne me fuyez pas, lui dis-je, madame ; laissez-moi jouir pour la dernière fois du bonheur de vous voir ; cet instant passé, je ne vous importunerai plus, j'irai loin de vous mourir de douleur des maux que je vous ai causés et de la perte de votre cœur. Je souhaite que dom Gabriel, plus fortuné que moi... »

Adélaïde que la surprise et le trouble avaient jusque-là empêché de parler m'arrêta à ces mots et jetant un regard sur moi : «Quoi, me dit-elle, vous osez me faire des reproches, vous osez me soupçonner, vous... »

Ce seul mot me précipita à ses pieds.

«Non, ma chère Adélaïde, lui dis-je, non je n'ai aucun soupçon qui vous offense ; pardonnez un discours que mon cœur n'a point avoué.

— Je vous pardonne tout, me dit-elle, pourvu que vous partiez tout à l'heure et que vous ne me voyiez jamais. Songez que c'est pour vous que je suis la plus malheureuse personne du monde ; voulez-vous faire croire que je suis la plus criminelle ?

— Je ferai, lui dis-je, tout ce que vous m'ordonnerez, mais promettez-moi du moins que vous ne me haïrez pas. »

Quoique Adélaïde m'eût dit plusieurs fois de me lever, j'étais resté à ses genoux ; ceux qui aiment savent combien cette attitude a de charmes ; j'y étais encore quand Bénavidès ouvrit tout d'un coup la porte de la chambre ; il ne me vit plutôt aux genoux de sa femme que, venant à elle l'épée à la main : « Tu mourras, perfide ! », s'écria-t-il.

Il l'aurait tuée infailliblement si je ne me fusse jeté au-devant d'elle. Je tirai en même temps mon épée. « Je commencerai donc par toi ma vengeance », dit Bénavidès en me donnant un coup qui me blessa à l'épaule.

Je n'aimais pas assez la vie pour la défendre, mais je haïssais trop Bénavidès pour la lui abandonner. D'ailleurs ce qu'il venait d'entreprendre contre celle de sa femme ne me laissait plus l'usage de la raison ; j'allai sur lui, je lui portai un coup qui le fit tomber sans sentiment.

Les domestiques que les cris de Mme de Bénavidès avaient attirés entrèrent dans ce moment ; ils me virent retirer mon épée du corps de leur maître ; plusieurs se jetèrent sur moi, ils me désarmèrent sans que je fisse aucun effort pour me défendre : la vue de Mme de Bénavidès qui était à terre fondant en larmes auprès de son mari ne me laissait de sentiment que pour ses douleurs. Je fus traîné dans une chambre où je fus enfermé.

C'est là que livré à moi-même je vis l'abîme où j'avais plongé Mme de Bénavidès. La mort de son mari que je croyais alors tué à ses yeux, et tué par moi, ne pouvait manquer de faire naître des soupçons contre elle. Quel reproche ne me fis-je point ? j'avais causé ses premiers malheurs et je venais d'y mettre le comble par mon imprudence ; je me représentais l'état où je l'avais laissée, tout le ressentiment dont elle devait être animée contre moi, elle me devait haïr, je l'avais mérité ; la seule espérance qui me resta fut de n'être pas connu [1] ; l'idée d'être pris pour un scélérat qui dans toute autre occasion m'aurait fait frémir ne m'étonna point. Adélaïde me rendrait justice et Adélaïde était pour moi tout l'univers.

Cette pensée me donna quelque tranquillité qui était cependant troublée par l'impatience que j'avais d'être interrogé. Ma porte s'ouvrit au milieu de la nuit. Je fus surpris en voyant entrer dom Gabriel.

« Rassurez-vous, me dit-il en s'approchant, je viens par ordre de Mme de Bénavidès, elle a eu assez d'estime pour moi pour ne me rien cacher de ce qui vous regarde. Peut-être, ajouta-t-il avec un soupir qu'il ne put retenir, aurait-elle pensé différemment si elle m'avait bien connu. N'importe, je répondrai à sa confiance : je vous sauverai et je la sauverai si je puis.

— Vous ne me sauverez point, lui dis-je à mon tour, je dois justifier Mme de Bénavidès et je le ferais aux dépens de mille vies. »

Je lui expliquai tout de suite mon projet de ne point me faire connaître.

« Ce projet pourrait avoir lieu, me répondit dom Gabriel, si mon frère était mort comme je vois que vous le croyez, mais sa blessure, quoique grande, peut n'être pas mortelle, et le premier signe de vie qu'il a donné a été de faire enfermer Mme de Bénavidès dans son appartement. Vous

---

1. C'est-à-dire : reconnu.

voyez par là qu'il l'a soupçonnée et que vous vous perdriez sans la sauver. Sortons, ajouta-t-il : je puis aujourd'hui pour vous ce que je ne pourrai peut-être plus demain.

— Et que deviendra Mme de Bénavidès ? m'écriai-je. Non, je ne puis me résoudre à me tirer d'un péril où je l'ai mise et à l'y laisser.

— Je vous ai déjà dit, me répondit dom Gabriel, que votre présence ne peut que rendre sa condition plus fâcheuse.

— Hé bien ! lui dis-je, je fuirai puisqu'elle le veut et que son intérêt le demande. J'espérais en sacrifiant ma vie lui donner du moins quelque pitié. Je ne méritais pas cette consolation. Je suis un malheureux indigne de mourir pour elle. Protégez-la, dis-je à dom Gabriel, vous êtes généreux, son innocence, son malheur doivent vous toucher.

— Vous pouvez juger, me répliqua-t-il, par ce qui m'est échappé que les intérêts de Mme de Bénavidès me sont plus chers qu'il ne faudrait pour mon repos ; je ferai tout pour elle. Hélas ! ajouta-t-il ; je me croirais payé si je pouvais encore penser qu'elle n'a rien aimé. Comment se peut-il que le bonheur d'avoir touché un cœur comme le sien ne vous ait pas suffi ? Mais sortons, poursuivit-il, profitons de la nuit. »

Il me prit par la main, tourna une lanterne sourde et me fit traverser les cours du château. J'étais si plein de rage contre moi-même que, par un sentiment de désespéré, j'aurais voulu être encore plus malheureux que je n'étais.

Dom Gabriel m'avait conseillé en me quittant d'aller dans un couvent de religieux, qui n'était qu'à un quart de lieue du château.

« Il faut, me dit-il, vous tenir caché dans cette maison pendant quelques jours, pour vous dérober aux recherches que je serai moi-même obligé de faire. Voilà une lettre pour un religieux de la maison à qui vous pouvez vous confier. »

J'errai encore longtemps autour du château, je ne pouvais me résoudre à m'en éloigner ; mais le désir de savoir des nouvelles d'Adélaïde me détermina enfin à prendre la route du couvent.

J'y arrivai à la pointe du jour. Ce religieux, après avoir lu la lettre de dom Gabriel, m'emmena dans une chambre. Mon extrême abattement et le sang qu'il aperçut sur mes habits lui firent craindre que je ne fusse blessé. Il me le demandait quand il me vit tomber en faiblesse ; un domestique qu'il appela et lui me mirent au lit. On fit venir le chirurgien de la maison pour visiter ma plaie, elle s'était extrêmement envenimée par le froid et par la fatigue que j'avais soufferts.

Quand je fus seul avec le père à qui j'étais adressé, je le priai d'envoyer à une maison du village que je lui indiquai pour s'informer de Saint-Laurent. J'avais jugé qu'il s'y serait réfugié, je ne m'étais pas trompé ; il vint avec l'homme que j'avais envoyé. La douleur de ce pauvre garçon fut extrême quand il sut que j'étais blessé, il s'approcha de mon lit pour s'informer de mes nouvelles.

« Si vous voulez me sauver la vie, lui dis-je, il faut m'apprendre dans quel état est Mme de Bénavidès ; sachez ce qui se passe, ne perdez pas un moment pour m'en éclaircir et songez que ce que je souffre est mille fois pire que la mort. »

Saint-Laurent me promit de faire ce que je souhaitais, il sortit dans l'instant pour prendre les mesures nécessaires.

Cependant la fièvre me prit avec beaucoup de violence : ma plaie parut dangereuse, on fut obligé de me faire de grandes incisions ; mais les maux de l'esprit me laissaient à peine sentir ceux du corps. Mme de Bénavidès comme je l'avais vue en sortant de sa chambre fondant en larmes, couchée sur le plancher auprès de son mari que j'avais blessé, ne me sortait pas un moment de l'esprit ; je repassais les malheurs de sa vie, je me trouvais partout : son mariage, le choix de ce mari le plus jaloux, le plus bizarre de tous les hommes, s'était fait pour moi, et je venais de mettre le comble à tant d'infortunes en exposant sa réputation. Je me rappelais ensuite la jalousie que je lui avais marquée : quoiqu'elle n'eût duré qu'un moment, quoiqu'un seul mot l'eût fait cesser, je ne pouvais me la pardonner. Adélaïde me devait regarder comme indigne de ses bontés, elle devait me haïr. Cette idée si douloureuse, si accablante, je la soutenais par la rage dont j'étais animé contre moi-même.

Saint-Laurent revint au bout de huit jours ; il me dit que Bénavidès était très mal de sa blessure, que sa femme paraissait inconsolable, que dom Gabriel faisait mine de nous faire chercher avec soin. Ces nouvelles n'étaient pas propres à me calmer : je ne savais ce que je devais désirer, tous les événements étaient contre moi ; je ne pouvais même souhaiter la mort. Il me semblait que je me devais à la justification de Mme de Bénavidès.

Le religieux qui me servait prit pitié de moi ; il m'entendait soupirer continuellement, il me trouvait presque toujours le visage baigné de larmes. C'était un homme d'esprit qui avait été longtemps dans le monde et que divers accidents avaient conduit dans le cloître. Il ne chercha point à me consoler par ses discours, il me montra seulement de la sensibilité pour mes peines. Ce moyen lui réussit, il gagna peu à peu ma confiance, peut-être aussi ne la dut-il qu'au besoin que j'avais de parler et de me plaindre. Je m'attachais à lui à mesure que je lui contais mes malheurs ; il me devint si nécessaire au bout de quelques jours que je ne pouvais consentir à le perdre un moment. Je n'ai jamais vu dans personne plus de vraie bonté, je lui répétais mille fois les mêmes choses ; il m'écoutait, il entrait dans mes sentiments.

C'était par son moyen que je savais ce qui se passait chez Bénavidès ; sa blessure le mit longtemps dans un très grand danger. Il guérit enfin. J'en appris la nouvelle par dom Jérôme, c'était le nom de ce religieux ; il me dit ensuite que tout paraissait tranquille dans le château, que Mme de Bénavidès vivait encore plus retirée qu'auparavant, que sa santé était très languissante ; il ajouta qu'il fallait que je me disposasse à m'éloigner aussitôt que je le pourrais, que mon séjour pouvait être découvert et causer de nouvelles peines à Mme de Bénavidès.

Il s'en fallait bien que je ne fusse en état de partir ; j'avais toujours la fièvre, ma plaie ne se refermait point. J'étais dans cette maison depuis deux mois quand je m'aperçus un jour que dom Jérôme était triste et rêveur. Il détournait les yeux, il n'osait me regarder, il répondait avec peine à mes questions ; j'avais pris beaucoup d'amitié pour lui, d'ailleurs les malheureux sont plus sensibles que les autres. J'allais lui demander le sujet de sa mélancolie, lorsque Saint-Laurent, en entrant dans ma chambre, me dit que dom Gabriel était dans la maison, qu'il venait de le rencontrer.

« Dom Gabriel est ici, dis-je en regardant dom Jérôme, et vous ne m'en dites rien ; pourquoi ce mystère ? vous me faites trembler ! que fait Mme de Bénavidès ? par pitié, tirez-moi de la cruelle incertitude où je suis.

— Je voudrais pouvoir vous y laisser toujours, me dit enfin dom Jérôme en m'embrassant.

— Ah ! m'écriai-je, elle est morte, Bénavidès l'a sacrifiée à sa fureur. Vous ne me répondez point ? Hélas, je n'ai donc plus d'espérance. Non, ce n'est point Bénavidès, reprenais-je, c'est moi qui lui ai plongé le poignard dans le sein, sans mon amour elle vivrait encore. Adélaïde est morte, et je vis encore ; que tardai-je à la suivre, que tardai-je à la venger ? Mais non, ce serait me faire grâce que de me donner la mort ; ce serait me séparer de moi-même qui me fais horreur. »

L'agitation violente dans laquelle j'étais fit rouvrir ma plaie qui n'était pas encore bien refermée. Je perdis tant de sang que je tombai en faiblesse ; elle fut si longue que l'on me crut mort ; je revins enfin après quelques heures.

Dom Jérôme craignit que je n'entreprisse quelque chose contre ma vie, il chargea Saint-Laurent de me garder à vue. Mon désespoir prit alors une autre forme. Je restai dans un morne silence. Je ne répandais pas une larme. Ce fut dans ce temps que je fis dessein d'aller dans quelque lieu où je pusse être en proie à toute ma douleur. J'imaginais presque un plaisir à me rendre encore plus misérable que je ne l'étais.

Je souhaitai de voir dom Gabriel parce que sa vue devait encore augmenter ma peine ; je priai dom Jérôme de l'amener : ils vinrent ensemble dans ma chambre le lendemain. Dom Gabriel s'assit auprès de mon lit ; nous restâmes tous deux assez longtemps sans nous parler, il me regardait avec des yeux pleins de larmes. Je rompis enfin le silence.

« Vous êtes bien généreux, monsieur, de voir un misérable pour qui vous devez avoir tant de haine.

— Vous êtes trop malheureux, me répondit-il, pour que je puisse vous haïr.

— Je vous supplie, lui dis-je, de ne me laisser ignorer aucune circonstance de mon malheur ; l'éclaircissement que je vous demande préviendra peut-être des événements que vous avez intérêt d'empêcher.

— J'augmenterai mes peines et les vôtres, me répondit-il, n'importe, il faut vous satisfaire ; vous verrez du moins dans le récit que je vais vous faire que vous n'êtes pas seul à plaindre ; mais je suis obligé pour vous apprendre tout ce que vous voulez savoir de vous dire un mot de ce qui me regarde.

« Je n'avais jamais vu Mme de Bénavidès quand elle devint ma belle-sœur ; mon frère que des affaires considérables avaient attiré à Bordeaux, en devint amoureux ; et quoique ses rivaux eussent autant de naissance et de bien et lui fussent préférables par beaucoup d'autres endroits, je ne sais par quelle raison le choix de Mme de Bénavidès fut pour lui. Peu de temps après son mariage, il la mena dans ses terres ; c'est là où je la vis pour la première fois ; si sa beauté me donna de l'admiration, je fus encore plus enchanté des grâces de son esprit et de son extrême douceur que mon frère mettait tous les jours à de nouvelles épreuves. Cependant l'amour que j'avais alors pour une très aimable personne dont j'étais tendrement aimé me faisait croire que j'étais à l'abri de tant de charmes ; j'avais même dessein d'engager ma belle-sœur à me servir auprès de son mari pour le faire consentir à mon mariage. Le père de ma maîtresse, offensé des refus de mon frère, ne m'avait donné qu'un temps très court pour les faire cesser et m'avait déclaré, et à sa fille, que ce temps expiré il la marierait à un autre.

« L'amitié que Mme de Bénavidès me témoignait me mit bientôt en état de lui demander son secours ; j'allais souvent dans sa chambre dans le dessein de lui en parler et j'étais arrêté par le plus léger obstacle. Cependant le temps qui m'avait été prescrit s'écoulait ; j'avais reçu plusieurs lettres de ma maîtresse qui me pressait d'agir ; les réponses que je lui en faisais ne la satisfirent pas ; il s'y glissait, sans que je m'en aperçusse, une froideur qui m'attira des plaintes, elles me parurent injustes, je lui en écrivis sur ce ton-là. Elle se crut abandonnée et le dépit joint aux instances de son père la déterminèrent à se marier ; elle m'instruisit elle-même de son sort ; sa lettre quoique pleine de reproches était tendre ; elle finissait en me priant de ne la voir jamais. Je l'avais beaucoup aimée, je croyais l'aimer encore ; je ne pus apprendre sans une véritable douleur que je la perdais : je craignais qu'elle ne fût malheureuse et je me reprochais d'en être la cause.

« Toutes ces différentes pensées m'occupaient, j'y rêvais tristement en me promenant dans une allée de ce bois que vous connaissez quand je fus abordé par Mme de Bénavidès ; elle s'aperçut de ma tristesse, elle m'en demanda la cause avec amitié ; une secrète répugnance me retenait. Je ne pouvais me résoudre à lui dire que j'avais été amoureux. Mais le plaisir de pouvoir lui parler d'amour, quoique ce ne fût pas pour elle, l'emporta. Tous ces mouvements se passaient dans mon cœur sans que je les démêlasse. Je n'avais encore osé approfondir ce que je sentais pour ma belle-sœur. Je lui contai mon aventure, je lui montrai la lettre de Mlle de N...

« "Que ne m'avez-vous parlé plus tôt, me dit-elle ; peut-être aurais-je obtenu de monsieur votre frère le consentement qu'il vous refusait. Mon Dieu ! que je vous plains et que je la plains : elle sera assurément malheureuse !"

« La pitié de Mme de Bénavidès pour Mlle de N... me fit craindre qu'elle ne prît de moi des idées désavantageuses ; et pour diminuer cette pitié, je me pressai de lui dire que le mari de Mlle de N... avait du mérite, de la naissance, qu'il tenait un rang considérable dans le monde et qu'il y avait apparence que sa fortune deviendrait encore plus considérable.

« "Vous vous trompez, me répondit-elle, si vous croyez que tous ces avantages la rendent heureuse ; rien ne peut remplacer la perte de ce qu'on aime ; c'est une cruelle chose, ajouta-t-elle, quand il faut mettre toujours le devoir à la place de l'inclination."

« Elle soupira plusieurs fois pendant cette conversation, je m'aperçus même qu'elle avait peine à retenir ses larmes.

« Après m'avoir dit encore quelques mots, elle me quitta. Je n'eus pas la force de la suivre, je restai dans un trouble que je ne puis exprimer ; je vis tout d'un coup ce que je n'avais pas voulu voir jusque-là, que j'étais amoureux de ma belle-sœur, et je crus voir qu'elle avait une passion dans le cœur. Je me rappelai mille circonstances auxquelles je n'avais pas fait attention. Son goût pour la solitude, son éloignement pour tous les amusements dans un âge comme le sien ; son extrême mélancolie que j'avais attribuée au mauvais traitement de mon frère me parut alors avoir une autre cause. Que de réflexions douloureuses se présentèrent en même temps à mon esprit ! Je me trouvais amoureux d'une personne que je ne devais point aimer et cette personne en aimait un autre. "Si elle n'aimait rien, disais-je, mon amour, quoique sans espérance, ne serait pas sans douceur ; je pourrais prétendre à son amitié, elle m'aurait tenu lieu de tout, mais cette amitié n'est plus rien pour moi si elle a des sentiments plus vifs pour un autre." Je sentais que je devais faire tous mes efforts pour me guérir d'une passion contraire à mon repos et que l'honneur ne me permettait pas d'avoir.

« Je pris le dessein de m'éloigner, et je rentrai au château pour dire à mon frère que j'étais obligé de partir ; mais la vue de Mme de Bénavidès arrêta mes résolutions ; cependant pour me donner à moi-même un prétexte de rester près d'elle, je me persuadai que je lui étais utile pour arrêter les mauvaises humeurs de son mari.

« Vous arrivâtes dans ce temps-là ; je trouvai en vous un air et des manières qui démentaient la condition sous laquelle vous paraissiez. Je vous marquai de l'amitié, je voulus entrer dans votre confidence ; mon dessein était de vous engager ensuite à peindre Mme de Bénavidès ; car malgré toutes les illusions que mon amour me faisait, j'étais toujours dans la résolution de m'éloigner et je voulais, en me séparant d'elle pour toujours, avoir du moins son portrait. La manière dont vous répondîtes à mes avances me fit voir que je ne pouvais rien espérer de vous et j'étais allé pour faire venir un autre peintre le jour malheureux où vous blessâtes mon frère. Jugez de ma surprise quand, à mon retour, j'appris tout ce qui s'était passé ; mon frère qui était très mal gardait un morne silence et jetait de temps en temps des regards terribles sur Mme de Bénavidès.

« Il m'appela aussitôt qu'il me vit ; "délivrez-moi, me dit-il, de la vue d'une femme qui m'a trahi ; faites-la conduire dans son appartement et donnez ordre qu'elle n'en puisse sortir." Je voulus dire quelque chose, mais M. de Bénavidès m'interrompit au premier mot : "Faites ce que je souhaite, me dit-il, ou ne me voyez jamais."

« Il fallut donc obéir ; je m'approchai de ma belle-sœur, je la priai que je pusse lui parler dans sa chambre ; elle avait entendu les ordres que son mari m'avait donnés.

« "Allons, me dit-elle, en répandant un torrent de larmes, venez exécuter ce que l'on vous ordonne."

« Ces paroles qui avaient l'air de reproches me pénétrèrent de douleur ; je n'osai y répondre dans le lieu où nous étions ; mais elle ne fut pas plutôt dans sa chambre que la regardant avec beaucoup de tristesse, "Quoi ? lui dis-je, madame, me confondez-vous avec votre persécuteur, moi qui sens vos peines comme vous-même, moi qui donnerais ma vie pour vous ? Je frémis de le dire ; mais je crains pour la vôtre ; retirez-vous pour quelque temps dans un lieu sûr ; je vous offre de vous y faire conduire.

« — Je ne sais si M. de Bénavidès en veut à mes jours, me répondit-elle, je sais seulement que mon devoir m'oblige à ne pas l'abandonner et je le remplirai quoi qu'il m'en puisse coûter."

« Elle se tut quelques moments et reprenant la parole : "Je vais, continua-t-elle, vous donner par une entière confiance la plus grande marque d'estime que je puisse vous donner ; aussi bien l'aveu que j'ai à vous faire m'est-il nécessaire pour conserver la vôtre ; allez retrouver votre frère, une plus longue conversation pourrait lui être suspecte ; revenez ensuite le plus tôt que vous pourrez."

« Je sortis comme Mme de Bénavidès le souhaitait ; le chirurgien avait ordonné qu'on ne laissât entrer personne dans la chambre de M. de Bénavidès ; je courus retrouver sa femme, agité de mille pensées différentes. Je désirais de savoir ce qu'elle avait à me dire et je craignais de l'apprendre. Elle me conta comment elle vous avait connu : l'amour que vous aviez pris pour elle, le premier moment que vous l'aviez vue. Elle ne me dissimula point l'inclination que vous lui aviez inspirée.

— Quoi ! m'écriai-je à cet endroit du récit de dom Gabriel, j'avais touché l'inclination de la plus parfaite personne du monde, et je l'ai perdue ? »

Cette idée pénétra mon cœur d'un sentiment si tendre que mes larmes qui avaient été retenues jusque-là par l'excès de mon désespoir commencèrent à couler.

« Oui, continua dom Gabriel, vous en étiez aimé ; quel fond de tendresse je découvris pour vous dans son cœur malgré ses malheurs, malgré sa situation présente. Je sentais qu'elle appuyait avec plaisir tout ce que vous aviez fait pour elle ; elle m'avoua qu'elle vous avait reconnu quand je la conduisis dans la chambre où vous peigniez ; qu'elle vous avait écrit pour vous ordonner de partir et qu'elle n'avait pu trouver une occasion de vous donner sa lettre. Elle me conta ensuite comment son mari vous avait surpris dans le moment même où vous lui disiez un éternel adieu ; qu'il avait voulu la tuer et que c'était en la défendant que vous aviez blessé M. de Bénavidès.

« "Sauvez ce malheureux, ajouta-t-elle, vous seul pouvez le dérober au sort qui l'attend ; car je le connais, dans la crainte de m'exposer, il souffrirait les derniers supplices plutôt que de déclarer ce qu'il est.

« — Il est bien payé de ce qu'il souffre, lui dis-je, madame, par la bonne opinion que vous avez de lui.

« — Je vous ai découvert toute ma faiblesse, répliqua-t-elle, mais vous avez dû voir que si je n'ai pas été maîtresse de mes sentiments, je l'ai du moins été de ma conduite et que je n'ai fait aucune démarche que le plus rigoureux devoir puisse condamner.

« — Hélas ! Madame, lui dis-je, vous n'avez pas besoin de vous justifier, je sais trop par moi-même qu'on ne dispose pas de son cœur comme on le voudrait ; je vais mettre tout en usage, ajoutai-je, pour vous obéir et pour délivrer le comte de Comminge. Mais j'ose vous dire qu'il n'est peut-être pas le plus malheureux."

« Je sortis en prononçant ces paroles sans oser jeter les yeux sur Mme de Bénavidès. Je fus m'enfermer dans ma chambre pour résoudre ce que j'avais à faire. Mon parti était pris de vous délivrer, mais je ne savais pas si je ne devais pas fuir moi-même. Ce que j'avais souffert pendant le récit que je venais d'entendre me faisait connaître à quel point j'étais amoureux. Il fallait m'affranchir d'une passion si dangereuse pour ma vertu, mais il y avait de la cruauté d'abandonner Mme de Bénavidès seule entre les mains d'un mari qui croyait en avoir été trahi.

« Après bien des irrésolutions, je me déterminai à secourir Mme de Bénavidès, et à l'éviter avec soin ; je ne pus lui rendre compte de votre évasion que le lendemain ; elle me parut un peu plus tranquille ; je crus cependant m'apercevoir que son affliction était encore augmentée et je ne doutai pas que ce ne fût la connaissance que je lui avais donnée de mes sentiments. Je la quittai pour la délivrer de l'embarras que ma présence lui causait.

« Je fus plusieurs jours sans la voir, le mal de mon frère qui augmentait et qui faisait craindre pour sa vie m'obligea de lui faire une visite pour l'en avertir.

« "Si j'avais perdu M. de Bénavidès, me dit-elle, par un événement ordinaire, sa perte m'aurait été moins sensible ; mais la part que j'aurais à celui-ci me la rendrait tout à fait douloureuse. Je ne crains point les mauvais traitements qu'il peut me faire, je crains qu'il ne meure avec l'opinion que je lui ai manqué ; s'il vit, j'espère qu'il connaîtra mon innocence et qu'il me rendra son estime.

« — Il faut aussi, lui dis-je, madame, que je tâche de mériter la vôtre ; je vous demande pardon des sentiments que je vous ai laissé voir. Je n'ai pu ni les empêcher de naître, ni vous les cacher. Je ne sais même si je pourrai en triompher. Mais je vous jure que je ne vous en importunerai jamais, j'aurais même pris déjà le parti de m'éloigner de vous si votre intérêt ne me retenait ici.

« — Je vous avoue, me dit-elle, que vous m'avez sensiblement affligée. La fortune a voulu m'ôter jusqu'à la consolation que j'aurais trouvée dans votre amitié."

« Les larmes qu'elle répandait en me parlant firent plus d'effet sur moi que toute ma raison. Je fus honteux d'augmenter les malheurs d'une personne déjà si malheureuse.

« "Non, madame, lui dis-je, vous ne serez point privée de cette amitié dont vous avez la bonté de faire cas, et je me rendrai digne de la vôtre par le soin que j'aurai de vous faire oublier mon égarement."

« Je me trouvai effectivement en la quittant plus tranquille que je n'avais été depuis que je la connaissais. Bien loin de la fuir, je voulus par les engagements que je prendrais avec elle en la voyant me donner à moi-même de nouvelles raisons de faire mon devoir. Ce moyen me réussit ; je m'accoutumais peu à peu à réduire mes sentiments à l'amitié. Je lui disais naturellement le progrès que je faisais ; elle m'en remerciait comme d'un service que je lui aurais rendu ; et pour m'en récompenser elle me donnait de nouvelles marques de sa confiance ; mon cœur se révoltait encore quelquefois, mais la raison restait la plus forte.

« Mon frère, après avoir été assez longtemps dans un très grand danger, revint enfin ; il ne voulut jamais accorder à sa femme la permission de le voir qu'elle lui demanda plusieurs fois. Il n'était pas encore en état de quitter la chambre que Mme de Bénavidès tomba malade à son tour ; sa jeunesse la tira d'affaire et j'eus lieu d'espérer que sa maladie avait attendri son mari pour elle ; quoiqu'il se fût obstiné à ne la point voir, quelque instance qu'elle lui en eût fait faire dans le plus fort de son mal, il demandait de ses nouvelles avec quelque sorte d'empressement.

« Elle commençait à se mieux porter quand M. de Bénavidès me fit appeler. "J'ai une affaire importante, me dit-il, qui demanderait ma présence à Saragosse ; ma santé ne me permet pas de faire ce voyage. Je vous prie d'y aller à ma place, j'ai ordonné que mes équipages fussent prêts et vous m'obligeriez de partir tout à l'heure."

« Il est mon aîné d'un grand nombre d'années, j'ai toujours eu pour lui le respect que j'aurais eu pour mon père et il m'en a tenu lieu. Je n'avais d'ailleurs aucune raison pour me dispenser de faire ce qu'il souhaitait de moi. Il fallut donc me résoudre à partir, mais je crus que cette marque de ma complaisance me mettait en droit de lui parler sur Mme de Bénavidès.

« Que ne lui dis-je donc point pour l'adoucir ! Il me parut que je l'avais ébranlé. Je crus même le voir attendri.

« "J'ai aimé Mme de Bénavidès, me dit-il, de la passion du monde la plus forte ; elle n'est pas encore éteinte dans mon cœur, mais il faut que le temps et la conduite qu'elle aura à l'avenir effacent le souvenir de ce que j'ai vu."

« Je n'osai contester ses sujets de plainte ; c'était le moyen de rappeler ses fureurs. Je lui demandai seulement la permission de dire à ma belle-sœur les espérances qu'il me donnait ; il me le permit. Cette pauvre femme reçut cette nouvelle avec une sorte de joie.

« "Je sais, me dit-elle, que je ne puis être heureuse avec M. de Bénavidès, mais j'aurai du moins la consolation d'être où mon devoir veut que je sois."

« Je la quittai après l'avoir encore assurée des bonnes dispositions de mon frère. Un des principaux domestiques de la maison à qui je me confiais fut chargé de ma part d'être attentif à tout ce qui pourrait la regarder et de m'en instruire. Après ces précautions que je crus suffisantes, je pris la route de Saragosse.

« Il y avait près de quinze jours que j'y étais arrivé que je n'avais eu aucune nouvelle ; ce long silence commençait à m'inquiéter quand je reçus une lettre de ce domestique qui m'apprenait que trois jours après mon départ, M. de Bénavidès l'avais mis dehors, et tous ses camarades, et qu'il n'avait gardé qu'un homme qu'il me nomma et la femme de cet homme.

« Je frémis en lisant sa lettre, et sans m'embarrasser des affaires dont j'étais chargé, je pris sur-le-champ la poste.

« J'étais à trois journées d'ici quand je reçus la fatale nouvelle de la mort de Mme de Bénavidès ; mon frère qui me l'écrit lui-même m'en paraît si affligé que je ne saurais croire qu'il y ait eu part. Il me mande que l'amour qu'il avait pour sa femme l'avait emporté sur sa colère, qu'il était prêt de lui pardonner quand la mort la lui avait ravie, qu'elle était retombée peu après mon départ et qu'une fièvre violente l'avait emportée le cinquième jour. J'ai su depuis que je suis ici, où je suis venu chercher quelque consolation auprès de dom Jérôme, qu'il est plongé dans la plus affreuse mélancolie ; il ne veut voir personne, il m'a même fait prier de ne pas aller sitôt chez lui.

« Je n'ai aucune peine à lui obéir, continua dom Gabriel, les lieux où j'ai vu la malheureuse Mme de Bénavidès et où je ne la verrai plus, ajouteraient encore à ma douleur ; il semble que sa mort ait réveillé mes premiers sentiments et je ne sais si l'amour n'a pas autant de part à mes larmes que l'amitié. J'ai résolu de passer en Hongrie où j'espère trouver la mort dans les périls de la guerre ou retrouver le repos que j'ai perdu. »

Dom Gabriel cessa de parler ; je ne pus lui répondre ; ma voix était étouffée par mes soupirs et par mes larmes ; il en répandait aussi bien que moi ; il me quitta enfin sans que j'eusse pu lui dire une parole. Dom Jérôme l'accompagna et je restai seul.

Ce que je venais d'entendre augmentait l'impatience que j'avais de me trouver dans un lieu où rien ne me dérobât à ma douleur ; le désir d'exécuter ce projet hâta ma guérison. Après avoir langui si longtemps, mes forces commencèrent à revenir ; ma blessure se ferma et je me vis en état de partir en peu de temps. Les adieux de dom Jérôme et de moi furent de sa part remplis de beaucoup de témoignages d'amitié. J'aurais voulu y répondre, mais j'avais perdu ma chère Adélaïde et je n'avais de sentiments que pour la pleurer. Je cachai mon dessein de peur qu'on ne cherchât à y mettre obstacle. J'écrivis à ma mère par Saint-Laurent à qui j'avais fait croire que j'attendrais la réponse dans le lieu où j'étais. Cette lettre contenait un détail de tout ce qui m'était arrivé ; je finissais en lui demandant pardon de m'éloigner d'elle. J'ajoutais que j'avais cru devoir lui épargner la vue d'un malheureux qui n'attendait que la mort ; enfin je la priais de ne faire aucune perquisition pour découvrir ma retraite et je lui recommandais Saint-Laurent.

Je lui donnai, quand il partit, tout ce que j'avais d'argent ; je ne gardai que ce qui m'était nécessaire pour faire mon voyage. La lettre de Mme de Bénavidès et son portrait que j'avais toujours sur mon cœur étaient le seul bien que je m'étais réservé.

Je partis le lendemain du départ de Saint-Laurent. Je vins sans presque m'arrêter à l'abbaye de la T... Je demandai l'habit en arrivant ; le père abbé m'obligea de passer par les épreuves. On me demanda, quand elles furent finies, si la mauvaise nourriture et les austérités ne me paraissaient pas au-dessus de mes forces. Ma douleur m'occupait si entièrement que je ne m'étais pas même aperçu du changement de nourriture et de ces austérités dont on me parlait.

Mon insensibilité à cet égard fut prise pour une marque de zèle, et je fus reçu. L'assurance que j'avais par là que mes larmes ne seraient point troublées et que je passerais ma vie entière dans cet exercice me donna quelque espèce de consolation. L'affreuse solitude, le silence qui régnait toujours dans cette maison, la tristesse de tous ceux qui m'environnaient me laissaient tout entier à cette douleur qui m'était devenue si chère, qui me tenait presque lieu de ce que j'avais perdu. Je remplissais les exercices du cloître parce que tout m'était également indifférent. J'allais tous les jours dans quelque endroit écarté des bois ; là, je relisais cette lettre, je regardais le portrait de ma chère Adélaïde, je baignais de mes larmes l'un et l'autre et je revenais le cœur encore plus plein de tristesse.

Il y avait trois années que je menais cette vie sans que mes peines eussent eu le moindre adoucissement, quand je fus appelé par le son de la cloche pour assister à la mort d'un religieux ; il était déjà couché sur la cendre, et on allait lui administrer le dernier sacrement, lorsqu'il demanda au père abbé la permission de parler.

« Ce que j'ai à dire, mon père, ajouta-t-il, animera d'une nouvelle ferveur ceux qui m'écoutent pour celui qui par des voies si extraordinaires m'a tiré du profond abîme où j'étais plongé pour me conduire dans le port du salut. »

Il continua ainsi :

« Je suis indigne de ce nom de frère dont ces saints religieux m'ont honoré. Vous voyez en moi une malheureuse pécheresse qu'un amour profane a conduite dans ces saints lieux. J'aimais et j'étais aimée d'un jeune homme d'une condition égale à la mienne. La haine de nos pères mit obstacle à notre mariage. Je fus même obligée pour l'intérêt de mon amant d'en épouser un autre. Je cherchai jusque dans le choix de mon mari à lui donner des preuves de mon fol amour : celui qui ne pouvait m'inspirer que de la haine fut préféré, parce qu'il ne pouvait lui donner de jalousie. Dieu a permis qu'un mariage contracté par des vues si criminelles ait été pour moi une source de malheurs. Mon mari et mon amant se blessèrent à mes yeux ; le chagrin que j'en conçus me rendit malade ; je n'étais pas encore rétablie quand mon mari m'enferma dans une tour de sa maison et me fit passer pour morte. Je fus deux ans en ce lieu, sans autre consolation que celle que tâchait de me donner celui qui était chargé de m'apporter ma nourriture ; mon mari non content des maux qu'il me faisait souffrir, avait encore la cruauté d'insulter à ma misère. Mais que dis-je, ô mon Dieu ! J'ose appeler cruauté l'instrument dont vous vous serviez pour me punir. Tant d'afflictions ne me firent point ouvrir les yeux sur mes égarements : bien loin de pleurer mes péchés, je ne pleurais que mon amant.

« La mort de mon mari me mit enfin en liberté ; le même domestique, seul instruit de ma destinée, vint m'ouvrir ma prison et m'apprit que j'avais passé pour morte dès l'instant qu'on m'avait enfermée. La crainte des discours que mon aventure ferait tenir de moi me fit penser à la retraite, et pour achever de m'y déterminer, j'appris qu'on ne savait aucune nouvelle de la seule personne qui pouvait me retenir dans le monde. Je pris un habit d'homme pour sortir avec plus de facilité du château. Le couvent que j'avais choisi et où j'avais été élevée n'était qu'à quelques lieues d'ici. J'étais en chemin pour m'y rendre quand un mouvement inconnu m'obligea d'entrer dans cette église : à peine y étais-je que je distinguai, parmi ceux qui chantaient les louanges du Seigneur, une voix trop accoutumée à aller jusqu'à mon cœur. Je crus être séduite par la force de mon imagination ; je m'approchai et malgré le changement que le temps et les austérités avaient apporté sur son visage, je reconnus ce séducteur si cher à mon souvenir. Que devins-je, grand Dieu ! A cette vue de quel trouble ne fus-je point agitée ! loin de bénir le Seigneur de l'avoir mis dans la voie sainte, je blasphémai contre lui de me l'avoir ôté. Vous ne punîtes pas mes murmures impies, ô mon Dieu ! et vous vous servîtes de ma propre misère pour m'attirer à vous. Je ne pus m'éloigner d'un lieu qui renfermait ce que j'aimais ; et pour ne m'en plus séparer, après avoir congédié mon conducteur, je me présentai à vous, mon père ; vous fûtes trompé par l'empressement que je montrais pour être admise dans votre maison, vous m'y reçûtes. Quelle était la disposition que j'apportais à vos saints exercices ? un cœur plein de passion tout occupé de ce qu'il aimait : Dieu qui voulait, en m'abandonnant à moi-même, me donner de plus en plus des raisons de m'humilier un jour devant lui, permettait sans doute ces douceurs empoisonnées que je goûtais à respirer le même air, à être dans le même lieu. Je m'attachais à tous ses pas, je l'aidais dans son travail autant que mes forces pouvaient me le permettre et je me trouvais dans ces moments payée de tout ce que je souffrais. Mon égarement n'alla pourtant pas jusqu'à me faire connaître. Mais quel fut le motif qui m'arrêta ? la crainte de troubler le repos de celui qui m'avait fait perdre le mien ; sans cette crainte, j'aurais peut-être tout tenté pour arracher à Dieu une âme que je croyais qui était toute à lui.

« Il y a deux mois que pour obéir à la règle du saint fondateur qui a voulu par l'idée continuelle de la mort sanctifier la vie de ses religieux, il leur fut ordonné à tous de se creuser chacun leur tombeau. Je suivais comme à l'ordinaire celui à qui j'étais liée par des chaînes si honteuses ; la vue de ce tombeau, l'ardeur avec laquelle il le creusait me pénétrèrent d'une affliction si vive qu'il fallut m'éloigner pour laisser couler des larmes qui pouvaient me trahir : il me semblait depuis ce moment que j'allais le perdre ; cette idée ne m'abandonnait plus, mon attachement en prit encore de nouvelles forces, je le suivais partout et si j'étais quelques heures sans le voir, je croyais que je ne le verrais plus.

« Voici le moment heureux que Dieu avait préparé pour m'attirer à lui ; nous allions dans la forêt couper du bois pour l'usage de la maison, quand je m'aperçus que mon compagnon m'avait quitté ; mon inquiétude m'obligea à le chercher. Après avoir parcouru plusieurs routes du bois, je le vis dans un endroit écarté, occupé à regarder quelque chose qu'il avait tiré de son sein. Sa rêverie était si profonde que j'allai à lui et que j'eus le temps de considérer ce qu'il tenait sans qu'il m'aperçût : quel fut mon étonnement quand je reconnus mon portrait ! je vis alors que bien loin de jouir de ce repos que j'avais tant craint de troubler, il était comme moi la malheureuse victime d'une passion criminelle ; je vis Dieu irrité appesantir sa main toute-puissante sur lui ; je crus que cet amour que je portais jusqu'aux pieds des autels avait attiré la vengeance céleste sur celui qui en était l'objet. Pleine de cette pensée, je vins me prosterner au pied de ces mêmes autels, je vins demander à Dieu ma conversion pour obtenir celle de mon amant. Oui, mon Dieu ! c'était pour lui que je vous priais, c'était pour lui que je versais des larmes, c'était son intérêt qui m'amenait à vous. Vous eûtes pitié de ma faiblesse, ma prière toute insuffisante, toute profane qu'elle était encore ne fut pas rejetée ; votre grâce se fit sentir à mon cœur. Je goûtai dès ce moment la paix d'une âme qui est avec vous et qui ne cherche que vous. Vous voulûtes encore me purifier par des souffrances, je tombai malade peu de jours après. Si le compagnon de mes égarements gémit encore sous le poids du péché, qu'il jette les yeux sur moi, qu'il considère ce qu'il a si follement aimé, qu'il pense à ce moment redoutable où je touche et où il touchera bientôt ; à ce jour où Dieu fera taire sa miséricorde pour n'écouter que sa justice ; mais je sens que le temps de mon dernier sacrifice s'approche, j'implore le secours des prières de ces saints religieux, je leur demande pardon du scandale que je leur ai donné, et je me reconnais indigne de partager leur sépulture. »

Le son de voix d'Adélaïde si présent à mon souvenir me l'avait fait reconnaître dès le premier mot qu'elle avait prononcé. Quelle expression pourrait représenter ce qui se passait alors dans mon cœur ! Tout ce que l'amour le plus tendre, tout ce que la pitié, tout ce que le désespoir peuvent faire sentir, je l'éprouvai dans ce moment.

J'étais prosterné comme les autres religieux. Tant qu'elle avait parlé, la crainte de perdre une de ses paroles avait retenu mes cris ; mais quand je compris qu'elle avait expiré, j'en fis de si douloureux que les religieux vinrent à moi et me relevèrent. Je me démêlai de leurs bras, je courus me jeter à genoux auprès du corps d'Adélaïde, je lui prenais les mains que j'arrosais de mes larmes.

« Je vous ai donc perdue une seconde fois, ma chère Adélaïde, m'écriai-je, et je vous ai perdue pour toujours. Quoi ! vous avez été si longtemps auprès de moi et mon cœur ingrat ne vous a pas reconnue ; nous ne nous séparerons du moins jamais, la mort moins barbare que mon père, ajoutai-je, en la serrant entre mes bras, va nous unir malgré lui. »

La véritable piété n'est point cruelle. Le père abbé, attendri de ce spectacle, tâcha par les exhortations les plus tendres et les plus chrétiennes de me faire abandonner ce corps que je tenais étroitement embrassé. Il fut enfin obligé d'y employer la force ; on m'entraîna dans une cellule où le père abbé me suivit. Il passa la nuit avec moi sans pouvoir rien gagner sur mon esprit.

Mon désespoir semblait s'accroître par les consolations qu'on voulait me donner.

« Rendez-moi, lui disais-je, Adélaïde, pourquoi m'en avez-vous séparé ? Non, je ne puis plus vivre dans cette maison où je l'ai perdue, où elle a souffert tant de maux. Par pitié, ajoutai-je, en me jetant à ses pieds, permettez-moi d'en sortir, que feriez-vous d'un misérable dont le désespoir troublerait votre repos ? Souffrez que j'aille dans l'ermitage attendre la mort. Ma chère Adélaïde obtiendra de Dieu que ma pénitence soit salutaire, et vous, mon père, je vous demande cette dernière grâce, promettez-moi que le même tombeau unira nos cendres. Je vous promettrai à mon tour de ne rien faire pour hâter ce moment qui peut seul mettre fin à mes maux. »

Le père abbé par compassion, et peut-être encore plus pour ôter de la vue de ses religieux un objet de scandale, m'accorda ma demande et consentit à ce que je voulus. Je partis dès l'instant pour ce lieu ; j'y suis depuis plusieurs années, n'ayant d'autre occupation que celle de pleurer ce que j'ai perdu.

MADAME DE GRAFFIGNY

LETTRES D'UNE PÉRUVIENNE
(1747)

INTRODUCTION

Elle n'était pas mince et n'avait pas, comme on disait alors, la taille faite au tour, puisque ses intimes l'appelaient familièrement la « Grosse », ce qui n'a jamais été un compliment pour une jolie femme. Peu importe d'ailleurs, car elle n'était pas jolie non plus. Ni riche, hélas, ni heureuse. Célèbre ? Un temps seulement. Dès la fin du siècle son étoile avait pâli. En 1850, Sainte-Beuve voulait bien consacrer un essai à ses relations avec Voltaire et Turgot, mais en prévenant les alarmes de ses lecteurs : « Rassurez-vous, je ne veux vous parler ni des *Lettres péruviennes* ni de *Cénie*. » C'était lui ôter d'un trait de plume ses seuls titres à la notoriété littéraire.

Les armoiries de la famille étaient à peine sèches. Son grand-père paternel, un militaire nommé Dissambourg Dubuisson, anobli en 1660 par le duc de Lorraine, avait pris le nom d'une petite seigneurie acquise à Happoncourt. Son fils François, militaire lui aussi, épousa une petite-nièce de l'illustre graveur lorrain Jacques Callot. La famille n'avait pas le culte du grand ancêtre : « J'ai entendu dire à Mme de Graffigny, rapporte Fréron, que sa mère, ennuyée d'avoir chez elle une grande quantité de planches en cuivre gravées par Callot, fit venir un jour un chaudronnier et les lui donna toutes pour en faire une batterie de cuisine [1]. » De cette union naquit, le 11 février 1695, Françoise d'Issembourg d'Happoncourt [2]. On ne sait à peu près rien d'une enfance d'ailleurs brève, puisqu'elle

1. *Année littéraire*, 1759, t. I, p. 327.
2. Pour les données biographiques, voir G. Noël, *Une « primitive » oubliée de l'école des « cœurs sensibles ». Madame de Graffigny*, Paris, Plon, 1913. L'ouvrage est à rectifier et à compléter par les importants travaux de E. Showalter : « The Beginnings of Mme de Graffigny's Literary Career », dans *Essays on the Age of Enlightenment in Honor of I.O. Wade*, éd. établie par J. Macary, Genève, Droz, 1977, p. 293-304 ; « Madame de Graffigny and her salon », dans *Studies in Eighteenth-Century Culture*, VI, 1977, p. 377-391 ; *Madame de Graffigny and Rousseau : Between the Two Discours*, Oxford, Voltaire Foundation, 1978 (*Studies on Voltaire and the Eighteenth Century*, 175). Voir aussi les introductions à la *Correspondance de Mme de Graffigny*, Oxford, Voltaire Foundation, 1985 *sq.*, 3 vol. parus.

épousa, en janvier 1712, François Huguet de Graffigny. Mariage malheureux. Le couple eut trois enfants, morts en bas âge, et M. de Graffigny ne tarda pas à se conduire en mari jaloux, emporté et brutal. Le ménage se sépara en 1723 et M. de Graffigny mourut deux ans plus tard. Veuve à trente ans, Mme de Graffigny perdit sa mère en 1727, son père en 1733. Sans proches, sans enfants, sans guère de ressources, elle s'attacha à la cour de Lorraine, à Lunéville.

Le duc François vivait à Vienne, laissant sa mère, qu'on appelait Madame, diriger le duché au titre de régente. Mme de Graffigny jouit de la protection de Madame et connut quelques années paisibles. Elle noua à Lunéville une amitié durable avec François Antoine Devaux, dit Panpan, de dix-sept ans son cadet, avec qui elle entretiendra jusqu'à sa mort une abondante correspondance. Elle y connut aussi un jeune officier de cavalerie, né en 1708. Léopold Desmarets, fils du surintendant de la musique du duc de Lorraine, fut le grand amour de Mme de Graffigny et leur liaison se prolongea, non sans heurts, jusqu'en 1743.

Au terme de la guerre de Succession de Pologne, le traité de Vienne mit fin, au début de 1736, à l'indépendance de la Lorraine : le duc François cédait sa couronne à Stanislas Leszczynski, roi dépossédé de Pologne et beau-père de Louis XV. Ce fut la dispersion de la cour ducale et, pour Mme de Graffigny, la nécessité urgente de s'assurer de nouveaux protecteurs. En septembre 1738, elle prit la route de Paris, où elle devait faire office de dame de compagnie auprès de la duchesse de Richelieu. Trois ans plus tôt, elle avait fait la connaissance, à Lunéville, de Voltaire et de sa compagne, Mme du Châtelet, qui l'invitait maintenant à faire halte à Cirey. Elle y passa dix semaines, faisant à Panpan une narration piquante de la vie quotidienne du philosophe. Puis les choses tournèrent mal. La pauvre femme se vit accusée, à tort, d'avoir livré des copies d'un chant de *La Pucelle* [1]. Humiliée, chassée par Mme du Châtelet, elle parvint à Paris en février 1739.

Elle croit alors avoir trouvé un havre. La duchesse de Richelieu promet de prendre soin d'elle, elle commence à se faire quelques relations dans la capitale. Court répit. La duchesse meurt en 1740 et elle se retrouve dans une situation matérielle pénible, contrainte de se retirer dans un couvent comme dame de compagnie de la princesse de Ligne. A la fin de 1742 seulement, elle s'installe enfin chez elle, non loin du Luxembourg, dans une maison qu'elle loue avec deux amies.

Entre-temps, elle s'est fait des connaissances dans le milieu des écrivains et des artistes et fréquente surtout chez Mlle Quinault, actrice retirée qui animait avec son protecteur, le comte de Caylus, un petit cercle appelé la Société du bout du banc. Il était alors à ses débuts, mais devait compter un jour des habitués de qualité, dont Duclos, Moncrif, Voisenon,

---

1. E. Showalter, « Sensibility at Cirey : Mme du Châtelet, Mme de Graffigny and the *Voltairomanie* », *Studies on Voltaire and the Eighteenth Century*, 185, 1975, p. 181-182.

d'Argenson, Crébillon fils, Marivaux, Rousseau, d'Alembert ou Diderot. On y bavarde en liberté, on boit, on dîne, on parle littérature. Son instruction n'avait pas été très poussée mais dès l'époque de Lunéville, elle avait hanté des gens cultivés qui lui avaient donné le goût des lettres. Il en était résulté de modestes essais, destinés sans doute à la lecture entre amis et tous disparus. Elle s'était essayée à une pièce, *L'Honnête Homme*, puis à un dialogue *De la Réunion du Bon Sens et de l'Esprit*, puis encore à *Héraclite*, tragédie en vers. C'est dans le cercle de Mlle Quinault que Mme de Graffigny fait ses premières armes officielles avec une *Nouvelle espagnole* parue en 1745 dans le *Recueil de ces Messieurs*, petit volume de contes et de fantaisies. L'année suivante, ce fut *Azerole*, un conte de fées. Elle écrivait donc : pourquoi ne pas persévérer ? Une femme dans sa situation matérielle n'avait guère le choix des issues.

Elle fit bien. En 1747 les *Lettres d'une Péruvienne*, d'un seul coup, font de cette femme vieillissante et un peu aigrie un auteur en vogue. « Il y a longtemps qu'on ne nous avait rien donné d'aussi agréable », dit l'abbé Raynal dans ses *Nouvelles littéraires*. Éditions, « suites » et traductions se multiplient, le succès se maintient. Elle en tire parti en composant pour la cour de Vienne des saynètes à l'usage des enfants impériaux — parmi lesquels Marie-Antoinette, future reine de France. Elle tient à présent un petit salon où l'on voit Duclos, Fréron, Marivaux, Marmontel, Prévost, Voltaire, d'Alembert et même Rousseau, quelques-uns des familiers de Mlle Quinault, de hauts fonctionnaires comme d'Argenson, Choiseul ou Maurepas, un petit abbé nommé Turgot et un jeune fermier général, le philosophe Helvétius, à qui elle réussira — grande affaire — à marier sa parente, Minette de Ligniville.

Pourquoi ne pas tâter du théâtre, dont le rendement financier pouvait être bien supérieur à celui du roman ? En 1750, *Cénie*, comédie larmoyante en prose, obtient dans l'année vingt-cinq représentations à guichets fermés et sera encore jouée trente-deux fois de 1754 à 1760 [1] — un triomphe pour l'époque. Quatre ans après la création, Grimm se répandait encore en éloges : « Il n'y a point d'homme de génie et de mérite en France, disait-il, qui ne dût être bien aise d'être auteur de cette pièce [2]. » Même cet ours de Jean-Jacques, qui condamnait le théâtre et n'aimait pas les femmes auteurs, salua *Cénie* dans sa *Lettre à d'Alembert*. Le succès excite la bile des envieux. Chevrier, polygraphe venimeux, prétendit que Mme de Graffigny, bien incapable de composer quoi que ce fût, avait acheté les *Lettres d'une Péruvienne* à l'abbé Pérau et qu'un autre abbé lui avait fait don de *Cénie* [3].

---

1. J. A. Dainard, « La correspondance de Madame de Graffigny », dans *Dix-Huitième Siècle*, 10, 1978, p. 379.
2. *Correspondance littéraire*, 15 juillet 1754, t. II, p. 377.
3. *Le Colporteur*, dans *Romans libertins du XVIIIᵉ siècle*. éd. établie par R. Trousson, Paris, Laffont, « Bouquins », 1993, p. 787.

Elle était maintenant un écrivain en vue. Deux victoires l'engagèrent à courir la chance une troisième fois : *La Fille d'Aristide* fut représentée le 29 avril 1758. Hélas, ce fut un four. Voisenon, rapporte Casanova, fut mortifié de cet échec parce qu'il avait mis la main à la pâte, comme il disait d'ailleurs avoir collaboré à la rédaction des *Lettres d'une Péruvienne* et de *Cénie*. Grimm lui consacre une longue analyse pour conclure : « On ne peut rien voir de plus froid, de plus plat, de plus ridiculement intrigué, de plus mal conduit que cette pièce. Elle m'a paru fort mal écrite, remplie de sentences triviales et louches. [...] Il n'y a pas une scène qui soit ce qu'on appelle faite. [...] Les plus mauvaises plaisanteries offensent le goût le moins délicat. Il n'y a pas un rôle qui ne soit d'une absurdité ou d'une platitude complète. On ne conçoit pas comment l'auteur de *Cénie* a pu faire une chute aussi énorme [1]. » La pauvre femme en fut cruellement touchée et se répandit en doléances dans le sein de Voltaire, qui lui conseilla de ne pas s'affliger des jugements « de cette multitude qui juge au hasard de tout, qui élève une statue pour lui casser le nez ».

Elle n'aurait plus le temps de se relever. Sa santé n'avait jamais été brillante et déclinait rapidement. Elle mourut le 12 décembre 1758. Peut-être était-ce mieux ainsi, pensait un de ses amis, Charles Collé :

> Un mois, ou environ, après la chute de sa pièce, elle eut une violente attaque de nerfs, où l'on soupçonnait d'entrer un peu d'épilepsie ; le chagrin et ce qu'elle prenait sur elle pour le cacher n'ont pas peu contribué à augmenter son mal. [...] Était-ce un bien pour elle de vivre plus long-temps ? C'est ce que je ne déciderais pas. Elle eût d'abord traîné peut-être une vie languissante et pleine d'infirmités ; et d'ailleurs le mauvais état de ses affaires lui aurait causé bien des tourments. [...] Elle a laissé 42 000 livres de dettes effectives, et je ne pense pas qu'à beaucoup près sa succession puisse les payer ; elle était cruellement volée par ses domestiques, et sa dépense était excessive pour elle, sans qu'elle s'en aperçût ; elle allait toujours. [...] Du reste, femme d'esprit, dont le tête-à-tête était infiniment agréable pour ceux en qui elle avait confiance ; c'était l'âme la plus active que j'aie connue pour faire le bien et pour rendre service [2].

*
* *

Une première édition du roman de Mme de Graffigny, comprenant trente-huit lettres, parut en 1747 ; une seconde, augmentée de trois lettres et d'une introduction historique par Antoine Bret, familier de l'auteur, en 1752. Ce fut l'un des grands succès de librairie du temps, réédité quarante-deux fois jusqu'à la fin du siècle et publié jusqu'en 1835. Puis, balayées par la vague romantique, les *Lettres d'une Péruvienne* attendirent pendant cent trente-deux ans qu'on se souvînt d'elles [3].

1. *Correspondance littéraire*, 1er mai 1758, t. III, p. 507.
2. Ch. Collé, *Journal et Mémoires*. Genève, Slatkine reprints, 1967, t. II, p. 160-161.
3. Ce fut d'abord l'importante édition critique de G. Nicoletti (Bari, Adriatica Editrice,

L'intrigue en était simple. Le jour de ses noces, Zilia, jeune Péruvienne consacrée au Soleil et fiancée à Aza, est enlevée par des pillards espagnols. Leur vaisseau est capturé par des Français dont le chef, Déterville, s'éprend d'elle et l'amène en France. Zilia conte elle-même son histoire à l'aide de ses *quipos*, cordons noués qui tenaient lieu d'écriture chez les Incas, en attendant d'apprendre peu à peu la langue. Aidée par Déterville et sa sœur Céline, elle découvre la civilisation occidentale, qu'elle décrit et critique. C'est en vain que l'aimable Déterville la prie d'amour. Zilia demeurera pour toujours fidèle à Aza, même quand elle le saura emmené en Espagne, converti au christianisme et marié à une chrétienne. Elle se retire dans la solitude, n'offrant à Déterville désespéré que sa gratitude et son amitié.

Le roman comportait à la fois une description critique de la société et une intrigue sentimentale sur le thème de la femme abandonnée. Inévitablement, on songeait à deux grands modèles : les *Lettres persanes* de Montesquieu et ces *Lettres portugaises* publiées en 1669 par Guilleragues, que le XVIIIᵉ siècle prenait pour d'authentiques lettres de désespoir écrites par une religieuse délaissée par son amant. De Montesquieu procède — l'ironie en moins [1] — la perspective critique, des *Lettres portugaises* la monodie épistolaire, puisque Zilia ne reçoit d'Aza aucune réponse. Mme de Graffigny, il est vrai, rompt avec la tradition qui voulait qu'une histoire d'amour s'achevât par le mariage ou l'entrée au couvent, vrai aussi que le protagoniste est une femme et que les valeurs occidentales ne sont pas reconnues comme supérieures [2]. Mais si elle ne manque pas d'originalité et n'est pas seulement une docile suiveuse, et s'il existe entre son roman et ceux de ses prédécesseurs certaines différences soulignées par une critique moderne soucieuse de revaloriser un texte longtemps méconnu, elle n'en est pas moins l'héritière consciente d'une double lignée.

Pour le thème du regard étranger promené sur la civilisation européenne, Montesquieu lui-même avait eu des prédécesseurs, quand ce ne serait que *L'Esploratore turco* de Marana ou *Les Amusements sérieux et comiques* de Dufresny, mais sa réussite avait effacé ces médiocres essais. Il avait su insérer habilement son propos dans une intrigue romanesque : «Rien n'a plu davantage, dans les *Lettres persanes*, disait-il, que d'y

---

1967), qui comprend aussi les «suites» et la critique de Turgot, puis celle de B. Bray et I. Landy-Houillon (*Lettres portugaises, Lettres d'une Péruvienne et autres romans d'amour par lettres*, Paris, Garnier-Flammarion, 1983), celle de C. Piau-Gillot (Paris, Côté-Femmes édition, 1990) et celle, bilingue, de J. DeJean et N. K. Miller (New York, MLA, 1993). Voir D. Smith, «Graffigny *rediviva* : Editions of the *Lettres d'une Péruvienne*», dans *Eighteenth-Century Fiction*, 7, 1994, p. 71-78.

1. Voir H. Coulet, *Le Roman jusqu'à la Révolution*, Paris, Colin, 1967, t. I, p. 383.

2. Voir les arguments de J. G. Altman, «Making room for Peru. Graffigny's novel reconsidered», dans *Dilemmes du roman. Essays in honor of G. May*, éd. établie par C. Lafarge, Saratoga, ANMA Libri, 1989, p. 33-46.

trouver, sans y penser, une espèce de roman.» Et il soulignait la commodité du roman par lettres, propice aux digressions. On sait le succès de l'entreprise. Les libraires, dit Montesquieu, « allaient tirer par la manche tous ceux qu'ils rencontraient : Monsieur, disaient-ils, je vous prie, faites-moi des *Lettres persanes* [1] ». On en fit. Jusqu'en 1812 où en parut une lointaine mouture avec le *Voyage de Kang-hi ou Nouvelles lettres chinoises* du duc de Levis, il plut une averse de lettres turques, juives, cabalistiques, chinoises, iroquoises, moscovites, hollandaises, roumaines, westphaliennes, chérakésiennes, tahitiennes, siamoises et autres. Grimm en enregistrait la vogue dans sa *Correspondance littéraire* du 15 juin 1753 : «C'est le sort des grands hommes et de leurs ouvrages d'être copiés et imités sans cesse par les petits génies. M. le président de Montesquieu nous a donné des *Lettres persanes* ; ce livre [...] a engendré une multitude de lettres [...] qui n'ont aucun des avantages ni des agréments de leur original.»

Les Persans, les Turcs ou les Chinois étaient pris, mais on n'avait pas encore songé aux Péruviens. Or l'exotisme était à la mode et l'on ne comptait plus les personnages dont le nom attestait les origines lointaines : «Ces noms de Zilia et d'Aza, ironisait Fréron, me rappellent que les Z sont depuis quelques années bien à la mode dans les noms des héros de tragédie ou de roman. On n'en voit presque plus sans Z : Zaïre, Zaïde, Zelisca, Zulime, Alzire, Zamore, etc. Je pourrais en citer mille autres [2].» C'est vrai : le Z marchait bien, en particulier chez Voltaire, qui pouvait ajouter à cette liste un cortège impressionnant de Zélonide, Zopire, Azéma, Arzace, Zamti, Sozame, Baza, Zoïlin, Arzémon, Azémon, Zoé, Zadig ou Zapata. Quant au Pérou, Rameau s'en était souvenu en 1735 dans *Les Incas* et Voltaire encore en 1736 dans *Alzire*. Dans l'*Essai sur les mœurs*, il dira du bien des Péruviens, nation «policée» vouant un culte raisonnable au Soleil et ne pratiquant pas, comme les Aztèques, les sacrifices humains. Il y avait enfin la fameuse *Histoire des Incas*, les *Commentarios reales* de l'Inca Garcilaso de la Vega, traduits par Baudouin en 1633, souvent réédités et dont Dalibard venait, en 1744, de donner une nouvelle version. Maint utopiste s'était servi de ce classique, où puise à son tour Mme de Graffigny pour le vocabulaire, la mythologie ou la hiérarchie politique et religieuse [3]. De cet exotisme résulte aussi un langage métaphorique, un style «indien» un peu agaçant, mais dont la vogue se maintiendra jusque dans *Les Natchez* de Chateaubriand. Du reste, le bon sauvage ne fait-il pas partie des mythes chers au siècle ? Dans *Les Mœurs des sauvages américains*, en 1724, le P. Lafitau célé-

---

1. *Lettres persanes*, éd. établie par L. Versini, Paris, Flammarion, 1995, p. 34.
2. *Lettres sur quelques écrits de ce temps*, t. I, 1749-1752, p. 83.
3. Voir J. von Stackelberg, «Die *Peruanischen Briefe* und ihre Ergänzung», dans *Id.*, *Literarische Rezeptionsformen Uebersetzung, Supplement, Parodie*, Francfort, Athenäum, 1972, p. 132-145.

brait leur bonté, leur hospitalité, leur douceur, et les fameuses *Lettres édifiantes et curieuses* des jésuites missionnaires ont fait de même, renforçant la tradition de l'Indien vertueux, tout comme La Hontan dans ses *Dialogues curieux* et ses *Mémoires de l'Amérique septentrionale*[1].

A vrai dire, les *Lettres péruviennes* relèvent bien de l'exotisme, non de la thématique du bon sauvage, même si l'héroïne se réclame à l'occasion des sages lois de la nature. Zilia n'est pas non plus comparable aux Persans de Montesquieu qui avaient une idée de l'Europe avant de s'y rendre, n'éprouvent aucun problème de communication et voyagent dans une parfaite indépendance économique. Pas plus qu'Usbek et Rica, Zilia n'est une sauvage. Par la grâce d'Aza, elle a reçu toute l'instruction que peuvent dispenser les philosophes indiens : elle vient d'une autre culture, différente et techniquement moins avancée, mais déjà élaborée et victime d'une colonisation brutale, situation qui a permis de la présenter comme l'une des premières héroïnes politiquement consciente d'un tiers monde[2]. Mme de Graffigny se plaît d'ailleurs à inverser la perspective. C'est Zilia qui nomme Déterville un «cacique», traite les Français de sauvages et se demande si leur nation n'est pas idolâtre, puisqu'elle n'adore pas le Soleil. Sa civilisation ne se voit d'ailleurs pas reniée au fil de la découverte de l'Occident. Le Pérou est idéalisé dans le souvenir de Zilia plus encore qu'il ne l'était dans les *Commentaires* de Garcilaso de la Vega. Les lois incas sont plus sages, les mœurs plus sincères, au point que seuls Déterville et sa sœur ont des vertus «dignes de la simplicité des nôtres». Cependant, même refusant de se convertir au christianisme ou d'oublier Aza, Zilia demeurera à jamais en France, dont elle prendra les manières sans en adopter l'esprit. Elle conquiert l'indépendance grâce à Déterville, qui lui a fait restituer les riches objets du culte du Soleil, fondus et symboliquement transmués en commodes louis d'or. La Péruvienne s'est-elle faite française[3]? Moins peut-être qu'il n'y paraît, puisqu'elle prétend reprendre en France, et pour toujours, l'existence recluse qu'elle a menée naguère comme Vierge du Soleil.

L'une des originalités de Mme de Graffigny est d'avoir insisté sur le problème de la communication. Ni les Persans de Montesquieu ni le Huron de Voltaire n'ont de handicap linguistique, et Voltaire précise même que son Ingénu parle français «fort intelligiblement», condition propice à la compréhension comme à l'intégration. Au contraire, Zilia

---

1. Sur ce thème, voir E. Balmas, *Il buon selvaggio nella cultura francese del Settecento*, Fasano, Schena, 1984.

2. Voir J. G. Altman, *Making Room for Peru*, p. 45-46 ; «Graffigny's epistemology and the emergence of Third-World ideology», dans *Writing the female voice,* éd. établie par E. C. Goldsmith, Boston, Northeastern University Press, 1989, p. 172-202.

3. Voir L. Schrader, «Die "bonne sauvage" als Französin. Probleme des Exotismus in den *Lettres d'une Péruvienne* von Madame de Graffigny», dans *Französische Literatur im Zeitalter der Aufklärung. Gedächtnisschrift für F. Schalk,* p.p. W. Hempel, Francfort, Klostermann, 1983, p. 313-335.

ignore la langue de l'autre et, au début du moins, incapable de comprendre et se faire comprendre, elle est condamnée au mutisme et à l'ignorance, donc à la rupture quasi complète avec l'extérieur. Dans l'impossibilité de poser des questions, réduite à ses seules ressources, tout est pour elle supposition, incertitude, erreur. L'acquisition du savoir sera donc tributaire d'un apprentissage linguistique qui conditionne sa perception du monde [1]. Elle le découvre elle-même : « L'intelligence des langues serait-elle celle de l'âme ? » Procédé adroit, puisqu'il permet à l'auteur non seulement de conférer à son récit une certaine vraisemblance, mais de définir une étroite concaténation entre progression romanesque, variété stylistique — le style de Zilia se « désindianise » quand elle utilise le français — et développement de l'esprit d'analyse et d'examen [2].

Au début de son odyssée, Zilia, captive des Espagnols qui ont massacré les siens, est réduite aux pleurs et aux cris, mais ces « hommes féroces » ignorent le langage immédiat de la nature et, « sourds à [son] langage, n'entendent pas mieux les cris de [son] désespoir ». Ce langage immédiat, Zilia en retrouvera la trace à l'Opéra, où la musique et les sons suffisent à faire rendre les sentiments : « Le langage humain est sans doute de l'invention des hommes, puisqu'il diffère suivant les différentes nations. La nature, plus puissante et plus attentive aux besoins et aux plaisirs de ses créatures, leur a donné des moyens généraux de les exprimer, qui sont fort bien imités par les chants que j'ai entendus. […] Dans ce spectacle, tout est conforme à la nature et à l'humanité. » Le langage des signes, des mimiques et des gestes est celui qui permet entre Déterville et Zilia la première relation de communication [3]. Non d'ailleurs sans quelques invraisemblances. Si les yeux « pleins de bonté » de Céline, on le veut bien, parlent « le langage universel des cœurs bienfaisants », on ne voit pas trop comment Déterville s'y prend pour faire comprendre à Zilia qu'il la mène dans la chambre de sa mère, que Céline est sa sœur, l'un des hommes rencontrés au salon son frère aîné et une jeune femme l'épouse de ce frère. Lorsqu'elle commence à apprendre le français, cette initiation devrait en principe faciliter la communication mais, Zilia ne tarde pas à le découvrir, la langue sert autant à déguiser qu'à traduire la pensée, elle est, sitôt aboli le rapport direct entre l'objet et le signe, susceptible de véhiculer l'erreur et le mensonge. Elle en fait l'expérience en mesurant chez les femmes la distance entre les mots employés et la réalité des sentiments qu'ils sont censés exprimer. Le

---

1. Elle le constate : « A mesure que j'en ai acquis l'intelligence [de la langue], un nouvel univers s'est offert à mes yeux. »
2. I. Landry-Houillon, *Lettres portugaises, Lettres d'une Péruvienne et autres romans d'amour par lettres, op. cit.*, p. 46.
3. Sur ce langage fondamental, voir D. J. Adams, « The *Lettres d'une Péruvienne.* Nature and propaganda », dans *Forum for Modern Language Studies*, XXVIII, 1992, p. 125-127.

langage civilisé, sophistiqué, détourné de sa fonction première, ne parle plus vrai ; il est comme ce miroir où elle aperçoit pour la première fois son image pour constater que cette image est apparence, faux-semblant qui ne s'identifie pas à l'objet reflété [1]. D'une certaine manière, aux différents stades, Zilia demeure murée en elle-même et son langage solipsiste : on n'entend ni sa langue maternelle, ni celle des cris et des larmes ni même son français qui conserve aux mots un sens qu'ils ont perdu dans le commerce social. Aussi insiste-t-elle sans cesse sur son exigence de compréhension d'une civilisation qui a perdu la notion de l'authenticité et substitue le paraître à l'être : « Je cherche des lumières avec une agitation qui me dévore. » Quelques années plus tard, Rousseau développera des idées analogues dans l'*Essai sur l'origine des langues* [2].

Venue d'un monde techniquement peu avancé, Zilia manifeste l'inévitable admiration devant les merveilles européennes. Elle crie au prodige en découvrant l'aiguille et le rasoir, le miroir, la « canne percée » — la longue-vue — qui abolit les distances, la hauteur des maisons, les feux d'artifice ou les jets d'eau. Elle se dépite devant la supériorité de ce savoir et confesse : « Il faut [...] un génie plus qu'humain pour inventer des choses si utiles et si singulières. » Les Français eux-mêmes lui font une impression favorable : ils ont un penchant à la sensibilité et par conséquent à la vertu, semblent doux et humains, chantent et dansent pour un rien, tous ont « un certain air d'affabilité ».

Son étonnement naïf n'a qu'un temps, et ces impressions positives sont bientôt compensées par des observations sévères qui remettent en question l'excellence de ce monde. La palette est moins riche que celle des *Lettres persanes*, mais la critique, quoique parfois conventionnelle, n'est pas moins acerbe. Zilia ne tarde pas à s'en aviser, ce peuple est tout en faux-semblants : « Quelques-uns ont l'air de penser ; mais en général je soupçonne cette nation de n'être point telle qu'elle paraît. » Actifs, les Français ? Fébriles plutôt, et dans une agitation continuelle. Comme leurs meubles qu'elle croyait en or et qui n'en ont que « la superficie », ce qu'ils appellent politesse « cache légèrement leurs défauts sous les dehors de la vertu ». Dans la société, on se répand en louanges sur la beauté du visage ou l'éclat des parures, jamais sur les qualités de l'âme ; on médit des absents, on tourne tout en ridicule, l'insouciance est de règle, la mode commande, on se croit tenu par le bon air de railler ce qui est respectable. Ces Français ne sont pourtant pas méchants : seulement inconséquents, frivoles, artificiels dans leurs vices comme dans leurs vertus, des enfants gâtés à la merci de leurs caprices :

---

1. Voir D. Fourny, « Language and reality in Françoise de Graffigny's *Lettres d'une Péruvienne* », dans *Eighteenth-Century Fiction*, IV, 1991-1992, p. 229-231.
2. Voir S. Roth, « Zilia, plaisir d'être ou de connaître ? », dans *Vierge du Soleil / Fille des Lumières. La Péruvienne de Mme de Graffigny et ses suites*. Presses universitaires de Strasbourg, 1989, p. 77-92.

Tels à peu près que certains jouets de leur enfance, imitation informe des êtres pensants, ils ont du poids aux yeux, de la légèreté au tact, la surface coloriée, un intérieur informe, un prix apparent, aucune valeur réelle. Aussi ne sont-ils guère estimés par les autres nations que comme les jolies bagatelles le sont dans la société.

Le portrait n'est pas neuf : il reparaît des *Lettres persanes* de Montesquieu aux *Lettres juives* du marquis d'Argens et on le retrouvera sous la plume de Rousseau, du *Discours sur les sciences et les arts* aux lettres parisiennes de *La Nouvelle Héloïse*. Après Montaigne et avant Rousseau, Mme de Graffigny oppose le progrès apparent à la décadence des mœurs et de la morale : « Ce n'est pas sans un véritable regret, mon cher Aza, que je passe de l'admiration du génie des Français au mépris de l'usage qu'ils en font. » Certaines coutumes semblent un défi à la raison ou à l'humanité. Un homme médit-il d'un autre ? Un duel, et un étourdi paie de sa vie un bon mot — bien heureux encore quand ce n'est pas l'insulté qui succombe. Le Dieu des Français exige que des jeunes filles renoncent à tous ses bienfaits pour s'enfermer à jamais dans de sombres demeures, et l'on fait pis encore, puisqu'on ne se soucie pas toujours de leur consentement. La mère de Déterville, pour transmettre la fortune familiale à son fils aîné, prétend faire prendre l'habit de religieuse à Céline et condamner son cadet à l'ordre de Malte, qui exige le célibat.

Pourquoi ce culte de la richesse, du luxe et de l'opulence, cette rage de paraître que les Parisiens poussent jusqu'à la ruine ? On étale un faste qu'on n'a pas les moyens de soutenir, des amitiés dont on ne s'inquiète pas, compliments superflus et flatteries outrées ont pris la place des sentiments vrais, on prostitue l'esprit et la raison dans les grâces du discours et la subtilité des tournures comme si l'on avait honte d'user du bon sens. Avant Jean-Jacques encore, Zilia fait l'apologie du bon vieux temps, des mœurs simples et frugales, d'une authenticité dédaignée aujourd'hui par les gens du bon ton et dont l'évocation n'attire que des « éclats de rire ».

La lettre XX aborde la critique de l'ordre social. Si au Pérou le souverain est censé pourvoir à la subsistance de ses peuples, en France les peuples s'épuisent à entretenir la magnificence de la couronne : « Aussi les crimes et les malheurs viennent-ils presque tous des besoins mal satisfaits. » L'aristocrate pauvre s'acharne à soutenir son rang, s'abaisse en flagorneries pour obtenir les faveurs du roi, le commerce et l'industrie reposent sur l'exploitation et la mauvaise foi, le pauvre travaille et meurt de faim. Dans le *Discours sur l'inégalité*, Rousseau clamera que les fruits sont à tous et la terre à personne ; Mme de Graffigny observe que seul l'or permet d'acquérir « une portion de cette terre que la nature a donnée à tous les hommes ». Les charges contre le luxe, le parasitisme, l'étalage d'une richesse insolente à côté d'une scandaleuse pauvreté ont jadis fait ranger Mme de Graffigny parmi les précurseurs du socialisme. Louis

Étienne découvrait chez elle le germe des «chimères empoisonnées» qui hantent la conscience moderne, raillait ses paradoxes sur la propriété : «Si Mme de Graffigny n'avait pas eu de dettes, il est probable qu'elle n'eût pas prêté à son héroïne des idées socialistes [1]. » En 1908, Georges Noël — son premier biographe qui était aussi son lointain descendant — la traitait de parente pauvre de Rousseau et voyait Zilia «nous conduire perfidement dans les marécages monotones et désolants où l'on a essayé depuis de construire les hangars hideux du socialisme d'État [2]». C'est beaucoup dire : sa critique demeure générale, de caractère surtout moral et Mme de Graffigny n'édifie aucun système politique [3]. Ses propos sont-ils l'écho de ceux qu'elle entendait tenir aux familiers de sa petite société et son but était-il de plaire aux «philosophes»? Charles Collé le prétend et rapporte qu'elle l'avait chargé, pour sa *Fille d'Aristide*, d'écrire une scène aux accents tout «rousseauistes» qu'elle approuvait en secret mais qu'elle refusa d'insérer parce qu'elle était «trop à bout portant contre nos philosophes du jour» :

> Éclairer les esprits? devait s'écrier Parménon. Eh! seigneur, le vulgaire ne doit point être éclairé. [...] Les lumières que l'on donne au peuple (et combien de gens sont peuple) ne font que l'égarer, en lui ôtant ses principes et même ses préjugés utiles, ses préjugés respectables, à la place desquels on ne peut rien mettre. La corruption générale d'Athènes ne vient peut-être que de ce qu'on a trop éclairé les esprits. A force de remonter à l'origine, et de discuter tous les devoirs de la société, cette cruelle philosophie, qui est devenue une maladie épidémique dans cette grande ville, a anéanti tous ces mêmes devoirs : il n'est plus de patrie, plus de père, plus d'époux, plus de parents, plus d'amis, plus de mœurs, plus de ces liens sacrés de la société. [...] Vos sophistes d'aujourd'hui, ces charlatans de science et de sagesse, se contentent de tout ruiner et n'élèvent point d'édifice de leurs pernicieux et inutiles décombres [4].

Ses remarques sont plus personnelles à propos de la condition féminine. Parmi les contradictions les plus choquantes des Français, écrit Zilia, «je n'en vois point de plus déshonorante pour leur esprit que leur façon de penser sur les femmes». Étrange peuple, qui à la fois les comble d'égards et les méprise! Le plus grand seigneur se croit tenu à la politesse à l'égard d'une servante, mais l'homme le moins estimable se juge autorisé à trahir une femme, à la calomnier et à la perdre de réputation. Est-elle du monde, elle jouit des marques «d'un respect purement imagi-

1. L. Étienne, «Un roman socialiste d'autrefois», dans *Revue des Deux Mondes*, XLI, 15 juillet 1871. On en trouvera le texte dans l'édition de G. Nicoletti (éd. cit., p. 478-492).
2. G. Noël, *Une «primitive» oubliée de l'école des «cœurs sensibles». Madame de Graffigny*, op.cit., p. 179.
3. Voir J. von Stackelberg, «Die Kritik an der Zivilisationsgesellschaft aus der Sicht einer "guten Wilden". Madame de Graffigny und ihre *Lettres d'une Péruvienne*», dans *Die französische Autorin vom Mittelalter bis zur Gegenwart*, p. p. R. Baader et D. Fricke, Wiesbaden, Akademische Verlagsgesellschaft Athenaion, 1979, p. 140-143.
4. Ch. Collé, *Journal et Mémoires*, op.cit, t. II, p. 113-114.

naire » ; est-elle du peuple, on la traite en bête de somme. Que craindre de
sa part, puisqu'elle n'a pas les moyens de se venger ? « L'impudence et
l'effronterie dominent entièrement les jeunes hommes, surtout quand ils
ne risquent rien. » La lettre XXXIV, ajoutée dans la seconde édition,
amplifie le message féministe. Mme de Graffigny y dresse un ardent
réquisitoire contre une société injuste et les défauts de l'éducation des
femmes. Fréron déjà s'en avisait : « On les [les femmes] a, pour ainsi
dire, condamnées à une ignorance perpétuelle. Il leur est défendu d'orner
leur esprit et de perfectionner leur raison. Notre orgueil a sans doute
imaginé ces lois insensées. [...] Madame de Graffigny vient de contribuer
à la gloire de son sexe et de sa nation par les *Lettres d'une Péruvienne* [1]. »

Quel sort que celui de la femme ! On attend d'elle du mérite et de la
vertu, mais sans rien faire pour qu'elle en acquière. Enfant, on la confine
dans un couvent où son instruction est confiée à des ignorantes. Elle y
marmonne des prières, débite un catéchisme que personne ne lui
explique, n'a pas de véritable religion ou devient bigote. Entre-t-elle dans
le monde, c'est pour apprendre la révérence et les bonnes manières, le
soin des apparences et l'hypocrisie, on borne pour elle l'idée de la vertu
à l'observance de la chasteté. Jamais elle n'apprend à penser par elle-
même, à se forger une opinion personnelle, à se préoccuper de choses
graves. Vouée au futile, au frivole, elle n'a aucun savoir, ne parle pas
même correctement sa langue : « C'est dans cette ignorance que l'on
marie les filles, à peine sorties de l'enfance. »

Délivrées du couvent et de la tutelle de leurs parents, elles passent sous
l'autorité d'un mari qui ne se soucie pas de trouver en elles des égales.
Elles n'ont part à rien, ignorent tout de la gestion de leur maison, de leur
fortune. Laides, elle se morfondront à l'écart ; jolies, elles découvriront la
dissipation et la licence. L'étonnant n'est pas qu'il y ait peu de femmes de
mérite, mais bien qu'il en existe quelques-unes, tant les hommes, par leur
indifférence et leur inconduite, « contribuent en toute manière à les rendre
méprisables ». Toute-puissance du mari ! Il peut rouer sa femme de coups,
dissiper son bien, la priver de tout — qui l'en punira ? Son libertinage n'a
pas de frein, mais il a le droit de sévir rigoureusement contre la moindre
apparence d'infidélité. « Conçois-tu par quelle inconséquence les
Français peuvent espérer qu'une jeune femme accablée de l'indifférence
offensante de son mari ne cherche pas à se soustraire à l'espèce d'anéantissement qu'on lui présente sous toutes sortes de formes ? [...] Mais ce
qui se conçoit encore moins, c'est que les parents et les maris se plaignent
réciproquement du mépris que l'on a pour leurs femmes et leurs filles, et
qu'ils en perpétuent la cause de race en race avec l'ignorance, l'incapacité
et la mauvaise éducation. » Dans une société fondée sur le paraître et
l'artifice et où l'autorité est arbitraire, donc en rupture avec l'ordre

---

1. *Lettres sur quelques écrits de ce temps*, t. I, 1749-1752, p. 74-80.

naturel, la femme devient la victime par excellence du préjugé et de l'oppression. Mme de Graffigny revendique une éducation qui ferait de la femme un être responsable et digne de respect, une société où elle ne serait plus assujettie, et son roman occupe en effet une place non négligeable dans l'histoire de l'émancipation féminine [1].

Si les réflexions critiques inscrivent les *Péruviennes* dans la ligne des *Lettres persanes*, elles relevaient aussi, pour l'intrigue, du roman sentimental et de la tradition des *Lettres portugaises*. Enlevée à son pays et à l'amour d'Aza, Zilia demeure fidèle à l'un et à l'autre et surtout à cette foi jurée qui est pour elle vocation et destin. Toujours au centre du récit, Zilia profère la longue plainte de la femme séparée de ce qu'elle aime par-dessus tout. Ses premiers mots sont un cri et un appel désespérés — « Aza! mon cher Aza!... ». Puis, tout au long du roman, elle redit sans relâche son amour, sa seule pensée. Ce n'est pas, comme on l'a dit, que Mme de Graffigny s'enrôle dans « l'avant-garde des cœurs sensibles » ni qu'il s'agisse d'un « petit roman fleur bleue » [2]. Certes, on retrouve la monodie des *Portugaises*, le thème de l'absence — « le plus grand des maux » — et celui de l'amant infidèle, mais le dénouement est inattendu et rompt avec les conventions du genre. La religieuse portugaise retombait dans le silence, s'y enfermait comme dans un sépulcre; Mme de Clèves, libre pourtant, entrait au couvent par nostalgie d'un héroïsme impossible, refusant un bonheur qui serait éphémère, elle préservait le rêve en renonçant au monde. Il n'y a chez Mme de Graffigny ni couvent ni mariage. Abandonnée, trahie par Aza, Zilia ne cède pas aux instances de Déterville, qui lui voue cependant un amour sincère et désintéressé dont il lui a donné cent preuves. Lorsqu'elle sort de sa « longue et accablante léthargie », c'est pour confirmer qu'elle ne sera jamais à lui, non qu'elle conserve le moindre espoir, mais pour demeurer constante envers elle-même : « Fidèle à moi-même, je ne serai point parjure. Le cruel Aza abandonne un bien qui lui fut cher; ses droits sur moi n'en sont pas moins sacrés : je puis guérir de ma passion, mais je n'en aurai jamais que pour lui. »

Cette fin insolite était originale, mais dérangeante [3], du moins pour les contemporains, qui s'en sont déclarés fort peu satisfaits. Turgot disait : « Je voudrais qu'Aza épousât Zilia. » Pierre Clément se désolait d'une conclusion qui n'en était pas une : « Quel dommage que ce dénouement soit manqué! Car il l'est. » Il proposait donc une autre solution, mélo-

---

1. Voir J. von Stackelberg, « Die *Peruanischen Briefe* und ihre Ergänzung », éd. cit., p. 135; « Die Kritik an der Zivilisationsgesellschaft », éd. cit., p. 140-143.

2. Voir G. Noël, *Une « primitive » oubliée de l'école des « cœurs sensibles ». Madame de Graffigny*, *op.cit.*, p. v; O. Fellows, « Naissance et mort du roman épistolaire français », dans *Dix-Huitième Siècle*, 4, 1972, p. 33.

3. Voir J. von Stackelberg, « Die *Peruanischen Briefe* unde ihre Ergänzung », éd. cit., p. 135.

dramatique à souhait. D'accord, Zilia n'épouserait pas Déterville, mais
on pouvait faire mieux : « Il faut ici tuer quelqu'un. » Avertie de l'infidélité d'Aza, Zilia tomberait dans un épuisement qui la conduirait aux
portes du tombeau. Aza surviendrait, repentant, en larmes, plus empressé
que jamais. Alors… « Zilia, dont les sens affaiblis ne suffisent point à ce
redoublement d'agitation, touchant au souverain bien sans en pouvoir
jouir, les yeux attachés sur son cher Aza, serrant cette main qui lui fut
promise, expire à la fois de joie, de regret, de plaisir et de désespoir ».
Voilà, pensait le critique, une fin digne du roman : « Cet arrangement
satisfait à tout, fait plaindre Zilia de la bonne façon et met de la gradation
dans l'intérêt [1]. » Il est permis d'être d'un autre avis, mais Fréron lui aussi
hochait la tête, mécontent, et regrettait que l'auteur eût manqué une belle
occasion d'émouvoir selon la vertu. Après tout, il suffisait de peu de
chose : « Il n'y avait qu'à les faire parents à un degré plus éloigné,
l'obstacle ne subsistait plus. » Assurément, puisque Zilia se disait prête à
embrasser le christianisme si cette conversion devait rendre possible son
union avec Aza. Bref, Aza épousait sa Zilia et « le généreux Déterville,
respectable par le sacrifice de sa passion, se serait borné à être l'ami de
l'un et de l'autre ; en un mot, tous les personnages auraient été vertueux,
intéressants, et le lecteur satisfait ». Il était si déçu qu'il imaginait, lui
aussi, les suites possibles :

> Zilia avait pour Déterville l'amitié la plus vive et la plus inaltérable.
> C'en était assez, ce me semble, pour la déterminer à lui donner sa main.
> L'ingratitude d'Aza la dégageait de ses serments. La reconnaissance seule
> devait la porter à faire la félicité d'un homme qui n'avait pas cherché que
> la sienne. Mais peut-être s'y sera-t-elle déterminée par la suite. […]
> Comme on ne dit pas ce que devient Déterville, j'aime à me persuader que
> ses vertus, ses bienfaits et sa constance auront enfin triomphé de la délica-
> tesse outrée de Zilia [2].

Ce souhait de *happy end* s'explique par les goûts de l'époque, mais
peut-être aussi par une incompréhension du caractère particulier de cet
amour. On l'a observé, la naissance de ce sentiment est vécue non
comme le banal coup de foudre romanesque, mais comme un événement
d'ordre religieux. La rencontre de la Vierge du Soleil et du fils de l'Inca
n'est pas ordinaire, puisque leur nature est d'essence divine et la
première vue d'Aza touche la jeune femme comme une révélation : « Tu
parus au milieu de nous comme un Soleil levant. […] L'étonnement et le
silence régnaient de toutes parts. […] Le son de ta voix, ainsi que le chant
mélodieux de nos hymnes, porta dans mes veines le doux frémissement
et le saint respect que nous inspire la présence de la Divinité. » Frappée
de stupeur, « tremblante, interdite », elle voit dans ce foudroiement le

---

1. P. Clément, *Les Cinq Années littéraires*, Berlin, 1756, t. I, p. 17-18.
2. Fréron, *Lettres sur quelques écrits de ce temps*, t. I, p. 80-83.

signe de leur élection : « Si nous pouvions douter de notre origine, mon cher Aza, ce trait de lumière confondrait notre incertitude. Quel autre que le principe du feu aurait pu nous transmettre cette vive intelligence des cœurs, communiquée, répandue et sentie avec une rapidité inexplicable ? » Leur amour les fait coïncider avec leur nature divine, par lui Zilia accède à la transcendance [1]. Ce caractère mystique rend compte de l'attachement indéfectible de Zilia : elle se sent vouée à Aza comme on est vouée à Dieu, renoncer à lui serait une sorte de sacrilège. Il est, dit-elle, « le seul mobile de [son] âme ». Même la trahison d'Aza ne l'autorise pas à défaire son serment ni surtout à se donner à un autre : elle demeurera la Vierge du Soleil. Si elle n'imagine pas de se retirer dans un couvent ni de sacrifier au dieu d'une autre religion, sa retraite a cependant quelque chose de conventuel. Puisqu'elle ne peut retourner s'enfermer dans le temple du Soleil où elle a grandi, elle choisit une autre forme d'enfermement. Ne laissant à Déterville que « la simple amitié », elle élit la solitude où elle consentira à l'accueillir parfois et où, loin des tumultes, elle se repliera sur elle-même à jamais comme une nonne laïque :

> La vie suffit-elle pour acquérir une connaissance légère, mais intéressante, de l'univers, de ce qui m'environne, de ma propre existence ? Le plaisir d'être ; ce plaisir oublié, ignoré même de tant d'aveugles humains ; cette pensée si douce, ce bonheur si pur, *je suis, je vis, j'existe*, pourrait seul rendre heureux, si l'on s'en souvenait, si l'on en jouissait, si l'on en connaissait le prix.
> Venez, Déterville, venez apprendre de moi à économiser les ressources de notre âme, et les bienfaits de la nature. Renoncez aux sentiments tumultueux, destructeurs imperceptibles de notre être ; venez apprendre à connaître les plaisirs innocents et durables, venez en jouir avec moi…

Promesse d'un état sans passé ni avenir, délivré du trouble des émotions violentes, ramené au seul sentiment de l'existence où, dira plus hardiment Rousseau dans la *Cinquième Promenade*, « on se suffit à soi-même comme Dieu ». C'est l'immobilité de la vie heureuse, où s'économisent en effet les forces d'une âme épuisée. Mme de Staël, parlant un demi-siècle plus tard *De l'influence des passions sur le bonheur des individus et des nations*, y songera de même, en rappelant que les passions sont signe d'un manque, d'un appel toujours déçu, d'une insatisfaction nostalgique : « Le sentiment, de quelque nature qu'il puisse être, n'est jamais une ressource que l'on trouve en soi ; il met toujours le bonheur dans la dépendance de la destinée, du caractère et de l'attachement des autres [2]. »

---

1. Voir J.-P. Schneider, « Les *Lettres d'une Péruvienne* : roman ouvert ou roman fermé ? », dans *Vierge du Soleil / Fille des Lumières*, *op. cit.*, p. 10 ; P. Hoffmann, « Les *Lettres d'une Péruvienne*, un projet d'autarcie sentimentale », *ibid.*, p. 49.
2. R. Mauzi, *L'Idée du bonheur dans la littérature et la pensée françaises au* XVIIIᵉ *siècle*. Paris, Colin, 1965, p. 333, 456-457.

Roman ouvert ou fermé ? La critique se divise. Ouvert, soutiennent les uns, précisément parce qu'il laisse en suspens l'intrigue amoureuse — suspens qui permettra d'ailleurs les « suites » données aux *Lettres péruviennes*. D'ailleurs, Zilia n'éprouve plus, à la fin, qu'une nostalgie toute formelle de son Pérou natal, elle s'est ouverte à l'Occident, et n'est-ce pas ouverture que la découverte du « plaisir d'être » dans le bonheur d'une condition féminine pleinement assumée qui, justement, rejette à la fois la mort, le couvent et le mariage ? Fermé, prétendent les autres, puisque Zilia se renferme dans sa condition antérieure, redevient ce qu'elle était au début. Ouvert et fermé, peut-être, puisqu'elle se calfeutre dans son monde intérieur tout en pressentant — la lettre XXXIV en témoignait — la possibilité d'un rapport différent au monde extérieur [1]. Au moins dénouement peu commun et adroit, puisqu'on n'a pas fini d'en discuter.

Le roman suscita les observations des familiers de Mme de Graffigny. Pour la seconde édition de 1752, Martel de Belleville, un jésuite canadien qui faisait à Paris ses études de théologie, souhaitait que son amie se montrât plus décidément chrétienne : « Faites donc dire quelque chose à Zilia sur la religion, lui écrivait-il. [...] N'ayez pas tant peur de paraître avoir de la religion. [...] Il faut absolument qu'il y ait de nouvelles lettres. » Il lui avait même remis quelques notes pour la mettre dans le mouvement ou, comme il disait, « sur la glissoire ». Mais Mme de Graffigny n'était pas croyante et l'avoua à Martel, qui en fut atterré : « Vous effacez ces beaux traits que je prenais tant de plaisir à considérer. [...] Vous vous contenteriez d'une amitié de vingt ou trente ans. Vous m'ôteriez l'espérance de vous aimer toute une éternité. [...] Vous ôtez de notre commerce les mots d'âme, d'immortalité, de prière, de piété, de sacrifice, de résurrection, de ciel, de religion. [...] J'étais bien convaincu déjà que la plupart des personnes que j'ai vues chez vous vivaient sans religion. Mais vous, madame ! » Il en fut pour ses frais, car Zilia ne fit pas profession de christianisme [2].

Plus intéressantes que les effarements du bon père, se révèlent les remarques de Turgot dans la longue lettre qu'il adresse en 1751 à son amie [3]. Dans ses *Causeries*, Sainte-Beuve affectait de la préférer au roman : « Toutes ces pages de Turgot sont excellentes, et je conseille de les lire, autant que je conseille peu de rouvrir les *Lettres péruviennes*. » « Je voudrais, écrivait Turgot, voir Zilia devenue française, reniant ses

1. Voir les études, déjà citées, de G. Nicoletti, J. von Stackelberg, L. Schrader et la discussion des divers points de vue par J.-P. Schneider, « Les *Lettres d'une Péruvienne* : roman ouvert ou roman fermé ? », éd. cit., p. 7-48. Voir aussi E. J. MacArthur, « Devious narratives : refusal of closure in two eighteenth-century epistolary novels », dans *Eighteenth-Century Studies*, 21, 1987, p. 1-20.
2. Voir G. Noël, *Une « primitive » oubliée de l'école des « cœurs sensibles ». Madame de Graffigny*, *op.cit.*, p. 269-272.
3. On en trouve le texte dans l'édition de G. Nicoletti (éd. cit., p. 459-474).

"préjugés" péruviens et portant un nouveau regard sur la société européenne.» Il souhaitait voir corrigés les propos sur l'inégalité des conditions et la propriété privée. Que serait une société où la même part serait faite aux paresseux et aux laborieux, aux ignorants et aux habiles ? «Liberté !… je le dis en soupirant, les hommes ne sont peut-être pas dignes de toi ! — Égalité ! ils te désireraient, mais ils ne peuvent t'atteindre !» Se souvenant sans doute de sa lecture du *Discours sur les sciences et les arts*, qui venait de paraître, il donnait aussi ce conseil péremptoire à Zilia : «Préférer les sauvages est une déclamation ridicule. Qu'elle la réfute.» En somme, Turgot entendait remettre les pendules à l'heure : au dialogue des civilisations, dit très bien P. Hartmann, il substituait une saine hiérarchisation[1] et proposait fermement «quelques changements qui n'y feraient point de mal».

Lui aussi contestait la semi-retraite de Zilia, contraire à la sociabilité des Lumières et qui refusait à la Péruvienne l'épanouissement dans la maternité. Qu'est-ce que cette fidélité à un homme qui l'abandonne ? Morale à la Marmontel ou à la Corneille ! Mariez-la donc à Aza, disait-il, et que Déterville reste leur ami à tous deux. Cela permettrait d'insérer quelques réflexions bien venues sur le mariage et les causes de l'inconstance. Et il suggérait de renforcer le côté *Lettres persanes* : «On pourrait encore parler sur l'abus de la capitale qui absorbe les provinces ; et sur la manière pacifique de conquérir que déployaient les Incas…» Mme de Graffigny ne tint guère compte de ces observations et si Turgot lui conseillait de développer ses critiques sur l'éducation, elle se borna, en ajoutant la lettre XXXIV, à celles portant sur l'éducation des femmes, à laquelle il ne songeait pas et qui accentuaient le message féministe.

Le petit roman marcha fort bien. Palissot, qui n'aimait pas Mme de Graffigny, est seul à se montrer résolument négatif. Ici et là, dit-il, du sentiment et de la passion, mais surtout métaphysique et jargon, une fiction qui ne soutient pas la comparaison avec les *Lettres persanes*, des lettres qui «n'empruntent leur faible mérite que de l'air étranger des personnages, qui jettent un vernis de singularité sur ce qui ne serait que trivial par soi-même». L'abbé Raynal, dans ses *Nouvelles littéraires*, a des réserves : plan vicieux, quelques lettres faibles, situations sans vraisemblance, critique des mœurs superficielle. Mais aussi «tout ce que la tendresse a de plus vif, de plus délicat et de plus passionné». Fréron admire, donne les *Lettres* pour un des «meilleurs livres de morale, de philosophie et de poésie», et La Harpe juge qu'elles «immortaliseront la mémoire de madame de Graffigny». Même Mme de Genlis, ordinairement grincheuse, s'avoue ravie : «Ces lettres dont le style a tant de douceur et d'harmonie, sont remplies de pensées délicates, exprimées

---

1. Pour une lecture critique de cette lettre, voir la solide étude de P. Hartmann, «Turgot lecteur de Mme de Graffigny. Note sur la réception des *Lettres d'une Péruvienne*», dans *Vierge du Soleil / Fille des Lumières*, *op. cit.*, p. 113-122.

avec grâce et sensibilité, et d'idées ingénieuses »[1]. Le public suivit.
Rochon de Chabannes tira des *Lettres* un opéra-comique joué le 23 mars
1754 sur le théâtre de la foire Saint-Germain[2]. On comptera soixante-
dix-sept éditions et traductions jusqu'en 1835[3] ; le roman sera traduit en
anglais, en italien, en russe, en allemand, en espagnol, en portugais, en
suédois. De 1759 à 1833, il n'y aura pas moins de vingt-six éditions
bilingues italien-français, ce qui montre que l'ouvrage était sans doute
utilisé pour l'apprentissage de la langue[4].

Autre témoignage, non négligeable : le nombre des « suites » plus ou
moins heureuses attelées au succès des *Péruviennes*. En 1747 déjà parurent,
anonymes, sept lettres échangées entre Zilia, Céline et Déterville : elles
se bornaient à retarder le dénouement en introduisant une brève querelle
entre Céline et Zilia. En 1749, ce furent les *Lettres d'Aza ou d'un
Péruvien*, composées par Ignace Hugary de Lamarche-Courmont, officier
au service du margrave de Brandebourg. Ces trente-cinq lettres, préten-
dument retrouvées en Espagne, étaient adressées par Aza à son ami
Kanhuiscap, pour qui il faisait à son tour une critique de la société européenne. Aza, qui n'a jamais reçu les lettres de Zilia qu'il croyait perdue,
a été sur le point d'épouser Zulmire, mais a appris *in extremis* que Zilia
était en vie et l'aimait toujours. Il pouvait donc retrouver l'aimée et la
ramener au Pérou. Complément sans grand intérêt, mais accédant à la
demande du public pour une fin heureuse et souvent réimprimé à la suite
des *Lettres péruviennes*. L'Italien Goldoni se servira à la fois de Mme de
Graffigny et de Lamarche-Courmont pour sa *Peruviana*, une comédie
créée à Venise, au théâtre Saint-Luc, en novembre 1754, qui double le
happy end, puisque Aza épouse Zulmira et Zilia Déterville[5]. Neuf lettres
en anglais, par R. Roberts, parurent en 1774, puis une lettre en espagnol,
en 1792, par Maria Romero Masegosa y Cancelada, les deux auteurs
convertissant Zilia au christianisme. Enfin, sous la plume de Mme Morel
de Vindé, en 1797, quinze lettres ajoutent de oiseuses péripéties et des
scènes sensibles. Aza est devenu « le plus méprisable des hommes » et a

1. Palissot, *Œuvres*, Liège, Plomteux, 1777, t. IV, p. 187 ; *Correspondance littéraire*,
t. I, p. 132 ; Fréron, *Lettres sur quelques écrits de ce temps*, 1749-1752, t. I, p. 79 ; La
Harpe, *Lycée ou Cours de littérature ancienne et moderne*, Paris, Déterville, 1818, t. XIV,
p. 253 ; Mme de Genlis, *De l'influence des femmes sur la littérature française*, t. II, p. 143.
2. Voir J. von Stackelberg, « Madame de Graffigny, Lamarche-Courmont et Goldoni. *La
Peruviana* comme réplique littéraire », dans *Mélanges à la mémoire de F. Simone*. Genève,
Slatkine, 1981, t. II, p. 529.
3. Voir G. Nicoletti, éd. cit., p. 29 ; J. von Stackelberg, « Die Kritik and der
Zivilisationsgesellschaft », éd. cit., p. 132 ; E. Showalter, « A woman of letters in the French
Enlightenment : Madame de Graffigny », dans *British Journal for Eighteenth-Century
Studies*, I, 1978, p. 89 ; D. J. Adams, *The Lettres d'une Péruvienne*, p. 121-129.
4. Voir D. Smith, « The popularity of Mme de Graffigny's *Lettres d'une Péruvienne*.
The bibliographical evidence », dans *Eighteenth-Century Fiction*, III, 1990, p. 1-20.
5. Voir J. von Stackelberg, « Madame de Graffigny, Lamarche-Courmont et Goldoni »,
éd. cit., p. 517-529 ; G. Herry, « Du *petit roman* à la comédie en vers : *La Peruviana* de
Goldoni », dans *Vierge du Soleil / Fille des Lumières*, *op. cit.*, p. 147-179.

« pris tous les vices de la corruption », aidant même les féroces Espagnols à exploiter ses compatriotes. Détachée de l'indigne, Zilia devient « la trop heureuse épouse » de Déterville ruiné, qui accepte sa fortune et sa main [1].

Réussite appréciable pour une œuvre trop longtemps oubliée, l'une des meilleures réalisations d'une formule épistolaire qui avait permis à Mme de Graffigny de fondre des éléments disparates [2] — exotisme, critique sociale, message féministe, peinture des sentiments — dans ce que Goldoni appelait « le plus beau petit roman du monde ».

R. T.

---

1. Voir J. Rustin, « Sur les suites françaises des *Lettres d'une Péruvienne* », dans *Vierge du Soleil / Fille des Lumières*, *op. cit.*, p. 123-146.

2. Voir P. Hartmann, « Les *Lettres d'une Péruvienne* dans l'histoire du roman épistolaire », dans *Vierge du Soleil / Fille des Lumières*, *op. cit.*, p. 93-111. Le texte publié ici est celui de l'édition de 1752.

Lettres d'une Péruvienne

(1747)

AVERTISSEMENT

Si la vérité, qui s'écarte du vraisemblable, perd ordinairement son crédit aux yeux de la raison, ce n'est pas sans retour ; mais pour peu qu'elle contrarie le préjugé, rarement elle trouve grâce devant son tribunal.

Que ne doit donc pas craindre l'éditeur de cet ouvrage, en présentant au public les lettres d'une jeune Péruvienne, dont le style et les pensées ont si peu de rapport à l'idée médiocrement avantageuse qu'un injuste préjugé nous a fait prendre de sa nation.

Enrichis par les précieuses dépouilles du Pérou, nous devrions au moins regarder les habitants de cette partie du monde comme un peuple magnifique ; et le sentiment du respect ne s'éloigne guère de l'idée de la magnificence.

Mais toujours prévenus en notre faveur, nous n'accordons du mérite aux autres nations qu'autant que leurs mœurs imitent les nôtres, que leur langue se rapproche de notre idiome. Comment peut-on être Persan[a][1] ?

Nous méprisons les Indiens ; à peine accordons-nous une âme pensante à ces peuples malheureux ; cependant leur histoire est entre les mains de tout le monde ; nous y trouvons partout des monuments de la sagacité de leur esprit, et de la solidité de leur philosophie.

Un de nos plus grands poètes a crayonné les mœurs indiennes dans un poème dramatique, qui a dû contribuer à les faire connaître[b].

Avec tant de lumières répandues sur le caractère de ces peuples, il semble qu'on ne devrait pas craindre de voir passer pour une fiction des lettres originales, qui ne font que développer ce que nous connaissons

---

a. *Lettres persanes.*
b. Alzire[2].
1. La fameuse réflexion de Montesquieu dans les *Lettres persanes* : « Ah ! ah ! Monsieur est Persan ? C'est une chose bien extraordinaire ! Comment peut-on être Persan ? » (lettre XXX).
2. *Alzire ou les Américains* (1736), tragédie en cinq actes de Voltaire, dont l'action se déroule à Lima, au temps de la première domination espagnole.

déjà de l'esprit vif et naturel des Indiens ; mais le préjugé a-t-il des yeux ? Rien ne rassure contre son jugement, et l'on se serait bien gardé d'y soumettre cet ouvrage, si son empire était sans bornes.

Il semble inutile d'avertir que les premières lettres de Zilia ont été traduites par elle-même : on devinera aisément qu'étant composées dans une langue, et tracées d'une manière qui nous sont également inconnues, le recueil n'en serait pas parvenu jusqu'à nous, si la même main ne les eût écrites dans notre langue.

Nous devons cette traduction au loisir de Zilia dans sa retraite. La complaisance qu'elle a eue de les communiquer au chevalier Déterville, et la permission qu'il obtint de les garder les a fait passer jusqu'à nous.

On connaîtra facilement aux fautes de grammaire et aux négligences du style, combien on a été scrupuleux de ne rien dérober à l'esprit d'ingé-nuité qui règne dans cet ouvrage. On s'est contenté de supprimer un grand nombre de figures hors d'usage dans notre style : on n'en a laissé que ce qu'il en fallait pour faire sentir combien il était nécessaire d'en retrancher.

On a cru aussi pouvoir, sans rien changer au fond de la pensée, donner une tournure plus intelligible à de certains traits métaphysiques, qui auraient pu paraître obscurs. C'est la seule part que l'on ait à ce singulier ouvrage.

INTRODUCTION HISTORIQUE
aux *Lettres péruviennes*

Il n'y a point de peuple dont les connaissances sur son origine et son antiquité soient aussi bornées que celles des Péruviens. Leurs annales renferment à peine l'histoire de quatre siècles.

Mancocapac, selon la tradition de ces peuples, fut leur législateur, et leur premier Inca. Le Soleil, disait-il, qu'ils appelaient leur père, et qu'ils regardaient comme leur Dieu, touché de la barbarie dans laquelle ils vivaient depuis longtemps, leur envoya du Ciel deux de ses enfants, un fils et une fille, pour leur donner des lois, et les engager, en formant des villes et en cultivant la terre, à devenir des hommes raisonnables.

C'est donc à *Mancocapac* et à sa femme *Coya-Mama-Oello-Huaco* que les Péruviens doivent les principes, les mœurs et les arts qui en avaient fait un peuple heureux, lorsque l'avarice, du sein d'un monde dont ils ne soupçonnaient pas même l'existence, jeta sur leurs terres des tyrans dont la barbarie fit la honte de l'humanité et le crime de leur siècle.

Les circonstances où se trouvaient les Péruviens lors de la descente des Espagnols ne pouvaient être plus favorable à ces derniers. On parlait depuis quelque temps d'un ancien oracle qui annonçait qu'«après un certain nombre de rois, il arriverait dans leur pays des hommes extraordinaires, tels qu'on n'en avait jamais vu, qui envahiraient leur royaume et détruiraient leur religion».

Quoique l'astronomie fût une des principales connaissances des Péruviens, ils s'effrayaient des prodiges ainsi que bien d'autres peuples. Trois cercles qu'on avait aperçus autour de la lune, et surtout quelques comètes, avaient répandu la terreur parmi eux ; une aigle poursuivie par d'autres oiseaux, la mer sortie de ses bornes, tout enfin rendait l'oracle aussi infaillible que funeste.

Le fils aîné du septième des Incas, dont le nom annonçait dans la langue péruvienne la fatalité de son époque[a], avait vu autrefois une figure fort différente de celle des Péruviens. Une barbe longue, une robe qui couvrait le spectre jusqu'aux pieds, un animal inconnu qu'il menait en laisse ; tout cela avait effrayé le jeune prince, à qui le fantôme avait dit qu'il était fils du Soleil, frère de *Mancocapac*, et qu'il s'appelait Viracocha. Cette fable ridicule s'était malheureusement conservée parmi les Péruviens, et dès qu'ils virent les Espagnols avec de grandes barbes, les jambes couvertes et montés sur des animaux dont ils n'avaient jamais connu l'espèce, ils crurent voir en eux les fils de ce Viracocha qui s'était dit fils du Soleil, et c'est de là que l'usurpateur se fit donner par les ambassadeurs qu'il leur envoya le titre de descendant du Dieu qu'ils adoraient : tout fléchit devant eux, le peuple est partout le même. Les Espagnols furent reconnus presque généralement pour des dieux, dont on ne parvint point à calmer les fureurs par les dons les plus considérables et les hommages les plus humiliants.

Les Péruviens, s'étant aperçus que les chevaux des Espagnols mâchaient leurs freins, s'imaginèrent que ces monstres domptés, qui partageaient leur respect et peut-être leur culte, se nourrissaient de métaux, ils allaient leur chercher tout l'or et l'argent qu'ils possédaient, et les entouraient chaque jour de ces offrandes. On se borne à ce trait pour peindre la crédulité des habitants du Pérou, et la facilité que trouvèrent les Espagnols à les séduire.

Quelque hommage que les Péruviens eussent rendu à leurs tyrans, ils avaient trop laissé voir leurs immenses richesses pour obtenir des ménagements de leur part.

Un peuple entier, soumis et demandant grâce, fut passé au fil de l'épée. Tous les droits de l'humanité violés laissèrent les Espagnols les maîtres absolus des trésors d'une des plus belles parties du monde. «Méchaniques victoires (s'écrie Montaigne[b] en se rappelant le vil objet de ces conquêtes) jamais l'ambition (ajoute-t-il) jamais les inimitiés

---

a. Il s'appelait *Yahuarhuocac*, ce qui signifiait littéralement *Pleure-sang*.

b. Tome V, chap. VI, des Coches.

publiques ne poussèrent les hommes les uns contre les autres à si horribles hostilités ou calamités si misérables. »

C'est ainsi que les Péruviens furent les tristes victimes d'un peuple avare qui ne leur témoigna d'abord que de la bonne foi et même de l'amitié. L'ignorance de nos vices et la naïveté de leurs mœurs les jetèrent dans les bras de leurs lâches ennemis. En vain des espaces infinis avaient séparé les villes du Soleil de notre monde, elles en devinrent la proie et le domaine le plus précieux.

Quel spectacle pour les Espagnols, que les jardins du temple du Soleil, où les arbres, les fruits et les fleurs étaient d'or, travaillés avec un art inconnu en Europe ! Les murs du temple revêtus du même métal, un nombre infini de statues couvertes de pierres précieuses, et quantité d'autres richesses inconnues jusqu'alors éblouirent les conquérants de ce peuple infortuné. En donnant un libre cours à leurs cruautés, ils oublièrent que les Péruviens étaient des hommes.

Une analyse aussi courte des mœurs de ces peuples malheureux que celle qu'on vient de faire de leurs infortunes, terminera l'introduction qu'on a crue nécessaire aux Lettres qui vont suivre.

Ces peuples étaient en général francs et humains ; l'attachement qu'ils avaient pour leur religion les rendait observateurs rigides des lois qu'ils regardaient comme l'ouvrage de *Mancocapac*, fils du Soleil qu'ils adoraient.

Quoique cet astre fût le seul Dieu auquel ils eussent érigé des temples, ils reconnaissaient au-dessus de lui un Dieu créateur qu'ils appelaient *Pachacamac*, c'était pour eux le *grand nom*. Le mot de Pachacamac ne se prononçait que rarement, et avec des signes de l'admiration la plus grande. Ils avaient aussi beaucoup de vénération pour la Lune, qu'ils traitaient de femme et de sœur du Soleil. Ils la regardaient comme la mère de toutes choses ; mais ils croyaient, comme tous les Indiens, qu'elle causerait la destruction du monde en se laissant tomber sur la terre qu'elle anéantirait par sa chute. Le tonnerre, qu'ils appelaient *Yalpor*, les éclairs et la foudre passaient parmi eux pour les ministres de la justice du Soleil, et cette idée ne contribua pas peu au saint respect que leur inspirèrent les premiers Espagnols, dont ils prirent les armes à feu pour des instruments du tonnerre.

L'opinion de l'immortalité de l'âme était établie chez les Péruviens ; ils croyaient, comme la plus grande partie des Indiens, que l'âme allait dans des lieux inconnus pour y être récompensée ou punie selon son mérite.

L'or et tout ce qu'ils avaient de plus précieux composaient les offrandes qu'ils faisaient au Soleil. Le *Raymi* était la principale fête de ce Dieu, auquel on présentait dans une coupe du *maïs*, espèce de liqueur forte que les Péruviens savaient extraire d'une de leurs plantes, et dont ils buvaient jusqu'à l'ivresse après les sacrifices.

Il y avait cent portes dans le temple superbe du Soleil. L'Inca régnant, qu'on appelait le Capa-Inca, avait seul le droit de les faire ouvrir ; c'était à lui seul aussi qu'appartenait le droit de pénétrer dans l'intérieur de ce temple.

Les Vierges consacrées au Soleil y étaient élevées presque en naissant, et y gardaient une perpétuelle virginité, sous la conduite de leurs *Mamas*, ou gouvernantes, à moins que les lois ne les destinassent à épouser des Incas, qui devaient toujours s'unir à leurs sœurs, ou à leur défaut à la première princesse du sang qui était Vierge du Soleil. Une des principales occupations de ces Vierges était de travailler aux diadèmes des Incas, dont une espèce de frange faisait toute la richesse.

Le temple était orné des différentes idoles des peuples qu'avaient soumis les Incas, après leur avoir fait accepter le culte du Soleil. La richesse des métaux et des pierres précieuses dont il était embelli le rendait d'une magnificence et d'un éclat dignes du Dieu qu'on y servait.

L'obéissance et le respect des Péruviens pour leurs rois étaient fondés sur l'opinion qu'ils avaient que le Soleil était le père de ces rois. Mais l'attachement et l'amour qu'ils avaient pour eux étaient le fruit de leurs propres vertus, et de l'équité des Incas.

On élevait la jeunesse avec tous les soins qu'exigeait l'heureuse simplicité de leur morale. La subordination n'effrayait point les esprits parce qu'on en montrait la nécessité de très bonne heure, et que la tyrannie et l'orgueil n'y avaient aucune part. La modestie et les égards mutuels étaient les premiers fondements de l'éducation des enfants ; attentifs à corriger leurs premiers défauts, ceux qui étaient chargés de les instruire arrêtaient les progrès d'une passion naissante[a], ou les faisaient tourner au bien de la société. Il est des vertus qui en supposent beaucoup d'autres. Pour donner une idée de celles des Péruviens, il suffit de dire qu'avant la descente des Espagnols, il passait pour constant qu'un Péruvien n'avait jamais menti.

Les *Amautas*, philosophes de cette nation, enseignaient à la jeunesse les découvertes qu'on avait faites dans les sciences. La nation était encore dans l'enfance à cet égard, mais elle était dans la force de son bonheur.

Les Péruviens avaient moins de lumières, moins de connaissances, moins d'arts que nous, et cependant ils en avaient assez pour ne manquer d'aucune chose nécessaire. Les *quapas* ou les *quipos*[b] leur tenaient lieu de notre art d'écrire. Des cordons de coton ou de boyau, auxquels d'autres cordons de différentes couleurs étaient attachés, leur rappelaient, par des nœuds placés de distance en distance, les choses dont ils

---

a. Voyez les cérémonies et coutumes religieuses, *Dissertations sur les peuples de l'Amérique*, chap. 13.

b. Les *quipos* du Pérou étaient aussi en usage parmi plusieurs peuples de l'Amérique méridionale.

voulaient se ressouvenir. Ils leur servaient d'annales, de codes, de rituels, de cérémonies, etc. Ils avaient des officiers publics, appelés *Quipo-camaios*, à la garde desquels les *quipos* étaient confiés. Les finances, les comptes, les tributs, toutes les affaires, toutes les combinaisons étaient aussi aisément traités avec les *quipos* qu'ils auraient pu l'être par l'usage de l'écriture.

Le sage législateur du Pérou, Mancocapac, avait rendu sacrée la culture des terres ; elle s'y faisait en commun, et les jours de ce travail étaient des jours de réjouissance. Des canaux d'une étendue prodigieuse distribuaient partout la fraîcheur et la fertilité. Mais ce qui peut à peine se concevoir, c'est que sans aucun instrument de fer ni d'acier, et à force de bras seulement, les Péruviens avaient pu renverser des rochers, traverser les montagnes les plus hautes pour conduire leurs superbes aqueducs, ou les routes qu'ils pratiquaient dans tout leur pays.

On savait au Pérou autant de géométrie qu'il en fallait pour la mesure et le partage des terres. La médecine y était une science ignorée, quoi-qu'on y eût l'usage de quelques secrets pour certains accidents particuliers. *Garcilasso*[1] dit qu'ils avaient une sorte de musique, et même quelque genre de poésie. Leurs poètes, qu'ils appelaient *Hasavec*, composaient des espèces de tragédies et des comédies, que les fils des *Caciques*[a] ou des *Curacas*[b] représentaient pendant les fêtes devant les Incas et toute la cour.

La morale et la science des lois utiles au bien de la société étaient donc les seules choses que les Péruviens eussent apprises avec quelque succès. «Il faut avouer (dit un historien[c]), qu'ils ont fait de si grandes choses, et établi une si bonne police, qu'il se trouvera peu de nations qui puissent se vanter de l'avoir emporté sur eux en ce point.»

LETTRE I

Aza ! mon cher Aza ! les cris de ta tendre Zilia, tels qu'une vapeur du matin, s'exhalent et sont dissipés avant d'arriver jusqu'à toi ; en vain je t'appelle à mon secours ; en vain j'attends que tu viennes briser les

---

a. *Caciques*, espèce de gouverneurs de province.

b. Souverains d'une petite contrée ; ils ne se présentaient jamais devant les Incas et les reines sans leur offrir un tribut des curiosités que produisait la province où ils commandaient.

c. Puffendorf, *Introd. à l'Histoire*[2].

1. Garcilaso de La Vega (1530-1568), historien espagnol né à Cuzco et descendant, par sa mère, des souverains du Pérou, auteur des *Commentaires royaux traitant de l'origine des Incas* (1609-1616) et d'une *Histoire générale du Pérou* (1616).

2. Samuel Pufendorf (1632-1694), publiciste et historien allemand. Il s'agit de son *Introduction à l'histoire des principaux États de l'Europe* (1682), rédigée en allemand et traduite en français en 1724.

chaînes de mon esclavage : hélas ! peut-être les malheurs que j'ignore sont-ils les plus affreux ! peut-être tes maux surpassent-ils les miens !

La ville du Soleil, livrée à la fureur d'une nation barbare, devrait faire couler mes larmes ; et ma douleur, mes craintes, mon désespoir ne sont que pour toi.

Qu'as-tu fait dans ce tumulte affreux, chère âme de ma vie ? Ton courage t'a-t-il été funeste ou inutile ? Cruelle alternative ! mortelle inquiétude ! ô, mon cher Aza ! que tes jours soient sauvés, et que je succombe, s'il le faut, sous les maux qui m'accablent !

Depuis le moment terrible (qui aurait dû être arraché de la chaîne du temps, et replongé dans les idées éternelles) depuis le moment d'horreur où ces sauvages impies m'ont enlevée au culte du Soleil, à moi-même, à ton amour ; retenue dans une étroite captivité, privée de toute communication avec nos citoyens, ignorant la langue de ces hommes féroces dont je porte les fers, je n'éprouve que les effets du malheur, sans pouvoir en découvrir la cause. Plongée dans un abîme d'obscurité, mes jours sont semblables aux nuits les plus effrayantes.

Loin d'être touchés de mes plaintes, mes ravisseurs ne le sont pas même de mes larmes ; sourds à mon langage, ils n'entendent pas mieux les cris de mon désespoir.

Quel est le peuple assez féroce pour n'être point ému aux signes de la douleur ? Quel désert aride a vu naître des humains insensibles à la voix de la nature gémissante ? Les barbares maîtres d'*Yalpor*[a], fiers de la puissance d'exterminer ! la cruauté est le seul guide de leurs actions. Aza ! comment échapperas-tu à leur fureur ? où es-tu ? que fais-tu ? si ma vie t'est chère, instruis-moi de ta destinée.

Hélas ! que la mienne est changée ! comment se peut-il que des jours si semblables entre eux aient par rapport à nous de si funestes différences ? Le temps s'écoule, les ténèbres succèdent à la lumière ; aucun dérangement ne s'aperçoit dans la nature ; et moi, du suprême bonheur, je suis tombée dans l'horreur du désespoir, sans qu'aucun intervalle m'ait préparée à cet affreux passage.

Tu le sais, ô délices de mon cœur ! ce jour horrible, ce jour à jamais épouvantable, devait éclairer le triomphe de notre union. A peine commençait-il à paraître, qu'impatiente d'exécuter un projet que ma tendresse m'avait inspiré pendant la nuit, je courus à mes *quipos*[b], et profitant du silence qui régnait encore dans le temple, je me hâtai de les nouer, dans l'espérance qu'avec leur secours je rendrais immortelle l'histoire de notre amour et de notre bonheur.

---

a. Nom du tonnerre.

b. Un grand nombre de petits cordons de différentes couleurs dont les Indiens se servaient au défaut de l'écriture pour faire le paiement des troupes et le dénombrement du peuple. Quelques auteurs prétendent qu'ils s'en servaient aussi pour transmettre à la postérité les actions mémorables de leurs Incas.

A mesure que je travaillais, l'entreprise me paraissait moins difficile ; de moment en moment cet amas innombrable de cordons devenait sous mes doigts une peinture fidèle de nos actions et de nos sentiments, comme il était autrefois l'interprète de nos pensées, pendant les longs intervalles que nous passions sans nous voir.

Tout entière à mon occupation, j'oubliais le temps, lorsqu'un bruit confus réveilla mes esprits et fit tressaillir mon cœur.

Je crus que le moment heureux était arrivé, et que les cent portes[a] s'ouvraient pour laisser un libre passage au Soleil de mes jours ; je cachai précipitamment mes *quipos* sous un pan de ma robe, et je courus au-devant de tes pas.

Mais quel horrible spectacle s'offrit à mes yeux ! Jamais son souvenir affreux ne s'effacera de ma mémoire.

Les pavés du temple ensanglantés, l'image du Soleil foulée aux pieds, des soldats furieux poursuivant nos Vierges éperdues et massacrant tout ce qui s'opposait à leur passage ; nos *Mamas*[b] expirantes sous leurs coups, et dont les habits brûlaient encore du feu de leur tonnerre ; les gémissements de l'épouvante, les cris de la fureur répandant de toutes parts l'horreur et l'effroi, m'ôtèrent jusqu'au sentiment.

Revenue à moi-même, je me trouvai, par un mouvement naturel et presque involontaire, rangée derrière l'autel que je tenais embrassé. Là immobile de saisissement, je voyais passer ces barbares ; la crainte d'être aperçue arrêtait jusqu'à ma respiration.

Cependant je remarquai qu'ils ralentissaient les effets de leur cruauté à la vue des ornements précieux répandus dans le temple ; qu'ils se saisissaient de ceux dont l'éclat les frappait davantage ; et qu'ils arrachaient jusqu'aux lames d'or dont les murs étaient revêtus. Je jugeai que le larcin était le motif de leur barbarie, et que ne m'y opposant point, je pourrais échapper à leurs coups. Je formai le dessein de sortir du temple, de me faire conduire à ton palais, de demander au *Capa Inca*[c] du secours et un asile pour mes compagnes et pour moi ; mais aux premiers mouvements que je fis pour m'éloigner, je me sentis arrêter ; ô, mon cher Aza, j'en frémis encore ! ces impies osèrent porter leurs mains sacrilèges sur la fille du Soleil.

Arrachée de la demeure sacrée, traînée ignominieusement hors du temple, j'ai vu pour la première fois le seuil de la porte céleste que je ne devais passer qu'avec les ornements de la royauté[d] ; au lieu des fleurs que l'on aurait semées sur mes pas, j'ai vu les chemins couverts de sang

---

a. Dans le temple du Soleil il y avait cent portes ; l'*Inca* seul avait le pouvoir de les faire ouvrir.

b. Espèce de gouvernantes des Vierges du Soleil.

c. Nom générique des Incas régnants.

d. Les Vierges consacrées au Soleil entraient dans le temple presque en naissant, et n'en sortaient que le jour de leur mariage.

et de mourants ; au lieu des honneurs du trône que je devais partager avec toi, esclave de la tyrannie, enfermée dans une obscure prison, la place que j'occupe dans l'univers est bornée à l'étendue de mon être. Une natte baignée de mes pleurs reçoit mon corps fatigué par les tourments de mon âme ; mais, cher soutien de ma vie, que tant de maux me seront légers, si j'apprends que tu respires !

Au milieu de cet horrible bouleversement, je ne sais par quel heureux hasard j'ai conservé mes *quipos*. Je les possède, mon cher Aza ! C'est aujourd'hui le seul trésor de mon cœur, puisqu'il servira d'interprète à ton amour comme au mien ; les mêmes nœuds qui t'apprendront mon existence, en changeant de forme entre tes mains, m'instruiront de ton sort. Hélas ! par quelle voie pourrai-je les faire passer jusqu'à toi ? Par quelle adresse pourront-ils m'être rendus ? Je l'ignore encore ; mais le même sentiment qui nous fit inventer leur usage nous suggérera les moyens de tromper nos tyrans. Quel que soit le *Chaqui*[a] fidèle qui te portera ce précieux dépôt, je ne cesserai d'envier son bonheur. Il te verra, mon cher Aza ; je donnerais tous les jours que le Soleil me destine, pour jouir un seul moment de ta présence. Il te verra, mon cher Aza ! Le son de ta voix frappera son âme de respect et de crainte. Il porterait dans la mienne la joie et le bonheur. Il te verra certain de ta vie : il la bénira en ta présence ; tandis qu'abandonnée à l'incertitude, l'impatience de son retour desséchera mon sang dans mes veines. Ô mon cher Aza ! tous les tourments des âmes tendres sont rassemblés dans mon cœur : un moment de ta vue les dissiperait ; je donnerais ma vie pour en jouir.

LETTRE II

Que l'arbre de la vertu, mon cher Aza, répande à jamais son ombre sur la famille du pieux citoyen qui a reçu sous ma fenêtre le mystérieux tissu de mes pensées, et qui l'a remis dans tes mains ! Que *Pachammac*[b] prolonge ses années en récompense de son adresse à faire passer jusqu'à moi les plaisirs divins avec ta réponse !

Les trésors de l'Amour me sont ouverts ; j'y puise une joie délicieuse dont mon âme s'enivre. En dénouant les secrets de ton cœur, le mien se baigne dans une mer parfumée. Tu vis, et les chaînes qui devaient nous unir ne sont pas rompues ! Tant de bonheur était l'objet de mes désirs, et non celui de mes espérances.

Dans l'abandon de moi-même, je ne craignais que pour tes jours ; ils

---

a. Messager.
b. Le Dieu créateur, plus puissant que le Soleil.

sont en sûreté, je ne vois plus le malheur. Tu m'aimes, le plaisir anéanti renaît dans mon cœur. Je goûte avec transport la délicieuse confiance de plaire à ce que j'aime ; mais elle ne me fait point oublier que je te dois tout ce que tu daignes approuver en moi. Ainsi que la rose tire sa brillante couleur des rayons du Soleil, de même les charmes que tu trouves dans mon esprit et dans mes sentiments ne sont que les bienfaits de ton génie lumineux ; rien n'est à moi que ma tendresse.

Si tu étais un homme ordinaire, je serais restée dans l'ignorance à laquelle mon sexe est condamné ; mais ton âme, supérieure aux coutumes, ne les a regardées que comme des abus ; tu en as franchi les barrières pour m'élever jusqu'à toi. Tu n'as pu souffrir qu'un être semblable au tien fût borné à l'humiliant avantage de donner la vie à ta postérité. Tu as voulu que nos divins *Amautas*[a] ornassent mon entendement de leurs sublimes connaissances. Mais, ô lumière de ma vie, sans le désir de te plaire, aurais-je pu me résoudre à abandonner ma tranquille ignorance pour la pénible occupation de l'étude ? Sans le désir de mériter ton estime, ta confiance, ton respect, par des vertus qui fortifient l'amour, et que l'amour rend voluptueuses, je ne serais que l'objet de tes yeux ; l'absence m'aurait déjà effacée de ton souvenir.

Hélas ! si tu m'aimes encore pourquoi suis-je dans l'esclavage ? En jetant mes regards sur les murs de ma prison, ma joie disparaît, l'horreur me saisit, et mes craintes se renouvellent. On ne t'a point ravi la liberté, tu ne viens pas à mon secours ; tu es instruit de mon sort, il n'est pas changé. Non, mon cher Aza, ces peuples féroces, que tu nommes espagnols, ne te laissent pas aussi libre que tu crois l'être. Je vois autant de signes d'esclavage dans les honneurs qu'ils te rendent que dans la captivité où ils me retiennent.

Ta bonté te séduit ; tu crois sincères les promesses que ces barbares te font faire par leur interprète, parce que tes paroles sont inviolables ; mais moi qui n'entends pas leur langage, moi qu'ils ne trouvent pas digne d'être trompée, je vois leurs actions.

Tes sujets les prennent pour des dieux, ils se rangent de leur parti : ô mon cher Aza ! malheur au peuple que la crainte détermine ! Sauve-toi de cette erreur, défie-toi de la fausse bonté de ces étrangers. Abandonne ton empire, puisque *Viracocha* en a prédit la destruction. Achète ta vie et ta liberté au prix de ta puissance, de ta grandeur, de tes trésors : il ne te restera que les dons de la nature. Nos jours seront en sûreté.

Riches de la possession de nos cœurs, grands par nos vertus, puissants par notre modération, nous irons dans une cabane jouir du ciel, de la terre et de notre tendresse. Tu seras plus roi en régnant sur mon âme, qu'en doutant de l'affection d'un peuple innombrable : ma soumission à tes volontés te fera jouir sans tyrannie du beau droit de commander. En

---

a. Philosophes indiens.

t'obéissant je ferai retentir ton empire de mes chants d'allégresse ; ton diadème[a] sera toujours l'ouvrage de mes mains ; tu ne perdras de ta royauté que les soins et les fatigues.

Combien de fois, chère âme de ma vie, tu t'es plaint des devoirs de ton rang ! Combien les cérémonies, dont tes visites étaient accompagnées, t'ont-elles fait envier le sort de tes sujets ! Tu n'aurais voulu vivre que pour moi, craindrais-tu à présent de perdre tant de contraintes ? Ne suis-je plus cette Zilia que tu aurais préférée à ton empire ? non, je ne puis le croire, mon cœur n'est point changé, pourquoi le tien le serait-il ?

J'aime, je vois toujours le même Aza qui régna dans mon âme au premier moment de sa vue ; je me rappelle ce jour fortuné, où ton père, mon souverain seigneur, te fit partager, pour la première fois, le pouvoir réservé à lui seul d'entrer dans l'intérieur du temple[b] ; je me représente le spectacle agréable de nos Vierges rassemblées, dont la beauté recevait un nouveau lustre par l'ordre charmant dans lequel elles étaient rangées, telles que dans un jardin les plus brillantes fleurs tirent un nouvel éclat de la symétrie de leurs compartiments.

Tu parus au milieu de nous comme un Soleil levant dont la tendre lumière prépare la sérénité d'un beau jour ; le feu de tes yeux répandait sur nos joues le coloris de la modestie, un embarras ingénu tenait nos regards captifs ; une joie brillante éclatait dans les tiens ; tu n'avais jamais rencontré tant de beautés ensemble. Nous n'avions jamais vu que le *Capa-Inca* : l'étonnement et le silence régnaient de toutes parts. Je ne sais quelles étaient les pensées de mes compagnes ; mais de quels sentiments mon cœur ne fut-il point assailli ! Pour la première fois j'éprouvai du trouble, de l'inquiétude, et cependant du plaisir. Confuse des agitations de mon âme, j'allais me dérober à ta vue ; mais tu tournas tes pas vers moi, le respect me retint.

Ô mon cher Aza, le souvenir de ce premier moment de mon bonheur me sera toujours cher ! Le son de ta voix, ainsi que le chant mélodieux de nos hymnes, porta dans mes veines le doux frémissement et le saint respect que nous inspire la présence de la Divinité.

Tremblante, interdite, la timidité m'avait ravi jusqu'à l'usage de la voix ; enhardie enfin par la douceur de tes paroles, j'osai élever mes regards jusqu'à toi, je rencontrai les tiens. Non, la mort même n'effacera pas de ma mémoire les tendres mouvements de nos âmes qui se rencontrèrent et se confondirent dans un instant.

Si nous pouvions douter de notre origine, mon cher Aza, ce trait de lumière confondrait notre incertitude. Quel autre que le principe du feu aurait pu nous transmettre cette vive intelligence des cœurs, communiquée, répandue et sentie avec une rapidité inexplicable ?

---

a. Le diadème des Incas était une espèce de frange : c'était l'ouvrage des Vierges du Soleil.

b. L'Inca régnant avait seul le droit d'entrer dans le temple du Soleil.

J'étais trop ignorante sur les effets de l'amour pour ne pas m'y tromper. L'imagination remplie de la sublime théologie de nos *Cucipatas* [a], je pris le feu qui m'animait pour une agitation divine, je crus que le Soleil me manifestait sa volonté par ton organe, qu'il me choisissait pour son épouse d'élite [b] : j'en soupirai, mais après ton départ, j'examinai mon cœur, et je n'y trouvai que ton image.

Quel changement, mon cher Aza, ta présence avait fait sur moi ! tous les objets me parurent nouveaux ; je crus voir mes compagnes pour la première fois. Qu'elles me parurent belles ! je ne pus soutenir leur présence ; retirée à l'écart, je me livrais au trouble de mon âme, lorsqu'une d'entre elles vint me tirer de ma rêverie, en me donnant de nouveaux sujets de m'y livrer. Elle m'apprit qu'étant ta plus proche parente, j'étais destinée à être ton épouse dès que mon âge permettrait cette union.

J'ignorais les lois de ton empire [c] ; mais depuis que je t'avais vu, mon cœur était trop éclairé pour ne pas saisir l'idée du bonheur d'être à toi. Cependant, loin d'en connaître toute l'étendue, accoutumée au nom sacré d'épouse du Soleil, je bornais mon espérance à te voir tous les jours, à t'adorer, à t'offrir des vœux comme à lui.

C'est toi, mon cher Aza, c'est toi qui dans la suite comblas mon âme de délices en m'apprenant que l'auguste rang de ton épouse m'associerait à ton cœur, à ton trône, à ta gloire, à tes vertus ; que je jouirais sans cesse de ces entretiens si rares et si courts au gré de nos désirs, de ces entretiens qui ornaient mon esprit des perfections de ton âme, et qui ajoutaient à mon bonheur la délicieuse espérance de faire un jour le tien.

Ô mon chère Aza, combien ton impatience contre mon extrême jeunesse, qui retardait notre union, était flatteuse pour mon cœur ! combien les deux années qui se sont écoulées t'ont paru longues, et cependant que leur durée a été courte ! Hélas, le moment fortuné était arrivé. Quelle fatalité l'a rendu si funeste ? quel Dieu poursuit ainsi l'innocence et la vertu ? Ou quelle puissance infernale nous a séparés de nous-mêmes ? L'horreur me saisit, mon cœur se déchire, mes larmes inondent mon ouvrage. Aza ! mon cher Aza !...

---

a. Prêtres du Soleil.

b. Il y avait une Vierge choisie pour le Soleil, qui ne devait jamais être mariée.

c. Les lois des Indiens obligeaient les Incas d'épouser leurs sœurs, et quand ils n'en avaient point, de prendre pour femme la première princesse du sang des Incas, qui était Vierge du Soleil.

LETTRE III

C'est toi, chère lumière de mes jours, c'est toi qui me rappelles à la vie ; voudrais-je la conserver, si je n'étais assurée que la mort aurait moissonné d'un seul coup tes jours et les miens ! Je touchais au moment où l'étincelle du feu divin dont le Soleil anime notre être allait s'éteindre : la nature laborieuse se préparait déjà à donner une autre forme à la portion de matière qui lui appartient en moi ; je mourais : tu perdais pour jamais la moitié de toi-même, lorsque mon amour m'a rendu la vie, et je t'en fais un sacrifice. Mais comment pourrais-je t'instruire des choses surprenantes qui me sont arrivées ? Comment me rappeler des idées déjà confuses au moment où je les ai reçues, et que le temps qui s'est écoulé depuis rend encore moins intelligibles ?

A peine, mon cher Aza, avais-je confié à notre fidèle *Chaqui* le dernier tissu de mes pensées, que j'entendis un grand mouvement dans notre habitation : vers le milieu de la nuit, deux de mes ravisseurs vinrent m'enlever de ma sombre retraite, avec autant de violence qu'ils en avaient employé à m'arracher du temple du Soleil.

Je ne sais par quel chemin on me conduisit ; on ne marchait que la nuit, et le jour on s'arrêtait dans des déserts arides, sans chercher aucune retraite. Bientôt succombant à la fatigue, on me fit porter par je ne sais quels *Hamas*, dont les mouvements me fatiguaient presque autant que si j'eusse marché moi-même. Enfin, arrivés apparemment où l'on voulait aller, une nuit ces barbares me portèrent sur leurs bras dans une maison dont les approches, malgré l'obscurité, me parurent extrêmement difficiles. Je fus placée dans un lieu plus étroit et plus incommode que n'avait jamais été ma première prison. Mais, mon cher Aza ! pourrais-je te persuader ce que je ne comprends pas moi-même, su tu n'étais assuré que le mensonge n'a jamais souillé les lèvres d'un enfant du Soleil[a] ! Cette maison, que j'ai jugée être fort grande, par la quantité de monde qu'elle contenait ; cette maison, comme suspendue, et ne tenant point à la terre, était dans un balancement continuel.

Il faudrait, ô lumière de mon esprit, que *Ticaiviracocha* eût comblé mon âme comme la tienne de sa divine science, pour pouvoir comprendre ce prodige. Toute la connaissance que j'en ai, est que cette demeure n'a pas été construite par un être ami des hommes ; car, quelques moments après que j'y fus entrée, son mouvement continuel, joint à une odeur malfaisante, me causa un mal si violent, que je suis étonnée de n'y avoir pas succombé : ce n'était que le commencement de mes peines.

---

a. Il passait pour constant qu'un Péruvien n'avait jamais menti.

Un temps assez long s'était écoulé, je ne souffrais presque plus, lorsqu'un matin je fus arrachée au sommeil par un bruit plus affreux que celui d'*Yalpa* : notre habitation en recevait des ébranlements tels que la terre en éprouvera lorsque la lune, en tombant, réduira l'univers en poussière[a]. Des cris, qui se joignirent à ce fracas, le rendaient encore plus épouvantable ; mes sens, saisis d'une horreur secrète, ne portaient à mon âme que l'idée de la destruction de la nature entière. Je croyais le péril universel ; je tremblais pour tes jours : ma frayeur s'accrut enfin jusqu'au dernier excès à la vue d'une troupe d'hommes en fureur, le visage et les habits ensanglantés, qui se jetèrent en tumulte dans ma chambre. Je ne soutins pas cet horrible spectacle, la force et la connaissance m'abandonnèrent : j'ignore encore la suite de ce terrible événement. Revenue à moi-même, je me trouvai dans un lit assez propre, entourée de plusieurs sauvages qui n'étaient plus les cruels Espagnols, mais qui ne m'étaient pas moins inconnus.

Peux-tu te représenter ma surprise en me trouvant dans une demeure nouvelle, parmi des hommes nouveaux, sans pouvoir comprendre comment ce changement avait pu se faire ? Je refermai promptement les yeux, afin que plus recueillie en moi-même, je pusse m'assurer si je vivais, ou si mon âme n'avait point abandonné mon corps pour passer dans les régions inconnues[b].

Te l'avouerai-je, chère idole de mon cœur : fatiguée d'une vie odieuse, rebutée de souffrir des tourments de toute espèce, accablée sous le poids de mon horrible destinée, je regardai avec indifférence la fin de ma vie que je sentais approcher : je refusai constamment tous les secours que l'on m'offrait ; en peu de jours je touchai au terme fatal, et j'y touchai sans regret.

L'épuisement des forces anéantit le sentiment ; déjà mon imagination affaiblie ne recevait plus d'images que comme un léger dessin tracé par une main tremblante ; déjà les objets qui m'avaient le plus affectée n'excitaient en moi que cette sensation vague, que nous éprouvons en nous laissant aller à une rêverie indéterminée ; je n'étais presque plus. Cet état, mon cher Aza, n'est pas si fâcheux que l'on croit : de loin il nous effraye, parce que nous y pensons de toutes nos forces ; quand il est arrivé, affaiblis par les gradations des douleurs qui nous y conduisent, le moment décisif ne paraît que celui du repos. Cependant j'éprouvai que le penchant naturel qui nous porte durant la vie à pénétrer dans l'avenir, et même dans celui qui ne sera plus pour nous, semble reprendre de nouvelles forces au moment de la perdre. On cesse de vivre pour soi ; on veut savoir comment on vivra dans ce qu'on aime. Ce fut dans un de ces

---

a. Les Indiens croyaient que la fin du monde arriverait par la lune, qui se laisserait tomber sur la terre.

b. Les Indiens croyaient qu'après la mort l'âme allait dans des lieux inconnus pour y être récompensée ou punie selon son mérite.

délires de mon âme que je me crus transportée dans l'intérieur de ton palais ; j'y arrivais dans le moment où l'on venait de t'apprendre ma mort. Mon imagination me peignit si vivement ce qui devait se passer, que la vérité même n'aurait pas eu plus de pouvoir : je te vis, mon cher Aza, pâle, défiguré, privé de sentiment, tel qu'un lys desséché par la brûlante ardeur du Midi. L'amour est-il donc quelquefois barbare ? Je jouissais de ta douleur, je l'excitais par de tristes adieux ; je trouvais de la douceur, peut-être du plaisir à répandre sur tes jours le poison des regrets ; et ce même amour qui me rendait féroce déchirait mon cœur par l'horreur de tes peines. Enfin, réveillée comme d'un profond sommeil, pénétrée de ta propre douleur, tremblante pour ta vie, je demandai des secours, je revis la lumière.

Te reverrai-je, toi, cher arbitre de mon existence ? Hélas ! qui pourra m'en assurer ? Je ne sais plus où je suis ; peut-être est-ce loin de toi. Mais dussions-nous être séparés par les espaces immenses qu'habitent les enfants du Soleil, le nuage léger de mes pensées volera sans cesse autour de toi.

LETTRE IV

Quel que soit l'amour de la vie, mon cher Aza, les peines le diminuent, le désespoir l'éteint. Le mépris que la nature semble faire de notre être, en l'abandonnant à la douleur, nous révolte d'abord ; ensuite l'impossibilité de nous en délivrer nous prouve une insuffisance si humiliante, qu'elle nous conduit jusqu'au dégoût de nous-mêmes.

Je ne vis plus en moi ni pour moi ; chaque instant où je respire est un sacrifice que je fais à ton amour, et de jour en jour il devient plus pénible ; si le temps apporte quelque soulagement à la violence du mal qui me dévore, il redouble les souffrances de mon esprit. Loin d'éclaircir mon sort, il semble le rendre encore plus obscur. Tout ce qui m'environne m'est inconnu, tout m'est nouveau, tout intéresse ma curiosité, et rien ne peut la satisfaire. En vain j'emploie mon attention et mes efforts pour entendre, ou pour être entendue ; l'un et l'autre me sont également impossibles. Fatiguée de tant de peines inutiles, je crus en tarir la source, en dérobant à mes yeux l'impression qu'ils recevaient des objets : je m'obstinai quelque temps à les tenir fermés ; efforts infructueux ! les ténèbres volontaires auxquelles je m'étais condamnée ne soulageaient que ma modestie toujours blessée de la vue de ces hommes, dont les services et les secours sont autant de supplices ; mais mon âme n'en était pas moins agitée. Renfermée en moi-même, mes inquiétudes n'en étaient que plus vives, et le désir de les exprimer plus violent. L'impossibilité de me faire entendre répand encore jusque sur mes organes un tourment non moins insupportable que des douleurs qui auraient une réalité plus apparente. Que cette situation est cruelle !

Hélas ! je croyais déjà entendre quelques mots des sauvages espagnols ; j'y trouvais des rapports avec notre auguste langage ; je me flattais qu'en peu de temps je pourrais m'expliquer avec eux : loin de trouver le même avantage avec mes nouveaux tyrans, ils s'expriment avec tant de rapidité, que je ne distingue pas même les inflexions de leur voix. Tout me fait juger qu'ils ne sont pas de la même nation ; et à la différence de leurs manières, et de leur caractère apparent, on devine sans peine que *Pachacamac* leur a distribué dans une grande disproportion les éléments dont il a formé les humains. L'air grave et farouche des premiers fait voir qu'ils sont composés de la matière des plus durs métaux, ceux-ci semblent s'être échappés des mains du Créateur au moment où il n'avait encore assemblé pour leur formation que l'air et le feu : les yeux fiers, la mine sombre et tranquille de ceux-là, montraient assez qu'ils étaient cruels de sang-froid ; l'inhumanité de leurs actions ne l'a que trop prouvé. Le visage riant de ceux-ci, la douceur de leur regard, un certain empressement répandu sur leurs actions, et qui paraît être de la bienveillance, prévient en leur faveur ; mais je remarque des contradictions dans leur conduite qui suspendent mon jugement.

Deux de ces sauvages ne quittent presque pas le chevet de mon lit : l'un, que j'ai jugé être le *Cacique*[a] à son air de grandeur, me rend, je crois, à sa façon, beaucoup de respect ; l'autre me donne une partie des secours qu'exige ma maladie ; mais sa bonté est dure, ses secours sont cruels, et sa familiarité impérieuse.

Dès le premier moment où, revenue de ma faiblesse, je me trouvai en leur puissance, celui-ci, car je l'ai bien remarqué, plus hardi que les autres, voulut prendre ma main, que je retirai avec une confusion inexprimable ; il parut surpris de ma résistance, et sans aucun égard pour la modestie, il la reprit à l'instant : faible, mourante, et ne prononçant que des paroles qui n'étaient point entendues, pouvais-je l'en empêcher ? Il la garda, mon cher Aza, tout autant qu'il voulut, et depuis ce temps il faut que je la lui donne moi-même plusieurs fois par jour, si je veux éviter des débats qui tournent toujours à mon désavantage.

Cette espèce de cérémonie[b] me paraît une superstition de ces peuples : j'ai cru remarquer que l'on y trouvait des rapports avec mon mal ; mais il faut apparemment être de leur nation pour en sentir les effets ; car je n'en éprouve que très peu : je souffre toujours d'un feu intérieur qui me consume ; à peine me reste-t-il assez de force pour nouer mes *quipos*. J'emploie à cette occupation autant de temps que ma faiblesse peut me le

a. *Cacique* est une espèce de gouverneur de province.
b. Les Indiens n'avaient aucune connaissance de la médecine.

permettre : ces nœuds qui frappent mes sens, semblent donner plus de réalité à mes pensées ; la sorte de ressemblance que je m'imagine qu'ils ont avec les paroles, me fait une illusion qui trompe ma douleur : je crois te parler, te dire que je t'aime, t'assurer de mes vœux, de ma tendresse ; cette douce erreur est mon bien et ma vie. Si l'excès d'accablement m'oblige d'interrompre mon ouvrage, je gémis de ton absence ; ainsi, tout entière à ma tendresse, il n'y a pas un de mes moments qui ne t'appartienne.

Hélas ! quel autre usage pourrais-je en faire ? Ô mon cher Aza ! quand tu ne serais pas le maître de mon âme, quand les chaînes de l'amour ne m'attacheraient pas inséparablement à toi, plongée dans un abîme d'obscurité, pourrais-je détourner mes pensées de la lumière de ma vie ? Tu es le Soleil de mes jours, tu les éclaires, tu les prolonges, ils sont à toi. Tu me chéris, je consens à vivre. Que feras-tu pour moi ? tu m'aimeras, je suis récompensée.

LETTRE V

Que j'ai souffert, mon cher Aza, depuis les derniers nœuds que je t'ai consacrés ! La privation de mes *quipos* manquait au comble de mes peines ; dès que mes officieux persécuteurs se sont aperçus que ce travail augmentait mon accablement, ils m'en ont ôté l'usage.

On m'a enfin rendu le trésor de ma tendresse, mais je l'ai acheté par bien des larmes. Il ne me reste que cette expression de mes sentiments ; il ne me reste que la triste consolation de te peindre mes douleurs, pouvais-je la perdre sans désespoir ?

Mon étrange destinée m'a ravi jusqu'à la douceur que trouvent les malheureux à parler de leurs peines : on croit être plaint quand on est écouté, une partie de notre chagrin passe sur le visage de ceux qui nous écoutent ; quel qu'en soit le motif, il semble nous soulager. Je ne puis me faire entendre, et la gaieté m'environne.

Je ne puis même jouir paisiblement de la nouvelle espèce de désert où me réduit l'impuissance de communiquer mes pensées. Entourée d'objets importuns, leurs regards attentifs troublent la solitude de mon âme, contraignent les attitudes de mon corps et portent la gêne jusque dans mes pensées : il m'arrive souvent d'oublier cette heureuse liberté que la nature nous a donnée de rendre nos sentiments impénétrables, et je crains quelquefois que ces sauvages curieux ne devinent les réflexions désavantageuses que m'inspire la bizarrerie de leur conduite, je me fais une étude gênante d'arranger mes pensées comme s'ils pouvaient les pénétrer malgré moi.

Un moment détruit l'opinion qu'un autre moment m'avait donnée de leur caractère et de leur façon de penser à mon égard.

Sans compter un nombre infini de petites contradictions, ils me refusent, mon cher Aza, jusqu'aux aliments nécessaires au soutien de la vie, jusqu'à la liberté de choisir la place où je veux être : ils me retiennent par une espèce de violence dans ce lit, qui m'est devenu insupportable : je dois donc croire qu'ils me regardent comme leur esclave, et que leur pouvoir est tyrannique.

D'un autre côté, si je réfléchis sur l'envie extrême qu'ils témoignent de conserver mes jours, sur le respect dont ils accompagnent les services qu'ils me rendent, je suis tentée de penser qu'ils me prennent pour un être d'une espèce supérieure à l'humanité.

Aucun d'eux ne paraît devant moi sans courber son corps plus ou moins, comme nous avons coutume de faire en adorant le Soleil. Le *Cacique* semble vouloir imiter le cérémonial des Incas au jour du *Raymi*[a]. Il se met sur ses genoux fort près de mon lit, il reste un temps considérable dans cette posture gênante : tantôt il garde le silence, et les yeux baissés, il semble rêver profondément : je vois sur son visage cet embarras respectueux que nous inspire *le grand Nom*[b] prononcé à haute voix. S'il trouve l'occasion de saisir ma main, il y porte sa bouche avec la même vénération que nous avons pour le sacré diadème[c]. Quelquefois il prononce un grand nombre de mots qui ne ressemblent point au langage ordinaire de sa nation. Le son en est plus doux, plus distinct, plus mesuré ; il y joint cet air touché qui précède les larmes, ces soupirs qui expriment les besoins de l'âme, ces accents qui sont presque des plaintes ; enfin tout ce qui accompagne le désir d'obtenir des grâces. Hélas ! mon cher Aza, s'il me connaissait bien, s'il n'était pas dans quelque erreur sur mon être, quelle prière aurait-il à me faire ?

Cette nation ne serait-elle point idolâtre ? Je n'ai encore vu faire aucune adoration au Soleil ; peut-être prennent-ils les femmes pour l'objet de leur culte. Avant que le Grand *Manco-Capac*[d] eût apporté sur la terre les volontés du Soleil, nos ancêtres divinisaient tout ce qui les frappait de crainte ou de plaisir : peut-être ces sauvages n'éprouvent-ils ces deux sentiments que pour les femmes.

Mais, s'ils m'adoraient, ajouteraient-ils à mes malheurs l'affreuse contrainte où ils me retiennent ? Non, ils chercheraient à me plaire, ils obéiraient aux signes de mes volontés ; je serais libre, je sortirais de cette odieuse demeure ; j'irais chercher le maître de mon âme ; un seul de ses regards effacerait le souvenir de tant d'infortunes.

---

a. Le *Raymi*, principale fête du Soleil : l'Inca et les prêtres l'adoraient à genoux.

b. Le grand Nom était *Pachacamac*, on ne le prononçait que rarement, et avec beaucoup de signes d'adoration.

c. On baisait le diadème de *Manco-Capac*, comme nous baisons les reliques de nos saints.

d. Premier législateur des Indiens. Voyez l'*Histoire des Incas*[1].

1. L'œuvre de Garcilaso de la Vega.

LETTRE VI

Quelle horrible surprise, mon cher Aza ! Que nos malheurs sont augmentés ! Que nous sommes à plaindre ! Nos maux sont sans remède : il ne me reste qu'à te l'apprendre et à mourir.

On m'a enfin permis de me lever, j'ai profité avec empressement de cette liberté ; je me suis traînée à une petite fenêtre qui depuis longtemps était l'objet de mes désirs curieux ; je l'ai ouverte avec précipitation : Qu'ai-je vu ! Cher amour de ma vie ! Je ne trouverai point d'expressions pour te peindre l'excès de mon étonnement, et le mortel désespoir qui m'a saisie en ne découvrant autour de moi que ce terrible élément dont la vue seule fait frémir.

Mon premier coup d'œil ne m'a que trop éclairée sur le mouvement incommode de notre demeure. Je suis dans une de ces maisons flottantes dont les Espagnols se sont servis pour atteindre jusqu'à nos malheureuses contrées, et dont on ne m'avait fait qu'une description très imparfaite.

Conçois-tu, cher Aza, quelles idées funestes sont entrées dans mon âme avec cette affreuse connaissance ? Je suis certaine que l'on m'éloigne de toi ; je ne respire plus le même air, je n'habite plus le même élément : tu ignoreras toujours où je suis, si je t'aime, si j'existe ; la destruction de mon être ne paraîtra pas même un événement assez considérable pour être porté jusqu'à toi. Cher arbitre de mes jours, de quel prix te peut être désormais ma vie infortunée ? Souffre que je rende à la Divinité un bienfait insupportable dont je ne veux plus jouir ; je ne te verrai plus, je ne veux plus vivre.

Je perds ce que j'aime, l'univers est anéanti pour moi ; il n'est plus qu'un vaste désert que je remplis des cris de mon amour ; entends-les, cher objet de ma tendresse ; sois-en touché ; permets que je meure…

Quelle erreur me séduit ! Non, mon cher Aza, non, ce n'est pas toi qui m'ordonnes de vivre, c'est la timide nature qui, en frémissant d'horreur, emprunte ta voix plus puissante que la sienne pour retarder une fin toujours redoutable pour elle ; mais, c'en est fait, le moyen le plus prompt me délivrera de ses regrets…

Que la mer abîme à jamais dans ses flots ma tendresse malheureuse, ma vie et mon désespoir.

Reçois, trop malheureux Aza, reçois les derniers sentiments de mon cœur, il n'a reçu que ton image, il ne voulait vivre que pour toi, il meurt rempli de ton amour. Je t'aime, je le pense, je le sens encore, je le dis pour la dernière fois…

LETTRE VII

Aza, tu n'as pas tout perdu ; tu règnes encore sur un cœur ; je respire. La vigilance de mes surveillants a rompu mon funeste dessein, il ne me reste que la honte d'en avoir tenté l'exécution. Je ne t'apprendrai point les circonstances d'un projet aussitôt détruit que formé. Oserais-je jamais lever les yeux jusqu'à toi, si tu avais été témoin de mon emportement ?

Ma raison, anéantie par le désespoir, ne m'était plus d'aucun secours ; ma vie ne me paraissait d'aucun prix, j'avais oublié ton amour.

Que le sang-froid est cruel après la fureur ! que les points de vue sont différents sur les mêmes objets ! Dans l'horreur du désespoir on prend la férocité pour du courage, et la crainte des souffrances pour de la fermeté. Qu'un mot, un regard, une surprise nous rappelle à nous-mêmes, nous ne trouvons que de la faiblesse pour principe de notre héroïsme, pour fruit que le repentir, et que le mépris pour récompense.

La connaissance de ma faute en est la plus sévère punition. Abandonnée à l'amertume des remords, ensevelie sous le voile de la honte, je me tiens à l'écart ; je crains que mon corps n'occupe trop de place ; je voudrais le dérober à la lumière ; mes pleurs coulent en abondance, ma douleur est calme, nul son ne l'exhale ; mais je suis toute à elle. Puis-je trop expier mon crime ? Il était contre toi.

En vain depuis deux jours, ces sauvages bienfaisants voudraient me faire partager la joie qui les transporte ; je ne fais qu'en soupçonner la cause ; mais quand elle me serait plus connue, je ne me trouverais pas digne de me mêler à leurs fêtes. Leurs danses, leurs cris de joie, une liqueur rouge semblable au maïs [a], dont ils boivent abondamment, leur empressement à contempler le Soleil par tous les endroits d'où ils peuvent l'apercevoir, ne me laisseraient pas douter que cette réjouissance ne se fît en l'honneur de l'astre divin, si la conduite du *Cacique* était conforme à celle des autres.

Mais, loin de prendre part à la joie publique, depuis la faute que j'ai commise, il n'en prend qu'à ma douleur. Son zèle est plus respectueux, ses soins plus assidus, son attention plus pénétrante.

Il a deviné que la présence continuelle des sauvages de sa suite ajoutait la contrainte à mon affliction, il m'a délivrée de leurs regards importuns, je n'ai presque plus que les siens à supporter.

Le croirais-tu, mon cher Aza ? il y a des moments où je trouve de la douceur dans ces entretiens muets ; le feu de ses yeux me rappelle

---

a. Le *maïs* est une plante dont les Indiens font une boisson forte et salutaire ; ils en présentent au Soleil les jours de ses fêtes, et ils en boivent jusqu'à l'ivresse après le sacrifice. Voyez l'*Histoire des Incas*, t. 2, p. 151.

l'image de celui que j'ai vu dans les tiens ; j'y trouve des rapports qui séduisent mon cœur. Hélas ! que cette illusion est passagère, et que les regrets qui la suivent sont durables ! ils ne finiront qu'avec ma vie, puisque je ne vis que pour toi.

LETTRE VIII

Quand un seul objet réunit toutes nos pensées, mon cher Aza, les événements ne nous intéressent que par les rapports que nous y trouvons avec lui. Si tu n'étais le seul mobile de mon âme, aurais-je passé, comme je viens de faire, de l'horreur du désespoir à l'espérance la plus douce ? Le *Cacique* avait déjà essayé plusieurs fois inutilement de me faire approcher de cette fenêtre, que je ne regarde plus sans frémir. Enfin, pressée par de nouvelles instances, je me suis laissé conduire. Ah ! mon cher Aza, que j'ai été bien récompensée de ma complaisance !

Par un prodige incompréhensible, en me faisant regarder à travers une espèce de canne percée, il m'a fait voir la terre dans un éloignement où, sans le secours de cette merveilleuse machine, mes yeux n'auraient pu atteindre.

En même temps, il m'a fait entendre par des signes qui commencent à me devenir familiers que nous allons à cette terre, et que sa vue était l'unique objet des réjouissances que j'ai prises pour un sacrifice au Soleil.

J'ai senti d'abord tout l'avantage de cette découverte ; l'espérance, comme un trait de lumière, a porté sa clarté jusqu'au fond de mon cœur.

Il est certain que l'on me conduit à cette terre que l'on m'a fait voir ; il est évident qu'elle est une portion de ton empire, puisque le Soleil y répand ses rayons bienfaisants [a]. Je ne suis plus dans les fers des cruels Espagnols. Qui pourrait donc m'empêcher de rentrer sous tes lois ?

Oui, cher Aza, je vais me réunir à ce que j'aime. Mon amour, ma raison, mes désirs, tout m'en assure. Je vole dans tes bras, un torrent de joie se répand dans mon âme, le passé s'évanouit, mes malheurs sont finis, ils sont oubliés, l'avenir seul m'occupe, c'est mon unique bien.

Aza, mon cher espoir, je ne t'ai pas perdu, je verrai ton visage, tes habits, ton ombre ; je t'aimerai, je te le dirai à toi-même, est-il des tourments qu'un tel bonheur n'efface ?

---

a. Les Indiens ne connaissaient pas notre hémisphère et croyaient que le Soleil n'éclairait que la terre de ses enfants.

LETTRE IX

Que les jours sont longs quand on les compte, mon cher Aza ! le temps
ainsi que l'espace n'est connu que par ses limites. Nos idées et notre vue
se perdent également par la constante uniformité de l'un et de l'autre : si
les objets marquent les bornes de l'espace, il me semble que nos espérances marquent celles du temps ; et que, si elles nous abandonnent, ou
qu'elles ne soient pas sensiblement marquées, nous n'apercevons pas
plus la durée du temps que l'air qui remplit l'espace.

Depuis l'instant fatal de notre séparation, mon âme et mon cœur,
également flétris par l'infortune, restaient ensevelis dans cet abandon
total, horreur de la nature, image du néant, les jours s'écoulaient sans que
j'y prisse garde ; aucun espoir ne fixait mon attention sur leur longueur :
à présent que l'espérance en marque tous les instants, leur durée me
paraît infinie, et je goûte le plaisir, en recouvrant la tranquillité de mon
esprit, de recouvrer la facilité de penser.

Depuis que mon imagination est ouverte à la joie, une foule de pensées
qui s'y présentent l'occupent jusqu'à la fatiguer. Des projets de plaisir et
de bonheur s'y succèdent alternativement ; les idées nouvelles y sont
reçues avec facilité, celles mêmes dont je ne m'étais point aperçue s'y
retracent sans les chercher.

Depuis deux jours, j'entends plusieurs mots de la langue du *Cacique*,
que je ne croyais pas savoir. Ce ne sont encore que les noms des objets :
ils n'expriment point mes pensées et ne me font point entendre celles des
autres ; cependant ils me fournissent déjà quelques éclaircissements qui
m'étaient nécessaires.

Je sais que le nom du *Cacique* est *Déterville*, celui de notre maison
flottante *vaisseau*, et celui de la terre où nous allons, *France*.

Ce dernier m'a d'abord effrayée : je ne me souviens pas d'avoir
entendu nommer ainsi aucune contrée de ton royaume ; mais faisant
réflexion au nombre infini de celles qui le composent, dont les noms me
sont échappés, ce mouvement de crainte s'est bientôt évanoui ; pouvait-il
subsister longtemps avec la solide confiance que me donne sans cesse la
vue du Soleil ? Non, mon cher Aza, cet astre divin n'éclaire que ses
enfants ; le seul doute me rendrait criminelle ; je vais rentrer sous ton
empire, je touche au moment de te voir, je cours à mon bonheur.

Au milieu des transports de ma joie, la reconnaissance me prépare un
plaisir délicieux : tu combleras d'honneurs et de richesses le *Cacique*[a]
bienfaisant qui nous rendra l'un à l'autre ; il portera dans sa province le

---

a. Les *Caciques* étaient des gouverneurs de province tributaires des Incas.

souvenir de Zilia; la récompense de sa vertu le rendra plus vertueux encore, et son bonheur fera ta gloire.

Rien ne peut se comparer, mon cher Aza, aux bontés qu'il a pour moi : loin de me traiter en esclave, il semble être le mien; j'éprouve à présent autant de complaisances de sa part que j'en éprouvais de contradictions durant ma maladie : occupé de moi, de mes inquiétudes, de mes amusements, il paraît n'avoir plus d'autres soins. Je les reçois avec un peu moins d'embarras depuis qu'éclairée par l'habitude et par la réflexion, je vois que j'étais dans l'erreur sur l'idolâtrie dont je le soupçonnais.

Ce n'est pas qu'il ne répète souvent à peu près les mêmes démonstrations que je prenais pour un culte; mais le ton, l'air et la forme qu'il y emploie me persuadent que ce n'est qu'un jeu à l'usage de sa nation.

Il commence par me faire prononcer distinctement des mots de sa langue. Dès que j'ai répété après lui, «oui, je vous aime», ou bien «je vous promets d'être à vous», la joie se répand sur son visage, il me baise les mains avec transport, et avec un air de gaieté tout contraire au sérieux qui accompagne le culte divin.

Tranquille sur sa religion, je ne le suis pas entièrement sur le pays d'où il tire son origine. Son langage et ses habillements sont si différents des nôtres, que souvent ma confiance en est ébranlée. De fâcheuses réflexions couvrent quelquefois de nuages ma plus chère espérance : je passe successivement de la crainte à la joie, et de la joie à l'inquiétude.

Fatiguée de la confusion de mes idées, rebutée des incertitudes qui me déchirent, j'avais résolu de ne plus penser; mais comment ralentir le mouvement d'une âme privée de toute communication, qui n'agit que sur elle-même, et que de si grands intérêts excitent à réfléchir? Je ne le puis, mon cher Aza, je cherche des lumières avec une agitation qui me dévore, et je me trouve sans cesse dans la plus profonde obscurité. Je savais que la privation d'un sens peut tromper à quelques égards, et je vois avec surprise que l'usage des miens m'entraîne d'erreurs en erreurs. L'intelligence des langues serait-elle celle de l'âme? Ô, cher Aza! que mes malheurs me font entrevoir de fâcheuses vérités! mais que ces tristes pensées s'éloignent de moi; nous touchons à la terre. La lumière de mes jours dissipera en un moment les ténèbres qui m'environnent.

LETTRE X

Je suis enfin arrivée à cette terre, l'objet de mes désirs, mon cher Aza, mais je n'y vois encore rien qui m'annonce le bonheur que je m'en étais promis : tout ce qui s'offre à mes yeux me frappe, me surprend, m'étonne, et ne me laisse qu'une impression vague, une perplexité stupide, dont je ne cherche pas même à me délivrer; mes erreurs répriment mes jugements, je demeure incertaine, je doute presque de ce que je vois.

A peine étions-nous sortis de la maison flottante, que nous sommes entrés dans une ville bâtie sur le rivage de la mer. Le peuple qui nous suivait en foule, me paraît être de la même nation que le *Cacique*, mais les maisons n'ont aucune ressemblance avec celles des villes du Soleil : si celles-là les surpassent en beauté par la richesse de leurs ornements, celles-ci sont fort au-dessus par les prodiges dont elles sont remplies.

En entrant dans la chambre où Déterville m'a logée, mon cœur a tressailli; j'ai vu dans l'enfoncement une jeune personne habillée comme une Vierge du Soleil; j'ai couru à elle les bras ouverts. Quelle surprise, mon cher Aza, quelle surprise extrême, de ne trouver qu'une résistance impénétrable où je voyais une figure humaine se mouvoir dans un espace fort étendu !

L'étonnement me tenait immobile, les yeux attachés sur cette ombre, quand Déterville m'a fait remarquer sa propre figure à côté de celle qui occupait toute mon attention : je le touchais, je lui parlais, et je le voyais en même temps fort près et fort loin de moi.

Ces prodiges troublent la raison, ils offusquent le jugement; que faut-il penser des habitants de ce pays? Faut-il les craindre, faut-il les aimer? Je me garderai bien de rien déterminer là-dessus.

Le *Cacique* m'a fait comprendre que la figure que je voyais était la mienne; mais de quoi cela m'instruit-il? Le prodige en est-il moins grand? Suis-je moins mortifiée de ne trouver dans mon esprit que des erreurs ou des ignorances? Je le vois avec douleur, mon cher Aza : les moins habiles de cette Contrée sont plus savants que tous nos *Amautas*.

Le *Cacique* m'a donné une *China*[a] jeune et fort vive; c'est une grande douceur pour moi que celle de revoir des femmes et d'en être servie : plusieurs autres s'empressent à me rendre des soins, et j'aimerais autant qu'elles ne le fissent pas, leur présence réveille mes craintes. A la façon dont elles me regardent, je vois bien qu'elles n'ont point été à *Cuzco*[b]. Cependant je ne puis encore juger de rien; mon esprit flotte toujours dans une mer d'incertitude; mon cœur seul, inébranlable, ne désire, n'espère, et n'attend qu'un bonheur sans lequel tout ne peut être que peines.

---

a. Servante ou femme de chambre.
b. Capitale du Pérou.

LETTRE XI

Quoique j'aie pris tous les soins qui sont en mon pouvoir pour acquérir quelque lumière sur mon sort, mon cher Aza, je n'en suis pas mieux instruite que je l'étais il y a trois jours. Tout ce que j'ai pu remarquer, c'est que les sauvages de cette contrée paraissent aussi bons, aussi humains que le *Cacique* ; ils chantent et dansent comme s'ils avaient tous les jours des terres à cultiver[a]. Si je m'en rapportais à l'opposition de leurs usages à ceux de notre nation, je n'aurais plus d'espoir ; mais je me souviens que ton auguste père a soumis à son obéissance des provinces fort éloignées, et dont les peuples n'avaient pas plus de rapport avec les nôtres : pourquoi celle-ci n'en serait-elle pas une ? Le Soleil paraît se plaire à l'éclairer ; il est plus beau, plus pur que je ne l'ai jamais vu, et j'aime à me livrer à la confiance qu'il m'inspire : il ne me reste d'inquiétude que sur la longueur du temps qu'il faudra passer avant de pouvoir m'éclaircir tout à fait sur nos intérêts ; car, mon cher Aza, je n'en puis plus douter, le seul usage de la langue du pays pourra m'apprendre la vérité et finir mes inquiétudes.

Je ne laisse échapper aucune occasion de m'en instruire, je profite de tous les moments où Déterville me laisse en liberté pour prendre des leçons de ma *China* ; c'est une faible ressource, ne pouvant lui faire entendre mes pensées, je ne puis former aucun raisonnement avec elle. Les signes du *Cacique* me sont quelquefois plus utiles. L'habitude nous en a fait une espèce de langage, qui nous sert au moins à exprimer nos volontés. Il me mena hier dans une maison où, sans cette intelligence, je me serais fort mal conduite.

Nous entrâmes dans une chambre plus grande et plus ornée que celle que j'habite ; beaucoup de monde y était assemblé. L'étonnement général que l'on témoigna à ma vue me déplut ; les ris excessifs que plusieurs jeunes filles s'efforçaient d'étouffer et qui recommençaient lorsqu'elles levaient les yeux sur moi, excitèrent dans mon cœur un sentiment si fâcheux, que je l'aurais pris pour de la honte, si je me fusse sentie coupable de quelque faute. Mais ne me trouvant qu'une grande répugnance à demeurer avec elles, j'allais retourner sur mes pas, quand un signe de Déterville me retint.

Je compris que je commettais une faute si je sortais, et je me gardai bien de rien faire qui méritât le blâme que l'on me donnait sans sujet ; je restai donc, et, portant toute mon attention sur ces femmes, je crus démêler que la singularité de mes habits causait seule la surprise des unes

---

a. Les terres se cultivaient en commun au Pérou, et les jours de ce travail étaient des jours de réjouissances.

et les ris offensants des autres : j'eus pitié de leur faiblesse ; je ne pensai plus qu'à leur persuader par ma contenance que mon âme ne différait pas tant de la leur que mes habillements de leurs parures.

Un homme que j'aurais pris pour un *Curacas*[a] s'il n'eût été vêtu de noir, vint me prendre par la main d'un air affable, et me conduisit auprès d'une femme qu'à son air fier je pris pour la *Pallas*[b] de la contrée. Il lui dit plusieurs paroles que je sais pour les avoir entendu prononcer mille fois à Déterville : « Qu'elle est belle ! les beaux yeux !... » Un autre homme lui répondit : « Des grâces, une taille de nymphe !... » Hors les femmes, qui ne dirent rien, tous répétèrent à peu près les mêmes mots : je ne sais pas encore leur signification ; mais ils expriment sûrement des idées agréables, car en les prononçant le visage est toujours riant.

Le *Cacique* paraissait extrêmement satisfait de ce que l'on disait ; il se tint toujours à côté de moi ; ou, s'il s'en éloignait pour parler à quelqu'un, ses yeux ne me perdaient pas de vue, et ses signes m'avertissaient de ce que je devais faire : de mon côté, j'étais fort attentive à l'observer, pour ne point blesser les usages d'une nation si peu instruite des nôtres.

Je ne sais, mon cher Aza, si je pourrai te faire comprendre combien les manières de ces sauvages m'ont paru extraordinaires.

Ils ont une vivacité si impatiente, que, les paroles ne leur suffisant pas pour s'exprimer, ils parlent autant par le mouvement de leur corps que par le son de leur voix ; ce que j'ai vu de leur agitation continuelle m'a pleinement persuadée du peu d'importance des démonstrations du *Cacique*, qui m'ont tant causé d'embarras, et sur lesquelles j'ai fait tant de fausses conjectures.

Il baisa hier les mains de la *Pallas*, et celles de toutes les autres femmes, il les baisa même au visage, ce que je n'avais pas encore vu, les hommes venaient l'embrasser ; les uns le prenaient par une main, les autres le tiraient par son habit, et tout cela avec une promptitude dont nous n'avons point d'idée.

A juger de leur esprit par la vivacité de leurs gestes, je suis sûre que nos expressions mesurées, que les sublimes comparaisons qui expriment si naturellement nos tendres sentiments et nos pensées affectueuses, leur paraîtraient insipides ; ils prendraient notre air sérieux et modeste pour de la stupidité, et la gravité de notre démarche pour un engourdissement. Le croirais-tu, mon cher Aza ? malgré leurs imperfections, si tu étais ici, je me plairais avec eux. Un certain air d'affabilité répandu sur tout ce qu'ils font les rend aimables ; et si mon âme était plus heureuse, je trouverais du plaisir dans la diversité des objets qui se présentent successivement à mes yeux ; mais le peu de rapport qu'ils ont avec toi efface les agréments de leur nouveauté ; toi seul fais mon bien et mes plaisirs.

---

a. Les *Curacas* étaient de petits souverains d'une contrée ; ils avaient le privilège de porter le même habit que les Incas.

b. Nom générique des princesses.

LETTRE XII

J'ai passé bien du temps, mon cher Aza, sans pouvoir donner un moment à ma plus chère occupation ; j'ai cependant un grand nombre de choses extraordinaires à t'apprendre ; je profite d'un peu de loisir pour essayer de t'en instruire.

Le lendemain de ma visite chez la *Pallas*, Déterville me fit apporter un fort bel habillement à l'usage du pays. Après que ma petite *China* l'eut arrangé sur moi à sa fantaisie, elle me fit approcher de cette ingénieuse machine qui double les objets : quoique je dusse être accoutumée à ses effets, je ne pus encore me garantir de la surprise en me voyant comme si j'étais vis-à-vis de moi-même.

Mon nouvel ajustement ne me déplut pas ; peut-être je regretterais davantage celui que je quitte, s'il ne m'avait fait regarder partout avec une attention incommode.

Le *Cacique* entra dans ma chambre au moment que la jeune fille ajoutait encore plusieurs bagatelles à ma parure ; il s'arrêta à l'entrée de la porte, et nous regarda longtemps sans parler : sa rêverie était si profonde, qu'il se détourna pour laisser sortir la *China*, et se remit à sa place sans s'en apercevoir. Les yeux attachés sur moi, il parcourait toute ma personne avec une attention sérieuse, dont j'étais embarrassée sans en savoir la raison.

Cependant, afin de lui marquer ma reconnaissance pour ses nouveaux bienfaits, je lui tendis la main ; et ne pouvant exprimer mes sentiments, je crus ne pouvoir lui rien dire de plus agréable que quelques-uns des mots qu'il se plaît à me faire répéter ; je tâchai même d'y mettre le ton qu'il y donne.

Je ne sais quel effet ils firent dans ce moment-là sur lui, mais ses yeux s'animèrent, son visage s'enflamma, il vint à moi d'un air agité, il parut vouloir me prendre dans ses bras ; puis, s'arrêtant tout à coup, il me serra fortement la main en prononçant d'une voix émue : « Non… le respect… sa vertu… », et plusieurs autres mots que je n'entends pas mieux, et puis il courut se jeter sur son siège à l'autre côté de la chambre, où il demeura la tête appuyée dans ses mains avec tous les signes d'une profonde douleur.

Je fus alarmée de son état, ne doutant pas que je ne lui eusse causé quelque peine ; je m'approchai de lui pour lui en témoigner mon repentir : mais il me repoussa doucement sans me regarder, et je n'osai plus lui rien dire : j'étais dans le plus grand embarras, quand les domestiques entrèrent pour nous apporter à manger ; il se leva, nous mangeâmes ensemble à la manière accoutumée, sans qu'il parût d'autre suite à sa douleur qu'un peu de tristesse ; mais il n'en avait ni moins de bonté, ni moins de douceur ; tout cela me paraît inconcevable.

Je n'osais lever les yeux sur lui, ni me servir des signes qui ordinairement nous tenaient lieu d'entretien : cependant nous mangions dans un temps si différent de l'heure ordinaire des repas, que je ne pus m'empêcher de lui en témoigner ma surprise. Tout ce que je compris à sa réponse, fut que nous allions changer de demeure. En effet, le *Cacique*, après être sorti et rentré plusieurs fois, vint me prendre par la main ; je me laissai conduire, en rêvant toujours à ce qui s'était passé, et en cherchant à démêler si le changement de lieu n'en était pas une suite.

A peine eûmes-nous passé la dernière porte de la maison, qu'il m'aida à monter un pas assez haut, et je me trouvai dans une petite chambre où l'on ne peut se tenir debout sans incommodité, où il n'y a pas assez d'espace pour marcher, mais où nous fûmes assis fort à l'aise, le *Cacique*, la *China* et moi. Ce petit endroit est agréablement meublé, une fenêtre de chaque côté l'éclaire suffisamment.

Tandis que je le considérais avec surprise, et que je tâchais de deviner pourquoi Déterville nous enfermait si étroitement, ô mon cher Aza ! que les prodiges sont familiers dans ce pays ! je sentis cette machine ou cabane, je ne sais comment la nommer, je la sentis se mouvoir et changer de place. Ce mouvement me fit penser à la maison flottante : la frayeur me saisit ; le *Cacique*, attentif à mes moindres inquiétudes, me rassura en me faisant voir par une des fenêtres que cette machine, suspendue assez près de la terre, se mouvait par un secret que je ne comprenais pas.

Déterville me fit aussi voir que plusieurs *Hamas*[a] d'une espèce qui nous est inconnue, marchaient devant nous et nous traînaient après eux. Il faut, ô lumière de mes jours, un génie plus qu'humain pour inventer des choses si utiles et si singulières ; mais il faut aussi qu'il y ait dans cette nation quelques grands défauts qui modèrent sa puissance, puisqu'elle n'est pas la maîtresse du monde entier.

Il y a quatre jours qu'enfermés dans cette merveilleuse machine, nous n'en sortons que la nuit pour reprendre du repos dans la première habitation qui se rencontre, et je n'en sors jamais sans regret. Je te l'avoue, mon cher Aza, malgré mes tendres inquiétudes, j'ai goûté pendant ce voyage des plaisirs qui m'étaient inconnus. Renfermée dans le temple dès ma plus tendre enfance, je ne connaissais pas les beautés de l'univers ; quel bien j'avais perdu !

Il faut, ô l'ami de mon cœur ! que la nature ait placé dans ses ouvrages un attrait inconnu que l'art le plus adroit ne peut imiter. Ce que j'ai vu des prodiges inventés par les hommes ne m'a point causé le ravissement que j'éprouve dans l'admiration de l'univers. Les campagnes immenses,

---

a. Nom générique des bêtes.

qui se changent et se renouvellent sans cesse à mes regards, emportent mon âme avec autant de rapidité que nous les traversons.

Les yeux parcourent, embrassent et se reposent tout à la fois sur une infinité d'objets aussi variés qu'agréables. On croit ne trouver de bornes à sa vue que celles du monde entier. Cette erreur nous flatte ; elle nous donne une idée satisfaisante de notre propre grandeur, et semble nous rapprocher du Créateur de tant de merveilles.

A la fin d'un beau jour, le ciel présente des images dont la pompe et la magnificence surpassent de beaucoup celles de la terre.

D'un côté, des nuées, transparentes assemblées autour du soleil couchant, offrent à nos yeux des montagnes d'ombres et de lumière, dont le majestueux désordre attire notre admiration jusqu'à l'oubli de nous-mêmes ; de l'autre, un astre moins brillant s'élève, reçoit et répand une lumière moins vive sur les objets, qui, perdant leur activité par l'absence du Soleil, ne frappent plus nos sens que d'une manière douce, paisible, et parfaitement harmonique avec le silence qui règne sur la terre. Alors, revenant à nous-mêmes, un calme délicieux pénètre dans notre âme, nous jouissons de l'univers comme le possédant seuls ; nous n'y voyons rien qui ne nous appartienne : une sérénité douce nous conduit à des réflexions agréables : et si quelques regrets viennent les troubler, ils ne naissent que de la nécessité de s'arracher à cette douce rêverie pour nous renfermer dans les folles prisons que les hommes se sont faites, et que toute leur industrie ne pourra jamais rendre que méprisables, en les comparant aux ouvrages de la nature.

Le *Cacique* a eu la complaisance de me faire sortir tous les jours de la cabane roulante pour me laisser contempler à loisir ce qu'il me voyait admirer avec tant de satisfaction.

Si les beautés du ciel et de la terre ont un attrait si puissant sur notre âme, celles des forêts, plus simples et plus touchantes, ne m'ont causé ni moins de plaisir ni moins d'étonnement.

Que les bois sont délicieux, mon cher Aza ! En y entrant, un charme universel se répand sur tous les sens et confond leur usage. On croit voir la fraîcheur avant de la sentir ; les différentes nuances de la couleur des feuilles adoucissent la lumière qui les pénètre, et semblent frapper le sentiment aussitôt que les yeux. Une odeur agréable, mais indéterminée, laisse à peine discerner si elle affecte le goût ou l'odorat ; l'air même, sans être aperçu, porte dans tout notre être une volupté pure qui semble nous donner un sens de plus, sans pouvoir en désigner l'organe.

Ô mon cher Aza, que ta présence embellirait des plaisirs si purs ! Que j'ai désiré de les partager avec toi ! Témoin de mes tendres pensées, je t'aurais fait trouver dans les sentiments de mon cœur des charmes encore plus touchants que ceux des beautés de l'univers.

LETTRE XIII

Me voici, mon cher Aza, dans une ville nommée Paris, c'est le terme de notre voyage ; mais, selon les apparences, ce ne sera pas celui de mes chagrins.

Depuis que je suis arrivée, plus attentive que jamais sur tout ce qui se passe, mes découvertes ne me produisent que du tourment et ne me présagent que des malheurs : je trouve ton idée dans le moindre de mes désirs curieux, et je ne la rencontre dans aucun des objets qui s'offrent à ma vue.

Autant que j'en puis juger par le temps que nous avons employé à traverser cette ville, et par le grand nombre d'habitants dont les rues sont remplies, elle contient plus de monde que n'en pourraient rassembler deux ou trois de nos contrées.

Je me rappelle les merveilles que l'on m'a racontées de *Quitu* ; je cherche à trouver ici quelques traits de la peinture que l'on m'a faite de cette grande ville : mais, hélas ! quelle différence !

Celle-ci contient des ponts, des rivières, des arbres, des campagnes ; elle me paraît un univers plutôt qu'une habitation particulière. J'essayerais en vain de te donner une idée juste de la hauteur des maisons ; elles sont si prodigieusement élevées, qu'il est plus facile de croire que la nature les a produites telles qu'elles sont que de comprendre comment des hommes ont pu les construire.

C'est ici que la famille du *Cacique* fait sa résidence. La maison qu'elle habite est presque aussi magnifique que celle du Soleil ; les meubles et quelques endroits des murs sont d'or ; le reste est orné d'un tissu varié des plus belles couleurs, qui représentent assez bien les beautés de la nature.

En arrivant, Déterville me fit entendre qu'il me conduisait dans la chambre de sa mère. Nous la trouvâmes à demi couchée sur un lit à peu près de la même forme que celui des *Incas* et de même métal [a]. Après avoir présenté sa main au *Cacique*, qui la baisa en se prosternant presque jusqu'à terre, elle l'embrassa, mais avec une bonté si froide, une joie si contrainte, que, si je n'eusse été avertie, je n'aurais pas reconnu les sentiments de la nature dans les caresses de cette mère.

Après s'être entretenus un moment, le *Cacique* me fit approcher ; elle jeta sur moi un regard dédaigneux, et sans répondre à ce que son fils lui disait, elle continua d'entourer gravement ses doigts d'un cordon qui pendait à un petit morceau d'or.

---

a. Les lits, les chaises, les tables des Incas étaient d'or massif.

Déterville nous quitta pour aller au-devant d'un grand homme de bonne mine qui avait fait quelques pas vers lui; il l'embrassa aussi bien qu'une autre femme qui était occupée à la même manière que la *Pallas*.

Dès que le *Cacique* avait paru dans cette chambre, une jeune fille à peu près de mon âge était accourue; elle le suivait avec un empressement timide qui était remarquable. La joie éclatait sur son visage, sans en bannir un fonds de tristesse intéressant. Déterville l'embrassa la dernière, mais avec une tendresse si naturelle que mon cœur s'en émut. Hélas! mon cher Aza, quels seraient nos transports, si après tant de malheurs le sort nous réunissait!

Pendant ce temps, j'étais restée auprès de la *Pallas*, par respect[a]; je n'osais m'en éloigner ni lever les yeux sur elle. Quelques regards sévères qu'elle jetait de temps en temps sur moi achevaient de m'intimider et me donnaient une contrainte qui gênait jusqu'à mes pensées.

Enfin, comme si la jeune fille eût deviné mon embarras, après avoir quitté Déterville, elle vint me prendre par la main et me conduisit près d'une fenêtre où nous nous assîmes. Quoique je n'entendisse rien de ce qu'elle me disait, ses yeux pleins de bonté me parlaient le langage universel des cœurs bienfaisants; ils m'inspiraient la confiance et l'amitié: j'aurais voulu lui témoigner mes sentiments; mais ne pouvant m'exprimer selon mes désirs, je prononçai tout ce que je savais de sa langue.

Elle en sourit plus d'une fois en regardant Déterville d'un air fin et doux. Je trouvais du plaisir dans cette espèce d'entretien, quand la *Pallas* prononça quelques paroles assez haut en regardant la jeune fille, qui baissa les yeux, repoussa ma main qu'elle tenait dans les siennes, et ne me regarda plus.

A quelque temps de là, une vieille femme d'une physionomie farouche entra, s'approcha de la *Pallas*, vint ensuite me prendre par le bras, me conduisit presque malgré moi dans une chambre au plus haut de la maison, et m'y laissa seule.

Quoique ce moment ne dût pas être le plus malheureux de ma vie, mon cher Aza, il n'a pas été un des moins fâcheux. J'attendais de la fin de mon voyage quelque soulagement à mes inquiétudes; je comptais du moins trouver dans la famille du *Cacique* les mêmes bontés qu'il m'avait témoignées. Le froid accueil de la *Pallas*, le changement subit des manières de la jeune fille, la rudesse de cette femme qui m'avait arrachée d'un lieu où j'avais intérêt de rester, l'inattention de Déterville qui ne s'était point opposé à l'espèce de violence qu'on m'avait faite; enfin toutes les circonstances dont une âme malheureuse sait augmenter ses peines se présentèrent à la fois sous les plus tristes aspects. Je me croyais abandonnée de tout le monde, je déplorais amèrement mon affreuse destinée, quand je vis entrer ma *China*. Dans la situation où j'étais, sa

---

a. Les filles, quoique du sang royal, portaient un grand respect aux femmes mariées.

vue me parut un bonheur ; je courus à elle, je l'embrassai en versant des larmes ; elle en fut touchée ; son attendrissement me fut cher. Quand on se croit réduit à la pitié de soi-même, celle des autres nous est bien précieuse. Les marques d'affection de cette jeune fille adoucirent ma peine : je lui contais mes chagrins, comme si elle eût pu m'entendre ; je lu faisais mille questions, comme si elle eût pu y répondre : ses larmes parlaient à mon cœur, les miennes continuaient à couler, mais elles avaient moins d'amertume.

J'espérais encore revoir Déterville à l'heure du repas ; mais on me servit à manger, et je ne le vis point. Depuis que je t'ai perdu, chère idole de mon cœur, ce *Cacique* est le seul humain qui ait eu pour moi de la bonté sans interruption ; l'habitude de le voir s'est tournée en besoin. Son absence redoubla ma tristesse : après l'avoir attendu vainement je me couchai ; mais le sommeil n'avait point encore tari mes larmes quand je le vis entrer dans ma chambre, suivi de la jeune personne dont le brusque dédain m'avait été si sensible.

Elle se jeta sur mon lit, et par mille caresses elle semblait vouloir réparer le mauvais traitement qu'elle m'avait fait.

Le *Cacique* s'assit à côté du lit : il paraissait avoir autant de plaisir à me revoir que j'en sentais de n'en être point abandonnée ; ils se parlaient en me regardant, et m'accablaient des plus tendres marques d'affection.

Insensiblement leur entretien devint plus sérieux. Sans entendre leurs discours, il m'était aisé de juger qu'ils étaient fondés sur la confiance et l'amitié : je me gardai bien de les interrompre ; mais sitôt qu'ils revinrent à moi, je tâchai de tirer du *Cacique* des éclaircissements sur ce qui m'avait paru de plus extraordinaire depuis mon arrivée.

Tout ce que je pus comprendre à ses réponses, fut que la jeune fille que je voyais se nommait Céline, qu'elle était sa sœur, que le grand homme que j'avais vu dans la chambre de la *Pallas* était son frère aîné, et l'autre jeune femme l'épouse de ce frère.

Céline me devint plus chère en apprenant qu'elle était sœur du *Cacique* ; la compagnie de l'un et de l'autre m'était si agréable, que je ne m'aperçus point qu'il était jour avant qu'ils me quittassent.

Après leur départ, j'ai passé le reste du temps destiné au repos à m'entretenir avec toi ; c'est tout mon bien, c'est toute ma joie, c'est à toi seul, chère âme de mes pensées, que je développe mon cœur, tu seras à jamais le seul dépositaire de mes secrets, de ma tendresse et de mes sentiments.

LETTRE XIV

Si je ne continuais, mon cher Aza, à prendre sur mon sommeil le temps que je te donne, je ne jouirais plus de ces moments délicieux où je n'existe que pour toi. On m'a fait reprendre mes habits de Vierge, et l'on m'oblige de rester tout le jour dans une chambre remplie d'une foule de monde qui se change et se renouvelle à tout moment sans presque diminuer.

Cette dissipation involontaire m'arrache souvent malgré moi à mes tendres pensées ; mais, si je perds pour quelques instants cette attention vive qui unit sans cesse mon âme à la tienne, je te retrouve bientôt dans les comparaisons avantageuses que je fais de toi avec tout ce qui m'environne.

Dans les différentes contrées que j'ai parcourues je n'ai point vu des sauvages si orgueilleusement familiers que ceux-ci. Les femmes surtout me paraissent avoir une bonté méprisante qui révolte l'humanité, et qui m'inspirerait peut-être autant de mépris pour elles qu'elles en témoignent pour les autres, si je les connaissais mieux.

Une d'entre elles m'occasionna hier un affront, qui m'afflige encore aujourd'hui. Dans le temps que l'assemblée était la plus nombreuse, elle avait déjà parlé à plusieurs personnes sans m'apercevoir ; soit que le hasard ou que quelqu'un m'ait fait remarquer, elle fit un éclat de rire en jetant les yeux sur moi, quitta précipitamment sa place, vint à moi, me fit lever, et après m'avoir tournée et retournée autant de fois que sa vivacité le lui suggéra, après avoir touché tous les morceaux de mon habit avec une attention scrupuleuse, elle fit signe à un jeune homme de s'approcher et recommença avec lui l'examen de ma figure.

Quoique je répugnasse à la liberté que l'un et l'autre se donnaient, la richesse des habits de la femme me la faisant prendre pour une *Pallas*, et la magnificence de ceux du jeune homme, tout couvert de plaques d'or, pour un *Anqui*[a], je n'osais m'opposer à leur volonté ; mais ce sauvage téméraire, enhardi par la familiarité de la *Pallas*, et peut-être par ma retenue, ayant eu l'audace de porter la main sur ma gorge, je le repoussai avec une surprise et une indignation qui lui firent connaître que j'étais mieux instruite que lui des lois de l'honnêteté.

Au cri que je fis, Déterville accourut : il n'eut pas plus tôt dit quelques paroles au jeune sauvage, que celui-ci, s'appuyant d'une main sur son épaule, fit des ris si violents, que sa figure en était contrefaite.

---

a. Prince du sang : il fallait une permission de l'Inca pour porter de l'or sur les habits, et il ne le permettait qu'aux princes du sang royal.

Le *Cacique* s'en débarrassa, et lui dit, en rougissant, des mots d'un ton si froid, que la gaieté du jeune homme s'évanouit; et n'ayant apparemment plus rien à répondre, il s'éloigna sans répliquer et ne revint plus.

Ô mon cher Aza! que les mœurs de ces pays me rendent respectables celles des enfants du Soleil! Que la témérité du jeune *Anqui* rappelle chèrement à mon souvenir ton tendre respect, ta sage retenue et les charmes de l'honnêteté qui régnaient dans nos entretiens! Je l'ai senti au premier moment de ta vue, chères délices de mon âme, et je le sentirai toute ma vie. Toi seul réunis toutes les perfections que la nature a répandues séparément sur les humains, comme elle a rassemblé dans mon cœur tous les sentiments de tendresse et d'admiration qui m'attachent à toi jusqu'à la mort.

LETTRE XV

Plus je vis avec le *Cacique* et sa sœur, mon cher Aza, plus j'ai de peine à me persuader qu'ils soient de cette nation : eux seuls connaissent et respectent la vertu.

Les manières simples, la bonté naïve, la modeste gaieté de Céline feraient volontiers penser qu'elle a été élevée parmi nos Vierges. La douceur honnête, le tendre sérieux de son frère, persuaderaient facilement qu'il est né du sang des *Incas*. L'un et l'autre me traitent avec autant d'humanité que nous en exercerions à leur égard si des malheurs les eussent conduits parmi nous. Je ne doute même plus que le *Cacique* ne soit ton tributaire[a].

Il n'entre jamais dans ma chambre sans m'offrir un présent de quelques-unes des choses merveilleuses dont cette contrée abonde : tantôt ce sont des morceaux de la machine qui double les objets, renfermés dans des petits coffres d'une matière admirable. Une autre fois ce sont des pierres légères et d'un éclat surprenant dont on orne ici presque toutes les parties du corps; on en passe aux oreilles, on en met sur l'estomac, au col, sur la chaussure, et cela est très agréable à voir.

Mais ce que je trouve de plus amusant, ce sont de petits outils d'un métal fort dur, et d'une commodité singulière. Les uns servent à composer des ouvrages que Céline m'apprend à faire; d'autres, d'une forme tranchante servent à diviser toutes sortes d'étoffes, dont on fait tant de morceaux que l'on veut, sans effort, et d'une manière fort divertissante.

J'ai une infinité d'autres raretés plus extraordinaires encore; mais,

---

a. Les *Caciques* et les *Curacas* étaient obligés de fournir les habits et l'entretien de l'*Inca* et de la reine. Ils ne se présentaient jamais devant l'un et l'autre sans leur offrir un tribut des curiosités que produisait la province où ils commandaient.

n'étant point à notre usage, je ne trouve dans notre langue aucun terme qui puisse t'en donner l'idée.

Je te garde soigneusement tous ces dons, mon cher Aza ; outre le plaisir que j'aurai de ta surprise, lorsque tu les verras, c'est qu'assurément ils sont à toi. Si le *Cacique* n'était soumis à ton obéissance, me payerait-il un tribut qu'il sait n'être dû qu'à ton rang suprême ? Les respects qu'il m'a toujours rendus m'ont fait penser que ma naissance lui était connue. Les présents dont il m'honore me persuadent sans aucun doute qu'il n'ignore pas que je dois être ton épouse, puisqu'il me traite d'avance en *Mama-Oella* [a].

Cette conviction me rassure et calme une partie de mes inquiétudes ; je comprends qu'il ne me manque que la liberté de m'exprimer pour savoir du *Cacique* les raisons qui l'engagent à me retenir chez lui, et pour le déterminer à me remettre en ton pouvoir : mais jusque-là j'aurai encore bien des peines à souffrir.

Il s'en faut beaucoup que l'humeur de *Madame*, c'est le nom de la mère de Déterville, ne soit aussi aimable que celle de ses enfants. Loin de me traiter avec autant de bonté, elle me marque en toutes occasions une froideur et un dédain qui me mortifient, sans que je puisse en découvrir la cause, et, par une opposition de sentiments que je comprends encore moins, elle exige que je sois continuellement avec elle.

C'est pour moi une gêne insupportable ; la contrainte règne partout où elle est : ce n'est qu'à la dérobée que Céline et son frère me font des signes d'amitié. Eux-mêmes n'osent se parler librement devant elle. Aussi continuent-ils à passer une partie des nuits dans ma chambre ; c'est le seul temps où nous jouissons en paix du plaisir de nous voir ; et quoique je ne participe guère à leurs entretiens, leur présence m'est toujours agréable. Il ne tient pas aux soins de l'un et de l'autre que je ne sois heureuse. Hélas ! mon cher Aza, ils ignorent que je ne puis l'être loin de toi, et que je ne crois vivre qu'autant que ton souvenir et ma tendresse m'occupent tout entière.

LETTRE XVI

Il me reste si peu de *quipos*, mon cher Aza, qu'à peine j'ose en faire usage. Quand je veux les nouer, la crainte de les voir finir m'arrête, comme si en les épargnant je pouvais les multiplier. Je vais perdre le plaisir de mon âme, le soutien de ma vie, rien ne soulagera le poids de ton absence, j'en serai accablée.

Je goûtai une volupté délicate à conserver le souvenir des plus secrets

---

a. C'est le nom que prenaient les reines en montant sur le trône.

mouvements de mon cœur pour t'en offrir l'hommage. Je voulais conserver la mémoire des principaux usages de cette nation singulière pour amuser ton loisir dans des jours plus heureux. Hélas ! il me reste bien peu d'espérance de pouvoir exécuter mes projets.

Si je trouve à présent tant de difficultés à mettre de l'ordre dans mes idées, comment pourrai-je dans la suite me les rappeler sans un secours étranger ? On m'en offre un, il est vrai, mais l'exécution en est si difficile, que je la crois impossible.

Le *Cacique* m'a amené un Sauvage de cette Contrée qui vient tous les jours me donner des leçons de sa langue, et de la méthode dont on se sert ici pour donner une sorte d'existence aux pensées. Cela se fait en traçant avec une plume de petites figures qu'on appelle *lettres*, sur une matière blanche et mince que l'on nomme *papier* ; ces figures ont des noms ; ces noms, mêlés ensemble, représentent les sons des paroles ; mais ces noms et ces sons me paraissent si peu distincts les uns des autres, que si je réussis un jour à les entendre, je suis bien assurée que ce ne sera pas sans beaucoup de peines. Ce pauvre sauvage s'en donne d'incroyables pour m'instruire, je m'en donne bien davantage pour apprendre ; cependant je fais si peu de progrès que je renoncerais à l'entreprise, si je savais qu'une autre voie pût m'éclaircir de ton sort et du mien.

Il n'en est point, mon cher Aza ! Aussi ne trouverai-je plus de plaisir que dans cette nouvelle et singulière étude. Je voudrais vivre seule, afin de m'y livrer sans relâche ; et la nécessité que l'on m'impose d'être toujours dans la chambre de *Madame*, me devient un supplice.

Dans les commencements, en excitant la curiosité des autres, j'amusais la mienne ; mais quand on ne peut faire usage que des yeux, ils sont bientôt satisfaits. Toutes les femmes se peignent le visage de la même couleur : elles ont toujours les mêmes manières, et je crois qu'elles disent toujours les mêmes choses. Les apparences sont plus variées dans les hommes. Quelques-uns ont l'air de penser ; mais en général je soupçonne cette nation de n'être point telle qu'elle paraît ; l'affectation me paraît son caractère dominant.

Si les démonstrations de zèle et d'empressement, dont on décore ici les moindres devoirs de la société, étaient naturelles, il faudrait, mon cher Aza, que ces peuples eussent dans le cœur plus de bonté, plus d'humanité que les nôtres : cela se peut-il penser ?

S'ils avaient autant de sérénité dans l'âme que sur le visage, si le penchant à la joie, que je remarque dans toutes leurs actions, était sincère, choisiraient-ils pour leurs amusements des spectacles tels que celui que l'on m'a fait voir ?

On m'a conduite dans un endroit où l'on représente, à peu près comme dans ton palais, les actions des hommes qui ne sont plus[a] ; avec cette

---

a. Les Incas faisaient représenter des espèces de comédies dont les sujets étaient tirés des meilleures actions de leurs prédécesseurs.

différence que, si nous ne rappelons que la mémoire des plus sages et des plus vertueux, je crois qu'ici on ne célèbre que les insensés et les méchants. Ceux qui les représentent crient et s'agitent comme des furieux ; j'en ai vu un pousser sa rage jusqu'à se tuer lui-même. De belles femmes, qu'apparemment ils persécutent, pleurent sans cesse, et font des gestes de désespoir, qui n'ont pas besoin des paroles dont ils sont accompagnés pour faire connaître l'excès de leur douleur.

Pourrait-on croire, mon cher Aza, qu'un peuple entier, dont les dehors sont si humains, se plaise à la représentation des malheurs ou des crimes qui ont autrefois avili, ou accablé ses semblables ?

Mais peut-être a-t-on besoin ici de l'horreur du vice pour conduire à la vertu ; cette pensée me vient sans la chercher, si elle était juste, que je plaindrais cette nation ! La nôtre, plus favorisée de la nature, chérit le bien par ses propres attraits ; il ne nous faut que des modèles de vertu pour devenir vertueux, comme il ne faut que t'aimer pour devenir aimable.

LETTRE XVII

Je ne sais plus que penser du génie de cette nation, mon cher Aza. Il parcourt les extrêmes avec tant de rapidité, qu'il faudrait être plus habile que je ne le suis pour asseoir un jugement sur son caractère.

On m'a fait voir un spectacle totalement opposé au premier. Celui-là cruel, effrayant, révolte la raison et humilie l'humanité. Celui-ci amusant, agréable, imite la nature et fait honneur au bon sens. Il est composé d'un bien plus grand nombre d'hommes et de femmes que le premier. On y représente aussi quelques actions de la vie humaine ; mais soit que l'on exprime la peine ou le plaisir, la joie ou la tristesse, c'est toujours par des chants et des danses.

Il faut, mon cher Aza, que l'intelligence des sons soit universelle, car il ne m'a pas été plus difficile de m'affecter des différentes passions que l'on a représentées que si elles eussent été exprimées dans notre langue, et cela me paraît bien naturel.

Le langage humain est sans doute de l'invention des hommes, puisqu'il diffère suivant les différentes nations. La nature, plus puissante et plus attentive aux besoins et aux plaisirs de ses créatures, leur a donné des moyens généraux de les exprimer, qui sont fort bien imités par les chants que j'ai entendus.

S'il est vrai que des sons expriment mieux le besoin de secours dans une crainte violente ou dans une douleur vive, que des paroles entendues dans une partie du monde, et qui n'ont aucune signification dans l'autre, il n'est pas moins certain que de tendres gémissements frappent nos cœurs d'une compassion bien plus efficace que des mots dont l'arrangement bizarre fait souvent un effet contraire.

Les sons vifs et légers ne portent-ils pas inévitablement dans notre âme le plaisir gai, que le récit d'une histoire divertissante, ou une plaisanterie adroite n'y fait jamais naître qu'imparfaitement?

Est-il dans aucune langue des expressions qui puissent communiquer le plaisir ingénu avec autant de succès que le font les jeux naïfs des animaux? Il semble que les danses veulent les imiter; du moins inspirent-elles à peu près le même sentiment.

Enfin, mon cher Aza, dans ce spectacle tout est conforme à la nature et à l'humanité. Eh! quel bien peut-on faire aux hommes, qui égale celui de leur inspirer de la joie?

J'en ressentis moi-même, et j'en emportais presque malgré moi, quand elle fut troublée par un accident qui arriva à Céline.

En sortant, nous nous étions un peu écartées de la foule, et nous nous soutenions l'une l'autre de crainte de tomber. Déterville était quelques pas devant nous avec sa belle-sœur qu'il conduisait, lorsqu'un jeune sauvage d'une figure aimable aborda Céline, lui dit quelques mots fort bas, lui laissa un morceau de papier qu'à peine elle eut la force de recevoir, et s'éloigna.

Céline, qui s'était effrayée à son abord jusqu'à me faire partager le tremblement qui la saisit, tourna la tête languissamment vers lui lorsqu'il nous quitta. Elle me parut si faible, que la croyant attaquée d'un mal subit, j'allais appeler Déterville pour la secourir; mais elle m'arrêta et m'imposa silence en me mettant un de ses doigts sur la bouche; j'aimai mieux garder mon inquiétude que de lui désobéir.

Le même soir, quand le frère et la sœur se furent rendus dans ma chambre, Céline montra au *Cacique* le papier qu'elle avait reçu; sur le peu que je devinai de leur entretien, j'aurais pensé qu'elle aimait le jeune homme qui le lui avait donné, s'il était possible que l'on s'effrayât de la présence de ce qu'on aime.

Je pourrais encore, mon cher Aza, te faire part de bien d'autres remarques que j'ai faites; mais, hélas! je vois la fin de mes cordons, j'en touche les derniers fils, j'en noue les derniers nœuds; ces nœuds, qui me semblaient être une chaîne de communication de mon cœur au tien, ne sont déjà plus que les tristes objets de mes regrets. L'illusion me quitte, l'affreuse vérité prend sa place, mes pensées errantes, égarées dans le vide immense de l'absence, s'anéantiront désormais avec la même rapidité que le temps. Cher Aza, il me semble que l'on nous sépare encore une fois, que l'on m'arrache de nouveau à ton amour. Je te perds, je te quitte, je ne te verrai plus, Aza! cher espoir de mon cœur, que nous allons être éloignés l'un de l'autre!

LETTRE XVIII

Combien de temps effacé de ma vie, mon cher Aza ! Le Soleil a fait la moitié de son cours depuis la dernière fois que j'ai joui du bonheur artificiel que je me faisais en croyant m'entretenir avec toi. Que cette double absence m'a paru longue ! Quel courage ne m'a-t-il pas fallu pour la supporter ? Je ne vivais que dans l'avenir, le présent ne me paraissait plus digne d'être compté. Toutes mes pensées n'étaient que des désirs, toutes mes réflexions que des projets, tous mes sentiments que des espérances.

A peine puis-je encore former ces figures, que je me hâte d'en faire les interprètes de ma tendresse.

Je me sens ranimer par cette tendre occupation. Rendue à moi-même, je crois recommencer à vivre. Aza, que tu m'es cher, que j'ai de joie à te le dire, à le peindre, à donner à ce sentiment toutes les sortes d'existences qu'il peut avoir ! Je voudrais le tracer sur le plus dur métal, sur les murs de ma chambre, sur mes habits, sur tout ce qui m'environne, et l'exprimer dans toutes les langues.

Hélas ! que la connaissance de celle dont je me sers à présent m'a été funeste, que l'espérance qui m'a portée à m'en instruire était trompeuse ! A mesure que j'en ai acquis l'intelligence, un nouvel univers s'est offert à mes yeux. Les objets ont pris une autre forme, chaque éclaircissement m'a découvert un nouveau malheur.

Mon esprit, mon cœur, mes yeux, tout m'a séduit, le Soleil même m'a trompée. Il éclaire le monde entier, dont ton empire n'occupe qu'une portion, ainsi que bien d'autres royaumes qui le composent. Ne crois pas, mon cher Aza, que l'on m'ait abusée sur ces faits incroyables : on ne me les a que trop prouvés.

Loin d'être parmi des peuples soumis à ton obéissance, je suis non seulement sous une domination étrangère, mais si éloignée de ton empire, que notre nation y serait encore ignorée, si la cupidité des Espagnols ne leur avait fait surmonter des dangers affreux pour pénétrer jusqu'à nous.

L'amour ne fera-t-il pas ce que la soif des richesses a pu faire ? Si tu m'aimes, si tu me désires, si tu penses encore à la malheureuse Zilia, je dois tout attendre de ta tendresse ou de ta générosité. Que l'on m'enseigne les chemins qui peuvent me conduire jusqu'à toi, les périls à surmonter, les fatigues à supporter seront des plaisirs pour mon cœur.

LETTRE XIX

Je suis encore si peu habile dans l'art d'écrire, mon cher Aza, qu'il me faut un temps infini pour former très peu de lignes. Il arrive souvent qu'après avoir beaucoup écrit, je ne puis deviner moi-même ce que j'ai cru exprimer. Cet embarras brouille mes idées, me fait oublier ce que j'avais rappelé avec peine à mon souvenir ; je recommence, je ne fais pas mieux, et cependant je continue.

J'y trouverais plus de facilité, si je n'avais pas à te peindre que les expressions de ma tendresse ; la vivacité de mes sentiments aplanirait toutes les difficultés. Mais je voudrais aussi te rendre compte de tout ce qui s'est passé pendant l'intervalle de mon silence. Je voudrais que tu n'ignorasses aucune de mes actions ; néanmoins elles sont depuis long-temps si peu intéressantes et si uniformes, qu'il me serait impossible de les distinguer les unes des autres.

Le principal événement de ma vie a été le départ de Déterville.

Depuis un espace de temps que l'on nomme *six mois* il est allé faire la guerre pour les intérêts de son souverain. Lorsqu'il partit, j'ignorais encore l'usage de sa langue ; cependant, à la vive douleur qu'il fit paraître en se séparant de sa sœur et de moi, je compris que nous le perdions pour longtemps.

J'en versai bien des larmes ; mille craintes remplirent mon cœur, que les bontés de Céline ne purent effacer. Je perdais en lui la plus solide espérance de te revoir. A qui pourrais-je avoir recours, s'il m'arrivait de nouveaux malheurs ? Je n'étais entendue de personne.

Je ne tardai pas à ressentir les effets de cette absence. *Madame*, dont je n'avais que trop deviné le dédain, et qui ne m'avait tant retenue dans sa chambre que par je ne sais quelle vanité qu'elle tirait, dit-on, de ma naissance et du pouvoir qu'elle a sur moi, me fit enfermer avec Céline dans une maison de Vierges, où nous sommes encore.

Cette retraite ne me déplairait pas, si au moment où je suis en état de tout entendre, elle ne me privait des instructions dont j'ai besoin sur le dessein que je forme d'aller te rejoindre. Les Vierges qui l'habitent sont d'une ignorance si profonde, qu'elles ne peuvent satisfaire à mes moindres curiosités.

Le culte qu'elles rendent à la Divinité du pays exige qu'elles renoncent à tous ses bienfaits, aux connaissances de l'esprit, aux sentiments du cœur, et je crois même à la raison, du moins leurs discours le font-ils penser.

Enfermées comme les nôtres, elles ont un avantage que l'on n'a pas dans les temples du Soleil : ici les murs ouverts en quelques endroits, et seulement fermés par des morceaux de fer croisés, assez près l'un de l'autre, pour empêcher de sortir, laissent la liberté de voir et d'entretenir les gens du dehors, c'est ce qu'on appelle des parloirs.

C'est à la faveur de cette commodité que je continue à prendre des leçons d'écriture. Je ne parle qu'au maître qui me les donne ; son ignorance à tous autres égards qu'à celui de son art ne peut me tirer de la mienne. Céline ne me paraît pas mieux instruite ; je remarque dans les réponses qu'elle fait à mes questions, un certain embarras qui ne peut partir que d'une dissimulation maladroite ou d'une ignorance honteuse. Quoi qu'il en soit, son entretien est toujours borné aux intérêts de son cœur et à ceux de sa famille.

Le jeune Français qui lui parla un jour en sortant du spectacle où l'on chante est son amant, comme j'avais cru le deviner. Mais Mme Déterville, qui ne veut pas les unir, lui défend de le voir, et pour l'en empêcher plus sûrement, elle ne veut pas même qu'elle parle à qui que ce soit.

Ce n'est pas que son choix soit indigne d'elle, c'est que cette mère glorieuse et dénaturée profite d'un usage barbare, établi parmi les grands seigneurs du pays, pour obliger Céline à prendre l'habit de Vierge, afin de rendre son fils aîné plus riche. Par le même motif, elle a déjà obligé Déterville à choisir un certain ordre [1], dont il ne pourra plus sortir, dès qu'il aura prononcé des paroles que l'on appelle *vœux*.

Céline résiste de tout son pouvoir au sacrifice que l'on exige d'elle ; son courage est soutenu par des lettres de son amant que je reçois de mon maître à écrire, et que je lui rends ; cependant son chagrin apporte tant d'altération dans son caractère, que loin d'avoir pour moi les mêmes bontés qu'elle avait avant que je parlasse sa langue, elle répand sur notre commerce une amertume qui aigrit mes peines.

Confidente perpétuelle des siennes, je l'écoute sans ennui, je la plains sans effort, je la console avec amitié ; et si ma tendresse réveillée par la peinture de la sienne, me fait chercher à soulager l'oppression de mon cœur en prononçant seulement ton nom, l'impatience et le mépris se peignent sur son visage, elle me conteste ton esprit, tes vertus, et jusqu'à ton amour.

Ma *China* même, je ne lui sais point d'autre nom, celui-là a paru plaisant, on le lui a laissé, ma *China* qui semblait m'aimer, qui m'obéit en toutes autres occasions, se donne la hardiesse de m'exhorter à ne plus penser à toi, ou si je lui impose silence, elle sort : Céline arrive, il faut renfermer mon chagrin. Cette contrainte tyrannique met le comble à mes maux. Il ne me reste que la seule et pénible satisfaction de couvrir ce papier des expressions de ma tendresse, puisqu'il est le seul témoin docile des sentiments de mon cœur.

---

1. L'ordre de Malte, ordre militaire où l'on faisait entrer les cadets de famille, qui n'avaient pas le droit de se marier, ce qui préservait pour l'aîné l'intégrité du patrimoine.

Hélas ! je prends peut-être des peines inutiles, peut-être ne sauras-tu jamais que je n'ai vécu que pour toi. Cette horrible pensée affaiblit mon courage, sans rompre le dessein que j'ai de continuer à t'écrire. Je conserve mon illusion pour te conserver ma vie, j'écarte la raison barbare qui voudrait m'éclairer : si je n'espérais te revoir, je périrais, mon cher Aza, j'en suis certaine ; sans toi la vie m'est un supplice.

LETTRE XX

Jusqu'ici, mon cher Aza, tout occupée des peines de mon cœur, je ne t'ai point parlé de celles de mon esprit ; cependant elles ne sont guère moins cruelles. J'en éprouve une d'un genre inconnu parmi nous, causée par les usages généraux de cette nation, si différents des nôtres, qu'à moins de t'en donner quelques idées, tu ne pourrais compatir à mon inquiétude.

Le gouvernement de cet empire, entièrement opposé à celui du tien, ne peut manquer d'être défectueux. Au lieu que le *Capa-Inca* est obligé de pourvoir à la subsistance de ses peuples, en Europe les souverains ne tirent la leur que des travaux de leurs sujets ; aussi les crimes et les malheurs viennent-ils presque tous des besoins mal satisfaits.

Le malheur des nobles, en général, naît des difficultés qu'ils trouvent à concilier leur magnificence apparente avec leur misère réelle.

Le commun des hommes ne soutient son état que par ce qu'on appelle commerce ou industrie ; la mauvaise foi est le moindre des crimes qui en résultent.

Une partie du peuple est obligée, pour vivre, de s'en rapporter à l'humanité des autres ; les effets en sont si bornés, qu'à peine ces malheureux ont-ils suffisamment de quoi s'empêcher de mourir.

Sans avoir de l'or, il est impossible d'acquérir une portion de cette terre que la nature a donnée à tous les hommes. Sans posséder ce qu'on appelle du bien, il est impossible d'avoir de l'or, et par une inconséquence qui blesse les lumières naturelles, et qui impatiente la raison, cette nation orgueilleuse, suivant les lois d'un faux honneur qu'elle a inventé, attache de la honte à recevoir de tout autre que du souverain ce qui est nécessaire au soutien de sa vie et de son état : ce souverain répand ses libéralités sur un si petit nombre de ses sujets, en comparaison de la quantité des malheureux, qu'il y aurait autant de folie à prétendre y avoir part, que d'ignominie à se délivrer par la mort de l'impossibilité de vivre sans honte.

La connaissance de ces tristes vérités n'excita d'abord dans mon cœur que de la pitié pour les misérables, et de l'indignation contre les lois.

Mais hélas ! que la manière méprisante dont j'entends parler de ceux qui ne sont pas riches, me fit faire de cruelles réflexions sur moi-même ! Je n'ai ni or, ni terres, ni industrie, je fais nécessairement partie des citoyens de cette ville. Ô ciel ! dans quelle classe dois-je me ranger ?

Quoique tout sentiment de honte qui ne vient pas d'une faute commise me soit étranger, quoique je sente combien il est insensé d'en recevoir par des causes indépendantes de mon pouvoir ou de ma volonté, je ne puis me défendre de souffrir de l'idée que les autres ont de moi : cette peine me serait insupportable, si je n'espérais qu'un jour ta générosité me mettra en état de récompenser ceux qui m'humilient malgré moi par des bienfaits dont je me croyais honorée.

Ce n'est pas que Céline ne mette tout en œuvre pour calmer mes inquiétudes à cet égard ; mais ce que je vois, ce que j'apprends des gens de ce pays me donne en général de la défiance de leurs paroles ; leurs vertus, mon cher Aza, n'ont pas plus de réalité que leurs richesses. Les meubles que je croyais d'or n'en ont que la superficie ; leur véritable substance est de bois ; de même ce qu'ils appellent politesse cache légèrement leurs défauts sous les dehors de la vertu ; mais avec un peu d'attention on en découvre aussi aisément l'artifice que celui de leurs fausses richesses.

Je dois une partie de ces connaissances à une sorte d'écriture que l'on appelle *livres* ; quoique je trouve encore beaucoup de difficultés à comprendre ce qu'ils contiennent, ils me sont fort utiles, j'en tire des notions. Céline m'explique ce qu'elle en sait, et j'en compose des idées que je crois justes.

Quelques-uns de ces livres apprennent ce que les hommes ont fait, et d'autres ce qu'ils ont pensé. Je ne puis t'exprimer, mon cher Aza, l'excellence du plaisir que je trouverais à les lire, si je les entendais mieux, ni le désir extrême que j'ai de connaître quelques-uns des hommes divins qui les composent. Je comprends qu'ils sont à l'âme ce que le Soleil est à la terre, et que je trouverais avec eux toutes les lumières, tous les secours dont j'ai besoin, mais je ne vois nul espoir d'avoir jamais cette satisfaction. Quoique Céline lise assez souvent, elle n'est pas assez instruite pour me satisfaire ; à peine avait-elle pensé que les livres fussent faits par des hommes ; elle en ignore les noms, et même s'ils vivent encore.

Je te porterai, mon cher Aza, tout ce que je pourrai amasser de ces merveilleux ouvrages, je te les expliquerai dans notre langue, je goûterai la suprême félicité de donner un plaisir nouveau à ce que j'aime. Hélas ! le pourrai-je jamais ?

LETTRE XXI

Je ne manquerai plus de matière pour t'entretenir, mon cher Aza ; on m'a fait parler à un *Cusipata*, que l'on nomme ici *religieux* ; instruit de tout, il m'a promis de ne me rien laisser ignorer. Poli comme un grand seigneur, savant comme un *Amauta*, il sait aussi parfaitement les usages du monde que les dogmes de sa religion. Son entretien, plus utile qu'un livre, m'a donné une satisfaction que je n'avais pas goûtée depuis que mes malheurs m'ont séparée de toi.

Il venait pour m'instruire de la religion de France, et m'exhorter à l'embrasser.

De la façon dont il m'a parlé des vertus qu'elle prescrit, elles sont tirées de la loi naturelle, et en vérité aussi pures que les nôtres ; mais je n'ai pas l'esprit assez subtil pour apercevoir le rapport que devraient avoir avec elle les mœurs et les usages de la nation, j'y trouve au contraire une inconséquence si remarquable que ma raison refuse absolument de s'y prêter.

A l'égard de l'origine et des principes de cette religion, ils ne m'ont pas paru plus incroyables que l'histoire de *Mancocapa* ou du marais *Tisicaca*[a], et la morale en est si belle, que j'aurais écouté le *Cusipata* avec plus de complaisance, s'il n'eût parlé avec mépris du culte sacré que nous rendons au Soleil ; toute partialité détruit la confiance. J'aurais pu appliquer à ses raisonnements ce qu'il opposait aux miens : mais si les lois de l'humanité défendent de frapper son semblable, parce que c'est lui faire du mal, à plus forte raison ne doit-on pas blesser son âme par le mépris de ses opinions. Je me contentai de lui expliquer mes sentiments sans contrarier les siens.

D'ailleurs un intérêt plus cher me pressait de changer le sujet de notre entretien : je l'interrompis dès qu'il me fut possible, pour faire des questions sur l'éloignement de la ville de Paris à celle de *Cuzco*, et sur la possibilité d'en faire le trajet. Le *Cusipata* y satisfit avec bonté, et quoiqu'il me désignât la distance de ces deux villes d'une façon désespérante, quoiqu'il me fît regarder comme insurmontable la difficulté d'en faire le voyage, il me suffit de savoir que la chose était possible pour affermir mon courage et me donner la confiance de communiquer mon dessein au bon religieux.

Il en parut étonné, il s'efforça de me détourner d'une telle entreprise

---

a. Voyez l'*Histoire des Incas*[1].

1. Le lac Titicaca, situé sur la limite du Pérou et de la Bolivie. Il s'y trouve une île où, selon la légende, Mancocapac établit sa première résidence et eut la révélation de la mission que lui réservait le Soleil.

avec des mots si doux, qu'il m'attendrit moi-même sur les périls auxquels je m'exposerais ; cependant ma résolution n'en fut point ébranlée. Je priai le *Cusipata* avec les plus vives instances de m'enseigner les moyens de retourner dans ma patrie. Il ne voulut entrer dans aucun détail, il me dit seulement que Déterville, par sa haute naissance et par son mérite personnel, étant dans une grande considération, pourrait tout ce qu'il voudrait ; et qu'ayant un oncle tout-puissant à la cour d'Espagne, il pouvait plus aisément que personne me procurer des nouvelles de nos malheureuses contrées.

Pour achever de me déterminer à attendre son retour, qu'il m'assura être prochain, il ajouta qu'après les obligations que j'avais à ce généreux ami, je ne pouvais avec honneur disposer de moi sans son consentement. J'en tombai d'accord, et j'écoutai avec plaisir l'éloge qu'il me fit des rares qualités qui distinguent Déterville des personnes de son rang. Le poids de la reconnaissance est bien léger, mon cher Aza, quand on ne le reçoit que des mains de la vertu.

Le savant homme m'apprit aussi comment le hasard avait conduit les Espagnols jusqu'à ton malheureux empire, et que la soif de l'or était la seule cause de leur cruauté. Il m'expliqua ensuite de quelle façon le droit de la guerre m'avait fait tomber entre les mains de Déterville par un combat dont il était sorti victorieux, après avoir pris plusieurs vaisseaux aux Espagnols, entre lesquels était celui qui me portait.

Enfin, mon cher Aza, s'il a confirmé mes malheurs, il m'a du moins tirée de la cruelle obscurité où je vivais sur tant d'événements funestes, et ce n'est pas un petit soulagement à mes peines. J'attends le reste du retour de Déterville : il est humain, noble, vertueux, je dois compter sur sa générosité. S'il me rend à toi, quel bienfait ! quelle joie ! quel bonheur !

LETTRE XXII

J'avais compté, mon cher Aza, me faire un ami du savant *Cusipata*, mais une seconde visite qu'il m'a faite a détruit la bonne opinion que j'avais prise de lui dans la première.

Si d'abord il m'avait paru doux et sincère, cette fois je n'ai trouvé que de la rudesse et de la fausseté dans tout ce qu'il m'a dit.

L'esprit tranquille sur les intérêts de ma tendresse, je voulus satisfaire ma curiosité sur les hommes merveilleux qui font des livres ; je commençai par m'informer du rang qu'ils tiennent dans le monde, de la vénération que l'on a pour eux, enfin des honneurs ou des triomphes qu'on leur décerne pour tant de bienfaits qu'ils répandent dans la société.

Je ne sais ce que le *Cusipata* trouva de plaisant dans mes questions, mais il sourit à chacune, et n'y répondit que par des discours si peu mesurés, qu'il ne me fut pas difficile de voir qu'il me trompait.

En effet, si je l'en crois, ces hommes, sans contredit au-dessus des autres par la noblesse et l'utilité de leur travail, restent souvent sans récompense, et sont obligés, pour l'entretien de leur vie, de vendre leurs pensées, ainsi que le peuple vend, pour subsister, les plus viles productions de la terre. Cela peut-il être !

La tromperie, mon cher Aza, ne me déplaît guère moins sous le masque transparent de la plaisanterie que sous le voile épais de la séduction : celle du religieux m'indigna, et je ne daignai pas y répondre.

Ne pouvant me satisfaire, je remis la conversation sur le projet de mon voyage, mais au lieu de m'en détourner avec la même douceur que la première fois, il m'opposa des raisonnements si forts et si convaincants, que je ne trouvai que ma tendresse pour toi qui pût les combattre, je ne balançai pas à lui en faire l'aveu.

D'abord il prit une mine gaie, et paraissant douter de la vérité de mes paroles, il ne me répondit que par des railleries, qui, tout insipides qu'elles étaient, ne laissèrent pas de m'offenser ; je m'efforçai de le convaincre de la vérité ; mais à mesure que les expressions de mon cœur en prouvaient les sentiments, son visage et ses paroles devinrent sévères ; il osa me dire que mon amour pour toi était incompatible avec la vertu, qu'il fallait renoncer à l'un ou à l'autre, enfin que je ne pouvais t'aimer sans crime.

A ces paroles insensées, la plus vive colère s'empara de mon âme, j'oubliai la modération que je m'étais prescrite, je l'accablai de reproches, je lui appris ce que je pensais de la fausseté de ses paroles, je lui protestai mille fois de t'aimer toujours, et sans attendre ses excuses, je le quittai, et je courus m'enfermer dans ma chambre, où j'étais sûre qu'il ne pourrait me suivre.

Ô mon cher Aza, que la raison de ce pays est bizarre ! Elle convient en général que la première des vertus est de faire du bien ; d'être fidèle à ses engagements ; elle défend en particulier de tenir ceux que le sentiment le plus pur a formés. Elle ordonne la reconnaissance, et semble prescrire l'ingratitude.

Je serais louable si je te rétablissais sur le trône de tes pères, je suis criminelle en te conservant un bien plus précieux que tous les empires du monde.

On m'approuverait si je récompensais tes bienfaits par les trésors du Pérou. Dépourvue de tout, dépendante de tout, je ne possède que ma tendresse, on veut que je te la ravisse, il faut être ingrate pour avoir de la vertu. Ah ! mon cher Aza ! je les trahirais toutes si je cessais un moment de t'aimer. Fidèle à leurs lois je le serai à mon amour ; je ne vivrai que pour toi.

LETTRE XXIII

Je crois, mon cher Aza, qu'il n'y a que la joie de te voir qui pourrait l'emporter sur celle que m'a causée le retour de Déterville ; mais comme s'il ne m'était plus permis d'en goûter sans mélange, elle a été bientôt suivie d'une tristesse qui dure encore.

Céline était hier matin dans ma chambre, quand on vint mystérieusement l'appeler : il n'y avait pas longtemps qu'elle m'avait quittée, lorsqu'elle me fit dire de me rendre au parloir ; j'y courus : quelle fut ma surprise d'y trouver son frère avec elle !

Je ne dissimulai point le plaisir que j'eus de le voir, je lui dois de l'estime et de l'amitié ; ces sentiments sont presque des vertus, je les exprimai avec autant de vérité que je les sentais.

Je voyais mon libérateur, le seul appui de mes espérances ; j'allais parler sans contrainte de toi, de ma tendresse, de mes desseins, ma joie allait jusqu'au transport.

Je ne parlais pas encore français lorsque Déterville partit ; combien de choses n'avais-je pas à lui apprendre ? combien d'éclaircissements à lui demander, combien de reconnaissance à lui témoigner ? Je voulais tout dire à la fois, je disais mal, et cependant je parlais beaucoup.

Je m'aperçus pendant ce temps-là que la tristesse qu'en entrant j'avais remarquée sur le visage de Déterville se dissipait et faisait place à la joie : je m'en applaudissais ; elle m'animait à l'exciter encore. Hélas ! devais-je craindre d'en donner trop à un ami à qui je dois tout, et de qui j'attends tout ? cependant ma sincérité le jeta dans une erreur qui me coûte à présent bien des larmes.

Céline était sortie en même temps que j'étais entrée ; peut-être sa présence aurait-elle épargné une explication si cruelle.

Déterville, attentif à mes paroles, paraissait se plaire à les entendre, sans songer à m'interrompre : je ne sais quel trouble me saisit, lorsque je voulus lui demander des instructions sur mon voyage, et lui en expliquer le motif ; mais les expressions me manquèrent, je les cherchais ; il profita d'un moment de silence, et mettant un genou en terre devant la grille à laquelle ses deux mains étaient attachées, il me dit d'une voix émue :

« A quel sentiment, divine Zilia, dois-je attribuer le plaisir que je vois aussi naïvement exprimé dans vos beaux yeux que dans vos discours ? Suis-je le plus heureux des hommes au moment même où ma sœur vient de me faire entendre que j'étais le plus à plaindre ?

— Je ne sais, lui répondis-je, quel chagrin Céline a pu vous donner ; mais je suis bien assurée que vous n'en recevrez jamais de ma part.

— Cependant, répliqua-t-il, elle m'a dit que je ne devais pas espérer d'être aimé de vous.

— Moi ! m'écriai-je en l'interrompant, moi, je ne vous aime point ! Ah, Déterville, comment votre sœur peut-elle me noircir d'un tel crime ? L'ingratitude me fait horreur : je me haïrais moi-même, si je croyais pouvoir cesser de vous aimer. »

Pendant que je prononçais ce peu de mots, il semblait, à l'avidité de ses regards, qu'il voulait lire dans mon âme.

« Vous m'aimez, Zilia, me dit-il, vous m'aimez, et vous me le dites ! Je donnerais ma vie pour entendre ce charmant aveu ; hélas ! je ne puis le croire, lors même que je l'entends. Zilia, ma chère Zilia, est-il bien vrai que vous m'aimez ? ne vous trompez-vous pas vous-même ? votre ton, vos yeux, mon cœur, tout me séduit Peut-être n'est-ce que pour me replonger plus cruellement dans le désespoir dont je sors.

— Vous m'étonnez, repris-je ; d'où naît votre défiance ? Depuis que je vous connais, si je n'ai pu me faire entendre par des paroles, toutes mes actions n'ont-elles pas dû vous prouver que je vous aime ?

— Non, répliqua-t-il, je ne puis encore me flatter : vous ne parlez pas assez bien le français pour détruire mes justes craintes ; vous ne cherchez point à me tromper, je le sais. Mais expliquez-moi quel sens vous attachez à ces mots adorables : "Je vous aime." Que mon sort soit décidé, que je meure à vos pieds de douleur ou de plaisir.

— Ces mots, lui dis-je un peu intimidée par la vivacité avec laquelle il prononça ces dernières paroles, ces mots doivent, je crois, vous faire entendre que vous m'êtes cher, que votre sort m'intéresse, que l'amitié et la reconnaissance m'attachent à vous ; ces sentiments plaisent à mon cœur et doivent satisfaire le vôtre.

— Ah, Zilia ! me répondit-il, que vos termes s'affaiblissent ! que votre ton se refroidit ! Céline m'aurait-elle dit la vérité ? N'est-ce point pour Aza que vous sentez tout ce que vous dites ?

— Non, lui dis-je, le sentiment que j'ai pour Aza est tout différent de ceux que j'ai pour vous, c'est ce que vous appelez l'amour… Quelle peine cela peut-il vous faire, ajoutai-je, en le voyant pâlir, abandonner la grille et jeter au ciel des regards remplis de douleur, j'ai de l'amour pour Aza parce qu'il en a pour moi, et que nous devions être unis. Il n'y a là-dedans nul rapport avec vous.

— Les mêmes, s'écria-t-il, que vous trouvez entre vous et lui, puisque j'ai mille fois plus d'amour qu'il n'en ressentit jamais.

— Comment cela se pourrait-il ? repris-je. Vous n'êtes point de ma nation ; loin que vous m'ayez choisie pour votre épouse, le hasard seul nous a réunis, et ce n'est même que d'aujourd'hui que nous pouvons librement nous communiquer nos idées. Par quelle raison auriez-vous pour moi les sentiments dont vous parlez ?

— En faut-il d'autres que vos charmes et mon caractère, me répliqua-t-il, pour m'attacher à vous jusqu'à la mort? Né tendre, paresseux, ennemi de l'artifice, les peines qu'il aurait fallu me donner pour pénétrer le cœur des femmes, et la crainte de n'y pas trouver la franchise que j'y désirais, ne m'ont laissé pour elles qu'un goût vague ou passager; j'ai vécu sans passion jusqu'au moment où je vous ai vue; votre beauté me frappa; mais son impression aurait peut-être été aussi légère que celle de beaucoup d'autres, si la douceur et la naïveté de votre caractère ne m'avaient présenté l'objet que mon imagination m'avait si souvent composé. Vous savez, Zilia, si je l'ai respecté cet objet de mon adoration. Que ne m'en a-t-il pas coûté pour résister aux occasions séduisantes que m'offrait la familiarité d'une longue navigation! Combien de fois votre innocence vous aurait-elle livrée à mes transports, si je les eusse écoutés? Mais, loin de vous offenser, j'ai poussé la discrétion jusqu'au silence; j'ai même exigé de ma sœur qu'elle ne vous parlerait pas de mon amour; je n'ai rien voulu devoir qu'à vous-même. Ah, Zilia! si vous n'êtes point touchée d'un respect si tendre, je vous fuirai; mais je le sens, ma mort sera le prix du sacrifice.

— Votre mort! m'écriai-je, pénétrée de la douleur sincère dont je le voyais accablé: hélas! quel sacrifice! je ne sais si celui de ma vie ne me serait pas moins affreux.

— Eh bien, Zilia, me dit-il, si ma vie vous est chère, ordonnez donc que je vive!

— Que faut-il faire? lui dis-je.

— M'aimer, répondit-il, comme vous aimiez Aza.

— Je l'aime toujours de même, lui répliquai-je, et je l'aimerai jusqu'à la mort; je ne sais, ajoutai-je, si vos lois vous permettent d'aimer deux objets de la même manière, mais nos usages et mon cœur me le défendent. Contentez-vous des sentiments que je vous promets, je ne puis en avoir d'autres; la vérité m'est chère, je vous la dis sans détour.

— De quel sang-froid vous m'assassinez! s'écria-t-il. Ah, Zilia! que je vous aime, puisque j'adore jusqu'à votre cruelle franchise. Eh bien, continua-t-il après avoir gardé quelques moments le silence, mon amour surpassera votre cruauté. Votre bonheur m'est plus cher que le mien. Parlez-moi avec cette sincérité qui me déchire sans ménagement. Quelle est votre espérance sur l'amour que vous conservez pour Aza?

— Hélas! lui dis-je, je n'en ai qu'en vous seul!»

Je lui expliquai ensuite comment j'avais appris que la communication aux Indes n'était pas impossible; je lui dis que je m'étais flattée qu'il me procurerait les moyens d'y retourner, ou tout au moins qu'il aurait assez de bonté pour faire passer jusqu'à toi des nœuds qui t'instruiraient de mon sort, et pour m'en faire avoir les réponses, afin qu'instruite de ta destinée, elle serve de règle à la mienne.

«Je vais prendre, me dit-il avec un sang-froid affecté, les mesures nécessaires pour découvrir le sort de votre amant, vous serez satisfaite ?

cet égard. Cependant vous vous flatteriez en vain de revoir l'heureux Aza, des obstacles invincibles vous séparent. »

Ces mots, mon cher Aza, furent un coup mortel pour mon cœur, mes larmes coulèrent en abondance, elles m'empêchèrent longtemps de répondre à Déterville, qui de son côté gardait un morne silence.

« Eh bien, lui dis-je enfin, je ne le verrai plus, mais je n'en vivrai pas moins pour lui : si votre amitié est assez généreuse pour nous procurer quelque correspondance, cette satisfaction suffira pour me rendre la vie moins insupportable, et je mourrai contente, pourvu que vous me promettiez de lui faire savoir que je suis morte en l'aimant.

— Ah ! c'en est trop, s'écria-t-il en se levant brusquement : oui, s'il est possible, je serai le seul malheureux. Vous connaîtrez ce cœur que vous dédaignez ; vous verrez de quels efforts est capable un amour tel que le mien, et je vous forcerai au moins à me plaindre. »

En disant ces mots il sortit et me laissa dans un état que je ne comprends pas encore ; j'étais demeurée debout, les yeux attachés sur la porte par où Déterville venait de sortir, abîmée dans une confusion de pensées que je ne cherchais pas même à démêler : j'y serais restée long-temps, si Céline ne fût entrée dans le parloir.

Elle me demanda vivement pourquoi Déterville était sorti si tôt. Je ne lui cachai pas ce qui s'était passé entre nous. D'abord elle s'affligea de ce qu'elle appelait le malheur de son frère. Ensuite, tournant sa douleur en colère, elle m'accabla des plus durs reproches, sans que j'osasse y opposer un seul mot. Qu'aurais-je pu lui dire ? mon trouble me laissait à peine la liberté de penser ; je sortis, elle ne me suivit point. Retirée dans ma chambre, j'y suis restée un jour sans oser paraître, sans avoir eu de nouvelles de personne, et dans un désordre d'esprit qui ne me permettait pas même de t'écrire.

La colère de Céline, le désespoir de son frère, ses dernières paroles, auxquelles je voudrais et je n'ose donner un sens favorable, livrèrent mon âme tour à tour aux plus cruelles inquiétudes.

J'ai cru enfin que le seul moyen de les adoucir était de te les peindre, de t'en faire part, de chercher dans ta tendresse les conseils dont j'ai besoin ; cette erreur m'a soutenue pendant que j'écrivais ; mais qu'elle a peu duré ! Ma lettre est finie, et les caractères n'en sont tracés que pour moi.

Tu ignores ce que je souffre ; tu ne sais pas même si j'existe, si je t'aime. Aza, mon cher Aza, ne le sauras-tu jamais ?

LETTRE XXIV

Je pourrais encore appeler une absence le temps qui s'est écoulé, mon cher Aza, depuis la dernière fois que je t'ai écrit.

Quelques jours après l'entretien que j'eus avec Déterville, je tombai dans une maladie que l'on nomme la *fièvre*. Si, comme je le crois, elle a été causée par les passions douloureuses qui m'agitèrent alors, je ne doute pas qu'elle n'ait été prolongée par les tristes réflexions dont je suis occupée, et par le regret d'avoir perdu l'amitié de Céline.

Quoiqu'elle ait paru s'intéresser à ma maladie, qu'elle m'ait rendu tous les soins qui dépendaient d'elle, c'était d'un air si froid, elle a eu si peu de ménagement pour mon âme, que je ne puis douter de l'altération de ses sentiments. L'extrême amitié qu'elle a pour son frère l'indispose contre moi, elle me reproche sans cesse de le rendre malheureux : la honte de paraître ingrate m'intimide, les bontés affectées de Céline me gênent, mon embarras la contraint, la douceur et l'agrément sont bannis de notre commerce.

Malgré tant de contrariété et de peine de la part du frère et de la sœur, je ne suis pas insensible aux événements qui changent leurs destinées.

La mère de Déterville est morte. Cette mère dénaturée n'a point démenti son caractère, elle a donné tout son bien à son fils aîné. On espère que les gens de loi empêcheront l'effet de cette injustice. Déterville, désintéressé par lui-même, se donne des peines infinies pour tirer Céline de l'oppression. Il semble que son malheur redouble son amitié pour elle ; outre qu'il vient la voir tous les jours, il lui écrit soir et matin. Ses lettres sont remplies de plaintes si tendres contre moi, d'inquiétudes si vives sur ma santé, que quoique Céline affecte, en me les lisant, de ne vouloir que m'instruire du progrès de leurs affaires, je démêle aisément son véritable motif.

Je ne doute pas que Déterville ne les écrive afin qu'elles me soient lues ; néanmoins je suis persuadée qu'il s'en abstiendrait, s'il était instruit des reproches dont cette lecture est suivie. Ils font leur impression sur mon cœur. La tristesse me consume.

Jusqu'ici, au milieu des orages, je jouissais de la faible satisfaction de vivre en paix avec moi-même : aucune tache ne souillait la pureté de mon âme, aucun remords ne la troublait ; à présent je ne puis penser sans une sorte de mépris pour moi-même que je rends malheureuses deux personnes auxquelles je dois la vie ; que je trouble le repos dont elles jouiraient sans moi, que je leur fais tout le mal qui est en mon pouvoir, et cependant je ne puis ni ne veux cesser d'être criminelle. Ma tendresse pour toi triomphe de mes remords, Aza, que je t'aime !

LETTRE XXV

Que la prudence est quelquefois nuisible, mon cher Aza ! J'ai résisté longtemps aux pressantes instances que Déterville m'a fait faire de lui accorder un moment d'entretien. Hélas ! je fuyais mon bonheur. Enfin, moins par complaisance que par lassitude de disputer avec Céline, je me suis laissé conduire au parloir. A la vue du changement affreux qui rend Déterville presque méconnaissable, je suis restée interdite ; je me repentais déjà de ma démarche, j'attendais en tremblant les reproches qu'il me paraissait en droit de me faire. Pouvais-je deviner qu'il allait combler mon âme de plaisir ?

« Pardonnez-moi, Zilia, m'a-t-il dit, la violence que je vous fais ; je ne vous aurais pas obligée à me voir, si je ne vous apportais autant de joie que vous me causez de douleur. Est-ce trop exiger qu'un moment de votre vue, pour récompense du cruel sacrifice que je vous fais ? » Et sans me donner le temps de répondre : « Voici, continua-t-il, une lettre de ce parent dont on vous a parlé : en vous apprenant le sort d'Aza, elle vous prouvera mieux que tous mes serments quel est l'excès de mon amour » ; et tout de suite il me fit la lecture de cette lettre. Ah ! mon cher Aza, ai-je pu l'entendre sans mourir de joie ? Elle m'apprend que tes jours sont conservés, que tu es libre, que tu vis sans péril à la cour d'Espagne. Quel bonheur inespéré !

Cette admirable lettre est écrite par un homme qui te connaît, qui te voit, qui te parle ; peut-être tes regards ont-ils été attachés un moment sur ce précieux papier ? Je ne pouvais en arracher les miens ; je n'ai retenu qu'à peine des cris de joie prêts à m'échapper ; les larmes de l'amour inondaient mon visage.

Si j'avais suivi les mouvements de mon cœur, cent fois j'aurais interrompu Déterville pour lui dire tout ce que la reconnaissance m'inspirait ; mais je n'oubliais point que mon bonheur devait augmenter ses peines ; je lui cachai mes transports, il ne vit que mes larmes.

« Eh bien, Zilia, me dit-il, après avoir cessé de lire, j'ai tenu ma parole, vous êtes instruite du sort d'Aza ; si ce n'est point assez, que faut-il faire de plus ? Ordonnez sans contrainte, il n'est rien que vous ne soyez en droit d'exiger de mon amour, pourvu qu'il contribue à votre bonheur. »

Quoique je dusse m'attendre à cet excès de bonté, elle me surprit et me toucha.

Je fus quelques moments embarrassée de ma réponse, je craignais d'irriter la douleur d'un homme si généreux. Je cherchais des termes qui exprimassent la vérité de mon cœur sans offenser la sensibilité du sien, je ne les trouvais pas, il fallait parler.

«Mon bonheur, lui dis-je, ne sera jamais sans mélange, puisque je ne puis concilier les devoirs de l'amour avec ceux de l'amitié ; je voudrais regagner la vôtre et celle de Céline, je voudrais ne vous point quitter, admirer sans cesse vos vertus, payer tous les jours de ma vie le tribut de reconnaissance que je dois à vos bontés. Je sens qu'en m'éloignant de deux personnes si chères j'emporterai des regrets éternels.

— Mais... Quoi ! Zilia, s'écria-t-il, vous voulez nous quitter ! Ah ! je n'étais point préparé à cette funeste résolution ; je manque de courage pour la soutenir. J'en avais assez pour vous voir ici dans les bras de mon rival. L'effort de ma raison, la délicatesse de mon amour m'avaient affermi contre ce coup mortel ; je l'aurais préparé moi-même, mais je ne puis me séparer de vous, je ne puis renoncer à vous voir ; non, vous ne partirez point, continua-t-il avec emportement, n'y comptez pas, vous abusez de ma tendresse, vous déchirez sans pitié un cœur perdu d'amour. Zilia, cruelle Zilia, voyez mon désespoir, c'est votre ouvrage. Hélas ! de quel prix payez-vous l'amour le plus pur !

— C'est vous, lui dis-je, effrayée de sa résolution, c'est vous que je devrais accuser. Vous flétrissez mon âme en la forçant d'être ingrate ; vous désolez mon cœur par une sensibilité infructueuse. Au nom de l'amitié, ne ternissez pas une générosité sans exemple par un désespoir qui ferait l'amertume de ma vie sans vous rendre heureux. Ne condamnez point en moi le même sentiment que vous ne pouvez surmonter, ne me forcez pas à me plaindre de vous, laissez-moi chérir votre nom, le porter au bout du monde, et le faire révérer à des peuples adorateurs de la vertu. »

Je ne sais comment je prononçai ces paroles ; mais Déterville, fixant ses yeux sur moi, semblait ne me point regarder ; renfermé en lui-même, il demeura longtemps dans une profonde méditation ; de mon côté, je n'osais l'interrompre : nous observions un égal silence, quand il reprit la parole et me dit avec une espèce de tranquillité : «Oui, Zilia, je reconnais, je sens toute mon injustice ; mais renonce-t-on de sang-froid à la vue de tant de charmes ! Vous le voulez, vous serez obéie. Quel sacrifice, ô ciel ! Mes tristes jours s'écouleront, finiront sans vous voir ! Au moins si la mort... N'en parlons plus, ajouta-t-il en s'interrompant ; ma faiblesse me trahirait, donnez-moi deux jours pour m'assurer de moi-même, je reviendrai vous voir, il est nécessaire que nous prenions ensemble des mesures pour votre voyage. Adieu, Zilia. Puisse l'heureux Aza sentir tout son bonheur ! » En même temps, il sortit.

Je te l'avoue, mon cher Aza, quoique Déterville me soit cher, quoique je fusse pénétrée de sa douleur, j'avais trop d'impatience de jouir en paix de ma félicité pour n'être pas bien aise qu'il se retirât.

Qu'il est doux, après tant de peines, de s'abandonner à la joie ! Je passai le reste de la journée dans les plus tendres ravissements. Je ne t'écrivis point, une lettre était trop peu pour mon cœur, elle m'aurait rappelé ton absence. Je te voyais, je te parlais, cher Aza! Que manquerait-il à mon bonheur, si tu avais joint à la précieuse lettre que j'ai reçue quelques gages de ta tendresse! Pourquoi ne l'as-tu pas fait? On t'a parlé de moi, tu es instruit de mon sort, et rien ne me parle de ton amour. Mais puis-je douter de ton cœur? Le mien m'en répond. Tu m'aimes, ta joie est égale à la mienne, tu brûles des mêmes feux, la même impatience te dévore; que la crainte s'éloigne de mon âme, que la joie y domine sans mélange. Cependant tu as embrassé la religion de ce peuple féroce. Quelle est-elle? Exige-t-elle que tu renonces à ma tendresse, comme celle de France voudrait que je renonçasse à la tienne? non, tu l'aurais rejetée.

Quoi qu'il en soit, mon cœur est sous tes lois; soumise à tes lumières, j'adopterai aveuglément tout ce qui pourra nous rendre inséparables. Que puis-je craindre? bientôt réunie à mon bien, à mon être, à mon tout, je ne penserai plus que par toi, je ne vivrai que pour t'aimer.

LETTRE XXVI

C'est ici, mon cher Aza, que je te reverrai; mon bonheur s'accroît chaque jour par ses propres circonstances. Je sors de l'entrevue que Déterville m'avait assignée; quelque plaisir que je me sois fait de surmonter les difficultés du voyage, de te prévenir, de courir au-devant de tes pas, je le sacrifie sans regret au bonheur de te voir plus tôt.

Déterville m'a prouvé avec tant d'évidence que tu peux être ici en moins de temps qu'il ne m'en faudrait pour aller en Espagne, que, quoi-qu'il m'ait laissé généreusement le choix, je n'ai pas balancé à t'attendre, le temps est trop cher pour le prodiguer sans nécessité.

Peut-être avant de me déterminer, aurais-je examiné cet avantage avec plus de soin, si je n'eusse tiré des éclaircissements sur mon voyage qui m'ont décidée en secret sur le parti que je prends, et ce secret je ne puis le confier qu'à toi.

Je me suis souvenue que pendant la longue route qui m'a conduite à Paris, Déterville donnait des pièces d'argent et quelquefois d'or dans tous les endroits où nous nous arrêtions. J'ai voulu savoir si c'était par obligation ou par simple libéralité. J'ai appris qu'en France, non seulement on fait payer la nourriture aux voyageurs, mais encore le repos[a]. Hélas! je n'ai pas la moindre partie de ce qui serait nécessaire pour contenter l'avidité de ce peuple intéressé; il faudrait le recevoir des mains de

---

a. Les Incas avaient établi sur les chemins de grandes maisons où l'on recevait les voya-geurs sans aucun frais.

Déterville. Mais pourrais-je me résoudre à contracter volontairement un genre d'obligation, dont la honte va presque jusqu'à l'ignominie ! Je ne le puis, mon cher Aza ; cette raison seule m'aurait déterminée à demeurer ici ; le plaisir de te voir plus promptement n'a fait que confirmer ma résolution.

Déterville a écrit devant moi au ministre d'Espagne. Il le presse de te faire partir avec une générosité qui me pénètre de reconnaissance et d'admiration.

Quels doux moments j'ai passés pendant que Déterville écrivait ! Quel plaisir d'être occupée des arrangements de ton voyage, de voir les apprêts de mon bonheur, de n'en plus douter !

Si d'abord il m'en a coûté pour renoncer au dessein que j'avais de te prévenir, je l'avoue, mon cher Aza, j'y trouve à présent mille sources de plaisir que je n'y avais pas aperçues.

Plusieurs circonstances, qui ne me paraissaient d'aucune valeur pour avancer ou retarder mon départ, me deviennent intéressantes et agréables. Je suivais aveuglément le penchant de mon cœur ; j'oubliais que j'allais te chercher au milieu de ces barbares Espagnols dont la seule idée me saisit d'horreur ; je trouve une satisfaction infinie dans la certitude de ne les revoir jamais. La voix de l'amour éteignait celle de l'amitié ; je goûte sans remords la douceur de les réunir. D'un autre côté, Déterville m'a assuré qu'il nous était à jamais impossible de revoir la ville du Soleil. Après le séjour de notre patrie, en est-il un plus agréable que celui de France ? Il te plaira, mon cher Aza : quoique la sincérité en soit bannie, on y trouve tant d'agréments, qu'ils font oublier les dangers de la société.

Après ce que je t'ai dit de l'or, il n'est pas nécessaire de t'avertir d'en apporter, tu n'as que faire d'autre mérite ; la moindre partie de tes trésors suffit pour te faire admirer et confondre l'orgueil des magnifiques indigents de ce royaume ; tes vertus et tes sentiments ne seront estimés que de Déterville et de moi. Il m'a promis de te faire rendre mes nœuds et mes lettres ; il m'a assuré que tu trouverais des interprètes pour t'expliquer les dernières. On vient me demander le paquet. Il faut que je te quitte ; adieu, cher espoir de ma vie : je continuerai à t'écrire : si je ne puis te faire passer mes lettres, je te les garderai.

Comment supporterais-je la longueur de ton voyage, si je me privais du seul moyen que j'ai de m'entretenir de ma joie, de mes transports, de mon bonheur ?

LETTRE XXVII

Depuis que je sais mes lettres en chemin, mon cher Aza, je jouis d'une tranquillité que je ne connaissais plus. Je pense sans cesse au plaisir que tu auras à les recevoir, je vois tes transports, je les partage ; mon âme ne reçoit de toutes parts que des idées agréables, et pour comble de joie, la paix est rétablie dans notre petite société.

Les juges ont rendu à Céline les biens dont sa mère l'avait privée. Elle voit son amant tous les jours, son mariage n'est retardé que par les apprêts qui y sont nécessaires. Au comble de ses vœux, elle ne pense plus à me quereller, et je lui en ai autant d'obligation que si je devais à son amitié les bontés qu'elle recommence à me témoigner. Quel qu'en soit le motif, nous sommes toujours redevables à ceux qui nous font éprouver un sentiment doux.

Ce matin elle m'en a fait sentir tout le prix par une complaisance qui m'a fait passer d'un trouble fâcheux à une tranquillité agréable.

On lui a apporté une quantité prodigieuse d'étoffes, d'habits, de bijoux de toutes espèces ; elle est accourue dans ma chambre, m'a emmenée dans la sienne ; et après m'avoir consultée sur les différentes beautés de tant d'ajustements, elle a fait elle-même un tas de ce qui avait le plus attiré mon attention, et d'un air empressé elle commandait déjà à nos *Chinas* de le porter chez moi, quand je m'y suis opposée de toutes mes forces. Mes instances n'ont d'abord servi qu'à la divertir ; mais voyant que son obstination augmentait avec mes refus, je n'ai pu dissimuler davantage mon ressentiment.

« Pourquoi, lui ai-je dit les yeux baignés de larmes, pourquoi voulez-vous m'humilier plus que je ne le suis ? Je vous dois la vie, et tout ce que j'ai ; c'est plus qu'il n'en faut pour ne point oublier mes malheurs. Je sais que, selon vos lois, quand les bienfaits ne sont d'aucune utilité à ceux qui les reçoivent, la honte en est effacée. Attendez donc que je n'en aie plus aucun besoin pour exercer votre générosité. Ce n'est pas sans répugnance, ajoutai-je d'un ton plus modéré, que je me conforme à des sentiments si peu naturels. Nos usages sont plus humains ; celui qui reçoit s'honore autant que celui qui donne, vous m'avez appris à penser autrement, n'était-ce donc que pour me faire des outrages ? »

Cette aimable amie, plus touchée de mes larmes qu'irritée de mes reproches, m'a répondu d'un ton d'amitié : « Nous sommes bien éloignés, mon frère et moi, ma chère Zilia, de vouloir blesser votre délicatesse, il nous siérait mal de faire les magnifiques avec vous, vous le connaîtrez dans peu ; je voulais seulement que vous partageassiez avec moi les présents d'un frère généreux ; c'était le plus sûr moyen de lui en marquer ma reconnaissance ; l'usage, dans le cas où je suis, m'autorisait à vous les offrir ; mais puisque vous en êtes offensée, je ne vous en parlerai plus.

— Vous me le promettez donc ? lui ai-je dit.

— Oui, m'a-t-elle répondu en souriant ; mais permettez-moi d'écrire un mot à Déterville. »

Je l'ai laissée faire, et la gaieté s'est rétablie entre nous ; nous avons recommencé à examiner ses parures plus en détail, jusqu'au temps où on l'a demandée au parloir : elle voulait m'y mener ; mais, mon cher Aza, est-il pour moi quelques amusements comparables à celui de t'écrire ! Loin d'en chercher d'autres, j'appréhende ceux que le mariage de Céline me prépare.

Elle prétend que je quitte la maison religieuse pour demeurer dans la sienne quand elle sera mariée ; mais, si j'en suis crue…

Aza, mon cher Aza, par quelle agréable surprise ma lettre fut-elle hier interrompue ! hélas ! je croyais avoir perdu pour jamais ces précieux monuments de notre ancienne splendeur, je n'y comptais plus, je n'y pensais même pas, j'en suis environnée, je les vois, je les touche, et j'en crois à peine mes yeux et mes mains.

Au moment où je t'écrivais, je vis entrer Céline, suivie de quatre hommes accablés sous le poids de gros coffres qu'ils portaient ; ils les posèrent à terre et se retirèrent ; je pensai que ce pouvait être de nouveaux dons de Déterville. Je murmurais déjà en secret, lorsque Céline me dit en me présentant les clefs : « Ouvrez, Zilia, ouvrez sans vous effaroucher, c'est de la part d'Aza. » Je le crus. A ton nom est-il rien qui puisse arrêter mon empressement ? J'ouvris avec précipitation, et ma surprise confirma mon erreur en reconnaissant tout ce qui s'offrit à ma vue pour des ornements du temple du Soleil.

Un sentiment confus, mêlé de tristesse et de joie, de plaisir et de regret, remplit tout mon cœur. Je me prosternai devant ces restes sacrés de notre culte et de nos Autels ; je les couvris de respectueux baisers, je les arrosai de mes larmes ; je ne pouvais m'en arracher, j'avais oublié jusqu'à la présence de Céline ; elle me tira de mon ivresse, en me donnant une lettre qu'elle me pria de lire.

Toujours remplie de mon erreur, je la crus de toi ; mes transports redoublèrent ; mais quoique je la déchiffrasse avec peine, je connus bientôt qu'elle était de Déterville.

Il me sera plus aisé, mon cher Aza, de te la copier que de t'en expliquer le sens.

BILLET DE DÉTERVILLE

Ces trésors sont à vous, belle Zilia, puisque je les ai trouvés sur le vaisseau qui vous portait. Quelques discussions arrivées entre les gens de l'équipage m'ont empêché jusqu'ici d'en disposer librement. Je voulais vous les présenter moi-même ; mais les inquiétudes que vous avez témoignées ce matin à ma sœur ne me laissent plus le choix du moment. Je ne saurais trop tôt dissiper vos craintes ; je préférerai toute ma vie votre satisfaction à la mienne.

Je l'avoue en rougissant, mon cher Aza, je sentis moins alors la générosité de Déterville que le plaisir de lui donner des preuves de la mienne.

Je mis promptement à part un vase, que le hasard plus que la cupidité a fait tomber dans les mains des Espagnols. C'est le même, mon cœur l'a reconnu, que tes lèvres touchèrent le jour où tu voulus bien goûter du *aca*[a] préparé de ma main. Plus riche de ce trésor que de tous ceux qu'on me rendait, j'appelai les gens qui les avaient apportés : je voulais les leur faire reprendre pour les renvoyer à Déterville ; mais Céline s'opposa à mon dessein.

« Que vous êtes injuste, Zilia, me dit-elle. Quoi ! vous voulez faire accepter des richesses immenses à mon frère, vous que l'offre d'une bagatelle offense ; rappelez votre équité, si vous voulez en inspirer aux autres. »

Ces paroles me frappèrent. Je craignis qu'il n'y eût dans mon action plus d'orgueil et de vengeance que de générosité. Que les vices sont près des vertus ! J'avouai ma faute ; j'en demandai pardon à Céline ; mais je souffrais trop de la contrainte qu'elle voulait m'imposer pour n'y pas chercher de l'adoucissement. « Ne me punissez pas autant que je le mérite, lui dis-je d'un air timide ; ne dédaignez pas quelques modèles du travail de nos malheureuses contrées ; vous n'en avez aucun besoin, ma prière ne doit point vous offenser. »

Tandis que je parlais, je remarquai que Céline regardait attentivement deux arbustes d'or chargés d'oiseaux et d'insectes d'un travail excellent : je me hâtai de les lui présenter avec une petite corbeille d'argent que je remplis de coquillages, de poissons et de fleurs les mieux imitées : elle les accepta avec une bonté qui me ravit.

Je choisis ensuite plusieurs idoles des nations vaincues[b] par tes ancêtres, et une petite statue[c] qui représentait une Vierge du Soleil ; j'y joignis un tigre, un lion et d'autres animaux courageux, et je la priai de les envoyer à Déterville. Écrivez-lui donc, me dit-elle en souriant ; sans une lettre de votre part, les présents seraient mal reçus.

J'étais trop satisfaite pour rien refuser, j'écrivis tout ce que me dicta ma reconnaissance, et lorsque Céline fut sortie, je distribuai de petits présents à sa *China* et à la mienne : j'en mis à part pour mon maître à écrire. Je goûtai enfin le délicieux plaisir de donner.

Ce n'a pas été sans choix, mon cher Aza ; tout ce qui vient de toi, tout ce qui a des rapports intimes avec ton souvenir, n'est point sorti de mes mains.

a. Boisson des Indiens.

b. Les Incas faisaient déposer dans le temple du Soleil les idoles des peuples qu'ils soumettaient, après leur avoir fait accepter le culte du Soleil. Ils en avaient eux-mêmes, puisque l'Inca *Huayna* consulta l'idole de Rimace. *Histoire des Incas*, t. I, p. 350.

c. Les Incas ornaient leurs maisons de statues d'or de toute grandeur, et même de gigantesques.

La chaise d'or[a] que l'on conservait dans le temple pour le jour des visites du *Capa-Inca* ton auguste père, placée d'un côté de ma chambre en forme de trône, me représente ta grandeur et la majesté de ton rang. La grande figure du Soleil, que je vis moi-même arracher du temple par les perfides Espagnols, suspendue au-dessus, excite ma vénération, je me prosterne devant elle, mon esprit l'adore, et mon cœur est tout à toi. Les deux palmiers que tu donnas au Soleil pour offrande et pour gage de la foi que tu m'avais jurée, placés aux deux côtés du trône, me rappellent sans cesse tes tendres serments.

Des fleurs[b], des oiseaux répandus avec symétrie dans tous les coins de ma chambre, forment en raccourci l'image de ces magnifiques jardins où je me suis si souvent entretenue de ton idée. Mes yeux satisfaits ne s'arrêtent nulle part sans me rappeler ton amour, ma joie, mon bonheur, enfin tout ce qui fera jamais la vie de ma vie.

LETTRE XXVIII

Je n'ai pu résister, mon cher Aza, aux instances de Céline; il a fallu la suivre, et nous sommes depuis deux jours à sa maison de campagne, où son mariage fut célébré en arrivant.

Avec quelle violence et quels regrets ne me suis-je pas arrachée à ma solitude! A peine ai-je eu le temps de jouir de la vue des ornements précieux qui me la rendaient si chère, que j'ai été forcée de les abandonner; et pour combien de temps? Je l'ignore.

La joie et les plaisirs dont tout le monde paraît être enivré me rappellent avec plus de regret les jours paisibles que je passais à t'écrire, ou du moins à penser à toi: cependant je ne vis jamais des objets si nouveaux pour moi, si merveilleux, et si propres à me distraire; et avec l'usage passable que j'ai à présent de la langue du pays, je pourrais tirer des éclaircissements aussi amusants qu'utiles sur tout ce qui se passe sous mes yeux, si le bruit et le tumulte laissaient à quelqu'un assez de sang-froid pour répondre à mes questions: mais jusqu'ici je n'ai trouvé personne qui en eût la complaisance; et je ne suis guère moins embarrassée que je ne l'étais en arrivant en France.

La parure des hommes et des femmes est si brillante, si chargée d'ornements inutiles, les uns et les autres prononcent si rapidement ce qu'ils disent, que mon attention à les écouter m'empêche de les voir, et

a. Les Incas ne s'asseyaient que sur des sièges d'or massif.
b. On a déjà dit que les jardins du temple et ceux des maisons royales étaient remplis de toutes sortes d'imitations en or et en argent. Les Péruviens imitaient jusqu'à l'herbe appelée *maïs*, dont ils faisaient des champs tout entiers.

celle que j'emploie à les regarder m'empêche de les entendre. Je reste dans une espèce de stupidité qui fournirait sans doute beaucoup à leur plaisanterie, s'ils avaient le loisir de s'en apercevoir ; mais ils sont si occupés d'eux-mêmes, que mon étonnement leur échappe. Il n'est que trop fondé, mon cher Aza, je vois ici des prodiges dont les ressorts sont impénétrables à mon imagination.

Je ne te parlerai pas de la beauté de cette maison, presque aussi grande qu'une ville, ornée comme un temple, et remplie d'un grand nombre de bagatelles agréables, dont je vois faire si peu d'usage que je ne puis me défendre de penser que les Français ont choisi le superflu pour l'objet de leur culte : on lui consacre les arts, qui sont ici tant au-dessus de la nature : ils semblent ne vouloir que l'imiter, ils la surpassent ; et la manière dont ils font usage de ses productions paraît souvent supérieure à la sienne. Ils rassemblent dans les jardins, et presque dans un point de vue, les beautés qu'elle distribue avec économie sur la surface de la terre, et les éléments soumis semblent n'apporter d'obstacles à leurs entreprises que pour rendre leurs triomphes plus éclatants.

On voit la terre étonnée nourrir et élever dans son sein les plantes des climats les plus éloignés, sans besoin, sans nécessités apparentes que celles d'obéir aux arts et d'orner l'idole du superflu. L'eau, si facile à diviser, qui semble n'avoir de consistance que par les vaisseaux qui la contiennent, et dont la direction naturelle est de suivre toutes sortes de pentes, se trouve forcée ici à s'élancer rapidement dans les airs, sans guide, sans soutien, par sa propre force, et sans autre utilité que le plaisir des yeux.

Le feu, mon cher Aza, le feu, ce terrible élément, je l'ai vu, renonçant à son pouvoir destructeur, dirigé docilement par une puissance supérieure, prendre toutes les formes qu'on lui prescrit ; tantôt dessinant un vaste tableau de lumière sur un ciel obscurci par l'absence du soleil, et tantôt nous montrant cet astre divin descendu sur la terre avec ses feux, son activité, sa lumière éblouissante, enfin dans un éclat qui trompe les yeux et le jugement. Quel art, mon cher Aza ! Quels hommes ! Quel génie ! J'oublie tout ce que j'ai entendu, tout ce que j'ai vu de leur petitesse ; je retombe malgré moi dans mon ancienne admiration.

LETTRE XXIX

Ce n'est pas sans un véritable regret, mon cher Aza, que je passe de l'admiration du génie des Français au mépris de l'usage qu'ils en font. Je me plaisais de bonne foi à estimer cette nation charmante ; mais je ne puis me refuser à l'évidence de ses défauts.

Le tumulte s'est enfin apaisé, j'ai pu faire des questions; on m'a répondu; il n'en faut pas davantage ici pour être instruite au-delà même de ce qu'on veut savoir. C'est avec une bonne foi et une légèreté hors de toute croyance que les Français dévoilent les secrets de la perversité de leurs mœurs. Pour peu qu'on les interroge, il ne faut ni finesse ni pénétration pour démêler que leur goût effréné pour le superflu a corrompu leur raison, leur cœur et leur esprit; qu'il a établi des richesses chimériques sur les ruines du nécessaire; qu'il a substitué une politesse superficielle aux bonnes mœurs, et qu'il remplace le bon sens et la raison par le faux brillant de l'esprit.

La vanité dominante des Français est celle de paraître opulents. Le génie, les arts, et peut-être les sciences, tout se rapporte au faste, tout concourt à la ruine des fortunes; et comme si la fécondité de leur génie ne suffisait pas pour en multiplier les objets, je sais d'eux-mêmes qu'au mépris des biens solides et agréables que la France produit en abondance, ils tirent à grands frais de toutes les parties du monde les meubles fragiles et sans usage qui font l'ornement de leurs maisons, les parures éblouissantes dont ils sont couverts, jusqu'aux mets et aux liqueurs qui composent leurs repas.

Peut-être, mon cher Aza, ne trouverais-je rien de condamnable dans l'excès de ces superfluités, si les Français avaient des trésors pour y satisfaire, ou qu'ils n'employassent à contenter leur goût que ce qui leur resterait après avoir établi leurs maisons sur une aisance honnête.

Nos lois, les plus sages qui aient été données aux hommes, permettent certaines décorations dans chaque état, qui caractérisent la naissance ou les richesses, et qu'à la rigueur on pourrait nommer du superflu; aussi n'est-ce pas celui qui naît du dérèglement de l'imagination, celui qu'on ne peut soutenir sans manquer à l'humanité et à la justice, qui me paraît un crime; en un mot, c'est celui dont les Français sont idolâtres, et auquel ils sacrifient leur repos et leur honneur.

Il n'y a parmi eux qu'une classe de citoyens en état de porter le culte de l'idole à son plus haut degré de splendeur, sans manquer au devoir du nécessaire. Les grands ont voulu les imiter; mais ils ne sont que les martyrs de cette religion. Quelle peine! Quel embarras! Quel travail pour soutenir leur dépense au-delà de leurs revenus! Il y a peu de seigneurs qui ne mettent en usage plus d'industrie, de finesse et de supercherie pour se distinguer par de frivoles somptuosités, que leurs ancêtres n'ont employé de prudence, de valeur et de talents utiles à l'État pour illustrer leur propre nom. Et ne crois pas que je t'en impose, mon cher Aza, j'entends tous les jours avec indignation des jeunes gens se disputer entre eux la gloire d'avoir mis le plus de subtilité et d'adresse dans les manœuvres qu'ils emploient pour tirer les superfluités dont ils se parent des mains de ceux qui ne travaillent que pour ne pas manquer du nécessaire.

Quel mépris de tels hommes ne m'inspireraient-ils pas pour toute la nation, si je ne savais d'ailleurs que les Français pèchent plus communément faute d'avoir une idée juste des choses, que faute de droiture : leur légèreté exclut presque toujours le raisonnement. Parmi eux rien n'est grave, rien n'a de poids ; peut-être aucun n'a jamais réfléchi sur les conséquences déshonorantes de sa conduite. Il faut paraître riche, c'est une mode, une habitude, on la suit ; un inconvénient se présente, on le surmonte par une injustice ; on ne croit que triompher d'une difficulté ; mais l'illusion va plus loin.

Dans la plupart des maisons, l'indigence et le superflu ne sont séparés que par un appartement. L'un et l'autre partagent les occupations de la journée, mais d'une manière bien différente. Le matin, dans l'intérieur du cabinet, la voix de la pauvreté se fait entendre par la bouche d'un homme payé pour trouver les moyens de les concilier avec la fausse opulence. Le chagrin et l'humeur président à ces entretiens, qui finissent ordinairement par le sacrifice du nécessaire, que l'on immole au superflu. Le reste du jour, après avoir pris un autre habit, un autre appartement, et presque un autre être, ébloui de sa propre magnificence, on est gai, on se dit heureux : on va même jusqu'à se croire riche.

J'ai cependant remarqué que quelques-uns de ceux qui étalent leur faste avec le plus d'affectation n'osent pas toujours croire qu'ils en imposent. Alors ils se plaisantent eux-mêmes sur leur propre indigence ; ils insultent gaiement à la mémoire de leurs ancêtres, dont la sage économie se contentait de vêtements commodes, de parures et d'ameublements proportionnés à leurs revenus plus qu'à leur naissance. Leur famille, dit-on, et leurs domestiques jouissaient d'une abondance frugale et honnête. Ils dotaient leurs filles et ils établissaient sur des fondements solides la fortune du successeur de leur nom, et tenaient en réserve de quoi réparer l'infortune d'un ami, ou d'un malheureux.

Te le dirai-je, mon cher Aza, malgré l'aspect ridicule sous lequel on me présentait les mœurs de ces temps reculés, elles me plaisaient tellement, j'y trouvais tant de rapport avec la naïveté des nôtres, que me laissant entraîner à l'illusion, mon cœur tressaillait à chaque circonstance, comme si j'eusse dû, à la fin du récit, me trouver au milieu de nos chers citoyens. Mais, aux premiers applaudissements que j'ai donnés à ces coutumes si sages, les éclats de rire que je me suis attirés ont dissipé mon erreur, et je n'ai trouvé autour de moi que les Français insensés de ce temps-ci, qui font gloire du dérèglement de leur imagination.

La même dépravation qui a transformé les biens solides des Français en bagatelles inutiles n'a pas rendu moins superficiels les biens de leur société. Les plus sensés d'entre eux, qui gémissent de cette dépravation, m'ont assuré qu'autrefois, ainsi que parmi nous, l'honnêteté était dans l'âme, et l'humanité dans le cœur : cela peut être. Mais à présent, ce qu'ils appellent politesse leur tient lieu de sentiment : elle consiste dans une infinité de paroles sans signification, d'égards sans estime, et de soins sans affection.

Dans les grandes maisons, un domestique est chargé de remplir les devoirs de la société. Il fait chaque jour un chemin considérable pour aller dire à l'un que l'on est en peine de sa santé, à l'autre que l'on s'afflige de son chagrin, ou que l'on se réjouit de son plaisir. A son retour, on n'écoute point les réponses qu'il rapporte. On est convenu réciproquement de s'en tenir à la forme, de n'y mettre aucun intérêt; et ces attentions tiennent lieu d'amitié.

Les égards se rendent personnellement; on les pousse jusqu'à la puérilité: j'aurais honte de t'en parler, s'il ne fallait tout connaître d'une nation si singulière. On manquerait d'égards pour ses supérieurs, et même pour ses égaux, si après l'heure du repas que l'on vient de prendre familièrement avec eux, on satisfaisait aux besoins d'une soif pressante sans avoir demandé autant d'excuses que de permissions. On ne doit pas non plus laisser toucher son habit à celui d'une personne considérable, et ce serait lui manquer que de la regarder attentivement; mais ce serait bien pis si on manquait à la voir. Il me faudrait plus d'intelligence et plus de mémoire que je n'en ai pour te rapporter toutes les frivolités que l'on donne et que l'on reçoit pour des marques de considération, qui veut presque dire de l'estime.

A l'égard de l'abondance des paroles, tu entendras un jour, mon cher Aza, que l'exagération aussitôt désavouée que prononcée, est le fonds inépuisable de la conversation des Français. Ils manquent rarement d'ajouter un compliment superflu à celui qui l'était déjà, dans l'intention de persuader qu'ils n'en font point. C'est avec des flatteries outrées qu'ils protestent de la sincérité des louanges qu'ils prodiguent; et ils appuient leurs protestations d'amour et d'amitié de tant de termes inutiles, que l'on n'y reconnaît point le sentiment.

Ô mon cher Aza, que mon peu d'empressement à parler, que la simplicité de mes expressions doivent leur paraître insipides! Je ne crois pas que mon esprit leur inspire plus d'estime. Pour mériter quelque réputation à cet égard, il faut avoir fait preuve d'une grande sagacité à saisir les différentes significations des mots et à déplacer leur usage. Il faut exercer l'attention de ceux qui écoutent par la subtilité de pensées souvent impénétrables, ou bien en dérober l'obscurité, sous l'abondance des expressions frivoles. J'ai lu dans un de leurs meilleurs livres: «Que l'esprit du beau monde consiste à dire agréablement des riens, à ne se pas permettre le moindre propos sensé, si on ne le fait excuser par les grâces du discours; à voiler enfin la raison quand on est obligé de la produire.»

Que pourrais-je te dire qui pût te prouver mieux que le bon sens et la raison, qui sont regardés comme le nécessaire de l'esprit, sont méprisés ici, comme tout ce qui est utile? Enfin, mon cher Aza, sois assuré que le superflu domine si souverainement en France, que qui n'a qu'une fortune honnête est pauvre, qui n'a que des vertus est plat, et qui n'a que du bon sens est sot.

LETTRE XXX

Le penchant des Français les porte si naturellement aux extrêmes, mon cher Aza, que Déterville, quoique exempt de la plus grande partie des défauts de sa nation, participe néanmoins à celui-là. Non content de tenir la promesse qu'il m'a faite de ne plus me parler de ses sentiments, il évite avec une attention marquée de se rencontrer auprès de moi. Obligés de nous voir sans cesse, je n'ai pas encore trouvé l'occasion de lui parler.

Quoique la compagnie soit toujours fort nombreuse et fort gaie, la tristesse règne sur son visage. Il est aisé de deviner que ce n'est pas sans violence qu'il subit la loi qu'il s'est imposée. Je devrais peut-être lui en tenir compte ; mais j'ai tant de questions à lui faire sur les intérêts de mon cœur, que je ne puis lui pardonner son affectation à me fuir.

Je voudrais l'interroger sur la lettre qu'il a écrite en Espagne, et savoir si elle peut être arrivée à présent. Je voudrais avoir une idée juste du temps de ton départ, de celui que tu emploieras à faire ton voyage, afin de fixer celui de mon bonheur. Une espérance fondée est un bien réel, mais, mon cher Aza, elle est bien plus chère quand on en voit le terme.

Aucun des plaisirs qui occupent la compagnie ne m'affecte ; ils sont trop bruyants pour mon âme ; je ne jouis plus de l'entretien de Céline. Tout occupée de son nouvel époux, à peine puis-je trouver quelques moments pour lui rendre des devoirs d'amitié. Le reste de la compagnie ne m'est agréable qu'autant que je puis en tirer des lumières sur les différents objets de ma curiosité. Et je n'en trouve pas toujours l'occasion. Ainsi, souvent seule au milieu du monde, je n'ai d'amusements que mes pensées : elles sont toutes à toi, cher ami de mon cœur, tu seras à jamais le seul confident de mon âme, de mes plaisirs, et de mes peines.

LETTRE XXXI

J'avais grand tort, mon cher Aza, de désirer si vivement un entretien avec Déterville. Hélas ! il ne m'a que trop parlé ; quoique je désavoue le trouble qu'il a excité dans mon âme, il n'est point encore effacé.

Je ne sais quelle sorte d'impatience se joignit hier à l'ennui que j'éprouve souvent. Le monde et le bruit me devinrent plus importuns qu'à l'ordinaire ; jusqu'à la tendre satisfaction de Céline et de son époux, tout ce que je voyais m'inspirait une indignation approchant du mépris. Honteuse de trouver des sentiments si injustes dans mon cœur, j'allai cacher l'embarras qu'ils me causaient dans l'endroit le plus reculé du jardin.

A peine m'étais-je assise au pied d'un arbre, que des larmes involontaires coulèrent de mes yeux. Le visage caché dans mes mains, j'étais ensevelie dans une rêverie si profonde, que Déterville était à genoux à côté de moi avant que je l'eusse aperçu.

« Ne vous offensez pas, Zilia, me dit-il ; c'est le hasard qui m'a conduit à vos pieds, je ne vous cherchais pas. Importuné du tumulte, je venais jouir en paix de ma douleur. Je vous ai aperçue, j'ai combattu avec moi-même pour m'éloigner de vous, mais je suis trop malheureux pour l'être sans relâche, par pitié pour moi je me suis approché, j'ai vu couler vos larmes, je n'ai plus été le maître de mon cœur, cependant si vous m'ordonnez de vous fuir, je vous obéirai. Le pourrez-vous, Zilia ? vous suis-je odieux ?

— Non, lui dis-je, au contraire, asseyez-vous, je suis bien aise de trouver une occasion de m'expliquer. Depuis vos derniers bienfaits…

— N'en parlons point, interrompit-il vivement.

— Attendez, repris-je en l'interrompant à mon tour, pour être tout à fait généreux, il faut se prêter à la reconnaissance ; je ne vous ai point parlé depuis que vous m'avez rendu les précieux ornements du temple où j'ai été enlevée. Peut-être en vous écrivant ai-je mal exprimé les sentiments qu'un tel excès de bonté m'inspirait ; je veux…

— Hélas ! interrompit-il encore, que la reconnaissance est peu flatteuse pour un cœur malheureux ! Compagne de l'indifférence, elle ne s'allie que trop souvent avec la haine.

— Qu'osez-vous penser ? m'écriai-je : ah ! Déterville, combien j'aurais de reproches à vous faire, si vous n'étiez pas tant à plaindre ! bien loin de vous haïr, dès le premier moment où je vous ai vu, j'ai senti moins de répugnance à dépendre de vous que des Espagnols. Votre douceur et votre bonté me firent désirer dès lors de gagner votre amitié, à mesure que j'ai démêlé votre caractère. Je me suis confirmée dans l'idée que vous méritiez toute la mienne, et, sans parler des extrêmes obligations que je vous ai, puisque ma reconnaissance vous blesse, comment aurais-je pu me défendre des sentiments qui vous sont dus ?

« Je n'ai trouvé que vos vertus dignes de la simplicité des nôtres. Un fils du Soleil s'honorerait de vos sentiments ; votre raison est presque celle de la nature ; combien de motifs pour vous chérir ! jusqu'à la noblesse de votre figure, tout me plaît en vous ; l'amitié a des yeux aussi bien que l'amour. Autrefois, après un moment d'absence, je ne vous voyais pas revenir sans qu'une sorte de sérénité ne se répandît dans mon cœur ; pourquoi avez-vous changé ces innocents plaisirs en peines et en contraintes ?

« Votre raison ne paraît plus qu'avec effort. J'en crains sans cesse les
écarts. Les sentiments dont vous m'entretenez gênent l'expression des
miens ; ils me privent du plaisir de vous peindre sans détour les charmes
que je goûterais dans votre amitié, si vous n'en troubliez la douceur.
Vous m'ôtez jusqu'à la volupté délicate de regarder mon bienfaiteur, vos
yeux embarrassent les miens, je n'y remarque plus cette agréable tranquillité qui passait quelquefois jusqu'à mon âme : je n'y trouve plus
qu'une morne douleur qui me reproche sans cesse d'en être la cause. Ah !
Déterville, que vous êtes injuste, si vous croyez souffrir seul !

— Ma chère Zilia, s'écria-t-il en me baisant la main avec ardeur, que
vos bontés et votre franchise redoublent mes regrets ! Quel trésor que la
possession d'un cœur tel que le vôtre ! Mais avec quel désespoir vous
m'en faites sentir la perte ! Puissante Zilia, continua-t-il, quel pouvoir est
le vôtre ! N'était-ce point assez de me faire passer de la profonde indifférence à l'amour excessif, de l'indolence à la fureur, faut-il encore vaincre
des sentiments que vous avez fait naître ? Le pourrai-je ?

— Oui, lui dis-je, cet effort est digne de vous, de votre cœur. Cette
action juste vous élève au-dessus des mortels.

— Mais pourrai-je y survivre ? reprit-il douloureusement : n'espérez
pas au moins que je serve de victime au triomphe de votre amant ; j'irai
loin de vous, adorer votre idée ; elle sera la nourriture amère de mon cœur :
je vous aimerai, et je ne vous verrai plus ! Ah ! du moins n'oubliez pas… »

Les sanglots étouffèrent sa voix ; il se hâta de cacher les larmes qui
couvraient son visage ; j'en répandais moi-même ; aussi touchée de sa
générosité que de sa douleur, je pris une de ses mains que je serrai dans
les miennes.

« Non, lui dis-je, vous ne partirez point. Laissez-moi, mon ami,
contentez-vous des sentiments que j'aurai toute ma vie pour vous ; je
vous aime presque autant que j'aime Aza, mais je ne puis jamais vous
aimer comme lui.

— Cruelle Zilia ! s'écria-t-il avec transport, accompagnerez-vous
toujours vos bontés des coups les plus sensibles ? Un mortel poison
détruira-t-il sans cesse le charme que vous répandez sur vos paroles ?
Que je suis insensé de me livrer à leur douceur ! Dans quel honteux
abaissement je me plonge ! C'en est fait, je me rends moi-même, ajouta-
t-il d'un ton ferme ; adieu, vous verrez bientôt Aza. Puisse-t-il ne pas
vous faire éprouver les tourments qui me dévorent, puisse-t-il être tel que
vous le désirez et digne de votre cœur. »

Quelles alarmes, mon cher Aza, l'air dont il prononça ces dernières
paroles ne jeta-t-il pas dans mon âme ! Je ne pus me défendre des
soupçons qui se présentèrent en foule à mon esprit. Je ne doutai pas que
Déterville ne fût mieux instruit qu'il ne voulait le paraître ; qu'il ne m'eût
caché quelques lettres qu'il pouvait avoir reçues d'Espagne ; enfin,
oserai-je le prononcer, que tu ne fusses infidèle.

Je lui demandai la vérité avec les dernières instances, tout ce que je pus tirer de lui ne fut que des conjectures vagues, aussi propres à confirmer qu'à détruire mes craintes. Cependant les réflexions qu'il fit sur l'inconstance des hommes, sur les dangers de l'absence, et sur la légèreté avec laquelle tu avais changé de religion, jetèrent quelque trouble dans mon âme.

Pour la première fois ma tendresse me devint un sentiment pénible, pour la première fois je craignis de perdre ton cœur. Aza, s'il était vrai! si tu ne m'aimais plus, ah, que jamais un tel soupçon ne souille la pureté de mon cœur! Non, je serais seule coupable, si je m'arrêtais un moment à cette pensée, indigne de ma candeur, de ta vertu, de ta constance. Non, c'est le désespoir qui a suggéré à Déterville ces affreuses idées. Son trouble et son égarement ne devaient-ils pas me rassurer? L'intérêt qui le faisait parler ne devait-il pas m'être suspect? Il me le fut, mon cher Aza: mon chagrin se tourna tout entier contre lui; je le traitai durement, il me quitta désespéré. Aza! je t'aime si tendrement! Non, jamais tu ne pourras m'oublier.

LETTRE XXXII

Que ton voyage est long, mon cher Aza! Que je désire ardemment ton arrivée! Le terme m'en paraît plus vague que je ne l'avais encore envisagé; et je me garde bien de faire là-dessus aucune question à Déterville. Je ne puis lui pardonner la mauvaise opinion qu'il a de ton cœur. Celle que je prends du sien diminue beaucoup la pitié que j'avais de ses peines, et le regret d'être en quelque façon séparée de lui.

Nous sommes à Paris depuis quinze jours; je demeure avec Céline dans la maison de son mari, assez éloignée de celle de son frère pour n'être point obligée à le voir à toute heure. Il vient souvent y manger; mais, nous menons une vie si agitée, Céline et moi, qu'il n'a pas le loisir de me parler en particulier.

Depuis notre retour nous employons une partie de la journée au travail pénible de notre ajustement, et le reste à ce qu'on appelle rendre des devoirs.

Ces deux occupations me paraîtraient aussi infructueuses qu'elles sont fatigantes, si la dernière ne me procurait les moyens de m'instruire encore plus particulièrement des mœurs du pays. A mon arrivée en France, n'ayant aucune connaissance de la langue, je ne jugeais que sur les apparences. Lorsque je commençai à en faire usage, j'étais dans la maison religieuse: tu sais que j'y trouvais peu de secours pour mon instruction; je n'ai vu à la campagne qu'une espèce de société particulière : c'est à présent que répandue dans ce qu'on appelle le grand monde, je vois la nation entière, et que je puis l'examiner sans obstacles.

Les devoirs que nous rendons consistent à entrer en un jour dans le plus grand nombre de maisons qu'il est possible pour y rendre et y recevoir un tribut de louanges réciproques sur la beauté du visage et de la taille, sur l'excellence du goût et du choix des parures, et jamais sur les qualités de l'âme.

Je n'ai pas été longtemps sans m'apercevoir de la raison, qui fait prendre tant de peines, pour acquérir cet hommage frivole ; c'est qu'il faut nécessairement le recevoir en personne, encore n'est-il que bien momentané. Dès que l'on disparaît, il prend une autre forme. Les agréments que l'on trouvait à celle qui sort ne servent plus que de comparaison méprisante pour établir les perfections de celle qui arrive.

La censure est le goût dominant des Français, comme l'inconséquence est le caractère de la nation. Leurs livres sont la critique générale des mœurs, et leur conversation celle de chaque particulier, pourvu néanmoins qu'ils soient absents : alors on dit librement tout le mal que l'on en pense, et quelquefois celui que l'on ne pense pas. Les plus gens de bien suivent la coutume ; on les distingue seulement à une certaine formule d'apologie de leur franchise et de leur amour pour la vérité, au moyen de laquelle ils révèlent sans scrupule les défauts, les ridicules, et jusqu'aux vices de leurs amis.

Si la sincérité dont les Français font usage les uns envers les autres n'a point d'exception, de même leur confiance réciproque est sans bornes. Il ne faut ni éloquence pour se faire écouter, ni probité pour se faire croire. Tout est dit, tout est reçu avec la même légèreté.

Ne crois pas pour cela, mon cher Aza, qu'en général les Français soient nés méchants, je serais plus injuste qu'eux, si je te laissais dans l'erreur.

Naturellement sensibles, touchés de la vertu, je n'en ai point vu qui écoutât sans attendrissement le récit que l'on m'oblige souvent de faire de la droiture de nos cœurs, de la candeur de nos sentiments et de la simplicité de nos mœurs ; s'ils vivaient parmi nous, ils deviendraient vertueux : l'exemple et la coutume sont les tyrans de leur conduite.

Tel qui pense bien d'un absent, en médit pour n'être pas méprisé de ceux qui l'écoutent, tel autre serait bon, humain, sans orgueil, s'il ne craignait d'être ridicule, et tel est ridicule par état, qui serait un modèle de perfections, s'il osait hautement avoir du mérite.

Enfin, mon cher Aza, chez la plupart d'entre eux les vices sont artificiels comme les vertus, et la frivolité de leur caractère ne leur permet d'être qu'imparfaitement ce qu'ils sont. Tels à peu près que certains jouets de leur enfance, imitation informe des êtres pensants, ils ont du poids aux yeux, de la légèreté au tact, la surface coloriée, un intérieur informe, un prix apparent, aucune valeur réelle. Aussi ne sont-ils guère estimés par les autres nations que comme les jolies bagatelles le sont dans la société. Le bon sens sourit à leurs gentillesses, et les remet froidement à leur place.

Heureuse la nation qui n'a que la nature pour guide, la vérité pour principe, et la vertu pour mobile.

LETTRE XXXIII

Il n'est pas surprenant, mon cher Aza, que l'inconséquence soit une suite du caractère léger des Français ; mais je ne puis assez m'étonner de ce qu'avec autant et plus de lumière qu'aucune autre nation, ils semblent ne pas apercevoir les contradictions choquantes que les étrangers remarquent en eux dès la première vue.

Parmi le grand nombre de celles qui me frappent tous les jours je n'en vois point de plus déshonorante pour leur esprit que leur façon de penser sur les femmes. Ils les respectent, mon cher Aza, et en même temps ils les méprisent avec un égal excès.

La première loi de leur politesse, ou, si tu veux, de leur vertu (car jusqu'ici je ne leur en ai guère découvert d'autres), regarde les femmes. L'homme du plus haut rang doit des égards à celle de la plus vile condition, il se couvrirait de honte et de ce qu'on appelle ridicule, s'il lui faisait quelque insulte personnelle. Et cependant l'homme le moins considérable, le moins estimé, peut tromper, trahir une femme de mérite, noircir sa réputation par des calomnies, sans craindre ni blâme ni punition.

Si je n'étais assurée que bientôt tu pourras en juger par toi-même, oserais-je te peindre des contrastes que la simplicité de nos esprits peut à peine concevoir ? Docile aux notions de la nature, notre génie ne va pas au-delà ; nous avons trouvé que la force et le courage dans un sexe indiquaient qu'il devait être le soutien et le défenseur de l'autre, nos lois y sont conformes[a]. Ici, loin de compatir à la faiblesse des femmes, celles du peuple, accablées de travail, n'en sont soulagées ni par les lois ni par leurs maris ; celles d'un rang plus élevé, jouets de la séduction ou de la méchanceté des hommes, n'ont pour se dédommager de leurs perfidies, que les dehors d'un respect purement imaginaire, toujours suivi de la plus mordante satire.

Je m'étais bien aperçue en entrant dans le monde que la censure habituelle de la nation tombait principalement sur les femmes, et que les hommes entre eux ne se méprisaient qu'avec ménagement : j'en cher-

---

a. Les lois dispensaient les femmes de tout travail pénible.

chais la cause dans leurs bonnes qualités, lorsqu'un accident me l'a fait découvrir parmi leurs défauts.

Dans toutes les maisons où nous sommes entrées depuis deux jours on a raconté la mort d'un jeune homme tué par un de ses amis, et l'on approuvait cette action barbare, par la seule raison que le mort avait parlé au désavantage du vivant; cette nouvelle extravagance me parut d'un caractère assez sérieux pour être approfondie. Je m'informai, et j'appris, mon cher Aza, qu'un homme est obligé d'exposer sa vie pour la ravir à un autre, s'il apprend que cet autre a tenu quelques discours contre lui; ou à se bannir de la société, s'il refuse de prendre une vengeance si cruelle. Il n'en fallut pas davantage pour m'ouvrir les yeux sur ce que je cherchais. Il est clair que les hommes naturellement lâches, sans honte et sans remords, ne craignent que les punitions corporelles, et que si les femmes étaient autorisées à punir les outrages qu'on leur fait de la même manière dont ils sont obligés de se venger de la plus légère insulte, tel que l'on voit reçu et accueilli dans la société, ne serait plus; ou retiré dans un désert, il y cacherait sa honte et sa mauvaise foi. L'impudence et l'effronterie dominent entièrement les jeunes hommes, surtout quand ils ne risquent rien. Le motif de leur conduite avec les femmes n'a pas besoin d'autre éclaircissement: mais je ne vois pas encore le fondement du mépris intérieur que je remarque pour elles presque dans tous les esprits; je ferai mes efforts pour le découvrir; mon propre intérêt m'y engage. Ô mon cher Aza! quelle serait ma douleur, si à ton arrivée on te parlait de moi comme j'entends parler des autres.

LETTRE XXXIV

Il m'a fallu beaucoup de temps, mon cher Aza, pour approfondir la cause du mépris que l'on a presque généralement ici pour les femmes. Enfin je crois l'avoir découverte dans le peu de rapport qu'il y a entre ce qu'elles sont et ce que l'on s'imagine qu'elles devraient être. On voudrait, comme ailleurs, qu'elles eussent du mérite et de la vertu. Mais il faudrait que la nature les fît ainsi; car l'éducation qu'on leur donne est si opposée à la fin qu'on se propose, qu'elle me paraît être le chef-d'œuvre de l'inconséquence française.

On sait au Pérou, mon cher Aza, que pour préparer les humains à la pratique des vertus, il faut leur inspirer dès l'enfance un courage et une certaine fermeté d'âme qui leur forment un caractère décidé; on l'ignore en France. Dans le premier âge, les enfants ne paraissent destinés qu'au divertissement des parents et de ceux qui les gouvernent. Il semble que l'on veuille tirer un honteux avantage de leur incapacité à découvrir la vérité. On les trompe sur ce qu'ils ne voient pas. On leur donne des idées fausses de ce qui se présente à leurs sens, et l'on rit inhumainement de leurs erreurs ; on augmente leur sensibilité et leur faiblesse naturelle par une puérile compassion pour les petits accidents qui leur arrivent : on oublie qu'ils doivent être des hommes.

Je ne sais quelles sont les suites de l'éducation qu'un père donne à son fils : je ne m'en suis pas informée. Mais je sais que, du moment que les filles commencent à être capables de recevoir des instructions, on les enferme dans une maison religieuse, pour leur apprendre à vivre dans le monde. Que l'on confie le soin d'éclairer leur esprit à des personnes auxquelles on ferait peut-être un crime d'en avoir, et qui sont incapables de leur former le cœur, qu'elles ne connaissent pas.

Les principes de religion, si propres à servir de germe à toutes les vertus, ne sont appris que superficiellement et par mémoire. Les devoirs à l'égard de la divinité ne sont pas inspirés avec plus de méthode. Ils consistent dans de petites cérémonies d'un culte extérieur, exigées avec tant de sévérité, pratiquées avec tant d'ennui, que c'est le premier joug dont on se défait en entrant dans le monde : et si l'on en conserve encore quelques usages, à la manière dont on s'en acquitte, on croirait volontiers que ce n'est qu'une espèce de politesse que l'on rend par habitude à la divinité.

D'ailleurs rien ne remplace les premiers fondements d'une éducation mal dirigée. On ne connaît presque point en France le respect pour soi-même, dont on prend tant de soin de remplir le cœur de nos jeunes Vierges. Ce sentiment généreux qui nous rend les juges les plus sévères de nos actions et de nos pensées, qui devient un principe sûr quand il est bien senti, n'est ici d'aucune ressource pour les femmes. Au peu de soin que l'on prend de leur âme, on serait tenté de croire que les Français sont dans l'erreur de certains peuples barbares qui leur en refusent une.

Régler les mouvements du corps, arranger ceux du visage, composer l'extérieur, sont les points essentiels de l'éducation. C'est sur les attitudes plus ou moins gênantes de leurs filles que les parents se glorifient de les avoir bien élevées. Ils leur recommandent de se pénétrer de confusion pour une faute commise contre la bonne grâce : ils ne leur disent pas que la contenance honnête n'est qu'une hypocrisie, si elle n'est l'effet de l'honnêteté de l'âme. On excite sans cesse en elles ce méprisable amour-propre, qui n'a d'effet que sur les agréments extérieurs. On ne leur fait pas connaître celui qui forme le mérite, et qui n'est satisfait que par l'estime. On borne la seule idée qu'on leur donne de l'honneur à n'avoir point d'amants, en leur présentant sans cesse la certitude de plaire pour récompense de la gêne et de la contrainte qu'on leur impose. Et le temps le plus précieux pour former l'esprit est employé à acquérir des talents imparfaits, dont on fait peu d'usage dans la jeunesse, et qui deviennent des ridicules dans un âge plus avancé.

Mais ce n'est pas tout, mon cher Aza, l'inconséquence des Français n'a point de bornes. Avec de tels principes ils attendent de leurs femmes la pratique des vertus qu'ils ne leur font pas connaître, ils ne leur donnent pas même une idée juste des termes qui les désignent. Je tire tous les jours plus d'éclaircissement qu'il ne m'en faut là-dessus, dans les entretiens que j'ai avec de jeunes personnes, dont l'ignorance ne me cause pas moins d'étonnement que tout ce que j'ai vu jusqu'ici.

Si je leur parle de sentiments, elles se défendent d'en avoir, parce qu'elles ne connaissent que celui de l'amour. Elles n'entendent par le mot de bonté que la compassion naturelle que l'on éprouve à la vue d'un être souffrant ; et j'ai même remarqué qu'elles en sont plus affectées pour des animaux que pour des humains ; mais cette bonté tendre, réfléchie, qui fait faire le bien avec noblesse et discernement, qui porte à l'indulgence et à l'humanité, leur est totalement inconnue. Elles croient avoir rempli toute l'étendue des devoirs de la discrétion en ne révélant qu'à quelques amies les secrets frivoles qu'elles ont surpris ou qu'on leur a confiés. Mais elles n'ont aucune idée de cette discrétion circonspecte, délicate et nécessaire pour n'être point à charge, pour ne blesser personne, et pour maintenir la paix dans la société.

Si j'essaye de leur expliquer ce que j'entends par la modération, sans laquelle les vertus mêmes sont presque des vices ; si je parle de l'honnêteté des mœurs, de l'équité à l'égard des inférieurs, si peu pratiquée en France, et de la fermeté à mépriser et à fuir les vicieux de qualité, je remarque à leur embarras qu'elles me soupçonnent de parler la langue péruvienne, et que la seule politesse les engage à feindre de m'entendre.

Elles ne sont pas mieux instruites sur la connaissance du monde, des hommes et de la société. Elles ignorent jusqu'à l'usage de leur langue naturelle ; il est rare qu'elles la parlent correctement, et je ne m'aperçois pas sans une extrême surprise que je suis à présent plus savante qu'elles à cet égard.

C'est dans cette ignorance que l'on marie les filles, à peine sorties de l'enfance. Dès lors il semble, au peu d'intérêt que les parents prennent à leur conduite, qu'elles ne leur appartiennent plus. La plupart des maris ne s'en occupent pas davantage. Il serait encore temps de réparer les défauts de la première éducation ; on n'en prend pas la peine.

Une jeune femme libre dans son appartement, y reçoit sans contrainte les compagnies qui lui plaisent. Ses occupations sont ordinairement puériles, toujours inutiles, et peut-être au-dessous de l'oisiveté. On entretient son esprit tout au moins de frivolités malignes ou insipides, plus propres à la rendre méprisable que la stupidité même. Sans confiance en elle, son mari ne cherche point à la former au soin de ses affaires, de sa famille et de sa maison. Elle ne participe au tout de ce petit univers que par la représentation. C'est une figure d'ornement pour amuser les curieux ; aussi, pour peu que l'humeur impérieuse se joigne au goût de la

dissipation, elle donne dans tous les travers, passe rapidement de l'indépendance à la licence, et bientôt elle arrache le mépris et l'indignation
des hommes malgré leur penchant et leur intérêt à tolérer les vices de la
jeunesse en faveur de ses agréments.

Quoique je te dise la vérité avec toute la sincérité de mon cœur, mon
cher Aza, garde-toi bien de croire qu'il n'y ait point ici de femmes de
mérite. Il en est d'assez heureusement nées pour se donner à elles-mêmes
ce que l'éducation leur refuse. L'attachement à leurs devoirs, la décence
de leurs mœurs et les agréments honnêtes de leur esprit attirent sur elles
l'estime de tout le monde. Mais le nombre de celles-là est si borné en
comparaison de la multitude, qu'elles sont connues et révérées par leur
propre nom. Ne crois pas non plus que le dérangement de la conduite des
autres vienne de leur mauvais naturel. En général il me semble que les
femmes naissent ici bien plus communément que chez nous, avec toutes
les dispositions nécessaires pour égaler les hommes en mérite et en
vertus. Mais comme s'ils en convenaient au fond de leur cœur, et que
leur orgueil ne pût supporter cette égalité, ils contribuent en toute
manière à les rendre méprisables, soit en manquant de considération pour
les leurs, soit en séduisant celles des autres.

Quand tu sauras qu'ici l'autorité est entièrement du côté des hommes,
tu ne douteras pas, mon cher Aza, qu'ils ne soient responsables de tous
les désordres de la société. Ceux qui par une lâche indifférence laissent
suivre à leurs femmes le goût qui les perd, sans être les plus coupables,
ne sont pas les moins dignes d'être méprisés ; mais on ne fait pas assez
d'attention à ceux qui par l'exemple d'une conduite vicieuse et indé-
cente, entraînent leurs femmes dans le dérèglement, ou par dépit, ou par
vengeance.

Et en effet, mon cher Aza, comment ne seraient-elles pas révoltées
contre l'injustice des lois qui tolèrent l'impunité des hommes, poussée au
même excès que leur autorité ? Un mari, sans craindre aucune punition,
peut avoir pour sa femme les manières les plus rebutantes, il peut dissiper
en prodigalités aussi criminelles qu'excessives non seulement son bien,
celui de ses enfants, mais même celui de la victime qu'il fait gémir
presque dans l'indigence par une avarice pour les dépenses honnêtes, qui
s'allie très communément ici avec la prodigalité. Il est autorisé à punir
rigoureusement l'apparence d'une légère infidélité en se livrant sans
honte à toutes celles que le libertinage lui suggère. Enfin, mon cher Aza,
il semble qu'en France les liens du mariage ne soient réciproques qu'au
moment de la célébration, et que dans la suite les femmes seules y
doivent être assujetties.

Je pense et je sens que ce serait les honorer beaucoup que de les croire
capables de conserver de l'amour pour leur mari malgré l'indifférence et
les dégoûts dont la plupart sont accablées. Mais qui peut résister au
mépris !

Le premier sentiment que la nature a mis en nous est le plaisir d'être, et nous le sentons plus vivement et par degrés à mesure que nous nous apercevons du cas que l'on fait de nous.

Le bonheur machinal du premier âge est d'être aimé de ses parents, et accueilli des étrangers. Celui du reste de la vie est de sentir l'importance de notre être à proportion qu'il devient nécessaire au bonheur d'un autre. C'est toi, mon cher Aza, c'est ton amour extrême, c'est la franchise de nos cœurs, la sincérité de nos sentiments qui m'ont dévoilé les secrets de la nature et ceux de l'amour. L'amitié, ce sage et doux lien, devrait peut-être remplir tous nos vœux; mais elle partage sans crime et sans scrupule son affection entre plusieurs objets; l'amour qui donne et qui exige une préférence exclusive, nous présente une idée si haute, si satisfaisante de notre être, qu'elle seule peut contenter l'avide ambition de primauté qui naît avec nous, qui se manifeste dans tous les âges, dans tous les temps, dans tous les états, et le goût naturel pour la propriété achève de déterminer notre penchant à l'amour.

Si la possession d'un meuble, d'un bijou, d'une terre, est un des sentiments les plus agréables que nous éprouvons, quel doit être celui qui nous assure la possession d'un cœur, d'une âme, d'un être libre, indépendant, et qui se donne volontairement en échange du plaisir de posséder en nous les mêmes avantages!

S'il est donc vrai, mon cher Aza, que le désir dominant de nos cœurs soit celui d'être honoré en général et chéri de quelqu'un en particulier, conçois-tu par quelle inconséquence les Français peuvent espérer qu'une jeune femme accablée de l'indifférence offensante de son mari ne cherche pas à se soustraire à l'espèce d'anéantissement qu'on lui présente sous toutes sortes de formes? Imagines-tu qu'on puisse lui proposer de ne tenir à rien dans l'âge où les prétentions vont toujours au-delà du mérite? Pourrais-tu comprendre sur quel fondement on exige d'elle la pratique des vertus, dont les hommes se dispensent en lui refusant les lumières et les principes nécessaires pour les pratiquer? Mais ce qui se conçoit encore moins, c'est que les parents et les maris se plaignent réciproquement du mépris que l'on a pour leurs femmes et leurs filles, et qu'ils en perpétuent la cause de race en race avec l'ignorance, l'incapacité et la mauvaise éducation.

Ô mon cher Aza! que les vices brillants d'une nation d'ailleurs si séduisante ne nous dégoûtent point de la naïve simplicité de nos mœurs! N'oublions jamais, toi l'obligation où tu es d'être mon exemple, mon guide et mon soutien dans le chemin de la vertu; et moi, celle où je suis de conserver ton estime et ton amour en imitant mon modèle.

LETTRE XXXV

Nos visites et nos fatigues, mon cher Aza, ne pouvaient se terminer plus agréablement. Quelle journée délicieuse j'ai passée hier ! Combien les nouvelles obligations que j'ai à Déterville et à sa sœur me sont agréables ! Mais combien elles me seront chères quand je pourrai les partager avec toi !

Après deux jours de repos, nous partîmes hier matin de Paris, Céline, son frère, son mari et moi, pour aller, disait-elle, rendre une visite à la meilleure de ses amies. Le voyage ne fut pas long, nous arrivâmes de très bonne heure à une maison de campagne dont la situation et les approches me parurent admirables ; mais ce qui m'étonna en y entrant, fut d'en trouver toutes les portes ouvertes, et de n'y rencontrer personne.

Cette maison, trop belle pour être abandonnée, trop petite pour cacher le monde qui aurait dû l'habiter, me paraissait un enchantement. Cette pensée me divertit ; je demandai à Céline si nous étions chez une de ces fées dont elle m'avait fait lire les histoires, où la maîtresse du logis était invisible ainsi que les domestiques.

« Vous la verrez, me répondit-elle, mais comme des affaires importantes l'appellent ailleurs pour toute la journée, elle m'a chargée de vous engager à faire les honneurs de chez elle pendant son absence. Mais avant toutes choses, ajouta-t-elle, il faut que vous signiez le consentement que vous donnez, sans doute, à cette proposition.

— Ah ! volontiers », lui dis-je en me prêtant à la plaisanterie.

Je n'eus pas plus tôt prononcé ces paroles, que je vis entrer un homme vêtu de noir, qui tenait une écritoire et du papier déjà écrit ; il me le présenta, et j'y plaçai mon nom où l'on voulut.

Dans l'instant même, parut un autre homme d'assez bonne mine, qui nous invita selon la coutume de passer avec lui dans l'endroit où l'on mange. Nous y trouvâmes une table servie avec autant de propreté que de magnificence ; à peine étions-nous assis, qu'une musique charmante se fit entendre dans la chambre voisine ; rien ne manquait de tout ce qui peut rendre un repas agréable. Déterville même semblait avoir oublié son chagrin pour nous exciter à la joie : il me parlait en mille manières de ses sentiments pour moi, mais toujours d'un ton flatteur, sans plainte ni reproche.

Le jour était serein ; d'un commun accord nous résolûmes de nous promener en sortant de table. Nous trouvâmes les jardins beaucoup plus étendus que la maison ne semblait le promettre. L'art et la symétrie ne s'y faisaient admirer que pour rendre plus touchants les charmes de la simple nature.

Nous bornâmes notre course dans un bois qui termine ce beau jardin : assis tous quatre sur un gazon délicieux, nous vîmes venir à nous d'un côté une troupe de paysans vêtus proprement à leur manière, précédés de quelques instruments de musique, et de l'autre, une troupe de jeunes filles vêtues de blanc, la tête ornée de fleurs champêtres, qui chantaient d'une façon rustique, mais mélodieuse, des chansons où j'entendis avec surprise que mon nom était souvent répété.

Mon étonnement fut bien plus fort lorsque, les deux troupes nous ayant joints, je vis l'homme le plus apparent quitter la sienne, mettre un genou en terre, et me présenter dans un grand bassin plusieurs clefs avec un compliment que mon trouble m'empêcha de bien entendre ; je compris seulement qu'étant le chef des villageois de la contrée, il venait me rendre hommage en qualité de leur souveraine, et me présenter les clefs de la maison, dont j'étais aussi la maîtresse.

Dès qu'il eut fini sa harangue, il se leva pour faire place à la plus jolie d'entre les jeunes filles. Elle vint me présenter une gerbe de fleurs, ornée de rubans, qu'elle accompagna aussi d'un petit discours à ma louange, dont elle s'acquitta de bonne grâce.

J'étais trop confuse, mon cher Aza, pour répondre à des éloges que je méritais si peu ; d'ailleurs tout ce qui se passait avait un ton si approchant de celui de la vérité, que dans bien des moments je ne pouvais me défendre de croire ce que, néanmoins, je trouvais incroyable. Cette pensée en produisit une infinité d'autres : mon esprit était tellement occupé, qu'il me fut impossible de proférer une parole : si ma confusion était divertissante pour la compagnie, elle était si embarrassante pour moi, que Déterville en fut touché. Il fit un signe à sa sœur, elle se leva après avoir donné quelques pièces d'or aux paysans et aux jeunes filles, en leur disant que c'étaient les prémices de mes bontés pour eux, elle me proposa de faire un tour de promenade dans le bois, je la suivis avec plaisir, comptant bien lui faire des reproches de l'embarras où elle m'avait mise ; mais je n'en eus pas le temps. A peine avions-nous fait quelques pas qu'elle s'arrêta, et me regardant avec une mine riante :

« Avouez, Zilia, me dit-elle, que vous êtes bien fâchée contre nous, et que vous le serez bien davantage si je vous dis qu'il est très vrai que cette terre et cette maison vous appartiennent.

— A moi, m'écriai-je ! ah ! Céline ! Est-ce là ce que vous m'aviez promis ? Vous poussez trop loin l'outrage, ou la plaisanterie.

— Attendez, me dit-elle plus sérieusement, si mon frère avait disposé de quelque partie de vos trésors pour en faire l'acquisition, et qu'au lieu des ennuyeuses formalités dont il s'est chargé, il ne vous eût réservé que la surprise, nous haïriez-vous bien fort ? Ne pourriez-vous nous pardonner de vous avoir procuré, à tout événement, une demeure telle que vous avez paru l'aimer, et de vous avoir assuré une vie indépendante ? Vous avez signé ce matin l'acte authentique qui vous met en possession de l'une et l'autre. Grondez-nous à présent tant qu'il vous plaira, ajouta-t-elle en riant, si rien de tout cela ne vous est agréable.

— Ah ! mon aimable amie ! m'écriai-je en me jetant dans ses bras, je sens trop vivement des soins si généreux pour vous exprimer ma reconnaissance. »

Il ne me fut possible de prononcer que ce peu de mots ; j'avais senti d'abord l'importance d'un tel service. Touchée, attendrie, transportée de joie en pensant au plaisir que j'aurais à te consacrer cette charmante demeure, la multitude de mes sentiments en étouffait l'expression. Je faisais à Céline des caresses qu'elle me rendait avec la même tendresse ; et après m'avoir donné le temps de me remettre, nous allâmes retrouver son frère et son mari.

Un nouveau trouble me saisit en abordant Déterville, et jeta un nouvel embarras dans mes expressions ; je lui tendis la main ; il la baisa sans proférer une parole, et se détourna pour cacher des larmes qu'il ne put retenir, et que je pris pour des signes de la satisfaction qu'il avait de me voir si contente ; j'en fus attendrie jusqu'à en verser aussi quelques-unes. Le mari de Céline, moins intéressé que nous à ce qui se passait, remit bientôt la conversation sur le ton de plaisanterie ; il me fit des compliments sur ma nouvelle dignité, et nous engagea à retourner à la maison, pour en examiner, disait-il, les défauts, et faire voir à Déterville que son goût n'était pas aussi sûr qu'il s'en flattait.

Te l'avouerai-je, mon cher Aza, tout ce qui s'offrit à mon passage me parut prendre une nouvelle forme ; les fleurs me semblaient plus belles, les arbres plus verts, la symétrie des jardins mieux ordonnée. Je trouvai la maison plus riante, les meubles plus riches, les moindres bagatelles m'étaient devenues intéressantes.

Je parcourus les appartements dans une ivresse de joie qui ne me permettait pas de rien examiner. Le seul endroit où je m'arrêtai fut une assez grande chambre entourée d'un grillage d'or, légèrement travaillé, qui renfermait une infinité de livres de toutes couleurs, de toutes formes, et d'une propreté admirable ; j'étais dans un tel enchantement, que je croyais ne pouvoir les quitter sans les avoir tous lus. Céline m'en arracha, en me faisant souvenir d'une clef d'or que Déterville m'avait remise. Je m'en servis pour ouvrir précipitamment une porte que l'on me montra ; et je restai immobile à la vue des magnificences qu'elle renfermait.

C'était un cabinet tout brillant de glaces et de peintures : les lambris à fond vert ornés de figures extrêmement bien dessinées, imitaient une partie des jeux et des cérémonies de la ville du Soleil, tels à peu près que je les avais dépeints à Déterville.

On y voyait nos Vierges représentées en mille endroits avec le même habillement que je portais en arrivant en France ; on disait même qu'elles me ressemblaient.

Les ornements du temple que j'avais laissés dans la maison religieuse,

soutenus par des pyramides dorées, ornaient tous les coins de ce magnifique cabinet. La figure du Soleil, suspendue au milieu d'un plafond
peint des plus belles couleurs du ciel, achevait par son éclat d'embellir
cette charmante solitude : et des meubles commodes assortis aux peintures la rendaient délicieuse.

Déterville, profitant du silence où me retenaient ma surprise, ma joie
et mon admiration, me dit en s'approchant de moi : « Vous pourrez vous
apercevoir, belle Zilia, que la chaise d'or ne se trouve point dans ce
nouveau temple du Soleil ; un pouvoir magique l'a transformée en maison,
en jardin, en terres. Si je n'ai pas employé ma propre science à cette
métamorphose, ce n'a pas été sans regret ; mais il a fallu respecter votre
délicatesse. Voici, me dit-il en ouvrant une petite armoire pratiquée
adroitement dans le mur, voici les débris de l'opération magique. » En
même temps il me fit voir une cassette remplie de pièces d'or à l'usage
de France. « Ceci, vous le savez, continua-t-il, n'est pas ce qui est le
moins nécessaire parmi nous, j'ai cru devoir vous en conserver une petite
provision. »

Je commençais à lui témoigner ma vive reconnaissance, et l'admiration
que me causaient des soins si prévenants, quand Céline m'interrompit, et
m'entraîna dans une chambre à côté du merveilleux cabinet. « Je veux
aussi, me dit-elle, vous faire voir la puissance de mon art. » On ouvrit de
grandes armoires remplies d'étoffes admirables, de linge, d'ajustements,
enfin de tout ce qui est à l'usage des femmes, avec une telle abondance,
que je ne pus m'empêcher d'en rire et de demander à Céline combien
d'années elle voulait que je vécusse pour employer tant de belles choses.

« Autant que nous en vivrons mon frère et moi, me répondit-elle.

— Et moi, repris-je, je désire que vous viviez l'un et l'autre autant que
je vous aimerai, et vous ne mourrez pas les premiers. »

En achevant ces mots nous retournâmes dans le temple du Soleil, c'est
ainsi qu'ils nommèrent le merveilleux cabinet. J'eus enfin la liberté de
parler ; j'exprimai comme je le sentais les sentiments dont j'étais
pénétrée. Quelle bonté ! que de vertus dans les procédés du frère et de la
sœur !

Nous passâmes le reste du jour dans les délices de la confiance et de
l'amitié ; je leur fis les honneurs du souper encore plus gaiement que je
n'avais fait ceux du dîner. J'ordonnais librement à des domestiques que
je savais être à moi ; je badinais sur mon autorité et mon opulence ; je fis
tout ce qui dépendait de moi pour rendre agréables à mes bienfaiteurs
leurs propres bienfaits.

Je crus cependant m'apercevoir qu'à mesure que le temps s'écoulait
Déterville retombait dans sa mélancolie, et même qu'il échappait de
temps en temps des larmes à Céline ; mais l'un et l'autre reprenaient si
promptement un air serein, que je crus m'être trompée.

Je fis mes efforts pour les engager à jouir quelques jours avec moi du bonheur qu'ils me procuraient. Je ne pus l'obtenir ; nous sommes revenus cette nuit, en nous promettant de retourner incessamment dans mon palais enchanté.

Ô mon cher Aza ! quelle sera ma félicité quand je pourrai l'habiter avec toi !

LETTRE XXXVI

La tristesse de Déterville et de sa sœur, mon cher Aza, n'a fait qu'augmenter depuis notre retour de mon palais enchanté : ils me sont trop chers l'un et l'autre pour ne m'être pas empressée à leur en demander le motif ; mais voyant qu'ils s'obstinaient à me le taire, je n'ai plus douté que quelque nouveau malheur n'ait traversé ton voyage, et bientôt mon inquiétude a surpassé leur chagrin. Je n'en ai pas dissimulé la cause, et mes amis ne l'ont pas laissée durer longtemps.

Déterville m'a avoué qu'il avait résolu de me cacher le jour de ton arrivée, afin de me surprendre, mais que mon inquiétude lui faisait abandonner son dessein. En effet, il m'a montré une lettre du guide qu'il t'a fait donner, et par le calcul du temps et du lieu où elle a été écrite, il m'a fait comprendre que tu peux être ici aujourd'hui, demain, dans ce moment même, enfin qu'il n'y a plus de temps à mesurer jusqu'à celui qui comblera tous mes vœux.

Cette première confidence faite, Déterville n'a plus hésité de me dire tout le reste de ses arrangements. Il m'a fait voir l'appartement qu'il te destine : tu logeras ici jusqu'à ce qu'unis ensemble, la décence nous permette d'habiter mon délicieux château. Je ne te perdrai plus de vue, rien ne nous séparera ; Déterville a pourvu à tout, et m'a convaincue plus que jamais de l'excès de sa générosité.

Après cet éclaircissement, je ne cherche plus d'autre cause à la tristesse qui le dévore que ta prochaine arrivée. Je le plains : je compatis à sa douleur, je lui souhaite un bonheur qui ne dépende point de mes sentiments, et qui soit une digne récompense de sa vertu.

Je dissimule même une partie des transports de ma joie pour ne pas irriter sa peine. C'est tout ce que je puis faire ; mais je suis trop occupée de mon bonheur pour le renfermer entièrement : ainsi, quoique je te croie fort près de moi, que je tressaille au moindre bruit, que j'interrompe ma lettre presque à chaque mot pour courir à la fenêtre, je ne laisse pas de continuer à t'écrire, il faut ce soulagement au transport de mon cœur. Tu es plus près de moi, il est vrai ; mais ton absence en est-elle moins réelle que si les mers nous séparaient encore ? Je ne te vois point, tu ne peux m'entendre, pourquoi cesserais-je de m'entretenir avec toi de la seule

façon dont je puis le faire ? Encore un moment, et je te verrai ; mais ce
moment n'existe point. Eh ! puis-je mieux employer ce qui me reste de
ton absence qu'en te peignant la vivacité de ma tendresse ? Hélas ! tu l'as
vue toujours gémissante. Que ce temps est loin de moi ! avec quel
transport il sera effacé de mon souvenir ! Aza, cher Aza ! que ce nom est
doux ! Bientôt je ne t'appellerai plus en vain, tu m'entendras, tu voleras
à ma voix : les plus tendres expressions de mon cœur seront la récompense de ton empressement...

LETTRE XXXVII
Au chevalier Déterville

A Malte

Avez-vous pu, Monsieur, prévoir sans remords le chagrin mortel que
vous deviez joindre au bonheur que vous me prépariez ? Comment avez-
vous eu la cruauté de faire précéder votre départ par des circonstances si
agréables, par des motifs de reconnaissance si pressants, à moins que ce
ne fût pour me rendre plus sensible à votre désespoir et à votre absence ?
Comblée il y a deux jours des douceurs de l'amitié, j'en éprouve aujour-
d'hui les peines les plus amères.

Céline, tout affligée qu'elle est, n'a que trop bien exécuté vos ordres.
Elle m'a présenté Aza d'une main, et de l'autre votre cruelle lettre. Au
comble de mes vœux, la douleur s'est fait sentir dans mon âme ; en
retrouvant l'objet de ma tendresse, je n'ai point oublié que je perdais
celui de tous mes autres sentiments. Ah ! Déterville, que pour cette fois
votre bonté est inhumaine ! Mais n'espérez pas exécuter jusqu'à la fin
vos injustes résolutions ; non, la mer ne vous séparera pas à jamais de
tout ce qui vous est cher ; vous entendrez prononcer mon nom, vous
recevrez mes lettres, vous écouterez mes prières ; le sang et l'amitié
reprendront leurs droits sur votre cœur ; vous vous rendrez à une famille
à laquelle je suis responsable de votre perte.

Quoi ! pour récompense de tant de bienfaits, j'empoisonnerais vos
jours et ceux de votre sœur ! je romprais une si tendre union ! je porterais
le désespoir dans vos cœurs, même en jouissant encore des effets de vos
bontés ! non, ne le croyez pas, je ne me vois qu'avec horreur dans une
maison que je remplis de deuil ; je reconnais vos soins au bon traitement
que je reçois de Céline au moment même où je lui pardonnerais de me
haïr ; mais quels qu'ils soient, j'y renonce, et je m'éloigne pour jamais
des lieux que je ne puis souffrir, si vous n'y revenez. Mais que vous êtes
aveugle, Déterville ! Quelle erreur vous entraîne dans un dessein si

contraire à vos vues? Vous vouliez me rendre heureuse, vous ne me rendez que coupable; vous vouliez sécher mes larmes, vous les faites couler, et vous perdez par votre éloignement le fruit de votre sacrifice.

Hélas! peut-être n'auriez-vous trouvé que trop de douceur dans cette entrevue que vous avez crue si redoutable pour vous! Cet Aza, l'objet de tant d'amour, n'est plus le même Aza que je vous ai peint avec des couleurs si tendres. Le froid de son abord, l'éloge des Espagnols, dont cent fois il a interrompu les doux épanchements de mon âme, l'indifférence offensante avec laquelle il se propose de ne faire en France qu'un séjour de peu de durée, la curiosité qui l'entraîne loin de moi à ce moment même : tout me fait craindre des maux dont mon cœur frémit. Ah, Déterville! peut-être ne serez-vous pas longtemps le plus malheureux.

Si la pitié de vous-même ne peut rien sur vous, que les devoirs de l'amitié vous ramènent; elle est le seul asile de l'amour infortuné. Si les maux que je redoute allaient m'accabler, quels reproches n'auriez-vous pas à vous faire? Si vous m'abandonnez, où trouverai-je des cœurs sensibles à mes peines? La générosité, jusqu'ici la plus forte de vos passions, céderait-elle enfin à l'amour mécontent? Non, je ne puis le croire; cette faiblesse serait indigne de vous; vous êtes incapable de vous y livrer; mais venez m'en convaincre, si vous aimez votre gloire et mon repos.

LETTRE XXXVIII

Au chevalier Déterville

A Malte

Si vous n'étiez pas la plus noble des créatures, Monsieur, je serais la plus humiliée; si vous n'aviez l'âme la plus humaine, le cœur le plus compatissant, serait-ce à vous que je ferais l'aveu de ma honte et de mon désespoir? Mais hélas! que me reste-t-il à craindre? qu'ai-je à ménager? tout est perdu pour moi.

Ce n'est plus la perte de ma liberté, de mon rang, de ma patrie que je regrette; ce ne sont plus les inquiétudes d'une tendresse innocente qui m'arrachent des pleurs; c'est la bonne foi violée, c'est l'amour méprisé, qui déchirent mon âme. Aza est infidèle!

Aza infidèle! Que ces funestes mots ont de pouvoir sur mon âme... mon sang se glace... un torrent de larmes...

J'appris des Espagnols à connaître les malheurs; mais le dernier de leurs coups est le plus sensible : ce sont eux qui m'enlèvent le cœur d'Aza; c'est leur cruelle religion qui autorise le crime qu'il commet; elle approuve, elle ordonne l'infidélité, la perfidie, l'ingratitude; mais elle défend l'amour de ses proches. Si j'étais étrangère, inconnue, Aza pourrait m'aimer : unis par les liens du sang, il doit m'abandonner, m'ôter la vie sans honte, sans regret, sans remords.

Hélas ! toute bizarre qu'est cette religion, s'il n'avait fallu que l'embrasser pour retrouver le bien qu'elle m'arrache, j'aurais soumis mon esprit à ses illusions. Dans l'amertume de mon âme, j'ai demandé d'être instruite ; mes pleurs n'ont point été écoutés. Je ne puis être admise dans une société si pure sans abandonner le motif qui me détermine, sans renoncer à ma tendresse, c'est-à-dire, sans changer mon existence.

Je l'avoue, cette extrême sévérité me frappe autant qu'elle me révolte, je ne puis refuser une sorte de vénération à des lois qui dans toute autre chose me paraissent si pures et si sages ; mais est-il en mon pouvoir de les adopter ? et quand je les adopterais, quel avantage m'en reviendrait-il ? Aza ne m'aime plus ; ah ! malheureuse...

Le cruel Aza n'a conservé de la candeur de nos mœurs que le respect pour la vérité, dont il fait un si funeste usage. Séduit par les charmes d'une jeune Espagnole, prêt à s'unir à elle, il n'a consenti à venir en France que pour se dégager de la foi qu'il m'avait jurée ; que pour ne me laisser aucun doute sur ses sentiments ; que pour me rendre une liberté que je déteste ; que pour m'ôter la vie.

Oui, c'est en vain qu'il me rend à moi-même ; mon cœur est à lui, il y sera jusqu'à la mort.

Ma vie lui appartient : qu'il me la ravisse, et qu'il m'aime...

Vous saviez mon malheur, pourquoi ne me l'avez-vous éclairci qu'à demi ? Pourquoi ne me laissâtes-vous entrevoir que des soupçons qui me rendirent injuste à votre égard ? Eh, pourquoi vous en fais-je un crime ? Je ne vous aurais pas cru : aveugle, prévenue, j'aurais été moi-même audevant de ma funeste destinée, j'aurais conduit sa victime à ma rivale, je serais à présent... Ô dieux ! sauvez-moi cette horrible image !...

Déterville, trop généreux ami ! suis-je digne d'être écoutée ? Oubliez mon injustice ; plaignez une malheureuse dont l'estime pour vous est encore au-dessus de sa faiblesse pour un ingrat.

LETTRE XXXIX

Au chevalier Déterville

A Malte

Puisque vous vous plaignez de moi, Monsieur, vous ignorez l'état dont les cruels soins de Céline viennent de me tirer. Comment vous aurais-je écrit ? Je ne pensais plus. S'il m'était resté quelque sentiment, sans doute la confiance en vous en eût été un ; mais environnée des ombres de la mort, le sang glacé dans les veines, j'ai longtemps ignoré ma propre existence ; j'avais oublié jusqu'à mon malheur. Ah ! Dieux ! pourquoi en me rappelant à la vie, m'a-t-on rappelée à ce funeste souvenir !

Il est parti ! je ne le verrai plus ! il me fuit, il ne m'aime plus, il me l'a dit : tout est fini pour moi. Il prend une autre épouse, il m'abandonne, l'honneur l'y condamne ; eh bien, cruel Aza, puisque le fantastique honneur de l'Europe a des charmes pour toi, que n'imitais-tu aussi l'art qui l'accompagne !

Heureuses Françaises, on vous trahit ; mais vous jouissez longtemps d'une erreur qui ferait à présent tout mon bien. La dissimulation vous prépare au coup mortel qui me tue. Funeste sincérité de ma nation, vous pouvez donc cesser d'être une vertu ? Courage, fermeté, vous êtes donc des crimes quand l'occasion le veut ?

Tu m'as vue à tes pieds, barbare Aza, tu les as vus baignés de mes larmes, et ta fuite… Moment horrible ! pourquoi ton souvenir ne m'arrache-t-il pas la vie ?

Si mon corps n'eût succombé sous l'effort de la douleur, Aza ne triompherait pas de ma faiblesse… Tu ne serais pas parti seul. Je te suivrais, ingrat ; je te verrais, je mourrais du moins à tes yeux.

Déterville, quelle faiblesse fatale vous a éloigné de moi ? Vous m'eussiez secourue ; ce que n'a pu faire le désordre de mon désespoir, votre raison, capable de persuader, l'aurait obtenu ; peut-être Aza serait encore ici. Mais, déjà arrivé en Espagne au comble de ses vœux… Regrets inutiles ! désespoir infructueux !… Douleur, accable-moi.

Ne cherchez point, Monsieur, à surmonter les obstacles qui vous retiennent à Malte pour revenir ici. Qu'y feriez-vous ? Fuyez une malheureuse qui ne sent plus les bontés que l'on a pour elle, qui s'en fait un supplice, qui ne veut que mourir.

LETTRE XL

Rassurez-vous, trop généreux ami, je n'ai pas voulu vous écrire que mes jours ne fussent en sûreté, et que moins agitée je ne puisse calmer vos inquiétudes. Je vis ; le destin le veut, je me soumets à ses lois.

Les soins de votre aimable sœur m'ont rendu la santé, quelques retours de raison l'ont soutenue. La certitude que mon malheur est sans remède a fait le reste. Je sais qu'Aza est arrivé en Espagne, que son crime est consommé ; ma douleur n'est pas éteinte, mais la cause n'est plus digne de mes regrets ; s'il en reste dans mon cœur, ils ne sont dus qu'aux peines que je vous ai causées, qu'à mes erreurs, qu'à l'égarement de ma raison.

Hélas ! à mesure qu'elle m'éclaire je découvre son impuissance, que peut-elle sur une âme désolée ? L'excès de la douleur nous rend la faiblesse de notre premier âge. Ainsi que dans l'enfance, les objets seuls ont du pouvoir sur nous, il semble que la vue soit le seul de nos sens qui ait une communication intime avec notre âme. J'en ai fait une cruelle expérience.

En sortant de la longue et accablante léthargie où me plongea le départ d'Aza, le premier désir que m'inspira la nature fut de me retirer dans la solitude que je dois à votre prévoyante bonté : ce ne fut pas sans peine que j'obtins de Céline la permission de m'y faire conduire ; j'y trouve des secours contre le désespoir que le monde et l'amitié même ne m'auraient jamais fournis. Dans la maison de votre sœur, ses discours consolants ne pouvaient prévaloir sur les objets qui me retraçaient sans cesse la perfidie d'Aza.

La porte par laquelle Céline l'amena dans ma chambre le jour de votre départ et de son arrivée ; le siège sur lequel il s'assit ; la place où il m'annonça mon malheur, où il me rendit mes lettres, jusqu'à son ombre effacée d'un lambris où je l'avais vue se former, tout faisait chaque jour de nouvelles plaies à mon cœur.

Ici je ne vois rien qui ne me rappelle les idées agréables que j'y reçus à la première vue ; je n'y retrouve que l'image de votre amitié et de celle de votre aimable sœur.

Si le souvenir d'Aza se présente à mon esprit, c'est sous le même aspect où je le voyais alors. Je crois y attendre son arrivée. Je me prête à cette illusion autant qu'elle m'est agréable ; si elle me quitte, je prends des livres. Je lis d'abord avec effort, insensiblement de nouvelles idées enveloppent l'affreuse vérité renfermée au fond de mon cœur, et donnent à la fin quelque relâche à ma tristesse.

L'avouerai-je ? les douceurs de la liberté se présentent quelquefois à mon imagination, je les écoute ; environnée d'objets agréables, leur propriété a des charmes que je m'efforce de goûter ; de bonne foi avec moi-même, je compte peu sur ma raison. Je me prête à mes faiblesses, je ne combats celles de mon cœur qu'en cédant à celles de mon esprit. Les maladies de l'âme ne souffrent pas les remèdes violents.

Peut-être la fastueuse décence de votre nation ne permet-elle pas à mon âge l'indépendance et la solitude où je vis ; du moins, toutes les fois que Céline me vient voir, veut-elle me le persuader ; mais elle ne m'a pas encore donné d'assez fortes raisons pour m'en convaincre : la véritable décence est dans mon cœur. Ce n'est point au simulacre de la vertu que je rends hommage, c'est à la vertu même. Je la prendrai toujours pour juge et pour guide de mes actions. Je lui consacre ma vie, et mon cœur à l'amitié. Hélas ! quand y régnera-t-elle sans partage et sans retour ?

LETTRE XLI

Au chevalier Déterville

A Paris

Je reçois presque en même temps, Monsieur, la nouvelle de votre départ de Malte et celle de votre arrivée à Paris. Quelque plaisir que je me fasse de vous revoir, il ne peut surmonter le chagrin que me cause le billet que vous m'écrivez en arrivant.

Quoi, Déterville ! après avoir pris sur vous de dissimuler vos sentiments dans toutes vos lettres, après m'avoir donné lieu d'espérer que je n'aurais plus à combattre une passion qui m'afflige, vous vous livrez plus que jamais à sa violence !

A quoi bon affecter une déférence que vous démentez au même instant ? Vous me demandez la permission de me voir, vous m'assurez d'une soumission aveugle à mes volontés, et vous vous efforcez de me convaincre des sentiments qui y sont le plus opposés, qui m'offensent ; enfin que je n'approuverai jamais.

Mais puisqu'un faux espoir vous séduit, puisque vous abusez de ma confiance et de l'état de mon âme, il faut donc vous dire quelles sont mes résolutions plus inébranlables que les vôtres.

C'est en vain que vous vous flatteriez de faire prendre à mon cœur de nouvelles chaînes. Ma bonne foi trahie ne dégage pas mes serments ; plût au ciel qu'elle me fît oublier l'ingrat ! Mais quand je l'oublierais, fidèle à moi-même, je ne serai point parjure. Le cruel Aza abandonne un bien qui lui fut cher ; ses droits sur moi n'en sont pas moins sacrés : je puis guérir de ma passion, mais je n'en aurai jamais que pour lui : tout ce que l'amitié inspire de sentiments est à vous, vous ne les partagerez avec personne, je vous les dois. Je vous les promets ; j'y serai fidèle : vous jouirez au même degré de ma confiance et de ma sincérité ; l'une et l'autre seront sans bornes. Tout ce que l'amour a développé dans mon cœur de sentiments vifs et délicats tournera au profit de l'amitié. Je vous laisserai voir avec une égale franchise le regret de n'être point née en France, et mon penchant invincible pour Aza ; le désir que j'aurais de vous devoir l'avantage de penser, et mon éternelle reconnaissance pour celui qui me l'a procuré. Nous lirons dans nos âmes : la confiance sait aussi bien que l'amour donner de la rapidité au temps. Il est mille moyens de rendre l'amitié intéressante et d'en chasser l'ennui.

Vous me donnerez quelque connaissance de vos sciences et de vos arts ; vous goûterez le plaisir de la supériorité ; je la reprendrai en développant dans votre cœur des vertus que vous n'y connaissez pas. Vous ornerez mon esprit de ce qui peut le rendre amusant, vous jouirez de votre ouvrage ; je tâcherai de vous rendre agréables les charmes naïfs de la simple amitié, et je me trouverai heureuse d'y réussir.

Céline, en nous partageant sa tendresse, répandra dans nos entretiens la gaieté qui pourrait y manquer : que nous restera-t-il à désirer ?

Vous craignez en vain que la solitude n'altère ma santé. Croyez-moi, Déterville, elle ne devient jamais dangereuse que par l'oisiveté. Toujours occupée, je saurai me faire des plaisirs nouveaux de tout ce que l'habitude rend insipide.

Sans approfondir les secrets de la nature, le simple examen de ses merveilles n'est-il pas suffisant pour varier et renouveler sans cesse des occupations toujours agréables ? La vie suffit-elle pour acquérir une connaissance légère, mais intéressante, de l'univers, de ce qui m'environne, de ma propre existence ?

Le plaisir d'être, ce plaisir oublié, ignoré même de tant d'aveugles humains ; cette pensée si douce, ce bonheur si pur, *je suis, je vis, j'existe*, pourrait seul rendre heureux, si l'on s'en souvenait, si l'on en jouissait, si l'on en connaissait le prix.

Venez, Déterville, venez apprendre de moi à économiser les ressources de notre âme, et les bienfaits de la nature. Renoncez aux sentiments tumultueux, destructeurs imperceptibles de notre être ; venez apprendre à connaître les plaisirs innocents et durables, venez en jouir avec moi, vous trouverez dans mon cœur, dans mon amitié, dans mes sentiments tout ce qui peut vous dédommager de l'amour.

MADAME RICCOBONI

LETTRES DE MISTRISS FANNI BUTLERD
A MILORD CHARLES ALFRED, COMTE D'ERFORD
(1757)

INTRODUCTION

On n'en finirait pas de rassembler les témoignages d'estime recueillis par Mme Riccoboni. « Un ton distingué, disait Grimm, un style élégant, léger et rapide, la mettront toujours au-dessus de toutes les femmes qui ont jugé à propos de se faire imprimer en ces derniers temps. » Diderot ne le démentait pas, lui qui discutait théâtre avec elle et avait fait la critique d'un de ses romans encore manuscrit : « Cette femme écrit comme un ange ; c'est un naturel, une pureté, une sensibilité, une élégance qu'on ne saurait trop admirer. » Rousseau ne dédaignait pas de la lire et même lui faisait l'honneur de se souvenir de quelques détails de *Fanni Butlerd* dans *La Nouvelle Héloïse*. L'Italien Goldoni ne tarissait pas d'éloges pour des romans « dont la pureté du style, la délicatesse des images, la vérité des passions et l'art d'intéresser et d'amuser en même temps, la mettaient au pair avec tout ce qu'il y a d'estimable dans la littérature française ». Même Restif de La Bretonne, un peu hérissé contre les femmes écrivains, la recommandait dans *La Paysanne pervertie* et s'inclinait devant son talent : « Je défie à un homme, quel qu'il soit, de faire les *Lettres de Catesby*, et même les *Lettres de Fanny Butlerd*. Il les imitera, mais de loin ; jamais il ne fera de même. Mais Riccoboni est la seule qui ait cette manière de sexe, châtiée sans pédanterie et parfaitement agréable » [1].

Le succès public confirme ces jugements d'auteurs. Si l'on en croit Sainte-Beuve, Marie-Antoinette avait fait relier les romans de Mme Riccoboni à la manière des livres de prières, afin de pouvoir les lire pendant les offices. Ils furent traduits en plusieurs langues, réédités jusqu'à l'époque romantique. Les *Lettres de milady Juliette Catesby*, son

---

1. Grimm, *Correspondance littéraire*, t. VI, p. 275-276, mai 1765 ; Diderot, *Œuvres complètes*, éd. Assézat-Tourneux, Paris, Garnier, 1875, t. VIII, p. 465 ; Goldoni, *Mémoires*, Paris, Mercure de France, 1965, p. 392 ; Restif de La Bretonne, *Œuvres*, éd. H. Bachelin, Paris, Éditions du Trianon, 1930-1932, 9 vol., t. II, p. 346.

best-seller, ont eu au moins vingt éditions jusqu'en 1800 et ses œuvres complètes étaient toujours réimprimées en 1865, *Ernestine* paraît encore en 1870. Goethe vante Mme Riccoboni à Charlotte Buff[1], Stendhal la recommande à sa sœur Pauline, Balzac la fait lire aux personnages de *César Birotteau*. Puis la mode passa, mais elle resta chère à certain public sensible et, dans *Stello*, Vigny parle de ses romans « qui font sangloter les portières et dépérir toutes les brodeuses ». Jolie réussite pour une femme tard venue à l'écriture.

Son histoire n'est pas banale[2]. En 1690, à Troyes, Christophe Nicolas de Heurles épouse Catherine de Combes. Vingt ans plus tard, à Paris, sous le nom de Christophe de La Boras, il convole avec Marie Marguerite Dujac. Il aura d'elle deux enfants, une fille morte en bas âge et Marie-Jeanne, née le 25 octobre 1713. Rien d'extraordinaire, s'il n'avait été toujours marié à sa première épouse. Il fut donc excommunié pour bigamie et son second mariage annulé en 1714. La vie commençait mal pour Marie-Jeanne, qui n'eut guère plus de chance avec sa mère qu'avec son père :

> Vous me demandez *mon histoire*, dit-elle en 1772 à un ami. Est-ce que vous m'en croyez une ? [...] Je devais être riche, je devais tenir une place honnête dans le monde ; dès l'âge de six ans, la perte d'un procès m'enleva mon père et ma fortune. On m'éleva comme une fille dont le cloître était l'unique ressource. On ne m'enseigna rien, on fit de moi une bonne petite dévote, propre seulement à prier Dieu, puisque Satan la forçait de renoncer à ses pompes. Une grande pensionnaire du couvent où je vivais, me prêtait des livres. Ils m'inspirèrent du dégoût pour la vie monastique. Ma mère me fit sortir du couvent. J'avais quatorze ans. Elle se trouvait précisément à l'âge que peu de femmes supportent avec patience. Belle encore, accoutumée à des soins, à des préférences, elle me vit trop grande pour me considérer à ses côtés sans inquiétude. Victime de son humeur, chagrinée, querellée, maltraitée, j'écoutai le premier homme qui me fit espérer une société plus douce. Je me mariai pour quitter ma mère[3].

Ce premier homme se trouva être Antoine François Riccoboni, le fils du directeur du Théâtre-Italien et lui-même acteur. Il avait dix ans de plus qu'elle. Son caractère était emporté et violent, ses infidélités notoires. Le 23 août 1734, Mme Riccoboni fit ses débuts sur les planches dans *La Surprise de la haine* de Boissy. Elle était charmante et l'on

---

1. Voir L. M. Price, « Charlotte Buff, madame Riccobini and Sophie Laroche », dans *The Germanic Review*, VI, 1931, p. 1-7.

2. Pour les données biographiques, voir E. A. Crosby, *Une romancière oubliée. Madame Riccoboni*, Paris, Rieder, 1925, et les thèses de M. Servien (*Madame Riccoboni. Vie et œuvre*, Paris, 1973) et M. Flaux (*Madame Riccoboni : une idée du bonheur féminin au siècle des Lumières*, thèse dact., Paris, 1991).

3. *Mme Riccoboni's Letters to David Hume, David Garrick and sir Robert Liston : 1764-1783*, éd. établie par J. C. Nicholls, Oxford, Voltaire Foundation, 1976 (*Studies on Voltaire and the Eighteenth Century*, CXLIX), p. 226-227, 2 janvier 1772.

applaudit ses yeux noirs, mais elle n'avait guère de talent, elle l'avoue elle-même : «Actrice intelligente et froide», elle souhaitait jouer la tragédie, son mari s'y opposait : «De mauvaises pièces, de mauvais rôles, ne m'engagèrent point à travailler, et je ne sais comment j'étais applaudie quelquefois, car je ne prenais pas la moindre peine pour plaire [1] ». Dans le *Paradoxe sur le comédien*, Diderot voyait en elle une confirmation de sa thèse selon laquelle l'acteur ne doit pas avoir trop de personnalité ni de sensibilité s'il veut être capable de s'adapter à ses personnages : «Cette femme, une des plus sensibles que la nature ait formées, a été une des plus mauvaises actrices qui aient jamais paru sur la scène. [...] Elle a été vingt ans de suite la victime de sa profession [...] et de sa sensibilité, au-dessus de laquelle elle n'a jamais pu s'élever; et c'est parce qu'elle est constamment restée elle, que le public l'a constamment dédaignée [2]. »

À partir de 1755, elle vivra séparée d'un mari qui ne lui apportait que déboires, tout en subvenant en partie à ses besoins jusqu'à sa mort en 1772. L'oraison funèbre des *Mémoires secrets* est brève : «Il vivait dans la débauche et la crapule; il était même accusé de pédérastie [3]. » Elle ne dissimula pas que cette disparition la soulageait : «J'ai soigneusement caché combien mon sort avait de rigueur, et ceux qui me voyaient le plus souvent ne savaient pas la cause de mes chagrins et de la continuelle inquiétude qui souvent paraissait malgré moi. [...] Il m'avait rendue malheureuse, et pourtant il m'estimait beaucoup; et même m'aimait à sa manière [4]. »

À la suite d'une discussion où, paraît-il, on prétendait inimitable la manière de Marivaux, Mme Riccoboni se mit à une *Suite* de *La Vie de Marianne*, publiée en 1761, qui étonna Marivaux lui-même [5]. Le goût d'écrire lui était venu. En 1757 paraît son premier succès, les *Lettres de mistriss Fanni Butlerd*, peut-être directement inspirées par sa liaison malheureuse avec le comte de Maillebois qui l'avait quittée pour conclure un mariage avantageux, suivies en 1758 de l'*Histoire de M. le marquis de Cressy*, qui mettait en scène les tristes victimes d'un homme égoïste et ambitieux, et en 1759 des *Lettres de milady Juliette Catesby*, réflexion sur l'infidélité masculine, mais aussi sur les conventions et l'hypocrisie sociales. Ces trois brefs romans suffisent à faire sa répu-

---

1. *Mme Riccoboni's Letters*, op. cit., p. 227.
2. *Œuvres complètes*, t. VIII, p. 410-411. Voir aussi la *Réfutation d'Helvétius, ibid.*, t. II, p. 332.
3. *Mémoires secrets*, t. VI, p. 142, 26 mai 1772. Elle disait elle-même trois ans plus tôt : «Mon mari prend soin d'entretenir dans mon cœur le poison de la mélancolie : il se conduit à soixante ans, comme un homme de vingt et c'est moi qui paie ses sottises» (*Mme Riccoboni's Letters*, p. 151, 16 juin 1769).
4. *Mme Riccoboni's Letters*, p. 266, *op. cit.*, 27 juillet 1772.
5. Voir H. Coulet, «La *Suite de Marianne* de Mme Riccoboni et l'attribution des œuvres anonymes et apocryphes», dans *Travaux de linguistique et de littérature*, XIII, 2, 1975, p. 587-598.

tation et bientôt à la lier avec Diderot, le baron d'Holbach, le philosophe
David Hume et l'illustre acteur anglais David Garrick, plus tard avec
Adam Smith et Horace Walpole. En 1761, elle quitte le théâtre avec une
modeste pension de mille livres et s'installe dans un petit appartement de
la rue Poissonnière avec son amie Thérèse Biancolelli, comme elle
ancienne comédienne.

En 1764 paraît l'*Histoire de miss Jenny*, nouvelle expression d'un
féminisme ardent, en 1765 l'*Histoire d'Ernestine*, que La Harpe tenait
pour « le diamant de Mme Riccoboni ». C'était l'histoire d'une orpheline
dont s'éprend le marquis de Clémengis. Après diverses péripéties peu
vraisemblables où tous deux font preuve d'une « âme noble et délicate »,
le mariage inespéré a lieu. A côté d'autres romans de Mme Riccoboni, ce
diamant paraît aujourd'hui bien terne. En 1777 Laclos tira d'*Ernestine* le
livret d'un opéra-comique, *La Protégée sans le savoir*, tombé après une
unique représentation[1].

Vers la même époque, elle s'est liée avec Robert Liston, un jeune
Écossais de vingt-neuf ans son cadet que lui a présenté son compatriote
David Hume. Précepteur des deux fils d'un aristocrate, il était venu
montrer Paris à ses élèves. Elle se prit pour lui d'une amitié passionnée
qu'elle n'ose nommer amour et lui écrivit, des années durant, des lettres
qui ne laissent guère de doute sur ses sentiments[2]. Souvent elle prend
avec lui — et s'en excuse — le ton familier de Fanni Butlerd avec son
amant, l'appelle en badinant « mon cher Bob » ou « My lovely Liston » et
ses accents sont ceux de ses héroïnes : « Avant d'ouvrir votre lettre, je
l'ai pressée contre mes lèvres, avant de la lire je l'ai baignée de mes
larmes… » L'amour se mêlait en elle à une tendresse un peu maternelle
et à la gêne de se sentir ridicule : « La façon dont on *parle* d'une passion
ne doit rien faire présumer sur celle dont on a pu la *sentir* ; à mon âge il
convient de traiter l'amour comme une erreur qui ne séduit plus, d'en
parler avec plus de réflexion que de sentiment. […] Si je m'avisais d'en
parler comme d'un mouvement actuel de mon âme je me donnerais un
ridicule impardonnable. Quand la saison de plaire est passée, malheur à
qui conserve une pénible sensibilité ! Mon ami, l'amour hait les
vétérans[3]. » Peut-être ces sentiments contribuèrent-ils à l'orienter vers
l'analyse plus générale du préjugé social dans les *Lettres de la comtesse*

---

1. Grimm (*Correspondance littéraire*, t. XI, p. 497) fut sévère : « Le sujet de ce
malheureux drame est tiré du joli roman de Mme Riccoboni, intitulé *Ernestine*. On ne
pouvait guère choisir un sujet plus agréable, on ne pouvait guère le défigurer d'une manière
plus maussade. » Laclos a pu se souvenir d'*Ernestine* pour *Les Liaisons dangereuses*. Voir
R. Pomeau, *Laclos ou le Paradoxe*, Paris, Hachette, 1993, p. 128-129.

2. Voir F. C. Green, « Robert Liston et Madame Riccoboni. Une liaison franco-écossaise
au XVIIIᵉ siècle », dans *Revue de littérature comparée*, 38, 1964, p. 550-558 ; J. H. Stewart,
« Aimer à soixante ans : les lettres de Madame Riccoboni à sir Robert Liston », dans *Aimer
en France 1760-1860*, Clermont-Ferrand, Publications de la faculté des lettres, 1980, t. I,
p. 181-189.

3. 19 mars 1766, 1ᵉʳ mai 1769, p. 65, 146.

de Sancerre (1767), les *Lettres d'Élisabeth-Sophie de Vallière* (1772) ou les *Lettres de milord Rivers* (1777). C'est qu'elle se lassait aussi : « Faire encore des romans, toujours parler d'amour et de sentiment, de passion ! Je suis bien grande pour m'occuper de ces propos enfantins ; le temps où j'aimais est si loin de moi [1] ! »

Aidée par son amie Thérèse, elle traduisit l'*Amélie* de Fielding et des pièces de théâtre anglaises. Elle vivait à présent un peu plus à l'aise, sa mère et son mari n'étant plus à sa charge et Louis XV lui ayant octroyé, sur l'intervention de Mme Du Barry, une pension de deux mille livres [2]. En 1779 et 1780, dans la *Bibliothèque des romans*, parurent encore quatre contes, deux autres en 1786 dans le *Mercure*. Elle était alors à la fin de sa carrière. A la publication des *Liaisons dangereuses*, elle engagea avec Choderlos de Laclos une correspondance publiée en 1787. Elle qui avait tant lutté pour montrer les femmes victimes de l'insensibilité et de l'égoïsme masculins, ne lui pardonnait pas la création de la perfide marquise : « C'est en qualité de femme, Monsieur, de Française, de patriote zélée pour l'honneur de ma nation, que j'ai senti mon cœur blessé du caractère de Madame de Merteuil [3]. »

C'est la dernière fois que Mme Riccoboni fit parler d'elle, et l'on ne sait rien de ses dernières années. La chute de la monarchie la priva de sa pension et elle glissa dans la gêne, toujours aux côtés de sa fidèle Thérèse. Elle mourut le 7 décembre 1792 et fut inhumée dans son église paroissiale de Saint-Eustache où elle avait été baptisée quelque quatre-vingts ans plus tôt.

*
* *

Le premier roman de Mme Riccoboni fut introduit auprès du public d'une manière peu banale. En janvier 1757, le *Mercure de France* inséra une « Lettre traduite de l'anglais. Mistress Fanni à milord Charles C…, duc de R… ». C'était la véhémente accusation portée par une femme anonyme contre le séducteur qui avait abusé de sa bonne foi et trahi sa confiance et l'annonce d'une correspondance à paraître qui révélerait toute la perfidie de l'amant indigne. Le roman paru peu après préservait le mystère et l'anonymat de l'auteur : *Lettres de mistriss Fanni Butlerd à milord Charles Alfred de Caitombridge, comte de Plisinthe, duc de Raslingth, écrites en 1735, traduites de l'anglais en 1756 par Adélaïde de Varençai*. Le procédé avait pour but de renforcer l'impression d'authenticité et le ton des lettres était tel que la critique y vit en effet une correspondance véritable. Grimm le pressent dans sa *Correspondance littéraire* du 1er avril 1757 : « Ce sont des lettres d'une femme à son

---

1. 3 mai 1769, p. 149.
2. *Mme Riccoboni's Letters, op. cit.*, p. 251, 21 juin 1772.
3. Laclos, *Œuvres complètes*, éd. établie par L. Versini, Paris, Gallimard, « Bibliothèque de la Pléiade », 1979, p. 759.

amant, qui n'ont jamais existé en anglais. Elles ont été écrites très réellement, non pour le public, mais pour un amant chéri, et on le voit bien par la chaleur, le désordre, la folie, le naturel, et le tour original, qui y règnent. [...] Et je soupçonne que ces lettres ont été altérées en plus d'un endroit, peut-être parce que l'auteur a craint de se faire reconnaître[1]. » Au début du XIXe siècle, l'érudit Boissonade crut pouvoir révéler l'identité de l'infidèle. Il s'agissait, disait-il, du comte de Maillebois, avec qui Mme Riccoboni aurait eu une liaison et qui l'aurait quittée en 1745 pour faire un mariage brillant en épousant la fille du marquis d'Argenson[2]. Loin de toute littérature, c'était donc une confession déguisée, un cri de femme blessée. On a lieu de se méfier depuis qu'on sait que les *Lettres portugaises* ne sont nullement la lamentation désespérée de Mariana Alcoforado, mais une ingénieuse mystification du sieur de Guilleragues. La correspondance avec Garrick donne cependant de la consistance à cette hypothèse : « J'ai mis dans un de mes ouvrages, dit Mme Riccoboni, l'événement qui a changé les premières dispositions du sort à mon égard et sans le savoir, le public s'est vivement intéressé à des malheurs qu'il a regardés comme une fiction[3]. » Depuis, on a généralement accepté cette interprétation autobiographique[4], qui rappelle au moins que la vengeance est un plat qui se mange froid, puisque douze années se seraient écoulées entre l'abandon et la plainte.

Quoi qu'il en soit, la formule épistolaire est familière à Mme Riccoboni : sur huit romans, seuls *Ernestine* et l'*Histoire du marquis de Cressy* sont des narrations à la troisième personne. C'est l'école de Samuel Richardson, de *Paméla* et de *Clarisse Harlowe*. L'anglicisation est évidemment toute relative : les noms, des allusions géographiques, les titres des personnages, et surtout une certaine familiarité de ton, plus anglaise que française[5]. Ce sont les mêmes héroïnes sensibles — anglaises d'ailleurs dans *Fanni Butlerd*, *Juliette Catesby*, *Miss Jenny* ou *Mylord Rivers* —, mais chez elle le drame intérieur compte plus que les événements. Elle n'adopte pas non plus la forme polyphonique, puisqu'il s'agit d'une correspondance à une voix et que nous n'avons pas les réponses de l'amant, procédé qui rattache *Fanni Butlerd* à la tradition des

1. *Correspondance littéraire*, t. III, p. 365.

2. Voir *Lettres de mistriss Fanni Butlerd*, éd. établie par J. H. Stewart, Genève, Droz, 1979, p. x.

3. *Mme Riccoboni's Letters*, *op. cit.*, p. 226-227, 2 janvier 1772. Ceci renforce en tout cas la thèse de l'inspiration autobiographique contre certaine critique qui s'indigne de voir ramener la création féminine à l'autobiographie, comme si l'écrivain féminin ne pouvait que transposer son propre vécu. Voir A. Wolfgang, « Fallacies of literary history : the myth of authenticity in the reception of *Fanni Butlerd* », dans *Studies on Voltaire and the Eighteenth Century*, 304, 1992, p. 738.

4. Voir E. Crosby, *Une romancière oubliée. Madame Riccoboni*, *op.cit*, p. 30 ; J. H. Stewart, *The Novels of Mme Riccoboni*, Chapel Hill, University of North Carolina Press, 1976, p. 29.

5. Voir J. H. Stewart, *op. cit.*, p. 31-32 ; L. Versini, *Laclos et la tradition*, Paris, Klincksieck, 1968, p. 263 ; *Le Roman épistolaire*, Paris, PUF, 1979, p. 74-76.

Lettres portugaises, des *Lettres de la marquise de M**** de Crébillon fils et des *Lettres d'une Péruvienne* de Mme de Graffigny.

Dans la ligne du roman d'analyse, Mme Riccoboni privilégie une simplicité exemplaire et se refuse à l'accumulation des péripéties romanesques : roman sans intrigue, fondé sur la logique interne du caractère et reflétant la seule vision de Fanni. La femme parle seule — signe de sa solitude essentielle. L'amant n'apparaît que dans les informations qu'elle fournit au lecteur, se révèle parfois dans une phrase qu'elle cite, présentation oblique compensant habilement la pauvreté du roman épistolaire monodique. Rares personnages secondaires, et à l'arrière-plan : son amie Betzi, une sœur, une tante acariâtre, l'un ou l'autre visiteur, des silhouettes à peine évoquées, ni pittoresque ni descriptions. Dans *Fanni Butlerd*, les lettres ne racontent pas une histoire : elles constituent l'histoire, puisque l'homme à qui elle s'adresse n'est pas le classique confident, mais l'homme qu'elle aime et dont le comportement détermine sa propre évolution[1]. Mme de Genlis attribue à Mme Riccoboni le mérite de l'invention de ce type de narration qui exclut la fatalité, les hasards providentiels, les événements extraordinaires et détrônait les grandes machines de Prévost : « Avant que Mme Riccoboni eût écrit, les romans de l'abbé Prévost jouissaient d'une grande réputation ; mais ceux de Mme Riccoboni en ont rendu la lecture impossible[2]. »

L'intrigue se caractérise en effet par l'extrême dépouillement. Fanni s'est éprise de milord Alfred et devient sa maîtresse. L'absence de son amant parti remplir les devoirs de sa charge justifie les lettres où elle dit sa passion. A son retour, elle apprend qu'il en épousera une autre. Trahie, blessée, comprenant qu'elle a été dupe, elle exhale son douloureux mépris pour celui qui a abusé de sa sincérité. Au total, cent seize lettres, pour la plupart brèves, réparties sur quelques mois.

Comme dans toutes les œuvres de la romancière — sauf *Mylord Rivers*, où le propos s'élargit — l'amour est le thème unique, parce que la sensibilité féminine fait aspirer la femme à ce sentiment qui est sa véritable raison d'être, cause de ses joies mais aussi de ses souffrances. Elle peut donc s'écrier : « Ah ! qu'on est heureux d'avoir une âme sensible ! » Mais aussi s'en effrayer, parce que cette sensibilité la rend crédule et vulnérable : « Une âme tendre est la source de toutes les peines d'une femme ; la sensibilité est en elle un poison actif. » Sincère et spontanée, Fanni ne joue pas les coquettes, ne fait pas mystère de ses sentiments, qu'elle confesse dès la sixième lettre, mais elle révèle en même temps ses

---

1. Voir J. H. Stewart, *The Novels of Mme Riccoboni, op.cit.*, p. 58 ; S. L. Carrell, *Le Soliloque de la passion féminine ou le Dialogue illusoire*, Tübingen, Narr - Paris, Place, 1982, p. 97.

2. *De l'influence des femmes sur la littérature française*, Paris, Lecointe et Durey, 1826, t. II, p. 278. Ce qui n'empêche pas Diderot de railler gentiment. Dans *Jacques le Fataliste*, se refusant à faire connaître au lecteur une lettre qu'il vient d'évoquer, il ajoute : « Mme Riccoboni n'aurait pas manqué de vous la montrer. »

appréhensions : « Je vous aime, mais je crains les suites d'une passion dont je sens que je ferais ma seule affaire. » Elle redoute de perdre sa « tranquillité », son « indifférence », elle sait qu'elle ne pourra résister longtemps à Alfred, qui exige des « preuves » alors que le sentiment seul est tout pour elle. Mme Riccoboni s'en expliquera dans sa correspondance avec Liston :

> Il faut en croire Monsieur de Buffon. Il parle de l'amour en homme. *Le physique en est bon*, dit-il, *le moral n'en vaut rien*. Une femme aurait pensé tout le contraire. C'est ce moral qui nous occupe, nous attache, nous fait goûter des sensations bien plus délicieuses que ce *bon physique* du naturaliste. Il est la sauce du vrai bonheur, ce moral charmant ! Pourquoi faut-il qu'il soit aussi la cause de toutes nos peines ? Soyez-en sûr, mon ami, une personne sensible et délicate est rarement heureuse par le sentiment qu'elle éprouve, encore moins par celui qu'elle inspire [1].

La lettre révèle ici son dangereux pouvoir. Fanni fuirait une conversation, un tête-à-tête, mais la lettre, lue et relue, l'apprivoise, l'engage insensiblement à céder, tandis qu'elle-même se laisse aller à un langage qu'autorise la distance épistolaire [2]. N'en vient-elle pas à imaginer qu'elle possède un anneau magique qui lui permet de pénétrer la nuit dans la chambre d'Alfred ? Elle assiste à son coucher, le contemple endormi. Commencé comme un badinage, l'épisode voyeuriste finit sur un autre ton : « Le silence, la nuit, l'amour... Aïe, aïe, vite, vite, qu'on m'ôte l'anneau. Bon Dieu, où m'allait-il conduire ? » Fanni redoute l'amour physique, invoque « les préjugés [...] une si longue habitude de penser », mais elle craint surtout l'indifférence de celui qu'elle aura comblé. C'est l'occasion de disserter non sur le péché, mais sur l'opprobre social attaché à la femme qui succombe :

> Vous risquez, dites-vous, autant que moi. Vous, milord ! Eh ! quels dangers, quels périls votre sexe peut-il redouter en se livrant à ses désirs ? Le ridicule préjugé qui vous permet tout, vous affranchit de la peine la plus vive qui soit attachée aux faiblesses de l'amour. Trahi, quitté, haï de ce qu'il aime, un homme peut toujours se rappeler avec plaisir le temps où il se trouvait heureux ; temps marqué par ses triomphes, par une victoire dont le souvenir est toujours flatteur pour sa vanité. Mais nous, qui nous croyons méprisées, dès que nous cessons de nous croire aimées ; nous, qui joignons au regret de perdre notre bonheur, la honte de l'avoir goûté ; nous, dont le front se couvre de rougeur, quand nous nous rappelons les moments les plus doux de notre vie, pouvons-nous sans frémir, écouter un sentiment aimable, séduisant, il est vrai, mais dont les suites peuvent être si cruelles ?

Où l'homme triomphe, la femme déchoit. Fanni se donnera pourtant.

1. *Mme Riccoboni's Letters*, op. cit., 1er mai 1769, p. 146.
2. Sur le rôle de la lettre comme instrument de séduction, voir L. Versini, *Le Roman épistolaire*, op.cit., p. 161.

Non par « goût » comme dans le roman libertin ni dans une défaillance réelle ou simulée, mais en toute conscience, avec la volonté de faire le bonheur de l'amant : « Je n'ai point cédé : un moment de délire ne m'a point mise dans ses bras ; je me suis donnée : mes faveurs sont le fruit de l'amour. » En 1772, dans *Les Malheurs de l'inconstance*, Dorat dira de même : « La femme qui cède est souvent plus courageuse que celle qui résiste ; [...] elle risque tout et ne jouit que du bonheur de son amant [1]. » L'amour peut bien être charnel, à condition qu'il s'accompagne d'une élévation de l'âme — dont Fanni apprendra que l'homme est dépourvu. La chute de Fanni ne coïncide pas avec le péché, parce qu'elle n'a pas cédé au délire des sens mais à l'amour, qui est lui-même vertu [2]. Elle connaîtra à ses dépens que cette vertu ne subsiste qu'à l'unisson et dépend de la conduite de l'amant. C'est pourquoi Julie, dans *La Nouvelle Héloïse*, ne sera pas vraiment coupable. Mais dans *Les Liaisons dangereuses*, Mme de Rosemonde dira à Mme de Tourvel ces mots qui pourraient déjà s'adresser à Fanni : « Vous êtes bien trop digne d'être aimée pour que jamais l'amour vous rende heureuse. » Mme Riccoboni insiste à loisir sur cette différence essentielle : l'homme distingue le désir et l'amour. Elle le dit dans *Juliette Catesby* : « Le cœur et leurs sens peuvent agir séparément ; ils le prétendent au moins. [...] Mais cette excuse qu'ils prennent, ils ne la reçoivent pas ; remarquez cela : ce qu'ils séparent en eux, ils le réunissent en nous [3]. »

Si le personnage de Mme Riccoboni ne vit pas les passions violentes et sombres de ceux de Prévost, s'il n'incrimine pas la fatalité, il possède en revanche une vie intérieure et une réelle épaisseur humaine [4]. Dans un monde où les règles ont été faites par et pour les hommes, la femme n'a d'autre ressource qu'une vertu intransigeante — que chaque amant prétend du reste faire fléchir à son profit — ou une sincérité qui la livre sans défense. Les hommes, lit-on dans *Ernestine*, « ont fait entre eux d'injustes conventions pour asservir les femmes [...] ; ils leur donnent des lois, et par une bizarrerie révoltante, née de l'amour d'eux-mêmes, ils les pressent de les enfreindre [5] ». Elles seront donc victimes, inéluctablement, quitte à pousser la souffrance jusqu'au suicide, comme Mme de Cressy abusée par un mari sensuel, vaniteux, égoïste et ambitieux. L'auteur saura le dire sans grands mots ni recherche, sans leçons de morale, avec une spontanéité dans l'expression qui, dans ces romans « sensibles », exclut la sensiblerie et la grandiloquence que Mme Riccoboni elle-même reproche à ses émules :

---

1. *Romans libertins du XVIIIe siècle*, éd. établie par R. Trousson. Paris, Laffont, « Bouquins », 1993, p. 963.

2. Voir R. Mauzi, *L'Idée du bonheur dans la littérature et la pensée françaises au XVIIIe siècle*, Paris, Colin, 1965, p. 481.

3. *Œuvres de Madame Riccoboni*, Paris, Foucault, 1818, t. III, p. 120.

4. Voir H. Coulet, *Le Roman jusqu'à la Révolution*, Paris, Colin, 1967, t. I, p. 384.

5. *Ernestine*, préface de C. Piau-Gillot, Paris, Côté-Femmes, 1991, p. 70.

Depuis longtemps, nos *très sensibles* romanciers me fatiguent. Ils veulent émouvoir, passionner, exciter des cris, des gémissements ! [...] Mais ce qui me conduira, je crois, à cesser pour jamais de les lire, c'est [...] cette furie, cette rage de vertu qui excite en eux des transports approchant de la folie. Quoi, ne pouvoir écrire dix lignes sans s'écrier *ô bonté ! ô bienfaisance ! ô humanité ! ô vertu !*[1].

L'abandon consenti, s'ouvre une grande période d'exaltation et de confiance. Les lettres se multiplient et s'allongent en raison de l'absence de l'aimé. Sans cesse Fanni dit le vide, le manque, l'amour, dévore les missives d'Alfred, découvre des trésors dans chaque mot, tremble quand le courrier s'attarde. Elle accepte désormais cette dépendance où elle craignait de tomber et s'aliène sans réserve : « Votre absence me fait connaître combien vous êtes devenu nécessaire à mon repos, à mon bonheur, à mon existence même. [...] Je voudrais être tout ce qui te plaît, me transformer en tout ce que tu désires. [...] Je me plais à dépendre de mon amant. » La monotonie pourrait s'installer, mais loin de se confiner dans le registre lyrique, Mme Riccoboni varie adroitement les tons. Fanni insiste sur une vivacité, reflet de sa sincérité : « J'écris vite, je ne saurais rêver à ce que je veux dire ; ma plume court, elle suit ma fantaisie ; mon style est tendre quelquefois, tantôt badin, tantôt grave, triste même, souvent ennuyeux, toujours vrai. » En effet : on la trouve tour à tour mutine, enjouée, inquiète, tendre, sensuelle. Ici elle passe du *vous* au *tu*, là elle compose un dialogue imaginaire ou parle d'elle-même, comme une enfant, à la troisième personne. Tandis que ses lettres la livrent tout entière, Alfred, dont nous ne connaissons pas les réponses, reste une ombre un peu mystérieuse, vaguement inquiétante, livrée à l'imagination du lecteur[2]. Elle craint de le lasser, surtout quand elle compare ses lettres, répétitives, à celles d'Alfred, combien plus diverses, plus adroites, mais aussi — on le pressent — plus étudiées et soucieuses de l'effet à produire. Sans en soupçonner la cause, Fanni oppose la fraîcheur et l'innocence de ses élans à l'art épistolaire du comte : « J'écris pour [...] vous prouver que mon cœur est sans cesse occupé de vous : j'écris pour écrire. Mon amant fait bien mieux. [...] L'esprit, l'amour et la variété brillent dans ses lettres ; moi je dis, je vous aime, je répète, je vous aime. »

Cet amour n'a rien de platonique. Il n'ignore pas l'affolement de la jalousie, quand Fanni s'écrie : « Ah ! l'enfer est dans mon lit ! » Quarante ans avant Mme Cottin, qui le portera à l'extrême, Mme Riccoboni ne dissimule pas l'ardeur du désir féminin. Fanni baise, froisse les lettres d'Alfred avec volupté, les serre contre elle comme un substitut de sa présence physique, caresse son portrait. Sa flamme est aussi sensuelle, au

---

1. *Lettres de mylord Rivers à sir Charles Cardigan*, éd. établie par O. B. Cragg, Genève, Droz, 1992, p. 174-175.

2. J. H. Stewart, *The Novels of Mme Riccoboni, op.cit.*, p. 61.

point que Fréron s'en offusquait : « Elle se livre sans retenue, disait-il, à toute la vivacité de sa passion ; elle s'en explique sans gêne avec celui qui en est l'objet [1]. » Mais cette sensualité est chez elle inséparable de la tendresse. Colette Cazenobe l'observe très justement, chez Mme Riccoboni l'homme et la femme désirent, mais le désir ne les rapproche pas : la femme se livre et son désir est don, l'homme possède et prend [2]. Ils se séparent aussi dans les ambitions. Fanni rêve de vivre son amour loin de tout, de cacher son bonheur dans une chaumière, s'excuse auprès d'Alfred de sa « fade bergerie » quand lui, personnage titré, important, planifie sa carrière. Ce bel amour repose sur un malentendu.

Il se révélera peu après le retour du comte. Ses raisons sont classiques : son rang, son avenir, ses ambitions lui imposent un mariage brillant, et Fanni n'est ni fortunée ni noble. Le sentiment cède devant l'intérêt, et Fanni devra encore refuser l'odieux partage qu'il lui offre sans vergogne. Ainsi se combineraient éléments moraux et sociaux. L'opposition ne s'installerait pas seulement entre les aspirations masculines et féminines, entre la sincérité et la duplicité, mais entre les statuts sociaux de dominant et de dominé [3]. Cruelle et injuste société où le mâle est, dit Fanni, une « espèce de chasseur » et où il ne se tient jamais pour engagé vis-à-vis de la femme :

> Mais quoi, tromper une femme, est-ce donc enfreindre les lois de la probité ? Manque-t-on à l'honneur en trahissant une maîtresse ? C'est un procédé reçu ; tant d'autres l'ont fait ; il en est tant qui le font. [...] Eh ! qui êtes-vous, hommes ? D'où tirez-vous le droit de manquer avec une femme aux égards que vous vous imposez entre vous ? [...] Quoi, votre parole simplement donnée, vous engage avec le dernier de vos semblables, et vos serments réitérés ne vous lient point à l'amie que vous vous êtes choisie !

Plus précisément, ne pourrait-on déchiffrer le roman dans une perspective historique et politique [4] ? En face du comte d'Erford, pair d'Angleterre, gouverneur d'une province, pourvu de charges importantes, une bourgeoise, sans titre ni rang. En face des vertus bourgeoises — franchise, loyauté, sentiment —, la vanité, l'orgueil et la suffisance des aristocrates, le goût des apparences et des distinctions. S'il y a contact entre les classes, si Fanni est reçue chez lady Charlotte, il n'y a pourtant pas de fusion possible. Ne se plaît-elle pas, dans ses lettres, à

---

1. *L'Année littéraire*, 1757, t. VI, p. 54.
2. Voir C. Cazenobe, « Le féminisme paradoxal de Madame Riccoboni », dans *Revue d'histoire littéraire de la France*, LXXXVIII, 1988, p. 31.
3. C'est la thèse de J. Thomas, « Die Ambivalenz aufklärerischer Moral : Mme Riccobonis *Lettres de mistriss Fanni Butlerd* », dans *Die französische Autorin vom Mittelalter bis zur Gegenwart*, p. p. R. Baader et D. Fricke, Wiesbaden, Athenaion, 1979, p. 147-159.
4. C'est le point de vue, que nous résumons ici, de L. Hochgeschwender, « Une révolte féminine — Une femme révoltée. Mme Riccoboni's *Lettres de mistriss Fanni Butlerd* », dans *Romanistische Zeitschrift für Literaturgeschichte*, XII, 1988, p. 87-102.

distinguer « Milord » et « mon amant » ? Sur le plan politique, il est clair
que la bourgeoisie ne saurait atteindre à la synthèse rêvée. La dénonciation de la conduite du comte dans la presse est un geste politique, une
protestation sociale, la mise en question d'une prétendue supériorité.
Lorsque Fanni s'écrie, à la fin du roman : « Pensez-vous que nos mains
se refusassent à laver dans le sang les outrages que nous recevons, si la
bonté de notre cœur n'étouffait en nous le désir de la vengeance ? », faut-
il entendre dans ce cri une menace qui « annonce de loin l'orage
révolutionnaire » et la révolte sanglante ? S'inscrivant parmi les romans
qui contestent un ordre féodal[1], *Fanni Butlerd* proteste contre une
hiérarchie inique et prépare la Révolution même si, afin d'égarer la
censure, Mme Riccoboni a soin de détourner l'attention en situant
l'action en Angleterre.

Cette lecture est ingénieuse et s'appliquerait même, si l'on veut, à
l'aventure authentique de Mme Riccoboni et du comte de Maillebois, à la
liaison entre une comédienne et un aristocrate, dont *Fanni Butlerd* serait
la transposition : colère impuissante de la roturière maltraitée par l'aristocrate ambitieux. Mais elle néglige peut-être que le point de vue de
l'auteur est surtout moral et que, dans ses autres romans, la conduite
masculine est identique à l'égard de femmes dont le rang social ne laisse
rien à désirer ou au contraire tout à fait différente dans des circonstances
semblables. Dans *Ernestine*, le comte de Clémengis n'écoute que son
amour et épouse, sans s'inquiéter de mésalliance ni de revenus, la
modeste orpheline qui vivait du travail de ses mains et qui trouve la
pleine récompense de ses vertus bourgeoises. En revanche, le marquis de
Cressy néglige et trahit son épouse plus riche et socialement plus élevée
que lui. Ce qui est en cause est moins l'appartenance sociale et les
conduites spécifiques qu'elle serait censée suggérer, que l'antagonisme
des sexes, même si celui-ci est évidemment déterminé par l'histoire et
l'ordre social. En outre, il faut penser que le geste « révolutionnaire » de
l'héroïne demeurerait un exemple unique, puisque les victimes des autres
romans réagissent bien autrement : incapable de supporter son chagrin,
Mme de Cressy s'empoisonne en pardonnant aux responsables de sa
mort, tandis que Juliette Catesby reçoit les justifications de son amant
infidèle et l'épouse.

En fait, les critiques parfois amères de Mme Riccoboni procèdent
d'une perspective plus générale. Dans la plupart de ses romans, les
hommes n'ont pas le beau rôle. Ils ne sont pas nécessairement des
scélérats, des « roués » tout droit sortis du roman libertin, mais souvent
faibles, incapables de résister à leurs caprices, d'endurer le refus, parfois
médiocres et lâches. Égoïstes surtout : « Esclaves de leurs sens, lorsqu'ils

---

1. Voir R. Geissler, « Der Roman als Medium der Aufklärung », dans *Sozialgeschichte
der Aufklärung in Frankreich*, p. p. H. U. Gumbrecht, Munich, Oldenburg, 1981, t. II,
p. 97.

paraissent l'être de nos charmes, dit Juliette Catesby, c'est pour eux qu'ils nous cherchent, qu'ils nous servent; ils ne considèrent en nous que les plaisirs qu'ils espèrent de goûter par nous[1].» Les femmes leur sont supérieures par leur bonté, leur générosité, leur abnégation, leur aptitude à aimer : «L'attachement d'une femme délicate, dit Fanni, est au-dessus des idées de votre sexe : vous ne connaissez qu'une preuve de notre amour; vous ignorez combien est fort le sentiment qui nous conduit à vous la donner.» Trahies, certaines se vengent — qu'on songe, chez Diderot, à l'histoire du marquis des Arcis et de Mme de La Pommeraye — mais les héroïnes de Mme Riccoboni dédaignent la loi du talion parce qu'elles souffrent dans leur âme et non dans leur orgueil. Fanni se bornera à dire publiquement son mépris à celui qui, dès le début, l'a trompée.

De tout cela ressort une conception pessimiste de l'amour, rendu bien aléatoire par l'incompatibilité profonde des sexes. La femme s'abandonne au rêve, à l'illusion, elle se fait de l'homme un portrait auquel il est loin de correspondre. Dès la première lettre, Fanni avoue un penchant à caresser des chimères : «Heureux par de riantes illusions, qu'a-t-on besoin de la réalité?» C'est le mouvement qui mènera Rousseau, dans *La Nouvelle Héloïse*, à créer «des êtres selon [son] cœur». Sans cesse, elle travaille à renforcer l'image sublimée de son amant, à repousser les doutes qui parfois l'assaillent[2], victime, non de ses sens, mais de son idéalisme : «L'amour moral, source de mille biens délicieux, disait Mme Riccoboni à Robert Liston, l'est aussi des sensations les plus douloureuses. Enfant de l'imagination il la flatte, la séduit, l'enchante ! Mais souvent il l'égare et la trompe[3].» La raison de Fanni la met vainement en garde : «Ah! je vous aime trop! Il faut modérer cette passion...» Lucide, elle a le pressentiment que tout pourrait s'évanouir comme un songe et, malgré les protestations d'Alfred, vit dans une perpétuelle anxiété jusqu'à ce que la réalité vienne confirmer ses appréhensions.

Ainsi considéré, l'amour n'a rien d'objectif, il n'est pas même éveillé par les qualités réelles de celui qui en est l'objet, mais par l'imagination, par un besoin d'aimer qui orne cet objet de mérites illusoires[4] : «C'est mon amour qui t'embellit, il te donne les grâces avec lesquelles tu me séduis; tu les dois à ma tendresse. Oui, mon cher Alfred, c'est elle qui te pare !» A la fin, «le voile de l'illusion» est tombé et «l'idée fantastique qui faisait [son] bonheur s'est évanouie pour jamais». Fanni doit bien le constater : «Vous n'êtes point celui que j'aimais, non, vous ne l'êtes

---

1. *Œuvres de Madame Riccoboni*, op. cit, t. III, p. 69.
2. Voir I. Rosi, *Strategie e inganni. Saggi sulla narrativa francese del Settecento*, Pisa, Pacini, 1986, p. 188.
3. *Mme Riccoboni's letters*, op. cit., p. 157, [avril 1770].
4. Voir J. H. Stewart, *The Novels of Mme Riccoboni*, op.cit., p. 124-126.

point ; vous ne l'avez jamais été. » Cette façon de présenter le sentiment amoureux est déjà proustienne, dans la mesure où elle souligne l'inadéquation inévitable entre la réalité et l'image. Celui qui aime est prisonnier de cette image qu'il s'est faite et tente désespérément de rejoindre ; celui qui est aimé est prisonnier d'un désir extérieur à lui : l'enfer, c'est l'autre et c'est soi-même. Un peu comme Swann aimera Odette à travers Botticelli, Fanni cherche Alfred à travers ce portrait qu'elle caresse ; la méprise de l'amour naît de la subjectivité : ce qu'elle le croyait être, Alfred ne l'a *jamais* été. Mais alors que chez Proust le temps fait son œuvre et que Swann finit par s'étonner d'avoir jamais pu aimer Odette, chez Mme Riccoboni, la blessure ne cicatrise pas et peut être mortelle.

La finale est un cri de douleur et d'indignation. D'autres héroïnes, dolentes et brisées, s'enferment dans le silence comme dans une tombe, telle la Mariana des *Lettres portugaises*, ou renoncent pour jamais à l'amour, telle la Zilia des *Lettres d'une Péruvienne*, mais Fanni veut dénoncer publiquement celui qui l'a traitée avec « la plus basse ingratitude », parler, une fois au moins, au nom d'« un sexe que le préjugé réduit à ne pouvoir ni se plaindre ni se venger ». Elle ne s'en prend pas à la passion, mais à celui qui en était indigne : « Elle ne hait point l'amour, elle ne hait que vous [...] C'est vous, Milord, c'est vous seul que je méprise. » On comprend pourquoi le machiavélisme et la révolte de Mme de Merteuil, dans les *Liaisons*, ne pouvaient convenir à Fanni Butlerd — quand ce ne serait que parce que la marquise méprise profondément les autres femmes. L'héroïne de Mme Riccoboni ne revendique pas le droit d'agir comme un homme, ni l'accès aux mêmes vices ou à l'amour libre, ni une transformation radicale de la société. Tout au contraire, elle s'en prend, dans l'*Histoire du marquis de Cressy*, à celles qui, « livrées au dérèglement de leur imagination s'honorent du nom d'hommes, parce qu'indignes de celui de femmes estimables elles ont osé renoncer à la pudeur, à la modestie et à la délicatesse des sentiments qui est la marque distinctive de leur être » : elle exige que les hommes pratiquent eux aussi, au nom de la dignité de l'être humain, les vertus que l'on exige des femmes [1]. Ce qu'elle veut, c'est la conclusion d'un contrat moral entre les sexes [2], une estime égale et mutuelle. Ce féminisme ne casse pas les vitres et n'est pas révolutionnaire : Mme Riccoboni n'annonce pas Olympe de Gouges.

Le roman connut une trentaine d'éditions jusqu'en 1836 avant de sombrer dans l'oubli et d'être réhabilité par la critique moderne. Grimm le recommanda à ses lecteurs : « Vous y trouverez des lettres qui vous feront le plus grand plaisir du monde » ; Diderot le préférait à *Juliette*

---

1. Voir C. Cazenobe, « Le féminisme paradoxal de Madame Riccoboni », *op. cit.*, p. 44-45.
2. Voir A. André, *Le Féminisme chez Madame Riccoboni*, p. 1995.

Catesby et à *Cressy*. Un peu trop d'épithètes, disait Sabatier de Castres, mais en ajoutant que ces lettres étaient «pleines d'esprit, de grâces et de sentiment». Il n'y eut guère que la grincheuse Mme de Genlis pour déplorer que les plaisirs des sens n'y fussent pas condamnés et que la morale n'y trouvât pas son compte : «On ne trouve dans cet ouvrage aucune des grâces naturelles de l'auteur, parce qu'elle a voulu peindre une femme véhémente et passionnée, et son héroïne manque absolument de décence et de charme » [1]. Il est heureusement permis d'être d'un autre avis.

R. T.

---

1. Grimm, *Correspondance littéraire*, t. III, p. 366, 1er avril 1757 ; Sabatier de Castres, *Les Trois Siècles de notre littérature*, Amsterdam, 1773, t. III, p. 144 ; Mme de Genlis, *De l'influence des femmes sur la littérature française*, Paris, Lecointe, 1866, t. II, p. 152. On reproduit ici, en modernisant l'orthographe, l'édition de 1786.

MISTRISS FANNI,
A UN SEUL LECTEUR

Si le naturel et la vérité, qui font tout le mérite de ces lettres, leur attirent l'approbation du public ; si le hasard vous les fait lire ; si vous reconnaissez les expressions d'un cœur qui fut à vous ; si quelque trait rappelle à votre mémoire un sentiment que vous avez payé de la plus basse ingratitude ; que la vanité d'avoir été l'objet d'un amour si tendre, si délicat, ne vous fasse jamais nommer celle qui prit en vous tant de confiance. Montrez-lui du moins, en gardant son secret, que vous n'êtes pas indigne à tous égards du sincère attachement qu'elle eut pour vous. Le désir de faire admirer son esprit ne l'engage point à publier ces lettres, mais celui d'immortaliser, s'il est possible, une passion qui fit son bonheur, dont les premières douceurs sont encore présentes à son idée, et dont le souvenir lui sera toujours cher. Non, ce n'est point cette passion qui fit couler ses pleurs, qui porta la douleur et l'amertume dans son âme. Elle n'accuse que vous des maux qu'elle a soufferts ; elle ne connaît que vous pour l'auteur de ses peines. Son amour était en elle la source de tous les biens ; vous l'empoisonnâtes cruellement ! Elle ne hait point l'amour, elle ne hait que vous.

LETTRE I

Jeudi, à midi

Après avoir bien réfléchi sur votre songe, je vous félicite, Milord, de cette vivacité d'imagination qui vous fait rêver de si jolies choses : ménagez ce bien ; une douce erreur forme tout l'agrément de notre vie. Heureux par de riantes illusions, qu'a-t-on besoin de la réalité ? Loin de remplir l'idée que nous avions d'elle, souvent elle détruit le bonheur dont nous jouissions. Livrez-vous au plaisir de rêver, et sachez-moi gré de je ne sais quel mouvement qui me force de m'intéresser à tout ce qui vous touche. Je n'ai point dormi, point rêvé ; mais tant songé, tant pensé, que je ne crois plus penser. Adieu, Milord.

LETTRE II

Samedi, à onze heures du matin

Je ne veux point que vous m'aimiez, je ne veux point que vous soyez sérieux, je vous défends de me plaire, je vous défends de m'intéresser. Mon amitié devient si tendre qu'elle commence à m'inquiéter. J'ai lu deux fois votre billet ; et j'allais le relire une troisième, quand je me suis demandé la raison de ce goût pour la lecture. Adieu, Milord, je vous verrai à six heures. Je suis assez comme vous ; je trouve le matin ennuyeux, le jour long, on ne s'amuse que le soir.

LETTRE III

Lundi, à une heure

Paix, Milord, paix, vous ne vous corrigez point : je vous défends de me plaire, et vous m'attendrissez. Votre lettre m'a fait rêver : en la lisant, quelque chose me disait, que de tous les vices, l'ingratitude était le plus odieux. Ou je me connais mal, ou mon cœur n'en est pas capable. Si vous me prouvez que je vous dois de la reconnaissance, si vous me le prouvez… Adieu, Milord.

LETTRE IV

Mercredi, à midi

Mais quelle fantaisie vous porte à m'aimer, à vous efforcer de me plaire ? Pourquoi me préférer à tant d'autres femmes, qui désirent peut-être de vous inspirer le sentiment que vous croyez ressentir pour moi ?

Vous dérangez tous mes projets, vous détruisez le plan du reste de ma vie : une foule d'idées m'embarrassent et m'affligent ; mon cœur adopte toutes celles qui vous sont favorables. Ma raison rejette tous mes vœux, combat tous mes désirs, s'élève contre tous mes sentiments... Je suis restée hier à la place où vous m'avez laissée ; j'y suis restée longtemps. Quelques larmes tombées sur mes mains m'ont tirée de ma rêverie... des larmes !... Ah... si elles étaient un pressentiment !... Je ne veux plus vous voir, je ne veux plus vous entendre... Est-il bien vrai que je ne le veux plus ?... Je ne sais... Mon Dieu, Milord, pourquoi m'aimez-vous ?

LETTRE V

Jeudi matin***

Non, ce n'est pas la *robe de Nessus* [1] qui peut *m'embraser*, mais vos discours, ces lettres passionnées, et plus encore ces sentiments si nobles que vous fîtes paraître hier. Sexe dangereux ! c'est bien vous qui possédez l'art de séduire. Vous nous reprochez le goût qui nous porte à arranger nos cheveux, à inventer des ornements propres à nous embellir. Nous ajoutons à nos agréments : que votre adresse l'emporte sur ces faibles soins ! C'est votre âme que vous parez. Élevées à vous craindre, nous perdons insensiblement la défiance par l'estime que vous savez nous inspirer. Comment redouter un sentiment que vous peignez si pur, si désintéressé ? Une ombre favorable fait sortir à nos yeux mille couleurs brillantes, et nous cache une partie du sujet varié qui s'offre à notre contemplation ; cette ombre s'étend, le tableau magique se couvre de fleurs ; pense-t-on en les voyant, aux épines dont la plus belle est environnée ?... Ah, laissez-moi, laissez-moi ; votre langage est si flatteur, vous parlez si bien !... Je suis prête à douter... Eh ! ne vous aimerais-je pas, si je vous croyais !

---

1. Dans la mythologie, le centaure Nessus fut tué par Héraclès pour avoir tenté de violer Déjanire, l'épouse du héros. Mourant, Nessus remit à Déjanire sa tunique, trempée de son sang, comme un talisman qui devait lui assurer la fidélité d'Héraclès. Celui-ci la revêtit et fut aussitôt pris de telles douleurs qu'il mit fin à ses jours.

LETTRE VI

Vendredi matin

Je vous ai dit que je vous aime, parce que je suis étourdie ; je vous le répète, parce que je suis sincère ; je vous dirai plus, votre joie m'a pénétrée d'un plaisir si vif, que je me suis presque repentie de vous avoir fait attendre cet aveu : cependant il ne m'engage à rien. Vous savez nos conditions, et je me flatte que vous ne pensez pas qu'elles soient un détour adroit pour augmenter vos désirs. Mon cœur vous a parlé, il vous parlera toujours ; soit que l'amour nous unisse, soit que, ne pouvant me résoudre à me donner à vous, la seule amitié nous lie, vous me trouverez vraie dans tous mes procédés. Je ne connais point l'art, ou, pour mieux dire, je le méprise ; toute feinte me paraît basse. Je vous aime, mais je crains les suites d'une passion dont je sens que je ferais ma seule affaire. N'abusez pas de ma confiance ; songez-y, c'est à mon meilleur ami que j'ai avoué mon penchant. Je n'exige pas qu'il m'aide à trouver des raisons pour le combattre ; mais je veux que, regardant cette confidence comme une marque de mon estime, il oublie mon secret dans les moments où je ne voudrai pas qu'il s'en souvienne.

LETTRE VII

Samedi matin***

Vous le *désirez* ! vous n'osez l'*exiger* ! Je veux bien vous satisfaire, et le répéter encore : oui, je vous aime. Après un aveu si tendre, écoutez-moi ; mais écoutez-moi bien : pesez mes paroles, qu'elles se gravent dans votre cœur pour ne jamais s'en effacer. Avant que vous me fissiez éprouver ces mouvements auxquels vous voulez que mon âme s'abandonne, *j'étais tranquille, contente* ; je n'avais de peines que celles dont aucun être ne peut s'affranchir, et que nous devons tous supporter dans la position où le sort nous a placés : vous m'arrachez à cet état. Semblable à Pygmalion, vous animez un marbre [1] ; craignez qu'il ne vous reproche un jour de l'avoir tiré de sa paisible insensibilité. Songez-y, Milord, il en est temps encore. Si vous vous obstinez, je vous charge des événements :

---

1. Ce roi légendaire de Chypre s'éprit de la statue qu'il avait sculptée et obtint d'Aphrodite qu'elle lui donnât la vie et il l'épousa.

le soin de mon bonheur ne me regardera plus, je ne le chercherai qu'en vous. Et quels seront vos remords, quand la froideur succédant à la tendresse, vous serez forcé de vous dire : « J'ai détruit la félicité d'une femme digne de mon estime : pour prix de l'amitié, de l'amour, de la confiance, j'ai porté la douleur dans le sein de celle dont les innocentes pensées assuraient la joie. » Ah, Milord, Milord, ne vous préparez point ce reproche amer ; votre cœur généreux pourrait-il le soutenir ? Oh ! ne me dites plus que vous m'aimez ; laissez-moi oublier que je vous aime.

LETTRE VIII

Dimanche, à deux heures

Je ne prierai point le ciel avec vous, mon aimable ami : les vœux que nous lui adressons, sont trop différents. Vous voulez qu'*il vous prive de la vie, si vous devenez infidèle* ; et moi je lui demande votre bonheur, votre éternel bonheur, sans examiner si c'est de moi qu'il doit toujours dépendre. Ma résolution peut changer, je puis m'exposer à vous rendre ingrat ; mais si je suis condamnée à pleurer un jour la perte de votre cœur, je suis sûre, bien sûre, de former alors pour vous les mêmes souhaits que je forme dans cet instant. Désirer la mort de son amant, plutôt que son inconstance, c'est s'aimer plus que lui ; c'est être plus attachée aux douceurs de l'amour, qu'à l'objet qui nous les fait goûter. Cette espèce de délicatesse est fausse et cruelle ; elle n'est pas dans mon cœur, elle n'y sera jamais. Je ne vous verrai ce soir que bien tard ; je vais chez miss Jening ; milord Stanley y sera, il parlera de vous peut-être, il vous nommera du moins : n'est-ce rien d'entendre le nom de ce qu'on aime ?

LETTRE IX

Lundi matin

Je pourrais, par une fausse date, vous cacher que je ne vous ai point écrit hier au soir ; mais la plus légère tromperie blesse l'amour. Un assoupissement extrême, je ne sais quelle lassitude m'ont empêchée de remplir ma promesse. J'ai lu vos deux petites lettres, et puis je me suis endormie avec elles. Éveillée à neuf heures, j'écris à dix, mais je ne vous verrai qu'à sept ; cette certitude répand un nuage sur mon humeur... Mais savez-vous qu'il est difficile de vous répondre ? Vous écrivez avec tant de délicatesse : vous dites si bien, si précisément ce que vous voulez dire ; une expression si tendre anime votre style, que vous devez trouver de la sécheresse dans le mien. Avez-vous plus d'esprit que moi ? Dans cette occasion je voudrais ne pas le croire ; mais vous dites tout ce qu'il vous plaît, cela vous donne une extrême facilité : moi je dis souvent bien plus que je ne veux, et pourtant toujours bien moins que je ne pense… Mais je vous quitte, j'entends une voix… Ah, que n'est-ce la vôtre !

LETTRE X

Jeudi, à dix heures

Vous me priez de penser à vous ; j'y pense en vérité ; vous m'occupez sans cesse : mais quoiqu'un même objet semble fixer toutes mes idées, j'ai pourtant l'art de les étendre et de les varier. Tantôt regardant Milord comme un simple ami, j'aime en lui son esprit, sa douceur, l'aménité de son caractère, ses mœurs, sa voix, sa gaieté, ses talents. En songeant qu'il veut être mon amant, je me représente l'agrément de sa figure, la noblesse de son air, l'élégance de sa taille, et cette grâce répandue sur tous ses mouvements. En m'avouant le tendre penchant qui m'attire vers lui, je me rappelle les qualités de son âme, la bonté de son cœur, la générosité, la candeur, l'élévation de tous ses sentiments ; et puis rapprochant ce que j'ai séparé, je vois l'aimable portrait se former sous mes yeux, il m'offre un tout… Ah ! ce tout, est tout pour moi ! Adieu, Milord… Vous faites la mine… Adieu, mon ami… Vous boudez encore… Eh bien, adieu, mon cher Alfred.

LETTRE XI

Vendredi matin

Eh pourquoi ne vous écrirais-je pas ? ne puis-je que vous répondre ? n'ai-je rien à vous dire, à vous qui me parlez si bien, et dont l'éloquence est si puissante sur mon âme ? Mon trouble est dissipé, mes craintes sont évanouies ; je cesse de penser à moi, pour ne penser qu'à vous. Oui, mon cher Alfred, oui, mon aimable ami, je remets entre vos mains ma tranquillité, mon bonheur ; soyez-en l'arbitre. Vous méritez bien qu'en se donnant à vous, on borne tous ses soins à vous aimer, tous ses vœux à

vous plaire, tous ses désirs à vous rendre heureux. Ah, ce n'est pas les
borner !

LETTRE XII

Dimanche, à minuit

A peine sortiez-vous de chez moi, que j'ai été saisie de cette sorte de
chagrin que l'on éprouve quand on a perdu une chose bien chère, et
qu'on veut se dissimuler combien on est sensible à cette perte. Serait-il
possible que vous ne puissiez vous éloigner de moi, sans que votre
absence ne me causât de la tristesse ? Vous n'en aviez point, vous ; il ne
m'a pas paru que vous en eussiez. Vous m'avez dit à demain ; je pouvais
me dire aussi, je le verrai demain : d'où vient, me suis-je dit, il n'y est
plus ? hélas, il n'y est plus !… Je ne veux point vous aimer, comme cela.
Non, Milord, non, je ne le veux point. J'ai de l'humeur, je boude : allons,
ôtez-vous, laissez-moi… Que votre lettre est tendre ! qu'elle est vive !
qu'elle est jolie ! je l'aime… Je l'aime mieux que vous ; je vous quitte
pour la relire.

LETTRE XIII

Mardi, dans mon lit, à je ne sais quelle heure

Le sommeil me fuit ; pourquoi m'obstiner à le chercher ? il peut calmer
le trouble de mes sens ; mais la douceur du repos vaut-elle l'agitation que
donne l'amour ? Je prends un livre, je le laisse ; c'est votre lettre que je
lis ; je la finis, je la recommence : je voudrais l'oublier pour la relire
encore. Ah ! que vous êtes cruel, oui, vous l'êtes. Par combien de traits
vous vous gravez dans mon cœur ? que d'agréments vous joignez aux
effets ordinaires d'une passion, déjà si puissante par elle-même ? mais je
supprime la conséquence que je pourrais tirer de ce raisonnement. C'est
bien assez de n'avoir point écrit hier ; je ne veux pas vous chagriner par
le détail des combats de mon âme. Je sens qu'il m'est difficile de résister
longtemps à la douce espérance de vous rendre heureux : j'éloigne les
occasions, n'est-ce pas avouer que je les crains ? Mais d'où vient que je
suis révoltée à la seule idée ?… ne m'avez-vous pas promis une éternelle
amitié ?… ah ! je compte sur vos promesses… Cette amitié, dont j'exige
les plus fortes assurances, est le prix, l'unique prix où je mets mon

amour, mes complaisances, l'oubli de moi-même, tout ce que je puis immoler à vos désirs… Je ne promets pas pourtant un si grand sacrifice… Voyez, mon cher Alfred ; examinez en vous-même, si vous le souhaitez assez pour le mériter… Mon Dieu, si vous me trompiez, si vous vous trompiez vous-même !… ce que je pense à présent, vous fâcherait. Adieu : demain, d'un regard, d'un sourire, d'un mot, vous dissiperez peut-être tout ce qui me reste de raison.

LETTRE XIV

Mercredi, à minuit

Que votre retour m'a charmée ! Quoi, si tendre, si aimable, si chéri, si digne de l'être ; et vous avez des craintes, des doutes ! ah n'en ayez jamais ! Vous ignorez combien je suis sincère, et ce qu'un vrai mérite peut sur mon cœur. Vous réunissez toutes les qualités dont je fais cas. Moi vous tromper ! Dissimuler avec vous ! que ces discours inquiets m'ont fait d'impression ! Quoique l'idée que vous avez de ma façon de penser, soit bien avantageuse ; j'ose vous le dire, le temps ni les événements ne la détruiront pas : je vous l'ôterais moi-même, si je la connaissais fausse. Non, je ne serais point flattée de votre estime, si je la devais à des qualités feintes, si je n'étais pas sûre de la mériter. Celui qui s'efforce de se parer d'un caractère qu'il n'a pas, qu'il dément par ses actions, est à mes yeux l'être le plus vil… Mais quel sérieux !… Voyez comme vous m'avez rendue grave… Miss Betzi a donc ma lettre ; il ne fallait pas la lui donner, puisque vous deviez arriver de bonne heure, et me voir. Miss Betzi dormira tard ; elle a la mauvaise habitude de dormir : je ne la verrai demain qu'à trois heures. Elle a cette lettre : ce n'est rien pour elle. Bon Dieu, si je l'avais, moi, comme je briserais le cachet ! je la lirais vite, vite, et puis doucement, doucement ; je la lirais encore, et puis je la… mais je ne veux pas tout dire. Adieu, je vous aime de tout mon cœur. Eh ! vous le croyez bien.

LETTRE XV

Vendredi, à midi

Vous m'avez promis de la reconnaissance, et vous en manquez déjà : m'écrire que je ne vous aime point, ou que je vous aime *faiblement*, c'est être ingrat. Voyez, cherchez, examinez les preuves que vous m'avez données de votre tendresse ; et quand vous aurez trouvé celle qui vous paraîtra la plus forte, osez la comparer à l'aveu que je vous ai fait de mes sentiments, à cette complaisance qui m'assujettit presque à vos volontés ; et convenez que vous ne pouvez rien faire pour moi, qui égale ce que j'ai fait pour vous. Ne me jugez point sur le commun des femmes ; jugez-moi sur mon caractère, sur mes principes, sur la suite de mes idées ; et voyez quel est le sacrifice que vous exigez. Je sais qu'il est sans prix pour celui qui le demande, l'espère, l'attend ; mais trop souvent, dès qu'il est fait, dès que la victime est immolée, les fleurs qui la paraient, se fanent, et l'on n'aperçoit plus en elle qu'un objet ordinaire. Votre comparaison m'a fâchée, tout à fait fâchée. Comment, avec un esprit juste, avez-vous pu la faire ? Vous risquez, dites-vous, autant que moi. Vous, Milord ! Eh ! quels dangers, quels périls votre sexe peut-il redouter en se livrant à ses désirs ? Le ridicule préjugé qui vous permet tout, vous affranchit de la peine la plus vive qui soit attachée aux faiblesses de l'amour. Trahi, quitté, haï de ce qu'il aime, un homme peut toujours se rappeler avec plaisir le temps où il se trouvait heureux ; temps marqué par ses triomphes, par une victoire dont le souvenir est toujours flatteur pour sa vanité. Mais nous, qui nous croyons méprisées, dès que nous cessons de nous croire aimées ; nous, qui joignons au regret de perdre notre bonheur, la honte de l'avoir goûté ; nous, dont le front se couvre de rougeur, quand nous nous rappelons les moments les plus doux de notre vie, pouvons-nous sans frémir, écouter un sentiment aimable, séduisant, il est vrai, mais dont les suites peuvent être si cruelles ? *Risquer*, vous ? ah ! Milord, Milord ! je ne suis point contente de vous, je ne le suis point de moi… je ne le suis de personne.

LETTRE XVI

Lundi, à onze heures du soir

Savez-vous bien, mon cher Alfred, que vous m'avez ennuyée ce soir, tout comme un autre ? Que maudits soient les collèges, les universités, le grec, le latin, le français, et tous les impertinents livres, où l'on apprend à raisonner en dépit de l'expérience et de la vérité : milord James en est un exemple admirable. Je ne saurais souffrir que l'on avilisse son être en adoptant ces paradoxes hardis, qui font briller l'esprit aux dépens du cœur, et ne tendent qu'à détruire en nous l'amour du bien et de l'huma-nité. On ne me persuadera jamais que la vanité soit le motif de nos bonnes actions, et la source de nos vertus. Si dans quelques occasions de ma vie j'ai pu choisir entre le bien et le mal ; que mon intérêt ou mon amour-propre dût me décider en faveur du mal ; que l'élection que j'étais la maîtresse de faire, ne dût jamais être connue, ni par conséquent m'attirer la louange ou le blâme ; si dans le profond secret de moi-même, j'ai préféré le parti le plus généreux, seulement parce qu'il était le meilleur ; ne puis-je pas me dire, m'assurer que la bonté de mon cœur est indépendante de l'opinion d'autrui ; que j'ai agi par le penchant naturel, qui me porte vers le bien ? Laissez dire milord James, et croyez, mon cher Alfred, que vos vertus ont un principe plus noble que l'orgueil. La bonté n'est pas le fruit de la réflexion : nous ne pouvons ni l'acquérir ni la perdre. La vanité peut en donner l'apparence, mais jamais la réalité. Cette qualité est dans notre âme, comme est sur notre visage ce trait de physionomie que l'art rend si difficilement, qui nous distingue, et fait qu'avec la même forme nous ne nous ressemblons point... Mais voyez où cette sotte conversation m'a conduite, à oublier à qui j'écris, à ne pas seulement me souvenir que je vous aime. Bonsoir. Effet merveilleux de la dissertation ! je dors.

LETTRE XVII

Jeudi, à midi

On est bien criminel, quand on a fâché ce qu'on aime ; mais en convenant de sa faute, on mérite qu'un cœur généreux l'oublie. Vous avez prévenu le pardon que je voulais vous demander ; vous vous donnez des torts pour diminuer les miens : tant de douceur et de bonté m'embarrassent. Je suis dans la position d'un sujet rebelle qui, après s'être révolté contre son prince, en éprouvant sa clémence, sent plus vivement le malheur de lui avoir déplu : on dit que les grands cœurs en deviennent plus attachés et plus fidèles : le mien n'a pas besoin de nouvelles chaînes pour vous aimer. Je me reproche d'avoir pu vous causer un instant d'ennui. Ce n'est pas assez de me rassurer sur l'impression, *déjà effacée*, de ce caprice ; il vous reste encore à dissiper le chagrin que je sens d'avoir pu vous en donner.

LETTRE XVIII

Vendredi, à dix heures du matin

Quelle nouvelle, mon cher Alfred! Je suis désolée. Que vais-je devenir? Ah, j'avais bien raison de ne vouloir point aimer! Quoi, malade, malade à garder le lit? et je ne puis vous voir, vous donner mes soins! Mon Dieu, que mon inquiétude est vive! Comment cacher mon trouble, ma douleur, des pleurs qui m'échappent?... Je ne vous verrai point; hélas, je ne vous verrai point! Ménagez-vous bien: ne m'écrivez pas; envoyez ce soir chez moi: faites-moi dire comment vous serez. J'ai eu la fièvre toute la nuit, une migraine horrible; mais le mal de ce que j'aime, me fait oublier le mien. Que je suis affligée! Que je vous aime!

LETTRE XIX

Samedi, à midi

Je suis triste, mon cher Alfred, bien triste, je vous assure... Ne point vous voir; penser que vous souffrez, que vous vous ennuyez... Ah, c'est bien moi qui voudrais être *votre garde*! Que mes soins seraient complaisants! avec quel plaisir je partagerais votre solitude! Que je vous ai plaint! Comme le cœur m'a battu hier, quand on est venu de votre part! que ce laquais m'a causé d'émotion! Hélas, disais-je, que va-t-il m'apprendre!... Voilà votre lettre. Ah, je respire! N'êtes-vous pas trop aimable de m'avoir écrit, et de ce ton si propre à me rassurer? La gaieté de votre style dissipe entièrement ma crainte. Que votre sœur est heureuse de ne pas vous quitter! Mais pourquoi me demander pardon de vous être étendu sur la tendre amitié qui vous unit tous deux? Je ne souhaite pas, mon cher Alfred, que votre sensibilité pour cette aimable sœur puisse jamais diminuer. Les mouvements de la nature honorent celui qui se fait un devoir de s'y abandonner. Nos jeunes lords, sans principes, sans élévation, prenant l'orgueil pour la grandeur, et le mauvais cœur pour de la force d'esprit, peuvent rougir de ces attachements sur lesquels la bassesse de leurs idées jette une espèce de ridicule; mais l'ami que je me suis choisi, est fait pour les sentir et les avouer. Que je vous sais gré de tout ce badinage! Pauvre petit malade! Je vois d'ici la jolie mine affublée d'un bonnet de nuit; je la vois se rire au nez, parce qu'elle est un peu de travers... Ma fièvre n'est rien, votre présence la fera disparaître. On voulait me saigner ce matin, mais quelqu'un m'a dit que l'amour est dans le sang. Ah, je n'en veux point perdre !… On m'annonce sir Thomas. Je vous quitte. La sotte chose que la politesse ! Il vient me voir, dit-il ; n'est-il pas bien nécessaire que ce monsieur me voie ? Adieu, mon cher, mon aimable, mon tendre ami : ne sortez point, si vous n'êtes pas mieux ; et si vous sortez, levez bien vos glaces : je crains que l'air ne vous incommode, il est très froid.

LETTRE XX

Dimanche, à midi

Je m'éveille dans l'instant : je me sens reposée, tranquille ; mais à mesure que je reprends mes esprits, une idée bien chère ramène le trouble dans mon cœur. Je pense que je ne vous verrai qu'à six heures : que de moments à passer sans vous ! mais en s'écoulant ils rapprochent celui qui doit vous offrir à mes yeux. Combien de fois me dirai-je : « Je vais le voir, lui parler ! j'entendrai le son de sa voix, ses regards animés se fixeront… » Ah, le beau bouquet qu'on m'apporte ! qu'il sent bon ! je le donnerai à mon cher Alfred. Je n'ai point encore eu le plaisir d'en recevoir un de sa main. Serait-il moins amoureux que sir Thomas ? il serait bien dur de l'imaginer. Serait-il moins galant, moins attentif ? oh, non assurément. D'où vient donc qu'il ne donne pas des fleurs à sa maîtresse ? il sait qu'elle les aime ; il lui prend les siennes, et ne lui en présente jamais… Ah l'ingrate, qui va songer à des bouquets ! et ces lettres charmantes, ces tendres assurances, ces caresses si douces ?… Mais les lettres, j'y réponds. Il dit qu'il aime, moi, je le prouve. Les caresses, à la vérité… est-ce donc que je n'en rends jamais ?… Vous n'aurez point mon bouquet, Milord ; non, vous ne l'aurez pas. Sir Thomas, qui réfléchit sur tout, compare tout, même la pluie et le beau temps ; sir Thomas sera bien étonné quand il verra que vous faites l'amour tout de travers. « Voyez, dira-t-il, comme il est des gens heureux ! ils plaisent, ils réussissent, on ne sait pourquoi. Ce lord Charles, par exemple, on l'aime à la folie. Que fait-il ? il rit, il écrit, il chante, il se chauffe ; et moi, qui suis noble aussi, beau, bien fait, qui sais prévenir jusqu'au moindre désir de la *cruelle miss* ; j'ai beau me parer, me parfumer, prêter des livres français, ouvrir la porte au chat, donner des bonbons, des bouquets ; toutes attentions perdues : miss Betzi n'en tient compte, et me hait tous les jours un peu plus. » Adieu, Milord, point de bouquet pour vous.

LETTRE XXI

Mardi, à minuit, au coin de mon feu

Je ne veux pas me coucher ; non, je ne le veux pas : je veux rester là. Je n'aime de mon appartement que l'endroit où je suis. Ma chambre est un pays étranger pour moi : je ne vous y ai jamais vu. Ici tout est vif, tout est riant, tout a reçu l'empreinte chérie : ce cabinet est mon univers. Mais, mon cher Alfred, vous êtes encore avec les autres : dans une heure, dans deux, peut-être, vous serez avec moi. Votre main, cette main que j'aime, tracera les pensées délicates de votre âme : elle m'apprêtera le plus grand des plaisirs. Qu'il est doux de porter ses regards sur les expressions tendres et passionnées d'un amant que l'on adore, de se répéter les noms flatteurs qu'il nous donne. Je suis donc *votre maîtresse, votre chère maîtresse, votre amie, votre première amie ; vous ne vivez point loin de moi : vous ne sentez votre existence, que lorsque l'instant où vous m'allez voir, approche.* Quoi, c'est moi qui anime cette jolie machine ? c'est le feu de mon amour qui lui donne et le mouvement, et la grâce avec laquelle elle se meut ? Ah ! dis-le-moi cent fois, mille fois ; dis-le-moi toujours ! Qu'il était aimable ce soir ! N'avoir pas vu que cette femme était belle ! n'avoir vu que moi ! Ah, que je vous aime ! Je vous aime tant, que si vous étiez là… Je vous aimerais trop.

LETTRE XXII

Dimanche au soir

Vous me demandez avec vivacité ce que je pense ; je vous le dis, et vous doutez de la vérité de ma réponse. Pourquoi ce doute, Milord ? me croyez-vous capable de faire un mensonge ? Si je voulais me taire, si je me suis laissé presser pour parler, c'est qu'il est des choses inutiles à dire, par la difficulté de prouver qu'on les pense. J'étais dans ce moment comme un enfant qui s'aperçoit de sa petitesse, en voyant placé bien haut ce qu'il voudrait avoir. Ne me montrez jamais cette défiance injurieuse, elle me révolterait ; et si je boudais, je bouderais bien fort. Je ne vous dis point que je vous aime ; vous douteriez de ma sincérité. « Non, dit-il, ce n'est point cela, non assurément »… Impertinent, malhonnête, que cela vous arrive une autre fois, vous verrez, vous verrez… Je crois que je vous hais… Adieu Milord, oh très Milord, assurément.

LETTRE XXIII

Lundi, dans mon lit, malade comme un chien

Elle a chagriné celui qu'elle aime : au lieu du plaisir qu'elle pouvait lui donner, qu'il attendait, qu'il méritait, elle lui a causé de la peine ; il a grondé, boudé, chiffonné la lettre qu'il aurait baisée ; il l'a jetée, reprise, mordue, déchirée, il en a mangé la moitié ; il est fâché, bien fâché ; ah voilà de belles affaires !... Il faut demander pardon... Oui vraiment... Une hauteur déplacée conduit toujours à la bassesse. Allons, la *méchante* se rend justice, elle est devant vous les yeux baissés, l'air triste ; on est bien humiliée quand on a tort ; que son état vous touche, mon cher Alfred. Elle vous dit, « pardonnez-moi, ô mon aimable ami, pardonnez-moi, si vous m'aimez !... » Je vois couler ses larmes, elle plie un genoux ; vite, mon cher Alfred, relevez-la ; qu'un doux souris lui prouve que vous êtes capable d'oublier ses fautes. Ah ! la paix est faite, n'est-ce pas ? Oui, mon cœur m'assure qu'elle est faite.

LETTRE XXIV

Mercredi, à trois heures

Je vous attends. Mes yeux sont fixés sur l'aiguille de ma montre ; qu'elle va lentement ! Dans deux heures elle volera ; il me le semblera du moins... Il va donc venir cet amant si tendre, si aimé, si digne de l'être. Hier il était là ; j'occupe la place qu'il remplissait : j'ai du plaisir à me voir sur le siège où il était, où il sera bientôt : j'appuie ma tête au même endroit qui soutenait la sienne... Quelle ridicule propreté ! de quoi se sont-ils mêlés d'enlever la poudre de ses cheveux ? Ah ! qu'on me laisse tout ce qui vient de lui, tout ce qui le représente à mon cœur, à mes yeux ! Puis-je trop multiplier des images si chères ? Mais je souffre, mon cher Alfred, je souffre beaucoup : j'ai une migraine affreuse, j'en suis bien aise. J'ai besoin qu'un peu de mélange de bien et de mal me rappelle à moi-même. Depuis six mois je me trouve si heureuse, que mon bonheur m'inquiète ; je consens qu'il soit troublé : mais si quelque événement doit le détruire, je prie le ciel que ce soit ma mort. J'emporterai dans le tombeau la douce certitude d'être aimée de vous ; je la conserverai pendant toute l'éternité ; si la voix terrible de l'ange m'appelle, me réveille, mon premier soin sera de vous chercher dans cette vallée immense ; et de quelque côté que vous soyez, ma place sera près de vous… Voilà bien de quoi me faire gronder : peut-on être triste comme cela ? Ah la maudite tête ! c'est elle qui dicte ces accents plaintifs.·Vous allez paraître ; la joie va ranimer la pauvre malade.

LETTRE XXV

Vendredi, à minuit

Vous croyez que je dors peut-être ; j'ai bien autre chose à faire vraiment. On ne fut jamais plus éveillée, plus folle, plus… je ne sais quoi. Je songe à ce merveilleux anneau dont on a tant parlé ce soir : on me le donne, je l'ai, je le mets à mon doigt, je suis invisible, je pars, j'arrive… où ? devinez… dans votre chambre : j'attends votre retour, j'assiste à votre toilette de nuit, même à votre coucher. Cela n'est pas dans l'exacte décence ; mais je suppose que Milord est modeste. Vos gens retirés, vous endormi, il semble que je dois m'en retourner ; ce n'est pas mon dessein, je reste… En vérité je reste… Mais croyez-vous que je respecte votre sommeil ? point du tout : pan, une porcelaine ou un bronze sur le parquet : crac, les rideaux tirés : pouf, mon manchon sur le nez… Mais Milord s'éveillera ; l'esprit rira ; il sera reconnu, attrapé, saisi par une petite patte qui le tiendra bien. On n'a point de force quand on rit ; et puis le silence, la nuit, l'amour… Aïe, aïe, vite, vite, qu'on m'ôte l'anneau. Bon Dieu, où m'allait-il conduire ? Je ne voudrais pas l'avoir cet anneau ; je craindrais d'en faire trop d'usage. Le désir est dans notre cœur une source de bien où nous puisons indiscrètement : elle nous paraît intarissable ; et lorsqu'elle est finie, nous nous apercevons avec regret que nous pouvions la ménager. Si j'avais la facilité de ne jamais m'éloigner de vous, je perdrais le plaisir de vous souhaiter, de vous attendre, et peut-être celui de vous plaire. Je ne veux point de l'anneau. Adieu, mon aimable ami, adieu, le *moi*, que j'aime mieux que moi-même.

LETTRE XXVI

Samedi, dans mon lit, bien tard

Pourquoi disiez-vous du mal de votre lettre ? elle est bien. Le langage de votre cœur pourrait-il me plaire moins que celui de votre esprit ? Je ne puis ôter du mien cette femme que vous aimiez, qui vous a pu trahir : je la plains ; elle a été bien malheureuse de ne pas connaître le prix d'un amant tel que vous. C'est un avantage pour ceux qui pensent mal, de ne jamais penser mieux. Une âme capable de revenir de ses erreurs, s'abandonnerait à des regrets trop vifs en se les rappelant. Combien cette femme gémirait, si, plus éclairée, elle pouvait comparer ce qui lui reste à ce qu'elle a perdu !... Mais elle est morte ; ne m'avez-vous pas dit qu'elle est morte ? Ah je veux le croire !... Ce que vous sentez pour moi, ne ressemble donc point à ce que vous sentiez pour elle : dois-je être flattée de cette différence ?... Ah, mon Dieu, y penser deux ans, avec un chagrin, une colère, la haïr encore !... Mais *elle est morte* ; et puis, que me fait un temps éloigné ?... oui, éloigné, mais point oublié... J'ai des vapeurs... de l'humeur, je crois... Venez, Pope [1] : que la justesse de vos idées dissipe la bizarrerie des miennes. Tout est bien, tout est comme il doit être, vous le dites, vous le persuadez... Mais est-il nécessaire à l'harmonie du monde, à cette chaîne qui embrasse tout, que lord Charles ait aimé cette méchante femme, peut-être mille fois plus, mille fois mieux ?... Pope m'ennuie : cela est fort ; mais qu'est-ce donc qui me fait tant de peine ? En vérité je suis comme un avare qui pleure auprès de son trésor, parce qu'il vient de penser pour la première fois qu'un autre en a possédé un plus riche. Cette femme pouvait avoir plus que moi, mais ce que j'ai, n'est-il donc rien ? Mon partage me rendait heureuse hier, ce matin encore ; on ne m'a rien ôté ; ma situation n'a point changé : pourquoi mon cœur s'obstine-t-il à la trouver moins douce ? Ah ! Milord, Milord, un de nous deux a tort. Je ne vous verrai pas demain ; je vais à Cantorbéry.

LETTRE XXVII

Lundi, à midi***

Aimer, s'attacher, quelle folie ! C'est ne tenir qu'à un seul objet, c'est renoncer à cette aimable variété que la nature a mise dans l'univers. Ces jardins si beaux, où je me promenais hier, ne m'ont présenté que votre idée : je cherchais vos traits sur ces marbres que l'art a rendus presque parlants : ce qui s'offrait à mes regards, les fixait seulement quand je croyais y trouver une sorte de ressemblance avec vous. Le chant de mille oiseaux dont les amours devancent la saison, cette superbe solitude, je ne sais quelle douceur répandue dans l'air, m'ont fait rêver, soupirer, songer à vous... Réellement, mon cher Alfred, ces premiers jours du printemps animent les passions, les rendent plus vives, plus flatteuses. Cette secrète

---

1. Alexander Pope (1688-1744), auteur de l'*Essai sur l'homme*, l'un des théoriciens de l'optimisme.

intelligence, cette admirable harmonie qui unit, entretient, renouvelle tous les êtres, semble devenir plus sensible ; elle émeut notre cœur, nous porte à réfléchir, éveille en nous un désir indéterminé, et nous avertit de chercher un bien qui nous manque. Ah, ce bien est l'amour ! quel autre peut lui être comparé ! Hélas ! ce bien, je l'ai trouvé ! pourquoi ne puis-je oublier qu'il est souvent la source des peines les plus amères ! Je vois ici un triste exemple des effets de la complaisance. Que j'en suis effrayée ! Je me croyais si sûre de ma fierté, de mon indifférence, que j'ai fait mille imprécations contre moi, que j'ai prié le ciel de me punir, si jamais j'étais assez faible pour préférer le bonheur d'un amant à mes principes, à ma tranquillité. Comment pourrais-je me résoudre ?... Hélas ! en vous voyant, en vous écoutant, en lisant vos lettres, je me rassure quelquefois. J'oublie des serments indiscrets, ou je me dis comme les athées, « les dieux sont sourds... ». Ah ! s'ils m'avaient entendue, s'ils me punissaient, si vous cessiez de m'aimer, si je vous perdais !... Oh, mon cher Alfred, je ne vous ai point vu hier, toutes mes idées se ressentent de l'ennui que votre absence m'a fait éprouver.

LETTRE XXVIII

Mardi, à midi

Là, doucement : comme vous grondez ! Mais n'ai-je pas raison de me révolter quelquefois contre un penchant qui change mon cœur, en altère tous les sentiments, n'y laisse plus de place pour ceux qui doivent m'être chers, qui me l'ont toujours été ? Ne puis-je, sans vous fâcher, regretter un peu le temps où tout me plaisait, où tout m'amusait ? Miss Betzi que j'aime si tendrement, dont la vivacité, l'esprit et l'enjouement faisaient mes délices : miss Betzi qui m'est si attachée, eh bien ! hier... elle ne m'ennuyait pas, non, elle ne peut jamais m'ennuyer ; mais je trouvais qu'on tardait bien à venir la reprendre. Vous ne sauriez croire combien je me reproche cet instant où j'ai pu manquer en secret à l'amitié, et trouver de trop une amie véritable, éprouvée ; une amie que je préfère à tout. Eh ! pourquoi désirais-je qu'elle s'en allât ? Pour être seule avec vous ; pour écouter ces folles idées qui chaque jour me paraissent moins extravagantes, et qui me persuaderont insensiblement qu'elles sont très bonnes. Vous vous plaignez, vous dites que ce n'est pas de l'amour dont mon cœur est touché ; vous avez bien raison. Non, ce n'en est point : c'est bien mieux, c'est bien plus : c'est l'assemblage de tous les sentiments les plus tendres, les plus vifs... Ah, si vous en doutez, vous ne méritez pas de les inspirer !

LETTRE XXIX

Jeudi au soir

Il y a deux heures que je vous voyais encore, mon cher Alfred ; mais le plaisir de vous avoir vu, n'est point effacé de mon cœur. J'ai toujours devant les miens ces yeux où l'amour se peint, et dont le feu me pénètre. Je sens cette main chérie qui presse doucement la mienne ; j'entends le son enchanteur de cette voix qui me plaît tant… Mais il est donc bien vrai que vous m'*aimez*, que vous m'*adorez* ?… Est-il possible que l'amour me comble de ses biens, moi qui dédaignais ses faveurs ?… Ah, sans vous je les dédaignerais encore !… Que l'aménité, l'agrément de votre conversation m'ont charmée ce soir ! Est-il rien de plus aimable que cet air de confiance et d'intimité avec lequel vous m'avez parlé ?… Félicitez-moi, mon cher amant, j'ai un ami que rien n'égale : et vous, mon tendre ami, partagez ma joie, j'ai un amant adorable. A quel être bienfaisant m'adresserai-je pour le prier de me les conserver tous deux ? Ah, l'ami me restera ! il me restera toujours : je lui sacrifierais l'amant, si jamais il l'exigeait… Ne me grondez point, mon cher Alfred ; je ne veux pas séparer ces titres précieux : si votre cœur m'en retirait un, croyez que le mien les chérirait encore tous deux, mais en secret. L'âme de votre amie est noble : elle est fière, elle saurait vous cacher un feu qu'elle ne pourrait éteindre, qu'elle ne désirerait pas d'éteindre. Elle vous aimerait inconstant, léger, mais jamais perfide… Ah, si vous me trompiez, si l'ombre même de la fausseté !… Si Milord n'était pas… Mais il est… Il est lui.

LETTRE XXX

Vendredi au soir

Vous avez raison de vous plaindre : j'ai mal fait de déchirer ma lettre ; ce procédé a quelque chose de désobligeant. Mais, mon cher Alfred, vous avez tout pris, tout rassemblé ; vous verrez ce que je voulais vous cacher. Le billet que vous avez reçu de ma main est l'expression réfléchie de mon âme ; l'autre est l'ouvrage de la nuit et de la plus folle imagination. Je ne méritais pas vos reproches ; non, je ne rougis point de vous laisser voir des désirs qui naissent des vôtres. Ce n'est pas dans mes sens que j'en trouve la source ; c'est dans mon cœur, c'est dans le vôtre ; c'est dans l'idée flatteuse de vous rendre heureux. Le plaisir que j'attends d'un moment si doux, n'a pour objet que vous-même. Quand votre bouche m'assure qu'il dépend de moi de vous procurer un bien au-dessus de tous ceux que la fortune vous a donnés, pour lequel vous les céderiez tous ; quand vos yeux attachés sur les miens, me tiennent un langage plus séduisant encore, je voudrais céder ; je hais le préjugé qui m'arrête, je désire le bonheur d'un amant si cher, j'y veux tout immoler ; je me promets de vaincre ma répugnance ; et puis, mon cher Alfred, je ne sais comment je reviens à mes premières craintes. Je me livre à de tristes réflexions ; eh pourquoi m'y abandonner ! N'est-ce pas Alfred que j'aime ? Ces vaines terreurs l'*affligent*, elles l'*offensent*, elles *déchirent* son cœur... Ah, pardonne-les-moi, mon cher amant ! elles se dissiperont ; votre amour, le mien, le temps..., mais en vérité je ne saurais promettre... Quoi, s'avouer ses mauvais desseins ? fixer un moment ? prendre un jour ?... Oh cela m'est impossible ! Je ne puis vous donner ma parole ; n'exigez pas que je vous la donne, je ne le pourrai jamais ; je vous en prie, ne l'exigez pas. Je ne saurais. Taisez-vous, taisez-vous donc... Oh ! tais-toi.

LETTRE XXXI

Lundi, dans mon lit, à une heure du matin

Quelle lettre, mon cher Alfred, je ne saurais la quitter ! Que tout ce qui vient de vous, me plaît ! que votre amour m'est cher ! que j'en aime les assurances ! Ah, parlez-moi toujours, écrivez-moi sans cesse ! Que tous les instants de ma vie soient remplis par le plaisir de vous voir, de vous entendre, de vous aimer... Mais qu'il était joli ce soir ! quels yeux ! comme l'amour l'embellit ! qu'il répand de charmes sur ses traits ! que d'esprit, d'âme, de sentiment ! et je lui résisterais ? et je ne comblerais pas ses vœux ?... J'entends encore ces soupirs, ces accents flatteurs... Ah ! comme vous peignez cette volupté délicieuse née des mouvements du cœur !... Mais je veux dormir : oui, dormir... cela n'est pas si aisé qu'on le dirait bien. Je prends un livre pour me distraire ; il vous appartient : mon amant l'a touché, m'en a parlé. Ce livre ne m'endormira point. Je relis cette lettre charmante : je la remets dans ce portefeuille, que j'ai vu si souvent dans vos mains. Ah ! qu'il sent bon ! il sent comme toi... Mais cela finira-t-il ? Je vous dis que je veux dormir : entendez-vous, Milord, je veux dormir. Bonsoir : adieu... Pas possible ; dès que je ferme les yeux, un lutin les ouvre malgré moi. Eh bien, venez donc, idée d'un amant que j'adore ! emparez-vous de toutes les puissances de mon âme ; je vous préfère au sommeil le plus paisible, au repos le plus doux, au songe le plus riant, à moi, à tout le reste du monde... Oh pour cela, Milord, je me plains de vous ; oui, et j'ai raison : vous n'avez point d'égards, d'attentions. Est-il bien de ne pas laisser un moment de tranquillité à celle que vous aimez ? Finissez : finissez donc... c'est le mot qu'il faut toujours vous dire.

LETTRE XXXII

Mardi, à dix heures

Que je vous jure de vous aimer toujours : ah ! je vous le jure par l'honneur, par la vérité, par vous-même. Votre cœur est l'autel sacré qui reçoit mes serments. Puissent ces yeux que vous aimez se fermer pour toujours, si je les lève jamais avec plaisir sur un autre que vous ! Je ne me consolerais point de vous avoir choisi, si je me croyais capable d'inconstance. Mais vous, mon cher Alfred, ne changerez-vous point ! cet empire que vous avez sur moi, qui vous flatte à présent, qui vous paraît si doux, ne vous lassera-t-il point un jour ? Hélas ! que sait-on, vous vous ennuierez peut-être d'un commerce si sûr, d'un règne si tranquille. Si cet état paisible vous fatigue, vous rebute ; si vous le quittez, au moins souvenez-vous qu'un souverain qui abdique, ne doit ni mépriser, ni maltraiter les sujets qu'il abandonne ; que sa bonté doit les ménager, et graver dans leur souvenir et l'amour de son nom, et le regret de sa perte... Là, là, point d'humeur, mon cher Alfred ; c'est un trait en passant, et pas si déplacé que vous pourrez le dire. Je ne doute point de votre sincérité ; mais qui peut s'assurer de penser toujours de même ? Lady Stanley disait l'autre jour, que notre sexe était léger, mais que le vôtre était perfide. On m'assura que sur ces deux points elle avait fait mille épreuves ; mille, c'est beaucoup : malgré son expérience, je l'en crois bien moins que vous.

LETTRE XXXIII

Mercredi, à minuit, une heure, je ne sais quand***

Que mon âme est agitée, inquiète, émue ! Le désordre où je vous ai vu, ces tendres plaintes ne m'ont que trop touchée : vos peines me pénètrent, et votre obstination me désole. Est-il possible que vous doutiez de ma tendresse ? Non, vous m'en imposez, vous affectez cette défiance : vous ne l'avez point, mon cher Alfred ; vous ne sauriez l'avoir... Pourtant, vos soupirs, vos reproches, ces larmes brûlantes dont vous arrosiez mes mains... Ah, ne m'accusez point d'une *cruelle insensibilité* ! vous ne pouvez juger de ce que je sens... Mais tant de préjugés à vaincre, une si longue habitude de penser que rien ne pourrait les détruire ; je ne sais quel effroi... Ah ! s'il était en votre disposition de m'accorder une grâce, que vous ne pussiez le faire qu'avec cette extrême répugnance, je ne vous la demanderais point, je ne voudrais pas l'obtenir de vous. Votre sexe est bien moins délicat ; il prie, mais il menace en même temps. Quoi, vous me fuiriez ? quoi, vous travailleriez à éteindre une *passion inutile* ? elle fait mon bonheur, et vous la nommez *inutile* ! Osez-vous me dire que rien ne vous assure de mon cœur ? vous comptez donc pour *rien* l'aveu réitéré de mon amour, mes lettres, mes complaisances ?... Est-il des liens plus sûrs, plus forts que ceux du sentiment ? est-il un sentiment plus tendre que celui qui m'attache à vous ?... Vous êtes un ingrat. Eh bien, *travaillez à m'oublier* ; faites plus, aimez-en une autre... Ah, je ne vous croyais pas capable de m'affliger ! Je vais dîner à Hampstead. Je ne vous verrai que vendredi. Je ne voudrai pas vous voir, peut-être ; non, je ne le voudrai pas.

LETTRE XXXIV

Hampstead, vendredi***

Le *moi* sur lequel vous comptez, n'est pas toujours le plus fort. J'ai, comme Sosie [1], un autre *moi* difficile à réduire, et qui l'emporte souvent sur tout ce que je lui oppose. Ce méchant *moi* ne m'a pas laissée tranquille un instant, depuis que j'ai quitté Londres ; il m'a fait pleurer, vous quereller, pardonner, me fâcher, rester ici pour vous chagriner, m'ennuyer, me priver du seul plaisir où mon cœur puisse être sensible. Je voulais partir ce matin, mais milord Clarendon a changé ma résolution. Il vint hier souper ici : on vous nomma ; il nous dit qu'il vous avait laissé chez la duchesse de Rutland, que vous y étiez seul. Oh, quel mouvement ce discours éleva dans mon âme ! Quoi ! seul chez cette femme qui vous cherche, qui vous suit avec affectation ! Il me fut impossible de souper. Je me plains de la migraine, je cours m'enfermer. Je relis ce billet si tendre, où vous vous soumettez à toutes mes volontés, où vous me

---

1. Personnage de l'*Amphitryon* chez le poète latin Plaute et chez Molière. Tandis que Jupiter a pris les traits d'Amphitryon, absent, époux d'Alcmène, Mercure a revêtu ceux du valet Sosie, amenant celui-ci à douter de sa propre identité.

conjurez de revenir, avec un empressement si flatteur : je n'y trouve plus
que de la fausseté, des mensonges, le désir de me tromper. Une heure
sonne, je vous vois *seul avec la duchesse*. Cette image ne peut s'effacer ;
je vous écris des duretés ; puis je ne saurais écrire. Pan, la lettre chiffonnée, déchirée, la plume à terre, la table repoussée. Je me couche, tout
l'enfer est dans mon lit. Je ne peux dormir, je ne saurais lire ; l'anglais, le
français, l'espagnol, tout m'est odieux. Je me lève brusquement, je vais,
je viens dans ma chambre : je me fais honte de mon peu de raison. Le
jour luit, et ses premiers rayons me font apercevoir de mon accablement.
Je retourne dans mon lit : l'extrême lassitude m'assoupit. Réveillée à dix
heures, je vous écris à onze une plate et courte élégie dans la prose la plus
commune : j'admire ce chef-d'œuvre. Je plie le papier tout de travers ; je
mets la cire sur mes doigts, et le cachet à côté de la lettre ; puis je sonne,
et puis je ne veux rien. Je déchire la belle lettre, on m'apporte la vôtre ; je
la prends, et je me fâche de ce que vous me dites, avant de l'avoir
ouverte, sans savoir ce qu'elle contient. *Après…* après je ne sais ce que
je veux. Je suis malheureuse, en vérité. Mon état est bizarre, ridicule.
Une âme tendre est la source de toutes les peines d'une femme ; la sensibilité est en elle un poison actif, que les soins d'un homme qui veut
plaire, font fermenter, pour détruire son bonheur, égarer sa raison, et
répandre l'amertume sur tous ses sentiments. J'ai envie de m'établir ici ;
je hais Londres, ses habitants, l'univers, vous, moi, l'amour, et toutes les
folies qu'il inspire. Aimez-moi, ne m'aimez pas ; restez, partez, que
m'importe ? Ô ma paisible indifférence, qu'êtes-vous devenue ! Laissez-
moi, Milord, laissez-moi…

LETTRE XXXV

Hampstead, samedi matin

Vous avez soupé chez votre sœur… eh bien j'ai tort, mon cher Alfred ;
je le sens, je l'avoue. Je pars : je vous verrai ce soir. Ah ne me dites plus
que je vous aime *faiblement*, que je ne vous *aime point* ! non, ne me le
dites jamais. Comment pourrai-je me consoler de vous avoir forcé de le
penser un seul instant ? De toutes les actions de ma vie, c'est l'unique,
peut-être, que mon cœur se reproche.

LETTRE XXXVI

Mercredi, à deux heures du matin

Qu'il est doux, qu'il est satisfaisant de penser bien de ce qu'on aime ; de ne point douter de sa foi, de son cœur ; de s'applaudir dans un instant que trop souvent la crainte des suites empoisonne, crainte qui place le regret tout près du plaisir ! Ah que mon âme est tranquille ! que ma joie est pure ! que ma confiance est entière ! J'ai rempli les désirs de mon amant, je les ai vus renaître ; il est heureux, il m'estime, il m'aime, il m'adore : pouvais-je perdre dans son cœur, quand il me doit au plus tendre des sentiments ? Il le sait, il en est sûr. Je n'ai point cédé : un moment de délire ne m'a point mise dans ses bras ; je me suis donnée : mes faveurs sont le fruit de l'amour, sont le prix de l'amour. Oui, mon cher Alfred, je suis contente ; puis-je ne pas l'être, quand je suis à toi, oui ; toute à toi ? Moments délicieux, plaisir ravissant, redoublez la tendresse de mon amant !… ah vous ne pouvez augmenter la mienne… Il m'écrit dans l'instant où j'écris moi-même… Ah prends garde, prends garde, mon cher Alfred, le bonheur ou le malheur de ma vie est dans tes mains ! Cette lettre que j'attends, que je désire, va détruire ou confirmer ma joie… Mon Dieu, si un peu moins de vivacité dans votre style… S'il vous échappait… si une seule expression me faisait craindre… non, je ne crains rien : je suis aimée.

LETTRE XXXVII

Vendredi, à midi

Vous n'avez point vu *du regret* dans mes yeux : non, mon cher Alfred ; et si quelques tristes idées s'élevaient dans mon cœur, en pensant que vous êtes heureux, elles céderaient bientôt au plaisir toujours vif de me dire, de me répéter : « Mon cher amant est sûr que je l'aime ; il ne doute plus de mes sentiments, je lui en ai donné la preuve la plus décidée. » Pourquoi troubler votre bonheur par une délicatesse qui m'afflige ? Tant que vous le sentirez, ce bonheur, je ne me reprocherai rien. Je ne vous verrai point demain… Quoi, je ne vous verrai point ! Penserez-vous à moi ? Sentirez-vous cette petite absence ? Viendrez-vous de bonne heure samedi… Hélas ! ces jours heureux passent avec une rapidité ; ils me conduisent à celui qui va me priver de vous, m'enlever mon bien le plus cher. Ah les vilains révoltés, que je les hais ! faut-il que vous me quittiez pour eux ! Ils méritent bien d'être punis, puisqu'ils vous font aller dans votre gouvernement. Quels ordres cruels ! pouvait-on s'y attendre ? ah, qu'ils m'affligent ! Adieu, mon aimable, mon cher Alfred.

LETTRE XXXVIII

Samedi, à minuit

Oh ! qui peut rendre, exprimer le plaisir que m'a fait cette visite ! Aimable Alfred ! Le voir entrer dans ma chambre, quand je le crois à Hamptoncourt ! prendre une heure pour me la donner !… Mon Dieu, qu'il était bien ! comme cet habit lui sied ! que de goût dans sa parure ! que de grâce dans son air ! Regardez-le, princesse, regardez-le bien ; dites tout bas : « Il est charmant. » Enviez mon bonheur, mais ne m'en privez pas ; il est à moi ; il a juré d'être toujours à moi : mon sort est plus heureux, mille fois plus heureux que le vôtre… J'ai lu cent fois votre lettre, je la lis encore ; qu'elle est tendre ! qu'elle est folle ? que je me sais bon gré de la mériter ! qu'elle assure ma joie !… Mais parlerai-je toujours de ma félicité ? je vous ennuierai, mon cher Alfred : n'est-ce point à vous que je dois les mouvements de cette joie ? C'est un ruisseau qui retourne vers sa source. Eh comment vous lasseriez-vous de m'entendre vanter mon bonheur, vous qui le faites, vous qui m'aimez ?

LETTRE XXXIX

Dimanche, à dix heures du matin

Êtes-vous revenu, mon cher Alfred ? Vous êtes-vous souvenu de votre chère maîtresse ? son idée vous a-t-elle été présente, dans un séjour où l'orgueil et l'intérêt ont fixé leur domicile ? Miss Betzi s'est enfermée avec moi : nous avions des raisons différentes pour rester seules ; elle voulait étudier, je voulais penser à vous. Elle a commencé à lire tout haut son maudit français, séparant chaque phrase, et mettant *Zaïde* en pièces : moi je n'écoutais point, je n'avais garde d'écouter ; et je disais, « fort bien, à merveille, on ne peut mieux ». Cependant le portrait de Consalve [1] a ramené mon attention ; je me suis imaginé qu'il vous

---

1. Consalve, fils du comte de Castille, est le héros de *Zaïde* (1670-1671), roman de Mme de La Fayette (1634-1693).

ressemblait : si beau, si bien fait ; l'air noble, le cœur tendre, le naturel doux… En vérité, il vous ressemble.

LETTRE XL

Lundi, à trois heures

Cette aiguille semble immobile ; elle marche pourtant : elle va d'un pas égal. Mes désirs ne peuvent hâter ni ralentir son mouvement : quand ira-t-elle sur six heures ?… J'écris pour calmer mon impatience, adoucir l'attente, vous prouver que mon cœur est sans cesse occupé de vous : j'écris pour écrire. Mon amant fait bien mieux ; il écrit pour peindre, enchanter : c'est toujours un tableau riant que sa plume dessine. L'esprit, l'amour et la variété brillent dans ses lettres ; moi je dis, je vous aime, je répète, je vous aime. Il faut me le pardonner, mon cher Alfred ; c'est qu'en vérité je ne pense que cela : je ne devrais pas le dire si souvent, il faut de l'art pour conserver un cœur ; lady Charlotte le dit, et lady Charlotte sait bien ce qu'elle dit… De l'art, mon cher Alfred ? quoi, avec toi ? te cacher que je t'adore ?… ah, jamais ; non, jamais !

LETTRE XLI

Mardi, à midi

Ne cherchez point des *noms plus doux* pour me les donner ; celui de votre maîtresse est le plus flatteur pour moi ; il m'est aussi cher que tous les titres qui peuvent exciter les désirs d'une femme vaine et ambitieuse. Ah ! que l'or et les pierreries brillent sur mes égales ! qu'elles prisent des biens que la noblesse de mes sentiments me fait dédaigner, ton amour me parera bien mieux que la richesse ne pourrait le faire : embellie par tes caresses, je devrai mon éclat à tes plaisirs, à l'heureuse certitude d'être chérie de toi. Eh ! quel rang, quel état est au-dessus du bonheur ? Aimer, pouvoir justifier son amour par l'objet qui l'inspire, oser se dire : Je l'avouerais sans honte… Oui, mon cher Alfred, si l'usage, si la décence n'était pas blessée par cet aveu, je le ferais, je dirais avec vanité : J'aime milord Erford, je suis à lui ; je mets ma gloire à lui inspirer de la tendresse, à lui prouver la mienne. Qu'il partage mes sentiments ; que j'excite un moment de plaisir dans son cœur, je n'envierai pas le sort du plus grand roi du monde.

LETTRE XLII

Vendredi, à midi

Elle n'a donc plus que deux jours à vous voir, cette pauvre Fanni ; que cette idée l'afflige ! Vous ne me quitterez pas sans regret, mon cher Alfred, car vous m'aimez, vous m'aimez beaucoup ; je me le dis souvent. J'ai besoin de me le dire, quand je ne vous vois point ; mais vous m'en assurez bien mieux. Que de jours à passer sans vous voir, sans espérer de vous voir, sans écouter si ce carrosse s'arrête, sans me dire, le voilà ! Combien de fois cinq heures sonneront, sans que mon cœur sente ce battement, doux avant-coureur du plaisir ? Ah ! miss Betzi, miss Betzi, que vous allez avoir besoin de votre aimable complaisance ! que j'en abuserai ! combien de fois lui répéterai-je : « Il est charmant : n'est-ce pas, Miss, qu'il est charmant ? non je ne puis trop l'aimer… » ! et puis tant de récits, de détails, de confidences… et puis toutes les folies, les vains projets dont une âme tendre s'amuse… Ah ! ce cachet, ce divin cachet de Salomon[1], où est-il ? que ne l'ai-je à présent ! je suivrais vos pas, invisible et tout près de vous… Mais quoi ! mon cher Alfred serait-il gouverneur d'une province de la Grande-Bretagne ? aurait-il un maître dont les ordres pussent l'éloigner de moi ?… Lui !… Non ; il a les vertus de Titus ; je lui donnerais l'empire de Néron. On dit que ce prince fut un jour souverain paisible du monde connu : mon cher Alfred en serait le monarque chéri, révéré… Ah ! je souhaite en vain, les génies n'entendent point ma voix, n'accourent point à ma voix : mon cher Alfred partira, hélas, il partira !

LETTRE XLIII

Samedi, à deux heures du matin

Ce n'est donc pas moi qui vous donnerai cette lettre, mon cher Alfred : une autre main vous la présentera ; vous ne lirez point dans mes yeux la vérité des sentiments qu'elle contient ; je ne lirai point dans les vôtres l'impression qu'elle fera sur vous : mes regards suivaient tous vos mouvements, et je m'applaudissais de l'air satisfait avec lequel vous

---

1. Le sceau de Salomon était censé porter le vrai nom de la divinité et ne pouvoir être brisé par aucune puissance. Il s'agit plutôt de l'anneau magique forgé par Salomon, selon les Orientaux, et qui rendait invisible.

lisiez les assurances de mon amour. Aimable et douce habitude, que votre perte est sensible ! Demain viendra et n'amènera point le moment désiré ; les heures passeront, et celle où je vous voyais, passera comme les autres : elle passera, mon cher Alfred, et vous ne viendrez point. Ah ! mon Dieu, vous ne viendrez point ! Que mon cœur est serré !... J'ai retenu mes larmes chez miss Betzi, mais je vous promettais en vain de n'en point répandre ; j'ai vu couler les vôtres... l'amour est cruel, car je les ai vues couler avec plaisir. Le voilà, ce portrait, qu'il est différent de vous ! Votre lettre vous rend bien mieux, elle me parle au moins ; et le sentiment, plus habile que l'artiste, m'offre ces traits chéris que je cherche vainement dans cette image... Est-ce là cet air fin, ce souris ! Non, ce ne l'est pas... Mais il est tard, le chagrin appesantit, si j'allais dormir et passer l'heure d'envoyer à la poste, mon cher Alfred ne trouverait point de lettre en arrivant ; il accuserait sa maîtresse de négligence, de froideur peut-être. Ah ! cette crainte m'éveillera, il la trouvera cette lettre ; il se dira avec complaisance : « Ma tendre amie m'est attachée, elle est ardente à me le prouver. » Il m'en aimera davantage ; il connaît le prix d'un cœur sincère ; l'éloignement ne détruira pas le plaisir qu'il sent à m'occuper ; et plus je lui dirai que je l'aime, plus il m'aimera lui-même. Adieu, mon aimable ami, adieu : que ce mot me fait de peine à présent ! Pensez à moi, ah ! pensez-y toujours !

LETTRE XLIV

Dimanche, à minuit

Enfin il est fini ce jour dont rien n'a trompé la longueur ; il est fini ; et demain ne sera pas plus heureux : je n'aurai point de lettre, pas la moindre marque de votre souvenir. Ah ! que cela est dur pour un cœur accoutumé aux plus tendres soins du vôtre. Vous fuyez, mon cher Alfred ; vous vous éloignez avec vitesse d'une femme qui vous adore : hélas où êtes-vous déjà ? ce portrait est donc tout ce qui me reste ?... Il me paraît moins mal qu'hier ; à force de le tourner, de le pencher, j'y trouve une ombre légère de ce que j'aime, je sens qu'il me devient cher ; il a un drôle de petit nez qui ressemble à un autre... En vérité je l'aimerai, je l'aime déjà ; l'habit me plaît : le premier jour où je vous l'ai vu, est bien présent à ma mémoire ; c'est celui où je me suis dit de si bonne foi, je l'aime ; mon Dieu, je l'aime : oh ! je vous aimais bien fort, quand j'osai me l'avouer ! Je vous aime mille fois davantage.

LETTRE XLV

Lundi matin

Où êtes-vous à présent, mon cher Alfred? que faites-vous, songez-vous à celle qui ne respire que pour vous aimer? me rappeler tous vos discours, relire vos lettres, en attendre, en désirer, vous écrire; voilà ce qui va remplir tous les instants de votre absence. Point d'amusement, point de dissipation; une idée si chère me suffit: elle me suivra sans cesse, je la porterai partout. Milord James me disait hier: «Milord est donc parti? c'est l'homme d'Angleterre le mieux fait et le plus aimable; il vous aime, Madame, vous devriez en faire cas; il mérite du retour.» Et moi je disais tout bas: «Ah! qu'il a bien ce qu'il mérite, jamais Milord ne donnera de conseils qui soient mieux suivis.» Il est aimable, milord James. Sir Thomas est charmé de me voir bien triste; il trouve que cela est dans l'*ordre*: et vous savez que sir Thomas met de l'*ordre* partout, excepté dans ses propos. Si miss Betzi faisait un voyage, *il serait comme moi*… Mais on vient m'interrompre… Adieu.

LETTRE XLVI

Mardi, à cinq heures

Quelle date, mon cher Alfred! elle est bien cruelle; je vais voir beaucoup de monde, et je n'attends point la seule personne que je désire, c'est aujourd'hui le jour de ma naissance. Je pourrais dire avec l'aimable Française[a] dont je vous ai prêté les lettres, «il y a aujourd'hui vingt-six ans qu'il naquit une créature bien destinée à vous aimer[1]». On va me souhaiter mille biens, sans jamais songer à l'unique dont mon cœur pourrait être flatté. Dans trois jours la même fête arrive pour vous, votre voyage vous dispense d'un ennuyeux cérémonial. Oh quels vœux formerai-je pour mon tendre ami! me sera-t-il possible de séparer ses intérêts des miens! Non! les félicités dont je prie le ciel de le combler, ne feront-elles pas mon bonheur!… La constance est une vertu que je demande avec ardeur pour vous, mon cher Alfred… est-ce bien pour

---

a. Mme de Sévigné.
1. C'est le début d'une lettre de Mme de Sévigné à sa fille, Mme de Grignan, le 5 février 1674. Le texte exact est: «Il y a aujourd'hui bien des années, ma chère bonne, qu'il vint au monde une créature destinée à vous aimer préférablement à toutes choses.»

vous ?... La petite sœur de miss Betzi m'a fait tressaillir ce matin à Hyde Park où nous nous promenions ; elle a vu le chevalier d'Orset qui venait après nous ; il avait un habit comme celui que vous aviez mis la veille de votre départ : la jolie enfant m'a tirée doucement, et m'a dit d'un air riant et fin : « Voilà milord Erford » ; et moi comme une folle, comme une étourdie, je me suis tournée toute rouge, toute émue, et puis de me moquer de moi, de rire ; car on ne peut s'empêcher de rire d'une telle sottise.

A trois heures du matin

Que j'ai de peine à fermer ma lettre ! Il me semble avoir mille choses à vous dire encore : il faut pourtant vous quitter... vous quitter, mon cher Alfred ! Comme un temps fait regretter l'autre ! hélas ! j'étais bien heureuse quand je vous quittais ! Je vais me mettre au lit, votre portrait y vient avec moi, nous allons dormir ensemble... dormir ! Ce portrait-là ne vous ressemble guère ; il ne vous ressemble point du tout.

LETTRE XLVII

Mercredi, à midi

Venez, mon cher Alfred, venez me dédommager de tout l'ennui que j'ai éprouvé hier. Le plaisir de vous parler peut seul me faire oublier tant de fadeurs que l'usage oblige d'entendre... Ah ! quelle humeur ! quelle tristesse ! cette entière privation m'est affreuse : ni vous, ni rien de vous ! Quoi, pas une ligne en route ? courez-vous donc toujours ? m'auriez-vous oubliée ? non, je ne le crois pas, je ne veux pas le croire. Faites-vous des vœux pour votre maîtresse ? Ah ! je vous en prie, demandez à l'amour et à la fortune qu'ils daignent lui conserver le cœur de son amant.

A trois heures

Voilà des lettres de partout, et pas une qui m'intéresse : point de nouvelles de mon cher Alfred. Oh, que je suis laide, sotte, fâcheuse ! la belle mine que je vais faire ! Il faut sortir pourtant ; mais que m'importe ? Je ne veux pas plaire ; j'aime, je suis éloignée de ce que j'aime ; je ne tiens plus à rien : il me semble qu'on m'a tout pris, tout enlevé, même mes espérances ; je suis... comme si je n'étais point. Je vais chez lady Worthy, il le faut ; elle m'ennuiera, mais pour aujourd'hui je le lui rendrai bien.

Comme j'allais sortir avec miss Betzi, sir Thomas, le bon, l'aimable sir Thomas, m'apporte une lettre : je le remercie, je le caresse, je lui fais baiser la main de la méchante miss. Je lis cette lettre, je ris, je pleure, je suis contente, attendrie, charmée ; j'embrasse ma chère amie. « Il est triste, miss, il est triste : ah ! c'est qu'il m'aime » ; et puis je ne sais ce que je fais, je mets la lettre dans mon sein, et puis je la reprends, et puis je la baise mille fois. Ah ! que vous m'êtes cher ; que je suis touchée des assurances de votre amour ! qu'elles redoublent le mien ! mais il faut sortir. Quoi, vous laisser ? vous, mon cher amant ? Maudit soit l'usage. Je vais donner cette feuille à sir Thomas ; il la fera partir ce soir. Adieu donc, adieu… Oh que miss est pressée ! Elle est trop indifférente : oui, elle l'est trop. Adieu. je vous dirai ce soir tout ce que je pense, si pourtant il m'est possible de l'exprimer.

LETTRE XLVIII

Je vous ai quitté brusquement, mon cher Alfred : on m'arrachait au plaisir de vous parler, quel tort on me faisait ! Ces moments donnés à mon cœur, au désir de vous plaire, de vous amuser, sont les plus doux de ma vie. Que j'aime à vous suivre, à voyager avec vous, *toujours présente à votre idée* ! ah, soyez sûr que vous ne sortez pas un instant de la mienne ! Sir Thomas a fait partir ma lettre : il est bien mon serviteur en vérité, et très content de ma conduite, surtout de ma mauvaise humeur : il est bien loin de la trouver ridicule ; et quand je le reçois comme un chien, cela lui paraît *le plus naturel du monde*. La cruelle qu'il aime en vain, bien en vain, je vous assure, n'est pas si complaisante pour moi ; elle me raille, m'imite, fait une grimace qu'elle appelle « l'air ennuyé de madame », et puis elle éclate de rire ; elle ne me corrigera point ; mon cher Alfred n'y est pas ; je ne l'attends point : non, je ne saurais rire. J'ai lu cent fois votre lettre ; ce chagrin dont je devrais être flattée, me pénètre : je ne veux pas que vous soyez triste… J'ai mis la lettre sur mon sein, mon visage sur la lettre, et je l'ai baignée de mes larmes… Elle sera sur mon cœur cette lettre que tu as touchée, elle y sera toujours : une autre de la même main pourra seule l'en ôter, et prendre sa place… *Que je ne cesse point de vous répéter que je vous aime* ; ah, je ne me lasserai ni de le penser, ni de l'écrire ! Puissiez-vous, mon cher Alfred, prendre autant de plaisir à l'entendre, que j'en ressentirai toujours à vous le dire !… Il y a deux heures que j'étais dans ce coin où vous vous plaisez ; ils jouaient, ils se querellaient ; moi je fermais les yeux ; je cherchais à me tromper moi-même… Il vient, me disais-je, il entre, il va m'embrasser ; je connais ce pas vif et léger, j'entends cette voix dont le son si doux, si caressant, éveille le plaisir dans mon cœur… Eh pourquoi l'erreur se dissipe-t-elle ? d'où vient n'est-ce point lui ? quoi, tu n'es pas là ? quoi tu n'y seras point demain, ni après ? tu n'y seras donc jamais ? Mon cher Alfred ? mon aimable amant, plaignez votre maîtresse ; elle ne vous voit plus, elle ne vous verra de longtemps… Ah, qu'un instant de votre présence, qu'un seul de ces baisers que tu lui prodiguais, porterait de joie dans son âme ! Mais vous ne m'entendez point : hélas, vous ne sauriez m'entendre !

LETTRE XLIX

Jeudi matin

Cessez de craindre mes réflexions, elles sont toutes à votre avantage. Quelque dure que me soit cette séparation, quelque douleur que je ressente de votre absence, je ne me repens point de vous aimer : les peines les plus cruelles ne me feraient pas renoncer à un sentiment que vous m'avez rendu si cher. Un billet de votre main, un instant de votre vue, un baiser de votre bouche, me causeront plus de plaisirs, que dix ans d'une stupide indifférence ne pourraient m'en procurer. Bon Dieu ! quand vous entrerez dans ma chambre, quand je lèverai les yeux sur vous, quand je me sentirai dans vos bras, quand je vous presserai dans les miens, me souviendrai-je des pleurs que votre éloignement me fait répandre ? non, je ne me souviendrai que de vous. Adieu. Je suis forcée à vous laisser. Aimez-moi, aimez-moi bien, aimez-moi tendrement, aimez-moi… comme je vous aime.

LETTRE L

Vendredi au soir

J'ai fait aujourd'hui tout ce qui m'a été possible pour dissiper cet ennui si difficile à vaincre, et j'ai cherché en vous un amusement qu'aucun autre objet ne pouvait me procurer. Je me suis retirée dans mon petit cabinet : j'ai ouvert le tiroir qui renferme les gages précieux de votre amour. J'ai lu toutes ces lettres si tendres ; je prononçais avec un sentiment délicieux des mots que votre main a tracés, que votre cœur a dictés. Que cette lecture m'a touchée ! Avec quel regret j'ai rappelé le temps heureux où vous me donniez vous-même ces aimables lettres ! quelle différence, mon cher Alfred ! mon bonheur n'est pas détruit, mais qu'il est cruellement interrompu ! Il y a bien peu que vous êtes parti ; déjà si triste, si abattue, que ferai-je dans la suite ? J'attends une lettre demain : ah, si je n'en avais pas !… mais j'en aurai, vous ne voudriez pas m'abandonner à mon inquiétude : la moindre négligence qui viendrait de votre cœur me mettrait au désespoir ; elle ferait plus encore, elle m'ôterait mon amour. Je n'ai jamais imaginé qu'une femme pût soutenir la diminution des soins d'un homme qu'elle aime : je méprise celle qui la supporte, ou fait des efforts pour rallumer une passion presque éteinte. Rien de plus libre que l'amour. « Il est, dit Pope, libre comme l'air » ; on peut désirer de le fixer, mais c'est le plus vain des projets de vouloir le retenir. Je vous l'avoue, mon cher Alfred, je romprais avec mon amant, mon amant adoré, dès l'instant où je cesserais de me croire l'objet le plus cher à son cœur. Oui, je préférerais une grande douleur à toutes ces petites que donne la conduite d'un homme déjà las de ses assiduités. Qui moi, je ferais des plaintes, des reproches ? ah fi, fi ! c'est une bassesse de montrer des doutes humiliants. Dès que l'on entrevoit l'indifférence ou le dégoût, il faut s'arracher à la honte de paraître encore sensible. Je ne me crois pas vaine ; mais je me connais fière, capable de sacrifier beaucoup à ce que je me devrais à moi-même. L'amour heureux élève, anoblit le cœur qui l'inspire et le partage mais c'est avilir ce sentiment de le conserver à un ingrat… Eh, pourquoi donc tous ces propos ? est-ce que je perds l'esprit d'ennuyer ainsi mon cher Alfred ? il n'est point ingrat ; son âme sensible et délicate est occupée de moi. J'aurai une lettre ; oui, je l'aurai. Adieu, mon aimable ami. Miss Betzi vous prie de croire que si vous tardiez à m'écrire, vous pourrez sans inconvénient m'adresser vos lettres à Bedlam[a]. Qu'elle est heureuse, mon cher Alfred ! elle rit, elle rit toujours : elle n'aime rien. Mais est-on heureux de n'aimer rien ? non, oh non.

---

a. Maison où l'on tient les fous[1].
1. Bedlam fut à Londres le premier hospice d'aliénés. C'était à l'origine une maison religieuse, fondée en 1247 et convertie en hôpital pour aliénés en 1547 par Henri VIII.

LETTRE LI

Samedi au soir

J'ai été aujourd'hui dîner à huit miles de Londres, avec deux dames catholiques qui se sont retirées dans cette espèce de couvent nouvellement toléré : cela peut passer pour un monastère, quoique les religieuses soient en habit séculier. La maison est belle, et remplie de jeunes demoiselles irlandaises. J'ai été frappée de l'extrême tranquillité qui règne dans ce lieu. Miss Betzi et sa petite sœur étaient avec moi. Sir Thomas est venu nous chercher. Il voulait faire voir à la cruelle miss combien il a bon air sur le plus beau cheval qu'il soit possible de voir. A peine avions-nous fait un mile, qu'il a demandé la place qui restait. Nous revenions donc tous quatre dans un grand silence. Sir Thomas soupirait, miss Betzi marmottait un air à boire, l'enfant mangeait des massepains, et moi je me contais une histoire. « Quand mon cher Alfred ne m'aimera plus, disais-je, je me ferai catholique, et j'irai habiter cette maison paisible. J'aurai bien du plaisir à me confesser, car je ne parlerai que de mon amant : tous les saints et toutes les saintes qui pareront mon oratoire, auront cette aimable physionomie. Le portrait que je tiens de sa main, placé dans le lieu le plus éminent, sera le patron révéré dans mon simple ermitage : couronné de fleurs, et couvert d'un voile léger, il ne sera vu que de moi ; il sera toujours le dieu de mon cœur. Je lui adresserai des vœux qui ne le toucheront plus : n'importe ; je sentirai toujours de la douceur à m'occuper de lui, mais en secret. Milord sera mon ami, il viendra me voir quelquefois. Je lui cacherai mes peines ; il n'apercevra pas même la trace de mes larmes : je renfermerai mes regrets : je ne lui parlerai que de lui, de sa grandeur, de sa fortune, de ses emplois brillants ; il ne saura pas qu'il est toujours aimé ; que son amie est malheureuse, malheureuse par lui. » Avec ce petit projet, nous avancions vers Londres, et le cœur me battait bien fort ; « Aurai-je une lettre ? disais-je à sir Thomas ; vous irez voir si j'ai une lettre ». Il y a été, je n'en ai point. Se peut-il ?... Hélas, je n'en ai point !

A minuit

Je suis tout à fait triste, mon cher Alfred ; cette lettre qui n'est point venue. Eh, mon Dieu, pourquoi n'est-elle pas venue ? Ah, l'absence est le poison de l'amour, elle flétrit tous ses plaisirs ! Adieu, je vais me mettre au lit... Et ce portrait qui rit ; ... je ne puis le souffrir ce soir, son air gai excite ma colère : il passera la nuit en pénitence, tout seul, dans le tiroir,

pour lui apprendre à me montrer de la joie quand je suis de mauvaise
humeur. Et vous… vous, je vous aime encore ; mais…

LETTRE LII

Dimanche matin

J'ai repris le pauvre petit portrait, je lui ai pardonné ; il faut bien que je
l'aime, il est mon unique consolation. Je vous y trouve, parce que je vous
cherche, vous désire : il est après tout, l'objet qui vous retrace le mieux à
mes yeux. Ah, tout vous retrace à mon cœur ! Quoi, tu es mieux que ce
portrait ? ton visage est plus noble, plus beau que celui-là ?… Qu'il est
joli pourtant ! qu'il est aimable ! qu'il me plaît ! Hélas, mes plus tendres
baisers ne l'animent point, il est toujours le même ! Insensible à toutes
mes caresses, la froide image ne me les rend point… Est-ce là cet amant
passionné, ardent, qu'un seul regard rend si vif, si obstiné, presque
absolu ?… ah, que n'est-ce lui !

LETTRE LIII

Lundi, à minuit

Que puis-je vous dire, dans la position fâcheuse où je suis ? Après
avoir attendu ce jour avec tant d'impatience, le voir finir sans recevoir
cette lettre si désirée ; ne savoir que penser ; n'oser vous condamner, dans
la crainte d'être injuste ; m'inquiéter, me chagriner, pleurer, c'est tout ce
que je puis faire. Ah, pourquoi vous ai-je aimé ! J'ai vu partir Milord
pour Plymouth, je l'ai vu partir pour Bath ; pourquoi son voyage à ***
est-il un événement pour moi ? Milord n'était point à Londres, et mon
cœur n'avait rien qui l'agitât ; Milord ne m'écrivait point, et pourtant
j'étais heureuse. Par quelle fantaisie a-t-il voulu m'intéresser à son sort ?
faut-il que le mien dépende de lui ? D'où me vient la douleur qui me
presse ? que me manque-t-il ? une feuille de papier ! et me voilà désolée
parce que je ne l'ai point. Ah, Milord, Milord, est-ce ainsi que vous
aimez ! si vous connaissiez le cœur que vous avez touché, vous ména-
geriez mieux son extrême sensibilité : vous êtes loin, bien loin
d'imaginer le chagrin que vous me donnez. Je crains que quelque
accident ne vous ait arrêté dans votre route, que vous ne soyez arrivé
malade, que vous ne m'aimiez plus… Quelque terrible que soit cette

dernière idée, je la préfère sans balancer aux deux autres. Ah, que l'amour me vend cher les plaisirs qu'il m'a donnés! Il y a neuf jours qu'à la même heure je vous écrivais; mais quelle différence! Je parlais à un amant dont j'étais adorée; à qui est-ce que je parle à présent? Je ne vous connais plus; non, Milord, je ne vous connais plus.

Mardi, à six heures du soir

On prend vivement votre parti; miss Betzi ne veut pas que vous ayez tort, *elle ne conçoit pas que vous puissiez avoir tort.* Elle vous défend, me gronde; je suis malheureuse, et on vous plaint... Cette injustice me révolte, elle veut déchirer ma lettre.

« Ce style chagrinerait Milord, il ne faut pas qu'il voie...
— Oh! je vous assure, Miss, qu'il verra...
— Il boudera...
— Que m'importe?
— Il sera fâché...
— A la bonne heure!
— Vous vous repentirez dans un moment...
— Je le veux bien. »

Eh! que lui dirais-je? des choses tendres. Il n'est plus mon cher Alfred, mon ami, mon amant, l'unique objet des affections de mon cœur: il ne m'est plus rien; non, rien du tout. Ah, s'il m'avait écrit!... mais c'est un paresseux, un négligent, un ingrat, oui, plus ingrat qu'on ne peut dire. Adieu, Milord; daignez recevoir mes humbles compliments... Oh! je vois d'ici la mine que vous faites; mais... mais je ne m'en soucie guère, entendez-vous?

LETTRE LIV

Toujours samedi, à minuit

On est bien fier, bien content, bien heureux, quand on n'a point de reproches à se faire; quand on peut se dire, «je ne mérite pas ceux dont on m'accable»; «j'éprouve l'injustice des autres». On attend une impertinente maîtresse à ses genoux, on lui dit: «Ingrate, vous seriez trop punie, si vous aviez raison.» J'ai tort, mon cher Alfred; mais j'ai craint, j'ai souffert; mes peines ont été réelles: n'obtiendrai-je pas ma grâce? La méchante lettre venait de partir, quand on m'a donné la vôtre: avec quel plaisir je l'ai lue! elle a été pour moi comme un astre brillant, qui s'élève au-dessus de l'horizon le plus sombre: elle a éclairci les nuages de l'humeur qui me dominait, qui m'a fait vous écrire avec froideur, avec indifférence… Ah, je vous en prie, déchirez bien vite cette lettre ; n'en gardez jamais une où vous ne trouverez pas des assurances de mon amour. Ai-je pu douter d'un cœur si tendre, de cet amant qui me dit : « Ô ma belle maîtresse, ô ma chère maîtresse, aimez-moi, aimez-moi, si vous voulez que je vive ! » Ah si je le veux ! ah si je vous aime ! mais je ne mérite pas de vous le dire, j'en suis indigne ; je ne vous le dirai pas, c'est une punition que j'impose à mon cœur. Vous enviez le bonheur de cet enfant, si étonné de votre air occupé ; *la jolie petite machine est heureuse, une balle lui suffit* : oui, mais elle tient vivement à ce jouet. En vérité, mon cher Alfred, une balle nous suffit à tous : la forme et la couleur varient ; les unes sont unies, les autres dorées, mais c'est toujours une balle qui nous occupe. Par exemple, vous êtes la mienne ; et si on voulait me la prendre, je crierais de toute ma force.

LETTRE LV

Mercredi matin

Je suis triste, mon cher Alfred, et tout me le paraît depuis que je ne vous vois plus. Un amant aimé embellit tout ; il répand l'agrément dans les lieux qu'on habite, sur les personnes qu'on voit ; il prête sa grâce à tous les objets qui nous environnent ; le charme inexprimable attaché à sa présence, semble s'étendre sur l'univers, et rendre tout plus aimable et plus riant ; l'absence, au contraire, sème l'insipidité sur tout ; elle suspend la gaieté, éteint, ou du moins amortit les désirs. On s'éveille sans goûter le plaisir de revivre ; on se lève sans dessein, sans se rien promettre. La nonchalance préside à la toilette ; on se mire sans se voir ; on se coiffe sans choix ; on s'habille sans se parer. L'habitude fait mouvoir la machine, mais ses mouvements n'intéressent point. Le jour paraît long ; il dure, passe, finit, rien ne l'a marqué : il est anéanti, on ne se souvient pas qu'il a été : la vivacité, l'esprit, l'enjouement, ne peuvent percer le voile qui les obscurcit. Ces dons renfermés en nous-mêmes y sont comme de belles fleurs dans un parterre où l'on se promène la nuit ; la variété de leurs couleurs existe, mais sans être aperçue. La sévère miss me gronde : « Eh fi, fi, Madame, vous avez l'air d'une princesse de roman » ; elle me traite comme elle fait ses malheureux amants. Mais elle me dit que vous m'aimez ; que j'ai raison de vous adorer, ou du moins que jamais folie ne fut plus pardonnable : et moi je suis charmée, et je l'embrasse. Adieu, mon aimable, mon cher Alfred ; pensez beaucoup à moi, je ne songe qu'à vous.

LETTRE LVI

Jeudi, à minuit

J'ai dîné chez lady Worthy. En rentrant, j'ai trouvé la charmante miss qui m'attendait. J'ai vu votre lettre dans ses yeux ; elle me l'a remise avec une joie que l'amitié seule peut donner, et qu'elle seule peut comprendre. Miss reçoit tous les compliments de Milord, et lui en rend mille. Elle répond à votre anecdote d'Iphis [1] ; *plût au ciel qu'il l'imitât !* Cela vous paraît-il assez tigre ? A sa place, je dirais comme elle : « Il est bien fâcheux d'être aimée, quand on n'aime point ; de sentir que l'on cause à quelqu'un une peine violente, peine qu'on ne peut soulager, qui s'aigrit par la fierté, s'entretient par la moindre douceur, et ne se guérit qu'à force de dureté. C'est une désagréable situation de n'oser se livrer à la bonté de son cœur, et de se voir dans la nécessité de maltraiter un homme qu'on ne hait pas... » Il y a aujourd'hui vingt-trois jours, qu'à pareille heure, dans le même lieu, à la même place où j'écris, je ne croyais guère que l'on dût être cruelle. Il me paraissait bien doux, bien naturel de céder aux désirs d'un amant, de partager ses transports, d'être flattée de les exciter... Vous en souvient-il, mon cher Alfred ? ce moment est-il aussi présent à votre idée, qu'il l'est à mon cœur ! Que celui-ci est différent ! Je vous parle, il est vrai ; mais je vous voyais, je vous entendais, je vous touchais : ce tendre abattement, ces soupirs, ces serments, ces prières ardentes, enflammées... que vais-je rappeler ! d'où vient ce tableau se retrace-t-il si vivement à ma mémoire ?... Je crois voir encore ces yeux attendris, brillants d'amour et de plaisir, mêler tout à coup à leur douce langueur l'éclat de la joie. Eh quelle joie ! qu'elle était pure ! qu'elle était vraie ! Que ne puis-je te la faire oublier, et te la donner encore ! Ah, mon cher Alfred, pourquoi ne me reste-t-il plus rien à faire pour votre bonheur ? Vous me priez d'écrire quatre pages où il n'y ait que ces mots, *je t'aime, je te désire, je t'aimerai toujours.* Ah, si je m'en croyais, je les répéterais tant, que vous vous lasseriez peut-être de les lire.

---

1. Dans *Les Métamorphoses*, Ovide raconte qu'à Chypre, le jeune Iphis, d'origine modeste, aimait la noble Anaxarète, qui le dédaignait. Iphis désespéré se pendit et Vénus changea l'insensible Anaxarète en statue de marbre.

LETTRE LVII

Quoi, vous n'aviez pas reçu mes lettres, et je vous grondais ! Si inquiet, si accablé, et pourtant si doux, si modéré dans vos plaintes ! J'ai baisé mille fois ces détails de vos tendres alarmes pour moi. J'ai pleuré, amèrement pleuré, parce que mon cher Alfred s'était chagriné. Oh, que l'absence cause de peines ! pourquoi sommes-nous séparés ! Que n'êtes-vous un citoyen paisible, maître de lui-même ! ce vain éclat qui vous environne, vaut-il ce que vous lui sacrifiez ? Mais la naissance, le monde, les préjugés... je hais tout ce qui nous éloigne. Miss Betzi m'a donné deux jolis serins : ils sont ensemble, s'aiment, se caressent, rien ne les trouble, rien ne les contraint. Je m'amuse à les voir badiner, s'appeler, se répondre : ils s'entendent, le mâle a des soins empressés pour la femelle... heureuse petite femelle ! Sa cabane est son univers ; ses désirs ne s'égarent point au-delà de cet espace, elle y trouve ses besoins et ses plaisirs ; que nous procure de plus notre intelligence ? La faculté de parler nous a donné celle d'étendre nos idées en nous les communiquant ; la vanité née de l'étude a mesuré les cieux, partagé la terre, traversé les mers, formé des empires ; les sciences ont appris à braver le ciel même dont elles ont parcouru les sphères ; et parmi tant d'avantages, l'homme n'a rien trouvé pour son bonheur. Sans le chasseur qui s'amuse cruellement à donner la mort, le petit lapin sorti de son terrier le matin d'un beau jour, courant, folâtrant dans un pré fleuri, serait mille fois plus heureux que ces êtres sublimes qui savent tant, et ne jouissent que des erreurs de leur imagination... Mais ne me laissez donc pas vous ennuyer comme cela. Je finis, je me sens d'une gravité ridicule. Adieu, mon aimable Alfred.

LETTRE LVIII

Je commence le jour par vous donner des preuves de ma tendresse, je voudrais l'employer tout entier à vous écrire. Que ne puis-je m'enfermer, ne voir personne ! Cette porte s'ouvre, on annonce ; qui ? un importun, toujours celui que je ne désire point. Ce n'est jamais milord Erford, ce nom chéri ne se fait plus entendre. Tout me déplaît, m'ennuie et m'afflige. Je commence à m'alarmer d'un sentiment si vif : eh que deviendrais-je si vous cessiez de le partager ? je sens que toutes les affections de mon cœur sont réunies en vous ; oui, tous mes mouvements, tous mes désirs tiennent à vous. Votre absence me fait connaître combien vous êtes devenu nécessaire à mon repos, à mon bonheur, à mon existence même. Qu'avez-vous donc fait pour me lier si fortement, m'arracher à tout ce qui n'est point vous ? Quoi, pas un instant, pas une idée, pas la plus légère distraction ?... Ô mon cher Alfred, m'aimez-vous de même ?

LETTRE LIX

Toujours samedi, à minuit

Il est donc des moments où, dans l'absence de ce qu'il aime, un cœur tendre peut se livrer à la joie ? Oh, que j'en ai ressenti à la vue de ces deux feuilles remplies des témoignages de votre amour ! avec quelles délices je les ai parcourues ! Je n'osais respirer, de peur de m'interrompre. N'avais-je pas raison de regretter ces lettres charmantes ? Puissent les miennes vous faire éprouver le sentiment dont je suis pénétrée... Vous me souhaitez « un bonheur que rien ne trouble, que rien n'égale ». Eh, mon cher Alfred, quel besoin de souhaiter ! L'accomplissement de vos vœux dépend de vous-même : vous aimer, vous plaire, voilà mon bonheur ; je n'en veux point d'autre : je n'en goûterais point d'autre. C'est donc moi qui présidais en secret à ce festin superbe, à ce bal magnifique ? Cette couronne refusée à celles qui la demandaient, qui se disputaient l'honneur de l'obtenir, de la recevoir de votre main, est donc offerte à ta maîtresse ! *Ton cœur la lui donnait* ; qu'elle est brillante à ses yeux ! mon Dieu, que ces riens ont de prix ! l'amour en compose ses trésors... *Là est un baiser...* il n'y est plus, mon cher Alfred, il y en a mille à présent... Non, vous ne m'avez jamais écrit avec ce feu... J'ai mis tout mon visage sur ce papier, qui a été dans vos mains. Je croyais vous entendre parler, voir cette mine aimable, cette bouche dont le silence aussi doux que les expressions, plus animé peut-être... Ah ! que je t'aime ! pourquoi ne puis-je que l'écrire ?

LETTRE LX

Dimanche, à midi

C'est donc à votre réveil que vous recevez mes lettres! à votre réveil, mon cher Alfred? mon Dieu, que j'aimerais à vous réveiller! J'approcherais sans bruit; j'ouvrirais doucement le rideau; je passerais mon bras sous votre tête: un baiser... ah quel baiser!... *et puis*, je m'enfuirais. Vous distinguez donc la forme, le cachet, le papier? *Cette lettre est vue d'abord; elle est baisée, tendrement baisée...* Heureuse lettre! et moi je n'ai rien. Oh, comme vous vous endettez! combien vous m'en devez de baisers! Réglons un peu nos comptes; en mettant, année commune, qu'il ne m'en revînt que cent par jour, quel fonds cela fait déjà! Vous trouverez en moi un créancier un peu dur, je vous en avertis. J'exigerai intérêt et principal: pas la moindre remise. Dès que je vous vois, je vous arrête dans mes bras; vous y serez détenu; vous n'en sortirez point que vous n'ayez tout payé. Malgré ce caractère arabe, je ne suis pas sans générosité; et pour vous faciliter, tous ceux que je prendrai, je les compterai pour deux, si vous le voulez... Le voudrez-vous, mon cher Alfred? J'espère que Milord est trop juste, trop noble... Oh non, tu ne le voudras pas.

LETTRE LXI

Lundi, à six heures du soir

Pendant que miss Betzi assure sir Thomas de son indifférence, de sa parfaite indifférence; qu'elle lui dit de son air le plus riant, le plus satisfait, qu'elle ne l'aime point, qu'elle ne l'aimera jamais; tandis qu'il prend la mine d'un ours qu'on a trop fait danser, je vous écris sur Prior: il est toujours sur mes genoux, mais c'est comme un livre à vous, et point du tout parce que je lis. Vous me demandez *ce que je fais, ce que je pense, ce qui m'occupe*. Je pense à vous, je vous écris, je forme des vœux pour votre retour... Voilà Miss qui se fâche, savez-vous qu'elle est méchante! sir Thomas vient de la faire repic [1]; elle trouve cela *fort sot*.

---

1. Le piquet, cité un peu plus loin, se joue entre deux personnes avec un jeu de trente-deux cartes. A ce jeu, le joueur qui peut, avant de jouer, compter trente points sans que son adversaire en ait compté un seul, annonce quatre-vingt-dix points au lieu d'en annoncer trente: il fait le *repic*.

Encore un aussi beau jeu, et les cartes voleront à la tête de sir Thomas ; elle ne prétend pas qu'il ait le moindre avantage sur elle, pas même au piquet, où elle ne sait que reprendre dans son écart. Pauvre sir Thomas ! Pourtant, j'envierais son sort, si je ne le trouvais pas humiliant. Il la voit ; il est près, tout près d'elle ; rien ne les sépare qu'une petite table ; il touche sa robe, quelquefois sa main : oui, mais elle la retire avec dédain : sir Thomas l'ennuie, lui déplaît, lui donne de l'humeur. Je ne veux point du sort de sir Thomas : je ne voudrais pas du mien non plus. Que me faudrait-il donc ? Ah ! je ne l'aurai point ce que je veux ! je suis trop sûre de ne point l'avoir !… Sept heures, point de lettre ! elle n'est pas venue la lettre ! Hélas, n'en viendra-t-il pas ce soir ? je cesse d'en espérer… Miss Betzi trouve que je me renfrogne à vue d'œil ; « je prends, dit-elle, l'air d'*une vertu qui s'appuie sur un tombeau* ». Elle rit ; oh ! si jamais je puis lui rendre ses plaisanteries… elle verra, elle verra.

A neuf heures du soir

Me voilà retombée dans mes premiers chagrins : point de lettre ! Eh d'où vient donc que je n'en ai pas ? Je ne m'accoutume point à ces retards, ils m'affligent. Je soupe chez lady Worthy : je suis d'une humeur contre vous ! Paix : si vous me répondez… ne me parlez de votre vie.

A une heure du matin

Je reviens à vous, mon cher Alfred, un penchant naturel m'y ramène. Mon humeur ne va pas jusqu'à diminuer ma tendresse : j'aime à penser que vous n'avez pas tort. Je suis grondée quand je me plains de vous ; miss Betzi et sir Thomas prennent votre parti ; ils vous aiment, ils vous défendent ; on me rend la vie bien dure. Vous qui êtes mon ami, mon plus tendre ami, partagez donc ma peine ; souffrez que je vous la confie. Ne faites pas comme miss Betzi ; écoutez-moi avec douceur, avec cette bonté qui vous rend si aimable. N'est-il pas affreux d'avoir un amant, de l'aimer si sincèrement, et d'être éloignée de lui ? Écrire à tous moments, penser sans cesse, ne voir jamais, perdre les plaisirs que l'on goûtait, ceux qu'on se promettait… Là, pensez-y bien, cela n'est-il pas fâcheux, cruel, insupportable ? Plaignez-moi, plaignez-moi, je vous en prie. Il faudrait avoir un cœur aussi tendre, aussi passionné que le mien, connaître mon amant comme je le connais, pour sentir le désagrément de ma situation : daignez y prendre intérêt, je vous en saurai gré ; votre compassion me consolera un peu. Adieu, mon cher Alfred : vous voyez que je ne boude point ; je ne veux pas être injuste. Vous m'avez écrit, j'en suis sûre ; mais c'est ce maudit courrier qui s'amuse à se casser le cou plutôt que d'apporter ma lettre : je voudrais que le traître fût au fond de la Tamise ; mais non, je perdrais ma lettre. Adieu, adieu donc, mon cher, mon aimable Alfred.

LETTRE LXII

Mardi au soir

La douceur avec laquelle vous répondez à mes reproches, augmente bien le regret que j'ai déjà senti d'avoir pu vous les faire. On vient de me donner deux de vos lettres ; avec quel transport je les ai reçues ! Votre justification m'a touchée, attendrie jusqu'aux larmes. Je voudrais retrancher de ma vie tous les instants où je pourrai vous causer la plus légère peine. Vous ne voulez pas que je sois triste, vous me priez de m'amuser : ah je ne le puis ! J'ouvre des yeux stupides, je ne rencontre plus ceux dont les regards portaient la joie dans mon âme. Vous me la rendrez cette joie, mon cher Alfred ; vous seul pouvez me la rendre. Je passe ces jours si longs à me rappeler les premiers moments de notre amitié. Souvent je me fais un plaisir délicat de retracer à ma mémoire tous les mouvements que vous avez excités dans mon cœur ; de penser à ce temps heureux, où, sans songer à l'amour, j'en goûtais toutes les douceurs. Pourquoi ne me disiez-vous point que vous m'aimiez, vous qui depuis deux ans formiez le dessein de me plaire ? Hélas, je n'y prenais pas garde ! Comment ai-je pu vous voir si longtemps, vous parler, sans vous adorer ? Mais vos traits m'étaient seuls connus, je n'avais point pénétré cette âme si noble, si élevée, ce cœur si passionné, cet esprit enchanteur… Eh pourquoi me les cachiez-vous ? De quel bien vous m'avez privée ! que de jours perdus pour l'amour ! Eh bien, mon cher Alfred, c'est encore une dette que vous avez contractée avec moi, et je me sens point assez de générosité pour vous la remettre.

Toujours mardi, à minuit

Je suis dans une colère, dans une indignation : devinez… Mais qui pourrait l'imaginer ! Sir Barclay, ce vilain enfant, si petit, si rond, si laid, si sot, eh bien Milord, il aura demain votre habit ; cet habit si admiré, si envié ; cet habit fait pour le mariage de votre sœur, que vous aviez le jour où j'osai vous avouer ma tendresse. Sir Barclay aura le front, l'audace, l'insolence d'en porter un semblable. Il nous a parlé tout le soir de ce bel habit ; et pour le mieux désigner, il est, disait-il, tout pareil à celui de milord Erford… Ah je l'aurais battu ! quoi je verrai cet habit, et ce ne

sera pas vous qui le porterez ? Sir Barclay… oh, qu'il vienne chez moi
avec le bel habit ! j'y mets le feu ; oui je l'y mettrai : tant pis pour le
monstre qui sera dedans. Lui convient-il de s'habiller comme vous ? est-
il digne d'être votre singe ? Adieu, mon cher Alfred, je vais dormir. Vous
êtes toujours près de moi ; votre âme ne s'écarte pas un instant, je dois
vous trouver *à mes genoux, sur mes pas, partout où je suis…* Hélas, je
vous cherche en vain pourtant, vous n'y êtes point, mon cher Alfred : je
ne vous vois pas même en songe.

LETTRE LXIII

Mercredi, à trois heures

Je viens de trouver une position pour votre portrait, dans laquelle il
vous ressemble tant, que j'ai cru vous voir. Je vous disais bien qu'il se
ferait aimer. En relisant vos dernières lettres, je trouve dans votre style un
peu de tristesse. Ah ne vous y abandonnez pas, mon cher Alfred ! je n'entends jamais parler de consomption, que je ne frémisse pour vous. Eh
mon Dieu, amusez-vous : jouez, chassez, donnez des fêtes, oubliez-moi ;
oui, oubliez-moi, si mon souvenir trouble la douceur de votre vie. Ne
m'oubliez pas tout à fait pourtant, mais autant qu'il faudra pour votre
repos. Je sens par moi-même combien l'ennui prend sur le tempérament.
Si je ne connaissais pas la source de l'humeur noire dont je ne puis me
défendre, je me croirais malade. Ma tante l'est dangereusement, elle
souffre : son état m'attendrit, et me fait éprouver qu'un bon cœur ne se
lasse point, et que les plus mauvais procédés ne détruisent pas la sensibilité. Ma tante m'a donné bien du chagrin ; elle n'a jamais négligé
l'occasion de me désobliger : sa mort m'enrichirait malgré elle ; mais
loin, loin de moi tout espoir vil, tout projet de fortune ou de bonheur qui
s'arrange aux dépens de la vie, ou de la satisfaction d'autrui. Ma tante est
malheureuse, bien malheureuse, en vérité, puisqu'elle a un caractère
inflexible, une dureté de cœur, qui ne lui a jamais permis de goûter les
plaisirs de l'amitié… Mais qu'est-ce donc que cette sotte lettre ? est-ce à
mon amant, à mon cher Alfred que j'écris ? Non, c'est à mon ami, à mon
plus cher, à mon plus tendre ami.

LETTRE LXIV

Jeudi matin

Je voudrais ne vous point écrire, parce que je suis triste ; et je vous écris parce que je vous aime : mais je crains d'être un peu grave, un peu fâcheuse même. La maladie de ma tante m'afflige. Je ne l'aime pas pourtant ; il n'est pas possible que je l'aime : mais elle souffre, gémit, se tourmente ; elle me fait une véritable compassion. Que nous avons la vie à de dures conditions, mon cher Alfred ! qu'elle est semée de dégoûts et d'événements malheureux ! Si la noblesse de nos idées, si la grandeur de notre âme, nous en font supporter courageusement une partie, c'est-à-dire, celle qui nous concerne seuls ; cette liaison naturelle, indispensable, que nous avons avec tous les êtres dont nous sommes environnés, fait que les peines des autres nous deviennent propres ; que nous souffrons par eux, avec eux et pour eux. Que de maux sans remède ! et qu'il est peu de biens sans mélange ! L'amour même, ce sentiment le plus flatteur de tous, qui nous enchaîne par des liens dont le tissu se cache sous des fleurs, combien d'amertumes ne verse-t-il pas sur les douceurs qu'il nous fait sentir ? Il nous a pourtant été donné, ce sentiment aimable, pour faire notre bonheur, et nous ramener quelquefois à l'état de félicité dans lequel nous avions été formés. Je crois, mon cher Alfred, qu'il sortit, avec l'espérance, de la boîte fatale, pour être le contrepoison de tout ce qu'elle renfermait [1]. Par lui les mortels les moins heureux en apparence, goûtent des plaisirs que la fortune ne donne pas, et qu'elle ne peut ôter. Ces plaisirs leur aident à supporter la privation des autres biens. Par lui on oublie insensiblement tout ce qui n'est pas lui : je lui dois ce tendre mouvement qui me porte à abandonner ces tristes idées, à vous parler de vous, à ne plus me souvenir que de vous. Je voudrais être à la moitié du temps que je dois passer sans vous voir ; il me semble qu'alors chaque jour nous rapprocherait davantage. Quand on est à la moitié du chemin qu'on doit faire, en marchant vers la fin, on croit avancer bien plus. Adieu, aimez-moi toujours, dites-le-moi souvent. Adieu, mon aimable ami, adieu.

---

1. Selon la mythologie, Pandore, la première femme, équivalent d'Ève dans la Bible, est responsable de la venue du mal sur la terre, car elle ouvrit (ou laissa ouvrir par Épiméthée) le vase où Zeus avait enfermé tous les maux. Au fond de la « boîte de Pandore », seule demeura l'Espérance.

LETTRE LXV

Vendredi matin

Voilà des lettres bien ennuyeuses, n'est-ce pas, mon cher Alfred ? mais mon style est toujours assujetti aux impressions que mon âme reçoit. Je ne saurais prendre un ton que je serais forcée d'étudier ; et puis vous m'avez permis de répandre dans votre sein mes peines et mes plaisirs. Mon cœur vous sera toujours ouvert ; vous y lirez comme moi-même. Il est à vous, ce cœur, il y est tout entier ; mais l'amour ne le ferme ni à la compassion, ni à l'humanité. Ma tante est beaucoup mieux ; mes soins, mes attentions ne m'attirent pas sa bienveillance ; elle ne croit pas que l'on puisse désirer de bonne foi la vie d'une personne dont la mort nous serait utile. Pauvre femme ! la maladie de son âme est incurable. Mais parlons de vous, mon cher Alfred. On vous voit donc : cette porte s'ouvre à midi : on entre : on vous fait la cour. Que j'aimerais à vous faire la mienne, à vous voir, quand ce ne serait qu'un instant, seulement par un petit trou, par le plus petit qu'il soit possible d'imaginer ! ce n'est pas le dessein de vous épier, je crois tout ce que vous me dites. Ah, si, à l'ennui de votre absence, il se joignait la crainte de vous perdre, des doutes sur votre fidélité, je serais trop malheureuse ! Mon cœur se repose sur le vôtre : cette douce confiance est le charme de l'amour et l'agrément de la vie. Mon estime a prévenu ma tendresse ; elle a déterminé mon penchant, en a hâté les preuves, bien plus que le goût vif que vous m'inspiriez... J'ai aimé l'homme aimable ; mais c'est à l'homme pensant bien, à l'honnête homme que je me suis donnée. Adieu : dites-moi sans cesse que vous m'aimez ; ne retenez point ces transports aimables, dont vous me demandez pardon ; j'ai un fonds d'indulgence inépuisable pour de pareilles fautes. Craignez-vous de me laisser connaître des sentiments qui me sont si chers ? Que j'aime vos lettres, la main qui les écrit, le cœur qui les dicte, votre esprit, tes folles idées, tout toi ! Ah, quand vous reverrai-je ! quand pourrai-je te presser contre mon sein, reposer ma tête sur le tien ! Adieu. Ah, le vilain mot ! le dirai-je toujours ?

LETTRE LXVI

Samedi, à sept heures du soir

On m'apporte deux lettres : je les ouvre avec empressement, et j'y trouve des plaintes. Dans la première je suis grondée, ensuite du sérieux, et une moue terrible. Cela est-il bien, dites ? dois-je être contente ? Vous vous souvenez encore de mes reproches, *de mes injustes reproches* : est-ce ainsi que vous pardonnez, mon cher Alfred ? J'aime mieux *vous le payer*, ne me faites plus la mine... Ces lettres ont fait rester lady Worthy un peu de temps à ma porte. On m'a rendu la troisième dans l'instant où son carrosse arrêtait. L'ennuyeuse beauté venait me prendre pour faire une visite ; elle était si pressée, si pressée, qu'elle n'a pas voulu monter ; et moi j'ai lu bien posément mes deux feuilles avant de descendre. Tenez, ces choses-là sont plus fortes que toute ma raison. Oh, comme elle a rendu mes yeux brillants, cette dernière lettre ! quel plaisir je sentais à l'avoir dans mon sein ! elle me donnait un air fou ; elle m'a fait faire une conquête... je ne sais plus de qui... Ce songe ! que vous êtes heureux de rêver ainsi ! Ah, quel songe ! d'où vient me cause-t-il tant d'émotion ?... A mes genoux ! toi, mon cher amant ! hélas, t'y verrai-je encore ?... Je partageais ton bonheur ! Muet dans mes bras, sans autre sentiment que celui du plaisir... Eh bien... dis-moi, dis-moi donc ? mais non, tais-toi. En vérité la pensée va vite. Cette image... Oh ! tais-toi ; paix, paix donc ! dans un mois, mon cher Alfred, vous me direz le reste.

LETTRE LXVII

Dimanche, je ne sais quelle heure

Je vais vous écrire, je ne sais comment ; car ce soir je suis folle. Ma tante va très bien : on la guérira : je n'y pense plus. Je ne vois que vous, votre amour, le mien, le plaisir d'être aimée, celui d'aimer moi-même. Ah ! qu'on est heureux d'avoir une âme sensible ! qu'il est doux de se livrer à une passion si tendre, quand milord Erford est l'objet qui l'inspire et la partage !... *Je ne vous connais point assez ?* qui vous l'a dit ? *Je ne douterais jamais un instant de la sincérité, de l'ardeur, de la vérité...* Oh, va te promener avec tes plaintes. Je t'adore, mon cher Alfred, n'est-ce pas vous prouver que je vous connais ? Vous me demandez si je veux faire de vous *un autre*

Abélard [1]. Jamais peut-être on ne rappela cette histoire avec plus d'esprit et plus de sentiment. Non, ce n'est pas mon dessein ; je suis de l'avis de Pope : *tout est bien comme il est* [2]. Je crois vous voir dans votre lit, avancer la main, choisir ma lettre entre toutes celles qu'on vous présente, *déchirer vite cette enveloppe trop bien faite…* Dans ton lit ? Mais d'où vient que j'aime ton lit ? c'est que j'aime tout ce qui t'approche, t'appartient ; je voudrais être tout ce qui te plaît, me transformer en tout ce que tu désires : tu l'aurais d'abord. Oh, comme je volerais pour te contenter ! A quelles folles idées je me livre ! c'est tout ce qui m'amuse à présent. J'en use avec moi-même comme on fait avec un enfant bien obstiné, qui demande sa bonne avec de grands cris ; on lui dit cent menteries pour l'apaiser, et donner à la bonne le temps de revenir : moi, je me fais des contes. Tantôt fée, tantôt sylphide [3], toujours ta maîtresse, je forme un nouvel univers ; je le soumets à tes lois : je te cache mon être sublime, mon immense pouvoir, non pour éprouver ton cœur, mais par un mouvement de délicatesse. Je suis ta sujette, quelquefois ton esclave ; tu me distingues dans mon abaissement ; tu me choisis, tu m'élèves jusqu'à toi. Je veux te devoir tout ; je me plais à dépendre de mon amant, de ses soins généreux. Revenue à moi-même, mon éclat disparaît ; la partie la plus brillante de mon château s'écroule, mais le fondement subsiste : je retrouve mon bonheur, et ce bonheur est encore ton ouvrage. Adieu, mon aimable, mon cher, mon bien-aimé Alfred : je vais dormir, et toujours avec ce portrait qui ne dit pas un mot ; pourtant il me regarde comme s'il avait quelque chose à me dire. Je ne vous écrirai pas demain : je vais à Hampstead ; j'y souperai, il sera fort tard quand je reviendrai. Je n'y verrai que vous. Hélas, qu'est devenu le temps où j'y recevais trois de vos lettres en un jour !

LETTRE LXVIII

Lundi ou mardi, comme vous voudrez,
à trois heures du matin

Quoi, mon cher Alfred, je passerai tout un jour sans vous dire que je vous aime ! je me livrerais au sommeil plutôt qu'à vous ! je préférerais mon repos à mon amant, à mon cher amant ! non ; je veux lui parler, lui dire… hélas, ce que je lui ai dit mille fois ! Quelles nouvelles preuves, quelles nouvelles assurances puis-je vous donner de mon amour ! mais ce

---

1. Pierre Abélard (1079-1142), théologien et philosophe scolastique, célèbre par sa passion pour Héloïse.
2. La célèbre expression de Pope, théoricien de l'optimisme, dans l'*Essai sur l'homme* : « *Whatever is, is right.* »
3. Génie féminin des airs dans les mythologies celte et germanique.

que j'ai tant dit, je sens un plaisir inexprimable à le répéter. Ah ! que n'êtes-vous là, pour entendre toutes les expressions d'un cœur qui vous est si tendrement attaché ! Quoi, je vous désire en vain ! je vous appelle, et vous ne venez pas ! Que vous y perdez, mon cher Alfred ! ah quel baiser je vous donnerais ! avec quelle joie, quel transport !... Mais tu ne m'entends pas ; non, tu ne m'entends pas : tu me répondrais ; je ne parlerais plus : aurais-je encore la force de parler ? déjà dans tes bras, déjà... Mais je m'égare dans d'inutiles souhaits : tu n'es pas là ; ah, mon Dieu, tu n'y es pas ! Bonsoir, bonsoir, mon aimable ami : adieu, toi ; adieu, tout le monde.

LETTRE LXIX

Mercredi, à trois heures

Je suis en bonnet de nuit, de nuit exactement. Jamais ennui ne fut comparable à celui que je sens, si j'avais pu le prévoir, je n'aurais point aimé... Allons, paix, taisez-vous ; laissez-moi dire : c'est bien le moins qu'il me soit permis de me plaindre, quand tout m'est odieux. Eh pourquoi tout m'est-il insupportable ? voyons, pourquoi ?... Venez ici, Milord, parlons raison. Prétendez-vous que je vous aime comme une folle, quand vous y êtes, et comme une imbécile, quand vous n'y êtes pas ? Vous riez, je crois... Oh je ne ris point, moi ; ceci est sérieux : je ne veux point devenir une créature aussi amusante que sir Barclay... A propos, je l'ai vu hier, sir Barclay, avec son bel habit, qu'il portait tout de travers ; un nœud d'épée si brodé, si pomponné, si ajusté, si doré, si surdoré, que jamais Midas [1] n'en eut un plus riche ; une grande mouche placée je ne sais où ; sur l'œil, je crois : un air tout empâté, tout empêtré. La mère de ce joli enfant se meurt, pendant qu'il se roule sur l'or et la broderie. Miss Betzi dit qu'elle ne peut souffrir la vieille folle, pour s'être avisée de le faire... On m'apporte un présent le plus agréable du monde ; c'est une corbeille parfumée, remplie de mille bagatelles de France et d'Italie : c'est miss Jening qui me l'envoie. Me voilà ruinée : je ne suis point assez riche pour recevoir ; je suis trop généreuse pour recevoir. Que vais-je lui donner ? cela m'embarrasse : je veux rendre au double. Vous me manquez toujours ; j'aimerais à consulter votre goût dans cette occasion. Mais je voulais vous gronder, me plaindre, je ne sais comment j'ai tout oublié, excepté mon amour ; il n'en fut jamais de plus tendre, de

---

1. Roi de Phrygie (715-676 av. J.-C.), dont le royaume fut dévasté par les Cimmériens. Selon la légende, Dionysos lui avait conféré le pouvoir de transformer en or tout ce qu'il touchait.

plus sincère, de plus ardent : mais vous n'en doutez pas, mon aimable Alfred, il est impossible que vous en doutiez.

LETTRE LXX

Me voilà donc à cette moitié, à cette heureuse moitié que j'ai tant désirée ! hélas que de jours encore ! j'en voudrais passer deux à la fois. S'il en faut croire miss Betzi, *je n'irai jamais jusqu'à la fin ; je mourrai d'une belle langueur : l'impatience, l'ennui et la passion me tueront, tout aussi bien qu'une apoplexie.* Elle travaille à une très impertinente épitaphe qu'elle veut faire graver sur ma tombe. Le mausolée qu'elle m'élève, ressemble à une salle de bal, plutôt qu'à un tombeau. Lorsqu'elle m'a placée sur une estrade environnée de *mille et mille amours noyés dans leurs larmes*, elle vous fait arriver vite, vite, pour me voir : elle vous reçoit, vous annonce l'étrange événement ; elle se fait un plaisir de vous l'annoncer, d'examiner la mine que vous aurez : elle vous voit tomber sans sentiment, vous ranimer, pleurer. Vous dites cent extravagances : vous devenez furieux ; elle espère que dans votre transport, ne distinguant rien, vous prendrez sir Thomas *pour la parque inhumaine qui a tranché le cours d'une si belle vie ; que vous l'immolerez à mes mânes errantes* : et puis elle rit de ma mort, de vos regrets… Je ne sais comment elle arrange tout cela ; mais elle m'a fait rire et pleurer : elle prenait si bien votre air, vos gestes, vous imitait avec tant de grâce et de vérité… Mon Dieu, qu'elle est folle ! A-t-on jamais fait rire quelqu'un à son propre enterrement ?… Sir Thomas, qui se modèle un peu sur vous, chante ; oui, il chante. Il a pris un maître italien pour lui donner du goût. Il étudie cette ariette si flatteuse dans votre bouche : oh, si vous entendiez comme il glapit ! Cela me rappelle la fable de l'âne et du petit chien. Que cet air me plaisait quand vous le chantiez ! il pénétrait mon âme ! Hélas, je suis privée de tout ! oui, de tout.

LETTRE LXXI

Je me plais à rester seule, à m'enfermer avec vous, à sortir du tumulte des idées indifférentes, pour rentrer dans celles qui me sont chères. Vos lettres que j'aime tant à relire, me font découvrir dans mon cœur une source de tendresse que je n'y avais jamais aperçue. Eh qui m'eût dit, qui m'eût persuadée qu'il était dans le monde un homme si aimable, si digne d'être aimé ! Il fallait vous connaître pour le croire, pour le sentir. D'où vient que mon âme timide semblait craindre son bonheur ? Oui, vous le faites mon bonheur, et vous le ferez toujours ! Puissai-je expirer dans l'instant où vous ne serez plus flatté d'en être l'arbitre ! Mais quel langage ! il se ressent de la tristesse du jour. Celui où je n'attends point de vos lettres, est affreux pour moi ; je crois ne vivre ce jour-là que pour sentir cette privation. Oh quelle humeur ! elle se répand sur tout, sur vous que j'aime, que je désire, que j'adore, que je meurs de chagrin de ne point voir. Mon cher Alfred, mon cher amant, *ta maîtresse, ta chère maîtresse* est une sotte bête ! mais c'est toi qui en es cause ; aime la bête, oui, aime-la, tu le dois, ton retour lui rendra tous les agréments que ton absence lui enlève… Oh ! que mon cœur s'émeut en pensant à ce retour ! Heureux temps ! heureux moment ! Quoi ! le voir, lui, Milord, l'embrasser, lui parler, l'entendre, le toucher, presser ses mains dans les miennes !… Ah ! que n'est-ce demain, que n'est-ce tout à l'heure !

LETTRE LXXII

Samedi, à minuit

Que je lise ces lettres avec le même plaisir que vous en ressentez à les écrire. Ah ! n'en doutez pas, mon cher Alfred : moi je les trouverais *longues* ? Si en voyant une seule feuille je ne dis rien, c'est parce que mon cœur ne veut pas gêner le vôtre : mais si vous saviez combien je suis contente quand j'en vois deux, combien je vous tiens compte de vous être occupé si longtemps de moi ; si vous le saviez, mon cher Alfred, vous vous applaudiriez d'être le maître de causer une joie si vive à une femme que vous aimez… *Des vapeurs, je ne dors point* : qu'avez-vous donc ? vous m'inquiétez. Dormez, dormez, mon cher amant ; que le souvenir de Fanni amuse votre cœur, l'intéresse, le touche, et ne l'afflige jamais. Puis-je sans chagrin me croire la cause de cette agitation qui vous tient éveillé, pauvre petit, *jusqu'à six heures* ; et je n'étais pas là pour causer avec lui, pour calmer son sang !… L'aurais-je calmé, mon cher Alfred ? dites. Vous vous fâchez d'une question que je vous ai faite ; *elle suppose que je vous crois ingrat, capable d'oublier mes bontés* : je voulais seulement vous faire répéter que vous vous en souvenez. Comment douterais-je de votre reconnaissance ? ah, le ciel me préserve d'en douter jamais ! Mais vous ne m'en devez point : votre bonheur m'a rendue si heureuse, qu'en vérité vous ne me devez rien. Ce moment, le plus fortuné

de ma vie, ne s'effacera jamais de ma mémoire : il est gravé dans mon
cœur avec un trait de feu ; et quand vous l'aurez oublié... mais vous ne
l'oublierez point : eh ! pourquoi voudrais-je penser que vous l'oublierez !... Vous vous plaignez des premiers mots de ma lettre ; *vous revenez
à moi, ma charmante Fanni, vous m'aviez donc quitté ?* Moi, *vous
quitter* ; cela signifiait que je ne boudais plus. Quand je n'ai pas une lettre
à l'instant précis où je l'attends, je vous boude, et bien fort. Votre portrait
en pâtit, je m'en prends à lui, il est mis en pénitence au fond, tout au fond
du tiroir. On vous dira comme je le bats, comme il est malheureux avec
moi ; miss Betzi embellira bien cette folie que je fis un jour. Ce joli
portrait est l'objet de sa plus tendre compassion. Sir Thomas dit, « Elle
n'a le cœur dur que pour moi ! » Il a la petitesse d'être jaloux de ces plaisanteries, il voudrait être tout ce qu'elle ne hait pas. Moi, je vous aurais
quitté ? Ah, je ne m'éloigne jamais de vous ! votre idée m'accompagne
partout : le cercle des miennes est borné à ce qui vous concerne, vous
plaît et vous intéresse. *Tu m'as enveloppée dans ton tourbillon* ; je n'en
sors point, je n'en veux pas sortir. Entraîne-moi toujours : où serais-je
mieux qu'avec toi ? Adieu, mon bel ami.

LETTRE LXXIII

Dimanche, à minuit

Vous êtes bien bon, mon cher Alfred, de relire si souvent mes lettres :
si je les relisais, moi, vous n'en auriez pas de si longues, vous n'en auriez
pas si souvent. Je croyais, quand vous partîtes, que je vous écrirais des
folies, des choses amusantes, de jolies choses : mais cette plume *brillante*
et *légère*, si vantée par mes amis, conduite à présent par le sentiment, ne
peut s'écarter de son objet. Dès que je la pose sur le papier, elle trace,
mon cher Alfred, je vous aime. J'ai voulu répondre à votre couplet ; tout
ce que j'ai fait, m'a paru si faible ! L'esprit ne parle pas au cœur, il ne
parle pas comme le cœur. Mais d'où vous vient donc cette insomnie ; elle
me désole : qui peut vous troubler ? Cela m'inquiète ; j'ai de l'humeur,
j'en ai beaucoup ; votre lettre ne la dissipe point. Est-il possible que j'en
conserve en m'entretenant avec vous ? Quoi, ces serments de m'aimer
toujours, ces nouvelles assurances de votre tendresse ne peuvent calmer
mon âme, et lui donner cette paix douce que l'amour heureux répand sur
tous nos sens ? Vous vous applaudissez de votre constance ? Cela est tout
à fait singulier. Je ne crois pas que personne dans l'univers ait moins
sujet de se vanter de cette vertu. Eh ! qui jamais prétendit qu'à peine un
mois d'éloignement pût détruire ou affaiblir une passion, surtout quand

l'habitude de jouir n'a pas encore produit la satiété, ni laissé entrevoir le dégoût, suite trop ordinaire des longs attachements ? Ce n'est pas à présent qu'il faut vous applaudir de cette merveilleuse constance : attendez que vous soyez revenu, reparti ; et lorsque vous serez prêt à me revoir, vous pourrez juger des effets de l'absence. Si votre cœur est encore le même, vous direz, vous soutiendrez qu'elle n'éteint ni l'amour ni les désirs. Tenez, je veux toujours être vraie, dussé-je vous fâcher ; cet endroit de votre lettre m'a parfaitement déplu : il m'a fait une peine extrême, et de tristes idées se sont élevées dans mon cœur. C'est peut-être une délicatesse outrée de ma part, je ne me donne pas tout à fait raison ; mais il me semble qu'un homme capable d'admirer *sa constance*, de s'étonner qu'un temps si court n'ait point changé ses sentiments, était accoutumé d'en avoir de bien légers. Si j'avais pu me tromper à votre caractère, rien, non rien ne m'en consolerait, rien ne pourrait m'en consoler. Une estime si sincère, tant de crédulité, de foi à vos discours, tant de confiance, d'amitié ; que je vous mépriserais, si vous ne les méritiez pas, si vous aviez abusé !... Ah ! Milord, Milord, vous *étonner* ! Quoi, vous faire un mérite ?... En vérité, vous ne deviez pas m'écrire cela ; il ne fallait ni le penser, ni le dire. Bonsoir.

LETTRE LXXIV

Lundi, à deux heures, chez miss Betzi

Ma confiance est toujours la même, mon cher Alfred, je me hâte de vous le dire, de peur que vous ne me grondiez. Je n'ai pas raison peut-être, je puis avoir tort : j'espère l'avoir en effet, être folle ; miss Betzi me le dit, m'en assure ; elle vous conseille de « ressentir vivement cette offense » ; de ne pas vous laisser « maltraiter à propos de rien ». Je veux bien vous dire son avis, mais je vous défends de le suivre, entendez-vous, Milord, je vous le défends. Je suis excusable, vous pouvez m'en croire. Quand je reçois une lettre de vous, je l'ouvre avec ce plaisir extrême que je sens en vous voyant. Elle remplit mon désir le plus cher, elle satisfait le besoin le plus pressant de mon cœur. Je la lis avec avidité, elle me plaît, elle m'enchante ; et puis après je l'examine, je pèse chaque mot, je me répète chaque expression, je réfléchis, je quitte la lettre, je la reprends ; elle est les délices de mes yeux et la joie de mon âme. Hier je ne sais quel caprice m'a portée à chercher querelle à cette phrase ; je lui ai fait la moue, je l'ai critiquée : il m'a semblé que vous la souteniez, votre obstination m'a fâchée, la dispute s'est échauffée, et j'étais assez en colère quand je vous ai écrit. J'avais de l'humeur, je l'avoue, parce que je suis franche ; et c'est la lettre qui me l'avait donnée. Mais aussi pourquoi me vanter ce bel effort de constance ? un mois de fidélité, de persévérance dans l'éloignement, et Milord est confondu de la fermeté de son âme ; il va soutenir une thèse contre ceux qui prétendent qu'il n'est plus de Céladon, d'Amadis [1]... Que je vous entende jamais dire de pareilles absurdités ! que je vous voie me donner du chagrin ! Mais vous me répondrez : « Que je vous voie en prendre à propos de rien ! » Oh ne vous avisez pas de me faire la mine, de m'écrire dans votre gravité, j'aime mieux que vous me battiez quand vous serez revenu. De près on peut se brouiller, un baiser interrompt la dispute, et fait oublier au milieu de l'explication le sujet de la querelle ; mais de loin, eh ! bon Dieu, on ne finit pas ! *Vous m'avez dit, vous ne deviez pas me dire, je ne croyais pas, il fallait penser, je ne méritais pas, je suis piqué, touché, fâché*, je sais bien comment vous faites pour m'impatienter... Allons, vite, pardonnez-moi, sans me laisser abaisser à vous en prier... Eh bien, à qui est-ce donc que je parle ? Fi, que cela est vilain de bouder ; si vous voyiez comme cela rend laid ! Levez la tête... donnez-moi votre main... donnez-la donc tout à l'heure, vite... riez... Ah ! vous avez ri, je t'ai vu rire, tu n'es plus fâché. Ma tête est un peu dérangée ; il faut me passer mille folies, mille sottises. Aimez-moi malgré mon mauvais esprit, mon méchant caractère. Aimez-moi par bonté, par devoir, par reconnaissance, parce que tu ne peux aimer personne qui ait pour toi un attachement plus tendre, plus vrai. Je suis un peu impertinente, mais je suis sensible, sincère. Je t'aime, je t'adore ; ah ! oui, de toute mon âme.

LETTRE LXXV

Mardi, à minuit

On dit que l'amour abaisse le courage ; et moi, je crois, mon cher Alfred, qu'il l'élève, et même en donne aux faibles : j'en fais l'expérience. C'est après sept heures des plus violentes douleurs, que je trouve dans mon cœur la force de vous écrire, malgré l'abattement de toute la machine. Je me suis levée avec un point de côté assez fort. J'y ai fait peu d'attention. Je devais aller à l'Opéra avec lady Worthy et miss Betzi : je n'ai pas voulu déranger la partie, quoique je me sentisse plus mal de moment en moment. Cela est devenu si vif, si insupportable, que j'ai été

---

1. Céladon, modèle de l'amant parfait, est le héros de *L'Astrée* (1607-1627), le roman fameux d'Honoré d'Urfé (1567-1625). Amadis de Gaule est le héros d'un roman de chevalerie espagnol de Montalvo (1508), dit « le Beau Ténébreux », type des amants fidèles et de la chevalerie errante.

obligée de quitter le spectacle. Je ne sais comment on ne meurt pas de ce que j'ai senti. Eh bien, en vous en parlant je perds l'idée de ces tranchées [1] cruelles ; elle s'éloigne, elle diminue par le plaisir d'imaginer que vous me plaindrez. C'est, depuis que je vous aime, l'unique moment où je n'ai pas désiré de vous voir près de moi. Mais laissons ce désagréable sujet. J'approuve votre système, il est bien selon mon cœur. Oui sans doute, *l'homme fait tous ses malheurs.* Qu'avions-nous à faire d'acquérir tant de connaissances, de multiplier nos besoins ? Une seule passion, un seul désir, un seul bien suffit au cœur, peut remplir le cœur. La diversité n'est point nécessaire au bonheur ; elle ne pique notre goût que lorsque nous n'en avons point un déterminé. La variété flatte nos yeux, amuse notre esprit ; mais le sentiment, principe de notre être, ce mouvement dont la cause est divine, et par lequel une sage main meut, anime, entretient toute la nature, ce mouvement si doux, mon cher Alfred, n'a qu'un ressort, un seul objet : il y rapporte tout. Hélas, qu'était pour moi cette foule de gens brillants, le roi, toute sa Cour ! malgré le mal qui m'accablait, une comparaison bien désavantageuse pour ceux que je voyais, m'a fait désirer mille fois de les savoir à***, et que mon cher Alfred ornât les lieux qu'ils remplissaient. Si je juge de tout par mes idées, par ce que je sens, la félicité n'est point dans les objets où on la cherche. Je vous l'ai déjà dit, je pense qu'il eût été plus heureux pour l'homme d'ignorer, de ne jamais découvrir ces biens que l'art lui procure, et de connaître mieux et de jouir davantage de ceux qui sont en lui-même. Une simple cabane, une âme tendre, un naturel doux, un amant tel que le mien, aimé comme le mien, point de colique, jamais d'absence, que faudrait-il de plus ?... Mais, mon cher Alfred, mon ton pastoral, ma fade bergerie ne vous ennuie-t-elle pas ? Pardonne à la pauvre malade, elle ne sait ce qu'elle dit. Eh comment le saurait-elle ? L'amour lui tourne la tête ; son cœur est avec toi ; son esprit voltige autour de toi, que peut-elle faire du reste ? miss Betzi pleurait ce soir auprès de moi ; elle me brûlait, me faisait prendre tout ce qui lui venait en fantaisie. «Ce mal est bien grand, lui disais-je, il est bien cruel ; je le supporterais plus patiemment que la crainte de n'être plus aimée de Milord.» Sir Thomas qui venait d'entrer, s'est écrié : «Ah l'adorable femme ! qu'on est heureux d'être aimé d'elle !» et Miss, avec un air, un air impossible à rendre : «Ne voudriez-vous pas, n'auriez-vous pas l'insolente audace de vouloir qu'on vous aimât ainsi ? Je vous conseillerais de l'avoir ; ce travers vous manque.» Méchante fille ! Elle le hait précisément, parce qu'il l'aime. Elle l'assurait l'autre jour que s'il était raisonnable, s'il ne lui montrait que de l'amitié, elle ne le maltraiterait point, et qu'il lui serait indifférent comme les autres. Adieu, mon aimable, mon cher Alfred. Adieu. Aimez-moi bien, aimez-moi de tout votre cœur.

---

1. Violentes coliques dues à des contractions de la musculature intestinale.

LETTRE LXXVI

Toujours mardi, à quatre heures du matin, dans mon lit

Je ne saurais dormir ; je reprends la plume, et c'est avec plaisir que je la reprends. Je sens toujours du regret en finissant une lettre. Cesser de t'écrire, c'est te quitter comme tu le dis. Ah ! c'est bien toi qui m'as quittée, quittée pour si longtemps. Pendant que je pense à toi, tu dors paisiblement peut-être : tu ne songes point à ta chère Fanni ; dors, dors, mon aimable Alfred ; il m'est doux d'imaginer que tu reposes. C'est demain un jour heureux pour ta maîtresse ? elle recevra quatre pages de ton écriture, peut-être six, peut-être davantage... Tu ne me tiens donc pas quitte pour cent baisers par jour ? Eh bien je t'en donnerai mille. Ah ! que tu me dois de doux moments ! de combien de plaisirs ton absence me prive ! Celui de te regarder, d'être regardée par toi, d'entendre tous ces petits détails intéressants, flatteurs, *j'ai pensé, j'ai rêvé, j'ai désiré, j'ai senti...* que sais-je, tous les biens que tu me voles ? biens perdus, perdus pour jamais ! Pourras-tu m'en dédommager ? Oublierai-je en te voyant, le temps que j'aurai passé sans te voir ? Ce premier moment effacera-t-il le souvenir de cet ennui, de cette langueur ?... Ah ! s'il l'effacera... Reviens, mon cher Alfred, reviens dans les bras de celle qui t'adore... Tu me demandes si je suis *attachée à mes sentiments*, si je *les aime*, si je m'y *livre sans regret*, ah n'en doute jamais ! mon amour est mon bien le plus cher. Je l'ai pris dans tes yeux, dans ton cœur, sur tes lèvres aimables ; elles ont été pour moi *la coupe enchanteresse où le plaisir presse le doux poison dont il se sert pour enivrer la raison*. Oh ! pour cette fois adieu. Adieu, mon cher Alfred.

LETTRE LXXVII

Mercredi, à quatre heures

Vous vous lassez donc, Milord, d'avoir une cour, de *représenter*, de *punir*, de *récompenser* ? ah ! peut-on se lasser de récompenser. Pour les longs compliments, je vous plains de les entendre. Je voudrais être dans votre antichambre quand midi sonne. Supposons que j'y sois : daignerez-vous m'accorder une audience particulière ? me sera-t-il permis de vous présenter mes respects, de porter mes plaintes à votre auguste tribunal ?

ce grave gouverneur me fera-t-il la grâce de m'écouter ? oh ! que j'ai de choses à lui dire, de demandes à lui faire ! Bon Dieu, avec quelle vivacité je m'exprimerais, même sans parler ? Il est un langage éloquent, aucun idiome ne peut l'imiter ; le cœur seul l'entend, et seul il sait y répondre… Mais j'attends votre lettre, et je suis un peu inquiète… Me grondez-vous, mon cher Alfred ? dites, me grondez-vous bien fort ? Non, vous connaissez ma sensibilité pour vos moindres reproches, et vous m'aimez trop pour chercher à me chagriner… Milord Stanley et sa nièce m'envoient dire qu'ils vont venir. Qu'ai-je besoin de leur visite importune ! faut-il vous ôter des moments pour les perdre avec eux ! Ils sont mes amis, disent-ils : ah quels amis ! que ce titre est prodigué, mon cher Alfred ! le temps et les occasions nous apprennent trop combien nous devons peu compter sur ceux qui l'osent prendre. Tant que nous sommes heureux, nous réfléchissons peu sur nos amis ; nous pensons qu'ils partagent notre joie, lorsqu'ils jouissent seulement de la gaieté qu'elle nous inspire : mais c'est dans un triste événement où leur indifférence éclate, c'est à leurs dures consolations qu'on la reconnaît. Ils veulent nous faire adopter leurs sentiments et cette fausse grandeur d'âme sous laquelle un mauvais cœur se cache. Si nous avons d'autres principes, ils nous abandonnent, et couvrent leur lâche désertion de l'inutilité de leurs soins, ou du peu de cas que nous avons fait de leurs avis. Quand je pleurais mon frère, milord Stanley me répétait sans cesse que *j'étais faible*. Si donner des pleurs à la perte de ce qu'on aimait, est la marque d'une âme faible, la mienne est *faible*, et le sera toujours. Mais d'où vient donc ce grand sérieux, cette tristesse même ? d'où vient ! c'est que je suis obligée de vous laisser, moi qui vous préfère à tout, moi qui n'aime que vous. Adieu, adieu, mon véritable ami.

LETTRE LXXVIII

Jeudi

Je me suis levée bien matin aujourd'hui, pour jouir de ma liberté. Tout le monde était allé à Cantorbery. Quel plaisir de me trouver seule ! vous auriez ri de me voir. C'est pour le coup que miss Betzi pouvait dire que j'avais l'air d'une princesse de roman. Votre portrait sur ma table, vos lettres éparses dans mon sein, sur mes genoux ; le tiroir renversé, le portefeuille ouvert, je contemplais mes richesses. Je bénissais l'inventeur d'un art qui l'emporte sur tous les autres, non parce qu'il nous transmet les actions des héros, l'histoire du monde, les causes de tout ; qu'il satisfait le désir insatiable d'apprendre, et la vaine curiosité des hommes ;

mais parce qu'il me fait lire dans votre cœur, malgré la distance qui nous sépare. Que l'amour doit à cette heureuse découverte ! quel trésor pour lui que ces lettres, soulagement d'un cœur, et délices de l'autre ! enchanté de les écrire, on jouit du plaisir que l'on sent, et de celui qu'on va procurer. J'abuse peut-être de l'idée où vous m'avez conduite, en m'assurant que mes lettres étaient votre unique amusement. J'écris vite, je ne saurais rêver à ce que je veux dire, ma plume court, elle suit ma fantaisie : mon style est tendre quelquefois ; tantôt badin, tantôt grave, triste même, souvent ennuyeux, toujours vrai. Mais mon cher Alfred est indulgent ; il dit que j'écris bien : ah, très bien sans doute, si je lui plais ! Je n'ose penser bien fort que je vous reverrai ; c'est une émotion si vive quand j'y pense ! Oh je perds la tête, en vérité je la perds ! Quoi ! tu seras là, mes yeux en se levant rencontreront les tiens, je ne ferai pas un seul mouvement qui ne t'intéresse ; j'entendrai cette voix douce, harmonieuse, me dire : « Que veux-tu ? que désires-tu ?... » Mon cher Alfred, si tu savais ! je ne puis plus écrire ; mon cœur agité, pressé... Ah, reviens, reviens donc ! Mon Dieu, que vous êtes aimé ! S'il est un sentiment plus fort que l'amour, que cette passion vulgairement appelée amour, je le sens pour toi. Aimer, adorer, faibles expressions, qui ne rendent point les transports d'une ardeur si vive... Ah, si tu étais là ! si tu y étais ! ô mon aimable ami ! ô mon adorable amant ! je crois... Mais que nous sommes loin ! quel espace nous sépare ! Hélas, je n'ai pas même le plaisir de vous attendre ! Je ne sais quand je vous reverrai : un nuage obscur se répand sur toutes mes idées. Adieu : aimez-moi, vous le devez, en vérité.

LETTRE LXXIX

Vendredi, à six heures

Vous êtes *à mes genoux* ! moi, je suis à vos pieds, cher amant, les mains jointes, les yeux baissés : non, je ne suis pas digne de vous regarder. Il faut que je sois une bien méchante créature, car je demande toujours pardon. Aurai-je sans cesse des torts avec mon aimable ami ! Oh, la tendre, la délicieuse lettre ! méritais-je de la recevoir, de la lire ! est-ce à une capricieuse que devraient s'adresser des choses si flatteuses ? Que je l'ai baisée, cette lettre ! L'autre m'avait fâchée, plus fâchée que je ne l'ai fait paraître ; elle me semblait écrite, parce qu'il fallait écrire : les termes étaient ceux qui expriment la passion, mais la tournure me paraissait froide, étudiée ; je l'ai lue cent fois, toujours avec humeur, en le rejetant, en lui faisant une mine horrible. Enfin je l'avais bannie de ma présence ; un arrêt de la chambre haute la reléguait tout au fond du tiroir :

je viens de la rappeler. Comment avait-elle pu me déplaire ? elle est de toi. Ah, tout ce qui vient d'une main si chère, porte le sceau de l'amour et du plaisir ! mais il est des moments où l'âme, abattue par la tristesse, a besoin d'un trait vif pour se ranimer. Je l'ai trouvé, ce trait, dans ta dernière lettre ; il m'a pénétrée, et je t'en remercie : oui, *ma mie*, je t'en remercie. Vous approuvez ma conduite ; il m'est bien doux d'avoir pu vous plaire : j'aime à mériter vos louanges ; j'aime à en recevoir d'une personne qui ne les prodigue pas, et dont l'âme noble et généreuse juge par ses propres impressions : cependant il est fâcheux ; je dirai plus, il est déshonorant pour l'humanité, que des actions si simples, si naturelles, puissent attirer des éloges. Si nous pensions bien, nos plus grands efforts ne nous paraîtraient que la suite indispensable des devoirs que la société nous impose. Mais il est des cœurs durs, des âmes basses, méprisables ; l'habitude d'en rencontrer fait que la bonté est regardée comme une vertu : une triste marque de la dépravation des mœurs, est l'admiration que l'on a pour des procédés où l'honneur seul engage. Mais, mon cher Alfred, il dure encore ce mois : il durera donc toujours : quoi, pas un mot de votre retour ! Ah, la maudite province ! que je la hais ! *elle vous ennuie*, elle me désespère, moi. Je n'ose vous dire combien votre éloignement m'afflige, je ne puis plus le supporter ; non, en vérité. J'ai déjà eu deux ou trois attaques de cette maladie qui m'a fait tant de peur, de cette terrible catalepsie : oh ! je l'aurai sûrement : mon cœur est déjà fixé, le reste ne tient à rien. Adieu, *ma mie*, ma mie à moi.

LETTRE LXXXX

Samedi, chez miss Betzi

Baisez-la, mon cher Alfred ; oui, baisez-la cette charmante Miss qui me parle si bien de vous, qui se prête avec tant de bonté à toutes les faiblesses de sa folle amie ; une autre s'ennuierait, se lasserait de passer tout le jour auprès d'une imbécile comme moi, qui n'ai qu'un objet dans l'esprit, dont je parle sans fin, sans cesse. En bonne foi je suis insoutenable, je le sens. Baisez-la donc, mais doucement ; n'appuyez pas trop vos lèvres sur sa joue. Je ne suis pas jalouse, oh ! non ; mais j'ai des droits sur vos actions, sur vos pensées, sur vos regards, sur vos moindres préférences. Que je haïrais une femme qui chercherait à vous plaire ! Sûre qu'elle ne pourrait y réussir, je la détesterais, elle me serait pour jamais odieuse. J'ai fait bien des découvertes dans mon cœur, depuis que je vous l'ai donné : je ne vous gênerai jamais pourtant ; je ne suis pas soupçonneuse, encore moins exigeante. Si j'avais quelque raison de craindre votre inconstance, je serais peut-être assez fière pour ne pas vous montrer mon inquiétude ; mais je serais bien triste, bien froide, bien fâcheuse. Au fond, la jalousie est désobligeante ; on la dit fille de l'amour et de la délicatesse : ne le serait-elle pas plutôt de l'orgueil et de la défiance ? Elle suppose une crainte d'être trompé : cette crainte peut-elle s'accorder avec l'estime due à l'objet qu'on a choisi comme le plus digne de son attachement ? En vérité, mon cher Alfred, si la jalousie tient à l'amour, c'est par un mauvais côté ; si elle semble l'augmenter, redoubler sa vivacité, c'est pour l'instant : elle doit naturellement l'affaiblir, même le détruire dans un cœur bien fait ; on ne saurait aimer longtemps ce qu'on méprise quelquefois. Je ne serai point jalouse, je ne veux jamais l'être... Mais à quoi bon tout cela ? d'où vient ce propos ? quoi, pour ce baiser ! allons vite, vite, donnez-le, et qu'il n'en soit plus parlé. Miss vous embrasse, et moi je vous baise mille fois. Adieu, mon cher, mon tendre ami. Hélas, toujours cet adieu ! eh, viens donc, que je te dise bonjour.

LETTRE LXXXI

Dimanche, à cinq heures

Je ne m'attendais pas au reproche singulier que vous me faites. *Milord Tomlins m'aime* ; cela peut être : *il le dit à tout le monde*, je le sais ; mais pourquoi *devais-je vous le confier ?* est-ce un événement qui me touche ou m'intéresse ? J'ai mis ses sentiments au rang de ces choses indifférentes dont je suis bien éloignée de me souvenir en vous écrivant. Quand j'ai accepté le don de votre cœur, quand je vous ai donné des droits sur le mien, le premier de mes désirs a été de vous rendre heureux ; le second, de vous devoir mon bonheur. Par quelle raison voudrais-je troubler la douceur de notre union, et risquer de vous inquiéter par une confidence inutile ? Ni je ne veux faire valoir ma tendresse, ni je ne souhaite d'augmenter la vôtre par les mouvements pénibles d'une jalousie mal fondée. Milord Tomlins se présente en vain à ma porte, il ne me trouvera jamais ; et je vais si rarement chez milady Arthur, que je puis sans affectation éviter de le voir. Vous me chagrineriez bien si vous preniez cela pour un sacrifice. Vous vous ennuyez donc, mon aimable ami, les jours vous paraissent d'une langueur insupportable ? Hélas, c'est qu'ils ne finissent pas ! Ce matin, j'ai montré votre portrait à sir Montrose ; et regardant votre visage comme une chose qui m'appartenait, j'ai pris la liberté d'en faire les honneurs. Je mourais d'envie qu'il vous trouvât charmant ; et je lui disais : « Son portrait est plus beau que lui ; mais il est bien plus joli que son portrait. » Il a dit *oui*, et sir Montrose ne ment jamais. Il est vrai qu'il y a un agrément dans votre physionomie qui n'est point dans cette image, plus régulière peut-être, mais bien moins touchante. Ah! rapporte-la-moi cette mine si fine, si expressive; viens me montrer cet aimable visage que je trouvais sans cesse tout près du mien! qu'il m'est cher! que tous ceux qui s'offrent à mes yeux, me font désirer de le revoir! Mais ne va pas croire là-dessus que tu es beau comme le soleil; c'est mon amour qui t'embellit, il te donne les grâces avec lesquelles tu me séduis; tu les dois à ma tendresse. Oui, mon cher Alfred, c'est elle qui te pare!... Mon Dieu, quand je ne t'aimais point, tu n'étais pas plus beau qu'un autre au moins!

LETTRE LXXXII

Lundi, à minuit

Je ne crois pas avoir passé dans toute ma vie un jour plus désagréable que celui-ci. Miss Betzi faisait des visites avec son père; ce vieux fou, de quoi il s'avise, de me la prendre pour toute la journée. Je n'avais personne à qui je pusse parler de vous : j'ai pris le parti de ne point parler du tout; j'ai fait fermer ma porte; j'ai dîné sans savoir ce que je faisais, après je me suis endormie de pure indolence; je n'ai pas eu l'esprit de rêver : en m'éveillant je me suis fait la moue : en vérité je me déteste, il m'est impossible de vivre avec moi-même. J'ai rappelé toute ma raison, tout mon courage, toute cette force et cette grandeur d'âme *qui me distingue des autres femmes*; pourquoi? pour me persuader de me divertir, de m'amuser, de m'occuper au moins. J'ai pris un livre, je l'ai laissé tomber. Je me suis mise à mon métier, et voilà tous les pelotons en l'air; j'ai tout noué, tout mêlé, tout gâté. Je me suis mise à mon clavecin, vous n'étiez pas là pour chanter; les premiers sons que j'ai entendus m'ont fait pleurer. J'ai voulu répondre à des lettres déjà trop longtemps oubliées, savez-vous ce qui se présentait à mon idée? que vous n'étiez pas à Londres, que votre absence me désolait : j'ai laissé tout là. En me levant, ma figure m'a frappée dans une glace : à merveille, lui ai-je dit; aimable en vérité, vous pouvez vous flatter d'être la plus sotte bête de l'univers. Quoi, pas la moindre patience! Il reviendra, vous le verrez; en attendant, sortez, jouez, faites ce que vous faisiez autrefois. Bon, vous croyez que cette maudite tête m'écoute? La voilà retombée dans un fauteuil, fixant des yeux tous les endroits de sa chambre où elle vous a vu. *Il était là debout, le coude appuyé sur la cheminée, quand il me donna sa première lettre; c'est ici qu'il était assis quand je lui avouai que je l'aimais; c'est dans ce petit coin qu'à mes genoux, les yeux*

baignés de larmes, il me jura... Eh bien, finira-t-elle ? Ah, mon cher
Alfred, votre maîtresse, votre *charmante maîtresse* est une étrange
personne ! Mais vous devez l'aimer folle, puisque sa folie est votre
ouvrage. Elle vous a donc déplu cette dame qui avait des desseins sur
votre cœur, vous l'avez trouvée changée ? Qu'elle me paraît bien à moi ;
elle ne vous inspire rien ! Je souhaite ses traits à toutes les femmes que
vous regarderez. Elle est *vaine, présume beaucoup de ses charmes* ; eh
qui n'est pas satisfait de sa figure ! sir Barclay nous a soutenu avec impudence, à miss Betzy et à moi, qu'il n'était ni laid, ni sot, ni fat, ni
ennuyeux : quelle qualité veut-il donc prendre ? y concevez-vous quelque
chose ? Je soupe demain chez sa sœur, je bâille d'avance : j'ai bien peur
que ma lettre ne vous en fasse faire autant.

LETTRE LXXXIII

Mardi***

J'ai pensé gronder miss Betzi, pour vous avoir inquiété en vous
écrivant que je pleurais. Pardonnez-moi, mon aimable ami, de m'être
livrée un seul instant à des mouvements que vous n'excitiez pas.
L'espèce de philosophie que j'ai adoptée n'a rien de stoïque : elle me
guide dans ma conduite ; mais elle n'a jamais pu vaincre l'extrême sensibilité de mon cœur ; elle l'emporte souvent sur mes principes. Eh
pourquoi ne souffrirais-je point ? ne suis-je pas dans cette chaîne invisible qui unit tous les êtres ? le bien doit-il se séparer du mal pour moi
seule ? Mon anneau entrelacé dans cette chaîne immense, tient à d'autres
qui le serrent par leur proximité : je ne puis me dégager, ni quitter ma
place ; il faut donc me soumettre. Il est des moments où je me sens
humiliée ; je ne jette point les yeux autour de moi, que je ne le sois
jusqu'au fond du cœur... Je ne veux plus les tourner que sur vous ; vous
serez le sujet de ma vanité, de mes complaisances pour moi-même. En
pensant à vous, ma joie renaît, je retrouve dans mon âme cette noble
fierté, cette grandeur intérieure qui nous donne de la dignité dans quelque
état où nous soyons placés. Miss Betzy dit que je ne sais pas compenser
les peines par les plaisirs : elle a raison, c'est un défaut de mon caractère,
la certitude d'être aimée de vous devrait bien fermer mon cœur à tous les
incidents qui troublent la douceur de ma vie. Votre amour est un bien si
véritable, si précieux ! Eh comment s'affliger avec une source de bonheur
où l'on peut puiser sans cesse ? Mais vous êtes loin de moi, et votre
absence aigrit tous mes chagrins. Dites-moi donc que vous revenez ;
dites-le moi, mon cher Alfred, et j'oublierai tout le reste.

LETTRE LXXXIV

Mercredi, à six heures

Vous êtes, mon cher Alfred, le plus aimable de tous les hommes ; qu'il m'est doux de vous le dire ! que cette vérité me flatte ! Elle fait ma gloire et mon bonheur ! Quelle lettre ! quelle complaisance ! quelle tendre preuve de votre amour ! Je pesais ce paquet, il me semblait léger : que de richesses il renfermait ! Jamais, la veille d'un bal paré, une coquette ne reçut un écrin rempli de pierreries avec autant de plaisir que j'en ai ressenti en voyant ces trois feuilles écrites partout. Ah, je t'en prie, baise pour moi la jolie petite main qui a si bien peint les sentiments de ton âme ! Baise-la, mon cher amant, je te rendrai cela au centuple… Paix donc, ne grondez pas miss Betzi ; c'est chez elle que vous arriverez ; elle le veut, parce que *je suis une imprudente, j'ai un vilain visage, qui décèle tout ; on lit sur mon front les mouvements de mon cœur ; ma joie me trahirait, éclaterait dans mes yeux, on l'y voit déjà, j'ai l'air d'une folle, mon secret n'est point en sûreté* : elle dit tout cela, et je suis forcée de convenir qu'elle a raison. Vous arriverez donc, mon cher, mon aimable ami ! je vous reverrai ! Miss dit bien vrai, je ne dissimulerai jamais une satisfaction si pure. Ce moment, ce premier moment ! Mon Dieu, je n'y veux pas penser, non, je n'ose y penser. Vous voudriez donc être *toujours auprès de moi ; vous aimeriez à ne point me quitter, à vivre avec moi, à ne vivre que pour moi* : vous croyez que je suffirais *à vos amusements, à vos plaisirs* : la *contrainte* vous *déplaît*, vous la mettez au nombre de *ces conventions dures, que les hommes semblent avoir faites entre eux pour ajouter à la misère de leur condition.* Si nous étions plus constants dans nos idées, nous aurions raison de blâmer des usages qui nous gênent ; mais, mon cher Alfred, nous devons peut-être de la reconnaissance à ceux qui les ont établis : c'est aux égards, à la décence, à cette *contrainte haïe*, que l'on doit le plaisir vif de saisir des instants qui, toujours offerts, perdraient de leur prix. Les animaux, dont vous enviez l'heureuse liberté, ne sentent pas toujours l'effet du désir que la nature a mis en eux pour un seul objet : bornés en s'aimant à reproduire leur espèce, ils n'ont pas comme nous une imagination prompte qui, s'animant au souvenir du bien dont elle se retrace la jouissance, nous rend la faculté d'en jouir encore, et nous conduit à user indiscrètement de cet avantage. Les oiseaux, surtout ceux dont vous parlez, sont pourtant à cet égard à peu près comme les hommes ; aussi sont-ils coquets, légers, infidèles. Ils abandonnent quelquefois leurs femelles : pauvres petites femelles, que je les plains ! Ce n'est pas, mon cher Alfred, que je préfère l'état où je suis à celui où vous voudriez me voir. Qu'il me serait doux de n'avoir d'autres devoirs, d'autres soins que ceux de vous plaire, de vous aimer, de vous contenter ! Mais par une modération qui m'est propre, loin de désirer fortement ce que je ne puis posséder, je cherche toujours les moyens de m'en passer sans peine. Ce principe de toutes mes réflexions échouerait sur un seul point ; je ne me passerais point de vous ; ah ! comment pourrais-je m'en passer ? Votre cœur est tout mon bien. Ne me l'ôtez pas ; ne me l'ôtez jamais, mon cher Alfred : je sens que cette perte est la seule que je ne supporterais point. Adieu, aime-moi toujours ; oui toujours ; je t'aime, je t'adore : mon cœur est à toi, il ne changera jamais.

A minuit

Avant de fermer ma lettre, je veux répondre à la question que vous me faites. Vous voulez savoir si *j'ai un véritable plaisir à vous aimer* ; si, depuis votre absence, je n'ai pas quelquefois désiré *de ne vous avoir point aimé*, ou *de ne vous aimer plus*. Non, non, en vérité ; ma tendresse m'est chère ; et loin de souhaiter qu'elle ne fût pas née, ou qu'elle pût s'éteindre, j'ai souvent pensé que l'austérité qui m'eût éloignée de vous, en fermant mes yeux à votre mérite, aurait aussi fermé mon cœur au plus doux des sentiments. De quels biens j'aurais été privée ! en est-il de comparable au bonheur d'être aimée de vous ! Mais il faut une passion comme la mienne, pour juger de ce qu'on perdrait à ne pas aimer. Ah ! s'il est vrai que je sois *l'arbitre de ta félicité* ; si elle dépend de mon amour, de ma fidélité, de ma constance, que tu es heureux, mon cher Alfred ! que tu sera heureux ! La durée de ton bonheur sera celle de ma vie.

LETTRE LXXXV

Jeudi, à cinq heures

Je viens de recevoir une lettre de Milord, et j'en attends une de mon amant. Quelle différence ! Milord est gai, poli, spirituel, presque affectueux ; mon cher Alfred est tendre, passionné, vif, aimable. L'un écrit pour tout le monde ; l'autre ne parle qu'à moi… Mais mon amant, mon cher amant a touché ce papier ; voilà son nom, ses armes, et pourquoi n'aimerais-je pas cette lettre ? n'est-ce pas là ce caractère chéri, ces traits d'une main ?… Je l'ai baisée cette lettre ; elle est de toi… Sir Thomas a l'autre, peut-être est-elle déjà chez miss Betzi ; elle va venir, la charmante Miss, elle a aujourd'hui deux raisons pour se faire désirer.

A onze heures du soir

Je ne vous ai jamais tant aimé qu'aujourd'hui. Votre lettre m'a fait un plaisir !... Aimable et cher Alfred, comment pourrais-je *être ingrate* ? Ah ! quelque bien que vous exprimiez vos sentiments, soyez sûr qu'ils ne peuvent l'emporter sur la vivacité des miens ! Vous dites que je mets de l'esprit dans mes lettres : je ne sais pas comment cela se fait. Je n'en cherche pas, j'en ai apparemment sans le vouloir ; c'est que vous m'en donnez, c'est que le vôtre m'anime. Vous voilà debout sur ma table, appuyé contre mon écritoire ; votre lettre sert de piédestal à la jolie statue : ses yeux, fixé sur les miens, semblent vouloir faire passer dans mon cœur le feu dont ils brillent : cette bouche qui sourit, paraît vouloir s'ouvrir pour me parler. Je crois l'entendre me dire : « Aimez, adorez l'objet que je vous représente ; c'est votre ami, c'est votre amant, c'est lui qui trouble votre cœur, qui l'enchante : vous lui devez ces mouvements flatteurs, ces désirs ardents, inquiets, mais doux pourtant ; c'est lui qui vous a fait trouver en vous-même la source du bonheur que vous laissiez tarir ; vous lui devez tous les biens dont vous jouissez, tous ceux dont vous le faites jouir : ces lignes que vous tracez lui causeront *un plaisir délicieux*. Contemplez cette figure aimable, elle s'embellira encore en lisant ce que vous écrivez… » Pauvre petit portrait, si mal reçu, si rejeté, que tu perdais auprès de mon amant ! mais que tu m'es devenu cher ! par combien de caresses j'ai réparé l'espèce de dédain avec lequel je te pris ! que de jours il a passé dans mon sein ! que je l'ai baisé ! combien de fois je l'ai pressé contre mon cœur ! J'avais du plaisir à me dire, il est là. Arrangez-vous avec lui, mon cher Alfred, il est à présent ce que j'aime le mieux. Les jours de courrier je lui suis un peu infidèle, la lettre est préférée ; mais toutes mes nuits sont à lui. Mon impatience redouble à chaque instant ; je ne pense qu'à vous revoir, à courir dans vos bras, à vous serrer dans les miens !... Savez-vous bien que vous m'avez fait connaître l'ennui ? De tous les dégoûts dont la vie est mêlée, c'est celui auquel je suis le moins sujette. Votre absence m'a appris à ne pouvoir rien préférer, rien supporter, rien dire, rien penser. Eh comment vous remplacer ! quel amusement mettre à la place de ce plaisir vif qu'inspire la présence d'un homme que l'on adore ? On doit bien craindre de se laisser toucher, quand on est capable d'un attachement si tendre, quand on fait consister son bonheur dans un seul objet ! Mais qu'il est doux de trouver dans cet objet un amant digne de tout ce qu'on ressent pour lui ! Oh, que j'aime cette attention aimable qui te fait *tout quitter pour moi*, pour écrire à ta maîtresse, *pour obliger ta chère maîtresse* ! Comment reconnaître tes soins, ta tendresse ? que ferai-je pour mon cher Alfred ? Hélas, que pourrai-je faire ! Si tu l'avais voulu, j'aurais une récompense

à te donner, un prix à t'accorder ; je désirais de te le garder, mais… mais
voilà ce que c'est d'être si pressé. Que je te veux de mal de m'avoir ravi
ce que j'aurais tant de joie à te laisser ravir encore ! Je n'ai plus que ton
bien à t'offrir. Adieu, mon tendre, mon aimable ami : adieu… toi.

LETTRE LXXXVI

Vendredi, à huit heures du soir

Ah que je suis de mauvaise humeur ! Lady Charlotte, qui sort d'ici,
m'a impatientée, chagrinée. Elle me soutient que ma façon de penser est
ridicule : « Si j'aimais jamais, j'en ferais, dit-elle, une cruelle épreuve. Il
faut maîtriser, maltraiter un amant pour l'enchaîner, l'animer, le fixer. La
bonté fait des ingrats ; la douceur, des tyrans ; et la bonne foi, des
perfides. » Mon cher Alfred, je suis effrayée de ses propos, d'autant plus
qu'à force d'y penser, je trouve que l'expérience est pour elle, et j'en
frémis. Il faut donc ne songer qu'à soi-même, n'écouter que sa vanité,
cacher une partie de sa tendresse, affliger son amant, lui laisser des
doutes, en faire naître sans cesse, entretenir ses feux par une conduite
adroite, lui laisser toujours craindre que le bien qu'il possède ne s'éva-
nouisse pour jamais. Si c'est de cette façon qu'on peut attacher,
conserver un amant, je vous perdrai, mon cher Alfred, hélas, je vous
perdrai ! Cet art méprisable ne peut être employé par une âme noble ; un
caractère tel que le mien ne s'abaissera jamais à la feinte : eh ! comment
se résoudre à faire de la peine à ce qu'on aime, à tourmenter un homme
que l'on chérit, à lui causer de la douleur pour s'assurer des plaisirs ? ah !
périsse l'inhumaine créature qui peut acheter à ce prix la constance de
son amant. Si je haïssais quelqu'un, je lui souhaiterais de la jalousie ;
voudrais-je en donner à celui dont la moindre inquiétude déchirerait mon
cœur ? Ah ! j'aime bien mieux vous voir léger que malheureux. Non, je
ne puis concevoir qu'on ait assez peu de générosité pour causer de la
peine à son ami, dans la crainte qu'il ne nous en donne un jour. Pour
augmenter mon chagrin, cet imbécile de sir Thomas m'obstine que vous
arriverez le dix ; moi je soutiens que vous viendrez le huit, il ne veut pas
céder ; s'il a raison, je lui donnerai un grand soufflet pour lui apprendre à
se mêler de ses affaires. Adieu, mon cher, mon bien-aimé Alfred. Je
n'ose vous parler de mes sentiments, vous en donner de nouvelles assurances ; si vous alliez m'en aimer moins, hélas ! quelle différence il
y aurait dans nos deux cœurs. Plus je vous crois sensible, plus je
vous aime ; plus je vous crois reconnaissant, plus je me sens portée à
vous obliger : les vives expressions de votre tendresse sont des liens qui

m'attachent plus fortement à vous : ah ! vous n'êtes point de ces amants
dont parle lady Charlotte ; vous êtes mon cher Alfred ; je veux vous
adorer sans cesse, et vous le répéter toujours.

LETTRE LXXXVII

Samedi, à sept heures, chez miss Betzi

Je vous écris dans le cabinet de miss Betzi. Je suis sur ce même sofa
où vous faisiez si bien le malade pour être plaint, caressé, pour obtenir le
pardon de toutes vos petites folies. Ah ! quel jour ; vous en souvient-il,
mon cher Alfred ? Oui sûrement ; vous ne m'aimeriez guère si vous
l'aviez oublié. Il m'est devenu cher ce cabinet ; je vous y ai vu, je vous y
reverrai bientôt. Je commence ma lettre sans savoir si vous l'aurez : celle
de demain m'annoncera peut-être votre retour. N'importe, j'écris
toujours, c'est un plaisir pour moi de vous parler. J'aurais quelque envie
de vous gronder. Vous me croyez défiante, vous trouvez dans mes
expressions *un ton de reproche*, je ne suis point *sûre de votre amour*, je
ne me *repose point sur vos sentiments*. Eh, bon Dieu, où voyez-vous tout
cela ? Moi, me défier ? douter de ce que vous me dites ? ah jamais ! Si
j'avais des craintes, elles n'offenseraient que moi : mon inquiétude
naîtrait d'une connaissance exacte de mon peu de mérite ; ou, si vous
l'aimez mieux, d'un mouvement de modestie. Non, je n'ai point d'idées
qui puissent porter atteinte à l'estime que m'inspire votre caractère : je
vois dans le mien toutes les qualités qui produisent l'amitié, l'entretiennent et la conservent. Mais l'amour semble chercher des agréments
que je n'ose me flatter de posséder : puisse l'illusion qui me les prête à
vos yeux, m'en parer toujours, et ne m'en parer que pour vous !... Grand
Dieu, quel bruit ! quelle querelle ! Sir Thomas est perdu ! En prenant le
thé, il vient de faire tomber une porcelaine admirable, elle est cassée. Si
c'était le chat, Miss en rirait ; elle trouverait qu'il aurait eu de la grâce à
faire cette sottise ; mais sir Thomas est un *maladroit : de quoi se mêle-
t-il ? officieux personnage, il veut tout ranger ; c'est une âme servile, son
talent est d'être le valet de tout le monde : ennuyeux, incommode,
gauche...* Pauvre sir Thomas ! Il pleure, je crois ; il contemple la belle
tasse gisante sur le parquet ; il paraît un criminel dont la sentence est
prononcée. Si Miss levait les yeux sur lui, elle ne pourrait s'empêcher de
rire, car sa grimace est unique ; et la profonde douleur dans laquelle le
voilà, le rend laid comme un démon. Moi j'écris toujours, je ne veux pas
prendre parti, et je reste tranquille au milieu de l'orage. Le cœur me bat
en songeant à demain : ah ! si vous ne me disiez pas que vous revenez ; si

quelque ordre cruel vous retenait encore ! Mon cher Alfred, hélas !... Je suis contrainte de finir, de vous laisser, car les épithètes de *maussade,* d'*insupportable*, ne s'accordent guère avec la délicatesse des propos qu'on tient à un amant aimé... cela devient terrible ; je vais offrir ma médiation... Adieu, je ne vous dirais plus que des impertinences ; car je prends volontiers le ton des autres. Ah quel bonheur ! votre lettre ! Je ne l'attendais que demain. Oh, Miss, pardonnez à sir Thomas, pardonnez-lui, je vous en prie ; il a des moments où il est charmant.

LETTRE LXXXVIII

A minuit

Ah ! de quelle joie vous avez pénétré mon cœur. Quoi, parti pour***, vous êtes déjà plus près de moi ? vous serez ici le quatre ? Que cette nouvelle est charmante ! et combien la façon dont vous me l'annoncez me la rend chère ! Vous avez compté toutes les minutes que vous devez passer encore sans me voir ; le calcul est juste. Oh que cela est long ! Vous m'avez pardonné, mon cher Alfred ; vous me la donnez cette main *que je daigne demander* : mais pourquoi *les yeux baissés* ! Levez-les ces yeux si tendres, levez-les, mon cher amant, sur celle qui n'a jamais vu vos regards se tourner vers elle sans ressentir la plus vive émotion. Je la reçois cette main, je reçois tes serments ; mais tu n'en as pas besoin pour me persuader de ton amour. Quoi, dans dix jours je te verrai ! je te parlerai ! j'entendrai le son de ta voix ! Ah ! mon Dieu, il n'y faut pas penser. C'est une attente, un espoir ; non, je ne dormirais plus, si j'y songeais trop... Que cette lettre m'a touchée ! quelle bonté ! Mon cher Alfred s'excuse ; lui qui devrait se plaindre. Je craignais des reproches, je ne trouve que des assurances de sa tendresse. *Il est mon esclave ; il veut rester aux pieds de sa souveraine : ses chaînes sont douces ; il les préfère à la liberté, à l'empire du monde.* A mes pieds, toi ! Ah ! viens dans mes bras ; viens-y prendre de nouveaux fers, et que leur légèreté ne t'engage jamais à les rompre. Mon Dieu, que je t'aime ! je t'aimerai toute ma vie ; je t'aimerai après ma mort : oui sans doute, puisque mon âme est immortelle. Séparée de ma dépouille terrestre, elle errera sans cesse autour de toi. L'attrait invincible qui te l'a soumise, la fixera encore sur tes pas... Adieu, adieu, mon cher Alfred ! adieu, mon aimable ami ! adieu, toi, toi que j'adore !

LETTRE LXXXIX

A trois heures du matin

Quoi, je ne dormirai point ? quoi, vous ne me laisserez pas dormir ? je penserai toujours à vous ? Mais que me voulez-vous ? pourquoi me tourmenter ? Je vous ai écrit chez miss Betzi, je vous ai écrit chez moi ; j'ai relu cent fois votre lettre, je l'ai baisée mille ; j'ai fait les plus tendres caresses à votre portrait ; n'ai-je pas rempli tous les devoirs d'une maîtresse sensible ? Au moins laissez-moi vous oublier jusqu'à midi. Dès que j'ouvrirai les yeux, je me livrerai avec transport au plaisir de m'occuper de vous... Il ne le veut pas cet obstiné-là. Quand je m'efforce d'éloigner des idées qui m'éveillent malgré moi, son image vient se jeter au travers de tout ce que je veux penser pour me distraire. Venez, admiré Shakespeare, venez combattre un héros bien plus grand, bien plus noble que tous les vôtres, un amant plus tendre, plus aimable, plus aimé que tous vos princes. Calmez mon agitation, ôtez-moi ce souvenir vif, ce désir ardent, cette impatience... mais non, laissez-moi me perdre, m'abîmer dans ces pensées délicieuses... Il est parti, il vient, il accourt près de moi... Ô mon cher Alfred, ta lettre a embrasé mon cœur ! tes expressions peignent si bien l'amour, le désir, le bonheur !... Oui, mais je ne dors pas. Dites-moi donc pourquoi je ne saurais dormir ; je suis si contente de vous, si satisfaite d'être à vous, un avenir se riant s'ouvre devant mes yeux : n'est-ce pas là le moment de goûter un repos paisible ? Ah, je vous aime trop ! Il faut modérer cette passion, en ralentir les mouvements, la rendre plus supportable : le tiers de mon amour serait assez... non... eh bien, mon cher Alfred, j'offre la moitié... encore non... Oh ! prends donc tout, oui tout.

LETTRE XC

Mercredi

Vous aimez mes lettres ; vous ne voulez point que votre retour vous prive du plaisir d'en recevoir. Celle que vous m'écrivez est charmante ; en demandant ainsi, mon cher Alfred, on est bien sûr d'obtenir. Mais que puis-je vous dire ? Je vous ai vu, je vous attends ; je ne sais que cela, je ne sens que cela. Est-il des termes qui rendent les mouvements impétueux du sentiment ? Mon cœur est si transporté, si rempli de sa joie, qu'il ne peut la faire éclater au-dehors. Ah ; lisez-la dans mes yeux ! et que celle qui brillait hier dans les vôtres, m'assure ce soir, en s'y montrant encore, que vous m'aimez comme je vous aime.

LETTRE XCI

Jeudi

Savez-vous bien, mon cher Alfred, que vous avez passé, mardi huit heures avec moi, hier près de quatorze, et vous me dites : «Je ne vous ai vue que deux moments.» Oh puissiez-vous penser toujours de même ! Quelle douce nuit ! quel sommeil ! et quel plaisir de me dire en m'éveillant : Je le verrai ce soir ; je ne le verrai pas aussi longtemps qu'hier, mais... je le verrai ! Voilà donc ce mouvement que la philosophie veut réprimer, que l'austère sagesse condamne. Ah ! que les Sept Sages [1] étaient fous ! Ils cherchaient le bonheur et la vérité ! pouvaient-ils les trouver en fuyant les douceurs de l'amour. Eh que contient ce vaste univers, qui vaille un regard de ce qu'on aime ! C'est une passion cruelle, disent-ils, une erreur, une illusion des sens qui nous flatte et nous trompe. Ah ! qu'elle me trompe toujours, et qu'une erreur si chère ne se dissipe jamais ! non jamais !

LETTRE XCII

Dimanche

Une absence d'un jour ne doit pas chagriner. Non, mais elle répand un nuage sombre sur *ce jour*. Pensez-vous à moi, mon cher amant ? Puis-je me flatter que mon idée vous soit présente dans des lieux où l'on s'empresse à vous distraire ? Le faste vous environne, l'éclat brille autour de vous ; daignez-vous, dans ce palais où règne la grandeur, vous rappeler ce simple appartement dans lequel l'amour, sans autre ornement que son ardeur, paré de ses seuls désirs, vous attend avec impatience, vous reçoit avec transport, et vous possède avec tant de plaisir ? Que j'aimerais à

---

1. Dans le *Protagoras* de Platon, Socrate énumère les Sept Sages : Thalès de Milet, Pittacus de Mitylène, Bias de Priène, Solon d'Athènes, Cléobule de Lindos, Myson de Khen et Cléobule de Lacédémone.

vous donner des fêtes ! Je n'envie que ce pouvoir à celui qui vous traite. Je suis sérieuse, je ne sais pourquoi. Ne suis-je pas sûre de vous voir demain ? Oui, mais je ne vous verrai point aujourd'hui.

LETTRE XCIII

Mardi

Je vous en prie ; et que cela soit dit pour toujours, ne me parlez jamais de ma fortune. D'où vous vient cette inquiétude ? La modération supplée à la richesse ; elle me fait trouver dans un état qui vous paraît borné, tout ce que je souhaite, et souvent même les moyens d'obliger les gens assez malheureux pour avoir besoin des faibles secours que je peux leur procurer. Osez-vous me dire *que je ne suis point riche*, moi qui ai votre cœur ? On est très riche quand on possède un bien dont rien ne pourrait réparer la perte ; bien qui tient à nous, et nous rend heureux en dépit de l'opinion et des préjugés. Je suis riche, Milord ; et par ma façon de penser plus riche que vous peut-être. Mais quel ton ! est-ce à vous que j'écris avec cette gravité ? Oui, à vous qui m'avez donné de l'humeur ; mais le plaisir de vous voir la dissipera aisément. Je vous attends à six heures.

LETTRE XCIV

Jeudi au soir

Eh bien, vous l'avez vue cette maîtresse que vous désiriez à ce bal où, si j'en crois Digby, vous dansiez avec tant de grâce. Avez-vous senti en la voyant ce plaisir flatteur que votre cœur se promettait ? ne regrettiez-vous rien auprès d'elle ? Que votre empressement, votre vivacité m'ont plu ! que cette folie vous allait bien : qu'il m'est doux d'exciter votre joie, vos transports, de me voir l'arbitre des mouvements de votre cœur ! Ah ! le pouvoir d'animer votre âme est encore plus sensible, plus enchanteur pour moi, que celui de faire naître vos désirs ; et pourtant ce dernier est bien grand ! Je ne vous verrai point demain ; je ne vous verrai que tard samedi : hélas, cette absence m'afflige ! Songez à moi, plaignez-moi, aimez-moi ; je vous verrai partout, je ne penserai qu'à vous, vous m'occuperez seule, en tout temps, en tous lieux ; mon âme est avec vous. Adieu, mon aimable Alfred, que je hais ce mot, il est toujours la marque de l'éloignement !

LETTRE XCV

Vendredi matin

Oui assurément, je vous répondrai ; cet aimable billet mérite bien que je fasse tout attendre pour vous écrire. Miss Betzy amuse ma tante ; elle lui dit du mal de moi afin de calmer son impatience. Vous ne sauriez croire combien ce petit voyage me chagrine ; c'est un jour perdu. Que mon cœur vous est attaché, et qu'il se plaît à vous aimer ! Oui, je vous pardonne ; mais ne dites jamais, pas même en badinant, ces cruelles paroles que vous me dîtes hier ; je n'ai pu les entendre sans douleur : ah, si vous les pensez un jour, laissez-moi vous deviner ! Je vous dispense d'une sincérité si dure. Quand vous cesserez de m'aimer, un peu de froideur suffira pour me faire comprendre mon malheur. Je ne vous tourmenterai point, vous n'entendrez point mes reproches, vous ne verrez point couler mes larmes, vous ne serez point accablé de mes plaintes, je souffrirai seule de votre inconstance ; non, jamais, jamais je ne ferai d'efforts pour vous ramener… Mais quelle est ma folie ! Je pleure, et tu m'aimes, tu m'adores, tu me le jures ; j'en ai la preuve récente dans mes mains… Ah ! pardonne à ton tour, pardonne à un cœur trop sensible que sa tendresse rend injuste. Adieu, pense à moi, si tu te plais à penser à celle qui t'aime le mieux, qui t'aime le plus, qui t'aimera toujours.

LETTRE XCVI

Lundi matin

Vous me cherchez des torts ; vous êtes surpris que vos caresses ne soient pas plus puissantes sur mon cœur : quel reproche, mon cher Alfred ! Si elles n'ont pu détruire la triste impression que m'avait faite un discours *tenu sans dessein*, devez-vous en conclure que je suis moins sensible, et m'accuser de défiance ? *Tu connais le cœur de ton amant, tu le connais, et tu crains ?* Non, je ne crains pas : qui pourrait autoriser ma crainte ? qui vous engagerait à feindre avec moi, à me tromper, à vous imposer à vous-même une indigne contrainte ? Vous supposerais-je de la bassesse, de la fausseté, vous aimerais-je si je vous en soupçonnais ? Ce trouble dont je ne puis me défendre, est une maladie de mon âme ; si j'étais faible, je le regarderais comme le présage de quelque malheur : c'est l'effet d'une imagination trop remplie d'un seul objet ; elle s'étend sur tout ce qui peut s'y rapporter. Je suis comme un vaporeux[1] qui, jouissant d'une santé parfaite, à force de s'en occuper, envisage à chaque instant tous les maux qui peuvent la détruire, et voit la mort, sans que rien lui en découvre les approches. Vous vous plaignez de mes regards ; « ils ne sont plus ceux d'une maîtresse tendre qui contemple avec plaisir celui qu'elle aime ; mais ceux d'une femme inquiète qui cherche à pénétrer un homme qu'elle éprouve ». Quel temps pour vous éprouver, mon cher Alfred ! Que me reviendrait-il de le faire ? Si une seule de vos actions démentait cette noblesse, cette élévation de sentiments, cette candeur que j'ai cru trouver en vous, ces qualités qui vous ont soumis mon cœur, cette affreuse découverte éteindrait mon amour sans doute ; mais mon bonheur, mais ma vie tient à cet amour. Ah, loin, loin de moi des soupçons injurieux ! Je ne cherche en vous que des sujets de vous aimer davantage, de m'applaudir de mes sentiments, et de vous les conserver toujours.

LETTRE XCVII

Jeudi

J'obéirai à mon cher amant ; je me conformerai à ses désirs ; plus d'idées affligeantes ; le bonheur d'être aimée de lui n'en doit présenter que de riantes. Les âmes tendres sont sujettes à mêler un peu de tristesse au sentiment ; et l'amour, quand il est extrême, porte naturellement à la mélancolie. Pardonnez l'effet en faveur de la cause. Forcée de vous quitter, de me priver du plaisir de vous voir ; passer tout un jour sans vous, sans recevoir la moindre marque de votre souvenir ; ah, c'est bien pour avoir de l'humeur, plus que de l'humeur. Si vous saviez ce que j'ai senti en rentrant, quand j'ai vu que Betzi n'avait rien à me dire, rien à me donner ; si vous le saviez, vous me plaindriez. Ce n'était pas votre faute, mais j'ignorais que vous m'aviez écrit. Je me suis regardée comme oubliée tout ce temps-là ; et me croire éloignée de votre cœur, imaginer qu'il est des moments où je vous suis moins chère, où vous me négligez, n'est-ce donc pas assez pour m'ôter cette gaieté et cette vivacité qui vous plaît ? Je ne mets point dans mes yeux ce feu qui les anime quand vous paraissez : les mouvements de mon âme s'y peignent malgré moi ; je ne puis vous cacher ni ma joie ni mon inquiétude. Mais pourquoi me grondez-vous ? *je suis trop sensible ?* est-ce un défaut dont un amant puisse se plaindre ? Ah ! vous ne comprenez point, vous êtes bien loin de concevoir combien je vous aime, combien je suis capable d'aimer !

---

1. Dans la médecine ancienne, qui est sujet aux vapeurs, humeurs morbides montant au cerveau et produisant un trouble général.

L'attachement d'une femme délicate est au-dessus des idées de votre sexe : vous ne connaissez qu'une preuve de notre amour ; mais vous ignorez combien est fort le sentiment qui nous conduit à vous la donner. Non, vous n'aimez pas comme nous.

LETTRE XCVIII

Lundi, à deux heures du matin

Vous quitterai-je sans cesse ? On m'entraîne loin de vous : c'est une chose bien fâcheuse que l'assujettissement ; le sentez-vous comme moi ? Je passerai trois jours sans vous voir ! que d'heures, que de moments pour un cœur qui les compte ! Mais d'où vient qu'en pensant à vous, en vous écrivant, un mouvement vif et pressant m'agite et me trouble ? Il n'y a pas deux heures que vous m'avez quittée, et je sens déjà cette secrète inquiétude, cette sorte de douleur qu'on éprouve dans une longue absence. Je suis dans mon lit, j'y fais de singulières réflexions, même d'impertinentes remarques. Il me semble que votre portrait tient bien peu de place : hélas, combien il en reste ! pourquoi ne puis-je satisfaire le plus ardent de vos vœux ! pourquoi ?... Ah, ce n'est point une ardeur répandue dans mes sens, qui me fait songer à vous pour remplir cet espace ! c'est un désir violent de vous voir, d'être avec vous, de ne jamais m'éloigner d'un amant si cher. Que n'y êtes-vous dans cette place ? Je goûterais plus de plaisir à vous contempler endormi dans mes bras, qu'une autre n'en sentirait dans l'instant le plus doux de votre réveil. Oh ! que n'ai-je le pouvoir de la fée Nirsa ! elle donnait à tout la forme qui lui plaisait. Je ferais une figure semblable à la tienne ; elle irait représenter, tu resterais avec moi, tu serais toujours près de moi. Mais non, je craindrais de m'y méprendre. Cet autre toi-même aurait tes traits, il te ressemblerait, qu'il serait aimable ! oui aimable, charmant, adorable : mais ce ne serait pas toi, et j'aime toi.

LETTRE XCIX

De Cantorbéry, mardi au soir

On m'apporte votre lettre, j'avais un besoin véritable de la recevoir : mon cœur impatient comptait déjà, et vous accusait peut-être. Cette prude altière, dont l'affectation vous a fait rire, n'est pas un caractère aussi rare qu'il vous le paraît. Je suis de votre avis, mon cher Alfred ; un homme qui pense bien, honore une femme en lui offrant l'hommage de son cœur : c'est une marque qu'il la croit capable de chérir les vertus qui sont en lui. Son amour est une distinction flatteuse, sa confiance un éloge, et son estime un titre pour prétendre à celle de tout le monde. Aussi suis-je comme cette Athénienne, qui, paraissant dans une assemblée de femmes fort ornées, répondit au reproche qu'on lui fit de s'y montrer en négligé, « ma parure est mon mari ». La mienne est mon amant, je suis plus parée qu'elle. Oui, mon cher Alfred, ton amour est mon bien suprême. Mais que le mien m'est précieux ! C'est un présent de ta main, c'est un de tes bienfaits ; tu te plais à faire des heureux. Ah, jouis d'un plaisir si noble en regardant ta maîtresse ; dans les instants où tu lui prouves ta tendresse, tu peux te dire : « Voilà un cœur que je comble de joie, dont le bonheur est mon ouvrage, dont tous les mouvements dépendent de moi. » Faible empire en apparence, mais pourtant satisfaisant ! Qui peut comme toi s'assurer de régner sur une âme sincère, a du moins un ami, un sujet entièrement dévoué à lui, qui l'aime, et n'aime en lui que lui-même ? Que de rois puissants ne l'ont pas ce sujet fidèle ! La vanité, l'orgueil, l'intérêt, forment les liens qui attachent aux grands ; l'estime, l'amitié, l'amour, le plus tendre amour m'attachent à toi. Adieu, *ma mie*, mon bel ami, adieu. Quel plaisir je sentirai en vous revoyant ! Y pensez-vous comme moi ? Oui, vous le dites, et je vous crois.

LETTRE C

Vendredi au soir

Ô mon aimable ami ! ô mon cher amant ! que ce passage rapide d'un mouvement à un autre m'a procuré un délicieux moment ! N'avais-je pas raison de me chagriner ! Par le plaisir que m'a fait votre présence, jugez combien devait m'être sensible la perte de ces deux heures que vous m'aviez destinées ; hélas ! je m'en privais par ma faute. Eh ! pourquoi ne voulez-vous pas que je vous remercie de ce retour, de cette attention charmante ? Quel que soit le motif qui vous a ramené, je ne saurais trop le chérir. Si c'est complaisance pour moi, que je vous en suis obligée ! Si, comme vous le dites, vous êtes revenu *pour l'amour de vous-même*, ah ! je vous en sais bien plus de gré. Il paraît un peu d'ingratitude dans cette façon de dire : je laisse à votre cœur le soin d'expliquer cette pensée.

LETTRE CI

Lundi, à trois heures du matin***

Je ne vous ai jamais vu comme vous étiez hier : qu'avez-vous donc ? Quel nuage sur votre humeur, quelle confusion dans vos discours, et que d'embarras dans vos regards ! Ah ! ne m'abandonnez point à l'horrible inquiétude où vous m'avez livrée. Ouvrez-moi votre cœur ; qu'au moins je partage vos peines, si l'heureux temps où je pouvais les dissiper n'est plus. Rompez ce cruel silence ; que mon âme soit blessée du même trait qui·pénètre la vôtre. Ah ! mon cher Alfred, avez-vous des secrets pour une amie telle que moi. J'ai vu des larmes prêtes à couler de vos yeux ; au milieu des assurances les plus tendres, des caresses les plus douces, il vous échappait des soupirs douloureux... Eh ! grand Dieu, qu'est-ce donc qui vous agite ?... je ne sais que penser... je n'ose m'arrêter à ces idées... *Le plus infortuné des hommes serait celui qui perdrait mon estime, ma tendresse...* Hélas, mon cher Alfred, ces paroles entrecoupées, prononcées si bas, je les ai entendues ; qu'elles m'alarment ! Ah ! par pitié, tirez-moi de l'état terrible où me réduisent mes craintes et mon incertitude.

LETTRE CII

Mercredi

Pourquoi ne m'avez-vous pas parlé, Milord ? que pouviez-vous craindre d'un cœur tel que le mien ? doutiez-vous de mes sentiments ? Mon amour est si tendre, si désintéressé, votre bonheur m'est si cher ! M'avez-vous crue capable de me préférer à vous ? Cette cruelle confidence, adoucie par vos discours, par votre présence, m'eût été moins affreuse qu'une lettre dont le style s'accorde si mal avec ce que vous m'apprenez. *Vous m'aimez, vous m'adorez, vous ne changerez jamais*, et vous allez vous unir à une autre, et vous semblez déterminé à ne plus me voir. Auriez-vous formé ce barbare dessein ? eh ! qui vous engagerait à m'éviter ? La tendresse que vous m'avez inspirée, n'a pas besoin, pour subsister, des preuves que vous en avez exigées. Je puis vous voir, vous aimer, sans porter d'atteinte aux nouveaux liens dont *on veut vous charger*. Eh ! qui a donc le droit de vous en donner malgré vous ?... Mais je ne veux rien examiner, je vous estime encore. Votre conduite m'apprendra si vous êtes digne d'une amie généreuse. Si vous manquez aux égards que vous me devez, je vous mépriserai peut-être assez pour ne pas regretter la perte d'un ingrat, d'un homme capable d'abuser de la confiance d'une femme qui l'aimait, pour la trahir et la désespérer.

LETTRE CIII

Mardi

Je ne puis vous le dissimuler : votre conduite m'a persuadée que vous vous étiez fait un jeu cruel d'essayer sur moi tout ce que la feinte la mieux concertée peut produire de mouvements dans un cœur sensible et prévenu d'une forte inclination. Ce mariage dont personne ne parle ; une nouvelle si dure, donnée avec si peu de ménagement ; un voyage supposé ; pas la moindre inquiétude sur mon état ; un abandon si triste, si marqué ; tout cela ne m'a présenté qu'un dégoût de votre part, et l'ennui de vous masquer plus longtemps. Au milieu de mon saisissement, dans l'amertume de ma douleur, je vous ai plaint, Milord ; en vous croyant faux et cruel, en vous trouvant méprisable, vous m'avez paru bien plus malheureux que moi. Et qu'ai-je à me reprocher quand je peux me dire : la bonté de mon cœur, la noble franchise de mon caractère m'a fait penser bien de celui qui feignait des vertus pour me tromper ! Je m'efforce de perdre ces idées pour prendre celles où vous souhaitez que je m'arrête ; je les adopte d'autant plus volontiers qu'elles peuvent seules apporter un faible adoucissement à ma peine. Dans mon abattement je me sens capable de tout sacrifier à l'espérance de vous voir, et de conserver la plus solide partie des sentiments que vous avez fait naître dans mon cœur ; vos avantages, votre bonheur me consoleront de mes pertes ; je chérirai les marques légères et éloignées de votre amitié, comme une personne ruinée rassemble les débris d'une grande fortune. Oh Milord, Milord ! qui m'eût dit ?... Mais je ne me plaindrai jamais de vous, je vous estimerai toujours.

LETTRE CIV

Dimanche

Je ne me suis pressée, ni de vous répondre, ni de vous donner l'heure où je puis vous voir. Ce reste d'égards où vous vous soumettez est peut-être un poids pour votre cœur ; et le mien est bien loin d'exiger des soins qui ne le touchent plus ; insensible à tout, je ne mérite point d'attention. Triste objet dans la nature, où l'on n'aperçoit plus que les traces de la douleur, je suis dans le même état où vous m'avez vue. Tout l'art de la médecine ne peut rien sur un esprit profondément blessé, sur une âme détachée de tout intérêt, sur une machine affaiblie dont les ressorts dérangés n'ont qu'un mouvement lent et douloureux. D'où naît votre inquiétude ? est-il temps de me donner des larmes ? Qu'importe ce qui peut arriver. Ne vous en embarrassez pas plus que moi. On est bien tranquille, quand on n'envisage point de pertes égales à celles qu'on a faites. Je ne regrette rien. Ah ! je n'ai plus rien à regretter.

LETTRE CV

Jeudi

Pourquoi me montrez-vous un visage si triste ? ne me cherchez-vous, ne me forcez-vous à vous revoir que pour venir vous affliger près de moi ? Quel sujet fait donc couler vos pleurs, ces pleurs amers ? de quoi voulez-vous que je vous plaigne ? Mon amitié partagerait vos malheurs, si vous en éprouviez. Mais qu'avez-vous ? je vous ai prié de me rapporter mes lettres, vous ne m'avez rien répondu ; vous avez pleuré… Est-ce mon état qui vous attriste ? j'en serais bien fâchée. Il est l'effet d'un saisissement terrible, d'une surprise… Ah ! que j'étais loin de penser !… mais ne vous effrayez point de mon mal, il passera. L'aile rapide du temps emporte dans sa course précipitée et nos maux et nous-mêmes ; vous oublierez que j'ai été. Est-il possible que vous me demandiez ma pitié ? vous ! je n'ai pas cherché à exciter la vôtre. Qui de nous deux pourtant avait droit d'en attendre ?… que vous ai-je fait ? Ah ! croirait-on que Milord osât me faire un reproche. Rapportez-moi mes lettres, je veux absolument les ravoir. Eh, quel intérêt avez-vous à les garder ? pourriez-vous les relire avec plaisir ? J'aurais bien mauvaise opinion de votre cœur, si je l'imaginais.

LETTRE CVI

Samedi

Eh, bon Dieu ! que me voulez-vous ? pourquoi ces soins si propres à me rappeler un temps qui n'est plus, qui ne peut jamais revenir ? Qu'exigez-vous ? il m'est difficile, tout à fait difficile, de vous écrire. Le style dont je me servais avec vous, n'était pas dans ma plume ; le vôtre est encore le même. Ah ! Milord, Milord, quand je ne veux que votre amitié, quand je ne veux accepter de vous que cette amitié, si vous me l'exprimez dans les mêmes termes dont vous vous serviez pour me peindre votre amour, quel fonds puis-je faire sur elle ! Je sens le prix de vos attentions ; mais je crains la complaisance. Rien ne saurait me persuader que votre conduite soit naturelle ; peut-être vous vous contraignez ; le penser est un supplice pour moi. Hélas, cette amitié, le seul bien qui me reste, en imaginant qu'elle peut vous coûter, je me sens portée à y renoncer pour jamais ! Non, il n'est pas possible que vous me voyiez *avec plaisir* ; mon état vous fait faire des réflexions trop tristes sur vous-même. Quels noms affreux vous vous donnez ! Eh qui m'eût dit qu'un jour vous les mériteriez… que l'objet d'une estime si sincère, d'une passion si tendre… Mais je ne veux pas enfreindre les lois que je me suis prescrites ; peut-être dans peu de jours, dégagée des mouvements cruels qui m'oppressent… Je me suis trouvée si mal hier, qu'une espérance flatteuse s'était emparée de mon cœur : je n'ai point assez de bassesse pour aider à la nature ; mais je trouve qu'elle agit bien lentement.

LETTRE CVII

Jeudi

Qu'osez-vous penser ? qu'osez-vous m'écrire ? Moi, *vous haïr ! vous mépriser ! vous détester ?* Non, Milord, je n'ai point changé ; soit faiblesse ou constance, mon cœur est encore le même ; il n'oubliera point la tendresse qu'il eut pour vous, d'autres sentiments ne l'affecteront jamais. N'exigez plus de preuves de mon attachement, il peut durer ; mais il ne doit pas se manifester. *Je ne vous aimais pas, un cœur vraiment touché, pardonne.* Trente-sept jours passés dans un état si funeste, sont-ils de faibles garants de mon amour, du penchant malheureux qui m'entraîna vers vous ? Laissez-moi gémir seule, ne me voyez plus. Je me reproche la douleur où vous vous abandonnez ; en voyant couler vos larmes, j'oublie le sujet des miennes : il me semble qu'un autre est l'auteur de ma peine, et je m'accuse de celle que vous ressentez. Ne pensez plus à moi, ne me cherchez plus, ne m'écrivez jamais. Perdez de vue une infortunée que vous avez avilie à ses propres yeux. Eh ! par quelle obstination voulez-vous me persuader que vous m'aimez ? Mon Dieu, comment pourrais-je le croire ?

LETTRE CVIII

Lundi***

Homme vain et bizarre, ne cesserez-vous point de me persécuter ? quel espoir vous engage à le faire ? qu'attendez-vous de tant d'obstination ? puis-je vous pardonner ? et quand j'aurais cette honteuse faiblesse, que vous en reviendrait-il ? Je ne pénètre que trop le fond de votre cœur ; ce n'est point le sentiment, c'est l'amour-propre qui vous ramène à mes pieds ; l'orgueil s'abaisse à supplier. Vous ne regrettez pas ma tendresse, mais cette admiration dont vous avez joui si longtemps ; elle vous flattait. Ma prévention avait élevé un temple à vos vertus ; vous voyez tomber le voile de l'illusion ; vous vous efforcez de le rattacher sur mes yeux. Ingrat, oubliez-vous que votre main l'a cruellement déchiré ? Non, malgré le trouble de mes sens, l'incertitude de mes vœux, je ne vois plus en vous celui que je me plaisais à chérir. Je ne vous verrai point ce soir. Je ne saurais me résoudre à vous voir.

LETTRE CIX

Vendredi

Quoi, ce cœur qui vous aime si tendrement encore, résisterait à vos larmes, à vos gémissements, aux cris que vous arrache la douleur ! Ah ! je puis m'affliger moi-même, faire violence à tous mes sentiments ; mais il m'est impossible de vous causer volontairement des peines si sensibles. Je cède à vos instances. L'amour fait évanouir toutes mes résolutions. Ah je ne vous hais point, je ne vous haïssais pas quand je croyais devoir vous détester ! Un mouvement inconnu m'agite, il est vrai ; pardonnez-le-moi, il n'est que trop naturel. C'est mon amant, c'est vous que vous me pressez de partager : pouvez-vous me le proposer ? Eh qui m'assurera que dans ce partage odieux, votre cœur à moi seule... Ah ! si une autre avait tes désirs, s'il ne me restait que tes caresses !... Hélas, elle te verra donc dans ces moments où ton bonheur était mon ouvrage ! Elle lira dans tes yeux cette tendre reconnaissance que le plaisir y répand ; tu lui donneras ces noms flatteurs, ces noms qui m'enchantaient. Ton âme s'élancera vers la sienne... Ah ! Dieu ! quelle affreuse image ! Quoi, je te sacrifierais ma délicatesse ? je pourrais ?... Je le tenterai, je le ferai, si je puis obtenir de mon cœur un effort si pénible ; mais laisse couler mes

larmes ; retiens les tiennes ; tu m'accables, tu me pénètres de douleur…
Eh ! mon Dieu, est-ce moi qui chagrine un homme que j'adore ! Moi qui
désire si sincèrement sa joie, son repos, sa tranquillité ; moi qui donnerais
tout pour le voir heureux… Oui, vous régnerez toujours dans mon cœur,
dans ce cœur malheureux que vous avez percé d'un trait si cruel. Mes
soins pour vous en bannir seraient inutiles : on n'efface point des impressions si fortes, des idées si chères ; elles renaissent malgré nous, malgré
notre raison. A quoi se réduisent des combats si violents ? à m'apprendre
que rien ne peut détruire un penchant véritable… Ah ! puisque vous
m'aimiez, puisque vous ne vouliez point renoncer à moi, fallait-il ?…
Inhumain ! je vous pardonne. *J'oublierai*, s'il m'est possible. Je vous
verrai demain à l'heure où vous me priez de vous recevoir.

LETTRE CX

Dimanche

C'est donc à mon amant, à mon cher amant que j'écris ? Il m'aime, il
m'a toujours aimée ; il le dit, il le jure, et je le crois : eh ! pourquoi
voudrais-je douter de son cœur, moi qui ne vis, ne respire qu'autant que
je crois lui être chère ? Sentiments doux et flatteurs, mouvements délicieux du plaisir, renaissez dans mon âme ! ranimez mes yeux presque
éteints dans les larmes ! rendez-moi les grâces qui font plaire ! *Je suis
toujours aimée !* Dis-le-moi cent fois, mon cher Alfred ; dis-le-moi mille
et mille fois : répète à tous moments que je suis *ta chère maîtresse*,
qu'aucune autre *ne te peut inspirer d'amour*. Ah, puisses-tu me le
persuader !

LETTRE CXI

Mardi

Quel moment s'approche ! que mon cœur est troublé ! Ce billet si
tendre, ces serments… Hélas, que les temps sont changés ! quelle différence ! Un mot, un seul de vos regards suffisait pour m'assurer de votre
amour ; à présent vos larmes, vos expressions les plus vives, vos caresses
passionnées ne peuvent que suspendre mes craintes ; elles renaissent dès
que vous vous éloignez, et mes chagrins se raniment avec elles. Je me
rends justice, mon cher Alfred, je ne dois plus inspirer que de la pitié ; et

ma fierté ne peut supporter l'idée d'en exciter. Je ne goûte plus le plaisir
d'être aimée, l'amertume a versé ses noirs poisons sur vos soins, sur tout
ce qui m'environne ; mon cœur se fait des peines, il s'enveloppe des
nuages épais de la tristesse ; mon amour ressemble à la haine ; je vous
offense à chaque instant. Laissez-moi, ah ! laissez-moi. Je ne veux pas
que vous souffriez de la bizarrerie de mon humeur ; elle devient à tous
moments plus fâcheuse.

LETTRE CXII

Jeudi

Non, je ne puis effacer de mon imagination ces tristes idées que vous
me reprochez ; votre présence les écarte sans les détruire. Eh, comment
pourrez-vous accorder votre amour et vos devoirs ? Dans le même cas
une femme peut remplir les siens sans trahir ce qu'elle aime : elle cache
sa répugnance, et n'a besoin que d'une complaisance où son cœur, où ses
sens ne prennent point de part : elle se prête, elle ne se donne pas. Mais
vous, dont les désirs doivent prévenir, doivent précéder le pouvoir de
remplir ces devoirs... Non, je n'y saurais penser ; partager ce qu'on
aime !... Ah, Dieu ! je n'obtiendrai point cet effort d'un cœur qui vous
adore ! Qui, moi, je chercherais sur ta bouche les traces des baisers
qu'une autre y aurait imprimés !... *Je pleure dans tes bras...* Ah ! des
gémissements, des cris douloureux seraient à l'avenir les seules marques
de ma sensibilité ; tes caresses n'exciteraient plus que mes dégoûts et
mon désespoir ! Quittez-moi, ah, quittez-moi avant ce lien fatal !... Je
n'ai pas la force d'en écrire davantage. Adieu.

LETTRE CXIII

Samedi

Plus je me consulte, et plus je sens d'éloignement pour ce que vous
exigez de moi. Ce sacrifice est au-dessus de mes forces ; et c'est après
une mûre délibération, que je vous dis pour la dernière fois qu'il m'est
impossible de me soumettre à cette dure condition. Mon cœur est
repoussé par une répugnance invincible. Et puis, quel droit ai-je de
causer à une autre les peines que je sens ? Pourquoi voudrais-je désoler
une femme qui ne m'a point offensée ? Que penserait lady Monsery, si

elle savait ce que vous préparez à son amour, si elle entendait celui qu'elle préfère, me jurer qu'il ne l'aimera jamais ? Je ne suis point assez peu généreuse pour désirer que vous ne puissiez l'aimer ; et je connais trop bien l'horreur d'être trahie par ce que l'on aime, pour vouloir la faire éprouver à personne. Pouvez-vous avouer que la naissance et la fortune vous ont déterminé ? Vous, Milord, être conduit par l'orgueil et par l'intérêt ! Aurais-je cru que des motifs si bas nous sépareraient un jour ? Ah, si du moins vous aviez été sincère ! Mais jurer avec serment que vous obéissez à un ordre supérieur ; feindre que l'on vous force à ces nœuds, quand vos sollicitations sont connues. Hélas, lady Monsery, séduite par les mêmes apparences qui m'ont fait vous croire, trompée comme moi, d'aussi bonne foi peut-être, s'abandonne à la douce certitude de vous plaire, de vous fixer : que la moindre connaissance de votre cœur la rendrait malheureuse ! Elle ne le sera jamais par moi ; il n'est pas dans mon caractère de me faire un bonheur en détruisant celui d'un autre.

LETTRE CXIV

Mercredi

J'ai pensé plus d'une fois, Milord, qu'il était peu généreux de vous laisser voir une douleur dont toutes les marques ont l'apparence du reproche ; j'ai voulu vous la cacher ; mais le cœur que vous aviez touché, n'est pas capable d'une longue contrainte ; et lorsqu'il veut dissimuler, ses plus grands efforts lui sont inutiles. J'ai tout tenté pour soumettre ma raison au faible extrême de ce cœur : j'ai cherché les moyens de concilier cet amour dont votre bouche et votre main m'ont donné tant d'assurances, avec le parti que vous avez pris, avec la façon dont vous l'avez pris ; avec ce caractère vrai, noble, désintéressé, qui me charmait en vous ; je n'ai trouvé dans mes idées que l'impossibilité d'allier les contraires. Si vous ne m'aimiez pas, en supposant que rien ne vous distingue du commun des hommes, votre conduite est simple, quoiqu'elle ait ses côtés blâmables ; si vous m'aimiez, je ne puis la comprendre. Dans le premier cas, en n'admettant que la probité la plus ordinaire, la droiture et la bonté ne permettent assurément pas de répandre l'amertume sur les jours d'un autre, pour contenter un goût passager : dans le second, est-on maître d'étouffer un sentiment que la violence qu'on veut lui faire, ne rend que plus tendre et plus vif ? cède-t-il à des arrangements qui lui sont étrangers ? Vous n'êtes point celui que j'aimais, non, vous ne l'êtes point ; vous ne l'avez jamais été. Mais je puis me tromper dans mes idées ; que sais-je ? Chaque état a peut-être ses usages, ses maximes, même ses vertus. La rigidité des principes auxquels je tiens le plus, n'est peut-être estimable que dans ma sphère ; elle est peut-être le partage de ceux qui, négligés de la fortune, peu connus par leurs dehors, ont continuellement besoin de descendre en eux-mêmes pour ne pas rougir de leur position. Le témoignage de leur cœur leur donne en partie, ou du moins leur tient lieu de ce que le sort leur a refusé. Être heureux dans l'opinion des autres ; sacrifier tout au plaisir fastueux d'attirer les regards ; briller d'un éclat étranger qui n'est point en nous, et n'est un bien que parce que la foule en est privée ; c'est sans doute, pour ceux que le hasard a placés dans un jour avantageux, un dédommagement des vertus qu'ils n'ont pas, des qualités qu'ils négligent, du bonheur après lequel ils courent en vain, du dégoût et de l'ennui qui les suit et les dévore. Je souhaite, Milord, et je le souhaite sincèrement, que rien ne vous force à regretter la vie agréable et paisible à laquelle vous renoncez, qu'un peu moins d'*ambition*, pour me servir de vos termes, vous eût peut-être fait préférer, si le plus fort penchant de votre cœur n'eût emporté la balance. Le lien que vous allez former, brise tous ceux qui m'attachaient à vous. Trop délicate pour vous partager, trop fière pour remplir vos moments perdus, et trop équitable pour vouloir garder un bien sur lequel une autre acquiert de justes droits, je reprends tous ceux que ma tendresse vous avait donnés sur moi. Je ne vous promets point de l'amitié. J'ignore quel mouvement agite un cœur déchiré par tant de combats ; mais je ne puis croire qu'un sentiment aussi pur, aussi doux que l'amitié, puisse naître d'une passion qui ne laisse après elle que le regret de l'avoir sentie, la honte d'en avoir donné des preuves, et la douleur d'avoir fait un ingrat. J'ose croire que vous me connaissez assez pour ne pas me soupçonner de vous quitter par un esprit de vengeance ou de vanité : ma situation à votre égard ne ressemble point à celle où vous étiez avec moi, quand vous formâtes le projet de m'abandonner ; projet dont la dureté ne peut se concevoir. Vous ne pouvez douter que je ne vous aie tendrement aimé ; soyez sûr que je vous aime encore ; mais de nouvelles découvertes, le temps, l'événement qui m'engage à faire une démarche si contraire à mes sentiments, votre absence, les réflexions qui se présentent si naturellement à l'esprit par la vue du présent et le souvenir du passé, me rendront peut-être à moi-même, et me procureront une paix que je ne pourrais trouver dans l'avilissement d'une passion dont je ne sentirais plus que les peines. Adieu, Milord, croyez que personne ne vous a plus véritablement aimé. Celle qui regarde comme un malheur la triste nécessité de ne vous aimer plus, vous donne, en renonçant à vous, la preuve la plus sensible d'un amour qu'elle va s'efforcer d'éteindre. Souvenez-vous que, dans mes chagrins les plus amers, si je n'ai pu vous cacher mes larmes, si j'ai souvent fait couler les vôtres, au moins ai-je eu assez d'égards pour ne

jamais mêler l'aigreur à la plainte. Adieu, Milord, adieu. Puissiez-vous
oublier, pour votre propre bonheur, quel cœur vous aviez attaché, et le
prix cruel dont vous avez payé sa tendresse et sa confiance.

LETTRE CXV

Lundi

J'ai attendu plus d'un mois, Milord, l'effet de votre promesse.
Accoutumé à trahir vos serments, il n'est pas étonnant que vous manquiez
à une parole positive. Un si long délai me force d'insister, et de vous prier
une seconde fois de me rendre ces lettres qui ne vous sont point *chères*,
qui ne peuvent vous être *chères*. Il faudrait vous supposer une façon de
penser bien singulière pour l'imaginer. *Chéririez-vous* des témoins qui
déposent contre vous, et ne flattent votre vanité qu'en dégradant votre
cœur? Eh, si vous aimiez les lettres, tant d'autres femmes pouvaient vous
en écrire de plus agréables! Fallait-il me choisir pour remplir un temps
d'attente qu'elles eussent peut-être rendu plus riant? Elles vous auraient
pris avec plaisir, quitté sans peine, et remplacé sans croire y perdre. Vous
me demandez *mon amitié*! Prétendre *à mon amitié*, vous, mon ennemi le
plus cruel? Est-ce en détruisant mon bonheur, mon repos, ma santé, tout
l'agrément de ma vie, que vous avez acquis des droits à ma reconnaissance, à mon estime, *à mon amitié*?… Rendez-moi mes lettres; ne me
forcez pas de vous les demander encore; craignez d'approfondir un cœur
qui vous a ménagé, de l'exciter à s'ouvrir; ne m'exposez point à vous dire
quels sont les sentiments dont je vous crois digne.

LETTRE CXVI

Samedi

Je vous dois une réponse, Milord, et je veux vous la faire; mais
comme j'ai renoncé à vous, à votre amour, à votre amitié, à la plus légère
marque de votre souvenir, c'est dans les papiers publics que je vous
l'adresse. Vous me reconnaîtrez: un style qui vous fut si familier, qui
flatta tant de fois votre vanité, n'est point encore étranger pour vous;
mais vos yeux ne reverront jamais ces caractères que vous nommiez
sacrés, que vous baisiez avec tant d'ardeur, qui vous étaient *si chers*, et
que vous m'avez fait remettre avec tant d'exactitude.

Vous dites dans votre dernier billet, que *vous m'êtes, et me serez toujours attaché par l'amitié la plus tendre.* Mille grâces, Milord, de cet effort sublime ; je dois beaucoup sans doute à la générosité de votre cœur, si elle a pu vous défendre de la haine et du mépris pour une femme que vous avez si vivement offensée. *Vous ne méritez pas l'épithète que je vous donne ; vous ne fûtes jamais mon ennemi* : vous avez l'audace de répéter que *vous ne le fûtes jamais.* Vous osez me prier *de ne point oublier un homme qui me fut cher.* Non, Milord, non, je ne l'oublierai point, je ne l'oublierai jamais : un trait ineffaçable l'a gravé dans ma mémoire : mais je ne m'en souviendrai que pour détester ses artifices.

Tremblez, ingrat ; je vais porter une main hardie jusqu'au fond de votre cœur, en développer les replis secrets, la perfidie, et détaillant l'horrible trahison... Mais le pourrai-je ? avilirai-je aux yeux de l'Angleterre l'objet qui sut plaire aux miens ? Non, par une touche délicate, ménageant l'expression du tableau, en rendant ses traits sortants pour lui-même, mettons-les dans l'ombre pour tous les autres.

Descendez en vous-même, Milord, osez vous interroger, vous répondre ; et de tant de qualités dont vous vous pariez, de tant de vertus dont vous vous décoriez, dites-moi quelle est celle dont vous m'avez donné des preuves ? Sincère, généreux, compatissant, libéral, ami des hommes ; rempli de cette noble fierté qui caractérise la véritable grandeur ; la bonté, la droiture, l'honneur et la vérité semblaient régler tous vos sentiments, diriger toutes vos démarches, guider tous vos mouvements ; vous le disiez, Milord, et moi je le croyais. Eh ! pourquoi ne l'aurais-je pas cru ? Je ne trouvais rien dans mon cœur qui pût me faire douter du vôtre.

Ne vous applaudissez pas de m'avoir trompée ; non, ne vous en applaudissez pas : le fourbe le plus habile doit bien moins à son adresse qu'à la bonne foi de celui qui en devient la victime.

Mais comment un pair de la Grande-Bretagne a-t-il pu s'abaisser, se dégrader au point de s'imposer à lui-même une indigne contrainte ? de donner tant de soins, à qui ? quel était l'objet de sa feinte ? une simple citoyenne : distinguée seulement par un intérieur peu connu, méritais-je le fatal honneur d'exercer vos talents ? par quel malheur ai-je eu de vous cette odieuse préférence ? sans éclat, sans célébrité, comment ai-je pu vous inspirer le désir de me rendre malheureuse ? quel fruit avez-vous recueilli de cette triste fantaisie ? Les gémissements de mon cœur étouffés par la prudence ; mes pleurs répandus dans le sein d'une seule amie ; l'altération de ma santé attribuée à ce mal commun dans nos climats, rien n'a servi votre vanité. On ignore encore le sujet d'une douleur si vive, si constante ; vous n'en avez point triomphé : mais qui sait après tout, ce que vous auriez fait, si un intérêt qui vous regardait seul, ne vous eût engagé au silence ?

Mais à quel titre avez-vous pu croire qu'il vous fût permis de m'affliger? quelle loi m'assujettissait à votre caprice? vous rendait l'arbitre de mon destin? je ne vous cherchais pas. Tranquille dans mon obscurité, j'éloignais de moi tout ce qui pouvait troubler une vie, sinon heureuse, au moins paisible. Pourquoi votre art perfide sut-il me voiler vos desseins? Choisie apparemment pour amuser vos désirs, en attendant que la fortune remplît vos vœux intéressés, vous éprouviez sur mon cœur les traits dont vous vouliez blesser celui d'une femme riche et puissante par ses alliances. Si, connaissant vos vues, par une basse condescendance j'eusse bien voulu m'y prêter, je n'aurais point à me plaindre de vous. Mais feindre une passion si tendre, un respect si grand, des transports si soumis!... Vil séducteur, digne à jamais de mon éternel mépris, va, mon cœur te dédaigne; plus noble que le tien, il n'accorde point son amitié à qui n'a pu conserver son estime; une haine immortelle est le seul sentiment que ton ingratitude et ta fausseté peuvent lui inspirer.

Mais quoi, tromper une femme, est-ce donc enfreindre les lois de la probité? manque-t-on à l'honneur en trahissant une maîtresse? C'est un procédé reçu; tant d'autres l'ont fait; il en est tant qui le font.

Oui, Milord, il en est; mais ce sont des lâches, qui, portés par leur caractère à faire le mal, et n'osant offenser ceux qui peuvent les punir, se destinent et se bornent à désoler un sexe que le préjugé réduit à ne pouvoir ni se plaindre ni se venger.

Eh, qui êtes-vous, hommes? d'où tirez-vous le droit de manquer avec une femme aux égards que vous vous imposez entre vous? Quelle loi dans la nature, quelle convention dans un État autorisa jamais cette insolente distinction? Quoi, votre parole simplement donnée, vous engage avec le dernier de vos semblables, et vos serments réitérés ne vous lient point à l'amie que vous vous êtes choisie! Monstres féroces, qui nous devez le bonheur et l'agrément de votre vie, vous qui ne connaissez que l'orgueil et l'amour effréné de vous-mêmes, sans la douceur, sans l'aménité qui furent notre partage, quel serait le vôtre? Pensez-vous que nos mains se refusassent à laver dans le sang les outrages que nous recevons, si la bonté de notre cœur n'étouffait en nous le désir de la vengeance? Sur quoi fondez-vous la supériorité que vous prétendez? sur le droit du plus fort? Et que ne le faites-vous donc valoir? que n'employez-vous la force au lieu de la séduction? Nous saurions nous défendre; l'habitude de résister nous apprendrait à vaincre. Ne nous élevez-vous dans la mollesse, ne nous rendez-vous faibles et timides, que pour vous réserver le plaisir cruel que goûte cette espèce de chasseur, qui, tranquillement assis, voit tomber dans ses pièges l'innocente proie qu'il a conduite par la ruse à s'envelopper dans ses rets?

Quoi, c'est le souvenir de Milord qui m'engage à me livrer à des réflexions si dures sur ses pareils! Qui m'eût dit que la tendresse et l'estime que j'avais pour lui me forceraient un jour à les faire? Ah, Milord, Milord! est-ce bien vous qui avez détruit par votre conduite le respect que j'avais pour votre caractère ! Hélas, trop attaché à l'erreur qu'il chérissait, mon cœur a cherché tous les moyens de la conserver ! Ah, dans l'instant où je m'arrachais moi-même à la douceur de vous voir, portée encore à diminuer vos torts, je me serais trouvée heureuse de n'accuser de mes pleurs que l'excès de ma délicatesse ! Elle vous étonne peut-être cette délicatesse ; mais sachez, Milord, que dans un cœur bien fait, l'amour une fois blessé l'est pour toujours. Dans l'égarement de la douleur, dans ces moments affreux, où l'âme avilie, abattue, succombe, ne meut presque plus une machine affaissée sous le poids qui l'accable, on se tourne naturellement vers la cause de son mal ; il semble que la main qui vient d'enfoncer le trait, ait seule la puissance de l'arracher. Situation horrible, inexprimable, dans laquelle, détachée de tout, de l'univers, de soi-même, on ne tient plus qu'à l'inhumain qui vous réduit à cet état funeste ! Le cœur ne sent alors que ses pertes ; tout entier au sentiment qu'il se cache peut-être, il saisit avec avidité tout ce qui lui en offre l'image : l'estime, l'amitié, les moindres égards lui paraissent un dédommagement du bien qu'on lui enlève ; il met un prix immense au peu qui lui reste ; semblable au malheureux qui lutte avec les flots, il s'attache à tout ce qui lui présente un faible appui.

C'est dans cette agitation terrible, dans ce désordre humiliant, que je crus pouvoir vous pardonner, vous rendre ma tendresse et ma confiance. Les reproches dont vous ne cessiez de vous accabler, m'engagèrent à supprimer ceux que j'aurais dû vous faire ; vos attentions excitèrent ma reconnaissance, vos pleurs me touchèrent ; l'amertume de ma douleur me rendit sensible à la vôtre ; je ne pus vous voir gémir à mes pieds, vous que j'adorais, sans sentir ranimer cet amour si vrai, si tendre, dont vous doutiez alors, qui vous semblait éteint ; je vous serrai dans mes bras ; des larmes d'attendrissement, et peut-être de joie, se mêlèrent à celles que la vanité vous faisait répandre, je crus pouvoir être heureuse encore. Mais chaque jour, chaque instant m'apprit que s'il est possible de pardonner, il ne l'est pas d'oublier ; que si la bonté du naturel peut empêcher de haïr un perfide, une juste fierté s'élève enfin contre notre faiblesse, et nous fait mépriser et l'amant qui peut nous trahir, et le penchant qui nous entraîne encore vers lui.

C'est dans la vivacité de ce penchant, c'est dans la force de mon amour, que j'ai eu celle de renoncer à vous, de vous dire : « Vous n'êtes plus celui que j'aimais. » J'ai préféré la douleur à la honte ; j'ai mieux aimé gémir de cet effort, que de laisser dépendre mon bonheur d'un homme qui n'était plus digne d'en être l'arbitre ; j'ai rompu un commerce dont je ne voyais plus que l'indécence ; le charme flatteur qui me la cachait n'existait plus ; je me méprisais moi-même en songeant que je vous aimais. A présent c'est vous, Milord, vous seul que je méprise, non pour avoir quitté une femme, vous vous êtes montré plus ambitieux que sensible, non pour avoir changé de sentiment, mais parce que vous en avez feint que vous ne sentiez pas ; parce que vous avez traité durement, inhumainement votre amie, celle qui vous était véritablement attachée, dont vous aviez désiré la tendresse, que vous connaissiez digne de vos égards, et dont vous aviez mille fois juré de ménager la sensibilité. Je vous méprise, parce que vous vous êtes conduit avec bassesse ; qu'incapable de confiance et d'amitié, vous avez eu recours au mensonge, moyen infâme, et dont un homme de votre naissance devait rougir de faire usage. Ah, sur combien de points vous avez eu l'art de me tromper ! Pour votre propre avantage, que n'êtes-vous, Milord, celui que mon cœur se plaisait à chérir !

Plus sincère que vous, je ne vous promis point mon amitié ; je renonce à la vôtre. Mais qu'est-ce donc qu'un homme, qu'on ne voit plus, qu'on ne verra jamais, entend par *cette amitié* qu'il ose offrir, promettre ? quelle profanation d'un nom si révéré des cœurs vertueux ? Quoi, ce sentiment si noble, don précieux de la divinité, qui rassemble, unit, intéresse, lie les humains ! se borne donc dans l'idée de Milord à ne point nuire à ceux qu'il honore du nom d'*amis* ! Que pouvez-vous pour moi ? Vous seriez-vous flatté que je voulusse un jour vous devoir quelque chose ? Vous avez détruit ma tranquillité ; est-il en vous de la faire renaître ! Le bien que vous m'avez ôté ne subsiste plus ; le ciel même, à cet égard, ne peut réparer mes pertes. L'idée fantastique qui faisait mon bonheur, s'est évanouie pour jamais ; cette idole chérie, adorée, dénuée des ornements dont mon imagination l'avait embellie, ne m'offre plus qu'une esquisse imparfaite ; je rougis du culte que j'aimais à lui rendre. Ainsi mon cœur, trompé par ses désirs, éclairé par ses peines, n'a joui que d'une vaine erreur. Il la regrette peut-être, mais il ne peut la recouvrer. Adieu, Milord, pour reconnaître en partie cette *amitié* si *tendre*, si *sincère*, que vous me *conservez*, je souhaite que vous n'en ressentiez jamais de véritable pour quelqu'un qui vous ressemble. Ce souhait doit vous convaincre que je suis capable de pardonner.

MADAME DE CHARRIÈRE

LETTRES NEUCHÂTELOISES
(1784)

LETTRES DE MISTRISS HENLEY
PUBLIÉES PAR SON AMIE
(1784)

LETTRES ÉCRITES DE LAUSANNE

PREMIÈRE PARTIE
(1785)

SECONDE PARTIE
CALISTE
(1787)

INTRODUCTION

Elle était hollandaise par sa naissance, neuchâteloise par son mariage, mais Sainte-Beuve disait d'elle : « Par l'esprit et par le ton, elle fut de la pure littérature française, et de la plus rare aujourd'hui, de celle de *Gil Blas*, d'Hamilton et de *Zadig*. » Constant d'Hermenches, l'oncle de Benjamin Constant dont elle sera le mentor et l'amie intime, lui avait dit déjà : « Vous écrivez mieux que personne que je connaisse au monde, je n'en excepte pas Voltaire. » Vos lettres, s'écriait-il, « méritent de passer à la postérité ». Trop longtemps confinée dans l'ombre de Benjamin Constant, celle qu'une amie nommait la Sévigné de son temps fut en effet — *dixit* encore Sainte-Beuve — « une des femmes les plus distinguées du dix-huitième siècle [1] ».

D'une famille d'ancienne noblesse venue de Zélande, Isabelle Agnès Élisabeth de Tuyll de Serooskerken vit le jour le 20 octobre 1740 au château de Zuylen, non loin d'Utrecht [2]. Auprès d'une gouvernante suisse, Belle — le diminutif affectueux qu'on lui donnera jusqu'à son mariage — acquiert dès l'enfance une culture française qu'elle fera proprement sienne. Elle lit beaucoup : Antiquité et histoire romaines, Montaigne, Pascal, La Bruyère, Fénelon, Mme de Sévigné, Racine, La Fontaine et, à dix-huit ans, elle a, la plume à la main, analysé le grave *Esprit des lois* de Montesquieu. Une maturité exceptionnelle, une intelligence vive et lucide, de la précocité dans le raisonnement et le caractère alliée à une sensibilité contre laquelle on la met en garde : cette jeune fille n'était pas commune. Dégoûtée du dogmatisme calviniste par un

---

1. Sainte-Beuve, *Portraits de femmes*, dans *Œuvres*. Publ. par M. Leroy, Paris, Gallimard, « Bibliothèque de la Pléiade », 1951, t. II, p. 1392.
2. Pour les données biographiques, voir Ph. Godet, *Madame de Charrière et ses amis*, Genève, Jullien, 1906, 2 vol. ; P. H. et S. Dubois, *Zonder vaandel. Belle van Zuylen. Een biografie*, Amsterdam, Van Oorschot, 1993 ; C. P. Courtney, *Isabelle de Charrière. A biography*, Oxford, Voltaire Foundation, 1993 ; R. Trousson, *Isabelle de Charrière. Un destin de femme au XVIIIe siècle*, Paris, Hachette, 1994.

théologien maladroit, elle se livre bientôt à ce qu'elle nomme son « fatalisme », un scepticisme un peu triste et une défiance à l'égard des Églises. Brillante — trop même pour son entourage conformiste — elle inquiète les siens, qui désespèrent de caser une fille aussi rétive au joug. Jolie ? Pas une beauté, mais elle a du charme : un visage à l'ovale très fin, encadré de cheveux blond cendré, des lèvres charnues, un regard qui attache, une taille bien prise sous la robe ajustée. Elle n'en est ni modeste ni vaine, quand elle se décrit, à vingt-trois ans, sous le nom de Zélide : « Vous me demandez peut-être si Zélide est belle, jolie ou passable ? Je ne sais ; c'est selon qu'on l'aime ou qu'elle veut se faire aimer. Elle a la gorge belle, elle le sait, et s'en pare un peu trop au gré de la modestie. Elle n'a pas la main blanche ; elle le sait aussi et en badine, mais elle voudrait bien n'avoir pas sujet d'en badiner [1]. »

Insoucieuse de l'opinion, inapte au jeu des bienséances, détestant niaiseries et caquetages de salon, elle se sent étrangère à son milieu, agacée par un entourage traditionaliste. « Je m'ennuie dans mon pays », confesse-t-elle, et la voilà surprise, un rien inquiète aussi, de se sentir à ce point différente : « C'est en vérité une chose étonnante que je m'appelle Hollandaise et Tuyll [2]. » Le 28 février 1760, à La Haye, dans un bal officiel, elle provoque l'indignation de sa famille en abordant elle-même un homme marié, qui a vingt ans de plus qu'elle et une réputation quelque peu sulfureuse. C'est David Louis, baron de Constant-Rebecque, seigneur d'Hermenches, colonel suisse au service de la Hollande. Avec cet homme intelligent, ami de Voltaire, cultivé, brillant causeur, remarquable épistolier, naît aussitôt une irrésistible attirance. Platonique certes, même si, au fil du temps, ses lettres ne laisseront pas de doutes sur les sentiments réels de Belle. Avec d'Hermenches, elle a trouvé un esprit à la mesure du sien. Pendant plus de quinze ans, elle entretiendra avec lui une éblouissante correspondance — d'abord secrète — où elle se livre avec une franchise sans exemple pour une jeune fille de l'époque. Elle lui parle d'elle-même, de ses aspirations, de ses désirs, de ses occupations, de ses rêves, laisse deviner une sensualité ardente, une âme frémissante et avide de vivre.

Mais les rencontres avec l'ami sont plus que rares, la solitude lui pèse. A vingt-deux ans, en un siècle où l'on mariait les filles très jeunes, Belle commençait, dans ce domaine aussi, à se singulariser. Non pas qu'elle manque, comme elle dit, d'« épouseurs », bien au contraire. Après un petit cousin, gentiment éconduit, il y a eu deux gentilshommes allemands, un comte et un baron hollandais, voire, chuchotait-on, le prince d'Orange lui-même. Belle faisait la moue. Ces hommes-là n'étaient pas

---

1. *Œuvres complètes*, éd. critique publiée par J.-D. Candaux, C. P. Courtney, P. H. Dubois, S. Dubois, P. Thompson, J. Vercruysse et D. Wood, Amsterdam, Van Oorschot, 1979-1984, 10 vol., t. X, p. 37.

2. 3-6 novembre 1764, *op. cit.*, t. I, p. 342.

son affaire. Le mariage est pourtant devenu sa préoccupation première, puisque la femme n'a alors d'autre issue. Eut-elle une tendresse pour «un beau musicien», peut-être le compositeur italien Giuseppe Sarti? Qu'importe : dans ce monde, on ne confondait pas amour et mariage. Il y a aussi l'Écossais James Boswell, tenté, mais qu'effraie cette fille trop intelligente, trop cultivée, trop émancipée, qui ne semble vraiment pas faite pour se conformer aux canons matrimoniaux. En 1764, un Français, le marquis de Bellegarde, grand ami d'Hermenches, se mit sur les rangs. De bonne famille, il avait vingt ans de plus qu'elle et comptait bien se reposer dans le mariage d'une jeunesse agitée. Il comptait aussi sur la dot pour restaurer une fortune compromise. Mais il semblait disposé à laisser à sa femme assez de liberté et Belle se convainquait de son mieux qu'elle aimait ou pouvait aimer ce joli gentilhomme poudré, versatile et super-ficiel, qui se souciait moins d'elle que de faire une fin.

En vérité, celui qu'elle voudrait, elle ne peut l'avoir, mais elle lui fait des aveux sans retenue : «Si j'aimais, si j'étais libre, il me serait bien difficile d'être sage. Mes sens sont comme mon cœur et mon esprit, avides de plaisirs, susceptibles des impressions les plus vives et les plus délicates. […] Si je n'avais ni père ni mère je serais Ninon [de Lenclos] peut-être, mais plus délicate et plus constante, je n'aurais pas tant d'amants. […] Quand je me demande si, n'aimant guère mon mari, je n'en aimerais pas un autre, si l'idée seule du devoir, le souvenir de mes serments, me défendrait contre l'amour, contre l'occasion, une nuit d'été… Je rougis de ma réponse [1].»

M. de Bellegarde était catholique. Il fallait l'autorisation du roi, celle du pape pour épouser une calviniste. Les parents de Belle sont réticents, les choses traînent, le prétendant n'a rien d'un amant passionné : «Le marquis ne mourra pas de chagrin? Ah! vraiment je le crois! Combien de quarts d'heure m'a-t-il vue [2]?» Elle tuait le temps de son mieux en s'enfermant dans l'étude : Tacite, Salluste et Cicéron, anglais, algèbre, géométrie, musique… D'Hermenches s'était éloigné, servait en France, et elle n'avait même plus la perspective de trop rares rencontres. Quelques mois passés en Angleterre lui firent davantage sentir à quel point elle était prisonnière, dépendante d'un mariage qui la ferait échapper à sa famille, à la monotonie de son existence. Elle songeait à d'Hermenches et soupirait : «Il y aura quatre ans dans trois mois que nous ne nous sommes vus. […] Seriez-vous curieux de savoir à quoi je m'amuse? A faire des nœuds et des lacets. Je ne sais pourquoi, je n'ai que des ouvrages insipides; ma vie est un peu comme mes ouvrages [3].» Un jour, elle en eut assez.

Son père lui proposait encore un comte de Wittgenstein — bonne

1. 25 juillet 1764, *Œuvres complètes, op. cit.*, t. I, p. 217.
2. 13-18 septembre 1764, *op. cit.*, t. I, p. 306.
3. 5 octobre 1768, *op. cit.*, t. II, p. 119.

famille et pas le sou — ou un lord Wemyss — vingt ans de plus qu'elle, débauché, emporté, despotique. Belle secouait la tête : elle avait son idée. L'idée, c'était Charles Emmanuel de Charrière de Penthaz, né en 1735 à Colombier, tout à côté de Neuchâtel. C'était un gentilhomme vaudois sans fortune, d'une excellente instruction, qui se piquait de mathématiques et avait été — c'est là que l'idée risquait d'être peu séduisante aux yeux de M. de Tuyll — le précepteur du frère cadet de Belle : on n'était pas loin de la mésalliance. Quel homme était-il au juste ? Le portrait qu'on fait de lui ne donne pas l'impression d'un homme brillant, de ceux qui pouvaient séduire Belle. C'est une intelligence positive, un cœur loyal ; il est bon, honnête, raisonnable, cultivé, manque d'humour et d'esprit de repartie. Il est aussi timide, placide, gauche, retenu et guère démonstratif, bégaie un peu. M. de Charrière était le premier à ne pas se faire d'illusion : « Je n'ai point, lui disait-il, assez de mérite pour vous tenir lieu de ce que vous sacrifieriez. Votre attachement n'est pas de nature à pouvoir se soutenir. [...] Vous prenez pour de l'amour un délire passager de votre imagination. [...] Quelques mois de mariage vous détromperaient, vous seriez malheureuse, vous dissimuleriez et je serais encore plus malheureux que vous. » Avisé, d'Hermenches criait casse-cou : « Je crois Charrière un excellent homme, mais quel plaisir, quel agrément pouvez-vous jamais en avoir ? » Et il poursuivait, étrangement prophétique : « Je le répète, je vois d'ici cette association devenir triste et pénible, au travers de toutes vos perfections réciproques [1]. » M. de Tuyll fit grise mine, Belle s'entêta : le mariage eut lieu un dimanche, le 17 février 1771, dans l'intimité. Un bref voyage de noces à Paris et Mme de Charrière débarqua le 30 septembre dans la maison où elle passerait les trente-cinq années qui lui restaient à vivre.

La demeure du Pontet, à Colombier, n'avait rien de l'imposant château de Zuylen. Mi-grosse ferme, mi-manoir. Elle n'en dit qu'un mot : « Cette maison est propre et jolie. » Les habitants : le vieux père de M. de Charrière, âgé de soixante-quinze ans, assez délabré, mais qui vivrait encore une dizaine d'années ; deux belles-sœurs célibataires et sur le retour, Louise, souriante et douce, et Henriette, revêche et d'humeur tracassière. Elle se sentit vite en surnombre, en invitée dans une demeure où tout était réglé depuis des lustres, où les habitudes étaient des dogmes domestiques auxquels elle ne toucherait pas sans sacrilège. Elle fit pourtant de son mieux pour ne pas étaler ses supériorités ni empiéter sur le domaine de Mlle Henriette. Elle joue aux échecs, écrit et reçoit des lettres, s'amuse à découper des profils. Même, en bonne ménagère, elle range ses armoires, défriche un coin de jardin et lave du linge à la fontaine. D'Hermenches n'en revenait pas : où était la Sévigné de Zuylen ? Quelques visites d'amis, de voisins, quelques voyages à

---

1. 8 mai, 5 juin 1770, *Œuvres complètes*, *op. cit.*, t. II, p. 200, 205.

Neuchâtel, à Lausanne, à Genève, en Hollande pour voir les siens. Quelques séjours aux eaux parce que, la trentaine largement passée, elle se désole de n'avoir pas d'enfants. Elle perdit en 1773 son frère préféré, puis son père. Son passé s'éloignait, l'ennui se refermait sur elle. M. de Charrière était le meilleur des maris, mais mari à un point parfois insupportable en raison même de ses qualités. Attentionné, oui, mais monotone, régulier, dépourvu de fantaisie, le nez dans ses livres et ses mathématiques, terriblement raisonnable. Lent, cérémonieux, taciturne, défiant de tout excès : un bonnet de nuit. Elle a bien essayé de le secouer, Benjamin Constant en témoigne : « Durant les premières années de son mariage, sa femme l'avait beaucoup tourmenté pour lui imprimer un mouvement égal au sien ; et le chagrin de n'y parvenir que par moments avait bien vite détruit le bonheur qu'elle s'était promis dans cette union à quelques égards disproportionnée [1]. »

L'envie lui vint d'écrire. Elle avait d'ailleurs toujours vécu la plume à la main. A vingt-deux ans, elle avait même publié, sous l'anonymat, *Le Noble*, bref récit satirique où elle, l'aristocrate, raillait les prétentions nobiliaires avec une causticité qui avait fait scandale. Elle avait aussi rimé quelques poésies de salon, une comédie. L'impasse de son mariage la ramena à l'écriture. La littérature permet d'éluder la confession directe par la transposition dans des situations et des personnages fictifs. De la vérité particulière, intime, on passe à la vérité générale, des êtres de papier portent espoirs et déceptions : sous le couvert du récit par lettres, c'est le journal intime qui se faufile dans le roman [2]. Ce furent, coup sur coup, entre 1784 et 1787, les *Lettres neuchâteloises*, les *Lettres de mistriss Henley*, les *Lettres écrites de Lausanne* et *Caliste*.

Il lui était devenu indispensable de trouver une compensation à son existence morose. En 1783 déjà, un familier, le pasteur Chaillet, la jugeait à bout : « Elle est malheureuse, et malheureuse romanesquement. [...] Elle est malheureuse par le besoin d'être aimée passionnément, par l'insuffisance qu'elle trouve dans les amitiés vulgaires ; elle accuse les gens de bien d'aimer trop sagement, trop raisonnablement. [...] Qu'ils sont à plaindre, ces êtres exaltés, qui errent dans le monde sans y trouver une aide semblable à eux [3]. » En 1784, elle s'est retirée seule à Chexbres et les quelques lettres de son mari laissent entendre qu'entre eux les choses ne vont plus. Elle semble éprouver une difficulté croissante à le supporter à côté d'elle, jour après jour. Le temps érode les patiences. Ce qui a paru jadis sans importance peut, au fil des années, devenir intolérable. L'ennui et la mélancolie la rongeaient inexorablement. Saisie du

---

1. B. Constant, *Le Cahier rouge*, dans *Œuvres*, éd. présentée et annotée par A. Roulin, Paris, Gallimard, « Bibliothèque de la Pléiade », 1957, p. 101.
2. Voir J. Rousset, *Forme et Signification*, Paris, Corti, 1962, p. 100.
3. Cité par Ch. Guyot, *La Vie intellectuelle et religieuse en Suisse française à la fin du XVIIIe siècle : Henri David de Chaillet*, Neuchâtel, La Baconnière, 1946, p. 106-107.

démon de l'écriture, elle ne quittait plus sa table. C'était le livret d'un opéra-comique, *L'Incognito*, ou des comédies comme *La Famille d'Ornac* ou *Monsieur Darget*, bluettes anodines et ingénieuses qui la distrayaient. Soudain, vers le 10 juillet 1785, Mme de Charrière plie bagage sans destination précise, dans une sorte de fuite qui la fait échouer à Payerne, où elle restera jusqu'à la fin de septembre, malade, déprimée, ruinée par la monotonie, la routine, l'ennui.

Quel choc avait provoqué cette crise ? On ne sait trop. En 1787, elle se confiera à Benjamin Constant. Déçue par sa vie avec l'homme « le plus froid et le plus flegmatique que l'on puisse imaginer », accablée, pitoyable, elle aurait rencontré

un homme beaucoup plus jeune qu'elle, d'un esprit très médiocre, mais d'une belle figure, [qui] lui avait inspiré un goût très vif. Je n'ai jamais su tous les détails de cette passion, mais ce qu'elle m'en a dit et ce qui m'a été raconté d'ailleurs a suffi pour m'apprendre qu'elle en avait été fort agitée et fort malheureuse, que le mécontentement de son mari avait troublé l'intérieur de sa vie, et qu'enfin le jeune homme qui en était l'objet l'ayant abandonnée pour une autre femme qu'il a épousée, elle avait passé quelque temps dans le plus affreux désespoir [1].

Le secret fut bien gardé et l'on n'a jamais su qui était le bellâtre qui avait ému cette femme lucide, supérieurement intelligente et exigeante. Elle s'était éloignée pour lécher ses blessures, se retrouver dans la solitude. Puis, en janvier 1786, elle prit la poste pour Paris, où M. de Charrière ne la rejoindra qu'à la fin de l'année. Elle y mena une vie retirée — « bizarre, sauvage, souvent malade » — en se livrant avec passion à la musique. De cette détresse naquit *Caliste*.

Un jour de mars 1787, dans le salon de Mme Saurin, elle fit la connaissance d'un jeune homme de vingt ans, sarcastique et méprisant, passionné et raisonneur à la fois, athée déclaré mais apologiste du paganisme, ardent en politique, versatile et perpétuellement animé du désir de se singulariser. C'était Benjamin Constant, le neveu de ce Constant d'Hermenches avec qui elle avait entamé, vingt-sept ans plus tôt, une correspondance exaltée. Ce fut une entente immédiate, une attirance irrésistible entre deux esprits analytiques, épris d'une incessante gymnastique de l'intellect et entre eux la différence d'âge s'annulait dans la conversation. Fut-elle un instant sa maîtresse ? On en dispute encore. En tout cas son mentor, pendant des années, attentive à ne pas cabrer ce jeune homme ombrageux, jaloux d'indépendance et en même temps inquiet d'un appui. Ils passaient des nuits à causer en buvant du thé, déchirant à belles dents conventions et préjugés, heureux de leur conformité d'intelligence et de sensibilité. Ils s'écrivaient, il venait la voir à Colombier, se brouillaient et se raccommodaient, lui s'engageant

1. B. Constant, *Le Cahier rouge, op.cit.*, p. 101.

dans les aventures sentimentales les plus saugrenues, elle lui offrant une amitié un peu jalouse, exclusive.

On était au temps où les têtes commençaient à prendre feu. Mme de Charrière propose, dès 1788, des *Observations et Conjectures politiques* et, l'année suivante, des *Lettres d'un évêque français à la nation*. Elle se révélait libérale, favorable à la Révolution naissante. A Colombier, dont elle ne sortira plus, elle s'efforçait d'oublier l'ennui en multipliant les activités, en s'entourant de jeunes qu'elle guidait, instruisait, formait. Elle écrivait des livrets d'opéra, s'adressait au faible Louis XVI dans *Bien-Né*, à la frivole et indiscrète Marie-Antoinette dans *Aiglonette et Insinuante*, contait les débuts de la Révolution dans *Henriette et Richard*, roman inachevé. Débris de l'Ancien Régime, des émigrés affluaient désormais à Neuchâtel. Elle aidait de son mieux les plus démunis, raillait ceux qui conservaient leur morgue et emmenaient avec eux les querelles, jalousies et galanteries d'un autre temps. Ce petit monde bigarré lui inspira une série de comédies — *L'Auteur embarrassé, L'Émigré, L'Inconsolable, La Parfaite Liberté ou les Vous et les Toi*. Un roman épistolaire, les *Lettres trouvées dans des portefeuilles d'émigrés*, lui permit, en 1793, de mettre en scène les diverses attitudes politiques. Écœurée par le 10 août et les massacres de septembre, elle voyait avec tristesse la Révolution sombrer dans le chaos et la violence et se disputait avec Benjamin Constant, partisan de l'action et qui glissait vers la Montagne. Le fatalisme de Mme de Charrière suscitait en elle un désespérant sentiment d'impuissance devant la formidable ampleur des événements : « Mon scepticisme, écrit-elle à une amie le 26 septembre 1794, va toujours croissant et je pourrais en venir à n'être pas très démocrate même au sein d'une monarchie tyrannique, ni très aristocrate au milieu du républicanisme le plus désordonné. Rien n'est si mauvais que son contraire ne puisse paraître pire encore. »

Constant débattait, renâclait, protestait, peu à peu s'affranchissait de sa tutelle. Ce fut bien pis lorsqu'il rencontra Mme de Staël, l'étoile montante des lettres et de la politique que Belle, avant même de l'avoir rencontrée, jugeait voyante, tapageuse et avide de faire carrière. Elle se sentit blessée, trahie par l'admiration de Benjamin pour celle à qui allait l'asservir une interminable et orageuse liaison. Entre eux, ce ne fut jamais une rupture, mais un éloignement progressif, un désenchantement, du moins de sa part à elle. Mais elle tenait toujours à lui : « Il y a dans mon détachement de vous, murmure-t-elle en novembre 1794, de quoi faire un des plus beaux attachements que l'on voie. »

Elle écrivait toujours. En 1796, ce fut *Trois Femmes*, où elle débat de morale et de philosophie kantienne, deux ans plus tard *Sainte-Anne* et *Les Ruines de Yedburg*. Elle s'intéressait à la pédagogie, à la formation des individus dans un monde nouveau. L'histoire l'avait déçue, la Convention thermidorienne ne lui paraissait pas plus digne de confiance que les régimes qui l'avaient précédée. Non qu'elle eût la nostalgie de l'ancien monde, mais rien n'avait vraiment changé, les vices et les excès étaient les mêmes, la tyrannie subsistait sous d'autres noms. En 1799 parut *Honorine d'Userche*, où elle dénonçait les périls de l'athéisme. *Sir Walter Finch et son fils William*, qui ne paraîtra qu'en 1806, au lendemain de sa mort, était un peu son *Émile*, l'histoire de l'éducation d'un jeune aristocrate. La Révolution faite, il fallait songer à constituer une nouvelle élite, non plus celle de la naissance, mais de l'intelligence et des capacités : « Où la noblesse est détruite, où l'égalité est proclamée, écrit-elle à un neveu en novembre 1799, ce n'est qu'à force de lumières et de sagesse que vous pouvez reprendre la place qu'autrefois le sort semblait vous assigner. »

Toute sa vie elle s'était réfugiée dans une activité intellectuelle fébrile, mais peu à peu l'huile baissait dans la lampe. Benjamin faisait carrière et lui écrivait encore, de loin en loin, mais leurs rapports n'avaient plus la spontanéité et la confiance de jadis. Au Pontet, les visites se faisaient rares, les anciens amis disparaissaient, les jeunes s'éloignaient. Elle vieillissait, son siècle était passé. Les somptueuses périodes de Chateaubriand ne l'enchantaient pas plus que les grandes orgues de Mme de Staël. Elle s'étonnait de la décadence du goût, des modes nouvelles, ce Shakespeare porté aux nues ne la touchait pas, la *Pucelle* de Schiller était « bizarre », le *Wilhelm Meister* de Goethe l'ennuyait. On se battait les flancs pour faire du neuf quand elle en restait, elle, à ce qu'elle disait autrefois à Constant d'Hermenches : « Dire toujours de belles choses, les rimer, les cadencer, flatter l'oreille, satisfaire la raison, toucher le cœur ; dire aussi bien que Racine et Voltaire, sans dire comme eux ; observer tant de règles, éviter tant d'écueils, en vérité, c'est une magie [1]. »

Vint le déclin. En septembre 1805, un de ses amis note dans son journal : « L'ennui la domine souvent ; elle le sait et ne peut s'en défendre. [...] Elle a renoncé à la composition et ne lit plus que par boutade [2]. » Les regrets mêmes se colorent d'une teinte apaisante, une rêverie s'anéantit dans une sorte d'inconscience. Elle mourait doucement d'un cancer. Le 10 décembre, elle dicta sa dernière lettre. Elle était pour Benjamin : « Je prétends être mourante ; mes amis n'en veulent pas juger comme cela parce que je n'ai aucune souffrance qui tue, mais l'extinction de vie me paraît être la mort. » Elle se laissait glisser. Autrefois, dans *Caliste*, elle avait pressenti que la mort n'a « rien d'effrayant, rien de solennel, rien de pathétique ». Elle s'éteignit dans la nuit du 26 au 27 décembre 1805, à trois heures du matin. L'oublieux Benjamin nota dans son journal : « Mort de Mme de Charrière de Tuyll.

1. 3 octobre 1764, *Œuvres complètes*, *op. cit.*, t. I, p. 315.
2. Cité par Ph. Godet, *Madame de Charrière et ses amis*, *op.cit.*, t. II, p. 373.

Je perds encore en elle une amie qui m'a tendrement aimé, un asile, si j'en avais eu besoin, un cœur qui, blessé par moi, ne s'en était jamais détaché [1]. »

*
* *

Quelle que fût sa pudeur à l'avouer, son mariage l'avait déçue. Elle n'avait pas réussi à jouer son rôle d'épouse satisfaite de la campagne, des lessives et de la routine. Elle s'était heurtée, non certes à la malveillance, mais aux habitudes. Le vieux Charrière somnole dans sa bergère ou lit des ouvrages de piété, Louise jardine, Henriette déploie son activité réglée comme une pendule suisse. Il y a bien les amis, les relations, les voisins, mais le temps de la découverte est bref. M. de Charrière s'enfonce dans ses algèbres, l'horloge bat son tic-tac. Il y a eu aussi, de temps à autre, Neuchâtel, Lausanne ou Genève, mais ce n'étaient que diversions. Elle se défendait autrefois d'être mondaine, mais ne lui arrivait-il pas de regretter la société cosmopolite de La Haye ou les riants séjours dans les châteaux de Hollande ? Il lui a fallu renoncer aux enfants, sa santé n'est pas brillante, elle se plaint de vapeurs, de mélancolie. Son mari est certes le meilleur des hommes, intelligent, savant même, mais sans ardeur, d'un tempérament d'éteignoir, le bon sens incarné et sans surprise. Après une visite chez leurs parents Sévery, ceux-ci observent : « Les Charrière, mari et femme, vinrent nous voir dimanche après-midi. […] Le mari a le malheur d'être sujet à l'ennui ; il nous tordit plus de cinquante bâillons [2]. » Il était ainsi, on ne le changerait pas. Quand elle séjourne à Chexbres et lui parle de la beauté des paysages, il lui répond, désespérant : « Des vues semblables auraient fait la même impression sur moi si j'avais les nerfs plus sensibles ; ce n'est que du plus au moins [3]. » Il était, lui, du côté du moins.

Sa correspondance avec d'Hermenches, le confident de ses jeunes années, n'existait plus. Du reste, qu'eût-elle écrit ? Des « balivernes », du « bavardage ». Rien. Ce qu'elle dira dans quelques années, elle pourrait le dire dès maintenant : « Je vis si entièrement sur mon propre fonds. N'importe, je l'ai voulu et le veux comme cela. Point d'ennui au moins, ni de douleur, ni d'indignation, ni d'impatience. Je vis comme, à tout prendre, il me convient mieux de vivre, et ne tenant à la vie que par des fils d'araignée [4]. » Elle tissa donc sa toile et revint à l'écriture.

Elle ne serait pas un écrivain d'imagination, qui entasse aventures et péripéties ou file des intrigues compliquées, accumule catastrophes et événements spectaculaires. Elle se sentait attirée par l'intimisme, l'observation. Mais était-ce suffisant ? Une lecture vint l'éclairer sur sa

1. Œuvres, op. cit., p. 526.
2. W. et C. de Sévery, La Vie de société dans le pays de Vaud à la fin du XVIIIᵉ siècle, Genève, Slatkine reprints, 1978, t. II, p. 103.
3. 21 juin 1784, Œuvres complètes, op. cit., t. II, p. 415.
4. Cité par Ph. Godet, Madame de Charrière et ses amis, op. cit., t. I, p. 455.

vocation, elle le confiera à un ami : « Je vous ai parlé du *Noble* : l'ennui fut alors ma muse. [...] Longtemps après, un autre ennui, ou plutôt le chagrin et le désir de me distraire me firent écrire les *Lettres neuchâteloises*. Je venais de voir dans *Sara Burgerhart* (roman hollandais) qu'en peignant des lieux et des mœurs que l'on connaît bien, l'on donne à des personnages fictifs une réalité précieuse [1]. »

Ce roman, paru en 1782, était l'œuvre de deux femmes, Betje Wolff et Aagje Deken. Son propos moralisateur comprenait la mise en garde des jeunes filles et l'éloge du mariage, mais c'était surtout un modèle de roman bourgeois — le nom de l'héroïne signifie d'ailleurs « cœur bourgeois » — et de mise en scène de la vie quotidienne. Les auteurs s'insurgeaient contre l'influence française, les grands sentiments et la complication des récits. « Nous peignons, disaient-elles dans leur préface, des caractères hollandais, des gens que l'on découvre réellement dans notre patrie. [...] On ne trouve dans ce roman aucun méfait, [...] point de vertus si exagérées qu'elles semblent inaccessibles à nous autres humbles mortels. [...] On n'y verra pas un seul duel. En revanche, on y donne une gifle. Il n'y a pas d'enlèvement, on n'y avale pas de poison. [...] Tout demeure dans le naturel. »

C'était prétendre donner de l'intérêt à une histoire toute simple, sans les grandes explosions des passions frénétiques, sans coups de théâtre ni personnages au destin exceptionnel et à grand nom et que la scène — Rousseau l'avait déjà montré — pouvait se trouver ailleurs qu'à Paris et dans la meilleure société. Un réalisme neuf : décrire ce que l'on connaît, retracer des existences sans éclat, voire évoquer ce petit peuple qui n'a pas encore sa place en littérature. Comme *Sara Burgerhart*, les *Lettres neuchâteloises* serait un roman épistolaire. Pourquoi non, puisque le genre faisait fureur et convenait aux habitudes de Mme de Charrière.

Ce fut donc une intrigue à la limite du rien. Un jeune Allemand, Henri Meyer, s'en vient à Neuchâtel apprendre le commerce, se prend un peu malgré lui au joli museau d'une cousette, Julianne, bientôt enceinte et désespérée. Le quotidien, le magasin, un concert, un bal de sous-préfecture, des importants de canton. Mais aussi Marianne de La Prise : petite noblesse ruinée, peu d'espoir d'un mariage. Délicate, sensible, compatissante, mais rien de l'éclatante héroïne romanesque : du charme, de la grâce, ni la plus jolie, ni la plus élégante. La cousette confie sa détresse à la jeune fille qui — scandale ! — intercède pour elle. Meyer s'est épris de Marianne, elle n'est pas insensible. Soudain, il doit s'éloigner, quand rien n'est conclu ni même vraiment dit. Reviendra-t-il ?...

Une composition resserrée sert le propos : cinq personnages, trente lettres brèves, bien loin des dissertations universelles et de l'ample polyphonie de *La Nouvelle Héloïse*. Des confidences de Marianne à sa

---

1. Janvier 1804, *Œuvres complètes*, *op. cit.*, t. VI, p. 558.

meilleure amie, de Julianne à sa tante, de Meyer à son oncle et à son ami — comparses effacés, dont nous n'avons pas les réponses. Cette sobriété ne nuit pas : « Tout simplement une petite perle », s'extasiait Sainte-Beuve [1]. En arrière-plan, une ville de province comme tant d'autres, ses bals, ses dîners, ses veillées, ses cancans, ses commerçants et ses dames d'œuvre, ses mesquineries et son train-train : tout ce que Mme de Charrière, attentive et narquoise, observait depuis douze ans.

Le connaissait-elle, son Neuchâtel ! Trente ans plus tôt, sa gouvernante suisse, Jeanne Prévost, s'y était retirée et la bonne dame n'avait pas manqué de lui faire la chronique de l'endroit. Il avait ses défauts : point de promenades, point d'arbres, point d'oiseaux, un vent désagréable souffle tous les soirs. On y croise de jeunes Suisses allemands, des « ours mal léchés que l'on vient rarement à bout de civiliser ». Il avait bien aussi ses agréments, à commencer par son vin, excellent, mais les Neuchâtelois, qui ne sont pas des modèles de raffinement, soutenait cette Genevoise avec une moue, tendent à les exagérer. Ne vont-ils pas jusqu'à prétendre que leur lac est plus beau que celui de Genève ? Pour les distractions, Mlle Prévost avait vu jouer *Le Glorieux* de Destouches et *Le Devin du village* de Rousseau par des amateurs et assisté à un concert où un Mozart local de huit ans grattait son crincrin. Belle avait dû lire ces potins d'un œil distrait : qu'avait-elle alors à faire de ce lointain Neuchâtel ?

S'il n'était pas allemand, Rousseau avait été pourtant l'un des ours les plus mal léchés à séjourner dans les environs. Le 20 janvier 1763, dans une lettre au maréchal de Luxembourg, il avait fait le portrait des habitants. Soit, bougonnait Jean-Jacques, ils lisent et peuvent être instruits, ils ont parfois de l'esprit et tiennent leurs engagements. Pour le reste... Entichés des grandes manières et des grands mots, ce sont « les Gascons de la Suisse ». De la prétention et pas de goût, non pas polis mais « façonniers », non pas gais mais bruyants. Leur style est plat, leur obligeance encombrante, à condition toutefois qu'on se donne pour homme de qualité car chez eux, « on peut porter un grand nom sans mérite, mais non pas un grand mérite sans nom ». Seul compte l'extérieur, même en morale : « Un chrétien pour eux est un homme qui va au prêche tous les dimanches ; quoi qu'il fasse dans l'intervalle, il n'importe pas. » Ils sont si vaniteux qu'à défaut de titres de noblesse, ils tiennent à celui de leurs fonctions, et l'on ne salue dans la rue et les salons que M. le Colonel, M. le Lieutenant, M. le Maire ou M. le Justicier et, les épouses revendiquant glorieusement les titres de leurs maris, on ne croise que Mme la Colonelle, Mme la Major ou Mme la Conseillère. Peu jolies d'ailleurs, les femmes sont ignorantes, cancanières...

---

1. *Portraits de femmes*, dans *Œuvres, op. cit.*, t. II, p. 1361.

Moins acerbe que le solitaire de Môtiers, Mme de Charrière n'épargnait pas non plus les Neuchâtelois. Elle consentait à les dire « sociables, officieux, charitables, ingénieux », mais pour ajouter : « Pleins de talents pour les arts d'industrie, et n'en ayant aucun pour les arts de génie ; le grand et le simple leur sont si étrangers en toutes choses, qu'ils ne le comprennent et ne le sentent même pas. » Venu du dehors, Meyer, comme le Persan de Montesquieu ou le Huron de Voltaire, étudie les espèces. Arrivé au temps des vendanges, il a trouvé ce petit monde tracassé de pertes et de profits, de vin et de vignes : « C'est une terrible chose que ce vin ! Pendant six semaines je n'ai pas vu deux personnes ensemble qui ne parlassent de la vente. » Les sacro-saintes vendanges excusent un débraillé paysan, gros souliers et bas de laine, mais le décorum retrouvé, point de personnage si menu qu'il ne veuille entendre sonner son titre. Le plaisant est que, si certains se parent de grands airs, la ville est si étroite que le cordonnier est plus ou moins allié à un officier, la belle dame à un maçon, le tonnelier au conseiller d'État et tous portent le même nom, « de sorte qu'il me semble que tous les Neuchâtelois sont parents ».

On se tromperait pourtant en y voyant la bonhomie d'un égalitarisme démocratique. Meyer apprendra qu'on y distingue très bien le *négociant* — qui est riche — du *marchand* — qui tient boutique et ne se salue pas de la même manière, parce que les écus sont la mesure de la respectabilité. Le sentiment n'est pas leur fort. On mange bien, on boit mieux sans que nul n'en soit plus gai : « On ne rit guère ici ; et je doute qu'on y pleure. » On se rend au théâtre et au concert pour être vu, mais qui se soucie vraiment des arts ? Un Neuchâtelois — Belle le nomme le Caustique — égratigne à plaisir ses concitoyens : « Nous avons des talents ; mais pas les moindres lumières : nos femmes jouent joliment la comédie, mais elles n'ont jamais lu que celles qu'elles voulaient jouer : personne de nous ne sait l'orthographe : nos sermons sont barbares : nos avocats parlent patois, nos édifices publics n'ont pas le sens commun : nos campagnes sont absurdes... » Avec le pinceau d'un Terburg, disait Sainte-Beuve, Mme de Charrière peignait sur le vif « avec quelque chose du détail hollandais, mais sans l'application ni la minutie, et avec une rapidité bien française [1] ». En tout cas sans souci de se faire des amis.

Si les Neuchâtelois se sentaient piqués, ils avaient d'autres motifs de froncer les sourcils. Une jeune fille bien élevée s'enhardirait-elle à parler à un garçon de l'ouvrière qu'il a engrossée ? C'est que Mme de Charrière ne confondait pas vertu et respect des convenances. Jadis, dans un bal de La Haye, elle avait osé, au mépris du savoir-vivre, aborder Constant d'Hermenches et de même sa Marianne est résolue à s'entretenir avec

---

1. *Portraits de femmes*, dans *Œuvres, op. cit.*, t. II, p. 1362.

Meyer, « dussé-je lui parler la première ». Avait-on jamais vu pareille inconvenance ?

Jamais non plus on n'avait vu pareils héros de roman. Un apprenti de comptoir en amoureux et qui ne se privait pas de parler de son métier, une tireuse d'aiguille, une ravaudeuse, et séduite encore ! Les gens de cette classe n'avaient pas droit de cité en pays romanesque, où ne doivent aborder que belles dames et nobles messieurs. Ce n'était pas là du conventionnel et Belle accentuait la trivialité en prêtant à Julianne le langage des filles d'atelier, avec leur vocabulaire populaire et leurs tours germanisés. La petite écrivait à sa tante, en piétinant le beau style :

> J'ai bien reçu votre chère lettre, par laquelle vous me marquez que vous et le cher oncle êtes toujours bien, de quoi Dieu soit loué ! et pour ce qui est de la cousine Jeanne-Marie, elle sera, qu'on dit, bientôt épouse avec le cousin Abram ; et j'en suis, je vous assure, fort aise, l'ayant toujours aimée ; et si ça ne se fait qu'au printemps, nous pourrions bien nous deux la cousine Jeanne-Aimée aller danser à ses noces ; ce que je ferais de bien bon cœur.

« J'ai tout ça laissé tomber, ce n'est pas tant grand-chose, pour tout ça lui dire », écrivait-elle encore. Elle criblait ses missives de ces mots qu'on n'entend que dans la rue et qui sentent leur peuple : *jaubler* [prévoir], *bouëbe* [petit garçon], *fière aube* [entre chien et loup], *gringe* [grognon]. Une amie neuchâteloise de l'auteur s'émerveillait de sa connaissance du parler populaire et de la finesse de son ouïe : « Je ne croyais pas, surtout, qu'il vous fût possible d'écrire aussi bien le français ou patois francisé des tailleuses ; moi qui devrais le savoir dans sa perfection, je serais bien embarrassée[1]. »

Mme de Charrière allait plus loin en ouvrant un débat social. Mlle de La Prise ne repousse pas l'amour du bourgeois Meyer et le commerçant évince même, dans la poursuite de la demoiselle, certain aristocrate. Le jeune homme impose un simple apprenti au bal des notables et refuse de donner du lustre à son père en le faisant passer pour un important négociant. Quant à Julianne, la cousette, elle a son mot à dire sur patrons et gens bien. Si elle n'est plus intacte, elle le doit à son premier maître qui a abusé d'elle ; si elle est dans le dénuement, c'est que ses employeuses l'ont chassée en la traitant de coureuse. Il est aisé de la juger sévèrement : « Ces dames font toutes sortes pour se divertir, et peut-être ne sont-elles pas seulement aussi braves qu'une pauvre fille qu'on laisse pleurer en faisant son ouvrage, et qui n'a pas été à toutes leurs écoles et leurs pensions. » C'est vrai, elle lorgne avec envie bonnets et rubans et elle a accepté les cadeaux d'un monsieur. Est-ce sa faute ? « Il faut que nous travaillions toute la nuit et quelquefois les dimanches ; et tout ça elles

---

1. 15 juin 1784, *Œuvres complètes, op. cit.*, t. II, p. 410.

l'ont quand elles veulent, de leur mère, ou de leur mari, sans que les jeunes messieurs le leur donnent [1]. »

Dès ce premier roman s'affirment les qualités qui distingueront Mme de Charrière des auteurs de romans sentimentaux. Chez elle, point d'héroïnes parfaites et décrites en termes abstraits. Plus vraies, les siennes sont attachantes, non sans défaut. Celle-ci a de la grâce, mais trop de gaieté, celle-là a un cou un peu épais et prend des engelures en hiver. On n'avait jamais vu beautés si triviales ! Les milieux eux-mêmes sont étroits, resserrés, bornés à la bonne compagnie de petites villes comme Lausanne ou Neuchâtel. Les héros ne passent pas leur temps à soupirer aux pieds de leurs maîtresses. Ils travaillent comme Meyer et, comme lui, dégustent avec appétit une omelette, car les repas tiennent leur place dans le récit [2]. On parle du prix du bois, d'une robe souillée, de la perte d'un chat : le quotidien existe, ténu, monotone, qui façonne le destin des personnages.

Au-delà de l'observation satirique et de la critique sociale, Mme de Charrière intéressait son lecteur à la destinée de Marianne. Sainte-Beuve s'émerveillait de la délicatesse de la touche et de la simplicité du ton et faisait place à Marianne dans la galerie des plus touchants personnages du roman féminin : « Qu'est-ce donc que Mlle de La Prise ? Virginie, Valérie, Nathalie, Sénange, Clermont, Princesse de Clèves, créations enchantées, abaissez-vous, baissez-vous un peu, pour donner à cette simple, élégante, naïve et généreuse fille, un baiser de sœur [3] ! » C'était l'analyse de la naissance et du développement d'un sentiment d'abord indécis, imperceptible, inexplicable pour l'héroïne elle-même. Semblable en cela à son créateur, elle est si différente de la société terre à terre où elle évolue : « Quand il m'arrive d'exprimer ce que je sens, ce que j'exige de moi, ce que je désire, ce que je pense, personne ne m'entend ; je n'intéresse personne. » A cette fille de bonne naissance mais pauvre se pose l'éternel, l'unique problème de la condition féminine : le mariage. Comment envisager son avenir, et qui voudra d'elle ? « Dans ces circonstances et avec cette fortune, soupire-t-elle, il est rare qu'on se marie. » Dès sa naissance, la femme est aliénée, dépendante de l'homme et de l'ordre social. Brave garçon sans doute que ce Meyer, mais il est le maître de celles qu'il trouve sur sa route. Honnête homme, du moins selon les mœurs du temps, il assure la sécurité de Julianne et de son enfant, mais qui l'y contraignait ? Qui eût élevé une protestation s'il avait laissé la femme et le petit à leur sort ? Simple et

1. Sur cet aspect, voir Y. Went-Daoust, « La place des *Lettres neuchâteloises* dans le roman épistolaire du XVIIIe siècle », dans *Une Européenne à Neuchâtel : Isabelle de Charrière en son siècle*, colloque de Neuchâtel, 11-13 novembre 1993, Neuchâtel, Attinger, 1994, p. 192.

2. B. Didier, « La nourriture dans les romans d'Isabelle de Charrière », dans *Dix-Huitième Siècle*, 15, 1983, p. 187-197.

3. *Portraits de femmes*, dans *Œuvres, op. cit.*, t. II, p. 1364.

franche, Marianne a fait l'aveu de ses sentiments, mais la décision ne dépend pas d'elle. Un roturier, pas même fortuné, est-ce un parti que les convenances lui permettront d'accepter ? « Nous étions certainement, dit-elle, nés l'un pour l'autre : non pas peut-être pour vivre ensemble, c'est ce que je ne puis savoir ; mais pour nous aimer. » A condition encore que Meyer revienne un jour et demande sa main[1]. Le destin de Marianne se joue dans une série de conversations insignifiantes, de visites, de bals où elle peut prendre l'initiative, sans que jamais la décision lui appartienne. Son lot est l'attente immobile, son existence perpétuel recommencement de journées identiques : « C'est un assemblage de si petites choses, confie-t-elle à son amie. Chacune d'elle est un rien, ou ne doit paraître qu'un rien, quand même elle serait quelque chose. […] Il me semble que j'ai quelque chose à te dire ; et quand je veux commencer, je ne vois plus rien qui vaille la peine d'être dit. »

Mme de Staël écrivait à Mme de Charrière : « Je me suis intéressée vivement aux *Lettres neuchâteloises*, mais je ne sais rien de plus pénible que votre manière de commencer sans finir[2]. » En effet, l'auteur n'amenait pas de conclusion. Cette fin qui n'en est pas une n'était pas non plus conventionnelle. L'assujettissement de Marianne aux circonstances et à sa condition de femme rendent compte du dénouement en l'air, qui ne met un terme à rien. On ignore si Meyer reviendra, s'il épousera Marianne, si elle sera heureuse, si elle vieillira fille ou si elle fera une fin en prenant le premier venu. Plus avisé que Mme de Staël, Sainte-Beuve observe : « C'est là une véritable fin, la seule convenable. Pousser au-delà, c'eût été gâter ; en venir au mariage, s'il eut lieu, eût été trop réel. Au contraire, on ne sait pas bien ; l'œil est encore humide, on a tourné la dernière page et l'on rêve. Les *Lettres neuchâteloises* n'eurent pas de suite et n'en devaient pas avoir[3]. » Par le *happy end* ou par le tragique, Mme de Charrière refuse de conclure. Libre à chacun d'imaginer ce qu'il adviendra de Marianne.

Le roman parut en janvier ou février 1784 à Lausanne, aux frais de l'auteur, avec la mention « Amsterdam » et sous l'anonymat[4]. Son texte ayant été défiguré par un « imprimeur bourreaudeur », Belle le fit réimprimer peu après, toujours anonyme, à Genève, mais avec le même lieu d'édition fictif. Le contenu justifiait l'anonymat et elle pouvait penser que cette édition discrète passerait inaperçue. Elle se trompait.

Ce fut comme un pavé dans la mare. Son ami Chambrier d'Oleyres reçut les *Lettres* jusqu'à Turin : « On m'a envoyé de Genève une

---

1. Sur ce thème de la dépendance et de la soumission, voir S. Minier, *Madame de Charrière. Les premiers romans*, Paris-Genève, Slatkine, 1987, p. 27-31.
2. 27 août 1793, *Œuvres complètes, op. cit.*, t. IV, p. 162.
3. *Portraits de femmes*, dans *Œuvres, op. cit.*, t. II, p. 1375-1376.
4. Pour les éditions, voir C. P. Courtney, *A Preliminary Bibliography of Isabelle de Charrière*, Oxford, Voltaire Foundation, 1980, p. 32-38.

brochure qui fait grand bruit à Neuchâtel et y révolte toutes les têtes. On
l'attribue à Mme de Charrière. [...] Les *Lettres neuchâteloises*, petit
roman fort trivial, sert de cadre à des observations fines et justes sur nos
mœurs et usages locaux [1]. » Au moins en appréciait-il l'exactitude sans
s'emporter contre l'auteur, et ce ne fut pas le cas de tout le monde, à
commencer par son cousin, Samuel de Chambrier, qui lui disait, encore
tout ému : « Un sel malin accompagne quelques observations sur nos
mœurs et nos usages [...]. On trouve le livre détestable. » Et il y allait
d'une tirade indignée :

> Madame de Charrière n'a pu se refuser aux aperçus malins de son
> esprit, elle n'a pu soutenir l'idée que l'on prît le change sur la manière
> dont elle nous jugeait ; il paraît que plutôt que de ne pas faire de l'esprit
> sur notre compte, elle aurait consenti à de grands sacrifices. Sa réputation
> ne la satisfait pas, elle veut l'étendre, la faire circuler par les moyens typo-
> graphiques ; mais on trouve qu'elle a fait pis, en publiant cet ouvrage qui
> nous couvre de ridicules, comme vous en jugerez ; elle attaque des gens de
> la politesse et de l'honnêteté de l'accueil desquels elle avait à se louer, elle
> a éloigné d'elle pour satisfaire son esprit des personnes au milieu
> desquelles elle vit, et a prouvé plus de vanité que de bon sens [2].

L'ingrate, qui mordait la main qui la caressait ! On ne saurait dire plus
clairement qu'on enrageait. Une amie le lui confirmait depuis Londres :
« Le public de Neuchâtel est très fâché contre vous. » Dans la seconde
édition, Belle crut devoir insérer une sorte d'excuse en vers :

> Peuple aimable de Neuchâtel,
> Pourquoi vous offenser d'une faible satire ?
> [...] Charmant peuple neuchâtelois !
> Soyez content de la nature ;
> Elle pouvait sans vous faire d'injure
> Ne pas vous accorder tous ses dons à la fois.

Ces regrets polis n'y firent rien et les langues d'aller bon train. Chacun
s'entêtait à découvrir une allusion perfide à son voisin. L'amie de
Londres, elle-même neuchâteloise, confessait qu'elle s'était amusée à
chercher « les originaux des personnages » et dressait — avec l'espoir
d'une confirmation — une liste de concordances. Elle en salivait de
plaisir : « Je ne m'étonne pas que bien des traits me frappent comme
convenant à Mlle A. de L. J'en ai trouvé aussi qui convenaient à ma
sœur. Dites-moi si vous n'avez pas pensé à M. D. P. quand vous avez mis
ces deux ou trois grands mots dans la bouche de la dame du bal, et
surtout sur la distinction entre marchand et négociant. J'ai aussi pensé à

---

1. Journal de Chambrier d'Oleyres, 2 avril 1784, cité par Ph. Godet, *Madame de
Charrière et ses amis*, *op.cit.*, t. I, p. 277.
2. Lettre de S. de Chambrier, 1ᵉʳ avril 1784, citée par G. de Chambrier, « Mme de
Charrière à travers le journal de Chambrier d'Oleyres », dans *Lettres de Zuylen*, 8, 1983,
p. 6.

M. Ma. et M. S. Cr. en lisant les discours du Caustique [1]. » C'est bien ce qui fit la vogue de l'ouvrage : « Le titre de mon petit livre, sourit Mme de Charrière, fit grand-peur ; on craignit d'y trouver des portraits et des anecdotes. Quand on vit que ce n'était pas cela, on prétendit n'y rien trouver d'intéressant. Mais en ne peignant personne, on peint tout le monde. Cela doit être, et je n'y avais pas pensé. Quand on peint de fantaisie, mais avec vérité, un troupeau de moutons, chaque mouton y trouve son portrait, ou du moins le portrait de son voisin [2]. » On imagine la colère, puis la déception des moutons.

Le critique littéraire du *Nouveau Journal de littérature*, le pasteur Chaillet, un familier de Mme de Charrière, fut le seul à parler du livre comme il convenait. « Les pauvres *Lettres neuchâteloises*, disait-il en hochant la tête, comme elles ont été prises de travers, diversement jugées, censurées avec gravité, blâmées avec aigreur, critiquées avec prévention ! » Les esprits mesquins les jugent méchantes et plates quand elles ne sont rien de tout cela : « Ce n'est qu'une bagatelle, assurément. Mais c'est une très jolie bagatelle. » L'observation est fine, les sentiments subtilement rendus, le lieu décrit avec art, le détail précis, sans parler du naturel, de la simplicité, de l'authenticité du ton. Bien sûr, on s'est ému de savoir qui était qui, et à qui allaient compliments ou coups de patte : « C'est sûrement... Non, en vérité, ce n'est personne. » On égratigne bien un peu — si peu — mais si juste : « On dit, il est vrai, que nous n'avons pas trop de lumières, que nous ne connaissons guère les grandes passions... Mais par hasard, y prétendrions-nous [3] ? »

Succès de scandale dans Landerneau, non succès commercial, car l'auteur dut se charger elle-même de la diffusion pour essayer de rentrer dans ses frais. Elle fit parvenir à son frère, en Hollande, une centaine d'exemplaires qu'il était chargé de placer, à dix sous la pièce, chez un libraire. Elle lui disait : « Mon nom (dit pourtant à l'oreille) donnera peut-être de la vogue à ces bagatelles. Une femme et une compatriote, ce sont deux titres à l'intérêt ou à la curiosité. » Le libraire en jugea autrement, fit une mine désolée, se plaignit de la minceur du volume et ne lâcha que huit sols par exemplaire [4].

Mme de Charrière avait songé à une suite [5], mais elle y renonça. Maintenant qu'on connaissait l'auteur, cette suite aurait perdu « l'air de grande vérité qui a fait vraiment un peu illusion ici ». Surtout, il aurait

---

1. 15 juin 1784, *Œuvres complètes, op. cit.*, t. II, p. 411.
2. Janvier 1804, *op. cit.*, t. VIII, p. 39.
3. *Nouveau Journal de littérature et de politique de l'Europe, et surtout de la Suisse*, 15 juin 1784, t. I, p. 425-438. Pour le texte complet, voir J.-D. Candaux, « Madame de Charrière devant la critique de son temps », dans *Documentatieblad*, 27-29, juin 1975, p. 203-209.
4. 12 mai, seconde quinzaine d'août 1784, *Œuvres complètes, op. cit.*, t. II, p. 406, 433.
5. Certains lecteurs en souhaitaient une, par exemple sa tante et son frère Vincent (seconde quinzaine d'août 1784, *Œuvres complètes, op. cit.*, t. II, p. 433).

fallu conclure, et son récit, justement, ne supposait pas de conclusion :
« J'aurais peut-être encore moins de talent pour les dénouements que
pour le reste. Les tristes sont tristes, et les heureux sont fort sujets à être
plats [1]. » C'était fort bien vu. Elle évita aussi de se montrer : « Depuis les
Lettres neuchâteloises, observe un des moutons, Mme de Charrière n'a
point quitté Colombier, non plus que son mari : ils ne viennent point en
ville. Quoiqu'elle ait beaucoup d'esprit, il faut être sur ses gardes,
autrement son commerce serait dangereux [2]. » Elle n'allait pourtant pas
tarder à faire encore parler d'elle.

*
* *

Quand Mme de Charrière se rendit à Genève pour surveiller l'impression de la seconde édition des *Lettres neuchâteloises*, on l'entretint d'une
œuvrette qui défrayait les conversations : « *Le Mari sentimental*, dit-elle,
occupait les Genevois. » Ce petit roman en seize lettres sortait de la
plume, elle aussi anonyme, de Samuel de Constant, l'un des frères de
Constant d'Hermenches. Grâce à Voltaire, il avait épousé Charlotte
Pictet, morte en 1766, après dix années de mariage, puis, en secondes
noces, une demoiselle de Gallatin qui, de santé fragile et d'humeur
inégale, ne lui avait pas apporté le bonheur. Né en 1729, il se mit sur le
tard à la littérature, publia encore *Camille* en 1785 et *Laure* en 1786-
1787. Des trois romans, le plus bref et le meilleur était ce *Mari
sentimental* qui éveillait l'attention de Belle [3]. Un peu maladroit dans
l'écriture, il n'était pourtant pas à dédaigner et Sainte-Beuve le donnait
pour « philosophique et très agréable ». La fille de l'auteur, Rosalie de
Constant résume ainsi les circonstances de la composition :

> Quelque chose dont il entendit parler lui donna [l'idée] de peindre le
> mal que peut faire une femme par son égoïsme, son attachement à de petits
> détails qui n'intéressent qu'elle, et de ce qu'en peut souffrir un homme
> trop sensible. [...] *Le Mari sentimental* fut le premier de ses ouvrages qui
> vit le jour, il eut un succès qui, s'il ne s'étendit pas fort loin, n'en fut pas
> moins complet dans le pays, et comme l'auteur n'avait point écrit encore,
> il ne fut point deviné [4].

Si l'on fait bon marché des réflexions de Constant sur l'agriculture, le
commerce des denrées, les événements politiques de Genève ou la
réforme de la législation criminelle, l'histoire était simple et finalement

1. 1er février 1785, *Œuvres complètes*, *op. cit.*, t. II, p. 454.
2. Mme de Chambrier d'Oleyres à son fils, 5 mars 1785. Cité par Ph. Godet, *Madame de
Charrière et ses amis*, *op.cit.*, t. I, p. 276.
3. Il existe deux éditions intéressantes de ce petit roman : *Le Mari sentimental* suivi des
Lettres de Mrs Henley, introduction et notes de P. Kohler (Genève, Éditions des lettres de
Lausanne, 1928) et *Le Mari sentimental*, introduction et notes de G. Riccioli (Milan,
Cisalpino-Goliardica, 1975)
4. Cité par P. Kohler, éd. cit., p. 10.

poignante. Retiré du service, M. Bompré se trouve las, la cinquantaine approchant, de sa vie de célibataire. «Les soirées d'hiver, confie-t-il à un ami, commencent à être bien longues : mon chien dort, mon cheval est dans l'écurie, mes domestiques ne se plaisent point dans ma compagnie. Il y a des moments où on se trouve bien seul, où on a là quelque chose dans le cœur qui a besoin de verser dans celui d'un autre.» L'espoir de goûter à la félicité conjugale lui fait épouser Mlle de Cherbel, âgée de trente-cinq ans, intelligente et distinguée. Il en est d'autant plus ravi qu'il ne se fait guère d'illusions sur sa séduction personnelle : «J'ai toujours été trop laid, et aujourd'hui je suis trop vieux pour obtenir [des femmes] aucun retour. J'ai éprouvé qu'un cœur tendre ne signifiait rien avec de petits yeux, un nez épaté, de grosses lèvres, un front presque chauve, et une taille peu élancée.» A première vue, mariage assorti : «Je suis heureux, je suis heureux !» répète le brave homme.

Hélas, l'union rêvée ne tarde pas à tourner à l'enfer quotidien. Froide, égoïste et dure, envahissante et insensible, l'épouse le délaisse — «Elle peut presque toujours se passer de moi», gémit-il — et surtout s'empresse de saccager les habitudes de son mari et de faire le désert autour de lui. Adieu les vieux compagnons de chasse, au grenier les meubles antiques et les tapisseries vieillottes, au diable le portrait du père de Bompré, à la porte le fidèle domestique qui a brisé une porcelaine. Elle le brouille avec ses voisins et parents, l'oblige à vendre son cheval, fait tuer son chien, le contraint à un duel stupide, l'accuse injustement d'avoir séduit une paysanne. Jour après jour, le bonhomme s'enlise dans une solitude amère : «C'est une vie bien cruelle que celle qui est dénuée de tout lien sentimental.» Peu à peu s'éteint son goût de vivre : «des vertus, une âme sensible, un cœur honnête» n'ont pas fléchi l'impitoyable virago et Bompré, vaincu, s'enferme dans sa chambre pour se donner la mort. L'indésirable disparu, Mme Bompré hérite et se remarie. Pauvre Bompré…

Dans sa brièveté, le roman était plus complexe qu'il n'en avait l'air. En face de Bompré, hobereau proche des paysans, fait pour une existence simple et sans ambition, sa femme incarne le besoin du luxe et de l'ascension sociale. Ne le persécute-t-elle pas pour qu'il prenne ses distances à l'égard des croquants et qu'il endosse, mieux sonnant que celui, débonnaire, de Bompré, le nom de M. de Maubuisson[1]? Il paie aussi la rançon de sa faiblesse de caractère dans la lutte inégale entre un homme vulnérable et bon contre une femme égoïste et sans cœur[2]. A chaque exigence il cède, bat sa coulpe, donne raison à son bourreau, confesse son indifférence, son apathie. Ce faible a la vocation du martyre : «Je cède ; mais je souffre.» On n'est pas loin de lui découvrir

1. G. Riccioli, dans *Le Mari sentimental*, éd.cit., p. 36-37.
2. P. Kohler, dans *Le Mari sentimental*, éd.cit., p. 38.

une pointe de masochisme, tant il met d'empressement à porter le joug. Cela n'empêchait pas Constant de tirer de l'aventure une amère conclusion : « C'est une femme comme, sans doute, il y en a beaucoup, un mari comme il y en a mille, un ménage comme ils sont presque tous. Quand on voudra la paix et le bonheur, ce n'est pas dans la vie domestique des maris et des femmes qu'on ira les chercher. »

Ce pessimisme conjugal procédait d'une aigre misogynie. « *Le Mari sentimental*, dit encore Rosalie de Constant, fut inspiré à mon père par le désir de corriger les femmes de ce goût de perfection dans les petites choses qui les entourent, qui tient trop à l'égoïsme, et de leur apprendre que c'est dans les détails de la vie, dans les ménagements du sentiment, bien plus que dans les grandes occasions de vertu et de sacrifice, qu'elles peuvent faire le bonheur de leur époux [1]. » La leçon était si dure qu'une veuve s'en émut. Quelques circonstances du roman paraissaient s'appliquer à son cas, et son mari neurasthénique s'était récemment suicidé. Une Mme Caillat crut donc devoir faire attester par-devant notaire qu'elle n'avait rien de commun avec l'infâme Mme Bompré et publia même pour sa défense une *Lettre à M. Mouson, pasteur à Saint-Livré*, pour faire taire les cancans [2].

L'incident était burlesque, mais Belle trouvait dans ce roman « aimable et cruel » bien autre chose que des clés imaginaires. Les femmes seraient-elles toujours tenues pour responsables des déboires conjugaux ? L'échec d'une vie commune leur serait-il inéluctablement imputé ? Ces messieurs n'avaient donc jamais tort ? Sa propre vie lui en avait assez appris là-dessus pour que l'envie lui vînt d'écrire la contrepartie de ce *Mari sentimental* et elle publia, en mars 1784, les *Lettres de mistriss Henley* [3]. Elle répondait au mélancolique et maussade Constant, mais il n'était pas malaisé d'entendre, dans ce récit situé pourtant en Angleterre, des accents douloureusement personnels.

Mrs Henley, qui vient de lire *Le Mari sentimental*, fait à une amie, en six lettres, l'histoire de son propre mariage pour « remettre les choses à leur place » en les éclairant sous leur vrai jour : « Moi aussi je ne suis point heureuse, aussi peu heureuse que le mari sentimental, quoique je ne lui ressemble point et que mon mari ne ressemble point à sa femme. » La forme épistolaire à une voix convient à merveille à ce qui est en réalité un journal camouflé et à la mise en évidence de ces détails qui d'ordinaire échappent à l'attention [4].

1. Cité par Ph. Godet, *Madame de Charrière et ses amis, op.cit.*, t. I, p. 258-259.
2. Voir Ph. Godet, *ibid.*, t. I, p. 263-264.
3. Pour les éditions, voir C. P. Courtney, *A Preliminary Bibliography, of Isabelle de Charrière, op. cit.*, p. 38-43.
4. J. Rousset, *Forme et Signification, op. cit.*, p. 70-71 ; Ch. P. Braunrot, « The single-voice epistolary novel in Madame de Charrière's fiction : communication or self-exploration ? », dans *Documentatieblad*, 27-29, juin 1975, p. 91.

Orpheline et sans guère de ressources, elle a aimé jadis un homme qui a tôt fait de l'oublier au cours de ses voyages avant de mourir prématurément — un sort qui pourrait être, somme toute, celui de Marianne de La Prise dans les *Lettres neuchâteloises* [1]. Vive, impressionnable, toute dans le premier mouvement, impatiente, fantaisiste, mais jolie, intelligente, peu conformiste, à la fois admirée et critiquée dans la société, à vingt-cinq ans elle a refusé des prétendants qui ne l'agréaient pas — un portrait qui n'est pas sans rappeler celui de Mme de Charrière. Raisonnable pourtant, elle a épousé enfin M. Henley, veuf, père d'une fillette de cinq ans, riche, aimable, cultivé : « De la raison, de l'instruction, de l'équité, une égalité d'âme parfaite ; voilà ce que toutes les voix accordaient à M. Henley. [...] C'était un mari de roman. »

A peine arrivée à Hollowpark, les choses se gâtent dans une accumulation de menus faits, de faux pas qui trahissent ses bonnes intentions. Maladroite avec la petite fille, du moins selon l'opinion de son mari, trop élégante à ses yeux pour la campagne, entêtée d'une femme de chambre trop jolie qui tourne la tête à un fermier du voisinage, trop indulgente pour le chat qui égratigne les fauteuils, coupable de vouloir éloigner le portrait de la défunte Mrs Henley, elle voit chacune de ses initiatives tourner au désastre. Colères, reproches, querelles ? Non. Serein, bienveillant, d'un flegme inaltérable, l'époux fait imperturbablement et sans la moindre agressivité les remarques qui s'imposent. Plus elle tente de s'améliorer, de s'adapter à sa manière d'être, plus elle est désappointée. La sagesse, le bon sens un peu terre à terre de son mari sans cesse nient ce qu'elle est, contestent sa personnalité. Enceinte, elle rêve pour ses enfants d'une réussite brillante, mais lui a déjà tracé d'autres plans ; sans même la consulter, il a renoncé à une charge importante. Qu'est-elle donc pour lui, sinon un objet conjugal ? Quel est son rôle dans cette vie réglée où ses avis, ses aspirations comptent pour rien ? J'ai été saisie, dit-elle, de « l'horreur de me voir si étrangère à ses sentiments, si fort exclue de ses pensées, si inutile, si isolée ». Parce qu'il ne s'écarte jamais de la règle, de la mesure, de l'ordre, M. Henley a toujours raison : « Aurais-je eu encore tort, toujours tort, tort en tout ? » Elle aussi souffre, comme M. Bompré dans *Le Mari sentimental*, sans qu'il lui soit même possible de reprocher à son mari une injustice ou un outrage quelconques. Peu à peu fatiguée d'une lutte contre des fantômes, vaincue, elle ne songe pas à la révolte, préfère accuser « l'impétuosité de [son] humeur ». Sa souffrance devient intolérable sans qu'elle s'arrête, elle, à la pensée du suicide qui délivrait tragiquement Bompré : « Je ne suis qu'une femme, je ne m'ôterai pas la vie, je n'en aurai pas le courage ; si je deviens mère, je souhaite de n'en avoir jamais la volonté ; mais le chagrin tue aussi. Dans un an, dans deux ans, vous apprendrez, je l'espère, que je suis raison-

---

1. S. Minier, *Madame de Charrière. Les premiers romans*, op.cit., p. 39.

nable et heureuse, ou que je ne suis plus. » Raisonnable, c'est-à-dire conforme au modèle souhaité par son mari. Comment le deviendrait-elle, sinon en acceptant de se ruiner elle-même, d'abdiquer toute personnalité, de se soumettre à une volonté extérieure à la sienne ? Son « bonheur » est au prix de cette annihilation, d'une autodestruction quotidienne, d'un effacement jusqu'à l'inexistence.

Dans la même lettre où elle la félicitait des *Lettres neuchâteloises*, Mme de Staël s'enquérait de cet autre roman : « Qu'est-ce qu'un roman appelé *Mrs Henley* qu'on prétend de vous, c'est-à-dire qu'on trouve charmant ? [...] Celui-là aussi est-il fait à moitié ? Vous abuseriez un peu du talent qu'il faut pour tourmenter ainsi[1]. » De nouveau, le récit tourne court : Mrs Henley trouvera-t-elle le repos ?

Le roman de Samuel de Constant était dramatique ; celui de Mme de Charrière laissait — bien pire — une impression sinistre d'échec et de ruine d'un individu. Cynique, Chamfort disait : « L'amour plaît plus que le mariage, par la raison que les romans sont plus amusants que l'histoire[2]. » Rien ici de romanesque : ni péripéties, ni événements, ni brutalités, ni malveillance ; point d'époux despotique, jaloux ou volage, pas d'amants ni d'amours contrariées. On échappe aux conventions du roman sentimental : « L'histoire de mon mariage, du temps qui l'a précédé, [...] et ma vie telle qu'elle est aujourd'hui. » Ce réalisme du quotidien permet à l'auteur d'exprimer une souffrance sans emphase[3]. Au suicide spectaculaire se substitue un lent dépérissement qui videra l'être de sa substance : « Le chagrin tue aussi. » A la douleur de voir échouer son union s'ajoute pour Mrs Henley celle de ne pouvoir même articuler aucun grief précis. Lorsqu'elle est tentée de se plaindre, les faits s'amenuisent en une poussière impalpable dont elle sent l'impossibilité de faire comprendre l'importance à sa correspondante : « Je vous entretiens, ma chère amie, de choses bien peu intéressantes, et avec une longueur, un détail ! — mais c'est comme cela qu'elles sont dans ma tête ; et je croirais ne vous rien dire, si je ne vous disais pas tout. Ce sont de petites choses qui m'affligent ou m'impatientent, et me font avoir tort. Écoutez donc encore un tas de petites choses. » N'est-on pas tenté de lui dire, une fois de plus : soyez raisonnable ?

Peu après son mariage, Mme de Charrière avait reçu d'Hermenches cet avis désinvolte qui illustrait l'égoïsme masculin : « Il n'est point [de bonheur] sans nuages, vous vous y êtes bien attendue, n'est-il pas vrai ? [...] Mais la nature a donné au sexe féminin une flexibilité et une

---

1. 27 août 1793, *Œuvres complètes, op. cit.*, t. IV, p. 163.
2. Chamfort, *Maximes et Anecdotes*, introd. par J. Mistler, Monaco, Éditions du Rocher, 1944, p. 80.
3. N. S. Bérenguier, *L'Infortune des alliances. Famille et roman au dix-huitième siècle*, thèse Stanford University, 1988, p. 121-122 ; S. Minier, *Madame de Charrière. Les premiers romans, op.cit.*, p 39 ; B. Didier, *L'Écriture-femme*, Paris, PUF, 1981, p. 96.

souplesse [...] qui rend les femmes plus susceptibles de contentement et de bonheur dans le lien du mariage que nous autres hommes, elles exigent pour l'ordinaire bien moins que nous [1].» Excellente manière de se donner bonne conscience, mais, elle le fait voir dans son roman, rien n'est moins vrai. Jour après jour, Mrs Henley s'enlise dans une solitude à laquelle il n'existe d'alternative que le renoncement à sa personnalité et à ses aspirations, et Sainte-Beuve, déjà, avait souligné l'originalité de son propos : «Elle a montré le côté [...] le plus fréquent du mariage, une femme délicate, sentimentale et incomprise.» Elle est peu à peu étouffée par une union qui a toutes les apparences du bonheur et dont elle ne pourrait même pas se plaindre. Dans *Le Mari sentimental*, Mme Bompré, dominatrice et égoïste, avait des torts réels ; M. Henley, lui, n'en a aucun, sinon celui d'être trop parfait selon ses normes et d'avoir toujours raison : «Des coups de poing me seraient moins fâcheux que toute cette raison. Je suis malheureuse, je m'ennuie ; je n'ai point apporté de bonheur ici, je n'en ai point trouvé. [...] Je suis seule, personne ne sent avec moi ; je suis d'autant plus malheureuse qu'il n'y a rien à quoi je puisse m'en prendre.»

Eh oui, elle n'a pas même de griefs à faire valoir, mais le plus irréprochable des maris la fait mourir à petit feu. Le drame, tout moderne, est celui de l'incompréhension, de l'incommunicabilité, de l'incompatibilité des tempéraments, du sort fait à la femme dans le mariage. Au lendemain des noces, Mrs Henley s'est imaginée en matrone romaine, en épouse de seigneur féodal, en bergère, mais le rêve s'accommode mal du pragmatisme bourgeois, sa sentimentalité entre en conflit avec un rationalisme décevant [2]. Elle était pourtant, comme l'avait été Mme de Charrière, résolue à tenir son rôle : «Je partis pour sa terre au commencement du printemps, remplie des meilleures intentions. [...] Mais qu'est-ce que des intentions quand l'effet n'y répond jamais ?» Mrs Henley sombre dans une humilité amère, dans la tentation de l'effacement : «Vous m'avez fait trop d'honneur en m'épousant, [...] je ne suis pas une femme raisonnable.»

Ce petit roman dénonçait ainsi, sans éclats, les méfaits du malentendu conjugal, les progrès de l'incompréhension entre deux êtres pourtant de bonne volonté. Lorsque Mrs Henley donne lecture du *Mari sentimental* à son époux, il ne se sent nullement concerné : «Ma chère amie, ils se croiront tous des MM. Bompré, et seront surpris d'avoir pu supporter si patiemment la vie.» Tout au contraire, il en tire la démonstration de ses propres qualités : «Il vivait et me jugeait, pour ainsi dire, au jour la journée, jusqu'à ce que M. et Mme Bompré le soient venus rendre plus content de lui et plus mécontent de moi.» On comprend pourquoi

---

1. 10 novembre 1771, *Œuvres complètes, op. cit.*, t. II, p. 253.
2. G. Riccioli, *L'« Esprit » di Madame de Charrière*, Bari, Adriatica, 1967, p. 82.

Simone de Beauvoir voulait y trouver l'allégorie du sort de Mme de Charrière elle-même : « C'est le mariage qui a lentement assassiné l'éclatante Belle de Zuylen ; elle a fait de sa résignation raison : il eût fallu de l'héroïsme ou du génie pour inventer une autre issue. Que ses hautes et rares qualités n'aient pas suffi à la sauver est une des plus éclatantes condamnations de l'institution conjugale qui se rencontre dans l'histoire [1]. » Mrs Henley rêvait de bonheur, elle se voit vouée à la répétition, à la routine, à la solitude intérieure.

Dans *La Nouvelle Héloïse*, Rousseau avait entrepris de réhabiliter la stabilité et l'ordre contre les égarements de la passion et de faire en termes attendris l'apologie du mariage. La seconde préface de son roman célébrait le bonheur domestique :

> J'aime à me figurer deux époux lisant ce recueil ensemble, y puisant un nouveau courage pour supporter leurs travaux communs, et peut-être de nouvelles vues pour les rendre utiles. Comment pourraient-ils y contempler le tableau d'un ménage heureux, sans vouloir imiter un si doux modèle ? Comment s'attendriront-ils sur le charme de l'union conjugale, même privé de celui de l'amour, sans que la leur se resserre et s'affermisse ?

Sa *Julie* offrait donc une leçon et un exemple. Mais le couple Henley ne lit pas *La Nouvelle Héloïse*, mais *Le Mari sentimental*, et l'épouse tire de sa lecture comme de son expérience une leçon moins idyllique : « Je voudrais, sinon corriger, du moins avertir les maris. » Hollowpark devenait l'antithèse du mythique Clarens. Chez Jean-Jacques, le mari incarne la « raison vivante », l'épouse la « vertu sensible », l'une et l'autre s'épaulant. L'entente du couple y est si parfaite qu'on s'y comprend sans même se parler. Leurre, duperie ! A cette illusoire transparence, Mme de Charrière oppose l'opacité des consciences, l'érosion du sentiment. Langage ou silence se dégradent, accentuent la mésentente et l'incompréhension : « Aucune de mes impressions ne sera devinée ! aucun de mes sentiments ne sera partagé. [...] Tout ce que je sens est donc absurde, ou bien M. Henley est insensible et dur... » Hollowpark n'est pas un modèle, mais un contre-modèle [2]. A travers son héroïne, Belle disait les souffrances d'un être spontané, vif et passionné, au côté d'un homme insupportablement raisonnable et mesuré. La situation de Mrs Henley, elle le savait, n'était pas exceptionnelle : « Beaucoup de

---

1. *Le Deuxième Sexe*, Paris, Gallimard, 1949, t. II, p. 281.

2. I. Brouard-Arends, « De l'allégeance à la contestation : la représentation de l'intimité dans l'univers romanesque d'Isabelle de Charrière », dans *Une Européenne à Neuchâtel : Isabelle de Charrière en son siècle*, colloque de Neuchâtel, 11-13 novembre 1993, Neuchâtel, Attinger, 1994, p. 151-152. Sur *Mistriss Henley* comme anti-*Nouvelle Héloïse*, voir N. Bérenguier, « From Clarens to Hollowpark. Isabelle de Charrière's quiet revolution », dans *Studies in Eighteenth-Century Culture*, XXI, 1991, p. 219-243. Sur l'influence de Rousseau sur l'œuvre de Mme de Charrière, voir R. Trousson, « Isabelle de Charrière et Jean-Jacques Rousseau », dans *Bulletin de l'Académie royale de langue et de littérature françaises*, XLIII, 1985, p. 5-57.

femmes sont dans le même cas que moi. » *Le Mari sentimental* racontait un fait particulier ; Mme de Charrière allait bien au-delà, disait son scepticisme sur la possibilité d'une union heureuse. La mort, le coup de pistolet, dénouements de tragédie, ne conviendraient pas à ce morne drame intime : il ne s'agit pas du choix — héroïque et romanesque — entre le bonheur individuel et la sublimation du devoir, entre le mariage et la mort, mais du mariage considéré comme une sorte de mort [1], le destin de l'enterrée vive.

On retrouvait aussi, plus générale, la réflexion sur la dépendance de la femme déjà présente dans les *Lettres neuchâteloises*. Marianne de La Prise était pauvre et voyait bien réduites ses chances d'un mariage convenable. Ici l'héroïne, orpheline sans fortune, a perdu celui qu'elle aimait et a conscience de la précarité de sa situation sociale. Son mariage avec un homme honnêtement fortuné la subordonne à lui, son impécuniosité renforçant la domination maritale, même si M. Henley s'abstient de lui faire sentir sa dépendance [2].

Comme *Le Mari sentimental*, le roman jeta la zizanie dans les ménages : « Il causa un schisme dans la société de Genève, dit Mme de Charrière. Tous les maris étaient pour Monsieur Henley ; beaucoup de femmes pour Madame ; et les jeunes filles n'osaient dire ce qu'elles en pensaient. Jamais personnages fictifs n'eurent autant l'air d'être existants, comme si je les eusse connus ailleurs que sur mon papier. J'ai entendu des gens très polis se dire des injures à leur sujet. J'en fus quelquefois embarrassée [3]. » Elle avait touché des points sensibles. Il parut bientôt à Yverdon une *Justification de M. Henley*, anonyme, censée rédigée par l'époux devenu veuf, et à Versoix une *Lettre de Salomé à Jacqueline*, laborieux badinage contenant d'obscures allusions à Mme de Charrière, déchiffrables seulement par les familiers du petit monde de Colombier. Le tout allait si bien ensemble qu'on publia en 1785 à Paris, en deux volumes, *Le Mari sentimental,* les *Lettres de mistriss Henley* et la *Justification* et Mme de Charrière protesta, toujours anonyme, contre ces attributions erronées [4]. La presse fut favorable. Le *Mercure de France* jugea le fond « absolument neuf » et d'un réalisme inédit, et *L'Année littéraire* fit chorus. Est-ce parce que les comptes rendus étaient dus à des hommes ? Le premier journaliste opinait que Mrs Henley prenait les choses « bien au sérieux », et le second qu'il n'y avait pas « dans tout ce que rapporte l'auteur de quoi se laisser mourir de chagrin [5] ».

1. S. S. Lanser, « Courting death : Roman, romantisme and *Mistriss Henley's* narrative practice », dans *Eighteenth Century Life*, XIII, 1989, p. 54.

2. G. Riccioli, *L'« Esprit » de Madame de Charrière, op. cit.*, p. 71 ; N. Bérenguier, « From Clarens to Hollowpark », *op. cit.*, p. 226.

3. Janvier 1804, *Œuvres complètes, op. cit.*, t. VI, p. 559.

4. Ph. Godet, *Madame de Charrière et ses amis, op.cit.*, t. I, p. 271-274.

5. Voir le texte des comptes rendus chez J. D. Candaux, « Madame de Charrière devant la critique de son temps », *op. cit.*, p. 210-219.

«Jamais personnages fictifs n'eurent autant l'air d'être existants» : peut-être parce qu'ils existaient en effet et que l'autobiographie n'était pas loin. Belle n'avait-elle pas eu, comme son héroïne, l'intention d'être la meilleure des épouses ? Le Pontet n'était-il pas, comme Hollowpark, un héritage maternel de son mari ? N'y poussait-il pas, dans la cour, le même antique tilleul ? Elle ne faisait pourtant pas le portrait de Charrière, seulement de quelqu'un qui lui ressemblait. Mais les intimes ne s'y trompèrent pas. «Nous trouvons, lui écrit une amie, que vous vous êtes peinte vous-même à quelques égards.» Samuel de Chambrier confia à son journal :

> J'y reconnais Mme de Charrière dans l'inconséquence, dans sa facilité de reconnaître qu'elle aurait mieux fait d'agir différemment, dans quelques phrases vives, touchantes, dans son parti promptement pris, dans ses peintures et coups frappés, dans son impatience lorsqu'elle trouve du sang-froid. Je retrouve la tranquillité de M. de Charrière, son sang-froid lorsqu'il refuse, répond à Madame. Cependant, je conviens que ce caractère est exagéré et que Mme de Charrière s'est plu à faire le plus beau que possible son mari, l'a couvert avec soin dans quelques parties et a tout sacrifié, elle-même, pour le faire ressortir avec avantage. Voilà qui est généreux [1].

Au-delà de cette plainte d'une âme endolorie, que reste-t-il à la femme qui n'espère plus grand-chose de son union ? La maternité, peut-être. Mme de Charrière y pensait.

*
* *

Inquiète de la condition féminine et de l'éducation dont il conviendrait d'armer une jeune fille contre le monde et sa propre sensibilité, Mme de Charrière avait en tête un projet de *Lettres écrites de Lausanne*. Elle y mettait la dernière main tout au début de 1785. Son ami Salgas s'offrait à s'occuper de l'impression et lui disait, le 11 janvier : «Envoyez donc.» C'est chose faite quinze jours plus tard et, le 25, Salgas enthousiaste s'engage à relire attentivement le manuscrit, puis à corriger les épreuves. Il promettait le plus grand secret, sauf à l'égard de ses sœurs, tout heureuses de la nouvelle production de Belle. Or, le 1er février, elle écrit à Chambrier d'Oleyres qu'on annonce des *Lettres lausannoises*, dues peut-être à un fils ou à un frère de l'aubergiste d'Yverdon, qui se proposait de les publier grâce à une souscription. Les auteurs n'aiment guère qu'on marche sur leurs brisées ni qu'on leur souffle leurs idées. Mme de Charrière, amusée et contrariée à la fois, n'est pas trop flattée d'entrer en lice avec un tel rival : «J'ai été fort aise de me voir imitée par un sot. Je souhaite que la souscription se remplisse et j'ai prié M. Chaillet de souscrire pour moi. Nous verrons ce que c'est que des idées qui se

---

1. 15 juin 1784, *Œuvres complètes*, *op. cit.*, t. II, p. 411 ; G. de Chambrier, «Mme de Charrière à travers le journal de Chambrier d'Oleyres», *op. cit.*, p. 7.

présentent sans paraître se présenter, et les autres choses extraordinaires qu'on nous annonce. » Vingt ans plus tard, elle se rappellera en souriant cette plaisante compétition : « Un an après que l'on eut imprimé les *Lettres neuchâteloises*, un proposant du pays de Vaud publia dans un prospectus trois volumes des *Lettres lausannoises*. Il annonçait les plus belles choses du monde, mais il voulait une souscription. "Quoi, dis-je, on me vole mon titre ! Mais je préviendrai ce pédant audacieux !" — Aussitôt je montai dans ma chambre et me dépêchai d'écrire. Huit ou dix jours après, les *Lettres de Lausanne* étaient faites [1]. »

Cette fois encore, une intrigue très mince pour soutenir des réflexions sur la femme, la société, le mariage, l'éducation des filles. Le cadre comptait davantage. A Lausanne, petite cité patriarcale et paisible, les jeunes étrangers prennent volontiers pension. Ils louent un appartement dans une demeure familiale, dînent à la table de leurs hôtes, descendent le soir au salon. Monde clos : on s'observe, on sait tout, on se censure. A qui parler en confiance, sinon à une parente en Languedoc ? De nouveau, la correspondance tourne au monologue, puisque les réponses manquent. Destinataire fantôme, prétexte pour penser tout haut : « J'ai besoin d'en parler, et je n'ai personne ici à qui je puisse en parler. » Une mère attentive prépare l'avenir, consigne les menus événements du quotidien, songe à l'établissement de sa fille. Rien de romanesque, pas même l'héroïne : « C'est une belle et bonne fille que ma fille. » Belle ? Pas sans imperfections : assez grande et bien faite, sans doute, mais elle est sujette à quelques maux de tête, elle a le cou trop gros, prend aisément des engelures, transpire quand elle danse. Pour l'instruction : la lecture et l'écriture, des bribes de latin, un peu de géographie et d'arithmétique. Elle sait coudre, broder, tricoter, mais elle ne touche pas la harpe et ne sait ni l'anglais ni l'italien. De noble famille, comme Marianne de La Prise mais, comme elle aussi, sans fortune ni espérances. La bonne mère analyse tout cela comme un stratège étudie le terrain où il livrera bataille : « Il faut donc la montrer. [...] Il ne faut pourtant pas trop la montrer, de peur que les yeux ne se lassent. »

A qui marier Cécile ? Elle a des prétendants, mais peu sortables : « Dans ces quatre amants, il n'y a pas un mari. » Il y aurait bien un jeune lord anglais accompagné de son précepteur, le sombre William. De la distinction, de la délicatesse et il a fait battre le cœur de Cécile. Aime-t-il ? Sans doute, mais il est faible, irrésolu, songe à regagner son pays. L'aveu au bord des lèvres, il ne se résout pas à parler. La mère recourt à la tactique. Elle mènera sa fille dans le monde, dans l'espoir que la concurrence d'éventuels rivaux stimule le jeune homme. En vain. Reste l'éloignement, quelques mois en Languedoc — assez peut-être pour faire sentir à Édouard ce qu'il perd...

---

1. Janvier 1804, *Œuvres complètes*, *op. cit.*, t. VI, p. 559.

Le roman parut en été 1785. Comme dans sa peinture de Neuchâtel, Mme de Charrière soignait le tableau de mœurs, au risque de déplaire. Mercantile, guettant les écus, la petite ville se transforme en pension bourgeoise. Car Lausanne fait bon accueil aux étrangers qui peuplent les auberges, font aller le commerce et monter le prix des loyers. Ils introduisent bien des goûts de luxe et enseignent aux jeunes gens des manières déplaisantes, tournent la tête aux filles et parfois même aux dames, mais quoi ! les affaires marchent... On se défiait déjà de Mme de Charrière à Neuchâtel, on s'en défierait désormais aussi à Lausanne : « Les Lausannois, dira-t-elle à Benjamin Constant, ne m'ont pas pardonné mes lettres [1]. » Des pamphlets anonymes vinrent clamer leur indignation à la dame du Pontet. « Je la connais, cette savante dame, disait une *Lettre écrite de la Cheneau de Bourg*. [...] Ah ! comme elle a un bon cœur ! Je crois bien, à la vérité, qu'elle a l'esprit un peu malin. [...] Son malheur est d'avoir trop d'esprit, il faut qu'il déborde, sans quoi il la suffoquerait. » Des *Lettres écrites de Colombier* se donnaient pour une confession de Mme de Charrière : « J'ai suivi mon penchant, celui de dépriser ce qui n'a point de rapport à moi, et, en général, l'espèce humaine, que je vois du haut de l'estrade où je me suis placée. [...] Je suis désobligeante par principe, méprisante par système, bizarre par vanité. » Puis un autre prenait sa défense, dans une *Lettre d'un étranger*, louait son « pinceau hardi » [2]. Au moins ne laissait-elle pas indifférent.

Le tableau de mœurs n'était pas l'essentiel. Au centre, une veuve anxieuse du sort de sa fille. Depuis toujours, les deux femmes vivent serrées l'une contre l'autre. Cécile confie ses pensées les plus secrètes, sa mère les recueille, soucieuse de la mettre en garde sans l'effaroucher, de lui faire trouver par elle-même la bonne voie. Cette fois, c'est la maternité qui est au cœur du roman, au point que la narratrice, identifiée à sa fonction, n'a pas même de nom : elle est « la mère de Cécile [3] ». Comme pour une Mrs Henley qui serait devenue veuve, cette maternité est le seul bonheur que la femme puisse attendre du mariage, l'unique richesse qu'il apporte [4]. « J'aimais ma fille uniquement, dit la mère ; rien, à ce qu'il me semble, n'a partagé mon attention. » C'est au point qu'elle seule justifie l'union : « Si les maris sont comme vous les avez peints, si le mariage sert à si peu de chose, serait-ce une grande perte ?... — Oui, Cécile : vous voyez combien il est doux d'être mère. » Un monde où l'homme n'a été retenu que comme reproducteur : le bonheur se fait sans lui.

1. 29 mai-19 juin 1790, *Œuvres complètes*, *op. cit.*, t. III, p. 218.
2. Pour ces textes, voir Ph. Godet, *Madame de Charrière et ses amis*, *op.cit.*, t. I, p. 313-318.
3. S. Minier, *Madame de Charrière. Les premiers romans*, *op.cit.*, p. 50.
4. B. Didier, *L'Écriture-femme*, *op. cit.*, p. 102 ; I. Brouard-Arends, « De l'allégeance à la contestation : la représentation de l'intimité dans l'univers romanesque d'Isabelle de Charrière », *op.cit.*, p. 151.

Le grand, le seul problème demeure celui du mariage. On suppute les chances d'une fille noble mais pauvre dans la société telle qu'elle est. Un aristocrate gêné cherche une fortune et ne se souciera pas d'elle. Épouse-t-elle un bourgeois, elle se mésallie sans apporter d'illustration à son mari, puisque le titre ne se transmet pas par les femmes. Si j'étais roi, rêve la mère... On créerait, à partir de la plus haute noblesse, une classe d'élite, fermée, mais dotée d'une pension en cas de ruine. La deuxième, ouverte, comprendrait les officiers parvenus à certains grades et ceux qui auraient occupé certains emplois. La troisième, non héréditaire, serait constituée par les représentants élus du peuple. Enfin, on nommerait des députés des trois classes, qui formeraient le Conseil de la nation et auraient le pas sur les autres. On respecterait surtout une règle essentielle : chaque homme, en se mariant, entrerait dans la classe de sa femme et ses enfants seraient comme lui. Cette utopie matriarcale se justifierait par trois raisons : les enfants sont plus certainement de la femme que du mari ; la première éducation dépend davantage de la mère que du père ; enfin — point capital — ce système exciterait l'émulation chez les hommes et faciliterait le mariage des filles les moins fortunées. Bel essai de gynécocentrisme imaginaire et utopie à usage personnel : Cécile serait de la première classe, donc recherchée par les jeunes gens de celle-ci, qui ne craindraient pas de déchoir, et par ceux des deux autres qui auraient l'ambition de s'élever.

Voilà qui rendrait plus équitable le sort des femmes car, dans le monde réel, la jeune fille est infiniment vulnérable, à la fois victime des préjugés sociaux et de sa propre sensibilité puisqu'elle a, plus que l'homme, le besoin d'aimer et d'être aimée. Innocente, Cécile éprouve des émois dont elle ne démêle pas la cause, amoureuse sans savoir encore ce que c'est que l'amour. Pour elle, l'homme est un péril, parce qu'il se fait de la passion une conception bien différente. Bel effroi, lorsqu'un homme — un parent pourtant — la prend de force dans ses bras. Pourquoi devrait-elle se sentir coupable parce qu'Édouard, par surprise, lui a baisé la main ? Et pourquoi le jeune homme le serait-il moins qu'elle ? La réponse est désabusée : « Cécile, il ne faut pas vous faire illusion : un homme cherche à inspirer, pour lui seul, à chaque femme un sentiment qu'il n'a le plus souvent que pour l'espèce. Trouvant partout à satisfaire son penchant, ce qui est trop souvent la grande affaire de notre vie, n'est presque rien pour lui. » Ce qu'on appelle vertu chez un homme est complexe et tient au courage, au caractère, à l'honneur ; pour la femme, elle se confond avec la chasteté. Aussi est-elle tenue à la plus extrême prudence. Un faux pas, et la voilà perdue aux yeux du monde : « Les filles peu sages plaisent encore plus que les autres ; mais il est rare que le délire aille jusqu'à les épouser. » L'amant soupire aux pieds de sa belle, mais le mari, investi de l'autorité, tiédi par la possession, n'a plus les élans de l'amant. Ingrat à la fois et jaloux : « On se rappelle les refus avec plaisir ; on se rappelle les faveurs avec inquiétude. » Aussi la femme doit-elle sans cesse composer, dissimuler l'ardeur de ses sentiments, s'imposer une stratégie, réfréner ses émotions sous peine de risquer de perdre celui même qui l'a émue. Mme de Charrière pensait-elle à elle-même et à sa liaison avec un mystérieux jeune homme lorsqu'elle ajoutait : « Je ne vous peins pas le regret d'avoir aimé ce qui méritait peu de l'être, le désespoir de rougir de son amant encore plus que de ses faiblesses, de s'étonner en le voyant de sang-froid qu'on ait pu devenir coupable pour lui. »

Comme dans les romans précédents, la jeune fille se voit ainsi soumise à une dépendance affective, mais aussi matérielle. La famille de Cécile s'est appauvrie. Noble, contrainte par les interdits nobiliaires à l'égard du commerce, elle n'a pu refaire une fortune. Que reste-t-il à la mère et à la fille, sinon l'attente immobile, l'espoir du prétendant acceptable, le manège matrimonial[1] ? De quelque côté qu'elle se tourne, la femme est entravée, par sa sensibilité, par la morale, par les préjugés. Le destin de Cécile, comme celui de Marianne de La Prise, demeure incertain, suspendu au bon vouloir, à la décision du jeune lord. C'est l'homme qui mène le jeu.

La mère s'efforce d'armer sa fille contre les périls et les déceptions en développant son autonomie et son esprit critique, et ses principes d'éducation sont bien ceux de Mme de Charrière. Son ami Salgas lui disait : « J'aimais beaucoup la mère avant que de savoir qui elle était. Je l'aime encore davantage, s'il est possible, depuis que je sais que c'est vous, ma chère Madame. J'ai toujours regretté que vous n'eussiez point de fille à élever : personne au monde n'y aurait été plus propre[2]. » L'auteur demeurait fidèle à sa méthode, indifférente aux artifices romanesques : une situation commune, des incidents imperceptibles. La lettre s'y prête, favorise l'intimisme et l'aveu. Une pensée ferme s'y dessine sous l'apparente insignifiance et Sainte-Beuve ne s'y est pas trompé : « Les *Lettres de Lausanne* sont un de ces livres chers aux gens de goût et d'une imagination sensible, une de ces fraîches lectures dans lesquelles, à travers de rapides négligences, on rencontre le plus de ces pensées vives, qui n'ont fait qu'un saut du cœur sur le papier[3]. »

Réimprimé en 1786 à Paris, le roman eut une presse favorable. Le *Journal encyclopédique* salua « un ton de vérité et de naturel [...] quelques tableaux neufs » et des vues utiles et en recommandait la lecture, tandis que le *Journal de Paris* regrettait l'absence de conclusion, mais en ajoutant : « Il y a des romans qui semblent presque éternels ; celui-ci est

1. J. Starobinski, « Les *Lettres écrites de Lausanne* de Madame de Charrière : inhibition psychique et interdit social », dans *Roman et Lumières au XVIIIᵉ siècle*, Paris, Éditions sociales, 1970, p. 136-137.
2. 20 février 1785, *Œuvres complètes*, *op. cit.*, t. II, p. 456.
3. *Du roman intime*, dans *Œuvres*, éd. cit., t. II, p. 1021.

trop court : c'est un défaut plus rare [1]. » Les *Lettres écrites de Lausanne*, en effet, ne « finissaient » pas : c'est que l'auteur, cette fois, prévoyait une suite.

*
* *

Le 9 novembre 1786, de Paris, Mme de Charrière écrivait à son frère : « On voudrait que je continuasse mes petits romans et surtout les *Lettres écrites de Lausanne*. » Quelques mois plus tard, le 24 juillet 1787, friande de dénouements heureux, sa belle-sœur insistait : « Je suis en peine de savoir si l'aimable Cécile épousera le jeune lord. » Elle y avait pensé elle-même puisque, dès le 20 février 1785, le serviable Salgas applaudissait : « Vous avez une fort bonne idée de vouloir nous faire l'histoire du mentor du jeune lord. C'est un personnage intéressant, et qui va fort bien à côté de la mère de Cécile. » Cette suite, elle s'était même mise à l'ébaucher, et quelques fragments subsistent de ces essais.

Or les *Lettres écrites de Lausanne* reparurent à Paris en janvier 1787, augmentées d'une seconde partie intitulée *Caliste*, prête depuis plusieurs mois [2]. Ce roman, le plus poignant qu'elle ait écrit, l'avait douloureusement tourmentée : « Je le fis imprimer à Paris, dit-elle dix-sept ans plus tard, et depuis je n'ai eu le courage de le relire. J'avais trop pleuré en l'écrivant [3]. » C'est qu'il était issu du drame secret qu'elle avait vécu. Après avoir rapporté la confidence de sa passion pour un jeune homme inconnu, Benjamin Constant ajoute : « Ce désespoir a tourné à bien pour sa réputation littéraire, car il lui a inspiré le plus joli des ouvrages qu'elle ait faits : il est intitulé *Caliste* [4]. »

Était-ce bien la suite des *Lettres* ? Dans un certain sens seulement car, s'il y a en effet un lien intime entre les deux œuvres, il n'est pas dans l'anecdote, et l'histoire de Caliste, qui ramenait le lecteur dans l'Angleterre de Mrs Henley, n'était pas la conclusion de celle de Cécile.

Elle reparaissait pourtant, avec sa mère, dans les premières pages. En attendant la bonne saison, les deux femmes ont retardé leur départ pour le Languedoc en s'installant à la campagne, où milord Édouard leur rend visite, toujours sans se déclarer. C'est alors que son gouverneur, William, un homme grave et triste, jusqu'ici demeuré dans l'ombre, conte son histoire à la mère de Cécile.

Très éprouvé par la mort d'un frère chéri, William s'est jadis retiré à

---

1. Pour l'accueil de la presse, voir J. D. Candaux, « Madame de Charrière devant la critique de son temps », *op. cit.*, p. 220-231.

2. Février 1804, *Œuvres complètes, op. cit.*, t. VI, p. 564 : « A sa prière [celle du libraire Prault], j'avais gardé le plus rigoureux silence sur *Caliste* pendant plusieurs mois, parce qu'il ne voulait le mettre en vente qu'après le nouvel an, c'est-à-dire après le débit des almanachs. » Les deux parties reparurent en 1788 et eurent une traduction allemande (1792), une anglaise (1799) et une réédition en 1807.

3. Janvier 1804, *Œuvres complètes, op. cit.*, t. VI, p. 559.

4. *Le Cahier rouge*, dans *Œuvres, op. cit.*, p. 101.

Bath pour rétablir sa santé. Il y a connu une jeune femme au pitoyable destin. Vouée au théâtre, elle a débuté dans le rôle de *La Belle Pénitente* de Nicholas Rowe, qui lui a laissé son nom : Caliste. Sa mère l'a vendue à un homme riche qui lui a fait donner une excellente éducation mais il est mort et depuis elle mène une vie retirée, sous le remords d'une faute dont elle n'est pourtant pas responsable. Son seul espoir de réhabilitation serait le mariage. Or William s'est épris d'elle et elle n'a pas dissimulé ses sentiments. Résolue à demeurer sans tache, elle refuse d'être la maîtresse de William dont le père, respectueux des convenances, refuse à son tour, tout en reconnaissant les rares qualités de la jeune femme, de consentir à une union. Faible, indécis, soumis, l'amant n'ose braver cet interdit, tergiverse sans fin. Un homme survient. Il sait le passé de Caliste, mais offre de l'épouser. Elle ne l'aime pas, mais l'estime. Jusqu'au dernier moment, elle espère en vain un mot de William, et accepte. Désespéré, William se laisse marier à une autre. Beau gâchis : les deux mariages seront malheureux, celui de Caliste par la passion qui la ronge et qu'elle n'a pu cacher à son mari, celui de William par la coquetterie et la frivolité de sa femme.

Ils se reverront une dernière fois, à Londres, où, dans un élan bientôt réprimé, elle lui offre de fuir ensemble, de tout recommencer. Mais William, toujours hésitant, la laisse partir. Pour donner le change à sa détresse, il a accepté de mener sur le continent le fils d'un ami : nous l'avons ainsi rencontré à Lausanne, dans la première partie du roman. Elle, malade, minée par le chagrin, achève sa triste existence. Une dernière lettre, envoyée par le mari de Caliste, qui a pardonné, raconte sa fin. William demeure à jamais brisé, songeant avec désespoir à chacun des instants où un mot de lui aurait pu changer leur destin.

Encore une fois, Mme de Charrière se penchait sur la condition féminine, mais en changeant de ton : *Caliste* est un roman sentimental, qui n'ignore ni les péripéties, ni les rencontres inattendues, ni les exclamations pathétiques et la mélancolie [1] et elle ne reculait pas devant la hardiesse d'un sujet qui mettait en scène une fille entretenue. L'héroïne, dans la meilleure tradition et avec une sorte de masochisme, se dit vouée au malheur : « Mille fois j'ai voulu me soustraire à tous les maux que je prévois ; mais qui peut échapper à sa destinée ? » Son mariage sans amour, infraction aux lois du genre, indignait une spécialiste de la sensibilité, Sophie Cottin, qui écrivait à un ami en avril 1801 :

> Je ne puis penser comme vous sur Caliste : son mariage m'a tout gâté. Elle ne veut point mourir, parce qu'il n'y a pas de monde où elle retrouverait son amant ; et elle se marie : n'est-ce pas s'en séparer bien plus ? Ce mariage m'a fait un mal que je ne puis dire, il a glacé mon intérêt, il a tari

---

1. Y. Went-Daoust, « La place des *Lettres neuchâteloises* dans le roman épistolaire du XVIIIᵉ siècle », *op. cit.*, p. 124.

mes larmes, il m'a poursuivie péniblement pendant toute la nuit. Pourquoi se marie-t-elle ? L'avez-vous jamais compris ? Croit-elle s'honorer aux yeux de son amant, en se donnant à un homme qu'elle n'aime point, et vers lequel elle n'est entraînée, ni par la reconnaissance, ni par aucun devoir ? Croit-elle s'honorer aux yeux du public, en étant infidèle à l'amour ? L'amour n'était-il pas devenu la plus belle vertu, ne lui avait-il pas rendu l'honneur, l'innocence, l'estime d'elle-même et des autres ? A quels motifs le sacrifie-t-elle ? A un nom, à un état, à l'opinion d'une classe de gens qu'elle devait mépriser, et qu'elle met tout à coup au-dessus de sa propre approbation et de son amour. Comprenez-vous cette conduite, l'approuvez-vous ? Au nom du ciel, dites-moi vos raisons ! Que je puisse retrouver cette Caliste que j'aimais tant, et que son mariage m'a enlevée [1] !

Si ce mariage trop raisonnable scandalisait l'émotive Cottin, reste que, selon les préjugés, et en dépit de dons et de vertus que lui envieraient bien des honnêtes femmes, Caliste est par excellence celle qu'on n'épouse pas, perdue et condamnée d'avance, comme l'illustre le refus du père de William dans une lettre qui préfigure une scène célèbre de *La Dame aux camélias*. Nul méchant pourtant dans ce récit douloureux, sinon la mère dénaturée qui a fait le malheur d'une innocente. Le protecteur de Caliste est bon et généreux, comme son mari, qui l'aime mais souffre intolérablement de jalousie ; William ne peut se reprocher que sa criminelle faiblesse, son père un attachement aveugle aux convenances. Seule la marque sa tache originelle, cette faute involontaire qu'elle tente de racheter. Caliste n'est pas la première figure de pécheresse digne d'estime et victime de la prédestination sociale : Lauretta Pisana, la courtisane dont s'est épris Édouard Bomston dans *La Nouvelle Héloïse*, l'a précédée dans la carrière, mais son personnage fera fortune avec la Leone Leoni de George Sand, la Marion Delorme de Hugo, la Marguerite Gautier de Dumas [2].

Dépendante, aliénée, elle l'est plus encore que les héroïnes précédentes : vendue par sa mère, fille entretenue, suspendue à la décision de William, aux yeux du monde elle est pour toujours, inexorablement, celle qu'elle a incarnée dans *La Belle Pénitente*. Pis encore, elle est même prisonnière de sa propre conscience, puisqu'elle intériorise le jugement porté sur elle et, loin de se rebeller, reçoit avec humilité la malédiction sociale, comme faisait aussi la Lauretta de Jean-Jacques. On est loin du féminisme et d'ailleurs, en dépit de ses vertus réelles, Mme de Charrière ne suggère pas de l'imiter : si toute sa vie elle a souffert de conventions absurdes ou tyranniques, elle n'a jamais pensé qu'une femme pût s'en affranchir sans renoncer à sa dignité. Résignée à son sort, Caliste se

---

1. Cité par L. Sykes, *Madame Cottin*, Oxford, Blackwell, 1949, p. 339.
2. C. Olivier, « *Leone Leoni, Caliste* et *Manon Lescaut* », dans *Revue suisse*, VII, 1844, p. 708-731.

châtie elle-même en s'inclinant humblement en femme avilie quémandant la rédemption d'un mariage honorable, elle accepte les valeurs du monde qui la condamne, se soumet aux préjugés, aspire à une improbable amnistie [1]. Quel avenir attend celle qui n'a pas eu le bonheur d'être conduite à l'autel ? Le lien s'établit ici avec le récit précédent : si Caliste est plus dramatiquement marquée, on n'a pas de peine cependant à reconnaître dans son histoire la version amplifiée, dramatisée, de celle de Cécile. Ce qui reste suggéré, presque imperceptible, dans les *Lettres écrites de Lausanne*, est ici transformé en une destinée mortelle [2].

Le véritable responsable de l'échec, c'est l'homme, cœur pusillanime incapable d'affronter l'hypocrisie sociale ou l'injuste autorité paternelle. On comprend mieux, après *Caliste*, l'avertissement de William au jeune Édouard dans les *Lettres* : « Si jamais vous intéressez le cœur d'une femme vraiment tendre et sensible, et que vous ne sentiez pas dans le vôtre que vous pourrez payer toute sa tendresse, tous ses sacrifices, éloignez-vous d'elle, faites-vous en oublier. » Mme de Charrière lançait le thème — celui de l'indécision criminelle — que reprendra Mme de Staël dans *Corinne* et surtout Benjamin Constant dans *Adolphe*. Sainte-Beuve déjà voyait dans Caliste « une première Corinne, esquisse ingénue de la seconde », mais Mme de Staël orchestrera plus puissamment le drame de la femme artiste que son génie condamne au malheur. A la retenue, à la discrète pudeur de Mme de Charrière, elle substituera un récit plus spectaculaire et un ton plus déclamatoire [3]. Quant à William, sensible et irrésolu, voué à l'impuissance du cœur et de la volonté, il a déjà des traits romantiques [4]. Passif, il se lamente sur sa tragique erreur, parle de sa « léthargie », de son « stupide abattement », du sort cruel. Il est de ces tourmentés que leur irrésolution conduit à l'échec et à la solitude, et ce n'est pas par hasard que Mme de Charrière lui prête les premiers mots des *Rêveries du promeneur solitaire* : « Me voici donc seul sur la terre. » Responsable de la mort de Caliste, William accuse lui-même la fatalité : « Ah ! malheureux, j'ai toujours attendu qu'il fût trop tard, et mon père a fait comme moi. Que n'a-t-elle aimé un autre homme, et qui eût eu un autre père ? Elle aurait vécu, elle ne mourrait pas de chagrin. »

Pour cette fois, Belle ne reculait pas devant la conclusion, mais pour la faire tragique. Comme dans *La Nouvelle Héloïse*, c'est le mari qui

---

1. J. Starobinski, « Les *Lettres écrites de Lausanne* de Madame de Charrière : inhibition psychique et interdit social », *op.cit.*, p. 139.

2. J. Starobinski, *ibid.*, p. 132.

3. A. Monglond, *Vies préromantiques*, Paris, Belles Lettres, 1925, p. 222 ; Ch. Guyot, « Madame de Charrière. La Hollande et la culture française », dans *Documentatieblad*, 27-29, 1975, p. 30 ; S. Minier, *Madame de Charrière. Les premiers romans, op.cit.*, p. 85 ; B. Didier, *L'Écriture-femme, op.cit.*, p. 104. Le personnage a-t-il marqué celui de Nastasia Philipovna ? Voir G. Morgulis, « *Caliste* de Madame de Charrière et *L'Idiot* de Dostoïevski », dans *Revue de littérature comparée*, XV, 1935, p. 521-524.

4. S. Minier, *Madame de Charrière. Les premiers romans, op.cit.*, p. 86.

raconte à l'amant les derniers moments de l'héroïne. Mais la tonalité est différente. Chez Rousseau, Julie se remet à Dieu, sublimant son amour par la mort qui le sanctifie et le rend éternel. Caliste s'éteint dans la solitude, en écoutant le *Stabat mater* : « La pièce finie, les musiciens sont sortis sur la pointe des pieds, croyant qu'elle dormait, mais ses yeux étaient fermés pour toujours. » La prière est presque absente, Dieu n'est pas invoqué, la musique religieuse de Pergolèse est requise dans une perspective plus esthétique que spirituelle [1] : « Ainsi a fini votre Caliste ; les uns diront comme une païenne, les autres comme une sainte. » Elle aura des émules : après elle, Delphine et Corinne, chez Mme de Staël, et Gustave, chez Mme de Krüdener, s'éteindront au son de la musique.

Julie montait vers Dieu ; Caliste épuisée d'amour s'éteint comme un souffle et sans espoir de retrouvailles dans un problématique au-delà. L'ascension sereine de Julie n'a rien de commun avec la fin de Caliste, emportée par un désir de mort qui traduit l'inanité d'une philosophie du bonheur, la vanité de la lutte contre le monde, l'impossibilité de réconcilier raison et sentiment, l'aspiration à l'anéantissement [2]. L'amour même est échec parce que, loin de la conception romantique et par la faute de l'homme, il ne mène pas à la rédemption ni à la réintégration sociale. Ce pessimisme ne conduit pas à la révolte ou au féminisme, mais à une impasse : les âmes sensibles sont promises au malheur.

Les deux parties du roman forment un diptyque en contraste. Le couple mère-fille, uni, s'oppose au couple père-fils, divisé ; le non-conformisme de la mère de Cécile s'oppose à l'autoritarisme et aux préjugés du père de William ; la mère est énergique, l'amant velléitaire. Mais les hommes se ressemblent : indécis, faibles, inconscients du mal qu'ils causent [3]. Mme de Charrière, qui se défendait de conclure — peut-être parce que la vie elle-même ne conclut pas — a cependant laissé trois fragments, de quelques lignes chacun, qui portent un jugement ou éclairent la destinée des protagonistes. Dans le premier, la mère de Cécile commente les confidences de William, excuse en partie sa conduite — « Il vous a manqué de prévoir ce que les événements produiraient » — et tente de le consoler. Dans le deuxième, le père du jeune Édouard regrette auprès de William que son fils ne se soit pas déclaré à Cécile et fait entrevoir une issue : « Écoutez, si cela pouvait encore se faire… » Dans le dernier, le plus bref, Cécile mariée écrit à sa mère. On ne sait qui est l'élu, mais ce n'est pas le jeune lord [4].

Les héroïnes de ces petits romans ont bien des points communs. Toutes quatre sont dans l'impossibilité de décider de leur sort.

---

1. P. Pelckmans, « La fausse emphase de "la mort de toi" », dans *Neophilologus*, LXXII, 1988, p. 508-509.
2. J. Rossard, « Le désir de mort romantique dans *Caliste* », *PMLA*, 87, 1972, p. 492-493.
3. Sur ces contrastes, voir Y. Went-Daoust, « La place des *Lettres neuchâteloises* dans le roman épistolaire du XVIIIᵉ siècle », *op. cit.*, p. 125
4. Ces suites ébauchées se trouvent dans les *Œuvres complètes*, t. VIII, p. 239-247.

Dépendance de l'ordre social, qui n'admet pas pour la femme d'autre destinée que le mariage. Dépendance matérielle : sans fortune, elles sont encore renvoyées au mariage comme seule issue. Dépendance sentimentale, parce que la femme n'est pas tentée, à la différence de l'homme, de substituer le désir à l'amour, ce qui la rend vulnérable. Dépendance enfin à l'égard de cet homme qui peut seul prendre l'initiative et la décision. Or les personnages masculins font piètre figure : M. Henley est froid, pédant, raisonnable à l'excès, incapable de comprendre sa femme ; Édouard et William sont faibles, indécis. Le jeune Meyer est plus sympathique, mais reviendra-t-il ? Le droit au bonheur des filles se heurte au préjugé, aux exigences sociales, leur sensibilité les prédispose au rôle de victimes. Ont-elles même une personnalité autonome ? Mrs. Henley n'est que « la femme de M. Henley », la mère de Cécile n'est que « la mère de Cécile » et Caliste ne portera jamais qu'un nom de théâtre.

On serait tenté de voir ces premiers romans de Mme de Charrière reliés par le fil ténu, mais visible, d'un constant pessimisme à l'égard de la condition féminine [1]. Car dans les *Lettres neuchâteloises*, Marianne de La Prise, ne voyant pas revenir Meyer, ne fera-t-elle pas une fin comme Mrs. Henley ? Celle-ci, déçue par le mariage, veuve, ne reportera-t-elle pas toute son aptitude à aimer dans ses fonctions de mère, comme celle de Cécile, qui fait de la maternité le substitut du bonheur de la femme ? Mais le cycle est sans fin, car Cécile à son tour attend qu'un homme décide de son sort, comme jadis Marianne, et Caliste nous apprend que cette attente inutile peut mener à la mort. Il est significatif que, préparant une conclusion à l'histoire de Cécile, voire une suite, Mme de Charrière se soit interrompue après quelques lignes.

Le roman fut bien accueilli : « Je lui dois, dit Mme de Charrière, la plus grande part de ma petite gloire [2]. » Mme de Staël en raffolait au point de le lire dix fois et son enthousiasme n'était pas feint [3]. Une parente des Charrière en disait :

> Il est fort critiqué, mais l'on ne peut rien lire de plus intéressant : c'est des détails charmants et une connaissance approfondie du cœur humain. L'héroïne est si intéressante, et ses malheurs si bien amenés que l'autre jour, en le lisant, j'en aurais volontiers pleuré, moi, à qui l'on reproche de n'être pas sensible. [...] On trouve aussi que c'est un sujet bas, une lecture dangereuse [4].

Chez les professionnels, seul La Harpe grogna que le roman était « mal imaginé » et d'« une conception avortée ». Grimm s'essuyait les yeux :

1. Possibilité mentionnée et discutée par S. Minier, *Madame de Charrière. Les premiers romans*, *op.cit.*, p. 48-54.
2. Janvier 1804, *Œuvres complètes*, *op. cit.*, t. VI, p. 559.
3. C'est ce que confirme Rosalie de Constant à Mme de Charrière, le 4 janvier 1791.
4. Angletine de Sévery à son frère, 18 mars 1788, cité par W. et C. de Sévery, *La Vie de société dans le pays de Vaud à la fin du XVIIIᵉ siècle*, éd. cit., t. II, p. 163.

« Nous connaissons peu d'ouvrages où la passion de l'amour soit exprimée avec une sensibilité plus vive, plus profonde, et dont l'intérêt soit tout à la fois plus délicat et plus attachant. » Puis le *Journal de Lausanne* s'émerveilla de la sensibilité et de la délicatesse des portraits, le *Journal de Paris* renchérit sur la simplicité et le dépouillement du récit, la vérité du caractère de William, tout en s'inquiétant un peu du propos : « L'appellerons-nous moral ou immoral ? En pouvons-nous recommander la lecture [1] ? » En 1807, deux ans après la mort de Mme de Charrière, Pauline de Meulan consacra au roman un long article dans *Le Publiciste* : « La mort de Caliste est touchante et simple comme son caractère ; elle est triste comme sa vie. » Cela convenait aussi à la mémoire de la dame de Colombier.

Benjamin Constant avait été parmi les premiers admirateurs de *Caliste* et, d'une escapade en Angleterre, il écrivait en juin 1787 qu'il avait le projet d'aller voir, à Bath, le banc sur lequel Caliste était assise lors de sa rencontre avec William. Un an plus tard, il songeait à dédier à Mme de Charrière un livre auquel il travaillait et qui eût porté cette dédicace émue et tendre :

A celle qui a créé Caliste, et qui lui ressemble, à celle qui réunit l'esprit au sentiment, et la vivacité des goûts à la douceur du caractère, à celle qu'on peut méconnaître, mais qu'on ne peut oublier quand on l'a connue, à celle qui n'est jamais injuste quoiqu'elle soit souvent inégale, à la plus spirituelle et pourtant à la plus simple et à la plus sensible des femmes, à la plus tendre, à la plus vraie, et à la plus constante des amies, salut et bonheur [2].

On ne pouvait rendre plus bel hommage au personnage et à son créateur.

R. T.

---

1. La Harpe, *Correspondance littéraire*, Genève, Slatkine reprints, 1968, t. III, p. 450 ; *Correspondance littéraire*, janvier 1788. Pour les périodiques, voir J. D. Candaux, « Madame de Charrière devant la critique de son temps », *op. cit.*, p. 232-245 et 269-272.
   2. 26 juin 1787, 4-5 avril 1788, *Œuvres complètes*, *op. cit.*, t. III, p. 24, 79. On reproduit ici les éditions de 1784 (*Lettres neuchâteloises*, *Lettres de mistriss Henley*), 1788 (*Lettres écrites de Lausanne*, *Caliste*).

Lettres neuchâteloises

(1784)

L'éditeur des *Lettres Neuchâteloises* n'ayant vu ni la copie sur laquelle ces lettres ont été imprimées, ni les premières feuilles de l'impression, il s'est glissé dans l'une et dans l'autre une grande quantité de fautes. On se flatte que cette nouvelle édition, plus exacte, sera plus agréable aux lecteurs.

(Note de la deuxième édition, 1784.)

LETTRE I

Julianne C... à sa tante à Boudevilliers

Ma chère tante,

J'ai bien reçu votre chère lettre, par laquelle vous me marquez que vous et le cher oncle êtes toujours bien, de quoi Dieu soit loué ! et pour ce qui est de la cousine Jeanne-Marie, elle sera, qu'on dit, bientôt épouse avec le cousin Abram ; et j'en suis, je vous assure, fort aise, l'ayant toujours aimée ; et si ça ne se fait qu'au printemps, nous pourrions bien nous deux[a] la cousine Jeanne-Aimée aller danser à ses noces ; ce que je ferais de bien bon cœur.

Et à présent, ma chère tante, il faut que je vous raconte ce qui m'arriva avant-hier. Nous avions bien travaillé tout le jour autour de la robe de Mlle de La Prise, de façon que nous avons été prêtes de bonne heure, et mes maîtresses m'ont envoyée la reporter ; et moi, comme je descendais en bas le Neubourg, il y avait beaucoup d'écombre[b], et il passait aussi un monsieur qui avait l'air bien gentil, qui avait un joli habit. J'avais avec la robe encore un paquet sous mon bras, et en me retournant j'ai tout ça

a. *Nous deux la cousine* : ma cousine et moi.
b. *Beaucoup d'écombres* : d'encombres.

laissé tomber, et je suis aussi tombée ; il avait plu et le chemin était glissant : je ne me suis rien fait de mal ; mais la robe a été un petit peu salie : je n'osais pas retourner à la maison, et je pleurais ; car je n'osais pas non plus aller vers la demoiselle avec sa robe salie, et j'avais bien souci de mes maîtresses qui sont déjà souvent assez gringes[1] ; il y avait là des petits bouëbes[a] qui ne faisaient que se moquer de moi. Mais j'eus encore de la chance : car le monsieur, quand il m'eut aidée à ramasser toutes les briques[2], voulut venir avec moi pour dire à mes maîtresses que ce n'était pas ma faute. J'étais bien un peu honteuse ; mais j'avais pourtant moins souci que si j'étais allée toute seule. Et le monsieur a bien dit à mes maîtresses que ce n'était pas ma faute ; en s'en allant il m'a donné un petit écu, pour me consoler, qu'il a dit ; et mes maîtresses ont été tout étonnées qu'un si beau monsieur eût pris la peine de venir avec moi, et elles n'ont rien dit d'autre tout le soir. Et hier elles ont été bien plus surprises ; car le monsieur est revenu le soir pour demander si on a bien pu nettoyer la robe : je lui ai dit qu'oui, et qu'aussi je n'avais pas tant craint la demoiselle, qui est une fort bonne demoiselle, et une des plus gentilles de Neuchâtel : voilà, ma chère tante, ce que je voulais vous raconter. C'est encore un bonheur avec un malheur ; car le monsieur est bien gentil : mais je ne sais pas son nom, ni s'il demeure à Neuchâtel, ne l'ayant jamais vu : et il se peut bien que je ne le revoie jamais.

Adieu, ma chère tante. Saluez bien mon oncle et la cousine Jeanne-Marie et le cousin Abram. La cousine Jeanne-Aimée se porte bien ; elle va toujours à ses journées ; elle vous salue bien.

JULIANNE C...

LETTRE II

Henri Meyer à Godefroy Dorville à Hambourg

Neuchâtel, ce*** octobre 178*

Je suis arrivé ici, il y a trois jours, mon cher ami, à travers un pays tout couvert de vignobles, et par un assez vilain chemin fort étroit et fort embarrassé par des vendangeurs et tout l'attirail des vendanges. On dit que cela est fort gai ; et je l'aurais trouvé ainsi moi-même peut-être, si le temps n'avait été couvert, humide et froid ; de sorte que je n'ai vu que des vendangeuses assez sales et à demi gelées. Je n'aime pas trop à voir

---

a. *Petits bouëbes* : petits garçons.
1. Désagréables, grincheuses.
2. Tous les morceaux.

des femmes travailler à la campagne, si ce n'est tout au plus aux foins. Je trouve que c'est dommage des jolies et des jeunes ; j'ai pitié de celles qui ne sont ni l'un ni l'autre, de sorte que le sentiment que j'éprouve n'est jamais agréable ; et l'autre jour dans mon carrosse je me trouvais l'air d'un sot et d'un insolent, en passant au milieu de ces pauvres vendangeuses. Les raisins versés et pressés dans les tonneaux ouverts, qu'on appelle *gerles*, et cahotés sur de petites voitures à quatre roues qu'on appelle *chars*, n'offrent pas non plus un aspect bien ragoûtant. Il faut avouer aussi que je n'étais pas de bien bonne humeur ; je quittais des études qui m'amusaient, des camarades que j'aimais, pour venir au milieu de gens inconnus me vouer à une occupation toute nouvelle pour moi, pour laquelle j'aurai peut-être un talent fort médiocre. Si je t'avais laissé derrière moi, c'eût été bien pis ; mais depuis que tu nous as quittés, je ne me sentais plus d'attache bien forte. Je n'avais donc pas un vif regret, ni aucune grande crainte pour l'avenir ; car l'ami de mon père ne pouvait pas me mal recevoir : mais seulement un peu de mauvaise humeur et de tristesse. Je m'arrête à te peindre la disposition où j'étais, parce qu'elle est encore la même.

M. M… m'a bien reçu : je suis assez bien logé : les apprentis et les commis mes camarades ne me plaisent ni ne me déplaisent : nous mangeons tous ensemble, excepté quand on m'invite chez mon patron, ce qui est arrivé deux fois en quatre jours : tu vois que cela est fort honnête ; mais je m'y amuse aussi peu que je m'y ennuie.

La ville me paraîtra, je crois, assez belle, quand elle sera moins embarrassée, et les rues moins sales. Il y a quelques belles maisons, surtout dans le faubourg ; et quand les brouillards permettent au soleil de luire, le lac et les Alpes, déjà toutes blanches de neige, offrent une belle vue ; ce n'est pourtant pas comme à Genève, à Lausanne ou à Vevey.

J'ai pris un maître de violon, qui vient tous les jours de deux à trois : car on me permet de ne retourner au comptoir qu'à trois heures ; c'est bien assez d'être assis de huit heures à midi, et de trois à sept ; les jours de grand courrier nous y restons même plus longtemps. Les autres jours je prendrai quelques leçons, soit de musique, soit de dessin ; car je sais assez danser : et après souper je me propose de lire ; car je voudrais bien ne pas perdre le fruit de l'éducation qu'on m'a donnée : je voudrais même entretenir un peu mon latin. On a beau dire que cela est fort inutile pour un négociant : il me semble que hors de son comptoir un négociant est comme un autre homme, et qu'on met une grande différence entre ton père et M.***.

On est fort content de mon écriture et de ma facilité à chiffrer. Il me semble qu'on est fort disposé à tenir parole à mon oncle, pour le soin de me faire avancer, autant que possible, dans la connaissance du métier que j'apprends. Il y a une grande différence entre moi et les autres apprentis quant aux choses auxquelles on nous emploie : sans être bien vain, j'ose dire aussi qu'il y en a assez quant à la manière dont on nous a élevés eux et moi. Il n'y en a qu'un dont il me paraisse que c'est dommage de le voir occupé de choses pour lesquelles il ne faut aucune intelligence et qui n'apprennent rien ; il serait fort naturel qu'il devînt jaloux de moi : mais je tâcherai de faire en sorte, par toutes sortes de prévenances, qu'il soit bien aise de m'avoir ici : cela me sera bien aisé. Les autres ne sont que des polissons.

Une chose dont je sais fort bon gré à mon oncle, c'est la manière dont je suis arrangé pour la dépense et pour mon argent. On paie pour moi trente louis de pension et demi-louis par mois de blanchissage ; on m'a donné dix louis pour mes menus plaisirs, dont on veut que je ne rende aucun compte, avec promesse de m'en donner autant tous les quatre mois. Et quant à mes leçons et mes habits, mon oncle a promis de payer cette première année tous les comptes que je lui enverrai, sans trouver à redire à quoi que ce soit. Il m'a écrit que d'après cet arrangement je pourrais me croire bien riche, et qu'il n'en était rien cependant ; mais qu'il n'avait pas voulu que je fusse gêné, ni que je courusse risque de faire des dettes ou d'emprunter, ou de faire un mystère de mes dépenses, et qu'ainsi je n'avais qu'à aller mon chemin et ne me refuser rien de ce qui me ferait plaisir, après que j'y aurais un peu pensé. Si ma mère et mes autres tuteurs trouvent à redire à mes dépenses, mon oncle les paiera, dit-il, de l'argent destiné à ses menus plaisirs à lui, et ne trouvera pas ce plaisir-là des plus menus qu'il puisse se donner. Me voilà grand seigneur, mon ami ; dix louis dans ma poche, ma pension largement payée, et une grande liberté pour les dépenses dont je voudrai bien qu'on soit instruit. Adieu, cher Godefroy. Je t'écrirai dans une quinzaine de jours. Aime ton ami comme il t'aime.

H. MEYER

LETTRE III

Henri Meyer à Godefroy Dorville

Neuchâtel, ce*** novembre 178*

Je commence à trouver Neuchâtel un peu plus joli. Il a gelé : les rues sont sèches : les Messieurs, je veux dire les gens qu'on salue respectueusement dans les rues, et que j'entends nommer en passant M. le Conseiller, M. le Maire, M. le***, n'ont plus l'air aussi soucieux et sont un peu mieux habillés que pendant les vendanges. Je ne sais pourquoi cela me fait plaisir ; car dans le fond rien n'est si égal. J'ai vu de jolies servantes ou ouvrières dans les rues, et de petites demoiselles fort bien mises et fort lestes [1], il me semble que presque tout le monde à Neuchâtel a de la grâce et de la légèreté : je n'y vois pas d'aussi belles personnes qu'à… mais on y est joli ; les petites filles sont un peu maigres et un peu brunes pour la plupart. On m'a dit que je verrais bien autre chose au concert. Il doit commencer le premier lundi de décembre : je souscrirai certainement : j'y ferai peut-être jouer la comédie par des dames ; ce qui me paraîtra d'abord bien extraordinaire. Il y a aussi des bals tous les quinze jours ; mais ils sont composés de quelques sociétés rassemblées, et on ne reçoit pas les commis et les apprentis des comptoirs dans les sociétés : en quoi on a bien raison, à ce qu'il me semble ; car ce serait une cohue de polissons. S'il y a quelques exceptions, cela n'empêche pas que la règle ne soit bonne ; et si l'on ne fait aucune distinction, personne n'a droit de se plaindre ; c'est ce que je dis à quelques-uns de mes camarades, qui trouvent très mauvais qu'on les exclue, quoique en vérité ils ne soient point propres du tout à être reçus en bonne compagnie. Pour moi, cela m'est égal ; mais j'espère qu'on me laissera jouer au concert ; et il est déjà arrangé entre mon camarade Monin qui joue de la basse, M. Neuss et moi, que nous ferons un petit concert les dimanches ; mon maître de violon en sera ; il nous dirigera, et jouera de l'alte [2], et il ne demande, dit-il, pour son paiement qu'une bouteille de vin rouge : il aime un peu à boire, et sait bien lui-même qu'il vaut mieux boire une bouteille chez son écolier que risquer d'en boire plusieurs au cabaret, de s'y enivrer et de retourner en cet état chez sa femme. Ces musiciens dégoûteraient presque de la musique ; mais il faut tâcher de ne prendre d'eux que leur art, et n'avoir aucune société avec eux. Je lis fort bien la musique, et je tire assez de son de mon violon ; mais je ne serai jamais fort pour les grandes difficultés ni les grandes délicatesses.

Une chose m'a frappé ici. Il y a deux ou trois noms que j'entends prononcer sans cesse. Mon cordonnier, mon perruquier, un petit garçon qui fait mes commissions, un gros marchand, portent tous le même nom ; c'est aussi celui de deux tailleuses, avec qui le hasard m'a fait faire connaissance, d'un officier fort élégant qui demeure vis-à-vis de mon patron, et d'un ministre que j'ai entendu prêcher ce matin : hier je rencontrai une belle dame bien parée ; je demandai son nom, c'était encore le même. Il y a un autre nom qui est commun à un maçon, à un tonnelier, à un conseiller d'État. J'ai demandé à mon patron si tous ces gens-là étaient parents ; il m'a répondu que oui en quelque sorte : cela m'a fait plaisir. Il est sûrement agréable de travailler pour ses parents, quand on est pauvre, et de donner à travailler à ses parents, quand on est riche. Il ne doit point y avoir entre ces gens-là la même hauteur, ni la même triste humilité que j'ai vue ailleurs.

Il y a bien quelques familles qui ne sont pas si nombreuses ; mais

---

1. Bien vêtues, élégantes.
2. L'alto.

quand on me nommait les gens de ces familles-là, on me disait presque toujours : « c'est Mme une telle, fille de M. un tel » (aussi d'une des nombreuses familles !) de sorte qu'il me semble que tous les Neuchâtelois sont parents ; et il n'est pas bien étonnant qu'ils ne fassent pas de grandes façons les uns avec les autres, et s'habillent comme je les ai vus dans le temps des vendanges, lorsque leurs gros souliers, leurs bas de laine et leurs mouchoirs de soie autour du cou m'ont si fort frappé.

J'ai pourtant entendu parler de noblesse : mais mon patron m'a dit un jour, à propos de la fierté de notre noblesse allemande, qu'il n'en était pas plus fier depuis deux ans qu'il avait ses lettres, et que, quoiqu'il mît *de* devant son nom, il *n'y attachait rien* (c'est son expression que je n'ai pas bien entendue [1]) et qu'il n'avait pris le parti de changer sa signature que pour faire plaisir à sa femme et à ses sœurs. Adieu, mon cher Godefroy, voilà mon camarade favori qui vient me demander du thé : je cours chercher mon maître et M. Neuss : nous ferons de la musique. Je comptais que nous ne commencerions que dimanche prochain, et je suis fort aise de commencer dès ce soir. Adieu, je t'embrasse ; écris-moi, je t'en prie.

H. MEYER

Lundi au soir, à 8 heures

P.-S. Si ces Messieurs n'étaient pas venus hier, je t'aurais parlé de la foire et des Armoureins [2] : je voudrais que cette cérémonie signifiât quelque chose ; car elle a une solennité qui m'a plu. Mais on n'a pas su me dire jusqu'ici son origine, ni ce qu'elle doit signifier. J'ai bien travaillé ce soir : je tâche de reconnaître, en montrant toute la bonne volonté possible, les bontés que l'on a pour moi.

LETTRE IV

Henri Meyer à Godefroy Dorville

A Neuchâtel, ce*** décembre 178*

Je te remercie, mon cher ami, de ta longue lettre ; elle m'a fait le plus grand plaisir... oui, je crois que c'est le plus grand ; et sûrement c'est celui dont j'ai été le plus content après coup, que j'aie eu depuis que je

---

1. C'est-à-dire : il n'y attachait aucune importance.
2. Fabricants et plus tard porteurs d'armures. En novembre, à la foire de Neuchâtel, on organisait un cortège en costumes anciens.

suis ici. Tu dois trouver ces phrases un peu embrouillées : il est naturel
qu'elles le soient, car mes pensées le sont. Il y a des choses que je trouverais ridicule, et presque mal, de te dire ; mais, d'un autre côté, je ne
voudrais pas qu'il y eût la moindre fausseté, ni même la moindre exagération dans ce que je te dis. Si une fois l'on commence à manquer de
sincérité, et cela sans une grande nécessité, on ne sait plus, à ce qu'il me
semble, où l'on s'arrêtera ; car il faut qu'il en ait un peu coûté pour
mentir, et chaque jour l'habitude rendra cela plus facile. Et alors que
deviendra l'honneur, la confiance que l'on veut inspirer ; en un mot, tout
ce que nous estimons ? Voilà presque un sermon. Quand on n'est pas trop
content de soi à certains égards, on veut du moins l'être à d'autres.

Pour en revenir à ta lettre, je trouve que tu mènes une vie fort agréable.
Excepté les caprices de ta belle-sœur, je n'y vois rien que je voulusse
changer. Il faudra bien te garder de faire la cour à cette petite fille, toute
riche qu'elle est. Puisqu'elle ressemble à sa sœur pour la figure et le son
de voix, elle lui ressemblera, je pense, en toutes choses, quand elle osera
se montrer comme elle est : et tu ne serais peut-être pas aussi endurant
que ton frère.

J'ai été lundi dernier au concert, et grâce à M. Neuss on m'a permis de
jouer : j'étais si attentif à jouer ma partie, que je n'ai rien vu de tout ce qui
était dans la salle jusqu'à ce que j'aie entendu nommer Mlle Marianne de
La Prise, dont, par le plus grand hasard du monde, j'avais entendu faire
l'éloge peu de jours après mon arrivée à Neuchâtel. Ce nom m'a fait je ne
sais quelle espèce de plaisir ; et je regardais de tous côtés pour voir à quel
propos on l'avait prononcé, quand j'ai vu monter à l'orchestre une jeune
personne assez grande, fort mince, très bien mise, quoique fort simplement. J'ai reconnu sa robe pour être la même que j'avais relevée un jour
de dessus un pavé boueux le plus délicatement qu'il m'avait été possible.
C'est une longue histoire que je te raconterai peut-être quelque jour, si elle
a des suites ; ce qui, j'espère, n'arrivera pas : surtout à présent je l'espère.

Mais pour revenir à Mlle de La Prise qui monte à l'orchestre, quoiqu'il
fût très simple qu'elle portât son nom et qu'elle eût mis la robe que je
savais lui appartenir, je trouvais quelque chose de singulier à ce qu'elle
vînt chanter tout à côté de moi, et que je dusse l'accompagner, que je la
regardais marcher et s'arrêter, prendre sa musique ; je la regardais, dis-je,
avec un air si extraordinaire, à ce que l'on m'a dit depuis, que je ne doute
pas que ce fût cela qui la fit rougir ; car je la vis rougir jusqu'aux yeux :
elle laissa tomber se musique, sans que j'eusse l'esprit de la relever ; et
quand il fut question de prendre mon violon, il fallut que mon voisin me
tirât par la manche : jamais je n'ai été si sot, ni si fâché de l'avoir été : je
rougis toutes les fois que j'y pense, et je t'aurais écrit le soir même mon
chagrin, s'il n'eût mieux valu employer une heure qui me resta entre le
concert et le départ du courrier, à aider nos Messieurs à expédier nos
lettres.

Mlle de La Prise chante très joliment. Mais elle a peu de voix, et je suis sûr qu'on ne l'aurait point entendue à l'autre bout de la salle, quand même on y aurait fait moins de bruit. J'étais choqué qu'on ne l'écoutât pas ; mais presque bien aise de penser qu'on l'entendît si peu. J'aurais bien voulu oser lui donner la main pour la reconduire à sa place ; et sûrement je l'aurais fait, sans la confusion où j'étais de ma distraction et de ma maladresse. Je craignais de faire encore quelque sottise. Peut-être aurais-je fait un faux pas en descendant le petit escalier et l'aurais-je fait tomber : je frémis quand j'y pense. Certainement je fis très bien de rester à ma place. Les symphonies que nous jouâmes, me remirent un peu ; mais je n'écoutai plus aucune chanteuse. Il me semble pourtant qu'il y en avait une qui avait la voix bien plus forte et bien plus belle que Mlle de La Prise ; mais je ne sais pas qui elle est, et ne l'ai pas regardée. Adieu, mon ami, voilà mon maître de violon, et ce soir c'est un grand courrier ; de sorte que je n'ajouterai plus rien à cette lettre.

Puisqu'on me permet d'aller au concert le lundi, il faut bien travailler le jeudi : mais je m'arrangerai quelque récréation pour le vendredi, qui est le seul jour de la semaine où il n'arrive ni ne part aucun courrier. Je suis déjà tout accoutumé à Neuchâtel et à la vie que j'y mène.

H. MEYER

LETTRE V
Julianne C... à sa tante à Boudevilliers

178*

Ma chère tante,

Vous allez être un peu surprise ; mais je vous assure que ce n'est pas ma faute : et je suis sûre que sans la Marie Besson, qui a méchante langue, quoiqu'elle pût bien se taire, car sa sœur et elle ont toujours eu une petite conduite, tout cela ne serait pas arrivé. Vous savez bien ce que je vous ai écrit de la robe de Mlle Marianne de La Prise, qui tomba dans la boue, et comment un monsieur m'aida à la ramasser et voulut venir avec moi vers mes maîtresses : et je vous ai dit aussi qu'il m'avait donné un petit écu, dont la Marie Besson a bien eu tant à dire ! et je vous ai aussi dit que le lendemain il vint demander si on avait bien pu nettoyer la robe, et on avait fort bien pu la nettoyer, et mêmement mes maîtresses avaient fait un pli où ça avait été sali, que Mlle de La Prise avait trouvé qui allait fort bien ; car je lui avais raconté toute l'histoire, et elle n'avait fait qu'en rire, et m'avait demandé le nom du monsieur ; mais je ne le savais pas. Et quand j'eus tout cela raconté au monsieur, et comment Mlle de La Prise était une bien bonne demoiselle, il me demanda d'où j'étais, et combien je gagnais, et si j'aimais ma profession. Et quand ensuite il voulut s'en aller, je sortis pour lui ouvrir la porte, et en passant il mit un gros écu dans ma main : je crois bien qu'il me serra la main, ou qu'il m'embrassa. Et quand je rentrai dans la chambre, l'une de mes maîtresses et la Marie Besson se mirent à me regarder, et je dis à la Marie ; «Qu'avez-vous donc tant à me regarder?» et ma maîtresse me dit : «Et toi, pourquoi deviens-tu si rouge? Et quel mal te fait-on en te regardant?» et moi je dis : «Eh bien, à la garde [1]!» et je me mis à travailler, à moitié aise et à moitié fâchée. Et le lendemain, comme nous étions en journée, je courus à fière aube [a] chez la Jeanne-Aimée pour tout ça lui dire, et nous jaùblâmes [b] ensemble que j'achèterais de mes trois petits écus un mouchoir de gaze, et un pierrot [c] de gaze avec un grand fond, et un ruban rouge pour mettre avec. Et le dimanche en allant à l'église, je rencontrai le monsieur, qui ne me reconnut presque pas, à cause de ma coiffe et de mon mouchoir ; c'est qu'il ne m'avait vue que des jours sur semaine. Et plusieurs jeunes messieurs du comptoir de monsieur… dirent que j'étais bien jolie, et ne dirent rien de la Marie Besson, qui était déjà bien gringe, et que cela engringea encore plus [2], et tout le jour elle ne voulut plus me tutoyer, et ne m'appela plus que Mademoiselle. Mais ç'a été bien pire le jeudi ; car on m'avait laissée toute seule à la maison pour finir de l'ouvrage : et à midi j'allai donner un tour sur la foire, et je m'arrêtai devant une boutique, où le monsieur était entré un moment avant ; et la Jeanne-Aimée et moi, nous mîmes à regarder des croix d'or que nous trouvions bien belles ; et le monsieur qui vit ça, nous en donna à chacune une : c'était à cause de moi qu'il en donnait une à la Jeanne-Aimée ; car il ne la connaissait pas ; et la mienne était aussi un peu plus belle. Et je retournai vite à la maison, parce que je vis de loin une des demoiselles chez qui mes maîtresses étaient en journée, et je laissai ma croix à la Jeanne-Aimée pour y mettre un ruban, et elle me la rapporta le soir. Et comme je l'essayais à mon cou, ne voilà-t-il pas que mes maîtresses reviennent plus tôt que je croyais. Elles me tinrent un train terrible : elles dirent que j'étais une coureuse, et que je quittais mon ouvrage pour courir chez les messieurs, puisque j'attrapais de si beaux présents. Et la Marie Besson, à la place d'y mettre le bien, y mit le mal tant qu'elle put : et une de mes maîtresses me dit tant qu'il ne lui convenait pas d'avoir une coureuse chez elle, qu'à la fin je lui dis que je m'en irais donc tout de suite ; et je fis mon paquet, et je m'en allai coucher avec la Jeanne-Aimée. Et le lendemain, j'ai loué une petite chambre chez un cordonnier,

---

a. L'entre chien et loup. Moment de récréation pour les ouvrières.
b. Nous arrangêames.
c. Un bonnet.
1. C'est-à-dire : à la garde de Dieu.
2. Que cela fit enrager davantage.

qui est le cousin de la tante de la Jeanne-Aimée, et je fais mon ménage. Je sais assez travailler, Dieu merci, pour gagner ma vie ; et j'ai déjà à faire deux jupes et trois mantelets pour les servantes d'une des pratiques de mes maîtresses, qui disent que ce n'est pas tant grand-chose que de recevoir des présents d'un monsieur ; et je connais aussi les filles de boutique d'une marchande de modes qui auront sûrement des déshabillés et des péguêches[1] à faire ; car elles sont bien jolies, et je suis sûre que les messieurs leur font de bien beaux présents ; et si je manquais d'argent pour acheter du bois et m'acheter un peu de chandelles, de beurre cuit et d'autres choses ainsi, je rencontrerai bien encore une fois le monsieur qui ne me laissera pas manquer, comme c'est à cause de lui qu'il m'a fallu sortir de chez mes maîtresses. Il pourrait bien aussi me venir voir ici ; car il n'est pas fier. Adieu, ma chère tante. Je vous salue bien ; saluez tout le monde chez vous de ma part.

J. C...

LETTRE VI
Julianne C... à Henri Meyer

Monsieur,

J'espère que Monsieur excusera la liberté que je prends de lui écrire ces mots, puisque je n'ai pas pu le rencontrer dans les rues pour lui parler, quand je suis sortie pour cela, comme j'en avais l'intention ; et puis je pense aussi que Monsieur ne serait peut-être pas bien aise si je prenais la hardiesse de lui parler le jour devant tout le monde ; et le soir il ne conviendrait pas à une brave fille de courir toute seule par les rues. Mais j'aurais dit à Monsieur, comme quoi je suis sortie de chez mes maîtresses, qui m'ont appelée une coureuse, et cela rien que pour la croix que Monsieur m'avait donnée : ce n'est pas que je demande rien à Monsieur, car je ne suis pas dans la misère ; mais le bois est bien cher, et l'hiver sera encore bien long, et les fenêtres de ma chambre sont si mauvaises que je ne puis presque pas travailler du froid que j'ai aux mains. Le cordonnier chez qui je suis, demeure tout au bas de la rue des Chavannes.

J'ai l'honneur d'être, Monsieur, votre très humble et très affectionnée servante.

JULIANNE***

---

1. Robes à la polonaise (édition I. et J.-L. Vissière).

LETTRE VII

Henri Meyer à Julianne C...

Mademoiselle,

Après ce qui s'est passé hier, dont vous êtes sûrement encore plus fâchée que moi, il est bien clair qu'il ne vous convient pas de recevoir mes visites : je vous conseille de tâcher de vous remettre bien avec vos maîtresses ; vous pouvez les assurer qu'elles n'entendront plus parler de moi. J'oubliai hier de vous donner le louis que je vous apportais pour acheter du bois, et vous mieux arranger dans votre chambre, supposé que vous y restiez ; mais je crois que vous n'y devez pas rester. J'ajoute un louis à celui que je vous destinais, en vous priant instamment pour l'amour de vous-même, de commencer par payer le mois entier de votre logement, et de retourner ensuite chez vos maîtresses, ou bien chez vos parents dans votre village.

Je suis, Mademoiselle, votre très humble serviteur.

H. MEYER

LETTRE VIII

Henri Meyer à Julianne C...

Mademoiselle,

Je crains qu'on ne vous ait vue sortir de chez moi, et j'en suis très fâché pour l'amour de vous, et aussi pour l'amour de moi-même. Il n'est pas bien étonnant que je me sois laissé toucher par vos larmes : cependant je me reproche beaucoup ma faiblesse ; et en bien repensant à votre conduite, je n'y vois pas des preuves d'une préférence si grande qu'elle m'excuse à mes propres yeux. Je vous prie de ne plus venir ici : j'ai dit au domestique qui vous a vue sortir, que si vous reveniez, il ne fallait pas vous recevoir. Je suis très résolu à n'aller plus chez vous, de sorte que vous pouvez regarder notre connaissance comme tout à fait finie.

H. MEYER

LETTRE IX

Henri Meyer à Godefroy Dorville

A Neuchâtel, ce premier janvier 178*

Je me suis bien ennuyé aujourd'hui, mon cher ami. Mon patron a eu la bonté de me faire inviter à un grand dîner, où l'on a plus mangé que je n'ai vu manger de ma vie, où l'on a goûté et bu de vingt sortes de vins. Bien des gens se sont à demi grisés, et n'en étaient pas plus gais : trois ou quatre jeunes demoiselles chuchotaient entre elles d'un air malin, trouvaient fort étrange que je leur parlasse, et ne me répondaient presque pas : toute leur bonne volonté était réservée pour deux jeunes officiers. Les sourires et les éclats de rire étaient tous relatifs à quelque chose qui s'était dit auparavant, et dont je n'avais pas la clé : je doutais même quelquefois que ces jolies rieuses s'entendissent elles-mêmes ; car elles avaient plutôt l'air de rire pour la bonne grâce que par gaieté. Il me semble qu'on ne rit guère ici ; et je doute qu'on y pleure, si ce n'est aussi pour la bonne grâce. Tu vois que je suis de fort mauvaise humeur ; mais c'est que réellement je suis excédé de toutes les minauderies que j'ai vues et de tout le vin de Neuchâtel qui a passé devant moi. C'est une terrible chose que ce vin ! Pendant six semaines je n'ai pas vu deux personnes ensemble qui ne parlassent de la vente ; il serait trop long de t'expliquer ce que c'est, et je t'ennuierais autant que l'on m'a ennuyé. Il suffit de te dire que la moitié du pays trouve trop haut ce que l'autre trouve trop bas, selon l'intérêt que chacun peut y avoir ; et aujourd'hui on a discuté la chose à neuf, quoiqu'elle soit décidée depuis trois semaines. Pour moi, si je fais mon métier de gagner de l'argent, je tâcherai de n'entretenir personne du vif désir que j'aurai d'y réussir ; car c'est un dégoûtant entretien.

Un seul moment du dîner a été intéressant pour moi ; mais d'une manière pénible. Une des jeunes demoiselles a parlé de Mlle de La Prise. Elle ne comprenait pas comment, disait-elle, avec si peu de voix, on pouvait s'aviser de chanter au concert.

« Sa jolie figure, a dit un des jeunes hommes, compense tout.

— Jolie figure ! a dit une des petites filles ; comme ça !... Mais à propos, il faut bien qu'elle soit jolie ; car elle donne, dit-on, d'étranges distractions. »

Tu comprends combien j'étais à mon aise.

Depuis ce moment je n'ai plus ouvert la bouche. Quand mes voisins, dans leur désœuvrement, m'ont adressé quelques questions, je leur ai répondu par le oui et le non le plus sec ; et au moment où on s'est levé de table, j'ai couru chez moi pour exhaler avec toi ma mauvaise humeur. Puissent les autres jours de cette année être doux, agréables, innocents ! Ce jour-ci a pour moi une solennité lugubre. Je me suis demandé ce que j'avais fait de l'année qui finit ; je me suis comparé à ce que j'étais il y a un an, et il s'en faut bien que mes réflexions m'aient égayé. Je pleure ; je suis inquiet : une nouvelle époque de ma vie a commencé : je ne sais comment je m'en tirerai, ni comment elle finira. Adieu, mon ami.

H. MEYER

LETTRE X

Henri Meyer à Godefroy Dorville

A Neuchâtel, ce 20 janvier 178*

J'ai bien des choses à te dire, mon cher Godefroy ; et il y a un étrange chaos dans ma tête. D'abord il faut te dire qu'on m'apporta, il y a trois jours, deux billets pour le bal : l'un me fut donné le matin, et l'autre le soir, sans que je susse à qui j'en avais l'obligation. Au moment que l'on m'apporta le second, j'étais avec celui de mes camarades qui est vraiment mon camarade et le seul qui le soit. « Ah ! je suis bien aise, m'écriai-je ; j'en ai déjà un, je vous donnerai celui-ci. » Et en même temps je le lui donnai. Cela ne fut pas plutôt fait, que je sentis que c'était une étourderie : ces billets m'étaient destinés à moi, et il était douteux que j'eusse le droit d'en disposer. Mais comment revenir en arrière ? comment dire à mon camarade, transporté d'aise, qu'il fallait me rendre le billet jusqu'à ce que j'eusse pris des informations ? jamais je ne l'aurai pu ; et après tout, quel grand mal pouvait-il résulter de mon imprudence ? Mon camarade est un joli garçon, fort honnête et bien meilleur danseur que moi. Je résolus donc de prendre sur moi tous les inconvénients de l'affaire et de les soutenir courageusement. Là-dessus je fis deux ou trois entrechats, et je sortis de la maison, de peur que mes doutes ne me reprissent, et que mon ami ne s'en aperçût.

Hier vendredi fut le jour attendu, redouté, désiré ; et nous nous acheminons vers la salle, lui fort content et moi un peu mal à mon aise. L'affaire du billet n'était pas la seule chose qui me tînt l'esprit en suspens : je pensais bien que Mlle de La Prise serait au bal, et je me demandais s'il fallait la saluer et de quel air, si je pouvais la prier de danser avec moi : le cœur me battait ; j'avais sa figure et sa robe devant les yeux, et quand en effet, en entrant dans la salle, je la vis assise sur un banc près de la porte, à peine la vis-je plus distinctement que je n'avais vu son image. Mais je n'hésitai plus, et sans réfléchir, sans rien craindre, j'allai droit à elle, lui parlai du concert, de son ariette, d'autres choses encore ; et sans m'embarrasser des grands yeux curieux et étonnés d'une de ses compagnes, je la priai de me faire l'honneur de danser avec moi la première contredanse. Elle me dit qu'elle était engagée.

« Eh bien ! la seconde.

— Je suis engagée.

— La troisième ?

— Je suis engagée.

— La quatrième ? la cinquième ? Je ne me lasserai point, lui dis-je en riant.

— Cela serait bien éloigné, me répondit-elle ; il est déjà tard, on va bientôt commencer. Si le comte Max, avec qui je dois danser la première, ne vient pas avant qu'on commence, je la danserai avec vous, si vous le voulez. »

Je la remerciai ; et dans le même moment une dame vient à moi, et me dit :

« Ah, monsieur Meyer, vous avez reçu mon billet ?...

— Oui, madame, lui dis-je ; j'ai bien des remerciements à vous faire, j'ai même reçu deux billets, et j'en ai donné un à M. Monin.

— Comment ? dit la dame, un billet envoyé pour vous !... ce n'était pas l'intention, et cela n'est pas dans l'ordre.

— J'ai bien craint, après coup, madame, que je n'eusse eu tort, lui répondis-je ; mais il était trop tard, et j'aurais mieux aimé ne point venir ici, quelque envie que j'en eusse, que de reprendre le billet et de venir sans mon ami. Pour lui, il ne s'est point douté du tout que j'eusse commis une faute, et il est venu avec moi dans la plus grande sécurité.

— Oh bien, dit la dame, il n'y a point de mal pour une fois.

— Oui, ajoutai-je, madame. Si on est mécontent de nous, on ne nous invitera plus ; mais si on veut bien encore que l'un de nous revienne, je me flatte que ce ne sera pas sans l'autre. »

Là-dessus elle m'a quitté, en jetant de loin sur mon camarade un regard d'examen et de protection. « Je tâcherai de danser une contredanse avec votre ami », m'a dit Mlle de La Prise, d'un air qui m'a enchanté ; et puis, voyant que l'on s'arrangeait pour la contredanse, et que le comte Max n'était pas encore arrivé, elle m'a présenté sa main avec une grâce charmante, et nous avons pris notre place. Nous étions arrivés au haut de la contredanse et nous allions commencer, quand Mlle de La Prise s'est écriée : « Ah, voilà le comte ! » C'était lui en effet, et il s'est approché de nous d'un air chagrin et mortifié. Je suis allé à lui. Je lui ai dit :

« Mademoiselle ne m'a permis de danser avec elle qu'à votre défaut. Elle trouvera bon, j'en suis sûr, que je vous rende votre place ; et peut-être aura-t-elle la bonté de me dédommager.

— Non, monsieur, a dit le comte, vous êtes trop honnête, et cela n'est pas juste : je suis impardonnable de m'être fait attendre. Je suis bien puni ; mais je l'ai mérité. »

Mlle de La Prise a paru également contente du comte et de moi : elle lui a promis la quatrième contredanse, et à moi, la cinquième pour mon ami, et la sixième pour moi-même. J'étais bien content : jamais je n'ai dansé avec tant de plaisir. La danse était pour moi, dans ce moment, une chose toute nouvelle : je lui trouvai un *meaning*[a], un esprit, que je ne lui avais jamais trouvé : j'aurais volontiers rendu grâce à son inventeur : je pensais qu'il devait avoir eu de l'âme, et une demoiselle de La Prise avec qui danser. C'étaient, sans doute de jeunes filles comme celle-ci qui ont donné l'idée des Muses.

Mlle de La Prise danse gaiement, légèrement et décemment. J'ai vu ici d'autres jeunes filles danser avec encore plus de grâce, et quelques-unes avec encore plus de perfection ; mais point qui, à tout prendre, danse aussi agréablement. On en peut dire autant de sa figure : il y en a de plus belles, de plus éclatantes, mais aucune qui plaise comme la sienne ; il me semble, à voir comme on la regarde, que tous les hommes sont de mon avis. Ce qui me surprend, c'est l'espèce de confiance et même de gaieté qu'elle m'inspire. Il me semblait quelquefois à ce bal que nous étions d'anciennes connaissances ; je me demandais quelquefois si nous ne nous étions point vus étant enfants ; il me semblait qu'elle pensait les mêmes choses que moi, et je m'attendais à ce qu'elle allait dire. Tant que je serais content de moi, je voudrais avoir Mlle de La Prise pour témoin de toutes mes actions : mais quand j'en serais mécontent, ma honte et mon chagrin seraient doubles, si elle était au fait de ce que je me reproche. Il y a certaines choses dans ma conduite qui me déplaisaient assez avant le bal, mais qui me déplaisent bien plus depuis. Je souhaite qu'elle les ignore : je souhaite surtout que son idée ne me quitte plus et me préserve de rechute. Ce serait un joli ange tutélaire, surtout si on pouvait l'intéresser.

J'ai fait connaissance avec le comte Maximilien de R... Il est alsacien, protestant, d'une famille ancienne et illustre. Il est ici avec son frère, qui est son aîné, et qui sera fort riche. Ils ont un précepteur que je n'ai point encore vu. Tous deux sont au service[1], et déjà fort avancés. Ils sont venus ici pour finir leur éducation. Mais le comte Max, comme on l'appelle, m'a dit qu'il n'avait point trouvé, pour la littérature et les beaux-arts, les secours qu'on lui avait fait espérer. « Mais, Monsieur le comte, a dit un homme qui était assis à côté de nous et qui n'avait pas paru nous écouter ; comment a-t-on pu vous envoyer à Neuchâtel pour les choses que vous aviez envie d'apprendre ? Nous avons des talents ; mais pas les moindres lumières : nos femmes jouent joliment la comédie ; mais

---

a. Expression anglaise qui n'a pas d'équivalent en français.
1. C'est-à-dire : tous deux sont militaires.

elles n'ont jamais lu que celles qu'elles voulaient jouer : personne de nous ne sait l'orthographe : nos sermons sont barbares : nos avocats parlent patois : nos édifices publics n'ont pas le sens commun : nos campagnes sont absurdes... N'avez-vous pas vu de petits bassins d'eau à côté du lac ? Nous sommes encore plus légers, plus frivoles, plus ignorants que... » Dans ce moment Mlle de La Prise est venue avertir le comte que sa contredanse allait commencer : je me suis levé pour le suivre ; nous avons, tous les deux, salué notre caustique informateur : son fiel et ses exagérations m'ont fait rire.

Pendant que le comte et Mlle de La Prise dansaient leur contredanse, la dame qui m'avait d'abord parlé s'est approchée de moi, m'a demandé d'où j'étais, et qui j'étais. J'ai répondu que j'étais le fils d'un marchand d'Augsbourg.

« D'un négociant, m'a-t-elle dit.

— Non, madame, ai-je repris (et j'ai senti que je rougissais), d'un marchand. Je sais bien la différence. Mon oncle, frère de ma mère, est un riche négociant. »

La dame voulait apparemment être polie ; mais assurément ce n'était pas l'être que de montrer assez de mépris pour ce qu'était mon père, pour se croire obligée de le supposer ce qu'il n'était pas. Elle m'a demandé où j'avais appris le français. Je lui ai dit que c'était en France. Elle m'a demandé des détails sur la pension de R... ; et sur ce que je lui ai dit que j'avais passé quelque temps à Genève chez un ministre, ami de mes parents, pour me faire instruire et recevoir à la Communion, elle m'a parlé des Représentants et des Négatifs [1]. La fin de la contredanse nous a de nouveau interrompus, et j'en ai été bien aise : comment parler d'une chose où l'on n'entend rien ?

Après avoir dansé avec Mlle de La Prise la sixième contredanse avec encore plus de plaisir que la première, parce que je ne prenais la place de personne, j'ai voulu m'en aller. J'étais content ; et il s'était passé bien assez de choses dans ma tête pour un seul jour. Je me suis pourtant arrêté pour saluer la dame qui m'avait parlé. Elle parlait avec d'autres assez vivement : j'ai entendu mon nom, le mot d'*énergie*, le mot d'*amitié*. Enfin, elle est venue à moi avec une autre dame, qui avait l'air fort grave et fort doux, et elles m'ont dit que je serais reçu au bal aussi bien que mon ami. Je le suis allé chercher aussitôt. Nous avons beaucoup remercié ces dames, et nous nous sommes retirés. Mlle de La Prise dansait alors avec le frère aîné du comte Max.

Adieu, mon ami. Quand j'appelle Monin mon ami, le mot *ami* signifie tout autre chose que quand je dis mon ami Godefroy Dorville. Monin est un joli garçon que j'oblige, qui me rend la vie agréable, et qui mérite

1. A Genève, les Représentants constituaient le parti populaire, démocratique ; les Négatifs étaient les partisans du gouvernement. Les premiers faisaient des « représentations », que rejetaient les seconds.

d'être distingué de ses maussades compagnons qui mettent tout leur plaisir à se faire de petites niches, et cherchent bien moins à se procurer des succès pour eux-mêmes que des mortifications pour autrui. Dans leurs maussades combats de finesse, l'attrapé me paraît toujours un peu moins sot que l'attrapeur.

H. MEYER

LETTRE XI

Mlle de La Prise à Mlle de Ville

A Neuchâtel, ce***

Voici, ma chère Eugénie, l'hiver qui recommence ; un second hiver de dissipation, d'étourdissement, que je passerai sans amie, et vraisemblablement sans plaisir. Il y a un an que je te regrettais bien autant qu'aujourd'hui. Mais le monde que je ne connaissais pas encore, me promettait des compensations, et il ne me les a pas données : je croyais entrevoir en lui des charmes qui se sont évanouis dès que j'en ai fait partie moi-même. J'aurais pourtant besoin de m'amuser. Mon père n'a pu se remettre de sa dernière attaque de goutte : ma mère est mécontente de notre logement, de nos domestiques, de tout ce qui l'environne ; elle s'est brouillée avec la sœur de mon père, avec mes cousines. De part et d'autre les petits torts s'accumulent tous les jours, et semblent devenir plus graves chaque fois qu'on s'en plaint. C'est la plus triste chose du monde. Il a fallu vendre une petite campagne que nous avions au Val de Travers [1], et nos vignes d'Auvernier n'ont presque rien produit, faute d'engrais et de culture. Mon père prend son parti sur tout cela avec un courage admirable ; il m'a obligée à souscrire au bal, à me faire deux robes neuves, et à reprendre mes maîtres : il m'ordonne presque aussi de me divertir et d'être gaie, et je lui obéirai du mieux qu'il me sera possible. La tendresse de mon père et la liberté dont il veut que je jouisse, sont assurément les seules choses qui rendent ma situation supportable. Mais mon père est si faible ! ses jambes sont toujours enflées ; tu ne le reconnaîtrais presque pas.

Et toi, que fais-tu ? passeras-tu ton hiver à Marseille ou à la campagne ? songe-t-on à te marier ? as-tu appris à te passer de moi ? Pour moi, je ne sais que faire de mon cœur. Quand il m'arrive d'exprimer ce que je sens, ce que j'exige de moi, ou des autres, ce que je désire, ce que je pense, personne ne m'entend ; je n'intéresse personne. Avec toi tout

---

1. District de Neuchâtel, où s'était réfugié J.-J. Rousseau.

avait vie; et sans toi tout me semble mort. Il faut que les autres n'aient pas le même besoin que moi : car si on cherchait un cœur, on trouverait le mien. Ne crois pas cependant que j'aie toujours autant de tristesse et aussi peu de courage que dans cet instant. Ma mère a renvoyé ce matin une ancienne servante qui nous servait depuis dix ans; j'ai voulu t'écrire pour me distraire, mais je n'aurai réussi qu'à t'attrister.

Le concert ne commence que dans un mois, et les assemblées ne commenceront qu'après le nouvel an. Nous avons deux comtes allemands qu'on dit être fort aimables. En attendant que nos sociétés commencent, je passe mes soirées à ourler des serviettes et à jouer au piquet [1] avec mon père. Il veut que je chante au concert : cela ne fera de mal ni de bien à personne; car on ne m'entendra pas. Mais j'ai achevé de devenir cet été une fort passable musicienne, et j'accompagne à la harpe aussi bien que du clavecin; mais je ne fais aussi qu'accompagner : quant aux pièces, jamais je ne serai assez habile pour me satisfaire. Mlle*** se marie dans quinze jours : tu as vu commencer ses amours; elles ont été tièdes et constantes : je crois que ce mariage ira assez bien; ils s'aimeront faute de rien aimer d'autre. Je vois quelquefois l'aînée de mes cousines, malgré la brouillerie; c'est une bonne fille, gaie et sensée; mais sa sœur est un petit esprit. Adieu, mon Eugénie; je t'écrirai quelque jour une moins plate et moins triste lettre.

MARIANNE DE LA PRISE

LETTRE XII

Mlle de La Prise à Mlle de Ville

A Neuchâtel, ce*** janvier 178*

Tu as pleuré, mon Eugénie, en lisant ma triste lettre? j'ai pleuré en lisant la tienne, de reconnaissance et d'attendrissement. C'est une douce chose que la sympathie de deux cœurs qui semblent faits l'un pour l'autre. Si nous vivions ensemble, nous n'aurions peut-être besoin de rien de plus pour être heureuses : je t'avoue qu'alors je serais fâchée de te voir marier. A présent, il y aurait aussi trop d'égoïsme à vouloir que tu me restasses tout entière.

Pour moi, il y a peu d'apparence que je t'échappe de cette façon-là. Tu sais combien notre fortune est délabrée. Malgré toute son insouciance pour lui-même, mon père s'inquiète quelquefois sur mon sort : il m'a répété plusieurs fois qu'après sa mort, qui, dit-il, «ne peut être éloignée», la

---

1. Jeu qui se joue entre deux personnes avec trente-deux cartes.

pension qui nous fait vivre venant à cesser, je n'aurai presque rien. Pour ma mère, la rente que mon oncle a mise sur sa tête, suffira à son entretien, surtout si elle veut aller vivre dans son pays. Mais en voilà assez. Je me flatte que mon père se trompe sur son état : je n'ai aucune inquiétude sur ce qui me regarde. Je voulais seulement te dire que, dans ces circonstances et avec cette fortune, il est rare qu'on se marie.

   Les concerts ont commencé : j'ai chanté au premier ; je crois qu'on s'est un peu moqué de moi à l'occasion d'un peu d'embarras et de trouble que j'eus, je ne sais trop pourquoi : c'est un assemblage de si petites choses que je ne saurais comment te les raconter. Chacune d'elle est un rien, ou ne doit paraître qu'un rien, quand même elle serait quelque chose. Adieu, ma chère Eugénie, je t'écrirai une plus longue lettre une autre fois.

MARIANNE DE LA PRISE

LETTRE XIII

Mlle de La Prise à Mlle de Ville

A Neuchâtel, ce*** janvier 178*

   Il me semble que j'ai quelque chose à te dire ; et quand je veux commencer, je ne vois plus rien qui vaille la peine d'être dit. Tous ces jours je me suis arrangée pour t'écrire ; j'ai tenu ma plume pendant long-temps, et elle n'a pas tracé le moindre mot. Tous les faits sont si petits, que le récit m'en serait ennuyeux à moi-même ; et l'impression est quelquefois si forte, que je ne saurais la rendre : elle est trop confuse aussi pour la bien rendre. Quelquefois il me semble qu'il ne m'est rien arrivé ; que je n'ai rien à te dire ; que rien n'a changé pour moi ; que cet hiver a commencé comme l'autre ; qu'il y a, comme à l'ordinaire, quelques jeunes étrangers à Neuchâtel que je ne connais pas, dont je sais à peine le nom, avec qui je n'ai rien de commun. En effet, je suis allée au concert, j'ai laissé tomber un papier de musique ; j'ai assez mal chanté ; j'ai été à la première assemblée ; j'y ai dansé avec tout le monde, entre autres deux comtes alsaciens et deux jeunes apprentis de comptoir : qu'y a-t-il dans tout cela d'extraordinaire, ou dont je pusse te faire une histoire détaillée ? D'autres fois il me semble qu'il m'est arrivé mille choses ; que si tu avais la patience de m'écouter, j'aurais une immense histoire à te faire : il me semble que je suis changée, que le monde est changé, que j'ai d'autres espérances et d'autres craintes, qui, excepté toi et mon père, me rendent indifférente sur tout ce qui m'a intéressée jusqu'ici, et qui, en revanche, m'ont rendu intéressantes des choses que je ne regardais point ou que je faisais machinalement. J'entrevois des gens qui me protègent, d'autres qui me nuisent : c'est un chaos, en un mot, que ma tête et mon cœur. Permets, ma chère Eugénie, que je n'en dise pas davantage jusqu'à ce qu'il se soit un peu débrouillé et que je sois rentrée dans mon état ordinaire, supposé que j'y puisse rentrer. Ne te rien dire eût été trop pénible : t'en dire davantage, quand moi-même je n'en sais pas davantage, ne serait pas possible. Adieu donc. Je t'embrasse tendrement. Tout ce que je saurai de moi-même, tu le sauras. Aucune défiance, au moins, ne me fera taire : la crainte de te paraître puérile, ou de te donner quelque autre impression fâcheuse de moi, ne pourra m'empêcher de parler ; la peur de t'ennuyer est la seule que je puisse avoir.

M. DE LA PRISE

LETTRE XIV

Mlle de La Prise à Mlle de Ville

A Neuchâtel, ce*** janvier 178*

Tu le veux absolument ? Eh bien à la bonne heure, tu le sauras ! Je t'écrivis une lettre qui, après cela, me parut folle ; j'en écrivis une autre pour excuser celle-là : il se trouva qu'elle n'était pas partie. Elle était cachetée ; j'avais oublié de l'envoyer à la poste : dans ce temps-là je ne savais ce que je faisais : je te l'envoie sans l'ouvrir, je ne veux pas la relire, je ne m'en souviens presque pas, tu verras ce que j'en ai pensé.

Tous ces détails, à toi, sont charmants : tu n'aimeras, tu n'aimeras jamais l'homme qu'on te destine, c'est-à-dire, tu ne l'aimeras jamais beaucoup. Si tu ne l'épouses pas, tu pourras en épouser un autre. Si tu l'épouses, vous aurez de la complaisance l'un pour l'autre ; vous vous serez une société agréable, peut-être. Tu n'exigeras pas que tous ses regards soient pour toi, ni tous les tiens pour lui : tu ne te reprocheras pas d'avoir regardé quelque autre chose, d'avoir pensé à quelque autre chose, d'avoir dit un mot qui pût lui avoir fait de la peine un instant : tu lui expliqueras ta pensée ; elle aura été honnête, et tout sera bien. Tu feras plus pour lui que pour moi ; mais tu m'aimeras plus que lui. Nous nous entendrons mieux ; nous nous sommes toujours entendues, et il y a eu entre nous une sympathie qui ne naîtra point entre nous. Si cela te convient, épouse-le, Eugénie. Penses-y cependant : regarde autour de toi pour voir si quelque autre n'obtiendrait pas de toi un autre sentiment. N'as-tu pas lu quelques romans ? et n'as-tu jamais partagé le sentiment de quelque héroïne ? Sache aussi si ton épouseur ne t'aime pas autrement que tu ne l'aimes. Dis-lui, par exemple, que tu as une amie qui t'aime chèrement, et que tu n'aimes personne autant qu'elle. Vois alors s'il rougit, s'il se fâche : alors ne l'épouse pas. Si cela lui est absolument égal, ne l'épouse pas non plus. Mais s'il te dit que c'est à regret qu'il te tiendra éloignée de moi, et que vous viendrez ensemble à Neuchâtel pour me voir, ce sera un bon mari, et tu peux l'épouser. Je ne sais où je prends tout ce que je te dis : car avant ce moment je n'y avais jamais pensé. Peut-être cela n'a-t-il pas le sens commun. Je t'avoue que j'ai pourtant fort bonne opinion de mes observations... non pas observations ; mais, comment dirai-je ? de cette lumière que j'ai trouvée tout à coup dans mon cœur qui semblait luire exprès pour éclairer le tien. Ne t'y fie pourtant pas : demande et pense. Non ; ne demande à personne : on ne t'entendra pas ; interroge-toi bien toi-même. Adieu.

M. DE LA PRISE

LETTRE XV

Écrite avant la douzième, et contenue,
ainsi que la seizième, dans la précédente

A Neuchâtel, ce*** 178*

Serait-ce un amant que cherchait mon cœur ? et l'aurais-je trouvé ? Ma chère Eugénie, combien je vois ta délicatesse alarmée ! je n'ai pas dit *pruderie*, admire mon honnêteté [1], car tes grands yeux, que je vois ouverts sur moi d'un air de surprise et de scandale, ne méritaient pas de si grands ménagements. J'irai mon train comme si tu n'étais pas une personne fort délicate et fort prudente ; et toi tu iras ton train de t'indigner et de prêcher, si tu veux : il ne faut nous gêner ni l'une ni l'autre. Je vais te raconter bien exactement ce qui m'arrive.

Il y a quelque temps qu'une petite tailleuse laissa tomber dans la boue une robe qu'elle me rapportait : un jeune étranger lui aida à la relever, accompagna jusque chez elle la petite personne, l'excusa auprès de ses maîtresses et lui donna de l'argent en la quittant. L'histoire m'en fut faite le lendemain ; elle me plut : j'y voyais de la bonté et une sorte de courage ; car la petite fille, jolie à la vérité, est si mal mise et a si mauvaise façon qu'un élégant un peu vain ne se serait pas soucié d'être vu avec elle dans les rues. Je demandai le nom du jeune homme ; elle ne put pas me le dire, et je n'en entendis plus parler. L'autre jour, étant au concert, mes voisines me montrèrent, de l'amphithéâtre où nous étions,

---

1. Politesse, savoir-vivre.

un jeune homme qui jouait du violon à l'orchestre. Elles me dirent que c'était un jeune Allemand du comptoir de M… appelé Meyer. En passant auprès de lui pour aller chanter, je le regardai attentivement ; lui aussi me regarda : je vis qu'il reconnaissait ma robe. Moi, je reconnus la physionomie que devait avoir celui qui l'avait relevée ; et nous nous perdîmes si bien dans cette contemplation l'un de l'autre, que je laissai tomber ma musique et qu'il oublia son violon, ne sachant plus, ni lui ni moi, de quoi il était question, ni ce que nous avions à faire. Il rougit : je rougis aussi, mais je ne sais trop de quoi ; car je n'étais point honteuse du tout. On m'a plaisantée de la distraction du jeune homme : j'étais tentée de répondre que la mienne valait bien la sienne, et j'ai vu qu'on ne s'en était point aperçu. Apparemment l'on croit qu'il faut qu'un jeune homme soit amoureux pendant quelques semaines avant que la belle paraisse être un peu sensible. Je ne me vanterai pas d'avoir suivi cette décente coutume ; et s'il se trouve que M. Meyer soit aussi épris de moi que je l'ai cru, il pourra se vanter quelque jour que je l'ai été tout aussitôt et tout autant que lui. Tu vois bien que je suis tout autrement disposée que la dernière fois que je t'écrivis ; et je t'avoue que je suis, on ne peut pas plus, contente. Quoi qu'il puisse m'arriver d'ailleurs, il me semble que, si on m'aime beaucoup et que j'aime beaucoup, je ne saurais être malheureuse. Ma mère a beau gronder depuis ce jour-là, cela ne trouble pas ma joie. Mes amies ne me paraissent plus maussades : vois-tu, je dis, *mes amies*, mais c'est par pure surabondance de bienveillance ; car je n'ai d'amies que toi. Je te préfère à M. Meyer lui-même ; et si tu étais ici, et qu'il te plût, je te le céderais. Ne va pas croire que nous nous soyons encore parlé ; je ne l'ai pas même revu depuis le concert. Mais j'espère qu'il viendra à la première assemblée : nos dames, sans que je les en prie, me feront bien la galanterie de l'y inviter. Alors nous nous parlerons sûrement, dussé-je lui parler la première. Je me trouverai près de la porte quand il entrera. Alors aussi se décidera la question : savoir si M. Meyer sera l'âme de la vie entière de ton amie, ou si je n'aurai fait qu'un petit rêve agréable : ce sera l'un ou l'autre, et quelques moments décideront lequel des deux. Adieu, mon Eugénie ! mon père est plus content de moi que jamais ; il me trouve charmante : il dit qu'il n'y a rien d'égal à sa fille, et qu'il ne la troquerait pas contre les meilleures jambes du monde. Tu vois que ma folie est du moins bonne à quelque chose. Adieu.

M. de La Prise

LETTRE XVI

A la même

A Neuchâtel, ce*** janvier 178*

Je ne puis attendre ta réponse. Ma dernière lettre était si extraordinaire et si folle qu'il faut que je t'en fasse l'apologie. Ou bien je t'en ferai des excuses : car d'apologie, il n'y en a point à faire. Je suis revenue à mon bon sens ; mais j'en suis presque fâchée : car ces quatre ou cinq jours de folie étaient charmants. Tout ce que je faisais m'amusait : mon clavecin, ma harpe étaient tout autre chose qu'une harpe et un clavecin ; ils avaient vie : je parlais et on me répondait par eux. Ma tête s'est remise, et il ne m'est resté qu'une curiosité assez naturelle de savoir si M. Meyer est aussi bon, aussi honnête qu'il en a l'air ; s'il a du sens ; s'il est aimable : c'est ce que nous verrons et je te le dirai. Ne crains point que je fasse ni que je dise de folie : tu sais bien que j'ai toujours eu des moments d'extravagance, et qu'il n'en est rien arrivé de bien fâcheux ; je crois que c'est la grande liberté que m'a laissée mon père, et aussi la grande liberté de ses discours, qui m'ont empêchée d'avoir la réserve et la timidité qui te siéent si bien. Adieu. Conserve-moi ton indulgence, et crois que je ne la mettrai pas à de trop grandes épreuves.

M. DE LA PRISE

LETTRE XVII

Julianne C... à sa tante à Boudevilliers

A Neuchâtel, ce*** janvier 178*

Ma chère tante,

Je suis rentrée chez mes maîtresses, puisque vous me l'avez conseillé, et le monsieur aussi. C'est M. Meyer qu'il s'appelle ; je sais à présent son nom : mais qu'est-ce qu'il me sert de le savoir ? il y eut hier cinq semaines que je ne l'ai pas vu, et je voudrais ne l'avoir jamais rencontré ; mais je crois qu'il s'est pensé… mais à quoi bon vous tout ça dire ? toujours j'ai bien pleuré, et il y a quelque chose qu'il m'a marqué sur sa lettre (car il m'a écrit deux lettres) qui m'a fait penser autant que j'y ai pu comprendre, que peut-être bien la Marie Besson lui a pu dire que je n'avais pas été une honnête fille ; et pourtant, ma chère tante, je puis bien jurer que, si ce n'était ce vilain maître horloger chez qui j'ai servi, et qui était pourtant un homme marié, il n'y aurait pas eu une plus brave fille que moi dans le Val de Rus [1] : car pour avoir quelquefois badiné avec les garçons à la veillée, ou pendant les foins, les autres filles en faisaient autant que moi ; et je ne sais pas si un monsieur penserait pour ça qu'on n'aurait pas été une brave fille. Mais à la garde ! il ne sert de rien de pleurer et de se lamenter quand il n'est plus temps ; et si j'ai encore à pleurer, ce sera assez temps quand j'en serai sûre. Il a fallu que j'aie bien prié mes maîtresses ; mais c'est aussi qu'elles ont beaucoup d'ouvrage à présent, comme il y a des bals et des sociétés et des concerts, et peut-être aussi des comédies, et que sais-je bien peu ? [2] ces dames sont toutes fortes pour se divertir ; et peut-être ne sont-elles seulement pas aussi braves qu'une pauvre fille qu'on laisse pleurer en faisant son ouvrage, et qui n'a pas été à toutes leurs écoles et leurs pensions, et n'a pas appris à lire sur leurs beaux livres ; et elles ont des bonnets et des rubans et des robes avec des garnitures de gaze, qu'il faut que nous travaillions toute la nuit et quelquefois les dimanches ; et tout ça elles l'ont quand elles veulent, de leur mère, ou de leur mari, sans que les jeunes messieurs le leur donnent ; mais qu'est-ce que tout ça y fait ? si la cousine Jeanne-Marie et le cousin Abram ne savent rien du monsieur, ni que j'avais quitté mes maîtresses, il ne sert à rien à présent de le leur conter. Je suis, ma chère tante, celle qui est votre très humble nièce.

JULIANNE C...

LETTRE XVIII

Henri Meyer à Godefroy Dorville

A Neuchâtel, ce*** janvier 178*

Tu trouves le style de mes lettres changé, mon cher Godefroy. Pourquoi ne pas me dire si c'est en mal ou en bien ? mais il me semble que ce doit être en bien, quand j'aurais moi-même changé en mal : je ne suis plus un enfant ; cela est vrai, j'ai presque dit, cela n'est que trop vrai ; mais au bout du compte, puisque la vie s'avance, il faut bien avancer avec elle ! qu'on le veuille ou non, on change ; on s'instruit ; on devient responsable de ses actions. L'insouciance se perd ; la gaieté en souffre ; si la sagesse et le bonheur voulaient prendre leur place, on n'aurait rien à regretter. Te souvient-il du Huron que nous lisions ensemble ? il est dit

---

1. Ou Val-de-Ruz, district du canton de Neuchâtel.
2. Et que sais-je encore ?

que Mlle de K... [1], j'ai oublié le reste de son nom, devint en deux ou trois jours une autre personne ; *une personne*, je ne comprenais pas alors ce que cela voulait dire : à présent je le comprends. Je sens bien qu'il faut que je paie moi-même l'expérience que j'acquiers ; mais je voudrais que d'autres ne la payassent pas. Cela est pourtant difficile : car on ne fait rien tout seul, et il ne nous arrive rien à nous seuls.

Dans ma dernière lettre, je te rendis compte de l'assemblée où je dansai avec Mlle de La Prise. Je fus alors deux ou trois jours sans me soucier de sortir ; je n'allais pas seulement me promener. Mais le mardi je fus prié à un dîner chez mon patron ; il ne fut pas tout à fait aussi nombreux que celui du nouvel an ; il n'y avait que des hommes, et il y en avait de tout âge, et parmi eux quelques-uns qui me parurent fort aimables, et surtout fort honnêtes et fort doux. On s'était levé de table, et on prenait du café, quand le monsieur caustique du bal est entré. On lui a reproché de n'être pas venu plus tôt. « Je vous suis obligé, a-t-il répondu ; mais je ne mange presque jamais hors de chez moi, depuis que je connais parfaitement les vins de tous vos quartiers et le fromage de toutes vos montagnes. » Ensuite il s'est approché de quelques jeunes gens, parmi lesquels j'étais, et leur a demandé de quoi ils parlaient avant qu'il entrât.

« De quelques jeunes demoiselles, a répondu l'un d'eux : nous parlions des plus jolies, et nous nous disputions.

— Encore ? a-t-il interrompu, lesquelles aviez-vous nommées ? »

Là-dessus ils en ont nommé plusieurs. « Bon ! a-t-il dit brusquement ; je m'y attendais. Vous avez commencé de préférence par les poupées, les marionnettes et les perroquets. Il y en a une... » J'étais près de la porte ; je tenais mon chapeau ; je suis sorti : « Restez, m'a-t-il crié ; je ne la nommerai pas. » Je n'ai pas fait semblant de l'entendre, et je suis descendu l'escalier le plus vite que j'ai pu.

Le vendredi suivant, je m'étais arrangé pour passer la soirée tout seul à lire et à écrire à mon oncle. Mais le comte Max m'est venu voir, sachant, m'a-t-il dit, que les vendredis étaient mes jours de loisir. Il est resté avec moi jusqu'à sept heures. Il est aimable et instruit : son langage récrée mon oreille qui est écorchée tous les jours par l'affreux allemand de Berne, de Bâle et de Mulhouse. J'ai un peu oublié ma langue : le comte m'en a fait des reproches ; il me prêtera des livres allemands : il a passé dix-huit mois à Leipzig.

J'admire mon sang-froid de parler si longtemps du vendredi ; c'est le dimanche qui fut intéressant ! Peut-être m'arrêtai-je exprès au vendredi par une certaine appréhension du dimanche. Ce fut un si singulier mélange d'heureuses et malheureuses rencontres, de peine et de plaisir ! Je crois que je me conduisis bien, c'est-à-dire que je ne pouvais me

1. Le Huron est le personnage de *L'Ingénu* (1767) de Voltaire. L'initiale désigne Mlle de Kerkabon mais, dans le récit, la personne qui se transforme est en réalité Mlle de Saint-Yves.

conduire autrement. Tu crois que ce sera quelque grande histoire ? non ; tout cela se passa dans un quart d'heure. Mais ce qui avait précédé, les circonstances... pour que tu saches ce que c'est, il faut enfin te le raconter. Peut-être devineras-tu ce que je ne te dirai pas ; et si tu ne devines qu'à moitié, il n'y aura pas grand mal.

Il avait beaucoup plu au commencement de la semaine ; les derniers jours, il avait beaucoup gelé : le dimanche matin, il était tombé de la neige et le temps s'était un peu radouci : mais l'après-dîner, le froid étant revenu, l'eau qu'il y avait eu dans les rues et la neige du matin étaient devenues un verglas tel que je n'en ai jamais vu, et qui devenait à chaque instant plus dangereux, à mesure que l'air du soir se refroidissait. Nous revenions, Monin et moi, du Cret[a] où nous étions allés faire un tour pour profiter d'un instant de soleil qui nous avait séduits au sortir de l'église. Il nous fallait toute notre attention pour ne nous pas laisser tomber. Juge de l'embarras et du danger de Mlle de La Prise et de deux autres demoiselles que nous trouvâmes près de la porte de la ville, allant le même chemin que nous. Je m'arrêtai devant elles ; je crois que je voulais les empêcher d'avancer, croyant voir déjà Mlle de La Prise sur le pavé, blessée, meurtrie, quelque chose de pis peut-être. Je ne sais ce que je leur dis pour les engager à accepter notre secours : mais les deux qui m'étaient étrangères, commençaient à me refuser, quand Mlle de La Prise a dit vivement : « Mais vous êtes folles ! nous sommes trop heureuses ! » En même temps elle a pris Monin sous le bras, et m'a prié d'avoir soin de ses compagnes.

Nous marchions sans rien dire, ne pensant qu'à ne pas tomber ; nous avions fait cent pas peut-être, lorsque j'ai vu une jeune fille que j'ai connue par hasard, à qui de petits garçons jetaient des boules de neige pour la faire tomber. Elle m'a reconnu. Son air exprimait toutes sortes d'embarras. C'était le visage de la détresse ; et réellement ne sachant ce qu'elle faisait, entre la colère et la confusion, elle était dans un véritable danger ; elle aurait pu tomber contre une borne, contre le coin d'une maison. C'est la première fille à qui j'ai parlé à Neuchâtel, et je lui avais donné du secours dans une occasion beaucoup moins grave. Je ne connaissais pas alors Mlle de La Prise. Fallait-il à présent la dédaigner et la méconnaître ? J'ai prié d'un ton absolu les deux filles que je soutenais, et que j'ai appuyées contre Monin, de ne pas bouger de leur place ; et allant aux deux petits garçons, j'ai donné à chacun d'eux un vigoureux soufflet ; et voyant près de là un homme de bonne façon, je l'ai prié, le plus honnêtement que j'ai pu, de conduire la fille où elle voulait aller. Après cela je suis retourné à mes deux demoiselles, et nous avons repris notre marche.

---

    a. Du Cret : promenade sur une petite éminence à un demi-quart de lieue [500 m] de la ville. Meyer oublie ici que son ami ne connaît pas Neuchâtel.

Après quelques instants de silence, l'une des deux m'a dit :

« Vous connaissez donc cette fille, monsieur ?

— Oui, mademoiselle, ai-je répondu ; peu de jours après mon arrivée à Neuchâtel... »

Je n'ai pas continué ; je ne pouvais conter mon histoire jusqu'au bout : le commencement me faisait plus d'honneur que la fin ; c'eût été un mensonge. Une autre chose m'a arrêté. En commençant de répondre, j'avais regardé Mlle de La Prise, autant que le verglas avait pu me le permettre, et j'avais cru voir son visage très rouge et sa physionomie altérée. De te dire tout ce qui se passa alors en moi, toute la peine, le regret, l'espoir, le plaisir, cela n'est pas possible. Si je m'étais permis de m'en occuper dans cet instant, les deux filles auraient bien mieux fait de marcher toutes seules. J'imposai silence à mon cœur ; je renvoyai, pour ainsi dire, à un autre temps à le sentir, à le questionner, à jouir de ce qui s'y passait ; car le plaisir surpassait la peine. Personne de nous n'ouvrit plus la bouche.

Quand nous fûmes devant la maison où était leur société, je saluai, sans parler, mes deux dames : elles me remercièrent. Mlle de La Prise ne parla pas, et se contenta de faire une grande révérence à Monin. Il faisait déjà obscur sous cette porte : mais je m'imaginai qu'elle avait l'air ému. Dans le même moment arriva le comte Max qui lui présenta la main ; il me reconnut comme je m'en allais.

« Où allez-vous ? me cria-t-il.

— Chez moi, lui dis-je.

— Et qu'y ferez-vous chez vous ?

— De la musique.

— Vous êtes laconique, me dit-il en riant, mais cela ne fait rien. »

Je retournai donc chez moi : j'aurais voulu être seul, du moins une heure ou deux, mais cela ne se pouvait pas. Neuss et mon maître arrivaient, Monin fit les honneurs de ma chambre, et après le goûter nous nous mîmes à faire de la musique. Une demi-heure après, le comte entra, en nous priant de lui permettre de nous écouter. Il n'aime pas le jeu. Une autre fois il apportera sa flûte. A neuf heures il m'obligea à aller souper avec lui : je le voulus bien ; la troupe de mes camarades m'était insupportable. Le précepteur me paraît un homme de sens ; mais il ne parle presque pas français. Le frère aîné ne rentra qu'à onze heures ; il est d'une figure brillante et extrêmement honnête. Voici une prodigieuse lettre. J'ai été lundi au concert ; Mlle de La Prise n'y était pas. Mardi, je ne suis sorti que pour aller au comptoir, et je t'écris aujourd'hui mercredi pour demain.

H. MEYER

LETTRE XIX

Henri Meyer à Godefroy Dorville

A Neuchâtel, ce*** janvier 178*

Hier après dîner le comte Max vint me prendre pour me mener promener. Il faisait un temps fort doux. Il n'y a pas beaucoup de choix ici. Nous allâmes du côté du Cret, et jusqu'au mail. Nous y trouvâmes Mlle de La Prise avec une de ses cousines. Nous leur demandâmes la permission de nous promener avec elles ; elle nous fut accordée. Après nous être un peu promenés, nous reprîmes le chemin de la ville. On parla nonchalamment de toutes sortes de choses. Le comte fut fort aimable. Mlle de La Prise était gaie. Sa cousine et moi nous ne dîmes presque rien. Mais j'étais content : j'écoutais avec plaisir ; j'étais assez paisible ; je souhaitais qu'il ne nous arrivât rien d'extraordinaire cette fois-là. Et en effet nous ne rencontrâmes personne, on ne nous aborda point. Mais comme nous approchions de la maison de Mlle de La Prise, il survint une petite pluie qui augmenta à mesure que nous allions, de sorte qu'il pleuvait assez fort quand nous fûmes chez elle. Elle nous pria fort honnêtement d'entrer, nous assurant que son père et sa mère nous recevraient avec plaisir. Nous montâmes : il n'y avait pas grand-chose à faire au comptoir ce jour-là, et j'avais travaillé la veille tout le soir sans aller au concert, parce que nos messieurs étaient surchargés d'ouvrage. Je crus donc pouvoir rester si on nous en priait.

M. de La Prise est un officier retiré du service de France, vieilli par la goutte plus que par les années. Il a l'air d'avoir aimé tous les plaisirs, et d'aimer encore la société ; mais surtout d'aimer sa fille plus que chose au monde. Elle lui ressemble. Il a l'air ouvert, franc ; un peu libre dans ses propos, il est aimable et poli dans ses manières. On m'a dit que sa famille était une des plus anciennes du pays, et qu'il était né avec de la fortune, mais qu'il avait tout dépensé. En le voyant on croit tout cela vrai.

Je ne dirai rien de la mère. Elle n'a pas l'air d'être la femme de son mari, ni la mère de sa fille. Elle est française, et de je ne sais quelle province. Elle a été très belle, et l'est encore. A sa manière elle nous a bien reçus. On nous a donné du thé, des raisins, de petits gâteaux. Ce petit repas, qui jusqu'ici m'avait paru assez mal entendu, m'a paru hier fort agréable. Je croyais être en famille avec M. de La Prise et Mlle Marianne. Elle ne m'offrait rien que je n'acceptasse. Elle choisissait des grappes pour le comte Max et pour moi. Pour la première fois je n'étais plus un étranger à Neuchâtel.

La pluie ayant cessé et le goûter étant fini, nous avons paru vouloir nous retirer ; mais le père nous a proposé de faire un peu de musique avec sa fille. Aussitôt j'ai dit au comte que j'irais prendre sa flûte et mon violon, et que je verrais au comptoir si on pouvait se passer de moi, ce dont je ne doutais presque pas. Il a trouvé tout cela fort bon. Je suis allé et revenu.

Ce petit concert a été le plus agréable du monde. Mlle de La Prise accompagne très bien ; elle est vraiment musicienne ; et on ne peut pas avoir une meilleure embouchure que n'a le comte Max. La flûte est un instrument touchant, et qui va au cœur plus qu'aucun autre. La soirée a été bien vite passée. Neuf heures approchaient. Mme de La Prise nous en avertit par une certaine inquiétude et le soin de tout ranger autour de nous. Son mari l'a priée de nous laisser jouer ; et puis, regardant la pendule, il nous a dit : « Messieurs, quand j'étais riche, je ne savais pas laisser les gens me quitter à neuf heures ; je ne l'ai pas même appris depuis que je ne le suis plus ; et si vous voulez souper avec nous, vous me ferez plaisir. » Mme de La Prise a dit : « Encore si vous vous étiez avisé de cela de meilleure heure ! » Et en même temps elle est sortie de la chambre. Son mari, appuyé sur sa canne, l'a suivie, et lui a crié de la porte : « Ne vous inquiétez de rien, ma femme, et ne nous faites pas souper trop tard ; ils mangeront une omelette. » Pour nous, nous n'avions accepté ni refusé ; mais il était clair que nous restions, et nous continuions notre musique. Mlle de La Prise était, je crois, bien aise que nous ne parussions pas écouter exactement sa mère.

Un quart d'heure après on est venu nous avertir, et nous sommes allés nous mettre à table. Le souper était propre et simple. Il faut avouer que Mme de La Prise n'en faisait pas trop maussadement les honneurs. Sa fille était très gaie : son père paraissait enchanté d'elle ; et sûrement ses convives ne l'étaient pas moins.

A dix heures, un parent et sa femme sont venus veiller. On a parlé de nouvelles, et on a raconté entre autres le mariage d'une jeune personne du pays de Vaud, qui épouse un homme riche et très maussade, tandis qu'elle est passionnément aimée d'un étranger sans fortune, mais plein de mérite et d'esprit. « Et l'aime-t-elle ? » a dit quelqu'un. On a dit que oui, autant qu'elle en était aimée.

« En ce cas-là, elle a grand tort, a dit M. de La Prise.

— Mais c'est un fort bon parti pour elle, a dit madame, cette fille n'a rien ; que pouvait-elle faire de mieux ?

— Mendier avec l'autre, a dit moitié entre ses dents Mlle de La Prise, qui ne s'était point mêlée de toute cette conversation.

— Mendier avec l'autre ! a répété sa mère. Voilà un beau propos pour une jeune fille ! Je crois en vérité que tu es folle !

— Non, non ; elle n'est pas folle : elle a raison, a dit le père. J'aime cela, moi ! c'est ce que j'avais dans le cœur quand je t'épousai.

— Oh bien, nous fîmes là une belle affaire !

— Pas absolument mauvaise, dit le père, puisque cette fille en est née. »

Alors Mlle de La Prise, qui depuis un moment avait la tête penchée sur son assiette et ses deux mains devant ses yeux, s'est glissée le long d'un tabouret, qui était à moitié sous la table entre elle et son père, et sur lequel il avait les deux jambes, et s'est trouvée à genoux auprès de lui, les mains de son père dans les siennes, son visage collé dessus, ses yeux les mouillant de larmes, et la bouche les mangeant de baisers : nous l'entendions sangloter doucement. C'est un tableau impossible à rendre. M. de La Prise, sans rien dire à sa fille, l'a relevée, et l'a assise sur le tabouret devant lui, de manière qu'elle tournait le dos à la table : il tenait une de ses mains ; de l'autre elle essuyait ses yeux. Personne ne parlait. Au bout de quelques moments elle est allée vers la porte sans se retourner, et elle est sortie. Je me suis levé pour fermer la porte qu'elle avait laissée ouverte. Tout le monde s'est levé. Le comte Max a pris son chapeau, et moi le mien.

Au moment que nous nous approchions de Mme de La Prise pour la saluer, sa fille est rentrée. Elle avait repris un air serein.

« Tu devrais prier ces messieurs d'être discrets, lui a dit sa mère. Que pensera-t-on de toi dans le monde, si on apprend ton propos ?

— Eh ! ma chère maman, a dit sa fille ; si nous n'en parlons plus, nous pouvons espérer qu'il sera oublié.

— Ne vous en flattez pas, mademoiselle, a dit le comte, je crains de ne l'oublier de longtemps. »

Nous sommes sortis. Nous avons marché quelque temps sans parler. A la fin le comte a dit : « Si j'étais plus riche… Mais c'est presque impossible ; il n'y faut pas penser : je tâcherai de n'y plus penser un seul instant. Mais vous ?… » a-t-il repris en me prenant la main. J'ai serré la sienne ; je l'ai embrassé ; et nous nous sommes séparés. Bonsoir, Godefroy : je n'ai pas fermé l'œil la nuit dernière ; je vais me coucher.

H. MEYER

LETTRE XX

Au même
Dimanche pour lundi

A Neuchâtel, ce*** février 178*

Je t'écrivis mercredi, et je t'envoyai jeudi ma lettre sans rien ajouter. Nous travaillâmes beaucoup, et fort tard. Vendredi j'eus un si grand mal de tête que je ne sortis point. Monin me tint compagnie ; il me lut, et nous fîmes de la musique. C'est un très bon garçon... A propos, il faut que je te dise quelque chose qu'il me raconta ce soir-là.

La veille, comme il entrait à la salle d'armes pour parler à quelqu'un, il entendit prononcer mon nom à quelques jeunes gens. Il n'entendit point ce qu'ils disaient, mais il vit le comte Max quitter son maître avec qui il faisait des armes, et venir à eux. «Je trouve très mauvais, messieurs, leur dit-il, que vous parliez de ce ton d'un jeune homme estimable ; et très mauvais aussi que vous osiez en parler mal devant moi, que vous savez être son ami.» Quand Monin m'eut raconté cela, je sentis, pour la première fois, qu'il pouvait y avoir du plaisir à être grand seigneur. Je voudrais, Godefroy, qu'il me convînt de prendre un pareil ton, et d'en imposer comme le comte, quand il s'agirait de prendre son parti, celui de Mlle de La Prise ou le tien. Mais aucun des trois n'aurez besoin que je vous défende. Qui est-ce qui pourrait dire du mal de vous ?

Samedi, c'était hier, le comte vint me prendre pour faire visite à M. et Mme de La Prise ; cela convenait, après le souper que nous avions fait chez eux. Mais Monin m'avait fait promettre de ne pas sortir de toute la journée, ni encore aujourd'hui : je suis fort enrhumé, et il prétend que les rhumes négligés sont longs et fâcheux cette année. Cet excellent garçon a travaillé hier deux heures de plus que de coutume pour faire ma besogne au comptoir.

Le comte est donc allé seul faire sa visite, et il m'en a rendu compte pendant la soirée qu'il est venu passer auprès de mon feu. Il avait trouvé M. de La Prise, qui, après quelques discours d'usage, lui a parlé de sa fille, et lui a dit, que malheureusement il n'était pas impossible qu'après sa mort elle n'eût besoin de quelque protection comme la sienne pour être placée à quelque cour allemande. «J'ai été longtemps jeune, lui a-t-il dit ; j'ai beaucoup dépensé d'argent ; mais la nature a si bien dédommagé ma fille des folies que j'ai faites quant à sa fortune, que dans le fond son lot est meilleur que celui de bien d'autres. Et je ne la plains pas. Je n'ai, du moins, pas à me reprocher de l'avoir négligée un instant depuis qu'elle est au monde. Cela n'est pas, à la vérité, bien étonnant : quel père négligerait une pareille fille ?... Mais, M. le comte, pour en revenir à ce que je vous disais d'abord, je puis vous assurer qu'elle est assez bien née pour ne trouver aucune difficulté quant à cela à se placer, en quelque qualité que ce puisse être, auprès de la plus grande princesse de l'Europe. Mes ancêtres sont venus dans ce pays avec Philibert de Châlons, qui en était souverain : nous nous appelions***. La branche cadette, pour se distinguer, s'est appelée de La Prise : l'aînée, qui possédait de grands biens en Bourgogne, s'est éteinte. J'ai des preuves de tout cela plus claires que le jour. Je ne vous dis pas cela pour me vanter, mais pour que vous vous en souveniez, si quelque jour ma fille avait besoin que vous la fissiez connaître. Alors vous pourriez vous instruire par vos yeux de ce que j'ai l'honneur de vous dire. Ma fille est assez aimable pour qu'on dût trouver du plaisir à lui être utile… mais la voilà qui rentre, et comme ce discours n'est pas bien gai, vous voudrez bien que nous parlions d'autre chose. » Le comte a la mémoire bonne, et je ne l'ai pas mauvaise ; de sorte que tu peux compter que tu as mot pour mot le discours de M. de La Prise. Il m'a donné à penser ; et si notre soirée a été douce, parce que le comte est vraiment aimable, et qu'il a de l'amitié pour moi, elle n'a point été gaie. Demain je serai assez bien pour aller au concert. Mlle Marianne y chantera pour obéir à son père : je me mettrai bien près d'elle pour la mieux entendre et la mieux accompagner. Adieu, mon très cher Godefroy.

H. MEYER

LETTRE XXI
Au même

A Neuchâtel, ce*** février 178*

Comment te raconter tout ce que j'ai à te dire ? Me blâmeras-tu ? Me plaindras-tu ? ou bien Mlle de La Prise frappera-t-elle seule ton imagination, et effacera-t-elle ton ami de devant tes yeux ? Mais pourquoi occuper ma tête de vaines conjectures, quand à peine mes facultés suffisent à ma situation et au soin de t'en instruire ? Ah, Godefroy, que de choses me sont arrivées ! que de choses j'ai senties ! Pourrai-je te faire mon récit avec quelque ordre ?

Hier à trois heures je ne savais encore rien, et j'allais gaiement à l'assemblée. J'entre. J'y cherche des yeux Mlle de La Prise. Elle n'était pas encore dans la salle. Mais elle y vint un instant après. J'allai à elle. Je la trouvai pâle. Elle avait un air grave, et une certaine solennité que je ne lui avais point encore vue. Je sentis, en la saluant, que je pâlissais, et je fus quelques instants sans pouvoir parler. Je me remis pourtant, et lui demandai quelle serait la contredanse qu'elle me ferait la grâce de danser avec moi. Elle me répondit qu'elle comptait ne pas danser ; et cherchant des yeux le comte Max, elle lui dit, quand il se fut approché : « Monsieur le comte, j'ai à parler à M. Meyer : cela sera peut-être un peu long ; et l'on pourrait trouver étrange que j'eusse tant de choses à lui dire à lui seul. Vous êtes son ami ; vous me paraissez honnête et discret : je ne pense pas que vous soyez tenté de vous moquer d'une jeune fille qui, par pitié pour une autre, entretient un homme sur un chapitre qui devrait lui être étranger : je suis bien sûre que vous ne vous moquerez pas de moi. Voulez-vous bien renoncer, comme moi, à la danse pour ce soir ? Dans quelques moments, nous nous assiérons tous trois sur ce banc ; vous vous mettrez entre M. Meyer et moi ; de cette façon, j'aurai l'air de parler à tous deux. Nous serons souvent interrompus : il ne faudra pas avoir l'air d'en être fâchés ; il faudra nous quitter quelquefois, quitter la conversation, et puis la reprendre. Je vous demande pardon de ce préambule. Il doit me donner un étrange air de pédanterie. J'avoue que je suis émue, il me paraît que j'ai une grande affaire à exécuter. Au reste, il n'est pas bien étonnant qu'à mon âge… mais laissez-moi parler quelques moments à mes amies. Je viendrai vous rejoindre quand on aura commencé à danser. » J'avais besoin qu'elle s'interrompît ; j'avais grand besoin de m'asseoir : mes jambes tremblaient sous moi : j'étais plus mort que vif. Elle ne m'avait pas regardé ; elle avait même détourné ses yeux de dessus moi tout le temps qu'elle avait parlé. Je m'appuyai sur le comte. Nous fûmes nous asseoir.

« Mais, me dit-il, devinez-vous ce qu'elle a à vous dire ?

— Pas précisément, lui répondis-je.

— Par pitié pour une autre ? » reprit-il.

Je me tus. Mlle de La Prise revint s'asseoir à côté de lui. « Mais, monsieur, lui dit-elle, je n'ai pas attendu votre réponse ; voulez-vous bien sacrifier une partie de votre soirée, qui devait être gaie et amusante, à une histoire assez triste qui ne vous regarde pas ? » Le comte l'assura qu'il serait en tout temps à ses ordres. « Et vous, me dit-elle, monsieur, je ne vous ai point demandé si vous trouviez bon que je me mêlasse de vos affaires ? » Je fis une inclination pour toute réponse.

« Et consentez-vous aussi que le comte soit instruit de tout ce qui a pu vous arriver depuis que vous êtes à Neuchâtel ? J'aurais dû vous le demander plus tôt.

— Je consens à tout ce qu'il vous plaira, mademoiselle.

— Eh bien, dit-elle, je vous dirai donc que deux maîtresses tailleuses travaillant hier chez ma mère avec une jeune ouvrière qu'elles avaient amenée, celle-ci, que j'avais vue tout le jour pâle, triste et tremblante, me pria de ne pas sortir le soir, comme j'en avais le dessein, et de permettre qu'elle pût me parler seule, sous prétexte de m'essayer des habits dans ma chambre… »

Ici nous fûmes interrompus par plusieurs femmes. Mlle de La Prise en fit asseoir une entre elle et le comte. Imagine, si tu le peux, l'état où j'étais.

On nous quitta enfin ; et Mlle de La Prise, imaginant bien que nous n'avions pas perdu le fil de ses phrases, reprit aussitôt : « J'y ai consenti ; et quand nous avons été seules, elle m'a raconté, monsieur, comment elle vous avait rencontré, comment vous l'aviez secourue, par quelle fatalité la connaissance avait continué ; et enfin, elle m'a dit, en versant un torrent de larmes, qu'elle était grosse, qu'elle ne savait que devenir, où aller, comment pourvoir à sa subsistance, et à celle de son enfant. » Mlle de La Prise s'est tue. J'ai été longtemps sans pouvoir ouvrir la bouche : plusieurs fois j'ai essayé, j'ai même commencé : à la fin j'ai pu me faire entendre.

« Vous a-t-elle dit, mademoiselle, que je l'eusse séduite ?

— Non, monsieur…

— Vous a-t-elle dit, mademoiselle, quand et comment j'ai cessé de la voir ?

— Oui, monsieur, elle me l'a dit : elle a même eu la bonne foi de me montrer vos lettres.

— Eh bien ! Mademoiselle, elle ne sera pas abandonnée dans ce moment de misère, de honte et de malheur ; et son enfant ne sera jamais abandonné, si j'en suis le père, si j'ai lieu de le croire : il sera soigné, élevé ; j'aurai soin de son sort tout le temps de ma vie. Mais à présent permettez que je respire. Je ne suis pas même en état de vous remercier. Je vais prendre l'air ; je reviendrai dans un quart d'heure. Ceci est si nouveau ! je suis si jeune ! il y a si peu de temps que les femmes m'étaient étrangères !… Et à présent des intérêts si vifs, si différents, se sont combattus et succédé ! Mais elle vous a dit que je ne l'avais pas séduite, et qu'il y a plus de deux mois que je ne l'ai vue ? certainement il faut la secourir… »

En même temps je me suis levé, et j'ai couru à la rue, où j'ai passé près d'une heure, allant, venant, m'arrêtant comme un fou. Moi, Godefroy, une maîtresse grosse ! moi, bientôt père ! A la fin, me souvenant de ma promesse, je suis rentré. Mlle de La Prise avait l'air plus doux et plus riant. Elle m'a pressé de prendre du thé, et a eu soin elle-même de m'en faire donner. Le comte nous a rejoints : nous nous sommes assis.

« Eh bien, monsieur Meyer, que voulez-vous donc que je dise à la fille ?

— Mademoiselle, lui ai-je répondu, promettez-lui ou donnez-lui, faites-lui donner, veux-je dire, par quelque ancien domestique de confiance, votre nourrice, ou votre gouvernante, faites-lui donner de grâce, chaque mois, ou chaque semaine, ce que vous jugerez convenable. Je souscrirai à tout. Trop heureux que ce soit vous !… je ne vous aurais pas choisie peut-être ; cependant, je me trouve heureux que ce soit vous qui daigniez prendre ce soin. C'est une sorte de lien, mais qu'osé-je dire ? c'est du moins une obligation éternelle que vous m'aurez imposée ; et vous ne pourrez jamais repousser ma reconnaissance, mon respect, mes services, mon dévouement.

— Je ne les repousserai pas, m'a-t-elle dit avec des accents enchanteurs, mais c'est bien plus que je ne mérite. »

Je lui ai encore dit :

« Vous aurez donc ce soin ? vous me promettez ? Cette fille ne souffrira pas ? elle n'aura pas besoin de travailler plus qu'il ne lui convient ? elle n'aura point d'insulte, ni de reproche à supporter ?

— Soyez tranquille, m'a-t-elle dit, je vous rendrai compte chaque fois que je vous verrai de ce que j'aurai fait ; et je me ferai remercier de mes soins et payer de mes avances. »

Elle souriait en disant ces dernières paroles. « Il ne sera donc pas nécessaire qu'il la revoie ? » a dit le comte. « Point nécessaire du tout », a-t-elle dit avec quelque précipitation. Je l'ai regardée : elle l'a vu ; elle a rougi. J'étais assis à côté d'elle : je me suis baissé jusqu'à terre.

« Qu'avez-vous laissé tomber ? m'a-t-elle dit ; que cherchez-vous ?

— Rien. J'ai baisé votre robe. Vous êtes un ange, une divinité ! »

Alors je me suis levé, et me suis tenu debout à quelque distance vis-à-vis d'eux. Mes larmes coulaient ; mais je ne m'en embarrassais pas, et il n'y avait qu'eux qui me vissent. Le comte Max attendri et Mlle de La Prise émue, ont parlé quelque temps de moi avec bienveillance. « Cette histoire finissait bien, disaient-ils : la fille était à plaindre, mais pas absolument malheureuse. » Ils convinrent enfin de l'aller trouver sur l'heure même chez Mlle de La Prise, où elle travaillait encore. On m'ordonna de rester pour ne donner aucun soupçon, de danser même si je le pouvais. Je donnai ma bourse au comte, et je les vis partir. Ainsi finit cette étrange soirée.

Samedi au soir

J'ai rencontré dans la rue le Caustique. Il m'a arrêté d'un air de bienveillance : « Monsieur l'Étranger ! m'a-t-il dit ; nous ne sommes pas méchants ; mais nous sommes fins, et nous nous en piquons : chacun se hâte de soupçonner et de deviner, de peur d'être prévenu par quelque autre. Or comme nous ne connaissons presque pas les passions, nous ne saurions dans certains cas soupçonner qu'une intrigue... Soyez sur vos gardes. C'est si peu votre intention de faire soupçonner une intrigue entre vous et la plus aimable fille de Neuchâtel que je vous prie de ne pas m'en assurer... » Et il a passé son chemin.

Je t'envoie la copie de ma lettre à mon oncle. Le comte a trouvé le moyen de la faire lire à Mlle de La Prise, qui l'a cachetée elle-même ; et lui-même l'a portée à la poste.

LETTRE XXII

*A M*** à Francfort*

A Neuchâtel, ce*** février 178*

Mon cher oncle,

Une jeune ouvrière, que je n'ai pas séduite, dit être grosse, et que je suis le père de son enfant : plusieurs circonstances, et surtout la personne qu'elle a choisie pour cette confidence, me persuadent qu'elle dit la vérité : j'ai de quoi subvenir dans ce moment à ses besoins ; et quant à l'enfant, quelle que soit ma fortune, il ne manquera pas plus de pain que moi-même, tant que je vivrai. Mais si je meurs avant d'être en âge de faire un testament, je vous prie, mon cher oncle, de regarder l'enfant de Julianne C…, dont Mlle Marianne de La Prise vous dira qu'il est le mien, comme étant effectivement l'enfant de votre neveu : je ne vous le recommande point ; cela serait superflu.

J'ai l'honneur d'être,

    Mon cher oncle,

Votre très humble et
très obéissant serviteur,

H. Meyer

LETTRE XXIII

A M. Henri Meyer

Francfort, ce*** février 178*

Faites partir la fille. Ne négligez rien pour qu'elle fasse le voyage sûrement : je paierai les frais. Je veux qu'elle accouche ici. J'aurai soin d'elle. Mais le tout à condition qu'elle reparte d'abord après ses couches, et me laisse l'enfant. Je ferai même quelque chose pour elle, si je suis content de sa conduite. Je sais qu'à Neuchâtel la manière dont on baptise un enfant constate son état : je ne veux pas que le vôtre soit élevé dans cette triste connaissance ; s'il l'acquiert quelque jour, ce sera lorsqu'il aura lieu d'être assez content de son existence pour ne vous la pas reprocher, et lorsque vous vous serez rendu assez recommandable pour qu'il préfère sa naissance, malgré la tache qui l'accompagne, à toute autre naissance, et qu'il vous choisît pour père, s'il pouvait choisir. Il ne tient qu'à vous, Henri, d'ôter à force de vertu, l'opprobre de dessus votre fils ou votre fille. Demandez-vous à vous-même si vous y êtes obligé.

Charles D.

Ci-joint une lettre de change de 50 louis.

LETTRE XXIV

A M. Charles D... à Francfort

A Neuchâtel, ce*** février 178*

Mon très cher oncle,

La fille est partie. Que puis-je vous dire ? ce ne sont pas des remerciements que j'ai à vous faire. Veuille le ciel vous bénir ! puisse mon enfant !... il m'est impossible d'en dire davantage.

H. MEYER

LETTRE XXV

Henri Meyer à Godefroy Dorville

A Neuchâtel, ce*** mars 178*

Je t'envoie la réponse de mon oncle. La fille est partie : je ne l'ai pas vue ; Mlle de La Prise, le comte et une ancienne servante de Mlle de La Prise ont eu soin de tout.

LETTRE XXVI

Au même

A Neuchâtel, ce*** mars 178*

D'après la remarque de mon caustique protecteur (je l'appellerai désormais par son nom, Z...), le comte Max a demandé à Mlle de La Prise, comment elle voulait que je me conduisisse. « Comme auparavant, a-t-elle répondu (auparavant ! c'est elle qui l'a dit) : il faut qu'il vienne à l'assemblée, au concert, peut-être sera-t-il invité au premier jour chez une de mes parentes ; il verra bien alors lui-même ce qu'il y a à faire, ou plutôt à éviter. »

Avant-hier, le comte et moi nous étions auprès de mon feu. Nous pensions à trop de choses pour en dire aucune. Nous avions besoin de nous distraire. Je lui ai proposé d'aller avec moi chez M. Z... : je lui

devais cette attention pour la marque d'intérêt qu'il m'avait donnée ;
intérêt bien sensible, car il avait pour objet Mlle de La Prise, et l'honnêteté de ma conduite : il n'y allait de rien moins que de lui épargner
d'éternels chagrins, et à moi d'éternels remords. Depuis ce jour-là, je ne
passe plus devant sa porte ; je ne me promène plus ; j'évite au comptoir
tout air de rêverie ; j'y fais mon devoir plus attentivement que jamais :
j'en suis à la vérité récompensé par mes efforts mêmes ; faire son devoir
avec attention produit un certain zèle qui est la meilleure des distractions
possibles. Mais revenons à notre visite.

Je dis au comte que M. Z... nous donnerait vraisemblablement,
pêle-mêle avec des critiques un peu amères, des notions curieuses et intéressantes sur le pays, son pays, son commerce, son gouvernement et ses
mœurs. Le comte m'en crut, et nous allâmes.

Nous fûmes en effet fort contents de toutes les informations que nous
reçûmes. Un grain de causticité rendait les descriptions piquantes et les
récits intéressants ; et, quant à moi du moins, il fallait bien cet assaison-
nement pour me rendre attentif. Je ne suis pas assez tranquille pour te
rapporter ce que j'ai appris : mais je tâcherai de te le garder dans ma
mémoire. Je te dirai seulement ce que j'ai pu comprendre du caractère
des habitants du pays. Sociables, officieux, charitables, ingénieux, pleins
de talents pour les arts d'industrie [1], et n'en ayant aucun pour les arts de
génie ; le grand et le simple leur sont si étrangers en toutes choses, qu'ils
ne le comprennent et ne le sentent même pas.

Ne viendras-tu point me voir, si tu viens à Strasbourg ? tes affaires à
Francfort sont-elles si pressées ? Ton temps est-il si précieux ? Adieu,
mon cher Godefroy, aime toujours ton véritable ami.

H. MEYER

LETTRE XXVII

Au même

A Neuchâtel, ce*** mars 178*

J'ai été en effet invité chez la parente de Mlle de La Prise. Toute la
bonne compagnie de Neuchâtel y était. Mlle de La Prise faisait les
honneurs et l'ornement de l'assemblée. Sa contenance et ses manières me
paraissent changées : elle n'est pas moins naturelle ; mais elle n'est plus si
gaie : je la trouve imposante ; il y a dans son maintien une noble assurance : quelquefois je crois voir de la tristesse dans ses yeux ; mais elle est

---

1. C'est-à-dire les techniques et l'artisanat.

tranquille, elle est posée : ses mouvements sont plus graves, comme son air. Il semble que l'insouciance et la vivacité aient fait place à un sentiment doux et sérieux de son mérite et de son importance… ah ! je souhaite de ne me pas tromper. Il est bien juste, ce sentiment ! qu'elle en jouisse !… qu'elle en jouisse !… qu'il soit sa récompense !… Elle a préservé une femme de l'affreuse misère, du vice, peut-être de la mort ; et un enfant de l'opprobre, et peut-être aussi de la mort, ou d'une longue misère ; et un jeune homme, qui se croyait honnête, que rien encore n'avait dû corrompre, elle l'a préservé d'avoir fait les mêmes maux qu'un scélérat.

Je n'ai pas joué avec Mlle de La Prise ; elle n'a pas joué non plus ce soir-là avec le comte Max.

Lundi il n'y a pas eu de concert ; on a joué la comédie. Je ne t'en dirai rien, sinon qu'on a ici autant de talent pour le chant que pour la danse, et que la grâce y est, je crois, plus commune que partout ailleurs. Au reste, la comédie et la manière dont on la joue m'ont expliqué le ton des femmes dans le monde. Tour à tour marquises, soubrettes, villageoises ; tour à tour criailleuses, ingénues, emphatiques ; il n'est pas étonnant qu'elles changent de ton vingt fois dans une heure.

Hier à l'assemblée elle a voulu danser avec tout le monde ; et moi avec toutes les femmes qui ont bien voulu danser avec moi. J'ai pourtant dansé une contredanse avec elle. J'avais le cœur tantôt serré, tantôt palpitant : quelle différence avec la première fois que je dansai avec elle dans cette même salle ! cependant mon cœur la distinguait déjà.

M. Z… m'a salué au milieu de la soirée avec un air d'approbation ; et en sortant il a passé devant moi, et m'a serré la main. Les gens caustiques ne sont donc pas nécessairement méchants, ou du moins ils ne sont pas méchants en tout. Mais qui pourrait être méchant en tout, si ce n'est le diable ? et encore le diable ?… Quel bavardage !

Godefroy, j'attends impatiemment que tu m'écrives si tu pourras venir me voir. Tu verrais Mlle de La Prise, tu verrais le comte Max, et ton meilleur ami te serrerait dans ses bras.

H. MEYER

LETTRE XXVIII

Mlle de La Prise à Mlle de Ville

A Neuchâtel, ce*** mars 178*

Je ne me trompais pas ; il m'aime, cela est bien sûr ; il m'aime. Il ne me l'a pas dit : mais il me l'aurait dit mille fois que je ne le saurais pas mieux. Cela n'a pas toujours été si gai, mon Eugénie, que les premiers

jours. J'ai eu du chagrin, de l'embarras, quelque chose qui ressemblait à
de la jalousie ; j'ai du moins senti ce que serait la jalousie... Ah, Dieu !
puissé-je en être toujours préservée ! j'aimerais encore mieux ne plus
l'aimer que d'avoir cet affreux sentiment à craindre. Heureusement je ne
l'ai pas éprouvé : car je n'ai point eu de doutes ; seulement j'aurais
encore mieux aimé... Mais je ne veux point du tout me rappeler tout cela.
Je suis heureuse à présent : je suis bien aise même du chagrin que j'ai eu ;
j'aurais payé encore plus cher le contentement que j'ai, la place que
j'occupe : car je suis à présent comme un ami, et comme le plus cher ami
que l'on puisse avoir ; je suis au fait de ses affaires ; j'agis pour lui : je
sais sa pensée, et nous nous entendons sans nous parler. Nous saurions
bien au milieu de mille étrangers, que c'est moi qui suis quelque chose
pour lui, et lui quelque chose pour moi : c'est l'un à l'autre que nous
demanderions des conseils ou des secours ; donner, recevoir, serait
également agréable ; mais ce qui le serait encore plus, ce serait d'avoir
tout en commun, peines, plaisirs, besoins... tout. Nous étions certainement nés l'un pour l'autre : non pas peut-être pour vivre ensemble,
c'est ce que je ne puis savoir ; mais pour nous aimer. Tu trouveras peut-
être cette lettre encore plus folle que celle que je n'osai t'envoyer : mais
tu te tromperas. Elle n'est point folle, et je sais bien ce que je dis. Adieu,
chère Eugénie, je ne te le céderais plus.

M. DE LA PRISE

LETTRE XXIX
Henri Meyer à Mlle de La Prise

Mademoiselle,

Oserai-je vous écrire ? est-ce à vous que je vais écrire ? sera-ce pour
vous que j'aurai écrit ? ou n'aurai-je fait qu'épancher et soulager mon
cœur ? Vous m'aimez ! n'est-il pas vrai que vous m'aimez ? si vous ne
m'aimez pas, j'accuserai le ciel de cruauté et même d'injustice. Je serais
donc le jouet d'un sentiment trompeur : les rapports que je sens, la
sympathie qui m'attache, qui m'a donné à vous du premier instant que je
vous ai entrevue ne seraient donc pas réels ! et cependant, je les sens. Et
vous, s'ils sont réels, vous les sentez aussi ! Peut-être votre rougeur, votre
embarras au concert, quand vous vîntes chanter près de moi, signifiait que
vous les sentiez ! Il me semble que je le mérite, que vous ne devez pas être
le prix d'une longue persévérance, et que votre cœur devait se donner
pour prix du mien, comme le mien se donnait... Ah ! si vous ne m'aimez
pas, ne me le dites pas : trompez-moi, je vous en conjure, et pour vous-

même ; car vous vous reprocheriez mon désespoir. Pardonnez, mademoiselle, ce délire. Si vous me trouvez présomptueux, votre cœur ne m'entend donc pas ; il ne m'entendra jamais, et le mien est perdu. Je ne pourrai jamais le donner à personne, et je ne demanderai celui de personne. Si jeune encore, j'aurai perdu même l'espérance du bonheur. Encore une fois n'en prononcez pas l'arrêt. Que vous importe que je sois trompé ? de grâce ne me détrompez pas. Je n'aurais peut-être jamais parlé, si je n'eusse dû m'éloigner de vous. Content de vous voir, ou d'espérer de vous voir ; d'imaginer chaque jour que cela soit possible ; peut-être le respect, la crainte de vous déplaire, surtout la crainte que votre réponse ne fît succéder le désespoir à l'incertitude, m'aurait empêché toujours, longtemps du moins, de rien demander, de rien dire. Mais je ne puis partir sans vous dire que je vous aime. Vous en douteriez peut-être ; et ne serait-il pas possible que ce doute vous tourmentât ? Mon ami Dorville, le plus ancien de mes amis, mon ami d'enfance et de jeunesse, est malade à Strasbourg ; il m'a demandé avec instance. On m'a écrit. L'exprès vient d'arriver. Je pars demain avant le jour. Pourrai-je vous envoyer cette lettre ? serait-il possible d'avoir une réponse ? le comte Max m'avait promis de venir ce soir : mais il est tard. S'il pouvait encore venir ! mais voudrait-il ?... Ah ! le voici, je l'entends : qu'il lise ces caractères à peine lisibles, qu'il vous les porte, qu'il trouve le moyen de vous les faire lire, ou bien qu'il se taise, ce sera me refuser. Je ne tenterai aucune autre voie : je me regarderai comme un insensé, comme un téméraire. Mais qu'il s'éloigne de moi, et me laisse en proie à ma tristesse.

M. MEYER

LETTRE XXX

Le comte Max à Henri Meyer

Je suis allé chez*** où je savais qu'elle était. On quittait le jeu ; elle était encore assise. Je l'ai priée tout haut de lire la lettre d'un de mes amis. Elle a lu. Je me suis rapproché ; et elle a pris une carte, et m'a demandé un crayon : on la regardait ; elle a d'abord dessiné une fleur. Ensuite elle a écrit. Lisez la carte ; mais vous l'avez déjà lue. Heureux Meyer ! que faites-vous pour nous attacher ? ou plutôt, par quel charme nous séduisez-vous ? Je vais à un souper pour lequel je me suis engagé, il y a longtemps. En sortant de table j'irai vous rejoindre, et je resterai avec vous jusqu'à ce que vous partiez : si je pouvais, je partirais avec vous : je ferais bien peut-être.

M. DE R...

Réponse de Mlle de La Prise

Si vous vous étiez trompé, Monsieur, je serais fort embarrassée, mais pourtant je vous détromperais.

Peuple aimable de Neuchâtel
Pourquoi vous offenser d'une faible satire ?
De tout auteur c'est le droit immortel
Que de fronder peuple, royaume, empire.
S'il dit bien, il est écouté,
On le lit, il amuse, et parfois il corrige ;
S'il a tort, bientôt rejeté,
Il est le seul que son ouvrage afflige.
Mais, dites-moi, prétendiez-vous
N'avoir pas vos défauts aussi bien que les autres ?
Ou vouliez-vous qu'éclairant ceux de tous,
On s'aveuglât seulement sur les vôtres ?
On reproche aux Français la folle vanité,
Aux Hollandais la pesante indolence,
Aux Espagnols l'ignorante fierté,
Au peuple anglais la farouche insolence.
Charmant peuple neuchâtelois !
Soyez content de la nature ;
Elle pouvait sans vous faire d'injure
Ne pas vous accorder tous ses dons à la fois.

Lettres de mistriss Henley

(1784)

J'ai vu beaucoup d'hymens, etc.

LA FONTAINE [1]

LETTRE I

Quel aimable et cruel petit livre que celui qui nous est arrivé de votre pays il y a quelques semaines ! Pourquoi ne m'en avez-vous rien dit, ma chère amie, dans votre dernière lettre ? Il est impossible qu'il n'ait pas fait sensation chez vous : on vient de le traduire, et je suis sûre que le *sentimental Husband* [2] va être entre les mains de tout le monde. Je l'avais lu en français, et il m'avait tourmentée. Ces jours passés je l'ai lu en anglais à mon mari. Ma chère amie, ce livre, si instructif en apparence, fera faire bien des injustices : les dames Bompré ne s'y reconnaîtront pas, ou ne s'en embarrasseront guère ; et leurs maris pourront se casser la tête, comme si jamais il n'avait été écrit. Les femmes qui ressemblent peu à Mme Bompré, et qui sont pourtant des femmes, s'en tourmenteront, et leurs maris... En lisant seule l'histoire du portrait, les meubles changés, le pauvre Hector, je me suis souvenue douloureusement d'un portrait, d'un meuble, d'un chien, mais le portrait n'était pas de mon beau-père, le chien est plein de vie, et mon mari s'en soucie assez peu ; et pour l'ameublement de ma chambre, il me semblait qu'il devait être convenable pour moi, et non selon le goût de mes grand-mères. Quand j'ai lu tout cela à mon mari, au lieu de sentir encore mieux que moi ces différences, comme je m'en étais flattée en commençant la lecture, ou de ne point sentir du tout cette manière de ressemblance, je l'ai vu tantôt sourire, tantôt soupirer ; il a dit quelques mots, il a caressé son chien et regardé l'ancienne place du portrait. Ma chère amie, ils se croiront tous des Messieurs Bompré, et seront surpris d'avoir pu supporter si patiemment la vie. Cet homme-là eut grand tort, après tout, de se marier. Son bonheur, tout son sort, était trop établi ; sa femme n'avait rien à faire qu'à partager des sensations qui lui étaient nouvelles et étrangères ; elle

---

1. La Fontaine, *Fables*, VII, 2 : « J'ai vu beaucoup d'hymens, aucuns d'eux ne me tentent. »

2. C'est-à-dire *Le Mari sentimental* (1783), le roman de Samuel de Constant.

n'avait point de Nanon, point d'Antoine, point d'Hector, point de voisins à rendre heureux, point de liaisons, point d'habitudes ; il n'y avait pas là de quoi occuper une existence. Je lui pardonnerais ses livres, ses romans, son ennui, sans la dureté de cœur, l'esprit faux et la fin sinistre que tout cela occasionne. En vérité, ma chère amie, je croirais en la condamnant prononcer ma propre condamnation. Moi aussi je ne suis point heureuse, aussi peu heureuse que le mari sentimental, quoique je ne lui ressemble point, et que mon mari ne ressemble point à sa femme ; il est même, sinon aussi tendre, aussi communicatif, du moins aussi calme et aussi doux que cet excellent mari. Voulez-vous, ma chère amie, que je vous fasse l'histoire de mon mariage, du temps qui l'a précédé, et que je vous peigne ma vie telle qu'elle est aujourd'hui ? Je vous dirai des choses que vous savez déjà, pour que vous entendiez mieux, ou plutôt pour pouvoir plus facilement vous dire celles que vous ignorez. Vous dirai-je la pensée qui me vient ? Si ma lettre ou mes lettres ont quelque justesse et vous paraissent propres à exciter quelque intérêt, seulement assez pour se faire lire, traduisez-les en changeant les noms, en omettant ce qui vous paraîtra ennuyeux ou inutile. Je crois que beaucoup de femmes sont dans le même cas que moi. Je voudrais, sinon corriger, du moins avertir les maris ; je voudrais remettre les choses à leur place, et que chacun se rendît justice. Je me fais bien un léger scrupule de mon projet ; mais il est léger. Je n'ai point de plaintes graves à faire : on ne reconnaîtra pas M. Henley ; il ne lira jamais, sans doute, ce que j'aurai écrit ; et quand il le lirait, quand il s'y reconnaîtrait !... commençons.

Orpheline de bonne heure, et presque sans fortune, j'ai été élevée comme celles qui en ont le plus, et avec une tendresse que l'amour maternel ne pourrait surpasser. Ma tante, lady Alesford, ayant perdu sa fille unique, me donna sa place auprès d'elle, et à force de me caresser et de me faire du bien, elle m'aima comme si j'eusse été sa fille. Son mari avait un neveu qui devait hériter de son bien et de son titre : je lui fus destinée. Il était aimable, nous étions de même âge, nous fûmes élevés dans l'idée que nous serions l'un à l'autre. Cette idée plaisait à tous deux ; nous nous aimions sans inquiétude. Son oncle mourut. Ce changement dans sa fortune ne changea point son cœur ; mais on le mena voyager. A Venise il aurait encore été le lord John de Rousseau ; il aurait déchiré les manchettes de la marquise [1] : mais, à Florence, mon image fut effacé par des charmes plus séduisants. Il passa quelque temps à Naples, et l'année suivante il mourut à Paris. Je ne vous dirai point tout ce que je souffris alors, tout ce que j'avais déjà souffert pendant plusieurs mois. Vous vîtes à Montpellier les traces que le chagrin avait laissées dans mon

---

1. Allusion un peu sibylline à un passage du livre V de l'*Émile* (1762) de Rousseau, où un jeune homme déchire ses manchettes de dentelle et les jette au feu. Ces dentelles étaient le présent d'une femme connue à Venise, dont il se défait lorsqu'il apprend que la jeune fille qu'il aime est occupée à lui en confectionner.

humeur, et l'effet qu'il avait eu sur ma santé. Ma tante n'était guère moins affligée que moi. Quinze ans d'espérances, quinze ans de soins donnés à un projet favori, tout était évanoui, tout était perdu. Pour moi je perdais tout ce qu'une femme peut perdre. A vingt ans notre cœur nous laisse entrevoir des ressources, et je retournai en Angleterre un peu moins malheureuse que je n'en étais partie. Mes voyages m'avaient formée et enhardie ; je parlais français plus facilement, je chantais mieux ; on m'admira. Je reçus des hommages, et tout ce qui m'en revint fut d'exciter l'envie. Une attention curieuse et critique me poursuivit dans mes moindres actions, et le blâme des femmes s'attacha à moi. Je n'aimai point ceux qui m'aimèrent ; je refusai un homme riche sans naissance et sans éducation ; je refusai un seigneur usé et endetté ; je refusai un jeune homme en qui la suffisance le disputait à la stupidité. On me trouva dédaigneuse ; mes anciennes amies se moquèrent de moi ; le monde me devint odieux ; ma tante, sans me blâmer, m'avertit plusieurs fois que les 3 000 pièces qu'on lui payait par an finiraient avec elle, et qu'elle n'en avait pas 3 000 de capital à me laisser. Telle était ma situation, il y a un an, quand nous allâmes passer les fêtes de Noël chez milady Waltham. J'avais vingt-cinq ans ; mon cœur était triste et vide. Je commençais à maudire des goûts et des talents qui ne m'avaient donné que des espérances vaines, des délicatesses malheureuses, des prétentions à un bonheur qui ne se réalisait point. Il y avait deux hommes dans cette maison. L'un, âgé de quarante ans, venait des Indes avec une fortune considérable. Il n'y avait rien de grave à sa charge sur les moyens qui la lui avaient acquise, mais sa réputation n'était pas non plus resplendissante de délicatesse et de désintéressement ; et dans les conversations que l'on eut sur les richesses et les riches de ce pays-là, il évitait les détails. C'était un bel homme ; il était noble dans ses manières et dans sa dépense ; il aimait la bonne chère, les arts et les plaisirs : je lui plus ; il parla à ma tante ; il offrit un douaire considérable, la propriété d'une belle maison qu'il venait d'acheter à Londres, et trois cents guinées par an pour mes épingles [1]. L'autre homme à marier était le second fils du comte de Reding, âgé de trente-cinq ans, veuf depuis quatre d'une femme qui lui a laissé beaucoup de biens, et père d'une fille de cinq ans, d'une angélique beauté. Il est lui-même de la plus noble figure, il est grand, il a la taille déliée, les yeux bleus les plus doux, les plus belles dents, le plus doux sourire : voilà, ma chère amie, ce qu'il est ou ce qu'il me parut alors. Je trouvai que tout ce qu'il disait répondait à cet extérieur si agréable. Il m'entretint souvent de la vie qu'il menait à la campagne, du plaisir qu'il y aurait à partager cette belle solitude avec une compagne aimable et sensible, d'un esprit droit et remplie de talents. Il me parla de

---

1. Se disait d'une gratification, d'un présent fait à une femme, qui devait en principe servir à l'achat d'un objet de toilette.

sa fille et du désir qu'il avait de lui donner, non une gouvernante, non une belle-mère, mais une mère. A la fin il parla plus clairement encore, et la veille de notre départ il fit pour moi à ma tante les offres les plus généreuses. J'étais, sinon passionnée, du moins fort touchée. Revenue à Londres, ma tante prit des informations sur mes deux prétendants ; elle n'apprit rien de fâcheux sur le premier, mais elle apprit les choses les plus avantageuses sur l'autre. De la raison, de l'instruction, de l'équité, une égalité d'âme parfaite ; voilà ce que toutes les voix accordaient à M. Henley. je sentis qu'il fallait choisir, et vous pensez bien, ma chère amie, que je ne me permis presque pas d'hésiter. C'était, pour ainsi dire, la partie vile de mon cœur qui préférait les richesses de l'Orient, Londres, une liberté plus entière, une opulence plus brillante ; la partie noble dédaignait tout cela, et se pénétrait des douceurs d'une félicité toute raisonnable, toute sublime, et telle que les anges devaient y applaudir. Si un père tyrannique m'eût obligée à épouser le Nabab [1], je me serais fait peut-être un devoir d'obéir ; et m'étourdissant sur l'origine de ma fortune par l'usage que je me serais promis d'en faire, « les bénédictions des indigents d'Europe détourneront, me serais-je dit, les malédictions de l'Inde. » En un mot, forcée de devenir heureuse d'une manière vulgaire, je le serais devenue sans honte et peut-être avec plaisir ; mais me donner moi-même de mon choix, contre des diamants, des perles, des tapis, des parfums, des mousselines brodées d'or, des soupers, des fêtes, je ne pouvais m'y résoudre, et je promis ma main à M. Henley. Nos noces furent charmantes. Spirituel, élégant, décent, délicat, affectueux, M. Henley enchantait tout le monde ; c'était un mari de roman, il me semblait quelquefois un peu trop parfait ; mes fantaisies, mes humeurs, mes impatiences trouvaient toujours sa raison et sa modération en leur chemin. J'eus, par exemple, au sujet de ma présentation à la Cour, des joies et des chagrins qu'il ne parut pas comprendre. Je me flattais que la société d'un homme que j'admirais tant, me rendrait comme lui ; et je partis pour sa terre au commencement du printemps, remplie des meilleures intentions, et persuadée que j'allais être la meilleure femme, la plus tendre belle-mère, la plus digne maîtresse de maison que l'on eût jamais vue. Quelquefois je me proposais pour modèle les matrones romaines les plus respectables, d'autres fois les femmes de nos anciens barons sous le gouvernement féodal ; d'autres fois je me voyais errante dans la campagne, simple comme les bergères, douce comme leurs agneaux, et gaie comme les oiseaux que j'entendrais chanter. Mais voici, ma chère amie, une assez longue lettre, je reprendrai la plume au premier jour.

---

1. Titre donné dans l'Inde musulmane aux grands officiers de la cour et aux gouverneurs de province. Personnage vivant dans l'opulence et le faste.

LETTRE II

Nous arrivâmes à Hollowpark ; c'est une ancienne, belle et noble maison que la mère de M. Henley, héritière de la famille d'Astley, lui a léguée. Je trouvai tout bien. Je m'attendris en voyant les domestiques à cheveux blancs courir au-devant de leur aimable maître, et bénir leur nouvelle maîtresse. On m'amena l'enfant ; quelles caresses ne lui fis-je pas ! mon cœur lui promit les soins les plus assidus, l'attachement le plus tendre. Je passai tout le reste de ce jour dans une espèce de délire ; le lendemain je parai l'enfant des parures que j'avais apportées pour elle de Londres, et je la présentai à son père, que je comptais surprendre agréablement.

«Votre intention est charmante, me dit-il, mais c'est un goût que je ne voudrais pas lui inspirer ; je craindrais que ces souliers si jolis ne l'empêchassent de courir à son aise ; des fleurs artificielles contrastent désagréablement avec la simplicité de la campagne.

— Vous avez raison, monsieur, lui dis-je, j'ai eu tort de lui mettre tout cela, et je ne sais comment le lui ôter ; j'ai voulu me l'attacher par des moyens puérils, et je n'ai fait que lui préparer un petit chagrin et à moi une mortification.

Heureusement les souliers furent bientôt gâtés, le médaillon se perdit, les fleurs du chapeau s'accrochèrent aux broussailles et y restèrent ; et j'amusai l'enfant avec tant de soin qu'elle n'eut pas le loisir de regretter ses pertes. Elle savait lire en français comme en anglais ; je voulus lui faire apprendre les fables de La Fontaine. Elle récita un jour à son père *Le Chêne et le Roseau* avec une grâce charmante. Je disais tout bas les mots avant elle, le cœur me battait, j'étais rouge de plaisir.

«Elle récite à merveille, dit M. Henley ; mais comprend-elle ce qu'elle dit ? il vaudrait mieux peut-être mettre dans sa tête des vérités avant d'y mettre des fictions : l'histoire, la géographie…

— Vous avez raison, monsieur, lui dis-je ; mais sa bonne pourra lui apprendre, tout aussi bien que moi que Paris est sur la Seine, et Lisbonne sur le Tage.

— Pourquoi cette impatience ? reprit doucement M. Henley, apprenez-lui les fables de La Fontaine, si cela vous amuse ; au fond il n'y aura pas grand mal [1].

— Non, dis-je vivement, ce n'est pas mon enfant, c'est le vôtre.

— Mais, ma très chère, j'espérais…»

Je ne répondis rien, et m'en allai en pleurant. J'avais tort, je le sais

---

1. Ces critiques, en particulier celle de l'apprentissage des fables de La Fontaine, sont d'un disciple de Rousseau.

bien ; c'était moi qui avais tort. Je revins quelque temps après, et
M. Henley eut l'air de ne pas même se souvenir de mon impatience.
L'enfant dandinait et bâillait près de lui sans qu'il y prît garde. Quelques
jours après je voulus établir une leçon d'histoire et de géographie ; elle
ennuya bientôt la maîtresse et l'écolière. Son père la trouvait trop jeune
pour apprendre la musique, et mettait en doute si cette espèce de talent ne
donnait pas plus de prétentions que de jouissances. La petite fille, ne
faisant plus auprès de moi que baguenauder ennuyeusement et suivre
mes mouvements d'un air tantôt stupide, tantôt curieux, me devint
importune ; je la bannis presque de ma chambre. Elle s'était désaccou-
tumée de sa bonne. La pauvre enfant est certainement moins heureuse et
plus mal élevée qu'avant que je vinsse ici. Sans la rougeole qu'elle a eue
dernièrement et que j'ai prise en la servant nuit et jour, je ne saurais pas
que cet enfant m'intéresse plus que l'enfant d'un inconnu. Quant aux
domestiques, pas un d'eux n'a eu à se plaindre de moi ; mais mon
élégante femme de chambre a donné dans les yeux à un fermier du
voisinage, qui aimait auparavant la fille d'une ancienne et excellente
ménagère, sœur de lait de la mère de mon mari. Peggy désolée et la mère
outrée de cet affront, ont quitté la maison quoi qu'on ait pu leur dire. Je
supplée tant que je peux à cette perte, aidée de ma femme de chambre,
qui est d'un bon caractère, sans quoi je l'aurais renvoyée sur-le-champ ;
mais toute la maison regrette l'ancienne femme de charge, et moi aussi je
la regrette et les excellentes confitures qu'elle faisait.

J'avais amené de Londres un superbe angola [1] blanc. M. Henley ne le
trouvait pas plus beau qu'un autre chat, et il plaisantait souvent sur
l'empire de la mode qui fait le sort des animaux, leur attire des admirations outrées et des dédains humiliants, comme à nos robes et nos
coiffures. Il caressait pourtant l'angola, car il est bon et il ne refuse à
aucun être doué de sensibilité une petite marque de la sienne. — Mais ce
n'était pas précisément l'histoire de mon angola que je voulais vous
faire. Ma chambre était tapissée de bandes. Du velours vert bien sombre,
séparait des morceaux de tapisserie faite à l'aiguille par l'aïeule de
M. Henley ; De grands fauteuils fort incommodes à remuer, fort bons
pour dormir, brodés de la même main, encadrés du même velours
faisaient, avec un canapé bien dur, l'ameublement de ma chambre. Mon
angola se couchait sans respect sur les vieux fauteuils, et s'accrochait à
cette antique broderie. M. Henley l'avait posé doucement à terre
plusieurs fois. Il y a six mois que prêt à aller à la chasse et venant me
saluer dans ma chambre, il voit mon chat dormant sur un fauteuil.

« Ah ! dit M. Henley, que dirait ma grand-mère, que dirait ma mère, si
elles voyaient…

---

1. Les chats angoras étaient à la mode. L'orthographe signale une confusion entre
l'Angola et Angora ou Ankara.

— Elles diraient sans doute, repris-je vivement, que je dois me servir de mes meubles à ma guise comme elles se servaient des leurs, que je ne dois pas être une étrangère jusque dans ma chambre ; et depuis le temps que je me plains de ces pesants fauteuils et de cette sombre tapisserie, elles vous auraient prié de me donner d'autres chaises et une autre tenture.

— Donner ! ma très chère vie ! répondit M. Henley, donne-t-on à soi-même ? la moitié de soi-même donne-t-elle à l'autre ? n'êtes-vous pas la maîtresse ? autrefois on trouvait ceci fort beau...

— Oui, autrefois, ai-je répliqué ; mais je vis à présent.

— Ma première femme, reprit M. Henley, aimait cet ameublement.

— Ah ! mon Dieu, me suis-je écriée, que ne vit-elle encore !

— Et tout cela pour un chat auquel je ne fais aucun mal ? » a dit M. Henley d'un air doux et triste, d'un air de résignation, et il s'en allait : « Non, lui ai-je crié, ce n'est pas le chat » ; mais il était déjà bien loin, et un moment après je l'ai entendu dans la cour donnant tranquillement ses ordres en montant sur son cheval. Ce sang-froid a achevé de me mettre hors de moi : j'ai sonné. Il m'avait dit que j'étais la maîtresse ; j'ai fait porter les fauteuils dans le salon, le canapé dans un garde-meuble. J'ai ordonné à un laquais de dépendre le portrait de la première Mme Henley, qui était en face de mon lit : « Mais, Madame ! » a dit le laquais, « Obéissez ou sortez », lui ai-je répondu. Il croyait sans doute et vous aussi que j'avais de l'humeur contre le portrait : non, en vérité, je ne crois pas en avoir eu ; mais il tenait à la tapisserie, et voulant la faire ôter, il fallait commencer par le portrait. La tapisserie a suivi ; elle ne tenait qu'à des crochets. Je l'ai fait nettoyer et rouler proprement. J'ai fait mettre des chaises de paille dans ma chambre, et arrangé moi-même un coussin pour mon angola ; mais le pauvre animal n'a pas joui de mes soins : effarouché par tout ce vacarme, il avait fui dans le parc, et on ne l'a pas revu. M. Henley, revenu de la chasse, vit avec surprise le portrait de sa femme dans la salle à manger. Il monta dans ma chambre sans me rien dire, et écrivit à Londres pour qu'on m'envoyât le plus beau papier des Indes, les chaises les plus élégantes et de la mousseline brodée pour les rideaux. Ai-je eu tort, ma chère amie, autrement que par la forme ? l'ancienneté est-elle un mérite plus que la nouveauté ? et les gens qui passent pour raisonnables, font-ils autre chose le plus souvent qu'opposer gravement leurs préjugés et leurs goûts à des préjugés et à des goûts plus vivement exprimés ? L'histoire du chien ne mérite pas d'être racontée : j'ai été obligée de le faire sortir si souvent de la salle à manger pendant les repas, qu'il n'y revient plus, et dîne à la cuisine. L'article des parents est plus sérieux. Il y en a que je reçois de mon mieux, parce qu'ils sont peu aisés ; mais je bâille auprès d'eux, et ne vais jamais les voir de mon propre mouvement, parce qu'ils sont les plus ennuyeuses gens du monde. Quand M. Henley me dit tout simplement : « Allons voir ma cousine une telle. »

Je vais : je suis en carrosse ou à cheval avec lui ; cela ne peut m'être désagréable. Mais s'il vient à me dire : « Ma cousine est une bonne femme. »
Je dis non ; elle est épilogueuse, envieuse, pointilleuse. S'il dit que M. un
tel son cousin est un galant homme, dont il fait cas. Je réponds que c'est
un grossier ivrogne : je dis vrai ; mais j'ai tort, car je lui fais de la peine.
Je suis très bien avec mon beau-père ; il a médiocrement d'esprit et
beaucoup de bonhomie. Je lui brode des vestes, je lui joue du clavecin ;
mais lady Sara Melvil ma belle sœur, qui demeure chez lui tout l'été, est
avec moi d'une hauteur qui me rend ce château insupportable, et je n'y
vais que bien rarement. Si M. Henley me disait : « Supportez ces hauteurs
pour l'amour de moi, je vous en aimerai davantage : je les sens pour vous
comme vous-même ; mais j'aime mon père, j'aime mon frère : votre
froideur les séparera insensiblement de moi, et vous serez fâchée, vous-
même, de la diminution de bonheur, de sentiments doux et naturels que
vous aurez occasionnée. » Je dirais infailliblement, je dirais : « Vous avez
raison, monsieur Henley, je sens déjà, j'ai souvent senti le regret que
vous m'annoncez ; il ira en augmentant, il m'afflige et m'affligera plus
que je ne puis le dire ; allons, chez Milord, un regard affectueux de vous
me fera plus de plaisir que tous les ridicules dédains de lady Sara pourraient me faire de peine. » Mais, au lieu de cela, M. Henley n'a rien vu,
ne peut se rappeler… « A présent que vous le dites, ma chère, je crois me
souvenir confusément… mais quand cela serait, qu'importe ! Comment
une personne raisonnable peut-elle s'affecter… et puis lady Sara n'est-
elle pas excusable ? fille d'un duc, femme du chef futur de notre
famille… » Ma chère amie, des coups de poing me seraient moins
fâcheux que toute cette raison. Je suis malheureuse, je m'ennuie ; je n'ai
point apporté de bonheur ici, je n'en ai point trouvé ; j'ai causé du dérangement, et ne me suis point arrangée ; je déplore mes torts, mais on ne me
donne aucun moyen de mieux faire ; je suis seule, personne ne sent avec
moi ; je suis d'autant plus malheureuse qu'il n'y a rien à quoi je puisse
m'en prendre, que je n'ai aucun changement à demander, aucun reproche
à faire, que je me blâme et me méprise d'être malheureuse. Chacun
admire M. Henley, et me félicite de mon bonheur ; je réponds : « C'est
vrai, vous avez raison… Quelle différence avec les autres hommes de
son rang, de son âge ! quelle différence entre mon sort et celui de
madame une telle, de milady une telle. » Je le dis, je le pense, et mon
cœur ne le sent point ; il se gonfle ou se serre, et souvent je me retire pour
pleurer en liberté. A présent même des larmes, dont je comprends à peine
la source, se mêlent avec mon encre sur ce papier. Adieu, ma chère amie,
je ne tarderai pas à vous écrire.

P.-S. En relisant ma lettre, j'ai trouvé que j'avais eu plus de tort que je
ne l'avais cru. Je ferai remettre le portrait de la première Mme Henley en
son ancienne place. Si M. Henley trouve qu'il soit mieux dans la salle à

manger, où il est effectivement mieux dans son jour, il n'y aura qu'à l'y reporter ; je vais appeler le même laquais qui l'a ôté d'ici. Quand il aura replacé le portrait, je lui dirai de faire mettre les chevaux au carrosse, et j'irai voir mon beau-père. Il n'y aura qu'à me dire à moi-même, de la part de M. Henley, ce que je voudrais qu'il m'eût dit, et je supporterai lady Sara Melvil.

LETTRE III

Vous avez raison, ma chère amie, ce n'était pas à moi à me plaindre des injustices que peut occasionner *Le Mari sentimental*. Cependant j'étais de bonne foi, et même, encore aujourd'hui, mes idées sur tout cela ne sont pas bien nettes. Soit patience, soit indifférence, soit vertu ou tempérament, il me semble que M. Henley ne s'était pas trouvé malheureux. Il avait senti, je n'en doute pas, chacun de mes torts ; mais comme il ne m'avait point témoigné d'aigreur, comme il n'a point cherché non plus à prévenir de nouveaux torts par une conduite qui associât davantage mon âme avec son âme, mes plaisirs avec les siens, j'ai eu lieu de croire qu'il n'avait rien conclu de tout cela. Il vivait et me jugeait, pour ainsi dire, au jour la journée, jusqu'à ce que M. et Mme Bompré le soient venus rendre plus content de lui et plus mécontent de moi. J'ai eu bien du chagrin depuis ma dernière lettre. Un jour que je déplorais mon peu de capacité pour les soins du ménage, la lenteur de mes progrès, et le haut et bas qu'il y avait dans mon zèle et dans mes efforts sur ce point, M. Henley fit, fort honnêtement pourtant et en souriant, l'énumération des choses qui allaient moins bien depuis le départ de mistriss Grace.

« Essayons de la faire revenir, dis-je aussitôt ; j'ai ouï dire que Peggy était placée à Londres, et que sa mère se trouvait médiocrement bien avec cette cousine chez qui elle s'est retirée.

— Vous pouvez essayer, a dit M. Henley, je crains que vous ne réussissiez pas ; mais il n'y a point de mal à essayer.

— Voulez-vous lui parler ? lui ai-je dit, la vue de son ancien maître et cette démarche empressée lui feront oublier tous ses ressentiments.

— Je ne saurais, m'a-t-il répondu, j'ai des affaires ; mais, si vous voulez, j'enverrai.

— Non, j'irai moi-même. »

J'ai demandé le carrosse, et je suis allée ; c'est à quatre miles d'ici. Mistriss Grace était seule : elle a été très surprise de me voir. A travers la froideur qu'elle aurait voulu mettre dans son accueil, je voyais de l'attendrissement et une confusion dont je ne pouvais deviner la cause. Je lui ai dit combien nous avions tous perdu à son départ, combien elle nous manquait, combien elle était regrettée :

« Voulez-vous revenir ? lui ai-je dit, vous serez reçue à bras ouverts, vous vous verrez respectée et chérie. Pourquoi vous en prendre à nous tous de l'inconstance d'un jeune homme qui ne mérite pas les regrets de Peggy, puisqu'il a pu l'abandonner ; peut-être elle-même l'a-t-elle oublié : j'ai appris qu'elle était placée à Londres…

— Placée ! s'est écriée mistriss Grace, en joignant les mains et levant les yeux au ciel, venez-vous ici, Madame, pour m'insulter ?

— Dieu m'en préserve, me suis-je écriée à mon tour, et je ne sais ce que vous voulez dire.

— Ah ! Madame, a-t-elle repris après un long silence, les maux ne se réparent pas aussi vite qu'ils se font, et votre Fanny, avec ses dentelles, ses rubans et ses airs de la ville, a préparé à ma Peggy et à sa pauvre mère des chagrins qui ne finiront qu'avec nous. »

Elle pleurait amèrement. Pressée par mes caresses et mes instances, elle m'a fait en sanglotant l'histoire de ses douleurs. Peggy affligée de la perte de son amant, et s'ennuyant avec sa mère et leur cousine, est partie sans rien dire : on l'a cherchée longtemps ; on a cru qu'elle s'était noyée ; à la fin on a appris qu'elle était à Londres, où sa jeunesse et sa fraîcheur l'ont fait accueillir dans une maison infâme. Vous imaginez tout ce que la mère a pu ajouter à cette triste narration, tout ce que j'ai pu dire, tout ce que j'ai dû sentir. A la fin j'ai répété ma première proposition. Malgré mille objections naturelles et justes, et auxquelles je donnais toute leur force, j'ai engagé cette pauvre femme à retourner avec moi à Hollowpark.

« Personne, lui ai-je dit, ne vous parlera de votre fille ; vous ne verrez Fanny qu'après que vous m'aurez dit que vous voulez bien la voir : venez, bonne mistriss Grace, chercher des consolations, et finir vos jours dans une maison où votre jeunesse a été utile, et dont je n'aurais pas dû vous laisser sortir. »

Je l'ai mise en carrosse, sans vouloir courir le risque qu'en faisant ses paquets, de nouvelles réflexions l'empêchassent de venir. En chemin elle n'a cessé de pleurer, et je pleurais aussi. A cent pas de la maison je descendis de carrosse, et je dis au cocher de ne pas avancer qu'il n'en eût reçu l'ordre. Je rentrai donc seule ; je parlai à M. Henley, à l'enfant, à Fanny, aux autres domestiques. Ensuite j'allai chercher mistriss Grace, et, lui donnant mes clefs, je la priai de rentrer en fonction tout de suite. Cinq ou six jours s'écoulèrent, Fanny m'obéissait ponctuellement : elle mangeait et travaillait dans sa chambre. Un jour que j'étais allée regarder son ouvrage, mistriss Grace y vint, et après m'avoir remerciée de mes bontés, elle me pria de trouver bon qu'à l'avenir Fanny mangeât avec les autres, et vécût dans la maison comme auparavant. Fanny s'attendrit, et pleura sur Peggy et sa mère. Pauvre Fanny ! son tour allait venir. M. Henley me fit prier de descendre, et de l'amener avec moi. Nous trou-

vâmes auprès de lui, dans son cabinet, le père du jeune fermier.
« Madame, me dit-il, je suis venu prier Monsieur et vous de donner à
mon fils des recommandations pour les Indes ; c'est un pays où l'on
devient riche, dit-on, en peu de temps ; il pourra y mener Mademoiselle,
ou venir l'épouser quand il sera devenu un riche monsieur. Ils feront
comme ils l'entendront ; mais moi je ne recevrai jamais dans ma maison
une fainéante et coquette poupée de la ville, outre que je croirais attirer
sur moi la malédiction du Ciel en faisant entrer dans ma famille celle qui
a causé, par son maudit manège, l'inconstance de mon fils et la ruine de
cette pauvre Peggy. Mon fils fera ce qu'il voudra, Mademoiselle ; mais je
déclare devant Dieu qu'il n'a plus de père ni de maison paternelle s'il
vous revoit jamais. » Fanny, pâle comme la mort, a voulu sortir ; mais,
ses jambes pliant sous elle, elle s'est appuyée contre la porte. J'ai couru
à elle aussitôt, et l'ai ramenée dans sa chambre. Nous avons rencontré
mistriss Grace sur l'escalier. « Votre fille est vengée », lui dit Fanny.
« Seigneur, qu'y a-t-il ? » s'est écriée mistriss Grace. Elle nous a suivies :
je lui ai dit ce qui s'était passé ; elle nous a juré qu'elle n'avait aucune
part à cette démarche, et n'avait pas même revu le fermier ni son
fils depuis son départ de la maison. Je les ai laissées ; je suis allée
m'enfermer dans ma chambre : là j'ai déploré amèrement le sort de ces
deux filles, et tout le mal dont j'étais cause ; ensuite j'ai écrit à ma tante
que je lui renvoyais Fanny, et la priais de lui trouver une bonne place,
soit auprès d'une dame ou dans une boutique ; et après avoir fait dire au
cocher d'atteler au plus vite, je suis retournée auprès de Fanny, et lui ai
fait lire ma lettre. La pauvre fille a fondu en larmes.

« Mais qu'ai-je fait ? m'a-t-elle dit.

— Rien, ma pauvre enfant, rien de condamnable ; mais il faut absolument nous séparer. Je vous paierai vos gages jusqu'à la fin de l'année,
j'y ajouterai plus d'argent et de hardes [1] que dans ce moment vous n'en
désirez d'une maîtresse que vous trouvez injuste. J'écrirai à vos parents
de m'envoyer votre jeune sœur ; mais il vous faut venir avec moi sur-le-
champ, et que je vous mène à l'endroit où le coche passe dans une heure ;
mistriss Grace et moi aurons soin de tout ce que vous laissez ici, et vous
le recevrez dans deux jours. »

Le carrosse était prêt ; j'y entrai avec elle, et nous arrivâmes, sans
avoir presque ouvert la bouche, à l'endroit que j'avais dit. J'y attendis le
coche ; je la recommandai à ceux qui étaient dedans, et je revins plus
triste qu'il n'est possible de le dire. « Voilà donc, me disais-je, ce que je
suis venue faire ici ! J'ai occasionné la perte d'une pauvre innocente
fille ; j'en ai rendu une autre malheureuse ; j'ai brouillé un père avec son
fils ; j'ai rempli l'âme d'une mère d'amertume et de honte. » En
traversant le parc, je pleurai mon angola ; en rentrant dans ma chambre,

---

1. Vêtements.

je pleurai Fanny. Mistriss Grace m'a servie depuis de femme de chambre. Sa tristesse, qu'elle s'efforce pourtant de surmonter, est un reproche continuel. M. Henley m'a paru surpris de tous ces grands mouvements. Il n'a pas trop compris pourquoi j'ai si vite renvoyé ma femme de chambre. Il trouve que le fermier père a très bien fait de s'opposer au mariage de son fils. « Ces femmes, accoutumées à la ville, dit-il, ne prennent jamais racine à la campagne, et n'y sont bonnes à rien » : mais il croit qu'on aurait pu faire entendre raison au fils, et que j'aurais bien pu garder Fanny ; qu'ils se seraient même détachés l'un de l'autre en continuant à se voir, au lieu qu'à présent l'imagination du jeune homme voudra prolonger la chimère de l'amour, et qu'il se fera peut-être un point d'honneur de rester fidèle à sa maîtresse persécutée. Il en arrivera ce qu'il plaise à Dieu ; mais j'ai fait ce que je croyais devoir faire, et me suis épargné des scènes qui auraient altéré ma santé et achevé de changer mon humeur. Il y a quinze jours que Fanny est partie. Milady*** la gardera jusqu'à ce qu'elle ait pu la placer. Sa sœur arrive ce soir. Elle n'a été à Londres que le temps qu'il fallait pour apprendre à coiffer, et elle a passé depuis près d'un an dans son village. Elle n'est point jolie, et je ferai bien en sorte qu'elle ne soit pas élégante. Adieu, ma très chère amie.

P.-S. Ma lettre n'a pu partir l'autre jour : voyant que j'allais la cacheter, on m'avertit qu'il était trop tard.

La sœur de Fanny est malpropre, maladroite, paresseuse et impertinente ; je ne pourrai la garder. M. Henley ne cesse de me dire que j'ai eu tort de renvoyer une fille que j'aimais, qui me servait bien, et à qui on ne pouvait rien reprocher. « Je n'aurais pas dû prendre à la lettre, dit-il, ce que l'emportement faisait dire à John Turner ; témoin la folle idée d'envoyer aux Indes un garçon qui ne sait pas écrire. » Il est étonné que nous autres gens passionnés soyons les dupes des saillies et des exagérations les uns des autres. Nous devrions savoir, à son avis, combien il y a à rabattre de ce que la passion nous fait imaginer et dire : « J'ai pris, dit-il, un procédé qui me coûtait pour un procédé généreux, sans penser que ce qui m'était désavantageux n'était pas pour cela avantageux aux autres. Il aurait mieux valu ne pas mener ici cette fille avec moi. » Il croit me l'avoir insinué dans le temps ; mais puisqu'elle y était, puisqu'elle n'était point coupable, il fallait la garder. Aurait-il raison ? ma chère amie. Aurais-je eu encore tort, toujours tort, tort en tout ? Non, je ne veux pas le croire ; il était naturel que je gardasse Fanny en me mariant. Je n'ai point compris l'insinuation de M. Henley.

J'ignorais qu'il fût difficile de s'accoutumer à vivre à la campagne ; j'y venais bien vivre moi-même. Fanny pouvait plaire à un habitant de la campagne ; elle pouvait l'épouser ; elle est douce et aimable. Je ne savais point que ce serait un chagrin pour sa famille et un malheur pour lui. Je n'ai point eu tort de la renvoyer : je ne devais me faire ni son geôlier, ni sa complice en refusant les visites du jeune homme, ou en les favorisant. Je ne devais prendre sur moi ni leurs chagrins ni leurs fautes. Avec le temps, si elle oublie son amant, s'il se marie ou s'éloigne, je pourrai la reprendre ; mon dessein n'est pas de l'abandonner jamais.

Je crois pourtant bien m'être trop précipitée. J'aurais pu attendre un jour ou deux, consulter M. Henley, la consulter elle-même, voir ce qu'on pouvait espérer de son courage et du respect du jeune homme pour son père. J'ai trop suivi l'impétuosité de mon humeur. J'ai trop redouté le spectacle de l'amour malheureux et de l'amour-propre humilié. Dieu garde Fanny d'infortune, et moi de repentir.

J'écrirai encore à ma tante, et je lui recommanderai encore Fanny.

LETTRE IV

Je vous entretiens, ma chère amie, de choses bien peu intéressantes, et avec une longueur, un détail ! — Mais c'est comme cela qu'elles sont dans ma tête ; et je croirais ne vous rien dire, si je ne vous disais pas tout. Ce sont de petites choses qui m'affligent ou m'impatientent, et me font avoir tort. Écoutez donc encore un tas de petites choses.

Il y a trois semaines qu'on donna un bal à Guildford. M. Henley était un des souscrivants. Une parente de M. Henley, qui a là une maison, nous avait priés d'aller chez elle dès la veille, et d'y mener l'enfant. Nous y allâmes ; je portai les habits que je voulais mettre, une robe que j'avais mise à un bal à Londres il y a dix-huit mois ; un chapeau, des plumes et des fleurs, que ma tante et Fanny avaient choisies exprès pour cette fête, et que j'avais reçues deux jours auparavant. Je ne les avais vues qu'au moment de les mettre, n'ayant pas ouvert la caisse. J'en fus très contente ; je me trouvai fort bien quand je fus habillée, et je mis du rouge comme presque toutes les femmes en mettent. Une heure avant le bal, M. Henley arriva de Hollowpark.

« Vous êtes très bien, madame, me dit-il, parce que vous ne sauriez être mal ; mais je vous trouve cent fois mieux dans vos habits les plus simples qu'avec toute cette grande parure. Il me semble d'ailleurs qu'une femme de vingt-six ans ne doit pas être habillée comme une fille de quinze, ni une femme comme il faut comme une comédienne… »

Les larmes me vinrent aux yeux.

« Lady Alesford, lui répondis-je, en m'envoyant tout ceci n'a pas cru parer une fille de quinze ans, ni une comédienne ; mais sa nièce votre femme dont elle sait l'âge… Mais, monsieur, dites que cette parure vous fâche ou vous déplaît, que je vous ferais plaisir de ne pas me montrer vêtue de cette manière, et je renoncerai aussitôt au bal, et de bonne grâce à ce que j'espère.

— Ne pourrait-on pas, me dit-il, envoyer un homme à cheval chercher une autre robe, un autre chapeau ?

— Non, lui dis-je, cela ne se peut pas ; j'ai ici ma femme de chambre, on ne trouverait rien ; je n'ai rien de convenable ; je dérangerais absolument mes cheveux.

— Eh ! qu'importe ! dit en souriant M. Henley.

— Il m'importe à moi, m'écriai-je vivement ; mais trouvez bon que je n'aille pas au bal, dites que je vous obligerai, je me trouverai heureuse de vous obliger. »

Et moitié dépit, moitié attendrissement, je me suis mise à pleurer tout de bon.

« Je suis fâché, madame, dit M. Henley, que ceci vous affecte si fort. Je ne vous empêcherai pas d'aller au bal. Vous n'avez point vu en moi jusqu'ici un mari bien despotique. Je souhaite que la raison et la décence vous gouvernent, et non que vous cédiez à mes préventions ; puisque votre tante a jugé cette parure convenable, il faut rester comme vous êtes… mais, remettez votre rouge que vos larmes ont dérangé. »

J'ai souri, et je lui ai baisé la main avec un mouvement de joie. « Je vois avec plaisir, m'a-t-il dit, que ma chère femme est aussi jeune que sa coiffure, et aussi légère que ses plumes. » Je suis allée remettre du rouge. Il nous est venu du monde, et l'heure du bal venue, nous y sommes allés. En carrosse j'ai affecté de la gaieté, pour en donner à M. Henley et à moi-même. — Je n'ai pas réussi. — Je ne savais si j'avais bien ou mal fait. Je me déplaisais, j'étais mal à mon aise.

Nous étions dans la salle depuis un quart d'heure ; tous les yeux se sont tournés vers la porte, attirés par la plus noble figure, l'habillement le plus simple, le plus élégant et le plus magnifique. On a demandé, chuchoté, et tout le monde a dit : « Lady Bridgewater, femme du gouverneur Bridgewater revenu des Indes et nouvellement fait baronnet. » — Pardonnez ma faiblesse ; ce moment n'a pas été doux pour votre amie. Heureusement un autre objet de comparaison s'est présenté : ma belle-sœur est entrée avec un doigt de rouge ; c'était bien d'autres plumes que les miennes !

« Voyez ! ai-je dit à M. Henley.

— Elle n'est pas ma femme », a-t-il répondu.

Il est allé la prendre par la main pour la conduire à sa chaise. D'autres, ai-je pensé, auront la même indulgence pour moi ! Un sentiment de coquetterie s'est glissé dans mon cœur, et j'ai secoué mon chagrin pour être plus aimable le reste de la nuit. J'avais une raison pour ne pas danser, que je ne veux pas encore vous dire.

Après la première contredanse, lady Bridgewater est venue se placer auprès de moi. « J'ai demandé qui vous étiez, madame, m'a-t-elle dit, avec toute la grâce possible ; et votre nom seul m'a fait votre connaissance et presque votre amie. — Il y aurait trop d'amour-propre à vous dire combien votre figure a de part à cette prévention ; sir John Bridgewater mon mari, qui m'a parlé souvent de vous, m'ayant dit que je vous ressemblais. »

Tant de douceur et d'honnêteté m'ont gagnée : tout devait augmenter ma jalousie, et cependant j'ai cessé d'en avoir. Elle a cédé à une douce sympathie. Il se peut bien en effet que lady Bridgewater me ressemble ; mais elle est plus jeune que moi : elle est plus grande, elle a la taille plus mince ; elle a de plus beaux cheveux ; en un mot, elle a l'avantage dans toutes les choses sur lesquelles on ne peut se faire illusion, et quant aux autres je ne puis en avoir sur elle, car il n'est pas possible d'avoir plus de grâce, ni un son de voix qui aille plus au cœur.

M. Henley était fort assidu auprès de miss Clairville, jeune fille de ce comté, très fraîche, très gaie, modeste cependant et point jolie. Pour moi je causai toute la nuit avec lady Bridgewater et M. Mead son frère, qu'elle m'avait présenté, et je fus, à tout prendre, très contente des autres et de moi.

Je les invitai à me venir voir. Lady B. me témoigna un grand regret d'être obligée de quitter le comté dès le lendemain pour retourner à Londres et rejoindre ensuite son mari en Yorkshire, où il sollicitait une élection. Pour M. Mead, il accepta mon invitation pour le surlendemain. Nous nous quittâmes le plus tard que nous pûmes.

J'allai me reposer quelques heures chez la parente de M. Henley, et après le déjeuner, nous montâmes en carrosse, mon mari, sa fille et moi : la bonne et ma femme de chambre étaient déjà parties. J'avais la tête remplie de lady B. ; et après avoir revu dans mon imagination son agréable figure, et comme entendu de nouveau ses paroles et ses accents :

« Avouez qu'elle est charmante, dis-je à M. Henley.

— Qui ? répondit-il.

— Est-ce tout de bon, lui dis-je, que vous ne le savez pas ?

— C'est apparemment lady B. de qui vous parlez ? Oui, elle est bien, c'est une belle femme ; je l'ai trouvée surtout très bien mise. Je ne puis pas dire qu'elle m'ait fait une grande impression.

— Ah ! repris-je, si de petits yeux bleus, des cheveux roux et un air de paysanne sont autant de beautés, miss Clairville a certainement l'avantage sur lady B. ainsi que sur toutes les figures du même genre. Pour moi, ce qu'après lady B. j'ai vu de plus agréable au bal, c'est son frère ; il m'a rappelé mylord Alesford mon premier amant, et je l'ai prié de venir dîner demain avec nous.

— Heureusement je ne suis pas jaloux, a dit en souriant à demi M. Henley.

— Heureusement pour vous, ai-je repris, ce n'est pas heureusement pour moi ; car, si vous étiez jaloux, je vous verrais au moins sentir quelque chose; je serais flattée; je croirais vous être précieuse; je croirais que vous craignez de me perdre, que je vous plais encore; que, du moins, vous pensez que je puis encore plaire. Oui! ai-je ajouté, excitée à la fois par ma propre vivacité et par son sang-froid inaltérable, les injustices d'un jaloux, les emportements d'un brutal, seraient moins fâcheux que le flegme et l'aridité d'un sage.

— Vous me feriez croire, a dit M. Henley, au goût des femmes russes qui veulent être battues. Mais, ma chère, suspendez votre vivacité en faveur de cet enfant, et ne lui donnons pas l'exemple…

— Vous avez raison, me suis-je écriée. Pardon, monsieur! pardon, cher enfant!…»

Je l'ai prise sur mes genoux; je l'ai embrassée; j'ai mouillé son visage de mes larmes. «Je vous donne un mauvais exemple, lui ai-je dit. Je devrais vous tenir lieu de mère: je vous l'avais promis, et je n'ai aucun soin de vous, et je dis devant vous des choses que vous êtes heureuse de ne pas bien entendre!»

M. Henley n'a rien dit; mais je ne doute pas qu'il n'en fût touché. La petite fille est restée sur mes genoux, et m'a fait quelques caresses que je lui rendais au centuple, mais avec un sentiment encore plus douloureux que tendre. J'avais des repentirs amers; je formais toutes sortes de projets; je me promettais de devenir enfin sa mère: mais je voyais dans ses yeux, c'est-à-dire, dans son âme, l'impossibilité de le devenir. Elle est belle, elle n'est point méchante, elle n'a pas l'esprit faux; mais elle est un peu vive et peu sensible. — Elle sera mon élève, mais elle ne sera pas mon enfant; elle ne se souciera pas de l'être.

Nous arrivâmes. A ma prière le château de Henley fut invité pour le lendemain. Miss Clairville s'y trouvait; elle vint. A table, je plaçai M. Mead entre elle et lady Sara Melvill, et la journée n'eut rien de fâcheux ni de remarquable. Le lendemain j'écrivis une lettre à M. Henley, dont je vous envoie le brouillon avec toutes ses ratures. Il y a presque autant de mots effacés que de mots laissés, et vous ne lirez pas sans peine.

Monsieur,
Vous avez vu, j'espère, avant-hier combien j'étais honteuse de mon extravagante vivacité. Ne croyez pas que, dans cette occasion, ni dans aucune autre, le mérite de votre patience et de votre douceur m'ait échappé. Je puis vous assurer que mes intentions ont toujours été bonnes. Mais qu'est-ce que des intentions quand l'effet n'y répond jamais? — Pour vous votre conduite est telle que je n'y puis rien blâmer, quelque envie que j'en eusse quelquefois pour justifier la mienne. — Vous avez pourtant eu un tort; vous m'avez fait trop d'honneur en m'épousant. Vous avez cru, et qui ne l'aurait cru! que, trouvant dans son mari tout ce qui peut rendre un homme aimable et estimable, et dans sa situation tous les plaisirs honnêtes, l'opulence et la considération, une femme raisonnable ne pouvait manquer d'être heureuse. Mais je ne suis pas une femme raisonnable; vous et moi l'avons vu trop tard. — Je ne réunis pas les qualités qui nous auraient rendus heureux, avec celles qui vous ont paru agréables. — Vous auriez pu

trouver les unes et les autres chez mille autres femmes. Vous ne demandiez pas des talents brillants, puisque vous vous êtes contenté de moi, et assurément personne n'exige moins que vous des vertus difficiles. Je n'ai parlé aigrement de miss Clairville, que parce que je sentais avec chagrin combien une fille comme elle vous aurait mieux convenu que moi. Accoutumée aux plaisirs de la campagne, et à ses occupations, active, laborieuse, simple dans ses goûts, reconnaissante, gaie, heureuse, vous aurait-elle laissé vous souvenir de ce qui pouvait lui manquer ? Miss Clairville serait restée ici au milieu de ses parents, de ses premières habitudes. Elle n'aurait rien perdu, elle n'aurait fait que gagner... Mais c'est trop s'arrêter sur une chimère... le passé ne peut se rappeler. — Parlons de l'avenir ; parlons surtout de votre fille. Tâchons d'arranger ma conduite de manière à réparer le plus grand de mes torts. En vous opposant dans les commencements à ce que je voulais faire pour elle, vous n'avez rien fait que de juste et de raisonnable ; mais c'était blâmer tout ce qu'on avait fait pour moi ; c'était dédaigner tout ce que je savais et tout ce que j'étais. — J'ai été humiliée et découragée ; j'ai manqué de souplesse, et d'une véritable volonté. A l'avenir je veux faire mon devoir ; non d'après ma fantaisie, mais d'après votre jugement. Je ne vous demande pas de me tracer un plan ; je tâcherai de deviner vos idées pour m'y soumettre : mais si je devine mal ou si je m'y prends mal, faites-moi la grâce, non de me blâmer simplement, mais de me dire ce que vous voudrez que je fasse à la place de ce que je fais. Sur ce point et sur tous les autres, je désire sincèrement de mériter votre approbation, de regagner ou gagner votre affection, et de diminuer dans votre cœur le regret d'un mauvais choix.

S. HENLEY

J'ai porté ma lettre à M. Henley dans son cabinet, et me suis retirée. — Un quart d'heure après, il est venu me joindre dans le salon. « Me suis-je plaint, madame, m'a-t-il dit en m'embrassant, ai-je parlé de miss Clairville, ai-je pensé à aucune miss Clairville ? » Dans ce moment son père et son frère sont entrés ; j'ai caché mon émotion. Il m'a paru que pendant leur visite M. Henley était plus prévenant, et me regardait plus souvent qu'à l'ordinaire ; c'était la meilleure manière de me répondre. Nous n'avons reparlé de rien. Depuis ce jour je me lève de meilleure heure ; je fais déjeuner miss Henley avec moi. Elle prend dans ma chambre une leçon d'écriture ; je lui en donne une de géographie, quelques éléments d'histoire, quelques idées de religion. — Ah ! si je pouvais l'apprendre en l'enseignant, si je pouvais m'en convaincre et en remplir mon cœur ! que de défauts disparaîtraient ! que de vanités s'évanouiraient devant ces vérités sublimes dans leur objet, éternelles dans leur utilité !

Je ne vous parlerai pas de mes succès avec l'enfant. Il faut attendre et espérer. Je ne vous parlerai pas non plus de tout ce que je fais pour me rendre la campagne intéressante. Ce séjour est comme son maître, tout y est trop bien ; il n'y a rien à changer, rien qui demande mon activité ni mes soins. Un vieux tilleul ôte à mes fenêtres une assez belle vue. J'ai souhaité qu'on le coupât ; mais quand je l'ai vu de près, j'ai trouvé moi-même que ce serait grand dommage. Ce dont je me trouve le mieux, c'est de regarder, dans cette saison brillante, les feuilles paraître et se déployer, les fleurs s'épanouir, une foule d'insectes voler, marcher, courir en tout sens. Je ne me connais à rien, je n'approfondis rien ; mais je contemple et j'admire cet univers si rempli, si animé. Je me perds dans ce vaste tout si étonnant, je ne dirai pas si sage, je suis trop ignorante : j'ignore les fins, je ne connais ni les moyens ni le but, je ne sais pas pourquoi tant de moucherons sont donnés à manger à cette vorace araignée ; mais je regarde, et des heures se passent sans que j'aie pensé à moi, ni à mes puérils chagrins.

LETTRE V

Je n'en puis plus douter, ma très chère amie, je suis grosse ; je viens de l'écrire à ma tante, je l'ai priée de le dire à M. Henley, qui est à Londres depuis quelques jours. Ma joie est extrême ; je vais redoubler de soins auprès de miss Henley. Pendant plus d'un an je n'ai rien été pour elle ; depuis deux mois je suis une médiocre mère, il ne faut pas devenir une belle-mère. Adieu. Vous n'en aurez pas davantage pour aujourd'hui.

LETTRE VI

Je ne me porte pas trop bien, ma chère amie. Je ne pourrai vous dire de suite ce que je voudrais vous dire. La tâche est longue et peu agréable. Je me reposerai quand je serai fatiguée. — Il est égal que vous receviez ma lettre quelques semaines plus tôt ou plus tard. Après celle-ci je n'en veux plus écrire du même genre. Un billet vous apprendra de loin en loin que votre amie vit encore jusqu'à ce qu'elle ne vive plus.

Ma situation est triste, ou bien je suis un être sans raison et sans vertus. — Dans cette fâcheuse alternative d'accuser le sort, que je ne puis changer, ou de m'accuser et de me mépriser moi-même ; de quelque côté que je me tourne, les tableaux qui se présentent à mon imagination, les détails dont ma mémoire est chargée abattent mon courage, rendent mon existence sombre et pénible. — A quoi bon faire revivre, par mes récits, des impressions douloureuses, et retracer des scènes qui ne peuvent être trop vite ni trop profondément oubliées ? Pour la dernière fois vous verrez mon cœur ; après cela je m'interdis la plainte : il faut qu'il change ou ne s'ouvre plus.

Quand je me crus sûre d'être grosse, je le fis dire à M. Henley par ma tante. Il ne revint de Londres que huit jours après. Dans cet intervalle je n'avais cessé de me demander s'il fallait et si je voulais nourrir ou non mon enfant. — D'un côté j'étais effrayée par la fatigue, les soins continuels, les privations qu'il fallait s'imposer. — Le dirai-je ? je l'étais aussi du tort que fait à la figure [1] d'une femme la fonction de nourrice. D'un autre côté, je craignais comme une grande humiliation d'être regardée comme incapable et indigne de remplir ce devoir. Mais, me direz-vous, n'avez-vous donc que de l'amour-propre ? N'imaginiez-vous pas un extrême plaisir à être tout pour votre enfant, à vous l'attacher, à vous attacher à lui par tous les liens possibles ? Oui, sans doute, et c'était bien là mon impression la plus constante ; mais quand on est seule, et qu'on pense toujours à la même chose, que ne pense-t-on pas ?

Je résolus d'en parler à M. Henley, et ce ne fut pas sans peine que j'entamai la conversation. Je redoutais également qu'il approuvât mon dessein comme une chose nécessaire, qui allait sans dire, sur laquelle j'étais coupable d'hésiter, et qu'il le rejetât comme une chose absurde et par des motifs humiliants pour moi.

Je n'échappai ni à l'une ni à l'autre de ces peines. — A son avis, rien au monde ne pouvait dispenser une mère du premier et du plus sacré de ses devoirs, que le danger de nuire à son enfant par un vice de tempérament ou des défauts de caractère, et il me dit que son intention était de consulter le docteur M. son ami, pour savoir si mon extrême vivacité et mes fréquentes impatiences devaient faire préférer une étrangère. De moi, de ma santé, de mon plaisir, pas un mot : il n'était question que de cet enfant qui n'existait pas encore. — Cette fois je ne contestai point, je ne m'emportai point, je ne fus qu'attristée ; mais je le fus si profondément que ma santé s'en ressentit. Quoi ! me disais-je, aucune de mes impressions ne sera devinée ! aucun de mes sentiments ne sera partagé ! aucune peine ne me sera épargnée ! Tout ce que je sens est donc absurde, ou bien M. Henley est insensible et dur. Je passerai ma vie entière avec un mari à qui je n'inspire qu'une parfaite indifférence, et dont le cœur m'est fermé ! Adieu la joie de ma grossesse ; adieu toute joie. Je tombai dans un profond abattement. Mistriss Grace s'en aperçut la première, et en parla à M. Henley qui n'en imagina pas la cause. Il crut que mon état me donnait des appréhensions, et me proposa d'engager ma tante à me venir voir. J'embrassai cette idée avec reconnaissance. Nous écrivîmes, et ma tante vint. — Demain, si je le puis, je reprendrai la plume.

Je ne parlai de rien à ma tante, et je cherchai moins des consolations dans sa tendresse que de la distraction dans son entretien. L'attendris-

---

1. C'est-à-dire : au physique.

sement me replongeait dans le chagrin : pour en sortir, il fallait sortir de moi-même, m'étourdir, m'oublier, oublier ma situation.

Les intrigues de la Cour, les nouvelles de la ville, les liaisons, les mariages, les places données, toutes les vanités, toutes les frivolités du beau monde me rendirent ma propre frivolité et une sorte de gaieté : dangereux bienfait ! dont l'utilité ne fut que passagère, et qui me prépara de nouveaux chagrins.

Bientôt je ne pensai plus à mon fils ou à ma fille que comme à des prodiges de beauté, dont les brillants talents, cultivés par la plus étonnante éducation, exciteraient l'admiration de tout le pays ou même de l'Europe entière. — Ma fille, plus belle encore que lady Bridgewater, choisissait un mari parmi tout ce qu'il y avait de plus grand dans le royaume. Mon fils, s'il prenait le parti des armes, devenait un héros et commandait des armées : s'il se donnait à la loi [1] c'était au moins milord Mansfield ou le chancelier ; mais un chancelier permanent dont le roi et le peuple ne pourraient plus se passer… A force d'avoir la tête remplie de ces extravagances, je ne pus m'empêcher d'en laisser voir quelque chose à M. Henley. Je riais pourtant de ma folie ; car je n'étais pas tout à fait folle. — Un jour, moitié plaisantant, moitié raisonnant ou croyant raisonner, je déployais mes chimères… Mais je me suis si fort agitée en me les retraçant, que je suis obligée de poser la plume.

Nous étions seuls, M. Henley me dit :

« Nos idées sont bien différentes ; je désire que mes filles soient élevées simplement ; qu'elles attirent peu les regards, et songent peu à les attirer ; qu'elles soient modestes, douces, raisonnables, femmes complaisantes et mères vigilantes ; qu'elles sachent jouir de l'opulence, mais surtout qu'elles sachent s'en passer ; que leur position soit plus propre à leur assurer des vertus qu'à leur donner du relief et si l'on ne peut tout réunir, dit-il en me baisant la main, je me contenterai de la moitié des grâces, des agréments et de la politesse de mistriss Henley. — Quant à mon fils, un corps robuste, une âme saine ; c'est-à-dire, exempte de vices et de faiblesses, la plus stricte probité qui suppose une extrême modération ; voilà ce que je demande à Dieu pour lui. Mais, ma chère amie, dit-il, puisque vous faites tant de cas de tout ce qui brille, je ne veux pas que vous couriez le risque d'apprendre par d'autres une chose qui s'est passée il y a quelques jours. Dans le premier moment, vous pourriez en être trop affectée, et trop montrer au public, par un premier mouvement de chagrin, que le mari et la femme n'ont pas une seule âme entre eux, ni une même façon de penser et de sentir. On m'a offert une place dans le Parlement, et une charge à la Cour : on m'a fait entrevoir la possibilité d'un titre pour moi, d'une charge pour vous ; j'ai tout refusé.

---

1. S'il choisissait d'entrer dans la carrière politique.

— Rien ne me paraîtrait plus naturel, monsieur, lui ai-je répondu en appuyant mon visage sur ma main de peur que mon émotion ne se trahît, et je parlais lentement avec une voix que je m'efforçais de rendre naturelle, rien ne me paraîtrait plus naturel, si on avait voulu acheter, par ces offres, un suffrage contraire à vos principes : mais vous approuvez les mesures du ministère actuel ?

— Oui, m'a-t-il répondu, je suis attaché au roi, et j'approuve aujourd'hui ce que font les ministres. Mais suis-je sûr d'approuver ce qu'ils feront demain ? est-il sûr que ces ministres resteront en place ? et risquerai-je de me voir ôter, par une cabale, par mes égaux, une charge qui n'aura rien de commun avec un système politique ? Repoussé alors vers ce séjour qui m'a toujours été agréable, ne risquerais-je pas de le trouver gâté, changé, parce que je serais changé moi-même, et que j'y porterais un amour-propre blessé, une ambition frustrée, des passions qui, jusqu'ici, me sont étrangères ?

— Je vous admire, monsieur, lui ai-je dit, et en effet jamais je ne l'avais tant admiré ; plus il m'en coûtait, plus je l'admirais, jamais je n'avais vu si distinctement sa supériorité. Je vous admire ; cependant l'utilité publique, le devoir de travailler pour sa patrie…

— C'est le prétexte des ambitieux, a-t-il interrompu ; mais le bien qu'on peut faire dans sa maison, parmi ses voisins, ses amis, ses parents, est beaucoup plus sûr et plus indispensable : si je ne fais pas tout celui que je devrais faire, c'est ma faute, et non celle de ma situation. J'ai vécu trop de temps à Londres et dans les grandes villes du continent. J'y ai perdu de vue les occupations et les intérêts des gens de la campagne. Je n'ai pas le talent de converser et de m'instruire avec eux, ni l'activité que je voudrais avoir. Je porterais mes défauts dans les charges publiques, et j'aurais, de plus, le tort de m'y être placé moi-même ; au lieu que la Providence m'a placé ici.

— Je n'ai plus rien à vous répondre, monsieur, lui ai-je dit ; mais pourquoi m'avez-vous fait un secret de cette affaire ?

— J'étais à Londres, m'a-t-il répondu ; il m'aurait été difficile de vous détailler mes raisons dans une lettre. Si vous m'aviez opposé vos raisons et vos goûts, vous ne m'auriez pas ébranlé, et j'aurais eu le chagrin de vous en faire un que je pouvais vous épargner. Même aujourd'hui j'ai été fâché d'avoir à vous en parler ; et si je n'avais appris que la chose est devenue, pour ainsi dire publique, vous n'auriez jamais été informée de la proposition ni du refus. »

Il y avait un moment que M. Henley ne parlait plus. J'ai voulu dire quelque chose ; mais j'avais été si attentive, j'étais tellement combattue entre l'estime que m'arrachait tant de modération, de raison, de droiture dans mon mari, et l'horreur de me voir si étrangère à ses sentiments, si fort exclue de ses pensées, si inutile, si isolée, que je n'ai pu parler. Fatiguée de tant d'efforts, ma tête s'est embarrassée ; je me suis évanouie. Les soins qu'on a eus de moi ont prévenu les suites que cet accident pouvait avoir ; cependant je n'en suis pas encore bien remise. Mon âme ni mon corps ne sont dans un état naturel. Je ne suis qu'une femme, je ne m'ôterai pas la vie, je n'en aurai pas le courage ; si je deviens mère, je souhaite de n'en avoir jamais la volonté ; mais le chagrin tue aussi. Dans un an, dans deux ans, vous apprendrez, je l'espère, que je suis raisonnable et heureuse, ou que je ne suis plus.

PREMIÈRE PARTIE
(1785)

A MADAME LA MARQUISE DE S…

Madame,

Si, au lieu d'un mélange de passion et de raison, de faiblesse et de vertu tel qu'on le trouve ordinairement dans la société, ces lettres ne peignaient que des vertus pures telles qu'on les voit en vous, l'éditeur eût osé les parer de votre nom, et vous en faire hautement l'hommage.

LETTRE I

Le 30 novembre 1784.

Combien vous avez tort de vous plaindre ! Un gendre d'un mérite médiocre, mais que votre fille a épousé sans répugnance ; un établissement que vous-même regardez comme avantageux, mais sur lequel vous avez été à peine consultée ! Qu'est-ce que cela fait ? que vous importe ? Votre mari, ses parents et des convenances de fortune ont tout fait. Tant mieux. Si votre fille est heureuse, en serez-vous moins sensible à son bonheur ? si elle est malheureuse, ne sera-ce pas un chagrin de moins que de n'avoir pas fait son sort ? Que vous êtes romanesque ! Votre gendre est médiocre ; mais votre fille est-elle d'un caractère ou d'un esprit si distingué ? On la sépare de vous ; aviez-vous tant de plaisir à l'avoir auprès de vous ? Elle vivra à Paris ; est-elle fâchée d'y vivre ? Malgré vos déclamations sur les dangers, sur les séductions, les illusions, le prestige, le délire, etc., seriez-vous fâchée d'y vivre vous-même ? Vous êtes encore belle, vous serez toujours aimable ; je suis bien trompée, ou vous iriez de grand cœur vous charger des *chaînes de la Cour*, si elles vous étaient offertes. Je crois qu'elles vous seront offertes. A l'occasion de ce mariage on parlera de vous, et l'on sentira ce qu'il y aurait à gagner pour la prin-

cesse qui attacherait à son service une femme de votre mérite, sage sans
pruderie, également sincère et polie, modeste quoique remplie de talents.
Mais voyons si cela est bien vrai. J'ai toujours trouvé que cette sorte de
mérite n'existe que sur le papier, où les mots ne se battent jamais, quelque
contradiction qu'il y ait entre eux. Sage et point prude ! Il est sûr que vous
n'êtes point prude : je vous ai toujours vue fort sage ; mais vous ai-je
toujours vue ? M'avez-vous fait l'histoire de tous les instants de votre
vie ? Une femme parfaitement sage serait prude ; je le crois du moins.
Mais passons là-dessus. Sincère et polie ! Vous n'êtes pas aussi sincère
qu'il serait possible de l'être, parce que vous êtes polie ; ni parfaitement
polie, parce que vous êtes sincère ; et vous n'êtes l'un et l'autre à la fois
que parce que vous êtes médiocrement l'un et l'autre. En voilà assez ; ce
n'est pas vous que j'épilogue : j'avais besoin de me dégonfler sur ce
chapitre. Les tuteurs de ma fille me tourmentent quelquefois sur son
éducation ; ils me disent et m'écrivent qu'une jeune fille doit acquérir les
connaissances qui plaisent dans le monde, sans se soucier d'y plaire. Et où
diantre prendra-t-elle de la patience et de l'application pour ses leçons de
clavecin si le succès lui en est indifférent ? On veut qu'elle soit à la fois
franche et réservée. Qu'est-ce que cela veut dire ? On veut qu'elle craigne
le blâme sans désirer la louange ? On applaudit à toute ma tendresse pour
elle ; mais on voudrait que je fusse moins continuellement occupée à lui
éviter des peines et à lui procurer du plaisir. Voilà comme, avec des mots
qui se laissent mettre à côté les uns des autres, on fabrique des caractères,
des législations, des éducations et des bonheurs domestiques impossibles.
Avec cela on tourmente les femmes, les mères, les jeunes filles, tous les
imbéciles qui se laissent moraliser. Revenons à vous, qui êtes aussi
sincère et aussi polie qu'il est besoin de l'être ; à vous, qui êtes charmante ; à vous, que j'aime tendrement. Le marquis de*** m'a dit l'autre
jour qu'il était presque sûr qu'on vous tirerait de votre province. Eh bien !
laissez-vous placer à la Cour, sans vous plaindre de ce qu'exige de vous
votre famille. Laissez-vous gouverner par les circonstances, et trouvez-
vous heureuse qu'il y ait pour vous des circonstances qui gouvernent, des
parents qui exigent, un père qui marie sa fille, une fille peu sensible et peu
réfléchissante qui se laisse marier. Que ne suis-je à votre place ! Combien,
en voyant votre sort, ne suis-je pas tentée de blâmer le zèle religieux de
mon grand-père ! Si, comme son frère, il avait consenti à aller à la messe,
je ne sais s'il s'en trouverait aussi bien dans l'autre monde ; mais moi, il
me semble que je m'en trouverais mieux dans celui-ci. Ma romanesque
cousine se plaint ; il me semble qu'à sa place je ne me plaindrais pas.
Aujourd'hui je me plains ; je me trouve quelquefois très à plaindre. Ma
pauvre Cécile, que deviendra-t-elle ? Elle a dix-sept ans depuis le printemps dernier. Il a bien fallu la mener dans le monde pour lui montrer le
monde, la faire voir aux jeunes hommes qui pourraient penser à elle...
Penser à elle ! quelle ridicule expression dans cette occasion-ci ! Qui

penserait à une fille dont la mère est encore jeune et qui pourra avoir après la mort de cette mère vingt-six mille francs de ce pays ! cela fait environ trente-huit mille livres de France. Nous avons de rente, ma fille et moi, quinze cents francs de France. Vous voyez bien que, si on l'épouse, ce ne sera pas pour avoir pensé, mais pour l'avoir vue. Il faut donc la montrer ; il faut aussi la divertir, la laisser danser. Il ne faut pourtant pas la trop montrer, de peur que les yeux ne se lassent ; ni la trop divertir, de peur qu'elle ne puisse plus s'en passer, de peur aussi que ses tuteurs ne me grondent, de peur que les mères des autres ne disent : C'est bien mal entendu ! Elle est si peu riche ! Que de temps perdu à s'habiller, sans compter le temps où l'on est dans le monde ; et puis cette parure, toute modeste qu'elle est, ne laisse pas de coûter : les gazes, les rubans etc. ; car rien n'est si exact, si long, si détaillé que la critique des femmes. Il ne faut pas non plus la laisser trop danser ; la danse l'échauffe et ne lui sied pas bien : ses cheveux, médiocrement bien arrangés par elle et par moi, lui donnent en se dérangeant un air de rudesse ; elle est trop rouge, et le lendemain elle a mal à la tête ou un saignement de nez ; mais elle aime la danse avec passion : elle est assez grande, bien faite, agile, elle a l'oreille parfaite ; l'empêcher de danser serait empêcher un daim de courir. Je viens de vous dire comment est ma fille pour la taille ; je vais vous dire ce qu'elle est pour le reste. Figurez-vous un joli front, un joli nez, des yeux noirs un peu enfoncés ou plutôt couverts, pas bien grands, mais brillants et doux ; les lèvres un peu grosses et très vermeilles, les dents saines, une belle peau de brune, le teint très animé, un cou qui grossit malgré tous les soins que je me donne, une gorge qui serait belle si elle était plus blanche, le pied et la main passables ; voilà Cécile. Si vous connaissiez Mme R..., ou les belles paysannes du pays de Vaud, je pourrais vous en donner une idée plus juste. Voulez-vous savoir ce qu'annonce l'ensemble de cette figure ? Je vous dirai que c'est la santé, la bonté, la gaieté, la susceptibilité d'amour et d'amitié, la simplicité de cœur et la droiture d'esprit, et non l'extrême élégance, délicatesse, finesse, noblesse. C'est une belle et bonne fille que ma fille. Adieu, vous m'allez demander mille choses sur son compte, et pourquoi j'ai dit « Pauvre Cécile ! que deviendra-t-elle ? » Eh bien ! demandez ; j'ai besoin d'en parler et je n'ai personne ici à qui je puisse en parler.

LETTRE II

Eh bien, oui. Un joli jeune Savoyard habillé en fille. C'est assez cela. Mais n'oubliez pas, pour vous la figurer aussi jolie qu'elle l'est, une certaine transparence dans le teint, je ne sais quoi de satiné, de brillant que lui donne souvent une légère transpiration : c'est le contraire du mat, du terne ; c'est le satiné de la fleur rouge des pois odoriférants. Voilà bien à présent ma Cécile. Si vous ne la reconnaissiez pas en la rencontrant dans la rue, ce serait votre faute. Pourquoi, dites-vous, un gros cou ? C'est une maladie de ce pays, un épaississement de la lymphe, un engorgement dans les glandes dont on n'a pu rendre raison jusqu'ici. On l'a attribué longtemps aux eaux trop froides, ou charriant du tuf[1] ; mais Cécile n'a jamais bu que de l'eau panée ou des eaux minérales. Il faut que cela vienne de l'air ; peut-être du souffle froid de certains vents, qui font cesser quelquefois tout à coup la plus grande chaleur. On n'a point de goitres sur les montagnes ; mais, à mesure que les vallées sont plus étroites et plus profondes, on en voit davantage et de plus gros. Ils abondent surtout dans les endroits où l'on voit le plus d'imbéciles et d'écrouelleux. On y a trouvé des remèdes, mais point encore de préservatifs, et il ne me paraît pas décidé que les remèdes emportent entièrement le mal et soient sans inconvénient pour la santé. Je redoublerai de soin pour que Cécile soit toujours garantie du froid de l'air du soir, et je ne ferai pas autre chose ; mais je voudrais que le souverain promît des prix à ceux qui découvriraient la nature de cette difformité, et qui indiqueraient les meilleurs moyens de s'en préserver. Vous me demandez comment il arrive qu'on se marie quand on n'a à mettre ensemble que trente-huit mille francs, et vous êtes étonnée qu'étant fille unique je ne sois pas plus riche. La question est étrange. On se marie, parce qu'on est un homme et une femme, et qu'on se plaît ; mais laissons cela, je vous ferai l'histoire de ma fortune. Mon grand-père, comme vous le savez, vint du Languedoc avec rien ; il vécut d'une pension que lui faisait le vôtre, et d'une autre qu'il recevait de la cour d'Angleterre. Toutes deux cessèrent à sa mort. Mon père fut capitaine au service de Hollande. Il vivait de sa paye et de la dot de ma mère, qui fut de six mille francs. Ma mère, pour le dire en passant, était d'une famille bourgeoise de cette ville, mais si jolie et si aimable, que mon père ne se trouva jamais pauvre ni mal assorti avec elle ; et elle en fut si tendrement aimée, qu'elle mourut de chagrin de sa mort. C'est à elle, non à moi ni à son père, que Cécile ressemble. Puisse-t-elle avoir une vie aussi heureuse, mais plus longue ! puisse même son sort être aussi heureux, dût sa carrière n'être pas plus longue ! Les six mille francs de ma mère ont été tout mon bien. Mon mari avait quatre frères. Son père donna à chacun d'eux dix mille francs quand ils eurent vingt-cinq ans : il en a laissé encore dix mille aux quatre cadets ; le reste à l'aîné avec une terre estimée quatre-vingt mille francs. C'était un homme riche pour ce pays-ci, et qui l'aurait été dans votre province ; mais quand on a cinq fils, et qu'ils ne peuvent devenir ni prêtres ni commerçants, c'est beaucoup de

---

1. Sédiments déposés par les eaux calcarifères.

laisser à tous de quoi vivre. La rente de nos vingt-six ou trente-huit mille francs suffit pour nous donner toutes les jouissances que nous désirons ; mais vous voyez qu'on n'épousera pas Cécile pour sa fortune. Il n'a pourtant tenu qu'à moi de la marier... Non, il n'a pas tenu à moi ; je n'aurais pu m'y résoudre, et elle-même n'aurait pas voulu. Il s'agissait d'un jeune ministre son parent du côté de ma mère, d'un petit homme pâle et maigre, choyé, chauffé, caressé par toute sa famille. On le croit, pour quelques mauvais vers, pour quelques froides déclamations, le premier littérateur, le premier génie, le premier orateur de l'Europe. Nous fûmes chez ses parents, ma fille et moi, il y a environ six semaines. Un jeune lord et son gouverneur, qui sont en pension dans cette maison, passèrent la soirée avec nous. Après le goûter, on fit des jeux d'esprit ; ensuite on joua à colin-maillard, ensuite au loto. Le jeune Anglais est en homme ce que ma fille est en femme, c'est un aussi joli villageois anglais que Cécile est une belle villageoise du pays de Vaud. Il ne brilla pas aux jeux d'esprit, mais Cécile eut bien plus d'indulgence pour son mauvais français que pour le fade bel esprit de son cousin, ou, pour mieux dire, elle ne prit point garde à celui-ci ; elle s'était faite la gouvernante et l'interprète de l'autre. A colin-maillard vous jugez bien qu'il n'y eut point de comparaison entre leur adresse ; au loto, l'un était économe et attentif, l'autre distrait et magnifique. Quand il fut question de s'en aller : « Jeannot, dit la mère, tu ramèneras la Cécile ; mais il fait froid, mets ta redingote, boutonne-la bien. » La tante lui apporta des galoches. Pendant qu'il se boutonnait comme un portemanteau [1], et semblait se préparer à un voyage de longs cours, le jeune Anglais monte l'escalier quatre à quatre, revient comme un trait avec son chapeau, et offre la main à Cécile. Je ne pus pas m'empêcher de rire, et je dis au cousin qu'il pouvait se désemmailloter. Si auparavant son sort auprès de Cécile eût été douteux, ce moment le décidait. Quoiqu'il soit fils unique de riches parents, et qu'il doive hériter de cinq ou six tantes, Cécile n'épousera pas son cousin le ministre ; ce serait Agnès et le corps mort [2] : mais, au lieu de ressusciter, il pourrait devenir plus mort. Ce corps mort a un ami très vivant, ministre aussi, qui est devenu amoureux de Cécile pour l'avoir vue deux ou trois fois chez la mère de son ami. C'est un jeune homme de la vallée du lac de Joux, beau, blond, robuste, qui fait fort bien dix lieues par jour, qui chasse plus qu'il n'étudie, et qui va tous les dimanches prêcher à son annexe, à une lieue de chez lui ; en été sans parasol, et en hiver sans redingote ni galoches : il porterait au besoin son pédant petit ami sur le bras. Si ce mari convenait à ma fille, j'irais de grand cœur vivre avec eux dans une cure de montagne ; mais il n'a que sa paye de

---

1. Dans le vocabulaire militaire, sorte d'étui cylindrique en drap, qui servait aux cavaliers pour mettre les effets qu'ils emportaient en campagne.
2. Allusion à Molière (*L'École des femmes*, V, v) : « Je ne sais ce que c'est, Monsieur, mais il me semble / Qu'Agnès et le corps mort s'en sont allés ensemble. »

ministre pour toute fortune, et ce n'est pas même la plus grande difficulté : je crains la finesse montagnarde, et Cécile s'en accommoderait moins que toute autre femme ; d'ailleurs mes beaux-frères, ses tuteurs, ne consentiraient jamais à une pareille alliance, et moi-même je n'y consentirais qu'avec peine. La noblesse, dans ce pays-ci, n'est bonne à rien du tout, ne donne aucun privilège, aucun droit, aucune exemption ; mais, si cela la rend plus ridicule chez ceux qui ont de la disposition à l'être, cela la rend plus aimable et plus précieuse chez un petit nombre d'autres. J'avoue que j'ai ces autres dans la tête plutôt que je ne les connais. J'imagine des gens qui ne peuvent devenir ni chanoines, ni chevaliers de Malte, et qui paient tous les impôts, mais qui se sentent plus obligés que d'autres à être braves, désintéressés, fidèles à leur parole ; qui ne voient point de possibilité pour eux à commettre une action lâche ; qui croient avoir reçu de leurs ancêtres, et devoir remettre à leurs enfants, une certaine fleur d'honneur qui est à la vertu ce qu'est l'élégance des mouvements, ce qu'est la grâce, à la force et à la beauté ; qui conservent ce vernis avec d'autant plus de soin qu'il est moins définissable, et qu'eux-mêmes ne savent pas bien ce qu'il pourrait supporter sans être détruit ou flétri. C'est ainsi que l'on conserve une fleur délicate, un vase précieux. C'est ainsi qu'un ami bien ami ne donne rien au hasard quand il s'agit de son ami, qu'une femme ou une maîtresse bien fidèle veille même sur ses pensées. Adieu, je vais m'amuser à rêver aux belles délicates choses que je viens de vous dire. Je souhaite qu'elles vous fassent aussi rêver agréablement.

P.-S. Peut-être ce que j'ai dit est-il vieux comme le monde, et je le trouve même de nature à n'être pas neuf : mais n'importe ; j'y ai pris tant de plaisir, que j'ai peine à ne pas revenir sur la même idée, et à ne pas vous la détailler davantage. Ce privilège de la noblesse, qui ne consisterait précisément que dans une obligation de plus, et plus stricte et plus intimement sentie ; qui parlerait au jeune homme plus haut que sa conscience, et le rendrait scrupuleux malgré sa fougue ; au vieillard, et lui donnerait du courage malgré sa faiblesse : ce privilège, dis-je, m'enchante, m'attache et me séduit. Je ne puis souffrir que cette classe, idéale peut-être, de la société, soit négligée par le souverain, qu'on la laisse oubliée dans l'oisiveté et dans la misère ; car si elle s'enrichit par un mariage d'argent, par le commerce, par des spéculations de finance, ce n'est plus cela : la noblesse devient roturière, ou, pour parler plus juste, ma chimère s'évanouit.

LETTRE III

Si j'étais roi, je ne sais pas si je serais juste, quoique je voulusse l'être ; mais voici assurément ce que je ferais. Je ferais un dénombrement bien exact de toute la noblesse chapitrale [1] de mon pays. Je donnerais à ces nobles quelque distinction peu brillante, mais bien marquée, et je n'introduirais personne dans cette classe d'élite. Je me chargerais de leurs enfants quand ils en auraient plus de trois. J'assignerais une pension à tous les chefs de famille quand ils seraient tombés dans la misère, comme le roi d'Angleterre en donne une aux pairs *en décadence*. Je formerais une seconde classe des officiers qui seraient parvenus à certains grades, de leurs enfants, de ceux qui auraient occupé certains emplois, etc. Dans chaque province cette classe serait libre de s'agréger tel ou tel homme qui se serait distingué par quelque bonne action, un gentilhomme étranger, un riche négociant, l'auteur de quelque invention utile. Le peuple se nommerait des représentants, et ce serait un troisième ordre dans la nation ; celui-ci ne serait pas héréditaire. Chacun des trois aurait certaines distinctions et le soin de certaines choses, outre les charges qu'on donnerait aux individus indistinctement avec le reste de mes sujets. On choisirait dans les trois classes des députés qui, réunis, seraient le conseil de la nation : ils habiteraient la capitale. Je les consulterais sur tout. Ces conseillers seraient à vie : ils auraient tous le pas devant le corps de la noblesse. Chacun d'eux se nommerait un successeur, qui ne pourrait être un fils, un gendre, ni un neveu ; mais cette nomination aurait besoin d'être examinée et confirmée par le souverain et par le conseil. Leurs enfants entreraient de droit dans la classe noble. Les familles qui viendraient à s'éteindre se trouveraient ainsi remplacées. Tout homme, en se mariant, entrerait dans la classe de sa femme, et ses enfants en seraient comme lui. Cette disposition aurait trois motifs. D'abord les enfants sont encore plus certainement de la femme que du mari. En second lieu, la première éducation, les préjugés, on les tient plus de sa mère que de son père. En troisième lieu, je croirais, par cet arrangement, augmenter l'émulation chez les hommes, et faciliter le mariage pour les filles qu'on peut supposer les mieux élevées et les moins riches des filles épousables d'un pays. Vous voyez bien que, dans ce superbe arrangement politique, ma Cécile n'est pas oubliée. Je suis partie d'elle, je reviens à elle. Je la suppose appartenant à la première classe : belle, bien élevée et bonne comme elle est, je vois à ses pieds tous les jeunes hommes de sa propre classe, qui ne voudraient pas déchoir, et ceux d'une

---

1. La noblesse la plus distinguée.

classe inférieure, qui auraient l'ambition de s'élever. Réellement, il n'y aurait que cet ennoblissement qui pût me plaire. Je hais tous les autres, parce qu'un souverain ne peut donner avec des titres ce préjugé de noblesse, ce sentiment de noblesse qui me paraît être l'unique avantage de la noblesse. Supposé qu'ici l'homme ne l'acquît pas en se mariant, les enfants le prendraient de leur mère. Voilà bien assez de politique ou de rêverie.

Outre les deux hommes dont je vous ai parlé, Cécile a encore un amant dans la classe bourgeoise ; mais il la ferait plutôt tomber avec lui qu'il ne s'élèverait avec elle. Il se bat, s'enivre et voit des filles comme les nobles allemands, et quelques jeunes seigneurs anglais qu'il fréquente : il est d'ailleurs bien fait et assez aimable ; mais ses mœurs m'effraieraient. Son oisiveté ennuie Cécile ; et quoiqu'il ait du bien, à force d'imiter ceux qui en ont plus que lui, il pourra dans peu se trouver ruiné. Il y en a bien encore un autre. C'est un jeune homme sage, doux, aimable, qui a des talents et qui s'est voué au commerce. Ailleurs il pourrait y faire quelque chose, mais ici cela ne se peut pas. Si ma fille avait de la prédilection pour lui, et que ses oncles n'y missent pas obstacle, je consentirais à aller vivre avec eux à Genève, à Lyon, à Paris, partout où ils voudraient ; mais le jeune homme n'aime peut-être pas assez Cécile pour quitter son sol natal, le plus agréable en effet qui existe, la vue de notre beau lac et de sa riante rive. Vous voyez, ma chère amie, que, dans ces quatre amants, il n'y a pas un mari. Ce n'en est pas un non plus que je puisse proposer à Cécile, qu'un certain cousin fort noble, fort borné, qui habite un triste château où l'on ne lit, de père en fils, que la Bible et la gazette. « Et le jeune lord ? » direz-vous. Que j'aurais de choses à vous répondre ! Je les garde pour une autre lettre. Ma fille me presse d'aller faire un tour de promenade avec elle. Adieu.

LETTRE IV

Il y a huit jours que, ma cousine (la mère du petit théologien) étant malade, nous allâmes lui tenir compagnie ma fille et moi. Le jeune lord, l'ayant appris, renonça à un pique-nique que faisaient ce jour-là tous les Anglais qui sont à Lausanne, et vint demander à être reçu chez ma cousine. Hors les heures des repas, on ne l'y avait pas vu depuis le soir des galoches. Il fut reçu d'abord un peu froidement ; mais il marcha si discrètement sur la pointe des pieds, parla si bas, fut officieux de si bonne grâce ; il apporta si joliment sa grammaire française à Cécile pour qu'elle lui apprît à prononcer, à dire les mots précisément comme elle, que ma cousine et ses sœurs se radoucirent bientôt : mais tout cela déplut au fils de la maison à proportion de ce que cela plaisait au reste de la compagnie, et il en a conservé une telle rancune, qu'à force de se plaindre du bruit que l'on faisait sur sa tête et qui interrompait tantôt ses études, tantôt son sommeil, il a engagé sa bonne et sotte mère à prier milord et son gouverneur de chercher un autre logement. Ils vinrent hier me le dire, et me demander si je voulais les prendre en pension. Je refusai bien nettement, sans attendre que Cécile eût pu avoir une idée ou former un souhait. Ensuite ils se retranchèrent à me demander un étage de ma maison qu'ils savaient être vide ; je refusai encore. « Mais seulement pour deux mois, dit le jeune homme, pour un mois, pour quinze jours, en attendant que nous ayons trouvé à nous loger ailleurs. Peut-être nous trouverez-vous si discrets qu'alors vous nous garderez. Je ne suis pas aussi bruyant que M. S… le dit ; mais, quand je le serais naturellement, je suis sûr, madame, que vous et mademoiselle votre fille ne m'entendrez pas marcher, et, hors la faveur de venir quelquefois ici apprendre un peu de français, je ne demanderai rien avec importunité. » Je regardai Cécile ; elle avait les yeux fixés sur moi. Je vis bien qu'il fallait refuser ; mais, en vérité, je souffris presque autant que je faisais souffrir. Le gouverneur démêla mes motifs, et arrêta les instances du jeune homme, qui est venu ce matin me dire que, n'ayant pu m'engager à le recevoir chez moi, il s'était logé le plus près de nous qu'il avait pu, et qu'il me demandait la permission de nous venir voir quelquefois. Je l'ai accordée. Il s'en allait. Après l'avoir conduit jusqu'à la porte, Cécile est venue m'embrasser. « Vous me remerciez », lui ai-je dit. Elle a rougi : je l'ai tendrement embrassée. Des larmes ont coulé de mes yeux ; elle les a vues, et je suis sûre qu'elle y a lu une exhortation à être sage et prudente, plus persuasive que n'aurait été le plus éloquent discours. Voilà mon beau-frère et sa femme ; je suis forcée de m'interrompre.

Tout se dit, tout se fait ici en un instant. Mon beau-frère a appris que j'avais refusé de louer à un prix fort haut un appartement qui ne me sert à rien. C'est le tuteur de ma fille. Il loue à des étrangers des appartements chez lui, quelquefois même toute sa maison. Alors il va à la campagne, ou il y reste. Il m'a donc trouvée très extraordinaire, et m'a beaucoup blâmée. J'ai dit pour toute raison que je n'avais pas jugé à propos de louer. Cette manière de répondre lui a paru d'une hauteur insupportable. Il commençait tout de bon à se fâcher, quand Cécile a dit que j'avais sans doute des raisons que je ne voulais pas dire ; qu'il fallait les croire bonnes, et ne me pas presser davantage. Je l'ai embrassée pour la remercier : les larmes lui sont venues aux yeux à son tour. Mon beau-frère et ma belle-sœur se sont retirés sans savoir qu'imaginer de la mère ni de la fille. Je serai blâmée de toute la ville. Je n'aurai pour moi que Cécile, et peut-être le gouverneur du jeune lord. Vous ne comprenez rien sans doute à ce louage, à ces étrangers, au chagrin que mon beau-frère m'a témoigné. Connaissez-vous Plombières, ou

Bourbonne, ou Barège [1] ? D'après ce que j'en ai entendu dire, Lausanne ressemble assez à tous ces endroits-là. La beauté de notre pays, notre académie et M. Tissot [2] nous amènent des étrangers de tous les pays, de tous les âges, de tous les caractères, mais non de toutes les fortunes. Il n'y a guère que les gens riches qui puissent vivre hors de chez eux. Nous avons donc, surtout, des seigneurs anglais, des financières françaises, et des princes allemands qui apportent de l'argent à nos aubergistes, aux paysans de nos environs, à nos petits marchands et artisans, et à ceux de nous qui ont des maisons à louer en ville ou à la campagne, et qui appauvrissent tout le reste en renchérissant les denrées et la main-d'œuvre, et en nous donnant le goût avec l'exemple d'un luxe peu fait pour nos fortunes et nos ressources. Les gens de Plombières, de Spa, de Barège ne vivent pas avec leurs hôtes, ne prennent pas leurs habitudes ni leurs mœurs. Mais nous, dont la société est plus aimable, dont la naissance ne le cède souvent pas à la leur, nous vivons avec eux, nous leur plaisons, quelquefois nous les formons, et ils nous gâtent. Ils font tourner la tête à nos jeunes filles, ils donnent à ceux de nos jeunes hommes qui conservent des mœurs simples un air gauche et plat ; aux autres le ridicule d'être des singes et de ruiner souvent leur bourse et plus souvent leur santé. Les ménages, les mariages n'en vont pas mieux non plus, pour avoir dans nos coteries d'élégantes Françaises, de belles Anglaises, de jolis Anglais, d'aimables roués Français ; et supposé que cela ne gâte pourtant pas beaucoup de mariages, cela en empêche beaucoup. Les jeunes filles trouvent leurs compatriotes peu élégants ; les jeunes hommes trouvent les filles trop coquettes ; tous craignent l'économie à laquelle le mariage les obligerait ; et, s'ils ont quelque disposition, les uns à avoir des maîtresses, les autres à avoir des amants, rien n'est si naturel ni si raisonnable que cette appréhension d'une situation étroite et gênée. J'ai trouvé longtemps fort injuste qu'on jugeât plus sévèrement les mœurs d'une femme de marchand ou d'avocat que celles de la femme d'un fermier général ou d'un duc. J'avais tort. Celle-là se corrompt davantage, et fait bien plus de mal que celle-ci à son mari : elle le rend plus ridicule, parce qu'elle lui rend sa maison désagréable, et qu'à moins de le tromper bien complètement, elle l'en bannit. Or, s'il s'en laisse bannir, il passe pour un benêt ; s'il se laisse tromper, pour un sot : de manière ou d'autre, il perd toute considération, et ne fait rien avec succès de ce qui en demande. Le public le plaint, et trouve sa femme odieuse parce qu'elle le rend à plaindre. Chez des gens riches, chez des grands, dans une maison vaste, personne n'est à plaindre. Le mari a des maîtresses s'il en veut avoir, et c'est presque toujours par lui que le désordre commence. On lui rend trop de respects pour qu'il paraisse

---

1. Villes d'eau très fréquentées à l'époque.
2. Simon André Tissot (1728-1797), fameux médecin suisse qui pratiquait à Lausanne. Il était partisan de l'inoculation et composa un traité célèbre sur *L'Onanisme* (1760).

ridicule. La femme ne paraît point odieuse, et ne l'est point. Joignez à cela qu'elle traite bien ses domestiques, qu'elle peut faire élever ses enfants, qu'elle est charitable, qu'on danse et mange chez elle. Qui est-ce qui se plaint, et combien de gens n'ont pas à se louer ? En vérité, pour ce monde l'argent est bon à tout. Il achète jusqu'à la facilité de conserver des vertus dans le désordre, d'être vicieux avec le moins d'inconvénients possible. Un temps vient, je l'avoue, où il n'achète plus rien de ce que l'on désire, et où des hommes et des femmes, gâtés longtemps par son enivrante possession, trouvent affreux qu'il ne puisse leur procurer un instant de santé ou de vie, ni la beauté, ni la jeunesse, ni le plaisir, ni la vigueur ; mais combien de gens cessent de vivre avant que son insuffisance se fasse si cruellement sentir ! Voici une bien longue lettre. Je suis fatiguée d'écrire. Adieu, ma chère amie.

Je m'aperçois que je n'ai parlé que des femmes infidèles riches ou pauvres, j'aurais la même chose à dire des maris. S'ils ne sont pas riches, ils donnent à une maîtresse le nécessaire de leurs femmes ; s'ils sont riches, ce n'est que du superflu, et ils leur laissent mille amusements, mille ressources, mille consolations. Pour laisser épouser à ma fille un homme sans fortune, je veux qu'ils s'aiment passionnément : s'il est question d'un grand seigneur fort riche, j'y regarderai peut-être d'un peu moins près.

LETTRE V

Votre mari trouve donc ma législation bien absurde, et il s'est donné la peine de faire une liste des inconvénients de mon projet. Que ne me remercie-t-il, l'ingrat, d'avoir arrêté sa pensée sur mille objets intéressants, de l'avoir fait réfléchir en huit jours plus qu'il n'avait peut-être réfléchi en toute sa vie ? Je vais répondre à quelques-unes de ses objections. « Les jeunes hommes mettraient trop d'application à plaire aux femmes qui pourraient les élever à une classe supérieure. » Pas plus qu'ils n'en mettent aujourd'hui à séduire et à tromper les femmes de toutes les classes.

« Les maris, élevés par leurs femmes à une classe supérieure, leur auraient trop d'obligation. » Outre que je ne verrais pas un grand inconvénient à cette reconnaissance, le nombre des obligés serait très petit, et il n'y aurait pas plus de mal à devoir à sa femme sa noblesse que sa fortune ; obligation que nous voyons contracter tous les jours.

« Les filles feraient entrer dans la classe noble, non les gens de plus de mérite, mais les plus beaux. » Les filles dépendraient de leurs parents comme aujourd'hui ; et, quand il arriverait qu'elles ennobliraient de temps en temps un homme qui n'aurait de mérite que sa figure, quel grand mal y aurait-il ? leurs enfants en seraient plus beaux, la noblesse se verrait rembellie. Un seigneur espagnol dit un jour à mon père : « Si vous rencontrez à Madrid un homme bien laid, petit, faible, malsain, soyez sûr que c'est un grand d'Espagne. » Une plaisanterie et une exagération ne sont pas un argument ; mais votre mari conviendra bien qu'il y a par tout pays quelque fondement au discours de l'Espagnol. Revenons à sa liste d'inconvénients.

« Un gentilhomme aimerait une fille de la seconde classe, belle, vertueuse, et il ne pourrait l'épouser. » Pardonnez-moi, il l'épouserait. « Mais il s'avilirait. » Non, tout le monde applaudirait au sacrifice. Et ne pourrait-il pas remonter au-dessus même de sa propre classe, en se faisant nommer, à force de mérite, membre du conseil de la nation et du roi ? Ne ferait-il pas rentrer par là ses enfants dans leur classe originaire ? Et ses fils d'ailleurs n'y pourraient-ils pas rentrer par des mariages ? « Et quelles seraient les fonctions de ce conseil de la nation ? De quoi s'occuperait-il ? dans quelles affaires jugerait-il ? » Écoutez, mon cousin : la première fois qu'un souverain me demandera l'explication de mon projet, dans l'intention d'en faire quelque chose, je l'expliquerai, et le détaillerai de mon mieux ; et, s'il se trouve à l'examen aussi mal imaginé et aussi impraticable que vous le croyez, je l'abandonnerai courageusement. « Il est bien d'une femme », dites-vous : à la bonne heure, je suis une femme, et j'ai une fille. J'ai un préjugé pour l'ancienne noblesse ; j'ai du faible pour mon sexe : il se peut que je ne sois que l'avocat de ma cause, au lieu d'être un juge équitable dans la cause générale de la société. Si cela est, ne me trouvez-vous pas bien excusable ? Ne permettrez-vous pas aux Hollandais de sentir plus vivement les inconvénients qu'aurait pour eux la navigation libre de l'Escaut, que les arguments de leur adversaire en faveur du droit de toutes les nations sur toutes les rivières ? Vous me faites souvenir que cette Cécile, pour qui je voudrais créer une monarchie d'une espèce toute nouvelle, ne serait que de la seconde classe, si cette monarchie avait été créée avant nous, puisque mon père serait devenu de la classe de sa femme et mon mari de la mienne. Je vous remercie de m'avoir répondu si gravement. C'est plus d'honneur, je ne dirai pas que je ne mérite, mais que je n'espérais. Adieu, mon cousin. Je retourne à votre femme.

Vous êtes enchantée de Cécile, et vous avez bien raison. Vous me demandez comment j'ai fait pour la rendre si robuste, pour la conserver si fraîche et si saine. Je l'ai toujours eue auprès de moi : elle a toujours couché dans ma chambre, et, quand il faisait froid, dans mon lit. Je l'aime uniquement : cela rend bien clairvoyante et bien attentive. Vous me demandez si elle n'a jamais été malade. Vous savez qu'elle a eu la petite vérole. Je voulais la faire inoculer, mais je fus prévenue par la maladie ; elle fut longue et violente. Cécile est sujette à de grands maux de tête : elle a eu tous les hivers des engelures aux pieds qui la forcent quelquefois à garder le lit. J'ai encore mieux aimé cela que de l'empêcher de courir dans la neige, et de se chauffer ensuite quand elle avait bien froid. Pour ses mains, j'avais si peur de les voir devenir laides, que je suis venue à bout de les garantir. Vous demandez comment je l'ai élevée. Je n'ai jamais eu d'autre domestique qu'une fille élevée chez ma grand-mère, et qui a servi ma mère. C'est auprès d'elle, dans son village, chez sa nièce, que je la laissai quand je passai quinze jours avec vous à Lyon, et lorsque j'allai vous voir chez notre vieille tante. J'ai enseigné à lire et à écrire à ma fille dès qu'elle a pu prononcer et remuer les doigts ; pensant, comme l'auteur de *Séthos* [1], que nous ne savons bien que ce que nous avons appris machinalement. Depuis l'âge de huit ans jusqu'à seize elle a pris tous les jours une leçon de latin et de religion de son cousin, le père du pédant et jaloux petit amant, et une de musique d'un vieux organiste fort habile. Je lui ai appris autant d'arithmétique qu'une femme a besoin d'en savoir. Je lui ai montré à coudre, à tricoter et à faire de la dentelle. J'ai laissé tout le reste au hasard. Elle a appris un peu de géographie en regardant des cartes qui pendent dans mon antichambre, elle a lu ce qu'elle a trouvé en son chemin quand cela l'amusait, elle a écouté ce qu'on disait quand elle en a été curieuse, et que son attention n'importunait pas. Je ne suis pas bien savante ; ma fille l'est encore moins. Je ne me suis pas attachée à l'occuper toujours : je l'ai laissée s'ennuyer quand je n'ai pas su l'amuser. Je ne lui ai point donné de maîtres chers. Elle ne joue point de la harpe. Elle ne sait ni l'italien ni l'anglais. Elle n'a eu que trois mois de leçons de danse. Vous voyez bien qu'elle n'est pas très merveilleuse ; mais, en vérité, elle est si jolie, si bonne, si naturelle, que je ne pense pas que personne voulût y rien changer. «Pourquoi, direz-vous, lui avez-vous fait apprendre le latin ?» Pour qu'elle sût le français sans que j'eusse la peine de la reprendre sans cesse, pour l'occuper, pour être débarrassée d'elle et me reposer une heure tous les jours ; et cela ne nous coûtait rien. Mon cousin le professeur avait plus d'esprit que son fils et toute la simplicité qui lui manque. C'était un excellent homme. Il aimait Cécile, et, jusqu'à sa mort, les leçons qu'il lui donnait ont été aussi agréables pour lui que profitables pour elle. Elle l'a servi pendant sa dernière maladie, comme elle eût pu servir son père, et l'exemple de patience et de résignation qu'il lui a donné a été une dernière leçon plus importante que toutes les autres, et qui a rendu toutes les autres plus utiles. Quand elle a mal à la tête, quand ses engelures l'empêchent de faire ce qu'elle voudrait, quand on lui parle d'une maladie épidémique qui menace Lausanne (nous y sommes sujets aux épidémies), elle songe à son cousin le professeur, et elle ne se permet ni plainte, ni impatience, ni terreur excessive.

---

1. *Sethos* (1731) est un roman philosophique et pédagogique de l'abbé Jean Terrasson (1670-1750).

Vous êtes bien bonne de me remercier de mes lettres. C'est à moi à vous remercier de vouloir bien me donner le plaisir de les écrire.

LETTRE VI

« N'y avait-il pas d'inconvénient, me dites-vous, à laisser lire, à laisser écouter ? N'aurait-il pas mieux valu, etc. ? » J'abrège ; je ne transcris pas toutes vos phrases, parce qu'elles m'ont fait de la peine. Peut-être aurait-il mieux valu faire apprendre plus ou moins, ou autre chose ; peut-être y avait-il de l'inconvénient, etc. Mais songez que ma fille et moi ne sommes pas un roman comme Adèle et sa mère [1], ni une leçon, ni un exemple à citer. J'aimais ma fille uniquement ; rien, à ce qu'il me semble, n'a partagé mon attention, ni balancé dans mon cœur son intérêt. Supposé qu'avec cela j'aie mal fait ou n'aie pas fait assez, prenez-vous-en, si vous avez foi à l'éducation, prenez-vous-en, en remontant d'enfants à pères et mères, à Noé ou Adam, qui, élevant mal leurs enfants ont transmis de père en enfant une mauvaise éducation à Cécile. Si vous avez plus de foi à la nature, remontez plus haut encore, et pensez, quelque système qu'il vous plaise d'adopter, que je n'ai pu faire mieux que je n'ai fait. Après la réception de votre lettre, je me suis assise vis-à-vis de Cécile ; je l'ai vue travailler avec adresse, activité et gaieté. L'esprit rempli de ce que vous m'aviez écrit, les larmes me sont venues aux yeux ; elle s'est mise à jouer du clavecin pour m'égayer. Je l'ai envoyée à l'autre extrémité de la ville ; elle est allée et revenue sans souffrir, quoiqu'il fasse très froid. Des visites ennuyeuses sont venues ; elle a été douce, obligeante et gaie. Le petit lord l'a priée d'accepter un billet de concert ; son offre lui a fait plaisir, et, sur un regard de moi, elle a refusé de bonne grâce. Je vais me coucher tranquille. Je ne croirai point l'avoir mal élevée. Je ne me ferai point de reproches. L'impression de votre lettre est presque effacée. Si ma fille est malheureuse, je serai malheureuse ; mais je n'accuserai point le cœur tendre d'une mère dévouée à son enfant. Je n'accuserai point non plus ma fille ; j'accuserai la société, le sort ; ou bien je n'accuserai point, je ne me plaindrai point, je me soumettrai en silence avec patience et courage. Ne me faites point d'excuses de votre lettre, oublions-la. Je sais bien que vous n'avez pas voulu me faire de la peine : vous avez cru consulter un livre ou interroger un auteur. Demain, je reprendrai celle-ci avec un esprit plus tranquille.

Votre mari ne veut pas que je me plaigne des étrangers qu'il y a à Lausanne, disant que le nombre des gens à qui ils font du bien est plus

---

1. Allusion à *Adèle et Théodore* (1782), roman de Mme de Genlis (1746-1830).

grand que celui des gens à qui ils nuisent. Cela se peut, et je ne me plains pas. Outre cette raison généreuse et réfléchie, l'habitude nous rend ce concours d'étrangers assez agréable. Cela est plus riant et plus gai. Il semble aussi que ce soit un hommage que l'univers rende à notre charmant pays ; et, au lieu de lui, qui n'a point d'amour-propre, nous recevons cet hommage avec orgueil. D'ailleurs, qui sait si en secret toutes les filles ne voient pas un mari, toutes les mères un gendre dans chaque carrosse qui arrive ? Cécile a un nouvel adorateur qui n'est point venu de Paris ni de Londres. C'est le fils de notre baillif, un beau jeune Bernois, couleur de rose et blanc, et le meilleur enfant du monde. Après nous avoir rencontrées deux ou trois fois je ne sais où, il nous est venu voir avec assez d'assiduité, et ne m'a pas laissé ignorer que c'était en cachette, tant il trouve évident que des parents bernois devraient être fâchés de voir leur fils s'attacher à une sujette du pays de Vaud. Qu'il vienne seulement, le pauvre garçon, en cachette ou autrement ; il ne fera point de mal à Cécile, ni de tort à sa réputation, et M. le baillif ni Mme la baillive n'auront point de séduction à nous reprocher. Le voilà qui vient avec le jeune lord. Je vous quitte pour les recevoir. Voilà aussi le petit ministre mort et le ministre en vie. J'attends le jeune faraud et le jeune négociant, et bien d'autres. Cécile a aujourd'hui une journée. Il nous viendra des jeunes filles, mais elles sont moins empressées aujourd'hui que les jeunes hommes. Cécile m'a priée de rester au logis, et de faire les honneurs de sa journée, tant parce qu'elle est plus à son aise quand je suis auprès d'elle, que parce qu'elle a trouvé l'air trop froid pour me laisser sortir.

LETTRE VII

Vous voudriez, dans votre enchantement de Cécile et dans votre fierté pour vos parentes, que je bannisse de chez moi le fils du baillif. Vous avez tort, vous êtes injuste. La fille la plus riche et la mieux née du pays de Vaud est un mauvais parti pour un Bernois, qui, en se mariant bien chez lui, se donne plus que de la fortune ; car il se donne de l'appui, de la facilité à entrer dans le gouvernement. Il se met dans la voie de se distinguer, de rendre ses talents utiles à lui-même, à ses parents et à sa patrie. Je loue les pères et mères de sentir tout cela et de garder leurs fils des filets qu'on pourrait leur tendre ici. D'ailleurs, une fille de Lausanne aurait beau devenir baillive, et même conseillère, elle regretterait à Berne le lac de Genève et ses rives charmantes. C'est comme si on menait une fille de Paris être princesse en Allemagne. Mais je voudrais que les Bernoises épousassent plus souvent des hommes du pays de Vaud ; qu'il s'établît entre Berne et nous plus d'égalité, plus d'honnêteté ; que nous cessassions de nous plaindre, quelquefois injustement, de la morgue bernoise, et que les Bernois cessassent de donner une ombre de raison à nos plaintes. On dit que les rois de France ont été obligés, en bonne politique, de rendre les grands vassaux peu puissants, peu propres à donner de l'ombrage. Ils ont bien fait sans doute ; il faut avant toute chose assurer la tranquillité d'un État : mais je sens que j'aurais été incapable de cette politique que j'approuve. J'aime si fort tout ce qui est beau, tout ce qui prospère, que je ne pourrais ébrancher un bel arbre, quand il n'appartiendrait à personne, pour donner plus de nourriture ou de soleil aux arbres que j'aurais plantés.

Tout va chez moi comme il allait en apparence ; mais je crains que le cœur de ma fille ne se blesse chaque jour plus profondément. Le jeune Anglais ne lui parle pas d'amour : je ne sais s'il en a, mais toutes ses attentions sont pour elle. Elle reçoit un beau bouquet les jours de bal. Il l'a menée en traîneau. C'est avec elle qu'il voudrait toujours danser : c'est à elle ou à moi qu'il offre le bras quand nous sortons d'une assemblée. Elle ne me dit rien ; mais je la vois contente ou rêveuse, selon qu'elle le voit ou ne le voit pas, selon que ses préférences sont plus ou moins marquées. Notre vieux organiste est mort. Elle m'a priée d'employer l'heure de cette leçon à lui enseigner l'anglais. J'y ai consenti. Elle le saura bien vite. Le jeune homme s'étonne de ses progrès, et ne pense pas que c'est à lui qu'ils sont dus. On commençait à les faire jouer ensemble partout où ils se rencontraient : je n'ai plus voulu qu'elle jouât. J'ai dit qu'une fille qui joue aussi mal que la mienne a tort de jouer, et que je serais bien fâchée que de sitôt elle apprît à jouer bien. Là-dessus le jeune Anglais a fait faire le plus petit damier et les plus petites dames possibles, et les porte toujours dans sa poche. Le moyen d'empêcher ces enfants de jouer ! Quand les dames ennuieront Cécile, il aura, dit-il, de petits échecs. Il ne voit pas combien il est peu à craindre qu'elle s'ennuie. On parle tant des illusions de l'amour-propre ; cependant il est bien rare, quand on est véritablement aimé, qu'on croie l'être autant qu'on l'est. Un enfant ne voit pas combien il occupe continuellement sa mère. Un amant ne voit pas que sa maîtresse ne voit et n'entend partout que lui. Une maîtresse ne voit pas qu'elle ne dit pas un mot, qu'elle ne fait pas un geste qui ne fasse plaisir ou peine à son amant. Si on le savait, combien on s'observerait, par pitié, par générosité, par intérêt, pour ne pas perdre le bien estimable et incompensable d'être tendrement aimé !

Le gouverneur du jeune lord, ou celui que j'ai appelé son gouverneur, est son parent d'une branche aînée, mais non titrée. Voilà ce que m'a dit le jeune homme. L'autre n'a pas beaucoup d'années de plus, et il y a dans sa physionomie, dans tout son extérieur, je ne sais quel charme que je n'ai vu qu'à lui. Il ne se moquerait pas, comme votre ami, de mes idées sur la noblesse. Peut-être les trouverait-il triviales, mais il ne les trouverait pas obscures. L'autre jour il disait : « Un roi n'est pas toujours un gentilhomme » ; enfin, chimériques ou non, mes idées existent dans d'autres imaginations que la mienne.

Mon Dieu, que je suis occupée de ce qui se passe ici, et embarrassée de la conduite que je dois tenir ! Le parent de Milord (je l'appelle *Milord* par excellence, quoiqu'il y en ait bien d'autres, parce que je ne veux pas le nommer, et je ne veux pas le nommer, par la même raison qui fait que je ne me signe pas et que je ne nomme personne ; les accidents qui peuvent arriver aux lettres me font toujours peur). Le parent de Milord est triste. Je ne sais si c'est pour avoir éprouvé des malheurs, ou par une disposition naturelle. Il demeure à deux pas de chez moi : il se met à y venir tous les jours ; et, assis au coin du feu, caressant mon chien, lisant la gazette ou quelque journal, il me laisse régler mon ménage, écrire mes lettres, diriger l'ouvrage de Cécile. Il corrigera, dit-il, ses thèmes quand elle en pourra faire, et lui fera lire la gazette anglaise pour l'accoutumer au langage vulgaire et familier. Faut-il le renvoyer ? Ne m'est-il pas permis, en lui laissant voir ce que sont du matin au soir la fille et la mère, de l'engager à favoriser un établissement brillant et agréable pour ma fille, de l'obliger à dire du bien de nous au père et à la mère du jeune homme ? Faut-il que j'écarte ce qui pourrait donner à Cécile l'homme qui lui plaît ? je ne veux pas dire encore l'homme qu'elle aime. Elle aura bientôt dix-huit ans. La nature peut-être plus que le cœur... Dira-t-on de la première femme vers laquelle un jeune homme se sentira entraîné, qu'elle en soit aimée ?

Vous voudriez que je fisse apprendre la chimie à Cécile, parce qu'en France toutes les jeunes filles l'apprennent. Cette raison ne me paraît pas concluante ; mais Cécile, qui en entend parler autour d'elle assez souvent, lira là-dessus ce qu'elle voudra. Quant à moi, je n'aime pas la chimie. Je sais que nous devons aux chimistes beaucoup de découvertes et d'inventions utiles, et beaucoup de choses agréables ; mais leurs opérations ne me font aucun plaisir. Je considère la nature en amant ; ils l'étudient en anatomistes.

LETTRE VIII

Il arriva l'autre jour une chose qui me donna beaucoup d'émotion et d'alarme. Je travaillais, et mon Anglais regardait le feu sans rien dire, quand Cécile est revenue d'une visite qu'elle avait faite, pâle comme la mort. J'ai été très effrayée. Je lui ai demandé ce qu'elle avait, ce qui lui était arrivé. L'Anglais, presque aussi effrayé que moi, presque aussi pâle qu'elle, l'a suppliée de parler. Elle ne nous répondait pas un mot. Il a voulu sortir, disant que c'était lui sans doute qui l'empêchait de parler : elle l'a retenu par son habit, et s'est mise à pleurer, à sangloter pour mieux dire. Je l'ai embrassée, je l'ai caressée, nous lui avons donné à boire : ses larmes coulaient toujours. Notre silence à tous a duré plus d'une demi-heure. Pour la laisser plus en repos, j'avais repris mon ouvrage, et il s'était remis à caresser le chien. Elle nous a dit enfin :

« Il me serait bien difficile de vous expliquer ce qui m'a tant affectée, et mon chagrin me fait plus de peine que la chose même qui la cause. Je ne sais pourquoi je m'afflige, et je suis fâchée surtout de m'affliger. Qu'est-ce que cela veut dire, maman ? M'entendriez-vous quand je ne m'entends pas moi-même ? Je suis pourtant assez tranquille dans ce moment pour vous dire ce que c'est. Je le dirai devant monsieur. Il s'est donné trop de peine pour moi ; il m'a montré trop de pitié pour que je puisse lui montrer de la défiance. Moquez-vous tous deux de moi si vous le voulez : je me moquerai peut-être de moi avec vous ; mais promettez-moi, monsieur, de ne dire ce que je dirai à personne.

— Je vous le promets, mademoiselle, a-t-il dit.

— Répétez : à personne.

— A personne.

— Et vous, vous, maman, je vous prie de ne m'en parler à moi-même que quand j'en parlerai la première. J'ai vu Milord dans la boutique vis-à-vis d'ici. Il parlait à la femme de chambre de Mme de***. »

Elle n'en a pas dit davantage. Nous ne lui avons rien répondu. Un instant après Milord est entré. Il lui a demandé si elle voulait faire un tour en traîneau. Elle lui a dit : « Non, pas aujourd'hui, mais demain, s'il y a encore de la neige. » Alors, s'étant approché d'elle, il a remarqué qu'elle était pâle et qu'elle avait les yeux gros. Il a demandé timidement ce qu'elle avait. Son parent lui a répondu d'un ton ferme qu'on ne pouvait pas le lui dire. Il n'a pas insisté ; il est resté rêveur ; et, un quart d'heure après, quelques femmes étant entrées, ils s'en sont allés tous deux. Cécile s'est assez bien remise. Nous n'avons reparlé de rien. Seulement en se couchant elle me dit : « Maman, en vérité, je ne sais pas si je souhaite que la neige se fonde, ou qu'elle reste. » Je ne lui répondis pas. La neige se fondit ; mais on s'est revu depuis comme auparavant. Cécile m'a paru cependant un peu plus sérieuse et réservée. La femme de chambre est jolie, et sa maîtresse aussi. Je ne sais laquelle des deux l'a inquiétée ; mais, depuis ce moment-là, je crains que tout ceci ne devienne bien sérieux. Je n'ai pas le temps d'en dire davantage aujourd'hui ; mais je vous écrirai bientôt.

Votre homme m'a donc enfin entendue, puisqu'il a dit : « Si un roi peut n'être pas un gentilhomme, un manant pourra donc en être un. » Soit ; mais je suppose, en faveur des nobles de naissance, que la noblesse de sentiment se trouvera plus souvent parmi eux qu'ailleurs. Il veut que, dans mon royaume, le roi anoblisse les héros ; un de Ruiter, un Tromp, un Fabert [1] : à la bonne heure.

LETTRE IX

Ce latin vous tient bien au cœur, et vous vous en souvenez longtemps. « Savez-vous le latin ? » dites-vous. Non ; mais mon père m'a dit cent fois qu'il était fâché de ne me l'avoir pas fait apprendre. Il parlait très bien français. Lui et mon grand-père ne m'ont pas laissé parler très mal, et voilà ce qui me rend plus difficile qu'une autre. Pour ma fille, on voit, quand elle écrit, qu'elle sait sa langue ; mais elle parle fort incorrectement. Je la laisse dire. J'aime ses négligences, ou parce qu'elles sont d'elle, ou parce que en effet elles sont agréables. Elle est plus sévère : si elle me voit faire une faute d'orthographe, elle me reprend. Son style est beaucoup plus correct que le mien : aussi n'écrit-elle que le moins qu'elle peut : c'est trop de peine. Tant mieux. On ne fera pas aisément sortir un billet de ses mains. Vous demandez si ce latin ne la rend pas orgueilleuse. Mon Dieu, non. Ce que l'on apprend jeune ne nous paraît pas plus étrange, pas plus beau à savoir, que respirer et marcher. Vous demandez comment il se fait que je sache l'anglais. Ne vous souvient-il pas que nous avions, vous et moi, une tante qui s'était retirée en Angleterre pour cause de religion ? Sa fille, ma tante à la mode de Bretagne, a passé trois ans chez mon père dans ma jeunesse, peu après mon voyage en Languedoc. C'était une personne d'esprit et de mérite. Je lui dois presque tout ce que je sais, et l'habitude de penser et de lire. Revenons à mon chapitre favori et à mes détails ordinaires.

La semaine dernière nous étions dans une assemblée où M. Tissot amena une Française d'une figure charmante, les plus beaux yeux qu'on puisse voir, toute la grâce que peut donner la hardiesse jointe à l'usage du monde. Elle était vêtue dans l'excès de la mode, sans être pour cela ridicule. Un immense cadogan [2] descendait plus bas que ses épaules, et de grosses boucles flottaient sur sa gorge. Le petit Anglais et le Bernois étaient sans cesse autour d'elle, plutôt encore dans l'étonnement que dans l'admiration ; du moins l'Anglais, que j'observais beaucoup. Tant de gens s'empressèrent autour de Cécile, que, si elle fut affectée de cette désertion, elle n'eut pas le temps de le laisser voir. Seulement, quand Milord voulut

---

1. Michiel Adriaenzoon de Ruyter (1607-1676), Martin Harpertzoon Tromp (1597-1653) et son fils Cornelis (1629-1691) sont trois amiraux hollandais. Abraham de Fabert (1599-1662) était maréchal de France.
2. Cadogan ou catogan, du nom d'une famille anglaise : sorte de nœud ou ruban qui servait à retenir les cheveux derrière la tête.

faire sa partie de dames, elle lui dit qu'ayant un peu mal à la tête, elle aimait mieux ne pas jouer. Tout le soir elle resta assise auprès de moi, et fit des découpures pour l'enfant de la maison. Je ne sais si le petit lord sentit ce qui se passait en elle ; mais, ne sachant que dire à sa Parisienne, il s'en alla. Comme nous sortions de la salle, il se trouva à la porte parmi les domestiques. Je ne sais si Cécile aura un moment aussi agréable dans tout le reste de sa vie. Deux jours après, il passait la soirée chez moi avec son parent, le Bernois et deux ou trois jeunes parentes de Cécile ; on se mit à parler de la dame française. Les deux jeunes gens louèrent sans miséricorde ses yeux, sa taille, sa démarche, son habillement. Cécile ne disait rien ; je disais peu de chose. Enfin ils louèrent sa forêt de cheveux.

« Ils sont faux, dit Cécile.

— Ha ! ha ! mademoiselle Cécile, dit le Bernois, les jeunes dames sont toujours jalouses les unes des autres ! Avouez la dette ! N'est-il pas vrai que c'est par envie ? »

Il me semblait que Milord souriait. Je me fâchai tout de bon. « Ma fille ne sait ce que c'est que l'envie, leur dis-je. Elle loua hier, comme vous, les cheveux de l'étrangère chez une femme de ma connaissance que l'on était occupé à coiffer. Son coiffeur, qui sortait de chez la dame parisienne, nous dit que ce gros cadogan et ces grosses boucles étaient fausses. Si ma fille avait quelques années de plus, elle se serait tue ; à son âge, et quand on a sur sa tête une véritable forêt, il est assez naturel de parler. Ne nous soutîntes-vous pas hier avec vivacité, continuai-je en m'adressant au Bernois, que vous aviez le plus grand chien du pays ? Et vous, Milord, nous avez-vous permis de douter que votre cheval ne fût plus beau que celui de monsieur un tel et de milord un tel ? » Cécile, embarrassée, souriait et pleurait en même temps. « Vous êtes bien bonne, maman, a-t-elle dit, de prendre si vivement mon parti. » Mais dans le fond j'ai eu tort ; il eût mieux valu me taire. J'étais encore de mauvaise humeur. « Monsieur, ai-je dit au Bernois, toutes les fois qu'une femme paraîtra jalouse des louanges que vous donnerez à une autre, loin de le lui reprocher, remerciez-la dans votre cœur, et soyez bien flatté.

— Je ne sais, a dit le parent de Milord, s'il y aurait lieu de l'être. Les femmes veulent plaire aux hommes, les hommes aux femmes, la nature l'a ainsi ordonné. Qu'on veuille profiter des dons qu'on a reçus, et n'en pas laisser jouir à ses dépens un usurpateur, me paraît encore si naturel, que je ne vois pas comment on peut le trouver mauvais. Si on louait un autre auprès de ces dames d'une chose que j'aurais faite, assurément je dirais : "C'est moi." Et puis, il y a un certain esprit de vérité qui, dans le premier instant, ne consulte ni les inconvénients ni les avantages. Supposé que mademoiselle eût de faux cheveux et qu'on les eût admirés, je suis sûr qu'elle aurait aussi dit : "Ils sont faux."

— Sans doute, monsieur, a dit Cécile, mais je vois bien pourtant qu'il ne sied pas de le dire de ceux d'une autre. »

Dans le moment, le hasard nous a amené une jeune femme, son mari et son frère. Cécile s'est mise à son clavecin ; elle leur a joué des allemandes et des contredanses, et on a dansé. « Bonsoir, ma mère et ma protectrice, m'a dit Cécile en se couchant ; bonsoir, mon Don Quichotte. » J'ai ri. Cécile se forme, et devient tous les jours plus aimable. Puisset-elle n'acheter pas ses agréments trop cher !

LETTRE X

Je crains bien que Cécile n'ait fait une nouvelle conquête ; et, si cela est, je me consolerai, je pense, de sa prédilection pour son lord. Si ce n'est même qu'une prédilection, elle pourrait bien n'être pas une sauvegarde suffisante. L'homme en question est très aimable : c'est un gentilhomme de ce pays, capitaine au service de France, qui vient de se marier, ou plutôt de se laisser marier le plus mal du monde. Il n'avait point de fortune ; une parente éloignée du même nom, héritière d'une belle terre qui est depuis longtemps dans cette famille, a dit qu'elle l'épouserait plus volontiers qu'un autre. Ses parents ont trouvé cela admirable, et cru la fille charmante, parce qu'elle est vive, hardie, qu'elle parle beaucoup et vite, et qu'elle passait pour une petite espiègle. Il était à sa garnison. On lui a écrit. Il a répondu qu'il avait compté ne se pas marier, mais qu'il ferait ce qu'on voudrait ; et on a si bien arrangé les choses, qu'arrivé ici le premier octobre, il s'est trouvé marié le 20. Je crois que le 30, il aurait déjà voulu ne le plus être. La femme est coquette, jalouse, altière. Ce qu'elle a d'esprit n'est qu'une sottise vive et à prétention. J'étais allée sans ma fille les féliciter il y a deux mois. Ils sont en ville depuis quinze jours. Madame voudrait être de tout, briller, plaire, jouer un rôle. Elle se trouve assez riche, assez aimable et assez jolie pour cela. Le mari, honteux et ennuyé, fuit sa maison ; et, comme nous sommes un peu parents, c'est dans la mienne qu'il a cherché un refuge. La première fois qu'il y vint, il fut frappé de Cécile, qu'il n'avait vue qu'enfant, et me trouvant presque toujours seule avec elle, ou n'ayant que l'Anglais avec nous, il s'est accoutumé à venir tous les jours. Ces deux hommes se conviennent et se plaisent. Tous deux sont instruits, tous deux ont de la délicatesse dans l'esprit, du discernement et du goût, de la politesse et de la douceur. Mon parent est indolent, paresseux ; il n'est plus si triste d'être marié parce qu'il oublie qu'il le soit. L'autre est doucement triste et rêveur. Dès le premier jour ils ont été ensemble comme s'ils s'étaient toujours vus ; mais mon parent me semble chaque jour plus occupé de Cécile. Hier, pendant qu'ils parlaient de l'Amérique, de la guerre [1],

1. La guerre de l'Indépendance (1775-1781).

Cécile me dit tout bas : « Maman, l'un de ces hommes est amoureux de vous.

— Et l'autre de vous », lui ai-je répondu.

Là-dessus elle s'est mise à le considérer en souriant. Il est d'une figure si noble et si élégante, que sans le petit lord je serais bien fâchée d'avoir dit vrai. Je devrais ne pas laisser d'en être fâchée à présent ; mais on ne saurait prendre vivement à cœur tant de choses. Mon parent et sa femme s'en tireront comme ils pourront. Il n'a pas remarqué le jeune lord qui n'est pas établi ici comme son parent, tant s'en faut, mais qui, au retour de son collège et de ses leçons, quand il ne le trouve pas chez lui, vient le chercher chez moi. C'est ce qu'il fit avant-hier ; et, sachant que nous devions aller le soir chez cette parente chez qui il était en pension, il me supplia de l'y mener, disant qu'il ne pouvait souffrir, après les bontés qu'on avait eues pour lui dans cette maison, l'air à demi brouillé qu'il y avait entre eux. Je dis que je le voulais bien. Les deux piliers de ma cheminée vinrent aussi avec nous. Ma cousine la professeuse, persuadée que dans les jeux d'esprit son fils brillait toujours par-dessus tout le monde, a voulu qu'on remplît des bouts rimés, qu'on fît des discours sur huit mots, que chacun écrivît une question sur une carte. On mêle les cartes, chacun en tire une au hasard, et écrit une réponse sous la question. On remêle, on écrit jusqu'à ce que les cartes soient remplies. Ce fut moi qu'on chargea de lire. Il y avait des choses fort plates, et d'autres fort jolies. Il faut vous dire qu'on barbouille et griffonne de manière à rendre l'écriture méconnaissable. Sur une des cartes on avait écrit : *A qui doit-on sa première éducation ? A sa nourrice*, était la réponse. Sous la réponse on avait écrit : *Et la seconde ?* Réponse : *Au hasard. Et la troisième ? A l'amour.*

« C'est vous qui avez écrit cela, me dit quelqu'un de la compagnie.

— Je consens, dis-je, qu'on le croie, car cela est joli. »

M. de*** regarda Cécile. « Celle qui l'a écrit, dit-il, doit déjà beaucoup à sa troisième éducation. »

Cécile rougit comme jamais elle n'avait rougi.

« Je voudrais savoir qui c'est, dit le petit lord.

— Ne serait-ce point vous-même ? lui dis-je. Pourquoi veut-on que ce soit une femme ? Les hommes n'ont-ils pas besoin de cette éducation tout comme nous ? C'est peut-être mon cousin le ministre.

— Dis donc, Jeannot, dit sa mère ; je le croirais assez, puisque cela est si joli.

— Oh non ! dit Jeannot, j'ai fini mon éducation à Bâle. »

Cela fit rire, et le jeu en resta là. En rentrant chez moi, Cécile me dit : « Ce n'est pas moi, maman, qui ai écrit la réponse.

— Et pourquoi donc tant rougir ? lui dis-je.

— Parce que je pensais... parce que, maman, parce que... »

Je n'en appris, ou du moins elle ne m'en dit pas davantage.

LETTRE XI

Vous voulez savoir si Cécile a deviné juste sur le compte de mon ami l'Anglais. Je ne le sais pas, je n'y pense pas, je n'ai pas le temps d'y prendre garde.

Nous fûmes hier dans une grande assemblée, au château. Un neveu du baillif, arrivé la veille, fut présenté par lui aux femmes qu'on voulait distinguer. Je n'ai jamais vu un homme de meilleure mine. Il sert dans le même régiment que mon parent. Ils sont amis ; et, le voyant causer avec Cécile et moi, il se joignit à la conversation. En vérité, j'en fus extrêmement contente. On ne saurait être plus poli, parler mieux, avoir un meilleur accent ni un meilleur air, ni des manières plus nobles. Cette fois le petit lord pouvait être en peine à son tour. Il ne paraissait plus qu'un joli enfant sans conséquence. Je ne sais s'il fut en peine, mais il se tenait bien près de nous. Dès qu'il fut question de se mettre au jeu, il me demanda s'il serait convenable de jouer aux dames chez M. le baillif comme ailleurs, et me supplia, supposé que je ne le trouvasse pas bon, de faire en sorte qu'il pût jouer au reversi [1] avec Cécile. Il prétendit ne connaître qu'elle parmi tout ce monde, et jouer si mal qu'il ne ferait qu'ennuyer mortellement les femmes avec qui on le mettrait. A mesure que les deux hommes les plus remarquables de l'assemblée paraissaient plus occupés de ma fille, il paraissait plus ravi de sa liaison avec elle. Il faisait réellement plus de cas d'elle. Il me sembla qu'elle s'en apercevait ; mais, au lieu de se moquer de lui, comme il l'aurait mérité, elle m'en parut bien aise. Heureuse de faire une impression favorable sur son amant, elle en aimait la cause, quelle qu'elle fût.

Vous êtes étonnée que Cécile sorte seule, et puisse recevoir sans moi de jeunes hommes et de jeunes femmes ; je vois même que vous me blâmez à cet égard, mais vous avez tort. Pourquoi ne la pas laisser jouir d'une liberté que nos usages autorisent, et dont elle est si peu tentée d'abuser ? car les circonstances l'ayant séparée des compagnes qu'elle eut dans son enfance, Cécile n'a d'amie intime que sa mère, et la quitte le moins qu'elle peut. Nous avons des mères qui, par prudence ou par vanité, élèvent leurs filles comme on élève les filles de qualité à Paris ; mais je ne vois pas ce qu'elles y gagnent, et haïssant les entraves inutiles, haïssant l'orgueil, je n'ai garde de les imiter. Cécile est parente des parents de ma mère, aussi bien que des parents de mon mari ; elle a des cousins et des cousines dans tous les quartiers de notre ville, et je trouve

---

1. Ou reversis : jeu de cartes d'origine espagnole, où celui qui fait le moins de points et le moins de levées gagne la partie.

bon qu'elle vive avec tous, à la manière de tous, et qu'elle soit chère à tous[a]. En France, je ferais comme on fait en France : ici, vous feriez comme moi. Ah ! mon Dieu, qu'une petite personne fière et dédaigneuse qui mesure son abord, son ton, sa révérence sur le relief qui accompagne les gens qu'elle rencontre, me paraît odieuse et ridicule ! Cette humble vanité, qui consiste à avoir si grande peur de se compromettre, qu'il semble qu'on avoue qu'un rien suffirait pour nous faire déchoir de notre rang, n'est pas rare dans nos petites villes, et j'en ai assez vu pour m'en bien dégoûter[b].

LETTRE XII

Si vous ne me pressiez pas avec tant de bonté et d'insistance de continuer mes lettres, j'hésiterais beaucoup aujourd'hui. Jusqu'ici j'avais du plaisir, et je me reposais en les écrivant. Aujourd'hui je crains que ce ne soit le contraire. D'ailleurs, pour faire une narration bien exacte, il faudrait une lettre que je ne pourrais écrire de tête… Ah ! la voilà dans un coin de mon secrétaire. Cécile, qui est sortie, aura eu peur sans doute qu'elle ne tombât sur de ses poches. Je pourrai la copier, car je n'oserais vous l'envoyer. Peut-être voudra-t-elle un jour la relire. Cette fois-ci vous pourrez me remercier. Je m'impose une assez pénible tâche.

Depuis le moment de jalousie que je vous ai raconté, soit qu'elle eût de l'humeur quelquefois, et qu'elle eût conservé des soupçons, soit qu'ayant vu plus clair dans son cœur elle se fût condamnée à plus de réserve, Cécile ne voulait plus jouer aux dames en compagnie. Elle travaillait ou me regardait jouer. Mais chez moi, une fois ou deux, on y avait joué, et le jeune homme s'était mis à lui apprendre la marche des échecs l'autre soir, après souper, pendant que son parent et le mien, j'entends l'officier de***, jouaient ensemble au piquet. Assise entre les deux tables, je travaillais et regardais jouer, tantôt les deux hommes, tantôt ces deux enfants, qui ce soir-là avaient l'air d'enfants beaucoup plus qu'à l'ordinaire ; car, ma fille se méprenant sans cesse sur le nom et la marche des échecs, cela donnait lieu à des plaisanteries aussi gaies que peu spirituelles. Une fois le petit lord s'impatienta de son inattention, et Cécile se

a. A Lausanne, il y a des quartiers où le beau monde ne se loge pas.
b. Quelques personnes ont trouvé mauvais que ces lettres ne donnassent pas une idée exacte des mœurs des gens les plus distingués de Lausanne ; mais, outre que Mme de *** n'était pas une étrangère qui dût regarder ces mœurs comme un objet d'observation, en quoi pouvaient-elles intéresser sa cousine ? Les gens de la première classe se ressemblent partout ; et, si elle eût dit quelque chose qui fût particulier à ceux de Lausanne, nous pardonnerait-on de le publier ? Quand on ne loue qu'autant qu'on le doit, on flatte peu, et même souvent on offense.

fâcha de son impatience. Je tournai la tête. Je vis qu'ils boudaient l'un et l'autre. Je haussai les épaules. Un instant après, ne les entendant pas parler, je les regarde. La main de Cécile était immobile sur l'échiquier ; sa tête était penchée en avant et baissée. Le jeune homme, aussi baissé vers elle, semblait la dévorer des yeux. C'était l'oubli de tout, l'extase, l'abandon.

« Cécile, lui dis-je doucement, car je ne voulais pourtant pas l'effrayer, Cécile, à quoi pensez-vous ?

— A rien, dit-elle en cachant son visage avec ses mains, et reculant brusquement sa chaise. Je crois que ces misérables échecs me fatiguent. Depuis quelques moments, Milord, je les distingue encore moins qu'auparavant, et vous auriez toujours plus de sujets de vous plaindre de votre écolière ; ainsi quittons-les. »

Elle se leva en effet, sortit, et ne rentra que quand je fus seule. Elle se mit à genoux, appuya sa tête sur moi, et, prenant mes deux mains, elle les mouilla de larmes.

« Qu'est-ce, ma Cécile, lui dis-je, qu'est-ce ?

— C'est moi qui vous le demande, maman, me dit-elle. Qu'est-ce qui se passe en moi ? Qu'est-ce que j'ai éprouvé ? de quoi suis-je honteuse ? de quoi est-ce que je pleure ?

— S'est-il aperçu de votre trouble ? lui dis-je.

— Je ne le crois pas, maman, me répondit-elle. Fâché peut-être de son impatience, il a serré et baisé la main avec laquelle je voulais relever un pion tombé. J'ai retiré ma main ; mais je me suis sentie si contente de ce que notre bouderie ne durait plus ! ses yeux m'ont paru si tendres ! j'ai été si émue ! Dans ce même moment vous avez dit doucement : "Cécile, Cécile !" Il aura peut-être cru que je boudais encore, car je ne le regardais pas.

— Je le souhaite, lui dis-je.

— Je le souhaite aussi, dit-elle. Mais, maman, pourquoi le souhaitez-vous ?

— Ignorez-vous, ma chère Cécile, lui dis-je, combien les hommes sont enclins à mal penser et à mal parler des femmes ?

— Mais, dit Cécile, s'il y a ici de quoi penser et dire du mal, il ne pourrait m'accuser sans s'accuser encore plus lui-même. N'a-t-il pas baisé ma main, et n'a-t-il pas été aussi troublé que moi ?

— Peut-être, Cécile ; mais il ne se souviendra pas de son impression comme de la vôtre. Il verra dans la vôtre une espèce de sensibilité ou de faiblesse qui peut vous entraîner fort loin, et faire votre sort. La sienne ne lui est pas nouvelle sans doute, et n'est pas d'une si grande conséquence pour lui. Rempli encore de votre image, s'il a rencontré dans la rue une fille facile…

— Ah ! maman !

— Oui, Cécile, il ne faut pas vous faire illusion : un homme cherche à inspirer, pour lui seul, à chaque femme un sentiment qu'il n'a le plus souvent que pour l'espèce. Trouvant partout à satisfaire son penchant, ce qui est trop souvent la grande affaire de notre vie n'est presque rien pour lui.

— La grande affaire de notre vie ! Quoi ! il arrive à des femmes de s'occuper beaucoup d'un homme qui s'occupe peu d'elles !

— Oui, cela arrive. Il arrive aussi à quelques femmes de s'occuper malgré elles des hommes en général. Soit qu'elles s'abandonnent, soit qu'elles résistent à leur penchant, c'est aussi la grande, la seule affaire de ces malheureuses femmes-là. Cécile, dans vos leçons de religion on vous a dit qu'il fallait être chaste et pure : aviez-vous attaché quelque sens à ces mots ?

— Non, maman.

— Eh bien ! le moment est venu de pratiquer une vertu, de vous abstenir d'un vice dont vous ne pouviez avoir aucune idée. Si cette vertu vient à vous paraître difficile, pensez aussi que c'est la seule que vous ayez à vous prescrire rigoureusement, à pratiquer avec vigilance, avec une attention scrupuleuse sur vous-même.

— La seule !

— Examinez-vous, et lisez le Décalogue. Aurez-vous besoin de veiller sur vous pour ne pas tuer, pour ne pas dérober, pour ne pas calomnier ? Vous ne vous êtes sûrement jamais souvenue que tout cela vous fût défendu. Vous n'aurez pas besoin de vous en souvenir ; et, si vous avez jamais du penchant à convoiter quelque chose, ce sera aussi l'amant ou le mari d'une autre femme, ou bien les avantages qui peuvent donner à une autre le mari ou l'amant que vous désireriez pour vous. Ce qu'on appelle *vertu* chez les femmes sera presque la seule que vous puissiez ne pas avoir, la seule que vous pratiquiez en tant que vertu, et la seule dont vous puissiez dire en la pratiquant : "J'obéis aux préceptes qu'on m'a dit être les lois de Dieu, et que j'ai reçues comme telles."

— Mais, maman, les hommes n'ont-ils pas reçu les mêmes lois ? pourquoi se permettent-ils d'y manquer, et de nous en rendre l'observation difficile ?

— Je ne saurais trop, Cécile, que vous répondre ; mais cela ne nous regarde pas. Je n'ai point de fils ; je ne sais ce que je dirais à mon fils. Je n'ai pensé qu'à la fille que j'ai, et que j'aime par-dessus toute chose. Ce que je puis vous dire, c'est que la société, qui dispense les hommes et ne dispense pas les femmes d'une loi que la religion paraît avoir donnée également à tous, impose aux hommes d'autres lois qui ne sont peut-être pas d'une observation plus facile. Elle exige d'eux, dans le désordre même, de la retenue, de la délicatesse, de la discrétion, du courage ; et, s'ils oublient ces lois, ils sont déshonorés, on les fuit, on craint leur approche, ils trouvent partout un accueil qui leur dit : "On vous avait donné assez de privilèges, vous ne vous en êtes pas contentés ; la société effraiera, par votre exemple, ceux qui seraient tentés de vous imiter, et qui, en vous imitant, troubleraient tout, renverseraient tout, ôteraient du monde toute sécurité, toute confiance." Et ces hommes, punis plus rigoureusement que ne le sont jamais les femmes, n'ont été coupables bien souvent que d'imprudence, de faiblesse ou d'un moment de frénésie ; car les vicieux déterminés, les véritables méchants sont aussi rares que les hommes parfaits et les femmes parfaites. On ne voit guère tout cela que dans les fictions mal imaginées. Je ne trouve pas, je le répète, que la condition des hommes soit, même à cet égard, si extrêmement différente de celle des femmes. Et puis, combien d'autres obligations pénibles la société ne leur impose-t-elle pas ! Croyez-vous, par exemple, que, si la guerre se déclare, il soit bien agréable à votre cousin de nous quitter au mois de mars pour aller s'exposer à être tué ou estropié, à prendre, couché sur la terre humide et vivant parmi des prisonniers malades, les germes d'une maladie dont il ne guérira peut-être jamais ?

— Mais, maman, c'est son devoir, c'est sa profession ; il se l'est choisie. Il est payé pour tout ce que vous venez de dire ; et, s'il se distingue, il acquiert de l'honneur, de la gloire même. Il sera avancé, on l'honorera partout où il ira, en Hollande, en France, en Suisse et chez les ennemis mêmes qu'il aura combattus.

— Eh bien ! Cécile, c'est le devoir, c'est la profession de toute femme que d'être sage. Elle ne se l'est pas choisie, mais la plupart des hommes n'ont pas choisi la leur. Leurs parents, les circonstances ont fait ce choix pour eux avant qu'ils fussent en âge de connaître et de choisir. Une femme aussi est payée de cela seul qu'elle est femme. Ne nous dispense-t-on pas presque partout des travaux pénibles ? N'est-ce pas nous que les hommes garantissent du chaud, du froid, de la fatigue ? En est-il d'assez peu honnêtes pour ne vous pas céder le meilleur pavé, le sentier le moins raboteux, la place la plus commode ? Si une femme ne laisse porter aucune atteinte à ses mœurs ni à sa réputation, il faudrait qu'elle fût à d'autres égards bien odieuse, bien désagréable, pour ne pas trouver partout des égards ; et puis n'est-ce rien, après s'être attaché un honnête homme, de le fixer, de pouvoir être choisie par lui et par ses parents pour être sa compagne ? Les filles peu sages plaisent encore plus que les autres ; mais il est rare que le délire aille jusqu'à les épouser : encore plus rare qu'après les avoir épousées, un repentir humiliant ne les punisse pas d'avoir été trop séduisantes. Ma chère Cécile, un moment de cette sensibilité, à laquelle je voudrais que vous ne cédassiez plus, a souvent fait manquer à des filles aimables, et qui n'étaient pas vicieuses, un établissement avantageux, la main de l'homme qu'elles aimaient et qui les aimait.

— Quoi ! cette sensibilité qu'ils inspirent, qu'ils cherchent à inspirer, les éloigne !

— Elle les effraie. Cécile, jusqu'au moment où il sera question du mariage, on voudra que sa maîtresse soit sensible, on se plaindra si elle ne l'est pas assez. Mais quand il est question de l'épouser, supposé que la tête n'ait pas tourné entièrement, on juge déjà comme si on était mari, et un mari est une chose si différente d'un amant, que l'un ne juge de rien comme en avait jugé l'autre : on se rappelle les refus avec plaisir ; on se rappelle les faveurs avec inquiétude. La confiance qu'a témoignée une fille trop tendre ne paraît plus qu'une imprudence qu'elle peut avoir vis-à-vis de tous ceux qui l'y inviteront. L'impression trop vive qu'elle aura reçue des marques d'amour de son amant ne paraît plus qu'une disposition à aimer tous les hommes. Jugez du déplaisir, de la jalousie, du chagrin de son mari ; car le désir d'une propriété exclusive est le sentiment le plus vif qui lui reste. Il se consolera d'être peu aimé, pourvu que personne ne puisse l'être. Il est jaloux encore lorsqu'il n'aime plus, et son inquiétude n'est pas aussi absurde, aussi injuste que vous pourriez à présent vous l'imaginer. Je trouve souvent les hommes odieux dans ce qu'ils exigent, et dans leur manière d'exiger des femmes ; mais je ne trouve pas qu'ils se trompent si fort de craindre ce qu'ils craignent. Une fille imprudente est rarement une femme prudente et sage. Celle qui n'a pas résisté à son amant avant le mariage lui est rarement fidèle après. Souvent elle ne voit plus son amant dans son mari. L'un est aussi négligent que l'autre était empressé ; l'un trouvait tout bien, l'autre trouve presque tout mal. A peine se croit-elle obligée de tenir au second ce qu'elle avait juré au premier. Son imagination aussi lui promettait des plaisirs qu'elle n'a pas trouvés, ou qu'elle ne trouve plus. Elle espère les trouver ailleurs que dans le mariage ; et, si elle n'a pas résisté à ses penchants étant fille, elle ne leur résistera pas étant femme. L'habitude de la faiblesse sera prise, le devoir et la pudeur sont déjà accoutumés à céder. Ce que je dis est si vrai, qu'on admire autant dans le monde la sagesse d'une belle femme courtisée par beaucoup d'hommes, que la retenue d'une fille qui est dans le même cas. On reconnaît que la tentation est à peu près la même et la résistance aussi difficile. J'ai vu des femmes se marier avec la plus violente passion, et avoir un amant deux ans après leur mariage, ensuite un autre, et puis encore un autre, jusqu'à ce que méprisées, avilies...

— Ah ! maman ! s'écria Cécile en se levant, ai-je mérité tout cela ?

— Vous voulez dire : "Ai-je besoin de tout cela ?" lui dis-je en l'asseyant sur mes genoux et en essuyant avec mon visage les larmes qui coulaient sur le sien. Non, Cécile, je ne crois pas que vous eussiez besoin d'un aussi effrayant tableau, et, quand vous en auriez besoin, en seriez-vous plus coupable, en seriez-vous moins estimable, moins aimable ? m'en seriez-vous moins chère ou moins précieuse ? Mais allez vous coucher, ma fille ; allez, songez que je ne vous ai blâmée de rien, et qu'il fallait bien vous avertir. Cette seule fois je vous aurai avertie. Allez », — et elle s'en alla.

Je m'approchai de mon bureau, et j'écrivis : « Ma Cécile, ma chère fille, je vous l'ai promis, cette seule fois vous aurez été tourmentée par la sollicitude d'une mère qui vous aime plus que sa vie : ensuite, sachant sur ce sujet tout ce que je sais, tout ce que j'ai jamais pensé, ma fille jugera pour elle-même. Je pourrai lui rappeler quelquefois ce que je lui aurai dit aujourd'hui ; mais je ne le lui répéterai jamais. Permettez donc que j'achève, Cécile, et soyez attentive jusqu'au bout. Je ne vous dirai pas ce que je dirais à tant d'autres, que, si vous manquez de sagesse, vous renoncerez à toutes les vertus ; que, jalouse, dissimulée, coquette, inconstante, n'aimant bientôt que vous, vous ne serez plus ni fille, ni amie, ni amante. Je vous dirai au contraire que les qualités précieuses qui sont en vous, et que vous ne sauriez perdre, rendront la perte de celle-ci plus fâcheuse, en augmentant le malheur et les inconvénients. Il est des femmes dont les défauts réparent en quelque sorte et couvrent les vices. Elles conservent dans le désordre un extérieur décent et imposant. Leur hypocrisie les sauve d'un mépris qui aurait rejailli sur leur alentour. Impérieuses et fières, elles font peser sur les autres un joug qu'elles ont secoué ; elles établissent et maintiennent la règle ; elles font trembler celles qui les imitent. A les entendre juger et médire, on ne peut se persuader qu'elles ne soient pas des Lucrèces [1]. Leurs maris, pour peu que le hasard les ait servies, les croient des Lucrèces ; et leurs enfants, loin de rougir d'elles, les citent comme des exemples d'austérité. Mais vous, qu'oseriez-vous dire à vos enfants ? comment oseriez-vous réprimer vos domestiques ? qui oseriez-vous blâmer ? Hésitant, vous interrompant, rougissant à chaque mot, votre indulgence pour les fautes d'autrui décèlerait les vôtres. Sincère, humble, équitable, vous n'en déshonoreriez que plus sûrement ceux dont l'honneur dépendrait de votre vertu. Le désordre s'établirait autour de vous. Si votre mari avait une maîtresse, vous vous trouveriez heureuse de partager avec elle une maison sur laquelle vous ne vous croiriez plus de droits, et peut-être, laisseriez-vous partager à ses enfants le patrimoine des vôtres. Soyez sage, ma Cécile, pour que vous puissiez jouir de vos aimables qualités. Soyez sage ; vous vous exposeriez, en ne l'étant pas, à devenir trop malheureuse. Je ne vous dis pas tout ce que je pourrais dire. Je ne vous peins pas le regret d'avoir trop aimé ce qui méritait peu de l'être, le désespoir de rougir de son amant encore plus que de ses faiblesses, de s'étonner, en le voyant de sang-froid, qu'on ait pu devenir coupable pour lui. Mais j'en ai dit assez. J'ai fini, Cécile. Profitez, s'il est possible, de mes conseils ; mais, si vous ne les suivez pas, ne vous cachez jamais d'une mère qui vous adore. Que craindriez-vous ? Des reproches ? — Je ne vous en ferai point ; ils m'affligeraient plus que vous. — La perte de mon atta-

---

1. Romaine (VIᵉ siècle av. J.-C.) qui se tua après avoir été violée par un fils de Tarquin le Superbe, ce qui servit de prétexte au renversement de la royauté à Rome.

chement ? — Je ne vous en aimerais peut-être que plus, quand vous
seriez à plaindre, et que vous courriez le risque d'être abandonnée de tout
le monde. — De me faire mourir de chagrin ? — Non, je vivrais, je
tâcherais de vivre, de prolonger ma vie pour adoucir les malheurs de la
vôtre, et pour vous obliger à vous estimer vous-même malgré des
faiblesses qui vous laisseraient mille vertus et à mes yeux mille
charmes. »

Cécile, en s'éveillant, lut ce que j'avais écrit. Je fis venir des ouvrières
dont nous avions besoin ; je tâchai d'occuper et de distraire Cécile et moi,
et j'y réussis ; mais après le dîner, comme nous travaillions ensemble et
avec les ouvrières, elle interrompit le silence général.

« Un mot, maman. Si les maris sont comme vous les avez peints, si le
mariage sert à si peu de chose, serait-ce une grande perte ?…

— Oui, Cécile : vous voyez combien il est doux d'être mère.
D'ailleurs, il y a des exceptions, et chaque fille, croyant que son amant et
elle auraient été une exception, regrettera de n'avoir pu l'épouser comme
si c'était un grand malheur, quand même ce n'en serait pas un. Un mot,
ma fille, à mon tour. Il y a une heure que je pense à ce que je vais vous
dire. Vous avez entendu louer, et peut-être avait-on tort de les louer en
votre présence, des femmes connues par leurs mauvaises mœurs ; mais
c'étaient des femmes qui n'auraient pu faire ce qu'on admire en elles si
elles avaient été sages. La Lecouvreur [1] n'aurait pu envoyer au maréchal
de Saxe le prix de ses diamants si on ne les lui avait donnés, et elle
n'aurait eu aucune relation avec lui si elle n'avait été sa maîtresse. Agnès
Sorel [2] n'aurait pas sauvé la France, si elle n'avait été celle de
Charles VII. Mais ne serions-nous pas fâchées d'apprendre que la mère
des Gracques, Octavie, femme d'Antoine, ou Porcie, fille de Caton [3], ait
eu des amants ? » Mon érudition fit rire Cécile.

« On voit bien, maman, dit-elle, que vous avez pensé d'avance à ce
que vous venez de dire, et il vous a fallu remonter bien haut…

— Il est vrai, interrompis-je, que je n'ai rien trouvé dans l'histoire
moderne ; mais nous mettrons, si vous voulez, à la place de ces Romaines
Mme Tr…, Mlle des M… et Mlles de S… »

Le jeune lord nous vint voir de meilleure heure que de coutume. Cécile
leva à peine les yeux de dessus son ouvrage. Elle lui fit des excuses de

1. La tragédienne Adrienne Lecouvreur (1692-1730), célèbre pour sa liaison avec le
maréchal de Saxe.
2. Agnès Sorel (1422-1450), maîtresse de Charles VII, surnommée « la Dame de
Beauté », du nom de la seigneurie de Beauté-sur-Marne, dont le roi lui avait fait présent.
Elle passe pour avoir encouragé et soutenu Charles VII dans la guerre contre l'Angleterre.
3. Cornélie (180-110 av. J.-C.), fille de Scipion l'Africain, modèle de la mère romaine,
eut pour fils les réformateurs qu'on nomme les Gracques, c'est-à-dire Gaius Sempronius
Gracchus et Tiberius Sempronius Gracchus. Octavie (70-11 av. J.-C.) était la sœur
d'Auguste, épouse du triumvir Antoine. Porcie, fille de Caton d'Utique, se suicida en
42 av. J.-C. en apprenant le suicide de son époux, Brutus, vaincu à la bataille de Philippes
par Octave et Antoine.

son inattention de la veille, trouva fort naturel qu'il s'en fût impatienté, et se blâma d'avoir montré de l'humeur. Elle le pria, après m'en avoir demandé la permission, de revenir le lendemain lui donner une leçon dont elle profiterait sûrement beaucoup mieux.

« Quoi ! c'est de cela que vous vous souvenez ! lui dit-il en s'approchant d'elle et faisant semblant de regarder son ouvrage.

— Oui, dit-elle, c'est de cela.

— Je me flatte, dit-il, que vous n'avez pas été en colère contre moi.

— Point en colère du tout », lui répondit-elle.

Il sortit désabusé, c'est-à-dire abusé. Cécile écrivit sur une carte : « Je l'ai trompé, cela n'est pourtant pas bien agréable à faire. » J'écrivis : « Non, mais cela était nécessaire, et vous avez bien fait. Je suis intéressée, Cécile. Je voudrais qu'il ne tînt qu'à vous d'épouser ce petit lord. Ses parents ne le trouveraient pas trop bon ; mais, comme ils auraient tort, peu m'importe. Pour cela, il faut tâcher de le tromper. Si vous réussissez à le tromper, il pourra dire : "C'est une fille aimable, bonne, peu sensible de cette sensibilité à craindre pour un mari ; elle sera sage, je l'aime, je l'épouserai." Si vous ne réussissez pas, s'il voit à travers votre réserve, il peut dire : "Elle sait se vaincre, elle est sage, je l'aime, je l'estime, je l'épouserai." » Cécile me rendit les deux cartes en souriant. J'écrivis sur une troisième : « Au reste, je ne dis *tromper* que pour avoir plus tôt fait. Si je suis curieuse de lire une lettre qui m'est confiée, au point d'être tentée quelquefois de l'ouvrir, est-ce tromper que de ne l'ouvrir pas et de ne pas dire sans nécessité que j'en aie eu la tentation ? Pourvu que je sois toujours discrète, la confiance des autres sera aussi méritée qu'avantageuse. »

« Maman, me dit Cécile, dites-moi tout ce que vous voudrez ; mais, quant à me rappeler ce que vous m'avez dit ou écrit, il n'en est pas besoin : je ne puis l'oublier. Je n'ai pas tout compris, mais les paroles sont gravées dans ma tête. J'expliquerai ce que vous m'avez dit par les choses que je verrai, que je lirai, par celles que j'ai déjà vues et lues, et ces choses-là je les expliquerai par celles que vous m'avez dites. Tout cela s'éclaircira mutuellement. Aidez-moi quelquefois, maman, à faire des applications comme autrefois quand vous me disiez : "Voyez cette petite fille, c'est cela qu'on appelle être propre et soigneuse ; voyez celle-là, c'est cela qu'on appelle être négligente. Celle-ci est agréable à voir, l'autre déplaît et dégoûte." Faites-en autant sur ce nouveau chapitre. C'est tout ce dont je crois avoir besoin, et à présent je ne veux m'occuper que de mon ouvrage. »

Le jeune lord est venu comme on l'en avait prié. La partie d'échecs est fort bien allée. Milord me dit une fois pendant la soirée : « Vous me trouverez bien bizarre, madame ; je me plaignais avant-hier de ce que mademoiselle était trop peu attentive, ce soir je trouve qu'elle l'est trop. » A son tour, il était distrait et rêveur. Cécile a paru ne rien voir et ne rien

entendre. Elle m'a priée de lui procurer Philidor[1]. Si cela continue, je
l'admirerai. Adieu ; je répète ce que j'ai dit au commencement de ma
lettre : cette fois-ci vous me devez des remerciements. J'ai rempli ma
tâche encore plus exactement que je ne pensais ; j'ai copié la lettre et les
cartes. Je me suis rappelé ce qui s'est dit presque mot à mot.

LETTRE XIII

Tout va assez bien. Cécile s'observe avec un soin extrême. Le jeune
homme la regarde quelquefois d'un air qui dit : « Me serais-je trompé, et
vous serais-je tout à fait indifférent ? » Il devient chaque jour plus attentif
à lui plaire. Nous ne voyons plus le jeune ministre mon parent, ni son ami
des montagnes. Le jeune Bernois, se sentant peut-être trop éclipsé par son
cousin, ne nous honore plus de ses visites ; mais ce cousin vient nous voir
très souvent, et me paraît toujours très aimable. Quant aux deux autres
hommes, je les appelle *mes pénates*. Vos hommes m'ont bien fait rire.
Celui qui est étonné qu'une hérétique sache ce que c'est que le Décalogue,
me rappelle un Français qui disait à mon père : « Monsieur, qu'on soit
huguenot pendant le jour, je le comprends ; on s'étourdit, on fait ses
affaires, on ne pense à rien ; mais le soir, en se couchant, dans son lit, dans
l'obscurité, on doit être bien inquiet ; car, au bout du compte, on pourrait
mourir pendant la nuit » ; — et un autre qui lui disait : « Je sais bien,
monsieur, que vous autres huguenots, vous croyez en Dieu ; je l'ai toujours
soutenu, je n'en doute pas ; mais en Jésus-Christ ?… » Quant au président,
qui ne comprend pas comment une femme qui a quelque instruction et
quelque usage du monde ose encore parler des dix commandements, et en
général de la religion, il est encore plus plaisant ou plus pitoyable. Il a
voulu raisonner ; il dit, comme tant d'autres, que sans la religion nous
n'aurions pas moins de morale, et cite quelques athées honnêtes gens.
Répondez-lui que, pour en juger, il faudrait trois ou quatre générations et
un peuple entier d'athées ; car, si j'ai eu un père, une mère, des maîtres
chrétiens ou déistes, j'aurai contracté des habitudes de penser et d'agir qui
ne se perdront pas le reste de ma vie, quelque système que j'adopte, et qui
influeront sur mes enfants, sans que je le veuille ou le sache : de sorte que
Diderot, s'il était honnête homme, pouvait le devoir à une religion que, de
bonne foi, il soutenait être fausse. Vous n'aviez pas besoin de m'assurer
que vous ne disiez jamais rien de mes lettres qui pût avoir le plus petit
inconvénient. Les écrirais-je si je n'en étais assurée ? Je suis bien aise que

---

1. François André Danican, dit Philidor (1726-1795), illustre joueur d'échecs, auteur
d'une *Analyse du jeu d'échecs* (1749).

vous soyez si contente de Cécile. Vous me trouvez extrêmement indulgente, et vous ne savez pas pourquoi ; en vérité, ni moi non plus. Il n'y aurait
eu, ce me semble, ni justice ni prudence dans une conduite plus rigoureuse.
Comment se garantir d'une chose qu'on ne connaît et n'imagine point,
qu'on ne peut ni prévoir, ni craindre ? Y a-t-il quelque loi naturelle ou
révélée, humaine ou divine, qui dise : « La première fois que ton amant te
baisera la main, tu n'en seras point émue ? » Fallait-il la menacer

> Des chaudières bouillantes
> Où l'on plonge à jamais les femmes mal-vivantes [1] ?

Fallait-il, en la boudant, en lui montrant de l'éloignement, l'inviter à
dire comme Télémaque :

> Ô Milord ! si maman m'abandonne, il ne me reste plus que vous [2] !

Supposé que quelqu'un fût assez fou pour me dire : « Oui, il le
fallait » ; je dirais que, n'ayant ni indignation, ni éloignement dans le
cœur, cette conduite, qui ne m'aurait paru ni juste ni prudente, n'aurait
pas non plus été possible.

LETTRE XIV

Que direz-vous d'une scène qui nous bouleversa hier, ma fille et moi,
au point que nous n'avons presque pas ouvert la bouche aujourd'hui, ne
voulant pas en parler et ne pouvant parler d'autre chose ? Voilà du moins
ce qui me ferme la bouche, et je crois que c'est aussi ce qui la ferme à
Cécile. Elle a l'air encore tout effrayée. Pour la première fois de sa vie
elle a mal passé la nuit, et je la trouve très pâle.

Hier, Milord et son parent dînant au château, je n'eus l'après-dîner que
mon cousin du régiment de*** ; ma fille le pria de faire une pointe à son
crayon. Il prit pour cela un canif ; le bois du crayon se trouva dur, son
canif fort tranchant. Il se coupa la main fort avant, et le sang coula avec
une telle abondance que j'en fus effrayée. Je courus chercher du taffetas
d'Angleterre, un bandage, de l'eau.

« C'est singulier, dit-il en riant, et ridicule ; j'ai mal au cœur. » Il était
assis. Cécile dit qu'il pâlit extrêmement. Je criai de la porte : « Ma fille,
vous avez de l'eau de Cologne. » Elle en mouilla vite son mouchoir ;
d'une main elle tenait ce mouchoir qui lui cachait le visage de M. de***,
de l'autre elle tâchait d'arrêter le sang avec son tablier. Elle le croyait

---

1. Molière, *L'École des femmes*, III, II.
2. Allusion à un passage du livre VI des *Aventures de Télémaque* (1699) de Fénelon : « Ô
Eucharis, si Mentor me quitte, je n'ai plus que vous. »

presque évanoui, dit-elle, quand elle sentit qu'il la tirait à lui. Penchée comme elle l'était, elle n'aurait pu résister ; mais l'effroi, la surprise lui en ôtèrent la pensée. Elle le crut fou ; elle crut qu'une convulsion lui faisait faire un mouvement involontaire, ou plutôt elle ne crut rien, tant ses idées furent rapides et confuses. Il lui disait : « Chère Cécile ! Charmante Cécile ! » Au moment où il lui donnait avec transport un baiser sur le front, ou plutôt dans ses cheveux par la manière dont elle était tombée sur lui, je rentre. Il se lève, et l'assied à sa place. Son sang coulait toujours. J'appelle Fanchon, je lui montre mon parent, je lui donne ce que je tenais, et sans dire un seul mot j'emmène ma fille. Plus morte que vive, elle me raconta ce que je viens de vous dire. « Mais, maman, disait-elle, comment n'ai-je pas eu la pensée de me jeter de côté, de détourner la tête ? J'avais deux mains ; il n'en avait qu'une. Je n'ai pas fait le moindre effort pour me dégager du bras qui était autour de ma taille et qui me tirait. J'ai toujours continué à tenir mon tablier autour de la main blessée. Qu'importait qu'elle saignât un peu plus ! C'est lui qui doit se faire de moi une idée bien étrange ! N'est-il pas affreux de pouvoir perdre le jugement au moment où l'on en aurait le plus de besoin ? » Je ne répondais rien. Craignant également de graver dans son imagination d'une manière trop fâcheuse une chose qui lui faisait tant de peine, et de la lui faire envisager comme un événement commun, ordinaire et auquel il ne fallait point mettre d'importance, je n'osais parler. Je n'osai même exprimer mon indignation contre M. de***. Je ne disais rien du tout. Je fis dire à ma porte que Cécile était incommodée. Nous passâmes la soirée à lire de l'anglais. Elle entend passablement Robertson. L'histoire de la malheureuse reine Marie l'attacha un peu [1] ; mais de temps en temps elle disait : « Mais, maman, cela n'est-il pas bien étrange ? Était-il donc fou ?

— Quelque chose d'approchant, lui répondais-je ; mais lisez, ma fille, cela vous distrait et moi aussi. »

Le voilà. Il ne s'est pas fait annoncer, de peur sans doute qu'on ne le renvoyât. Je ne sais comment lui parler, comment le regarder. Je continue d'écrire pour me dispenser de l'un et de l'autre. Je vois Cécile lui faire une grande révérence. Il est aussi pâle qu'elle, et ne paraît pas avoir mieux dormi. Je ne puis pas écrire plus longtemps. Il ne faut pas laisser ma fille dans l'embarras.

M. de*** s'est approché de moi quand il m'a vue poser la plume. « Me bannirez-vous de chez vous, madame ? m'a-t-il dit. Je ne sais moi-même si j'ai mérité une aussi cruelle punition. Je suis coupable, il est vrai, de l'oubli de moi-même le plus impardonnable, le plus inconcevable, mais non d'aucun mauvais dessein, d'aucun dessein. Ne savais-je pas que vous alliez rentrer ? J'aime Cécile ; je le dis aujourd'hui comme une excuse, et

---

1. La vie tragique de Marie Stuart est racontée par l'historien écossais William Robertson (1721-1793) dans son *History of Scotland* (1759).

hier, en entrant chez vous, j'aurais cru ne pouvoir jamais le dire sans crime. J'aime Cécile, et je n'ai pu sentir sa main contre mon visage, ma main dans la sienne, sans perdre pour un instant la raison. Dites à présent, madame, me bannissez-vous de chez vous ? Mademoiselle, me bannissez-vous, ou me pardonnez-vous généreusement l'une et l'autre ? Si vous ne me pardonnez pas, je quitte Lausanne dès ce soir. Je dirai qu'un de mes amis me prie de venir tenir sa place au régiment. Il me serait impossible de vivre ici si je ne pouvais venir chez vous, ou d'y venir si j'y étais reçu comme vous devez trouver que je le mérite. » Je ne répondais pas. Cécile m'a demandé la permission de répondre. J'ai dit que je souscrivais d'avance à tout ce qu'elle dirait.

« Je vous pardonne, monsieur, a-t-elle dit, et je prie ma mère de vous pardonner. Au fond, c'est ma faute. J'aurai dû être plus circonspecte, vous donner mon mouchoir et ne le pas tenir, détacher mon tablier après en avoir enveloppé votre main. Je ne savais pas la conséquence de tout cela ; me voici éclairée pour le reste de ma vie. Mais, puisque vous m'avez fait un aveu, je vous en ferai un aussi qui vous sera utile peut-être, et qui vous fera comprendre pourquoi je ne crains pas de continuer à vous voir. J'ai aussi de la préférence pour quelqu'un.

— Quoi ! s'écria-t-il, vous aimez ! »

Cécile ne répondit pas. De ma vie je n'ai été aussi émue. Je le croyais ; mais le savoir ! savoir qu'elle aime assez pour le dire et de cette manière ! pour sentir que c'est un préservatif, que les autres hommes ne sont point à craindre pour elle ! M. de*** , sur qui je jetai les yeux, me fit pitié dans ce moment, et je lui pardonnai tout.

« L'homme que vous aimez, mademoiselle, lui dit-il, d'une voix altérée, sait-il son bonheur ?

— Je me flatte qu'il n'a pas deviné mes sentiments, répondit Cécile avec le son de voix le plus doux et une expression dans l'accent la plus modeste qu'elle ait jamais eue.

— Mais comment cela est-il possible ? dit-il ; car, vous aimant, il doit étudier vos moindres paroles, vos moindres actions ; et alors ne doit-il pas démêler ?...

— Je ne sais pas s'il m'aime, interrompit Cécile, il ne me l'a pas dit, et il me semble que je le verrais par la raison que vous me dites.

— Je voudrais savoir, reprit-il, quel est cet homme assez heureux pour vous plaire, assez aveugle pour l'ignorer.

— Et pourquoi voudriez-vous le savoir ? dit Cécile.

— Il semble, dit-il, que je ne lui voudrais point de mal, et cela, parce que je ne le crois pas aussi amoureux que moi. Je lui parlerais tant de vous, avec tant de passion, qu'il ferait une plus grande attention à vous, qu'il vous en apprécierait mieux, et qu'il mettrait son sort entre vos mains ; car je ne puis croire qu'il soit malheureusement lié comme moi. J'aurais eu au moins le bonheur de vous servir, et je trouverais quelque consolation à penser qu'un autre ne saura pas être heureux autant que je le serais à sa place.

— Vous êtes généreux et aimable, lui dis-je ; je vous pardonne aussi de tout mon cœur. »

Il pleura et moi aussi. Cécile baissait la tête, et reprit son ouvrage.

« L'aviez-vous dit à votre mère ? lui dit-il.

— Non, lui dis-je, elle ne me l'avait pas dit.

— Mais vous savez qui c'est.

— Oui, je le devine.

— Et si vous cessiez de l'aimer, mademoiselle ?

— Ne le souhaitez pas, lui dis-je, vous êtes trop aimable pour qu'en ce cas-là je pusse ne vous pas bannir. »

Il me vint du monde, il se sauva. Je dis à Cécile de rester le dos tourné à la fenêtre, et je fis apporter du café que je la priai de me servir, quoiqu'il ne fût guère l'heure d'en prendre. Tout cela l'occupant et la cachant, elle essuya peu de questions sur sa pâleur et sur son indisposition de la veille. Il n'y eut que notre ami l'Anglais à qui rien n'échappa. « J'ai rencontré votre parent, me dit-il tout bas. Il m'aurait évité s'il l'avait pu. Quel air je lui ai trouvé ! Dix jours de maladie ne l'auraient pas plus changé qu'il n'a changé depuis avant-hier. "Vous me trouvez bien pâle, m'a-t-il dit. Figurez-vous, en me montrant sa main, qu'une piqûre, profonde à la vérité, m'a changé de la sorte." Je lui ai demandé où il s'était fait cette piqûre. Il m'a dit que c'était chez vous avec un canif, en taillant un crayon ; qu'il avait perdu beaucoup de sang et s'était trouvé mal. "Cela est si ridicule, a-t-il ajouté, que j'en rougis." En effet, il a rougi, et n'en a été le moment d'après que plus pâle. J'ai vu qu'il disait vrai, mais qu'il ne disait pas tout. En entrant ici, je vous trouve un air d'émotion et d'attendrissement. Mademoiselle Cécile est pâle et abattue. Permettez-moi de vous demander ce qui s'est passé.

— Parce que vous avez été confident une fois, lui ai-je répondu en souriant, vous voulez toujours l'être ; mais il y a des choses que l'on ne peut dire », — et nous avons parlé d'autre chose.

On a travaillé, goûté, joué au piquet, au whist, aux échecs comme à l'ordinaire. La partie d'échecs a été fort grave. Le Bernois faisait jouer Cécile d'après Philidor que j'avais fait chercher. Milord, que cela n'amusait guère, lui a cédé sa place et demandé à faire un robber [1] au whist. A la fin de la soirée, la voyant travailler, il a dit à Cécile : « Vous m'avez refusé tout l'hiver, mademoiselle, une bourse ou un portefeuille ; il faudra bien pourtant, quand je partirai, que j'emporte un souvenir de vous, et que vous me permettiez de vous en laisser un de moi.

— Point du tout, Milord, répondit-elle ; si nous devons ne nous jamais revoir, nous ferons fort bien de nous oublier.

---

1. Un rob ou un robre, partie liée.

— Vous avez bien de la fermeté, mademoiselle, dit-il, et vous prononcez *ne nous jamais revoir* comme si vous ne disiez rien. »

Je me suis approchée, et j'ai dit :

« Il y a de la fermeté dans son expression ; mais vous, Milord, il y en a eu dans votre pensée, ce qui est bien plus beau.

— Moi, madame ?

— Oui, quand vous avez parlé de départ et de souvenir, vous pensiez bien à une éternelle séparation.

— Cela est clair », a dit Cécile en s'efforçant pour la première fois de sa vie à prendre un air de fierté et de détachement.

Au reste, je crois que, si le détachement n'était que dans l'air, la fierté était dans le cœur. Le ton dont il avait dit *quand je partirai* l'avait blessée. Il fut blessé à son tour. N'est-il pas étrange qu'on ne se soucie d'être aimé que quand on croit ne le pas être ; qu'on sente tant la privation, et si peu la jouissance ; qu'on se joue du bien qu'on a, et qu'on l'estime dès qu'on ne l'a plus ; qu'on blesse sans réflexion, et qu'on s'offense et s'afflige de l'effet de la blessure ; qu'on repousse ce qu'on voudrait ensuite retirer à soi ?

« Quelle journée ! me dit Cécile dès que nous fûmes seules. M'est-il permis, maman, de vous demander ce qui vous en a le plus frappée ?

— Ce sont ces mots : *J'ai aussi de la préférence pour quelqu'un.*

— Je ne me suis donc pas trompée, reprit-elle en m'embrassant ; mais ne craignez rien, maman. Il me semble qu'il n'y a rien à craindre. Je me trouve, comme il dit, de la fermeté, et j'ai une envie si grande de ne pas vous donner de chagrins ! Ce matin vous savez que nous n'avons presque point parlé. Eh bien ! je me suis occupée pendant notre silence de la manière dont il me conviendrait que vous voulussiez vivre pendant quelque temps. Cela sera un peu gênant pour vous, et bien triste pour moi ; mais je sais que vous feriez des choses beaucoup plus difficiles.

— Comment faudrait-il vivre, Cécile ?

— Il me semble qu'il faudrait moins rester chez nous, et que ces trois ou quatre hommes nous trouvassent moins souvent seules. La vie que nous menons est si douce pour moi et si agréable pour eux ; vous êtes si aimable, maman ; on est trop bien, rien ne gêne, on pense et on dit ce qu'on veut. Il vaudra mieux, au risque de s'ennuyer, aller chercher le monde. Vous m'ordonnerez d'apprendre à jouer, il ne sera plus question d'échecs ni de dames. On se désaccoutumera un peu les uns des autres. Si on aime, on pourra bien le montrer, et enfin le dire. Si on n'aime pas, cela se verra plus distinctement, et je ne pourrai plus m'y tromper. »

Je la serrai dans mes bras : « Que vous êtes aimable ! Que vous êtes raisonnable ! m'écriai-je. Que je suis contente et glorieuse de vous ! Oui, ma fille, nous ferons tout ce que vous voudrez. Qu'on ne me reproche jamais ma faiblesse ni mon aveuglement. Seriez-vous ce que vous êtes, si j'avais voulu que ma raison fût votre raison, et qu'au lieu d'avoir une âme à vous, vous n'eussiez que la mienne ? Vous valez mieux que moi. Je vois en vous ce que je croyais presque impossible de réunir, autant de fermeté que de douceur, de discernement que de simplicité, de prudence que de droiture. Puisse cette passion, qui a développé des qualités si rares, ne vous pas faire payer trop cher le bien qu'elle vous a fait ! Puisse-t-elle s'éteindre ou vous rendre heureuse ! » Cécile, qui était très fatiguée, me pria de la déshabiller, de l'aider à se coucher et de souper auprès de son lit. Au milieu de notre souper, elle s'endormit profondément. Il est onze heures, elle n'est pas encore levée. Dès ce soir, je commencerai à exécuter le plan de Cécile, et je vous dirai dans peu de jours comment il nous réussit.

LETTRE XV

Nous vivons comme Cécile l'a demandé, et j'admire qu'on nous fasse accueil dans un monde que nous négligions beaucoup. Nous y sommes une sorte de nouveauté. Cécile, qui a pris de la contenance, assez d'aisance dans les manières, de la prévenance, de l'honnêteté, est assurément une nouveauté très agréable ; et ce qui fait plus que tout cela, c'est que nous rendons à la société quatre hommes qu'on n'est pas fâché d'avoir. Les premières fois que Cécile a joué au whist, le Bernois voulut être son maître comme aux échecs, et l'assiduité qu'il a montrée auprès d'elle a un peu écarté le jeune lord. Les gens ont aussi perdu la pensée qu'il fallût le faire jouer constamment avec Cécile, comme ils l'avaient eue au commencement de l'hiver. Nous avons eu dans un même jour différentes scènes assez singulières, et des moments assez plaisants. Cécile avait dîné chez une parente malade, et j'étais seule à trois heures quand Milord et son parent entrèrent chez moi.

« Il faut à présent venir de bien bonne heure pour avoir l'espérance de vous trouver, dit Milord. Il y a eu, avant ce changement, six semaines bien plus agréables que n'ont été ces derniers huit ou dix jours. Me serait-il permis de vous demander, madame, qui, de vous ou de mademoiselle Cécile, a souhaité qu'on se mît à sortir tous les jours ?

— C'est ma fille, ai-je répondu.

— S'ennuyait-elle ? dit Milord.

— Je ne le crois pas, ai-je dit.

— Mais pourquoi donc, a-t-il repris, quitter une façon de vivre si commode, et si agréable, pour en prendre une pénible et insipide ? Il me semble…

— Il me semble à moi, a interrompu son parent, que mademoiselle Cécile peut en avoir eu trois raisons, c'est-à-dire une raison entre trois, qui chacune, lui feraient honneur.

— Et quelles trois raisons ? a dit le jeune homme.

— D'abord elle peut avoir craint qu'on ne trouvât à redire à la façon de vivre que nous regrettons, et que des femmes, fâchées de ne plus voir ces deux dames parmi elles, et leur enviant les empressements de tous les hommes qu'elles veulent bien souffrir, ne fissent quelque remarque injuste et maligne. Or, une femme, et encore plus une jeune fille, ne peut prévenir avec trop de soin les mauvais propos et la disposition qui les fait tenir.

— Et votre seconde raison ?... voyons, dit Milord, si je la trouverai meilleure que la première.

— Mademoiselle Cécile peut avoir inspiré à quelqu'un de ceux qui venaient ici un sentiment auquel elle n'a pas cru qu'il lui convînt de répondre, et que, par conséquent, elle n'a pas voulu encourager.

— Et la troisième ?

— Il n'est pas impossible qu'elle ne se soit sentie elle-même un commencement de préférence auquel elle n'a pas voulu se livrer.

— Les hommes vous remercieront de la première et de la dernière conjecture, a dit Milord. C'est dommage qu'elles soient si gratuites, et que nous ayons si peu de raisons de croire que nous attirions de l'envie sur ces dames, ou que nous donnions de l'amour.

— Mais, Milord, a dit en souriant son parent, puisque vous voulez qu'on soit si modeste pour vous aussi bien que pour soi, permettez-moi de vous dire qu'il vient deux hommes ici qui sont plus aimables que nous.

— Voici mademoiselle Cécile, a dit Milord : je pense que vous ne seriez pas bien aise que je lui rendisse compte de vos conjectures, quelque honorables que vous les trouviez ?

— Comme vous voudrez », lui a-t-on répondu.

Cécile était entrée. Le plaisir a brillé dans ses yeux. « Voulons-nous faire encore une pauvre partie d'échecs sans que personne s'en mêle ? a dit Milord.

— Je le voudrais, a répondu Cécile, mais cela n'est pas possible. Dans un quart d'heure il faut que j'aille me coiffer et m'habiller pour l'assemblée de Mme de*** (c'était la femme de notre parent, chez qui nous avions été invitées), et j'aime mieux causer un moment que de jouer une demi-partie d'échecs. »

En effet, elle s'est mise à causer avec nous d'un air si tranquille, si réfléchi, si serein, que je ne l'avais jamais trouvée aussi aimable. Les deux Anglais sont restés pendant qu'elle faisait sa toilette. Elle est revenue simplement et agréablement vêtue ; nous l'avons tous un peu admirée, et nous sommes sortis. A la porte de la maison où nous allions, le parent de Milord a dit qu'il ne fallait pas entrer avec nous, et a voulu faire encore une visite.

« Enviera-t-on aussi à ces dames, a dit Milord, le bonheur d'avoir été accompagnées par nous ?

— Non, a dit son parent, mais on pourrait envier le nôtre, et je ne voudrais faire de la peine à personne. »

Nous sommes entrées, ma fille et moi. L'assemblée était nombreuse ; Mme de*** avait mis beaucoup de soin à une parure qui devait avoir l'air négligé. Son mari n'est pas resté longtemps dans le salon ; de sorte qu'il n'y était plus quand on a présenté deux jeunes Français, dont l'un avait l'air fort éveillé, l'autre fort taciturne. Je n'ai fait qu'entrevoir le premier ; il était partout. L'autre est resté immobile à la place que le hasard lui avait d'abord donnée. Nos Anglais sont venus. Ils ont demandé à Mme de*** où était son mari. « Demandez à mademoiselle, a-t-elle répondu d'un ton de plaisanterie en montrant ma fille : il n'a parlé qu'à elle ; et, content d'avoir eu ce bonheur, il s'en est allé aussitôt. » Les Anglais se sont donc approchés de Cécile : elle a dit, sans se déconcerter, que, son cousin s'était plaint d'un grand mal de tête, il avait proposé au général d'A... de faire une partie de piquet dans un cabinet éloigné du bruit. Là-dessus, j'ai laissé Cécile sur sa bonne foi, et suis allée trouver mon cousin, à qui j'ai demandé s'il avait aussi mal à la tête que le prétendait Cécile, ou s'il avait trouvé sa situation dans le salon trop embarrassante. « Seriez-vous assez barbare pour me plaisanter ? a-t-il dit (il faut vous dire en passant que le digne général d'A... est un peu sourd) ; mais n'importe, je vous ferai ma confession. J'avais mal à la tête, ma santé ne s'est pas remise de cette piqûre (il montrait sa main) ; cela ne m'aurait pourtant pas obligé à me retirer, mais j'ai senti que je serais très embarrassé ; et puis, j'ai toujours trouvé qu'un homme avait mauvaise grâce chez lui dans une assemblée nombreuse, et j'ai eu la coquetterie de ne pas vouloir que vous me vissiez promener sottement ma figure de femme en femme, de table en table. Ces sortes d'assemblées étant au contraire le triomphe des maîtresses de maison, j'ai voulu laisser jouir Mme de*** de ses avantages, et ne pas courir le risque de gâter son plaisir en lui donnant de l'humeur. » Je plaisantais de tout ce raffinement, quand l'un des Français est venu mettre sa tête dans le cabinet. Ouvrant tout à fait la porte dès qu'il m'a aperçue :

« Je parierais, madame, a-t-il dit en me saluant, que vous êtes la sœur, la tante, ou la mère d'une jolie personne que je viens de voir là-dedans.

— Laquelle ? ai-je dit.

— Ah ! vous le savez bien, madame », m'a-t-il répondu.

J'ai dit : « Eh bien ! je suis sa mère ; mais à quoi l'avez-vous deviné ?

— Ce n'est pas à ses traits, m'a-t-il dit, c'est à sa contenance et à sa physionomie : mais comment pouvez-vous la laisser en butte aux fureurs vengeresses de la maîtresse du logis ? Je l'ai suppliée de ne pas boire une tasse de thé qu'elle lui donnait, et de dire qu'elle y avait vu tomber une araignée ; mais mademoiselle votre fille a haussé les épaules et a bu. Elle est courageuse, ou bien elle croit à la vertu comme Alexandre ; mais moi, je crois à la jalousie de Mme de***. Certainement elle lui a enlevé son mari ou son amant ; mais je pense que c'est son mari, car la dame a l'air plus vaine que tendre. Je voudrais bien le voir. Je suis sûr qu'il est très aimable et très amoureux. D'ailleurs, j'ai ouï dire ici et dans la ville où son régiment est en garnison qu'il était le plus aimable comme le plus brave cavalier du monde. Mais, madame, ce n'est pas la seule situation intéressante que mademoiselle votre fille donne lieu aux spectateurs de considérer. Elle a auprès d'elle deux Bernois, un Allemand et un lord anglais, qui est le seul à qui elle ne dise pas grand-chose. Il a l'air d'en être consterné. Il n'est guère fin, à mon avis. Il me semble qu'à sa place j'en serais flatté. Cette distinction en vaut bien une autre.

— Vos tableaux me paraissent être d'imagination, lui ai-je dit en souriant ; mais j'étais au fond très peinée. Allons voir tout cela. »

J'ai fermé la porte du cabinet après en être sortie. « Savez-vous bien, monsieur, ai-je dit, que vous avez parlé devant le maître de la maison, celui qui joue ?

— Quoi, lui ! je suis au désespoir. Je ne le croyais pas si jeune » ; et rouvrant aussitôt la porte et me ramenant à la partie du piquet :

« Que faut-il, monsieur, a-t-il dit à mon parent, que fasse un jeune écervelé vis-à-vis d'un galant homme qui a bien voulu faire semblant de ne pas entendre les sottises qui lui sont échappées ?

— Ce que vous faites, monsieur », a dit M. de*** en se levant.

Et, serrant de bonne grâce la main que lui présentait le jeune étranger, il a avancé une chaise, et nous a priés de nous asseoir. Ensuite il a demandé des nouvelles de plusieurs officiers de son régiment et d'autres personnes que le jeune homme avait vues après lui. A mon tour, je l'ai questionné. Il est parent de votre mari ; il vous a vue et votre fille, mais seulement en passant, de sorte que je n'ai pu en tirer grand-chose sur cet intéressant sujet. Il est plus proche parent de l'évêque de B…, que nous avons vu ici encore abbé de Th…, et il a un peu de sa fine et vive physionomie. Je lui ai demandé ce qu'était son frère.

« Officier d'artillerie, m'a-t-il dit, rempli de talents et d'application ; mais aussi il n'est que cela.

— Et vous ? lui ai-je dit.

— Un étourdi, un espiègle, et je ne suis aussi que cela. J'avais cru que cette profession me suffirait jusqu'à vingt ans ; mais, quoique je n'en aie que dix-sept, j'ai envie d'abdiquer tout de suite. Encore serait-ce trop tard d'un jour.

— Et laquelle prendrez-vous à la place ?

— Je m'étais toujours promis, m'a-t-il répondu, d'être un héros en cessant d'être un fou. A vingt ans je veux être un héros. J'ai envie d'employer ces trois ans d'intervalle à me préparer à ce métier, mieux que je n'aurais pu faire si je n'avais quitté l'autre dès à présent.

— Je vous remercie, lui ai-je dit, et suis très contente de vous et de vos réponses. Allons voir ce que fait ma fille. »

Je prie l'apprenti héros de penser que la loyauté, la prudence, la discrétion envers les dames faisaient partie de la profession de ses devanciers les plus célèbres, ceux dont les troubadours de son pays chantaient les amours et les exploits. Je le prie de ne pas dire un mot de ma fille qui ne soit digne du preux chevalier le plus discret. « Je vous le promets, non pas en plaisantant, mais tout de bon, m'a-t-il dit. Je ne saurais me taire trop scrupuleusement après l'extravagance avec laquelle j'ai parlé. » Nous étions alors dans le salon. Ma fille jouait au whist avec des enfants, princes à la vérité, mais qui n'en étaient pas moins les petits ours les plus mal léchés du monde.

— Voyez, m'a dit le Français ; le lord anglais et le beau Bernois ont été placés à l'autre extrémité de la chambre.

— Point de remarques, lui ai-je dit.

— M'est-il donc permis de vous montrer mon frère qui, assis à la même place où nous l'avons laissé, bombarde et canonne encore la même ville ; Gibraltar, par exemple ? Cette table est la forteresse ; ou bien c'est Mäestricht qu'il s'agit de défendre. »

Ce babil n'aurait jamais fini, si je n'eusse prié qu'on me fît jouer. Je finissais ma partie quand mon cousin est rentré dans le salon. Il s'est approché de moi. « Faut-il, m'a-t-il dit, que ce petit étourdi ait vu en un instant ce que je n'ai su voir malgré toute mon application ! Faut-il qu'il soit venu me tirer d'une incertitude dont à présent je connais tout le prix ! » Il s'assit tristement à mes côtés, n'osant s'approcher de ma fille, ne pouvant se résoudre à s'approcher de sa femme ni de Milord.

« Je vous laisse croire, lui dis-je ; vous porteriez vos soupçons sur quelque autre, et ils seraient peut-être encore plus fâcheux ; car cet enfant ne me paraît pas d'une figure ni d'un esprit bien distingués. Demandez-vous pourtant s'il est bien raisonnable d'ajouter tant de foi aux observations qu'a pu faire en un demi-quart d'heure un jeune étourdi.

— Cet étourdi, m'a-t-il répondu, n'a-t-il pas deviné ma femme ? »

Nous nous retirâmes ; je laissai mon cousin plongé dans la tristesse. Les Anglais nous ramenèrent, et Milord me pria si instamment de permettre qu'on portât leur souper chez moi, que je ne pus le refuser. Ils me racontèrent tous les mots piquants, les regards malveillants de notre parente. C'était l'explication de cette tasse de thé que le Français ne voulait pas que ma fille bût. On parla de la partie qu'on lui avait fait faire. A tout cela Cécile ne disait pas un mot ; et me tirant à part :

« Ne nous plaignons pas, maman, me dit-elle, et ne nous moquons pas ; à sa place, j'en ferais peut-être tout autant.

— Non pas, lui dis-je, comme elle par amour-propre. »

Le souper fut gai. Le petit lord me parut fort aise de n'avoir point de Bernois, point de Français, point de concurrents autour de lui. En s'en allant, il me dit que cette fois-ci il adopterait les ménagements de son cousin, et ne dirait mot du souper, de peur de se faire porter envie. Je ne lui aurais pas demandé le secret, mais je ne suis pas fâchée que de lui-même il le garde. Mon cousin me fait tout de bon pitié. Les Français repartent demain. Ils ont fait grande sensation ici ; mais, en admirant l'application et les talents de l'aîné, on regrettait qu'il ne parlât pas un peu plus, qu'il ne fût pas comme un autre ; et, en admirant la vivacité d'esprit et la gentillesse du cadet, on aurait voulu qu'il parlât moins, qu'il fût circonspect et modeste, sans penser qu'il n'y aurait alors plus rien à admirer non plus qu'à critiquer chez aucun des deux. On ne voit point assez que, chez nous autres humains, le revers de la médaille est de son essence aussi bien que le beau côté. Changez quelque chose, vous changez tout. Dans l'équilibre des facultés vous trouverez la médiocrité comme la sagesse. Adieu. Je vous enverrai, par les parents de votre mari, la silhouette de ma fille.

LETTRE XVI

Je vais vite copier une lettre du Bernois que mon cousin vient de m'envoyer.

Ta parente, Cécile de***, est la première femme que j'aie jamais désiré d'appeler mienne. Elle et sa mère sont les premières femmes avec qui j'aie pu croire que je serais heureux de passer ma vie. Dis-moi, mon cher ami, toi qui les connais, si je me suis trompé dans le jugement parfaitement avantageux que j'ai porté d'elles ? Dis-moi encore (car c'est une seconde question), dis, sans te croire obligé de détailler tes motifs, si tu me conseilles de m'attacher à Cécile et de la demander à sa mère ?

Plus bas, mon cousin a écrit :

A ta première question je réponds sans hésiter : *oui*, et cependant je réponds : *non* à la seconde. Si ce qui me fait dire *non* vient à changer, ou si mon opinion à cet égard change, je t'en avertirai tout de suite.

Il a écrit dans l'enveloppe :

Faites-moi la grâce, madame, de me faire savoir si vous et mademoiselle Cécile approuvez ma réponse. Supposé que vous ne l'approuviez pas, je garderai ceci, et ferai la réponse que vous me dicterez.

Cécile est sortie, je l'attends pour répondre.
Elle approuve la réponse. Je lui ai dit :
« Pensez-y bien, ma chère enfant !
— J'y pense bien, m'a-t-elle répondu.
— Ne te fâche pas de ma question, lui ai-je dit : trouves-tu ton Anglais plus aimable ? »
Elle m'a dit que non.

« Le crois-tu plus honnête, plus tendre, plus doux ?

— Non.

— Le trouves-tu d'une plus belle figure ?

— Non.

— Tu vivrais, du moins en été, dans le pays de Vaud. Aimerais-tu mieux vivre dans un pays inconnu ?

— J'aimerais cent fois mieux vivre ici, et j'aimerais mieux vivre à Berne qu'à Londres.

— Te serait-il indifférent d'entrer dans une famille où l'on ne te verrait pas avec plaisir ?

— Non, cela me paraîtrait très fâcheux.

— *S'il est des nœuds secrets, s'il est des sympathies* [1], en est-il ici, ma chère enfant ?

— Non, maman. Je ne l'occupe tout au plus que quand il me voit, et je ne pense pas qu'il me préfère à son cheval, à ses bottes neuves, ni à son fouet anglais. »

Elle souriait tristement, et deux larmes brillaient dans ses yeux.

— Ne vous paraît-il pas possible, ma fille, d'oublier un pareil amant ? lui ai-je dit.

— Cela me paraît possible ; mais je ne sais si cela arrivera.

— Est-il bien sûr que tu te consolasses de rester fille ?

— Cela n'est pas bien sûr, c'est encore une de ces choses dont il me semble qu'on ne peut juger d'avance.

— Et cependant la réponse ?

— La réponse est bonne, maman, et je vous prie d'écrire à mon cousin de l'envoyer.

— Écris toi-même », ai-je dit.

Elle a fait une enveloppe à la lettre et a écrit en dedans : « La réponse est bonne, monsieur, et je vous en remercie. Cécile de***. »

La lettre envoyée, ma fille m'a donné mon ouvrage et a pris le sien.

« Vous m'avez demandé, maman, m'a-t-elle dit, si je me consolerais de ne pas me marier. Il me semble que ce serait selon le genre de vie que je pourrais mener. J'ai pensé déjà plusieurs fois que, si je n'avais rien à faire que d'être une demoiselle au milieu de gens qui auraient des maris, des amants, des femmes, des maîtresses, des enfants, je pourrais trouver cela bien triste, et convoiter quelquefois, comme vous disiez l'autre jour, le mari ou l'amant de mon prochain ; mais, si vous trouviez bon que nous allassions en Hollande ou en Angleterre tenir une boutique ou établir une pension, je crois qu'étant toujours avec vous et occupée, et n'ayant pas le temps d'aller dans le monde ni de lire des romans, je ne convoiterais et ne regretterais rien, et que ma vie pourrait être très douce. Ce qui manquerait à la réalité, je l'aurais en espérance. Je me flatterais de

---

1. Corneille, *Rodogune*, I, v.

devenir assez riche pour acheter une maison entourée d'un champ, d'un verger, d'un jardin, entre Lausanne et Rolle, ou bien entre Vevey et Villeneuve, et d'y passer avec vous le reste de ma vie.

— Cela serait bon, lui ai-je dit, si nous étions sœurs jumelles ; mais, Cécile, je vous remercie : votre projet me plaît et me touche. S'il était encore plus raisonnable, il me toucherait moins.

— On meurt à tout âge, a-t-elle dit, et peut-être aurez-vous l'ennui de me survivre.

— Oui, lui ai-je répondu ; mais il est un âge où l'on ne peut plus vivre, et cet âge viendra dix-neuf ans plus tôt pour moi que pour vous. »

Nos paroles ont fini là, mais non pas nos pensées. Six heures ont sonné, et nous sommes sorties, car nous ne passons plus de soirées à la maison, à moins que nous n'ayons véritablement du monde, c'est-à-dire des femmes aussi bien que des hommes. Jamais je n'étais moins sortie de chez moi que pendant le mois passé, et jamais je ne suis tant sortie que ce mois-ci. La retraite était une affaire de hasard et de penchant ; la dissipation est une tâche assez pénible. Si je n'étais pas la moitié du temps très inquiète dans le monde, je m'y ennuierais mortellement. Les intervalles d'inquiétude sont remplis par l'ennui. Quelquefois je me repose et me remonte en faisant un tour de promenade avec ma fille, ou bien, comme aujourd'hui, en m'asseyant seule vis-à-vis d'une fenêtre ouverte qui donne sur le lac. Je vous remercie, montagnes, neige, soleil, de tout le plaisir que vous me faites. Je vous remercie, auteur de tout ce que je vois, d'avoir voulu que ces choses fussent si agréables à voir. Elles ont un autre but que de me plaire. Des lois auxquelles tient la conservation de l'univers font tomber cette neige, et luire ce soleil. En la fondant, il produira des torrents, des cascades, et il colorera ces cascades comme un arc-en-ciel. Ces choses sont les mêmes là où il n'y a point d'yeux pour les voir ; mais, en même temps qu'elles sont nécessaires, elles sont belles. Leur variété aussi est nécessaire, mais elle n'en est pas moins agréable, et n'en prolonge pas moins mon plaisir. Beautés frappantes et aimables de la nature ! tous les jours mes yeux vous admirent, tous les jours vous vous faites sentir à mon cœur !

LETTRE XVII

Ma chère amie, vous m'avez fait encore plus de plaisir que vous ne croyez, en me disant que la silhouette de Cécile vous plaisait si fort, et que les récits du chevalier de*** vous avaient donné tant d'envie de voir la fille et de revoir la mère. Eh bien ! il ne tient qu'à vous de les voir. Ma fille perd sa gaieté dans la contrainte qu'elle s'impose. Si cela durait plus longtemps, je craindrais qu'elle ne perdît sa fraîcheur, peut-être sa santé. Depuis quelques jours je méditais sur les moyens de prévenir un malheur qu'il m'est affreux de craindre, et qu'il me serait impossible de supporter. On ne me félicitait plus sur sa bonne grâce, on ne me louait plus sur son éducation, sans me donner une envie de pleurer que je ne surmontais pas toujours ; et tout le temps que j'étais seule, je le passais à imaginer un moyen de distraire ma fille, de lui rendre le bonheur, de lui conserver la santé et la vie ; car mes craintes n'avaient point de bornes. Je ne trouvais rien qui me satisfît. Il est de trop bonne heure pour aller à la campagne. Si j'en avais loué une dans cette saison, et que j'y fusse allée, quels propos n'aurais-je pas fait tenir ! Et même plus tard, si je l'avais prise près de Lausanne, outre que cela aurait été bien cher, cela n'aurait pas assez changé la scène ; et plus loin, dans nos montagnes ou dans la vallée du lac de Joux, ma fille, n'étant plus sous les yeux du public, aurait été exposée aux conjectures les plus injustes et les plus affligeantes. Votre lettre est venue : toute incertitude a cessé. J'ai dit mon dessein à ma fille. Elle accepte courageusement. Nous irons donc vous voir, à moins que vous ne nous le défendiez ; mais je suis si persuadée que vous ne nous le défendrez pas, que je vais annoncer notre départ, et louer ma maison à des étrangers qui en cherchent une. Le régiment de*** est dans votre voisinage. Je ne saurais en être fâchée pour mon cousin, parce que lui-même en sera très aise, et j'en suis bien aise à cause du Bernois. Si le jeune lord nous laisse partir sans rien dire ; si du moins, après notre départ, sentant ce qu'il a perdu, il ne court pas sur nos pas, ne m'écrit point, ne demande point à ses parents la permission de leur donner Cécile pour belle-fille, je me flatte que Cécile oubliera un enfant si peu digne de sa tendresse, et qu'elle rendra justice à un homme qui lui est supérieur à tous égards.

SECONDE PARTIE
Caliste
(1787)

AVERTISSEMENT DES ÉDITEURS

Supposé que cette seconde partie soit aussi bien accueillie du public que l'a été la première, nous tâcherons de nous procurer quelques-unes des lettres que les personnes que nous lui avons fait connaître ont dû s'écrire depuis.

LETTRE XVIII

Nous attendons votre réponse dans une jolie maison à trois quarts de lieue de Lausanne, que l'on m'a prêtée. Les étrangers qui demandaient à louer la mienne, et qui l'ont louée, étaient pressés d'y entrer. J'y ai laissé tous mes meubles, de sorte que nous n'avons eu ni fatigue ni embarras. Il serait possible que, la neige ne se fondant pas, ou se fondant tout à coup, nous ne pussions partir aussitôt que nous le voudrions. A présent cela m'est assez égal ; mais, au moment où nous quittâmes Lausanne, j'aurais voulu avoir plus loin à aller, et des objets plus nouveaux à présenter aux yeux et à l'imagination de ma fille. Quelque tendresse qu'on ait pour une mère, il me semblait que se trouver toute seule avec elle au mois de mars pouvait paraître un peu triste. C'eût été la première fois que j'aurais vu Cécile s'ennuyer avec moi, et désirer que notre tête-à-tête fût interrompu. Je vous avoue que, redoutant cette mortification, j'avais fait tout ce que j'avais pu pour me l'épargner. Un portefeuille d'estampes que m'avait prêté M. d'Ey..., *Les Mille et Une Nuits, Giblas,* les *Contes* d'Hamilton et *Zadig* [1]

---

1. *Les Mille et Une Nuits* avaient été traduites par Antoine Galland (1646-1715), et publiées de 1704 à 1717. L'*Histoire de Gil Blas de Santillane* (1715-1735) est un roman picaresque d'Alain René Lesage (1668-1747). Antoine Hamilton (1646-1720), auteur des *Mémoires du comte de Grammont* (1713), est aussi l'auteur de contes qui connurent un grand succès (*Le Bélier, Fleur d'épine, Zénéyde, Les Quatre Facardins*). *Zadig* est le célèbre conte de Voltaire (1747).

avaient pris les devants avec un pianoforte [1] et une provision d'ouvrage. D'autres choses qui n'étaient pas dues à mes soins ont plus fait que mes soins. Milord, son parent, un malheureux chien, un pauvre nègre... mais je veux reprendre toute notre histoire de plus haut.

Après vous avoir écrit, je me disposai à aller dans une maison où je devais trouver tout le beau monde de Lausanne. Je conseillai à Cécile de n'y venir qu'une demi-heure après moi, quand j'aurais offert ma maison et annoncé notre départ ; mais elle me dit qu'elle était intéressée à voir l'impression que je ferais. « Vous la verrez, lui dis-je ; il n'y aura que la première surprise et les premières questions que mon arrangement vous épargnera.

— Non, maman, dit-elle, laissez-moi voir l'impression tout entière ; que j'en aie tout le plaisir ou tout le chagrin. A vos côtés, appuyée contre votre chaise, touchant votre bras ou seulement votre robe, je me sentirai forte de la plus puissante comme de la plus aimable protection. Vous savez bien, maman, combien vous m'aimez, mais non pas combien je vous aime, et que vous ayant, vous, je pourrais supporter de tout perdre et renoncer à tout. Allons, maman, vous êtes trop poltronne, et vous me croyez bien plus faible que je ne suis. »

Est-il besoin, mon amie, de vous dire que j'embrassai Cécile, que je pleurai, que je la serrai contre mon sein ; qu'en marchant dans la rue, je m'appuyai sur son bras avec encore plus de plaisir et de tendresse qu'à l'ordinaire ; qu'en entrant dans la salle, j'eus soin avant tout qu'une chaise fût placée pour elle un peu derrière la mienne ? Ah ! sans doute, vous imaginez, vous voyez tout cela ; mais voyez-vous aussi mon pauvre cousin et son ami l'Anglais venir à nous d'un air inquiet, cherchant dans nos yeux l'explication de je ne sais quoi qu'ils y voient de nouveau et d'étrange ? Mon cousin surtout me regardait, regardait Cécile, semblait désirer et craindre à la fois que je ne parlasse ; et l'autre, qui voyait cette agitation, partageait son intérêt entre lui et nous, et tantôt passait machinalement le bras autour de M.***, tantôt mettait la main sur son épaule, comme pour lui dire : « Je deviens véritablement votre ami ; si on vous apprend quelque chose de fâcheux, vous trouverez un ami dans un étranger chez qui vous n'avez vu jusqu'ici que de la sympathie, un certain rapport de caractère ou de circonstance. » Moi qui n'avais songé tout le jour à votre lettre et à ma réponse que relativement à ma fille, qui n'avais songé qu'à elle et à ses impressions, je fus si touchée de ce que je voyais de la passion de l'un de ces hommes, de la tendre compassion de l'autre, du sentiment et de l'habitude qui s'étaient établis entre eux et nous, et de l'espèce d'adieu qu'il fallait leur dire, que je me mis à pleurer. Jugez si cela les rassura, et si ma fille fut surprise !

Notre silence n'était plus supportable : l'inquiétude augmentait, mon parent pâlissait, Cécile pressait mon bras et me disait tout bas :

---

1. Espèce de clavecin, ancêtre du piano moderne.

« Mais, maman, qu'est-ce donc ? qu'avez-vous ?

— Je suis folle, leur dis-je enfin. De quoi s'agit-il ? d'un voyage qui ne nous mène pas hors du monde, pas même au bout du monde. Le Languedoc n'est pas bien loin. Vous, monsieur, vous voyagez, je puis espérer de vous revoir ; et vous, mon cousin, vous allez du même côté que moi. Nous avons envie d'aller voir une parente fort aimable et qui m'est fort chère. Cette parente a aussi envie de nous voir ; rien ne s'y oppose, et je suis résolue à partir bientôt. Allez, mon cousin, dire à M. et Mme*** que ma maison est à louer pour six mois. »

Il le leur dit. L'Anglais s'assit. Les tuteurs de ma fille et leurs femmes accoururent. Milord, nous voyant occupées à leur répondre, s'appuya contre la cheminée, regardant de loin. Le Bernois vint nous témoigner sa joie de ce qu'il passerait l'été plus à portée de nous qu'il ne l'aurait cru. Ensuite vinrent les étrangers, qui louèrent sur-le-champ ma maison. Il ne restait que l'embarras de nous loger en attendant votre réponse. On nous offrit un logement dans une maison de campagne que des Anglais ont quittée en automne. J'acceptai avec empressement, de sorte que tout fut arrangé, et devint public en un quart d'heure ; mais la surprise, les questions, les exclamations durèrent toute la soirée. Les plus intéressés à notre départ en parlèrent le moins. Milord se contenta de s'informer de la distance de l'habitation qu'on nous donnait, et nous assura que de long-temps la route de Lyon ne serait praticable pour des femmes ; il demanda ensuite à son parent si, au lieu de commencer par Berne, Bâle, Strasbourg, Nancy, Metz, Paris, ils ne pourraient pas commencer leur tour de France par Lyon, Marseille et Toulouse.

« Vous serait-il plus aisé alors, lui dit-on, de quitter Toulouse qu'à présent de n'y pas aller ?

— Je ne sais, dit Milord plus faiblement et d'un air moins signifiant que je n'aurais voulu.

— Après avoir été six semaines à Paris, lui dit son parent, vous irez où vous voudrez. »

Cécile me pria de l'associer à mon jeu, disant qu'elle avait son voyage dans la tête, de manière qu'elle ne jouerait rien qui vaille. Après le jeu, je demandai à M. d'Ey... qu'il nous prêtât des estampes et des livres ; mon parent m'offrit son pianoforte ; je l'acceptai : sa femme n'est pas musicienne. Le Bernois, qui a ici son carrosse et ses chevaux, me pria de les prendre pour me conduire à la campagne, et de permettre que son cocher pût savoir tous les matins d'une laitière qui vient en ville si je voulais me servir de lui pendant la journée.

« Ce sera moi, dit Milord, qui, toutes les fois qu'il fera un temps passable, irai demander les ordres de ces dames et qui vous les porterai.

— Cela est juste, dit son parent ; de pauvres étrangers n'ont à offrir que leur zèle. »

Le Bernois nous dit ensuite qu'il n'aurait pas longtemps le plaisir de nous être bon à quelque chose, puisqu'il allait à Berne pour tâcher de se faire élire du Deux-Cents, ayant obtenu pour cela une prolongation de semestre [1]. Comme son père est mort et qu'il n'a point d'oncle qui soit conseiller, on lui demanda s'il épouserait une fille à baretly. Le Deux-Cents est le conseil souverain de Berne ; le baretly est le chapeau avec lequel on va en Deux-Cents, et on appelle fille à baretly celle dont le père peut donner une place dans le Deux-Cents à l'homme qu'elle épouse. « Non assurément, dit-il ; je n'ai pas un cœur à donner en échange d'un baretly, et je ne voudrais pas recevoir sans donner. » On parla des élections. On s'étonna que M. de *** eût déjà vingt-neuf ans. Il en a trente. Le baillif parla du sénat et des sénateurs de Berne.

« Sénat, sénateurs, mon oncle ! s'écria le neveu. Mais pourquoi non ? On m'a dit que les bourgmestres d'Amsterdam étaient quelquefois appelés consuls par leurs clients et par eux-mêmes. Et vous, mon cher oncle, ne seriez-vous point le proconsul d'Asie, résidant à Athènes ?

— Mon neveu, mon neveu, dit la baillive, qui a de l'esprit, avec ces plaisanteries-là il vous faudrait épouser deux ou trois baretly pour être sûr de votre élection. »

Mme de***, la femme de mon parent, voyant tout le monde autour de nous, s'approcha à la fin, et s'adressant à son mari : « Et vous, monsieur, puisque ces dames partent, vous pourrez enfin vous résoudre à partir ; vous cesserez d'avoir tous les jours des lettres à écrire, des prétextes à imaginer. Il y a huit jours, a-t-elle ajouté en affectant de rire, que ses malles sont attachées sur sa voiture. » Tout le monde se taisait.

« Mais tout de bon, monsieur, reprit-elle, quand partirez-vous ?

— Demain, madame, ou ce soir », dit-il en pâlissant.

Et, courant vers la porte, après avoir serré la main à son ami, il sortit de la salle et de la maison. En effet, il partit cette nuit même, éclairé par la lune et la neige.

Le lendemain, qui était lundi, et le surlendemain, je fus en affaire, et ne voulus voir personne ; et mercredi dernier, à midi, nous étions en carrosse, Cécile, Fanchon, Philax et moi, sur le chemin de Renens. On avait bien donné l'ordre d'ouvrir notre appartement, de faire du feu dans la salle à manger, et nous comptions faire notre dîner d'une soupe au lait et de quelques œufs ; mais, en approchant de la maison, nous fûmes surprises de voir du mouvement, un air de vie, toutes les fenêtres ouvertes, de grands feux dans toutes les chambres qui le disputaient au soleil pour sécher et réchauffer l'air et les meubles. Arrivées à la porte, Milord et son parent nous aidèrent à descendre de carrosse, et portèrent dans la maison les boîtes et les paquets. La table était mise, le pianoforte accordé, un air favori ouvert sur le pupitre ; un coussin pour le chien auprès du feu, des fleurs dans des vases sur la cheminée : rien ne pouvait

1. Congé de six mois.

être plus galant ni mieux entendu. On nous servit le meilleur dîner ; nous bûmes du punch ; on nous laissa des provisions, un pâté, des citrons, du rhum, et on nous supplia de permettre qu'on vînt une fois ou deux chaque semaine dîner avec nous. « Quant à prendre le thé, madame, dit Milord, je n'en demande pas la permission, vous ne refuseriez cela à personne. » A cinq heures, on leur amena des chevaux ; ils les laissèrent à leurs domestiques, et comme le temps était beau, quoique très froid, nous les reconduisîmes jusqu'au grand chemin. Au moment où ils allaient nous quitter, voilà un beau chien danois qui vient à nous rasant de son museau la terre couverte de neige ; c'était un dernier effort, un monceau de neige l'arrête ; il cherche d'un air inquiet, chancelle, et vient tomber aux pieds de Cécile. Elle se baisse. Milord s'écrie et veut la retenir ; mais Cécile, lui soutenant que ce n'est pas un chien enragé, mais un chien qui a perdu son maître, un pauvre chien à moitié mort de fatigue, de faim et de froid, s'obstine à le caresser. Les laquais sont envoyés à la maison pour chercher du lait, du pain, tout ce qu'on pourra trouver. On apporte ; le chien boit et mange, et lèche les mains de sa bienfaitrice. Cécile pleurait de plaisir et de pitié. Attentive, en le ramenant avec elle, à mesurer ses pas sur ceux de l'animal fatigué, à peine regarde-t-elle son amant qui s'éloigne ; toute la soirée fut employée à réchauffer, à consoler cet hôte nouveau, à lui chercher un nom, à faire des conjectures sur ses malheurs, à prévenir le chagrin et la jalousie de Philax. En se couchant, ma fille lui fit un lit de tous les habits qu'elle ôtait, et cet infortuné est devenu le plus heureux chien de la terre. Au lieu de raisonner, au lieu de moraliser, donnez à aimer à quelqu'un qui aime ; si aimer fait son danger, aimer sera sa sauvegarde ; si aimer fait son malheur, aimer sera sa consolation ; pour qui sait aimer, c'est la seule occupation, la seule distraction, le seul plaisir de la vie.

Voilà le mercredi passé ; nous voilà établies dans notre retraite, et Cécile n'a pas l'air de pouvoir s'y ennuyer ; elle n'a pas eu recours encore à la moitié de ses ressources : les livres, l'ouvrage, les estampes sont restés dans un tiroir.

Le jeudi vient ; les fleurs, le chien, le piano, suffisent à sa matinée. L'après-dîner, elle va voir le fermier qui occupe une partie de la maison ; elle caresse ses enfants, cause avec sa femme ; elle voit porter du lait hors de la cuisine, et elle apprend que c'est à un malade qu'on le porte, à un nègre mourant de consomption, que des Anglais, dont il était le domestique, ont laissé dans cette maison. Ils l'ont beaucoup recommandé au fermier et à la fermière, et ont laissé à un banquier de Lausanne l'ordre de leur payer toutes les semaines, tant qu'il sera en vie, une pension plus que suffisante pour les mettre en état de le bien soigner. Cécile vint me trouver avec cette information, et me supplia d'aller avec elle auprès du nègre, de lui parler anglais, de savoir de lui si nous ne pouvions rien lui donner qui lui fût agréable. « On m'a dit, maman, qu'il ne savait pas le français ; qui sait, dit-elle, si ces gens, malgré toute leur bonne volonté, devinent ses besoins ? » Nous y allâmes. Cécile lui dit les premiers mots d'anglais qu'elle eût jamais prononcés : ce que l'amour avait fait acquérir, l'humanité en fit usage. Il parut les entendre avec quelque plaisir. Il ne souffrait pas, mais il avait à peine quelque reste de vie. Doux, patient, tranquille, il ne paraissait pas qu'il souhaitât ou regrettât rien : il était jeune cependant. Cécile et Fanchon ne l'ont presque pas quitté. Nous lui donnions tantôt un peu de vin, tantôt un peu de soupe. J'étais assise auprès de lui avec ma fille, dimanche matin, quand il expira. Nous restâmes longtemps sans changer de place.

« C'est donc ainsi qu'on finit, maman, dit Cécile, et que ce qui sent, et parle, et se remue, cesse de sentir, d'entendre, de pouvoir se remuer ? Quel étrange sort ! Naître en Guinée, être vendu par ses parents, cultiver du sucre à la Jamaïque, servir des Anglais à Londres, mourir près de Lausanne ! Nous avons répandu quelque douceur sur ses derniers jours. Je ne suis, maman, ni riche ni habile, je ne ferai jamais beaucoup de bien ; mais puissé-je faire un peu de bien partout où le sort me conduira, assez seulement pour que moi et les autres puissions croire que c'est un bien plutôt qu'un mal que j'y sois venue ! Ce pauvre nègre ! mais pourquoi dire : "Ce pauvre nègre" ? Mourir dans son pays ou ailleurs, avoir vécu longtemps ou peu de temps, avoir eu un peu plus ou un peu moins de peine ou de plaisir, il vient un moment où cela est bien égal : le roi de France sera un jour comme ce nègre.

— Et moi aussi, interrompis-je, et toi… et Milord.

— Oui, dit-elle, c'est vrai ; mais sortons à présent d'ici. Je vois Fanchon qui revient de l'église, je le lui dirai. »

Elle alla à la rencontre de Fanchon, et l'embrassa, et pleura, et revint caresser ses chiens en pleurant. On enterre aujourd'hui le nègre. Nous avons vu dans cette occasion la mort toute seule, sans rien de plus : rien d'effrayant, rien de solennel, rien de pathétique. Point de parents, point de deuil, point de regrets feints ou sincères : aussi ma fille n'a-t-elle reçu aucune impression lugubre. Elle est retournée auprès du corps deux ou trois fois tous les jours ; elle a obtenu qu'on le laissât couvert et dans son lit sans le toucher, et que l'on continuât à chauffer la chambre. Elle y a lu et travaillé, et il m'a fallu être aussi raisonnable qu'elle. Ah ! que je suis contente de voir qu'elle n'a pas cette sensibilité qui fait qu'on fuit les morts, les mourants, les malheureux ! Au reste, je ne lui vois pas non plus l'activité qui les cherche, et j'avoue que j'en suis bien aise aussi. Je ne l'aimerais que chez une Madeleine pénitente : les Madeleines pécheresses elles-mêmes ne devraient faire du bien qu'à petit bruit ; autrement, elles ont l'air d'acheter du monde comme de Dieu, non des pardons, mais des indulgences… Je me tais ! je me tais ! et j'en ai déjà trop dit. Qu'importe aux pauvres qu'on soulage l'air qu'on a en les soulageant ? Si quelqu'une des femmes dont je parle devait lire ceci, je dirais : « Ne faites aucune attention à mes imprudentes paroles, ou donnez-leur une attention entière ; continuez à faire du bien, ne vous privez pas des bénédictions des malheureux, et n'attirez pas sur moi leurs malédictions, ni la condamnation de celui qui vous a dit que la charité couvre une multitude de péchés. Je vous ai exhortées à faire l'aumône en secret : c'est l'aumône secrète qui est la plus agréable à Dieu, et la plus satisfaisante pour notre cœur, parce que le motif en est plus simple, plus pur, plus doux, moins mêlé de cet amour-propre qui tourmente la vie ; mais ici l'action est plus importante que le motif, et peut-être que la bonne action rendra les motifs meilleurs, parce que la vue du pauvre souffrant et affligé, la vue du pauvre soulagé et reconnaissant pourra attendrir votre cœur et le changer. »

LETTRE XIX

Monsieur,

Vous paraissiez si triste hier, que je ne puis m'empêcher de vous demander quel sujet de chagrin vous avez. Vous refuserez peut-être de le dire, mais vous ne pourrez pas me savoir mauvais gré de l'avoir demandé : je n'ai depuis hier que votre image dans l'esprit. Milord vient nous voir presque tous les jours. Il est vrai qu'il ne reste d'ordinaire qu'un moment. Vous paraît-il qu'on y fasse attention à Lausanne, et qu'on puisse me blâmer de le recevoir ? Vous le connaissez autant qu'un jeune homme est connaissable ; vous connaissez ses parents, et leur façon de penser. Je ne doute pas que vous n'ayez lu dans le cœur de Cécile ; dites-moi comment je dois me conduire. Je suis, Monsieur, votre très humble et très obéissante servante.

LETTRE XX

Madame,

Il est vrai que je suis fort triste. Je suis si éloigné de vous savoir mauvais gré de votre question, que j'avais déjà résolu de vous faire mon histoire ; mais je l'écrirai : ce sera une sorte d'occupation et de distraction, et la seule dont je sois susceptible. Tout ce que je puis vous dire, Madame, touchant Milord, c'est que je ne lui connais aucun vice. Je ne sais s'il aime Mlle Cécile autant qu'elle le mérite ; mais je suis presque sûr qu'il ne regarde aucune autre femme avec intérêt, et qu'il n'a aucune liaison d'une autre espèce. Il y a deux mois que j'écrivis à son père qu'il paraissait s'attacher à une fille sans fortune, mais dont la naissance, l'éducation, le caractère et la figure ne laissaient rien à désirer, et je lui demandais s'il voulait que, sous quelque prétexte, je fisse quitter Lausanne à son fils ; car chercher à l'éloigner de vous, Madame, et de votre fille, c'eût été lui dire : « Il y a quelque chose de mieux que la beauté, la bonté, les grâces et l'esprit. » J'avais plus de raisons qu'un autre de ne me pas charger de cet odieux et absurde soin. Le père et la mère m'ont écrit tous deux que, pourvu que leur fils aimât et fût aimé, qu'il épousât par amour, non par honneur, après que l'amour serait passé, ils seraient très contents, et que de la façon dont je parlais de celle à laquelle il s'attachait, et de sa mère, il n'y avait rien de pareil à craindre. Ils avaient bien raison, sans doute ; cependant j'ai peint au jeune homme la honte, le désespoir qu'on sentirait en se voyant obligé à acquitter de sang-froid un engagement qu'on aurait pris dans un moment d'ivresse totale ; car de manquer à un pareil engagement, je n'ai pas voulu supposer que cela fût possible.

Je ne crois pas, Madame, qu'on trouve rien d'étrange à ses visites ; il les avait annoncées avant votre départ devant tout le monde. On le voit assidu à ses leçons, et presque tous les soirs en compagnie de femmes. J'ai reçu de Lyon des nouvelles de votre parent : il ne lui était rien arrivé de fâcheux, quoiqu'il fût allé nuit et jour, et que les chemins soient couverts de neige comme ils ne l'ont jamais été dans cette saison. Il n'est pas heureux.

Je me mettrai à écrire dès ce soir peut-être. J'ai l'honneur d'être, Madame, etc., etc.,

WILLIAM***.

LETTRE XXI

Mon histoire est romanesque, Madame, autant que triste, et vous allez être désagréablement surprise en voyant des circonstances à peine vraisemblables ne produire qu'un homme ordinaire.

Un frère que j'avais et moi naquîmes presque en même temps, et notre naissance donna la mort à ma mère. L'extrême affliction de mon père, et le trouble qui régna pendant quelques instants dans toute notre maison fit confondre les deux enfants qui venaient de naître. On n'a jamais su lequel de nous deux était l'aîné. Une de nos parentes a toujours cru que c'était mon frère, mais sans en être sûre, et son témoignage, n'étant appuyé ni contredit par personne, a produit une sorte de présomption, et rien de plus ; car l'opinion qu'on avait conçue s'évanouissait toutes les fois qu'on en voulait examiner le fondement. Elle fit une légère impression sur moi, mais n'en fit jamais aucune sur mon frère. Il se promit de n'avoir rien qu'en commun avec moi, de ne se point marier si je me mariais. Je me fis et à lui la même promesse ; de sorte que n'ayant qu'une famille entre nous deux, ne pouvant avoir que les mêmes héritiers, jamais la loi n'aurait eu à décider sur nos droits ou nos prétentions.

Si le sort avait mis entre nous toute l'égalité possible, il n'avait fait en cela qu'imiter la nature ; l'éducation vint encore augmenter et affermir ces rapports. Nous nous ressemblions pour la figure et pour l'humeur, nos goûts étaient les mêmes, nos occupations nous étaient communes ainsi que nos jeux ; l'un ne faisait rien sans l'autre, et l'amitié entre nous était plutôt de notre nature que de notre choix, de sorte qu'à peine nous nous en apercevions ; c'étaient les autres qui en parlaient, et nous ne la reconnûmes bien que quand il fut question de nous séparer. Mon frère fut destiné à avoir une place dans le Parlement, et moi à servir dans l'armée : on voulut l'envoyer à Oxford, et me mettre en pension chez un ingénieur ; mais, le moment de la séparation venu, notre tristesse et nos prières obtinrent que je le suivrais à l'université, et j'y partageai toutes ses études comme lui toutes les miennes. J'appris avec lui le droit et l'histoire, et il apprit avec moi les mathématiques et le génie [1] ; nous aimions tous deux la littérature et les beaux-arts. Ce fut alors que nous appréciâmes avec enthousiasme le sentiment qui nous liait ; et, si cet enthousiasme ne rendit pas notre amitié plus forte ni plus tendre, il la rendit plus productive d'actions, de sentiments, de pensées ; de sorte qu'en étant plus occupés, nous en jouissions davantage. Castor et Pollux, Oreste et Pilade Achille et Patrocle, Nisus et Euryale, David et Jonathan [2] furent nos héros. Nous nous persuadâmes qu'on ne pouvait être lâche ni vicieux ayant un ami, car la faute d'un ami rejaillirait sur l'autre ; il aurait à rougir, il souffrirait ; et puis quel motif pourrait nous entraîner à une mauvaise action ? Sûrs l'un de l'autre, quelles richesses, quelle ambition, quelle maîtresse pourraient nous tenter assez pour nous faire devenir coupables ? Dans l'histoire, dans la fable, partout nous cherchions l'amitié, et elle nous paraissait la vertu et le bonheur.

Trois ans s'étaient écoulés ; la guerre avait commencé en Amérique : on y envoya le régiment dont je portais depuis longtemps l'uniforme. Mon frère vint me l'apprendre, et, parlant du départ et du voyage, je fus surpris de lui entendre dire *nous* au lieu de *toi* ; je le regardai. « Avais-tu cru que je te laisserais partir seul ? » me dit-il. Et voyant que je voulais parler : « Ne m'objecte rien, s'écria-t-il, ce serait le premier chagrin que tu m'aurais fait, épargne-le-moi. » Nous allâmes passer quelques jours

---

1. L'art des fortifications et de la défense des places fortes.
2. Les modèles légendaires d'amitié parfaite, dans la mythologie, *L'Iliade* et la Bible.

chez mon père, qui, de concert avec tous nos parents, pressa mon frère de quitter son bizarre projet. Il fut inébranlable, et nous partîmes. La première campagne n'eut rien que d'agréable et d'honorable pour nous. Un sous-lieutenant de la compagnie où je servais ayant été tué, mon frère demanda et obtint sa place. Habillés de même, de même taille, ayant presque les mêmes cheveux et les mêmes traits, on nous confondait sans cesse, quoiqu'on nous vît toujours à côté l'un de l'autre. Pendant l'hiver, nous trouvâmes le moyen de continuer nos études, de lever des plans, de dessiner des cartes, de jouer de la harpe, du luth et du violon, tandis que nos camarades perdaient leur temps au jeu et avec des filles. Je ne les condamne pas. Qui est-ce qui peut ne rien faire et n'être avec personne ?

Au commencement de la seconde campagne [1]... Mais à quoi bon vous détailler ce qui amena pour moi le plus affreux des malheurs ? Il fut blessé à mes côtés : « Pauvre William, dit-il, pendant que nous l'emportions, que deviendrez-vous ? » Trois jours je vécus entre la crainte et l'espérance ; trois jours je fus témoin des douleurs les plus vives et les plus patiemment souffertes. Enfin le soir du troisième jour, voyant son état empirer de moment en moment :

« Fais un miracle, ô Dieu, rends-le-moi ! m'écriai-je.

— Daigne toi-même le consoler », dit mon frère d'une voix presque éteinte.

Il me serre faiblement la main et expire.

Je ne me souviens pas distinctement de ce qui se passa dans le temps qui suivit sa mort. Je me retrouvai en Angleterre ; on me mena à Bristol et à Bath. J'étais une ombre errante, et j'attirais des regards de surprise et de compassion sur cette pauvre, inutile moitié d'existence qui me restait. Un jour, j'étais assis sur l'un des bancs de la promenade, tantôt ouvrant un livre que j'avais apporté, tantôt le reposant à côté de moi. Une femme que je me souvins d'avoir déjà vue, vint s'asseoir à l'autre extrémité du même banc ; nous restâmes longtemps sans rien dire, je la remarquai à peine ; je tournai enfin les yeux de son côté, et je répondis à quelques questions qu'elle m'adressa d'une voix douce et discrète. Je crus ne la ramener chez elle, quelques moments après, que par reconnaissance et politesse ; mais le lendemain et les jours suivants je cherchai à la revoir, et sa douce conversation, ses attentions caressantes me la firent bientôt préférer à mes tristes rêveries, qui étaient pourtant mon seul plaisir. Caliste (c'est le nom qui lui était resté du rôle qu'elle avait joué avec le plus grand applaudissement la première et unique fois qu'elle avait paru sur le théâtre), Caliste était d'une extraction honnête, et tenait à des gens riches ; mais une mère dépravée et tombée dans la misère, voulant tirer parti de sa figure, de ses talents, et du plus beau son de voix qui ait jamais frappé une oreille sensible, l'avait vouée de bonne heure au métier de

---

1. La seconde campagne de la guerre de l'Indépendance, commencée en 1777.

comédienne, et on la fit débuter par le rôle de Caliste, dans *The Fair Penitent*[1]. Au sortir de la comédie, un homme considérable l'alla demander à sa mère, l'acheta pour ainsi dire, et dès le lendemain partit avec elle pour le continent. Elle fut mise à Paris, malgré sa religion, dans une abbaye distinguée sous le seul nom de Caliste, fille de condition, mais dont on cachait le nom de famille par des raisons importantes.

Elle fut adorée des religieuses et de ses compagnes, et le ton qu'elle aurait pu contracter avec sa mère la décelait si peu, qu'on la crut fille du feu duc de Cumberland, et cousine par conséquent de notre roi ; et, quand on lui en parlait, la rougeur que lui donnait le sentiment de son véritable état fortifiait le soupçon, au lieu de le détruire. Elle fit bientôt tous les ouvrages de femme avec une adresse étonnante. Elle commença à dessiner et à peindre ; elle dansait déjà assez bien pour que sa mère eût pensé à en faire une danseuse ; elle se perfectionna dans cet art si séduisant ; elle prit aussi des leçons de chant et de clavecin. J'ai toujours trouvé qu'elle jouait et chantait comme on parle ou comme on devrait parler, et comme elle parlait elle-même : je veux dire qu'elle jouait et chantait, tantôt de génie[2], tantôt de souvenir, tout ce qu'on lui demandait, tout ce qu'on lui présentait, se laissant interrompre et recommençant mille fois, se livrant rarement à ses propres impressions, et prenant surtout plaisir à faire briller le talent des autres. Jamais il ne fut plus aimable musicienne, jamais talent ne para tant la personne ; mais ce degré de perfection et de facilité, ce ne fut pas à Paris qu'elle l'acquit, ce fut en Italie, où son amant passa deux ans avec elle, uniquement occupé d'elle, de son instruction et de son plaisir. Après quatre ans de voyages, il la ramena en Angleterre, et demeurant avec elle, tantôt chez lui à la campagne, tantôt à Londres chez le général D..., son oncle, il eut encore quatre ans de vie et de bonheur ; mais le bonheur et l'amour ne fléchissent pas la mort : une inflammation de poitrine l'emporta. « Je ne lui laisse rien, dit-il à son oncle un moment avant de mourir, parce que je n'ai plus rien ; mais vous vivez, vous êtes riche, et ce qu'elle tiendra de vous lui sera plus honorable que ce qu'elle tiendrait de moi : à cet égard, je ne regrette rien, et je meurs tranquille. »

L'oncle, au bout de quelques mois, lui donna, avec une rente de quatre cents pièces, cette maison à Bath, où je la voyais. Il y venait passer quelques semaines toutes les années, et, quand il avait la goutte, il la faisait venir chez lui. Elle vous ressemble, Madame ou elle vous ressemblait, je ne sais lequel des deux il faut dire. Dans ses pensées, dans ses jugements, dans ses manières, elle avait comme vous je ne sais quoi qui négligeait les petites considérations pour aller droit aux grands intérêts, à ce qui caractérise les gens et les choses. Son âme et ses discours, son ton

---

1. *The Fair Penitent* (1703), pièce de Nicholas Rowe (1674-1718).
2. En improvisant.

et sa pensée étaient toujours d'accord : ce qui n'était qu'ingénieux ne l'intéressait point, la prudence seule ne la détermina jamais, et elle disait ne savoir pas bien ce que c'était que la raison ; mais elle devenait ingénieuse pour obliger, prudente pour épargner du chagrin aux autres, et elle paraissait la raison même quand il fallait amortir des impressions fâcheuses et ramener le calme dans un cœur tourmenté ou dans un esprit qui s'égarait. Vous êtes souvent gaie et quelquefois impétueuse ; elle n'était jamais ni l'un ni l'autre. Dépendante, quoique adorée, dédaignée par les uns tandis qu'elle était servie à genoux par d'autres, elle avait contracté je ne sais quelle réserve triste qui tenait tout ensemble de la fierté et de l'effroi ; et, si elle eût été moins aimante, elle eût pu paraître sauvage et farouche. Un jour, la voyant s'éloigner de gens qui l'avaient abordée avec empressement, et la considéraient avec admiration, je lui en demandai la raison. « Rapprochons-nous d'eux, me dit-elle ; ils ont demandé qui je suis, vous verrez de quel air ils me regarderont ! » Nous fîmes l'essai : elle n'avait deviné que trop juste, une larme accompagna le sourire et le regard par lequel elle me le fit remarquer.

« Que vous importe ? lui dis-je.

— Un jour, peut-être, cela m'importera », me dit-elle en rougissant.

Je ne l'entendis que longtemps après. Je me souviens qu'une autre fois, invitée chez une femme chez qui je devais aller, elle refusa.

« Mais pourquoi ? lui dis-je, cette femme et tous ceux que vous verrez chez elle ont de l'esprit et vous admirent.

— Ah ! dit-elle, ce ne sont pas les dédains marqués que je crains le plus, j'ai trop dans mon cœur et dans ceux qui me dédaignent de quoi me mettre à leur niveau ; c'est la complaisance, le soin de ne pas parler d'une comédienne, d'une fille entretenue, de milord, de son oncle. Quand je vois la bonté et le mérite souffrir pour moi, et obligés de se contraindre ou de s'étourdir, je souffre moi-même. Du vivant de milord, la reconnaissance me rendait plus sociable ; je tâchais de gagner les cœurs pour qu'on n'affligeât pas le sien. Si ses domestiques ne m'eussent pas respectée, si ses parents ou ses amis m'avaient repoussée, ou que je les eusse fuis, il se serait brouillé avec tout le monde. Les gens qui venaient chez lui s'étaient si bien accoutumés à moi, que souvent, sans y penser, ils disaient devant moi les choses les plus offensantes. Mille fois j'ai fait signe à milord en souriant de les laisser dire ; tantôt j'étais bien aise qu'on oubliât ce que j'étais, tantôt flattée qu'on me regardât comme une exception parmi celles de ma sorte, et en effet ce qu'on disait de leur effronterie, de leur manège, de leur avidité ne me regardait assurément pas.

— Pourquoi ne vous a-t-il pas épousée ? lui demandai-je.

— Il ne m'en a parlé qu'une seule fois, me répondit-elle ; alors il me dit : "Le mariage entre nous ne serait qu'une vaine cérémonie qui n'ajouterait rien à mon respect pour vous, ni à l'inviolable attachement que je vous ai voué ; cependant, si j'avais un trône à vous donner ou seulement une fortune passable, je n'hésiterais pas ; mais je suis presque ruiné, vous êtes beaucoup plus jeune que moi : que servirait de vous laisser une veuve titrée sans bien ? Ou je connais mal le public, ou celle qui n'a rien gagné à être ma compagne que le plaisir de rendre l'homme qui l'adorait le plus heureux des mortels, en sera plus respectée que celle à qui on laisserait un nom et un titre [a]." »

Vous êtes étonnée peut-être, Madame, de l'exactitude de ma mémoire, ou peut-être me soupçonnerez-vous de suppléer et d'embellir. Ah ! quand j'aurai achevé de vous faire connaître celle de qui je rapporte les paroles, vous ne le croirez pas, et vous ne serez pas surprise non plus que je me souvienne si bien des premières conversations que nous avons eues ensemble. Depuis quelque temps surtout elles me reviennent avec un détail étonnant ; je vois l'endroit où elle parlait, et je crois l'entendre encore. Je reviens, pour vous la peindre mieux, aux comparaisons que je n'ai cessé de faire depuis le premier moment où j'ai eu le bonheur de vous voir. Plus silencieuse que vous avec les indifférents, aussi aimante que vous, et n'ayant pas une Cécile, elle était plus caressante, plus attentive, plus insinuante encore avec les gens qu'elle aimait ; son esprit n'était pas aussi hardi que le vôtre, mais il était plus adroit ; son expression était moins vive, mais plus douce. Dans un pays où les arts tiennent lieu d'une nature pittoresque, qui frappe les sens et parle au cœur, elle avait la même sensibilité pour les uns que vous pour l'autre. Votre maison est simple et noble, on est chez une femme de condition peu riche ; la sienne était ornée avec goût et avec économie, elle épargnait tout ce qu'elle pouvait de son revenu pour de pauvres filles qu'elle faisait élever ; mais elle travaillait comme les fées, et chaque jour ses amis trouvaient chez elle quelque chose de nouveau à admirer, ou dont on jouissait. Tantôt c'était un meuble commode qu'elle avait fait ellemême, tantôt un vase dont elle avait donné le dessin, et qui faisait la fortune de l'ouvrier. Elle copiait des portraits pour ses amis, pour ellemême des tableaux des meilleurs peintres. Quel talent, quel moyen de plaire cette aimable fille n'avait-elle pas !

Soigné, amusé par elle, ma santé revint, la vie ne me parut plus un fardeau si pesant, si insipide à porter ; je pleurai enfin mon frère, je pus enfin parler de lui ; j'en parlais sans cesse. Je pleurais et je la faisais pleurer. « Je vois, dit-elle un jour, pourquoi vous êtes tendre, doux, et pourtant un homme. La plupart des hommes qui n'ont eu que des camarades ordinaires et de leur sexe, ont peu de délicatesse et d'aménité, et ceux qui ont beaucoup vécu avec des femmes, plus aimables d'abord que les autres, mais moins adroits, moins hardis aux exercices des hommes, deviennent sédentaires, et avec le temps pusillanimes,

---

a. Il connaissait mal le public et raisonnait mal.

exigeants, égoïstes et vaporeux [1] comme nous. Vos courses, vos jeux, vos exercices avec votre frère vous ont rendu robuste et adroit, et avec lui votre cœur naturellement sensible est devenu délicat et tendre. » « Qu'il était heureux ! » s'écria-t-elle un jour que, le cœur plein de mon frère, j'en avais longtemps parlé ; « heureuse la femme qui remplacera ce frère chéri !

— Et qui m'aimerait comme il m'aimait, lui dis-je.

— Ce n'est pas cela qu'il serait difficile de trouver, me répondit-elle en rougissant. Vous n'aimerez pas une femme autant que vous l'aimiez ; mais, si vous aviez seulement cette tendresse que vous pouvez encore avoir, si on se croyait ce que vous aimez le mieux à présent que vous n'avez plus votre frère… »

Je la regarde, des larmes coulaient de ses yeux. Je me mets à ses pieds, je baise ses mains.

« N'aviez-vous point vu, dit-elle, que je vous aimais ?

— Non, lui dis-je, et vous êtes la première femme qui me fasse entendre ces mots si doux.

— Je me suis dédommagée, dit-elle en m'obligeant à m'asseoir, d'une longue contrainte et du chagrin de n'être pas devinée ; je vous ai aimé dès le premier moment que je vous ai vu ; avant vous, j'avais connu la reconnaissance et non point l'amour ; je le connais à présent qu'il est trop tard. Quelle situation que la mienne ! moins je mérite d'être respectée, plus j'ai besoin de l'être. Je verrais une insulte dans ce qui aurait été des marques d'amour ; au moindre oubli de la plus sévère décence, effrayée, humiliée, je me rappellerais avec horreur ce que j'ai été, ce qui me rend indigne de vous à mes yeux et sans doute aux vôtres, ce que je ne veux, ce que je ne dois jamais redevenir. Ah ! je n'ai connu le prix d'une vie et d'une réputation sans tache que depuis que je vous connais. Combien de fois j'ai pleuré en voyant une fille, la fille la plus pauvre, mais chaste, ou seulement encore innocente ! A sa place, je me serais allée donner à vous, je vous aurais consacré ma vie, je vous aurais servi à tel titre, à telle condition que vous auriez voulu ; je n'aurais été connue que de vous, vous auriez pu vous marier, j'aurais servi votre femme et vos enfants, et je me serais enorgueillie d'être si complètement votre esclave, de tout faire et de tout souffrir pour vous. Mais moi, que puis-je faire ? que puis-je offrir ? Connue et avilie, je ne puis devenir ni votre égale ni votre servante. Vous voyez que j'ai pensé à tout ; depuis si longtemps je ne pense qu'à vous aimer, au malheur et au plaisir de vous aimer. Mille fois j'ai voulu me soustraire à tous les maux que je prévois ; mais qui peut échapper à sa destinée ? Du moins, en vous disant combien je vous aime, me suis-je donné un moment de bonheur.

— Ne prévoyons point de maux, lui dis-je, pour moi je ne prévois

---

1. Qui est sujet à des vapeurs.

rien ; je vous vois, vous m'aimez. Le présent est trop délicieux pour que je puisse me tourmenter de l'avenir. »

Et, en lui parlant, je la serrais dans mes bras. Elle s'en arracha.

« Je ne parlerai donc plus de l'avenir, dit-elle : je ne saurais me résoudre à tourmenter ce que j'aime. Allez à présent, laissez-moi reprendre mes esprits ; et vous, réfléchissez à vous et à moi : peut-être serez-vous plus sage que moi, et ne voudrez-vous pas vous engager dans une liaison qui promet si peu de bonheur. Croire que vous pourrez toujours me quitter et ne pas être malheureux, ce serait vous tromper vous-même ; mais aujourd'hui vous pouvez me quitter sans être cruel. Je ne m'en consolerai point, mais vous n'aurez aucun reproche à vous faire. Votre santé est rétablie, vous pouvez quitter cet endroit. Si vous revenez demain, ce sera me dire que vous avez accepté mon cœur, et vous ne pourrez plus, sans éprouver des remords, me rendre tout à fait malheureuse. Pensez-y, dit-elle en me serrant la main, encore une fois vous pouvez partir, votre santé est rétablie.

— Oui, dis-je, mais c'est à vous que je la dois. » Et je m'en allai.

Je ne délibérai, ni ne balançai, ni ne combattis, et cependant, comme si quelque chose m'avait retenu, je ne sortis de chez moi que fort tard le lendemain. Le soir fort tard je me retrouvai à la porte de Caliste sans que je puisse dire que j'eusse pris le parti d'y retourner. Ciel ! quelle joie je vis briller dans ses yeux ! « Vous revenez, vous revenez ! s'écria-t-elle.

— Qui pourrait, lui dis-je, se dérober à tant de félicité ! Après une longue nuit, l'aurore du bonheur se remontre à peine ; pourrais-je m'y dérober et me replonger dans cette nuit lugubre ? »

Elle me regardait, et assise vis-à-vis de moi, levant les yeux au ciel, joignant les mains, pleurant et souriant à la fois avec une expression céleste, elle répétait : « Il est revenu ! ah ! il est revenu ! la fin, dit-elle, ne sera pas heureuse. Je n'ose au moins l'espérer, mais elle est éloignée peut-être. Peut-être mourrai-je avant de devenir misérable. Ne me promettez rien, mais recevez le serment que je fais de vous aimer toujours. Je suis sûre de vous aimer toujours ; quand même vous ne m'aimeriez plus, je ne cesserais pas de vous aimer. Que le moment où vous aurez à vous plaindre de mon cœur soit le dernier de ma vie ! Venez avec moi, venez vous asseoir sur ce même banc où je vous parlai pour la première fois. Vingt fois déjà je m'étais approchée de vous ; je n'avais osé vous parler. Ce jour-là je fus plus hardie. Béni soit ce jour ! Bénie soit ma hardiesse ! Béni soit le banc et l'endroit où il fut posé ! J'y planterai un rosier, du chèvrefeuille et du jasmin. » En effet, elle les y planta. Ils croissent, ils prospèrent, c'est tout ce qui reste d'heureux de cette liaison si douce.

Que ne puis-je, Madame, vous peindre toute sa douceur, et le charme inexprimable de cette aimable fille ! Que ne puis-je vous peindre avec quelle tendresse, quelle délicatesse, quelle adresse elle opposa si longtemps l'amour à l'amour ; maîtrisant les sens par le cœur, mettant des plaisirs plus doux à la place de plaisirs plus vifs, me faisant oublier sa personne à force de me faire admirer ses grâces, son esprit et ses talents ! Quelquefois je me plaignais de sa retenue, que j'appelais dureté et indifférence, alors elle me disait que mon père me permettrait peut-être de l'épouser ; et quand je voulais partir pour demander le consentement de mon père : « Tant que vous ne l'avez pas demandé, disait-elle, nous avons le plaisir de croire qu'on vous l'accorderait. » Bercé par l'amour et l'espérance, je vivais aussi heureux qu'on peut l'être hors du calme, et quand tout notre cœur est rempli d'une passion qu'on avait longtemps regardée comme indigne d'occuper le cœur d'un homme. « Ô mon frère ! mon frère ! que diriez-vous ? m'écriai-je quelquefois ; mais je ne vous ai plus, et qui était plus digne qu'elle de vous remplacer ? »

Mes jours ne s'écoulaient pourtant pas dans une oisiveté entière. Le régiment où je servais ayant été enveloppé dans la disgrâce de Saratoga [1], il eût fallu, si on eût voulu me renvoyer en Amérique, me faire entrer dans un autre corps ; mais mon père, d'autant plus désolé d'y avoir perdu un fils qu'il n'approuvait pas cette guerre, jura que l'autre n'y retournerait jamais, et, profitant de cette circonstance de la capitulation de Saratoga, il prétendit que, ma mauvaise santé seule m'ayant séparé de mon régiment, je devais être regardé comme appartenant encore à une armée qui ne pouvait plus servir contre les Américains ; de sorte qu'ayant en quelque façon quitté le service, quoique je n'eusse pas encore quitté l'uniforme ni rendu mon brevet, je me préparais à la carrière du parlement et des emplois, et, pour y jouer un rôle honorable, je résolus, en même temps que j'étudierais les lois et l'histoire de mon pays, d'apprendre à me bien exprimer dans ma langue. Je définissais l'éloquence le pouvoir d'entraîner quand on ne peut pas convaincre, et ce pouvoir me paraissait nécessaire avec tant de gens, et dans tant d'occasions, que je crus ne pouvoir pas me donner trop de peine pour l'acquérir. A l'exemple du fameux lord Chatham [2], je me mis à traduire Cicéron et surtout Démosthène, brûlant ma traduction et la recommençant mille fois. Caliste m'aidait à trouver les mots et les tournures, quoiqu'elle n'entendît ni le grec ni le latin ; mais, après lui avoir traduit littéralement mon auteur, je lui voyais saisir sa pensée souvent beaucoup mieux que moi ; et, quand je traduisais Pascal ou Bossuet, elle m'était encore d'un plus grand secours.

De peur de négliger les occupations que je m'étais prescrites, nous avions réglé l'emploi de ma journée, et quand, m'oubliant auprès d'elle, j'en avais passé une dont je ne devais pas être content, elle me faisait payer une amende au profit de ses pauvres protégées. J'étais matineux :

---

1. L'armée anglaise y capitula le 17 octobre 1777.
2. William Pitt, lord Chatham (1708-1778), homme d'État et orateur fameux.

deux heures de ma matinée étaient consacrées à me promener avec Caliste. Heures trop courtes, promenades délicieuses où tout s'embellissait et s'animait pour deux cœurs à l'unisson, pour deux cœurs à la fois tranquilles et charmés ; car la nature est un tiers que des amants peuvent aimer, et qui partage leur admiration sans les refroidir l'un pour l'autre ! Le reste de mon temps jusqu'au dîner était employé à l'étude. Je dînais chez moi, mais j'allais prendre le café chez elle. Je la trouvais habillée ; je lui montrais ce que j'avais fait, et quand j'en étais un peu content, après l'avoir corrigé avec elle, je le copiais sous sa dictée. Ensuite, je lui lisais les nouveautés qui avaient quelque réputation, ou, quand rien de nouveau n'excitait notre curiosité, je lui lisais Rousseau, Voltaire, Fénelon, Buffon, tout ce que votre langue a de meilleur et de plus agréable. J'allais ensuite à la salle publique, de peur, disait-elle, qu'on ne crût que, pour me garder mieux, elle ne m'eût enterré. Après y avoir passé une heure ou deux, il m'était permis de revenir et de ne la plus quitter. Alors, selon la saison, nous nous promenions ou nous causions, et nous faisions nonchalamment de la musique jusqu'au souper, excepté deux jours dans la semaine où nous avions un véritable concert. J'y ai entendu les plus habiles musiciens anglais et étrangers déployer tout leur art et se livrer à tout leur génie. L'attention et la sensibilité de Caliste excitaient leur émulation plus que l'or des grands. Elle n'y invitait jamais personne ; mais quelquefois des hommes de nos premières familles obtenaient la permission d'y venir. Une fois des femmes firent demander la même permission ; elle les refusa. Une autre fois des jeunes gens, entendant de la musique, s'avisèrent d'entrer. Caliste leur dit qu'ils s'étaient mépris sans doute, qu'ils pouvaient rester pourvu qu'ils observassent le plus grand silence, mais qu'elle les priait de ne pas revenir sans l'en avoir prévenue. Vous voyez, Madame, qu'elle savait se faire respecter, et son amant même n'était que le plus soumis comme le plus enchanté de ses admirateurs. Ô femmes ! femmes ! que vous êtes malheureuses, quand celui que vous aimez se fait de votre amour un droit de vous tyranniser, quand, au lieu de vous placer assez haut pour s'honorer de votre préférence, il met son honneur à se faire craindre et à vous voir ramper à ses pieds !

Après le concert, nous donnions un souper à nos musiciens et à nos amateurs. Il m'était permis de faire les frais de ces soupers, et c'était la seule permission de ce genre que j'eusse. Jamais il n'y en eut de plus gais. Anglais, Allemands, Italiens, tous nos virtuoses y mêlaient bizarrement leur langage, leurs prétentions, leurs préjugés, leurs habitudes, leurs saillies. Avec une autre que Caliste, ces soupers eussent été froids, ou auraient dégénéré en orgies ; avec elle, ils étaient décents, gais, charmants.

Caliste, ayant trouvé que l'heure qui suivait le souper était, quand nous étions seuls, la plus difficile à passer, à moins que le clair de lune ne nous

invitât à nous promener, ou quelque livre bien piquant à en achever la
lecture, imagina de faire venir un petit violoncelle, ivrogne, crasseux,
mais très habile. Un signe imperceptible fait à son laquais évoquait ce
petit gnome. Au moment où je le voyais sortir comme de dessous terre,
je commençais par le maudire et je faisais mine de m'en aller ; mais un
regard ou un sourire m'arrêtait, et souvent le chapeau sur la tête, et
appuyé contre la porte, je restais immobile à écouter les choses charmantes que produisaient la voix et le clavecin de Caliste avec
l'instrument de mon mauvais génie. D'autres fois je prenais en grondant
ma harpe ou mon violon, et je jouais jusqu'à ce que Caliste nous
renvoyât l'un et l'autre. Ainsi se passèrent des semaines, des mois, plus
d'une année, et vous voyez que le seul souvenir de ce temps délicieux a
fait briller encore une étincelle de gaieté dans un cœur navré de tristesse.

A la fin, je reçus une lettre de mon père : on lui avait dit que ma santé,
parfaitement remise, ne demandait plus le séjour de Bath ; il me parlait de
revenir chez lui et d'épouser une jeune personne, dont la fortune, la naissance et l'éducation étaient telles qu'on ne pouvait rien demander de
mieux. Je répondis qu'effectivement ma santé était remise, et après avoir
parlé de celle à qui j'en avais l'obligation, et que j'appelai sans détour la
maîtresse de feu lord L..., je lui dis que je ne me marierais point à moins
qu'il ne me permît de l'épouser ; et le suppliant de n'écouter pas un
préjugé confus qui pourrait faire rejeter ma demande, je le conjurai aussi
de s'informer à Londres, à Bath, partout, du caractère et des mœurs de
celle que je voulais lui donner pour fille. — « *Oui, de ses mœurs*,
répétais-je, et si vous apprenez qu'avant la mort de son amant elle ait
jamais manqué à la décence, ou qu'après sa mort elle ait jamais donné
lieu à la moindre témérité, si vous entendez sortir d'aucune bouche autre
chose qu'un éloge ou une bénédiction, je renonce à mon espérance la
plus chère, au seul bien qui me fasse regarder comme un bonheur de
vivre, et d'avoir conservé ou recouvré la raison. » Voici la réponse que je
reçus de mon père.

Vous êtes majeur, mon fils, et vous pouvez vous marier sans mon consentement : quant à mon approbation, vous ne l'aurez jamais pour le mariage dont
vous me parlez, et, si vous le contractez, je ne vous reverrai jamais. Je n'ai point
désiré d'illustration, et vous savez que j'ai laissé la branche cadette de notre
famille solliciter et obtenir un titre, sans faire la moindre tentative pour en
procurer un à la mienne ; mais l'honneur m'est plus cher qu'à personne, et jamais
de mon consentement on ne portera atteinte à mon honneur ni à celui de ma
famille. Je frémis à l'idée d'une belle-fille devant qui on n'oserait parler de
chasteté, aux enfants de laquelle je ne pourrais recommander la chasteté sans
faire rougir leur mère. Et ne rougiriez-vous pas aussi quand je les exhorterais à
préférer l'honneur à leurs passions, à ne pas se laisser vaincre et subjuguer par
leurs passions ? Non, mon fils, je ne donnerai pas la place d'une femme que
j'adorais à cette belle-fille. Vous pourrez lui donner son nom, et peut-être me
ferez-vous mourir de chagrin en le lui donnant, car mon sang frémit à la seule

idée ; mais, tant que je vivrai, elle ne s'asseyera pas à la place de votre mère. Vous savez que la naissance de mes enfants m'a coûté leur mère, vous savez que l'amitié de mes fils l'un pour l'autre m'a coûté l'un des deux ; c'est à vous à voir si vous voulez que le seul qui me reste me soit ôté par une folle passion, car je n'aurai plus de fils, si ce fils peut se donner une pareille femme.

Caliste, me voyant revenir chez elle plus tard qu'à l'ordinaire, et avec un air triste et défait, devina tout de suite la lettre ; m'ayant forcé à la lui donner, elle la lut, et je vis chaque mot entrer dans son cœur comme un poignard. « Ne désespérons pas encore tout à fait, me dit-elle, permettez-moi de lui écrire demain ; à présent je ne pourrais. » Et s'étant assise sur le canapé, à côté de moi, elle se pencha sur moi, et elle me caressait en pleurant avec un abandon qu'elle n'avait jamais eu. Elle savait bien que j'étais trop affligé pour en abuser. J'ai traduit de mon mieux la lettre de Caliste, et je vais la transcrire.

Souffrez, Monsieur, qu'une malheureuse femme en appelle de votre jugement à vous-même, et ose plaider sa cause devant vous. Je ne sens que trop la force de vos raisons ; mais daignez considérer, Monsieur, s'il n'y en a point aussi qui soient en ma faveur, et qu'on puisse opposer aux considérations qui me réprouvent. Voyez d'abord si le dévouement le plus entier, la tendresse la plus vive, la reconnaissance la mieux sentie, ne pèsent rien dans la balance que je voudrais que vous daignassiez encore tenir et consulter dans cette occasion. Daignez vous demander si votre fils pourrait attendre d'aucune femme ces senti-ments au degré où je les ai et les aurai toujours, et que votre imagination vous peigne, s'il se peut, tout ce qu'ils me feraient faire et supporter : considérez ensuite d'autres mariages, les mariages qui paraissaient les mieux assortis et les plus avantageux, et, supposé que vous voyiez dans presque tous des inconvé-nients et des chagrins encore plus grands et plus sensibles que ceux que vous redoutez dans celui que votre fils désire, n'en supporterez-vous pas avec plus d'indulgence la pensée de celui-ci, et n'en désirerez-vous pas moins vivement un autre ? Ah ! s'il ne fallait qu'une naissance honorable, une vie pure, une répu-tation intacte pour rendre votre fils heureux ; si avoir été sage était tout ; si l'aimer passionnément, uniquement, n'était rien, croyez que je serais assez généreuse, ou plutôt que je l'aimerais assez pour faire taire à jamais le seul désir, la seule ambition de mon cœur.

Vous me trouvez surtout indigne d'être la mère de vos petits-enfants. Je me soumets en gémissant à votre opinion, fondée sans doute sur celle du public. Si vous ne consultiez que votre propre jugement, si vous daigniez me voir, me connaître, votre arrêt serait peut-être moins sévère ; vous verriez avec quelle docilité je serais capable de leur répéter vos leçons, des leçons que je n'ai pas suivies, mais qu'on ne m'avait pas données ; et, supposé qu'en passant par ma bouche elles perdissent de leur force, vous verriez du moins que ma conduite constante offrirait l'exemple de l'honnêteté. Tout avilie que je vous parais, croyez, Monsieur, qu'aucune femme de quelque rang, de quelque état qu'elle puisse être, n'a été plus à l'abri que moi de rien voir ou entendre de licencieux. Ah ! Monsieur, vous serait-il difficile de vous former une idée un peu avanta-geuse de celle qui a su s'attacher à votre fils d'un amour si tendre ? Je finis en vous jurant de ne consentir jamais à rien que vous condamniez, quand même votre fils pourrait en avoir la pensée ; mais il ne peut l'avoir, il n'oubliera pas un instant le respect qu'il vous doit. Daignez permettre, Monsieur, que je partage au moins ce sentiment avec lui, et n'en rejetez pas de ma part l'humble et sincère assurance.

En attendant la réponse de mon père, toutes nos conversations roulèrent sur les parents de Caliste, son éducation, ses voyages, son histoire en un mot. Je lui fis des questions que je ne lui avais jamais faites. J'avais écarté des souvenirs qui pouvaient lui être fâcheux ; elle m'ôta mes craintes et mes ménagements. Je voulus tout approfondir, et, comme si cela eût dû favoriser notre dessein, je me plaisais à voir combien elle gagnait à être plus parfaitement connue. Hélas ! ce n'était pas moi qu'il fallait persuader. Elle me dit que, par un effet de l'extrême délicatesse de son amant, personne, ni homme ni femme, dans aucun pays, ne pouvait affirmer qu'elle eût été sa maîtresse. Elle me dit n'avoir pas essuyé de sa part un seul refus, un seul instant d'humeur ou de mécontentement, ou même de négligence. Quelle femme que celle qu'un homme, son amant, son bienfaiteur, son maître pour ainsi dire, peut traiter pendant huit ans comme une divinité ! Je lui demandai un jour si jamais elle n'avait eu la pensée de le quitter. « Oui, dit-elle, je l'ai eue une fois, mais je fus si frappée de l'ingratitude d'un pareil dessein, que je ne voulus pas y voir de la sagesse : je me crus la dupe d'un fantôme qui s'appelait la vertu, et qui était le vice, et je le repoussai avec horreur. »

Pendant trois jours que tarda la lettre de mon père, j'eus la permission de laisser là mes livres et le public. Je venais chez elle le matin ; le chagrin nous avait rendus plus familiers sans nous rendre moins sages. Le quatrième jour, Caliste reçut cette réponse. Au lieu de la transcrire ou de la traduire, Madame, je vous l'envoie, vous la traduirez, si vous voulez que votre parent la lise un jour : je n'aurais pas la force de la traduire.

Madame,

Je suis fâché d'être forcé de dire des choses désagréables à une personne de votre sexe, et j'ajouterai de votre mérite ; car, sans prendre des informations sur votre compte, ce qui serait inutile, ne pouvant être déterminé par les choses que j'apprendrais, j'ai entendu dire beaucoup de bien de vous. Encore une fois, je suis fâché d'être obligé de vous dire des choses désagréables ; mais laisser votre lettre sans réponse serait encore plus désobligeant que la réfuter. C'est donc ce dernier parti que je me vois forcé de prendre. D'abord, Madame, je pourrais vous dire que je n'ai d'autre preuve de votre attachement pour mon fils que ce que vous en dites vous-même, et une liaison qui ne prouve pas toujours un bien grand attachement ; mais, en le supposant aussi grand que vous le dites, et j'avoue que je suis porté à vous en croire, pourquoi ne penserais-je pas qu'une autre femme pourrait aimer mon fils autant que vous l'aimez, et, supposé même qu'une autre femme qu'il épouserait ne l'aimât pas avec la même tendresse ni avec un si grand dévouement, est-il bien sûr que ce degré d'attachement fût un grand bien pour lui, et trouvez-vous apparent qu'il ait jamais besoin de fort grands sacrifices de la part d'une femme ? Mais je suppose que ce soit un grand bien ; est-ce tout que cet attachement ? Vous me parlez des chagrins qu'on voit dans la plupart des ménages ; mais serait-ce une bien bonne manière de raisonner que de se résoudre à souffrir des inconvénients certains, parce qu'ailleurs il y en a de vraisemblables ? de passer par-dessus des inconvénients qu'on voit distinctement pour en éviter d'autres qu'on ne peut encore prévoir, et de prendre un parti décidément mauvais, parce qu'il y en aurait peut-être de pires ? Vous me demandez s'il me serait difficile de prendre bonne opinion de celle qui aime mon fils, vous pouviez ajouter : « et qui en est aimée ». Non, sans doute, et j'ai si bonne opinion de vous, que je crois qu'en effet vous donneriez un bon exemple à vos enfants, et que, loin de contredire les leçons qu'on pourrait leur donner, vous leur donneriez les mêmes leçons, et peut-être avec plus de zèle et de soins qu'une autre. Mais pensez-vous que dans mille occasions je ne croirais pas que vous souffrez de ce qu'on dirait ou ne dirait pas à vos enfants et touchant vos enfants, et sur mille autres sujets ? Et ne pensez-vous pas aussi que plus vous m'intéresseriez par votre bonté, votre honnêteté et vos qualités aimables, plus je souffrirais de voir, d'imaginer que vous souffrez, et que vous n'êtes pas aussi heureuse, aussi considérée que vous mériteriez à beaucoup d'égards de l'être ? En vérité, Madame, je me saurais mauvais gré à moi-même de n'avoir pas pour vous toute la considération et la tendresse imaginables, et pourtant il me serait impossible de les avoir, si ce n'est peut-être pour quelques moments, quand je ne me souviendrais pas que cette femme belle, aimable et bonne est ma belle-fille ; mais, aussitôt que je vous entendrais nommer comme j'entendais nommer ma femme et ma mère, pardonnez ma sincérité, Madame, mon cœur se tournerait contre vous, et je vous haïrais peut-être d'avoir été si aimable que mon fils n'eût voulu aimer et épouser que vous ; et, si dans ce moment je croyais voir quelqu'un parler de mon fils ou de ses enfants, je supposerais qu'on dît : « C'est le mari d'une telle, ce sont les enfants d'une telle. » En vérité, Madame, cela serait insupportable, car, à présent que cela n'a rien de réel, l'idée m'en est insupportable. Ne croyez pourtant pas que j'aie aucun mépris pour votre personne ; il serait très injuste d'en avoir, et je suis disposé à un sentiment tout contraire. Je vous ai obligation, et c'est sans rougir de vous avoir obligation, de la promesse que vous me faites à la fin de votre lettre, sans bien savoir pourquoi j'y ai une foi entière. Pour vous payer de votre honnêteté et du respect que vous avez pour le sentiment qui lie un fils à son père, je vous promets, ainsi qu'à mon fils, de ne rien tenter pour vous séparer, et de ne lui jamais reparler le premier d'aucun mariage, quand on me proposerait une princesse pour belle-fille, mais à condition qu'il ne me reparle jamais non plus que vous du mariage en question. Si je me laissais fléchir, je sens que j'en aurais le regret le plus amer, et, si je résistais à de vives sollicitations, comme je ferais sûrement, outre le déplaisir d'affliger un fils que j'aime tendrement et qui le mérite, je me préparerais peut-être des regrets pour l'avenir ; car un père tendre se reproche quelquefois contre toute raison de n'avoir pas cédé aux instances les plus déraisonnables de son enfant. Croyez, Madame, que ce n'est déjà pas sans douleur que je vous afflige aujourd'hui l'un et l'autre.

Je trouvai Caliste assise à terre, la tête appuyée contre le marbre de sa cheminée. « C'est la vingtième place que j'ai depuis une heure, me dit-elle ; je m'en tiens à celle-ci parce que ma tête brûle. » Elle me montra du doigt la lettre de mon père qui était ouverte sur le canapé. Je m'assis, et pendant que je lisais, s'étant un peu tournée, elle appuya sa tête contre mes genoux. Absorbé dans mes pensées, regrettant le passé, déplorant l'avenir et ne sachant comment disposer du présent, je ne la voyais et ne la sentais presque pas. A la fin je la soulevai et je la fis asseoir. Nos larmes se confondirent. « Soyons au moins l'un à l'autre autant que nous y pouvons être », lui dis-je fort bas, et comme si j'avais craint qu'elle ne m'entendît. Je pus douter qu'elle m'eût entendu ; je pus croire qu'elle consentait, elle ne me répondit point, et ses yeux étaient fermés.

« Changeons, ma Caliste, lui dis-je, ce moment si triste en un moment de bonheur.

— Ah ! dit-elle en rouvrant les yeux et jetant sur moi des regards de douleur et d'effroi, il faut donc redevenir ce que j'étais.

— Non, lui dis-je après quelques moments de silence, il ne faut rien, j'avais cru que vous m'aimiez.

— Et je ne vous aime donc pas, dit-elle en passant à son tour ses bras autour de moi, je ne vous aime donc pas ! »

Peignez-vous, s'il se peut, Madame, ce qui se passait dans mon cœur. A la fin je me mis à ses pieds, j'embrassai ses genoux ; je lui demandai pardon de mon impétuosité.

« Je sais que vous m'aimez, lui dis-je, je vous respecte, je vous adore, vous ne serez pour moi que ce que vous voudrez.

— Ah ! dit-elle, il faut, je le vois bien, redevenir ce qu'il me serait affreux d'être, ou vous perdre, ce qui serait mille fois plus affreux.

— Non, dis-je, vous vous trompez, vous m'offensez ; vous ne me perdrez point, je vous aimerai toujours.

— Vous m'aimerez peut-être, reprit-elle, mais je ne vous en perdrai pas moins. Et quel droit aurais-je de vous conserver ! Je vous perdrai, j'en suis sûre. »

Et ses larmes étaient près de la suffoquer ; mais, de peur que je n'appelasse du secours, de peur de n'être plus seule avec moi, elle me promit de faire tous ses efforts pour se calmer, et à la fin elle réussit. Depuis ce moment, Caliste ne fut plus la même ; inquiète quand elle ne me voyait pas, frémissant quand je la quittais, comme si elle eût craint de ne me jamais revoir ; transportée de joie en me revoyant ; craignant toujours de me déplaire, et pleurant de plaisir quand quelque chose de sa part m'avait plu, elle fut quelquefois bien plus aimable, plus attendrissante, plus ravissante qu'elle n'avait encore été ; mais elle perdit cette sérénité, cette égalité, cet à-propos dans toutes ses actions qui auparavant ne la quittait pas, et qui l'avait si fort distinguée. Elle cherchait bien à faire les mêmes choses, et c'étaient bien en effet les mêmes choses qu'elle faisait ; mais, faites tantôt avec distraction, tantôt avec passion, tantôt avec ennui, toujours beaucoup mieux ou moins bien qu'auparavant, elles ne produisaient plus le même effet sur elle ni sur les autres. Ah ciel! combien je la voyais tourmentée et combattue! Émue de mes moindres caresses qu'elle cherchait plutôt qu'elle ne les évitait, et toujours en garde contre son émotion, m'attirant par une sorte de politique, et, de peur que je ne lui échappasse tout à fait, se reprochant de m'avoir attiré, et me repoussant doucement, fâchée le moment d'après de m'avoir repoussé; l'effroi et la tendresse, la passion et la retenue se succédaient dans ses mouvements et dans ses regards avec tant de rapidité, qu'on croyait les y voir ensemble. Et moi, tour à tour embrasé et glacé, irrité, charmé, attendri, le dépit, l'admiration, la pitié, m'émouvant tour à tour, me laissaient dans un trouble inconcevable.

«Finissons, lui dis-je un jour, transporté à la fois d'amour et de colère en fermant sa porte à la clef, et l'emportant de devant son clavecin.

— Vous ne me ferez pas violence, me dit-elle doucement, car vous êtes le maître.»

Cette voix, ce discours m'ôtèrent tout mon emportement, et je ne pus plus que l'asseoir doucement sur mes genoux, appuyer sa tête contre mon épaule, et mouiller de larmes ses belles mains en lui demandant mille fois pardon; et elle me remercia autant de fois d'une manière qui me prouva combien elle avait réellement eu peur; et pourtant elle m'aimait passionnément et souffrait autant que moi, et pourtant elle aurait voulu être ma maîtresse. Un jour je lui dis:

«Vous ne pouvez vous résoudre à vous donner, et vous voudriez vous être donnée.

— Cela est vrai», dit-elle.

Et cet aveu ne me fit rien obtenir ni même rien entreprendre. Ne croyez pourtant pas, Madame, que tous nos moments fussent cruels, et que notre situation n'eût encore des charmes; elle en avait qu'elle tirait de sa bizarrerie même et de nos privations. Les plus petites marques d'amour conservèrent leur prix. Jamais nous ne nous rendîmes qu'avec transport le plus léger service. En demander un était le moyen d'expier une offense, de faire oublier une querelle; nous y avions toujours recours, et ce ne fut jamais inutilement. Ses caresses, à la vérité, me faisaient plus de peur que de plaisir, mais la familiarité qu'il y avait entre nous était délicieuse pour l'un et pour l'autre. Traité quelquefois comme un frère, ou plutôt comme une sœur, cette faveur m'était précieuse et chère.

Caliste devint sujette, et cela ne vous surprendra pas, à des insomnies cruelles. Je m'opposai à ce qu'elle prît des remèdes qui eussent pu déranger entièrement sa santé, et je voulus que tour à tour sa femme de chambre et moi nous lui procurassions le sommeil en lui faisant quelque lecture. Quand nous la voyions endormie, moi, tout aussi scrupuleusement que Fanny, je me retirais le plus doucement possible, et le lendemain, pour récompense, j'avais la permission de me coucher à ses

pieds, ayant pour chevet ses genoux, et de m'y endormir quand je le
pouvais. Une nuit je m'endormis en lisant à côté de son lit, et Fanny,
apportant comme à l'ordinaire le déjeuner de sa maîtresse à la pointe du
jour (on abrégeait les nuits le plus qu'on le pouvait), s'avança doucement
et ne me réveilla pas tout de suite. Le jour devenu plus grand, j'ouvre
enfin les yeux, et je les vois me sourire.

« Vous voyez, dis-je à Fanny, tout est bien resté comme vous l'avez
laissé, la table, la lampe, le livre tombé de ma main sur mes genoux.

— Oui, c'est bien, me dit-elle, et, me voyant embarrassé de sortir de
la maison : Allez seulement, monsieur, et, quand même les voisins vous
verraient, ne vous mettez pas en peine. Ils savent que madame est
malade, nous leur avons tant dit que vous viviez comme frère et sœur,
qu'à présent nous aurions beau leur dire le contraire, ils ne nous croi-
raient pas.

— Et ne se moquent-ils pas de moi ? lui dis-je.

— Oh ! non, monsieur, ils s'étonnent, et voilà tout. Vous êtes aimés et
respectés l'un et l'autre.

— Ils s'étonnent, Fanny, repris-je, ils ont vraiment raison ! Et quand
nous les étonnerions moins, cesseraient-ils pour cela de nous aimer ?

— Ah ! monsieur, cela deviendrait tout différent.

— Je ne puis le croire, Fanny, lui dis-je, mais en tout cas, s'ils l'igno-
raient…

— Ces choses-là, monsieur, me dit-elle naïvement, pour être bien
cachées, ne doivent pas être.

— Mais.

— Il n'y a point de *mais*, monsieur ; vous ne pourriez vous cacher si
bien de James et de moi que nous ne vous devinassions. James ne dirait
rien, mais il ne servirait plus madame comme il la sert, comme la
première duchesse du royaume, ce qui prouve toujours qu'on respecte sa
maîtresse, et moi, je ne dirais rien, mais je ne pourrais rester avec
madame, car je penserais : si on le sait un jour, cela me sera reproché tout
le reste de ma vie ; alors les autres domestiques, qui m'ont toujours
entendue louer madame, soupçonneraient quelque chose, et les voisins,
qui savent combien madame est bonne et aimable, soupçonneraient aussi,
et puis il viendrait une autre femme de chambre qui n'aimerait pas
madame autant que je l'aime, et bientôt on parlerait. Il y a tant de langues
qui ne demandent qu'à parler ! Qu'elles louent ou blâment, c'est tout un,
pourvu qu'elles parlent. Il me semble que je les entends. "Vous voyez,
diraient-ils. Et puis fiez-vous aux apparences. C'était une si belle
réforme ! Elle donnait aux pauvres, elle allait à l'église." Ce qu'on admire
à présent serait peut-être alors traité d'hypocrisie ; mais, monsieur, on
vous pardonnerait encore moins qu'à madame ; car, voyant combien elle
vous aime, on trouve que vous devriez l'épouser, et l'on dirait toujours :
"Que ne l'épousait-il ?"

— Ah ! Fanny, Fanny, s'écria douloureusement Caliste, vous ne dites que trop bien. Qu'ai-je fait ? dit-elle en français. Pourquoi lui ai-je laissé vous prouver que je ne puis plus changer de conduite, quand même je le voudrais ! »

Je voulus répondre, mais elle me conjura de sortir.

Un marchand du voisinage, plus matineux que les autres, ouvrait déjà sa boutique. Je passai devant lui tout exprès pour n'avoir pas l'air de me sauver.

« Comment se porte madame ? me dit-il.

— Elle ne dort toujours presque point, lui répondis-je. Nous lisons tous les soirs, Fanny et moi, pendant une heure ou deux avant de pouvoir l'endormir, et elle se réveille avec l'aurore. Cette nuit j'ai lu si longtemps que je me suis endormi moi-même.

— Et avez-vous déjeuné, monsieur ? me dit-il.

— Non, lui répondis-je. Je comptais me jeter sur mon lit pour essayer d'y dormir une heure ou deux.

— Ce serait presque dommage, monsieur, me dit-il. Il fait si beau temps, et vous n'avez point l'air fatigué ni assoupi. Venez plutôt déjeuner avec moi dans mon jardin. »

J'acceptai la proposition, me flattant que cet homme-là serait le dernier de tous les voisins à médire de Caliste, et il me parla d'elle, de tout le bien qu'elle faisait et qu'elle me laissait ignorer avec tant de plaisir et d'admiration, que je fus bien payé de ma complaisance. Ce jour-là même Caliste reçut une lettre de l'oncle de son amant, qui la priait de venir incessamment à Londres. Je résolus de passer chez mon père le temps de son absence, et nous partîmes en même temps.

« Vous reverrai-je ? me dit-elle. Est-il sûr que je vous revoie ?

— Oui, lui dis-je, et tout aussitôt que vous le souhaiterez, à moins que je ne sois mort. »

Nous nous promîmes de nous écrire au moins deux fois par semaine, et jamais promesse ne fut mieux tenue. L'un ne pensant et ne voyant rien qu'il n'eût voulu le dire ou le montrer à l'autre, nous avions de la peine à ne pas nous écrire encore plus souvent.

Mon père m'aurait peut-être mal reçu s'il n'eût été très satisfait de la manière dont j'avais employé mon temps. Il en était instruit par d'autres que par moi, et heureusement il se trouva chez lui des gens capables, selon lui, de me juger et dont je gagnai le suffrage. On trouva que j'avais acquis des connaissances et de la facilité à m'exprimer, et on me prédit des succès qui flattèrent d'avance ce père tendre et disposé pour moi à une partialité favorable. Je fis connaissance avec la maison paternelle, que je n'avais revue qu'un moment depuis mon départ pour l'Amérique, et dans un temps où je ne faisais attention à rien. Je fis connaissance avec les amis et les voisins de mon père. Je chassai et je courus avec eux, et j'eus le bonheur de ne leur être pas désagréable. « Je vous ai vu à votre retour d'Amérique, me dit un des plus anciens amis de notre famille ; si votre père doit à une femme le plaisir de vous revoir tel que vous êtes à présent, il devrait bien par reconnaissance vous la laisser épouser. » Les femmes que j'eus l'occasion de voir me firent un accueil flatteur. Combien il était plus aisé de réussir auprès de quelques-unes de celles que mon père honorait le plus, qu'auprès de cette fille si dédaignée ! Je l'avouerai, mon âme avait un si grand besoin de repos que, dans certains moments, toute manière de m'en procurer m'eût paru bonne, et Caliste s'était montrée si peu disposée à la jalousie, que l'idée que je pourrais la chagriner ne me serait peut-être pas venue. Je ne sentais pas que toute distraction est une infidélité ; et, ne voyant rien qui lui fût comparable, il ne me vint jamais dans l'esprit que je pusse lui devenir véritablement infidèle ; mais je dirai aussi que toutes les autres manières de me distraire me paraissaient préférables à celles que m'offraient les femmes. Il me tardait quelquefois de faire de mes facultés un plus noble et plus utile usage que je n'avais fait jusqu'alors. Je ne sentais pas encore que le projet du bien public n'est qu'une noble chimère ; que la fortune, les circonstances, des événements que personne ne prévoit et n'amène, changent les nations sans les améliorer ni les empirer, et que les intentions du citoyen le plus vertueux n'ont presque jamais influé sur le bien-être de sa patrie ; je ne voyais pas que l'esclave de l'ambition est encore plus puéril et plus malheureux que l'esclave d'une femme. Mon père exigea que je me présentasse pour une place dans le Parlement à la première élection, et, charmé de pouvoir une fois lui complaire, j'y consentis avec joie. Caliste m'écrivait :

Si je suis pour quelque chose dans vos projets, comme j'ose encore m'en flatter, vous n'en pouvez pas moins entrer dans un arrangement qui vous obligerait à vivre à Londres. Un oncle de mon père, qui a voulu me voir, vient de me dire que je lui avais donné plus de plaisir en huit jours que tous ses collatéraux et leurs enfants en vingt ans, et qu'il me laisserait sa maison et son bien ; que je saurais réparer et embellir l'une et faire un bon usage de l'autre, au lieu que le reste de sa parenté ne ferait que démolir et dissiper platement, ou épargner vilainement. Je vous rapporte tout cela pour que vous ne me blâmiez pas de ne m'être point opposée à sa bonne volonté ; j'ai d'ailleurs autant de droit que personne à cet héritage, et ceux qu'il pourrait regarder ne sont pas dans le besoin. Mon parent est riche et fort vieux ; sa maison est très bien située près de Whitehall : Je vous avoue que l'idée de vous y recevoir ou de vous la prêter m'a fait grand plaisir. S'il vous venait quelque fantaisie dispendieuse, si vous aviez envie d'un très beau cheval ou de quelque tableau, je vous prie de la satisfaire, car le testament est fait, et le testateur si opiniâtre qu'il n'en reviendra sûrement pas : de sorte que je me compte pour riche dès à présent, et je voudrais bien devenir votre créancière.

Dans une autre lettre elle me disait :

Tandis que je m'ennuie loin de vous, que tout ce que je fais me paraît inutile et insipide, à moins que je ne pusse le rapporter à vous d'une manière ou d'une autre, je vois que vous vous reposez loin de moi. D'un côté, impatience et ennui ; de l'autre, satisfaction et repos, quelle différence ! Je ne me plains pas cependant. Si je m'affligeais, je n'oserais le dire. Supposé que je visse une femme entre vous et moi, je m'affligerais bien plus, et cependant je ne devrais et n'oserais jamais le dire.

Dans une autre lettre encore elle disait :

Je crois avoir vu votre père. Frappée de ses traits, qui me rappelaient les vôtres, je suis restée immobile à le considérer. C'est sûrement lui, et il m'a aussi regardée.

En effet, mon père, comme il me l'a dit depuis, l'avait vue par hasard dans une course qu'il avait faite à Londres. Je ne sais où il la rencontra, mais il demanda qui était cette belle femme. « Quoi ! lui dit quelqu'un, vous ne connaissez pas la Caliste de lord L... et de votre fils ? — Sans ce premier nom, me dit-il... », et il s'arrêta. Malheureux ! pourquoi le prononçâtes-vous ?

Je commençais à être en peine de la manière dont je pourrais retourner à Bath. Ma santé n'était plus une raison ni un prétexte, et, quoique je n'eusse rien à faire ailleurs, il devenait bizarre d'y commencer un nouveau séjour. Caliste le sentit elle-même, et, dans la lettre par laquelle elle m'annonça son départ de Londres, elle me témoigna son inquiétude là-dessus. Dans cette même lettre, elle me parlait de quelques nouvelles connaissances qu'elle avait faites chez l'oncle de milord L..., et qui toutes parlaient d'aller à Bath. « Il serait affreux, ajouta-t-elle, d'y voir tout le monde, excepté la seule personne du monde que je souhaite de voir. » Heureusement (alors du moins je croyais pouvoir dire que c'était heureusement) mon père, curieux peut-être dans le fond de l'âme de connaître celle qu'il rejetait, d'entendre parler d'elle avec certitude et avec quelque détail, peut-être aussi pour continuer à vivre avec moi sans qu'il m'en coûtât aucun sacrifice, peut-être aussi pour rendre mon séjour à Bath moins étrange, car tant de motifs peuvent se réunir dans une seule intention, mon père, dis-je, annonça qu'il passerait quelques mois à Bath. J'eus peine à lui cacher mon extrême joie. Ah ! ciel, disais-je en moi-même, si je pouvais tout réunir, mon père, mes devoirs, Caliste, son bonheur et le mien ! Mais à peine le projet de mon père fut-il connu, qu'une femme, veuve depuis dix-huit mois d'un de nos parents, lui écrivit que, désirant d'aller à Bath avec son fils, enfant de neuf à dix ans, elle le priait de prendre une maison où ils pussent demeurer ensemble. Les idées de mon père me parurent dérangées par cette proposition, sans que je pusse démêler si elle lui était agréable ou désagréable. Quoi qu'il en soit, il ne pouvait que l'accepter, et je fus envoyé à Bath pour arranger un logement pour mon père, pour cette cousine que je ne connaissais pas, pour son fils et pour moi. Caliste y était déjà revenue. Charmée de faire quelque chose avec moi, elle dirigea et partagea mes soins avec un zèle digne d'un autre objet, et, quand mon père et lady Betty B… arrivèrent, ils admirèrent dans tout ce qu'ils voyaient autour d'eux une élégance, un goût qu'ils n'avaient vu, disaient-ils, nulle part, et me témoignèrent une reconnaissance qui ne m'était pas due. Caliste, dans cette occasion, avait travaillé contre elle ; car certainement lady Betty, dès ce premier moment, me supposa des vues que sa fortune, sa figure et son âge auraient rendues fort naturelles. Elle s'était mariée très jeune, et n'avait pas dix-sept ans lors de la naissance de sir Harry B… son fils. Je ne lui reproche donc point les idées qu'elle se forma, ni la conduite qui en fut la conséquence. Ce qui m'étonne, c'est l'impression que me fit sa bonne volonté. Je n'en fus pas bien flatté, mais j'en fus moins sensible à l'attachement de Caliste. Elle m'en devint moins précieuse. Je crus que toutes les femmes aimaient, et que le hasard, plus qu'aucune autre chose, déterminait l'objet d'une passion à laquelle toutes étaient disposées d'avance. Caliste ne tarda pas à voir que j'étais changé… Changé ? non, je ne l'étais pas. Ce mot dit trop, et rien de ce que je viens d'exprimer n'était distinctement dans ma pensée ni dans mon cœur. Pourquoi, êtres mobiles et inconséquents que nous sommes, essayons-nous de rendre compte de nous-mêmes ? Je ne m'aperçus point alors que j'eusse changé, et aujourd'hui, pour expliquer mes distractions, ma sécurité, ma molle et faible conduite, j'assigne une cause à un changement que je ne sentais pas.

Le fils de lady Betty, ce petit garçon d'environ dix ans, était un enfant charmant, et il ressemblait à mon frère. Il me le rappelait si vivement quelquefois, et les jeux de notre enfance, que mes yeux se remplissaient de larmes en le regardant. Il devint mon élève, mon camarade, je ne me promenais plus sans lui, et je le menais presque tous les jours chez Caliste.

Un jour que j'y étais allé seul, je trouvai chez elle un gentilhomme campagnard de très bonne mine qui la regardait dessiner. Je cachai ma surprise et mon déplaisir. Je voulus rester après lui, mais cela fut impossible : il lui demanda à souper. A onze heures, je prétendis que rien ne l'incommodait tant que de se coucher tard, et j'obligeai mon rival, oui, c'était mon rival, à se retirer aussi bien que moi. Pour la première fois les heures m'avaient paru bien longues chez Caliste. Le nom de cet homme ne m'était pas inconnu : c'était un nom que personne de ceux qui l'avaient porté n'avait rendu brillant ; mais sa famille était ancienne et considérée depuis longtemps dans une province du nord de l'Angleterre. Connaissant l'oncle de lord L…, et ayant vu Caliste avec lui à l'Opéra, il avait souhaité de lui être présenté, et avait demandé la permission de lui rendre visite. Il fut chez elle deux ou trois fois, et crut voir en réalité les muses et les grâces qu'il n'avait vues que dans ses livres classiques. Après sa troisième visite, il vint demander au général des informations sur Caliste, sa fortune et sa famille. On lui répondit avec toute la vérité possible.

« Vous êtes un honnête homme, monsieur, dit alors l'admirateur de Caliste ; me conseillez-vous de l'épouser ?

— Sans doute, lui fut-il répondu, si vous pouvez l'obtenir. Je donnerais le même conseil à mon fils, au fils de mon meilleur ami. Il y a un imbécile, qui l'aime depuis longtemps, et qui n'ose l'épouser, parce que son père, qui n'ose la voir de peur de se laisser gagner, ne veut pas y consentir. Ils s'en repentiront toute leur vie ; mais dépêchez-vous, car ils pourraient changer. »

Voilà l'homme que j'avais trouvé chez Caliste. Le lendemain je fus chez elle de très bonne heure, et je lui exprimai mon déplaisir et mon impatience de la veille.

« Quoi ! dit-elle, cela vous fait quelque peine ? Autrefois je voyais bien que vous ne pouviez souffrir de trouver qui que ce soit avec moi, pas même un artisan ni une femme ; mais depuis quelque temps vous ne cessez de mener avec vous le petit chevalier, j'ai cru que c'était exprès pour que nous ne fussions pas seuls ensemble.

— Mais, dis-je, c'est un enfant.

— Il voit et entend comme un autre, dit-elle.

— Et si je ne l'amène plus, repris-je, cesserez-vous de recevoir l'homme qui m'importuna hier ?

— Vous pouvez l'amener toujours, dit-elle, mais moi je ne puis renvoyer l'autre, tant que personne n'aura sur moi des droits plus grands que n'en a mon bienfaiteur, qui m'a fait faire connaissance avec lui, et m'a priée de le bien recevoir.

— Il est amoureux de vous, lui dis-je après m'être promené quelque temps à grands pas dans la chambre, il n'a point de père, il pourra... »

Je ne pus achever. Caliste ne me répondit rien ; on annonça l'homme qui me tourmentait, et je sortis. Peu après je revins. Je résolus de m'accoutumer à lui plutôt que de me laisser bannir de chez moi, car c'était chez moi. J'y venais encore plus souvent qu'à l'ordinaire, et j'y restais moins longtemps. Quelquefois elle était seule, et c'était une bonne fortune dont tout mon être était réjoui. Je n'amenais plus le petit garçon, qui au bout de quelques jours s'en plaignit amèrement. Un jour, en présence de lady Betty, il adressa ses plaintes à mon père, et le supplia de le mener chez mistriss Calista, puisque je ne l'y menais plus. Ce nom, la manière de le dire firent sourire mon père avec un mélange de bienveillance et d'embarras.

« Je n'y vais pas moi-même, dit-il à sir Harry.

— Est-ce que votre fils ne veut pas vous y mener ? reprit l'enfant. Ah ! si vous y aviez été quelquefois, vous y retourneriez tous les jours comme lui. »

Voyant mon père ému et attendri, je fus sur le point de me jeter à ses pieds ; mais la présence de lady Betty ou ma mauvaise étoile, ou plutôt ma maudite faiblesse, me retint ! Oh ! Caliste, combien vous auriez été plus courageuse que moi ! Vous auriez profité de cette occasion précieuse ; vous auriez tenté et réussi, et nous aurions passé ensemble une vie que nous n'avons pu apprendre à passer l'un sans l'autre. Pendant qu'incertain, irrésolu, je laissais échapper ce moment unique, on vint de la part de Caliste, à qui j'avais dit les plaintes de sir Harry, demander à milady que son fils pût dîner chez elle. Le petit garçon n'attendit pas la réponse, il courut se jeter au cou de James et le pria de l'emmener. Le soir, le lendemain, les jours suivants, il parla tant de ma maîtresse, qu'il impatienta lady Betty et commença tout de bon à intéresser mon père. Qui sait ce que n'aurait pas pu produire cette espèce d'intercession ? Mais mon père fut obligé d'aller passer quelques jours chez lui pour des affaires pressantes, et ce mouvement de bonne volonté une fois interrompu ne put plus être redonné.

Sir Harry s'établit si bien chez Caliste, que je ne la trouvais plus seule avec son nouvel amant. Il fut, je pense, aussi importuné de l'enfant que je pouvais l'être de lui. Caliste, dans cette occasion, déploya un art et des ressources de génie, d'esprit et de bonté que j'étais bien éloigné de lui connaître. L'habitant de Norfolk, ne pouvant l'entretenir, voulait au moins qu'elle le charmât, comme à Londres, par sa voix et son clavecin, et demandait des ariettes françaises, italiennes, des morceaux d'opéra ; mais Caliste, trouvant que tout cela serait vieux pour moi et ennuyeux pour le petit garçon, et que je me soucierais peu d'ailleurs d'aider à l'effet en l'accompagnant comme à mon ordinaire, se mit à imaginer des romances dont elle faisait la musique, dont elle m'aidait à faire des paroles, qu'elle faisait chanter par l'enfant et juger par mon rival. Elle chanta, joua, et parodia la charmante romance *Have you Seen my Hanna*, de manière à m'arracher vingt fois des larmes. Elle voulut aussi que nous apprissions à dessiner à sir Harry, et, pour pouvoir se refuser sans rudesse à cette musique perpétuelle, elle se procura quelques-uns de ces tableaux de Rubens et des Snyders[1], où des enfants se jouent avec des guirlandes de fleurs, et les copiant à l'aide d'un pauvre peintre fort habile que le hasard lui avait amené, et dont elle avait démêlé le talent, elle en entoura sa chambre, laissant entre eux de l'espace pour des consoles sur lesquelles devaient être placées des lampes d'une forme antique et des vases de porcelaine. Ce travail nous occupait tous, et, si l'enfant seul était content, tout le monde était amusé. Surpris moi-même de l'effet quand l'appartement fut arrangé, et trouvant qu'elle n'avait jamais eu autant d'activité ni d'invention, j'eus la cruauté de lui demander si c'était pour rendre à M. M… sa maison plus agréable.

« Ingrat ! dit-elle.

— Oui, m'écriai-je, vous avez raison, je suis un ingrat ; mais aussi qui pourrait voir sans humeur des talents, dont on ne jouit plus seul, se déployer tous les jours d'une façon plus brillante ?

---

1. Frans Snyders (1579-1657), peintre flamand contemporain de Rubens et lié avec lui.

— C'est bien, dit-elle, de leur part le chant du cygne. »

On entendit heurter à la porte. « Préparez-vous à voir, dit le petit Harry, comme s'il avait entendu finesse, notre éternel M. de Norfolk. » C'était lui en effet.

Nous menâmes encore quelques jours la même vie, mais ce n'était pas l'intention de mon rival de partager toujours Caliste avec un enfant et moi. Il vint lui dire un matin que, d'après ce qu'il avait appris d'elle par le général D… et le public, mais surtout d'après ce qu'il en voyait lui-même, il était résolu à suivre le penchant de son cœur et à lui offrir sa main et sa fortune.

« Je vais, dit-il, prendre une connaissance exacte de mes affaires, afin de pouvoir vous en rendre compte. Je veux que votre ami, votre protecteur, à qui je dois le bonheur de vous connaître, examine et juge avec vous si mes offres sont dignes d'être acceptées ; mais, quand vous aurez tout examiné, vous êtes trop généreuse pour me faire attendre une réponse décisive, et si je vous trouvais ensemble il ne faudrait que quelques moments pour décider de mon sort.

— Je voudrais être moi-même plus digne de vos offres, lui dit Caliste, aussi troublée que si elle ne s'était pas attendue à sa déclaration ; allez, monsieur, je sens tout l'honneur que vous me faites. J'examinerai avec moi-même si je dois l'accepter, et, après votre retour, je serai bientôt décidée. »

Sir Harry et moi la trouvâmes une heure après si pâle, si changée, qu'elle nous effraya. Est-il croyable que je ne me sois pas décidé alors ? Je n'avais certainement qu'un mot à dire. Je passai trois jours presque du matin au soir chez Caliste à la regarder, à rêver, à hésiter, et je ne lui dis rien. La veille du jour où son amant devait revenir, j'allais chez elle l'après-dîner, je venais seul. Je savais que sa femme de chambre était allée chez des parents à quelques miles de Bath, et ne devait revenir que le lendemain matin. Caliste tenait une cassette remplie de petits bijoux, de pierres gravées, de miniatures qu'elle avait apportées d'Italie, ou que milord lui avait données. Elle me les fit regarder et observa lesquelles me plaisaient le plus. Elle me mit au doigt une bague que milord avait toujours portée, et me pria de la garder. Elle ne me disait presque rien. Elle m'étonna et me parut différente d'elle-même. Elle était caressante, et paraissait triste et résignée. « Vous n'avez rien promis à cet homme ? » lui dis-je. « Rien », dit-elle, et voilà les seuls mots que j'aie pu me rappeler d'une soirée que je me suis rappelée mille et mille fois. Mais je n'oublierai de ma vie la manière dont nous nous séparâmes. Je regardai ma montre.

« Quoi ! dis-je, il est déjà neuf heures ? et je voulus m'en aller.

— Restez, me dit-elle.

— Il ne m'est pas possible, lui dis-je ; mon père et lady Betty m'attendent.

« — Vous souperez tant de fois encore avec eux ! dit-elle.

— Mais, dis-je, vous ne soupez plus ?

— Je souperai.

— On m'a promis des glaces.

— Je vous en donnerai » (il faisait excessivement chaud).

Elle n'était presque pas habillée. Elle se mit devant la porte vers laquelle je m'avançais ; je l'embrassai en l'ôtant un peu de devant la porte.

« Et vous ne laisserez donc pas de passer, dit-elle.

— Vous êtes cruelle, lui dis-je, de m'émouvoir de la sorte !

— Moi, je suis cruelle ! »

J'ouvris la porte, je sortis, elle me regarda sortir, et je lui entendis dire en la refermant : « C'est fait. » Ces mots me poursuivirent. Après les avoir mille fois entendus, je revins au bout d'une demi-heure en demander l'explication. Je trouvai sa porte fermée à clef. Elle me cria d'un cabinet, qui était par-delà sa chambre, qu'elle s'était mise dans le bain, et qu'elle ne pouvait m'ouvrir n'ayant personne avec elle.

« Mais, dis-je, s'il vous arrivait quelque chose !

— Il ne m'arrivera rien, me dit-elle.

— Est-il bien sûr, lui dis-je, que vous n'ayez aucun dessein sinistre ?

— Très sûr, me répondit-elle ; y a-t-il quelque autre monde où je vous retrouvasse ? »

Mais je m'enroue, et je ne puis plus parler. Je m'en retournai chez moi un peu plus tranquille, mais *c'est fait* ne put me sortir de l'esprit et n'en sortira jamais, quoique j'aie revu Caliste. Le lendemain matin, je retournai chez elle. Fanny me dit qu'elle ne pouvait me voir ; et, me suivant dans la rue :

« Qu'est-il donc arrivé à ma maîtresse ? me dit-elle. Quel chagrin lui avez-vous fait ?

— Aucun, lui dis-je, qui me soit connu.

— Je l'ai trouvée, reprit-elle, dans un état incroyable. Elle ne s'est pas couchée cette nuit... Mais je n'ose m'arrêter plus longtemps. Si c'est votre faute, vous n'aurez point de repos le reste de votre vie. »

Elle rentra, je me retirai très inquiet ; une heure après, je revins : Caliste était partie. On me donna la cassette de la veille et une lettre que voici :

Quand j'ai voulu vous retenir hier, je n'ai pu y réussir. Aujourd'hui je vous renvoie, et vous obéissez au premier mot. Je pars pour vous épargner des cruautés qui empoisonneraient le reste de votre vie si vous veniez un jour à les sentir. Je m'épargne à moi le tourment de contempler en détail un malheur et des pertes d'autant plus vivement senties, que je ne suis en droit de les reprocher à personne. Gardez pour l'amour de moi ces bagatelles que vous admirâtes hier ; vous le pouvez avec d'autant moins de scrupule, que je suis résolue à me réserver la propriété la plus entière de tout ce que je tiens de milord ou de son oncle.

Comment vous rendre compte, Madame, du stupide abattement où je restai plongé, et de toutes les puériles, ridicules, mais peu distinctes considérations auxquelles se borna ma pensée, comme si je fusse devenu incapable d'aucune vue saine, d'aucun raisonnement ? Ma léthargie fut-elle un retour du dérangement qu'avait causé dans mon cerveau la mort de mon frère ? Je voudrais que vous le crussiez ; autrement comment aurez-vous la patience de continuer cette lecture ? Je voudrais parvenir surtout à le croire moi-même, ou que le souvenir de cette journée pût s'anéantir. Il n'y avait pas une demi-heure qu'elle était partie ; pourquoi ne la pas suivre ? qu'est-ce qui me retint ? S'il est des intelligences témoins de nos pensées, qu'elles me disent ce qui me retint. Je m'assis à l'endroit où Caliste avait écrit, je pris sa plume, je la baisai, je pleurai ; je crois que je voulais écrire ; mais, bientôt importuné du mouvement qu'on se donnait autour de moi pour mettre en ordre les meubles et les hardes de ma maîtresse, je sors de sa maison, je vais errer dans la campagne, je reviens ensuite me renfermer chez moi. A une heure après minuit, je me couche tout habillé ; je m'endors ; mon frère, Caliste, mille fantômes lugubres viennent m'assaillir ; je me réveille en sursaut tout couvert de sueur ; un peu remis, je pense que j'irai dire à Caliste ce que j'ai souffert la veille, et la frayeur que m'ont causée mes rêves. A Caliste ? Elle est partie ; c'est son départ qui me met dans cet état affreux : Caliste n'est plus à ma portée, elle n'est plus à moi, elle est à un autre. Non, elle n'est pas encore à un autre, et en même temps j'appelle, je cours, je demande des chevaux ; pendant qu'on les mettait à ma voiture, j'allai éveiller ses gens et leur demander s'ils n'avaient rien appris de M. M… Ils me dirent qu'il était arrivé à huit heures du soir, et qu'il avait pris à dix le chemin de Londres. A l'instant, ma tête s'embarrassa, je voulus m'ôter la vie, je méconnus les gens et les objets, je me persuadai que Caliste était morte ; une forte saignée suffit à peine pour me faire revenir à moi, et je me retrouvai dans les bras de mon père, qui joignit aux plus tendres soins pour ma santé celui de cacher le plus possible l'état où j'avais été. Funeste précaution ! Si on l'avait su, il aurait effrayé peut-être, et personne n'eût voulu s'associer à mon sort [1].

Le lendemain on m'apporta une lettre. Mon père, qui ne me quittait pas, me pria de la lui laisser ouvrir.

« Que je voie une fois, me dit-il, quoiqu'il soit trop tard, ce qu'était cette femme.

— Lisez, lui dis-je, vous ne verrez certainement rien qui ne lui fasse honneur. »

Il est bien sûr à présent que vous ne m'avez pas suivie. Il n'y a que trois heures que j'espérais encore. A présent je me trouve heureuse de penser qu'il n'est plus possible que vous arriviez, car il ne pourrait en résulter que les choses les plus

---

1. C'est-à-dire : aider à me sauver.

funestes ; mais je pourrais recevoir une lettre. Il y a des instants où je m'en flatte encore. L'habitude était si grande, et il est pourtant impossible que vous me haïssiez, ou que je sois pour vous comme une autre. J'ai encore une heure de liberté. Quoique tout soit prêt, je puis encore me dédire ; mais, si je n'apprends rien de vous, je ne me dédirai pas. Vous ne vouliez plus de moi, votre situation auprès de moi était trop uniforme ; il y a longtemps que vous en êtes fatigué. J'ai fait une dernière tentative. J'avais presque cru que vous me retiendriez ou que vous me suivriez. Je ne me ferai pas honneur des autres motifs qui ont pu entrer dans ma résolution, ils sont trop confus. C'est pourtant mon intention de chercher mon repos et le bonheur d'autrui dans mon nouvel état, et de me conduire de façon que vous ne rougissiez pas de moi. Adieu, l'heure s'écoule, et dans un instant on viendra me dire qu'elle est passée ; adieu, vous pour qui je n'ai point de nom, adieu pour la dernière fois.

La lettre était tachée de larmes, celles de mon père tombèrent sur les traces de celles de Caliste, les miennes... Je sais la lettre par cœur, mais je ne puis plus la lire. Deux jours après, lady Betty, tenant la gazette, lut à l'article des mariages : *Charles M... of Norfolk, with Maria Sophia****. Oui, elle lut ces mots ; il fallut les entendre. Ciel ! avec *Maria Sophia* !... Je ne puis pas accuser lady Betty d'insensibilité dans cette occasion. J'ai lieu de croire qu'elle regardait Caliste comme une fille honnête pour son état, avec qui j'avais vécu, qui m'aimait encore, quoique je ne l'aimasse plus, qui, voyant que je m'étais détaché d'elle, et que je ne l'épouserais jamais, prenait avec chagrin le parti de se marier, pour faire une fin honorable. Certainement lady Betty n'attribuait ma tristesse qu'à la pitié ; car, loin de m'en savoir mauvais gré, elle en eut meilleure opinion de mon cœur. Toute cette manière de juger était fort naturelle et ne différait de la vérité que par les nuances qu'elle ne pouvait deviner.

Huit jours se passèrent, pendant lesquels il me semblait que je ne vivais pas. Inquiet, égaré, courant toujours comme si j'avais cherché quelque chose, ne trouvant rien, ne cherchant même rien, ne voulant que me fuir moi-même, et fuir successivement tous les objets qui frappaient mes regards ! ah ! Madame, quel état ! et faut-il que j'éprouve qu'il en est un plus cruel encore ! Un matin, pendant le déjeuner, sir Harry, s'approchant de moi, me dit : « Je vous vois si triste, j'ai toujours peur que vous ne vous en alliez aussi. Il m'est venu une idée. On parle quelquefois à maman de se remarier, j'aimerais mieux que ce fût vous que tout autre qui devinssiez mon père ; alors vous resteriez auprès de moi, ou bien vous me prendriez avec vous, si vous vous en alliez. » Lady Betty sourit. Elle eut l'air de penser que son fils ne faisait que me mettre sur les voies de faire une proposition à laquelle j'avais pensé depuis longtemps. Je ne répondis rien : elle crut que c'était par embarras, par timidité. Mais mon silence devenait trop long. Mon père prit la parole :

« Vous avez là une très bonne idée, mon ami Harry, dit-il, et je me flatte qu'une fois ou l'autre tout le monde en jugera ainsi.

— Une fois ou l'autre ! dit lady Betty. Vous me croyez plus prude que je ne suis. Il ne me faudrait pas tant de temps pour adopter une idée qui vous serait agréable, ainsi qu'à votre fils et au mien. »

Mon père me prit par la main, et me fit sortir. « Ne me punissez pas, me dit-il, de n'avoir pas su faire céder des considérations qui me paraissaient victorieuses à celles que je trouvais faibles. Je puis avoir été aveugle, mais je n'ai pas cru être dur. Je n'ai rien dans le monde de si cher que vous. Méritez jusqu'au bout ma tendresse : je voudrais n'avoir point exigé ce sacrifice ; mais, puisqu'il est fait, rendez-le méritoire pour vous et utile à votre père ; montrez-vous un fils tendre et généreux en acceptant un mariage qui paraîtrait avantageux à tout autre que vous, et donnez-moi des petits-fils qui intéressent et amusent ma vieillesse, et me dédommagent de votre mère, de votre frère et de vous, car vous n'avez jamais été et ne serez peut-être jamais à vous, à moi, ni à la raison. »

Je rentrai dans la chambre.

« Pardonnez mon peu d'éloquence, dis-je à milady, et croyez que je sens mieux que je ne m'exprime. Si vous voulez me promettre le plus grand secret sur cette affaire, et permettre que j'aille faire un tour à Paris et en Hollande, je partirai dès demain, et reviendrai dans quatre mois vous prier de réaliser des intentions qui me sont si honorables et si avantageuses.

— Dans quatre mois ! dit milady ; et il faudrait m'engager au plus profond secret ? Pourquoi ce secret, je vous prie ? Serait-ce pour ménager la sensibilité de cette femme ?

— N'importe mes motifs, lui dis-je ; mais je ne m'engage qu'à cette condition.

— Ne soyez pas fâché, dit sir Harry, maman ne connaît pas mistriss Calista.

— Je t'épouserai, toi, mon cher Harry, si j'épouse ta mère, lui dis-je en l'embrassant. C'est bien aussi toi que j'épouse, et je te jure tendresse et fidélité.

— Madame est trop raisonnable, dit avec gravité mon père, pour ne pas consentir au secret que vous voulez qu'on garde ; mais pourquoi ne pas vous marier secrètement avant que de partir ? J'aurai du plaisir à vous savoir marié ; vous partirez aussitôt qu'il vous plaira après la célébration. De cette manière on ne soupçonnera rien, et, si l'on parlait de quelque chose, votre départ détruirait ce bruit. Je comprends bien comment vous avez envie de faire un voyage de garçon, c'est-à-dire, sans femme. Il fut question de vous envoyer voyager avec votre frère au sortir de l'université, mais la guerre y mit obstacle. »

Lady Betty fut si bien apaisée par le discours de mon père, qu'elle consentit à tout ce qu'il voulait, et trouva plaisant que nous fussions mariés avant un certain bal qui devait se donner peu de jours après. L'erreur où nous verrions tout le monde, disait-elle, nous amuserait, elle et moi. Avec quelle rapidité je me vis entraîné ! Je connaissais lady Betty depuis environ cinq mois. Notre mariage fut proposé, traité et conclu en une heure. Sir Harry était si aise, que j'eus peine à me persuader qu'il pût être discret. Il me dit que quatre mois étaient trop longs pour pouvoir se taire, mais qu'il se tairait jusqu'à mon départ si je promettais de le prendre avec moi.

Je fus donc marié, et il n'en transpira rien, quoique des vents contraires et un temps très orageux retardassent mon départ de quelques jours qu'il était plus naturel de passer à Bath qu'à Warwick. Le vent ayant changé, je partis, laissant lady Betty grosse. Je parcourus en quatre mois les principales villes de la Hollande, de la Flandre et du Brabant ; et en France, outre Paris, je vis la Normandie et la Bretagne. Je ne voyageai pas vite à cause de mon petit compagnon de voyage ; mais je restai peu partout où je fus, et je ne regrettai nulle part de ne pouvoir y rester plus longtemps. J'étais si mal disposé pour la société, tout ce que j'apercevais de femmes me faisait si peu espérer que je pourrais être distrait de mes pertes, que partout je ne cherchai que les édifices, les spectacles, les tableaux, les artistes. Quand je voyais ou entendais quelque chose d'agréable, je cherchais autour de moi celle avec qui j'avais si longtemps vu et entendu, celle avec qui j'aurais voulu tout voir et tout entendre, qui m'aurait aidé à juger, et m'aurait fait doublement sentir. Mille fois je pris la plume pour lui écrire, mais je n'osai écrire ; et comment lui aurais-je fait parvenir une lettre telle que j'eusse eu quelque plaisir à écrire, et elle à la recevoir ?

Sans le petit Harry, je me serais trouvé seul dans les villes les plus peuplées ; avec lui je n'étais pas tout à fait isolé dans les endroits les plus écartés. Il m'aimait, il ne me fut jamais incommode, et j'avais mille moyens de le faire parler de mistriss Calista, sans en parler moi-même. Nous retournâmes en Angleterre, d'abord à Bath, de là chez mon père, et enfin à Londres, où mon mariage devint public, lorsque lady Betty jugea qu'il était temps de se faire présenter à la Cour. On avait parlé de moi et de mon frère comme d'un phénomène d'amitié ; on avait parlé de moi comme d'un jeune homme rendu intéressant par la passion d'une femme aimable ; les amis de mon père avaient prétendu que je me distinguerais par mes connaissances et mes talents. Les gens à talents avaient vanté mon goût et ma sensibilité pour les arts qu'ils professaient. A Londres, dans le monde on ne vit plus rien qu'un homme triste et silencieux. On s'étonna de la passion de Caliste et du choix de lady Betty ; et, supposé que les premiers jugements portés sur moi n'eussent pas été tout à fait faux, je conviens que les derniers étaient du moins parfaitement naturels, et j'y étais peu sensible ; mais lady Betty, s'apercevant du jugement du public, l'adopta insensiblement, et, ne se trouvant pas autant aimée qu'elle croyait le mériter, après s'être plainte quelque temps avec beaucoup de vivacité, chercha sa consolation dans une espèce de dédain qu'elle nourrissait et dont elle s'applaudissait. Je ne trouvais aucune de ses impressions assez injuste pour pouvoir m'en offenser ou la combattre. Je n'aurais su d'ailleurs comment m'y prendre, et j'avoue que je n'y prenais pas un intérêt assez vif pour devenir là-dessus bien clairvoyant ni bien ingénieux, encore moins pour en avoir de l'humeur ; de sorte qu'elle fit tout ce qu'elle voulut, et elle voulut plaire et briller dans le monde, ce que sa jolie figure, sa gentillesse, et cet esprit de repartie qui réussit toujours aux femmes, lui rendaient fort aisé. D'une coquetterie générale, elle en vint à une plus particulière, car je ne puis pas appeler autrement ce qui la détermina pour l'homme du royaume avec lequel une femme pouvait être le plus flattée d'être vue, mais le moins fait, du moins à ce qu'il me sembla, pour prendre ou inspirer une passion. Je parus ne rien voir et ne m'opposai à rien, et, après la naissance de sa fille, lady Betty se livra sans réserve à tous les amusements que la mode ou son goût lui rendirent agréables. Pour le petit chevalier, il fut content de moi, car je m'occupais de lui presque uniquement : aussi me resta-t-il fidèle, et le seul véritable chagrin que m'ait fait sa mère, c'est d'avoir voulu obstinément qu'il fût mis en pension à Westminster lorsque, après ses couches, nous allâmes à la campagne.

Ce fut vers ce temps-là que mon père, m'ayant mené promener un jour à quelque distance du château, me parla à cœur ouvert du train de vie que prenait milady, et me demanda si je ne pensais pas m'y opposer avant qu'il ne devînt tout à fait scandaleux. Je lui répondis qu'il ne m'était pas possible d'ajouter à mes autres chagrins celui de tourmenter une personne qui s'était donnée à moi avec plus d'avantages apparents pour moi que pour elle, et qui, dans le fond, avait à se plaindre. « Il n'y a personne, lui dis-je, au cœur, à l'amour-propre et à l'activité de qui il ne faille quelque aliment. Les femmes du peuple ont leurs soins domestiques, et leurs enfants, dont elles sont obligées de s'occuper beaucoup ; les femmes du monde, quand elles n'ont pas un mari dont elles soient le tout, et qui soit tout pour elles, ont recours au jeu, à la galanterie ou à la haute dévotion. Milady n'aime pas le jeu, elle est d'ailleurs trop jeune encore pour jouer, elle est jolie et agréable ; ce qui arrive est trop naturel pour devoir s'en plaindre, et ne me touche pas assez pour que je veuille m'en plaindre. Je ne veux me donner ni l'humeur ni le ridicule d'un mari jaloux ; si elle était sensible, sérieuse, capable, en un mot, de m'écouter et de me croire, s'il y avait entre nous de véritables rapports de caractère, je me ferais peut-être son ami, et je l'exhorterais à éviter l'éclat et l'indécence pour s'épargner des chagrins et ne pas aliéner le public ; mais, comme elle ne m'écouterait pas, il vaut mieux que je conserve plus de dignité et que je laisse ignorer que mon indulgence est réfléchie. Elle en fera quelques écarts de moins si elle se flatte de me tromper. Je sais tout ce qu'on pourrait me dire sur le tort qu'on a de tolérer le désordre ; mais je ne l'empêcherais pas, à moins de ne pas perdre ma femme de vue. Or,

quel casuiste assez sévère pour oser me prescrire une pareille tâche? Si
elle m'était prescrite, je refuserais de m'y soumettre, je me laisserais
condamner par toutes les autorités, et j'inviterais l'homme qui pourrait
dire qu'il ne tolère aucun abus, soit dans la chose publique, s'il y a
quelque direction, soit dans sa maison, s'il en a une, ou dans la conduite
de ses enfants, s'il en a, soit enfin dans la sienne propre, j'inviterais, dis-
je, cet homme-là à me jeter la première pierre. »

Mon père, me voyant si déterminé, ne me répliqua rien. Il entra dans
mes intentions et vécut toujours bien avec lady Betty ; et, dans le peu de
temps que nous fûmes encore ensemble, il n'y eut point de jour qu'il ne
me donnât quelque preuve de son extrême tendresse pour moi. Je me
souviens que dans ce temps-là un évêque, parent de lady Betty, dînant
chez mon père avec beaucoup de monde, se mit à dire de ces lieux
communs, moitié plaisants, moitié moraux, sur le mariage, l'autorité
maritale, etc., etc., qu'on pourrait appeler plaisanteries ecclésiastiques,
qui sont de tous les temps, et qui, dans cette occasion, pouvaient avoir un
but particulier. Après avoir laissé épuiser à neuf ce vieux sujet, je dis que
c'était à la loi et à la religion, ou à leurs ministres, à contenir les femmes,
et que, si on en chargeait les maris, il faudrait au moins une dispense pour
les gens occupés qui alors auraient trop à faire, et pour les gens doux et
indolents qui seraient trop malheureux. « Si on n'avait cette bonté pour
nous, dis-je avec une sorte d'emphase, le mariage ne conviendrait plus
qu'aux tracassiers et aux imbéciles, à Argus et à ceux qui n'auraient
point d'yeux. » Lady Betty rougit. Je crus voir dans sa surprise que
depuis longtemps elle ne me croyait pas assez d'esprit pour parler de la
sorte. Il ne m'aurait peut-être fallu, pour rentrer en faveur auprès d'elle
dans ce moment, que les préférences de quelque jolie femme. Un malentendu, qu'il ne vaut pas la peine de rappeler, me le fit présumer. Il faut
que dans le fond, quoiqu'il n'y paraisse pas toujours, les femmes aient
une grande confiance au jugement et au goût les unes des autres. Un
homme est une marchandise qui en circulant entre leurs mains, hausse
quelque temps de prix, jusqu'à ce qu'elle tombe tout à coup dans un décri
total, qui n'est d'ordinaire que trop juste.

Vers la fin de septembre, je retournai à Londres pour voir sir Harry.
J'espérais aussi qu'y étant seul de notre famille dans une saison où la
ville est déserte, je pourrais aller partout sans qu'on y prît garde, et
trouver enfin dans quelque café, dans quelque taverne, quelqu'un qui me
donnerait des nouvelles de Caliste. Il y avait un an et quelques jours que
nous nous étions séparés. Si aucune de ces tentatives ne m'avait réussi, je
serais allé chez le général D…, ou chez le vieux oncle qui voulait lui
laisser son bien. Je ne pouvais plus vivre sans savoir ce qu'elle faisait, et
le vide qu'elle m'avait laissé se faisait sentir tous les jours d'une manière
plus cruelle. On a tort de penser que c'est dans les premiers temps qu'une
véritable perte est la plus douloureuse. Il semble alors qu'on ne soit pas

encore tout à fait sûr de son malheur. On ne sait pas tout à fait qu'il est sans remède, et le commencement de la plus cruelle séparation n'est que comme une absence. Mais quand les jours, en se succédant, ne ramènent jamais la personne dont on a besoin, il semble que notre malheur nous soit confirmé sans cesse, et à tout moment l'on se dit : « C'est donc pour jamais ! »

Le lendemain de mon arrivée à Londres, après avoir passé le jour avec mon petit ami, j'allai le soir seul à la comédie, croyant y rêver plus à mon aise qu'ailleurs. Il y avait peu de monde même pour le temps de l'année, parce qu'il faisait très chaud, et le ciel menaçait d'orage. J'entre dans une loge. J'étais distrait, longtemps je m'y crois seul. Je vois enfin une femme cachée par un grand chapeau, qui ne s'était pas retournée lorsque j'étais entré, et qui paraissait ensevelie dans la rêverie la plus profonde. Je ne sais quoi dans sa figure me rappela Caliste, mais Caliste menée en Norfolkshire par son mari, et dont personne à Londres n'avait parlé jusqu'au milieu de l'été, devait être si loin de là, que je ne m'occupai pas un instant de cette pensée. On commence la pièce, il se trouve que c'est *The Fair Penitent*. Je fais une espèce de cri de surprise. La femme se retourne : c'était Caliste. Qu'on juge de notre étonnement, de notre émotion, de notre joie ! Car tout autre sentiment céda dans l'instant même à la joie de nous revoir. Je n'eus plus de torts, je n'eus plus de regrets, je n'eus plus de femme, elle n'eut plus de mari ; nous nous retrouvions, et, quand ce n'eût été que pour un quart d'heure, nous ne pouvions sentir que cela. Elle me parut un peu pâle et plus négligée, mais cependant plus belle que je ne l'avais jamais vue. « Quel sort, dit-elle, quel bonheur ! J'étais venue entendre cette même pièce, qui sur ce même théâtre décida de ma vie. C'est la première fois que je viens ici depuis ce jour-là. Je n'avais jamais eu le courage d'y revenir ; à présent d'autres regrets m'ont rendue insensible à cette espèce de honte. Je venais revoir mes commencements, et méditer sur ma vie ; et c'est vous que je retrouve ici, vous, le véritable, le seul intérêt de ma vie, l'objet constant de ma pensée, de mes souvenirs, de mes regrets, vous que je ne me flattais pas de jamais revoir. » Je fus longtemps sans lui répondre. Nous fûmes long-temps à nous regarder, comme si chacun des deux eût voulu s'assurer que c'était bien l'autre. « Est-ce bien vous ? lui dis-je enfin. Quoi ! c'est bien vous ! Je venais ici sans intention, par désœuvrement ; je me serais cru heureux d'apprendre seulement de vos nouvelles après mille recherches que je me proposais de faire, et je vous trouve vous-même, et seule, et nous aurons encore au moins pendant quelques heures le plaisir que nous avions autrefois à toute heure et tous les jours ! » Alors je la priai de trouver bon que nous fissions tous deux l'histoire du temps qui s'était passé depuis notre séparation, pour que nous pussions ensuite nous mieux entendre et parler plus à notre aise. Elle y consentit, me dit de commencer, et m'écouta sans presque m'interrompre : seulement, quand je m'accusais, elle m'excusait ; quand je parlais d'elle, elle me souriait avec attendrissement ; quand elle me voyait malheureux, elle me regardait avec pitié. Le peu de liaison qu'elle vit entre lady Betty et moi ne parut point lui faire de plaisir, cependant elle n'en affecta point de chagrin.

« Je vois, dit-elle, que je n'ai jamais été entièrement dédaignée ni oubliée ; c'est tout ce que je pouvais demander. Je vous en remercie, et je rends grâces au ciel de ce que j'ai pu le savoir. Je vais vous faire aussi l'histoire de cette triste année. Je ne vous dirai pas tout ce que j'éprouvai sur la route de Bath à Londres, tressaillant au moindre bruit que j'entendais derrière moi, n'osant regarder, de peur de m'assurer que ce n'était pas vous, éclaircie ensuite malgré moi, me flattant de nouveau, de nouveau désabusée... C'est assez : si vous ne sentez pas tout ce que je pourrais vous dire, vous ne le comprendriez jamais. En arrivant à Londres, j'appris que l'oncle de mon père était mort il y avait quelques jours, et qu'il m'avait laissé son bien, qui, tous les legs payés, montait, outre sa maison, à près de trente mille pièces. Cet événement me frappa, quoique la mort d'un homme de quatre-vingt-quatre ans soit dans tous les instants moins étonnante que sa vie, et je sentis une espèce de chagrin dont je fus quelque temps à démêler la cause. Je la démêlai pourtant. J'avais une obligation de plus à ne pas rompre mon mariage. Avoir écouté auparavant M. M..., et le rejeter au moment où j'avais quelque chose à donner en échange d'un nom, d'un état honnête, me parut presque impossible. Il en serait résulté pour moi un genre de déshonneur auquel je n'étais pas encore accoutumée. Il arriva le lendemain, me montra un état de son bien, aussi clair que le bien même, et un contrat de mariage tout dressé, par lequel il me donnait trois cents pièces par an pour ma vie, et outre cela un douaire de cinq mille pièces. Il ne savait rien de mon héritage ; je le lui appris. Je refusai la rente, mais je demandai que, supposé que le mariage se fît, phrase que je répétais sans cesse, je conservasse la jouissance et la propriété de tout ce que je tenais et pourrais tenir encore des bienfaits de l'oncle de lord L..., et je priai qu'on me regardât comme absolument libre jusqu'au moment où j'aurais prononcé *oui* à l'église.

« Vous voyez, monsieur, lui dis-je, combien je suis troublée ; je veux que jusque-là mes paroles soient pour ainsi dire comptées pour rien, et que vous me donniez votre parole d'honneur de ne me faire aucun reproche si je me dédis un moment avant que la cérémonie s'achève.

— Je le jure, me répondit-il, au cas que vous changiez de vous-même ; mais, si un autre venait vous faire changer, il aurait ma vie ou moi la sienne. Un homme qui vous connaît depuis si longtemps, et n'a pas su faire ce que je fais, ne mérite pas de m'être préféré. »

Après ce mot, ce que j'avais tant souhaité jusqu'alors ne me parut plus que la chose du monde la plus à craindre. Il revint bientôt avec le contrat changé comme je l'avais demandé ; mais il m'y donnait cinq mille

guinées pour des bijoux, des meubles ou des tableaux qui m'appartien-
draient en toute propriété. Le ministre était averti, la licence obtenue, les
témoins trouvés. Je demandai encore une heure de solitude et de liberté.
Je vous écrivis, je donnai ma lettre au fidèle James. Il n'en vint point de
vous. L'heure écoulée, nous allâmes à l'église et on nous maria…
Laissez-moi respirer un moment », dit-elle, et elle parut écouter les
acteurs et la Caliste du théâtre, qui rendirent assez naturels les pleurs que
nos voisins lui voyaient verser. Ensuite elle reprit : « Quelques jours
après, les affaires qui regardaient l'héritage étant arrangées, et mon mari
ayant été mis en possession du bien, il me mena à sa terre ; l'oncle de
lord L… m'avait fait promettre, quand je lui dis adieu, de venir le voir
toutes les fois qu'il le demanderait. Je fus parfaitement bien reçue dans le
pays que j'allais habiter. Domestiques, vassaux, amis, voisins, même les
plus fiers, ou ceux qui auraient eu le plus de droit de l'être, s'empressèrent
à me faire le meilleur accueil, et il ne tint qu'à moi de croire qu'on ne me
connaissait que par des bruits avantageux. Pour la première fois je mis en
doute si votre père ne s'était pas trompé, et s'il était bien sûr que je
portasse avec moi le déshonneur. Moi, de mon côté, je ne négligeai rien
de ce qui pouvait donner du plaisir ou compenser de la peine. Mon
ancienne habitude d'arranger pour les autres mes actions, mes paroles, ma
voix, mes gestes, jusqu'à ma physionomie, me revint, et me servit si bien
que j'ose assurer qu'en quatre mois M. M… n'eut pas un moment qui fût
désagréable. Je ne prononçais pas votre nom ; les habits que je portais, la
musique que je jouais, ne furent plus les mêmes qu'à Bath. J'étais deux
personnes, dont l'une n'était occupée qu'à faire taire l'autre et à la cacher.
L'amour, car mon mari avait pour moi une véritable passion, secondant
mes efforts par ses illusions, il parut croire que personne ne m'avait été
aussi cher que lui. Il méritait sans doute tout ce que je faisais et tout ce
que j'aurais pu faire pour son bonheur pendant une longue vie, et son
bonheur n'a duré que quatre mois. Nous étions à table chez un de nos
voisins. Un homme arrivé de Londres parla d'un mariage célébré déjà
depuis longtemps, mais devenu public depuis quelques jours. Il ne se
rappela pas d'abord votre nom, il vous nomma enfin. Je ne dis rien, mais
je tombai évanouie, et je fus deux heures sans aucune connaissance. Tous
les accidents les plus effrayants se succédèrent pendant quelques jours, et
finirent par une fausse couche dont les suites me mirent vingt fois au bord
du tombeau. Je ne vis presque point M. M… Une femme qui écouta mon
histoire, et plaignit ma situation, le tint éloigné de moi pour que je ne
visse pas son chagrin et n'entendisse pas ses reproches, et dans le même
temps elle ne négligea rien pour le consoler ni pour l'apaiser : elle fit plus.
Je m'étais mis dans l'esprit que vous vous étiez marié secrètement avant
que j'eusse quitté Bath, que vous étiez déjà engagé avant d'y revenir, que
vous m'aviez trompée en me disant que vous ne connaissiez pas
lady Betty, que vous m'aviez laissé arranger l'appartement de ma rivale,

et que vous vous étiez servi de moi, de mon zèle, de mon industrie, de mes soins pour lui faire votre cour ; que, lorsque vous m'aviez témoigné de l'humeur de trouver chez moi M. M…, vous étiez déjà promis, peut-être déjà marié. Cette femme, me voyant m'occuper sans cesse de toutes ces douloureuses suppositions, et revenir mille fois sur les plus déchirantes images, s'informa, sans m'en avertir, de l'impression qu'avait faite sur vous mon départ, de la conduite de votre père, du moment de votre mariage, de celui de votre départ retardé par le mauvais temps, de votre conduite pendant le voyage et à votre retour. Elle sut tout approfondir, faire parler vos gens et sir Harry, et ses informations ont été bien justes, car ce que vous venez de me dire y répond parfaitement. Je fus soulagée, je la remerciai mille fois en pleurant, en baisant ses mains que je mouillais de larmes. Seule, la nuit, je me disais : "Je n'ai pas du moins à le mépriser ni à le haïr ; je n'ai pas été le jouet d'un complot, d'une trahison préméditée. Il ne s'est pas fait un jeu de mon amour et de mon aveuglement." Je fus soulagée. Je me rétablis assez pour reprendre ma vie ordinaire, et j'espérais de faire oublier à mon mari, à force de soins et de prévenances, l'affreuse impression qu'il avait reçue. Je n'ai pu en venir à bout. L'éloignement, si ce n'est la haine, avait succédé à l'amour. Je l'intéressais pourtant encore, quand des retours de mon indisposition semblaient menacer ma vie ; mais, dès que je me portais mieux, il fuyait sa maison, et quand, en y rentrant, il retrouvait celle qui peu auparavant la lui rendait délicieuse, je le voyais tressaillir. J'ai combattu pendant trois mois cette malheureuse disposition, et cela bien plus pour l'amour de lui que pour moi-même. Toujours seule, ou avec cette femme qui m'avait secourue, travaillant sans cesse pour lui ou pour sa maison, n'écrivant et ne recevant aucune lettre, mon chagrin, mon humiliation, car ses amis m'avaient tous abandonnée, me semblaient devoir le toucher ; mais il était aigri sans retour. Il ne lui échappa jamais un mot de reproche ; de sorte que je n'eus jamais l'occasion d'en dire un seul d'excuse ni de justification. Une fois ou deux je voulus parler, mais il me fut impossible de proférer une seule parole. A la fin, ayant reçu une lettre du général, qui me disait qu'il était malade, et qu'il me priait de le venir voir seule, ou avec M. M…, je la mis devant lui. "Vous pouvez aller, madame", me dit-il. Je partis dès le lendemain, et laissant Fanny, pour n'avoir pas l'air de déserter la maison ni d'en être bannie, je lui dis de laisser mes armoires et mes cassettes ouvertes et à portée de l'examen de tout le monde ; mais je ne crois pas qu'on aie daigné regarder rien, ni faire la moindre question sur mon compte. Voilà comme est revenue à Londres celle que milord a tant aimée, et qu'une fois vous aimiez ; et aujourd'hui je me revois ici plus malheureuse et plus délaissée que quand je vins jouer sur ce même théâtre, et que je n'appartenais à personne qu'à une mère qui me donna pour de l'argent. »

Caliste ne pleura pas après avoir fini son récit ; elle semblait considérer sa destinée avec une sorte d'étonnement mêlé d'horreur plutôt qu'avec tristesse. Moi, je restai abîmé dans les plus noires réflexions. « Ne vous affligez pas, me dit-elle en souriant, je n'en vaux pas la peine. Je le savais bien, que la fin ne serait pas heureuse, et j'ai eu des moments si doux ! Le plaisir de vous retrouver ici rachèterait seul un siècle de peines. Que suis-je, au fond, qu'une fille entretenue que vous avez trop honorée ? » Et d'une voix et d'un air tranquilles, elle me demanda des nouvelles de sir Harry, et s'il caressait sa petite sœur. Je lui parlai de sa propre santé. « Je ne suis point bien, me dit-elle, et je ne pense pas que je me remette jamais ; mais je sens que le chagrin aura longtemps à faire pour tuer tout à fait une bonne constitution. » Nous parlâmes un peu de l'avenir. Ferait-elle bien de chercher à retourner à Norfolk, où son devoir seul, sans nul penchant, nul attrait, nulle espérance de bonheur, la ferait aller ? Devait-elle engager l'oncle de lord L... à la mener passer l'hiver en France ? Si elle et moi passions l'hiver à Londres, pourrions-nous nous voir, pourrions-nous consentir à ne nous point voir ? La pièce finie, nous sortîmes sans être convenus de rien, sans savoir où nous allions, sans avoir pensé à nous séparer, à nous rejoindre, à rester ensemble. La vue de James me tira de cet oubli de tout.

« Ah ! James ! m'écriai-je.

— Ah ! monsieur, c'est vous ! Par quel hasard, par quel bonheur ?... Attendez. J'appellerai un fiacre au lieu de cette chaise. »

Ce fut James qui décida que je serais encore quelques moments avec Caliste.

« Où voulez-vous qu'il aille ? lui dit-il.

— Au parc Saint-James, dit-elle après m'avoir regardé. Soyons encore un moment ensemble, personne ne le saura. C'est le premier secret que James ait jamais eu à me garder ; je suis bien sûre qu'il ne le trahira pas, et, si vous voulez qu'on n'en croie pas les rapports de ceux qui pourraient nous avoir vus à la comédie, ou qu'on ne fasse aucune attention à cette rencontre, retournez à la campagne cette nuit ou demain ; on croira qu'il vous a été bien égal de me retrouver, puisque vous vous éloignez de moi tout de suite. C'est ainsi qu'un peu de bonheur ramène l'amour de la décence, le soin du repos d'autrui, dans une âme généreuse et noble. Mais écrivez-moi, ajouta-t-elle, conseillez-moi, dites-moi vos projets. Il n'y a point d'inconvénient à présent que je reçoive de temps en temps de vos lettres. »

J'approuvai tout. Je promis de partir et d'écrire. Nous arrivâmes à la porte du parc. Il faisait fort obscur, et le tonnerre commençait à gronder.

« N'avez-vous pas peur ? lui dis-je.

— Qu'il ne tue que moi, dit-elle, et tout sera bien. Mais, s'il vaut mieux ne pas nous éloigner de la porte et du fiacre, asseyons-nous ici sur un banc ; et, après avoir quelque temps considéré le ciel, assurément personne ne se promène, dit-elle, personne ne me verra ni ne m'écoutera. »

Elle coupa presque à tâtons une touffe de mes cheveux, qu'elle mit dans son sein ; et, passant ses deux bras autour de moi, elle me dit : « Que ferons-nous l'un sans l'autre ? Dans une demi-heure je serai comme il y a un an, comme il y a six mois, comme ce matin : que ferai-je si j'ai encore quelque temps à vivre ? Voulez-vous que nous nous en allions ensemble ? N'avez-vous pas assez obéi à votre père ? N'avez-vous pas une femme de son choix et un enfant ? Reprenons nos véritables liens. A qui ferons-nous du mal ? mon mari me hait, il ne veut plus vivre avec moi ; votre femme ne vous aime plus !... Ah ! ne répondez pas, s'écria-t-elle en mettant sa main sur ma bouche. Ne me refusez pas, et ne consentez pas non plus. Jusqu'ici je n'ai été que malheureuse, que je ne devienne pas coupable ; je pourrais supporter mes propres fautes, mais non les vôtres ; je ne me pardonnerais jamais de vous avoir dégradé ! Ah ! combien je suis malheureuse et combien je vous aime ! Jamais homme ne fut aimé comme vous ! » Et, me tenant étroitement embrassé, elle versait un torrent de larmes. « Je suis une ingrate, dit-elle un instant après, je suis une ingrate de dire que je suis malheureuse ; je donnerais pour rien dans le monde le plaisir que j'ai eu aujourd'hui, le plaisir que j'ai encore dans ce moment. » Le tonnerre était devenu effrayant, et le ciel était comme embrasé : Caliste semblait ne rien voir et ne rien entendre ; mais James, accourant, lui cria : « Au nom du ciel, madame, venez ! voici la grêle ! Vous avez été si malade ! » Et, la prenant sous le bras dès qu'il put l'apercevoir, il l'entraîna vers le fiacre, l'y fit entrer et ferma la portière. Je restai seul dans l'obscurité ; je ne l'ai jamais revue.

Le lendemain, de grand matin, je repartis pour la campagne. Mon père, étonné de mon retour et du trouble où il me voyait, me fit des questions avec amitié. Il s'était acquis des droits à ma confiance, je lui contai tout. « A votre place, dit-il, mais ceci n'est pas parler en père, à votre place je ne sais ce que je ferais. "Reprenons, a-t-elle dit, nos véritables liens." Aurait-elle raison ? mais elle ne voudrait pas elle-même... Ce n'a été qu'un moment d'égarement dont elle est bientôt revenue... » Je me promenais à grands pas dans la galerie où nous étions. Mon père, penché sur une table, avait sa tête appuyée sur ses deux mains ; du monde que nous entendîmes mit fin à cette étrange situation.

Milady revenait d'une partie de chasse ; elle craignit apparemment quelque chose de fâcheux de mon prompt retour, car elle changea de couleur en me voyant ; mais je passai à côté d'elle et de ses amis sans leur rien dire. Je n'eus que le temps de m'habiller avant le dîner, et je reparus à table avec mon air accoutumé. Tout ce que je vis m'annonça que milady se trouvait heureuse en mon absence, et que les retours inattendus de son mari pouvaient ne lui point convenir du tout. Mon père en fut si frappé, qu'au sortir de table il me dit, en me serrant la main avec autant d'amertume que de compassion : « Pourquoi faut-il que je vous aie ôté à Caliste ! Mais, vous, pourquoi ne me l'avez-vous pas fait connaître ? Qui pouvait savoir, qui pouvait croire qu'il y eût tant de différence entre une femme et une autre femme, et que celle-là vous aimerait avec une si véritable et si constante passion ?» Me voyant entrer dans ma chambre, il m'y suivit, et nous restâmes longtemps assis l'un vis-à-vis de l'autre sans nous rien dire. Un bruit de carrosse nous fit jeter les yeux sur l'avenue. C'était milord***, le père du jeune homme avec qui vous me voyez. Il monta tout de suite chez moi, et me dit aussitôt : «Voyons si vous pourrez, si vous voudrez me rendre un grand service. J'ai un fils unique que je voudrais faire voyager. Il est très jeune ; je ne puis l'accompagner, parce que ma femme ne peut quitter son père, et qu'elle mourrait d'inquiétude et d'ennui s'il lui fallait être à la fois privée de son fils et de son mari. Encore une fois, mon fils est très jeune ; cependant j'aime encore mieux l'envoyer voyager tout seul, que de le confier à qui que ce soit d'autre que vous. Vous n'êtes pas trop bien avec votre femme, vous n'avez été que quatre mois hors d'Angleterre ; mon fils est un bon enfant, les frais du voyage se paieront par moitié. Voyez. Puisque je vous trouve avec votre père, je ne vous laisse à tous deux qu'un quart d'heure de réflexion.» Je jette les yeux sur mon père : il me tire à l'écart.

«Regardez ceci, mon fils, dit-il, comme un secours de la Providence contre votre faiblesse et contre la mienne. Celle qui est pour ainsi dire chassée de chez son mari, et qui fait à Londres les délices d'un vieillard son bienfaiteur, pourra rester à Londres. Je vous perdrai, mais je l'ai mérité. Vous rendrez service à un autre père et à un jeune homme dont on espère bien ; ce sera une consolation que je tâcherai de sentir.

— J'irai, dis-je en me rapprochant de milord, mais à deux conditions, que je vous dirai quand j'aurai pris l'air un moment.

— J'y souscris d'avance, dit-il en me serrant la main, et je vous remercie. C'est une chose faite.»

Mes deux conditions étaient, l'une, que nous commençassions par l'Italie, pour que je n'eusse encore rien perdu de mon ascendant sur le jeune homme pendant le séjour que nous y ferions ; l'autre, qu'après une année, content ou mécontent de lui, je pusse le quitter au moment où je le voudrais sans désobliger ses parents. Cette nuit même j'écrivis à Caliste tout ce qui s'était passé. J'exigeai qu'elle me répondît, et je promis de continuer à lui écrire. «Ne nous refusons pas, lui disais-je, un plaisir innocent, et le seul qui nous reste.»

Je fus d'avis que nous fissions le voyage par mer, pour avoir cette expérience de plus. Nous nous embarquâmes à Plymouth ; nous débarquâmes à Lisbonne. De là nous allâmes par terre à Cadix, puis par mer à Messine, où nous vîmes les affreux vestiges du tremblement de terre [1]. Je me souviens, Madame, de vous avoir raconté cela avec détail, et vous savez comment, après une année de séjour en Italie, passant le mont

---

1. Il eut lieu en 1783 et détruisit la plus grande partie de la ville.

Saint-Gothard, voyant dans le Valais les glaciers et les bains, au sortir du Valais les salines, nous nous sommes trouvés au commencement de l'hiver à Lausanne, où quelques traits de ressemblance m'attachèrent à vous, où votre maison me fut un asile, et vos bontés une consolation. Il me reste à vous parler de la malheureuse Caliste.

Je reçus sa réponse à ma lettre un moment avant de m'embarquer. Elle plaignait son sort, mais elle approuvait ma conduite, mon voyage, et faisait mille vœux pour qu'il fût heureux. Elle écrivit aussi à mon père, pour le remercier de sa pitié, et lui demander pardon des peines dont elle était la cause. L'hiver vint. L'oncle de lord L… ne se rétablissant pas bien de sa goutte, elle se décida à rester à Londres. Il fut même malade pendant quelque temps d'une manière assez sérieuse, et elle passa souvent les jours et la moitié des nuits à le soigner. Quand il se portait mieux, il voulait l'amuser et s'égayer lui-même, en invitant chez lui la meilleure compagnie de Londres en hommes. C'étaient de grands dîners ou des soupers assez bruyants, après lesquels le jeu durait souvent fort avant dans la nuit, et il aimait que Caliste ornât la compagnie jusqu'à ce qu'elle se séparât. D'autres fois il l'engageait à aller dans le monde, lui disant qu'une retraite absolue lui donnerait l'air de s'être attiré la disgrâce de son mari, et que lui-même jugerait d'elle plus favorablement s'il apprenait qu'elle osait se montrer et qu'elle était partout bien reçue. C'en était trop que toutes ces différentes fatigues pour une personne dont la santé, après avoir reçu une secousse violente, était sans cesse minée par le chagrin (qu'on me pardonne de le dire avec une espèce d'orgueil que je paie assez cher), par le chagrin, par le regret continuel de vivre sans moi. Ses lettres, toujours remplies du sentiment le plus tendre, ne me laissaient aucun doute sur l'invariable constance de son attachement. Vers le printemps elle m'en écrivit une qui me fit en même temps un grand plaisir et la peine la plus sensible.

Je fus hier à la comédie, me disait-elle ; je m'étais assuré une place dans la même loge du mois de septembre. Je crois que mon bon ange habite cet endroit-là. A peine étais-je assise que j'entends une jeune voix s'écrier : « Ah ! voici ma chère mistriss Calista ! Mais combien elle a maigri ! Voyez-la à présent, monsieur. Votre fils ne vous a jamais mené chez elle, mais vous pouvez la voir à présent. » Celui à qui il parlait était votre père. Il me salua avec un air qu'il ne faut pas que je cherche à vous peindre, si je veux que mes yeux me servent à écrire ; aussi bien serait-il difficile de vous rendre tout ce que sa physionomie me dit d'honnête, de tendre et de triste.

« Mais qu'avez-vous fait pour être si maigre ? me dit sir Harry.

— Tant de choses, mon ami ! lui dis-je. Mais vous, vous avez grandi, vous avez l'air d'avoir été toujours bien sage et bien heureux.

— Je suis pourtant extrêmement fâché, m'a-t-il répondu, de n'être pas avec notre ami en Italie, et il me semble que j'avais plus de droit d'être avec lui que son cousin ; mais j'ai toujours soupçonné maman de ne l'avoir pas voulu, car ce fut aussi elle qui voulut absolument que l'on me mît à Westminster. Pour lui, il m'aurait gardé volontiers, et s'offrait à me faire faire toutes mes leçons, ce qui aurait été plus agréable pour moi que l'école de Westminster, et nous aurions souvent parlé de vous. Il y a si longtemps que je ne vous ai vue, il faut que je vous parle à cœur ouvert ! Tenez, j'ai souvent cru que de vous avoir tant aimée, et d'avoir été si triste de votre départ, ne m'avait pas fait grand bien dans l'esprit de maman ; mais je n'en dirai pas davantage, car elle me regarde de la loge vis-à-vis, et elle pourrait deviner ce que je dis à mon air. »

Vous jugez de l'effet de chacune de ces paroles. Je n'osais, à cause des regards de lady Betty, avoir recours à mon flacon, et je respirais avec peine.

« Mais vous n'êtes pas pâle au moins, dit sir Harry, et je me flatte, à cause de cela, que vous n'êtes pas malade.

— C'est que j'ai du rouge, lui dis-je.

— Mais vous n'en mettiez point il y a un dix-huit mois. »

Enfin votre père lui dit de me laisser un peu tranquille, et, quelques moments après, me demanda si j'avais de vos nouvelles, et me dit le contenu de vos dernières lettres. Je pus rester à ma place jusqu'au premier entracte ; mais les regards de votre femme et de ceux qui l'accompagnaient, toujours attachés sur moi, m'obligèrent enfin à sortir. Sir Harry courut chercher ma chaise, et votre père eut la bonté de m'y conduire.

Vers le mois de juin, on lui conseilla le lait d'ânesse. Le général voulut que ce fût chez elle qu'elle le prît, s'assurant qu'elle n'aurait qu'à se montrer à cet homme qu'il avait vu si passionné pour elle, et qu'il reprendrait les sentiments qu'elle méritait d'inspirer. « C'est moi, dit-il, en quelque sorte qui vous ai mariée, je vous ramènerai chez vous, et nous verrons si on ose vous y mal recevoir. » Caliste obtint la permission d'en prévenir son mari, mais non celle d'attendre sa réponse. En arrivant, elle trouva cette lettre :

Monsieur le général a parfaitement raison, Madame, et vous faites très bien de venir chez vous. Tâchez d'y rétablir votre santé, et soyez-y maîtresse absolue. J'ai donné à cet égard les ordres les plus positifs, quoiqu'il n'en fût pas besoin, car mes domestiques sont les vôtres. Je vous ai trop aimée, et je vous estime trop pour ne pas me flatter de pouvoir vivre encore heureux avec vous ; mais dans ce moment l'impression du chagrin que j'ai eu est trop vive encore, et malgré moi je vous la laisserais trop voir. Je vais faire, pour tâcher de la perdre entièrement, un voyage de quelques mois dont j'espère d'autant plus de succès que je ne suis jamais sorti de mon pays. Vous ne pouvez m'écrire, ne sachant où m'adresser vos lettres, mais je vous écrirai, et l'on verra que nous ne sommes pas brouillés. Adieu, Madame ; c'est bien sincèrement que je vous souhaite une meilleure santé, et que je suis fâché d'avoir témoigné tant de chagrin d'une chose involontaire, et que vous avez fait tant d'efforts pour réparer ; mais mon chagrin alors était trop vif. Témoignez bien de l'amitié à mistriss***. Elle l'a bien mérité, et je lui rends à présent justice. Je ne pouvais croire qu'il n'y eût point de correspondance secrète, aucune relation entre vous et l'heureux homme auquel votre cœur s'était donné ; elle avait beau dire que votre surprise en était la preuve, je n'écoutais rien.

Le départ de M. M… ayant fait plus d'impression que ses ordres, Caliste fut d'abord assez mal reçue ; mais son protecteur le prit sur un ton si haut, et elle montra tant de douceur, elle fut si bonne, si charitable, si juste, si noble, que bientôt tout fut à ses pieds, les voisins comme les gens de la maison, et, ce qui n'est pas ordinaire chez des amis de campagne, ils furent aussi discrets qu'empressés ; de sorte qu'elle prenait son lait avec tous les ménagements et la tranquillité qui pouvaient dépendre des autres. Elle m'écrivit qu'il lui faisait un peu de bien, et que l'on commençait à lui trouver meilleur visage. Mais, au milieu de sa cure, le général tomba malade de la longue maladie dont il est mort. Il fallut retourner à Londres, et les peines, les veilles, le chagrin portèrent à Caliste une trop forte et dernière atteinte. Son constant ami, son constant protecteur et bienfaiteur lui donna en mourant le capital de six cents pièces de rentes au trois pour cent, à prendre sur la partie de son bien la moins casuelle, et d'après l'estimation qui en serait faite par des gens de loi.

D'abord, après sa mort, elle alla habiter sa maison de Whitehall qu'elle s'était déjà amusée à réparer l'hiver précédent. Elle continua à y recevoir les amis de lord L... et de son oncle, et recommença à se donner chaque semaine le plaisir d'entendre les meilleurs musiciens de Londres, et c'est presque dire de l'Europe. Je sus tout cela par elle-même. Elle m'écrivit aussi qu'elle avait retiré chez elle une chanteuse de la comédie qui s'était dégoûtée du théâtre, et lui avait donné de quoi épouser un musicien très honnête homme.

Je tire parti de l'un et de l'autre, disait-elle, pour faire apprendre un peu de musique à de petites orphelines à qui j'enseigne moi-même à travailler, et qui apprennent chez moi une profession. Quand on m'a dit que je les préparais au métier de courtisane, j'ai fait remarquer que je les prenais très pauvres et très jolies, ce qui, joint ensemble et dans une ville comme Londres, mène à une perte presque sûre et entière, sans que de savoir un peu chanter ajoute rien au péril, et j'ai même osé dire qu'après tout il valait encore mieux commencer et finir comme moi, qu'arpenter les rues et périr dans un hôpital. Elles chantent les chœurs d'*Esther* et d'*Athalie* que j'ai fait traduire, et pour lesquels on a fait la plus belle musique ; on travaille à me rendre le même service pour les Psaumes cent trois et cent quatre. Cela m'amuse, et elles n'ont point d'autre récréation.

Tous ces détails ne devaient pas, vous l'avouerez, Madame, me préparer à l'affreuse lettre que je reçus il y a huit jours. Renvoyez-la-moi, et qu'elle ne me quitte plus jusqu'à ma propre mort.

C'est bien à présent, mon ami, que je puis vous dire *c'est fait*. Oui, c'est fait pour toujours. Il faut vous dire un éternel adieu. Je ne vous dirai pas par quels symptômes je suis avertie d'une fin prochaine ; ce serait me fatiguer à pure perte, mais il est bien sûr que je ne vous trompe pas, et que je ne me trompe pas moi-même. Votre père m'est venu voir hier : je fus extrêmement touchée de cette bonté. Il me dit : « Si au printemps, madame, si au printemps... (il ne pouvait se résoudre à ajouter) vous vivez encore, je vous mènerai moi-même en Provence, à Nice ou en Italie. Mon fils est à présent en Suisse, je lui écrirai de venir au-devant de nous.

— Il est trop tard, monsieur, lui dis-je, mais je n'en suis pas moins touchée de votre bonté. »

Il n'a rien ajouté, mais c'était par ménagement, car il sentait bien des choses qu'il aurait eu du penchant à dire. Je lui ai demandé des nouvelles de votre fille, il m'a dit qu'elle se portait bien, et qu'il me l'aurait déjà envoyée si elle vous ressemblait un peu ; mais, quoiqu'elle n'ait que dix-huit mois, on voit déjà qu'elle ressemblera à sa mère. Je l'ai prié de m'envoyer sir Harry, et lui ai dit que par ses mains je lui ferais un présent que je n'osais lui faire moi-même. Il m'a dit qu'il recevrait avec plaisir de ma main tout ce que je voudrais lui donner ; là-dessus je lui ai donné votre portrait, que vous m'avez envoyé d'Italie ; je donnerai à sir Harry la copie que j'en ai faite, mais je garderai celui que vous m'avez donné le premier, et je dirai qu'on le remette après ma mort.

Je ne vous ai pas rendu heureux, et je vous laisse malheureux, et moi je meurs ; cependant je ne puis me résoudre à souhaiter de ne vous avoir pas connu. Supposé que je dusse me faire des reproches, je ne le puis pas ; mais le dernier moment où je vous ai vu m'est quelquefois revenu dans l'esprit, et j'ai craint qu'il n'y ait eu une certaine audace impie dans cet oubli total du danger qui pouvait menacer vous ou moi. C'est cela peut-être qu'on appelle braver le ciel ; mais un atome, un peu de poussière peut-il braver l'Être tout-puissant ? peut-il en avoir la pensée ? et, supposé que dans un moment de délire on pût ne compter pour rien Dieu et ses jugements, Dieu pourrait-il s'en irriter ? Si pourtant je t'ai offensé, père et maître du monde, je te demande pardon pour moi et pour celui à qui j'inspirais le même oubli, la même folle et téméraire sécurité. Adieu, mon ami ; écrivez-moi que vous avez reçu ma lettre. Rien que ce peu de mots ; il y a peu d'apparence qu'ils me trouvent encore en vie ; mais, si je vis assez pour les recevoir, j'aurai encore une fois le plaisir de voir de votre écriture.

Depuis cette lettre, Madame, je n'ai rien reçu. C'est trop tard, elle a dit : « C'est trop tard. » Ah ! malheureux, j'ai toujours attendu qu'il fût trop tard, et mon père a fait comme moi. Que n'a-t-elle aimé un autre homme, et qui eût eu un autre père ? Elle aurait vécu, elle ne mourrait pas de chagrin.

LETTRE XXII

Madame,

Je n'ai point encore reçu de lettres. Il y a des instants où je crois pouvoir encore espérer. Mais non, cela n'est pas vrai. Je n'espère plus. Je la regarde déjà comme morte, et je me désole. Je m'étais accoutumé à sa maladie comme à sa sagesse, comme à son amant. Je ne croyais point qu'elle se marierait, je n'ai point cru qu'elle pût mourir, et il faut que je supporte ce que je n'avais pas eu le courage de prévoir. Avant que le dernier coup soit porté, ou du moins tandis que je l'ignore, je vais profiter d'un reste de sang-froid pour vous dire une chose qui peut-être ne signifie rien, mais qu'il me paraît que je suis obligé de vous dire. Depuis quelques jours, tout entier à mes souvenirs que l'histoire que je vous ai faite a rendus comme autant de choses présentes, je ne parlais plus à personne, pas même à Milord. Ce matin je lui ai serré la main quand il est venu demander si j'avais dormi, et au lieu de répondre : « Jeune homme, lui ai-je dit, si jamais vous intéressez le cœur d'une femme vraiment tendre et sensible, et que vous ne sentiez pas dans le vôtre que vous pourrez payer toute sa tendresse, tous ses sacrifices, éloignez-vous d'elle, faites-vous-en oublier, ou croyez que vous l'exposez à des malheurs sans nombre, et vous-même à des regrets affreux et éternels. » Il est resté pensif auprès de moi, et une heure après, me rappelant ce que j'avais dit un jour des différentes raisons que votre fille pouvait avoir de ne plus vivre avec nous dans une espèce de retraite, il m'a demandé si je croyais qu'elle eût du penchant pour quelqu'un. Je lui ai répondu que je l'avais soupçonné. Il m'a demandé si c'était pour lui. Je lui ai répondu que quelquefois je l'avais cru. « Si cela est, m'a-t-il dit, c'est bien dommage que mademoiselle Cécile soit une fille si bien née, car de me marier à mon âge on n'y peut penser. » Encore une fois cela ne signifie rien. Je n'ai jamais rien dit ni rien pensé de pareil ; j'aurais en tout temps préféré Caliste à ma liberté comme à une couronne ; et cependant qu'ai-je fait pour elle ? Souvent on a tout fait pour celle pour laquelle on croyait qu'on ne ferait rien.

LETTRE XXIII

Quel intérêt pouvez-vous prendre, Madame, au sort de l'homme du monde le plus malheureux en effet, mais le plus digne de son malheur ? Je me revois sans cesse dans le passé, sans pouvoir me comprendre. Je ne sais si tous les malheureux déchus par degrés de la place où le sort les avait mis, sont comme moi ; en ce cas-là, je les plains bien. Jamais l'échafaud sur lequel périt Charles Ier ne m'a donné autant de pitié pour lui que la comparaison que j'ai faite aujourd'hui entre lui et moi. Il me semble que je n'ai rien fait de ce qu'il aurait été naturel de faire. J'aurais dû l'épouser sans demander un consentement dont je n'avais pas besoin ; j'aurais dû l'empêcher de promettre qu'elle ne m'épouserait pas sans ce consentement. Si mille efforts n'avaient pu fléchir mon père, j'aurais dû en faire ma maîtresse, et pour elle et moi ma femme quand tout son cœur le demandait malgré elle, et que je le voyais malgré ses paroles. J'aurais dû l'entendre, lorsque ayant écarté tout le monde, elle voulut m'empêcher de la quitter. Revenu chez elle, j'aurais dû briser sa porte ; le lendemain, la forcer à me revoir, ou du moins courir après elle quand elle m'eut échappé. Je devais rester libre et ne pas lui donner le chagrin de croire que j'avais donné sa place d'avance, qu'elle avait été trahie, ou qu'elle était oubliée. L'ayant retrouvée, j'aurais dû ne la plus quitter, être au moins aussi prompt, aussi zélé que son fidèle James. Peut-être ne l'aurais-je pas laissée sortir seule de ce carrosse ; peut-être James m'aurait-il caché auprès d'elle ; peut-être l'aurais-je pu servir avec lui : j'étais inconnu à tout le monde dans la maison de son bienfaiteur. Et cet automne encore, et cet hiver… Je savais que son mari l'avait fuie ; que n'allais-je, au lieu de rêver à elle au coin de votre feu, soigner avec elle son protecteur, soulager ses peines, partager ses veilles ; la faire vivre à force de caresses et de soins, ou au moins, pour prix d'une passion si longue et si tendre, lui donner le plaisir de me voir en mourant, de voir qu'elle n'avait pas aimé un automate insensible, et que, si je n'avais pas su l'aimer comme elle le méritait, je saurais la pleurer ? Mais c'est trop tard, mes regrets sont aussi venus trop tard, et elle les ignore. Elle les a ignorés, faut-il dire : il faut bien avoir enfin le courage de la croire morte. S'il y avait eu quelque retour d'espérance, elle aurait voulu adoucir l'impression de sa lettre ; car elle, elle savait aimer. Me voici donc seul sur la terre. Ce qui m'aimait n'est plus. J'ai été sans courage pour prévenir cette perte ; je suis sans force pour la supporter.

LETTRE XXIV

Madame,

Ayant appris que vous comptez partir demain, je voulais avoir l'honneur de vous aller voir aujourd'hui pour vous souhaiter, ainsi qu'à Mlle Cécile, un heureux voyage, et vous dire que le chagrin de vous voir partir n'est adouci que par la ferme espérance que j'ai de vous revoir l'une et l'autre ; mais je ne puis quitter mon parent : l'impression que lui a faite une lettre arrivée ce matin a été si vive, que M. Tissot m'a absolument défendu de le quitter, ainsi qu'à son domestique. Celui qui a apporté la lettre ne le quitte pas non plus, mais il est presque aussi affligé que lui, et je crois qu'il se tuerait lui-même plutôt qu'il ne l'empêcherait de se tuer. Je vous supplie, Madame, de me conserver des bontés dont j'ai senti le prix plus encore peut-être que vous ne l'avez cru, et dont ma reconnaissance ne finira qu'avec ma vie.

J'ai l'honneur d'être, etc.

ÉDOUARD

LETTRE XXV

Celle qui vous aimait tant est morte avant-hier au soir. Cette manière de la désigner n'est pas un reproche que je lui fais : il y a longtemps que je lui avais pardonné, et dans le fond elle ne m'avait pas offensé. Il est vrai qu'elle ne m'avait pas ouvert son cœur ; je ne sais si elle l'aurait dû, et, quand elle me l'aurait ouvert, il n'est pas bien sûr que je ne l'eusse pas épousée, car je l'aimais passionnément. C'est la plus aimable, et je puis ajouter qu'à mes yeux, et pour mon cœur, c'est la seule aimable femme que j'aie connue. Si elle ne m'a pas averti, elle ne m'a pas non plus trompé ; mais je me suis trompé moi-même. Vous ne l'aviez pas épousée ; était-il croyable que, vous aimant, elle n'eût pas su ou voulu vous déterminer à l'épouser ? Vous savez sans doute combien je fus cruellement désabusé ; et quoiqu'à présent je me repente d'avoir témoigné tant de ressentiment et de chagrin, je ne puis même encore aujourd'hui m'étonner de ce que, perdant à la fois la persuasion d'en être aimé et l'espérance d'avoir un enfant dont elle aurait été la mère, j'aie manqué de modération. Heureusement, il est bien sûr que ce n'est pas cela qui l'a tuée. Ce n'est certainement pas moi qui suis cause de sa mort, et, quoique j'aie été jaloux de vous, j'aime encore mieux à présent être à ma place qu'à la vôtre. Rien ne prouve cependant que vous ayez des reproches à vous faire, et je vous prie de ne pas prendre mes paroles dans ce sens-là. Vous me trouveriez, et avec raison, injuste et téméraire aussi bien que cruel, car je vous suppose très affligé.

Le même jour que mistriss M... vous écrivit sa dernière lettre, elle m'écrivit pour me prier de la venir voir. Je vins sans perdre un instant ; je trouvai sa maison comme d'une personne qui se porte bien, et elle-même assez bien en apparence, excepté sa maigreur. Je fus bien aise de pouvoir lui dire qu'elle ne paraissait pas aussi mal qu'elle le croyait ; mais elle me dit en souriant que j'étais trompé par un peu de rouge qu'elle mettait dès le matin, et qui avait déjà épargné quelques larmes à Fanny, et quelques soupirs à James. Je vis le soir les petites filles qu'elle fait élever ; elles chantèrent, et elle les accompagna de l'orgue : c'était une musique touchante, et telle à peu près que j'en ai entendu en Italie dans quelques églises. Le lendemain matin elles chantèrent d'autres hymnes du même genre ; cette musique finissait et commençait la journée. Ensuite mistriss M... me lut son testament, me priant, si je voulais qu'elle y changeât quelque chose, de le lui dire librement ; mais je n'y trouvai rien à changer. Elle donne son bien aux pauvres, de cette manière. La moitié, qui est le capital de trois cents pièces de rente sera à perpétuité entre les mains des lords-maires de Londres, pour faire apprendre à trois petits garçons, tirés chaque année de l'hôpital des enfants trouvés, le métier de pilote, de charpentier ou d'ébéniste. La première de ces professions, dit-elle, sera choisie par les plus hardis, la seconde par les plus robustes, la troisième par les plus adroits. L'autre moitié de son bien sera entre les mains des évêques de Londres, qui devront tirer chaque année deux filles de l'hôpital de la Madeleine, et les associer à des marchandes bien établies en donnant à chacune cent cinquante pièces à mettre dans le commerce auquel on les associera ; elle recommande cette fondation à la piété et à la bonté de l'évêque, de sa femme et de ses parentes. Sur les cinq mille pièces dont je lui avais fait présent, elle n'a voulu disposer que de mille en faveur de Fanny, et de cinq cents en faveur de James ; cependant le bien de son oncle qu'elle m'a apporté en mariage vaut au moins trente-cinq mille pièces.

Elle m'a prié de garder Fanny, disant que je lui ferais honneur par là aussi bien qu'à une fille qui méritait cet honneur, et qui, n'ayant jamais servi à rien que d'honnête, ne devait pas être soupçonnée du contraire. Elle donne ses habits et ses bijoux à mistriss***, de Norfolk, sa maison de Bath, et tout ce qu'il y a dedans, à sir Harry B… Elle veut que, ses funérailles payées, son argent comptant et le reste de son revenu de cette année soient distribués par égales portions aux petites filles et aux domestiques qu'elle avait, outre James et Fanny. S'étant assurée qu'il n'y avait rien dans ce testament qui me fît de la peine, ni qui fût contraire aux lois, elle m'a fait promettre, ainsi qu'à deux ou trois amis de lord L… et de son oncle, de faire en sorte qu'il fût ponctuellement exécuté. Après cela elle a continué à mener sa vie ordinaire, autant que ses forces, qui diminuaient tous les jours, pouvaient le lui permettre, et nous avons plus causé ensemble que nous n'avions jamais fait auparavant. En vérité, Monsieur, j'aurais donné tout au monde pour la conserver, la tenir en vie, fût-ce dans l'état où je la voyais, et passer le reste de mes jours avec elle.

Beaucoup de gens ne voulaient pas la croire aussi malade qu'elle l'était, et on continuait à lui envoyer, comme on avait fait tout l'hiver, beaucoup de pièces en vers qui lui étaient adressées, tantôt sous le nom de Caliste, tantôt sous celui d'Aspasie [1] ; mais elle ne les lisait plus. Un jour je lui parlais du plaisir qu'elle devait avoir en se voyant estimée de tout le monde : elle m'assura qu'ayant été autrefois fort sensible au mépris, elle ne l'était jamais devenue à l'estime. « Mes juges ne sont, dit-elle, que des hommes et des femmes, c'est-à-dire ce que je suis moi-même, et je me connais bien mieux qu'ils ne me connaissent. Les seuls éloges qui m'aient fait plaisir sont ceux de l'oncle de lord L… Il m'aimait sur le pied d'une personne telle que, selon lui, on devait être, et, s'il avait eu à changer d'opinion, cela l'aurait fort dérangé. J'en aurais été fâchée comme de mourir avant lui. Il avait besoin en quelque sorte que je vécusse, et besoin de m'estimer. »

---

1. Née à Milet au Ve siècle av. J.-C., Aspasie, célèbre pour ses talents et sa beauté, fut l'amie et la conseillère de Périclès.

On ne l'a jamais veillée. J'aurais voulu coucher dans sa chambre, mais elle me dit que cela la gênerait. Le lit de Fanny n'était séparé du sien que par une cloison qui s'ouvrait sans effort et sans bruit : au moindre mouvement, Fanny se réveillait et donnait à boire à sa maîtresse. Les dernières nuits, je pris sa place, non qu'elle se plaignît d'être trop souvent réveillée, mais parce que la pauvre fille ne pouvait plus entendre cette voix si affaiblie, cette haleine si courte, sans fondre en larmes. Cela ne me faisait certainement pas moins de peine qu'à elle ; mais je me contraignais mieux. Avant-hier, quoique mistriss*** fût plus oppressée et plus agitée qu'auparavant, elle voulut avoir son concert du mercredi comme à l'ordinaire ; mais elle ne put se mettre au clavecin. Elle fit exécuter des morceaux du *Messiah* de Haendel [1], d'un *Miserere* qu'on lui avait envoyé d'Italie, et du *Stabat Mater* de Pergolèse [2]. Dans un intervalle, elle ôta une bague de son doigt, et elle me la donna. Ensuite elle fit appeler James, lui donna une boîte qu'elle avait tirée de sa poche, et lui dit : « Portez-la-lui vous-même, et, s'il se peut, restez à son service ; c'est la place, et dites-le-lui, James, que j'ai longtemps ambitionnée pour moi. Je m'en serais contentée. » Après avoir eu quelques moments les mains jointes et les yeux levés au ciel, elle s'est enfoncée dans son fauteuil, et a fermé les yeux. Je lui ai demandé, la voyant très faible, si elle voulait que je fisse cesser la musique ; elle m'a fait signe que non, et a retrouvé encore des forces pour me remercier de ce qu'elle appelait mes « bontés ». La pièce finie, les musiciens sont sortis sur la pointe des pieds, croyant qu'elle dormait ; mais ses yeux étaient fermés pour toujours.

Ainsi a fini votre Caliste, les uns diront comme une païenne, les autres comme une sainte ; mais les cris de ses domestiques, les pleurs des pauvres, la consternation de tout le voisinage, et la douleur d'un mari qui croyait avoir à se plaindre, disent mieux que des paroles ce qu'elle était.

En me forçant, Monsieur, à vous faire ce récit si triste, j'ai cru en quelque sorte lui complaire et lui obéir ; par le même motif, par le même tendre respect pour sa mémoire, si je puis vous promettre de l'amitié, j'abjure au moins tout sentiment de haine.

---

1. L'oratorio de Georg Friedrich Händel, qui fut interprété pour la première fois, en 1742, à Dublin.
2. Composé en 1736 par le compositeur italien Giovanni Battista Pergolesi (1710-1736).

OLYMPE DE GOUGES

MÉMOIRE DE MADAME DE VALMONT
(1788)

INTRODUCTION

Quand Olympe de Gouges eut cessé d'être séduisante, écrivait Charles Monselet, «elle entreprit de devenir la Sapho de son siècle. [...] Déplorable erreur de ces femmes sans vocation qui se servent de la rhétorique comme d'un pot de fard ou d'une boîte à mouches, qui pensent qu'un volume leur ôtera une ride, et que la jeunesse du cerveau fait l'éternelle jeunesse du visage! [...] Déjà, chose inévitable, la littérature a exclu la coquetterie, son œil devient hagard, sa chevelure est dépeignée comme une métaphore de mauvais goût. Triste destinée des auteurs femelles[1].»

Désolant portrait de l'écrivain. Que dire de la révolutionnaire! En 1904, le savant docteur Alfred Guillois se livre à une étude médico-psychologique de son cas. A ses yeux, les femmes qui ont pris une part active à la Révolution étaient toutes des «déséquilibrées». La preuve? Voyez Théroigne de Méricourt, l'une de ces bacchantes sanguinaires qui se ruaient, le 10 août 1792, à l'assaut des Tuileries et qui n'échappa à l'échafaud en 1794 que pour finir folle, en 1817, à la Salpêtrière[2]. Pour Olympe, c'est clair: manie de la persécution, hystérie, érostratisme, désordre confusionnel, féminisme aberrant. Bref: «*Paranoïa reformatoria*, c'est-à-dire à idées réformatrices[3].» Devant un tel parti pris obsessionnel, on se demande s'il fallait soigner la patiente ou le médecin. Olympe de Gouges est en effet un «cas», mais pour des raisons qui ne relèvent pas de la démence.

Fille d'un bourgeois de Montauban, Anne Olympe Mouisset avait attiré l'attention d'un seigneur du lieu, Jean-Jacques Lefranc de Caix,

---

1. Ch. Monselet, *Les Oubliés et les dédaignés*, Paris, Poulet-Malassis, 1861, t. I, p. 146.
2. Voir L. Devance, «Le féminisme pendant la Révolution française», dans *Annales historiques de la Révolution française*, XLIX, 1977, p. 348-349.
3. A. Guillois, *Étude médico-psychologique sur Olympe de Gouges*, Lyon, A. Rey, 1904, p. 68.

plus tard marquis de Pompignan. Ils se connaissaient depuis l'enfance et elle ne le repoussait pas. On jugea donc opportun d'éloigner le jeune homme. A quelque chose malheur d'amour est bon. Arrivé à Paris en 1734, Lefranc donne sa tragédie de *Didon* et devient célèbre. Il confirme son succès l'année suivante aux Italiens avec *Les Adieux de Mars*. Peu importe ici sa carrière : poésies, livrets d'opéras, dissertations savantes, traduction des Psaumes de David, traduction — la première — des tragédies d'Eschyle, de Virgile, d'Hésiode... En 1756, il donnera des *Poésies sacrées* dont se gaussera l'incorrigible Voltaire — sacrées elles sont, disait-il, car personne n'y touche. Il s'en prenait au savant dans ces vers sautillants, facétieux, dont il avait le redoutable secret :

> Savez-vous pourquoi Jérémie
> A tant pleuré pendant sa vie ?
> C'est qu'en prophète il prévoyait
> Qu'un jour Lefranc le traduirait.

Comme Lefranc, dévot sans être fanatique, s'est mis à dos les philosophes par ses attaques assez mal venues dans son discours de réception à l'Académie, il conviendra de le couvrir de ridicule, et Voltaire encore n'y manqua pas dans ses satires de *La Vanité*, du *Russe à Paris* ou du *Pauvre Diable* et déversa sur lui la mordante série des *Quand*, que l'abbé Morellet vint renforcer par les *Si* et les *Pourquoi*, préludes à une pluie de *Pour*, de *Que*, de *Qui*, de *Quoi*, de *Oui*, de *Non* [1].

Il était revenu à Montauban en 1737, mais on l'avait de nouveau éloigné et, cette même année, Anne Olympe épousa un jeune marchand, Pierre Gouze. Dix années passent et le marquis s'installe à Montauban comme président de la Cour des aides. Pierre Gouze était alors absent. Marie Gouze naît le 7 mai 1748 — « le jour même de son retour », dira-t-elle — et la rumeur publique ne laisse aucun doute sur le père véritable. Veuve en 1750, Anne Olympe se remarie. Lefranc se retire alors dans sa terre de Pompignan, épouse en 1757 Mlle de Caulincourt, veuve d'un fermier général, oublie définitivement maîtresse et fille naturelle [2] et ne se soucie plus que de son fils, Jean Georges, né en 1760, dont Olympe de Gouges parlera comme de son demi-frère.

La petite Marie eut une éducation bâclée. Elle sait lire et écrire — maladroitement — mais elle est de culture orale occitane et le français est pour elle une seconde langue. A dix-sept ans, on la marie à Louis Aubry, boucher et traiteur, à qui elle donne un fils, Pierre, en 1766. Son mari

---

1. Voir F. H. Duffo, *Jean-Jacques Lefranc, marquis de Pompignan, poète et magistrat*, Paris, Picard, 1913 ; T. E. D. Braun, *Un ennemi de Voltaire. Lefranc de Pompignan*, Paris, Minard, 1972.
2. Pour les données biographiques, tous les travaux anciens, plus ou moins fantaisistes, sont éclipsés par l'excellent ouvrage d'O. Blanc, *Olympe de Gouges*, Paris, Syros, 1981. Le livre de P. Noack (*Olympe de Gouges*. Traduit de l'allemand par I. Duclos, Paris, B. de Fallois, 1993) n'en offre qu'une sorte de résumé.

meurt peu après et elle prend le nom d'Olympe de Gouges, se lie avec Jacques Biétrix de Rozières, fils d'un entrepreneur de transports militaires et le suit à Paris, où elle essaie en vain de se rappeler au souvenir de Lefranc de Pompignan. On ne sait trop ce que fut alors sa vie. Restif de La Bretonne la traite de « fille », d'autres de courtisane, mais on s'accorde à la trouver belle : grande, les cheveux châtains, les yeux bruns, les traits fins et réguliers. Elle eut assurément des liaisons, peut-être même avec le cousin du roi, Philippe d'Orléans, futur Philippe Égalité. On le dira du moins, par exemple dans le *Dictionnaire des grands hommes* : « Cette femme célèbre dans la littérature, dans la galanterie et dans la Révolution [...] est estimable à tous égards ; elle donne de temps en temps, quoique veuve, de petits citoyens à la nation. Malheureusement, ceux qu'elle a faits avant la Révolution doivent être aristocrates, puisque quelques-uns sont sortis des écuries d'Orléans[1]. » Olympe lui dédia, c'est vrai, une édition de ses œuvres, mais elle le haïra après qu'il eut voté la mort du roi.

En 1778, assagie, elle se tourne vers les lettres, se lie avec Mercier, Cubières ou Cailhava. Malhabile la plume à la main, elle dicte à des secrétaires. Son manque d'instruction ne la gêne guère. Elle en ferait plutôt parade : « Je dicte avec mon âme, dit-elle dans *La Fierté de l'innocence*, jamais avec mon esprit. » Peu importe d'ailleurs : « Le cachet naturel du génie est dans toutes mes productions. » Et encore : « A chaque ligne de mes écrits, on trouve le cachet de l'ignorance ; mais cette ignorance n'est pas incompatible avec un génie naturel, et, sans le génie, que produit l'instruction[2] ? » En 1784, l'année de la mort de Lefranc de Pompignan, elle publie le *Mémoire de Madame de Valmont*, roman autobiographique.

L'année suivante, elle propose *Zamore et Mirza*, sur l'esclavage des Noirs, où elle osait montrer gracié un esclave meurtrier. Le comité de lecture de la Comédie-Française accepte la pièce[3], mais les répétitions sont constamment différées sur l'intervention du duc de Duras et du puissant parti des colons. C'est le début de bagarres sans fin avec les comédiens jusqu'à ce qu'on la donne enfin, rebaptisée *L'Esclavage des nègres*, à la fin de 1789. Un chahut organisé la fit tomber après trois représentations et la *Correspondance littéraire* la jugea lamentable. D'autres pièces suivirent, jouées ou non : *Les Vœux forcés, L'Homme généreux, Le Philosophe corrigé ou le Cocu supposé, Molière chez Ninon*

---

1. *Dictionnaire des grands hommes et des grandes choses qui ont rapport à la Révolution*, Paris, 1791, p. 87.

2. Olympe de Gouges, *Écrits politiques*. Préface de O. Blanc, Paris, Côté-Femmes Éditions, 1993, t. I, p. 79, t. II, p. 156.

3. C'était en soi une réussite. Avant Olympe de Gouges, bien rares étaient les femmes qui avaient pu faire jouer une pièce à la Comédie-Française : Mmes Barbier, de Gomez, Du Boccage et de Graffigny. Voir E. Showalter, « French women dramatists of the eighteenth century », dans *Studies on Voltaire and the Eighteenth Century*, 264, 1989, p. 1203.

ou *Mirabeau aux Champs-Élysées*. Ce n'étaient pas des chefs-d'œuvre, mais ils valaient bien la plupart des pièces de circonstance de l'époque[1]. Une semaine avant l'exécution de Louis XVI, elle donne au théâtre de la République une sorte de revue à grand spectacle, *L'Entrée de Dumouriez à Bruxelles*. Pas de chance : un mois plus tard, le héros passait à l'ennemi. D'ailleurs, la *Correspondance littéraire* encore estima l'ouvrage vulgaire, obscène et « étrangement mauvais ».

La politique la passionne. Dès 1788, elle a lancé sa première brochure, une *Lettre au peuple ou Projet d'une caisse patriotique*, proposition d'impôt volontaire pour tous les ordres de la nation, puis des *Remarques patriotiques*, vaste programme d'utiles réformes sociales. L'ouverture des États généraux la transporte et elle salue la Révolution avec ferveur, en partisan d'une monarchie constitutionnelle, puisque jusqu'au 10 août 1792 elle se définira « royaliste modérée et patriote ». Elle imagine aussi, comme nombre d'autres femmes qui se pressent aux assemblées, que la Révolution est faite pour les deux sexes.

Les Lumières, on l'a vu, n'avaient élevé en faveur des femmes que des revendications modérées. Le seul à se préoccuper véritablement de leur sort est alors Condorcet. Dès 1787, dans ses *Lettres d'un bourgeois de New Haven*, il réclame pour elles les mêmes droits et les veut électrices et éligibles et, l'année suivante, requiert une éducation identique à celle des hommes. En 1790, dans le *Journal de la société de 1789*, il déclare sans détours que les législateurs ont « violé le principe de l'égalité des droits en privant tranquillement la moitié du genre humain de celui de concourir à la formation des lois ». Contre les préjugés, il assure : « Les droits des hommes résultent uniquement de ce qu'ils sont des êtres sensibles, susceptibles d'acquérir des idées morales, et de raisonner sur ces idées. Ainsi les femmes ayant ces mêmes qualités, ont nécessairement des droits égaux. » Mais il lui faut bientôt faire marche arrière en constatant les faibles chances de cette cause et en février 1793, dans un rapport introductif à un projet de constitution, il n'envisage plus le vote des femmes[2].

A présent que la Révolution était là, Olympe avait cru tous les espoirs permis. En mai 1789, elle s'écrie : « La femme prétend jouir de la Révolution et réclamer ses droits à l'égalité ! » Deux ans plus tard, elle soupire, consternée : « Ce sexe méprisable et respecté, est devenu depuis la Révolution respectable et méprisé[3]. »

Les femmes avaient été nombreuses dès le début dans la masse révo-

1. On s'en fera une idée en lisant son *Théâtre politique*. Préface de G. Thiele-Knobloch, Paris, Côté-Femmes Éditions, 1991. Sur le théâtre de cette époque : M. Carlson, *Le Théâtre de la Révolution*, Paris, Gallimard, 1970.
2. Voir C. Kintzler, *Condorcet, l'instruction publique et la naissance du citoyen*, Paris, Gallimard, 1987 ; B. Didier, *Écrire la Révolution*, Paris, P.U.F., 1989, p. 73-88.
3. Cité par O. Blanc, *Olympe de Gouges, op. cit.*, p. 190.

lutionnaire et s'étaient manifestées partout[1] en formulant, pour la première fois, des revendications : abolition de l'autorité absolue du mari, droit au divorce, jouissance des biens pour la femme majeure, accès facilité aux métiers et charges publiques[2]. Une rédactrice du *Courrier de l'hymen* écrit en 1791 : «De quel droit [...] les hommes seraient-ils exclusivement les arbitres de nos destinées ? Méritons-nous d'être traitées avec cette injustice, dans une révolution à laquelle nous avons eu tant de part ? Les hommes ne se souviennent-ils plus de nous avoir vues à l'attaque de la Bastille, sur le chemin de Versailles, et au champ de la fédération[3] ?» Comme les hommes, elles n'ont pas tardé à fonder des clubs. La Hollandaise Etta Palm lance au début de 1791 une Société patriotique et de bienfaisance et Théroigne de Méricourt une Société des amies de la loi ; en mai 1793 apparaît la Société des citoyennes républicaines révolutionnaires de Claire Lacombe et Pauline Léon[4]. Feu de paille. Marat ou Robespierre ne sont guère féministes et, sauf dans les fêtes civiques où elles illustrent un mythe très rousseauiste de la mère de famille, propice à une politique nataliste, les femmes sont rapidement exclues, tandis que la presse dénonce les «sangsues publiques» et les «bacchantes» trop voyantes. En avril 1793, la Convention décrète que, comme les mineurs ou les individus mentalement débiles, elles n'ont pas statut de citoyen ; en octobre, fermeture des clubs féminins. En mai 1794, interdiction d'assister aux assemblées politiques ; en mai 1795, interdiction de se réunir à plus de cinq et ordre de demeurer au foyer. Alors que les femmes réclamaient le droit à l'instruction, Sylvain Maréchal, le très progressiste auteur du *Manifeste des Égaux*, suggère de leur interdire d'apprendre à lire. A la loi divine se substituait la loi naturelle, qui prétendait attribuer à la femme des fonctions différentes[5] : l'homme est rationnel, la femme est sensible. Les esprits n'étaient pas préparés et les espoirs avaient vécu. Est-ce si surprenant quand on entend Mme de Staël, peu suspecte pourtant de passivité : «On a raison d'exclure les femmes des affaires publiques et civiles ; rien n'est plus opposé à leur vocation naturelle que tout ce qui

1. Voir E. Lairtullier, *Les Femmes célèbres de 1789 à 1795*, Paris, 1841, 2 vol. ; M. Albistur et D. Armogathe, *Histoire du féminisme français du Moyen Âge à nos jours*, Paris, Éditions des Femmes, 1977 ; *Le Grief des femmes*, Paris, Hier et Demain, 1979, 2 vol. ; J. Rabaut, *Histoire des féminismes français*, Paris, Stock, 1978 ; P. M. Duhet, *Les Femmes dans la Révolution*, Paris, Julliard, 1979 ; C. Marand-Fouquet, *La Femme au temps de la Révolution*, Paris, Stock, 1989.

2. Voir U. Dethloff, «Le féminisme dans la Révolution française», dans *Révolution et Littérature*, dir. par J. Schlobach, éd. de l'Université de Varsovie, 1991, p. 63-72.

3. Cité par S. Diaconoff, «Feminism and the feminine periodical press in the age of ideas», dans *Studies on Voltaire and the Eighteenth Century*, 264, 1989, p. 683-684.

4. L. Devance, «Le féminisme pendant la Révolution française», *op.cit.*, p. 361-363.

5. C. Rouben, «Une polémique inattendue à la fin du siècle des Lumières : le projet d'une loi portant défense d'apprendre à lire aux femmes», dans *Studies on Voltaire and the Eighteenth Century*, 304, 1992, p. 763-766.

leur donnerait des rapports de rivalité avec les hommes et la gloire ne saurait être pour une femme qu'un deuil éclatant du bonheur [1]. »

On devine à quel point la bouillante Olympe de Gouges devait s'engager dans la lutte. Écrit en 1788, publié seulement en 1792, son roman du *Prince philosophe* exigeait l'accès au savoir et aux responsabilités :

> Donnez un essor à ce sexe toujours faible, timide et contrarié dans ses goûts, privé des honneurs, des charges, enfin accablé par la loi du plus fort. [...] Il faudrait encore accorder à ce sexe plus d'émulation, lui permettre de montrer et d'exercer sa capacité dans toutes les places. Les hommes sont-ils tous essentiels ? Eh ! combien n'y a-t-il pas de femmes qui, à travers leur ignorance, conduiraient mieux les affaires que des hommes stupides qui se trouvent souvent à la tête des bureaux, des entreprises, des armées et du barreau. Le mérite seul devrait mener à ces places [2].

Le 14 septembre 1791, elle lance, adressée à la reine, sa provocante et fervente *Déclaration des droits de la femme et de la citoyenne* :

> Homme, es-tu capable d'être juste ? [...] Dis-moi ? qui t'a donné le souverain empire d'opprimer mon sexe ? [...] L'homme [...] veut commander en despote sur un sexe qui a reçu toutes les facultés intellectuelles ; il prétend jouir de la Révolution, et réclamer ses droits à l'égalité.
> [...] Femme, réveille-toi ; le tocsin de la raison se fait entendre dans tout l'univers ; reconnais tes droits. [...] Ô femmes ! femmes, quand cesserez-vous d'être aveugles ? Quels sont les avantages que vous avez recueillis dans la Révolution ? Un mépris plus marqué, un dédain plus signalé. [...] Opposez courageusement la force de la raison aux vaines prétentions de supériorité ; réunissez-vous sous les étendards de la philosophie ; déployez toute l'énergie de votre caractère. [...] Quelles que soient les barrières que l'on vous oppose, il est en votre pouvoir de les affranchir ; vous n'avez qu'à le vouloir [3].

Elle plaidait en faveur du divorce, réclamait le remplacement du mariage, « tombeau de la confiance et de l'amour », par une sorte de contrat social assurant la liberté des contractants, demandait l'accès aux charges et emplois, la libre disposition des biens. L'article I de sa *Déclaration* posait clairement : « La femme naît libre et demeure égale à l'homme en droits », tandis que l'article X proclamait, dans une formule fameuse : « La femme a le droit de monter sur l'échafaud ; elle doit

---

1. Mme de Staël, *De l'Allemagne*, Paris, Garnier, s.d., p. 524.
2. *Le Prince philosophe*, Paris, Briand, 1792, t. II, p. 7, 16-17. Voir M.-F. Silver, « Le roman féminin des années révolutionnaires », dans *Eighteenth Century Fiction*, 6, 1994, p. 310-312. Pour une analyse du roman : H. Coulet, « Sur le roman d'Olympe de Gouges : *Le Prince philosophe* », dans *Les Femmes et la Révolution française*. Actes du colloque international 12-14 avril 1989, Toulouse, Presses universitaires du Mirail, 1990, p. 273-278.
3. *Écrits politiques*, t. I, p. 205-209.

avoir également celui de monter à la tribune [1]. » Elle-même se verra condamnée pour motifs politiques, mais son féminisme a pu passer pour une circonstance aggravante, un article de l'époque en témoigne : « Elle voulut être homme d'État et il semble que la loi ait puni cette conspiratrice d'avoir oublié les vertus qui conviennent à son sexe [2]. » Celle qu'on traitera de virago hystérique était seulement en avance sur son temps.

On la retrouvera engagée dans toutes les étapes de la Révolution, multipliant brochures, lettres, pamphlets, placards, affiches. Après le 10 août et les massacres de septembre, elle situe dans la ligne girondine. Sans souhaiter le retour de la monarchie, elle redoute l'emprise jacobine et, lors du procès du roi, s'offre à seconder « le courageux Malesherbes » dans la défense du souverain : « Je suis franche et loyale républicaine, sans tache et sans reproche. [...] Je puis donc me charger de cette cause [3]. » Elle s'en prend avec fureur à Marat, « le boutefeu [...] dont jamais physionomie ne porta plus horriblement l'empreinte du crime [...] cannibale », puis à Robespierre lui-même : « Tu te dis l'unique auteur de la Révolution, tu n'en fus, tu n'en es, tu n'en seras éternellement que l'opprobre et l'exécration. [...] Ton souffle méphitise l'air pur, [...] ta paupière vacillante exprime malgré toi toute la turpitude de ton âme, et chacun de tes cheveux porte un crime [4]. » Lorsque tombent les Girondins, en juin 1793, elle prend intrépidement leur défense dans son *Testament politique* et se réclame hautement de leurs principes : « Je vous offre une victime de plus. Vous cherchez le premier coupable ? C'est moi ; frappez. [...] J'ai tout prévu, je sais que ma mort est inévitable [5]. » Contre la dictature jacobine, elle veut le libre choix de la forme du gouvernement. Ce sera sa perte. Elle prépare *Les Trois Urnes ou le Salut de la patrie*, une affiche destinée aux murs de Paris où elle demande que le peuple choisisse entre un gouvernement monarchique, une république « une et indivisible » — la formule des Jacobins — ou un gouvernement fédératif — principe girondin.

Olympe de Gouges est enfin arrêtée en juillet 1793 mais elle continue, de sa prison, à se répandre en invectives contre les tyrans. Blessée à la jambe, malade, elle est transférée dans une maison de santé. Eut-elle là

---

1. Voir S. Spencer, « Une remarquable visionnaire : Olympe de Gouges », dans *Enlightenment Essays*, IX, 1978, p. 77-91 ; O. Blanc, *Olympe de Gouges*, *op.cit.*, p. 186-196 ; M. Maclean, « Revolution and opposition. Olympe de Gouges and the *Déclaration des droits de la femme* », dans *Literature and Revolution*, éd. établie par D. Bevan, Amsterdam, Atlanta-Rodopi, 1989, p. 13-19 ; J. W. Scott, « A Woman who has only Paradoxes to offer », dans *Rebel Daughters. Women and the French Revolution*, éd. établie par S. E. Melzer et L. W. Rabine, New York-Oxford, University Press, 1992, p. 102-120.
2. *Écrits politiques*, *op. cit.*, t. I, p. 24. Voir aussi Ch. Thomas, « Féminisme et Révolution : les causes perdues d'Olympe de Gouges », dans *La Carmagnole des Muses*. Dir. J.-Cl. Bonnet, Paris, A. Colin, 1988, p. 312.
3. *Écrits politiques*, *op. cit.*, t. II, p. 191, 16 décembre 1792.
4. *Ibid.*, p. 160, 169-170.
5. *Ibid.*, p. 236.

un dernier amant ? On a parlé de Hulin, le premier qui pénétra dans la Bastille en 1789, futur général et comte d'Empire. Condamnée à mort, elle se prétend enceinte, peut-être pour gagner du temps, mais son éventuelle grossesse est trop récente pour être confirmée[1]. Elle écrivit une dernière lettre à son fils, Pierre Aubry, chef de brigade dans l'armée révolutionnaire : « Et toi, mon fils, de qui j'ignore la destinée, viens [...] te joindre à une mère qui t'honore. [...] Si tu n'es pas tombé sous les coups de l'ennemi, si le sort te conserve pour essuyer mes larmes, [...] viens en vrai Républicain demander la loi du Talion contre les persécuteurs de ta mère[2]. » Pierre jugea plus prudent de renier une mère dont la célébrité pouvait lui être funeste et signa une ardente profession de foi jacobine. Ce n'est que la Terreur passée qu'il se hasardera, en vain d'ailleurs, à demander sa réhabilitation. Le 3 novembre 1793, Olympe de Gouges monta dans la sinistre charrette. Au témoignage d'un contemporain, sa conduite inspira le respect : « Elle a porté à l'échafaud un front calme et serein qui a forcé les furies de la guillotine qui l'ont conduite jusqu'au lieu du supplice de convenir que jamais on n'avait vu tant de courage réuni à tant de beauté[3]. »

*
* *

Passé la période de la galanterie, Olympe de Gouges se tourna donc vers les lettres et la politique. Vers 1784 ou 1785, en tout cas au lendemain de la mort du marquis Lefranc de Pompignan, survenue le 1er novembre 1784, elle entreprit un *Roman de Madame de Valmont* paru en 1788 dans ses *Œuvres*, sous le titre de *Mémoire de Madame de Valmont sur l'ingratitude et la cruauté de la famille des Flaucourt avec la sienne dont les sieurs de Flaucourt ont reçu tant de services*. La présentation était romanesque — celle d'un roman épistolaire — mais le contenu autobiographique : Olympe se désignait elle-même sous le nom de Valmont, les Lefranc de Pompignan sous celui de Flaucourt. Ce qu'elle racontait là, c'était son histoire, ou du moins celle de sa naissance illégitime et de la conduite peu chrétienne de Pompignan, de son épouse et de son frère.

La forme du *Mémoire* est bizarrement hybride et maladroite. Une préface destinée aux dames rappelle que les femmes « peuvent réunir les avantages de l'esprit avec les soins du ménage », mais aussi qu'elles seraient bien avisées d'être plus indulgentes entre elles sur leurs défauts,

1. Michelet n'en juge pas trop favorablement : « Par une triste réaction de la nature dont les plus intrépides ne sont pas toujours exempts, amollie et trempée de larmes, elle se remit à être femme, faible, tremblante, à avoir peur de la mort. On lui dit que des femmes enceintes avaient obtenu un ajournement du supplice. Elle voulut, dit-on, l'être aussi. Un ami lui aurait rendu, en pleurant, le triste office, dont on prévoyait l'inutilité » (*Les Femmes de la Révolution*, Bruxelles, Kiessling, 1854, t. I, p. 122).
2. *Écrits politiques*, *op. cit.*, t. II, p. 260.
3. Texte inédit cité dans *Écrits politiques*, *op. cit.*, t. I, p. 34.

de mettre un terme à leurs sottes rivalités et à leurs médisances si elles prétendent cesser de donner prise aux railleries des hommes : «Ô femmes, femmes de quelque espèce, de quelque état, de quelque rang que vous soyez, devenez plus simples, plus modestes, et plus généreuses les unes envers les autres.»

Cette exhortation est suivie d'une présentation où Olympe, sous le nom de Mme de Valmont, assure n'avancer que «des vérités authentiques». Sans rien attendre pour elle-même, elle réclame pour sa mère âgée et malade une pension décente. Elle désigne le jeune marquis de Flaucourt comme son demi-frère, Mgr de Flaucourt — c'est-à-dire Jean Georges Lefranc de Pompignan, archevêque de Vienne — pour son oncle et le marquis de Flaucourt pour son père naturel qui, dit-elle, la «chérissait dans son enfance» et lui prodiguait de «tendres caresses». Des gens qui connaissent ses origines l'ont engagée à s'adresser à l'«antagoniste» du marquis — entendons : Voltaire — qui se serait fait un plaisir d'ébruiter ce scandale, mais elle s'y est toujours refusée. Quelque temps, elle a cru à des promesses que la veuve du marquis s'est bien gardée de tenir : «A qui peut-on accorder sa confiance dans la société, quand ceux qui enseignent la religion et la clémence nous abandonnent?» Longtemps elle a gardé le silence sur leur iniquité, par respect pour son père. Celui-ci disparu, elle n'a «plus de frein pour ceux qui lui ont survécu». Son *Mémoire* sera donc une dénonciation et sans doute Olympe compte-t-elle bien que le public saura reconnaître les visages sous les masques.

On passe ensuite à l'échange épistolaire. Un auteur, dont on ne tarde pas à comprendre qu'il s'agit d'une femme, s'offre à composer une pièce de théâtre sur le sujet du *Mémoire*, encouragée d'ailleurs par un comte de ***, ami de Mme de Valmont. On comprend aussi que cet auteur n'est autre qu'Olympe de Gouges, alias Mme de Valmont : «Il y a tant d'analogies entre vous et moi, lui dit celle-ci, que je ne doute pas qu'on ne nous confonde ensemble.» L'identification se confirme un peu plus loin, lorsque l'auteur annonce que le premier volume de ses œuvres est à l'impression, ce qui était en effet le cas de celles d'Olympe. Qu'on lui confie le *Mémoire*, et il se charge du reste. Convaincue, Mme de Valmont s'apprête à faire «la relation de l'aventure du bal».

La lettre V conte l'histoire de sa naissance et de son enfance et fournit divers détails permettant d'identifier les personnages. Olympe est d'ailleurs explicite : «De quelles expressions puis-je me servir pour ne pas blesser la pudeur, le préjugé, et les lois en accusant la vérité? Je vins au monde le jour même de son retour, et toute la ville pensa que ma naissance était l'effet des amours du marquis [1].» Flaucourt, assure Mme de

---

1. En dépit de ces précautions oratoires, Olympe de Gouges revendique souvent sa bâtardise. Voir P. M. Duhet, *Les Femmes et la Révolution*, Paris, Julliard, 1971, p. 84. Le texte publié ici est celui de l'édition de 1788.

Valmont, aurait souhaité se charger de l'éducation de sa fille naturelle, mais la mère de celle-ci s'y est obstinément refusée. Déçu, Flaucourt s'est éloigné, a épousé la veuve d'un financier dont il a eu un fils. Il y avait là assez de données pour faire soupçonner la véritable identité des Flaucourt, particulièrement dans ce Languedoc donné pour la patrie de la famille.

Ce qui suit relève d'un romanesque peu crédible. A trente ans, Mme de Valmont a fait par hasard la connaissance du fils de Flaucourt, son demi-frère âgé de vingt-deux ans. Ils se sont aussitôt sentis en sympathie et le jeune marquis a témoigné à sa sœur une véritable affection. Elle profite d'une aventure nouée par le jeune homme au bal de l'Opéra pour monter une petite machination destinée à le délivrer d'une femme indigne de lui et de la néfaste influence d'un mystérieux Lafontaine, sorte d'homme de confiance qu'elle accuse de noirceur et de perfidie. Sous le nom de l'Inconnue, puis d'une amie de l'Inconnue, Mme de Valmont engage une prétendue correspondance amoureuse au terme de laquelle le jeune Flaucourt se retrouve mystifié : salutaire leçon qui le ramène à la raison et à la morale. On se demande ce qu'il peut y avoir de véridique dans ce rocambolesque épisode qui occupe vingt-trois lettres.

Mme de Valmont et le jeune marquis sont à présent assez liés pour que celui-ci approuve la lettre qu'elle adresse à son père : « Je suis celle dont la voix publique vous a nommé le père, […] j'ai dans la figure et le caractère plusieurs traits de ressemblance avec vous. » Elle évoque son enfance négligée, son mariage forcé, sa venue à Paris, son besoin de témoigner sa tendresse et supplie Flaucourt de faire quelque chose en faveur de sa mère, aujourd'hui malade et dans le dernier dénuement. Si, comme elle le prétend, Olympe n'avance que « des vérités authentiques », la lettre XXVII serait alors, sous le nom de Flaucourt, la véritable réponse de Lefranc de Pompignan à une lettre qu'elle lui aurait en effet adressée. Âgé, en mauvaise santé, le marquis, sous l'influence de son épouse, s'est enfermé dans la dévotion et veut donc oublier « les erreurs d'une trop coupable jeunesse ». Il l'admet, la jeune femme est en effet sa fille, mais elle n'a aucun droit : « Vous êtes, lui rappelle-t-il, née légitime et sous la loi du mariage. S'il est vrai cependant que la nature parle en vous, et que mes imprudentes caresses pour vous, dans votre enfance, et l'aveu de votre mère, vous assurent que je suis votre père, imitez-moi, et gémissez sur le sort de ceux qui vous ont donné l'être. » Il promettait cependant de ne pas oublier Olinde — c'est-à-dire Anne Olympe, la mère d'Olympe de Gouges et, dans le roman, de Mme de Valmont — et, après sa mort prochaine, de laisser à sa femme l'exécution de ses dernières volontés. Cette réponse de dévot, qui fait bon marché de la véritable charité chrétienne et des devoirs les plus élémentaires, s'attire une réflexion sur les méfaits de l'aveuglement religieux : « Quels sont donc les livres et les lois que ces gens pieux suivent ? Le fanatisme entraînera-t-il donc toujours les abus les plus odieux, l'inhu-manité, la barbarie, l'ingratitude la plus noire et la plus atroce ? »

C'est qu'à l'époque, il y a beau temps que Lefranc de Pompignan s'est acquis une réputation d'homme vertueux et il préfère ne pas se souvenir des incartades de sa vie de célibataire. On imagine donc que sa famille — une épouse dévote et un archevêque — voit sans plaisir se manifester un peu désirable fantôme du passé, d'autant plus qu'il s'agit d'une dame dont la réputation galante n'est pas trop flatteuse. Rien de surprenant si l'on encourage le vieillard à faire la sourde oreille, quitte à lui promettre de prendre soin de son péché de jeunesse.

Flaucourt mort, Mme de Valmont et sa mère ne voient venir aucun secours. Elle comprend que la faute en est à la « cruelle épouse » qui distribue sa fortune aux couvents avant de prendre le voile, néglige les engagements contractés au chevet d'un mourant et pousse l'indignité jusqu'à brûler les manuscrits laissés par son mari. Persuadée désormais qu'elle n'a rien à attendre de ce côté, Mme de Valmont s'est tournée vers l'archevêque, frère de son père, qui l'a éconduite avec des paroles miel-leuses. Suivent quelques lettres de la mère grabataire, bientôt frappée d'apoplexie, et que Mme de Valmont est seule à secourir de ses maigres ressources. En désespoir de cause, elle s'est adressée à ce demi-frère qui avait paru lui témoigner une affection sincère et lui avait promis son appui. Autre déception : le nouveau marquis de Flaucourt vient de se marier et n'entend pas non plus tenir ses promesses. Une dernière lettre de Mme de Valmont le conjure de revenir à de meilleurs sentiments. La conclusion de l'« auteur » insiste sur la véracité du *Mémoire* : « Ces lettres ne sont pas de mon imagination, [...] ce sont autant d'originaux que je n'ai eu d'autre peine que de mettre en ordre. » Un poème salue, malgré tout, la mémoire de l'inhumain marquis de Flaucourt.

Il est douteux que ce roman ne contienne rien que d'authentique, en dépit des affirmations réitérées d'Olympe de Gouges, et l'aventure du bal, avec la correspondance qui s'en suit, rappelle trop les artifices roma-nesques à la mode pour convaincre. Ces pages contiennent cependant nombre de renseignements exacts, on le verra dans les notes. Elles ne constituent pas un chef-d'œuvre : la construction est déconcertante, parfois confuse, le style bâclé, presque oral. Mais elles sont un témoi-gnage attachant sur une Olympe de Gouges réclamant ici pour elle-même, comme elle n'a cessé de le faire pour les autres, le respect de la justice et de l'humanité.

R. T.

PRÉFACE POUR LES DAMES
Ou le portrait des femmes

Mes très chères sœurs,

C'est à vous à qui je recommande tous les défauts qui fourmillent dans mes productions.

Puis-je me flatter que vous voudrez bien avoir la générosité ou la prudence de les justifier; ou n'aurais-je point à craindre de votre part plus de rigueur, plus de vérité que la critique la plus austère de nos savants, qui veulent tout envahir, et ne nous accordent que le droit de plaire. Les hommes soutiennent que nous ne sommes propres exactement qu'à conduire un ménage; et que les femmes qui tendent à l'esprit, et se livrent avec prétention à la littérature, sont des êtres insupportables à la société: n'y remplissant pas les utilités elles en deviennent l'ennui.

Je trouve qu'il y a quelque fondement dans ces différents systèmes, mais mon sentiment est que les femmes peuvent réunir les avantages de l'esprit avec les soins du ménage, même avec les vertus de l'âme, et les qualités du cœur; y joindre la beauté, la douceur du caractère, serait un modèle rare, j'en conviens: mais qui peut prétendre à la perfection?

Nous n'avons point de Pygmalion comme les Grecs, par conséquent point de Galatée. Il faudrait donc, mes très chères sœurs, être plus indulgentes entre nous pour nos défauts, nous les cacher mutuellement, et tâcher de devenir plus conséquentes en faveur de notre sexe. Est-il étonnant que les hommes l'oppriment, et n'est-ce pas notre faute? Peu de femmes sont hommes par la façon de penser, mais il y en a quelquesunes, et malheureusement le plus grand nombre se joint impitoyablement au parti le plus fort, sans prévoir qu'il détruit lui-même les charmes de son empire.

Combien ne devons-nous pas regretter cette antique chevalerie, que nos hommes superficiels regardent comme fabuleuse, elle qui rendait les femmes si respectables et si intéressantes à la fois! Avec quel plaisir les femmes délicates ne doivent-elles pas croire à l'existence de cette noble chevalerie, lorsqu'elles sont forcées de rougir aujourd'hui d'être nées dans un siècle où les hommes semblent se plaire à afficher, auprès des femmes l'opposé de ces sentiments si épurés, si respectueux, qui faisaient les beaux jours de ces heureux temps. Hélas ! qui doit-on en accuser, et n'est-ce pas toujours nos imprudences et nos indiscrétions, mes très chères sœurs ?

Si je vous imite dans cette circonstance, en dévoilant nos défauts, c'est pour essayer de les corriger. Chacune avons les nôtres, nos travers, et nos qualités. Les hommes sont bien organisés à peu près de même, mais ils sont plus conséquents : ils n'ont pas cette rivalité de figure, d'esprit, de caractère, de maintien, de costume, qui nous divise, et qui fait leur amusement, leur instruction sur notre propre compte.

Les femmes en général ont trop de prétentions à la fois, celles qui réunissent le plus d'avantages, sont ordinairement les plus insatiables. Si l'on vante un seul talent, une seule qualité dans une autre ; aussitôt leur ridicule ambition leur fait trouver, dans celle dont il est question, cent défauts, et même des vices, s'ils ne sont pas assez puissants pour détruire l'éloge qu'on en faisait. Ah ! mes sœurs, mes très chères sœurs, est-ce là ce que nous nous devons mutuellement. Les hommes se noircissent bien un peu, mais non pas autant que nous, et voilà ce qui établit leur supériorité, et qui entretient tous nos ridicules. Ne pouvons-nous pas plaire sans médire de nos égales ?

Car, je ne fais pas de différence entre la femme de l'artisan qui sait se faire respecter, et la femme de qualité qui s'oublie, et qui ne ménage pas plus sa réputation que celle d'autrui.

Dans quelque cercle de femmes qu'on se rencontre, je demande si les travers d'esprit ne sont pas partout les mêmes ? Les femmes de la Cour sont les originaux de toutes les copies des classes inférieures : ce sont elles qui donnent le ton des airs, de la tournure, et des modes ; il n'y a pas jusqu'à la femme de procureur, qui ne veuille imiter ces mêmes airs ; ajoutez-y l'épigramme et la satire entre elles, sans doute avec moins de naturel et de politique que les femmes de la Cour, mais toujours ne se faisant pas grâce dans l'une et l'autre classe du plus petit défaut.

Pour les femmes de spectacle, ah ! je n'ose continuer, c'est ici où je balance ; j'aurais trop de détails à développer, si j'entrais en matière. Elles sont universellement inexorables envers leur sexe, c'est-à-dire en général, puisqu'il n'y a pas de règle sans exception ; mais celles qui abusent de la fortune et de la réputation ; et qui sont loin de prévoir souvent des revers affreux, sont intraitables, sous quelque point de vue qu'on les prenne ; aveuglées sur leur triomphe, elles s'érigent en souveraines, et s'imaginent que le reste des femmes n'est fait que pour être leur esclave, et ramper à leurs pieds.

Pour les dévotes, ô grand Dieu ! je tremble de m'expliquer ; je sens mes cheveux se dresser sur ma tête ; à chaque instant du jour, elles profanent, par leurs excès, nos saints préceptes, qui ne respirent que la douceur, la bonté et la clémence. Le fanatisme rend la femme encore plus inhumaine : car si elle pouvait se livrer à sa fureur, elle reproduirait, suivant son pouvoir, toutes les horreurs de cette journée cruelle[1], à jamais mémorable dans la nation française.

Ô femmes, femmes de quelque espèce, de quelque état, de quelque rang que vous soyez, devenez plus simples, plus modestes, et plus généreuses les unes envers les autres. Il me semble déjà vous voir toutes réunies autour de moi, comme autant de furies poursuivant ma malheureuse existence, et me faire payer bien cher l'audace de vous donner des avis : mais j'y suis intéressée ; et croyez qu'en vous donnant des conseils qui me sont nécessaires, sans doute, j'en prend ma part. Je ne m'étudie pas à exercer mes connaissances sur l'espèce humaine, en m'exceptant seulement : plus imparfaite que personne, je connais mes défauts, je leur fais une guerre ouverte ; et en m'efforçant de les détruire, je les livre à la censure publique. Je n'ai point de vices à cacher, je n'ai que des défauts à montrer. Eh ! quel est celui ou celle qui pourra me refuser l'indulgence que méritent de pareils aveux ?

Tous les hommes ne voient pas de même ; les uns approuvent ce que les autres blâment, mais en général la vérité l'emporte ; et l'homme qui se montre tel qu'il est, quand il n'a rien d'informe ni de vicieux, est toujours vu sous un aspect favorable. Je serai peut-être un jour considérée sans aucune prévention de ma part, avec l'estime que l'on accorde aux ouvrages qui sortent des mains de la nature. Je peux me dire une de ses rares productions ; tout me vient d'elle ; je n'ai eu d'autre précepteur : et toutes mes réflexions philosophiques ne peuvent détruire les imperfections trop enracinées de son éducation. Aussi m'a-t-on fait souvent le reproche de ne savoir pas m'étudier dans la société ; que cet abandon de mon caractère me fait voir défavorablement : que cependant je pouvais être de ces femmes adorables, si je me négligeais moins.

J'ai répondu souvent à ce verbiage, que je ne me néglige pas plus que je ne m'étudie ; que je ne connais qu'un genre de contrainte, les faiblesses de la nature que l'humanité ne peut vaincre qu'à force d'efforts : et celle en qui l'amour-propre dompte les passions, peut se dire, à juste titre, la femme forte.

---

1. Allusion à la Saint-Barthélemy et au massacre des protestants, dans la nuit du 23 au 24 août 1572.

Sur l'ingratitude et la cruauté de la famille des Flaucourt envers la sienne, dont les sieurs de Flaucourt ont reçu tant de services

Il est affreux de se plaindre de ceux qu'on aime, qu'on chérit et qu'on respecte. Je voudrais pouvoir étouffer dans mon âme, un ressentiment, hélas! trop légitime; mais l'excès de la cruauté, du fanatisme et de l'hypocrisie, l'emporte; et quoique je sois condamnée à un éternel silence, par décence pour moi seule, les souffrances d'une mère infirme, son âge [1], l'affreuse indigence où elle est plongée, ne me font plus connaître de frein à l'égard des personnes que la nature me force d'inculper.

Le seul que je pourrais épargner, par le mépris que j'en dois faire, est ce vil et rampant La Fontaine, dont les conseils aussi pernicieux que funestes, ont empoisonné le cœur d'un jeune homme, fait pour voler à la gloire. Ce jeune homme hélas! est mon frère, devenu marquis de Flaucourt, depuis la mort de mon trop malheureux père [2].

Je dois rougir sans doute de l'erreur qui me donna le jour; mais la nature qui ne connaît ni loi, ni préjugé, ne perd jamais ses droits dans une âme sensible. A peine le hasard me fit rencontrer ce frère dans le monde, que le vil séducteur qui s'est emparé de lui depuis quelques années, qui a subjugué ses goûts, sa raison, me l'a enlevé. Je n'espérais qu'en lui, et je n'avais point à craindre qu'il eût étouffé dans son cœur le cri de la nature, et les liens du sang. Je le laisse pour m'occuper de personnages plus essentiels, n'étant pas seul l'objet de mon mémoire. Les années et les bons principes qu'il a reçus, peuvent me le ramener, et me donner des preuves de son amitié fraternelle.

Que la sentence des dieux et des hommes me juge dans la position affreuse où je me trouve par l'injustice de ceux qui ont excité en moi la plainte, l'indignation et la révolte. Tous les faits que je vais avancer sont autant de vérités authentiques. C'est une tache imprimée sur la mémoire de M. le marquis de Flaucourt, et que ceux qui auraient dû l'effacer n'ont fait qu'étendre, en augmentant ses torts.

Mon père m'a oubliée au berceau; voilà mon sort, et j'ai encore à gémir sur celui de ma mère. J'avais tout pouvoir de réclamer les droits de la nature pour mon existence physique, mais j'en faisais le sacrifice, comme on le verra dans ma correspondance avec la famille de Flaucourt,

---

1. Anne Olympe Mouisset était née en 1714.
2. Ce jeune homme, demi-frère d'Olympe, est Jean Georges Louis Marie Lefranc, né à Paris le 8 décembre 1760. Son père, le marquis Lefranc de Pompignan, était mort le 1er novembre 1784. Pour les renseignements concernant Olympe de Gouges et Lefranc de Pompignan, voir surtout O. Blanc, *Olympe de Gouges*, Paris, Syros, 1981; T. E. D. Braun, *Un ennemi de Voltaire. Lefranc de Pompignan*, Paris, Minard, 1972.

en faveur de celle qui m'a donné le jour. Les liaisons de sang et d'intérêt qui existaient entre cette famille et la mienne, étaient bien faites pour engager ces âmes dévotes à répandre leurs bienfaits sur la malheureuse filleule de M. le marquis de Flaucourt[1], qui éprouve, dans sa vieillesse, la plus affreuse misère. Jusqu'à présent, je ne l'ai point abandonnée, mais mes moyens sont devenus si faibles, que je me vois obligée de prendre le parti de la retraite. Ce n'est pas mon sort qui m'afflige, mais c'est la cruelle situation de ma pauvre mère. Je sens mon cœur déchiré à ce tableau. Que n'emploierais-je point pour lui procurer les secours qui lui sont nécessaires dans sa vieillesse ? Combien le poids de la misère doit lui paraître dur et insupportable, après avoir été élevée dans la fortune[2] ! et quelle amertume pour elle de souffrir dans sa triste et cruelle situation, sous les yeux de cette ingrate famille !

Tout ce que j'avance est pour faire connaître que nous ne sommes pas étrangers à la famille de Flaucourt, et que la mienne n'était pas de la lie du peuple, pour retirer aucun tribut des secours qu'elle a donnés à la maison de Flaucourt. Mais quand la mienne aurait été de pauvres mercenaires, la maison de Flaucourt ne serait-elle pas redevable d'un salaire que la reconnaissance aurait dû, de leur part, faire répandre avec abondance sur ma malheureuse mère, puisque la nécessité la force à réclamer leurs bienfaits, qui, en les obtenant, ne seraient qu'un acquit de leur part. Leur seul prétexte, pour ne pas la secourir, serait un beau motif qui déciderait tous ceux qui ont cette façon de penser, propres à être regardés véritablement pour des hommes. Je n'attends pas de libéralités de leur part, je n'exigeais pour ma mère qu'une pension alimentaire de sept à huit cents livres. Leur ingratitude atroce, et leur dureté inexprimable, ont poussé ma discrétion au-delà de toute réserve : et si je suis fautive en les démasquant, ma faute est bien excusable. Quiconque ne serait pas touché de mon récit, n'aurait pas reçu de la nature un cœur sensible.

Il ne peut y avoir que des âmes féroces, endurcies par le fanatisme, comme Mme la marquise de Flaucourt[3], et un prélat des plus éclairés[4], mais aussi faible qu'elle, qui se font un acte de religion de la plus grande cruauté. Hélas ! quelle est cette religion ? Où j'en ai mal conçu le dogme, ou il semble qu'elle en enseigne la clémence et la bienfaisance. Ce digne prélat, qui tient le sacerdoce dans ses mains, et cette respectable veuve tous deux près du lit de mort de l'auteur de mes jours, lui prêchaient la bienfaisance, et le repentir de ses fautes. C'est pour les racheter, lui

---

1. Anne Olympe Mouisset, baptisée le 18 février 1714, avait en effet pour parrain Jean-Jacques Lefranc, alors âgé de cinq ans.
2. Elle venait en effet d'une bourgeoisie aisée, enrichie dans l'industrie drapière.
3. Marie-Antoinette de Caulaincourt, veuve d'un fermier général, avait épousé Lefranc de Pompignan le 21 octobre 1757.
4. Le frère cadet du marquis, Jean Georges Lefranc de Pompignan (1715-1790), évêque du Puy, ensuite archevêque de Vienne et membre de l'Assemblée constituante.

disaient-ils, qu'ils l'engagèrent à faire deux mille écus de rentes viagères à ses gens, et réversibles sur leurs enfants ; et celle qui avait des droits plus légitimes, droits que la religion même impose, n'a pas reçu la moindre marque d'humanité.

Ce pieux prélat, ce frère de lait de cette infortunée [1], loin de presser et de déterminer sa belle-sœur à remettre sous les yeux de son frère mourant, ce qu'il devait faire pour une femme qui leur fut si chère à tous deux, eurent la barbarie de lui fermer la paupière, et le laissèrent descendre dans la tombe, enveloppé dans la plus cruelle erreur ; et voilà comme ce grand homme finit sa carrière, dans une indifférence où ils le tenaient sans doute depuis longtemps.

Quoiqu'il fût insensible envers moi, depuis que la dévotion s'était emparée de lui, je ne le respectais pas moins. Il me chérissait dans mon enfance. Je n'oublierai jamais ses tendres caresses : et toutes les fois qu'un souvenir cher le rappelle à mon esprit, je verse des larmes, j'en verse sur sa perte, et ces larmes sont sincères ; ce sont celles de la nature, pourrait-on les condamner ? J'ai toujours respecté sa piété ; et de crainte de l'alarmer, je sacrifiais mes intérêts à son bonheur.

Quelques personnes de la Cour, célèbres par leur nom ainsi que par leur esprit, voulurent me persuader que la conduite de M. le marquis de Flaucourt à mon égard, était tout à fait répréhensible, et qu'il fallait charger son antagoniste [2] de son châtiment ; on voulut même me recommander auprès de lui, et me procurer les moyens pour faire le voyage. Ma réponse est connue, et la voici en peu de mots. Je suis venue sous la foi du mariage : si le marquis de Flaucourt est mon père, je ne dois pas obtenir une existence et ses bienfaits par la voie de son ennemi ; s'il n'est pas mon père, je n'ai aucun droit sur lui. Quoique tout atteste que je sois sa fille, je préférerai d'en douter, plutôt que de l'affliger un instant.

Ces mêmes personnes qui me sollicitaient, frappées d'indignation de sa conduite à mon égard, ne purent s'empêcher de me plaindre, et de m'applaudir ; elles sont toutes existantes, et à même de me rendre cette justice. Que m'importerait une célébrité qui aurait fait le malheur et le tourment de celui pour qui j'aurais sacrifié mes jours pour rendre les siens heureux et tranquilles ; mais puisque actuellement la mort me l'a enlevé sans les avoir troublés, je n'ai plus de frein pour ceux qui lui ont survécu, qui ont aggravé ses torts, et comblé mes malheurs.

Quel triomphe pour son adversaire si je l'avais intéressé à mon sort, lui qui n'avait jamais pu porter atteinte, ni à sa probité, ni à sa délicatesse ; c'étaient des saillies et des épigrammes qui faisaient seulement briller son esprit sans déshonorer celui qui était l'objet de ses railleries. Ses

---

1. La mère d'Anne Olympe Mouisset, Anne Marty, fut en effet la nourrice du futur évêque de Pompignan, devenu de ce fait frère de lait d'Anne Olympe.
2. Voltaire qui, après avoir eu de bons rapports avec Lefranc, l'accabla de ses sarcasmes et dirigea contre lui les satires du *Pauvre diable*, du *Russe à Paris* et de *La Vanité*.

moyens étaient tous épuisés, et quoique ceux que j'aurais pu lui fournir, eussent pu tenter toute autre que moi, mon amour et mon respect me firent préférer ma bizarrerie à une vaine célébrité.

La nature ne perd point ses droits, mais elle se fait peu entendre à ceux que j'accuse. Oui, je le déclare hautement, une famille riche qui prodigue ses largesses indistinctement et qui n'en prive que celle qui y avait le plus de droits. Sourds au cri du sang et de l'humanité, ils croient gagner le ciel par une piété cruelle ; ils me reprochent mon existence qu'ils connaissaient, ainsi que toute la province, avant que je me connusse moi-même.

Dans mon enfance toute la famille me chérissait, et je ne connaissais pas alors les lois ni le préjugé. Je fus élevée en les chérissant, et je les chérirais de même, s'ils n'étaient durs qu'envers moi. Qu'ils m'accablent de leur animosité, qu'ils me rendent victime de l'erreur du marquis de Flaucourt et de celle de ma mère, mais qu'ils ne l'abandonnent pas : que le prélat, son frère de lait, reconnaisse la véritable bienfaisance et répande sur elle ce qu'il devait à celle qui lui donna le sein.

Pour Mme la marquise, elle est étrangère à mes demandes ; cependant elle s'est imposé des devoirs par les lois de la religion. Elle a promis à son époux mourant d'acquitter les dettes qui chargeaient sa conscience ; celle qu'il contracta envers sa filleule était la première que cette respectable veuve devait acquitter sans réfléchir sur le passé. A tout péché miséricorde. Voilà ce que Dieu nous ordonne, et ce que les justes suivent. A qui peut-on accorder sa confiance dans la société, quand ceux qui enseignent la religion et la clémence nous abandonnent. Il n'y a donc plus de probité sur la terre ? Dans quelle classe, dans quel état, dans quelle société d'hommes peut-on désormais trouver cette sensible piété, cette tendre humanité ? On s'écrie tous les jours, [... *a*].

LETTRE I

De l'auteur à Mme de Valmont

Votre *Mémoire*, et ce que vous m'avez révélé, Madame, sur la famille du marquis de Flaucourt, m'a fourni un sujet théâtral que j'ai traité, d'après votre consentement. Je ne doute pas que ce sujet ne soit fort intéressant pour le public ; mais il le deviendrait davantage, si vous vouliez tracer vous-même les événements qui ont causé vos malheurs. Ce tableau pourra faire disparaître les défauts qui se sont glissés dans mon ouvrage. Il faut vous prévenir, Madame, que le comte de***, doit vous solliciter

---

a. Quatre lignes en pointillés.

vivement, pour que vous m'accordiez cette grâce ; votre secret est le mien, et vous devez être bien sûre que je ne vous trahirai point.

En mettant au jour les sujets d'indignation qu'une famille ingrate a fait naître dans votre âme, vous trouverez un soulagement salutaire aux maux qu'elle vous a causés ; et le sentiment public suffira alors à votre vengeance.

Pourquoi vous y refuseriez-vous, Madame ? quels ménagements devez-vous à des personnes qui ont méconnu la voix de la nature et du sang à votre égard ? Le temps presse : le premier volume de mes *Œuvres* est déjà livré à l'impression, et je voudrais y joindre votre roman, persuadée que le public m'en tiendrait compte, je ne vous demande qu'une simple esquisse des faits ; je vous dispense de toutes réflexions. Quand on s'est exposé à donner une pièce dramatique, faite en vingt-quatre heures, j'imagine qu'on peut fort bien lui offrir un récit simple, dépouillé de tout ornement, mais tracé avec les couleurs de la vérité. Veuillez donc vous occuper d'un objet qui vous intéresse aussi vivement que moi, et, vous pouvez compter sur toute ma reconnaissance.

Je suis, etc.

LETTRE II

*Mme de Valmont au comte de****

Monsieur

Je ne suis point étonnée de la vivacité de l'auteur ; mais vous, homme prudent, approuverez-vous un empressement qui n'a d'autre motif que sa passion d'écrire et de faire imprimer ? pourriez-vous, Monsieur le comte, m'engager à une entreprise aussi folle ? S'il ne s'agissait que de quelques faits, ne les trouverait-elle pas dans le *Mémoire* que je lui ai permis d'imprimer. Les détails de ma vie sont trop remplies d'événements, pour que je puisse les tracer dans un si court espace.

Dépouillés des accessoires, ils n'inspireraient aucun intérêt, et déroberaient au lecteur tout ce qu'il y a de plus piquant. Cependant, je ne veux point l'affliger : la comédie que j'ai jouée, il y a quatre ans, avec mon frère le marquis de Flaucourt, peut remplir son objet et le mien.

En exposant aux yeux du public, ce genre de correspondance, on verra que l'amitié fraternelle me suggéra un moyen peu commun, pour ramener à son devoir, un jeune homme que les passions et les conseils pernicieux du perfide La Fontaine avaient égaré. Voilà tout ce que je peux faire pour l'auteur qui trouve le moyen de me venger d'une famille ingrate, pour laquelle je ne suis jamais sortie des bornes de l'estime et du respect ; mais aujourd'hui que toute l'affection que je lui portais est éteinte, je romps le silence que j'ai gardé trop longtemps, en considération de la célébrité de celui qui m'a donné le jour, et dont je respecte la cendre.

Je vous prie, Monsieur le comte, de voir l'auteur, et s'il est satisfait de mon offre, je lui ferai parvenir sur-le-champ la relation de l'aventure du bal, ainsi que les faits l'ont amenée, avec les lettres de tous les autres personnages, trop affligeantes pour cadrer avec cet amusement.

Je suis, etc.

LETTRE III

Du comte à Mme de Valmont

Votre lettre, Madame, a plus fait sur l'esprit de l'auteur, que tout ce que j'aurais pu lui dire ; et loin de se fâcher des vérités qu'elle contient, elle en est enchantée : vous en jugerez par sa réponse.

Vous me demandez des conseils sur la prière de notre femme auteur ; ne vous attendez pas, Madame, à me trouver plus raisonnable sur cet objet. Curieux comme une femme, et les aimant plus que moi-même, jugez, Madame, combien je dois être intéressé à connaître les événements d'une personne sensible. Vous êtes un juge trop sévère, et si, d'après votre système, les personnes de votre sexe deviennent conséquentes et profondes dans leurs ouvrages, que deviendrons-nous, nous autres hommes, aujourd'hui si superficiels et si légers ? Adieu la supériorité dont nous étions si orgueilleux. Les dames nous feront la loi, et la partie la plus faible deviendra la plus forte. Cette révolution serait dangereuse. Ainsi je dois désirer que les dames ne prennent point le bonnet de docteur, mais qu'elles conservent leur frivolité, même dans leurs écrits. Tant qu'elles n'auront pas le sens commun, elles seront adorables. Nos savantes de Molière sont des modèles de ridicule. Celles qui suivent aujourd'hui leurs traces, sont les fléaux des sociétés, et semblent, par le travestissement de leur esprit, contribuer à la désunion de la nature entière.

Les femmes peuvent écrire, mais il leur est défendu, pour le bonheur du monde, de s'y livrer avec prétention. D'après ces principes, vous pouvez hasarder de donner un extrait de votre vie, qui ne pourra qu'être accueilli, et ce sera le cas de dire : Qu'importe le temps, si le récit est intéressant, comme je n'en doute pas. Secondez donc, Madame, les vœux de l'auteur, ne dussiez-vous donner que l'époque de votre rencontre avec le marquis de Flaucourt. Pour moi personnellement, je vous saurai gré de cette complaisance.

J'ai l'honneur, etc.

LETTRE IV

*De l'auteur au comte de****

Monsieur le comte

Mme de Valmont, qui ne me flatte pas, et qui me dit, avec franchise, ce que je me suis dit cent fois à moi-même, me plaît infiniment ; et si mon amour-propre ne me permet pas de convenir que je suis décidément folle, ma raison me force d'approuver ceux qui ne me croient pas bien raisonnable. Je ne prétends pas gêner les opinions d'autrui ; je sais que je ne compose qu'avec pétulance, que je déteste de revenir sur mes idées, et que bonnes ou mauvaises, je voudrais qu'on les jugeât, en rendant justice au fond, s'il renferme quelque mérite : par là, je serais plus satisfaite d'un faible triomphe que d'une plus grande gloire, s'il fallait l'acheter par un travail trop pénible, ou la devoir aux efforts d'un tiers plus éclairé que moi, qui dénaturerait mes ouvrages au point que je n'oserais me les approprier. Ainsi, je ne puis écrire que d'après moi, parce qu'il serait trop facile de reconnaître tout ce qui n'est pas moi. Ceux qui n'écrivent que naturellement, varient souvent leur dicton ; éloquents dans certains endroits, faibles dans d'autres ; mais les vrais connaisseurs ne se trompent jamais sur ce qui part de la même source. Voilà, Monsieur le comte, ce que je pense des personnes qui jugent aussi sainement que vous.

Je me contente de l'offre de Mme de Valmont, quoiqu'à beaucoup près elle ne soit pas, à mes yeux, si intéressante que celle que vous désiriez. Il est vrai qu'on ne peut exiger une relation suivie en si peu de mots. Mais comme il est indispensable pour moi de me rappeler dans l'esprit du public, et de réclamer l'indulgence qu'il m'a déjà accordée, en faveur de mes pièces imprimées, et surprise agréablement par le tour que la Comédie-Française m'a donné en devançant le mien. Il m'a fallu changer toute ma marche, et à la place du drame que j'allais faire imprimer, j'ai été obligée de prendre un de mes manuscrits, au hasard, ou pour mieux dire, à mon choix, et peut-être sera-ce ma plus mauvaise pièce que je livre au public. Il n'y a que le roman de Mme de Valmont qui pourra balancer son opinion. Du moins c'est là mon espérance.

Bonjour Monsieur le comte, préparez-moi de bons travailleurs, car je vous réponds que j'en ai besoin.

Je suis, etc.

LETTRE V

De Mme de Valmont à l'auteur

Il faut, Madame, faire tout ce que vous désirez. M. le comte vient de m'y déterminer ; aussi ne balancerai-je plus à vous envoyer l'extrait bien précis de ma vie.

Ma naissance est si bizarre que ce n'est qu'en tremblant que je la mets sous les yeux du public ; et ce ne sera que dans un temps plus heureux, plus tranquille pour moi, et à l'abri de tout soupçon, que je pourrai, avec courage, raconter au genre humain les événements qui ont travaillé le tissu de ma vie. Des aveux sincères et dépouillés d'imposture, m'obtiendront, sans doute, une estime qu'on refusera peut-être à mes faibles écrits. Si on n'a pas encore vu une ignorante devenir auteur, une femme vraie et sincère est un être aussi rare, et c'est par une telle singularité que, comme vous, Madame, je puis me distinguer. Il y a tant d'analogie entre vous et moi, que je ne doute pas qu'on ne nous confonde ensemble. Un jour viendra où cette énigme sera expliquée par vous, ou par moi.

Je sors d'une famille riche et estimable, dont les événements ont changé la fortune. Ma mère était fille d'un avocat, très lié avec le grand-père du marquis de Flaucourt, à qui le ciel avait accordé plusieurs enfants. L'éducation du marquis, l'aîné de ces enfants, fut confiée à mon grand-père [1] qui s'en chargea par pure amitié. Le cadet, qui existe encore et que son mérite a élevé jusqu'à l'archiépiscopat, fut allaité par ma grand-mère : il devint par là le frère de lait de celle qui m'a donné le jour et qui fut tenue sur les fonts baptismaux par le marquis son frère aîné.

Tout ceci se fit de part et d'autre au nom de l'amitié qui régnait depuis longtemps entre ces deux familles : ma mère devint donc chère à tous les Flaucourt. Le marquis, son parrain, ne la vit pas avec indifférence, l'âge et le goût formèrent entre eux une douce sympathie dont les progrès furent dangereux. Le marquis, emporté par l'amour le plus violent, avait projeté d'enlever ma mère et de s'unir avec elle dans un climat étranger.

Les parents du marquis et de ma mère, s'étant aperçus de cette passion réciproque, trouvèrent bientôt le moyen de les éloigner ; mais l'amour ne fait-il pas vaincre tous les obstacles ? Le temps ni l'éloignement ne purent faire changer leurs sentiments. Ma mère cependant fut mariée [2]. Le marquis fut envoyé à Paris, où il débuta dans la carrière dramatique

---

1. Jacques Mouisset était drapier, mais aussi « avocat en la Bourse de Montauban », c'est-à-dire agréé auprès des tribunaux de commerce. Il s'occupa de Lefranc, l'aîné de sept enfants.

2. Anne Olympe épousa Pierre Gouze le 31 décembre 1737.

par une tragédie qui rendra son nom immortel [1], ainsi que ses odes, ses voyages et plusieurs autres ouvrages non moins recommandables. C'est dans sa grande jeunesse qu'il développa tant de talents ; mais le fanatisme vint l'arrêter au milieu de sa carrière, et fit éclipser la moitié de sa gloire. Son célèbre antagoniste, jaloux de ses talents, essaya de les obscurcir par la voie du ridicule ; mais il ne put y parvenir et il fut lui-même forcé de lui accorder un mérite distingué.

En effet, il n'eut peut-être qu'un tort réel dans sa vie ; celui d'avoir été insensible et sourd aux cris de la nature. Il revint dans sa province, où il trouva celle qu'il avait aimée, et dont il était encore épris, mariée et mère de plusieurs enfants dont le père était absent.

De quelles expressions puis-je me servir, pour ne pas blesser la pudeur, le préjugé, et les lois, en accusant la vérité ? Je vins au monde le jour même de son retour, et toute la ville pensa que ma naissance était l'effet des amours du marquis. Bien loin de s'en plaindre, le nouvel Amphitryon [2] prit la chose en homme de cour. Le marquis poussa la tendresse pour moi jusqu'à renoncer aux bienséances, en m'appelant publiquement sa fille. En effet, il eût été difficile de déguiser la vérité : une ressemblance frappante était une preuve trop évidente. Il y aurait de la vanité à moi de convenir que je ne lui étais pas étrangère, même du côté du moral ; mais on m'a fait cent fois cette remarque.

Il employa tous les moyens pour obtenir de ma mère qu'elle me livrât à ses soins paternels ; sans doute mon éducation eût été mieux cultivée ; mais elle rejeta toujours cette proposition ; ce qui occasionna entre eux une altercation dont je fus la victime. Je n'avais que six ans quand le marquis partit pour ses terres, où la veuve d'un financier vint l'épouser. Ce fut dans les douceurs de cet hymen que mon père m'oublia et ne s'occupa que du fils dont vous me demandez l'histoire. Je ne fais aucune mention des événements de ma vie depuis l'âge de six ans jusqu'à trente, époque où j'ai rencontré ce jeune frère âgé de vingt-deux ans [3].

Ayant appris pendant sa jeunesse qu'il avait une sœur, il fit plusieurs recherches pour la rencontrer. Voici comment il me découvrit.

Se trouvant un jour dans une maison, où l'on reçoit bonne et mauvaise compagnie, un homme de ma connaissance, lui adressa la parole sans le connaître et lui demanda son nom. Cette question étonna le marquis, qui à son tour lui en demanda le motif. « C'est, dit-il, parce que vous avez une ressemblance frappante avec Mme de Valmont. » A ce nom seul, le marquis l'embrassa, le regarda comme un Dieu tutélaire, et le supplia de

---

1. La tragédie est *Didon*, qui rendit en effet Lefranc célèbre
2. Amphitryon était l'époux de la belle Alcmène ; Zeus prit ses traits pour tromper la fidélité d'Alcmène, qu'il rendit mère d'Hercule.
3. Il y a un certain flou dans les dates. Si Olympe avait trente ans, nous sommes en 1778 ; si le « jeune frère » a vingt-deux ans, nous sommes en 1782. Mais Olympe avait pris l'habitude de se rajeunir un peu.

le conduire chez moi : ce qu'il fit. Lorsqu'on m'annonça cette personne, et que je la vis accompagnée d'un jeune homme, une émotion des plus extraordinaires m'agita ; les larmes coulèrent de mes yeux ; je m'écriai : « C'est mon frère ; c'est le fils du marquis de Flaucourt » ; et ce fut dans les plus tendres embrassements que nous confirmâmes les liens du sang qui nous unissaient.

Il ne s'écoulait aucun jour que je n'eusse la satisfaction de le voir deux ou trois fois. Bientôt il me fit la confidence de ses plus secrets sentiments, et j'appris qu'un monstre, un vil agent, avait subjugué sa raison. Je voulus l'éloigner de ce fourbe dangereux ; mais, moi-même, bientôt je lui parus suspecte. Il sembla même se repentir de toutes les confidences qu'il m'avait faites. Cependant comme l'amitié et la nature triomphaient encore de lui, il me faisait toujours part de ses aventures qu'il croyait du bon ton, telles que celle du bal de l'Opéra, qui faillit à lui faire tourner la tête.

Une de ses cousines, femme d'esprit, et qui désirait son bonheur autant que moi, chercha à l'intriguer sous le masque, et le rendit amoureux au point de le faire renoncer à une petite créature dont il était fou, et dont je rougirais de mettre au jour les trames ourdies d'accord avec le perfide La Fontaine. Le carnaval finit, et le courage de sa cousine n'alla pas plus loin. Elle lui avait permis de lui écrire ; je fus instruite de tout, je me chargeai de cette correspondance, et vous allez voir, par la manière dont je la conduisis, si je sus la suivre, et quel parti mon amitié en tira pour le bonheur de mon frère.

Je suis, etc.

LETTRE I

De Mme de Valmont, écrite au marquis de Flaucourt, sous le nom de l'Inconnue

Qu'il en coûte à un cœur sensible de résister à son penchant ! Plus je réfléchis sur le hasard qui forme notre liaison, plus il me semble qu'il y a de l'imprudence à y mettre une suite.

Il est vrai que je vous en fis la promesse ; mais peut-on compter sur les serments d'amour. Ceux qui cèdent à tous les transports de cette passion, ne violent-ils pas, à chaque instant, leurs engagements ? Un être plus délicat, et qui aime, pour la première fois, tremble de se livrer à ses sentiments : je ne crains pas de manquer de foi à celui à qui j'aurais donné mon cœur ; mais je crains sa légèreté, je ne lui ferai ce don qu'après avoir éprouvé la solidité de ses sentiments.

Pourriez-vous blâmer ma défiance, vous, qui ne me connaissez que sous le masque ? Quand vous me verrez à visage découvert, m'assurerez-vous de m'aimer telle que je suis ? S'il était vrai ; dieux ! quelle serait ma félicité ! Alors je pourrais être persuadée que ce n'est point une simple fantaisie, mais une sympathie mutuelle, fondée sur la délicatesse et sur l'estime de deux âmes bien nées. Voilà, Monsieur, la façon de penser du petit masque ; elle vous paraîtra peut-être un peu sévère, et bien différente de la folie qu'il avait au bal. Le style froid, qui règne dans sa lettre, convient peu aux transports de deux jeunes amants, mais il ne vous voit pas. Cependant il est en votre pouvoir d'obtenir une entrevue, qui n'aura lieu qu'après le sacrifice que vous lui avez offert. Il est au-dessous de lui, et s'il l'exige, c'est pour vous retirer de l'abîme où il vous voit plongé.

Adieu : votre réponse réglera sa conduite, et surtout point de questions au porteur chargé de la correspondance ; c'est en vain que vous lui en feriez ; vous ne seriez pas plus avancé, et vous perdriez beaucoup dans la confiance que vous avez inspirée à celle qui veut être encore inconnue.

LETTRE II

Du marquis de Flaucourt à Mme de Valmont,
crue l'Inconnue du bal

Est-ce une erreur ? est-ce une vérité ? Je suis dans une émotion incroyable. L'espérance me rend fou de plaisir, et la crainte me navre de douleur. Serait-il possible qu'une personne aimable m'aimât ? Le bonheur ne serait-il plus pour moi un être imaginaire ? J'attends l'événement pour me tirer d'une incertitude aussi mêlée de joie et de tristesse. S'il est tel que je le désire, je n'ai pas assez d'une âme pour sentir ma félicité : s'il n'est pas comme je le souhaite, je rentrerai dans le néant.

J'étais malade avant de recevoir votre lettre ; je m'amusais à causer avec vous, sans espérer que vous pensiez à moi. Votre épître m'a guéri, et je ne suis plus que fou : la main me tremble, ma tête se trouble, mon cœur est dans une agitation inconcevable. Je vais tout préparer pour exécuter vos ordres ; et je vous chargerai même du congé de la personne en question. Vous ne le lui ferez passer qu'après avoir vu s'il vous convient. Heureux ! si je suis consolé de toutes mes inquiétudes, par un dénouement encore bien douteux.

Je finis ; car je ne sais plus ce que je dis, et ma raison me défend d'écrire davantage, jusqu'à ce que mon cœur soit totalement rassuré.

J'ai l'honneur d'être, etc.

LETTRE III

Du marquis de Flaucourt à l'Inconnue

La voilà, petit masque, cette lettre que tu exiges de moi pour preuve de ma conversion. Seras-tu encore incrédule, et douteras-tu de la reconnaissance et des sentiments de celui qui regarde même comme un bien léger sacrifice, le prix que tu mets au bonheur que tu lui laisses espérer?

Non, cher petit masque, ce n'en est pas un; je le devais à moi-même, avant de savoir que je te le devais; je rougirais de balancer entre un goût déshonorant pour moi, et un attachement pur et tendre, qui manque à mon cœur, et qui le remplira tout entier. Oui, petit masque, tous mes vœux sont de te plaire, et ma félicité est de t'aimer. Je m'applaudis d'un sentiment qui me fait connaître les véritables jouissances. Tu ne devrais pas cependant t'obstiner à garder l'incognito.

Adieu, cher petit masque, adieu. Rapproche bientôt de toi celui qui pleure d'en être éloigné, et que ce soir, au sein des plaisirs, il reconnaisse celle qui le rend le plus heureux des hommes. Adieu, encore une fois, ma plume ne saurait s'arrêter; elle sait qu'elle est conduite par un cœur qui est tout à toi.

LETTRE IV

Du marquis de Flaucourt, à son ancienne maîtresse

Mademoiselle, il est temps de vous apprendre une mauvaise nouvelle, que j'ai éloignée le plus qu'il m'a été possible. Mes parents ont découvert notre liaison: ils m'engagent à la rompre, et je cède au pouvoir ainsi qu'au respect que je leur dois.

J'aime mieux vous prévenir du parti qu'il vous reste à prendre, que de vous voir exposée au danger de leur autorité.

J'ai chargé La Fontaine de vous remettre les fonds nécessaires pour votre départ. Quoique j'aie à me plaindre de vous, ce n'est pas dans cette circonstance que je chercherai à vous accabler. Retournez dans votre patrie, et ne me forcez pas à prendre moi-même un parti violent. *Mon bonheur* dépend de votre éloignement. Vous remettrez toutes mes lettres à La Fontaine, afin qu'il ne reste aucune trace de notre intimité. Cette conduite de votre part apaisera mes parents, et je vous tiendrai compte de votre complaisance par mes bienfaits. Je vous exhorte, Mademoiselle, à suivre l'avis prudent que je vous donne. Si vous résistez, je ne veux plus entendre parler de vous.

Je suis, etc.

LETTRE V

De Mme de Valmont, sous le nom de l'Inconnue, au marquis de Flaucourt

Je suis satisfaite de votre conduite. Votre lettre est sage, quoiqu'elle m'ait paru un peu trop dure. Le prétexte de vos parents est fort bien trouvé ; mais pour ne plus aimer, faut-il être cruel ? Je n'embrasserai pas cependant la défense de cette créature, je la hais trop pour la justifier : elle vous a trompé indignement, et je suis, à ce sujet, plus instruite que vous. On m'a assuré encore, que vous aviez un homme dans votre confidence, qui vous trompait ignominieusement, et qui même avait un commerce avec cette fille dont vous étiez la dupe ; sans doute vous vous en déferez comme de la demoiselle de Metz.

Ne parlons plus que de ce qui nous intéresse. Vous m'aimez, dites-vous, je me plais à le croire, mais je ne suis pas encore rendue. Je ne déposerai point sur le papier tout ce que je sens pour vous. Qu'il vous suffise de savoir que je souffre davantage, retenue par la crainte, je consulte ma raison, et je m'écrie…

Sans m'avoir vue, peut-il éprouver un amour durable ? Non. Le bon sens me dit, cela est impossible, et tu t'abuses ; c'est un jeune homme qui a la tête exaltée, des sentiments romanesques. Il en promettra autant au premier objet aimable qui frappera sa vue, puisque tu l'as intéressé sans qu'il t'ait vue. N'importe, je réplique, taisez-vous, ma raison. En dépit de vous, je suivrai mon penchant ; mais, en le suivant, je me tiendrai sur mes gardes, oui, ma tête défendra mon cœur, et j'éloignerai ma défaite. Si celui que j'aime se rend digne de mon amour, avec quels transports je volerai dans ses bras. Si je suis assez heureuse pour le fixer, s'il observe le mystère, et s'il ne me compromet pas, quelle félicité serait plus parfaite que la mienne !

Mais quelle est ma chimère ? Vous me trompez ; j'ai appris que vous aviez une nouvelle intrigue, à laquelle je n'ai pas ajouté foi d'abord ; mais, dites-moi, qui est cette femme chez laquelle vous allez tous les jours ? On ne m'en a pas dit de mal, mais votre assiduité me paraît bien suspecte ; elle se nomme Mme de Valmont : voyez si je suis bien instruite. Quelle est cette femme ? quel rapport avez-vous avec elle ? Instruisez-moi, de grâce, des motifs qui vous engagent à la voir.

J'ose me flatter que vous ne me refuserez pas cet aveu, d'où dépend mon bonheur. Peut-être, n'est-ce de ma part qu'une simple curiosité ; peut-être aussi me trompai-je sur mes propres sentiments. Enfin, est-ce jalousie ? est-ce la générosité d'avoir voulu vous détourner d'une liaison dangereuse ?... Puis-je me connaître ? faut-il vous croire ? faut-il céder ? C'est d'après ce que je vous demande, que je jugerai mieux de mon état.

Adieu, vous que j'aime pour mon malheur.

LETTRE VI
Du marquis de Flaucourt à l'Inconnue

Que tu es aimable et méchante tout à la fois, petit masque ! que ta lettre me console et m'afflige en même temps ! Mes soupçons et mes craintes n'étaient donc que trop fondées, et malgré toutes les protestations de l'amour le plus tendre, il est donc vrai que tu étais encore indécise, si tu n'abandonnerais pas celui que tu promettais de rendre si heureux ?... avais-je donc tort de paraître incrédule à tout ce que tu me disais ; et, au milieu de mon bonheur, n'avais-je pas raison de flotter dans une incertitude que tu tâchais cependant de fixer suivant mes désirs.

Que les dernières phrases de ta lettre m'ont attristé ! j'ai tremblé en la lisant, et j'ai frémi du danger que j'ai couru d'être délaissé si cruellement par celle de qui dépend à présent ma félicité. Il ne m'a pas fallu moins que la preuve entière que ta première épître, présente à mes yeux, pour dissiper mes alarmes. Je serais au comble de la joie, si tu n'ajoutais encore des choses bien méchantes : tu ne sais, dis-tu, petit masque, si c'est la curiosité ou le penchant que tu suis. Est-ce là ce que tu m'as dit pendant plusieurs heures passées ensemble ? est-ce là le résultat de ce que tu as juré à l'amant le plus tendre ? cela ressemble-t-il au langage si affectueux qui a pénétré mon cœur ? Et quand on a répété mille fois à quelqu'un qu'on l'aime et qu'on n'aimera que lui, n'est-ce pas être parjure que de lui laisser croire ensuite qu'on n'a eu qu'un simple sentiment de curiosité ? méchant petit masque, si tu pensais à ce que tu m'as dit pendant deux nuits entières, t'en coûterait-il davantage de me l'écrire, et n'aurais-tu pas agi de même en suivant le premier mouvement de ton âme. Ah ! petit masque, que cette vicissitude m'afflige ! moi, qui croyais être aimé ; moi, qui me livrais à toi dans toute la franchise de mon cœur ; moi, qui m'applaudissais d'un événement qui semblait me garantir le bonheur, je n'y vois plus qu'un beau songe qui a bien encore quelque apparence de réalité, mais qu'elle est faible en comparaison de ce qu'on m'a montré !

Oui, cher petit masque, je t'avoue que cela me met dans la douleur. Je ne puis penser que l'espoir où j'étais d'intéresser bien vivement n'était, peut-être, qu'une chimère. Hélas ! je n'ai point cherché à te tromper ; c'est toi qui t'es présentée à moi, c'est toi qui m'as offert le bonheur ; et en me l'offrant tu pensais à me le retirer. Cette idée me déchire ; elle m'arrache bien des larmes, et ce n'est que sur ton sein que je pourrai les sécher. Si tu connaissais ma sensibilité, tu n'aurais point varié ton style : et si tu lisais dans mon cœur, tu y verrais que je ne fais qu'exprimer ce qu'il m'inspire ; je vois cependant que tu doutes encore de ma bonne foi.

Tu es inquiète au sujet d'une femme que je vois beaucoup : quand tu sauras son histoire, tu me pardonneras aisément. C'est une fille naturelle de mon père ; c'est ma sœur. Je lui suis très attaché : elle demeure auprès de chez moi et je profite du voisinage pour lui prouver que je l'aime, comme ma sœur, malgré le préjugé. Tu ne dois pas craindre que la nature rende l'amour infidèle. Tu peux faire des informations, tu verras que j'agis avec droiture : elle ne m'est pas étrangère et je te la dois particulièrement.

Je joins à cette lettre, petit masque, tout ce qui te prouvera, qu'avant ta réponse, j'étais occupé de toi. La lettre qui devait t'être adressée était écrite d'avance, et ma muse avait commencé de célébrer celle que mon cœur chérit bien tendrement ; tu y verras que l'épreuve à laquelle tu me mets est bien cruelle, et que des jours, passés tout entiers loin de toi, ne valent pas les deux nuits du bal de l'Opéra [1].

J'avais une idée bien folle à te proposer, puisqu'il faut que ce que je congédie de bien bon cœur soit éloigné bien loin, avant que je paraisse devant toi ; écoute-moi, et lis mon projet. Tu choisirais une maison tierce ; tu t'y rendrais avec le costume sous lequel tu m'as si vivement intéressé ; je respecterais le voile qui te couvrirait. Je ne te verrais pas, mais je te parlerais, mais je serais près de toi : c'est pour toi-même que je t'aime, ce n'est point pour ta figure, quoique je sache qu'elle est jolie. Tu regrettais la fin du bal de l'Opéra, eh bien, voilà qui y ressemblerait beaucoup : nous n'y serions à la vérité que nous deux, mais, parmi toute cette foule, n'étions-nous pas comme s'il n'y avait eu d'autres personnes que nous. De cette manière tu mettrais l'amour d'accord avec la fantaisie et tout le monde serait content.

Je t'envoie aussi les vers que tu m'as demandés. Tu dois juger par mes écritures que mes *Mémoires* ont été consacrés en grande partie au petit masque. Je n'ai pas un seul moment d'ennui, car mon esprit n'a cessé de penser à celle qui occupe mon cœur. Adieu, cher petit masque. Que je

---

1. Vers la fin de son règne, Louis XIV avait interdit tous les divertissements, sauf le théâtre. Un règlement du 30 décembre 1715 accorda à l'Opéra l'autorisation de donner des bals publics, à raison de 6 livres par personne. Le premier, inauguré par le Régent, eut lieu le 2 janvier 1716. L'année suivante, l'Académie royale de musique obtint le privilège de donner des bals dans la salle de l'Opéra pendant dix ans. Les bals eurent lieu d'abord trois fois par semaine, puis seulement les lundi et mardi gras, et le dimanche, depuis la Saint-Martin jusqu'au premier dimanche de l'avent, et depuis le jour des Rois jusqu'au carême.

voudrais suivre ma lettre ! Je t'annoncerais l'homme du monde qui t'aime le mieux. De grâce, écris-moi : c'est la seule consolation que j'aurai tant que tu me tiendras exilé.

J'ai rapporté du bal un mal de gorge, qui me tiendra aujourd'hui toute la journée chez moi, je suis seul, mais tout seul ; et toi, tu es peut-être dans un cercle bien brillant, bien agréable. Bien des adorateurs plus aimables que moi te font la cour. Ah ! je ne tiens pas à cette idée. Il est une inconnue que j'aime, qui dit que je lui suis cher, et je suis seul, tout seul. Ah ! cela est affreux. A quoi bon aimer si l'on ne se voit pas.

> Dois-tu blâmer ma juste défiance ?
> Je ne connais que l'ombre du bonheur.
> Du changement et de l'indifférence
> Sauve mon âme, en la tirant d'erreur.
> Souvent le cœur ne devient infidèle
> Que pour sortir d'un piège dangereux ;
> L'Amour jaloux n'aime point qu'on l'appelle ;
> Lorsqu'on ne veut qu'insulter à ses feux.
> De la tendresse en toi j'ai vu la mère ;
> Et le bandeau dont tu couvrais tes yeux,
> Te donnait l'air de l'enfant de Cythère.
> Tu l'imitais par tes ris et tes jeux,
> En détruisant le songe, la chimère,
> Qui, dans la nuit, m'a deux fois enchanté,
> Ressemble encore au Dieu de la lumière,
> Et que j'adore en toi la vérité.
> Même à tes yeux tu crois que ma tendresse
> Ne saurait point reconnaître tes traits,
> Pour mon bonheur, éprouve mon adresse ;
> Et que je puisse observer tes attraits ;
> Alors, sans craindre une juste menace,
> Si près de toi ma bouche peut oser :
> Elle saura retourner sur la trace
> Que sous ton masque imprima le baiser.

LETTRE VII

De Mme de Valmont, toujours inconnue, au marquis de Flaucourt

Quelle chimère ! Cette sœur n'est pas mal trouvée ; n'importe, je veux bien vous en croire, tous les jours on voit des choses plus extraordinaires ; mais si vous voulez me convaincre de la vérité, voici la dernière épreuve. J'ai appris que cette sœur a un appartement qui n'est point occupé ;

demandez-le-lui pour un rendez-vous avec une femme que vous aimez ; si elle a cette complaisance, je croirai qu'elle est effectivement votre sœur ; mais je vous avertis que je saurai tout, car elle est l'amie intime d'une femme de ma connaissance qui ne me cache rien.

Vos vers sont charmants, ils expriment bien la défiance de votre cœur ; mais ils ne peuvent m'en assurer la solidité. L'amant qui, sur un simple soupçon, accuse son amante d'inconstance, est bien près d'être inconstant lui-même. Vous n'avez aucune raison de vous défier de moi, et j'en ai cent pour vous craindre.

Ne soyez donc plus injuste, si vous ne voulez pas être soupçonné de légèreté : l'amour sans confiance est bien peu de chose, il devient le tourment d'un cœur sensible, sans en faire les délices : voilà ce que j'éprouve. Je pourrais me livrer à celui qui fait mon malheur sans me connaître ; et que deviendrais-je, si, un jour triomphant de ma faiblesse, il m'abandonnait à d'inutiles remords ? Je verrais à la fois l'amour le plus tendre outragé, mon amour-propre humilié, et peut-être serais-je déshonorée. Voilà ce qui suit souvent un instant de faiblesse.

Si une vraie tendresse vous rendait tel que je désirais que vous fussiez, notre bonheur serait sans égal. Je me plais à m'entretenir avec vous ; trouvez-vous le même plaisir à me lire ? une amante qui prêche, peut-elle séduire un homme que la morale a toujours ennuyé ? Quel triste langage pour l'amour ! Ah ! dites-vous, c'est ainsi qu'il s'exprimait du temps de Charlemagne, et votre amante timide et craintive ne vous connaît pas ce travers ; vous avez l'âge, la tournure, les grâces de nos papillons de la cour, n'en auriez-vous pas les sentiments ? C'est un jeu pour ces hommes du jour de séduire, de tromper une femme crédule, sensible. Cruel amusement ! ah ! si j'étais destinée à être votre victime, combien j'aurais à rougir de vous avoir laissé pénétrer dans les secrets de mon âme. Soyez assez généreux pour renoncer à moi, si vous devez me tromper.

Adieu ; je vais m'endormir avec votre idée ; je vous écrirai à mon réveil. J'aurai sans doute une de vos lettres, ou la réponse à celle-ci. Adieu, encore, adieu, toi, que j'aime, toi, que je crains.

L'Inconnue

LETTRE VIII

Du marquis de Flaucourt à Mme de Valmont,
sous le nom de l'Inconnue

Votre lettre m'étonne, Madame, sans pouvoir me convaincre ; et mon cœur est toujours enveloppé d'un nuage que votre présence peut seule dissiper. Quoi ! celle qui consent à faire mon bonheur, serait ce petit masque qui m'a si vivement affecté au bal, qui a su employer d'une manière si adroite, si naïve, les expressions, les caresses les plus tendres pour me tromper ; qui s'applaudit de jouer la tendresse d'un jeune homme qui s'abandonne avec confiance. Vous avez exalté ma tête, enflammé mon cœur, et vous vous plaignez de moi, quand je n'ai de volontés que les vôtres : pardonnez, Madame, ma défiance ; mais je n'ose le croire encore. Cependant votre lettre a tous les caractères de la vérité. Je ne veux pas penser qu'un jeu aussi long ait un dénouement si cruel. Si mon bonheur n'en était pas l'objet ! Un rendez-vous, tel que celui que vous me proposez, est plus que je n'ose espérer, est trop si ce n'est qu'une chimère, et cette plaisanterie deviendrait sanglante ; mais, méchante inconnue, si c'est vous, dieux ! Si c'est vous, je suis au comble de la joie, mais ai-je besoin de vous faire des protestations, et ne savez-vous pas comment je suis avec ceux qui me témoignent de l'affection.

Il sera aisé de s'assurer de l'appartement que vous désirez ; mais permettez-moi de vous observer qu'il est démeublé et qu'il est très incommode, la maison étant occupée par Mme la marquise de Niolly : je suis très connu de tout son monde. S'il est vrai que vous ayez résolu de m'accorder un rendez-vous, je préférerais un local que j'ai malheureusement employé pour des entrevues que je voudrais oublier à jamais.

L'appartement est à un homme de ma société que je n'ai point vu depuis le bal de l'Opéra, et qui ignore complètement toute cette histoire. Il demeure aux Petits Écuries du roi sur le Carrousel. Comme cette maison est un passage, elle a deux entrées ; l'une vis-à-vis les Tuileries, et l'autre derrière l'hôtel des Fermes : on entre sans être vu du portier, et l'on ne rencontre pas une âme. Mon ami n'a qu'un domestique que j'aurai soin d'éloigner, et vous ne serez vue de personne. Je puis encore vous donner ma parole d'honneur que le secret sera gardé pour tout le monde. J'arriverai le premier. Je puis vous certifier qu'il n'y a pas dans tout Paris un endroit aussi commode que celui-là ; et dans cette rue de Condé, vous ne pourriez empêcher que le portier et la personne à qui il appartient, qui est bien véritablement ma sœur, et non une amante, ne soient instruits de notre rendez-vous. Ma sœur a un très bon cœur ; mais elle est curieuse et indiscrète : elle rirait beaucoup de notre aventure et la tournerait en ridicule.

Je laisse à votre prudence à décider de cela : je vous promets fidélité, soumission et discrétion.

LETTRE IX

*De Mme de Valmont, toujours sous le nom de
l'Inconnue, au marquis de Flaucourt*

Quelle nuit! Quel réveil! Et je n'ai point de lettre de vous. Vous êtes
encore dans les bras de Morphée, et moi, je suis livrée tout entière aux
rêveries de l'amour. Vous occupez-vous de l'appartement de votre
prétendue sœur? Votre petite créature est-elle partie? Avez-vous
congédié cet homme qu'on m'a assuré être toujours à vos trousses, et qui
vous déshonore? m'aimez-vous, comme vous me l'avez juré au bal de
l'Opéra et protesté dans toutes vos lettres? Toutes ces questions sont
répétées, je le sais, mais elles sont nécessaires. Je ne vous verrai qu'après
avoir reçu de vous une pleine satisfaction sur tout ce que je vous
demande.

Il n'est que neuf heures; on m'annonce du monde; peste soit des
importuns! Je finirai ma lettre lorsque je m'en serai débarrassée. Certes,
j'aurais été bien fâchée, mon cher marquis, d'être invisible pour les
personnes qui sortent de chez moi.

C'est cette femme qui m'a parlé de Mme de Valmont. Elle m'a assuré
qu'elle était votre sœur : vous voilà justifié. Qu'elle me devient chère,
Mme de Valmont, depuis que je sais qu'elle ne veut que votre
bonheur!… Mais, quelle est cette jeune personne de Toulouse, que vous
avez déposée dans un couvent à Lyon. Mme de Valmont a confié à mon
amie que vous l'aviez enlevée du sein de sa famille. Cette passion me
paraît plus à craindre que la liaison de cette petite fille.

Ma tête s'embarrasse, mon cœur est troublé; plus je cherche à vous
éprouver, plus je m'éprouve moi-même. Je me suis préparé bien des
chagrins; si vous avez un attachement digne d'un homme honnête, il ne
faut pas chercher à me séduire : vous feriez deux malheureuses à la fois;
et vous ne pourriez être heureux vous-même.

On m'apporte une lettre de vous. Je vous quitte d'une main pour vous
recevoir de l'autre.

LETTRE X

Du marquis de Flaucourt à Mme de Valmont,
sous le nom de l'Inconnue

Aimable et chère Inconnue, je n'ose encore ajouter foi aux apparences les plus flatteuses ; je suis dans un labyrinthe, où je m'égare plus je cherche à en sortir. La vérité n'éclaire point mon cœur ; le souvenir des marques de votre tendresse n'est point une preuve qui me rassure ; c'est un tableau charmant qui récrée ma vue, mais qui ne fixe point mon espérance. Pourquoi consulter votre raison sur la possibilité de mon attachement ? Vous instruirait-elle mieux que la franchise avec laquelle je vous ai parlé et écrit, et qui vous peignait assez mon âme ?

Vous attribuez l'effet si prompt que vous avez fait sur moi à une idée romanesque : mais songez-vous donc, chère et charmante Inconnue, que vous avez commencé par intéresser ma reconnaissance ; qu'une fiction bien aimable, que vous me donniez comme une vérité, vous a présentée à moi, non comme une maîtresse, que le hasard m'offrait, mais comme une amie qui voulait depuis longtemps mon bonheur ; mon cœur n'a cédé qu'aux qualités qu'il croyait voir en vous. L'amitié, l'esprit, les bons conseils, tout m'a séduit ; j'en ai tiré un augure favorable à mon bonheur ; j'ai cru trouver le phénix, en trouvant une femme qui serait et mon amante et mon amie.

Si jusqu'à présent l'inconstance m'a promené d'engagement en engagement, vous avez raison de douter ; mais, depuis cinq ans, je suis dans le tourbillon du monde ; la méfiance a conservé ma liberté, et j'espérais enfin remplir le vide qui fait mon malheur.

Oui, aimable Inconnue, c'est autant la réflexion que l'ivresse du moment qui m'a séduit, et si j'apprends que votre amour n'est qu'une illusion, un fantôme imaginaire, je rendre dans le néant dont vous m'aviez tiré : cessez donc de m'éprouver ; et ne me comparez pas à ces papillons de cour, qui ne trouvent de jouissance que dans le changement.

Votre curiosité a donc fait encore de nouvelles perquisitions ; on vous a dit des choses dont vous voulez être éclaircie. Il n'est rien, chère Inconnue, que je ne vous dévoile ; mais, de grâce, n'exigez point des aveux que je ne confierai point au papier : si vous êtes juste, vous approuverez ma conduite, et vous conviendrez qu'il est des secrets qu'on ne peut dire qu'à une personne sûre. Ma franchise vous a prouvé que je n'ai rien de caché ; mais ma probité exige que je ne vous dise, que quand je vous connaîtrai parfaitement, ce que je dois taire. Je vous assure que si j'ai connu l'amour, aujourd'hui je n'en sens que pour vous ; et que si vous n'avez pas eu les premiers vœux de mon cœur, il s'en faut de bien peu. Ayez la générosité de ne point demander un aveu qui ne se fera qu'à vos pieds. Encore une fois, je vous aime, quoique je ne vous connaisse point. Je ne vous aime point comme une chimère, mais comme l'objet qui le mérite le plus ; et l'amour fondé sur l'estime et la reconnaissance est plus solide que celui qu'inspire une jolie figure.

Je désirerais bien que vous suivissiez mes conseils pour notre entrevue. La chose serait beaucoup plus facile. Avec quelle impatience j'attends votre réponse ! je vous proteste qu'il n'y a que vous qui puissiez m'inspirer tant de confiance et tant d'amour. Adieu, chère et adorable Inconnue : je brûle d'un feu qui ne s'éteindra qu'au tombeau.

LETTRE XI

De Mme de Valmont, sous le nom de l'Inconnue, au marquis de Flaucourt

Il faut donc céder, il faut donc vous entendre et vous croire ; mais je vous déclare que je profiterai du moyen que vous avez vous-même inventé, en restant encore inconnue à vos yeux. Je serai accompagnée d'une femme de ma connaissance qui sait notre liaison. C'est la même personne qui était au bal avec moi. Loin de m'éloigner de vous par de sages conseils, la cruelle me vante sans cesse votre figure, votre esprit, cette douce amabilité qui distinguait jadis le Français du reste de tous les hommes et qui subjuguait les peuples les plus sauvages. Quels temps, et quels principes ! actuellement ces hommes aimables ne sont plus que des colifichets, des Adonis pompés [1], bigarrés, masqués, suffisants, mauvais railleurs, passant la matinée dans les rues bottés et fourrés, rossant leurs joquets [2], pour n'avoir pas rempli ce qu'ils n'avaient point ordonné, montant dans leurs cabriolets, jurant et pestant contre tout le monde, et sans colère, parce qu'il est du bon ton de se fâcher sans sujet, écrasant tout ce qui se rencontre sur leur passage, allant partout, n'entrant nulle part, jamais satisfaits de leur journée, apprenant tout et ne sachant rien, parlant de tout comme des perroquets, jugeant à tort et à travers de ce qu'ils n'entendent pas, et sans rien approfondir : voilà le modèle piquant de nos jeunes gens.

Vous êtes bien différent de ce tableau ; mais si l'esprit chez vous a formé votre caractère, peut-être vos principes ne sont-ils pas mieux

---

1. Sans doute «pomponnés», parés, ornés avec recherche.
2. La forme anglaise, jockey, est elle-même une altération du français *Jaquet*, diminutif de Jacques, désignant un homme de peu d'importance.

établis. Excusez, pardonnez-moi le mot; il en coûte d'offenser ce qu'on aime; mais je vous crains. L'objet essentiel dont je vous ai parlé dans plusieurs lettres, est précisément celui auquel vous feignez de ne pas répondre. Je crains plus cet homme qu'une rivale, je ne veux cependant pas vous donner de nouveaux délais. Demain à sept heures du soir, je me rendrai au Carrousel; je paraîtrai en domino et telle que vous m'avez vue à l'Opéra; mais songez à tous les sacrifices que je puis exiger de vous; c'est sans réserve qu'il faudra tout m'avouer, et je verrai bien dans vos discours ce qui se passe dans votre âme.

Adieu, cher Marquis, faites tomber le masque de celle qui n'aime que vous au monde. Quelle contrainte pour un cœur sensible, pour une âme pure, d'être forcée de paraître déguisée aux yeux de son amant. Adieu; je ne rougirai point de ma défaite; adieu encore, mon bonheur sera parfait si vous pouvez me convaincre de votre sincérité.

LETTRE XII

Du marquis de Flaucourt à Mme de Valmont, toujours sous le nom de l'Inconnue

Est-il bien vrai, mon adorable Inconnue, que vous mettez un terme à mes tourments? N'est-ce point un songe qui m'abuse et dois-je me livrer à ses charmes? N'est-ce point une nouvelle erreur? je n'ose croire que vous me destiniez un bonheur si parfait. Titon rajeuni par l'Aurore [1] n'éprouva pas autant de satisfaction près de son amante que j'en ressens déjà de la douce émotion que m'a donné l'espoir d'être demain aux pieds de la mienne. Ô mon amie! quel coup de foudre pour moi, si un malheureux contretemps venait déranger vos projets! une sueur froide succède à mon ravissement: je ne sais où je suis. Une nuit cruelle à passer, un jour éternel à supporter. Ô mon adorable Inconnue, que de sensations différentes tu me fais éprouver! Ta présence peut seule rendre le calme à mon âme. Je ferai tout ce que tu exiges de moi; mais un homme de qui je fais peu de cas, un complaisant qui peut nous être utile, et que je n'emploie que comme un valet, en lui laissant croire que j'ai pour lui quelques bontés; un homme, dis-je, de cette espèce peut-il vous alarmer? il est honnête homme d'ailleurs et il a pour moi un attachement inviolable: voilà ce que je puis vous assurer.

---

1. Fille d'Hypérion et de Théia, Aurore demanda à Zeus de lui donner le prince troyen Tithon pour époux. Zeus accorda l'immortalité au prince, mais Aurore ayant oublié de demander en même temps pour lui l'éternelle jeunesse, Tithon tomba en décrépitude et les dieux le métamorphosèrent en cigale. Aurore eut deux fils de cette union: Memnon et Émathion.

Adieu, ma tendre amie : que le temps va me paraître long ! vingt-quatre heures sont encore un siècle pour mon amour. J'ajoute à cet écrit sans ordre, des vers qui ne sont pas plus sages, mais pardonnez à l'esprit en faveur du sentiment.

> Ce n'est donc point un vain mensonge
> Dont l'illusion m'a séduit.
> La vérité suit donc un songe
> Qui semblait fuir avec la nuit.
> Ce n'est donc point une chimère,
> Que cachait ce masque inhumain ;
> Ce n'est point une ombre légère,
> Que je serrai contre mon sein ;
> C'est une beauté bien réelle,
> Qu'Amour conduisit sur mes pas ;
> Mais dont la volonté cruelle
> Me dérobe encore les appas.
> Entre la crainte et l'espérance,
> Qui toujours partageaient mon cœur,
> Je n'osais croire à l'existence
> D'un être fait pour mon bonheur.
> Un souvenir rempli de charmes
> Ne m'offrait rien pour l'avenir :
> Mes yeux se remplissaient de larmes,
> Et pour dissiper mes alarmes,
> Je ne trouvais que le désir.
> Est-il donc vrai ?
> Je vois éclore
> Le jour de la félicité.
> Est-il vrai qu'Amour ait formé
> Ce caractère que j'adore,
> Et mon cœur doit-il croire encore
> Au plaisir nouveau d'être aimé.
> Si ce papier que je dévore,
> N'est point un messager trompeur,
> S'il est l'organe de ton cœur,
> Aimable et charmante Inconnue,
> Cesse de reculer le jour
> Qui doit présenter à ma vue
> L'objet si cher à mon amour :
> Laisse-moi voir cette figure,
> Qui sous des voiles respectés
> Cachait, à mes yeux irrités,
> Des traits charmants que la nature
> N'a point fait pour être masqués.
> Songez bien, mon unique amie,
> En différant cette faveur,
> Que ce sont autant dans ma vie

D'instants enlevés au bonheur.
Déterminez l'époque heureuse
Qui doit finir le triste cours
D'une existence malheureuse,
Et semer des fleurs sur mes jours.
Dès que la voix de la tendresse,
Auprès de toi m'appellera,
Contre le sein de ma maîtresse,
Mon cœur à l'instant volera.
D'une âme longtemps criminelle,
Abjurant, à tes pieds, l'erreur,
J'irai t'offrir, avec ardeur,
Les serments d'un amant fidèle.
Que ta bouche, en fixant son sort,
Rassure un cœur qui doute encore ;
Dès lors, croyant aux apparences,
Dès lors, oubliant mes douleurs,
Je compterais, par tes faveurs,
Mes plaisirs et mes jouissances.
Oui, chaque jour, de ma tendresse
Je redoublerai les transports ;
Et pour te prouver mon ivresse,
Je n'aurai pas besoin d'efforts.
Mon âme, faite à la franchise,
Connaît peu le déguisement :
Elle veut que ma bouche dise
Ce que dicte le sentiment.
Sans cesse attentif à te plaire,
Occupé de toi seulement,
J'éloignerai, comme un tourment
Toute autre pensée étrangère.
Assidu près de toi le jour,
Sensible à la moindre caresse,
Je n'exigerai de l'amour
Que les soupirs de ma maîtresse.
La nuit, dans un sommeil serein,
Un songe, envoyé par Morphée,
Viendra m'offrir jusqu'au matin,
Et les plaisirs de la journée,
Et les plaisirs du lendemain.
Tel sera le plan de ma vie ;
Ainsi couleront mes instants :
Pour toi mon indulgente amie,
Pour toi seront tous mes moments.
Cesse donc ton refus sévère,
Qui m'afflige et me désespère,
Ou, si ta cruelle rigueur
Voulait prolonger mon erreur,

Écoute, j'y consens encore,
Sur cette tête que j'adore,
Conserve le masque trompeur;
A travers cette horrible toile,
Dans mes regards vois mon ardeur,
Et ne laisse tomber le voile,
Qu'après avoir lu dans mon cœur.
Entends les serments que mon âme
Saura t'exprimer par mes yeux;
Lorsque l'amour y met sa flamme,
Leurs signes ne sont pas douteux;
Mais alors, pour ma récompense,
Découvre-moi les traits chéris,
Qui, dans mon cœur, par l'inconstance
Ne seront jamais affaiblis.
Délivre ton joli visage
De ce fantôme détesté,
Et d'un bonheur tant souhaité
Que je puisse briser l'image,
Pour saisir la réalité.

LETTRE XIII

De Mme de Valmont à son frère

Que devenez-vous, mon cher frère? savez-vous que voilà trois semaines qu'on n'entend presque plus parler de vous? quel accident subit me prive du plaisir de vous voir? si c'est une chute, elle me paraît très dangereuse, et je ne pourrais m'empêcher d'aller vous donner tous mes soins. Mon cri de compassion ne vous touche-t-il pas?

Savez-vous que je ris de bon cœur de l'événement qui vous arrive. En vérité, vous êtes un second Don Quichotte; on s'amuse de vous, et vous ne voulez en rien croire. Je vous l'ai dit pendant tout ce carnaval; mais votre sœur vous devient suspecte. Elle vous aime et c'est assez pour que ce qui vient de sa part vous soit insupportable. Je ne veux plus vous moraliser, mon cher frère; vous êtes un enfant gâté. C'est en vain que je ferais mes efforts pour vous rendre plus conséquent: il n'y a que l'âge et l'expérience qui pourront vous mettre à la raison; mais parlons de l'aventure du bal; y mettez-vous de la suite? vous a-t-on écrit? je commençais à m'en amuser, et j'étais bien fâchée de la voir finie sitôt. Je projetais d'en prendre ma part; vous ne me dites plus rien; je le vois, vous êtes heureux… on est discret une fois… quand l'objet le mérite.

Je vous ai trahi, peut-être, sans le vouloir. Mais pouvais-je deviner?

votre conduite me donne des soupçons, on m'a beaucoup parlé de vous : on a paru douter des liens qui nous unissent, et depuis ce moment je ne vous vois plus. Je suis loin de suspecter mon amie qui a mon secret et le vôtre, mais son imprudence m'aura ôté votre amitié ; ou bien, votre fol amour vous rendit invisible à vos parents, à vos amis : votre laquais, le bon Saint-Jean, m'a bien fait rire ce matin : son attachement est bien rare. Il pleure, il s'afflige parce que vous ne dormez pas depuis trois semaines ; que vous ne sortez plus, et que vous avez de la barbe comme un capucin. Il se connaît bien peu en amour, le bon homme ; c'est la forme qu'il prit pour séduire une Agnès [1]. Mais entre nous celle du bal n'est pas une novice : vous conviendrez du moins qu'on ne les trouve pas là.

Adieu, mon cher frère, venez dîner avec moi, et surtout faites-vous faire la barbe.

LETTRE XIV

De M. le marquis de Flaucourt à Mme de Valmont sa sœur

Je venais de vous écrire, ma chère sœur, quand on m'a remis votre lettre. Vous verrez que j'avais lieu de me plaindre de vous. Ce dont vous me parlez ne m'étonne point et ne me change point à votre égard. Je suis en correspondance secrète. Il est question de vous ; on fait des perquisitions au sujet d'une femme que je vois beaucoup. Je ne doute pas que ce ne soit vous, et, pour ôter tout soupçon, je réponds à l'Inconnue par le récit de votre histoire : elle doit trouver toute simple cette liaison. Je crois que vous voilà au fait en peu de mots.

Je ne puis comme je le voudrais aller dîner chez vous. L'amour me tient enfermé. Ce n'est que demain que je quitterai la chambre, et je ne vous verrai que le jour suivant ; malgré votre indiscrétion, je ne pourrai m'empêcher de vous faire partager ma joie.

Adieu, ma chère sœur ; rien ne peut affaiblir le lien qui m'attache à vous. Ne m'en voulez point de ma lettre de ce matin ; c'est le fruit d'un moment d'humeur.

---

1. Allusion au personnage de *L'École des femmes*, de Molière. Le terme désigne ironiquement une jeune fille ignorante et très ingénue.

LETTRE XV

*Du marquis de Flaucourt irrité, à Mme de Valmont, sa sœur,
avant la précédente*

Je vois, ma très chère sœur, qu'il ne faut rien confier aux personnes qui paraissent même les plus discrètes. Vous avez révélé le seul secret que je vous avais confié, et que je voulais garder. Je n'aurais jamais cru que vous eussiez pu vous plaire à faire une tracasserie. Si j'avais voulu le divulguer, soit dans un temps ou dans un autre, il fallait m'en laisser le soin.

J'ai été bien surpris en apprenant par une lettre de l'Inconnue qu'elle savait une chose absolument ignorée. Je suis peut-être indiscret pour ce qui me concerne ; mais fallait-il m'imiter et compromettre une jeune personne qui se dérobe à l'autorité de ses parents. Je n'ai point abusé de la foi qu'elle m'a donnée ; elle est renfermée dans un couvent qui nous sépare de cent lieues ; je m'occupe des moyens de la faire rentrer dans sa famille.

Sans doute, c'est à l'adorable Inconnue que je dois ce rayon de lumière : vous m'avez donné comme elle de bons conseils ; mais l'amour est plus fort que la raison, et quand il la conduit, elle fait merveille. Me voilà dans le bon chemin où vous m'avez désiré, mais, à l'avenir, je serai plus circonspect.

Adieu, ma sœur.

LETTRE XVI

De Mme de Valmont, au marquis de Flaucourt, son frère

Je ne dois répondre qu'à votre première lettre, Monsieur. Je ne m'apaisera point ; je suis piquée au vif, malgré toutes les apparences d'amitié que vous me témoignez dans votre seconde. Dussiez-vous vous mettre en fureur contre moi, je vous dirai toujours que vous n'avez pas le sens commun, et qu'avec de l'esprit vous faites des sottises comme un écolier de sixième ; que tout Paris s'amuse de votre aventure du bal. Je suis persuadée qu'un ami qui vous affectionne beaucoup vous a entraîné dans cette correspondance, pour vous sauver d'un ridicule. Votre Inconnue est une chimère ; je le sais de bonne part. Vous ne suivez que les conseils de l'amour, écoutez ceux de l'amitié ; ils vous empêcheront de commettre des imprudences. Je sais bon gré à l'Inconnue de son intention, mais si vous ne trouviez pas avec elle la récompense de toutes vos peines, vous la détesteriez.

Adieu ; je vous en dis trop ; vous serez bien maladroit, si vous ne profitiez pas de mes avis.

LETTRE XVII

Du marquis de Flaucourt à Mme de Valmont, sa sœur

Il faut convenir, ma sœur, que vous êtes bien insupportable. Je ne réponds point aux choses désobligeantes qui sont dans votre lettre, quoi qu'elles soient déplacées : il y a longtemps que je n'ai plus de mentor, et je suis fâché pour vous que vous vouliez en prendre la peine. On me trompe, on se joue de moi ; eh bien ! tout cela m'est égal, je vous assure. Mon plaisir est d'être dupe ; mais nous verrons à la fin lequel de vous ou de moi l'était le plus.

Je suis malade ; et si l'on a manqué au rendez-vous, vous seule en êtes cause : jugez si je dois vous en vouloir.

LETTRE XVIII

De Mme de Valmont à Monsieur le comte de***

Mon roman serait fini, Monsieur ; et j'aurais cessé cette espièglerie, croyant que mon frère m'avait devinée ; mais son extravagance m'a forcée de continuer en changeant de rôle. Ce qui vous surprendra ; c'est qu'avec de l'esprit, il ait donné dans ce nouveau piège. Jugez d'après cela des sottises que peut faire un homme sans caractère lorsqu'il s'abandonne à un scélérat.

J'ai dû vous prévenir, Monsieur le comte, ainsi que le lecteur, de ce changement de scène.

J'ai l'honneur d'être, etc.

LETTRE XIX

De Mme de Valmont au marquis de Flaucourt,
sous le nom d'une nouvelle Inconnue

Que vais-je vous apprendre, Monsieur ? dois-je pour mon bonheur, vous laisser ignorer ce qui se passe ? Témoin de tous vos transports amoureux, pour mon amie, je suis seule victime des pièges qu'elle vous a tendus. J'ai le cœur sensible, l'âme délicate : je n'ai pu voir avec indifférence plaisanter un jeune homme de si bonne foi. L'humanité fut d'abord le premier sentiment que vous sûtes m'inspirer.

Mon amie me choisit pour son secrétaire, je devins sa confidente ; j'étais la maîtresse de vous écrire comme je le jugeais à propos. Mon penchant me dicta tout ce que vous avez trouvé de sensible dans ses lettres. Mon amie s'en amusait beaucoup ; je lisais dans son âme ; mais jamais elle n'a pénétré dans la mienne. Tout ce qui n'était que l'épanchement de mes sentiments les plus purs, a parfaitement répondu aux écarts de sa tête.

Elle ne fut jamais sensible ; elle croit que toutes les femmes doivent penser comme elle : que ne puis-je hélas ! l'imiter. Je sens que je m'expose au mépris, à l'opprobre ; j'ai honte de moi-même ; je trahis l'amitié ; je devais respecter le plaisir qu'elle avait de faire votre tourment.

Vous le préféreriez peut-être, à apprendre que l'Inconnue du bal vous a trompé, qu'elle était de mauvaise foi et que sa confidente a senti seule tout ce que vous méritez. En gardant le plus profond silence, elle vous vengeait en secret des perfidies de son amie.

Je vous connais mieux qu'elle ; nous nous trouvons souvent dans les mêmes sociétés : je n'aurais qu'à dire un mot et vous me reconnaîtriez bientôt ; mais, que dis-je ? malheureuse ! qu'il ignore à jamais ma faiblesse. Ai-je les charmes, les grâces de mon amie, pour le faire repentir de s'être mépris, de n'avoir pas reconnu la véritable et de n'avoir pas senti pour elle cette douce émotion, cette sympathie, messagères de deux cœurs qui cherchent à se confondre ; non, vous ne me connaîtrez jamais ; seule, je dévorerai mes chagrins et mes larmes ; remplie de votre image, je trouverai dans ma solitude de quoi nourrir ma passion. Sans cesse occupée à relire vos lettres et vos vers, qui ne furent pas écrits pour moi, mais qui font ma consolation, j'ai étouffé pour vous tout principe d'honneur et de décence : l'amour vous trahit, l'amour vous venge.

D'après cet aveu, ne daignez pas me connaître ; méprisable à vos yeux, je ne puis vous paraître que comme une femme accoutumée à ces sortes d'avances. J'ai l'air de chercher une excuse, quand on vous trompe. S'il ne s'agissait que de vous convaincre, je ne tarderais pas à me découvrir.

J'ai fait tout ce que j'ai pu pour engager mon amie à se trouver au rendez-vous ; il vous eût été facile de voir laquelle était de bonne foi. La cruelle préféra d'aller à l'Opéra. Elle vous a fait attendre impitoyablement : ce qui m'a donné beaucoup d'humeur contre elle, et pour me consoler, elle m'a dit qu'il fallait cesser cette comédie, qu'aussi bien elle commençait à l'ennuyer ; je vous avoue que je ne l'ai pas vue avec indifférence renoncer au plaisir même de vous tromper. Quoi ! me disais-je intérieurement, il croyait épancher son âme dans le sein de son amante ; il l'aime sans l'avoir vue ; ne suis-je pas comme elle inconnue à ses yeux ? Il est vrai qu'il ne m'a point entretenue au bal, que les accents de ma voix n'ont pas séduit ses sens ; mais tout ce qu'il disait en pure perte à mon amie retombait dans le fond de mon cœur : je ne puis vous exprimer le désordre de mes sens, après que mon amie fut partie pour l'Opéra, où je ne pus l'accompagner ; je faillis me rendre seule à l'appartement indiqué. Quel affreux, ou plutôt quel heureux contretemps ! Mon père ne voulut point sortir de l'après-midi ; une de mes tantes vint passer la soirée, et je fus contrainte à leur faire compagnie. Je ne tins pas longtemps dans cette triste situation : une attaque de nerfs si prompte et si violente s'empara de moi, qu'on me tint pour morte l'espace de trois heures ; on fut obligé de me porter sur mon lit. Ma femme de chambre est restée près de moi toute la nuit. Elle m'a dit que je n'avais fait que répéter votre nom à chaque minute. C'est elle que j'ai envoyé chez vous ce matin, n'ayant pas eu la force de vous écrire. Je trouve un soulagement à mes maux depuis que je dépose sur le papier directement d'après moi tout ce que je pense.

Voilà la relation fidèle de mon histoire. Faites-en un mauvais usage, si vous voulez ; vous en êtes le maître, et je vous y ai autorisé ; mais je vous aime, je suis à plaindre et plus malheureuse encore ; c'est ce que peut vous assurer l'infortunée confidente de l'Inconnue : je ne brûlai jamais que pour vous, et je n'aimerai jamais que vous.

Il me vient une idée. Je veux non seulement vous venger, mais punir mon amie, en vous la faisant voir malgré elle. Envoyez-moi le billet de votre loge aux Italiens ; je le proposerai à ma tante et à mon oncle ; vous ne nous ferez aucune question particulière. Je désire seulement de connaître si votre cœur ne vous trompera point encore, et si la plus jolie vous paraîtra la plus sincère, ou si la plus laide vous paraîtra la plus sensible.

LETTRE XX

Du marquis de Flaucourt à la dernière Inconnue

Je suis, Madame, dans un labyrinthe inexplicable et tout le fil de ma raison ne peut m'aider à en sortir. Il y a longtemps que je sais que l'aventure du bal et sa suite ne sont qu'une plaisanterie ; mais la trame est si compliquée, et j'y vois tant de contradictions et tant de ressorts si différents, que ma curiosité n'est pas assez pénétrante pour en découvrir les auteurs. Ils sont au reste fort aimables et leur correspondance m'amuse infiniment, sans fatiguer mon cœur qui a été dupe bien peu de temps. Voici un changement de scène fort bien imaginé, ce qui fait un très beau coup de théâtre ; mais il me paraît prudent de ne pas m'y fier. On s'imagine qu'en me présentant de nouvelles apparences de vérité, on échauffera de nouveau ma tête et mon cœur, et que, reprenant sur-le-champ le ton langoureux, je livrerai encore ma bonhomie aux traits de l'épigramme ; on se trompe, et je veux attendre pour me livrer à une nouvelle passion que ce nouvel objet s'offre à mes regards.

Ce secrétaire qui prend tout de suite le rôle de son amie, qui en m'éclairant sur une erreur, que j'ai reconnue depuis plusieurs jours, veut m'en offrir une autre, est fort adroit, et le piège est fort ingénieux ; mais je n'y tombe pas, d'autant plus que si je suis bien au fait, ce secrétaire, quoique fort spirituel, n'a pas reçu de la nature ce qui peut séduire les yeux, et qu'encore faut-il que les agréments de l'esprit soient couverts d'une écorce qui plaise à la vue.

Peut-être, aussi me trompais-je, et il est possible que le double ait autant d'appas que la première actrice ; alors, je lui conseille de ne pas trop s'affliger et de recouvrer une tranquillité dont la perte nuirait à sa santé et à ses attraits. Si ma présence est nécessaire à son rétablissement, si jusqu'à ce moment ses nerfs sont en contraction, si la malade est jeune et jolie, alors, je lui mènerai le médecin, et j'emploierai bien volontiers le magnétisme de l'amour.

C'est sans doute former bien promptement la résolution d'être infidèle ; mais je le dois : le petit masque est un traître, un perfide, un parjure, enfin tout ce que vous voudrez. Je l'aimais : l'amour même a survécu à mon erreur ; mais ma raison l'anéantit. Mon amour-propre est blessé au vif et à moins que par une continuation de ce jeu, ce ne fût lui-même qui fut ce secrétaire, je l'oublierai totalement, et ses traits que vous croyez si profondément gravés dans mon cœur s'effaceront insensiblement, et celle qui me consolera de ses perfidies prendra entièrement sa place dans mon souvenir.

Je vous remercie bien de la bonté que vous avez de vous occuper de mes rapsodies : cela est bien généreux d'applaudir à ce qui a été fait pour votre rivale ; je vous en aimerai quatre fois davantage, quand je serai sûr de votre existence. J'accepte avec plaisir les moyens que vous m'offrez de m'en convaincre. Je vais vous envoyer le billet de ma loge. Je crois que je rirai bien en y trouvant des figures très connues : je crois même à peu près deviner qui elles sont, et comme je m'y attends, elles n'auront pas le plaisir de jouir de mon embarras et de mon étonnement. Si par un prodige inouï, l'amour m'y offrait une charmante Inconnue et réalisait des songes qui deviennent trop longs, je m'applaudirais de mon triomphe et du dénouement qui terminerait une aventure aussi bizarre. D'amant dupé, je deviendrais amant heureux ; mais jusqu'à cet instant chimérique, je conserverai le repos dont mon cœur commence à jouir et je serai, Madame, avec tout le respect possible,

Votre très humble etc.

P.-S. Quand j'arriverai dans la loge, si je n'y connais ni cet oncle, ni cette tante, ni cette nièce, de qui pourrais-je me réclamer, pour que votre chaperon ne soit pas étonné de me voir ? Cette question est au surplus assez inutile ; mais comme pour mieux m'attraper j'y pourrais voir des personnages très hétéroclites, il me semble qu'il ne faut pas que j'aie l'air d'un intrus et vous pourriez me dire le nom de la personne à qui je prête ma loge, celui de votre très honorée tante afin que je puisse me réclamer d'elle.

LETTRE XXI

Du marquis de Flaucourt à la seconde Inconnue,
qui est toujours Mme de Valmont

Qui que vous soyez, Madame, la plaisanterie devient trop longue, surtout dès qu'elle est malhonnête. Il est si aisé lorsqu'on a de l'esprit de jouer quelqu'un dont la simplicité amuse, qu'on n'a pas besoin pour cela de mauvais procédés qui conviennent encore moins aux femmes dont l'âme est encore plus délicate que celle des hommes.

Je ne vois pas qu'il soit très ingénieux de demander un billet de loge pour empêcher le propriétaire d'y mener ou ses parents, ou ses amis, et le priver d'une société qui lui serait plus agréable que l'ennui d'attendre un personnage inconnu qui badine un peu grossièrement. Si vous étiez celle dont vous preniez l'air et le ton, vous auriez de si bonnes raisons que vous les auriez données d'abord, mais vous n'êtes apparemment qu'un très mauvais plaisant qui s'alambique l'esprit, pour donner très gauchement les couleurs de la vérité à un jeu très peu piquant. Je vous ferais toutes les excuses que je vous devrais, si vous pouviez, entre quatre yeux, me prouver que vous êtes une femme jolie et aimable; mais les grâces de l'esprit sont ordinairement accompagnées d'une bonne éducation et cette Inconnue est sans doute un homme très ridicule. Je ne vois pas qu'il y ait rien de trop dans ma lettre, parce que si vous étiez celle que vous vous êtes annoncée, vous verriez que cela ne tombe nullement sur vous, et si vous ne l'êtes pas, vous sentirez que vous le méritez, dans le moment que je vous écris; j'ignore s'il viendra une lettre de vous; je serai sorti quand elle arrivera, et il faudra qu'elle soit bien claire et que les masques soient bien nommés, pour que je voie que vous avez eu de bonnes raisons pour manquer à ce rendez-vous si bien imaginé. Je vous fais amende honorable de l'impertinence avec laquelle je vous ai parlé, mais je crois que je n'aurai pas besoin de me rétracter; adieu, Madame: jusqu'au revoir.

Si, pendant que je serai parti, on m'apporte une lettre, je ferai la réponse en rentrant, et elle sera prête demain à l'heure que l'on viendra la chercher.

LETTRE XXII

De Mme de Valmont, sous le nom de la dernière Inconnue,
au marquis de Flaucourt

Qu'ai-je lu! c'est de votre part que j'ai reçu une épître aussi dure, qui joint à l'épigramme le plus profond mépris. Je sais bien qu'avec de l'esprit il est aisé de jouer un homme sensible et même adroit; mais j'en ai bien peu. Un cœur tendre fait tout mon mérite. Les femmes ont ordinairement l'âme plus délicate; elles sont aussi plus essentielles, quand elles font tant que de l'être; mais on ne les aime point ces femmes: on les fuit, on écoute peu leur bonne morale, une bonne éducation n'accompagne pas toujours, comme vous le prétendez, les grâces et l'esprit; et ce qu'on appelle précisément dans le pays bonne compagnie, est très souvent la plus mauvaise et la plus mal élevée.

Revenons donc à l'excuse que je vous dois. *On a plaisanté grossiè-rement*, le jeu vous a paru *très peu piquant*. Si c'est un *mauvais plaisant qui s'alambique l'esprit pour donner très gauchement les couleurs de la vérité*, vous avez été plus gauchement attrapé et plus grossièrement pris dans ses pièges. Puisque vous le condamnez, je le blâme; mais nous sommes deux femmes: deux intentions bien différentes nous font agir; si vous pouviez saisir la bonne, vous feriez grâce à la mauvaise. Je ne vous aime point pour moi ; c'est pour vous seul, pour votre gloire. Vous ne me croirez point, si je vous dis encore que des raisons bien puissantes m'ont privée d'aller à la Comédie par bienséance. J'ai fait des réflexions sérieuses ; j'ai craint votre indiscrétion : j'ai tremblé de vous perdre : vous voulez une jolie, belle et aimable femme, privée de quelques-uns de ces dons, vous me trouveriez horrible. Une autre vous vanterait peut-être quelques faibles attraits, une âme pure et sensible ; mais est-ce assez pour fixer un cœur comme le vôtre.

Ah ! mon amie a bien raison : « Si je l'aimais, dit-elle, le petit ingrat se jouerait de ma tendresse et ferait trophée partout de mes tourments. » Ah ! peut-être elle est plus sage que moi de penser ainsi. Votre dépit, votre colère n'est pas l'effet de l'amour ; c'est l'amour-propre humilié chez vous qui vous désespère ; vous croyez aimer sérieusement, parce que vous avez trouvé dans la résistance des sensations nouvelles, aussi je tâcherai d'étouffer mes sentiments dans leur naissance. D'ailleurs, vous n'avez jamais soupiré pour moi ; vos intentions furent pour toute autre, et non pour le secrétaire dont vous parlez avec tant de mépris, qui n'a plus les grâces de la jeunesse, ni une jolie figure en partage. Je pourrais, sans trop d'amour-propre, triompher d'une aussi fausse erreur, mais je me crois laide, maussade et vieillie, puisque vous le voulez : si vous le jugez à propos, je serais encore hypocondre, bossue, chassieuse : ce portrait est-il fait pour vous séduire ? que sait-on ? il y a bien de la bizarrerie dans votre fait ; un tel modèle peut piquer l'amour-propre d'un petit-maître [1]. Il n'y a que de ce côté qu'on peut les prendre.

Qu'allais-je devenir sans votre lettre, qui m'a découvert le fond de votre âme et m'a développé votre caractère. Ce n'est plus cette amabilité, cette douceur d'esprit qui régnait dans vos phrases ; c'est de l'emportement, de l'humeur mal entendue ; et quoique je blâme mon amie de ne rien sentir pour vous, je vous blâme beaucoup plus qu'elle aujourd'hui que je vous connais mieux. Vous vous êtes toujours attiré ce qui vous arrive : pourquoi donc vous en plaindre si maussadement ? regardons donc tout ceci comme un songe, et pour mon compte, je m'applaudis de n'avoir eu qu'une erreur ; je me suis échappée au bord du précipice ; vous m'avez fait voir le danger, et je vous en sais bon gré. Qu'il en coûte à ma raison d'obtenir le triomphe sur mon cœur ! Il est si doux d'aimer, mais qu'il est cruel de ne pas l'être ! L'amour, même sans estime, est un

---

1. Le terme remonte au XVIe siècle, où les jeunes gens de la plus haute noblesse s'appelaient ainsi entre eux. Le mot revient à la mode vers 1685-1690 et le reste au XVIIIe siècle pour désigner, selon Voltaire, « la jeunesse impertinente et mal élevée ». Vers 1685, les petits-maîtres étaient de jeunes seigneurs compagnons de débauche, qui choquaient par leur tenue et leur comportement avec les femmes. Vers 1740-1750, le petit-maître guerrier de 1695 et le petit-maître galant de 1730 sont relayés par le petit-maître esprit fort, qui sera lui-même éclipsé par le « philosophe ». Voir Marivaux, *Le Petit-Maître corrigé*, éd. F. Deloffre, Genève, Droz, 1955 ; L. Sozzi, « Petit-maître e giovin signore », dans *Saggi e ricerche di letteratura francese*, XII, 1973, p. 191-230.

sentiment nécessaire ; et vous apprendrez un jour qu'un véritable amour naît de la confiance. Il n'existe point dans un penchant idéal, mais dans la même manière de sentir et de voir. Vous n'avez vu ni moi, ni mon amie, et je ne crains pas que vous aimiez plus l'une que l'autre.

Je m'entretiens avec vous trop longtemps, puisqu'il est décidé qu'il faut renoncer à vous. Adieu l'homme le plus aimable, mais le plus dangereux.

Celle qui vous aimera encore longtemps.

LETTRE XXIII

Du marquis de Flaucourt à Mme de Valmont,
sous le nom de la dernière Inconnue

Que votre lettre semble bien porter tous les caractères de la vérité, si ce n'est qu'un jeu. Comment peut-on, d'une manière si vraie, donner à son style les couleurs du sentiment. Oui, sans doute, on prend mon cœur par son faible, pour mieux abuser de sa crédulité. Je n'ai jamais cru au bonheur. Si cette nouvelle scène n'était point un nouveau piège, je serais trop heureux : elle est agréable, puisqu'elle m'intéresse. Si c'est encore une illusion, elle enchante mon cœur, et le plaisir de se croire aimé est si doux pour moi, que l'ombre même me paraît suppléer un peu à la réalité ; qui que vous soyez, prolongez mon erreur, si c'en est une ; je perdrais trop à être éclairci. Que la chimère du bonheur flatte encore mon espérance ! laissez-moi la jouissance d'un fantôme qui me plongerait dans la tristesse et l'indifférence s'il s'évanouissait. Jusqu'ici, mon amour-propre est peu blessé du ridicule qu'on m'a donné ; on n'est point méprisable pour être sensible, et la femme qui s'est assez avancée pour me tromper avec tant d'art, l'est sans doute plus que moi. Quoique je crusse que je l'aimais, la réflexion m'a bientôt corrigé, et à présent je rougis de mon amour. Je croyais connaître son secrétaire ; je croyais même avoir vu ses traits de bien près, je suis presque certain qu'il est venu, déguisé en soubrette, remettre une lettre à ma porte, et c'était à lui que s'adressait le ton épigrammatique qui a régné dans mes dernières lettres. Vous devriez bien avoir vu que ma dernière épître n'était point une réponse à la vôtre. J'étais absent lorsque votre commissionnaire est venu, et on lui a remis un paquet qui était cacheté depuis deux jours, je me faisais un plaisir de persifler [1]

---

1. Persifler, c'est, selon le *Dictionnaire de l'Académie* (1762) : « Rendre quelqu'un instrument ou victime de la plaisanterie par les choses qu'on lui fait dire ingénument. » Sur l'emploi de ce mot, voir W. Krauss, « Zur Wortgeschichte von *persiflage* », dans *Perspektiven und Probleme zur französischen und deutschen Aufklärung und andere Aufsätze*, Berlin, 1965, p. 296-330 ; L. Versini, *Laclos et la tradition*, Paris, 1968, p. 354.

Mme de V... qu'on m'avait dit être l'interprète, et la vengeance me paraissait permise.

Je puis être joué encore : ce secrétaire aimable qui n'est plus cette Mme de V... n'est peut-être pas davantage l'organe de la vérité ; mais il y a une si grande apparence de franchise, que j'agis avec lui comme si j'y croyais. S'il est tel qu'il l'annonce, qu'il soit bien sûr qu'il sera aimé. La reconnaissance m'attachait à lui autant que l'amour, et il m'inspirerait bien promptement des sentiments qui n'existent pas encore, puisque je ne le connais pas. Trouver à la fois une maîtresse ; c'est un bonheur si rare que je n'épargnerais rien pour le conserver ; adieu, très singulière Inconnue.

Qui que vous soyez, vous êtes fort aimable, et si vous avez de la jeunesse et de la beauté, je félicite celui qui aura ou qui a déjà le bonheur de vous plaire. Je n'ai pas l'amour-propre encore de croire que je sois cet heureux mortel ; mais je suis très impatient de débrouiller une aventure qui, soit une plaisanterie, soit une chose sérieuse, devient trop longue. Adieu, mystérieuse Inconnue. J'attends de vos nouvelles avec un vif désir. Il serait inconcevable que nous fussions brouillés avant de nous connaître.

LETTRE XXIV

De Mme de Valmont au marquis de Flaucourt, son frère

Vous êtes bien triste, mon cher frère, et beaucoup plus qu'à l'ordinaire. J'ai souvent eu le talent de vous faire rire ; mais dans ce moment mes efforts sont inutiles. Vous m'attristez, moi, qui suis si gaie naturellement. Vous êtes donc bien amoureux ? quoi ! parce qu'on n'a pas répondu à votre dernière lettre, vous voilà désespéré. Cette conduite vous prouve assez que tout cela n'était qu'un jeu : vous ne pouvez le croire, dites-vous. Si vous me promettiez de ne pas m'en vouloir et de prendre en homme d'esprit cette plaisanterie, je vous convaincrais de tout. Croyez que j'ai la preuve en main, et que ceux qui vous ont trompé avaient de bonnes intentions. On vous a débarrassé de cette petite créature ; puissiez-vous de même vous défaire du perfide La Fontaine et reconnaître un jour vos vrais amis.

Je vous dirai plus, j'aurais souhaité que l'aventure du bal eût été véritable et qu'une femme délicate et sensible eût pu vous fixer ; qu'elle eût obtenu de vous le congé de votre horrible confident. Je n'ai point commis d'indiscrétion comme vous l'avez cru, au sujet de la jeune personne qui s'est retirée dans un couvent pour vous. Je la plains si elle est honnête ; je n'aurai à rougir que pour vous, si vous cherchez à la corrompre. L'on m'a assuré que pour vous venger de l'aventure du bal, vous l'aviez fait venir dans ce pays, et que même vous aviez mis près d'elle ce pernicieux La Fontaine, je souhaite que cela soit faux.

Mais laissons cette conversation. Je ne vous en parle que pour votre bien. Les liens du sang, qui nous unissent malgré le préjugé, autorisent notre attachement et rien ne pourra le rompre. Mon père m'a abandonnée dès mon enfance ; mais vous me jurez une amitié inviolable ; je dois donc désirer votre bien comme le mien.

J'ai suivi vos conseils, mon cher frère, auprès de l'auteur de mes jours. Voilà la lettre que je lui écris ; elle était gravée dans mon cœur depuis longtemps. S'il y a quelque chose qui puisse vous déplaire, vous me le direz : adieu, mon frère ; venez dîner avec moi demain : nous parlerons de choses plus essentielles que vos aventures.

LETTRE XXV

De Mme de Valmont au marquis de Flaucourt son père,
en Languedoc

En prenant la plume pour vous écrire, je me sens agitée de tant de divers sentiments, que je ne sais par où commencer. Je désire, je crains, je n'ose m'expliquer avec vous.

Mais ma fausse honte et ma timidité naturelle m'ont trop fait garder un silence que mon cœur désapprouve. C'est assez lutter contre moi-même ; le sentiment l'emporte aujourd'hui, et je ne peux m'empêcher de vous dire que je suis celle dont la voix publique vous a nommé le père. Personne ne doit mieux savoir que vous, Monsieur, la vérité d'un fait que tout le monde a su et reconnu dans le temps. Au respect et à la tendresse que je ressens pour vous, je n'en puis douter, mais j'ai encore d'autres raisons pour en être persuadée ; c'est l'aveu de ma mère. Le peu de ressemblance que j'ai avec ses autres enfants [1], soit dans la figure, soit dans la façon de voir et de penser, l'assurance de toute votre famille, les témoignages de tendresse que vous m'avez prodigués dans mon enfance, le doux nom de votre fille que vous me donniez alors, le plaisir que vous aviez à l'avouer à tous vos amis. Si j'ose en croire ceux qui veulent flatter mes inclinations, j'ai dans la figure et le caractère plusieurs traits de ressemblance avec vous, qui ne permettent pas de douter de ce que je suis ; mais encore une fois le penchant de mon cœur est pour moi la meilleure preuve.

---

1. Anne Olympe Mouisset et Pierre Gouze eurent quatre enfants, un garçon et trois filles.

Je ne parle point de l'esprit, il y aurait trop de vanité à vouloir ressembler en ce point à l'auteur de D...[1] au fameux auteur de tant de beaux ouvrages qui font la gloire de la nation, et qui vous rendront immortel. On prétend néanmoins que j'ai dans ma façon une tournure qui ne vous est pas étrangère, et à laquelle l'éducation aurait peut-être pu donner un poli et des grâces qui n'eussent pas été tout à fait indignes de leur source ; mais hélas ! vous le savez : mes premières années n'ont été que trop négligées, et ce n'a pas été votre faute. Une tendresse excessive a fait mon malheur. Ma pauvre mère... c'est tout ce que j'ai à vous reprocher ! Pardonnez-moi, Monsieur, d'inculper une personne qui vous fut chère et qui me l'est infiniment à moi-même, malgré ses torts envers moi. Depuis ma plus tendre jeunesse, mille événements bizarres, et mon malheureux sort, n'ont pas permis que vous prissiez intérêt à mon existence ; souffrez, Monsieur, que j'entre là-dessus avec vous dans quelques détails.

J'avais à peine quatorze ans, vous vous en souviendrez peut-être, que l'on me maria à un homme que je n'aimais point[2], et qui n'était ni riche, ni bien né. Je fus sacrifiée sans aucunes raisons qui pussent balancer la répugnance que j'avais pour cet homme. On refusa même, je ne sais pourquoi, de me donner à un homme de qualité qui voulait m'épouser, je me sentais dès lors au-dessus de mon état, et si j'avais pu suivre mon goût, ma vie aurait été moins variée et il n'y aurait de romanesque que ma naissance ; mais vous savez le reste, Monsieur.

Forcée à fuir un époux qui m'était odieux[3], et poussée par les conseils d'une sœur[4] et d'un beau-frère, à venir habiter la capitale ; c'est dans ce gouffre de bien et de mal, que sans titres j'ai tenu une conduite régulière. Renfermée dans un petit cercle d'amis, avec toute la décence que se doit une femme qui se respecte, il serait inutile de vous dire que je n'ai point été sensible ; je tiens de vous au moins par le cœur. Je me suis toujours piquée de délicatesse et elle a même souvent nui à mes intérêts. Le sentiment est respectable, mais à Paris, vous le savez, Monsieur, ce n'est point par lui qu'on parvient à la fortune. Je n'ai point de regret ; je fais tous les jours de nouveaux sacrifices, et je commence même à être philosophe à un âge où les femmes jouissent le mieux des plaisirs.

Quelques protecteurs assez puissants daignent s'intéresser à mon sort et à celui de mon fils[5]. Je n'importune pas souvent leur crédit. Je n'aime

---

1. La tragédie de *Didon*.
2. Elle a seize ans, et non quatorze, lorsqu'elle épouse, le 24 octobre 1765, Louis Yves Aubry, traiteur de l'intendant de la généralité de Montauban.
3. Il ne s'agit pas d'une fuite, mais d'un veuvage : Louis Yves Aubry était mort en 1766.
4. Jeanne, sa sœur aînée, avait épousé, le 28 décembre 1756, à quinze ans, le médecin Pierre Reynard et le ménage s'était installé à Paris, où Olympe les retrouvera.
5. Le protecteur peut être le duc d'Orléans, futur Philippe Égalité, à qui est dédiée, en 1788, l'édition des *Œuvres* d'Olympe de Gouges. Son fils, Pierre Aubry, est né le 29 août 1766.

pas la foule, l'éclat et le grand monde. Je vis satisfaite du peu que j'ai, et je suis contente si mon fils est heureux.

Quel est donc le but de ma lettre ? J'ai eu l'honneur de vous le dire, dès le commencement, Monsieur. Ce n'est point à votre fortune que j'en veux. Mon unique intention, en vous écrivant, est de soulager mon cœur d'un poids qui le surcharge depuis longtemps : c'est un besoin pour moi de vous témoigner ma tendresse. Je m'en veux d'avoir tant différé à remplir un devoir aussi doux. Ah ! Monsieur !... Mon père !... Qu'il me soit permis de vous appeler de ce nom, ne refusez pas un cœur qui vous est dû à tant de titres. Que le vôtre daigne s'ouvrir au sentiment de la nature qui doit parler en ma faveur. Voyez en moi votre fille ; j'en ai toute la tendresse ; agréez-en le témoignage, et rien ne manquera à mon bonheur... Rien... je me trompe... Ah ! oui, sans doute, il y aurait un moyen d'ajouter à ma félicité, et ce moyen, Monsieur, est dans vos mains ; ce serait de faire quelque chose pour ma pauvre mère, et de la mettre à l'abri des horreurs de la misère dans ses vieux jours. Jusqu'à présent, elle n'a manqué de rien ; je l'aime trop pour cela ; mais mes moyens sont si bornés, que le dernier sacrifice que j'ai fait pour elle m'a réduite à des besoins bien urgents. Daignez, Monsieur, vous souvenir d'elle. Elle vous est attachée par tant de liens qui unissent votre famille à la nôtre, que quand la nature n'y serait pour rien, elle a des droits assez puissants sur votre âme pour que vous ne l'abandonniez point. Vous et M...[1] avez été élevés par sa mère et par son père ; une de vos nièces m'a tenue sur les fonts baptismaux[2] et vous y avez présenté ma mère. Si ce ne sont pas là des droits sacrés pour un homme pieux, je ne sais ce qui pourrait faire impression sur lui.

Je m'en rapporte à vous, à votre probité, à la justesse de votre esprit et plus encore à la bonté de votre cœur. Si votre piété se trouve alarmée des souvenirs que je lui offre, elle ne peut étouffer les cris du sang ; elle ne peut vous empêcher de vous rendre à des devoirs (excusez ce terme) imposés par la nature. Qu'il me soit permis de vous représenter encore ce que la religion vous prescrit à cet égard : songez quel engagement vous avez pris en présentant ma mère sur les fonts de baptême : vous avez répondu de son existence physique et morale.

Qu'on était loin de penser alors qu'un jour la nécessité vous rappellerait ce devoir ! Eh ! quels égards ne doit-on pas à son âge ? Si je ne vous demande rien pour moi, faites du moins refluer, sur la mère, une partie des bienfaits que la fille avait quelque droit d'attendre de vous. Si je suis votre enfant, quoique la loi ne l'avoue pas, je ne dois point vous en être moins chère, et vos obligations ne sont pas moins sacrées envers moi, qu'envers ma mère.

---

1. L'archevêque Jean Georges Lefranc de Pompignan.
2. Olympe de Gouges fut baptisée le 8 mai 1748. Sa marraine se nommait Marie Grimal. Plus loin, Olympe nomme cette marraine la marquise de C...

Oui, Monsieur ; je m'en flatte ; vous serez sensible aux tendres supplications que j'ose vous adresser pour une mère malheureuse. Si la délicatesse de votre conscience s'effrayait du motif qui pouvait vous y déterminer, je ne réclamerais, en sa faveur, que votre charité. Je sais avec quelle prodigalité vous répandez, sur les pauvres, les richesses que le ciel vous a accordées[1]. Eh bien ! ma mère est pauvre, et très pauvre ! Elle a donc des droits à votre bienfaisance, et elle ne vous demande, par mon organe, que des grâces que vous accordez à des êtres indifférents, pour lesquels vous n'avez que les sentiments d'une charité chrétienne. Comment lui refuseriez-vous des preuves de cette douce sensibilité que vous avez montrée dans tous vos ouvrages, et que la religion a épurée, en en réglant le principe. Non, l'auteur de D..., ne peut avoir cessé d'être sensible et tendre, et la piété n'a pu qu'accroître ses vertus qui le font admirer.

Après avoir plaidé la cause de ma mère, me serait-il permis de plaider la mienne ? Vous êtes ma divinité sur la terre, et je demande que vous ne soyez pas insensible pour moi, comme l'intelligence suprême.

LETTRE XXVI
Du marquis de Flaucourt à Mme de Valmont, sa sœur

Je ne puis aller qu'après-demain, ma très chère sœur, dîner avec vous. Je vous renvoie votre lettre à notre père. Elle est très bien, on y reconnaît votre sensibilité et celle de l'auteur de nos jours. Si les années et les souffrances l'ont éteinte, la voix de la nature la fera revivre dans son cœur.

Je viens d'écrire à mes oncles en votre faveur. Je n'épargne rien vis-à-vis M..., et autant que j'ai pu me le permettre, je lui représente les droits de votre famille sur la nôtre. Vous voyez par là, ma chère sœur, que rien ne peut altérer l'amitié que j'ai, et que j'aurai toujours pour vous.

Je commence à me consoler de mes Inconnues, et vous seriez fort aimable, si vous me faisiez connaître celles qui se sont si bien amusées à mes dépens. On avait voulu d'abord me persuader que c'était vous-même ; mais ce propos m'a paru si absurde, que je n'ai pas voulu m'y arrêter. Le vicomte de L..., grand connaisseur, prétend reconnaître votre style ; je crois au contraire qu'il n'y a pas une phrase qui puisse le faire soupçonner ; je m'y connais mieux que lui, et il ne m'en imposera pas sur cet article. Vous me l'assureriez vous-même, que je n'en croirais rien. Je

---

1. Retiré dans ses terres, Lefranc se fit en effet une réputation de bienfaiteur des pauvres. Voir T. E. D. Braun, *Un ennemi de Voltaire. Lefranc de Pompignan*, op. cit., p. 57.

voudrais bien n'avoir été mystifié que par vous : on ne me plaisanterait pas dans tout Paris. Le vicomte prétend encore que c'est moi qui ai divulgué cette aventure, et que, sans mon imprudence, on l'ignorerait parfaitement. Enfin, ma chère sœur, vous me paraissez très instruite de tout ce qui se débite sur mon compte. Faites m'en donc connaître les auteurs ; je vous promets de garder le secret.

Adieu, ma chère sœur, nous nous verrons après-demain.

LETTRE XXVII

Du marquis de Flaucourt à Mme de Valmont, sa fille

Votre lettre, Madame, a réveillé mes douleurs et mes inquiétudes sur le passé. Quel temps avez-vous attendu pour vous rappeler en mon esprit ! Mes années, mes infirmités et la religion, m'ont forcé d'éloigner, de mes yeux, les objets qui me rappelleraient les erreurs d'une trop coupable jeunesse. Je crois, sans effort, et trop malheureusement pour moi, que vous ne m'êtes pas étrangère ; mais vous n'avez aucun droit pour réclamer, auprès de moi, le titre de la paternité. Vous êtes née légitime, et sous la foi du mariage. S'il est vrai cependant que la nature parle en vous, et que mes imprudentes caresses pour vous, dans votre enfance, et l'aveu de votre mère, vous assurent que je suis votre père, imitez-moi, et gémissez sur le sort de ceux qui vous ont donné l'être. Dieu ne vous abandonnera point, si vous le priez sincèrement. J'oublie entièrement tout ce que me fit l'infortunée Olinde, et je ne me rappelle que des droits sacrés que la religion me prescrit. Vous pouvez vous rassurer sur son sort. Je prendrai soin de son existence ; et si la mort que j'attends comme un don favorable, venait mettre fin à mes tourments, et suspendre mes intentions, ma digne épouse, dans le sein de qui je crains de les déposer, exécutera mes dernières volontés. Ses rares vertus, sa piété exemplaire, acquitteront, mieux que moi, des dettes qui, en déchargeant ma conscience, ne la blesseraient pas moins. Soyez convaincue de son équité et de sa bienfaisance. Si les infortunés ont des droits à sa charité, votre mère et vous ne serez pas oubliées. Voilà, Madame, tout ce que je puis vous promettre, et je voudrais faire beaucoup plus pour vous ; mais que pourrais-je dans l'état de souffrance où je me trouve ? Ma plus chère consolation est actuellement ma digne et respectable épouse, qui me console dans mes maux, et qui ne me quitte pas d'un instant. Elle m'a appris à ne penser que par elle, et, avec ses bons principes, la grâce de Dieu ne m'abandonnera point. Je supporte mes douleurs avec patience. C'est à cette digne épouse que ma fortune, mes ouvrages, mes bienfaits sont remis. Elle fera du tout un bon usage, j'en suis sûr.

Adieu, Madame. On va s'occuper d'Olinde, ma filleule. Si mon frère, que j'attends dans ma terre, arrive bientôt, je la lui recommanderai comme sa sœur de lait.

J'ai l'honneur d'être,

LE MARQUIS DE FLAUCOURT

LETTRE XXVIII

Du comte de*** à Mme de Valmont

Qu'ai-je appris, Madame ? qu'ai-je lu ? Je ne vous parle point de l'amusement que vous avez pris à rappeler un frère qui venait de s'égarer, au centre de la bonne compagnie, et aux bons principes qu'il avait reçus. Tout ce qui le concerne jusqu'à présent, n'a rien qui m'indigne à son sujet ; mais votre père, votre père, Madame, qui vous écrit avec un style religieux et le ton de la bienfaisance, est sourd au pouvoir de la nature ! Son cœur est éteint ; il semble n'avoir une âme que pour son Dieu… Ce Dieu, peut-il inspirer tant de cruauté ? Et la barbare épouse qui abuse de sa faiblesse et le tient dans l'erreur à ses derniers moments, ne doit-elle pas paraître plus coupable à ce Dieu juste, dont le vrai culte n'a jamais prescrit la cruauté envers ses semblables ? Quels sont donc les livres et les lois que ces gens pieux suivent ? le fanatisme entraînera-t-il donc toujours les abus les plus odieux, l'inhumanité, la barbarie, l'ingratitude la plus noire et la plus atroce, enfin la division de la nature entière ? Pardonnez-moi, Madame, si, malgré moi, un mouvement d'horreur me révolte et m'indigne contre celui qui devait s'applaudir de vous avoir pour fille. Je ne connais son fils que par les lettres et par les vers qui portent son nom. Il n'est pas plus son rang et ses entrailles que vous ; mais j'assurerais qu'il ne vous égalera jamais en vertus et en mérite. Il a cependant bien de la supériorité sur vous ; un nom, de la fortune, l'avantage d'une riche éducation : malgré cela, vous obtiendrez plutôt que lui, l'estime du public, et la bienveillance de toutes les puissances de la terre.

Oui, sans doute, Madame, je juge de la véritable façon de penser de l'homme par mes principes. Vous devez intéresser tout l'univers à votre sort.

Vous palliez leurs torts, et vous déguisez ce qui devrait les faire reconnaître ; et pourquoi épargner encore des monstres qu'on devrait étouffer. Je ne vous réponds pas que la franchise et la sensibilité de l'auteur ne vous décèle, en dépit de cette bienséance déplacée, que vous avez gardée trop longtemps en faveur de cette famille ingrate. Je n'arriverai qu'après-demain à Paris. J'ai frémi d'être retenu pour plus longtemps à Versailles, comme je l'avais annoncé à mes amis. Mon premier soin sera de me rendre chez l'auteur, où j'espère vous rencontrer. Nous causerons de tout ce qui vous concerne. Je me flatte que vous suivrez mes conseils. Ils sont fondés sur l'amitié, l'estime, et sur l'intérêt que vos malheurs inspirent à tous ceux qui les connaissent comme moi.

J'ai l'honneur d'être, Madame, avec l'attachement le plus inviolable,

LE COMTE***

LETTRE XXIX

De Mme de Valmont au comte de***

Voilà ce que j'avais prévu, Monsieur le comte ; et vous justifiez bien mes craintes. Si le public pense comme vous sur des personnes dont la cruauté m'a forcée à dévoiler les actions, quelle idée prendra-t-il de moi, et ne croira-t-il pas que j'ai plutôt cherché la célébrité, que les moyens de toucher des âmes dévouées à Dieu et à la miséricorde ? Ah ! si je n'avais pas tout employé, si je n'avais pas en main la preuve de la plus grande soumission de ma part, je croirais m'être trompée dans mes aveux, comme j'ai été induite en erreur, quand j'ai pu espérer que la nature aurait son pouvoir sur un père et sur un frère ; quand j'ai pu compter sur la parole, sur la probité d'une femme pieuse, et quand j'ai dû me rassurer sur l'appui, sur la bienveillance d'un père de l'Église.

Sans doute, me disais-je, il l'est de tous les pauvres ; mais ma mère, sa sœur de lait, sera préférée à cette charité chrétienne. Il n'avilira point celle qui n'était point née pour mendier des dons populaires. Des pertes considérables, et de malheureux procès pourront-ils la rendre méprisable à leurs yeux ? Avec quel empressement ne voleront-ils pas au-devant de ses malheurs ? Ils font, tous les jours, des charités, ils répandent des bienfaits sans nombre. Leur cœur est le sanctuaire de tous les infortunés.

Voilà, Monsieur le comte, comme je colorais mon faux espoir : je m'enivrais de ces douces rêveries, jusqu'à l'instant qui devait les réaliser. Deux ans de constance et de prières n'ont pu obtenir de leur part que de fausses promesses. Je vais faire connaître au public le comble des mauvais procédés, l'abus de la confiance que j'avais en eux, leur cruauté, leur odieuse hypocrisie. Enfin révoltée, indignée contre leur inhumanité, il ne me reste plus que la fierté ou la vertu de taire le mot essentiel au public ; et cette considération de ma part n'est due qu'à leur cendre que je respecte.

Ô père, le plus coupable ; mais le plus à plaindre ! Il fut grand, généreux, sensible. L'excès du fanatisme empoisonna toutes ses vertus, et comme vous l'avez bien défini, son épouse a fait tout le mal. Incapable de le réparer, se faisant des efforts pour croire coupables des malheureux qui devraient l'intéresser, elle fait de fausses promesses, elle irrite les maux de l'indigence par un espoir trompeur. Voilà comme cette femme pieuse, couverte d'un voile, actuellement répand la fortune que la providence aveugle lui a donnée, et comme elle acquitte les dettes qui chargent la conscience de son époux. Vous allez voir quel usage elle fait de ses richesses, d'après la lettre que j'ai écrite à M. l'abbé de P..., homme d'esprit, qui joint à ses lumières les vertus douces d'un véritable homme d'Église. Il peut me rendre justice, d'après toutes les démarches que j'ai faites auprès de lui, et qu'il m'a assuré n'avoir pas négligées auprès de la marquise de Flaucourt. Il n'a jamais pu obtenir d'elle que la promesse de faire du bien à celle qui m'a donné le jour ; et vous allez voir bientôt, Monsieur le comte, quel a été le fruit de ces prétendus bienfaits.

LETTRE XXX

De Mme de Valmont à M. l'abbé de P...

Il est donc décidé, Monsieur l'abbé, que Mme la marquise ne tiendra pas ce qu'elle a promis depuis si longtemps. Pourra-t-on jamais croire qu'une femme vertueuse, qui s'est dévouée toute à son Dieu, se fasse un jeu de réduire les infortunés aux dernières souffrances, de promettre de les soulager, et d'accroître leurs tourments par une espérance trompeuse ? Tout à son terme, Monsieur l'abbé, et je craindrais, à la fin, de devenir indiscrète, si je vous importunais davantage. Mme la marquise n'a jamais pensé, quoiqu'elle l'ait promis, à faire du bien à la personne que son époux a rendue si malheureuse. Je ne parle pas de moi ; j'ai trop d'orgueil et trop de fierté, pour réclamer mes droits, et c'est déjà un très grand malheur que de me voir forcée à faire valoir ceux de ma mère.

Qui peut mieux que vous, Monsieur l'abbé, rendre justice à ma persévérance, à ma soumission ?

Si M. le marquis de Flaucourt n'a pas rendu avant sa mort ce qu'il devait à ma mère, s'il n'a pas adouci sa misère dans sa vieillesse, la faute en est à sa cruelle épouse, à qui il en a remis le soin. Si j'avais eu les sentiments assez bas, pour composer mon visage et ma conversation avec les couleurs de l'hypocrisie, j'aurais sans doute intéressé cette femme fanatique. Les vrais dévots sont bons, plaignent ceux qui sont dans l'erreur, ou qui y ont été, font le bien indistinctement pour le plaisir de le faire, et ma mère a été la seule qui n'a pas touché sa commisération. Lorsqu'elle prépara son époux à paraître devant l'Être éternel, elle n'eut devant les yeux que de faire laisser des pensions à toute sa maison. Le moindre domestique eut six cents livres de retraite ; et lorsqu'il voulait s'occuper des dettes qui surchargeaient sa conscience, elle lui fermait la bouche et l'empêchait de continuer, en lui persuadant que ce n'était pas à lui à s'en occuper ; qu'elle y veillerait et qu'elle prierait Dieu pour lui. M. le marquis, ou, pour mieux dire, mon père, me l'annonça dans une réponse à une de mes lettres et dans laquelle il fut forcé de reconnaître la vérité ; et voilà comme cette respectable veuve s'acquitte des intentions de l'époux qui avait mis toute sa confiance dans ses vertus.

Permettez-moi, Monsieur l'abbé, de vous faire part de la lettre que je lui ai écrite la veille qu'elle prit le voile, et la réponse que j'en ai reçue ; réponse cruelle pour moi, mais satisfaisante pour ma mère... que dis-je ? oui, elle était mille fois plus cruelle pour celle qui m'a donné le jour de lui annoncer l'heureuse nouvelle que Mme la marquise, avant sa retraite, avait donné des ordres pour qu'on lui fît tout le bien dont elle avait besoin... quel en fut le résultat !...

Moi-même, me reposant sur la lettre de Mme la marquise, je jouissais de la douce satisfaction de savoir ma pauvre mère heureuse, quand j'appris, par une main étrangère, qu'elle venait d'éprouver une attaque d'apoplexie qui l'avait réduite dans un état de souffrance désespérant, et que les besoins les plus urgents aggravaient encore ; qu'elle était sans secours ; qu'on connaissait mon cœur, et qu'on se hâtait de me faire part de cette fatale nouvelle.

Non, Monsieur l'abbé, non, je ne pourrais jamais vous peindre mon désespoir en lisant cette lettre, et l'horreur que tous les gens dévots produisirent, en ce moment, sur mon esprit ; Dieu même me parut un être imaginaire, ou fait pour le supplice du genre humain, et inventé par l'ambition. Ce Dieu généreux me doit pardonner si je l'offense ; et ceux qui m'ont portée à cet excès de délire, sont plus fautifs que moi.

Pourquoi cette femme pieuse et charitable a-t-elle promis elle-même, à ma mère, de prendre soin d'elle jusqu'à la fin de ses jours ? pourquoi m'a-t-elle réitéré cette promesse, par écrit, la veille qu'elle a pris le voile ? et pourquoi a-t-elle donné, en quittant le monde, trois cent mille livres aux couvents, ou à ceux qui ont su la tromper, sans songer à acquitter les dettes de son époux, et ses engagements ?

Ce n'est que d'elle que je me plains. Je veux dévoiler au public son hypocrisie, son fanatisme et sa cruauté ; et si je l'ai ménagée jusqu'à ce moment, ce n'est que par respect pour celui qui me fut si cher, et dont j'honore la cendre. Je crains même qu'on ne la reconnaisse au portrait que j'en fais. Car, qui ignore les extravagances et les petitesses d'une femme qui faillit faire perdre la tête à l'homme le plus méritant de son siècle, et qui, sans cette épouse, aurait terminé sa carrière avec bien plus d'éclat encore qu'il ne l'avait commencée, en nous laissant des productions précieuses et dignes de son génie, et de ses grandes lumières...

Croiriez-vous qu'elle fut assez impitoyable pour livrer aux flammes, deux heures après sa mort, tous les ouvrages de ce grand homme... Cette pensée me révolte... Je ne dois plus la ménager, et l'austère vérité, plus que la vengeance, me porte à dévoiler toutes ses noirceurs. Ainsi, Monsieur l'abbé, il est inutile de me donner des espérances. La vieillesse, dans l'infirmité et dans les besoins les plus urgents, n'est pas soulagée par de fausses promesses ; il lui faut des secours les plus actifs.

Je vous communique toutes les lettres qui ont dû me forcer à mettre de la publicité à tant de mauvais procédés ; quoique déjà mes malheurs soient annoncés dans un sujet dramatique, j'aurais bien désiré qu'on ne m'eût jamais mise à même d'en donner la véritable relation. Voilà ce que produisent la cruauté et l'injustice.

J'ai l'honneur d'être, Monsieur l'abbé, avec toute la reconnaissance que je vous dois, pour vos bonnes intentions.

Votre très humble servante,

DE VALMONT

LETTRE
De Mme de Valmont à M..., son oncle

J'ai eu l'honneur de me présenter chez vous, Monseigneur, avec toute la confiance que doit inspirer un homme de votre caractère. Deux puissants motifs déterminaient ma démarche : le premier pour vous rappeler ma mère trop infortunée, et cependant votre sœur de lait ; le second pour jouir du bonheur de votre auguste présence. Mon cœur agité de divers sentiments m'ôta le moyen de m'exprimer comme je l'aurais désiré. Il me semblait que je n'avais jamais eu l'honneur de vous voir, mais à peine vous eus-je considéré que vos traits me rappelèrent parfaitement ceux de l'auteur de mes jours, qui étaient restés gravés dans mon âme depuis mon enfance. Je ne pus retenir mes larmes en vous approchant, ce qui fit, Monseigneur, que vous me prîtes pour une de ces infortunées que le hasard conduisait à votre charité chrétienne. Sans doute j'aurais obtenu de vous cette douce bienfaisance, si je n'avais été qu'une étrangère à vos yeux ; mais à peine je vous eus appris qui j'étais, que vous changeâtes de ton et d'aménité, vous parûtes me faire un crime de ce que je vous étais. Hélas ! ce n'est pas ma faute, Monseigneur, ni celle des auteurs de mes jours : ils furent jeunes ; la négligence de leurs parents, le pouvoir de l'amour, le penchant de la nature, qui rend l'homme si coupable, et dont on ne peut guère éviter les atteintes, ont fait de moi une de leurs victimes. Moi seule ai droit de me plaindre et d'inculper Monsieur votre frère ; mais je trouve tant de satisfaction à le justifier, que vous-même, Monseigneur, vous êtes autorisé sans considérer ni condamner le lien qui m'attache à vous, à remplacer le père que j'ai perdu : ne l'êtes-vous pas de tous les infortunés ? Qu'il est cruel pour un cœur sensible de se voir rebuté par ceux que l'amitié et le rang nous ont rendus si chers.

Mais ne parlons pas de moi, Monseigneur, si, en rappelant tous les droits que j'ai sur vous, j'alarme votre piété, qu'il n'en soit plus question. Sacrifiez la fille en faveur de la mère pour qui je réclame vos bontés et votre charité ; sera-t-elle la seule infortunée qui n'aura pas de droits à votre bienfaisance, et tous les liens qui l'attachent à vous seraient-ils autant de forfaits qui la rendraient, à vos yeux, la femme la plus coupable de la terre ?

Ah ! Monseigneur, cet affreux fanatisme n'a pu empoisonner votre âme ; elle est trop grande et trop pure ; et vous êtes un homme trop éclairé, et qui méritez, à trop juste titre, comme vous l'avez obtenu, le nom si recommandable de bon père de l'Église, que vous ne pouvez, par un travers absurde, écarter une brebis de votre troupeau. Si elle a pu s'égarer, c'est par une tendre clémence qu'il faut la ramener. Eh ! qui mieux que vous, Monseigneur, connaît l'importance de ce sage précepte que Dieu même nous a enseigné par ses paroles, ainsi que par sa conduite ! Et l'infortunée que je vous recommande est celle qui a sucé avec vous le même sein, qui a été élevée avec vous, dans vos premières années, qui était alors votre égale, votre sœur de lait, la filleule de votre frère, le marquis.

L'aisance dont sa famille jouissait alors, l'état recommandable de son père, qui le mettait dans le cas de n'être pas dédaigné par le vôtre, au point de le regarder même comme son ami. Votre nièce, la marquise de C..., élevée par une de mes tantes, nièce par qui j'ai été nommée sur les fonts baptismaux ; ma famille, unie à la vôtre depuis deux cents ans, je vous demande, Monseigneur, s'il peut y avoir des considérations aussi puissantes que celles que je mets sous vos yeux, et que vous ne pouvez révoquer en doute.

L'indigent a part à vos dons ; ma mère est dans une profonde indigence, et votre frère m'a promis, avant sa mort, de pourvoir à tous ses besoins ; je ne vous en rappelle le souvenir qu'en répandant un torrent de larmes, et, tel tort qu'il eut envers moi, je dois le chérir et respecter sa mémoire.

Mais vous, Monseigneur, qui lui survivez, qui avez fait exécuter ses dernières volontés, il n'y a qu'à l'égard de ma pauvre mère qu'elles n'ont pas eu d'effet. Mme la marquise, son épouse, a répété sa promesse verbalement, me l'a confirmée de nouveau par écrit, et les seuls bienfaits que nous ayons reçus, ma pauvre mère et moi, se sont bornés à de fausses promesses. Voilà, Monseigneur, comme cette veuve a rempli les intentions du plus vertueux et du plus sensible des hommes, mais que le cruel fanatisme a rendu faible et injustement crédule.

Si, après avoir exposé sous vos yeux, Monseigneur, tout ce qu'il y a de plus humain, de plus sensible, et de plus vrai dans la nature, je ne peux parvenir à obtenir de vous l'effet que je dois attendre de vos bontés, plus de bonne foi, plus de probité, plus d'humanité sur la terre. Eh, de quels hommes doit-on l'attendre dans le monde, si ceux de votre rang et de votre dignité ont le cœur inaccessible aux cris des malheureux.

C'est avec la cruelle alternative dans laquelle je me trouve avec vous, Monseigneur, que je n'ai pas moins pour vous tout le respect et l'attachement que je dois à une personne de votre caractère, et à qui je touche de si près. Je sens, dans mon cœur, tout le pouvoir de la nature, et c'est avec effort que j'en arrête les épanchements.

J'ai l'honneur d'être, Monseigneur, avec le plus profond respect, votre très humble et très obéissante servante,

DE VALMONT

LETTRE I
D'Olinde, à sa fille, Mme de Valmont

J'ai reçu, ma très chère fille, tes deux chères lettres en date du 19 février dernier et 11 mars courant; elles m'ont fait le plus grand plaisir; je te prie de continuer à m'écrire, puisque ce n'est que par ce moyen que tu peux calmer les peines que je souffre de me trouver toujours éloignée de toi, ma chère fille, malgré que tu me promettes depuis bien longtemps de venir me voir.

Tu n'as sans doute pas l'idée parfaite de mon existence dans ce pays. Je dois te la donner en te peignant ma position, mais sans parler de tout ce qu'il en est : je connais ta sensibilité et je veux lui épargner beaucoup de détails qui certainement l'exciteraient trop. Rappelle-toi donc à chaque instant, ma chère fille, une mère qui ne pense qu'à toi, qui ne chérit sa vie que pour toi et malgré tous les soins qu'elle peut en prendre par rapport à toi, ne croit pas pouvoir en jouir longtemps sans toi. Tu lui as donné pendant quelque temps des secours qui lui étaient nécessaires; tu as en cela satisfait ton cœur, et confirmé pleinement la juste idée que j'ai toujours eue de ton amour pour moi : j'en aurais besoin encore aujourd'hui, et plus que jamais, car je suis dans un âge trop avancé pour faire le métier que je suis obligé de faire pour me procurer de quoi subsister, et faire vivre aussi la petite orpheline que j'ai avec moi, et que je n'ai pas le courage d'abandonner. Tu n'ignores assurément pas que je ne suis pas née pour cet état, que je suis forcée de courir depuis le matin jusqu'au soir, tel temps qu'il fasse, avec mon paquet sous le bras ; et quel paquet, grand Dieu ! c'est néanmoins lui qui doit me nourrir, me loger, me vêtir, me chauffer, m'éclairer, etc., etc., etc.

Mais brisons là-dessus, ma chère fille, mon cœur aussi sensible que le tien ne peut plus y tenir, et je sens couler mes larmes ; je me bornerai donc à t'exhorter à garder les tiennes pour mon souvenir.

Je suis indignée de la manière avec laquelle ta sœur s'est conduite, et se conduit encore ; je n'aurais pu croire en mettant ma fille aînée au monde, qu'elle oublierait totalement un jour sa mère. Où a-t-elle donc puisé ses sentiments ? ce n'est certainement pas à ton école, puisque j'ai des preuves constantes qu'elle s'est étudiée à te les faire adopter. Ah ! tu n'es pas de ce sang, et je ne rougis plus de l'avouer. Le ciel tonnera peut-être tout à l'heure sur elle ; et il ne lui restera plus que le remords qui ne manquera pas de la ronger de la manière la plus cruelle, tandis que toi, ma chère fille, tu passeras des jours sereins et tranquilles, jouissant du plaisir que tu dois avoir toujours d'avoir fait tout le bien qu'il t'a été possible de faire, et de la considération de toutes les personnes honnêtes qui ne l'ignorent certainement pas.

Adieu, ma chère fille ; j'adresse, tous les jours, mes vœux au ciel, pour qu'il m'accorde la grâce de te revoir avant ma mort.

LETTRE II

D'Olinde à Mme de Valmont

J'ai reçu, ma chère fille, ta chère lettre, qui m'a fait un sensible plaisir, dans laquelle tu me blâmes beaucoup au sujet de mon long silence que tu attribues à Mgr..., ou à Mme la marquise de Flaucourt, ce qui n'est pas. Je n'ai pas manqué de remettre à Mme la marquise, les quatre lettres que j'ai reçues de toi, pour qu'elle en prît connaissance ; elles sont en son pouvoir. Mais la vérité est qu'elle chargea le capucin de me dire ce que je prétendais pour ma pension, et je lui fis répondre, verbalement, par le même capucin, son directeur, que j'accepterais ce qu'elle voudrait bien m'accorder ; et depuis son départ, je n'ai plus entendu parler d'elle. Voilà les bienfaits que j'en ai reçus, si ce n'est qu'elle m'a fait assurer, en quittant cette ville, qu'elle y laisserait des fonds pour satisfaire à tous mes besoins. J'ignore s'ils ont été remis dans des mains infidèles, ou si Mme la marquise a oublié d'effectuer ses promesses, mais je n'ai rien reçu de sa part ; et sans toi, ma chère fille, que deviendrais-je dans l'affreuse indigence où je suis réduite? Adieu mon unique fille, car je peux bien dire que je n'ai que toi au monde, pourvu que mes besoins ne te jettent pas toi-même dans la détresse. Tes enfants [1] te sont aussi chers que moi, et j'ai peu de temps à vivre.

LETTRE I

D'un particulier en Languedoc à Mme de Valmont

Madame,

Connaissant votre sensibilité et votre amour pour votre mère infortunée, je me hâte de vous faire part d'une triste nouvelle; hier au soir, sur les neuf heures, elle éprouva une attaque d'apoplexie qui faillit la mettre au tombeau, mais rassurez-vous, Madame, elle est aujourd'hui hors de danger. Je dois cependant vous peindre, en peu de mots, sa malheureuse et triste situation.

Dans la saison où nous sommes, un hiver des plus rudes, votre mère, sans feu, sans garde, et manquant peut-être d'aliments, est dans son lit sans secours de personne, si ce n'est une jeune orpheline, dont les services impuissants peuvent à peine lui présenter un bouillon. Cette femme, âgée, et accablée par les infirmités, ne songe cependant qu'à vous; elle s'écrie sans cesse: «Ô ma fille, ma chère fille, si tu connaissais la position où je suis réduite, quel serait ton sort?» Elle voulait m'empêcher de vous en faire part, mais connaissant, Madame, vos rares vertus, et persuadé que vous ignorez l'extrême misère où elle est plongée, je m'empresse de vous en instruire, convaincu que vous me saurez bon gré de vous en avoir informée.

J'ai l'honneur d'être, avec respect, Madame,

Votre très humble et très obéissant serviteur***.

LETTRE II

*Du même particulier de la ville de***, en Languedoc, à Mme de Valmont, et qui a écrit la précédente*

Madame,

D'après vos ordres, j'ai vu le capucin qui est en correspondance avec Mme la marquise de Flaucourt. Il est faux qu'il ait été chargé d'aucun

---

1. Elle a pu avoir, peut-être de sa liaison avec Jacques Biétrix de Rozières, un autre enfant que Pierre Aubry, et qui serait mort jeune.

bienfait pour votre mère. Vous trouverez ci-inclus la réponse que me fit M..., pour ceux de M... Vous ne trouverez d'autre bienfait qu'un louis d'or, donné en novembre. Je vous laisse à penser quels sont les secours qu'elle en attend, et qu'elle doit en attendre.

Madame votre sœur a sans doute oublié sa promesse. Elle écrivit à Mme***, qu'elle ferait passer quelques secours à sa mère dans les premiers jours d'octobre, nous n'en avons encore aucun signe de vie.

Votre mère reçut, par le courrier qui portait votre lettre, cent vingt livres, du secours provenant de votre part. Ils arrivèrent bien à propos. On ne peut être plus sensible à vos bontés, aussi vous vous êtes attiré des éloges de toute la ville, et vous êtes citée par les mères comme l'exemple des filles.

Je suis, Madame, avec un profond respect, votre très humble serviteur***.

LETTRE

De Mme de Valmont, à sa mère

Ma chère mère,

Je vois actuellement qu'il ne faut plus compter sur personne d'après la parole de Mme la marquise et celle de M. l'Arch... je devrais être tranquille sur votre sort. Il est donc reconnu qu'ils m'en ont imposé et que tous leurs bienfaits s'étendaient jusqu'à vingt-quatre livres ; ce service si médiocre dégrade ceux qui l'on rendu et avilit celle qui l'a reçu. Si par mes efforts et en me privant de tout je puis vous empêcher de manquer du nécessaire, je pourrais aussi faire l'effort de rendre à Monseigneur, votre frère de lait le louis d'or dont il a bien voulu vous gratifier et dont l'action mémorable ne pourra jamais être assez citée parmi le nombre des bienfaits.

Ce n'est pas à moi à condamner ce respectable prélat, je livre la conduite de Monseigneur, à votre égard, aux réflexions de tous les hommes ; j'ajouterai que j'ai vu cet homme crossé et mitré qui m'inspira d'abord ce respect, cette vénération que nos ancêtres portaient à nos plus vertueux patriarches ; je m'attendais à une autre réception de sa part ; il me semblait que la candeur de son âme était empreinte sur ses traits, les sons qui sortaient de sa bouche étaient flexibles et durs ; semblable extrême ne m'était pas encore connu.

Je me disais en moi-même en le quittant, est-ce là cette âme dévote, ce cœur compatissant au sort des malheureux ? Ce mortel pieux qui enseigne la religion chrétienne ; ou du moins il l'exerce dans ses procédés ; mais non, c'est au contraire un homme vindicatif, qui prête l'oreille à la calomnie ; c'est par ses paroles que j'en suis convaincue.

« D'après les lettres que vous m'avez adressées à mon abbaye, m'a-t-il dit, j'avais projeté dans mon passage en Languedoc de faire du bien à votre mère, mais ce que j'en ai appris m'empêche de me mêler de vos affaires et des siennes.

— Ce n'est pas pour moi, Monseigneur, lui ai-je répondu que je fais cette démarche, quoique je sente dans mon cœur que je ne vous suis pas étrangère, et qu'il m'aurait été bien doux d'avoir l'honneur de vous voir pour tout autre motif. Je ne sais si la religion, et si Dieu même a commandé d'étouffer les cris du sang illégitime, mais la voix de la nature parle en moi, elle me dit que sa loi est celle que Dieu même a prescrite à l'homme. C'est à ce titre, Monseigneur, que je me présente chez vous, c'est avec ses droits, quoique coupable à vos yeux, que j'implore vos bienfaits pour une mère qui a sucé le même sein dont vous avez été allaité, qui fut nommée sur les fonts de baptême et fut induite en erreur par Monsieur votre frère. »

Il me répondit à toutes ces vérités, qu'il devait douter de tous ces faits. Je sortis en le saluant respectueusement, et en lui disant que rien n'était plus aisé que le doute, que quand même je voudrais le convaincre, je ne pourrais point le toucher. Voilà ce que m'inspira mon respect pour son caractère.

Je ne m'en tins pas à cette démarche : on m'avait assuré que Mme la marquise ne vous laissait manquer de rien ; d'après la nouvelle affligeante que je reçus de votre situation, j'écrivis à Mme la marquise la veille qu'elle prit le voile. Voici les paroles exactes dont j'ai l'original :

Mme de Flaucourt est en retraite pour sa prise d'habit, elle fait du bien à la mère de la personne en Languedoc, sa fille n'en a pas besoin ; c'est tout ce qu'elle peut faire : ce dimanche…

LA MARQUISE DE FLAUCOURT

Voilà, ma chère mère, comme j'étais tranquille en vous croyant heureuse, et je pensais d'après ces paroles religieuses, que vous vouliez éprouver mon amour filial en m'apprenant vos besoins et vos malheurs, qui ne sont que trop réels d'après le triste récit de différentes personnes ; je ne me connais plus, je ne saurai plus vaincre l'indignation que j'éprouve pour des personnes qui m'ont si longtemps inspiré l'amour et le respect. Si des procédés pareils étaient connus dans le public, ils seraient condamnés comme les actes du plus affreux fanatisme.

Enfin, que vous dirai-je ? Toutes mes réflexions et mon indignation ne vous tirent pas de l'embarras où vous êtes plongée. Vous recevrez par ce courrier encore cent vingt livres et par le courrier prochain vous connaîtrez où va ma tendre amitié pour vous, en sacrifiant le peu de revenu que j'ai pour assurer votre existence ; ma cruelle sœur est loin de m'imiter, quoiqu'elle soit beaucoup plus fortunée que moi. Enfin, peut-être un jour les remords la toucheront ; mais je crains bien pour son repos que cela n'arrive que trop tard, ainsi je ne peux rien sur elle, et ce n'est que de moi que j'attends votre consolation ; il m'est bien doux de la faire moi seule, mais je voudrais pour elle qu'elle en partageât le salaire.

Soyez persuadée, ma chère mère, que si je ne pars pas pour aller vous soigner, c'est pour vous conserver un argent perdu en voyage, et que ma triste position ne me permet pas de vous envoyer tous les secours dont vous avez besoin. Voilà comme mon cœur se déchire entre la raison et ma tendre amitié pour vous, qui ne cesse de m'inspirer d'aller vous serrer dans mes bras, et de vous rendre les services qui vous sont nécessaires, et qui ne se rendent jamais aussi bien par un étranger. Je souffre cruellement de vous savoir accablée de douleurs et de maux et d'être privée de vous donner toute la consolation dont je suis capable ; mais j'espère que le ciel sera touché de mes tourments, qu'il vous rendra la santé et qu'il m'accordera le bonheur de pouvoir vous donner tous mes soins, c'est dans cette espérance que je suis, ma chère et respectable mère, la plus soumise et la plus tendre des filles.

DE VALMONT

LETTRE

D'Olinde à Mme de Valmont, sa fille

Qui plus que moi, ma très chère fille, est sensible aux peines et tracasseries que je vous donne, et qui désire plus des occasions de vous en dédommager. Elles sont perdues pour moi : mon âge, la perte de ma fortune et mes infirmités m'en ont ravi l'espoir. Si la sensibilité doit en tenir la place, jamais mère ne fut plus touchée des bienfaits que je reçois de ma chère fille.

Il m'a été assuré que le marquis de Flaucourt avait laissé entre les mains de son épouse une somme pour qu'elle vous fût remise après sa mort ; mais je vois bien que cette veuve n'a point acquitté envers vous les engagements de votre père, ni les siens envers moi. J'ai cru m'apercevoir dans ses discours, lorsque je l'ai vue dans son passage, qu'elle se faisait un plaisir d'irriter et d'accroître les maux des malheureux ; elle me dit que Dieu ne m'affligeait que pour éprouver mon repentir, que son époux avait ressenti des maux cruels les dix dernières années de sa vie, qu'il avait mis tout au pied de la croix, et que j'imitasse le plus vertueux des hommes à ses derniers moments : « Mais hélas ! lui répondis-je, il était riche, madame, et le superflu de sa fortune me ferait supporter mes maux avec bien plus de patience. Née dans l'aisance, infirme dans mes vieux jours, personne pour me servir, je mourrais sans secours, si la plus respectable de toutes les filles n'apportait le plus prompt soulagement à ma misère, quoique éloignée de moi de deux cents lieues. »

Elle eut le courage de me dire (ô ma chère fille, je frémis de te le répéter) qu'il fallait t'oublier, et renoncer à t'écrire. « Moi, lui dis-je, oublier ma fille, mon sang, le seul être qui s'intéresse à moi sur la terre ! La mort me paraîtrait cent fois moins cruelle que d'être privée une seule fois de ses chères nouvelles. Si c'est à ce prix, madame, que vous voulez prendre soin de mes vieux jours, retenez vos bienfaits, et laissez-moi dans la misère. »

Je sortis de sa présence persuadée que je lui avais déplu, et si j'ai manqué en cela, voilà ce qu'on peut attribuer à la dureté de ses procédés.

Cet aveu me restait à te faire, et si tu n'avais point insisté à me demander les motifs qui m'avaient privée de recevoir des bienfaits de Mme la marquise, tu les ignorerais encore. Adieu, la plus recommandable des filles, et songe que ta mère ne forme plus qu'un désir, c'est de t'embrasser avant d'avoir terminé sa pénible existence.

LETTRE

De Mme de Valmont à La Fontaine

Le marquis de Flaucourt est de retour de sa terre depuis trois semaines, et je ne l'ai point encore vu. On m'assurait que vous aviez porté le comble de séduction jusqu'à le détourner de venir chez moi. Comme je ne puis nuire ni à ses plaisirs, ni à ses intérêts, et que personne ne peut aller sur vos brisées avec de tels projets, pourquoi me privez-vous de sa présence, et l'empêchez-vous de remplir à mon égard de ce que les bienséances au moins, pour ne rien dire de plus, semblent exiger de lui ? Il ne peut y avoir qu'un homme aussi vil, aussi rampant que vous, qui puisse détourner à ce point un jeune homme de ses devoirs ; il les oublie même auprès de sa famille, et vous seul en êtes l'auteur. Un méchant peut réussir quelque temps ; mais ses menées n'arrivent pas toujours à bon port, il vient un coup de vent qui le jette dans un péril d'où rien ne peut le tirer. Je veux bien m'abaisser jusqu'à vous faire ces observations, et vous représenter que le marquis vous punira un jour de l'avoir induit en erreur, et qu'il serait possible de croire que vous êtes susceptible de repentir si l'on voyait le marquis plus exact à ce qu'il se doit à lui-même.

Je ne vous fais pas mention de ce que vous avez prétendu me promettre de sa part, lorsque le marquis serait son maître. Une pension honnête devait combler mes vœux ; mais si pour l'obtenir il fallait m'adresser à vous, ah, dans quelque état où la misère pût me réduire, je préférerais de périr dans le besoin plutôt que de devoir à mon frère des secours par votre négociation. Ce n'est pas pour moi qui je m'adresse à vous, c'est pour mon frère, pour sa gloire et son honneur ; et si vous voulez faire à l'avenir un meilleur usage de l'ascendant que vous avez sur lui, je pourrai croire que les méchants sont capables de changer, et de détruire par un noble retour les mauvaises dispositions de leur caractère.

Adieu, Monsieur ; je souhaite pour vous et pour la société que mon observation influe sur votre esprit, et vous mène à l'honneur.

LETTRE

De Mme de Valmont au marquis de Flaucourt,
arrivant de sa terre, trois mois après la mort de son père

On a vu, Monsieur le marquis, la fortune changer quelquefois les hommes ; mais ce sont ordinairement des âmes communes, ou des esprits grossiers. L'homme bien né ne se dément jamais dans telle position qu'il se trouve. Il semblait que vous aviez de l'amitié pour moi ; avant l'événement qui vous a rendu maître de votre fortune. Un vil métal aurait-il changé votre cœur ? j'en serais plus fâchée pour vous que pour moi. Je n'ai jamais visé à vos trésors : je vous aimais avec toute la tendresse fraternelle dont je suis susceptible, et qui n'était pas inspirée par l'intérêt. Il paraît cependant que cet intérêt existe de votre côté, et qu'il vous éloigne de moi, vous qui paraissiez narguer tout, et annoncer de la philosophie dans un âge où l'on n'en fait guère profession ; sur quel principe l'établissez-vous ?

Je ne suis plus votre sœur, parce que vous êtes devenu riche ; faites comme si vous ne l'étiez point, et venez me voir, ou apprenez-moi la raison qui puisse justifier votre éloignement. Personne ne sera plus indulgente que moi, si ce sont des motifs plus forts que mon raisonnement, car je vous assure que je me perds dans les réflexions que vous me faites faire.

Adieu, Monsieur le marquis, je deviendrai votre sœur quand vous serez pour moi Monsieur le comte.

LETTRE

*De Mme de Valmont au marquis de Flaucourt,
son frère, à son retour du Languedoc, quelque temps
après la mort de son père*

Je ne sais, Monsieur, par quelle phrase je dois commencer la lettre que je juge à propos de joindre dans notre correspondance. Je ne suis plus à vos yeux cette sœur si désirée pour qui vous avez fait tant de recherches vaines pendant l'espace de cinq années. Il est donc vrai que la fortune change totalement le cœur de l'homme ; j'étais loin de craindre alors de vous un semblable extrême. Vous vous rappellerez peut-être combien votre nouvelle conduite doit me surprendre. Pourriez-vous oublier vos assiduités, votre amitié, vos serments, nos altercations sur le caractère de l'homme, et surtout à votre sujet concernant cette jeune Joséphine qui se déroba pour vous au désespoir de ses parents et qui fut s'enfermer dans un cloître et attendre constamment de voir réaliser un jour la foi de vos serments.

Je vous disais alors, mon frère :

« Vous êtes jeune, le temps et les circonstances changeront vos sentiments.

— Non, ma sœur, non jamais. L'homme qui change sa façon de voir et de sentir, est un homme sans caractère, le ciel m'en a doué d'un trop décidé pour craindre que je puisse un jour varier dans mes systèmes et mes principes. Joséphine sera ma femme, ou je vous donne ma parole d'honneur, ma sœur, que l'hymen ne m'enchaînera jamais une autre épouse. »

Voilà vos véritables expressions. A peine maître de votre sort, de votre fortune, vous conduisez une autre personne à l'autel. Ce n'est point que je blâme cette alliance, sans doute elle est mieux assortie que celle que vous vouliez former avec une demoiselle d'un rang trop inférieur au vôtre. Vous ne pouviez vous unir avec elle sans déplaire en général à votre famille, et sans craindre le blâme vous avez pu sans doute devenir parjure, et les serments d'amant dans un jeune homme sont d'ailleurs si peu considérés, que le proverbe même semble les exempter de la solidité de leurs engagements ; mais la reconnaissance, le droit du sang, l'amitié fraternelle, la vertu enfin inséparable du véritable homme qui dans tous les temps le distingue du vulgaire, ce point d'honneur, surtout majeur dans tous les âges, qui soutient ses bons principes dans toutes les époques de sa vie, c'est par là que je vous attaque, oui, mon frère, je n'ai point d'autres armes, et je vous crois encore l'âme trop pure pour être invincible à mes atteintes, ce sont celles de la nature, pourriez-vous les combattre ?

Les lois, le préjugé vous rendent maître de tout, mais l'honneur ne vous dispense pas de verser sur une sœur naturelle, une légère partie du superflu de votre fortune, vous me l'aviez offert et promis, et vous me l'avez réitéré dans votre lettre, dans un moment où le cœur plein d'une véritable affliction s'abandonne à tous ses épanchements qui sont purs et bienfaisants. Je la remets sous vos yeux.

Vous apprendrez par ma lettre, ma très chère sœur, le triste événement qui nous afflige. Nous avons perdu hier mon père, il a succombé aux souffrances cruelles qu'il éprouvait depuis huit mois [1] ; elles s'étaient cependant suspendues les derniers jours de sa vie, et sa fin a été très paisible. Ma mère parle de se retirer au couvent et d'y prendre le voile, elle voulait même partir dès demain, mais mon oncle… l'a retenue. Je compte moi rester encore ici trois mois, et ensuite aller à Paris.

Bonjour, ma très chère sœur ; je vous quitte, car je suis accablé de lettres, et vous prie de croire aux sentiments bien tendres que je vous ai voués, et à la promesse inviolable de réparer les torts que mon père a eus trop longtemps envers vous.

LE MARQUIS DE FLAUCOURT

La voilà, mon frère, cette lettre, et pouvez-vous la révoquer en doute. Je vous communiquai celle que j'écrivis à l'auteur de nos jours, vous l'approuvâtes, vous en vîtes la réponse. Ses promesses à la vérité se bornaient à ne prendre soin que de ma mère. Sa digne épouse, disait-il, devait se charger de tout. Vous-même m'aviez fait entendre que je serais à la tête de votre maison, si cette proposition pouvait me convenir. Votre agent, ce vil La Fontaine m'a assuré de votre part devant plusieurs personnes, que maître de votre fortune, vous me donneriez une pension honnête, que c'étaient là vos intentions, et que vous l'aviez dit à qui avait voulu l'entendre.

Je suis loin d'exiger l'exécution de ces promesses, mais je peux prétendre au moins à une pension alimentaire pour ma pauvre mère ; elle est sous vos yeux accablée de maux et dans la plus profonde indigence, que je soulage faiblement par mes modiques secours, mais en m'en retraçant l'affreux tableau, je sens mon cœur déchiré, mes larmes coulent abondamment sans que l'espoir de vous toucher puisse les arrêter. Je compte cependant encore sur vous, je n'attends plus rien de votre cruelle mère, ni de M… Que toutes vos promesses à mon égard se réduisent à donner à celle de qui j'ai reçu le jour, une somme de huit cents livres, et je lui conserverai encore ce dont je me prive pour elle. Ô mon frère !

---

1. Lefranc fut atteint d'une paralysie des membres et de la gorge. Dès avril 1784, il était incapable de tenir une plume et la gangrène s'empara des pieds au mois de mai. Il mourut le 1er novembre (voir T. E. D. Braun, *Un ennemi de Voltaire. Lefranc de Pompignan*, *op.cit.*, p. 62).

songez à ce que vous étiez, à ce que vous devez être, à ce que vous serez un jour, si vous avez la douceur d'être père ; vous sentirez alors que nous n'avons rien de plus cher au monde que ceux à qui nous donnons la naissance, et ceux à qui nous la devons.

Si vous êtes sourd à ma prière, si votre cœur est fermé à tous les tourments qui dévorent le mien, et si le même sang qui coule dans nos veines ne vous parle pas en faveur de l'infortunée pour laquelle j'implore votre humanité, vous n'êtes point le digne fils de l'homme célèbre qui nous a donné l'être à tous deux. La nature a tant de pouvoir sur mon âme, qu'elle n'a pu vous refuser le don précieux dont elle m'a comblé. C'est à cette même sensibilité que vous m'avez prouvée dans votre recherche et dans la conduite que vous avez tenue avec moi quelque temps, que j'en appelle. Si vous avez changé, vous n'avez pu étouffer le cri de la nature, céder à ses impulsions qui s'expriment par ma voix.

Ô mon frère, mon cher frère, ne rejetez point une demande aussi légitime, et ne rebutez pas un cœur que l'humanité et la méchanceté des hommes n'ont que trop ulcéré et dont votre retour peut seul fermer les cicatrices en portant les plus prompts secours aux pressants besoins de la plus intéressante, et la plus infortunée des femmes, et qu'enfin je puisse dire un jour : trop longtemps les mauvais conseils l'égarèrent, mais il ne fallut qu'un moment pour le ramener à la vertu, à l'humanité. C'est à cet heureux changement que l'on reconnaîtra le fils d'un aussi vertueux père. Je vais supporter dans cette espérance avec plus de calme le poids de tous mes chagrins.

DE VALMONT

LETTRE

De l'auteur

J'ai rempli vos désirs et vos intentions, Monsieur le comte ; la voilà cette correspondance de nos jours, et que l'on regardera vraisemblablement comme un roman. Je le souhaite pour ceux dont Mme de Valmont a à se plaindre à si juste titre.

On m'a raconté que vous aviez eu une altercation vive à son sujet ; c'est une imprudence, Monsieur le comte, que de prendre le parti du sexe opprimé ; jadis, dans ce fameux jadis, c'était une vertu, et aujourd'hui c'est un ridicule. Ces heureux siècles pour les femmes reviendront peut-être ; mais nous n'y serons plus, et ce temps d'abandon sera regardé par nos neveux comme fabuleux.

Mais laissons là mes tristes réflexions ; elles n'arrêteront point le train que les hommes ont pris : je ne dois m'occuper que de ma besogne, qui me paraît de plus en plus pénible et épineuse. Le désagréable travail que de mettre l'ensemble dans une correspondance ! Si elle ne m'avait pas autant intéressée, je l'aurais abandonnée à la moitié, quoique je l'eusse déjà annoncé dans mon *Homme généreux* [1].

Le lecteur sans doute doit être bien convaincu que ces lettres ne sont pas de mon imagination, que ce sont autant d'originaux que je n'ai eu d'autre peine que de mettre en ordre. D'ailleurs, on connaît mon impuissance pour faire des vers, et celui qui les a composés était loin de prévoir alors qu'ils seraient un jour imprimés. Si le public était persuadé comme vous, Monsieur le comte, de cette vérité, cette correspondance intéresserait bien davantage, et ces vers, tels qu'ils sont, qui n'ont été que l'affaire d'un instant pour celui qui les a faits, auraient coûté plus de soins à tout autre. Quand le marquis de Flaucourt voudra se livrer à l'étude, il sortira de sa plume des ouvrages qui ne dérogeront pas aux écrits immortels de son illustre père.

Mme de Valmont était née pour marcher sur leurs traces ; mais son étoile est aussi bizarre que la mienne ; elle fut, comme vous savez, Monsieur le comte, aussi négligée dans son enfance que je l'ai été ; mais elle jouit de l'anonyme, et moi je me mets à découvert pour elle : heureuse, si je peux réussir, et si je puis émouvoir son frère au point qu'il lui accorde la seule consolation qu'elle exige de lui, qu'elle a droit d'attendre. J'ai trouvé dans toutes ses paperasses des vers que Mme de Valmont avaient faits elle-même au moment qu'elle reçut la triste nouvelle de la mort du marquis de Flaucourt, et je les fais aussi imprimer. Vous verrez, Monsieur le comte, que la nature en fit un poète dans un instant.

Je vous ferai passer à votre terre le premier volume de mes *Œuvres*, qui sera relié, si vous n'êtes pas de retour à Paris avant qu'il soit imprimé.

J'ai l'honneur d'être, Monsieur le comte, avec l'attachement le plus inviolable, et les sentiments les plus distingués,

Votre très humble et très obéissante servante.

Vers de Mme de Valmont, en recevant la triste nouvelle de la mort de son père

> D'un mortel vertueux, oui j'ai reçu le jour,
> Mais l'affreux fanatisme étouffa son amour.
> La mort me l'a ravi, sans que de la nature,
> Son cœur, glacé par l'âge, ait senti le murmure.

---

1. Drame en cinq actes, publié en 1786, puis en 1788 dans le tome II des *Œuvres*.

Cependant quand mes yeux commençaient à s'ouvrir,
Sur mon sort malheureux il parut s'attendrir.
Il est mort sans songer qu'il laissait sur la terre
La moitié de lui-même, un cœur fait pour lui plaire.
Je me rappelle, hélas ! qu'en mes plus jeunes ans,
J'étais l'objet chéri de ses soins complaisants.
D'un cruel préjugé son âme fut émue,
Et d'un épais bandeau l'erreur couvrit sa vue.
Je m'applaudis pourtant d'être le triste fruit
D'un amour dont ma mère eut le cœur trop séduit.
Je dois à ce grand homme, admiré par la France,
D'un esprit naturel, la vive intelligence ;
Par l'éducation cet esprit éclairé,
Sans doute aurait brûlé d'un feu plus épuré ;
Mais l'on reconnaîtra toujours la même source,
D'un écrivain fameux arrêté dans sa course.
Il eut des ennemis, et, dans sa piété,
Il dédaigna les traits dont il fut insulté.
Le frère qui me reste, est digne de sa race ;
De son illustre père il suit déjà la trace ;
Et bientôt au public ouvrira les trésors
Que l'auteur de ses jours cacha loin de ces bords,
Ces Écrits immortels, enfants de son génie,
Qui feront, en tout temps, l'honneur de sa patrie.

MADAME DE SOUZA

ADÈLE DE SÉNANGE
OU
LETTRES DE LORD SYDENHAM
(1794)

INTRODUCTION

« Avez-vous lu *Adèle de Sénange*, joli roman d'une émigrée, Mme de Flahaut ? » demande Mme de Charrière à son amie Henriette L'Hardy, le 10 février 1795. Le livre venait de paraître, et l'on parlait beaucoup de son auteur.

En 1747, Marie de Longpré n'avait pas fait un mariage très brillant en épousant le sieur Charles Filleul, fils d'un commerçant en bois et commissaire en vins à Falaise. Entreprenant, Filleul acquiert une charge de secrétaire du roi et s'installe à Paris, où naît, en 1751, une première fille, Marie-Françoise, qui sera marquise de Marigny et maîtresse du cardinal de Rohan. Pourvue d'un époux discret, Mme Filleul fit son chemin dans la finance en devenant la maîtresse du fermier général Bouret. Une seconde fille, Adèle, qui sera Mme de Flahaut, puis Mme de Souza, naît le 14 mai 1761 et, comme par hasard, son parrain est le frère du financier. Adélaïde, mise très jeune au couvent, n'en sortira qu'à quinze ans. Sa mère meurt en 1767 ; son père, ruiné, se suicida [1].

Il fallait faire quelque chose de cette jeune fille sans ressources. Sa sœur, Mme de Marigny, fut donc enchantée de la demande du comte Alexandre de Flahaut qui avait achevé sa carrière militaire avec le grade de maréchal de camp. Ses cinquante-trois ans parurent tout juste à la mesure des dix-huit d'Adélaïde, qu'il épousa à la fin de 1779. Poli,

---

1. Pour les données biographiques, voir A. de Maricourt, *Madame de Souza et sa famille*, Paris, Émile-Paul, 1907 ; H. A. Stavan, « Une amie de Mme de Staël : Adélaïde de Flahaut », dans *Revue des sciences humaines*, 130, 1968, p. 185-197. Mme Riccoboni enregistre la fin tragique de Filleul : « Voilà M. Filleul, père de Mme de Marigny, belle-sœur de la marquise de Pompadour, qui vient mardi dernier de se tirer un coup de pistolet dans le jardin de sa fille. On attribue son désespoir à la perte de sa charge de payeur des rentes, supprimée comme beaucoup d'autres. Il était vieux et si avare, qu'on prétend qu'il a acheté précisément ce qu'il lui fallait de poudre pour se tuer et pas un grain de plus » (*Mme Riccoboni's Letters to David Hume, David Garrick and sir Robert Liston, 1764-1783*, éd. établie par J. C. Nicholls, Oxford, Voltaire Foundation, 1976, p. 264-265, 21 juillet 1772).

cultivé, homme d'esprit et d'un caractère doux et facile, mais point riche. M. de Marigny, surintendant des Bâtiments du roi, obtient au ménage un appartement au Vieux Louvre, où Mme de Flahaut tiendra son salon pendant douze ans. Sujette à des vapeurs, à des étourdissements, elle n'a pas trop bonne santé. Intelligente, sensible, brune, le teint très blanc, elle passe pour charmante : un jeune abbé de Périgord, futur évêque d'Autun et prince de Bénévent — l'illustre Talleyrand — ne tarda pas à s'en aviser. Agréé dès 1780, il tient le premier rang parmi ses invités et elle aura de lui un fils, Charles, dont la paternité sera aimablement endossée par le peu encombrant Flahaut. On s'accorde alors à la juger délicieuse, Mme Vigée-Lebrun en témoigne : « Elle avait une jolie taille, un visage charmant, les yeux les plus spirituels du monde, et tant d'amabilité qu'un de mes plaisirs était d'aller passer la soirée chez elle [1]. »

Entre 1786 et 1791, ce salon est un centre politique actif où se croisent ultra-monarchistes et beaux esprits, gens de lettres et de sciences, pour la plupart de tendance libérale et constitutionnelle. On y voit donc des ministres de Louis XVI, Lauzun, Rohan, Ségur, l'écrivain italien Alfieri et la comtesse d'Albany, veuve du dernier Stuart, mais aussi Delille, Buffon, Mme de Staël, Condorcet, Lavoisier, Morellet ou Suard ou encore Gouverneur Morris, député par la Pennsylvanie à la convention chargée de rédiger pour les États-Unis la future constitution fédérale. Lui aussi est bientôt son amant — de même que le jeune lord Wycombe — et l'appelle, sans trop d'illusions, « mon amie volage », rapporte qu'elle ne manquait pas de liberté dans son comportement : « Elle est à sa toilette. Son mari entre. Elle s'habille devant nous avec une parfaite décence, même en changeant de chemise [2]. » Cela ne l'empêchait pas d'être attentive aux événements et femme de bon conseil. Mme de Flahaut traduit et corrige les textes de Morris, revoit les discours de Talleyrand, s'efforce d'agir sur La Fayette par l'entremise de Montesquiou et Narbonne, cabale contre Mirabeau et fait même passer des avis à la famille royale par l'intermédiaire de Vicq-d'Azyr, médecin de la reine [3]. Jolie activité pour une jeune femme qui doit en même temps combler trois amants sous l'œil soupçonneux d'un vieux mari.

Peu à peu la situation se détériore et cette utile agence d'informations et de contacts disparaît en 1792. L'été est agité, la journée du 10 août et les massacres de septembre rendent Paris dangereux. Emmenant son fils, Mme de Flahaut choisit l'exil, dont elle racontera quelques péripéties, en 1811, dans *Eugénie et Mathilde*. A Londres, les émigrés misérables — Chateaubriand est parmi eux — battent le pavé. Le comte de Flahaut a

---

1. *Souvenirs*, Paris, Fournier, 1835, t. I, p. 306.

2. *Journal de Gouverneur Morris*, trad. par E. Pariset, Paris, Plon, 1901, p. 70.

3. Sur ce salon, sa composition et son rôle, voir M.-J. Fassiotto, « La comtesse de Flahaut et son cercle. Un exemple de salon politique sous la Révolution », dans *Studies on Voltaire and the Eighteenth Century*, 303, 1992, p. 344-348.

préféré se terrer à Boulogne. Mal lui en prend : il est arrêté en janvier 1793, mais sa famille réussit — à prix d'or — à le faire évader. Si le mari était un peu terne, l'homme avait de l'honneur et du courage. Quand il apprend que son avocat est arrêté pour complicité, il se livre : il sera exécuté en 1794 à Arras.

Après l'Angleterre, sa veuve passe en Suisse, sans trop se désoler de son veuvage : « Pour le plus grand plaisir de Mme de Flahaut, rapporte Montesquiou, du matin au soir cartes et dés étaient en mouvement[1]. » Puis c'est Hambourg, grand centre de ralliement des émigrés. Sans ressources, les nobles y travaillent pour vivre ou font du commerce. Elle-même confectionne des chapeaux pour une modiste. Elle voit là Mme de Genlis, Talleyrand, Morris, mais elle souffre de la misère et du climat, trop rude pour sa santé délicate.

Enfin, après six années d'exil, elle quitte l'Allemagne, mais pour trouver à Paris un foyer détruit, ses parents décimés et vieillis, d'anciens amis ruinés. En 1794, elle a publié, à Londres, *Adèle de Sénange*. Au lendemain du bouleversement révolutionnaire, elle éprouve le besoin de se rappeler à elle-même le souvenir de la société disparue, le temps que Talleyrand appelait celui du plaisir de vivre[2]. *Émilie et Alphonse*, en 1799, est un roman épistolaire assez maladroit mais d'une douceur mélancolique, l'histoire d'une jeune femme qui a consenti à un mariage de raison pour complaire à sa mère mourante. Trois ans plus tard, *Charles et Marie* narre une idylle anglaise gracieuse, sur le thème éternel des amours contrariées. Elle se plaît à faire revivre les dernières années du règne de Louis XVI, se fait peintre des mœurs et de la vie quotidienne d'une société choisie. Marie-Joseph Chénier jugeait fort bien ces œuvres :

> Ces jolis romans n'offrent pas, il est vrai, le développement des grandes passions ; on n'y doit pas chercher non plus l'étude approfondie des travers de l'espèce humaine ; on est sûr au moins d'y trouver partout des aperçus très fins sur la société, des tableaux vrais et bien terminés, un style orné avec mesure, la correction d'un bon livre et l'aisance d'une conversation fleurie[3].

Ils lui apportent en tout cas une notoriété non négligeable. Restait à rebâtir sur les décombres. Dans le salon de Fanny de Beauharnais, Mme de Flahaut retrouva un diplomate connu naguère à Hambourg, le baron de Souza, d'une grande et riche famille portugaise, fils du gouverneur de la province de São Paulo. Ancien ministre plénipotentiaire en Suède et au Danemark, il l'était à présent à Paris. Elle l'épousa en 1802. Elle avait quarante et un an, lui quarante-quatre, et ce fut un

---

1. Cité par D. Berthoud, *Le Général et la romancière. Épisodes de l'émigration d'après les lettres du général de Montesquiou à Madame de Montolieu*, Neuchâtel, La Baconnière, 1959, p. 178.
2. Guizot, *Mémoires pour servir à l'histoire de mon temps*, Paris, Lévy, 1859, t. I, p. 6.
3. *Tableau historique de la littérature française*, Paris, Maradan, 1819, p. 138.

mariage heureux. Il accueillit fort bien le jeune Charles et elle fit de même avec José, né d'un premier mariage de Souza.

Sous le Consulat et l'Empire, Mme de Souza fréquente peu le monde, mais reçoit chez elle, le mercredi soir, la société libérale et modérée qui se réunissait autrefois dans la «chambre bleue» du Vieux Louvre. Parmi les anciens, on rencontre toujours Morellet et Suard, mais ils sont bien vieux, et plus rarement Talleyrand, oublieux de sa liaison de jadis. Charles de Flahaut s'est engagé dans la carrière militaire. Brave, plusieurs fois blessé, il montait rapidement en grade. Sa mère s'inspira un peu de lui pour peindre le héros charmant d'*Eugène de Rothelin*, publié en 1808, roman-Mémoires que Sainte-Beuve saluera comme un chef-d'œuvre. En 1812, au lendemain de la retraite de Russie où il s'est distingué, Charles est fait général et aide de camp de l'Empereur. Tous les espoirs étaient permis, mais l'Empire chavire en 1814 et les gens avisés s'empressent de déserter un salon devenu compromettant. Quand l'Aigle, volant de clocher en clocher, reprend le pouvoir, Charles lui reste fidèle et combat à Waterloo, ce qui lui vaut d'être inscrit sur la liste des individus à exiler. Mais Talleyrand, dont aucun régime ne pouvait se passer, intervint et la proscription fut commuée en une retraite discrète en province. Ce fils devait lui faire honneur. Par lui, Mme de Souza et Talleyrand seront les grands-parents du demi-frère de Napoléon III, le duc de Morny, fils de la reine Hortense et de Charles de Flahaut[1].

En 1822, Mme de Souza donna encore *La Comtesse de Fargy*, médiocre. Son mari mourut en 1825 et elle vieillit solitaire, surprise d'entendre encore, en 1830, les rumeurs d'une nouvelle révolution et le ressac des premières grandes vagues romantiques. Elle entreprit un dernier roman, *Louis XII*, inachevé. Valétudinaire, elle avait survécu à la plupart de ses amis d'une époque qui n'était plus qu'un souvenir. A la manière des gens âgés, elle aimait se faire de sa longévité un mérite et écrivait en 1833, avec satisfaction :

> J'ai vu treize changements de gouvernements en France ! D'abord : Louis XV ; 2° Louis XVI ; 3° les États généraux ; 4° la mort du roi ; 5° la Convention ; 6° le Directoire ; 7° le Consulat ; 8° l'Empire ; 9° la Restauration ; 10° les Cent Jours ; 11° le retour de Louis XVIII ; 12° Charles X ; 13° Louis-Philippe[2].

Elle s'en tint là. Souffrant du foie et de l'estomac, elle s'éteignit le 19 avril 1836 et, pour la dernière fois, les journalistes parlèrent d'une romancière dont le nom ne tarderait pas à sombrer dans l'oubli.

*
* *

1. Voir F. de Bernardy, *Charles de Flahaut*, Paris, Perrin, 1954.
2. Cité par A. de Maricourt, *Madame de Souza et sa famille*, *op.cit.*, p. 384.

Si elle tira de ses succès littéraires quelque légitime fierté, Mme de Souza trouvait dans l'écriture avant tout une agréable diversion. « Pour moi, écrit-elle en 1814 à sa grande amie, la comtesse d'Albany, je me suis mise à faire un roman. » Neuf ans plus tard, à la même correspondante : « Si je n'avais pas en tête un nouveau roman, je m'ennuierais fort. » L'auteur dramatique Casimir Bonjour rapporte qu'elle lui avait confié, à propos de ses débuts en littérature : « Quand je pris ma plume, j'ignorais complètement comment se fait un livre. J'avais un projet, mais pas de plan. Je marchais devant moi sans savoir mon chemin. Depuis lors j'ai toujours procédé de même [1]. »

Adèle de Sénange fut publié à Londres, au début de 1794, grâce à une souscription qui rapporta à l'auteur la coquette somme de quarante mille francs [2]. C'était en effet un moyen de se procurer quelques ressources, car le roman était écrit dès 1788 et Mme de Souza avait même tenté d'en donner une lecture publique. Si l'on en croit Sainte-Beuve, ce ne fut pas un triomphe : « Une lecture publique chez Madame de Necker fut un insuccès. Avant la fin, Buffon l'interrompit grossièrement en ordonnant à son laquais à haute voix de mettre les chevaux à sa voiture [3]. » Elle remisa donc son manuscrit et les événements politiques le lui firent oublier jusqu'à ce que l'exil la contraigne à en tirer parti.

La débutante avait prudemment choisi la structure simple selon les recettes de La Harpe, l'oracle du temps : « Un bon roman doit offrir un ensemble régulier, et marcher à un but, comme le drame ; comme le drame, il manque son effet si l'intérêt est porté sur un trop grand nombre de personnages, si la mémoire est fatiguée, et l'attention distraite par une trop grande multitude d'aventures [4]. » C'est le cas : il s'agit d'un roman épistolaire à une voix, où lord Sydenham s'adresse à un ami dont nous n'avons pas les réponses. Trois personnages à l'avant-plan, deux ou trois autres encore en retrait. Pas davantage de grands événements ni de situations compliquées. Dans un tout autre registre, Mme de Souza rejoint Mme de Charrière dans l'attention au quotidien : « Cet ouvrage, dit-elle, n'a point pour objet de peindre des caractères qui sortent des routes communes : mon ambition ne s'est pas élevée jusqu'à prétendre étonner par des situations nouvelles. J'ai voulu seulement montrer, dans la vie, ce qu'on n'y regarde pas, et décrire ces mouvements ordinaires du cœur qui composent la vie de chaque jour. » Sans doute l'ignorait-elle, mais cette technique du détail significatif était précisément prônée par Diderot à la

---

1. Saint-René Taillandier, *Lettres inédites de Sismondi, de Bonstetten, de Mme de Staël et de Mme de Souza*, Paris, M. Lévy, 1863, p. 386, 399 ; C. Bonjour, « Notice nécrologique », *Journal des débats*, 19 avril 1836.
2. Voir F. de Bernardy, *Charles de Flahaut, op.cit.*, p. 16.
3. Sainte-Beuve, *Portraits de femmes*, dans *Œuvres*. Publ. par M. Leroy, Paris, Gallimard, « Bibliothèque de la Pléiade », 1951, t. II, p. 1482.
4. *Lycée ou Cours de littérature ancienne et moderne*, Paris, Deterville, 1818, t. XIV, p. 257.

fin des *Deux Amis de Bourbonne*, lorsqu'il explique que le vrai conteur « parsèmera son récit de petites circonstances si liées à la chose, de traits si simples, si naturels, et toutefois si difficiles à imaginer, que vous serez forcé de vous dire en vous-même : "Ma foi, cela est vrai : on n'invente pas ces choses-là." » Ici, ce sera la description de la paisible existence à trois dans la retraite de Neuilly, existence sans surprises ponctuée par les déjeuners et les promenades. La description du sentiment ira de même, au jour le jour, au rythme de menues découvertes qui le font naître et l'entretiennent. « N'allez pas imaginer, s'écrie Sydenham, que je sois amoureux ; si je croyais le devenir, je fuirais à l'instant. » Quand il en prend conscience, il est trop tard pour fuir.

Sainte-Beuve, qui fréquentait chez Mme de Souza, se déclarait enchanté de ce petit roman, dont il célèbre la naïveté, la fraîcheur, la délicatesse de certaines scènes qui font tableau, l'esquisse rapide de quelques originaux, la noblesse du ton : « La vie réelle, en un mot, embrassée dans un cercle de choix ; une passion croissante qui se dérobe, comme ces eaux de Neuilly, sous des rideaux de verdure, et se replie en délicieuses lenteurs. » Quel plaisir, soupirait-il, de se désaltérer à « quelque belle eau pure qui guérisse nos palais échauffés [1] ».

L'œuvre baigne en tout cas dans une atmosphère de pureté et à l'écart de tout tragique. Le héros promène, avant de rencontrer Adèle, une touchante mélancolie, produit du *spleen* d'outre-Manche, qui le pousse à s'éloigner du monde frivole ou méchant. Certes, l'action se situe avant la Révolution, mais on s'étonne que, dans un roman publié sous la Terreur, ne parvienne aucun écho d'événements qui avaient bouleversé la société, contraint l'auteur à l'exil et envoyé son mari à l'échafaud, ni même des modes littéraires qui sacrifiaient au terrible et au funèbre. « Il parut, observait déjà Gabriel Legouvé, dans le temps où nous étions inondés de ces sombres productions des romanciers anglais, qui croient plaire avec des spectres et des horreurs, et comme il n'a rien d'un si lugubre appareil, comme tous les ressorts en sont simples, il reposa agréablement de ces compositions tristes et convulsives [2]. »

Déjà le couvent d'où sort Adèle n'a rien du lieu de séquestration où s'étiolent de jeunes pensionnaires privées d'affection. Tout y rappelle au contraire une période heureuse de la vie de l'auteur. Les religieuses sont dévouées et attentives, les distractions innocentes ; on y joue, on y court, les conversations sont vives et animées, des demoiselles en robes courtes y gazouillent, rieuses, sans soucis ni tristesse : une volière d'oiseaux de paradis, où le vieux M. de Sénange, en grand-papa gâteau, distribue babioles et friandises. On le sent, il ne peut y pousser que des Adèles aux âmes toutes neuves. Faut-il que Mme de Souza en ait conservé un

---

1. *Portraits de femmes*, dans *Œuvres, op.cit.*, t. II, p. 1026.
2. G. Legouvé, *Le Mérite des femmes*, Paris, Pougin, 1835, p. 46-47.

agréable souvenir, puisque ce paisible couvent figure comme un petit paradis dans cinq de ses huit romans [1]. Le dévouement, la charité et la solidarité y sont la règle des bonnes religieuses : « Toutes deviennent [heureuses] par la seule habitude de les tenir continuellement occupées du bonheur des autres. » Une exception pourtant. Sœur Eugénie y languit, s'y désespère, aspire à retourner dans le monde et lord Sydenham l'aidera charitablement à retrouver la liberté en lui faisant sauter le mur du couvent. Vocation forcée ? Non pas, et rien n'est plus éloigné de *La Religieuse* de Diderot qui fera scandale deux ans plus tard : Eugénie s'est seulement abusée sur sa vocation et l'on soupçonne bien un peu qu'on n'est heureux au couvent qu'à condition de ne pas s'y enterrer pour la vie.

Adèle est le produit achevé de cette éducation conventuelle qui lui a enseigné l'essentiel — dessin, danse, broderie — censé servir un jour à une jeune fille de noble famille. Si l'amoureux Sydenham tient la plume, c'est elle — et elle seule — qui demeure au centre du récit. « Ce qui y circule et l'anime, disait Sainte-Beuve, c'est le génie d'Adèle, génie aimable, gai, mobile, ailé comme l'oiseau, capricieux et naturel, timide et sensible, vermeil de pudeur, fidèle, plein de chaleur et d'enfance [2]. » En effet : portrait de jeune fille innocente et ignorante de tout, vive et gracieuse, fantasque et changeante, impatiente et boudeuse, coquette et déconcertante, qui passe, comme une enfant, du rire aux larmes, pourtant sincère et droite, attachante par sa grâce primesautière et son inconscience juvénile. Elle surprend son amant lui-même, choqué parfois par sa légèreté et ses changements d'humeur. La voici qui, impatiente de découvrir son nouveau jardin, houspille un peu son podagre mari, le force à presser le pas sans souci de sa goutte ; mais l'instant d'après attentive et tendre, regrettant déjà son insouciance. Danse-t-elle au bal en négligeant le pauvre lord, c'est moins coquetterie que joie enfantine. Et que de soins, de tendresse vraie pour M. de Sénange !

Car il y a un vieux mari, comme chez Mme Cottin ou Mme de Krüdener, et bien vieux, puisqu'il unit ses soixante-dix hivers aux seize printemps d'Adèle. On s'en indigne avec Sydenham qui assiste, consterné, à son mariage avec « un vieillard goutteux, qui [...] se traînait, appuyé sur deux personnes qui avaient peine à le soutenir ». Triste sort des jeunes filles sans dot vendues à la concupiscence sénile ? « Que de réflexions ne fis-je pas sur ces mariages d'intérêt, où une malheureuse enfant est livrée par la vanité ou la cupidité de ses parents ! » Erreur. La mère d'Adèle, Mme de Joyeuse, a bien en vue la fortune de M. de Sénange, mais celui-ci, ému par le sort de cette petite condamnée au

---

1. Voir J. Decreus, *Sainte-Beuve et la critique des auteurs féminins*, Paris, Boivin, 1949, p. 112.
2. *Œuvres, op. cit.*, t. II, p. 1026.

couvent, ne l'a épousée que par bonté et le mariage — on respire — ne sera pas consommé. Parce que Sénange a aimé, cinquante ans plus tôt, la propre grand-mère de Sydenham, il s'attache au jeune homme, dont il aime la droiture, et lui réserve Adèle. Situation singulière où les jeunes gens s'aiment en ne songeant qu'à faire le bonheur de ce généreux aïeul qui n'a rien du barbon ridicule. Ils veilleront sur lui, côte à côte, jusqu'à son dernier soupir. Aussi a-t-on pu voir dans Sydenham le souvenir aimable du jeune lord Wycombe et en Adèle la figure idéalisée de Mme de Flahaut[1]. Car si l'on néglige Mme de Joyeuse et quelques parentes renfrognées et envieuses, point de méchants ni d'indélicats : comment ne pas souhaiter leur bonheur ?

Tout cela est bien un peu conventionnel, qui attendrissait pourtant nos lointaines grand-mères. Car Mme de Souza ne prêche pas les principes selon lesquels elle a vécu, et les changements politiques n'ont pas encore amené une manière nouvelle d'envisager les rapports entre contraintes sociales et bonheur individuel[2]. L'autorité familiale peut être despotique et injuste, mais on ne la bafoue pas. Jeune, M. de Sénange s'est incliné devant celle d'un père qui s'était pourtant peu soucié de lui et Adèle ne conteste pas les décisions de sa mère, quand bien même elles feraient son malheur, et elle tremble jusqu'à la fin, même veuve, devant l'impérieux dragon. L'héroïne ne s'expose pas non plus aux dangereuses tentations des sens qui perdront la Claire d'Albe de Mme Cottin : le roman évacue jusqu'à l'ombre d'un désir charnel. On est « sensible », non sensuel, l'amour — même chez Sydenham — demeure inaltérablement chaste. Les images du cloître, du père et de l'innocence sont seules autorisées. Pour le jeune lord, le conflit ne se situe même pas, comme pour Frédéric chez Mme Cottin, entre le respect et le désir, mais entre l'amour et le devoir, entre la passion et les scrupules. Avouer son amour à Adèle, ne serait-ce pas trahir la confiance et la bonté de M. de Sénange ? « Il m'a reçu comme un fils, et non seulement j'aime Adèle, mais je n'ai même pas eu la force de cacher mes sentiments[3] ! »

Rousseau et Bernardin de Saint-Pierre ont enseigné les délices de la bienfaisance. Dans La Nouvelle Héloïse, Julie a toujours une pensée pour les déshérités, dans Paul et Virginie l'héroïne en est convaincue : « On ne fait son bonheur qu'en s'occupant de celui des autres. » Les personnages de Mme de Souza n'y manquent pas, d'abord parce que le cœur les y invite, ensuite parce que la charité est, pour un amant, un si doux moyen

---

1. Voir A. Esmein, « Un roman de l'émigration. Mme de Flahaut peinte par Mme de Souza », dans Revue politique et parlementaire, LV, 1908, p. 353.

2. Voir H. Coulet, « Quelques aspects du roman antirévolutionnaire sous la Révolution », dans Revue de l'université d'Ottawa, 54, 1984, p. 29-30.

3. Pour la vraisemblance, Sydenham rêve bien un instant : « Si jamais elle était libre... », mais s'empresse de bannir ces vilaines pensées. Voir cependant J. H. Stewart (« La lettre et l'interdit », dans Romanic Review, LXXX, 1989, p. 525) qui décèle là le désir profond de la mort du mari et la tentation de l'adultère.

d'attirer l'attention. Certes, il dissimule ses bonnes actions, mais on lui arrache son secret. On saura donc qu'il a fait une donation au couvent, délivré sœur Eugénie — au risque de passer pour un séducteur ! — et secouru la touchante famille d'un pauvre jardinier. La scène répond à la sensibilité du temps et celle des remerciements est digne de Greuze ou du drame bourgeois : « Françoise tenait une de mes mains, la mère s'était saisie de l'autre, les enfants se pressaient contre mes jambes. » Récompense de l'âme sensible. Ces paysans-là, le chapeau à la main, vertueux dans l'honnête pauvreté, ont un peu l'air de sortir du *Devin du village* ou d'un opéra-comique de Grétry, mais on aimait alors les sucreries à la Berquin. La conscience y trouve son repos : « On fait bien des découvertes dans le cœur humain, lorsqu'on a un véritable désir de porter du soulagement aux âmes malheureuses. Combien une sensibilité délicate aperçoit de moyens au-delà de cette pitié ordinaire, qui ne sait plaindre que les maux du corps ou les revers de la fortune ! »

Malgré le cloître et l'éducation traditionnelle, la religion est rarement invoquée, sauf en face de la mort. Au chevet de M. de Sénange, Sydenham s'écrie : « Je rejette avec effroi tous ces systèmes d'anéantissement total. Détruire les idées de l'immortalité de l'âme, c'est ajouter la mort à la mort. J'ai besoin d'y croire ; c'est la foi que veut la nature. » Quant à la morale, c'est celle de la bienfaisance et de la bonté. Sénange meurt satisfait de pouvoir dire : « Il n'y a personne à qui j'aie fait un moment de peine. » Formule essentielle, car elle ne revient pas moins de quatre fois dans le roman et Mme de Souza aimait se l'appliquer à elle-même [1].

Elle n'a pas évité quelque fadeur et mièvrerie, peu perceptibles en un temps où se confondaient volontiers sensibilité et sensiblerie, et ses personnages manquent assurément de caractère et de relief. A force de bonté, le vieux Sénange devient insipide et les éclats jaloux de Sydenham manquent de conviction. Roman intime et psychologique, aux coloris délicats, aux scènes d'intérieur touchantes : travail de pastelliste. Si ingénieusement qu'on le dise, il paraît difficile d'y déceler, comme en filigrane et métaphoriquement, la violation des interdits moraux et sociaux et la tentation latente de l'adultère, de l'inceste et du meurtre [2] et l'on n'y trouve, à aucun degré, la violence et la tension qui animent l'œuvre de Sophie Cottin.

---

1. Dans ses lettres à la comtesse d'Albany, en 1815 : « Au dernier jour, ce qui importe, c'est de n'avoir jamais causé un moment de peine à personne. C'est ce que je pourrai dire à Dieu » et : « Je vous aime de tout mon cœur, de ce cœur qui en mourant pourra se dire : Il n'est personne à qui j'aie fait un moment de peine. [...] Ce n'est pas assez pour vivre heureuse, mais cela suffit au moins pour mourir tranquille » (Saint-René Taillandier, *Lettres inédites de Sismondi, de Bonstetten, de Mme de Staël et de Mme de Souza*, p. 388, 390).

2. Pour une telle lecture, voir J. H. Stewart, *Gynographs. French Novels by Women of the Late Eighteenth Century*, Lincoln et Londres, University of Nebraska Press, 1993, p. 157-170.

Les artifices romanesques de l'époque n'ont pas été oubliés. L'amour porté jadis par Sénange à la grand-mère de Sydenham rend compte de sa tendresse pour le jeune homme. La voiture d'Adèle, au début du récit, verse juste à point pour permettre au héros de lui porter secours. On n'échappe pas à l'épisode du bal où l'amant transi dévore des yeux la volage héroïne, ni à celui du portrait dérobé et contemplé avec amour. Le malentendu sur l'enlèvement de sœur Eugénie sert de prétexte à la révélation des sentiments de la jeune femme. Les descriptions sont absentes. A quoi donc ressemble Sydenham, modèle du jeune seigneur anglais élégant et sentimental venu promener à Paris son oisiveté ? Pour Adèle, nous saurons surtout que l'amant croit « n'avoir jamais rien vu d'aussi beau ». Peu de place à la nature, qui sert de décor aux promenades et d'occasions à de jolies scènes en barque ou sous les peupliers, mais qui ne suscite pas, comme chez Rousseau, l'appel au paysage-état d'âme. Tout au plus s'opposent — signe de la « jardinomanie » du temps — le jardin peigné à la française de la maison parisienne et le jardin à l'anglaise de la propriété de Neuilly, symbole d'authenticité et de liberté. Intimiste, le roman fait peu de place au monde extérieur, à la société, sinon à quelques silhouettes de fâcheux. Sarcastique et mauvaise langue, une Mme de Verneuil persifle les habitués des salons ; un invité ne peut s'empêcher de « placer trois mots presque synonymes l'un après l'autre », inaugurant de loin une forme de comique que Proust retrouvera avec le *decrescendo* de Mme de Cambremer ; des parents éloignés contrastent, par leur cupidité et leur indifférence, avec les nobles sentiments des héros. L'ensemble a surtout pour fonction de briser l'uniformité, de même d'ailleurs que les péripéties du dénouement, chargées de tenir le lecteur en haleine. M. de Sénange mourant a lui-même béni la future union d'Adèle et de Sydenham. Le bonheur est à leur portée ? Non, car Mme de Joyeuse s'entête à donner sa fille à un opportun M. de Mortagne alléché par la fortune de la jeune veuve, trop timide et trop enfant encore pour résister aux volontés maternelles. Transes et jalousie du pauvre amant, qui désintéresse enfin la mère en renonçant à la dot : *happy end*, les âmes sensibles respirent. L'équilibre un instant menacé est rétabli, moyennant un accord financier qui permet d'exaucer les vœux des amants sans trop déroger au code aristocratique. On ne saurait oublier que le roman sentimental demeure soumis à une topique narrative qui répond à l'attente d'un public et garantit sa lisibilité [1]. *Adèle de Sénange* se clôt sur une apologie de l'hymen, récompense d'une passion maîtrisée. La vertu ne peut se réaliser que dans le mariage, jouissance légitime d'un bonheur mérité, où s'apaisent les élans épurés de la sensibilité.

---

1. Voir P. G. Mastrodonato, *La rivolta della ragione. Il discorso del romanzo durante la Rivoluzione francese (1789-1800)*, Potenza, Congedo, 1991, p. 110.

Les grandes machines romantiques remiseront au grenier ces tableaux un peu douceâtres, ces vertus inexpugnables et candides. Trente-cinq ans plus tard, Charles Féletz se déclarera fatigué des « romans de femmes » où l'on ne trouve que « quelques intrigues de société, quelques scènes de salon, quelques conversations légères, sans action, sans événements, sans fond et sans consistance [1] ». Les lecteurs contemporains en jugèrent autrement. Mme de Charrière disait, le 26 novembre 1796 : « C'est une délicate toile d'araignée que ce roman, bien joliment brodée. » Elle fit davantage en faisant lire l'œuvre aux personnages de son propre roman, *Trois Femmes*, et en évoquant l'effet produit sur ces admirateurs fictifs :

> C'était une nouveauté charmante, c'était l'*Adèle de Sénange* de Madame de Flahaut, que tout le monde a lue, que tout le monde a admirée. [...] On en était à cette fête où, sans le savoir, Adèle légère, étourdie, innocemment coquette, désolait le pauvre Sydenham. Théobald trépignait, se fâchait, jurait presque, et finit par jeter le livre dans le feu. Adroite et prompte, Émilie le dérobe aux flammes qui le menaçaient. Quelle extravagance ! dit la comtesse ; ce que vous lisez n'est-il pas extrêmement joli ? Joli ! s'écria Théobald ; joli ! c'est effroyable, c'est désolant. Mais donnez ; voyons ce que cela deviendra, et si l'amant... donnez, il vaut mieux lire ; cela me calmera peut-être. Il lut jusqu'à la fin sans dire un seul mot et resta frappé à la dernière ligne : *Je ne puis vivre heureux sans elle ni avec elle* [2].

Mme de Duras n'était pas moins charmée : « Avez-vous lu, écrivait-elle à Rosalie de Constant, le roman de Mme de Flahaut, ou Souza plutôt ? Nous l'aimons : il est écrit si purement, tout y est de si bon goût ! Ce sera un moment où l'on retrouvera ce ton exquis et cette politesse charmante qui disparaissent chaque jour. » Marie-Joseph Chénier pensait de même : « Rien de mieux dessiné que les trois personnages. [On trouve dans ce roman] l'esprit qui ne dit rien de vulgaire, et le goût qui ne dit rien de trop [3]. » On sent dans ces jugements la nostalgie d'une civilisation disparue et d'un âge d'or aristocratique [4], même chez Sainte-Beuve, qui rattache Mme de Souza à un XVIIIe siècle de la politesse et de la décence. Eugène Scribe devait encore, en 1835, s'inspirer d'*Adèle de Sénange* pour une de ses comédies, *La Pensionnaire mariée*, et René Alissan de Chazet, pourvoyeur obscur et attitré des vaudevilles, que Pierre Larousse

---

1. Ch. Féletz, *Mélanges de philosophie, d'histoire et de littérature*, Paris, Grimbert, 1828-1830, t. V, p. 32.
2. Elle rapporte aussi (24 septembre 1794) que Mme de Staël comparait *Adèle de Sénange* aux *Lettres écrites de Lausanne* de Mme de Charrière.
3. Cité par G. Pailhès, *La Duchesse de Duras et Chateaubriand*, Paris, Perrin, 1910, p. 56, 19 février 1808 ; M.-J. Chénier, *Tableau historique de la littérature française*, Paris, Maradan, 1819, p. 139.
4. M.-F. Silver, « Le roman féminin des années révolutionnaires », dans *Eighteenth-Century Fiction*, 6, 1994, p. 320.

traitait de « girouette politique », retrouva ses sentiments premiers de fidèle de l'Ancien Régime en faisant au roman, avant de le laisser glisser dans l'oubli, ce joli compliment :

> Madame de Souza s'est placée très haut dès son début. Son premier ouvrage, *Adèle de Sénange*, est, comme les productions qui l'ont suivie, un modèle de grâce, de goût et de vérité. [...] Son style, quelquefois un peu mignard, est toujours pur, élégant, délicat. Je dirais presque de Madame de Souza qu'elle est le Marivaux des femmes, et qu'on ne prenne pas ce mot pour une critique, le nom de l'auteur du roman de *Marianne* ne sera jamais une épigramme [1].

R. T.

---

1. R. Alissan de Chazet, *Mémoires*, Paris, Postel, 1837, t. II, p. 119-120.

Adèle de Sénange

(1794)

AVANT-PROPOS

Cet ouvrage n'a point pour objet de peindre des caractères qui sortent des routes communes : mon ambition ne s'est pas élevée jusqu'à prétendre étonner par des situations nouvelles ; j'ai voulu seulement montrer, dans la vie, ce qu'on n'y regarde pas, et décrire ces mouvements ordinaires du cœur qui composent l'histoire de chaque jour. Si je réussis à faire arrêter un instant mes lecteurs sur eux-mêmes, et si, après avoir lu cet ouvrage, ils se disent : *Il n'y a rien là de nouveau*, ils ne sauraient me flatter davantage.

J'ai pensé que l'on pouvait se rapprocher assez de la nature, et inspirer encore de l'intérêt, en se bornant à tracer ces détails fugitifs qui occupent l'espace entre les événements de la vie. Des jours, des années, dont le souvenir est effacé, ont été remplis d'émotions, de sentiments, de petits intérêts, de nuances fines et délicates. Chaque moment a son occupation, et chaque occupation a son ressort moral. Il est même bon de rapprocher sans cesse la vertu de ces circonstances obscures et inaperçues, parce que c'est la suite de ces sentiments journaliers qui forme essentiellement le fond de la vie. Ce sont ces ressorts que j'ai tâché de démêler.

Cet essai a été commencé dans un temps qui semblait imposer à une femme, à une mère, le besoin de s'éloigner de tout ce qui était réel, de ne guère réfléchir, et même d'écarter la prévoyance ; et il a été achevé dans les intervalles d'une longue maladie ; mais, tel qu'il est, je le présente à l'indulgence de mes amis.

> [...] *A faint shadow of uncertain light,*
> *Such as a lamp whose life doth fade away.*
> *Doth lend to her who walks in fear and sad affright* [1].

Seule dans une terre étrangère, avec un enfant qui a atteint l'âge où il n'est plus permis de retarder l'éducation, j'ai éprouvé une sorte de

---

1. « Une ombre imperceptible de lumière incertaine, semblable à une lampe dont la vie s'éteint, mène à elle qui chemine dans la peur et l'effroi. »

douceur à penser que ses premières études seraient le fruit de mon travail.

Mon cher enfant ! si je succombe à la maladie qui me poursuit, qu'au moins mes amis excitent votre application, en vous rappelant qu'elle eût fait mon bonheur ! et ils peuvent vous l'attester, eux qui savent avec quelle tendresse je vous ai aimé ; eux qui souvent ont détourné mes douleurs en me parlant de vous. Avec quelle ingénieuse bonté ils me faisaient raconter les petites joies de votre enfance, vos petits bons mots, les premiers mouvements de votre bon cœur ! Combien je leur répétais la même histoire, et avec quelle patience ils se prêtaient à m'écouter ! Souvent, à la fin d'un de mes contes, je m'apercevais que je l'avais dit bien des fois : alors ils se moquaient doucement de moi, de ma crédule confiance, de ma tendre affection, et me parlaient encore de vous !… Je les remercie… Je leur ai dû le plus grand plaisir qu'une mère puisse avoir.

A. DE F… [1]

Londres, 1793

LETTRE I

Paris, ce 10 mai 17**

Je ne suis arrivé ici qu'avant-hier, mon cher Henri ; et déjà notre ambassadeur veut me mener passer quelques jours à la campagne, dans une maison où il prétend qu'on ne pense qu'à s'amuser. J'y suis moins disposé que jamais : cependant, ne trouvant point d'objection raisonnable à lui faire, je n'ai pu refuser de le suivre ; mais j'y ai d'autant plus de regret, qu'indépendamment de cette mélancolie qui me poursuit et me rend importuns les plaisirs de la société, j'ai rencontré hier matin une jeune personne qui m'occupe beaucoup. Elle m'a inspiré un intérêt que je n'avais pas encore ressenti ; je voudrais la revoir, la connaître… Mais je vais livrer à votre esprit moqueur tous les détails de cette aventure.

Je m'étais promené à cheval dans la campagne, et je revenais doucement par les Champs-Élysées, lorsque je vis sortir de Chaillot une énorme berline qui prenait le même chemin que moi. J'admirais presque également l'extrême antiquité de sa forme, et l'éclat, la fraîcheur de l'or et des paysages qui la couvraient. De grands chevaux bien engraissés, bien lourds ; d'anciens valets, dont les habits, d'une couleur sombre, étaient chargés de larges galons : tout était antique, rien n'était vieux ; et

1. C'est-à-dire : Flahaut.

j'aimais assez qu'il y eût des gens qui conservassent avec soin des modes qui, peut-être, avaient fait le brillant et le succès de leur jeunesse. Nous allions entrer dans la place, lorsqu'un charretier, conduisant des pierres hors de Paris, appliqua un grand coup de fouet à ses pauvres chevaux qui, voulant se hâter, accrochèrent la voiture et la renversèrent. Je courus offrir mes services aux femmes qui étaient dans ce carrosse, et dont une jetait des cris effroyables. Elle saisit mon bras la première : l'ayant retirée de là avec peine, je vis une grande et grosse créature, espèce de femme de chambre renforcée, qui, dès qu'elle fut à terre, ne pensa qu'à crier après le charretier, protester que Mme la comtesse le ferait mettre en prison, et ordonner aux gens de le battre, quoique jusque-là ils se fussent contentés de jurer sans trop s'échauffer. Je laissai cette furie pour secourir les dames à qui je jugeai qu'elle appartenait, et dont, injustes que nous sommes, elle me donnait assez mauvaise opinion.

La première qui s'offrit à moi était âgée, faible, tremblante, mais ne s'occupant que d'une jeune personne à laquelle j'allais donner mes soins, lorsque je la vis s'élancer de la voiture, se jeter dans les bras de son amie, l'embrasser, lui demander si elle n'était pas blessée, s'en assurer encore en répétant la même question, la pressant, l'embrassant plus tendrement à chaque réponse. Elle me parut avoir seize ou dix-sept ans, et je crois n'avoir jamais rien vu d'aussi beau.

Lorsqu'elles furent un peu calmées, je leur proposai d'aller dans une maison voisine pour éviter la foule et se reposer. Elles prirent mon bras. Je fus étonné de voir que la jeune personne pleurait. Attribuant ses larmes à la peur, j'allais me moquer de sa faiblesse, quand ses sanglots, ses yeux rouges, fatigués, me prouvèrent qu'une peine ancienne et profonde la suffoquait. J'en fus si attendri, que je m'oubliai jusqu'à lui demander bien bas, et en tremblant : «Si jeune ! connaissez-vous déjà le malheur ? Auriez-vous déjà besoin de consolation ?» Ses larmes redoublèrent sans me répondre : j'aurais dû m'y attendre ; mais avec un intérêt vif et des intentions pures, pense-t-on aux convenances ? Ah ! n'y a-t-il pas des moments dans la vie où l'on se sent ami de tout ce qui souffre ?

En entrant dans cette maison, nous demandâmes une chambre pour nous retirer. L'extrême douleur de cette jeune personne me touchait et m'étonnait également. Je la regardais pour tâcher d'en pénétrer la cause, lorsque la dame plus âgée, qui sentait peut-être que les pleurs de la jeunesse demandent encore plus d'explications que ses étourderies, me dit : «Vous serez sans doute surpris d'apprendre que la douleur de ma petite amie vient des regrets qu'elle donne à son couvent : mais elle y fut mise dès l'âge de deux ans : longtemps auparavant, je m'y étais retirée près de l'abbesse avec laquelle j'avais été élevée dans la même maison. Nous fûmes séduites par les grâces et la faiblesse de cette petite enfant : l'abbesse s'en chargea particulièrement ; et depuis, son éducation et ses plaisirs furent l'objet de tous nos soins. Sa mère l'avait laissée jusqu'à ce jour, sans jamais la faire sortir de l'intérieur du monastère ; et nous pensions qu'ayant deux garçons, elle désirait peut-être que sa fille se fît religieuse : mais tout à coup, avant-hier, elle a fait dire qu'elle la reprendrait aujourd'hui. Adèle se désolait en pensant qu'il fallait quitter ses amies, et j'ose dire sa patrie ; car, sentiments, habitudes, devoirs, rien ne lui est connu au-delà de l'enceinte de cette maison. Aussi, lorsque la voiture de sa mère est arrivée, et que cette femme que vous avez vue s'est présentée comme la personne de confiance à qui nous devions remettre notre chère enfant, nous avons craint qu'il ne fallût employer la force pour la faire sortir, et l'arracher des bras de l'abbesse. J'ai voulu adoucir sa douleur en la suivant, et la présentant moi-même à une mère qui désire sans doute de la rendre heureuse, puisqu'elle la rappelle auprès d'elle. »

A ces mots, les pleurs de la petite redoublèrent, et sa vieille amie la supplia de se calmer. « Par pitié pour moi, lui disait-elle, ne me montrez pas une douleur si vive ; pensez à celle que je ressens ! Au nom de votre bonheur, ma chère Adèle, faites un effort sur vous-même ; si cette femme revenait, que ne dirait-elle pas à votre mère ! Déjà elle a osé blâmer vos regrets. » La pauvre petite sentait sûrement qu'elle ne pouvait pas lui obéir ; car elle se précipita aux pieds de son amie, et cacha sa tête sur ses genoux ; nous n'entendîmes plus que ses sanglots.

Presque aussi ému qu'elles-mêmes, je m'en étais rapproché ; j'avais repris leurs mains, je les plaignais, j'essayais de leur donner du courage, lorsque cette espèce de gouvernante, qui, je crois, nous avait écoutés, rentra et dit en me voyant si attendri, si près d'elles : « Comment donc, monsieur ! mademoiselle doit être fort sensible à votre intérêt ! Je doute cependant que Mme la comtesse fût satisfaite de voir mademoiselle faire si facilement de nouvelles connaissances. » Je me rappelai que sa mère l'avait toujours tenue loin d'elle, qu'elles étaient parfaitement étrangères l'une à l'autre ; et je repartis avec mépris :

« C'est une facilité dont madame sa mère jouira bientôt ; elle sera, je crois, fort utile à toutes deux.

— Je n'entends pas ce que monsieur veut dire.

— Eh bien ! lui répondis-je, vous pourrez en demander l'explication à Mme la comtesse.

— Je n'y manquerai pas », dit-elle en ricanant ; et, charmée de montrer son autorité, elle ajouta avec aigreur : « Mademoiselle, la voiture est prête ; je vous conseille d'essuyer vos yeux, afin que madame votre mère ne voie pas la peine avec laquelle vous retournez vers elle. »

Nous nous levâmes sans lui répondre, et nous la suivîmes dans un silence que personne n'avait envie de rompre.

Avant de monter en voiture, Adèle me salua avec un air de reconnaissance et de sensibilité que rien ne peut exprimer. Sa vieille amie me remercia de mes soins, de l'intérêt que je leur avais témoigné. Je lui demandai la permission d'aller savoir de leurs nouvelles ; elle me l'accorda, en disant : « Je pensais avec peine que peut-être nous ne nous reverrions plus. » Concevez-vous, Henri, que cette petite aventure si simple, qui vous paraîtra si insignifiante, m'ait laissé un sentiment de tristesse qui me domine encore ?

Que pensez-vous d'une mère qui peut ainsi négliger son enfant ? Oublier le plus sacré des devoirs, le premier de tous les plaisirs ? Ah ! pauvre Adèle, pauvre Adèle !... En la voyant quitter sa retraite pour entrer dans un monde qu'elle ne connaît pas ; en voyant sa douleur, je sentais cette sorte de pitié que nous inspire le premier cri d'un enfant. Hélas ! le premier son de sa voix est une plainte ; sa première impression est de la souffrance ! Que trouvera-t-il dans la vie ?

Je faisais des vœux pour le bonheur d'Adèle, et je me disais avec mélancolie combien il était incertain qu'elle en connût jamais. Malgré moi, je regardais ses larmes comme de tristes pressentiments ; et je me reproche de l'avoir laissée sans lui dire, au moins, que je ne l'oublierais pas, et qu'elle comptât sur moi, si jamais elle avait besoin d'un ami zélé ou compatissant. Mais, adieu, mon cher Henri, je pars, et je pense avec plaisir que j'ai beaucoup de chemin à faire, bien du temps à être seul. Il est pourtant assez ridicule de faire courir des gens, des chevaux, pour arriver dans une maison dont je voudrais déjà être parti.

LETTRE II

Au château de Verneuil, ce 16 mai

Me voilà arrivé, mon cher Henri, l'esprit toujours occupé de cette sensible Adèle ; j'y ai beaucoup réfléchi. Certes, si j'eusse pu deviner qu'il existait parmi nous une jeune fille soustraite au monde depuis sa naissance, unissant à l'éducation la plus soignée, l'ignorance et la franchise d'une sauvage, avec quel empressement je l'eusse recherchée ! que de soins pour lui plaire ! quel bonheur d'en être aimé ! Je ne lui aurais demandé que d'être heureuse et de me le dire. Quel plaisir de la guider, de lui montrer le monde peu à peu et comme par tableaux, de lui donner ses idées, ses goûts, de la former pour soi ! Avec quelle satisfaction je l'eusse fait sortir de sa retraite, pour lui offrir à la fois toutes les jouissances, tous les plaisirs, tous les intérêts ! Dans sa simplicité, peut-être aurait-elle cru que mes défauts appartenaient à tous les hommes, tandis que son jeune cœur n'aurait attribué qu'à moi seul les biens dont elle jouissait... Mais il est trop tard, beaucoup trop tard ; ces huit jours passés

dans le monde, ces huit jours la rendront semblable à toutes les femmes :
n'y pensons plus ; n'en parlons jamais.

Avec le goût que je vous connais pour les portraits et pour le bruit,
vous seriez fort content ici. Quand j'y suis arrivé, Mme de Verneuil et sa
société avaient l'air de m'attendre, de me désirer ; et quoique j'entendisse
plusieurs personnes demander mon nom, toutes avaient un air de
connaissance et même d'amitié qui vous aurait charmé. Lord D... a parlé
de ma fortune, dont je ne savais pas jouir ; de ma jeunesse, dont je n'usais
pas ; de ma raison, qui ne m'a jamais fait faire que des folies : enfin, il a
fait de moi un portrait tout nouveau et si ridicule, qu'il paraissait divertir
beaucoup Mme de Verneuil. Cette jeune femme riait, questionnait, plaisantait, comme si je n'eusse pas été dans la chambre. Je désirais tant
d'être distrait, que pour la première fois j'enviai cette disposition à
s'amuser ; et, souhaitant qu'elle me communiquât sa gaieté, je ne
m'occupai que d'elle. Véritablement, pendant une heure, je n'eus d'idées
que celles qu'elle me donnait. Lui demandais-je un nom ? elle me
peignait la personne. Elle a un tel besoin de rire et de se moquer, qu'elle
n'aime et ne remarque que les choses ridicules ; c'est un jeune chat qui
égratigne, mais qui joue toujours. Comme elle n'a jamais la prétention
d'occuper tout un cercle, qu'elle ne cherche même pas à attirer l'attention, elle parle toujours bas à la personne qui est près d'elle ; ce qui donne
à sa malignité un air de confiance qui fait qu'on la lui pardonne.

Elle m'a fait connaître cette société, comme si j'y eusse passé ma vie.
« Voyez, me disait-elle, ces deux personnes qui disputent avec tant d'aigreur : ce sont deux hommes de lettres. Leur présence constitue beaux
esprits les maîtres d'une maison. L'un, plein d'orgueil, entendra volontiers du bien des autres, parce que l'opinion qu'il a de sa supériorité
empêche qu'il ne soit blessé par les éloges qu'on donne à ses rivaux.
L'autre, pensant et disant du mal de tout le monde, permet aussi qu'on se
moque de lui quelquefois. Tous deux pleins d'esprit, tous deux
méchants ; avec cette nuance que, pour faire une épigramme, l'un a
besoin d'un ressentiment, et qu'il ne faut à l'autre qu'une idée. Pour cet
homme avec des cheveux blancs et un visage encore jeune, me dit-elle en
me désignant un homme entouré de jeunes gens qui l'écoutaient comme
un oracle, il a éprouvé des malheurs sans être malheureux. Tour à tour
riche et pauvre, personne n'était plus magnifique, et personne ne se passe
mieux de fortune. Les femmes ont occupé une grande partie de sa vie ;
parfait pour celle qui lui plaît, jusqu'au jour où il l'oublie pour une qui lui
plaît davantage : alors son oubli est entier ; son temps, son cœur, son
esprit sont remplis lorsqu'il est amusé. A peine sait-il qu'il a donné des
soins à d'autres objets ; et si jamais on veut le rappeler à d'anciennes
liaisons, on pourra les lui présenter comme de nouvelles connaissances.
Il sera toujours aimable parce qu'il est insouciant. Vous semblez étonné,
ajouta-t-elle ; c'est peut-être que vous n'avez pas assez démêlé l'insou-

ciance de la personnalité. » Je la priai de vouloir bien m'expliquer la distinction qu'elle en faisait.

« L'homme insouciant ne s'attache ni aux choses, ni aux personnes, me répondit-elle ; mais il jouit de tout, prend le mieux de ce qui est à sa portée, sans envier un état plus élevé, ni se tourmenter de positions plus fâcheuses. Lui plaire, c'est lui rendre tous les moyens de plaire ; et n'étant assez fort ni pour l'amitié ni pour la haine, vous ne sauriez lui être qu'agréable ou indifférent. L'homme personnel, au contraire, tient vivement aux choses et aux personnes ; toutes lui sont précieuses ; car dans le soin qu'il prend de lui, il prévoit la maladie, la vieillesse, l'utile, l'agréable, le nécessaire : tout peut lui servir pour le moment ou pour l'avenir. N'aimant rien, il n'est aucun sentiment, aucun sacrifice, qu'il n'attende et n'exige de ce qui a le malheur de lui appartenir.

— Mais vous ne me parlez point des femmes ?

— C'est, me répondit-elle en riant, que j'y pense le moins possible ; cependant j'ai fait un conte tout entier pour elles. Je ne me suis occupée que des vieilles : je ne regarde point les jeunes ; j'ai toujours peur de les trouver trop bien ou trop mal. »

Je dois entendre demain ce petit ouvrage ; s'il en vaut la peine, je vous l'enverrai. Adieu, donnez-moi donc de vos nouvelles.

LETTRE III

Paris, ce 24 mai

Je me plaisais assez chez Mme de Verneuil, mon cher Henri ; son esprit me paraissait toujours nouveau, suffisamment juste, un peu railleur par le besoin de s'amuser ; mais sa gaieté si vraie, que je la partageais sans le vouloir, quelquefois même sans l'approuver. Enfin, près d'elle, j'étais occupé sans être amoureux, et je l'amusais, disait-elle, sans l'intéresser. Un sage de vingt-trois ans la faisait rire ; et ma raison lui paraissait plus ridicule que la folie des autres. Elle se serait moquée bien davantage, si elle avait su que cet Anglais si sévère restait occupé malgré lui d'une jeune personne qu'il n'avait vue qu'un instant. Adèle avait fait sur moi une impression qui m'étonnait, et que vainement je voulais détruire. Son souvenir venait se mêler à toutes mes pensées, soit que je voulusse l'éloigner, en me représentant combien l'amour serait dangereux pour une âme ardente comme la mienne, ou qu'entraîné, sans m'en apercevoir, j'osasse penser au bonheur d'un mariage formé par une mutuelle affection. Adèle ne cessait de m'occuper. J'avais beau me dire qu'elle n'était plus à son couvent ; que peut-être je ne la retrouverais jamais, qu'il fallait l'oublier :

> En songeant qu'il faut qu'on l'oublie,
> On s'en souvient[a] ;

et la raison même me parlait d'elle. Mme de Verneuil seule avait le pouvoir de me distraire : je la cherchais avec soin ; je me plaçais à ses côtés comme un homme qui craint ou fuit un danger. Je commençais à espérer que si le hasard ne me faisait pas rencontrer Adèle, je finirais sûrement par n'y plus penser ; lorsque hier, peut-être pour mon malheur, il s'éleva une dispute chez Mme de Verneuil, pour savoir s'il était plus heureux d'être aimé d'une très jeune personne que de l'être par une femme qui eût déjà connu l'amour. Les vieillards préféraient l'innocence ; la jeunesse voulait des sacrifices, de grandes passions : on dissertait lourdement, lorsque Mme Verneuil fit ces vers :

> Amants, amants, si vous voulez m'en croire,
> A des cœurs innocents consacrez vos désirs :
> Supplanter un amant peut donner plus de gloire ;
> Soumettre un cœur tout neuf donne plus de plaisir.

Personne ne les sentit plus que moi, et seul je ne les louai point. J'osai même contredire Mme de Verneuil, plaisanter sur l'amour, douter de l'innocence : je disputais pour le plaisir d'entendre des raisons que j'avais repoussées mille fois. Ma tête était remplie d'Adèle, et je passai le reste du jour, la nuit entière, à y penser. Je me disais que la voir n'était pas m'engager... que peut-être je négligeais un bien que je ne retrouverais pas... D'autres fois, redoutant l'amour, je me promettais de la fuir. Mais bientôt, me moquant de moi-même, je m'admirais de me créer ainsi des dangers et une perfection imaginaire. Je pensai qu'elle avait sûrement des défauts que l'habitude de la voir me ferait découvrir ; et que pour cesser de la craindre, il ne fallait que la braver. La pitié vint encore se mêler à toutes mes réflexions. Je me la représentai malheureuse ; car je ne doute point que sa mère, après l'avoir abandonnée si longtemps, ne l'ait rapprochée d'elle pour la tourmenter. Une voix secrète me reprochait le temps que j'avais perdu. Dans cette agitation je me déterminai à partir, sachant bien que, même si je devenais amoureux, il serait impossible que je fusse assez insensé pour offrir mon cœur et ma main à celle que je ne connaîtrais pas...

---

a. Voici le couplet de l'ancienne chanson que cite lord Sydenham :

> Pour chasser de sa souvenance
> L'ami secret,
> On se donne tant de souffrance
> Pour peu d'effet !
> Une si douce fantaisie
> Toujours revient ;
> En songeant qu'il faut qu'on l'oublie,
> On s'en souvient.

Que de temps je vais passer à l'étudier, à l'éprouver ! Mais si un jour je puis acquérir la certitude qu'elle possède toutes les qualités qu'il faut pour me rendre heureux ; si je peux lui plaire, qui pourra s'opposer à mon bonheur ? N'ai-je pas tout ce qu'il faut en France pour décider un mariage ? Un grand nom, une fortune immense : sûrement sa mère n'en demandera pas davantage. Elle verra un établissement convenable pour sa fille, et ne s'informera même pas si elle pourra être heureuse, mais mon cœur le lui promet ; et si jamais elle m'appartient, puisse sa vie entière n'être troublée par aucun nuage !

Dès que je fus arrivé ici, j'allai au couvent d'Adèle ; on me dit qu'il était trop tard, que, passé huit heures, personne ne pouvait être admis à la grille. Ce ne sera donc que demain que je saurai à qui m'adresser pour avoir de ses nouvelles ; mais demain j'en aurai certainement, et je vous écrirai. Adieu, mon cher Henri.

LETTRE IV

Paris, ce 26 mai

Vous devez être content : n'avez-vous pas quelque secret pressentiment qui vous annonce une aventure ridicule ? J'allai hier au couvent d'Adèle, et je m'abandonnai aux plus flatteuses espérances. En entrant dans la cour, je vis beaucoup de voitures, de valets, de curieux qui attendaient ; enfin l'appareil d'une cérémonie, quoiqu'il y eût sur tous les visages une sorte de tristesse qui ne me donnait point l'idée d'une fête.

Je demandai l'abbesse : on me répondit qu'elle était à l'église ; qu'on y célébrait dans ce moment le mariage d'une jeune personne qui avait été élevée dans cette maison, mais que dans quelques instants je serais admis à la grille. A peine ce peu de mots avaient-ils été prononcés que je vis tous les cochers courir à leurs chevaux, les valets entourer la porte de l'église, et le peuple se presser au bas des degrés qui y conduisent. Bientôt les portes s'ouvrirent, et jugez de mon trouble en voyant paraître Adèle, parée avec éclat, mais bien moins jolie que le jour où je la rencontrai pour la première fois. Elle était couverte d'argent et de diamants. Cette magnificence contrastait si fort avec son extrême pâleur, que j'en fus attendri jusqu'aux larmes. Elle descendit l'escalier sans lever les yeux, donnant la main à un jeune homme que je crois être le marié, car il était paré aussi comme on l'est un jour de noces. Sa figure est belle, son maintien modeste et doux. Il la regardait avec des yeux qui semblaient chercher à la rassurer ; cependant je ne lui trouvai point cet air heureux que l'on a lorsque le cœur est assuré du cœur... Adèle, oserait-il vous épouser sans amour ?

Immédiatement après venait un vieillard goutteux, qui est sans doute le père du jeune homme. Il se traînait, appuyé sur deux personnes qui avaient peine à le soutenir ; et s'il n'avait pas eu l'air très souffrant, son extrême parure l'aurait rendu bien ridicule. La mère d'Adèle le suivait ; je l'aurais devinée partout où je l'aurais rencontrée. Ses traits ressemblent à ceux de sa fille ; mais qu'ils ont une expression différente ! Adèle a l'air noble et sensible ; sa mère paraît fière et sévère. Dans quelque état qu'elles fussent nées, la beauté de leur taille, la régularité de leurs traits les feraient distinguer parmi toutes les femmes : mais Adèle a un charme irrésistible ; son âme semble attirer toutes les autres ; elle vous plaît sans avoir envie de vous plaire, et vous laisse persuadé que si elle eût parlé, si elle fût restée, elle vous aurait attaché encore davantage.

Ils montèrent tous les quatre dans la même voiture ; et, sans m'amuser à regarder le reste de la noce, je sortis à pied du couvent, prenant le chemin que je leur avais vu prendre. Je les regardai tant que je pus les voir, mais sans me hâter de les suivre. Je marchais lentement, livré à mes réflexions : ma tristesse augmentait, en me retrouvant sur cette même route où la première fois j'avais rencontré Adèle. Aussi lorsque je fus arrivé à l'endroit où sa voiture s'était cassée, je fus effrayé de ce danger comme s'il eût été présent. Je n'avais pas encore pensé qu'elle aurait pu être blessée, et cette idée me fit frémir. Il me fut impossible d'avancer davantage ; j'allais, je revenais sous ces mêmes arbres, parcourant le même espace où nous avions été ensemble. Enfin j'entrai dans la maison où je l'avais conduite ; je demandai cette chambre où ses larmes m'avaient si vivement attendri ; et là j'interrogeai mon cœur, j'y trouvai ce regret qu'on éprouve lorsqu'on perd un bonheur dont on s'était fait une vive idée… Peut-être ne m'aurait-elle jamais aimé ; sûrement je ne l'aimais pas encore non plus ; mais elle avait réveillé en moi toutes ces espérances d'amour, de bonheur intérieur : biens suprêmes !… Que de réflexions ne fis-je pas sur ces mariages d'intérêt, où une malheureuse enfant est livrée par la vanité ou la cupidité de ses parents à un homme dont elle ne connaît ni les qualités, ni les défauts ! Alors il n'y a point l'aveuglement de l'amour ; il n'y a pas non plus l'indulgence d'un âge avancé : la vie est un jugement continuel. Eh ! quelles sont les unions qui peuvent résister à une sévérité de tous les moments ? Les enfants même n'empêchent pas ces sortes de liens de se rompre. Ah ! pourquoi toutes ces idées ? pourquoi m'occuper encore d'Adèle ? Peut-être ne la reverrai-je jamais… Cependant je ne puis cesser d'y penser. Les larmes qu'elle répandait en quittant son couvent étaient trop amères pour être toutes de regret ; je crains bien que la peur de ce mariage ne les fît aussi couler.

LETTRE V

Paris, ce 16 juin

Il y a déjà plus de quinze jours que je ne vous ai donné de mes nouvelles, mon cher Henri. Pendant ce temps ma vie a été si insipide, si monotone, que j'aurais craint de vous communiquer mon ennui en vous écrivant : je garderais encore le même silence, si, hier, je n'avais pas été tout à coup réveillé de cette léthargie par la vue d'Adèle, aujourd'hui Mme la marquise de Sénange.

J'avais traîné mon oisiveté au spectacle. Le premier acte était déjà assez avancé, sans que je susse quel opéra on représentait et j'étais bien déterminé à ne pas le demander ; car, étant venu pour me distraire, je prétendais qu'on m'amusât, sans même être disposé à m'y prêter. J'étais assis au balcon, à moitié couché sur deux banquettes, bâillant à me démettre la mâchoire, lorsqu'un monsieur très officieux et très parlant me dit :

« Voilà une actrice qui chante avec bien de l'expression.

— Elle me paraît crier beaucoup, lui répondis-je ; mais je n'entends pas un mot de ce qu'elle dit.

— Ah ! c'est que monsieur ne sait peut-être pas qu'on vend ici des livres où sont les paroles de l'opéra ; si monsieur veut, je vais lui en faire avoir un.

— Non, je ne suis pas venu ici pour lire : on m'a dit que ce spectacle m'amuserait : c'est l'affaire de ces messieurs qui chantent là-bas ; je ne dois pas me mêler de cela. »

Alors il me quitta pour aller déranger quelqu'un de plus sociable que moi.

Continuant à ne rien comprendre à la joie ou aux chagrins des acteurs, je tournai le dos au théâtre, et me mis à examiner la salle, lorsque à quelque distance de moi on ouvrit avec bruit une loge dans laquelle je vis paraître Adèle, parée avec excès. Je n'ai jamais vu tant de diamants, de fleurs, de plumes, entassés sur la même personne : cependant, comme elle était encore belle ! Je sentais qu'elle pouvait être mieux, mais aucune femme n'était aussi bien. Sa mère et ce beau jeune homme étaient avec elle. Je jugeai à son étonnement, aux questions qu'elle parut leur faire, que c'était la première fois qu'elle venait à ce spectacle ; et je ne sais pourquoi je fus bien aise que le hasard m'y eût conduit aussi pour la première fois.

Adèle eut l'air de s'amuser beaucoup. Pendant l'entracte, elle promena ses regards sur toute la salle ; mais à peine m'eut-elle aperçu, que je la vis parler à sa mère avec vivacité, me désigner, reparler encore, et toutes

deux me saluèrent, en me faisant signe de venir dans leur loge. J'y allai ;
Adèle me reçut avec un sourire et des yeux qui m'assurèrent qu'elle était
bien aise de me revoir. Sa mère m'accabla de remerciements pour les
soins que j'avais donnés à sa fille. Ne sachant que répondre à tant d'exagérations, je m'adressai au jeune homme, et lui fis une espèce de
compliment sur mon bonheur d'avoir été utile à sa femme.

« Ma femme ! reprit-il d'un air surpris ; je n'ai jamais été marié.

— Comment, lui dis-je en montrant Adèle, vous n'êtes pas le mari de
cette belle personne ?

— Non, répondit-il, c'est ma sœur.

— Votre sœur ! Mais vous lui donniez la main à l'église le jour de son
mariage ? »

Adèle se retourna avec vivacité et me dit :

« Est-ce que vous y étiez ?... »

Un air d'innocence et de joie brillait dans ses yeux et l'embellissait
encore ; il me semblait qu'un sentiment secret nous éclairait, au même
instant, sur l'intérêt qui m'avait porté à la chercher... Combien j'étais
ému ! Insensé que je suis... Hélas ! le jeune homme détruisit bientôt une
si douce illusion en me disant qu'il avait donné le bras à sa sœur parce
que le marié, ayant été pris le matin d'une attaque de goutte, avait besoin
d'être soutenu.

« Quoi ! m'écriai-je avec une vivacité, une indignation dont je ne fus
pas le maître, est-ce que ce serait ce vieillard qui marchait après vous ?

— Oui », répondit-il d'un air si embarrassé, que bientôt après il nous
quitta.

Un regard sévère de sa mère m'apprit combien mon exclamation lui
avait déplu ; et voulant peut-être éviter que je ne fisse encore quelques
réflexions aussi déplacées, elle m'accabla de questions sur ma famille,
sur mon pays, sur mon goût pour les voyages, sur les lieux que j'avais
parcourus, sur ceux où je comptais aller ; enfin elle m'excéda.

Mais combien j'étais plus tourmenté de voir cette Adèle, il n'y a pas
encore un mois, si ingénue, si timide, maintenant occupée du spectacle
comme si elle y eût passé sa vie ; riant, se moquant ; enchantée de voir et
d'être vue ! Tout en elle me blessa ; paraissait-elle attentive ? j'étais
choqué qu'elle pût se distraire de sa nouvelle situation. Sa légèreté me
révoltait plus encore. Peut-être, me disais-je, après avoir consenti à donner
sa main à un homme que sûrement elle déteste, peut-elle goûter aucun
plaisir ?... Je cherchais en vain quelques traces de larmes sur ce visage
dont la gaieté m'indignait. Si elle eût eu seulement l'apparence de la tristesse, du regret, je me dévouais à elle pour la vie : la pitié aurait achevé de
décider un sentiment qu'une sorte d'attrait avait fait naître ; mais sa gaieté
m'a rendu à moi-même. Quelle honte que ces mariages ! Il y a mille
femmes qu'on ne voudrait pas revoir, qu'on n'estimerait plus, si elles se
donnaient volontairement à l'homme qu'elles se résignent à épouser.

Toute la magnificence qui entourait Adèle me semblait le prix de son consentement. Je me rapprochai d'elle ; et sans fixer un instant mes yeux sur les siens, j'examinais sa parure avec une attention si extraordinaire, qu'elle en eut l'air embarrassée. Mon visage exprimait le plus profond dédain, et je ne proférais que des éloges stupides. « Voilà, disais-je, de bien belles plumes ! Vos diamants sont d'une bien belle eau ! Votre collier est d'un goût parfait. » Elle ne répondait que par monosyllabes, et cherchait toujours à tourner la conversation sur d'autres objets ; mais je la ramenais avec soin à l'admiration que semblait me causer sa parure. Ne paraissant frappé que de l'odieux éclat qui l'environnait, ne louant que ce qui n'était pas elle, je ne doutais pas qu'elle ne devinât les sentiments que j'éprouvais. Je lui parlai de sa robe, de ses rubans ! Mes regards tombèrent par hasard sur ses mains ; elle craignit sans doute que je ne louasse encore de fort beaux bracelets qu'elle portait, et remit ses gants avec tant d'humeur, qu'un des fils s'étant cassé, tout un rang de perles s'échappa. Sa mère se récria sur la maladresse de sa fille, sur la valeur de ces perles qui étaient uniques par leur grosseur et leur égalité. « Elles ont coûté bien cher », dis-je en regardant Adèle, qui me répondit en prenant à son tour l'air du dédain : « Elles sont sans prix… » Je la considérai avec étonnement : elle baissa les yeux et ne parla plus.

Que veut-elle dire avec ces mots *sans prix* ?… Sa mère faisait un tel bruit, se donnait tant de mouvement, que nous nous mîmes aussi à chercher. Ces perles étaient toutes tombées dans la loge ; j'en retrouvai la plus grande partie, et les rendis à Adèle, qui me dit avec assez d'aigreur qu'elle regrettait la peine que j'avais prise pour elle. Sa mère s'émerveilla sur le bonheur de m'avoir toujours de nouvelles obligations, et me pria d'aller leur demander à dîner un des jours suivants. Je refusai ; elle insista ; mais sa fille eut tellement l'air de le redouter, qu'aussitôt j'acceptai. Cependant ces mots *sans prix* me reviennent sans cesse… Ah ! si elle était victime de l'ambition, de l'intérêt ! Si elle avait été sacrifiée !… Que je la plaindrais !… Mais sa gaieté ! cette gaieté vient tout détruire. Que ne puis-je l'oublier !

LETTRE VI

Paris, ce 20 juin

J'ai été dîner chez Adèle aujourd'hui, mon cher Henri ; et comme vous aimez les portraits, les détails, je vais essayer de vous faire partager tout ce que j'ai ressenti. Je suis arrivé chez elle un peu avant l'heure où l'on se met à table. Jugez si j'ai été étonné de la trouver habillée avec la plus

grande simplicité : une robe de mousseline plus blanche que la neige, un
grand chapeau de paille sous lequel les plus beaux cheveux blonds retombaient en grosses boucles ; point de rouge, point de poudre ; enfin, si jolie
et si simple, que j'aurais oublié son mariage, sa magnificence, sa gaieté,
si son vieux mari ne me les avait rappelés plus vivement que jamais.
Cependant il m'a reçu avec assez de bonhomie, m'a fait mettre à table
près de lui, m'a appris qu'il avait été en Angleterre, il y avait plus de
cinquante ans ; qu'il en avait alors vingt, et qu'il y avait été bien heureux.
Pendant tout le dîner, il m'a parlé des Anglaises qu'il avait connues.
Aucune d'elles ne vivait plus ; et j'étais si peiné de répondre, à chaque
personne qu'il me nommait : « Elle est morte... elle n'existe plus ! —
Déjà !... encore ! » disait-il tristement. Les compagnons de sa jeunesse,
qu'il avait vus mourir successivement, l'avaient moins frappé. Ce n'avait
jamais été que la maladie d'un seul, la perte d'un seul qui l'avait affligé ;
mais là, il se rappelait à la fois un grand nombre de gens qu'il n'avait pas
vus vieillir, quoiqu'il se souvînt qu'ils fussent tous de son âge. J'étais si
fâché des retours qu'il devait faire sur lui-même, que, lorsqu'il m'a
nommé une de mes tantes, que nous avons perdue à vingt ans, j'ai senti
une sorte de douceur à lui apprendre qu'elle était morte si jeune : et lui-
même, probablement sans s'en rendre raison, s'est arrêté à elle, ne m'a
plus parlé que d'elle, et s'est beaucoup étendu sur le danger des maladies
vives dans la jeunesse. Je suis entré dans ses idées ; je ne m'occupais que
de lui ; et réellement j'étais si malheureux de l'avoir attristé, que j'aurais
consenti volontiers à passer le reste du jour à l'écouter ou à le distraire.

Après dîner, nous sommes retournés dans le salon. M. de Sénange
s'est endormi dans son immense fauteuil ; Adèle s'est mise à un grand
métier de tapisserie ; et moi je me suis rapproché d'elle. Je la regardais
travailler avec plaisir. J'étais bien aise que le sommeil de son mari, la
forçant à parler bas, nous donnât un air de confiance et d'intimité, auquel
je n'aurais pas osé prétendre. Le respect qu'elle paraissait avoir pour son
repos, sa douceur, tout faisait renaître en moi le premier intérêt qu'elle
m'avait inspiré.

En observant la simplicité de sa parure, j'ai osé lui dire que je la
trouvais presque aussi belle que le jour où elle était sortie du couvent ;
elle m'a répondu assez sèchement qu'elle ne faisait jamais sa toilette que
le soir. J'ai vu qu'elle aurait été bien fâchée que je crusse que c'était pour
moi qu'elle avait renoncé à tout son éclat ; mais le craindre autant,
n'était-ce pas me prouver un peu qu'elle y avait pensé ? Elle m'a fait
beaucoup d'excuses de m'avoir reçu en tiers avec eux, a dit que, sa mère
étant malade, elle n'avait pas osé inviter du monde sans elle... ; que si
elle avait su où je demeurais, elle m'aurait fait prier de prendre un autre
jour... et, sans attendre ma réponse, elle s'est levée, en me demandant la
permission d'aller rejoindre sa mère. Elle a fait venir quelqu'un pour
rester auprès de son mari, et, marchant sur la pointe des pieds, elle est

sortie pour aller remplir d'autres devoirs. Je l'ai conduite jusqu'à l'appartement de sa mère. Avant de me quitter, elle m'a renouvelé encore toutes ses excuses… Dites-moi, Henri, pourquoi cet excès de politesse m'affligeait ? Pouvais-je attendre d'elle plus de bonté, plus de confiance ? Lorsque à l'Opéra elle me reconnut, m'appela, me reçut avec l'air si content de me revoir, n'ai-je pas cherché à lui déplaire, à l'offenser ? Sans la connaître, n'ai-je pas osé la juger, lui montrer que je la blâmais, et de quoi ? D'avoir, à seize ans, paru s'amuser d'un spectacle vraiment magique, et qu'elle voyait pour la première fois ? Si je la croyais malheureuse, n'était-il pas affreux de lui faire un crime d'un moment de distraction, de chercher à lui rappeler ses peines, à en augmenter le sentiment ?… Ah ! j'ai été insensé et cruel : est-il donc écrit que je serai toujours mécontent de moi ou des autres ?

LETTRE VII

Paris, ce 29 juin

Je suis retourné chez Adèle ; on m'a dit que sa mère étant très mal, elle ne recevait personne. Voilà donc encore un malheur qui la menace, et elle n'aura pas près d'elle un ami qui la console, un cœur qui l'entende. Sans ma ridicule sévérité, peut-être ses yeux m'auraient-ils cherché : j'avais vu couler ses larmes, elles m'avaient attendri ; n'était-ce pas assez pour qu'elle crût à mon intérêt ? A son âge, l'âme s'ouvre si facilement à la confiance ! la moindre marque de compassion paraît de l'amitié ; la plus légère promesse semble un engagement sacré ; le premier bonheur de la jeunesse est de tout embellir. Avant de me revoir, je suis sûr que, dans ses peines, la pensée d'Adèle s'est toujours reportée vers moi. Lorsque je l'ai retrouvée, ses yeux brillaient de joie ; son cœur venait au-devant du mien ; pourquoi l'ai-je repoussé ! Je crois bien qu'il n'entrait dans ses sentiments que le souvenir de ses religieuses, de son couvent, du premier moment où elle en est sortie. Elle me voyait encore le témoin, le consolateur de son premier chagrin. Enfin elle me recevait comme un ami ; et j'ai glacé, jusqu'au fond de son cœur, ces douces émotions qu'elle ressentait avec tant d'innocence et de plaisir ! Cette idée me fait mal. Si je pouvais la voir, lui dire combien elle m'avait occupé ; lui apprendre les projets que j'avais formés, tout le bonheur qu'ils m'avaient fait entrevoir, je crois que la paix renaîtrait dans mon âme, que le calme me reviendrait à mesure que je lui parlerais. Il ne m'est plus permis de paraître indifférent : l'intérêt vif qu'elle m'avait inspiré peut seul m'excuser et faire naître son indulgence.

Lorsqu'elle m'aura pardonné, qu'elle ne me croira plus ni injuste, ni trop sévère, je serai tranquille ; et alors je verrai si je dois continuer mes voyages, ou céder au désir que j'ai d'aller vous retrouver.

LETTRE VIII

Paris, ce 4 juillet

Adèle ne reçoit encore personne, mais sa mère est mieux ; ainsi je suis un peu moins tourmenté. Que je voudrais qu'elle fût heureuse ! son bonheur m'est devenu absolument nécessaire ; ses peines ont le droit de m'affliger, et je sens cependant que sa joie et ses plaisirs ne sauraient suspendre mes ennuis. Mais enfin, sa mère est mieux ; jouissons au moins de ce moment de tranquillité.

Cette nouvelle ayant un peu dissipé ma sombre humeur, je me crus plus sociable, et j'allai hier à une grande assemblée chez la duchesse de***. Il y avait beaucoup de monde, et surtout beaucoup de femmes. Ne connaissant presque personne, je me mis dans un coin à examiner ce grand cercle. Vous croyez bien que je n'ai pas perdu cette occasion d'essayer le beau système que vous avez découvert. Je m'amusai donc à chercher, d'après l'extérieur et la manière d'être de chacune de ces femmes, les défauts ou les qualités des gens qu'elles ont l'habitude de voir ; ce qui, à une première vue, est, comme vous le prétendez, beaucoup plus aisé à deviner qu'il n'est facile de les juger elles-mêmes. Il y en avait une d'environ trente ans, qui n'a pas dit un mot, et qui était toujours dans l'attitude d'une personne qui écoute, approuvant seulement par des signes de tête. Voilà qui est clair, me suis-je dit ; c'est une pauvre femme dont le mari est si bavard qu'il l'a rendue muette : je suis sûr que depuis des années il lui a été impossible de placer un mot dans leur conversation. Quoique je n'en doutasse pas, je voulus m'en assurer ; et me rapprochant d'un homme vêtu de noir, d'une figure assez grave, et qui se tenait, comme moi, dans un coin, à observer tout le monde sans parler à personne :

« Oserais-je vous demander, lui dis-je, si cette dame, qui est là-bas en brun ?

— Où ?

— Celle qui est si bien mise, à laquelle il ne manque pas une épingle ?

— Eh bien ?

— Si cette dame n'a pas un mari fort bavard ?

— Je ne le connais pas ; ils sont séparés depuis longtemps.

— Séparés !... Mais au moins, ajoutai-je, son meilleur ami ne parle-t-il pas beaucoup ?

— Affreusement : avec de l'esprit ; il en est insupportable.

— J'en suis charmé, m'écriai-je.

— Et pourquoi donc cela vous fait-il tant de plaisir ? »

Alors je lui expliquai votre système, qu'il saisit avidement ; et toujours jugeant, sur les personnes que nous voyions, le caractère de celles qui étaient absentes, nous fîmes des découvertes qui auraient fort étonné ces dames. Je me suis très amusé : mais apparemment que je n'en avais pas l'air, car nous entendîmes une jeune femme qui disait en me regardant : « Comme les Anglais sont tristes ! » Je devinai que cela pouvait bien signifier, « comme lord Sydenham est ennuyeux ! » et mon compagnon l'ayant pensé comme moi, je m'en allai très satisfait de mes observations, et regrettant seulement de ne vous avoir pas eu avec nous, pour vous voir jouir de ce nouveau succès.

LETTRE IX

Paris, ce 12 juillet

Je passai hier à la porte d'Adèle ; on me dit encore qu'elle ne recevait personne. J'allais partir, lorsque mon bon génie m'inspira de demander des nouvelles de M. de Sénange. On me répondit qu'il était chez lui, et tout de suite les portes s'ouvrirent. Ma voiture entra dans la cour ; je descendis, tout étourdi de cette précipitation, et ne sachant pas trop si j'étais bien aise ou fâché de faire cette visite. Un valet de chambre me conduisit dans le jardin où il était. Je l'aperçus de loin qui se promenait appuyé sur le bras d'Adèle. En la voyant je m'arrêtai, indécis, et souhaitais de m'en aller ; car, puisqu'elle m'avait fait défendre sa porte, il m'était démontré qu'elle ne désirait pas de me voir : mais le valet de chambre avançait toujours, et il fallut bien le suivre.

Lorsqu'il m'eut annoncé, le marquis et sa femme se retournèrent pour venir au-devant de moi. Je les joignis avec un embarras que je ne saurais vous rendre. Un trouble secret m'avertissait que j'étais désagréable à Adèle ; que peut-être son vieux mari ne me reconnaîtrait plus. Je me sentis rougir ; je baissais les yeux ; et je ne conçois pas encore comment je ne suis pas sorti, au lieu de leur parler. Je les saluai, en leur faisant un compliment qu'ils n'entendirent sûrement pas, car je ne savais ce que je disais.

M. de Sénange me reprocha d'avoir été si longtemps sans les voir. Je lui dis que j'étais venu bien des fois, et n'avais pas été assez heureux pour les trouver. Adèle, alors, crut devoir m'apprendre la maladie de sa mère, qui, pendant longtemps, l'avait empêchée de recevoir du monde ;

et son départ pour les eaux, qui, la laissant privée de toute surveillance
maternelle, l'obligeait à garder encore la même retraite. «Mais, ajouta-
t-elle, toutes les fois que vous viendrez voir M. de Sénange, je serai très
aise si je me trouve chez lui.» Sa voix était si douce, que j'osai lever les
yeux et la regarder : la sérénité de son visage, son sourire, me rendirent le
calme et l'assurance. Je marchai auprès d'eux, mesurant mes pas sur la
faiblesse de M. de Sénange. J'éprouvais une sorte de satisfaction à imiter
ainsi la bonne, la complaisante Adèle.

Après quelques minutes de conversation, je me sentis si à mon aise,
M. de Sénange était de si bonne humeur, que je me crus presque de la
famille : et sa canne étant tombée, au lieu de la lui rendre, je pris
doucement sa main, et la passai sous mon bras, en le priant de s'appuyer
aussi sur moi. Il me regarda en souriant, et nous marchâmes ainsi tous
trois ensemble. Hélas ! il fut bien longtemps pour traverser une très petite
distance, un chemin qu'Adèle aurait fait en un instant si elle eût été seule.
Je l'admirais de ne pas témoigner la moindre impatience, le plus léger
mouvement de vivacité. Enfin nous arrivâmes auprès d'une volière,
devant laquelle il s'assit ; je restai avec lui. Pour Adèle, elle fut voir ses
oiseaux, leur parler, regarder s'ils avaient à manger ; et continuellement,
allant à eux, revenant à nous, ne se fixant jamais, elle s'amusa sans cesse
de s'occuper de son mari, et même de moi. Nous restâmes là jusqu'au
coucher du soleil. L'air était pur, le temps magnifique ; Adèle était
aimable et gaie ; les regards de M. de Sénange m'exprimaient une
affection qui m'étonnait. Dans un moment où elle était auprès de ses
oiseaux, il me dit avec attendrissement : «Je suis bien coupable de
n'avoir pas d'abord reconnu votre nom : je ne me le pardonnerais point,
s'il n'avait pas été indignement prononcé. Lorsque j'ai été en Angleterre,
j'ai contracté envers votre famille les plus grandes obligations. J'ai aimé
votre mère comme ma fille ; je veux vous chérir comme mon enfant. Un
jour je vous conterai des détails qui vous feront bénir ceux à qui vous
devez la vie.» Adèle revint, et il changea aussitôt de conversation. Je ne
pus ni le remercier, ni l'interroger ; mais s'il n'a besoin que d'un cœur
qui l'aime, il peut compter sur mon attachement.

Sans pouvoir définir cette sorte d'attrait, je me sentais content près
d'eux. Adèle voulut savoir si je trouvais sa volière jolie. Je lui répondis
qu'elle allait bien avec le reste du jardin. Ce n'était pas en faire un grand
éloge, car il est affreux : c'est l'ancien genre français dans toute son
aridité ; du buis, du sable et des arbres taillés. La maison est superbe ;
mais on la voit tout entière. Elle ressemble à un grand château renfermé
entre quatre petites murailles ; et ce jardin, qui est immense pour Paris,
paraissait horriblement petit pour la maison. Cette volière toute dorée
était du plus mauvais goût. Adèle me demanda si j'avais de beaux
jardins, et surtout des oiseaux. «Beaucoup d'oiseaux, lui dis-je ; mais les
miens seraient malheureux s'ils n'étaient pas en liberté.» J'essayai de lui

peindre ce parc si sauvage que j'ai dans le pays de Galles : cela nous conduisit à parler de la composition des jardins. Elle m'entendit, et pria son mari de tout changer dans le leur, et d'en planter un autre sur mes dessins. Il s'y refusa avec le chagrin d'un vieillard qui regrette d'anciennes habitudes ; mais dès que je lui eus rappelé les campagnes qu'il avait vues en Angleterre, il se radoucit. Les souvenirs de sa jeunesse ne l'eurent pas plus tôt frappé, qu'il me parla de situations, de lieux qu'il n'avait jamais oubliés ; et bientôt il finit par désirer aussi que toutes ces allées sablées fussent changées en gazons. Ils exigèrent donc que je vinsse aujourd'hui, dès le matin, avec des dessins, avec un plan qui pût être exécuté très promptement : ainsi me voilà créé jardinier, architecte, et, comme ces messieurs, ne doutant nullement de mes talents ni de mes succès. Adieu, mon cher Henri ; trouvez bon que je vous quitte pour aller joindre mes nouveaux maîtres.

LETTRE X

Paris, ce 15 juillet

J'arrivai chez M. de Sénange avec mon portefeuille et mes crayons ; il n'était que midi juste, et cependant Adèle avait l'air de m'attendre depuis longtemps. « Voyons, voyons », me cria-t-elle du plus loin qu'elle m'aperçut. J'osai lui représenter en souriant que, les ayant quittés la veille à la fin du jour, et revenant d'aussi bonne heure le lendemain, il était impossible que j'eusse eu le temps de travailler. Que ferons-nous donc ? dit-elle d'un air un peu boudeur. Je lui proposai de dessiner. Aussitôt elle sonna pour avoir une grande table, auprès de laquelle je m'établis. M. de Sénange fit apporter les plans de sa maison, et ceux du jardin. Je mesurai le terrain, calculai les effets à ménager, les défauts à cacher, les différents arbres qu'on emploierait, ceux qu'il fallait arracher, les sentiers, les gazons, les touffes de fleurs, la volière surtout ; je n'oubliai rien. Cependant Adèle voulait une rivière, et comme il n'y avait pas une goutte d'eau dans la maison, il s'éleva entre eux un différend dont j'aurais bien voulu que vous fussiez témoin. Elle mit tout son esprit à prouver la facilité d'en établir une. Son mari l'écoutait avec bonté ; s'en moquait doucement, louait avec admiration l'adresse qu'elle employait à rendre vraisemblable une chose impossible : elle riait, s'obstinait, mais ne montrait de volonté que ce qu'il en faut pour être plus aimable en se soumettant. Enfin ils finirent par décider que ma peine serait perdue, et qu'on ne changerait rien au jardin ; mais que M. de Sénange ayant une fort belle maison à Neuilly, au bord de la Seine, ils iraient s'y établir ; « et là, dit-il à Adèle, il y a une île de quarante arpents ; je vous la donne. Vous y changerez, bâtirez, abattrez tant qu'il vous plaira ; tandis que moi je garderai cette maison-ci telle qu'elle est. Ces arbres, plus vieux que moi encore, et qu'intérieurement je vous sacrifiais avec un peu de peine, l'été, me garantiront du soleil, l'hiver, me préserveront du froid ; car à mon âge tout fait mal. Peut-être aussi la nature veut-elle que nos besoins et nos goûts nous rapprochent toujours des objets avec lesquels nous avons vieilli. Ces arbres, mes anciens amis, vous les couperiez ! ils me sont nécessaires... Adèle, ajouta-t-il avec attendrissement, puissiez-vous dans votre île planter des arbres qui vous protègent aussi dans un âge bien avancé !... » Elle prit sa main, la pressa contre son cœur, et il ne fut plus question de rien changer. Elle déchira mes plans, mes dessins, sans penser seulement à m'en demander la permission, ou à m'en faire des excuses. Son cœur l'avertissait, j'espère, qu'elle pouvait disposer de moi.

Le reste de la journée se passa en projets, en arrangements pour ce petit voyage. Adèle sautait de joie en pensant à son île. « Il y aura, disait-elle, des jardins superbes, des grottes fraîches, des arbres épais » : rien n'était commencé, et déjà elle voyait tout à son point de perfection !... Heureux âge !... je vous remerciais pour elle, avenir brillant, mais trompeur ! ah ! lorsque le temps lui apportera des chagrins, au moins ne la laissez jamais sans beaucoup d'espérances !

Je ne pouvais m'empêcher de sourire, en l'entendant parler de la campagne, comme si j'avais toujours dû la suivre. Tous les moments du jour étaient déjà destinés : «*Nous* déjeunerons à dix heures, me disait-elle ; ensuite, *nous* irons dans l'île ; à trois heures *nous* dînerons » ; et toujours *nous*. Je n'osais ni l'approuver, ni l'interrompre, lorsque M. de Sénange, averti peut-être par ces *nous* continuels, pensa à me proposer d'aller avec eux. La pauvre petite n'avait sûrement pas imaginé que cela pût être autrement, car elle l'écouta avec un étonnement marqué, et attendit ma réponse dans une inquiétude visible. Je l'avoue, Henri, je restai quelques moments indécis, comme cherchant dans ma tête si je n'avais pas d'autres engagements ; mais c'était pour jouir de l'intérêt qu'elle paraissait y attacher : et lorsque j'acceptai, tous ses projets et sa gaieté revinrent. Elle continua ainsi jusqu'au soir, que je les quittai, promettant de venir aujourd'hui pour les accompagner à Neuilly ; cependant j'attendrai que j'y sois arrivé pour croire à ce voyage. Il y a déjà trois jours de passés, et peut-être a-t-elle quitté, repris et changé vingt fois sa détermination. Elle a si vite renoncé à mon jardin anglais, que cela m'inspire un peu de défiance.

LETTRE XI

Neuilly, ce 16 juillet

C'est de Neuilly que je vous écris, mon cher Henri ; nous y sommes depuis hier, et j'ai déjà trouvé le moyen d'être mécontent d'Adèle et de lui déplaire. Lorsque j'arrivai chez M. de Sénange, elle était si pressée d'aller voir son île, qu'à peine me donna-t-elle le temps de le saluer ; il fallut partir tout de suite. « Allons, venez », lui dit-elle en prenant son bras pour l'emmener. Il se leva ; mais au lieu d'aider sa marche affaiblie, elle l'entraînait plutôt qu'elle ne le soutenait. Dans une grande maison, le moindre déplacement est une véritable affaire. Tous les domestiques attendaient dans l'antichambre le passage de leurs maîtres ; les uns pour demander des ordres, les autres pour rendre compte de ce qu'ils avaient exécuté. Chacun d'eux avait quelque chose à dire, et Adèle répondait à tous : « oui, oui, oui », sans même les avoir entendus. Son mari voulait-il leur parler ? Elle ne lui en laissait pas le temps, et l'entraînait toujours vers la voiture. Cette impatience me déplut ; je pris l'autre bras de M. de Sénange, et lui servant de contrepoids, je m'arrêtais avec égard dès qu'il paraissait vouloir écouter ou répondre. J'espérais que cette attention rappellerait le respect d'Adèle ; mais l'étourdie ne s'en aperçut même pas. Elle répétait sans cesse : « Dépêchons-nous donc ; venez donc ; allons-nous-en vite. » Enfin son mari la suivit et nous montâmes en voiture. Ah ! un vieillard qui épouse une jeune personne doit se résigner à finir sa vie avec un enfant ou avec un maître ; trop heureux encore quand elle n'est pas l'un et l'autre ! Cependant Adèle fut plus aimable pendant le chemin. Il est vrai qu'elle ne cessa de parler des plaisirs dont elle allait jouir : mais au moins y joignait-elle un sentiment de reconnaissance, et elle lui disait : « je serai heureuse », comme on dit : « je vous remercie ». Je commençais à lui pardonner, peut-être même à la trouver trop tendre, lorsque nous arrivâmes à Neuilly. Imaginez, Henri, le plus beau lieu du monde, qu'elle ne regarda même pas ; une avenue magnifique, une maison qui partout serait un château superbe ; rien de tout cela ne la frappa. Elle traversa les cours, les appartements, sans s'arrêter, et comme elle aurait fait un grand chemin. Ce qui était à eux deux ne lui paraissait plus suffisamment à elle. C'était à son île qu'elle allait ; c'était là seulement qu'elle se croirait arrivée ; mais comme il était trois heures, M. de Sénange voulut dîner avant d'entreprendre cette promenade. Adèle fut très contrariée, et le montra beaucoup trop ; car elle alla même jusqu'à dire que, n'ayant pas faim, elle ne se mettrait pas à table, et qu'ainsi elle pourrait se promener toute seule, et tout de suite. M. de Sénange prit un peu d'humeur.

« Et vous, mylord, me dit-il, voudrez-vous bien me tenir compagnie ?

— Oui, assurément, lui répondis-je, et j'espère que Mme de Sénange nous attendra, pour que nous soyons témoins de sa joie, à la vue d'une première propriété.

— Ah ! reprit son mari, j'en aurais joui plus qu'elle ! »

Adèle sentit son tort, baissa les yeux, et alla se mettre à une fenêtre ; elle y resta jusqu'au moment où l'on vint avertir qu'on avait servi. J'offris mon bras à M. de Sénange, car sa goutte l'oblige toujours à en prendre un. Elle nous suivit en silence, et notre dîner se passa assez tristement. Adèle ne me regarda ni ne me parla. En sortant de table, M. de Sénange nous dit qu'il était fatigué, et voulait se reposer ; il nous pria d'aller sans lui à cette fameuse île. « Adèle, ajouta-t-il avec bonté, nous avons eu un peu d'humeur ; mais vous êtes un enfant, et je dois encore vous remercier de me le faire oublier quelquefois. » Elle avoua qu'elle avait été trop vive, lui en fit les plus touchantes excuses, et parut désirer de bonne foi d'attendre son réveil pour se promener. Il ne le voulut pas souffrir. Elle insista ; mais il nous renvoya tous deux, et nous partîmes ensemble.

Nous marchâmes longtemps, l'un auprès de l'autre, sans nous parler. Elle gagna le bord de la rivière, et s'asseyant sur l'herbe, en face de son île, elle me dit : « J'ai été bien maussade aujourd'hui ; et vous m'avez paru un peu austère. Au surplus, continua-t-elle en riant, je dois vous en remercier : il est bien satisfaisant de trouver de la sévérité lorsqu'on n'attendait que de la politesse et de la complaisance. » Cette plaisanterie me déconcerta, et je pensai qu'effectivement elle avait dû me trouver un censeur fort ridicule. Elle ajouta : « Je me punirai, car j'attendrai que M. de Sénange puisse venir avec nous pour jouir de ses bienfaits. Je suis trop heureuse d'avoir un sacrifice à lui faire. » Cette dernière phrase fut dite de si bonne grâce, que je me reprochai plus encore ma pédanterie.

« Si vous saviez, lui dis-je, combien vous me paraissez près de la perfection, vous excuseriez ma surprise, lorsque je vous ai vu un mouvement d'impatience que, dans une autre, je n'eusse pas même remarqué.

— N'en parlons plus », me répondit-elle en se levant.

Elle regarda l'autre côté du rivage, comme elle aurait fait d'un objet chéri, et le salua de la tête, en disant : « A demain ; aujourd'hui j'ai besoin d'une privation pour me raccommoder avec moi-même. » Elle s'en revint gaiement : M. de Sénange venait de s'éveiller lorsque nous rentrâmes. Adèle fut charmante le reste de la journée, et lui montra une si grande envie de réparer son étourderie, que sûrement il l'aime encore mieux qu'il ne l'aimait la veille. Quant à moi, Henri, je resterai ici, au moins jusqu'à ce que M. de Sénange m'ait appris les raisons qui le portent à me témoigner un si touchant intérêt, et à me traiter avec tant de bonté.

LETTRE XII

Neuilly, ce 18 juillet

Enfin, *elle* a pris possession de son île. Hier matin nous nous réunîmes, à neuf heures, pour déjeuner. M. de Sénange avait l'air plus satisfait qu'il ne me l'avait encore paru. La joie brillait dans les yeux d'Adèle ; mais elle tâchait de ne montrer aucun empressement ; seulement elle ne mangea presque point. Pour moi, je pris une tasse de thé ; et comme il faut, je crois, que je sois toujours inconséquent, du moment qu'Adèle montra une déférence respectueuse pour son mari, je commençai à le trouver d'une lenteur insupportable. Sa main soulevait sa tasse avec tant de peine ; il regardait si attentivement chaque bouchée, la retournait de tant de manières avant de la manger, faisait de si longues pauses entre un morceau et l'autre, que j'éprouvais encore plus d'impatience qu'elle n'en avait eu la veille. Si elle avait pu lire dans mon cœur, elle aurait été bien vengée de ma sévérité. Après une mortelle heure, son déjeuner finit. Il s'assit dans un grand fauteuil roulant, et ses gens le traînèrent jusqu'au bord de la rivière. Pour Adèle, elle y alla toujours sautant, courant, car sa jeunesse et sa joie ne lui permettaient pas de marcher. Arrivés auprès du bateau, nous eûmes bien de la peine à y faire entrer M. de Sénange ; et c'est là que la vivacité d'Adèle disparut tout à coup. Avec quelle attention elle le regarda monter ! Que de prévoyance pour éloigner tout ce qui pouvait le blesser ! Quelles craintes que le bateau ne fût pas assez bien attaché ! Et moi, qui suis tous ses mouvements, qui voudrais deviner toutes ses pensées, quel plaisir je ressentis lorsque approchés de l'autre bord, le pied dans son île, je lui vis la même occupation, les mêmes soins, les mêmes inquiétudes, jusqu'à ce que M. de Sénange fût replacé dans son fauteuil et pût recommencer sa promenade. Alors elle nous quitta, et se mit à courir, sans que ni la voix de son mari, ni la mienne, pussent la faire revenir. Je la voyais à travers les arbres, tantôt se rapprochant du rivage, tantôt rentrant dans les jardins ; mais en quelque lieu qu'elle s'arrêtât, c'était toujours pour en chercher un plus éloigné. Quoique j'eusse bien envie de la suivre, je ne quittai point M. de Sénange. Il fit avancer son fauteuil sous de très beaux peupliers qui bordent la rivière, et renvoyant ses gens, il me dit qu'il était temps que je susse les raisons qui lui donnaient de l'intérêt pour moi.

« Mon jeune ami, il faut que vous me pardonniez de vous parler de mon enfance, me dit-il ; mais elle a tant influé sur le reste de ma vie, que je ne puis m'empêcher de vous en dire quelques mots. Ne vous effrayez pas, si je commence mon histoire de si loin ; je tâcherai de vous ennuyer le moins possible.

« Mon père n'estimait que la noblesse et l'argent ; et peut-être ne me pardonnait-il d'être l'héritier de sa fortune que parce que j'étais en même temps le représentant de ses titres. J'avais perdu ma mère en naissant ; et toute ma première enfance se passa avec des gouvernantes, sans jamais voir mon père. A sept ans il me mit au collège, dont je ne sortais que la veille de sa fête et le premier jour de l'an, pour lui offrir mon respect. Les parents ne savent pas ce qu'ils perdent de droits sur leurs enfants en ne les élevant pas eux-mêmes. L'habitude de leur devoir tous ses plaisirs, d'obéir aveuglément à toutes leurs volontés, laisse un sentiment de déférence qui ne s'efface jamais, et que j'étais bien éloigné d'éprouver. Je ne voyais dans mon père qu'un homme que le hasard avait rendu maître de ma destinée, et dont aucune des actions ne pouvait me répondre que ce fût pour mon bonheur. Le jour même que je sortis du collège, il me fit entrer au service, en me recommandant d'être sage, avec une sécheresse qui approchait de la dureté ; et sans y joindre le moindre encouragement, sans me promettre la plus légère marque de tendresse, si je réussissais à lui plaire. Aussi, à peine fus-je à mon régiment, que j'y fis des dettes, des sottises, et que je me battis. Mon père me rappela près de lui ; il me reçut avec une humeur, une colère épouvantable. Loin de me corriger, il m'apprit seulement qu'il avait aussi des défauts. Je me mis à les examiner avec soin ; et chaque jour, au lieu de l'écouter, je le jugeais avec une sévérité impardonnable. Il voulut me marier, et, disait-il, m'apprendre l'économie : j'étais né le plus prodigue et le plus indépendant des hommes. Mon père, qui ne s'était jamais occupé de mon éducation, fut tout étonné de me trouver des goûts différents des siens, et une résistance à ses ordres que rien ne put vaincre. Il se fâcha ; je persistai dans mes refus : ils le rendirent furieux ; je me révoltai ; et moi, que plus de bonté aurait rendu son esclave, rien ne pouvait plus ni me toucher ni me contenir. J'étais devenu inquiet, ombrageux. Revenait-il à la douceur ? je craignais que ce ne fût un moyen de me dominer. Sa sévérité me blessait plus encore. Toujours en garde contre lui, contre moi, je le rendais fort malheureux, et je passais pour un très mauvais sujet. Je le serais devenu, si un de ses amis ne lui eût conseillé d'éloigner ce monstre qui faisait le tourment de sa vie. On me proposa de sa part, de voyager : j'acceptai avec joie, et je choisis l'Angleterre, parce que la mer qu'il fallait traverser, semblait nous séparer davantage. La veille de mon départ, je demandai la permission de lui dire adieu ; il refusa de me voir, et je m'en allai charmé de ce dernier procédé, car mes torts me faisaient désirer d'avoir le droit de me plaindre.

« J'arrivai à Calais, irrité contre mon père et toute ma famille. On me dit qu'un paquebot [1], loué par mylord B... votre grand-père, allait partir dans l'instant. Je lui fis demander la permission de passer avec lui ; il y

---

1. De l'anglais *packet boat*. On appelait ainsi, à l'origine, un petit bâtiment destiné à porter les lettres ou les paquets d'un port à l'autre. Les dimensions des paquebots s'accroissant, ils ont également emmené des passagers.

consentit. En entrant sur le pont, je vis une femme de vingt-cinq ans, assise sur des matelas dont on lui avait fait une espèce de lit. Elle nourrissait un enfant de sept à huit mois, qu'elle caressait avec tant de plaisir, que je m'attendris sur moi-même, et sur le malheureux sort qui m'avait empêché de recevoir jamais d'aussi tendres soins. Quatre autres enfants l'entouraient : son mari la regardait avec affection ; ses gens s'empressaient de la servir ; mais aucun ne parla français. Je tenais, dans ma main, une montre à laquelle était attachée une fort belle chaîne d'or avec beaucoup de cachets ; elle frappa un de ces enfants qu'on promenait encore à la lisière : il se traîna vers moi ; et me tendant ses petites mains, il semblait vouloir attraper ce qui lui paraissait si brillant. Je descendis la chaîne à sa portée, et la faisant sauter devant lui, je l'élevais dès qu'il était près de le saisir. Sa mère nous regardait avec un sourire inquiet ; je voyais bien qu'elle craignait que je ne prolongeasse ce jeu jusqu'à la contrariété. Touché d'une si tendre sollicitude, je pris cet enfant dans mes bras, je lui donnai ma montre pour jouer ; et croyant que, puisqu'on n'avait pas parlé français, on ne devait pas l'entendre, je lui dis tout haut, en l'embrassant : "Ah ! que tu es heureux d'avoir encore une mère !" La sienne me regarda, et je vis qu'elle m'avait compris. Son père, qui jusque-là ne m'avait pas remarqué, se rapprocha de moi ; ne me parla point du sentiment de tristesse qui m'était échappé, mais me fit de ces questions qui ne signifient que le désir de commencer à se connaître. Je lui répondis avec politesse et réserve. Pendant ce peu de mots, l'enfant que je tenais encore jeta ma montre par terre de toute sa force, et se pencha aussitôt pour la reprendre. Elle n'était pas cassée ; je la lui rendis avant que sa mère eût eu le temps de me faire aucune excuse. Je vis que cette complaisance m'avait attiré toute son affection ; et sûrement, nous étions amis avant de nous être parlé. Elle me pria de lui rapporter son enfant. Hélas ! cette petite enfant s'est mariée depuis à votre père, et est morte en vous donnant le jour ; je ne pensais pas alors que je lui survivrais si longtemps. J'entendis, au son de voix de lady B... qu'elle la grondait en anglais, en lui ôtant ma montre. La petite fille se mit à pleurer ; mais, sans lui céder, sa mère essaya de la distraire ; elle lui montra d'autres objets qui fixèrent son attention, et l'enfant riait déjà, que ses yeux étaient encore pleins de larmes. Lady B... me pria de lui cacher ma montre ; "car, me dit-elle, il est encore plus dangereux de leur donner des peines inutiles que de les gâter par trop d'indulgence".

« Je me remis à causer avec le mari. Cependant le vent devint si fort, que nous fûmes obligés de descendre dans la chambre : il augmenta toujours, et bientôt nous fûmes en danger... Mais je finirai le reste une autre fois, car voici Mme de Sénange : elle va jeudi passer la journée à son couvent ; si cela ne vous ennuyait pas trop, nous dînerions ensemble. »

Je n'eus que le temps de l'assurer que je serais très aise de rester avec lui.

Adèle nous rejoignit extrêmement fatiguée de sa promenade ; elle était enchantée de ce qu'elle avait vu, et cependant ne parlait que de tout changer. M. de Sénange avait du monde à dîner ; nous rentrâmes bien vite pour nous habiller.

Je restai fort occupé de tout ce qu'il venait de me raconter. Je me demandais comment tous les pères voulant conduire leurs enfants, il y en a si peu qui imaginent d'être pour eux ce qu'on est pour ses amis, pour toutes les liaisons auxquelles on attache du prix. L'enfance compare de si bonne heure, qu'il est nécessaire d'être aimable pour elle. Il faut lui paraître le meilleur des pères, pour pouvoir se faire craindre, sans risquer un moment d'être moins aimé. Alors on n'a pas besoin de présenter toujours la reconnaissance comme un devoir ; elle devient un sentiment, et les obligations en sont mieux remplies. Adieu, mon cher Henri ; je vous écrirai aussitôt que M. de Sénange aura fini de m'apprendre ce qui le concerne.

LETTRE XIII

Neuilly, ce 21 juillet

Adèle est partie ce matin, de fort bonne heure, pour son couvent ; je suis resté seul avec M. de Sénange. Je sentais une sorte de plaisir à la remplacer dans les soins qu'elle lui rend. Aussitôt après dîner, je l'ai conduit sur une terrasse qui est au bord de la Seine ; ses gens nous ont apporté des fauteuils, et il a continué son histoire.

« Je ne vous ferai point, m'a-t-il dit, le détail des dangers que nous courûmes. J'en fus peu effrayé ; non qu'un excès de courage m'aveuglât sur notre situation, ou m'y rendît insensible : mais j'étais si occupé de la terreur dont cette jeune femme était saisie ! Elle regardait ses enfants avec tant d'amour ! elle les prenait dans ses bras, et les pressait contre son cœur, comme si elle eût pu les sauver ou les défendre. Je ne tremblais que pour elle, et je suis sûr qu'un grand intérêt non seulement empêche la crainte, mais distrait de la douleur même ; car, après que le premier danger fut passé, je m'aperçus que je m'étais fait une forte contusion à la tête, sans que j'aie pu alors me rappeler ni où ni comment.

« Quand nous fûmes un peu plus tranquilles, mylord B… vint à moi, et me jura une amitié que rien, disait-il, ne pouvait plus détruire. Effectivement, dans ces moments de trouble, on se montre tel que l'on est ; et peut-être me savait-il gré de n'avoir pas un instant pensé à moi-même. Pour lui, toujours froid, toujours raisonnable, il s'occupait de sa femme avec le regret de la voir souffrir, mais sans rien prévoir de ce qui pouvait la soulager, ou tromper son inquiétude. Nous arrivâmes à Douvres le lendemain au soir. Lady B... avait à peine la force de marcher : on la porta jusqu'à l'auberge, où elle se coucha ; et je ne la revis plus du reste de la journée. Son mari vint me retrouver ; nous soupâmes ensemble. Pendant le repas, m'ayant entendu dire qu'aucune affaire ne m'appelait directement à Londres, et que la curiosité ne m'y attirait même pas, il me proposa d'aller passer quelques semaines dans leur terre qui n'était qu'à une petite distance de cette ville. J'y consentis avec un sentiment de répugnance que je ne pouvais m'expliquer, et qui me tourmentait malgré moi ; je crois que le cœur pressent toujours les peines qu'il doit éprouver. Cependant aucune bonne raison ne se présentant pour justifier mon refus, j'acceptai, par cette sorte d'embarras, qui est une suite naturelle de la manière dont on m'avait élevé. Il fut décidé que nous partirions le lendemain de bonne heure. Je me retirai dans ma chambre, contrarié ; je fus longtemps sans pouvoir m'endormir : je m'éveillai de mauvaise humeur ; j'étais fâché de les suivre, je l'aurais été encore plus de rester. Lady B... m'attendait ; elle me fit les plus touchants remerciements pour les soins que je lui avais rendus ; et me présentant ses enfants, elle leur dit de m'aimer, parce que je serais toujours l'ami de leur père et le sien. Je les embrassai tous, et après le déjeuner nous partîmes. Je montai dans sa voiture ; les enfants allèrent dans la mienne. Je ne vous ferai point la description de la terre de lord B... ; vous devez la connaître aussi bien que moi, mais pas mieux, ajouta-t-il, car c'est le temps de ma vie, peut-être le seul, dont j'aie parfaitement conservé le souvenir. Depuis le premier moment où j'aperçus lady B... jusqu'au jour où je m'éloignai d'elle, il n'est pas un instant dont je ne me souvienne. Il semble que ce soit un temps séparé du reste de ma vie ; avant, après, j'ai beaucoup oublié ; mais tout ce qui la regarde m'est présent et cher. Ce que je ne saurais vous rendre, c'est l'espèce de charme qui régnait autour d'elle, et qui faisait que tout ce qui l'approchait paraissait heureux : une réunion de qualités telles que j'ai mille fois entendu faire son éloge, et presque toujours d'une manière différente ; mais tous la louaient, car il semblait qu'elle eût particulièrement ce qui plaisait à chacun.

« Cependant j'étais dans une si triste disposition d'esprit, que les premiers jours je fus peu frappé de tout le mérite de lady B... Insensiblement je me sentis attiré près d'elle ; et je l'aimais déjà beaucoup, sans avoir pensé à l'admirer. Les premiers jours que je fus chez elle je me promenais seul ; et lorsque le hasard me faisait trouver avec du monde, je restais dans le silence, sans chercher à plaire, ni souhaiter d'être remarqué. Le mari, les entours de lady B... devaient dire de moi que j'étais ennuyeux et sauvage ; elle seule devina que j'avais des chagrins et une timidité excessive. Elle essaya de me rapprocher d'elle, et de me faire parler, en me questionnant sur des objets qu'elle connaissait sûrement ; aussi ne lui répondis-je que des demi-mots, qui ne faisaient que m'embarrasser davantage. Sa bonté lui fit sentir qu'il fallait d'abord m'accoutumer à elle, avant d'obtenir ma confiance. Elle me proposa de l'accompagner dans ses promenades : dès le lendemain je commençai à la suivre. Elle me fit faire le tour de son parc ; et passant devant un temple qu'elle avait fait bâtir, elle en prit occasion de me parler de la complaisance de son mari pour ses goûts, et de sa reconnaissance. De ce jour, sans me rien dire de ce qu'elle aurait permis que tout le monde sût, elle me traita avec un air de confiance et d'estime qui m'entraînait et me flattait. C'est toujours en me parlant d'elle-même que, peu à peu, elle m'amena à oser lui confier mes peines. Alors elle me donna toute son attention : elle m'écoutait avec intérêt, me questionnait sans curiosité, et finit par m'inspirer le besoin d'être toujours avec elle, et de lui tout dire. Je trouvai en elle les avis et les consolations d'une amie éclairée ; une politesse dans le langage qui aurait rappelé le respect du plus audacieux, et une bienveillance dans les manières qui attirait toutes les affections. Je lui parlai de mon père avec amertume ; elle me plaignit d'abord ; mais bientôt, reprenant sur moi l'ascendant qu'elle devait avoir, sans se donner la peine d'examiner si mon père avait usé de trop de rigueur, peu à peu elle me conduisit à penser que les torts des autres deviennent un titre à l'estime lorsqu'ils n'influent point sur notre conduite, mais ne sont jamais une excuse lorsqu'ils nous irritent au point de nous rendre répréhensibles. Enfin elle sut prendre tant d'empire sur mon esprit, que je n'avais plus une seule idée qu'elle ne devinât. Elle lisait sur ma figure, rectifiait toutes mes opinions, et fit de moi l'homme bon et honnête qui n'a jamais pensé à elle sans devenir meilleur, et qui, depuis qu'il l'a connue, peut se dire qu'il n'existe pas une seule personne à qui il ait fait un moment de peine.

« Je commençais à me trouver parfaitement heureux ; j'adorais lady B... comme les sauvages adorent le soleil ; je la cherchais sans cesse. Mon père ne m'avait point appris à cacher mes sentiments sous ces formes qui donnent, aux hommes et aux choses, un poli qui les rend tous semblables : je ne vivais que pour elle, je n'aimais qu'elle, et il n'était que trop facile de s'en apercevoir. Milord B... ne paraissait plus chez sa femme qu'aux heures des repas ; il parlait fort peu, et moins à moi qu'à personne. Je le remarquai sans m'en embarrasser ; mais je la voyais souvent pensive, et cela m'inquiétait vivement.

« Un jour, après dîner, au lieu de rester dans le salon avec ses enfants, elle suivit son mari et ne reparut plus du reste de la journée. Le soir, à l'heure du souper, ils vinrent tous deux se mettre à table. Je la trouvai fort pâle, et je vis qu'elle avait beaucoup pleuré : j'en fus si bouleversé, que je ne cessai de la regarder, sans m'apercevoir combien cette attention était inconvenante. Je ne pensai plus au souper, j'oubliai de déployer ma serviette : elle ne mangea pas non plus. Lord B... ne soupait jamais ; et au bout de dix minutes, je l'entendis qui poussait sa chaise avec humeur, en disant que, puisque personne n'avait appétit, il était inutile de rester à table plus longtemps. Lady B... toujours douce, toujours occupée des autres, vint me dire qu'une forte migraine la forçait à se retirer de bonne heure, mais qu'elle me priait de la suivre le lendemain à sa promenade du matin. Je la regardai sans lui répondre, car je ne pensais qu'à deviner ce qui pouvait l'avoir affligée. Elle me quitta, et ils s'en allèrent ensemble. Je regagnai ma chambre, où, pour la première fois, je connus à quel point je l'aimais. Je passai toute la nuit sans me coucher. J'avais beau chercher, me creuser la tête, je ne concevais rien à sa douleur : et me perdant en conjectures, je ne sentais bien clairement que le chagrin de lui savoir des peines, et le désir de donner ma vie pour la voir heureuse.

« Dès que le jour parut, j'allai me promener, jusqu'à l'heure où elle descendait ordinairement : alors, ne la trouvant point dans le salon, je montai la chercher chez ses enfants. Leur chambre était ouverte ; je m'arrêtai en voyant lady B... assise, le dos tourné à la porte, ayant ses quatre enfants à genoux devant elle ; le cinquième, qu'elle nourrissait encore, était sur ses genoux. Ces enfants faisaient leur prière du matin : lorsqu'ils eurent prié pour la santé de leur père et de leur mère, elle leur dit : "Demandez aussi à Dieu que M. de Sénange, qui a eu tant de soin de vous pendant la tempête, n'éprouve aucun accident pour son retour." Elle prit les deux petites mains de ce dernier enfant, les joignit dans les siennes, en levant les yeux au ciel, et sembla s'unir à leur prière. Je n'avais pas encore pensé à mon départ ; jugez de ce que je devins lorsque je l'entendis parler de voyage ! Elle me trouva encore appuyé sur la porte ; je ne pouvais revenir de mon saisissement ; elle devina que je l'avais entendue, et m'emmena dans les jardins. Je la suivis sans lui parler ; elle garda aussi quelque temps le même silence, puis le rompit tout à coup, et me pria de l'écouter avec attention et sans l'interrompre.

« "Lorsque je vous rencontrai, me dit-elle, je fut sensible à l'intérêt que je vous vis témoigner à mes enfants ; dès lors vous m'en inspirâtes un réel. Le danger que nous courûmes ensemble, et votre sensibilité, l'augmentèrent encore ; mais la mélancolie qui vous dominait, lorsque vous vîntes ici, me toucha davantage. La première peine, le premier revers influe si essentiellement sur le reste de la vie ! Je craignais que, livré à vous-même, seul, dans une terre étrangère, vous ne pussiez résister à cette grande épreuve ; et je vous voyais près de vous laisser abattre par le malheur, au lieu de chercher à le surmonter. Je ne connaissais pas la cause de vos chagrins ; j'essayai de pénétrer dans votre cœur, et vous me devîntes vraiment cher. Vous savez si je ne vous ai pas toujours donné les conseils que je voudrais que mes fils reçussent de vous. Quel plaisir je ressentais lorsque j'avais adouci votre caractère, rendu vos idées plus justes, vos dispositions plus heureuses ! Mais ce bonheur si innocent a été mal interprété ; on m'accuse d'avoir pour vous des sentiments trop tendres…

« — Ah ! que je serais heureux, m'écriai-je.

« — Ne m'interrompez pas", me dit-elle sévèrement ; et reprenant bientôt sa bonté, sa bienveillance ordinaire, elle ajouta : "Mon mari en a pris de l'ombrage, sans que je m'en sois doutée : hier il m'a avoué le tourment qu'il éprouve, et je lui ai promis que vous partiriez aujourd'hui…

« — Non, par pitié, non, lui dis-je en prenant ses mains dans les miennes ; que deviendrais-je ! je suis tout seul au monde !

« — Si même je m'oubliais jusqu'à permettre que vous restassiez près de moi, vous ne pouvez y demeurer toujours : rendons votre séparation utile à tous deux ; car vous ne voudriez pas faire le malheur de ma vie en troublant le repos de lord B… Allons, mon jeune ami, du courage, vos chevaux vous attendent…

« — Comment, mes chevaux ! et qui les a demandés ?

« — Moi ; ma tendre amitié a voulu vous éviter les préparatifs d'une séparation trop affligeante pour nous…"

« Et détournant ses yeux pleins de larmes, elle se leva. J'étais si frappé, je m'attendais si peu à ce prompt éloignement, qu'il ne me vint aucune objection ; d'ailleurs, je ne savais que lui obéir.

« Elle regagna le château le plus vite qu'il lui était possible ; et montant aussitôt avec moi dans la chambre de ses enfants, elle sembla devenir plus calme dans cet asile de paix et d'innocence. Cependant elle paraissait respirer avec peine ; mais bientôt reprenant son empire sur elle-même, elle me dit :

« "Je ne sais quel pressentiment m'a toujours persuadé que je mourrais jeune. Assurez-moi que si mes fils se trouvaient jamais dans votre pays, comme je vous ai rencontré dans le mien, seuls, sans conseil, sans parents, dans la jeunesse ou le malheur, jurez-moi que, vous souvenant de leur mère, vous seriez leur ami et leur guide…"

« — Ah ! je jure qu'ils seront toujours ce que j'aurai de plus cher. Je les embrassai tous en leur donnant les noms les plus tendres, et promettant solennellement de ne jamais les oublier.

« "Ce n'est pas tout encore, ajouta-t-elle : s'il est vrai que j'aie adouci vos chagrins, que vous partagiez l'amitié que vous m'avez inspirée, récompensez mes soins, en allant, tout de suite, retrouver votre père ; promettez-moi de le rendre heureux, et de vous y dévouer tout entier !… C'est encore m'occuper de vous, continua-t-elle en soupirant, et vous prouver que je crois à vos regrets ; car il n'est de consolation, pour les cœurs vraiment affligés, que de s'occuper du bonheur des autres…"

« Je tombai à ses pieds, je baisai ses mains avec respect, avec amour ; je pris tous les engagements qu'elle me dicta, et je courus à ma voiture, sans regarder derrière moi, ni penser à faire mes adieux à lord B…

« Je me hâtai de retourner à Paris ; j'arrivai chez mon père, justement trois mois après l'avoir quitté. Il ne m'attendait pas. Je me présentai devant lui, sans permettre qu'on m'annonçât, et sans lui donner le temps de me témoigner son étonnement ou sa colère. "Mon père, lui dis-je, j'ai été bien coupable envers vous ; mais je reviens pour vous consacrer ma vie. S'il est possible, oubliez le passé : daignez m'éprouver ; je défie votre rigueur de surpasser mon respect et ma soumission."

« Mon père, encore plus étonné de ce langage que de mon arrivée, me demanda à qui il devait un changement si inattendu. Je lui racontai tout ce que je viens de vous dire ; il s'attendrit avec moi, et, pour la première fois, m'appela son cher fils. Je cherchai à lui plaire : souvent je trouvais qu'il me jugeait avec d'anciennes et d'injustes préventions ; car les torts de la jeunesse laissent des impressions qu'on retrouve longtemps après être corrigé. Mais j'étais déterminé à le rendre heureux, et je parvins à m'en faire aimer. Je m'apercevais du succès de mes soins, à la tendre reconnaissance qu'il avait prise pour lady B… Je lui écrivis plusieurs fois ; elle me répondait toujours avec la même amitié, la même raison, mais elle se plaignait souvent de sa santé. Ses lettres devinrent plus rares : enfin je reçus de Londres un paquet d'une écriture que je ne connaissais pas, et cacheté de noir. Ces marques de deuil me firent frémir ; je n'osais ni l'ouvrir, ni m'en éloigner. Il fallut bien cependant connaître mon malheur ; et j'appris que lady B…, sentant sa fin approcher, avait chargé une femme de confiance d'une boîte qu'elle m'envoyait. J'y trouvai un petit tableau, sur lequel elle était peinte avec ses enfants : il était accompagné d'une dernière lettre d'elle, plus touchante que toutes les autres, où, me rappelant mes promesses, elle me bénissait avec sa famille. Je fus longtemps très affligé ; et jamais je n'ai été consolé. Mon père me proposa différents mariages ; toutes les femmes me paraissaient si différentes de lady B… que cette proposition me rendait malheureux. Il cessa de m'en parler, et vécut encore quelques années. J'eus la consolation de l'entendre me remercier en mourant, et mêler le nom de lady B… aux bénédictions qu'il me donnait. Je le regrettai du fond de mon âme. Sa mort me rappela vivement les torts de ma jeunesse, et tout ce que je devais à cette femme excellente. Je vous remettrai ces lettres et les portraits de votre famille. J'avais quitté votre grand-père avec si peu d'égards, que je n'osai jamais me rappeler à son souvenir ; mais je ne perdis point de vue ses enfants. J'appris avec intérêt leur mariage, celui de votre mère ; et je vous assure que vous rendrez mes derniers jours heureux, si votre affection me permet de remplir mes engagements, et si vous comptez sur moi comme un second père. »

Je l'assurai de tout mon attachement. Adieu. J'ai la main fatiguée d'avoir écrit si longtemps : en vérité, je commence à croire au bonheur, puisque le hasard m'a fait rencontrer ce digne homme.

LETTRE XIV

Neuilly, ce 25 juillet

Montesquieu dit que, comme notre esprit est une suite d'idées, notre cœur est une suite de désirs. Je l'éprouve, Henri ; car, depuis que je sais les liaisons que M. de Sénange a eues avec ma famille, ma curiosité n'est pas satisfaite ; et à présent, je voudrais apprendre ce qui a pu déterminer un homme si raisonnable à se marier, à son âge, avec un enfant de seize ans ! Car Adèle n'est qu'une enfant dont les inconséquences m'impatientent souvent, moi qui, plus rapproché d'elle, n'ait pas encore atteint ma vingt-troisième année.

Elle est revenue de son couvent, les yeux rouges, a été silencieuse et triste le reste de la soirée : le lendemain elle a paru, au déjeuner, gaie, fraîche, brillante de santé et de bonne humeur. Ce changement m'a tout dérangé : j'avais passé la nuit à rêver aux chagrins qu'elle pouvait avoir ; et je suis sûr que, non seulement elle a dormi tranquille, mais qu'oubliant sa peine, elle aurait été fort étonnée que j'y pensasse encore. Cependant, Henri, elle est fort aimable, oui, très aimable : ses défauts mêmes vous plairaient, à vous qui ne cherchez dans la vie que des scènes nouvelles.

Adèle est douce, si l'on peut appeler douceur un esprit flexible qui ne dispute ni ne cède jamais. Son humeur est égale, habituellement gaie ; ses affections sont si vives, son caractère est si mobile, que je l'ai vue plusieurs fois s'attendrir sur les malheurs des autres, jusqu'au point de ne garder aucune mesure dans sa générosité ou dans ses promesses ; mais, oubliant bientôt qu'il est des infortunés, mettre le même excès à satisfaire des fantaisies ; et, passant ainsi de la sensibilité à la joie, vous surprendre et vous entraîner toujours. Elle est d'un naturel et d'une sincérité qui enchantent. Ne connaissant ni la vanité ni le mystère, elle fait simplement le bien, franchement le mal, et ne s'étonne ni d'avoir raison ni d'avoir tort. Si elle vous a blessé, elle s'en afflige tant que vous en paraissez fâché ; mais elle l'oublie aussitôt que vous êtes adouci, et il est presque certain que, l'instant d'après, elle vous offensera de même, s'en désolera de nouveau, et se fera pardonner encore. Aucun intérêt ne la porterait à dire une chose qu'elle ne pense pas, ni à supporter un moment d'ennui sans le témoigner. Aussi, lorsqu'elle a l'air bien aise de vous voir, est-il impossible de ne pas croire qu'elle vous reçoit avec plaisir ; et si jamais elle paraissait aimer, il serait bien difficile de lui résister. Ajoutez à cela, Henri, une figure charmante, dont elle ne s'occupe presque pas ; une grâce enchanteresse qui accompagne tous ses mouvements ; un besoin de plaire et d'être aimable dont je n'ai jamais vu d'exemple, et qui ferait le tourment de celui qui serait assez fou pour en être amoureux, mais qui doit lui donner autant d'amis qu'elle a de connaissances ; car elle est aussi coquette par instinct, que toutes les femmes ensemble le seraient par calcul. Adèle est aimable, toujours, avec tout le monde, involontairement. Donne-t-elle à un pauvre ? ce n'est point de la simple compassion ; son visage lui peint le plaisir de l'avoir soulagé ; le refuse-t-elle ? ce n'est jamais sans lui exprimer le regret ou l'impossibilité actuelle de le secourir. Attentive dans la société, se rappelant quelquefois vos goûts, une phrase, un mot qui vous est échappé, vous êtes étonné de lui trouver des soins, des souvenirs, lorsqu'elle n'avait pas paru vous entendre. D'autres fois, manquant sans scrupule aux choses que vous désirez le plus, à celles même qu'elle vous avait promises, elle se laisse entraîner par le premier objet qui se présente. Enfin, réunissant tous les contrastes, ce n'est qu'en tremblant que vous admirez ses talents, ses grâces, ses heureuses dispositions ; un sentiment secret vous avertit qu'elle vous échappera bientôt. Aussi prêterai-je un beau champ à vos plaisanteries, lorsque, entre un septuagénaire et une femme charmante, le vieillard obtiendra toutes mes préférences et ma plus tendre amitié. Je vous laisse sur cette pensée, mon cher Henri ; car je suis sûr qu'elle vous paraîtra si ridicule, qu'il vous serait impossible de m'accorder un instant d'intérêt après un pareil aveu.

LETTRE XV

Neuilly, ce 4 août

Je suis toujours à Neuilly, mon cher Henri ; je comptais n'y passer que peu de jours, et les semaines se succèdent, sans que M. de Sénange me permette de penser encore à mon départ. Adèle me témoigne aussi beaucoup d'amitié ; cependant je voudrais vous revoir. Je ne sais s'il tient à mon caractère inquiet de ne jamais se trouver bien nulle part, mais je désire de m'éloigner.

La vie qu'on mène ici est douce, agréable, et me plairait assez si je pouvais m'y livrer sans inquiétude. On se réunit, à dix heures du matin, chez M. de Sénange. Après le déjeuner on fait une promenade, que chacun quitte ou prolonge suivant ses affaires ou sa fantaisie ; on dîne à trois heures : deux fois par semaine il y a beaucoup de monde : les autres jours nous sommes absolument seuls, et ce sont les moments qu'Adèle semble préférer. Après le dîner, M. de Sénange dort environ une demi-heure : ensuite la promenade recommence ; ou s'il y a quelque bon spectacle à Paris, Neuilly en est si près, qu'Adèle nous y entraîne souvent. La journée se passe ainsi, sans projets, sans prévoyance, et surtout sans ennui.

Adèle a commencé ses travaux dans l'île ; je les dirige, et cette occupation suffit à mon esprit, M. de Sénange suit avec nous le travail des ouvriers ; il est toujours le juge et l'arbitre de nos différends. Il a l'air heureux ; mais c'est lorsqu'il paraît l'être davantage qu'il lui échappe des mots d'une tristesse profonde.

Hier nous avons été à la pointe de l'île ; elle est terminée par une centaine de peupliers, très rapprochés les uns des autres, et si élevés, qu'ils semblent toucher au ciel. Le jour y pénètre à peine ; le gazon est d'un vert sombre ; la rivière ne s'aperçoit qu'à travers les arbres. Dans cet endroit sauvage on se croit au bout du monde, et il inspire malgré soi, une tristesse dont M. de Sénange ne ressentit que trop l'effet, car il dit à Adèle : « Vous devriez ériger ici un tombeau ; bientôt il vous ferait souvenir de moi. » La pauvre petite fut effrayée de ces paroles comme si elle n'eût jamais pensé à la mort. Elle rougit, pâlit, et nous quitta aussitôt. Il m'envoya la chercher : je la trouvai qui pleurait, et j'eus bien de la peine à la ramener ; car elle craignait que la vue de ses larmes n'augmentât encore l'espèce de pressentiment qui avait frappé M. de Sénange. Elle revint cependant ; et sans chercher à le rassurer, sa délicatesse s'empressa de l'occuper, pour ne pas laisser à de pareilles réflexions le temps de renaître. A peine fûmes-nous dans le salon, qu'elle se mit au piano, répéta les airs qu'il préfère, chanta les chansons qu'il aime, voulut qu'il jouât aux échecs avec moi. Il céda à tous ses désirs, écouta la musique, joua aux échecs, mais fut pensif le reste de la soirée : et pour la première fois, il se retira immédiatement après le souper.

Je restai seul avec Adèle ; ses pleurs recommencèrent à couler. « Si vous saviez, me disait-elle, combien il est bon ; tout ce que je lui dois ! et quel tourment j'éprouve quand je considère son grand âge ! Il est heureux ; je donnerais de ma vie pour le conserver ; et dans quelque temps nous aurons peut-être à le pleurer… » Que je lui sus gré de m'unir ainsi aux sentiments les plus chers, les plus purs de son cœur ! La pauvre petite était toute saisie : je voulus qu'elle descendît dans les jardins, espérant qu'une légère promenade et la fraîcheur de la nuit dissiperaient ces noires idées. Je lui donnai le bras ; je la sentais soupirer. Elle marchait doucement, appuyée sur moi : pour la première fois, elle avait besoin d'un soutien. Combien sa peine me touchait ! Cependant, ne pouvant point arrêter ses larmes, j'essayai de traiter sa tristesse de vapeurs, sans vouloir l'écouter ni lui répondre plus longtemps ; et doublant le pas, je la traînai malgré elle, jusqu'à la faire courir. Ce moyen me réussit mieux que tous mes discours ; car, moitié riant, moitié se fâchant, je lui fis faire le tour de la terrasse. Dès qu'elle fut distraite, sa gaieté revint. Alors j'appelai la raison à mon secours ; et quoique la nuit fût superbe, que j'eusse bien envie de continuer cette promenade, de lui demander ce qui avait pu occasionner un mariage qui me paraissait heureux, mais bien disproportionné, je me hâtai de la ramener, de crainte que ses gens ne trouvassent extraordinaire de nous voir rentrer plus tard. Pour regagner mon appartement, il faut passer devant celui de M. de Sénange ; je m'y arrêtai, en demandant au ciel que le sommeil de cet excellent homme fût calmé par quelques songes heureux, et lui rendît assez de force pour espérer un long avenir.

P.-S. Ce matin M. de Sénange m'a fait dire qu'il avait passé une mauvaise nuit, et qu'il avait la goutte très fort. Sans doute, hier il souffrait déjà : car je suis persuadé, Henri, que dans la vieillesse les inquiétudes de l'esprit ne sont jamais qu'une suite des maux du corps, comme, dans la jeunesse, les maladies sont presque toujours le résultat des peines de l'âme ; et celui qui, vraiment compatissant, voudrait soulager ses semblables, risquerait peu de se tromper en disant au jeune homme qui souffre : « Contez-moi vos chagrins ?... » Et au vieillard qui s'afflige : « Quel mal ressentez-vous ?... »

LETTRE XVI

Neuilly, ce 20 août

M. de Sénange a la goutte depuis quinze jours, mon cher Henri ; et, pendant que je passais tout mon temps à le soigner, vous me grondiez avec une humeur dont je vous remercie. Votre curiosité sur Adèle me plaît encore ; je vous l'ai fait aimer, me dites-vous, et en même temps vous me demandez si je l'aime moi-même ? Oui, assurément je l'aime, mais comme un frère, un ami, un guide attentif. Ne la jugez pas sur le portrait que je vous en avais fait ; elle est bien plus aimable, bien autrement aimable que je ne le croyais. Si vous saviez avec quelle attention elle soigne M. de Sénange ! comme elle devine toujours ce qui peut le soulager ou lui plaire ! Elle est redevenue cette sensible Adèle qui m'avait inspiré un intérêt si tendre. Ce n'est plus Mme de Sénange vive, étourdie, magnifique ; c'est Adèle, jeune sans être enfant, naïve sans légèreté, généreuse sans ostentation : il ne lui a fallu qu'un moment d'inquiétude pour faire ressortir toutes ses qualités.

Depuis que M. de Sénange est malade, il ne reçoit personne ; aussi, la préférence qu'il m'accorde m'ôte-t-elle le désir de m'absenter. Il supporte la douleur avec courage, ou plutôt avec résignation. Il ne se plaint pas ; quelquefois seulement on aperçoit ses craintes, mais jamais il ne laisse voir ce qu'il souffre. — Ces derniers jours, il nous parlait de la vie comme d'une chose qui ne le regardait plus. Il est vrai que la goutte s'était montrée d'abord d'une manière effrayante ; mais depuis hier elle est heureusement fixée au pied. — C'est depuis sa maladie que j'ai véritablement commencé à connaître Adèle. Pourquoi le hasard ne me l'a-t-il pas fait rencontrer plus tôt ?... Vous savez que l'amitié de la jeunesse n'a jamais de réticence : Adèle me laisse lire dans son cœur ; ses pensées me sont toutes connues. Quelle simplicité ! quelle innocence ! Elle fait disparaître toutes les préventions que l'égoïsme des hommes et la perfidie des femmes m'avaient inspirées. Près d'elle, je cesse d'être sévère ; je crois au bonheur, à la vérité, à la tendresse ; je crois à toutes les vertus. Ce visage calme, où le chagrin n'a pas encore laissé de traces, où le repentir n'en gravera jamais, répand de la douceur sur tout ce qui l'environne. — Cependant, n'allez pas imaginer que je sois amoureux ; si je croyais le devenir, je fuirais à l'instant. La bonté, la confiance de M. de Sénange ne seront point trahies. Je ne troublerai point les derniers jours d'un homme qui peut se dire : « Il n'y a personne à qui j'aie fait un moment de peine. » Je ne me permettrais pas même les plus insignifiantes attentions, si elles pouvaient lui donner de l'inquiétude. Je suis effrayé quand je vois, dans le monde, avec quelle légèreté on risque d'affliger un vieillard ou un malade ; sait-on si l'on aura le temps de le consoler ?... Ah ! ce ne sera pas moi qui l'empêcherai de bénir quelques années que le ciel semble lui avoir accordées par prédilection. — Ainsi, mon cher Henri, aimez Adèle ; mais aussi, comme moi, chérissez-les, respectez-les tous deux.

LETTRE XVII

Neuilly, ce 26 août

Il n'y a pas un petit détail qui ne me fasse aimer, chaque jour davantage, l'intérieur de M. de Sénange. Tous les premiers mouvements d'Adèle, tous les sentiments plus réfléchis de ce vieillard, sont également bons. Hier, pendant le déjeuner, le garde-chasse apporta un héron à Adèle. Cet homme, en le présentant, nous dit que ces oiseaux étaient fort attachés les uns aux autres :

« Ce matin, ajouta-t-il, ils étaient deux ; lorsque celui-ci est tombé, son compagnon a jeté plusieurs cris, et est revenu, jusqu'a trois fois, planer au-dessus de lui, en criant toujours.

— Vous ne l'avez pas tué ? dit vivement Adèle.

— Non, madame, répondit-il, prenant son effroi pour un reproche ; il est toujours resté trop haut pour que je pusse l'atteindre. »

A ces derniers mots, elle fut si indignée, qu'elle le renvoya très sèchement, en lui défendant d'en tuer jamais. M. de Sénange sourit ; et, sans paraître avoir remarqué l'air mécontent d'Adèle, il parla de la voracité des hérons !... « Ces oiseaux, dit-il, mangent les poissons... les plus petits surtout… Dès qu'il fait soleil, et qu'ils viennent, pour se réjouir, sur la surface de l'eau, le héron les guette… les saisit… les porte à son nid… mais c'est pour nourrir sa famille… et lui-même ne prend de nourriture que lorsque ses petits sont rassasiés… » Je voyais qu'il s'amusait à varier toutes les impressions d'Adèle ; et je me plaisais aussi à la voir exprimer successivement ses regrets pour le héron, sa pitié pour les petits poissons, et de l'intérêt pour ce nid, qu'il fallait bien nourrir… La pauvre enfant ne savait où reposer sa compassion… M. de Sénange l'appela près de lui ; il lui expliqua, sans chercher à trop approfondir ce sujet, tous les maux que, dans l'ordre de la nature, le besoin rendait nécessaires ; mais, ne voulant point la fixer longtemps sur des idées qui l'attristaient, il dit qu'il se sentait mieux, et qu'une promenade lui ferait plaisir. Adèle demanda une calèche, et nous partîmes par le plus beau temps du monde. Le grand air ranimait M. de Sénange, et nous pûmes aller très loin dans la campagne. Dans un chemin de traverse, bordé de fortes haies, nous trouvâmes une charrette qui portait la récolte à une ferme voisine : en passant, la haie accrochait les épis, et en gardait toujours quelques-uns ; Adèle le remarqua, et s'étonnait qu'on eût négligé de l'élaguer. « On ne la coupera que trop tôt, reprit M. de Sénange ; ce que cette haie dérobe au riche, elle le rendra aux pauvres : les haies sont les amies des malheureux. » Effectivement, à notre retour nous trouvâmes dans ce même chemin des femmes, des enfants, qui recueillaient tous ces épis avec soin, pour les porter dans leur ménage. M. de Sénange les appela ; sa bienfaisance les secourut tous ; et je vis qu'après avoir osé faire entrevoir à Adèle qu'il y a des maux inévitables, il prenait plaisir à la faire arrêter sur des idées douces, que les moindres circonstances de la vie peuvent fournir à une âme sensible. La réflexion d'Adèle fut « qu'elle ne laisserait jamais couper de haies » ; et M. de Sénange sourit encore, en voyant comment elle avait profité de la leçon du matin.

LETTRE XVIII

Neuilly, ce 26 août

Notre promenade n'a pas réussi à M. de Sénange : sa goutte est fort augmentée, il souffre beaucoup mais au milieu de ses douleurs, il s'est plu à m'apprendre les raisons qui l'avaient déterminé à se marier.

Sa famille est alliée à celle de Mme de Joyeuse, mère d'Adèle, chez laquelle il allait fort rarement. Son caractère ne lui convenant pas, il ne la voyait qu'à un ou deux grands dîners de famille qu'il donnait tous les ans. Un jour qu'il lui faisait une visite d'égard, pour la prier de venir chez lui avec d'autres parents, il lui demanda des nouvelles de sa fille. Mme de Joyeuse, d'un air bien froid, bien indifférent, lui répondit qu'étant peu riche, elle la destinait au cloître, et ne prit même pas la peine d'employer la petite fausseté ordinaire en pareille circonstance : *ma fille veut absolument se faire religieuse.* « J'ai à la remercier, me dit-il, des expressions qu'elle employa. Je leur dois peut-être mon bonheur ; car je fus révolté de voir une mère disposer aussi durement de sa fille, et la livrer au malheur pour sa vie, uniquement parce qu'elle était peu riche. Cette jeune victime, sacrifiée ainsi par ses parents, ne me sortait pas de l'esprit. Après notre grand dîner, je proposai à Mme de Joyeuse de la conduire au couvent où était Adèle. J'étais bien sûr qu'elle ne me refuserait pas ; car c'est la première femme du monde pour tirer parti de tout, et la seule pensée que mes chevaux feraient cette course, au lieu des siens, devait la déterminer bien plus que le plaisir de voir sa fille. Nous arrivâmes au parloir à sept heures. C'était le moment de la récréation : on nous dit que les pensionnaires étaient au jardin ; cependant nous attendîmes peu. Adèle arriva bientôt, rouge, animée, tout essoufflée, tant elle avait couru. Sa mère, loin de lui savoir gré de cet empressement, ne le remarqua même pas, la reçut d'un air froid, et parla longtemps bas à la religieuse qui l'avait accompagnée. Pour moi, continua M. de Sénange, qui ai toujours aimé la jeunesse, je me plus à lui demander quels jeux l'amusaient avec ses compagnes, et de quelles occupations ils étaient suivis ? Elle me peignit le colin maillard, les quatre coins [1], avec un plaisir qui me rappela mon enfance ; mais, passant à ses devoirs, aux heures du travail, elle m'en parla avec une égale satisfaction. Cet heureux caractère m'intéressa ; je demandai à sa mère la permission de venir la revoir. Elle n'osa pas la refuser à mon âge, quoiqu'elle n'eût encore permis à sa fille de recevoir personne. La semaine suivante je retournai à ce couvent. Adèle me reçut avec plaisir : je l'interrogeai sur la vie qu'elle avait menée jusqu'alors ; elle m'en parut fort contente. "Mais, lui demandai-je, si votre mère voulait vous faire religieuse ?

— J'en serais charmée, me dit-elle gaiement, car alors je ne quitterais pas mes amies.

— Et si elle vous mariait ?

— Il faudrait aussi lui obéir ; mais je serais bien affligée, si elle me donnait un mari qui, m'emmenant en province, m'éloignât de mes compagnes et de mes religieuses."

Je ne pus m'empêcher de prendre en pitié cette âme innocente, toujours prête à se soumettre à sa mère, sans même considérer quels devoirs elle lui imposerait. Si elle se fût plainte, si elle eût senti sa

---

1. Jeu dans lequel quatre personnes vont d'un coin à un autre d'un espace carré, tandis qu'une cinquième, placée au milieu, s'efforce de s'emparer de l'un des coins lorsqu'il reste inoccupé.

situation, j'aurais peut-être été moins touché : mais la trouver douce, résignée, m'intéressa bien davantage. Je ne pouvais me résoudre à lui laisser consommer ce sacrifice, sans l'avertir, au moins, des regrets dont il serait suivi. Je revins tourmenté de son souvenir et de son malheur ; je voyais toujours cette pauvre enfant prononçant ces vœux terribles. Cependant il m'était bien difficile de la secourir ; car, dans le temps que mon père était irrité contre moi, il avait fait un testament qu'après il a oublié de détruire. Par cet acte, *je ne jouissais que du revenu de sa fortune, et il ne m'était permis de disposer du fonds qu'au seul cas où je me marierais ; alors j'en deviendrais le maître, la moitié seulement restant substituée* [1] *à mes enfants.* Peut-être mon père, qui désirait passionnément que sa famille se perpétuât, avait-il pensé qu'en me gênant ainsi jusqu'à l'époque de mon mariage, je me résoudrais plus aisément à former des liens qui m'avaient toujours effrayé. Sa prévoyance n'a pas été vaine ; car sans cette clause, je n'eusse jamais imaginé d'épouser, à mon âge, une si jeune personne. Je l'aurais dotée, mariée, en respectant son choix ; mais je n'en avais pas la possibilité. Je revis Adèle souvent, et chaque fois, elle m'intéressa davantage. M'étant bien assuré que son cœur n'avait point d'inclination, qu'elle m'aimait comme un père, je me déterminai à la demander en mariage. Je m'y décidai avec d'autant moins de scrupule, que je n'avais que des parents éloignés, qui jouissaient tous de fortunes considérables, et que j'étais résolu à la traiter comme ma fille. D'ailleurs ma vieillesse, ma faible santé, me faisaient croire que je la laisserais libre avant que l'âge eût développé en elle aucune passion. J'espérai qu'alors, se trouvant riche, elle serait plus heureuse ; car on dit toujours, lorsqu'on est jeune, que la fortune ne fait pas le bonheur ; mais à mesure que l'on avance dans la vie, on apprend qu'elle y ajoute beaucoup. Mme de Joyeuse fut charmée de me donner sa fille ; je crois bien qu'on rit un peu du vieillard qui épousait, avec tant de confiance, une enfant de seize ans ; mais le bon caractère d'Adèle m'a justifié. Quant à moi, j'espère ne lui avoir causé aucune peine. Cependant, si un jour je la voyais moins gaie, moins heureuse, je me persuaderais encore qu'un lien qui, naturellement, ne doit pas être long, vaut toujours mieux que le voile et les vœux éternels qui étaient son partage. »

Je remerciai M. de Sénange de sa confiance, en admirant sa bonté et sa générosité. « Mon jeune ami, me dit-il, ne me louez pas tant, je suis assez récompensé ; n'ai-je pas obtenu l'amitié d'Adèle ? Si j'avais prétendu à un sentiment plus vif, tout le monde se serait moqué de moi, et vous tout le premier ; au lieu que je puis me dire : "Il n'est pas une de ses pensées, une de ses sentiments qui ne doive l'attacher à moi." Cela vaut mieux que les plaisirs de la vanité ; l'expérience m'a appris qu'on a beau la flatter,

---

1. Terme juridique. Substituer un héritage, c'est le laisser à quelqu'un et désigner un autre héritier pour succéder au défaut ou après le décès du premier.

elle n'est jamais complètement dupe; il y a toujours des moments où la
vérité se fait sentir. » Eh bien! Henri, aimez-vous M. de Sénange?
Exista-t-il jamais un meilleur homme? et croyez-vous qu'Adèle eut
raison de paraître satisfaite de se voir unie à lui? Comme ma sévérité
était injuste et ridicule! Ah! Adèle, n'était-ce pas assez de vous
connaître pour vous aimer; fallait-il encore avoir à m'accuser auprès de
vous?

LETTRE XIX

Neuilly, ce 26 août

M. de Sénange est assez bien pour son état, mon cher Henri; mais quel
état, ou plutôt quel âge que celui où l'on compte à peine la souffrance, où
l'on vous trouve heureux, parce que vous ne mourez pas! Il est vrai
qu'aucun danger présent ne le menace; mais il a la goutte aux deux
pieds, il ne saurait marcher, il ne peut même se mouvoir sans éprouver
des douleurs cruelles; et on lui dit qu'il est bien, très bien. Il ne paraît
même pas trop loin de le penser; du moins reçoit-il ces consolations avec
une douceur qui m'étonne. Serait-il possible qu'un jour j'aimasse assez
la vie pour supporter une pareille situation?... peut-être... si j'ai fait
quelques bonnes actions, et si, comme lui, j'ai mérité d'être chéri de tout
ce qui m'entoure.

Depuis qu'il est mieux, il ne veut plus que les promenades d'Adèle
soient interrompues, et il nous renvoie avec autorité, aux heures où nous
sortions tous trois avant sa maladie. Le croiriez-vous, Henri? elles me
sont moins agréables que lorsqu'il nous accompagnait. Je les commence
en tremblant; et lorsqu'elles sont finies, je reste mécontent de moi, de
mon esprit, de mes manières. Je suis continuellement tourmenté par la
crainte d'ennuyer, ou, ce que j'ose à peine m'avouer, par celle de plaire.
M. de Sénange, avec toute sa bonté, est aussi par trop confiant. Croit-il
que j'aie un cœur inaccessible à l'amour? Non: mais l'âge a tellement
refroidi ses sentiments, qu'il est incapable d'inquiétude; peut-être aussi,
et je le redoute plus encore, son estime pour moi est-elle plus forte que
ses craintes? Les maris sont tous jaloux, ou imprudents à l'excès.
Cependant je suis encore libre, puisque je prévois le danger, et que je
pense à le fuir; mais le plaisir d'être auprès d'Adèle me retient, lors
même que je me crois maître de moi.

Avant-hier, après le dîner, M. de Sénange voulut se reposer: Adèle mit
un chapeau de paille, ses gants, et me fit signe de la suivre. En sortant de
la maison, elle prit mon bras: je ne le lui avais pas offert; je n'osai le lui

refuser, mais je frémis en la sentant si près de moi. Elle n'avait jamais été à pied hors de l'enceinte des jardins ou de l'île, la faiblesse de M. de Sénange l'obligeant à aller toujours en voiture : seule avec moi, elle voulut entreprendre une longue course. Les champs lui paraissaient superbes. Elle ne connaît rien encore ; car à peine eut-elle quitté son couvent, que la maladie de sa mère la retint près d'elle. Tout la frappait agréablement ; les bleuets, les plus simples fleurs attiraient son attention. Cette ignorance ajoutait encore à ses charmes ; l'ingénuité de l'esprit est une preuve si touchante de l'innocence du cœur ! J'aurais été très content de cette journée, si, me redoutant moi-même, je n'avais pas craint de l'aimer plus que je ne le devais.

Le lendemain elle me proposa d'aller encore dans la campagne ; je la refusai sous le prétexte d'affaires, de lettres indispensables. Son visage m'exprima un vif regret, mais sa bouche ne prononça aucun reproche ; elle me dit avec un triste sourire : « J'irai donc seule. » Sa douceur faillit détruire toutes mes résolutions. Heureusement qu'elle partit sans insister davantage : si elle eût ajouté un mot, si elle m'eût regardé, je la suivais… Je suis resté, Henri ! mais je ne fus pas longtemps sans me le reprocher. A peine fus-je remonté dans ma chambre, que je me la représentai se promenant, sans avoir personne avec elle ; un passant, le moindre bruit pouvait lui faire peur. Je trouvai qu'il y avait de l'imprudence à la laisser ainsi : enfin, après y avoir bien pensé, je pris mon chapeau, et, descendant bien vite par le petit escalier de mon appartement, je courus la rejoindre. Je la cherchai dans les jardins ; elle n'y était pas : le batelier me dit qu'elle n'avait point été dans l'île. C'est alors que je m'inquiétai véritablement ; je tremblai que seule, ne connaissant pas le danger, elle n'eût eu la fantaisie de revoir ces champs qui lui avaient paru si beaux la veille. Je n'en doutai plus lorsque je trouvai la porte du parc ouverte. Je sortis aussitôt, et parcourant à perte d'haleine tous les endroits où nous avions été, je fis un chemin énorme ; car je sais trop qu'à son âge, lorsqu'une promenade plaît, on va sans penser qu'il faut revenir. Mais comme le jour tombait tout à fait, et que je voyais à peine à me conduire, il fallut bien regagner la maison. Quelquefois je m'arrêtais, prêtant l'oreille au moindre bruit : peut-être, me disais-je, revient-elle aussi, bien loin derrière moi. Souvent je retournais sur mes pas, écoutant sans rien entendre. Je fus horriblement tourmenté, et je me promis bien, à l'avenir, de ne plus consulter ma raison, et de tout abandonner au hasard. En rentrant, je la trouvai tranquillement assise, qui travaillait auprès de son mari. Je fus au moment de la quereller, et lui demandai, avec humeur, où elle avait pu aller tout le jour. Elle répondit doucement qu'après avoir fait quelques pas sur la terrasse, elle s'était ennuyée. « Et vous, me dit-elle, vos lettres sont-elles écrites ? » Je ne fis pas semblant de l'entendre, pour ne pas lui répondre. Henri, je l'aime !… mais ne puis-je l'aimer sans le lui dire ? Je puis être son ami ; et si jamais elle était libre !… Ah ! je m'arrête :

l'amour n'est pas encore mon maître, et déjà je pense sans regret au moment où ce bon, ce vertueux M. de Sénange ne sera plus ! Encore un jour, et peut-être désirerais-je sa mort !... Non, je fuirai Adèle, j'y suis résolu. Ces six semaines passées ainsi, presque seul avec elle ; ces six semaines m'ont rendu trop différent de moi-même. Je n'éprouve plus ces mouvements d'indignation que les plus légères fautes m'inspiraient : la vertu m'attire encore, mais je la trouve quelquefois d'un accès bien difficile. Cependant je m'en irai ; oui je m'en irai : il m'en coûtera, peut-être, hélas ! bien plus que je ne crois... Adieu ; puisse l'amitié consoler ma vie et remplir mon cœur !

LETTRE XX

Neuilly, ce 27 août

Je me suis levé ce matin décidé à partir, à quitter Adèle. En descendant chez M. de Sénange pour le déjeuner, je l'ai trouvé mieux qu'il n'avait été depuis sa maladie. Adèle avait un air satisfait où je remarquais quelque chose de particulier. Vingt fois j'ai été au moment de parler de mon prochain voyage, de leur faire mes adieux, et vingt fois je me suis arrêté. Non que je me flattasse qu'elle me regrettât longtemps : mais ils paraissaient heureux ; et il faut si peu de chose pour troubler le bonheur, que j'ai respecté leur tranquillité. Si M. de Sénange eût souffert, s'il eût été triste, mon départ eût sans doute ajouté bien peu à leur peine, et j'aurais osé l'annoncer. Tantôt, ce soir, me disais-je, à leur premier chagrin, je m'éloignerai sans qu'ils s'en aperçoivent. Combien je cherche à m'aveugler ! Ah ! s'ils étaient souffrants ou malheureux, pourrais-je les abandonner ? Enfin je n'ai pas eu le courage d'annoncer cette résolution qui m'avait coûté tant d'efforts.

Après le déjeuner, la pluie empêchant Adèle de se promener, elle est remontée dans sa chambre ; et, resté seul avec M. de Sénange, je lui ai proposé de faire une lecture. Mais à peine l'avais-je commencée, qu'un de ses gens est venu m'avertir tout bas qu'on me demandait. Je suis sorti, et j'ai été très étonné de voir une des femmes d'Adèle, qui m'a dit que sa maîtresse m'attendait dans son appartement. Je n'y étais jamais entré ; comme elle se rend chaque jour à dix heures du matin chez son mari, et qu'elle ne le quitte qu'aux heures de la promenade, c'est chez lui qu'elle passe sa vie, qu'elle lit, dessine, fait de la musique. L'impossibilité où il est de s'occuper, le besoin qu'il a d'elle, lui font un devoir de ne jamais le laisser seul ; et pour moi, conservant nos usages, même chez les étrangers, j'aurais craint d'être indiscret si je lui avais demandé de voir sa chambre.

J'ai été surpris de l'air mystérieux de la femme qui me conduisait ; cependant je l'ai suivie.

Dès qu'Adèle m'a aperçu, elle s'est avancée vers moi avec joie, et sans me donner le temps de lui parler, elle m'a dit : « M. de Sénange étant mieux, je veux célébrer sa convalescence ; il faut que vous m'aidiez à le surprendre. Dans quelques jours je donnerai une fête, un bal à toutes les pensionnaires de mon couvent. Nous chanterons des chansons faites pour lui ; il y aura un feu d'artifice, des illuminations. Ses anciens amis, mes compagnes, les malheureux dont il prend soin, tout ce qui l'intéresse sera invité ; heureuse de lui témoigner ainsi mon bonheur et ma reconnaissance ! J'irai demain à mon couvent pour arranger tout cela ; voudrez-vous bien rester avec lui ? » Pouvais-je la refuser ? Ce n'est qu'un jour de plus, et un jour sans elle, c'est déjà commencer l'absence. Je le lui ai promis ; alors elle s'est laissée aller à tout le plaisir qu'elle attend de cette fête. Elle me racontait son plan, le répétait de toutes manières ; et, pendant qu'elle jouissait d'avance de la surprise qu'elle voulait procurer à cet homme si digne d'être aimé, je pensais tristement que je n'en serais pas témoin, que bientôt je ne la verrais plus. Malgré ces idées pénibles, je me suis trouvé heureux que le hasard m'ait fait connaître son appartement. C'est ajouter au souvenir de la personne que de se rappeler aussi les lieux où elle se trouve. J'ai examiné sa chambre avec soin ; ses meubles, les plus petits détails, rien ne m'a échappé, je m'en souviendrai toujours. Je lui ai demandé l'heure à laquelle elle se levait. « A huit heures », m'a-t-elle répondu. Tous les matins à huit heures, me suis-je dit intérieurement, je ferai des vœux pour que rien ne trouble le bonheur de sa journée. J'ai voulu voir sa bibliothèque ; elle a résisté longtemps : mes instances en ont été plus vives : enfin elle a cédé à ce désir ; et jugez de mon étonnement, lorsqu'en y entrant, le premier objet qui s'est offert à ma vue, a été un tableau fort peu avancé, mais où la tête de M. de Sénange et la mienne étaient déjà parfaitement ressemblantes ? « J'aurais voulu, m'a-t-elle dit en riant, que vous ne le vissiez que lorsqu'il aurait été fini ; je copie un des portraits de M. de Sénange, j'y ai moins de mérite ; mais le vôtre, c'est de souvenir. » A ces mots, la surprise, la joie ont troublé toute mon âme :

« De souvenir ! lui ai-je dit en tremblant ; car je rappelais ses paroles pour qu'elle les entendît elle-même, et qu'elle les prononçât encore.

— Oui, a-t-elle repris avec une douce confiance.

— Ah ! me suis-je écrié, vous ne m'oublierez donc point !

— Jamais », a-t-elle répondu.

J'étais saisi et sans oser la regarder, je lui ai dit : « Croyez aussi que ma pensée vous suivra toujours ! »

Je n'osai plus lever les yeux, ni dire un mot ; je regardais alternativement mon portrait, celui de M. de Sénange surtout... Il m'a rappelé à moi-même, et a empêché mon secret de m'échapper. Elle est si vive, qu'elle ne s'est pas aperçue de mon émotion, et m'a proposé gaiement de voir ses autres ouvrages, ses cartons, ses dessins. Elle m'a montré un petit portrait d'elle, à peine tracé, et qui la représente dans son enfance : je le lui ai demandé vivement ; elle me l'a accordé sans difficulté, et même reconnaissante de mon intérêt. J'aurais voulu qu'elle crût me faire un sacrifice ; mais son innocence ne lui laissait pas deviner le prix que j'y attachais. Je l'ai priée du moins de ne dire à personne que je l'eusse obtenu.

« Pourquoi ? m'a-t-elle demandé avec étonnement ; n'êtes-vous pas notre meilleur ami !

— Ah ! dites notre seul ami.

— Non ; M. de Sénange en a beaucoup.

— Et vous ?

— Pour moi, c'est bien vrai.

— Eh bien, dites donc, *mon seul ami !*

— *Mon seul ami !* a-t-elle répété en souriant.

— Promettez-moi, ai-je ajouté, que lorsque je serai absent, vous me manderez tout ce qui pourra vous intéresser... Vous me direz s'il est quelqu'un que vous me préfériez ?

— Ne parlez pas d'absence, m'a-t-elle dit doucement ; vous gâtez toute ma joie. »

J'ai cessé d'en parler ; mais la douleur et les regrets étaient dans mon cœur : elle m'a regardé avec inquiétude, et a perdu cet air satisfait qui l'animait. Nous sommes descendus chez M. de Sénange, presque aussi émus l'un que l'autre.

Souvent, dans le courant du jour, elle m'a considéré attentivement, comme si elle eût cherché dans mes yeux la cause ou la fin de sa peine. Après dîner, au lieu de se promener, elle s'est mise à son piano ; mais n'a plus joué ni chanté les airs brillants qui l'amusaient la veille. La journée a fini sans qu'elle ait retrouvé sa gaieté ; et le soir, en me quittant, la pauvre petite m'a dit les larmes aux yeux : « Mon seul ami, est-ce que vous pensez à partir ? » Ah ! je crains bien de n'être pas seul malheureux ! Que n'êtes-vous avec moi, Henri ! peut-être que l'amitié, en partageant mon cœur, rendrait moins vif le sentiment qu'Adèle m'inspire ; mes peines en seraient moins amères. Mais ces désirs sont vains ! vous ne viendrez pas, et il faut que je m'éloigne ; il le faut absolument.

LETTRE XXI

Neuilly, ce 28 août

Adèle était allée dîner à son couvent. Quelle différence du jour où, pour la première fois, je restai seul avec M. de Sénange ! Je ne pensais qu'à l'amuser ; aujourd'hui je me suis ennuyé à mourir. Je m'efforçais en vain de l'occuper, de le distraire ; le moindre soin me fatiguait ; jamais le temps ne m'a paru si long. Aussi, pour faire quelque chose, lui ai-je proposé de lire les lettres de lady B..., trop heureux de trouver un objet qui pût l'intéresser ! Il a saisi cette idée avec joie, m'a donné la clef d'un secrétaire qui est dans son cabinet, et m'a prié d'aller les chercher. En ouvrant le premier tiroir, j'y ai trouvé un portrait d'Adèle en miniature, fait par le meilleur peintre, et enrichi de diamants, comme s'il avait besoin de cet entourage pour paraître précieux ! Je l'ai regardé avec transport ; sa beauté, sa douceur, la sérénité de son regard y sont peintes d'une manière ravissante. Il m'a été impossible de m'en détacher, et, par un mouvement involontaire, je l'ai placé contre mon cœur. Insensé ! il me semblait qu'en le possédant ainsi, ne fût-ce qu'un moment, j'en conserverais longtemps l'impression. Mais je me promettais bien de le remettre lorsque je rapporterais ces lettres. Je suis rentré dans le salon, avec le carton où elles étaient renfermées. M. de Sénange les a prises, et a voulu les lire lui-même. Tranquille en le voyant satisfait, je me laissais aller à mes propres pensées ; je l'entendais sans l'écouter. Le son monotone de sa voix ne pouvant fixer mon attention, ajoutait encore à ma rêverie. Il était heureux, le temps se passait, et c'est tout ce qu'il me fallait. A cinq heures, nous avons entendu le bruit d'une voiture : c'était Adèle. Mon cœur a battu avec violence, comme si elle n'avait pas dû venir, ou que je ne l'attendisse pas... Elle nous a raconté qu'elle avait trouvé ses religieuses encore fort affligées, parce qu'il y a environ huit ou dix jours un pan de mur de leur jardin est tombé. « Pour moi, m'a-t-elle dit, j'en ai été ravie ; car lorsque la clôture est interrompue comme cela, par une sorte de fatalité, il est permis aux hommes d'entrer dans l'inté-rieur des couvents ; et j'ai pensé que, ne connaissant pas ces sortes d'établissements, vous auriez peut-être la curiosité d'en voir un. La supé-rieure m'a permis de vous y conduire après-demain, si cela peut vous être agréable. » Je lui ai répondu courageusement que je craignais bien de ne pouvoir pas profiter de cette permission ; mais après ce grand effort, je n'ai plus senti que le désir de voir cet asile de son enfance. Elle a paru le souhaiter vivement, a insisté ; et tout ce que ma raison a pu conserver d'empire, s'est borné à lui répondre que je tâcherais de la suivre. Mais j'y étais résolu ; ne vous moquez pas de ma faiblesse, Henri ; je partirai, soyez-en sûr : un jour de plus n'est pas bien dangereux. Peut-être aussi, ces voiles, ces grilles, ces mortifications de tout genre, que des femmes embrassent avec ardeur et supportent sans se plaindre, ces exemples de courage feront rougir celui qui n'est assez fort, ni pour résister au danger, ni même pour le fuir. D'ailleurs quelque envie que j'eusse de m'éloigner, il faut bien que je reste, je ne sais combien d'heures, de jours, de temps encore ; car imaginez que lorsque Adèle est arrivée, M. de Sénange a resserré ces malheureuses lettres de lady B..., et a remis le carton sur une table près de lui. Je lui ai offert de le reporter dans son secrétaire ; mais je ne sais quelle fantaisie lui a fait préférer de le garder. Avant le souper je lui ai proposé de nouveau d'aller le serrer ; il s'y est encore refusé : et, au moment de nous retirer, lui ayant fait entendre qu'il ne fallait pas le laisser traîner sur sa table, il s'est impatienté tout à fait, a haussé les épaules, et a dit à Adèle de mettre ce carton dans une bibliothèque qui est dans le salon ; ce qu'elle a fait avec cet empressement distrait qui la porte toujours à lui obéir, sans même prendre intérêt aux choses qu'il lui demande.

Me voilà donc avec un portrait enrichi de diamants, ne prévoyant pas quand il me sera possible de le replacer sans qu'on s'en aperçoive ; n'osant ni le garder, ni le rendre, de peur de la compromettre ; risquant de faire soupçonner la probité d'anciens serviteurs, et probablement obligé à la fin de déclarer, devant toute une maison, que c'est moi qui l'ai dérobé, parce que j'aime Mme de Sénange ! Belle raison à donner à un mari, à des valets, à Adèle elle-même, qui me traite assez bien pour qu'alors on pût la soupçonner de partager mes sentiments !… En vérité, Henri, je crois qu'il y a quelque démon qui s'amuse à me tourmenter.

LETTRE XXII

Neuilly, ce 29 août

Je ne vous écrirai que deux mots aujourd'hui, mon cher Henri, car l'heure de la poste me presse. Il est certain qu'un mauvais génie se mêle de toutes mes actions ; je me croirais ensorcelé, si nous étions encore à ce bienheureux temps, où l'on accusait quelque être imaginaire de ses chagrins et de ses fautes ; où il suffisait d'un moment de bonheur pour se flatter qu'une divinité bienfaisante vous conduisait, et se plairait à vous protéger toujours.

En m'éveillant ce matin, je me suis empressé de regarder le portrait d'Adèle. Après m'être dit, répété, combien j'aime celle qu'il représente, je l'ai serré dans mon écritoire, afin qu'aucun accident, aucun hasard ne fît qu'on le découvrît si je le portais sur moi ; et, satisfait de cette sage précaution, de cette heureuse prévoyance, je suis descendu chez M. de Sénange pour le déjeuner : il était encore seul. « Venez, m'a-t-il dit vivement ; hier vous m'avez impatienté, en me demandant ces lettres devant Adèle ; allez les serrer bien vite où elles étaient, et revenez aussitôt. » Henri, me voyez-vous, enrageant de tenir la clef du secrétaire, lorsque je n'avais plus le portrait, et sans qu'il me fût possible d'aller le chercher ? car ce cabinet n'a d'issue que par la porte qui donne dans le salon où était M. de Sénange. J'ai donc remis ce maudit carton ; mais j'ai eu soin de ne faire que pousser le secrétaire au lieu de le fermer, demeurant ainsi le maître de rendre ce trésor sans qu'on s'en aperçoive. En rentrant dans le salon, M. de Sénange m'a redemandé sa clef : « Quoique lady B... m'a-t-il dit, fût la vertu même, je n'ai jamais voulu parler d'elle devant Adèle ; j'étais si jeune alors, si amoureux ; je me trouve si différent aujourd'hui ! A mon âge, a-t-il ajouté en riant, les comparaisons sont dangereuses ! D'ailleurs, elle a été élevée dans un couvent, où, suivant l'usage, les romans sont sévèrement défendus, et où les chansons même qui renferment le mot d'amour ne se font jamais entendre : aussi son esprit est-il simple et pur comme son cœur. » Il aurait pu continuer longtemps son éloge, sans que je trouvasse qu'il en dît assez ; mais Adèle elle-même est venue l'interrompre. Son regard timide me disait qu'elle ne se fiait plus à l'avenir : la tristesse de la veille lui avait laissé une sorte d'abattement qui donnait à sa voix, à ses mouvements, une mollesse, une douceur inexprimable. Il m'a été impossible d'y résister ; je me suis approché d'elle, et lui ai demandé à quelle heure il fallait être prêt le lendemain pour la suivre au couvent. Ce seul mot l'a ranimée, lui a rendu sa vivacité, son sourire, et je n'ai jamais été si heureux !... Je sens près d'elle un charme qui m'était inconnu. Ah ! jouissons au moins de cette journée ; oublions mes résolutions, et puissé-je ne penser à mon départ qu'au moment où il faudra la quitter !

LETTRE XXIII

Neuilly, 31 août, 2 heures du matin

Immédiatement après le dîner, mon cher Henri, Adèle demanda ses chevaux pour se rendre au couvent. M. de Sénange lui dit d'emmener une de ses femmes, étant trop jeune pour aller seule avec moi. Son innocence n'en avait pas senti la nécessité, et ne s'en trouva pas gênée ; tandis que ma raison, en le jugeant convenable, s'y soumettait avec peine. Elle partit gaiement, et je la suivis, fort ennuyé d'avoir cette femme avec nous. Lorsque nous arrivâmes au couvent, Adèle monta au parloir, et me présenta à la supérieure, qui me reçut avec une bonté extrême. Elle me proposa d'aller, par les dehors de la maison, gagner le mur du jardin, pendant qu'elle viendrait avec Adèle me joindre par l'intérieur.

« Mais, lui dis-je, puisque je vais me trouver aussitôt que vous dans le monastère, pourquoi ne me laisseriez-vous pas suivre tout simplement Mme de Sénange, sans m'ordonner de faire seul un chemin si inutile ?

— Non, me répondit-elle en souriant ; la même loi qui suppose que vous êtes les maîtres d'entrer dans nos maisons, lorsque la clôture en est interrompue par le hasard, nous défend de vous en ouvrir les portes. Les esprits forts peuvent se conduire par leur jugement; mais nous, qui sommes des êtres imparfaits, nous suivons la règle exacte sans oser en interpréter l'esprit, ni permettre à l'obéissance d'établir des bornes que, tour à tour, la faiblesse ou l'exagération voudrait changer. »

Je conduisis donc Adèle à la porte de clôture. Dès qu'elle fut entrée, on la referma sur elle, avec un si grand bruit de barres de fer et de verrous, que mon cœur se serra comme si je n'avais pas dû la revoir dans l'instant même. Je me hâtai de faire le tour de la maison, et j'arrivai à cette brèche presque aussitôt qu'elle. La supérieure me reçut accompagnée de deux religieuses qui la suivirent le reste du jour. Peut-être m'accuserez-vous de folie; mais véritablement je sentis une émotion extraordinaire lorsque mon pied se posa sur cette terre consacrée. Dès qu'Adèle me vit dans le jardin, elle me demanda tout bas si je serais bien contrarié qu'elle me laissât seul avec ces dames; l'amie qui était avec elle le jour où je la rencontrai pour la première fois étant malade, elle désirait d'aller la voir. Il fallut bien y consentir. Elle se rapprocha de la supérieure, me recommanda à ses soins, à ses bontés, l'embrassa aussi tendrement qu'une fille chérie embrasse sa mère, et me laissa avec cette digne femme, qui voulut bien me conduire dans l'intérieur du couvent.

« Notre maison, me dit-elle, est, à elle seule, un petit monde séparé du grand. Nous ne connaissons ici ni le besoin, ni la fortune; aucune religieuse ne se croit pauvre, parce que aucune n'est riche. Tout est égal, tout est en commun; ce qui nous est nécessaire se fait dans la maison. Les emplois sont distribués suivant les talents de chacune. Souvent nous cédons à leur goût; quelquefois nous le contrarions; car si les âmes tendres ont besoin d'être conduites avec douceur, même pour aimer Dieu, les cœurs ardents croient que pour gagner le ciel il faut une vie pleine d'austérités. Je cherche à connaître leur caractère sans paraître le deviner. Obligée de maintenir l'obéissance à la règle de ce monastère, je désire que ce soit avec peu d'effort, et qu'elles soient heureuses autant qu'il est possible. Toutes le deviennent par la seule habitude de les tenir continuellement occupées du bonheur des autres. Les anciennes sont à la tête de chaque différent exercice; ne pouvant plus faire beaucoup de bien par elles-mêmes, elles ont au moins la consolation de le conseiller, d'apprendre aux jeunes à faire mieux; et ces dernières trouvent une sorte de plaisir dans la déférence qu'elles ont pour celles d'un âge avancé. L'amour de la vertu a besoin d'aliment; et je regarderais comme bien à plaindre celles qui n'auraient aucun devoir à remplir. »

Je voulus tout voir : elle me mena à la roberie[a]; quatre religieuses étaient chargées de faire les vêtements de toute la maison. C'était l'heure du silence; elles se levèrent sans nous regarder, et se remirent à leur

---

a. Nom de la salle où l'on fait et serre les robes des religieuses.

ouvrage sans nous parler. De là nous allâmes à la lingerie : toujours d'aussi grands détails et aussi peu de monde pour y suffire. La supérieure, m'en voyant étonné, me demanda s'il ne fallait pas bien leur ménager de l'occupation pour toute l'année. Nous parcourûmes ainsi toute la maison. Les religieuses me reçurent avec la même politesse et le même recueillement. Nous arrivâmes jusqu'à l'infirmerie ; là, le silence était interrompu ; on ne parlait pas assez haut pour faire du bruit aux malades, mais on s'occupait du soin de les distraire, et même de les amuser. C'était la chambre des convalescentes, ou de celles dont les maladies douloureuses, mais lentes et incurables, ne leur permettaient plus de sortir. Il y avait dans cette salle immense des oiseaux, un gros chien, deux chats : et, sur les fenêtres, entre des châssis, des fleurs, de petits arbustes et des simples. La supérieure m'apprit que leur ordre leur défendait ces amusements. « Mais ici, ajouta-t-elle, tout ce qui divise l'attention soulage et devient un de nos devoirs : lorsque l'esprit ne peut plus être occupé longtemps, il a besoin d'être distrait. » Il y avait dans cette chambre, comme dans les autres, une vieille religieuse qui présidait au service, et des jeunes qui lui obéissaient.

Nous arrivâmes aux classes ; c'est là que le souvenir d'Adèle l'offrit à moi comme si elle eût été présente : j'aurais voulu voir la place qu'elle occupait, retrouver quelques traces de son séjour dans cette maison. Avec quel intérêt je regardais ces jeunes filles que l'affection et l'habitude rendent comme des enfants d'une même famille ! Je les considérais comme autant de sœurs d'Adèle, et je me sentais pour chacune un attrait particulier. Je leur demandai quelle était sa meilleure amie :

« C'est moi, dirent-elles presque toutes à la fois.

— Et quelle est celle que Mme de Sénange préférait ? »

Toutes regardèrent une jeune personne belle et modeste, qui baissa les yeux en rougissant ; elle paraissait plus confuse d'être distinguée, qu'elle n'eût été sensible à l'oubli. Je fis des vœux pour son bonheur, et pour qu'elle conservât toujours cette heureuse simplicité.

Quel étonnant contraste de voir ces jeunes pensionnaires élevées, avec les talents qui donnent des succès dans le monde, et les vertus qui peuvent les rendre chères à leurs maris, par des femmes qui ont renoncé pour elles-mêmes au monde, au mariage, et qui, cependant, n'oublient rien de ce qui peut les rendre plus aimables ! On leur montre la musique, le dessin, divers instruments : leur taille, leur figure, leur maintien sont soignés sans recherche, mais avec l'attention que pourrait y donner la mère la plus vaine de la beauté de ses filles. Une de ces petites se tenait mal la maîtresse n'eut qu'à la nommer pour qu'elle se redressât bien vite ; et il me parut que si c'était un défaut dans lequel elle retombait souvent, la religieuse avait pris la même habitude de la reprendre, sans humeur et sans négligence ; ce qui doit finir par corriger. Toutes travaillaient : une d'elles dévidait un écheveau de soie très fine, et si mêlée, qu'elle ne pouvait pas en venir à bout ; enfin, après avoir essayé de toutes les manières, elle y renonça, prit sa soie et la jeta dans la cheminée. La supérieure fut la ramasser, ouvrit doucement la fenêtre, et la jeta dans la rue : «Peut-être, lui dit-elle en souriant, quelqu'un plus patient et plus pauvre que vous la ramassera...» La jeune fille rougit ; et la supérieure, pour ne pas augmenter son embarras, chercha à m'éloigner, en me proposant de me mener voir le service des pauvres. «Cette institution, me dit-elle, vous prouvera, j'espère, que rien n'échappe à une charité bien entendue. Il y a plus d'un siècle qu'un vieillard a attaché à notre maison un bâtiment et des fonds, pour recevoir, tous les soirs, les gens de la campagne que leurs affaires forceraient à passer par Paris, et qui, n'ayant point d'asile, seraient exposés à mille dangers sans cette ressource. Ils n'ont besoin que d'un certificat de leur curé pour être admis ; mais ils ne peuvent rester que trois jours ; car on ne suppose point que leurs affaires doivent les retenir plus longtemps. Cependant nous ne nous sommes jamais refusées à accorder un plus grand délai à ceux qui annonçaient de vrais besoins. »

Tout en marchant, je lui demandai pourquoi elle avait repris cette jeune pensionnaire devant moi, et cependant sans la gronder. «Il y a peu de jours, me dit-elle, qu'elle est avec nous, et elle avait besoin d'une leçon. Pour rien au monde, je ne l'aurais reprise devant personne d'une faute réelle. Le mystère avec lequel les instituteurs cachent les torts graves augmente la honte et le repentir des élèves : mais pour les étourderies de la jeunesse, les mauvaises habitudes, les distractions, nous croyons que tout ce qui peut imprimer un plus long souvenir doit être employé. Je ne l'ai pas grondée, parce qu'elle n'avait rien fait de mal en soi, et qu'il faut garder la sévérité pour des choses vraiment répréhensibles. Les enfants ont toutes les passions en miniature. Leur vie est, comme celle des personnes faites, partagée entre le *mal*, le *bien* et le *mieux*. Nous reprenons rigoureusement celles qui annoncent des dispositions fâcheuses ; nous montrons, nous conseillons doucement le bien. Ce n'est pas l'obéissance, mais le goût qui doit y porter ; et nous louons, nous chérissons celles qui, plus avancées, croient à la perfection et la cherchent. »

Nous arrivâmes à l'hôpital. Représentez-vous, Henri, une voûte immense, éclairée par trois lampes placées à une si juste distance les unes des autres, qu'on y voyait assez, quoique la lumière y fût sans éclat. Une table fort étroite, et occupant toute la longueur de la salle, était couverte de nappes très blanches. Une centaine de pauvres y étaient assis, tous rangés sur la même ligne. On avait écrit sur les murs des sentences des livres saints, qui invitaient à la charité, et à ne jamais manquer l'occasion d'une bonne œuvre. Dans le milieu de cette salle était un prie-Dieu ; auprès, un socle sur lequel on avait posé un grand bassin rempli d'une soupe assez épaisse pour les nourrir, et cependant fort appétissante. La supérieure la servit ; quatre jeunes religieuses lui apportaient promptement, et successivement, de petites écuelles de terre qu'elle emplissait, et qu'elles reportaient à chaque pauvre ; ensuite on leur donna à chacun un petit plat, dans lequel était un ragoût mêlé de viande et de légumes, avec deux livres de pain bis blanc. Pendant leur repas, une jeune pensionnaire fit tout haut une lecture pieuse. Le grand silence qui régnait dans cette salle prouvait également la reconnaissance du pauvre et le respect des religieuses pour le malheur. Je m'informai avec soin des revenus et des dépenses de cet établissement. Vous seriez étonné du peu qu'il en coûte pour faire autant de bien. A ma prière, la supérieure entra dans les plus grands détails. Avec quelle modestie elle passait sur les peines que devait lui donner une surveillance si étendue ! C'était toujours *des usages qu'elle avait trouvés, des exemples qu'elle avait reçus, des secours et des consolations que ses religieuses lui donnaient.* «Une des premières règles de cette maison, me dit-elle, est de ne rien perdre, et de croire que tout peut servir. Par exemple : après le dîner de nos pensionnaires, une religieuse a le soin de ramasser dans une serviette tous les petits morceaux de pain que les enfants laissent ; car la gourmandise trouve à se placer, même en ne mangeant que du pain sec ; et je suis toujours étonnée du choix et des différences qu'elles y trouvent. On porte ces restes dans le bassin des pauvres ; une pensionnaire suit la religieuse, qui se garde bien de lui dire : "Regardez", mais qui lui montre que tout est utile. Travaillent-elles ? le plus petit chiffon, un bout de fil est serré, et finit toujours par être employé. En leur faisant ainsi pratiquer ensemble la charité qui ne refuse aucun malheureux, et l'économie qui seule nous met en état de les secourir tous, elles apprennent de bonne heure qu'avec de l'ordre, la fortune la plus bornée peut encore faire du bien ; et qu'avec de l'attention, les riches en font chaque jour davantage. »

Après le souper, qui dura une demi-heure, tous les pauvres se mirent à genoux ; et la plus jeune des religieuses, se mettant aussi à genoux devant un prie-Dieu, fit tout haut la prière, à laquelle ils répondirent avec une dévotion que leur gratitude augmentait sûrement. Je fus frappé de la voix douce et tendre de cette religieuse. La pâleur de la mort était sur son visage ; elle me parut si faible, que je craignais qu'elle n'élevât la voix. Après la prière je lui demandai s'il y avait longtemps qu'elle avait prononcé ses vœux. «Il y a six mois», me répondit-elle... Après un long soupir, elle ajouta : «J'étais bien jeune alors !... » Et elle s'éloigna.

«Ah ! m'écriai-je en me rapprochant de la supérieure, y en aurait-il parmi vous qui regrettassent leur liberté ?

— Ne m'interrogez pas sur ma plus grande peine, me dit-elle en rougissant : veuillez croire seulement qu'alors ce ne serait pas ma faute, et que je leur donnerais toutes les consolations qui seraient en ma puissance. Leurs vertus, leur résignation peuvent les rendre heureuses sans moi ; mais elles ne sauraient avoir de peines que je ne les partage. Comme la plus simple religieuse, je n'ai que ma voix pour admettre, ou pour refuser celles qui veulent prendre le voile. Lorsqu'une vraie dévotion les détermine, elles ne regrettent rien sur la terre. Mais il est de jeunes novices qu'un excès de ferveur trompe elles-mêmes ; et d'autres qui, se fiant à leur courage, renoncent au monde pour des intérêts de famille, et nous le cachent avec soin. Le sort des religieuses qui se repentent est d'autant plus à plaindre, que notre état est le seul dans la vie où il n'y ait jamais de changement, ni aucune espérance. »

Comme elle disait ses mots, Adèle revint avec deux ou trois de ses jeunes compagnes. Ni son retour, ni leur gaieté ne purent dissiper la tristesse que m'avaient inspirée les dernières paroles de la supérieure. J'en étais encore affecté, lorsqu'elle nous avertit que, le souper des pauvres étant fini, il fallait leur laisser prendre un repos dont ils avaient besoin ; et après nous avoir dit adieu, avoir encore embrassé Adèle, qu'elle appelait sa *chère fille*, elle regagna une grande porte de fer qui sépare l'hôpital de l'intérieur du couvent. Elle y rentra, et referma cette porte sur elle, avec ce même bruit de verrous, de triple serrure, qui donnait trop l'idée d'une prison. Je pensai à la douleur que devait éprouver cette jeune religieuse quand, chaque jour, ce bruit lui renouvelait le sentiment de son esclavage.

Lorsque nous arrivâmes à Neuilly, M. de Sénange se fit traîner au-devant de nous, et reçut Adèle avec un plaisir qui prouvait bien l'ennui que lui avait causé son absence : «Bonjour, mes enfants, nous dit-il avec joie. » Mon cœur tressaillit en l'entendant nous réunir ainsi, quoique ce fût sûrement sans y avoir pensé. Je lui rendis compte de tout ce que j'avais vu, des impressions que j'avais ressenties. Mais quand j'en vins à cette jeune religieuse, j'osai le remercier d'avoir sauvé Adèle d'un pareil sort.

«Sans vous, lui dis-je vivement, sans vous, dans six mois elle aurait été bien malheureuse !

— Et malheureuse pour toujours ! » me répondit-il.

Il la regarda avec attendrissement ; son visage était serein, mais des larmes tombaient de ses yeux. Adèle, entraînée par tant de bonté, se jeta à genoux devant lui et baisa sa main avec une tendre reconnaissance. «Ma chère enfant, lui dit-il en la pressant contre son cœur, dites-moi que vous ne regrettez pas notre union ; je ne veux que votre bonheur ; cherchez, demandez-moi tout ce qui pourra y ajouter ! » Tant d'émotions firent mal à ce bon vieillard ; il pleurait et tremblait, sans pouvoir parler davantage. Je fis éloigner Adèle, et je donnai à M. de Sénange tous les soins que je pus imaginer ; mais il fallut le porter dans son lit. Lorsqu'il fut un peu calmé, il s'endormit. Je revins dans ma chambre, où il me fut impossible de trouver le repos. J'ai lu, je me suis promené ; je vous écris depuis trois heures, il en est cinq, et le sommeil est encore bien loin. Cependant, je suis tranquille, satisfait, sans remords. Je ne me crois plus obligé de fuir; j'avais trop peu de confiance en moi-même. Serait-il possible que mon cœur éprouvât jamais un sentiment dont cet excellent homme eût à se plaindre?

LETTRE XXIV

Neuilly, ce 1er septembre, 2 heures après midi

Vous, mon cher Henri, qui avez eu si souvent à supporter ma détestable humeur, jouissez de la situation nouvelle dans laquelle je me trouve. Je suis content de moi, content des autres: j'aime, j'estime tout ce qui m'environne; je reçois des preuves continuelles que j'ai inspiré les mêmes sentiments. Que faut-il de plus pour être heureux?...

Ce matin, l'esprit encore fortement occupé de tout ce que j'avais vu dans le couvent d'Adèle, j'ai écrit à la supérieure pour lui demander la permission d'augmenter la fondation de l'hôpital. On y garde, comme je vous l'ai dit, les voyageurs pendant trois jours; et le quatrième, ils sont obligés de quitter cette maison: c'est de ce quatrième jour que je me suis occupé. J'ai offert une somme assez considérable pour que l'on puisse leur donner de quoi faire deux jours de route. A l'obligation qu'ils doivent avoir pour l'asile qui leur a été accordé, ils ajouteront une reconnaissance, peut-être plus vive encore, pour le secours qu'ils recevront au moment de leur départ. Quand un homme se trouve seul, il est bien plus sensible aux services qu'on lui rend, et dont il jouit, que lorsqu'il partage le même bienfait avec beaucoup d'autres; car alors il croit seulement que c'est un devoir qui a été rempli.

J'ai prié l'abbesse de donner cette aumône au nom d'*Adèle de Joyeuse*, pour qu'on la bénît et qu'on priât pour son bonheur. Quoique j'aime M. de Sénange, j'ai eu plus de plaisir à employer le nom de famille d'Adèle. Adèle m'occupe uniquement. Parle-t-on d'un malheur, d'une peine vivement sentie? je tremble que le cours de sa vie n'en soit pas exempt; et je voudrais qu'il me fût possible de supporter toutes celles qui lui sont réservées. S'attendrit-on sur la maladie, sur la mort d'une jeune personne enlevée au monde avant le temps? je frémis pour Adèle: sa fraîcheur, sa jeunesse ne me rassurent plus assez. Et si le mot de *bonheur* est prononcé devant moi, mon cœur s'émeut; je forme le vœu sincère qu'elle jouisse de tout celui qui m'est destiné! Enfin je l'aime jusqu'à sentir que je ne puis plus souffrir que de ses peines, ni être heureux que par elle.

Après avoir fait partir ma lettre pour le couvent, je suis descendu chez M. de Sénange. J'avais sans doute cet air satisfait qui suit toujours les bonnes actions; car il a été le premier à le remarquer, et à m'en faire compliment. Pour Adèle, elle m'en a tout simplement demandé la raison : sans vouloir la donner, je suis convenu qu'il y en avait une qui touchait mon cœur. Elle s'est épuisée en recherches, en conjectures. Sa curiosité amusait fort le bon vieillard ; mais elle est restée confondue de me voir rire ; de m'entendre la prier de me féliciter, et l'assurer en même temps que non seulement je n'avais vu personne, mais que je n'avais reçu aucune lettre. Alors, feignant d'être effrayée, elle m'a dit que mes accès de tristesse et de gaieté avaient des symptômes de folie auxquels il fallait prendre garde. Elle se moquait de moi, et me paraissait charmante ; sa bonne humeur ajoutait encore à la mienne.

Comme le déjeuner a duré trois fois plus qu'à l'ordinaire, mon valet de chambre a eu le temps de revenir avec la réponse de la supérieure, qu'il m'a remise sans me dire de quelle part. C'est pour le coup que la curiosité d'Adèle a été à son comble ; mais, voulant continuer ce badinage, j'ai mis cette lettre dans ma poche sans l'ouvrir. Adèle me regardait avec inquiétude, me traitant toujours comme un homme en démence. Enfin, cette plaisanterie s'est prolongée sans perdre de sa grâce. Mais, mon cher Henri, malgré votre goût pour les détails, je m'arrête. Qui sait si, lorsque vous lirez cette lettre, vous ne serez point triste, de mauvaise humeur, et si notre gaieté ne provoquera pas votre sourire dédaigneux ? Du reste, j'étais si disposé à m'amuser, que M. de Sénange a été obligé de nous avertir plusieurs fois qu'ayant du monde à dîner, Adèle aurait à peine le temps de faire sa toilette.

LETTRE XXV

Neuilly, ce 2 septembre

Notre journée, mon cher Henri, se termina hier aussi ridiculement qu'elle avait commencé. Lorsque j'entrai dans le salon, Adèle courut au-devant de moi, et me dit, tout bas, de venir écouter la personne du monde la plus extraordinaire, une personne qui ne parle point sans placer trois mots presque synonymes l'un après l'autre ; «toujours trois, me dit-elle, jamais plus, jamais moins» : et se rapprochant d'un homme jeune encore, qui avait l'air froid, même un peu sauvage, et dont tous les mouvements étaient lents et toutes les expressions exagérées, elle me le présenta comme un parent de M. de Sénange.

«Monsieur, me dit-il, vous pouvez compter sur ma considération, ma déférence et mes égards.» Je m'assis près de lui. Adèle me demanda si enfin j'avais lu cette lettre que j'avais reçue avec tant de mystère. Ce monsieur s'empressa d'assurer que j'étais certainement trop poli, gracieux et civil, pour ne pas prévenir ses désirs. Je lui répondis que les Anglais n'étaient pas si galants.

« Ils ont raison, dit-il, car peut-être plaisent-ils davantage par leur ingé-nuité, leur sincérité, leur rudesse.

— Pourquoi *rudesse*? lui demandai-je avec étonnement.

— Monsieur, me répondit-il, nous appelons souvent rudesse, et sûrement mal à propos, leur vérité, leur franchise et leur loyauté. »

Adèle riait aux éclats, et jusqu'au point de m'embarrasser; mais au lieu de s'apercevoir qu'elle se moquait de lui, il trouvait sa gaieté, son enjouement et sa joie admirables. Enfin on avertit qu'on avait servi; Adèle le fit asseoir à table près d'elle, et s'en occupa tout le dîner. Elle avait pourtant assez de peine à le faire causer, car il est extrêmement sérieux; il ne parle presque jamais que lorsqu'on l'interroge, et répond toujours avec la même éloquence. Pendant le repas, il ne mangea ni ne refusa rien indifféremment : ce qu'il préférait était toujours sain, salubre et fortifiant; ce qui lui faisait mal était positivement indigeste, pesant et lourd. Au moment de son départ, Adèle l'engagea à revenir souvent; il l'assura que la gratitude, la reconnaissance et l'inclination l'y portaient, autant que sa soumission, son respect et son dévouement. Après m'avoir demandé la permission de soigner, rechercher, cultiver ma connaissance, il se retourna vers M. de Sénange, et lui dit que le mariage, qui, chez les autres, lui avait toujours paru mériter la raillerie, la plaisanterie, le ridicule, chez lui inspirait le désir, l'envie et la jalousie; puis, mettant ses pieds à la troisième position, une main dans sa veste, et de l'autre saluant tout le monde avec un air gracieux, il s'en alla.

Adèle le reconduisit, et l'invita encore à revenir bientôt. Je voulus lui parler un peu de cette disposition à la moquerie, de cette manière de s'en préparer les occasions : je lui en fis quelques reproches; elle prit alors le même ton que ce monsieur, et me pria de la laisser rire, s'amuser, se divertir; et de n'être pas plus pédant, prêchant, grondant, qu'il ne l'était lui-même. Elle faisait des rires si extravagants, que sa gaieté me gagna : en dépit de ma raison je lui abandonnai ce parent qui, malgré ses ridi-cules, a l'air d'un fort bon homme. Que je suis devenu faible, Henri! Autrefois ce persiflage [1] m'aurait été insupportable; aujourd'hui, non seulement il m'a diverti malgré moi, mais je l'ai même imité un instant.

Lorsque tout le monde fut parti, Adèle voulut profiter du peu de jour qui restait pour aller se promener. A peine fûmes-nous seuls, qu'elle me reparla de cette lettre. Après m'être amusé quelques moments à l'impa-tienter encore, je la lui présentai telle qu'on me l'avait remise le matin;

---

1. Persifler, c'est, selon le *Dictionnaire de l'Académie* (1762) : « Rendre quelqu'un instrument ou victime de la plaisanterie ou des choses qu'on lui fait dire ingénument. » Sur l'emploi de ce mot, voir W. Krauss, « Zur Wortgeschichte von *persiflage* », dans *Perspektiven und Probleme zur französischen und deutschen Aufklärung und andere Aufsätze*, Berlin, 1965, p. 296-330; L. Versini, *Laclos et la tradition*, Paris, 1968, p. 354.

car je ne sais quelle complaisance m'avait empêché de l'ouvrir. Elle brisa
le cachet : nous nous assîmes au bord de la rivière, et nous la lûmes tous
deux ensemble. La supérieure me mandait qu'elle avait fait assembler la
communauté ; que ses religieuses acceptaient avec gratitude la donation
que je leur faisais au nom d'Adèle. Sa reconnaissance avait quelque
chose de noble et d'affectueux, qui n'était point mêlé de cette exagération dont les gens du monde accompagnent si souvent les éloges qu'ils
croient vous devoir. Je présentai aussi à Adèle une copie de la lettre que
j'avais écrite à la supérieure. « Pardonnez-moi, lui dis-je vivement,
pardonnez-moi d'avoir pris votre nom sans vous le dire. Cette bonne
œuvre eût été plus parfaite, si vous l'eussiez dirigée ; mais je n'ai pas eu
le temps de vous consulter. Entraîné par mon cœur, j'ai désiré, et aussitôt
j'ai voulu que votre nom fût connu et invoqué par les malheureux... Que
le pauvre, lui dis-je tendrement, que le pauvre fatigué regarde s'il ne
découvre point votre demeure ! Qu'il s'empresse d'y arriver, la quitte
avec regret, et se retourne souvent, en s'en allant, pour la revoir encore,
et vous combler de bénédictions ! » Adèle m'écoutait comme ravie ; loin
de penser à me faire de froids remerciements, elle me demanda avec
émotion de lui apprendre à faire le bien, à mieux user de sa fortune. Nous
promîmes ensemble de ne jamais manquer l'occasion de secourir le
malheur, et nous regagnâmes doucement la maison, où nous passâmes le
reste de la soirée, contents l'un de l'autre, occupés de M. de Sénange, et
désirant également de le rendre heureux.

LETTRE XXVI

Neuilly, ce 3 septembre

Ce matin je suis descendu, avant huit heures, dans le parc : je m'y
promenais depuis quelques instants, lorsque j'ai vu Adèle ouvrir sa
fenêtre. Je me suis avancé : elle m'a fait signe de ne point parler, de
crainte d'éveiller M. de Sénange, dont l'appartement est au-dessous du
sien... Henri, que j'aime ce langage par signes ! Les mouvements d'une
jeune personne ont tant de grâces ; elle fait tant de gestes de trop, de peur
de n'être pas entendue ! Adèle avançait un de ses jolis bras, qu'elle
baissait sur moi, comme pour me fermer la bouche ; et elle plaçait en
même temps un de ses doigts sur ses lèvres... Pour me dire seulement un
mot obligeant, que j'avais l'air de ne pas comprendre, elle finissait par
des signes d'amitié... Je lui montrais le ciel qui était azuré ; pas un seul
nuage : je regardais sa fenêtre ; je faisais quelques pas du côté de l'île,
lorsque me retournant encore vers sa fenêtre, je n'y ai plus vu Adèle.

Alors, quoiqu'elle ne m'eût pas dit un mot, j'ai été l'attendre au bas de son escalier ; elle est arrivée bientôt après, n'ayant qu'un simple déshabillé de mousseline blanche, qui marquait bien sa taille ; un grand fichu la couvrait : il n'était que posé sans être attaché. Qu'elle était jolie, Henri ! je me suis presque repenti de l'avoir engagée à descendre.

Arrivés au bord de la rivière, elle a bien voulu se confier à mes soins. Nous sommes d'étranges créatures ! A peine Adèle a-t-elle été dans cette petite barque, au milieu de l'eau, seule avec moi, que j'ai éprouvé une émotion inexprimable ; elle-même s'abandonnait à une douce rêverie. Comment rendre ces impressions vagues et délicieuses, où l'on est assez heureux parce qu'on se voit, parce qu'on est ensemble ! Alors un mot, le son même de la voix viendrait vous troubler... Nous ne nous parlions pas ; mais je la regardais et j'étais satisfait ! Il n'y avait plus dans l'univers que le ciel, Adèle et moi ! Et j'avais oublié l'une et l'autre rive !... Ah ! que nous devenons enfants dès que nous aimons ! Combien de grands plaisirs et de grandes peines naissent des plus petits événements de la vie ! Je la promenai ainsi quelque temps sur cette eau paisible ; mais il fallut arriver : dès qu'elle fut descendue dans son île, sa gaieté revint, et son sourire me rendit ma raison. Je rattachai le bateau et nous entrâmes dans les jardins. Les ouvriers n'y étaient pas encore ; il n'y avait pas le plus léger bruit. Après quelques moments de silence, nous avons parlé pour la première fois du jour où je l'avais rencontrée aux Champs-Élysées : c'est en même temps que nous avons osé tous deux nous le rappeler. Je l'ai priée de m'apprendre tout ce qui l'avait intéressée avant que je la connusse. Elle s'est assise sur le gazon, m'a permis de me placer auprès d'elle, et m'a raconté les détails de son enfance, le moment où elle est entrée au couvent, l'oubli, l'indifférence de sa mère, qu'elle tâchait d'excuser, les soins, la tendresse des religieuses ; enfin, sa première entrevue avec M. de Sénange, et les visites qu'il lui faisait ensuite. Quand elle ne parlait pas d'elle, son récit était court, elle ne disait qu'un mot ; mais lorsque ses compagnes entraient pour quelque chose dans ses souvenirs, elle n'oubliait pas la moindre particularité. Les plaisirs de l'enfance sont si vrais, si vifs, que les plus petites circonstances intéressent.

Je veux, mon cher Henri, vous faire aimer une scène d'un parloir de couvent. « A la seconde visite de M. de Sénange, j'étais, m'a dit Adèle, à la fenêtre de la supérieure, lorsque nous le vîmes entrer dans la cour. On retira de son carrosse une quantité énorme de paniers remplis de fruits, de gâteaux et de fleurs : mes compagnes faisaient des cris de joie à la vue de tant de bonnes choses. J'allai au parloir de la supérieure ; mais j'y arrivai longtemps avant qu'il eût pu monter l'escalier. Je le reçus de mon mieux. On posa tous ces paniers sur une table près de la grille ; et je demandai à M. de Sénange la permission d'aller chercher mes jeunes amies qui, étant goûter, prendraient chacune ce qu'elles aimeraient davantage. La supé-

rieure le permit, et je courus les appeler. Elles vinrent toutes, et après
avoir fait une révérence bien profonde, bien sérieuse, un peu gauche,
elles s'approchèrent de lui ; mais la vue des paniers fit bientôt disparaître
cet air cérémonieux. Comme il était impossible de les faire entrer par la
grille, chacune d'elles passait sa main à travers les barreaux, et prenait,
comme elle pouvait, les fruits dont elle avait envie. Nous mangeâmes
notre goûter avec une gaieté qui amusa beaucoup M. de Sénange. Il resta
fort longtemps avec nous ; et, quand il s'en alla, nous le priâmes toutes de
revenir le plus tôt possible. Il nous demanda, en souriant, ce qui nous
plairait le plus, qu'il vînt sans le goûter, ou le goûter sans lui. Ces demoiselles reprirent leur air poli pour l'assurer qu'elles aimaient bien mieux le
revoir. "Et vous, Adèle ?" me dit-il. "Moi, répondis-je gaiement, je
regretterais beaucoup l'absent, quel qu'il fût." Ma franchise le fit rire ; il
promit de revenir bientôt, et de ne rien séparer.

« Pendant huit jours nous ne parlâmes que de lui. Touts les pensionnaires auraient voulu l'avoir pour leur père, leur oncle, leur cousin ; mais,
s'il faut être vraie, aucune ne pensait qu'on pût l'épouser. Nous nous
étions accoutumées bien vite à le regarder comme un ancien ami.
Sûrement il me préférait à toutes ; car un jour il me demanda si je serais
bien aise d'être sa femme. Je l'assurai que oui, mais sans y faire grande
attention. Peu de jours après, ma mère écrivit à la supérieure qu'elle
allait me reprendre chez elle. Nous étions à la récréation, lorsqu'on vint
m'annoncer cette triste nouvelle. Ce fut véritablement un malheur
général : mes compagnes quittèrent leurs jeux, m'entourèrent, et nous
pleurâmes toutes ensemble.

« Le lendemain une vieille femme de chambre de ma mère vint me
chercher. Mes regrets étaient si vifs que, quoique ce fût la première fois
que je sortisse du couvent, rien ne me frappa. J'étais étouffée par mes
sanglots, le visage caché dans mon mouchoir. Je ne sais pas encore quel
accident fit renverser notre voiture, car je ne me souviens que du moment
où vous vîntes nous secourir. Je n'ai pas oublié l'intérêt que vous me
témoignâtes ; et le jour où je vous aperçus à l'Opéra, j'éprouvai un plaisir
sensible. Quelque chose eût manqué au reste de ma vie, si je ne vous
avais jamais retrouvé.

« A peine étais-je dans la chambre de ma mère, qu'elle me dit
sèchement de m'asseoir près d'elle et de l'écouter. Je lui trouvai un air
sévère qui me fit trembler ; il était impossible que la chose qu'elle avait à
m'annoncer ne me parût pas douce en comparaison de mes craintes ; aussi,
lorsqu'elle m'apprit qu'il ne s'agissait que d'épouser M. de Sénange, y
consentis-je avec joie. Après avoir obtenu cet aveu, elle voulut bien me
renvoyer au couvent, où je devais rester jusqu'au jour de la célébration.

« En rentrant dans la maison, je fis part à la supérieure de mon
prochain mariage. Elle me regarda avec des yeux où la pitié était peinte :
sa compassion m'effraya ; et sans savoir pourquoi, je m'affligeai dès

qu'elle parut me plaindre. Ensuite, j'allai dire à mes compagnes que je devais épouser M. de Sénange : elles l'apprirent avec une surprise mêlée de tristesse. Bientôt je partageai cette impression que je leur voyais ; j'étais inquiète, incertaine : et, dans ce moment, on m'aurait rendu un grand service si l'on m'eût assurée que j'étais fort heureuse, ou très à plaindre. Cependant, peu à peu, réfléchissant sur les vertus de cet excellent homme, mes amies cessèrent de craindre pour mon avenir.

« Le jour suivant, il m'écrivit une lettre si touchante, dans laquelle il paraissait désirer mon bonheur avec un sentiment si vrai ; que je sentis renaître toute ma confiance. Je me rappelle encore, avec plaisir, la complaisance qu'il eut pour moi, lorsque nos deux familles étaient réunies pour lire mon contrat de mariage. Pendant cette lecture, qui était une affaire si importante, vous serez peut-être étonné d'apprendre que je ne songeais qu'au moyen de faire signer à la supérieure et à mes compagnes l'acte qui disposait de moi. N'osant pas en parler à ma mère, je le demandai tout bas à M. de Sénange ; et il le proposa, le voulut, comme si c'était lui qui en eût la pensée. La supérieure vint donc avec les pensionnaires ; elles signèrent toutes, en faisant des vœux sincères qui ont été exaucés.

« Lorsque les notaires eurent emporté cet acte, qui m'était devenu précieux par les noms de tout ce que j'avais l'habitude d'aimer, je vis entrer quatre valets de chambre de M. de Sénange, portant des corbeilles magnifiques, remplies des présents de noces. Les fleurs, les parures, enchantèrent mes compagnes ; les plus beaux bijoux m'étaient offerts : ma mère m'en apprenait la valeur, et se chargeait de mes remerciements. La troisième corbeille renfermait les diamants, qu'on admira beaucoup, et dont ma mère me para aussitôt : mais ce qui étonna davantage, fut une paire de bracelets de perles de la plus grande beauté. Ce sont les bracelets, me dit-elle en riant, que je portais le jour où je vous vis à l'Opéra. Mes compagnes furent charmées de me voir si brillante. La quatrième corbeille était pleine de jolies bagatelles ; c'étaient des présents pour chacune d'elles, car M. de Sénange n'oubliait rien.

« Mon frère proposa d'en faire une loterie pour le lendemain : cette idée fut adoptée avec joie, et nous nous séparâmes fort contents les uns des autres. La loterie fut tirée, et le hasard, que je dirigeai, donna à chacune de mes compagnes ce qu'elle aurait choisi. J'obtins la permission d'être mariée dans l'église de mon couvent. A très peu de différence près, toutes mes journées se passèrent ensuite comme celles dont vous avez été témoin. Depuis votre arrivée, il y a un intérêt de plus ; et il est vif, je vous assure, car je serais fort étonnée si, après moi, vous n'étiez pas ce que M. de Sénange aime le mieux. »

Elle a terminé son récit par ces mots, auxquels j'aurais bien voulu changer quelque chose. Un jardinier nous apprit qu'il était onze heures. Nous avons couru au bateau : Adèle était inquiète de s'être oubliée si longtemps, et ne savait pas trop comment excuser une pareille étourderie, car M. de Sénange déjeune toujours à dix heures précises.

Nous revenions avec cet empressement, ce bruit de la jeunesse qui s'entend de si loin. Adèle a ouvert la porte du salon avec vivacité ; mais elle s'est arrêtée saisie, en y trouvant M. de Sénange établi dans son fauteuil ; il paraissait lire. Dès qu'il nous a vus, il a sonné pour que l'on servît le déjeuner. Il a pris son chocolat sans dire un mot ; Adèle n'osait pas lever les yeux, et nous sommes tous restés dans le plus grand silence. Le déjeuner fini, il a repris son livre ; Adèle a apporté son ouvrage près de lui, et je suis remonté dans ma chambre.

Que je suis embarrassé de ma contenance ! L'air froid et sévère de M. de Sénange me glace et m'impose au point que, s'il ne me parle pas le premier, il me sera impossible de lui dire une parole. Ah ! cette matinée si douce devait-elle finir par un orage !

LETTRE XXVII

Ce 3 septembre au soir

Au lieu de descendre à trois heures, comme à mon ordinaire, j'ai patiemment attendu qu'on vînt me chercher pour dîner ; car j'aurais été trop confus de me retrouver, peut-être seul, avec M. de Sénange, craignant qu'il ne fût encore fâché ; mais dans la salle à manger, tout fait diversion. Il n'y a que les gens timides qui sachent combien on est heureux, quelquefois, d'avoir à dire qu'une soupe est trop chaude, un poulet trop froid ; chaque plat peut devenir un sujet de conversation ; et je ne pouvais guère compter sur mon esprit pour me fournir quelque chose de plus brillant. Mais, comme rien n'arrive jamais ainsi que je le prévois, ou que je le désire, en descendant, les gens m'ont averti qu'on m'attendait pour se mettre à table : j'ai donc été obligé d'entrer dans le salon. Aussitôt qu'Adèle m'a vu, elle s'est levée et a donné le bras à M. de Sénange : je me suis rangé sur leur passage, et lorsqu'ils ont été devant moi, je leur ai fait une profonde révérence... Apparemment que, sans m'en apercevoir, j'avais supprimé depuis longtemps cette grave politesse ; car M. de Sénange s'est arrêté avec étonnement, m'a regardé depuis la tête jusqu'aux pieds, et m'a rendu mon salut d'une manière si affectée, qu'Adèle a fait un grand éclat de rire. Il a souri aussi : « Venez, m'a-t-il dit, mais ne la laissez plus s'oublier si longtemps : elle ne sait pas encore combien le monde est méchant ; et vous seriez inexcusable de la rendre l'objet d'une calomnie. » J'ai voulu lui répondre ; il ne l'a pas permis, et nous sommes allés nous mettre à table. Pendant le repas, il m'a parlé avec encore plus d'amitié qu'à l'ordinaire, a traité Adèle avec plus de considération, lui a demandé souvent son avis, même sur des choses indifférentes ; et regardant ses gens avec un sérieux presque sévère, que je ne lui avais jamais vu, il m'a prouvé qu'il fallait rappeler leur respect, lorsqu'on voulait prévenir leurs malignes observations.

Quoiqu'il soit venu beaucoup de monde après dîner, Adèle a trouvé moyen de m'apprendre que, le matin, M. de Sénange étant resté encore longtemps sans lui parler, cela lui avait fait tant de peine, qu'elle s'était mise à pleurer, sans rien dire non plus ; qu'alors il lui avait demandé ce qui l'affligeait, et qu'elle lui avait répondu qu'elle craignait de l'avoir fâché. « Non, a-t-il repris, mais j'ai été malheureux de voir que vous pouviez m'oublier. » Elle l'a assuré que jamais elle n'avait été plus occupée de lui, et lui a raconté tout ce qu'elle m'avait dit de son mariage, de sa reconnaissance, des pensionnaires, des goûters. « A mesure que je lui parlais, m'a-t-elle dit, la sérénité revenait sur son visage. "Je vous crois, a-t-il répondu ; mais ceux qui ne vous connaissent pas auraient pu interpréter bien mal une promenade si longue, et à une heure si extraordinaire." J'ai promis d'être plus attentive, et il n'a plus voulu qu'il en fût question. » Qu'il est bon ! Henri, et quelle humeur j'aurais eue à sa place ! Mais ne parlons plus de cet instant de trouble ; c'est demain un jour de bonheur et de joie pour cette maison : demain nous célébrons la convalescence de M. de Sénange : combien il va jouir de la fête qu'Adèle lui prépare !

LETTRE XXVIII

Ce 4 septembre

Ah ! jamais, jamais je ne me promettrai aucun plaisir ; et même j'attendrai mes chagrins des choses qui plaisent ou qui réussissent aux autres hommes. Légère Adèle, comme je vous aimais ! Au surplus, j'ai moins perdu qu'elle ; c'était sa vie entière que j'espérais rendre heureuse ; et sa coquetterie ne me causera que la peine d'un moment. Mais je suis trop agité pour écrire à présent ; demain je vous raconterai tous les détails de cette fête que, pour l'amour d'elle, j'avais si vivement désirée...

LETTRE XXIX

Ce 5 septembre

Hier matin, en descendant, je trouvai Adèle dans une galerie que M. de Sénange n'occupe que lorsqu'il a beaucoup de monde. Elle l'avait destinée à être la salle du bal : une place particulière, entourée de tous les attributs de la reconnaissance, était réservée pour M. de Sénange. Adèle vint au-devant de moi, et, sans me laisser le temps de parler, elle me pria d'aller lui tenir compagnie, et surtout d'empêcher qu'il ne la fît demander. Je voulus lui dire combien j'étais heureux du plaisir qu'elle allait avoir ; elle ne m'écouta point. Je commençai deux ou trois phrases qu'elle interrompait toujours, en me disant de m'en aller. Cette vivacité m'impatientait un peu ; cependant, je lui obéis, et j'entrai chez M. de Sénange. Il posa son livre, et me dit en riant que son vieux valet de chambre l'avait mis dans le secret ; mais qu'il jouerait l'étonnement de son mieux, afin de ne rien déranger à la fête. Nous entendions un bruit horrible de clous, de marteaux, de mouvements de meubles ; et il s'amusait beaucoup de la bonne foi avec laquelle Adèle croyait qu'il ne s'apercevait point de tout ce tracas. A dix heures précises, il me dit d'aller la chercher pour déjeuner ; «car il faudra être prêt de bonne heure», ajouta-t-il. Je revins avec elle ; il eut la complaisance de se dépêcher, et bientôt il nous quitta, en disant, assez naturellement, qu'il allait passer dans sa chambre.

A peine fut-il sorti du salon, qu'Adèle le fit orner de fleurs, de guir-landes et de lustres. A midi, elle alla faire sa toilette ; et, à près de deux heures, elle m'envoya prier de descendre chez M. de Sénange. Dès que j'y fus, on vint l'avertir que quelques personnes l'attendaient. Il se leva en me regardant mystérieusement, prit mon bras, et entra dans le salon : il y trouva ses amis qui s'étaient réunis pour l'embrasser et le féliciter sur sa convalescence. Tout le village vint aussitôt, les vieillards, la jeunesse, les enfants ; il fut parfait pour tous. Adèle le conduisit sur une pelouse qui borde la rivière ; elle y avait fait placer une grande table, autour de laquelle ces bonnes gens se rangèrent ; mais avant de s'asseoir pour dîner, chacun d'eux prit un verre, et but à la santé de leur bon seigneur : «A sa longue santé !» s'écria Adèle ; «A sa longue santé !» reprirent-ils tous à la fois.

Lorsqu'ils furent assis, nous revînmes dans la salle à manger ; M. de Sénange fut fort gai pendant le repas. Nous étions encore au dessert, quand nous entendîmes le bruit d'une voiture, et vîmes paraître Mme la duchesse de Mortagne, son fils et ses deux filles. Je reconnus l'aînée ;

c'était cette jeune pensionnaire, belle et modeste, qu'Adèle préférait à toutes, et dont j'avais été frappé dans les classes du couvent. Elle présenta son frère à son amie, qui le présenta, à son tour, à M. de Sénange, en lui disant qu'elle avait prié ses compagnes d'amener chacune un de leurs parents, afin que son bal ne manquât pas de danseurs.

Plusieurs voitures se succédèrent ; et avant six heures, quarante jeunes personnes offrirent des fleurs, des vœux, pour le bonheur et la santé de ce bon vieillard : elles chantèrent une ronde faite pour lui : Adèle commençait, et elles répétaient ensuite chaque couplet, toutes ensemble. Ce moment fut fort agréable, mais passa bien vite. Après qu'il les eut remerciées, le bal commença. Elles furent toutes très gaies : Adèle dit qu'elle désirait ne pas danser, pour s'occuper davantage des autres.

Je n'avais pas l'idée d'un besoin de plaire semblable à celui qu'elle a montré. Jamais on ne la trouvait à la même place : elle parlait à tout le monde ; aux mères, pour louer leurs enfants... aux filles, pour demander ce qui pouvait leur plaire... aux jeunes gens, pour les remercier d'être venus... Réellement, j'étais confondu ; elle me paraissait une personne nouvelle. Elle ne me regarda, ni ne me parla de la journée. J'essayai un moment d'attirer son attention, en me plaçant devant elle, comme elle traversait la salle ; mais elle se détourna, et alla causer avec M. de Mortagne, dont la danse brillante fixait les regards de tout le monde. J'entendis Adèle le plaisanter sur ses succès. Il la pria de danser avec lui : et elle qui, dès le commencement du bal, n'avait pas voulu danser, pour mieux faire les honneurs de sa maison ; elle qui avait refusé tous les autres hommes, après s'être très peu fait prier, l'accepta pour une contredanse ! Il faut être vrai, Henri, ils avaient l'air bien supérieurs aux autres. On fit un cercle autour d'eux pour les voir et les applaudir. Adèle, enivrée d'hommages, voulut danser encore, et toujours avec M. de Mortagne. Se reposait-elle un instant ? il s'asseyait près de sa chaise. Désirait-elle quelques rafraîchissements ? il courait les lui chercher. Parlait-on d'une danse nouvelle ? il était trop heureux de la suivre ou de la conduire. Enfin, ils ne se quittèrent plus... Il jouait avec son éventail, tenait un de ses gants qu'elle avait ôtés, et elle riait de ses folies. Son bouquet tomba, il le ramassa, le mit dans sa poche, et elle le lui laissa. Je n'ai jamais vu de coquetterie si vive de part et d'autre.

A onze heures, les fenêtres du jardin s'ouvrirent, et l'on aperçut une très belle illumination. Partout étaient les chiffres de M. de Sénange, partout des allégories à la reconnaissance ; et Adèle ne pensa seulement pas à les lui faire remarquer... Entraînée par Mlles de Mortagne et leur frère, elle courait dans les jardins. Je ne la suivis point ; car je puis être tourmenté, mais je ne m'abaisserai jamais jusqu'à être importun.

M. de Sénange, craignant l'air du soir, n'osa pas se promener, et resta avec moi. Bientôt nous entendîmes sur la rivière une musique charmante ; et les vifs applaudissements de toute cette jeunesse nous firent juger combien Adèle était contente d'elle-même. Vers minuit on commença à rentrer. Mme de Mortagne revint, et pria M. de Sénange de faire appeler ses enfants ; après bien des cris et des courses inutiles, ils arrivèrent avec Adèle. M. de Mortagne, en la quittant, lui demanda la permission de venir faire sa cour... Elle lui répondit qu'elle serait très aise de le voir, sans se rappeler qu'elle m'avait fait défendre sa porte longtemps, sous le prétexte que sa mère lui avait commandé de ne recevoir personne pendant son absence. Elle embrassa ses sœurs avec plus de tendresse qu'elle n'avait fait à aucune de ses compagnes.

Lorsqu'elles furent toutes parties, M. de Sénange remercia sa femme avec une bonté que je trouvai presque ridicule ; car si elle avait imaginé cette fête pour lui, au moins l'avait-elle bientôt oublié pour en jouir elle-même. Comme elle montait dans sa chambre, elle daigna s'apercevoir que j'étais déjà au haut de l'escalier, et elle me dit assez légèrement :

« Bonsoir, mylord !

— Vous auriez pu me dire bonjour, lui répondis-je froidement.

— Pourquoi donc ?

— Parce que vous ne m'avez pas vu de la journée.

— Vous voulez dire parce que je ne vous ai pas remarqué », reprit-elle avec ironie.

Je ne lui laissai pas le plaisir de se moquer de moi davantage, et je gagnai le corridor qui conduit à mon appartement. Au détour de l'escalier, je vis qu'elle était restée sur la même marche où elle m'avait parlé, et me suivait des yeux, elle croyait peut-être que je m'arrêterais un instant ; mais je rentrai tout de suite dans ma chambre. Je vous avais bien dit, Henri, qu'elle était coquette ; cependant, j'avoue que je n'aurais jamais cru qu'il fût possible de l'être à cet excès. Certes, je ne suis point jaloux, car je voudrais pouvoir l'excuser ; je voudrais même me persuader qu'un sentiment de préférence l'entraînait vers ce jeune homme ; alors du moins elle pourrait m'intéresser encore !... Mais elle le voyait pour la première fois ! Que dis-je, pour la première fois ? Peut-être l'a-t-elle connu au couvent lorsqu'il y venait voir ses sœurs. Elle ne l'a jamais nommé, de crainte de se laisser pénétrer. Qui sait si cette fête n'a pas été imaginée pour l'introduire dans la maison ? Et voilà cette sincérité que j'adorais, et qui n'était qu'un raffinement de coquetterie ! Ah ! sans les égards que je dois à M. de Sénange, je serais parti cette nuit même, et elle ne m'aurait jamais revu ; mais je ne resterai pas longtemps, je vous assure : demain je remettrai son portrait, que j'ai eu la faiblesse de garder jusqu'à présent.

LETTRE XXX

Même jour

Je n'ai à me plaindre de personne ; Adèle même n'a point de tort avec moi. Ce n'est pas elle qui a cherché à m'aveugler ; c'est moi, insensé ! qui prenais plaisir à l'embellir, à la parer de toutes les qualités que je lui désirais, à me persuader que les défauts que je lui connaissais n'existaient plus, parce qu'ils n'avaient plus l'occasion de se montrer... Elle ne se donnait pas la peine de paraître bien ; elle ne faisait que suivre ses premiers mouvements, et il y avait plus de bonheur que de réflexion dans sa conduite. Il m'aurait été trop pénible de la revoir ce matin ; j'ai fait dire qu'ayant été incommodé, je ne descendrais pas pour le déjeuner : mais j'entends du bruit dans le corridor... c'est la marche de M. de Sénange... la voix d'Adèle... On frappe à ma porte... ah ! vient-elle jouir de ma peine ? [...]

Ce sont eux, Henri, qui, inquiets de ce que je ne descendais point, sont venus voir si je n'étais pas plus malade qu'on ne leur avait dit. M. de Sénange, appuyé sur le bras d'Adèle, est entré en me disant qu'en bons maîtres de maison, ils désiraient savoir si je n'avais besoin de rien... Il s'est assis près de moi, et m'a questionné avec beaucoup d'intérêt sur ma santé. Pendant ce temps, Adèle est restée debout, sans parler, précisément comme si elle ne fût venue que pour le conduire. Elle était pâle ; elle n'a pas levé les yeux... j'étais assez faible pour souffrir de son embarras. Je sais qu'en France les femmes se permettent d'entrer dans la chambre d'un homme qui se trouve malade chez elles à la campagne ; mais le souvenir de nos usages donnait à la visite d'Adèle un charme qui me troublait malgré moi. Que je voudrais que cette maudite fête n'eût jamais eu lieu !... Elle ne m'a rien dit ; seulement, en s'en allant, elle m'a demandé si je descendrais dîner. Je lui ai répondu que je serais dans le salon à trois heures.

Depuis que je l'ai revue, Henri, je me sens plus calme ; j'avais tort de craindre sa présence, je ne l'aime plus... mais je sens un vide que rien ne peut remplir. Adèle occupait toute ma pensée, était l'unique objet de tous mes vœux... ; ce qui m'entoure m'est devenu étranger... Adèle n'est plus Adèle. Il me semble aussi que M. de Sénange n'est plus le même... et moi !... moi ! que ferais-je de moi ?...

LETTRE XXXI

Comment oser l'avouer? j'ai trouvé qu'elle avait raison, que j'étais trop heureux : je vous assure que j'ai été injuste ; écoutez-moi. A trois heures, je suis descendu dans le salon, ainsi que je l'avais promis. Adèle travaillait ; elle ne m'a pas regardé ; j'ai cru apercevoir qu'elle pleurait. Ne me sentant plus la force de lui faire aucun reproche, je me suis éloigné, et j'ai été prendre, le plus indifféremment que j'ai pu, un livre à l'autre bout de la chambre. Elle continuait son ouvrage sans lever les yeux : bientôt j'ai vu de grosses larmes tomber sur son métier : toutes mes résolutions m'ont abandonné ; je me suis rapproché, et, entraîné malgré moi : «Adèle, lui ai-je dit, je n'existais que pour vous ! daigneriez-vous partager une si tendre affection ? pouvez-vous seulement la comprendre?» Elle a levé ses yeux au ciel : nous avons entendu le pas de M. de Sénange ; j'ai été reprendre mon livre.

Peu de temps après nous avons passé dans la salle à manger : j'ai essayé d'amuser M. de Sénange, mais il y avait trop d'efforts dans ma gaieté pour pouvoir y réussir. Adèle n'a pas dit un mot. En sortant de table je l'ai priée tout bas de m'écouter un instant avant la fin du jour : elle l'a promis par un signe de tête. Selon notre usage, j'ai joué aux échecs avec M. de Sénange ; il m'a gagné, ce qui lui arrive rarement.

A six heures, il est venu du monde : Adèle a proposé une promenade générale : elle l'a suivie quelque temps ; mais peu à peu elle a ralenti sa marche, et nous nous sommes trouvés seuls, assez loin de la société. J'avais mille questions à lui faire, et cependant j'étais si troublé, qu'il ne m'en venait aucune. Enfin, je lui ai demandé si elle connaissait M. de Mortagne avant le bal : elle m'a assuré que non.

«M. de Mortagne, m'a-t-elle dit, est un parent très éloigné de ma mère, et le chef de sa maison. Quoiqu'elle l'ait toujours recherché avec soin, elle n'a jamais permis que je le visse au couvent : depuis que j'en suis sortie, vous savez dans quelle solitude j'ai vécu. J'aime beaucoup ses sœurs ; mais M. de Mortagne, je ne le connais pas.

— Pourquoi donc avez-vous été si coquette avec lui ?

— Qu'appelez-vous coquette ? m'a-t-elle demandé avec son ingénuité ordinaire.

— Comment ! me suis-je écrié, vous ne le savez pas ? c'est involontairement que vous l'avez si bien traité ! »

Elle m'a répondu qu'elle ne savait ni la faute qu'elle avait commise, ni ce qui m'avait fâché.

« Dans le commencement du bal, m'a-t-elle dit, vous regardant comme de la maison, j'ai cru qu'il était mieux de s'occuper des autres : à la fin, la gaieté de mes compagnes m'a gagnée ; tout le monde me priait de danser ; j'en avais bien envie : M. de Mortagne danse mieux que personne, et je l'ai préféré.

— Mais il tenait vos gants ; il a gardé votre bouquet !

— J'ai trouvé très singulier, très ridicule qu'il y attachât du prix ; et je les lui ai laissés, parce que je n'y en mettais aucun.

— Vous ne savez donc pas, Adèle, que ce sont des faveurs que je n'aurais jamais pris la liberté de vous demander ? et si quelquefois j'ai gardé les fleurs que vous aviez portées, au moins n'ai-je pas osé vous le dire.

— Pourquoi ? m'a-t-elle répondu avec tristesse : cela m'aurait appris à n'en laisser jamais à d'autres. »

A ces mots, Henri, j'ai tout oublié : je lui ai juré de lui consacrer ma vie. La plus tendre reconnaissance s'est peinte dans ses yeux ; elle me remerciait d'un air étonné, et comme si j'eusse été trop bon de l'aimer autant. Quelle ravissante simplicité ! Bientôt toute la compagnie nous a rejoints ; il a fallu la suivre.

Le reste du jour, toutes les expressions innocentes, délicates, dont Adèle s'était servie, sont revenues à mon esprit, quelquefois encore avec un sentiment d'inquiétude que je me reprochais. Je suis heureux : je me le dis, je me le répète ; maintenant, je suis obligé de me le répéter, pour en être sûr. Combien on devrait craindre de blesser une âme tendre ! elle peut guérir ; mais qu'un rien vienne la toucher, si elle ne souffre pas, elle sent au moins qu'elle a souffert. Je suis heureux ; et pourtant une voix secrète me dit que je ne pourrais pas voir une fête, un bal, sans une sorte de peine ; le son d'un violon me ferait mal. Ah ! mon bonheur ne dépend plus de moi.

Ce soir, mon valet de chambre m'a remis une lettre qu'il m'a dit avoir été apportée avec mystère, et qui m'oblige d'aller à Paris dans l'instant. Une femme très malheureuse, dont je vous ai déjà parlé, implore mon secours : sans doute elle a vu combien elle m'inspirait de pitié. Je ne puis trouver le moment d'apprendre à Adèle la raison qui me force à m'éloigner. Je n'ose pas lui écrire non plus ; car cela pourrait paraître extraordinaire... Mais je ne serai qu'un jour loin d'elle... cependant, si cette courte absence, surtout au moment de notre explication, allait lui déplaire !... Oh ! non... elle ne saurait soupçonner un cœur comme le mien.

LETTRE XXXII

Paris, ce 6 septembre

Voici la lettre qui m'a fait partir si brusquement; jugez, Henri, si je pouvais m'en dispenser.

COPIE DE LA LETTRE DE LA SŒUR EUGÉNIE, RELIGIEUSE AU COUVENT OÙ ADÈLE A ÉTÉ ÉLEVÉE

C'est moi, mylord, qui ose m'adresser à vous; c'est cette jeune religieuse qui faisait la prière le jour que vous vîntes voir le service des pauvres, au couvent de Sainte-Anastasie. Il me parut alors que vous deviniez la douleur dont j'étais accablée. J'aperçus dans vos regards un sentiment de compassion qui adoucit un peu mes profonds chagrins; je bénis votre bonté; je vous dus un bien incalculable pour les malheureux, celui de cesser un moment de penser à moi! celui plus grand encore d'oser prier le ciel pour vous, mylord, qui, peut-être, n'avez aucun désir à former. Hélas! depuis longtemps, j'ai cessé d'invoquer Dieu pour moi-même; pour moi, qui l'offense sans cesse, qui, tour à tour, gémissant sur mon état, ou succombant sous le poids des remords, vis dans le désespoir du sacrifice que j'ai fait à la vanité. Mais, permettez-moi de chercher à m'excuser à vos yeux; pardonnez, si j'ose vous occuper un instant de moi, et vous parler des peines qui m'ont poursuivie depuis que je suis au monde.

J'avais huit ans, lorsque ma mère mourut; je la pleurai alors avec toute la douleur qu'un enfant peut éprouver; mais je ne sentis véritablement l'étendue de la perte que j'avais faite, qu'après que l'âge m'eut appris à comparer, et que le bonheur de mes compagnes m'eut en quelque sorte donné la mesure de ma propre infortune. Alors il me sembla que ma mère m'était enlevée une seconde fois: je lui donnai de nouvelles larmes, et je repris un deuil que je ne quitterai jamais.

Depuis, toutes les années de ma jeunesse ont été marquées par l'adversité. Mon père mourut de chagrin, à la suite d'une banqueroute qui lui enlevait tout son bien. Un seul de ses amis me conserva de l'intérêt; je le perdis avant qu'il eût pu assurer mon sort. Il ne me restait plus que quelques parents éloignés; les religieuses leur écrivirent. Les uns refusèrent de se charger de moi; d'autres ne répondirent même pas: enfin, mylord, que vous dirai-je? je me vis à dix-sept ans sans amis, sans famille, sans protecteurs, à la veille d'éprouver toutes les horreurs de la plus affreuse pauvreté.

On avait cru soigner beaucoup mon éducation, en m'apprenant à chanter, à danser; mais je ne savais exactement rien faire d'utile: d'ailleurs j'aurais rougi alors de travailler pour gagner ma vie, et j'étais encore plus humiliée qu'affligée de ma misère. Les religieuses seules m'avaient témoigné quelque pitié: leur retraite me parut une ressource contre les malheurs qui m'attendaient. Elles s'engagèrent à me recevoir sans dot, si je pouvais supporter les austérités de la maison. L'effroi de me trouver sans asile, si elles ne m'admettaient pas, me donna une exactitude à suivre la règle, qu'elles prirent pour de la ferveur. Tout entière à la crainte, je passai l'année d'épreuve, sans considérer une seule fois l'étendue de l'engagement que j'allais contracter. Je n'avais devant les yeux que le malheur et l'humiliation où je serais plongée, si elles me rejetaient dans le monde. Mais, comme celui qui tombe et meurt en arrivant au but, le jour même que je prononçai mes vœux, fut le premier instant où les plus tristes réflexions vinrent me saisir. Le soir, en rentrant dans ma cellule, je pensai avec terreur que je n'en sortirais que pour mourir. Je la regardai pour la première fois. Imaginez, mylord, un petit réduit de huit pieds carrés, une seule chaise de paille, un lit de serge verte, en forme de tombeau, un prie-Dieu, au-dessus duquel était une image représentant la mort et tous ses attributs. Voilà ce qui m'était donné pour le reste de ma vie !... Je regardai encore la petitesse de cette chambre ; et, involontairement, j'en fis le tour à petits pas, me pressant contre le mur, comme si j'eusse pu agrandir l'espace, ou que ce mur dût fléchir sous mes faibles efforts : je me retrouvai bientôt devant cette image, qui m'annonçait ma propre destruction. En l'examinant plus attentivement, j'aperçus qu'on y avait écrit une sentence de Massillon [1] : je pris ma lampe, et je lus que *le premier pas que l'homme fait dans la vie, est aussi le premier qui l'approche du tombeau.* Ces idées m'accablaient ; je retombai sur ma chaise. Reprenant ensuite quelques forces, je m'approchai encore de ce tableau ; je le détachai pour le considérer de plus près. Mais comme il suffit, je crois, d'être malheureux, pour que rien de ce qui doit déchirer l'âme n'échappe à l'attention ; après avoir lu, regardé, relu, je le retournai machinalement, et ce fut pour voir ces paroles de Pascal, écrites d'une main tremblante [a] : *Si l'éternité existe, c'est bien peu que le sacrifice de notre vie pour l'obtenir ; et si elle n'existe pas, quelques années de douleurs ne sont rien [2]...* Ce doute sur l'éternité, ma seule espérance ; ce doute qui ne s'était jamais offert à moi, m'épouvanta ; je me jetai à genoux. Je ne regrettais pas ce monde que j'avais quitté, et qui m'effrayait encore ; mais les vœux éternels que je venais de prononcer me firent frémir. Je versais des larmes, sans pouvoir dire ce que j'avais ; je me désolais, sans former aucun souhait ; je ne sentais qu'un mortel abattement, dont je ne sortais que par des sanglots prêts à m'étouffer. Enfin, je fus rendue à moi-même par le son de la cloche qui nous appelait à l'église ; je m'y traînai. Ma voix qui, jusque-là, s'était fait entendre par-dessus celles de toutes mes compagnes, ma voix était éteinte : j'étais debout, assise comme elles, suivant tous leurs mouvements, sans savoir ce que je faisais. Après l'office, les religieuses se mirent à genoux, pour faire chacune tout bas une prière particulière à sa dévotion. Je me prosternai aussi. A cette même place, où, la veille encore, j'avais invoqué le ciel avec tant de confiance, je joignis mes mains avec ardeur ; et, baignée de larmes, je m'humiliai devant Dieu ; je lui demandai, je le suppliai, de détruire en moi le sentiment et la réflexion. Je sortis de l'église avec mes compagnes ; et, pendant quelques jours, je fus un peu plus tranquille : mais je n'étais plus la même ; tout m'était devenu insupportable.

La supérieure, dont la bonté est celle d'un ange, lisait dans mon âme. J'en jugeais aux consolations qu'elle me donnait ; car jamais un reproche n'est sorti de

---

a. Lorsqu'une religieuse meurt, sa cellule, ainsi que tout ce qui lui a appartenu, passe à la nouvelle postulante ; ces paroles avaient été probablement écrites par la dernière qui avait occupé cette chambre.

1. Jean-Baptiste Massillon (1663-1742), spécialiste des oraisons funèbres, dont celles de Conti, du Grand Dauphin et de Louis XIV lui-même, qui débute par ce mot fameux : « Dieu seul est grand, mes frères ! »

2. C'est le thème du célèbre « pari » de Pascal.

sa bouche ; jamais non plus elle n'a voulu entendre mes douleurs. Un jour que, seule avec elle, je me mis à fondre en larmes, les siennes coulèrent aussi : « Pleurez, mon enfant, me dit-elle ; pleurez, mais ne me parlez point. En voulant exciter la compassion des autres, on s'attendrit soi-même : on passe en revue tous ses maux ; et s'il est quelque circonstance qui nous ait échappé, on la retrouve, et elle nous blesse longtemps. D'ailleurs, vous vous révolteriez si, désirant vous donner du courage, je m'efforçais de vous persuader que vous êtes moins à plaindre. Votre faiblesse s'autoriserait de ma pitié, pour se laisser aller au désespoir ; et vous imagineriez peut-être, qu'il n'est point d'exemple d'un malheur semblable au vôtre... Combien vous vous tromperiez !... Interdisez-vous donc la plainte, ma chère enfant : mais soyez avec moi sans cesse ; et, puissiez-vous faire usage de ma raison et de la vôtre ! »

Depuis cet instant, je ne la quittai plus. Souvent je me désolais ; et elle ne paraissait y faire attention que pour essayer de me distraire. Quelquefois je riais jusqu'à la folie ; alors elle me regardait avec compassion, mais sans me montrer jamais ni impatience ni humeur. Le croiriez-vous, mylord ? son inaltérable douceur me fatigua ; combien il fallait que le malheur m'eût aigrie ! Bientôt, loin de la chercher, je l'évitai ; je m'enfonçai dans ma cellule, pour être seule : et là, je pensais sans cesse à cet état, où l'on ne conserve de la vie que les tourments ; où, tous les jours, toutes les heures de chaque jour se ressemblent ; à cet état qui serait la mort, si l'on pouvait y trouver le calme. Ma santé dépérissait ; j'allais succomber, lorsqu'un jour que la supérieure était venue me retrouver dans ma chambre, on accourut l'avertir que tout un pan de mur du jardin était tombé. Elle y alla ; je la suivis : la brèche était considérable ; et je ne saurais vous rendre le sentiment de joie que j'éprouvai en revoyant le monde une seconde fois. A cet instant, je ne me sentis plus ; je riais, je pleurais tout ensemble. Les religieuses arrivèrent successivement ; la supérieure, pour leur cacher mon trouble, me renvoya. Le lendemain, dès cinq heures du matin, j'étais dans le jardin ; cette brèche donnait dans les champs, et me laissait apercevoir un vaste horizon. Je contemplai le lever du soleil avec ravissement. La petitesse de notre jardin, la hauteur de ses murs, nous empêchent de jouir de ce beau spectacle. Je me mis à genoux ; mon cœur m'échappa, comme malgré moi ; et, dans ce moment d'émotion, je fis une courte prière avec ma première ferveur. Ce jour, je retournai à l'église, je chantai l'office, et j'y trouvai même une sorte de plaisir.

La faiblesse de ma santé me laissait une liberté dont les religieuses ne jouissent que lorsqu'elles sont malades. J'en profitais pour ne plus quitter le jardin, mais sans oser franchir la ligne où le mur avait marqué la clôture : car, dès que la possibilité de sortir se fut offerte, les malheurs qui m'attendaient dans le monde se présentèrent à mon esprit plus fortement que jamais. Je restais des jours entiers sur un banc, qui est en face de cette brèche ; souvent sans me rappeler le soir une seule des réflexions qui m'avaient fait tant souffrir. La supérieure fit venir les ouvriers ; l'architecte décida qu'il fallait abattre encore une portion de ce mur avant de le réparer. Chaque coup de marteau, chaque pierre qu'on emportait, me donnait un mouvement de joie ; il semblait que la paix rentrât dans mon âme à mesure que l'espace s'étendait. Mais bientôt ils atteignirent l'endroit où ils devaient s'arrêter. Rien ne pourrait vous peindre le saisissement que j'éprouvai, lorsqu'un matin, venant, comme à l'ordinaire, pour m'établir sur ce banc, j'aperçus qu'il y avait une pierre de plus que la veille : on commençait à rebâtir !... Je jetai un cri d'effroi, et cachant ma tête dans mes mains, je courus vers ma cellule, comme si la mort m'eût poursuivie : j'y restai jusqu'au soir, anéantie par la douleur. Ce même jour vous entrâtes dans le monastère avec Mme de Sénange ; je ne le sus qu'à l'heure du service des pauvres, seul devoir auquel je n'avais jamais manqué. Votre regard, votre pitié, seront toujours présents à mon cœur. Le lendemain, la supérieure m'apprit par quel hasard vous aviez eu la curiosité de voir notre maison. Elle me parla avec attendrissement de votre extrême bonté, de cette bonté qui va au-devant de tous les infortunés, et qui les secourt d'abord, sans s'informer s'ils ont raison de se plaindre. Avec quelle reconnaissance elle me parla aussi de la donation que vous veniez de faire à notre hôpital ! Vous avez vu ces malheureux un moment ; et vos bienfaits les suivront par-delà votre existence... Ah ! j'ose vous en remercier, moi, que le malheur unit, attache, à tout ce qui souffre !

Les jours suivants, je retournai au jardin ; je m'y traînais lentement, comme on marche au supplice ; je crois qu'une force surnaturelle m'y conduisait... Ce mur s'élevait avec une rapidité qui me désespérait. Quelquefois, ne pouvant plus supporter l'activité des ouvriers, je fermais les yeux, et restais là, absorbée dans mes vagues et sombres rêveries. En me réveillant de cette espèce de sommeil, leur travail me paraissait doublé ; je m'éloignais, mais sans être plus tranquille. Absente, présente, jour et nuit, à toute heure, je voyais ce mur, éternellement ce mur, qui s'avançait pour refermer mon tombeau. Je ne priais plus, car je n'osais rien demander. Alors Dieu, oui, Dieu, sans doute, rejetant un sacrifice profané par les motifs humains qui m'avaient décidée, Dieu m'inspira de m'adresser à vous. J'espérai dans votre bonté si compatissante. Cependant, la première fois que la pensée de manquer à mes vœux se présenta, je la repoussai avec horreur : mais hier, le mur était presque achevé !... encore un instant, et votre pitié même ne pourrait plus me secourir... Arrachez-moi d'ici, mylord, arrachez-moi d'ici. Demain, à la pointe du jour, je me trouverai sur ce mur ; les décombres m'aideront à monter : si vous daignez vous y rendre, je vous devrai plus que la vie. Mylord, ne rejetez pas ma prière : au nom de tout le bonheur que vous devez attendre, des peines que vous pouvez craindre, ayez pitié de moi.

SŒUR EUGÉNIE

P.-S. Mylord, je n'abuserai point de votre bienfaisance ; je refuserais la fortune, s'il fallait avec elle vivre dans l'oisiveté. Placez-moi dans une ferme ; donnez-moi des travaux pénibles, un désert où je puisse au moins fatiguer mon inquiétude. Mylord, songez que vous pouvez prononcer mon malheur éternel.

Il était près de onze heures lorsque je reçus cette lettre ; n'ayant pas le temps d'envoyer chercher des chevaux à Paris, je me fis mener par un des cochers de M. de Sénange : un peu d'argent me répondit de son zèle et de sa discrétion. Je montai en voiture avec mon fidèle John ; nous fûmes bientôt arrivés. Je reconnus facilement la portion de mur qui venait d'être bâtie ; cette pauvre religieuse n'y était pas encore. Nous eûmes le temps de rassembler des pierres pour nous approcher de la hauteur de cette brèche. Je commençais à craindre qu'elle n'eût rencontré quelque obstacle, lorsque je la vis paraître ; elle se laissa glisser doucement, et nous la reçûmes sans qu'elle se fût fait aucun mal. Épuisée

par la violence de tous les sentiments qu'elle venait d'éprouver, elle
s'évanouit. Nous la portâmes dans la voiture, que je fis partir bien vite.
L'agitation et le bruit la rappelèrent à la vie ; et ce fut par une abondance
de larmes qu'elle manifesta sa joie, lorsque je lui dis qu'elle était libre, et
que l'honneur et le respect veilleraient sur son asile.

Nous arrivâmes à l'hôtel garni où j'ai conservé mon appartement. Elle
s'était enveloppée avec tant de soin, qu'on ne pouvait deviner son état de
religieuse. Je lui parlais avec les égards les plus respectueux, pour
prévenir la première pensée qui aurait pu naître dans l'esprit des gens de
la maison. Son visage était pâle ; ses grands yeux noirs, presque éteints,
suivaient sans intérêt les personnes qui marchaient dans la chambre. Je
m'aperçus bientôt que son abattement, cet air résigné de la vertu souffrante, intéressaient l'hôtesse : j'en profitai pour lui recommander de ne
pas la quitter un instant : et, me rapprochant d'Eugénie, je lui fis sentir
combien il serait dangereux que cette femme pénétrât son secret. Je
pensais bien qu'elle ne le dirait pas, car je la savais sensible et bonne ;
mais je croyais qu'en forçant ainsi Eugénie à dissimuler sa peine, elle la
sentirait moins vivement... Mon cher Henri, on fait bien des découvertes
dans le cœur humain, lorsqu'on a un véritable désir de porter du soulagement aux âmes malheureuses. Combien une sensibilité délicate
aperçoit de moyens au-delà de cette pitié ordinaire, qui ne sait plaindre
que les maux du corps ou les revers de la fortune ! La crainte de parler,
l'envie de laisser dormir sa garde, la fatigue, auront contribué à faire
assoupir quelques moments ma pauvre religieuse.

Ce matin, elle s'est rendue dans le salon dès qu'elle a su que je l'y
attendais. J'ai cherché les choses les plus rassurantes et les plus douces à
lui dire : je lui ai présenté les soins que je lui rendais comme un devoir ;
c'était son frère, un ancien ami, qui était auprès d'elle. Je suis parvenu à
éloigner ainsi toutes les expressions de la reconnaissance ; et nous
n'avons plus parlé de son départ pour l'Angleterre, de son établissement,
quand elle y serait, que comme d'affaires qui nous étaient communes.
Nous avons été d'avis qu'il fallait partir sur-le-champ, pour être certains
d'échapper à toutes les poursuites ; quoique j'espère que l'esprit et la
bonté de la supérieure l'engageront à ne commencer les démarches
auxquelles sa place l'oblige, que lorsqu'elle sera bien sûre de leur
inutilité. John, à qui je puis me fier, la conduira chez le docteur Morris,
chapelain de ma terre. Elle trouvera dans sa respectable famille, sinon de
grands plaisirs, au moins la tranquillité ; et elle a tellement souffert, que
la tranquillité sera pour elle le bonheur.

Adieu, je vais retrouver Adèle ; j'y vais plus satisfait encore qu'à mon
ordinaire ; car, j'ai à moi une bonne action de plus.

LETTRE XXXIII

Neuilly, ce 7 septembre

Adèle est malade ; elle a refusé de me voir. Cependant, M. de Sénange est calme : il m'a dit, d'un air assez indifférent, qu'on ne savait pas encore ce qu'elle avait, mais que ce ne serait vraisemblablement rien. Rien ! et elle ne veut pas me recevoir... Les gens vont dans la maison comme à l'ordinaire... Je ne vois point entrer de médecin. Il me semble qu'il y a là une négligence qui ne s'accorde point avec l'intérêt que M. de Sénange a pour elle. Est-ce ainsi que l'on aime, lorsqu'on est vieux ? Ah ! j'espère que je mourrai jeune... J'éprouve une agitation que personne ne partage, dont personne n'a pitié. Il ne m'est pas permis de savoir comment elle est ; j'étonne quand je demande trop souvent de ses nouvelles : ils la laisseront mourir !... Je viens de passer devant sa chambre, je suis resté longtemps contre sa porte ; je n'ai entendu aucun mouvement ; peut-être qu'elle se trouvait mal !... Mais non, il y aurait eu de l'agitation autour d'elle ; je n'ai vu aucune de ses femmes ; tout était fermé... Que devenir ? mon ami, je croyais que j'avais été malheureux ! Oh non, je ne l'avais jamais été... M. de Sénange me fait dire de descendre pour dîner : il sort de chez elle, je cours le joindre...

7 septembre soir

C'était tout simplement pour dîner avec du monde qu'il me faisait avertir. J'ai trouvé, comme dans un autre temps, quelques personnes qui étaient venues de Paris. Adèle est malade ! et rien ne paraissait changé dans la manière de vivre : seulement M. de Sénange était froid avec moi. D'abord, j'ai aimé cette distinction ; c'était me dire que nous éprouvions la même peine. Mais ensuite, je n'ai plus compris ce qu'il avait, lorsque après le dîner, au lieu de prendre mon bras, selon son usage, il a sonné un de ses gens, et m'a dit avec une politesse embarrassée, qu'il allait voir sa femme... Sa femme ! jamais il ne la nomme ainsi. Resté seul dans ce grand salon, tout rempli d'Adèle, mille pensées à la fois me sont venues à l'esprit. Il n'y a point d'émotion que je n'aie éprouvée, point de petites habitudes que je ne me sois rappelées... Ah ! dès qu'un sentiment vif nous occupe, faut-il que notre raison nous échappe ? Je m'étais assis dans le fauteuil d'Adèle ; j'y trouvai même un peu de tranquillité, et me rappelais avec douceur les moments que nous avions passés ensemble ; lorsque tout à coup une voix secrète a semblé me reprocher d'avoir pris sa place, me presser de la quitter, me faire craindre qu'elle ne l'occupât plus… Cette pensée m'a causé une terreur si vive, que je me suis précipité à l'autre bout de la chambre. En me retournant, j'ai vu encore ce fauteuil, sa petite table, son ouvrage, des dessins commencés, et tout ce désordre d'une personne qui était là il y a peu d'instants, et qui peut-être n'y reviendra plus… J'ai fermé les yeux et me suis enfui, sans oser jeter un regard derrière moi.

Revenu dans ma chambre, je me suis empressé de prendre le portrait d'Adèle que je possède encore. Vous serez peut-être surpris que j'aie osé le garder jusqu'à présent ; il est vrai que, dans le premier moment, je ne voyais que le danger de le conserver ; mais bientôt, peu à peu, de jour en jour, je me suis accoutumé à cette crainte : je me suis fait aussi un bonheur nécessaire de regarder ce portrait. D'ailleurs, enhardi par la certitude que M. de Sénange ne va jamais dans le cabinet où il était serré, je remettais toujours au lendemain à m'en séparer.

Combien, dans les angoisses que j'éprouvais, ce portrait me devenait cher ! Avec quelle émotion je contemplais les traits d'Adèle, son regard serein, ce doux sourire, sa jeunesse qui devait me promettre pour elle de nombreuses années ! Je me sentais plus tranquille ; et, quoique enfin effrayé, j'osais espérer de l'avenir.

LETTRE XXXIV

Ce 8 septembre

Ne soyez pas trop sévère ; ayez pitié de votre pauvre ami. Je ne suis plus le même : ou j'éprouve le bonheur le plus vif, ou je suis abîmé de douleur ; tout est passion pour moi. Adèle gardait la chambre ; j'étais dévoré d'inquiétude ; je craignais qu'elle ne fût menacée de quelque maladie violente. Je ne la voyais pas ; je croyais que je ne devais plus la revoir ; son tombeau était devant mes yeux : je voulais mourir. Eh bien ! elle n'était seulement pas malade ; c'était un caprice, ou l'envie de me tourmenter, et d'essayer son empire. Mon ami, est-ce que je serai comme cela longtemps ?

Ce matin, ne m'étant pas couché, ayant passé la nuit à écouter, à expliquer le moindre bruit, à huit heures j'ai entendu ouvrir son appartement. J'y ai couru aussitôt pour demander de ses nouvelles. Sa femme de chambre n'avait point refermé la porte ; jugez de mon étonnement ! Adèle était levée ; elle paraissait triste, mais tout aussi bien qu'à l'ordinaire. Dès qu'elle m'a aperçu, son visage s'est animé… « Que voulez-vous, monsieur ? laissez-moi, m'a-t-elle dit ; laissez-moi, je ne veux voir personne. » Ses femmes étaient présentes ; tremblant, je me suis retiré. Elle a fait signe à une d'elles de fermer la porte sur moi ; j'ai regagné ma chambre et me suis perdu en conjectures. Qu'est-il arrivé ! Qu'ai-je fait ? Que peut-on lui avoir dit de moi ? Serait-ce de la jalousie ? Ô Dieu ! de la jalousie ! Que je serais heureux ! Ce qui est sûr, c'est qu'elle n'est point malade.

LETTRE XXXV

Ce 8 septembre, le soir

A deux heures j'ai fait demander à Adèle la permission de lui parler : elle m'a refusé, en disant encore qu'elle était souffrante... Est-ce qu'il serait vrai ? on peut être malade sans être changé... Mais non ; M. de Sénange, ses femmes, celle surtout qui ne la quitte jamais, qui l'aime comme son enfant, m'ont assuré qu'elle était beaucoup mieux. Je n'y puis rien comprendre. Elle m'a fait dire qu'elle ne descendrait pas pour dîner. Il m'était impossible de me trouver tête à tête avec M. de Sénange ; j'avais besoin de distraction ; et je sentais que ce n'était qu'en me plaçant au milieu d'objets indifférents pour moi que je pourrais me retrouver.

Avec ce projet, j'ai été dans la campagne sans savoir où j'allais : je marchais comme quelqu'un qu'on poursuit. Je ne sais combien de temps j'avais couru, lorsqu'à la porte d'un petit jardin une jeune fille m'a crié :

« Monsieur, voulez-vous des bouquets ?

— Et à qui les donnerais-je ? » lui ai-je répondu.

Les larmes me sont venues aux yeux ; Adèle aime tant les fleurs !... Apparemment que j'étais pâle et défait, car cette jeune fille me regardait avec compassion. « Vous avez l'air tout malade, m'a-t-elle dit ; entrez chez nous pour vous reposer. » Je l'ai suivie machinalement ; elle m'a fait asseoir sur un mauvais banc, près de leur maison, et se tenant debout devant moi, elle m'a regardé quelque temps avec un air d'inquiétude et de curiosité. Enfin, elle m'a dit : « Voulez-vous prendre un bouillon ? Nous avons mis le pot-au-feu aujourd'hui, car c'est dimanche. » Je lui ai demandé seulement un morceau de pain et un verre d'eau : elle m'a apporté du pain noir, et, dans un pot de grès, de l'eau assez claire. Après avoir été assis un moment, je commençais à sentir toute ma lassitude, et je restais sur ce banc sans pouvoir m'en aller. Alors cette jeune fille m'a appris que son père était jardinier fleuriste ; qu'il était à l'église avec toute sa famille ; qu'elle était restée parce que c'était à son tour de garder la maison ; mais qu'ils allaient bientôt rentrer, et que sa mère, qui s'entendait très bien aux maladies, me dirait ce que j'avais.

Je l'ai remerciée par un signe de tête ; et, fermant les yeux, je me suis

mis à rêver à la bizarrerie de ma situation et au caractère d'Adèle. J'ai été
bientôt arraché à mes réflexions par la jeune fille, qui m'a crié avec
effroi : « Monsieur, ouvrez donc les yeux, vous me faites peur comme
cela ! » J'ai souri de sa frayeur : pour la dissiper et pour répondre à
l'intérêt qu'elle m'avait témoigné, je m'efforçais de lui parler : je lui ai
demandé si elle avait des frères et des sœurs.

« Onze, m'a-t-elle répondu, en faisant une petite révérence, et je suis
l'aînée.

— Quel âge avez-vous ?

— Quatorze ans, et je me nomme Françoise. »

A chaque réponse elle faisait sa petite révérence.

« Votre père gagne-t-il bien sa vie ?

— Oui ; si ma mère n'avait pas toujours peur de manquer, nous ne
serions pas mal. Notre malheur, c'est que dans l'été les bouquets ne se
vendent rien, et que l'hiver toutes les dames en veulent, qu'il y en ait ou
qu'il n'y en ait pas. »

Alors nous avons entendu le chien aboyer, et la famille est rentrée. Dès
que le père et la mère ont pu m'apercevoir, ils ont appelé Françoise, lui
ont parlé longtemps bas, puis, s'approchant, ils m'ont salué tous deux. Je
leur ai dit combien Françoise avait eu soin de moi. « Ah ! c'est une bonne
fille », a dit le père en lui frappant doucement sur l'épaule. « Bah ! a
repris la mère, pourvu qu'elle perde son temps, c'est tout ce qu'il lui
faut. » La petite mine de Françoise, qui s'était épanouie d'abord, s'est
rembrunie bien vite. Combien les parents devraient craindre de troubler
la joie de leurs enfants ! Il me semble que je remercierais les miens, si je
les entendais rire, si je les voyais contents : mais je me promettais bien de
dédommager Françoise. Sa mère s'est assise près de moi ; elle m'a offert
une soupe, je l'ai refusée. Le bon père m'a proposé une salade du jardin :
« Oh ! une salade, m'a-t-il dit en riant, comme vous n'en avez jamais
mangé. » Ce visage brûlé par le soleil, ce corps que la fatigue avait
courbé, sa bonne humeur, m'inspiraient une sorte d'affection mêlée de
respect ; j'ai accepté sa salade pour ne pas le chagriner en le refusant.
Françoise a couru bien vite la cueillir ; sa mère (Mme Antoine) m'a
présenté ses autres enfants, quatre garçons et six filles. A chaque enfant,
elle criait d'une voix aigre : « Ôtez votre chapeau, monsieur ; faites la
révérence, mamzelle » ; et les petits de me saluer et de s'enfuir aussitôt.
Le père a dit à sa femme d'aller accommoder ma salade ; il est resté avec
moi. Je lui ai demandé avec quoi il pouvait entretenir cette nombreuse
famille.

« Avec mes fleurs, m'a-t-il dit ; quand elles réussissent, nous sommes
bien. Ma femme, comme vous avez vu, gronde un peu, mais c'est sa
façon ; et puis nous y sommes faits ; Françoise chante, et cela m'amuse.

— Combien gagnez-vous par an ?

— Ah ! je vis sans compter ; tous les soirs j'ajoute à mes prières :

"Mon Dieu, voilà onze enfants ; je n'ai que mon jardin ayez pitié de nous" ; et nous n'avons pas encore manqué de pain.

— Vous devez beaucoup travailler ?

— Dame, il faut bien un peu de peine ; dans ma jeunesse, il n'y en avait pas trop ; à présent la journée commence à être lourde. Mais Françoise m'aide : elle porte les bouquets à la ville : Jacques, le plus grand de nos garçons, entend déjà fort bien notre métier ; les petits arrachent les mauvaises herbes : à mesure que je m'affaiblis, leurs forces augmentent ; et bientôt ils se mettront tout à fait à ma place. Je ne suis pas à plaindre.

— Quoi ! lui ai-je dit avec une chaleur qui aurait été cruelle si elle avait été réfléchie, quoi ! vous ne vous plaignez pas ! Onze enfants... un jardin... et vous dites que vous êtes content !

— Oui, m'a-t-il répondu, fort content ! Il ne nous est mort aucun enfant ; nous n'avons encore rien demandé à personne : pourquoi nous plaignez-vous ? Vous autres grands, on voit bien que vous ne connaissez pas les gens de travail. On a raison de dire que la moitié du monde ne sait pas comment l'autre vit. »

Que de réflexions fit naître en moi cet exemple de vertu et de modération, moi, qui ne me suis jamais trouvé heureux dans une position qu'on appelle brillante !... J'ai serré la main de ce bon vieillard. Il n'avait pas prétendu m'instruire ; et c'est peut-être pour cela que sa sagesse a si vivement frappé mon cœur...

Mme Antoine et Françoise ont apporté une petite table avec ma salade : le bon père avait raison ; jamais je n'en avais trouvé d'aussi bonne. Pendant ce léger repas, il me regardait avec l'air satisfait de lui-même. Mme Antoine et Françoise restaient debout devant moi ; et quoique je fusse sûr qu'elles n'avaient rien de plus à me donner, elles semblaient attendre que je leur demandasse quelque chose, et se tenaient prêtes à me servir. Les enfants aussi se sont rapprochés peu à peu ; je ne les effrayais plus. Le père m'a prié de venir voir son jardin : le terrain était si peu étendu, si précieux, qu'on n'y avait laissé que de petits sentiers où nos pieds pouvaient à peine se placer. Nous marchions l'un après l'autre ; et la famille, jusqu'au dernier petit enfant, nous suivait, comme s'ils entraient dans ce jardin pour la première fois. Au milieu de ce tableau si touchant, je trouvais quelque chose de triste à ne voir que des arbustes dépouillés, des tiges dont on avait coupé les fleurs, ou quelques boutons prêts à éclore, et impatiemment attendus pour les vendre. Cela me présentait l'image d'une existence précaire, dépendante des caprices de la coquetterie et de toutes les variations de l'atmosphère. Je pensais, pour la première fois, que les inquiétudes du besoin pouvaient être attachées à la croissance d'une fleur !... J'ai abrégé cette promenade qui me devenait pénible. Revenu près de la maison, j'ai appelé Françoise, et lui ai donné quelques louis pour s'acheter un habit : sa mère les lui a arrachés des mains, en disant qu'il fallait garder cela pour les provisions

de l'hiver. « J'y aurais songé, lui ai-je répondu avec humeur ; et j'ai
encore donné à ma petite Françoise : puis j'ai offert au bon père de quoi
habiller tous ses enfants, et j'ai demandé que cette somme ne fût
employée qu'à cet usage. Je m'en allais, lorsque j'ai réfléchi que j'avais
pu affliger Mme Antoine, en m'occupant plutôt du plaisir des enfants que
des besoins du ménage ; je sentais que les sollicitudes d'une mère sont
encore de l'amour, et que son avarice n'est souvent qu'une sage
précaution. Je suis alors retourné vers elle, et lui ai serré la main :

« Je reviendrai, lui ai-je dit, pour les provisions de l'hiver.

— Ah ! vous reviendrez ! s'est écriée Françoise.

— Il reviendra ! disaient les petits.

— Vous le promettez ? dit le père.

— Ne nous oubliez pas », dit la mère.

Françoise tenait mon habit, le père une de mes mains, la mère s'était
saisie de l'autre, les enfants se pressaient contre mes jambes. En me
voyant ainsi entouré de ces bonnes gens, en pensant au bonheur que je
leur avais procuré, j'oubliais mes propres peines ; et quoique tous mes
chagrins vinssent du cœur, je remerciais le ciel d'être né sensible.

Après les avoir quittés, je suis revenu tranquille par ce même chemin
que j'avais traversé avec tant d'agitation. Le jour était sur son déclin ;
j'admirais les derniers rayons du soleil : la paix de cette bonne famille
avait passé dans mon âme. Pour un moment, je me suis senti plus fort que
l'amour ; car j'ai pensé que, si je ne pouvais pas être heureux sans Adèle,
au moins il pouvait y avoir sans elle des moments de satisfaction. Plus
calme, j'ai cru que sa colère était trop injuste pour durer ; et, en repassant
devant son appartement, je me suis dit avec une tristesse moins douloureuse : Si elle a eu pour moi une affection véritable, nous nous
raccommoderons bientôt… ; et si elle ne m'aimait pas !… si Adèle ne
m'aimait pas ! ah ! qu'au moins je ne prévoie pas mon malheur !

P.-S. Il est dix heures ; on vient de me dire que M. de Sénange est avec
elle ; je vais m'y présenter encore. Il est bien difficile que, chez eux, ils
continuent longtemps à ne pas me recevoir.

LETTRE XXXVI

Une heure du matin

Je la quitte, Henri : c'est cet infernal cocher qui a tout dit ; c'est sa
maladroite indiscrétion qui m'a jeté dans toutes les folies que je crois
vous avoir écrites. J'ai trouvé Adèle couchée sur un canapé ; M. de

Sénange était près d'elle. Ma présence, quoiqu'ils m'eussent permis de venir les joindre, a eu l'air de les étonner l'un et l'autre : je me suis assez légèrement excusé de n'être point revenu pour dîner. M. de Sénange m'a demandé d'un air froid où j'avais été ; je lui ai répondu que, sans m'en apercevoir, je m'étais trouvé à une trop grande distance pour espérer d'être rentré à temps. Je me suis mis à leur parler de Françoise, de son père, du jardin... Pas la plus petite interruption de M. de Sénange, ni d'Adèle. Cependant, lorsque j'en suis venu aux adieux de cette bonne famille, j'ai vu que je faisais quelque impression sur M. de Sénange. Il m'a demandé si j'avais foi aux compensations ? Je ne l'ai pas compris, et je l'ai avoué franchement. « Croyez-vous donc, m'a-t-il dit, qu'on puisse enlever une femme aujourd'hui, et réparer ce scandale le lendemain en secourant une famille ? » Ce mot *enlever* m'a éclairé aussitôt : j'ai regardé Adèle qui baissait les yeux. « Je vois, leur ai-je dit, qu'on vous a parlé d'une aventure à laquelle, peut-être, je me suis livré sans réfléchir ; mais vous me pardonnerez, j'espère, de n'avoir pas hésité lorsqu'il s'agissait d'arracher quelqu'un au dernier désespoir. » Et, sans attendre leur réponse, j'ai tiré de ma poche la lettre d'Eugénie que j'ai lue tout haut. A mesure que j'avançais, l'attendrissement de M. de Sénange augmentait ; Adèle même a laissé tomber quelques larmes. Lorsque j'ai eu fini, il s'est approché de moi en m'embrassant : « C'est à vous à nous excuser, m'a-t-il dit, de vous avoir soupçonné, au moment où tant de générosité vous conduisait. Pardonnez-moi, mon jeune ami, je vous aime comme un père, et les meilleurs pères grondent quelquefois mal à propos. » Pour Adèle, elle n'allait pas si vite ; et elle m'a demandé où j'avais placé cette religieuse. Dès que j'ai dit qu'elle était partie le matin même pour l'Angleterre, elle a paru soulagée, et a respiré comme si je l'eusse délivrée d'un grand poids.

« Il fallait, a-t-elle repris, nous mettre dans votre secret ; nous aurions partagé votre bonne action.

— Ne me reprochez pas mon silence, lui ai-je répondu, il y a une sorte d'embarras à parler du peu de bien qu'on peut faire.

— Pourquoi ? a-t-elle reparti vivement, moi, j'en ferais exprès pour vous le dire. »

A ces mots, soit que M. de Sénange ait aperçu pour la première fois les sentiments d'Adèle, soit qu'en effet quelque douleur soudaine l'ait saisi, il s'est levé en disant qu'il souffrait. Je lui ai offert mon bras pour descendre chez lui ; il l'a pris sans me répondre. Elle nous a suivis. A peine avons-nous été arrivés dans son appartement, qu'il a demandé à se reposer et a renvoyé Adèle. En sortant elle m'a salué de la main en signe de paix, et avec un sourire d'une douceur ravissante. Je me suis avancé vers elle : « Pardonnez-moi », avons-nous dit tous deux en même temps.

J'ai été obligé de la quitter aussitôt, car j'ai entendu M. de Sénange qui m'appelait. Cependant, lorsque je me suis approché de son lit, il ne m'a point parlé ; il se retournait, s'agitait, et gardait le silence. De peur de le gêner, je suis allé m'asseoir un peu loin de lui ; j'attendais toujours ce qu'il pouvait avoir à me dire ; mais j'ai attendu vainement. Au bout d'une heure il m'a prié de me retirer, en ajoutant qu'il ne voulait pas me déranger, et que le lendemain il me parlerait. Que veut-il me dire ?... S'il allait croire mon absence nécessaire ! Ce n'est plus mon bonheur seul que je sacrifierais, c'est Adèle même qu'il faudrait affliger, et jamais je n'en aurai le courage. Que ma situation est horrible ! Chacune des peines de l'amour paraît la plus forte que l'on puisse supporter. A ce bal, lorsque j'ai pensé qu'elle ne m'aimait pas, j'ai cru que c'était le plus grand des malheurs !... Hier quand on parlait de sa maladie, ses souffrances m'accablaient ; j'étais prêt à sacrifier et son affection et moi-même ; il ne me fallait plus rien que de ne pas trembler pour sa vie. Aujourd'hui que je serai peut-être condamné à m'éloigner d'elle, si M. de Sénange l'exige ; que peut-être il portera la prudence jusqu'à vouloir qu'elle ignore que c'est lui qui a ordonné mon départ, que deviendrai-je, lorsqu'en prenant congé d'elle, ses regards me reprocheront de m'en aller volontairement ?... jamais je ne pourrai le supporter... jamais...

LETTRE XXXVII

Ce 9 septembre, 6 heures du matin

Il n'y avait pas deux heures que j'étais couché, lorsque j'ai entendu frapper à ma porte, et quelqu'un m'appeler vivement. J'ai ouvert aussitôt ; et l'on m'a dit de descendre bien vite, que M. de Sénange venait d'être frappé d'une attaque d'apoplexie. Je l'ai trouvé sans aucune connaissance. Le médecin était près de lui : lorsqu'il a rouvert les yeux, je le tenais dans mes bras ; il m'a regardé longtemps. Ses yeux se fixaient de même sur tout ce qui l'entourait, sans reconnaître personne. Le médecin m'a dit qu'il le trouvait fort mal, que son pouls était très mauvais, et qu'il fallait promptement instruire sa famille de son état. J'ai chargé une des femmes d'Adèle de l'avertir, n'osant pas y aller moi-même : je sentais que ce n'était pas à moi de lui apprendre le genre de malheur qui la menaçait.

Quel spectacle pour elle, que d'assister à l'effrayante décomposition d'un être qu'elle aime comme son père ! M. de Sénange est défiguré, sans mouvement, sans parole : la douleur de cette malheureuse enfant déchire mon âme ; mais au moins Adèle n'a point de remords, et j'en suis accablé. Elle ne s'est pas aperçue de la peine qu'elle lui a causée ; et moi, j'étais sûr qu'il se couchait mécontent. Il a vu ses larmes ; il a entendu ces mots si touchants : « Moi, je ferais du bien exprès pour vous le dire ! » Il en aura senti une douleur vive, qui peut-être aura causé son accident. Quelle récompense !... il m'a reçu comme un fils ; et non seulement j'aime Adèle, mais je n'ai pas même eu la force de cacher mes sentiments ! J'ai bien besoin qu'il revienne tout à fait à lui, et que je puisse lui dire que nous l'avons toujours chéri, respecté ; que jamais nous n'avons été ingrats ni coupables envers lui ; et s'il doit mourir de cette maladie, au moins que son dernier regard nous bénisse !... S'il doit mourir, que deviendra Adèle ? Me sera-t-il permis de m'affliger avec elle, de chercher à la consoler ? Son âge... le mien... j'ignore les usages de ce pays... Combien j'aurais besoin de votre amitié et de vos conseils !

LETTRE XXXVIII

Ce 10 septembre, 5 heures du matin

On croit que M. de Sénange est un peu mieux ; ce qu'il y a de sûr, c'est qu'il a reconnu Adèle, et lui a serré la main. Il a plusieurs fois jeté les yeux sur moi, mais sans le plus léger signe d'affection. Sûrement il m'accuse : puisse-t-il avoir le temps d'apprendre combien mes sentiments ont été purs ! J'ai dit, il est vrai, à Adèle que je l'aimais ; mais ce mot si tendre, ce mot *je vous aime*, n'appartient-il pas autant à l'amitié qu'à l'amour ?

M. de Sénange paraît avoir repris toute sa connaissance ; et cette nuit il a eu des moments de sommeil. Adèle ne l'a pas quitté. Dans les intervalles, elle lui parlait, le rassurait, cherchait à le distraire ; tandis que j'étais dans un coin de la chambre, osant à peine me mouvoir, dans la crainte qu'il ne m'entendît, et que ma présence ne le troublât... Qu'il est affreux d'être obligé de cacher ses attentions, sa douleur, à l'homme qu'on respecte le plus !

Adèle attend aujourd'hui les parents de M. de Sénange ; son intendant leur a fait part de l'état de son maître. Elle redoute fort ce moment ; car elle sait qu'ils n'ont cessé de le voir qu'à l'époque de son mariage ; mais l'espoir de quelques petits legs les ramènera. On a aussi envoyé un courrier à Mme de Joyeuse. Adèle ne doute pas non plus qu'elle ne revienne aussitôt. Comme elle va nous tourmenter !... Ah ! mes beaux jours sont passés ! Que je m'en veux de n'en avoir pas mieux senti le prix !... heureux temps où, seul entre Adèle et cet excellent homme, jamais ils ne me regardaient sans me sourire ! où, lorsque je paraissais, ils semblaient me recevoir toujours avec un plaisir nouveau !... et je n'étais pas satisfait !...

LETTRE XXXIX

Il y a bien peu de changement dans la situation de M. de Sénange. A nos inquiétudes, hélas ! trop fondées, se sont joints les tourments d'une famille qui, fort indifférente sur les souffrances de cet homme si digne de regret, importune tout ce qui l'entoure, pour avoir l'air de s'y intéresser.

Aujourd'hui, comme il paraissait être un peu moins mal, j'avais engagé Adèle à dîner dans la chambre qui précède celle où il est. J'obtenais de sa complaisance qu'elle prît quelque nourriture, lorsque nous avons été interrompus par un domestique qui a ouvert avec fracas les portes de la chambre où nous dînions, pour annoncer la vieille maréchale de Dreux, parente fort éloignée de M. de Sénange, et qu'Adèle n'avait jamais vue. « Votre occupation me fait présumer, nous a-t-elle dit, que mon cousin est mieux. » Adèle, intimidée, a essayé de lui rendre compte de l'état du malade. La maréchale, que j'ai rencontrée plusieurs fois dans le monde, a fait semblant de ne pas me reconnaître, et a dit à Adèle : « C'est sans doute là M. votre frère ? il vous soigne de manière à tromper vos inquiétudes. » Adèle, embarrassée de ce nom de frère, ne répondait point ; mais, après quelques minutes, elle m'a adressé la parole en me nommant *mylord*. La maréchale feignait de ne pas entendre ce titre étranger, et continuait à parler de moi comme du frère d'Adèle. Alors il m'a paru convenable de lui dire que M. de Sénange étant venu en Angleterre dans sa jeunesse, il croyait avoir eu des obligations essentielles à ma famille.

« J'ignorais ces détails, m'a-t-elle répondu avec aigreur ; car assurément je n'étais pas née lorsque M. de Sénange était jeune.

— Il m'a attiré chez lui, ai-je repris, et m'y a traité avec trop de bonté, pour que j'aie songé à le quitter depuis qu'il est malade.

— Je ne blâme rien, a-t-elle répliqué d'un ton sec ; mais vous trouverez bon que, ne sachant pas vos droits ici, et M. de Sénange étant à la mort, j'aie cru que sa femme ne voyait que ses proches parents. »

Adèle, avec plus de présence d'esprit que je ne lui en aurais soupçonné (l'orgueil blessé est si grand maître !), Adèle lui a répondu que, tant que M. de Sénange vivait, il pouvait seul donner des ordres chez lui : « Si j'ai le malheur de le perdre, a-t-elle ajouté, alors, comme vous le dites, madame, je ne verrai plus que mes proches parents. » La maréchale l'est à un degré si éloigné, qu'il aurait autant valu lui dire : « Je ne me soucie pas de vous, et je ne vous verrai pas non plus. » Cependant elle n'avait rien à répondre, car Adèle s'était servie de ses propres expressions. Aussi est-elle restée dans le silence, et de si mauvaise humeur, que je crois bien qu'Adèle s'en est fait une ennemie pour la vie.

Il est venu encore un grand nombre de parents qui arrivaient tous avec un visage de circonstance. A peine avaient-ils salué Adèle, qu'ils allaient dans un autre coin de la chambre chuchoter et ricaner entre eux. La maréchale les appelait l'un après l'autre, parlait bas à chacun, riait et grondait derrière son éventail, et leur apprenait, je crois, par quelle jolie plaisanterie elle avait fait sentir à Adèle l'inconvenance de mon séjour dans sa maison. Je n'en ai pas douté, lorsqu'une de ces femmes, jeune cependant (à cet âge n'avoir pas d'indulgence !), est venue à moi avec minauderie, et m'a parlé d'Adèle en la nommant aussi ma sœur. Je n'ai pas daigné lui répondre, et elle a couru bien vite chercher les applaudissements de ce groupe infernal.

La pauvre Adèle était si embarrassée, que des larmes tombaient de ses yeux. J'étais indigné, lorsqu'à mon grand étonnement on a annoncé Mme de Verneuil, qui, en me voyant, a souri et m'a appelé. « Je vous en supplie, lui ai-je dit tout bas, venez avec moi un instant ; je vous crois bonne, et voici l'occasion d'être généreuse. » Elle m'a suivi sur la terrasse, où je lui ai raconté, à la hâte, les motifs de mon séjour chez M. de Sénange, et de son amitié pour moi, et les impertinences de la maréchale.

« Venez au secours de Mme de Sénange, ai-je ajouté ; ayez compassion de sa jeunesse.

— Convenez, m'a-t-elle dit, que vous êtes parti de chez moi avec une légèreté qui me donne assez d'envie de vous tourmenter.

— J'ai tort, mille fois tort ; mais de grâce ne faites pas une réflexion, j'ai trop sujet de les craindre : allons, venez, soyez bonne », lui ai-je dit en l'entraînant dans le salon, où je l'ai placée près d'Adèle.

Je tremblais pour sa première parole ; car si malheureusement une idée ridicule l'avait frappée, nous étions perdus... Par bonheur la maréchale l'a appelée ; et, attirer son attention, c'est presque toujours exciter sa moquerie. Elle lui a parlé longtemps bas ; sûrement elle lui racontait ses gentillesses : lorsqu'à ma grande satisfaction, j'ai vu Mme de Verneuil répondre d'un air si imposant, que bientôt chacun est allé se rasseoir, et a repris le sérieux que le moment exigeait. Mme de Verneuil est revenue près d'Adèle, et lui a dit, devant toute cette famille : « Vous trouverez simple, ma cousine, que nous ayons été fâchés du mariage de M. de Sénange : l'humeur nous a éloignés de lui, mais vous ne devez pas en souffrir ; et, a-t-elle continué en élevant la voix, puisque cette triste circonstance nous rapproche, j'espère que nous ne nous éloignerons plus. » Adèle l'a embrassée, et dès lors la maréchale et le reste de la famille l'ont traitée avec plus d'égards. Mais Mme de Verneuil m'a bien fait payer cette obligation ; car aussitôt que le calme et la bienséance ont été rétablis dans le salon, elle m'a ordonné de la suivre sur la terrasse.

Après m'avoir encore plaisanté sur la manière dont je l'avais quittée, elle m'a demandé si j'étais amoureux d'Adèle.

« Non, lui ai-je répondu gravement.

— Vous ne l'aimez donc pas ? a-t-elle dit en riant. Puisque vous ne l'aimez pas, je vais la livrer à la maréchale.

— Oui, je l'aime, me suis-je écrié, mais je n'en suis pas amoureux.

— Ah ! vous n'en êtes pas amoureux ! » Et se retournant, elle me dit : « Je vais…

— Eh bien, oui ! si vous le voulez, j'en serai amoureux », lui ai-je répondu, et je me suis saisi de ses mains pour la retenir malgré elle : « Mais ayez pitié de son embarras et de sa jeunesse.

— Et vous aime-t-elle ?

— Non certainement.

— Elle ne vous aime pas !… Fi donc ! c'est une ingrate, et je l'abandonnerai.

— Au nom du ciel, ai-je repris, n'abusez pas de la situation ; je dirai tout ce qu'il vous plaira, pourvu que vous la sauviez de cette maréchale. »

Alors, s'asseyant, elle m'a dit avec une majestueuse ironie : « Voyons si vous êtes digne de ma protection. »

Mais comme je ne voulais pas compromettre Adèle, et que je craignais de piquer l'esprit railleur de Mme de Verneuil, je me suis jeté dans des définitions, divisions, subdivisions, sur le degré d'amour que je ressentais, sur celui qui était permis, sur l'espèce d'amitié que j'inspirais… Plus je parlais, plus elle s'étonnait, se moquait, et faisait des questions si positives, avec un regard si malin, et en me menaçant toujours de cette maudite maréchale, que je m'embrouillais comme un sot, et me fâchais comme un enfant.

Enfin, la douce et triste Adèle est venue nous avertir que tout le monde était parti ; « mais ils reviendront demain », a-t-elle dit en s'adressant à Mme de Verneuil avec timidité, et comme pour la prier d'être encore son appui. Aussi, malgré le besoin qu'elle a de s'amuser, y a-t-elle paru sensible, et a-t-elle promis de revenir le lendemain. Quel horrible usage que celui qui force à recevoir les personnes qu'on aime le moins, dans les moments où la vue des indifférents est un supplice, et à se priver de ses amis, quand la solitude et les consolations de l'amitié seraient si nécessaires !

LETTRE XL

Ce 11 septembre

M. de Sénange étant moins mal hier au soir, Adèle consentit à prendre un peu de repos. Je remontai aussi dans ma chambre, après avoir bien recommandé que s'il arrivait la moindre chose, s'il me nommait, on vînt aussitôt m'avertir ; car j'espérais toujours qu'il se souviendrait de moi, de mon attachement, de mon respect.

Heureusement pour la tranquillité de mon avenir, ce matin à cinq heures on est venu me dire qu'il m'appelait. J'ai couru chez lui : dès qu'il m'a vu, il m'a demandé où j'avais passé tout ce temps. J'ai serré sa main et lui ai dit que j'étais toujours resté près de lui. « J'ai donc été bien mal, car je ne me rappelle pas… » Et rêvant ensuite comme s'il cherchait à rassembler ses idées… « Mon jeune ami, a-t-il ajouté, il se mêle à votre souvenir des sentiments pénibles… mais je veux les éloigner dans ces derniers instants. Dites-moi, je vous prie, assurez-moi qu'Adèle m'aime encore. » Je l'ai interrompu pour l'assurer qu'elle n'avait pas un reproche à se faire. « Et vous ? » m'a-t-il dit.

« Et moi ! » ai-je repris en tombant à genoux près de son lit, et moi !… je lui ai avoué mon amour, mes combats, ma résolution de fuir. Mais je lui ai protesté que, ni pour elle, ni pour moi, cet éloignement n'avait été nécessaire.

« Et je vous jure, lui ai-je dit, que vous êtes toujours ce qu'elle aime le mieux.

— Puis-je vous croire ? » m'a-t-il demandé en m'examinant avec une grande attention.

Je lui ai affirmé que j'étais vrai avec lui, comme si je parlais à Dieu même. « Je vous remercie, a-t-il répondu avec attendrissement ; Adèle pourra donc me dire adieu sans rougir, et un jour s'unir à vous sans remords, et sûre de votre estime ! Je vous remercie, je vous remercie », a-t-il répété plusieurs fois très vivement.

Cette bonté céleste, cette abnégation de lui-même m'ont rappelé tous mes torts, et me les rendaient insupportables. Je me suis souvenu de ce portrait d'Adèle que j'avais dérobé avec tant d'imprudence, et dont je n'avais pas eu la force de me détacher. Dans ce moment solennel, dans ce moment d'éternelle séparation, il m'a été impossible de rien dissimuler. « Ah ! lui ai-je dit, un profond repentir pèse sur mon cœur. » Il m'a regardé d'un air inquiet. « Parlez-moi, m'a-t-il répondu, pendant que je puis encore vous entendre et vous absoudre. »

J'ai osé lui avouer l'abus que j'avais fait de sa confiance. Il a levé les yeux au ciel : « Adèle en a-t-elle été instruite ? » a-t-il repris d'un ton sévère. « Jamais, me suis-je écrié ; je l'aurais redoutée plus encore que vous-même. » Il est resté comme absorbé dans ses réflexions ; puis, se ranimant tout à coup, il m'a dit : « Prenez ma clef ; allez chercher ce portrait, replacez-le dans mon secrétaire ; dépêchez-vous, la mort me poursuit, le temps presse. »

Je me suis levé aussitôt ; j'ai couru dans ma chambre, et pris le portrait sur lequel j'ai jeté un triste et dernier regard ; mais dans cet instant j'avais hâte de m'en séparer. Dès que je l'ai eu remis dans le secrétaire, je suis revenu tomber à genoux près du lit de M. de Sénange. Il était plus calme. « Pendant votre absence, m'a-t-il dit, j'ai fait un retour sur votre jeunesse, et je vous ai excusé. » Après un assez long silence, il a ajouté : « Je vous pardonne ; mais souvenez-vous que le portrait d'Adèle ne doit être accordé que par elle. Si jamais elle consent à vous le rendre, c'est qu'elle croira pouvoir s'unir à vous. Alors vous lui direz que je vous ai bénis tous deux. »

J'ai voulu éloigner ces idées de mort, le rassurer sur son état ; il ne l'a pas permis. « Je sais que je n'en reviendrai point, m'a-t-il dit ; cependant, malgré moi, je crains de mourir... Mon jeune ami, promettez-moi que, lorsque cet instant viendra, vous ne m'abandonnerez pas ! » Je le lui ai promis, en essayant encore de calmer ses esprits ; mais lorsque je lui disais qu'il était mieux, il souriait, et pourtant se répétait à lui-même qu'il mourrait, comme s'il eût craint de se livrer à de fausses espérances ou qu'il eût besoin de se rappeler son état pour conserver son courage.

Il m'a parlé d'Adèle avec une tendresse extrême. « je ne la recommande pas à votre amour, m'a-t-il dit ; mais j'implore votre indulgence... Craignez votre sévérité... Elle est jeune, vive, étourdie à l'excès... Promettez-moi de ne jamais vous fâcher sans le lui dire... la condamner sans l'entendre... N'oubliez pas que, dans ce moment cruel où non seulement il faut quitter tout ce qu'on aime... tout ce qu'on a connu... mais où il faut encore se séparer de soi-même... dans ce moment je vous crois, vous la confie, et vous souhaite d'être heureux... Au moins, que son bonheur soit ma récompense ! »

Il tremblait, soupirait, essayait de retenir des larmes qui s'échappaient malgré lui, et tenait ma main si fortement serrée, qu'il m'était impossible de m'éloigner. Pour lui cacher la douleur que j'éprouvais, j'appuyais ma tête sur son lit sans pouvoir lui répondre, lorsqu'on est venu lui dire que son notaire était arrivé. « Allez, mon ami, m'a-t-il dit, j'ai quelques dispositions à faire ; vous verrez que je meurs en vous aimant et vous estimant toujours. »

Je l'ai quitté l'âme brisée ; au bout d'une heure, j'ai entendu plusieurs voix m'appeler... M. de Sénange venait d'être frappé d'une nouvelle attaque ; elle a été moins longue, moins fâcheuse que la première ; mais il est resté si faible, que le moindre accident peut nous l'enlever d'un moment à l'autre.

Huit heures du soir

Depuis cette seconde attaque, M. de Sénange s'affaisse à vue d'œil ; mais il ne paraît pas beaucoup souffrir ; il a des absences fréquentes, pendant lesquelles il ne lui reste que le souvenir d'Adèle, mon nom qu'il répète souvent et le regret de la vie qu'il sent encore, lors même qu'il ne peut plus connaître le danger de son état. La pauvre Adèle ne se fait point d'idée de la mort. Quand M. de Sénange parle, se meut, elle se rassure, et croit que les médecins se trompent ; mais s'il reste dans le silence, elle se désole, l'appelle, l'interroge, voudrait même l'éveiller lorsqu'il s'assoupit ; et l'image de la mort peut seule lui faire croire à la mort... La pauvre enfant !... dans quelques heures... La pauvre enfant !...

Minuit

C'est dans la chambre de M. de Sénange que je vous écris ; il repose assez tranquillement, mais il est sans aucune espérance. Adèle me fait une pitié extrême ; elle a passé la journée à genoux dans les prières, et toujours je l'ai vue se relever un peu consolée... Ah ! c'est au moment où l'on va perdre ce qu'on aime, où tout ce qui l'entoure marque, à quelques minutes près, la fin de sa vie ; c'est alors que l'athée, si l'athée peut aimer, c'est alors qu'il doit sentir le besoin d'un Dieu ! Mais j'entends la voix de M. de Sénange. Il me demandait pour me recommander encore Adèle : à mesure que la vie le quitte, il semble s'attacher plus fortement à tout ce qu'il a aimé. Il l'a appelée ; il a pris sa main, la mienne, et a parlé longtemps bas sans que je pusse l'entendre : seulement j'ai distingué plusieurs fois le nom de lady B... Il est tombé sans connaissance en nous parlant ; Adèle a fait des cris si affreux, qu'il a fallu l'emporter de cette chambre, où elle ne le verra plus !... Je n'ai pu la suivre, car il a exigé que je restasse près de lui jusqu'à son dernier soupir, et je ne le quitterai pas...

12 septembre, 7 heures du matin

Il n'est plus ! Henri ; le meilleur des hommes a cessé de vivre, celui qui pouvait se dire : « Il n'existe personne à qui j'aie fait un moment de peine. » Ah ! excellent homme !... excellent homme !...

LETTRE XLI

Je ne suis plus à Neuilly, mon cher Henri, c'est dans mon hôtel garni, c'est tout seul que j'ai à supporter mes regrets et mon extrême inquiétude. Ce matin, après vous avoir écrit deux mots, je me suis présenté chez Adèle qui, en me voyant, a bien deviné la perte qu'elle avait faite, et s'est trouvée fort mal. J'étais à genoux près d'elle ; ses femmes l'entouraient, lorsque tout à coup Mme de Joyeuse est entrée, et, sans remarquer l'état de sa fille, m'a demandé pourquoi j'étais dans cette maison en une pareille circonstance ? Je n'ai pas daigné lui répondre, et je soutenais toujours la tête d'Adèle, qui n'apercevait rien de ce qui se passait autour d'elle. Sa mère m'a repoussé, et m'a dit de lui laisser prendre des soins qu'il était trop déplacé que je lui rendisse. Je n'ai point souffert qu'on m'arrachât Adèle dans cet état, et Mme de Joyeuse a bien vu qu'il serait inutile de le tenter. Elle s'est promenée brusquement dans la chambre, attendant avec impatience qu'Adèle reprît ses esprits. Dès qu'elle a pu ouvrir les yeux, sa mère lui a reproché l'indiscrétion de sa conduite. Adèle la regardait d'un air égaré ; mais aussitôt qu'elle l'a reconnue, elle a caché sa tête sur moi, et a fondu en larmes.

« Finirez-vous bientôt cette scène ridicule ? lui a dit sa mère ; votre mari est mort ; et la décence exige au moins que vous paraissiez le regretter.

— Paraître ! a dit Adèle en levant les yeux au ciel.

— Oui, lui a répondu sa mère, et il faut que lord Sydenham sorte à l'instant de chez vous. »

Furieux, j'allais lui répondre ; mais Adèle a joint ses mains, et je me suis arrêté. Cependant je sentais que je devais m'en aller ; Adèle même m'en a prié, en me disant tout bas qu'elle m'écrirait. Je l'ai donc laissée seule avec cette mère qui ne l'a jamais vue que pour la tourmenter. Quel supplice !... Je suis revenu dans un accès de rage qui dure encore ; puisse-t-il continuer longtemps ! car je redoute bien plus le calme qui lui succédera.

P.-S. Un des gens d'Adèle arrive en ce moment, pour me prier de me rendre tout de suite à Neuilly... Cet homme en ignore la raison ; mais il ajoute que toute la famille m'attend : *toute la famille !* Que puis-je avoir de commun avec elle ? Ah ! c'est Adèle seule que je vais chercher.

LETTRE XLII

Lorsque je suis arrivé à Neuilly, j'ai vu en effet toute la famille de M. et Mme de Sénange réunie dans cette galerie où Adèle avait donné une si belle fête. J'y avais tant souffert qu'il m'a pris un saisissement dont je n'ai pas été maître. Que nous sommes bizarres, Henri ! Je regrettais M. de Sénange ; je le regrettais du fond de mon cœur, et j'ai cessé tout à fait d'y penser. Bientôt un froid mortel m'a saisi, lorsque j'ai aperçu M. de Mortagne près d'Adèle. Il semblait qu'il ne fût jamais sorti de cette chambre ; qu'il m'y attendait pour me braver, et me tourmenter encore. Je sais que le titre de parent lui donne le droit d'être chez elle dans cette circonstance. Mais le retrouver là, près d'elle, en noir comme elle, pouvant la voir chaque jour, à toute heure, tandis que le devoir, les convenances, sa mère, m'éloigneront !… le retrouver ainsi, a fait renaître tous mes sentiments jaloux ; je ne pouvais ni respirer, ni parler.

Un notaire m'a dit que M. de Sénange avait ordonné que son testament ne fût ouvert que devant moi. On l'a lu tout haut ; pendant cette lecture j'essayais de me calmer, ou au moins de cacher mon agitation. Après avoir laissé toute sa fortune à Adèle, M. de Sénange fait quelques legs à des malheureux dont il prend soin depuis longtemps, et me nomme son exécuteur testamentaire ; *espérant*, ajoute-t-il, *que les personnes qu'il avait le mieux aimées s'uniraient d'intérêt et d'affection après lui*. A ces mots, j'ai vu M. de Mortagne s'embarrasser et regarder Mme de Joyeuse, qui paraissait irritée : il m'a regardé aussi ; et mes yeux ont dû lui apprendre qu'Adèle était à moi, et qu'on ne me l'arracherait qu'avec la vie. Nous ne nous sommes point parlé ; toutefois je suis certain que nos sentiments nous sont bien connus.

Par un codicille, M. de Sénange conseille à Adèle d'aller passer au couvent le premier temps de son deuil, et demande d'être enterré à la pointe de l'île, dans cet endroit solitaire dont il avait été frappé un jour ; *dans cet endroit*, dit-il, *où le hasard ne pouvant conduire personne, le regret seul viendra me chercher, ou l'oubli m'y laisser inconnu*. Comme l'usage permet d'offrir un présent à son exécuteur testamentaire, il me donne sa maison de Neuilly, et me prie de ne jamais venir en France sans y passer quelques jours. Je le remercie de ce bienfait, car cette maison me sera toujours chère.

Les parents de M. de Sénange, après avoir vu qu'ils n'avaient plus rien à espérer, sont partis en montrant plus ou moins leur humeur. Adèle a désiré d'aller à l'instant au couvent : sa mère a refusé d'y consentir ; mais la volonté de M. de Sénange lui a inspiré une résolution que, sans cela, elle n'eût jamais osé manifester. Je l'ai priée de me donner ses ordres, ou de permettre que j'allasse les recevoir. Mme de Joyeuse a prétendu s'y opposer encore; mais Adèle a été encore courageuse, et a dit qu'elle me verrait avec plaisir. Elle est partie avec ses femmes; et sa mère s'en est allée avec M. de Mortagne… Quelle union!… Je suis sûr que, pendant tout le chemin, ils n'ont pensé qu'aux moyens de m'éloigner, de me persécuter. Mme de Joyeuse me hait, et la haine des méchants n'est jamais stérile. Ah! faudra-t-il lutter longtemps avant d'être heureux? J'ai quitté sur-le-champ cette maison de deuil; mais j'y retournerai pour la triste cérémonie. Adieu.

LETTRE XLIII

Paris, ce 14 septembre

Je viens de rendre à cet excellent homme les derniers devoirs: j'ai répandu sur sa tombe des larmes bien sincères. Ah! si après la mort on peut sentir les regrets de l'amitié, les miens doivent arriver jusqu'à lui. Mon âme s'attache à cette espérance; car, Henri, je rejette avec effroi tous ces systèmes d'anéantissement total. Détruire les idées de l'immortalité de l'âme, c'est ajouter la mort à la mort. J'ai besoin d'y croire; c'est la foi que veut la nature, et que toutes les religions adoptent pour se faire aimer. Oh non! je ne quitterai point Adèle sans espérer de la revoir…

Je reviens encore à ces paroles que M. de Sénange prononçait avec tant de simplicité: «pas une personne à qui j'aie fait un moment de peine!…» Combien ces mots renferment de bonnes actions, d'heureux sentiments!… Chaque jour de ses nombreuses années a été occupé, embelli par le bonheur de tout ce qui l'approchait… Ces moments qui échappent à l'attention des hommes, et dont le souvenir compose l'estime de soi-même, ces moments réunis sont tous venus s'offrir à sa pensée, pour adoucir les maux attachés à la vieillesse. Oh! heureuse, mille fois heureuse la famille de celui qui n'aurait eu d'autre ambition que de parvenir à pouvoir se dire à sa dernière heure: «Il n'y a personne à qui j'aie fait un moment de peine!…» Paroles touchantes que j'aime à répéter, et qui ne sortiront jamais ni de mon esprit, ni de mon cœur!

LETTRE XLIV

Paris, 1er octobre

Je n'ai point encore été chez Adèle : je crois devoir laisser passer ces premiers jours sans chercher à la voir. Si je n'étais que son ami, je ne l'aurais pas quittée ; mais j'avoue qu'aujourd'hui ma fierté ne peut consentir à prendre un titre si différent de mes sentiments. D'ailleurs, qu'ai-je à faire d'aller tromper ou flatter Mme de Joyeuse ? Adèle est libre ; les petits mystères, les faux prétextes, le nom d'ami pour cacher celui d'amant, tous ces détours doivent être bannis entre nous. Adèle seule dans l'univers a des droits sur moi. Mes volontés, mes défauts, mes qualités lui appartiennent, et seront à elle jusqu'à mon dernier soupir. Adèle est libre !… Tous mes vœux seront remplis.

Elle m'écrira sans doute, pour m'avertir de l'instant où je pourrai la voir. Mais que le temps me semble long ! Je ne sais ni le perdre ni l'employer. J'ai voulu revoir les chefs-d'œuvre des arts que Paris renferme ; cependant, soit que cela tienne à ma situation, soit qu'ils n'eussent plus l'attrait de la nouveauté, ils ne m'ont point intéressé. J'ai bien reconnu l'inconvénient d'avoir voyagé trop jeune. Je n'avais que quinze ans lorsque mon père me fit parcourir cette grande ville. Nous passions la journée à voir tout à la hâte, spectacles, édifices, monuments, tableaux : il a éteint en moi la curiosité sans m'instruire, et m'a fait traverser ainsi toutes les cours de l'Europe. Je pourrais dire qu'aujourd'hui rien ne me serait nouveau, et que cependant tout m'est inconnu.

Pour achever de me mettre mal avec moi-même, le docteur Morris m'écrit que cette jeune religieuse se désole, passe ses jours dans les larmes, fuit le monde et repousse les consolations. Sa santé s'affaiblit d'une manière effrayante ; et la mort qui, dans son couvent, lui paraissait être la fin de ses peines, ne lui semble plus aujourd'hui que le commencement de ses maux. Il ajoute que celui qui n'a pas l'âme assez forte pour se soumettre à son état, quel qu'il soit, ne sera jamais heureux, dans quelque situation qu'on le place. Si cela était vrai, la plus douce récompense d'un bienfait serait perdue. Que je hais ces tristes vérités ! On cherche à les apprendre, et on désire encore plus de les oublier. Adieu.

LETTRE XLV

Paris, 10 octobre

Que d'obligations j'ai à M. de Sénange ! Sans lui, je ne sais combien j'aurais encore passé de temps sans revoir Adèle : mais, grâce à l'affection qui l'a porté à me nommer son exécuteur testamentaire, les affaires nous rapprocheront malgré les usages, le deuil, les parents, et même en dépit de Mme de Joyeuse.

Hier un notaire me remit des papiers qu'il fallait qu'Adèle signât avec moi. Je lui écrivis pour demander la permission d'aller les lui porter ; elle me fit dire qu'elle m'attendait, et je partis dans une joie inexprimable de la revoir.

En arrivant au couvent, l'on me fit monter dans le parloir de son appartement. Elle courut à la grille, et me donna sa main à travers les barreaux ; il semblait qu'elle retrouvât le seul ami qui lui fût resté, l'ami qui avait été le témoin des jours de son bonheur. Cependant les crêpes dont elle était vêtue, cette tenture noire qui couvrait toute la chambre, me rappelèrent à moi-même, et dans ce premier moment nous ne parlâmes que de M. de Sénange. Elle me racontait mille traits de sa bonté, de sa bienfaisance ; et ses pleurs coulaient avec une douleur si sincère, un respect si tendre, qu'elle m'en devenait plus chère.

Elle voulut que je lui rendisse compte de l'entretien qu'il avait eu avec moi la veille de sa mort. Une réserve craintive m'empêchait de dire un mot des espérances qu'il m'avait fait entrevoir, de la félicité qu'il m'avait promise. Je ne sais quel sentiment secret me faisait préférer de m'accuser moi-même. Je lui confiai les aveux que j'avais osé lui faire ; je parlai de ce portrait qui, pendant si longtemps, avait été ma seule consolation. « Vous l'a-t-il laissé ? » me dit-elle en baissant les yeux. Il m'était facile de voir qu'elle en aurait été satisfaite, mais je fus encore sincère. « Non, lui répondis-je en tremblant, il m'a dit que vous seule pouviez le donner. » Elle leva ses yeux au ciel, se détourna, comme si elle eût craint de rencontrer les miens, et garda le silence.

Ce don d'amour, je ne l'attendais pas ; je n'aurais même pas voulu qu'elle me l'eût accordé, la perte qu'elle avait faite étant encore si récente : mais j'aurais désiré qu'un mot d'avenir m'eût permis de l'espérer pour un temps plus éloigné.

« Ah ! lui dis-je, dans ses derniers instants, M. de Sénange prononçait votre nom, le mien ; il nous unissait dans ses pensées et dans ses vœux ; il nous appelait *ses enfants* ! » Elle se leva, comme si elle n'avait eu la force ni de résister, ni de céder à l'émotion que j'éprouvais ; elle s'en allait… Cependant elle s'arrêta au milieu de cette chambre, et me dit adieu avec un faible sourire. Il y avait quelque chose de si tendre dans ce mot *adieu*, que le regret de se quitter, le désir de se revoir se faisaient également sentir. «Un mot encore, m'écriai-je; un seul mot!» Elle posa sa main sur son cœur, et me dit: «Les intentions de M. de Sénange me seront sacrées.» Elle jeta sur moi un dernier regard, et sortit. Que le dernier regard est doux! et qu'il avoue plus qu'on n'aurait osé dire! Je m'en allai aussi; mais j'emportais avec moi cette promesse timide; je l'entendais toujours: et quoique Adèle eût prononcé seulement le nom de M. de Sénange sans oser y joindre le mien, j'étais bien sûr de toute son affection.

LETTRE XLVI

Paris, 20 octobre

Je l'ai revue encore; nous étions si émus que nous avons été quelque temps sans pouvoir nous parler. Aux premiers mots, sa voix m'a causé un trouble inexprimable. Je m'arrêtais pour l'entendre; et quand je lui répondais, je voyais aussi qu'elle m'écoutait, même lorsque je ne parlais plus.

J'ai osé lui avouer mes sentiments; mais j'avais soin de soumettre mes espérances à sa volonté. Cette réserve la rassurait, et lui donnait de la confiance. Je lui ai rappelé qu'elle était libre. Elle a souri; ses yeux se sont baissés, et elle m'a dit bien bas, et en rougissant: «Est-ce que vous me rendez ma liberté?» Quel mot! et combien il m'a rendu heureux! Je suis tombé à genoux près de cette grille. Je lui faisais entendre tous ces serments d'amour, renfermés dans mon cœur pendant si longtemps. Alors nous avons parlé sans contrainte de ce penchant qui nous avait entraînés l'un vers l'autre, et de notre avenir. C'était obéir encore à M. de Sénange que de nous occuper de notre commun bonheur.

Elle m'a prié d'être plus respectueux pour sa mère, de la soigner davantage. «Tout ce que vous lui direz d'aimable, pensez que vous me l'adressez, m'a-t-elle dit, et que je vous en remercie: car, je ne puis être tranquille que lorsque vous lui aurez plu; et jusque-là je crains toujours qu'elle ne se laisse aller à quelques-unes de ces préventions dont ensuite il est impossible de la faire revenir.»

J'ai promis tout ce qu'elle m'a demandé; et lorsque je cédais à un de ses désirs, c'était en souhaitant qu'elle en exprimât de nouveaux, pour m'y soumettre encore. Nous avons ainsi passé trois heures qui sont écoulées bien vite. J'ai voulu savoir à quoi elle s'occupait dans sa retraite. Elle m'a répondu qu'elle s'était arrangée pour que sa vie fût à peu près distribuée comme elle l'était à Neuilly. « Je dessine, joue du piano, travaille aux mêmes heures, m'a-t-elle dit ; le temps si heureux de nos longues promenades, je le passe à continuer les leçons d'anglais que vous aviez commencé à me donner. Quoique seule, je fais mes lectures tout haut ; je répète le même mot jusqu'à ce que je l'aie dit précisément comme vous. L'anglais a pour moi un charme d'imitation et de souvenir que le français ne saurait avoir. Je ne l'ai jamais entendu parler qu'à vous, et quand je le prononce il me semble vous entendre encore. Chaque mot me rappelle votre voix, vos manières : loin de vous c'est ma distraction la plus douce. Si jamais vous me menez en Angleterre, je serai fâchée d'y trouver que tout le monde parle comme vous. »

Nous avons été interrompus par Mlles de Mortagne. En entrant, l'aînée a appelé Adèle *ma sœur* ; ce nom m'a fait tressaillir. Adèle a remarqué mon émotion, et s'est empressée de me dire que l'usage dans les couvents était que les religieuses, entre elles, se nommassent toujours ma sœur, pour exprimer leur union et leur égalité. « A leur exemple, a-t-elle ajouté les pensionnaires qui s'aiment d'une affection de préférence, se donnent quelquefois ce nom, qui les distingue parmi leurs compagnes ; et depuis l'enfance Mlle de Mortagne et moi nous nous nommons ainsi par amitié. »

L'explication d'Adèle ne m'a point satisfait : ce nom de sœur m'avait causé une impression extraordinaire. Je crois que l'amour m'a rendu superstitieux ; car je suis tourmenté par une sorte de pressentiment qui me trouble. Mlle de Mortagne, sœur d'Adèle !... j'en frémis encore.

LETTRE XLVII

Paris, ce 2 novembre

L'étiquette du deuil, les obsessions de Mme de Joyeuse, empêchent souvent Adèle de me recevoir. Elle craint si fort l'aigreur continuelle de sa mère, qu'elle aime mieux me tenir éloigné que d'oser avouer les sentiments qui nous unissent. Cependant, à l'entendre, ma délicatesse devrait toujours être satisfaite ; car elle appelle *devoirs* les choses qui me déplaisent le plus. Si je lui reproche l'éloignement qu'elle me prescrit, elle dit qu'elle se sacrifie elle-même. La peur qu'elle a de sa mère lui paraît du *respect*. Elle nomme *décence* la soumission qu'elle a pour les plus sots usages ; et dans nos continuelles disputes, Adèle n'a jamais tort, et je ne suis jamais content.

La dernière fois que je la vis, sa mère était chez elle. J'essayai vainement de lui plaire ; elle me répondit avec une sécheresse presque offensante. Je ne disais pas un mot qu'elle ne fût prête à soutenir le contraire : aussi retombions-nous souvent dans des silences vraiment ridicules ; et notre conversation ressemblait tout à fait à la musique chinoise, où de longues pauses finissent par des sons discordants. Mais Adèle me regardait, me souriait, et c'était assez pour me dédommager.

Au bout d'une heure, Mme de Joyeuse prit son éventail, mit son mantelet, et dit, en me regardant, qu'elle était obligée de sortir... Je vis clairement que cela voulait dire qu'elle désirait ne pas me laisser seul avec sa fille... Mais j'étais résolu à ne pas la comprendre, et je ne me dérangeai point... Elle espéra sûrement qu'Adèle aurait plus d'intelligence, et elle lui demanda si ce n'était pas l'heure de ses études. Adèle baissa les yeux et répondit que non. Mme de Joyeuse ne se contenta pas de cette réponse ; elle tira ses gants l'un après l'autre, répéta plusieurs fois qu'elle avait affaire... réellement affaire... sans qu'aucun de nous fît un mouvement pour se lever. Enfin, elle me demanda si je n'avais pas l'intention d'aller à quelque spectacle. Je lui répondis à mon tour par un non fort respectueux... Aussi, après avoir balancé encore longtemps, fallut-il bien qu'elle se déterminât à partir.

Nous restâmes dans le silence tant que nous la crûmes sur l'escalier ; mais dès que nous la jugeâmes un peu loin, je me livrai à toute la joie que me causait son départ. Adèle avait l'air d'un enfant échappé à son maître. Cependant la peur fut plus forte que tous ses sentiments. Son amour, sa gaieté même ne purent lui donner le courage de m'accorder une minute. Elle me dit de m'en aller bien vite ; et me recommanda surtout de tâcher de rejoindre sa mère et de la saluer en passant, afin de lui faire voir que je n'étais pas resté longtemps après elle. Je fus donc forcé de la quitter aussitôt, et de faire courir mes chevaux pour rattraper la lourde et brillante voiture de Mme de Joyeuse. En me voyant, elle sortit presque sa tête hors de la portière, pour s'assurer apparemment si c'était bien moi. Je lui fis une révérence qu'elle ne me rendit pas...

Dès que je fus seul, je me mis à rêver à la crainte affreuse qu'elle inspire à sa fille. J'étais affligé qu'Adèle m'eût renvoyé si promptement, qu'elle eût songé à me dire de saluer sa mère ; cette petite fausseté me déplaisait... Près d'elle, sa gaieté m'amuse ; je pense comme elle, j'agis comme il lui plaît : mais la réflexion change toutes mes idées ; je me fâche contre elle, contre moi ; je suis mécontent de tout le monde.

LETTRE XLVIII

Paris, ce 6 novembre

J'avais bien pressenti, Henri, que la mort de M. de Sénange serait le commencement de mes véritables peines ; cependant je devais croire qu'Adèle étant libre, rien ne pouvait plus troubler mon bonheur.

Hier matin elle me fit dire de passer chez elle tout de suite : j'y courus aussitôt ; je lui trouvai un air embarrassé qui me surprit et m'inquiéta. Elle m'avait envoyé chercher pour me parler, disait-elle, et elle n'osait me rien dire. Elle me regardait attentivement, ouvrait la bouche... se taisait... me tendait ses mains à travers la grille... hésitait... allait enfin parler, et s'arrêtait encore.

Je ne savais que penser de tant d'émotion. Plus elle paraissait agitée, plus je désirais d'en connaître le motif ; mais, ou elle se taisait, ou elle ne retrouvait d'expressions que pour dire qu'elle m'aimait, et m'aimerait toujours !... Elle le répétait avec une ardeur qui m'effrayait : *toujours ! toujours !...* disait-elle vivement. « Je n'en doute pas », lui répondis-je. Ces seuls mots lui rendirent son embarras, son silence : ses yeux mêmes se remplirent de larmes... Je ne pouvais plus supporter cette incertitude ; mais je la suppliais vainement de s'expliquer. Ses promesses d'amour avaient un ton si solennel, que je la regardais quelquefois pour m'assurer si elle était bien devant mes yeux, car ses protestations si répétées annonçaient quelque chose de sinistre : elles avaient l'accent d'un adieu... Son trouble m'avait gagné au point que, ne sachant qu'imaginer, je lui demandai avec effroi si elle se portait bien. Elle répondit qu'oui, et je respirai un moment, comme si je n'eusse plus de chagrins à redouter... Malheureux que je suis !...

Cependant mon inquiétude devenait un supplice. Adèle fit un effort sur elle-même pour m'apprendre que sa mère était venue la veille, et l'avait traitée avec une bonté mêlée de confiance et de plaisanterie, qui lui avait presque fait oublier cette distance respectueuse dans laquelle elle l'avait toujours tenue. « Eh bien ? » m'écriai-je, fatigué de toutes ces distinctions. « Eh bien ! reprit-elle, ma mère voulut savoir si vous resteriez longtemps ici. Comme je ne répondais pas, elle a demandé en riant si j'avais la folle idée de vous épouser. Je n'ai encore rien dit, et elle a ajouté que ce ne serait jamais de son consentement ; que votre caractère ferait le tourment de ma vie. Elle a peint avec vivacité le malheur de se trouver en pays étranger sans amis, sans parents, et n'ayant ni consolation ni soutien. » Tout ce que j'avais de force en moi était employé à me contraindre ; car, dès que je laissais échapper ma colère, Adèle retombait dans le silence, et j'étais obligé de solliciter longtemps les explications qui allaient me désoler. Enfin elle m'apprit que sa mère lui avait avoué que depuis long-temps elle la destinait à un jeune homme qui réunissait tous les avantages de la naissance, de la fortune et des talents… « Quel est son nom ? » lui dis-je avec un emportement dont je n'étais plus maître. Elle me répondit qu'elle l'avait demandé. Demandé ! comment trouvez-vous cette prévoyance ? Sans doute pour se décider ensuite… Et qui croyez-vous que ce soit ? « M. de Mortagne ? » Oui, c'est lui. Elle le nomma ; je l'avais trop deviné ! « M. de Mortagne, repris-je transporté d'indignation.

— Mon seul ami, calmez-vous, me dit-elle ; sans cela, il me serait impossible de vous parler. » Elle me répétait qu'elle m'aimait, avec une affection que je ne lui avais jamais vue ; mais toutes ses assurances n'arrivaient plus à mon cœur. J'étais appuyé sur la grille sans pouvoir dire un mot, ni même la regarder : un poids insupportable m'accablait ; elle parlait et je ne l'entendais pas. Effrayée elle se leva, et m'appela comme si j'eusse été loin d'elle. Le son de sa voix me causa une douleur aiguë que je ressens encore. « Parlez tout bas, lui dis-je, parlez tout doucement. » Alors, il faut lui rendre justice… alors elle fit tout au monde pour m'adoucir. Se rapprochant de moi, comme si elle eût été près d'un malade affaibli par de longues souffrances, elle m'appelait à voix basse, me donnait les noms les plus tendres, les titres les plus chers… Mon cœur l'entendait ; et peu à peu ce grand orage s'apaisait, lorsque, malheureusement, elle prononça le mot de *mari* : à ce mot je ne me possédai plus. Le mariage pour M. de Mortagne n'est qu'une affaire. Il ne se donne pas la peine d'aimer ; c'est sa fortune qu'il épouse, son rang qu'il lui offre.

Au lieu d'écouter les douces plaintes d'Adèle, je me laissai aller à toute ma fureur ; je l'accusai de perfidie, de vanité. Ses larmes firent cesser tout à coup mon emportement ; elles tombaient en abondance, et semblaient adoucir ma blessure… Dès que je parus plus tranquille, elle pressa mes mains de nouveau, et les porta à ses yeux, comme si elle eût voulu me cacher ses pleurs : mais elle s'arrêta ; et je vis bien qu'elle avait encore quelque chose à m'apprendre… Alors, je l'avoue, Henri, surpris qu'il lui restât une nouvelle peine à me faire, je me mis à marcher dans la chambre en lui criant de se hâter, et de tout dire. « Ma mère, reprit-elle, me vanta longtemps les avantages de ce mariage, mais je l'ai refusé. » Ah ! ce mot me rendit mon amour et ma soumission ; je revins près d'elle, je promis de ne plus l'affliger, de modérer la violence de mon caractère… La cruelle, abusant bientôt de mes remords, de ma douceur, s'empressa d'ajouter que sa mère n'avait paru ni étonnée, ni fâchée de son refus, et lui avait seulement demandé de voir M. de Mortagne comme un parent à qui elle devait des égards… « Ma mère, continua-t-elle, m'a dit que je croyais vous aimer, et qu'elle ne le pensait pas ; que je croyais ne jamais aimer M. de Mortagne, et qu'elle était persuadée du contraire.

"Ne disputons pas sur ce point, m'a-t-elle dit en riant : voyez-les également tous deux ; passez l'année de votre deuil à comparer, à réfléchir ; et au bout de ce temps, celui que vous préférerez aura mon consentement." Ce projet m'était odieux ; mais tremblant de la fâcher, craignant de vous déplaire, j'ai seulement osé lui demander un jour pour me décider : voyez, dictez ma réponse. »

Que pouvais-je dire ? C'était moi alors qui gardais le silence : il m'était impossible de donner ou de refuser mon aveu à un pareil arrangement… Cependant la terreur que sa mère lui inspire est si vive, elle me répéta tant de fois qu'elle m'aimait, que moi, faible créature, je fermai les yeux, et m'en rapportai à elle… Le croirez-vous ? Au lieu de s'effrayer des chagrins qu'elle allait me causer, de se trouver plus à plaindre que moi, elle a paru bien aise ; et saisissant aussitôt une permission que je n'avais pas même prononcée, elle m'a remercié… oui, remercié !… l'ingrate !… J'avais été si cruellement agité, que le son de sa voix, son silence, ses paroles, tout me blessait ; et cependant je ne pouvais m'éloigner d'elle. J'étais là, sans dire un mot ; mes pensées, mes souffrances même avaient encore une sorte de vague que je craignais de fixer. Il me semblait que, tant que je me tiendrais près d'elle, on ne pourrait pas me l'enlever ; mais que si une fois je m'en allais, tout serait fini pour moi… Pourtant il fallut bien la quitter ; et je partis, déjà tourmenté de toutes les horreurs de la jalousie.

LETTRE XLIX

Paris, ce 25 novembre

Je ne vous ai pas écrit depuis quelques jours, mon cher Henri, parce que je suis trop mécontent de moi-même. Mes résolutions varient presque aussi rapidement que mes pensées se succèdent ; je ne me reconnais plus.

Après avoir eu la faiblesse de consentir qu'Adèle revît M. de Mortagne, je passai tout le jour à rêver à sa situation, à la mienne : je ne savais encore à quoi m'arrêter, lorsque le lendemain je retournai à son couvent. J'y allai lentement ; c'était la première fois que je ne me hâtais pas d'y arriver.

En entrant dans la cour, je vis un cabriolet auquel était attelé un superbe cheval qui frappait la terre, rongeait son mors et semblait brûler de partir. Son maître est ici depuis longtemps, me dis-je intérieurement ; car un instinct secret m'avertissait que cette voiture appartenait à M. de Mortagne.

Je montai l'escalier avec une répugnance extrême, et cependant j'avançais toujours. J'allais entrer dans le parloir, lorsque j'entendis des éclats de rire à travers lesquels je reconnus la voix d'Adèle. Sa gaieté me fit redescendre quelques marches, qu'il fallut remonter pour suivre le laquais qui m'avait annoncé.

Je trouvai M. de Mortagne avec un grand chien qui était la cause de tout ce bruit. Ses sœurs étaient avec Adèle dans l'intérieur du parloir. Après les compliments d'usage, la plus jeune d'elles pria son frère de faire recommencer au chien les tours qu'il avait déjà faits; le voilà donc faisant sentinelle, et toutes ces bêtises qui ne devraient amuser que des enfants. Mlles de Mortagne s'en divertissaient beaucoup, mais Adèle ne riait plus. Elle me regardait avec inquiétude: la joie de ses amies, les soins que se donnait leur frère, n'attiraient plus son attention; c'était même avec effort que sa politesse la forçait quelquefois à sourire... Déjà, me disais-je, elle se contraint pour moi... Encore un jour, et elle s'en cachera peut-être: de la crainte à la dissimulation il n'y a qu'un instant.

Le sérieux avec lequel je regardais le maître et le chien fit bientôt cesser ce badinage; d'ailleurs, l'impatient cheval se faisait toujours entendre; et les cris continuels du palefrenier avertissaient assez de la peine qu'il avait à le contenir. Adèle en fit la remarque, sans y attacher d'importance. Mais M. de Mortagne se leva aussitôt, et sortit avec empressement, en lui jetant un regard qui disait: «Je ne gêne personne, moi! Je ne suis point jaloux...» Si jeune, point jaloux!... Il a donc déjà renoncé à l'amour! Adèle, vous suffirait-il d'être aimée ainsi?

Ses sœurs coururent à la fenêtre pour le voir partir. Je l'entendis qui fouettait, arrêtait, excitait son cheval; elles détournaient la vue, lui disaient de prendre garde; mais ni leur peur, ni leurs cris ne purent engager Adèle à se déplacer; elle resta assise près de moi.

«Si je n'avais pas été ici, lui demandai-je tout bas, seriez-vous restée?

— Non, me répondit-elle; je crois que par curiosité j'aurais été à la fenêtre.

— Oui, lui dis-je, par curiosité, mais M. de Mortagne aurait cru que c'était lui qui vous y attirait.»

Quelques minutes après, ses sœurs nous laissèrent seuls. Comme Adèle était embarrassée!... Je pris sa main et la baisai en soupirant... «Je n'ai rien à me reprocher, me dit-elle; et cependant je ne suis plus contente...» Sa douceur me toucha; je ne pensai plus qu'à la crainte que sa mère lui inspire; je la plaignis, la plaignis sincèrement. Avec quelle tendresse je cherchais à la rassurer, à la consoler!

«Si vous saviez, me dit-elle, comme vous êtes différent de vous-même? Lorsque vous êtes entré, votre visage était si sévère!

— Avant que j'arrivasse, lui répondis-je en souriant, vous étiez si gaie!»

Elle sourit à son tour; mais ce sourire avait une expression de tristesse et de douceur qui me pénétra. «J'avoue, reprit-elle, que je ne suis assez

forte, ni pour déplaire à ma mère, ni pour vous fâcher. » Elle rêva longtemps, et finit par me proposer de ne jamais voir M. de Mortagne qu'en
ma présence. Cette idée, qui lui paraissait devoir tout concilier, avait
quelque chose qui me blessait. Cependant elle en était si satisfaite que
nous nous séparâmes contents l'un de l'autre et nous aimant, je crois,
plus que jamais.

Deux jours après, Adèle m'écrivit que M. de Mortagne lui avait fait
demander si elle serait chez elle après dîner, et qu'elle me priait de m'y
rendre de bonne heure. Je fus exact ; mais il arriva presque en même
temps que moi, et parut étonné de me rencontrer. Cependant il se remit
aussitôt, comme un homme maître de ses passions, ou plutôt n'ayant déjà
plus de passions ; il fit plusieurs compliments à Adèle, qui lui répondit
avec une sécheresse que je n'approuvai point... Ne pourra-t-elle donc
jamais le traiter comme un homme ordinaire ? et aura-t-il toujours à se
plaindre ou à se louer d'elle ? Je comptais lui en faire quelques reproches
dès que nous serions seuls ; mais soit qu'il espérait demeurer après moi,
ou qu'il s'amusât à me tourmenter, il ne s'en alla qu'au moment où l'on
vint avertir Adèle que la supérieure la demandait... Alors il fallut bien
que nous sortissions en même temps ; il sauta plutôt qu'il ne descendit
l'escalier, se jeta dans sa voiture, et partit comme un éclair. Dès qu'il fut
hors de la cour, Adèle parut à sa fenêtre, et me salua comme si elle m'eût
dit : « J'ai attendu qu'il n'y fût plus pour me montrer... » Combien je lui
sus gré de cette petite attention !... Que la plus légère préférence laisse de
douceur après elle ! En quittant Adèle, ma raison avait beau me dire que
cette froideur était trop loin de son caractère pour durer... qu'elle
passerait bientôt, et que si M. de Mortagne s'obstinait à la voir, il finirait
par en être supporté... Adèle à la fenêtre, et n'y venant que pour moi,
détruisit toutes ces réflexions.

Mais hier, elle m'écrivit qu'il allait encore venir. Je ne reçus sa lettre
qu'à l'heure même où il devait être déjà chez elle ; je m'y rendis, détestant
le rôle auquel ma complaisance m'avait soumis. En effet, quelle lâcheté de
lui permettre de le recevoir si j'étais inquiet ! et si je n'étais point jaloux,
pourquoi ne pas oser les laisser ensemble ?... Vingt fois j'eus envie de
retourner sur mes pas, et cependant j'avançais toujours : mes sentiments
changeaient, se heurtaient, et n'en devenaient que plus douloureux.

Lorsque j'entrai chez elle, je remarquai que M. de Mortagne regarda
plusieurs fois ses sœurs, d'un air d'intelligence. Mon humeur augmenta,
mes soupçons se renouvelèrent. Adèle aussi me demanda de mes
nouvelles, d'une voix qui me semblait plus assurée qu'à l'ordinaire ; et
lui-même s'avisa de m'adresser plusieurs fois la parole. Je crus voir
régner entre eux une aisance, une facilité de conversation qui me confondaient... Elle se fit apporter un dessin qu'elle venait de finir ; il le loua
avec tant d'exagération, qu'elle rejeta ses éloges, mais si faiblement,
qu'on sentait bien que la flatterie ne lui déplaisait pas... D'ailleurs

pourquoi lui faire connaître ses talents, si elle ne désire pas lui plaire ?...
Non, Henri, non, je ne souffrirai pas qu'elle le revoie... Cette affectation
de ne le recevoir que devant moi n'est qu'une ruse de femme ; j'entends
ce qu'elle dit, mais sais-je ce qu'elle pense ?...

Pour achever de me tourmenter, sa mère arriva peu de temps après
moi, et dit à sa fille qu'elle avait à lui parler : je me levai pour les laisser
libres. M. de Mortagne fit aussi un mouvement pour s'en aller, mais
Mme de Joyeuse lui dit de s'arrêter... Indigné, j'allais me rasseoir, peut-
être même faire une scène ridicule, lorsque Adèle, plus pâle que la mort,
me dit adieu, et me pria de revenir aujourd'hui... Sa terreur me fit pitié ;
je reviendrai, oui, je reviendrai, et, certes, je ne me laisserai pas jouer
plus longtemps... Elle ne le reverra jamais... Que peut lui faire la colère
de sa mère ? elle n'en dépend plus... Si je dois l'épouser un jour, mon
opinion, mon estime seules doivent la diriger. Je lui proposerai d'aller à
Neuilly ; d'y passer tout le temps de son deuil ; si elle me refuse, c'est
qu'elle ne m'aura jamais aimé... Mais aussi si elle y consent !...
Insensé !... si elle y consent ! souffriras-tu qu'elle manque à des convenances que les femmes doivent toujours respecter ? Ah ! je ne serai
jamais heureux, ni avec elle, ni sans elle !...

LETTRE L

Neuilly, ce 22 janvier

Je la revis hier, et, comme à l'ordinaire, elle voulut essayer de me
toucher par sa douceur, de me séduire par ses larmes ; mais je m'étais
armé de courage, et je sus leur résister. J'exigeai qu'elle ne revît jamais
M. de Mortagne.

« Adèle, lui dis-je, ma chère Adèle, n'écoutez plus de vaines frayeurs,
une fausse timidité. Consentez à déclarer à votre mère les sentiments qui
nous unissent.

— Je n'oserai jamais.

— Adèle, je vous aime de toutes les forces de mon âme ; je vous aime
plus que moi-même, plus que la vie ; mais je ne puis souffrir ce partage
d'intérêt. Ma jalousie vous offense, me dégrade, et cependant je ne
saurais m'empêcher d'être inquiet. »

Alors nous entendîmes le bruit d'une voiture ; car depuis que Mme de
Joyeuse veut sacrifier sa fille une seconde fois, elle l'obsède sans cesse ;
et le matin, l'après-dîner, le soir, quelle que soit l'heure où j'arrive, elle
accourt toujours sur mes pas.

« Voilà votre mère, m'écriai-je ; ce moment est peut-être le dernier.

Prononcez que vous ne reverrez jamais M. de Mortagne, ou dites-moi de vous fuir sans retour.

— Ma mère me fait trembler. »

Je n'en entendis pas davantage, et la quittai sans savoir ce que je faisais.

Décidé à me guérir d'un amour si faiblement partagé, je courus à mon hôtel garni demander des chevaux pour retourner en Angleterre. John voulut vainement représenter, demander quelques heures : « Pas une minute, lui dis-je ; laissez tout ce que je ne puis emporter, et marchons. » Cependant je n'avais pas fait deux lieues, que l'envie de savoir ce que deviendrait Adèle me tourmenta. D'ailleurs, je voulais bien l'abandonner ; mais, certes, je ne consentais pas à la céder à M. de Mortagne, et j'étais déterminé à lui arracher la vie plutôt que de la lui voir épouser. Dans cette agitation, je revins à Neuilly. Cette maison m'appartient ; ainsi j'en puis disposer.

Lorsque j'y fus arrivé, je fis venir les gens de M. de Sénange que j'ai tous gardés. « Des raisons particulières, leur dis-je, font que je ne veux point qu'on sache mon séjour ici ; s'il vient à être connu, je ne pourrai en accuser que vous, et je vous chasserai tous. » Alors ils se regardèrent les uns les autres, comme suspectant chacun leur fidélité. « Mais si je parviens à être ignoré, je vous récompenserai tous. » Ils se regardèrent de nouveau, en se faisant par signes de mutuelles recommandations, et quand ils sortirent, j'entendis qu'ils se promettaient d'être discrets ; ainsi j'espère qu'ils le seront.

J'ai senti une sorte d'effroi, en revoyant ce lieu où j'ai éprouvé des émotions si vives, des peines si cruelles !

Je ne suis encore entré que dans l'appartement que j'occupais. Je redoute de voir celui de M. de Sénange, la chambre d'Adèle ; je le crains d'autant plus, que j'avais ordonné qu'on ne déplaçât aucun meuble, que chaque chose restât comme elle était lorsqu'ils occupaient cette maison. Les habitudes de M. de Sénange seront conservées, ses goûts respectés. Il faut garder bien peu de mémoire des morts pour déranger sans scrupule les objets auxquels ils tenaient. On ne sait pas soi-même ce qu'on perd de petits souvenirs, d'impressions douces, combien on affaiblit ses regrets, en faisant le moindre changement dans les lieux qu'ils ont habités !

Adieu, je ne fermerai point cette lettre, et je vous écrirai sans ordre, sans suite, un journal de mes projets, de mes inquiétudes, ce que j'apprendrai d'Adèle, enfin ma vie : trop heureux si je puis un jour retrouver mon indifférence !

Ce 23 janvier, six heures du soir

J'ai revu ces jardins. Il n'y a pas un arbre qui ne m'ait rappelé Adèle, et ses petites joies, lorsque, plus diligente que moi, elle arrivait de meilleure heure, et passait dans l'île pour voir le travail des ouvriers ; elle gardait le bateau, attendant sur le rivage que je parusse à l'autre bord… alors elle se moquait de ma paresse de mon embarras, et me faisait des signes pressants de venir la trouver. Quand je lui montrais le bateau qui était attaché près de l'île, j'entendais les éclats de ce rire frais et gai qui passe avec la première jeunesse. Elle me disait un léger adieu ; partait comme pour ne plus revenir, mais s'arrêtait de manière à ne pas me perdre de vue ; se cachait derrière les arbres, croyant que je n'apercevrais pas le transparent de sa mousseline blanche, de sa robe de neige ; puis elle venait me saluer, feignait de me voir pour la première fois ; puis enfin, elle m'envoyait ce bateau ; j'allais la joindre… Joies innocentes ! plaisirs simples qui me rendiez si heureux ! plaisirs que je me rappelle tous !

> *For oh ! how vast a memory has love* [1] *!*

Suis-je donc condamné à vous perdre sans retour ?

Ce 24 janvier, à midi

Quelle démence a pu me porter à venir dans cette maison ? Était-ce pour oublier Adèle ? est-ce ici que je me promettais de la haïr ? ici, où j'ai juré d'être à elle et de lui consacrer ma vie !

Ce matin je suis entré dans la chambre où M. de Sénange est mort. Les fenêtres en étaient fermées. Une obscurité religieuse couvrait ce lit où il a rendu les derniers soupirs. Je m'en suis approché ; et là, une voix secrète, ma conscience peut-être, m'a répété les paroles qu'il m'a dites avant de mourir… le pardon qu'il m'avait accordé, sous la condition de me dévouer au bonheur d'Adèle, et d'être plus indulgent. Ai-je rempli ma promesse ? Cet excellent homme m'approuverait-il ?… Je suis sorti lentement de cette chambre. Ma colère était passée ; je n'étais plus que le défenseur d'Adèle, et le juge sévère de moi-même.

J'ai été dans l'île voir le monument qu'elle a fait élever à la mémoire de M. de Sénange. Un obélisque très simple couvre sa tombe, sur laquelle elle a fait graver ces mots :

> Il ne me répond pas, mais peut-être il m'entend.

Et moi, que lui dirais-je ?

A deux heures

Je viens d'ordonner à John de prendre un cheval à la poste, et d'aller descendre à Paris, dans l'hôtel garni que j'occupais, comme s'il revenait

---

1. « Combien vaste est la mémoire de l'amour ! »

pour chercher quelque chose qu'il avait oublié ; mais mon dessein était qu'il s'informât adroitement si Adèle avait envoyé chez moi, et qu'il sût de ses nouvelles. En attendant le retour de John, je vais promener ma tristesse dans la campagne. Le temps est beau, quoique au milieu des rigueurs de l'hiver. Une visite à la famille de Françoise sera sûrement bien reçue ; et peut-être leurs visages satisfaits me rendront-ils plus tranquille.

Paris, 10 heures du soir

En revenant de chez Françoise, je suis entré dans la cour, et j'ai vu sur le sable les traces d'un carrosse. Les sillons me prouvaient qu'on n'était pas entré dans la maison, mais que la voiture s'était arrêtée à la grille du jardin, et de là avait gagné la cour des écuries… Henri ! moquez-vous encore de l'amour ! Malgré l'invraisemblance d'une pareille visite, mon cœur, mes yeux même, me disaient que cette voiture appartenait à Adèle. Je suis entré avec précipitation dans le jardin, et je l'ai aperçue suivie de deux de ses femmes, qui prenaient le chemin de l'île. J'ai couru la joindre. Elle ne m'attendait pas. En me voyant, elle a jeté un cri ; une pâleur mortelle a couvert son visage ; et cependant avec quelle joie elle m'a dit : « Je craignais que vous ne fussiez parti pour l'Angleterre ! » J'ai pris ses mains, et les pressant contre mon cœur :

« Adèle, lui ai-je répondu, qu'avez-vous décidé ?

— Rien : je me désespérais de votre départ ; je vous croyais absent, et je venais ici pleurer M. de Sénange, pleurer sur vous, sur moi-même.

— Aurez-vous du courage ?

— Je n'en trouve pas contre ma mère ! Ne me rendez pas malheureuse ; ayez pitié de ma faiblesse. »

Elle paraissait si accablée, que je l'ai prise vivement dans mes bras pour la soutenir. A l'instant je me suis senti arrêté par une main étrangère ; et, me retournant, j'ai vu Mme de Joyeuse, transportée de fureur. Elle avait été au couvent, y avait appris qu'Adèle venait de partir pour Neuilly, et l'avait immédiatement suivie.

« Vous, implorant lord Sydenham ! » s'est-elle écriée. Adèle est tombée à genoux devant sa mère ; et, avec une voix qu'on entendait à peine : « Ma mère, lui a-t-elle dit, je l'aime. Il vous respectera aussi, n'en doutez pas. Je vous ai obéi une fois sans résistance ; récompensez-moi aujourd'hui en faisant mon bonheur. »

Mme de Joyeuse a déclaré qu'elle ne consentirait jamais à ce mariage, a réprimandé durement sa fille, et a cherché à m'insulter, en disant que je n'ambitionnais que l'immense fortune d'Adèle. « Sa fortune ! lui ai-je dit avec mépris, je la refuse ; gardez-la pour ses frères. Je ne veux de votre fille qu'elle-même. » A ces mots, j'ai vu sur son visage un mélange d'étonnement et de doute.

« Vous l'entendez, a dit Adèle, que n'y avons-nous pensé plutôt ! Oui, ma mère, mon jeune frère n'est pas riche ; donnez-lui tout mon bien, et rendez heureux vos enfants.

— Oui, ai-je répété, tous vos enfants » ; car, soit par cette confiance que donne la générosité, soit par un effet de l'amour, je ne me trouvais point humilié de descendre envers elle jusqu'à la prière ; je suis aussi tombé à ses pieds. Elle a essayé de résister, de traiter de folie le désinté-ressement de sa fille. Elle a même prétendu être obligée de la défendre contre une passion insensée : mais j'ai su détruire des scrupules qui ne demandaient peut-être qu'à être vaincus ; et j'ai promis d'assurer à Adèle au-delà du sacrifice qu'elle me faisait. Enfin mes instances, mon dévouement, les caresses de sa fille ont achevé de l'entraîner, et elle m'a appelé son fils, en embrassant Adèle.

Ce n'est pas tout, Henri : Mme de Joyeuse, peut-être pour se sauver un peu de mauvaise honte, car elle a dit bien du mal de moi, a bien souvent protesté que je ne serais jamais son gendre ; Mme de Joyeuse a décidé que notre mariage aurait lieu aussitôt après l'arrivée de ses fils, qu'elle fait voyager dans les différentes cours de l'Europe. Elle va leur écrire pour presser leur retour.

P.-S. Je joins ici la copie d'une lettre qu'Adèle avait envoyée chez moi, et que John m'a rapportée. Que j'étais injuste ! et combien d'amers repentirs eussent été la suite de mon caractère jaloux et emporté ! Oh ! je ne mérite pas mon bonheur ; mais puissé-je le justifier par la conduite du reste de ma vie !

Mon ami, mon seul ami, vous avez pu me fuir, ne pas me répondre lorsque je vous appelais. Je me suis précipitée à la fenêtre du parloir ; mais vous n'avez pas tourné la tête. C'est la première fois que vous partez sans m'y chercher encore pour me dire un dernier adieu. Si vous m'aviez regardée, vous m'auriez vue au désespoir. Mon seul ami ! sûrement vous ne doutez pas de votre Adèle. Je vous appartiens par le vœu de mon cœur, par l'ordre de M. de Sénange. Pourquoi n'avoir pas pitié de ma faiblesse ? Ne suffit-il pas que la présence de M. de Mortagne vous inquiète pour qu'elle me soit odieuse ? Cependant j'avoue que, pour satisfaire ma mère, j'aurais voulu le recevoir jusqu'à l'époque qu'elle a fixée. Mais si ce sacrifice vous est trop pénible, dictez ma conduite. Je n'ai pas besoin d'être à vous pour respecter votre inquiétude ; songez seulement, avant de rien exiger, que mon attachement pour vous ne saurait être douteux, et que ma timidité est extrême.

A cette lettre était joint le portrait d'Adèle, et sur le papier qui le renfermait elle avait écrit : « Puisse-t-il vous ramener ! »

LETTRE LI

Paris

Après avoir toujours partagé mes peines, avoir si souvent écouté mes plaintes, je vous dois bien, mon cher Henri, de vous apprendre aujourd'hui que je suis le plus heureux des hommes.

Je viens de l'autel. Adèle est à moi ; je lui appartiens. Elle a donné sa fortune à son jeune frère. Mme de Joyeuse est contente, chérit sa fille ; elle m'aimera. M. de Mortagne est oublié de tous. Jouissez du bonheur de votre ami.

MADAME COTTIN

CLAIRE D'ALBE
(1799)

INTRODUCTION

« Qui se souvient encore d'elle ? demandait il y a soixante ans Jules Bertaut. Quel lecteur désœuvré aura, un jour de pluie, déniché au fond d'une bibliothèque de province *Claire d'Albe*, *Mathilde* ou *Malvina*, et aura feuilleté cette littérature sentimentale qui fit battre le cœur de nos aïeules ? [...] Elle est bien oubliée, la pauvre Cottin[1]. »

Ainsi se défont les réputations. Celle de Sophie Cottin avait été cependant enviable et, dans la cohorte des auteurs de romans « sensibles » de la fin du XVIIIe siècle et du début du XIXe, elle avait tenu son rang. Le 9 septembre 1807, quelques jours après la mort de la romancière, Benjamin Constant écrivait : « L'une de nos plus célèbres femmes-auteurs, Mme Cottin, vient de mourir. De toutes les femmes, c'était celle qui décrivait avec le plus de chaleur le bonheur de deux amants dans toute son étendue[2]. »

Née à Paris le 22 mars 1770 dans une famille protestante d'origine bordelaise, Sophie était la fille de Jacques Risteau, propriétaire et armateur. On ne sait pas grand-chose de son enfance, sinon qu'elle noua très tôt avec sa cousine, Julie Vénès, une de ces amitiés définitives et exaltées dont Richardson avait donné le modèle dans *Clarisse Harlowe* et Rousseau dans *La Nouvelle Héloïse*[3]. Sa chère Julie sera donnée, à dix-sept ans, à Pierre Verdier, d'un caractère emporté et son aîné de quarante-cinq ans. Plus favorisée, Sophie est fiancée en 1788 au jeune banquier Jean-Paul Cottin et l'épouse l'année suivante à Paris.

Le mariage est heureux et Sophie peut s'abandonner comme par le passé à une sensibilité très vive, exacerbée par ses lectures. Elle dévore Jean-Jacques et Richardson, mais aussi Mme de Charrière et Mme de

---

1. J. Bertaut, « Chronique littéraire », *Le Temps*, 20 juillet 1935.
2. B. Constant, *Lettres à sa famille*, Paris, Savine, 1888, p. 227.
3. Pour les données biographiques, l'ouvrage essentiel demeure celui de L. C. Sykes, *Madame Cottin*, Oxford, Blackwell, 1949.

Staël, Mme Riccoboni et Mme de Genlis, bientôt Bernardin de Saint-Pierre et Chateaubriand. Une grande ardeur de tendresse et d'effusions se combine parfois malaisément avec l'austérité puritaine et le culte de la vertu. Un an après son mariage, elle confesse à sa cousine sa propension aux larmes délicieuses : « J'aime à pleurer, à être attendrie, je trouve que ce sentiment qui fait verser de douces larmes est agréable. » Cela ne va pas sans tensions. Quelques années plus tard, elle soupire : « La vertu est un tyran qui ne se nourrit que de sacrifices [1]. »

La Révolution vient bouleverser ce bonheur tranquille, contraint le couple à des séjours de quelques mois en Angleterre, en Espagne. En septembre 1793, âgé de trente ans à peine, Cottin meurt. Portée l'année suivante sur la liste des émigrés, sa femme perd une grande partie de sa fortune. Veuve à vingt-trois ans, elle s'est réfugiée à Champlan, en Seine-et-Oise. Charmante sans être jolie — plusieurs de ses soupirants le lui diront sans excès de galanterie —, elle ne tarde pas à être recherchée, d'abord par M. Gramagnac, ami de son défunt époux, puis par un cousin, Jacques Lafargue, jeune exalté qu'elle décourage et qui se brûle la cervelle chez elle en août 1796. Elle a besoin d'affection, mais vit un conflit de pulsions contradictoires, sa soif d'aimer éveillant en elle la peur de céder et ses sentiments trouvant un substitut dans une amitié parfois trop chaleureuse [2]. La solitude et le deuil l'accablent. Novembre 1794 :

> La sérénité du bonheur m'avait donné une égalité charmante dans le caractère, mon cœur débordait de plaisir et répandait autour de moi les doux sentiments dont il était agité ; l'ordre était partout alors, et la paix me semblait régner dans l'univers. A présent tout est changé. J'ai des accès de tristesse noire, je suis habituellement inquiète ; mes regards ont beau se fixer autour de moi, ils ne trouvent rien digne de les fixer. Le monde dans sa vaste étendue ne me paraît qu'une solitude stérile…

Mois après mois, elle dit son ennui, son âme dolente. Printemps 1795 : « Il n'est aucun état dans la vie, aucune situation, qui puisse remplir l'idée du bonheur que je me fais. Voilà pourquoi l'existence m'est à charge, voilà pourquoi j'aspire à en être délivrée. » Elle est travaillée par le *taedium vitae*, une misère existentielle qui la mine. Elle est lasse, oppressée, sans volonté. Septembre 1796 :

> Je n'en puis plus, la langueur m'accable, l'ennui me dévore, le dégoût me poursuit, je souffre sans pouvoir dire de quoi ; le passé et l'avenir, les vérités et les chimères ne me présentent plus rien d'agréable. Je suis importune à moi-même, je voudrais me fuir et ne puis me quitter ; rien ne

---

1. Lettres de 1790 et de juin 1797, dans L. C. Sykes, *Madame Cottin, op. cit.*, p. 280 et 315. L'essentiel de la correspondance a été édité par L. C. Sykes. Depuis 1970, l'ensemble est accessible au département des manuscrits de la Bibliothèque nationale.

2. J. Gaulmier, « Sophie et ses malheurs ou le romantisme du pathétique », dans *Romantisme*, 3, 1972, p. 14-15.

me distrait, toute occupation m'excède, les plaisirs ont perdu leur piquant et les devoirs leur importance. Je suis mal partout ; si je marche, la fatigue me force à m'asseoir ; quand je me repose, l'agitation m'oblige à marcher. Mon cœur n'a pas assez de place, il étouffe, il palpite violemment ; je veux respirer, et de longs et profonds soupirs s'échappent de ma poitrine. [...] Dieu ! que l'existence me pèse !

Cet irrémédiable mal de vivre l'obsède et la taraude. Coupée de son bref passé de femme heureuse, elle ne s'imagine aucun avenir. Automne 1796 : « A présent me voici arrivée à vingt-cinq ans, n'ayant presque connu des passions que les douleurs qu'elles causent et le vide qu'elles laissent. J'ai vu autour de moi les illusions s'écrouler, l'amour s'enfuir, et les espérances desséchées décolorer le reste de mon existence[1]. »

Rayée de la liste des émigrés en novembre 1798, elle s'obstine cependant à Champlan, avec des séjours à Paris, qu'elle n'aime guère, non plus que la société, même s'il lui arrive, dans le salon de son amie, Mme de Pastoret, de rencontrer Joubert, Mme de Staël ou Chateaubriand. Le cœur vide, elle a reporté son besoin d'aimer sur sa cousine Julie et ses deux filles. A cette femme sans attaches sentimentales qui a toujours tenu la plume — sa correspondance en témoigne — comment la littérature ne serait-elle pas apparue comme une compensation aux défaites de son existence ? « Elle n'a éprouvé, disait déjà le préfacier de ses *Œuvres complètes* en 1831, ni les grandes passions qu'elle a peintes avec autant d'énergie que de vérité, ni les agitations qui en sont la suite nécessaire[2]. » Ce n'est pas tout à fait exact, car elle les éprouvera au moins une fois, sur la fin de sa vie, mais il est vrai qu'elle aspire à transposer dans la fiction romanesque sa nostalgie de l'amour. N'était-ce pas cependant s'enfermer dans une nouvelle contradiction ?

Ne croyez pas pourtant, écrira-t-elle en 1800, après le succès de *Claire d'Albe*, que je sois partisane des femmes auteurs, tant s'en faut. [...] Il semble que la nature ne donna un cœur si tendre aux femmes, qu'afin de leur faire attacher tout leur bonheur dans les seuls devoirs d'épouse et de mère, et ne les priva de toute espèce de génie que pour ôter à leur vanité le vain désir d'être plus qu'elles ne doivent ; que s'il est permis à quelques-unes d'exercer leur plume, ce ne peut être que par exception, et lorsque leur situation les dégage de ces devoirs, qui sont comme la vie du reste de leur sexe. Et alors même, je veux qu'elles sentent assez leur insuffisance pour ne traiter que des choses qui demandent de la grâce, de l'abandon et du sentiment[3].

Elle se trouvait, elle, dans cette situation qui dégage les femmes de leurs devoirs. N'était-elle pas sans mari ? Ne savait-elle pas qu'elle ne pouvait avoir d'enfants ? Elle vint donc à l'écriture. *Claire d'Albe*, en

---

1. L. C. Sykes, *Madame Cottin, op. cit.*, p. 293, 296, 305, 309.
2. *Œuvres complètes*. Préface de A. Petitot, Paris, Foucault, 1817, t. I, p. 1.
3. 12 avril 1800, L. C. Sykes, *op. cit.*, p. 330.

1799, lui assure d'emblée une petite renommée, que feront bien vite croître les œuvres suivantes. En janvier 1801, *Malvina* — le titre témoigne de la vogue des poèmes ossianiques — illustre le destin d'une jeune femme qui n'a jamais connu l'amour, se donne à un libertin et meurt, consumée par le désespoir, dans les bras de l'époux tardivement repenti. Les situations de convention ne masquent pas l'appétence d'absolu, l'exigence de sublime dans la passion et la fatalité du sentiment qui condamnent l'héroïne à la démence. *Amélie Mansfield*, en 1803, est l'histoire d'une jeune veuve qui, après bien des péripéties, épouse l'homme qu'elle aime. Mais les épreuves et les chagrins la conduisent au tombeau et Ernest ne survivra pas à sa bien-aimée. Deux ans plus tard, en août 1805, paraît *Mathilde*, roman historique et roman « troubadour », dont l'intrigue se déroule à l'époque de la troisième croisade et met en scène Richard Cœur de Lion et un prince de Lusignan. Il s'agira cette fois des amours tumultueuses et traversées de Mathilde, sœur de Richard, et du fougueux et magnanime prince musulman Malek Adhel. Sur fond de batailles, de monastères ruinés et de déserts brûlants, l'amour naît entre la chrétienne et l'infidèle, créant le conflit amour-religion. Trahisons, stratagèmes. Le loyal Malek Adhel succombe sous le poignard d'un traître, Mathilde prend le voile au Carmel. Le roman était long, encombré mais, malgré l'idéalisation de l'héroïne, le récit de l'amour naissant de Mathilde a une fraîcheur et une finesse qui séduisent encore. Les contemporains s'en enchantèrent et la première édition s'enleva en cinq mois [1]. Vogue durable. En 1869, le *Grand Dictionnaire universel* de Pierre Larousse en témoigne : « Ce roman eut un immense succès ; on le retrouve même aujourd'hui sur les rayons de nos bibliothèques, et les scènes principales, reproduites dans les gravures d'Épinal, se vendent encore dans les foires. » Désormais romancière connue, elle n'en était pas plus vaine et, même, sa notoriété la contrariait un peu.

Elle touchait alors au terme de sa carrière. En 1803, elle avait aussi publié, dans les *Mélanges* de Suard, *La Prise de Jéricho*, médiocre poème en prose qui contait surtout, en pastichant le style biblique, les amours d'Issachar et de la courtisane Rahab [2]. Une longue nouvelle, *Élisabeth*, parut encore en juillet 1806. L'anecdote développait un fait authentique et célébrait la piété filiale d'une jeune Russe dans une Sibérie d'opéra, roman sentimental et moralisant à l'usage des jeunes

---

1. En dépit de son intrigue historique, le roman était peut-être moins inactuel qu'on ne croirait. Le lecteur contemporain pouvait y déceler une remise à l'honneur de la vieille aristocratie, un appui à la politique contre-révolutionnaire de Bonaparte, l'esprit de restauration religieuse du régime concordataire de 1802, voire une suggestion des avantages d'une entente franco-anglaise. Sur cette actualité du roman, voir J. Gaulmier, « Roman et connotations sociales : *Mathilde* de Mme Cottin », dans *Roman et Société*, Paris, A. Colin, 1973, p. 7-17.

2. Pour une analyse qui le situe dans le courant épique, voir T. M. Pratt, « The Widow and the Crown. Madame Cottin and the Limits of Neoclassical Epic », dans *British Journal for Eighteenth-Century Studies*, I, 1986, p. 197-203.

filles. L'obscur Hyacinthe Dorvo, spécialiste du théâtre populaire, s'empressa de porter le sujet à la scène dans *Élisabeth ou les Exilés de Sibérie*, attendrissant mélodrame qui eut plus de cinquante représentations. La presse n'accorda pourtant au roman qu'une attention distraite, mais Xavier de Maistre devait se souvenir d'*Élisabeth* dans sa *Jeune Sibérienne*.

En février 1801, Mme de Pastoret lui présenta Jean Devaines, ancien commis de Turgot et commissaire de la Trésorerie pendant la Révolution. Son charme agit aussitôt sur ce septuagénaire qui se prend pour elle d'une belle passion exprimée dans le langage emphatique et grandiloquent de l'époque :

> Adorable amie, charmante créature, femme incompréhensible, qui répandez à la fois la joie et l'affliction, l'ivresse et le désenchantement, le bonheur et le désespoir ! Oh ! c'est bien vous qui montrez le pays où il serait si délicieux d'habiter, et qui en fermez à jamais l'entrée ! Ah ! pourquoi ai-je rencontré la seule personne au monde qui convînt sous tous les rapports à mon cœur, et celle que je ne devais jamais posséder ? Non, je ne veux pas peser sur cette déchirante pensée, et si je ne puis en conjurer l'obsession, je ne veux pas vous en présenter les déplorables effets !

Comme toujours, Sophie se dérobe, se lamente qu'on interprète mal ses sentiments : «Pourquoi faut-il que mon amitié fasse le tourment de ceux auxquels je la donne ? Pourquoi faut-il qu'on veuille m'aimer autrement que je n'aime [1] ?» L'amoureux tardif mourut en 1803 et les mauvaises langues — dont Benjamin Constant et Sainte-Beuve — soutiendront qu'il s'est tué pour elle. Devaines disparu, elle sera encore assiégée par Joseph Michaud, historien des croisades et fondateur du grand *Dictionnaire biographique*, qu'elle découragea de même.

La mort de Devaines l'avait désolée. Avec sa cousine Julie et ses enfants, Mme Cottin alla se changer les idées à Bagnères-de-Bigorre et, contre toute attente, s'y attarda plusieurs mois. C'est que son tour était venu de prendre feu : elle y avait fait la connaissance d'Hyacinthe Azaïs. A trente-sept ans, ex-frère de la Doctrine chrétienne, ex-organiste, ex-précepteur, obscur et sans fortune, Azaïs était un philosophe mystique et illuminé qui préparait alors son ambitieux et fumeux *Système universel* dont il assena les huit volumes de 1810 à 1812. D'abord elle le crut fou, puis sublime. Il l'entretenait de Dieu et de l'immortalité de l'âme, lui découvrait les abîmes de la métaphysique et lui montrait «le ciel ouvert». Le personnage avait de la sensibilité, du romanesque, il s'était assigné une mission dans son siècle et Sophie ne tarda pas à penser qu'il valait «infiniment mieux» que Jean-Jacques Rousseau lui-même. Elle lui dit sa passion sans retenue, dans le langage même de ses héroïnes : «Vous remplissez mon cœur, mon imagination, le monde, l'espace. Je ne vois rien qu'à travers votre pensée, je n'aime rien qu'après vous avoir

---

1. L. C. Sykes, *Madame Cottin, op.cit.*, p. 337, 347.

aimé, je n'éprouve pas un sentiment qui ne se rapporte à vous [1]. » Son amour était platonique et extatique, mais elle acceptait de l'épouser. Hélas, le nouveau messie rêvait de fonder une famille et Mme Cottin dut avouer, en avril 1805, qu'elle ne pouvait combler son attente. Ce ne fut pas tout à fait une rupture et ils demeurèrent en correspondance. Résignée, elle s'affranchit peu à peu d'un amour qui ne lui apportait pas le bonheur tant espéré et se réfugia dans un sentiment religieux dont Azaïs avait contribué à ranimer la ferveur. Elle lui écrivait, le 12 septembre 1806 : « La religion et l'amitié, voilà désormais toute ma vie : chaque nouveau jour ajoute une force de plus à mes sentiments de piété ; mon âme se calme, s'apaise, la terre et ses biens s'effacent ; mon ancre est jetée dans le ciel, je ne crains plus les tempêtes. »

Du moins ne disparaîtrait-elle pas sans avoir connu, comme ses héroïnes, les orages du cœur. En compagnie d'une amie, elle fit encore, en 1806, un voyage en Italie. Se sachant malade, elle entreprit de se mettre en règle avec le Ciel en travaillant à une *Religion chrétienne prouvée par les sentiments*, demeurée manuscrite. Atteinte d'un cancer du sein, elle souffrit pendant des mois avant de s'éteindre à Paris, le 25 août 1807. Elle avait trente-sept ans.

Si la plupart de ses écrits sont aujourd'hui oubliés, ils ont eu leur heure de gloire : on compte quatorze éditions des *Œuvres complètes* entre 1817 et 1856 et Mme Cottin fut publiée en France jusqu'à la fin du XIXe siècle, traduite en anglais, en espagnol, en hollandais, en portugais, en roumain, en italien, en croate même, et des pièces tirées de ses romans furent jouées en Angleterre, en Italie, en Espagne...

Rien de surprenant : une génération s'est reconnue dans ses romans. Mais comme toutes les œuvres qui ne transcendent pas leur époque, la sienne ne pouvait survivre aux conditions qui l'avaient fait naître. Une *Élégie sur la mort de Mme Cottin*, publiée par un certain Phédelin, le 1er avril 1809, dans le *Mercure de France*, donne — en vers désastreux — la mesure de sa réputation :

> Trop sensible Cottin ! la mort, la mort cruelle
> A dirigé vers toi son souffle destructeur.
> Impitoyable elle dévore
> Tes jeunes ans que la douleur flétrit.
> Elle a frappé... Tout ton être périt !
> Mais non, dans *Malvina* je te retrouve encore !...

Marie-Joseph Chénier déclara « regretter la mort de cette dame, enlevée à la littérature dans un âge où son talent, déjà très remarquable, pouvait encore se perfectionner », tandis que Mme Dufrénoy, dans la *Biographie des jeunes demoiselles*, la plaçait « au premier rang parmi les

---

1. Cité par Arnelle, *Une oubliée : Madame Cottin d'après sa correspondance*, Paris, Plon, 1914, p. 255.

femmes qui ont honoré leur sexe par les plus nobles vertus ». Mais le temps passait, et avec lui les modes et les goûts de naguère. En 1830, dans sa *Biographie des femmes célèbres*, Prudhomme donne de son œuvre une image simplifiée qui lui a nui : « Toutes les productions de cet agréable auteur, dit-il, respirent une douce sensibilité, l'enthousiasme de la vertu, et ces élans sublimes du cœur qui ne peuvent qu'être le partage d'une femme spirituelle et sensible. » Dans les dernières décennies du siècle, Larousse fait toujours une place considérable, non seulement à l'auteur, mais à chacune de ses œuvres, et ne leur consacre pas moins de six cent soixante lignes. C'est la preuve d'une large audience, même si d'autres déjà étaient venus, critiques plus exigeants, qui haussaient les épaules. Stendhal admirait le style du code civil et détestait le pathétique. En 1825, il raille, impitoyable : « C'était une dame de Paris, morte il y a dix ou douze ans, fort laide dit-on, et que sa laideur n'avait pas empêchée d'inspirer de grandes passions. Elle a fait des romans d'une sensibilité brûlante : *Claire d'Albe, Mathilde*. Visant à l'effet et sachant bien que l'âge auquel on lit ordinairement des romans est peu difficile sur les moyens employés pour atteindre l'effet, Mme Cottin fait usage de toutes les ressources du mélodrame. Ses romans sont difficiles à lire pour des hommes âgés de plus de vingt-cinq ans. » En 1837, dans ses *Portraits de femmes*, Sainte-Beuve l'exécute sans pitié : « Mlle de Scudéry et Mme Cottin, malgré le grand esprit de l'une et le pathétique d'action de l'autre, sont tout à fait passées. Pas une œuvre d'elles qu'on puisse lire autrement que par curiosité, pour savoir les modes de la sensibilité de nos grand-mères [1] ». Quand Victor Hugo, en 1862, veut évoquer le passé lointain de 1817 dans un chapitre des *Misérables*, il jette : « *Claire d'Albe* et *Malek-Adhel* étaient des chefs-d'œuvre ; Mme Cottin était déclarée le premier auteur du jour... » Il y avait beau temps qu'elle ne l'était plus, en effet, mais *Claire d'Albe*, au moins, mérite de ne pas sombrer dans l'oubli.

*
* *

Le premier roman de Sophie Cottin, paru anonyme en mai 1799, fut probablement composé dans le courant de l'été 1797 [2]. A l'en croire, elle l'aurait publié pour venir en aide à « un infortuné » à qui elle entendait

---

1. M.-J. Chénier, *Tableau de la littérature française*, Paris, Maradan, 1819, p. 136 ; Mme Dufrénoy, *Biographie des jeunes demoiselles*, Paris Eymery, 1816, t. II, p. 570 ; L. Prudhomme, *Biographie universelle et historique des femmes célèbres, mortes ou vivantes*, Paris, Lebigre, 1830, t. II, p. 209 ; Stendhal, 1er novembre 1825, cité par L. C. Sykes, *Madame Cottin, op.cit.*, p. 257 ; Sainte-Beuve, *Portraits de femmes*, dans *Œuvres*, publ. par M. Leroy, Paris, Gallimard, « Bibliothèque de la Pléiade », 1951, t. II, p. 1335.

2. Voir L. C. Sykes, *Madame Cottin, op.cit*, p. 43. A. Monglond (*La France révolutionnaire et impériale*, Grenoble, Arthaud, 1930, t. IV, col. 1113-1114) en signale un compte rendu daté du 10 thermidor an VII (28 juillet 1799).

réserver le produit de la vente : «Un malheureux souffre, et je ne peux pas supporter sa peine. Je jette les yeux sur mon roman, je m'enveloppe d'un voile que je crois impénétrable, je le vends et j'accomplis une action louable.» Ravie du succès de son entreprise, elle s'engage «à accorder annuellement le même secours» et s'attelle aussitôt à un autre roman [1]. Le procédé n'était pas neuf. En 1794, la comtesse de Flahaut, future baronne de Souza, alors réfugiée en Angleterre, avait publié son *Adèle de Senange* avec l'intention de verser le montant de la souscription à un émigré sans ressources. L'année suivante, cet exemple avait encouragé Mme de Charrière à procéder de même en publiant ses *Trois Femmes* au profit d'une autre émigrée, la comtesse de Montrond. La notice du *Dictionnaire biographique* de Michaud, intime de Mme Cottin, confirme que le produit de la vente devait aller en effet à un ami «proscrit», peut-être le comte de Vaublanc [2].

Si la générosité de l'auteur explique la publication du roman, elle ne rend cependant pas compte de sa composition, puisque l'ouvrage était rédigé au moment où lui vint l'idée d'en tirer parti. Un autre motif l'avait déterminée à prendre la plume et elle l'expose, le 12 avril 1800, à une amie :

> Je vais vous faire un aveu qui est un secret pour toutes mes connaissances, et qui le serait encore pour mes amis, si j'avais pu réussir dans mes projets. Il y a quelque temps que, seule à la campagne, dans les plus beaux, les plus longs jours de l'année, tourmentée par des souvenirs et par le regret de certaines illusions, je m'amusai à mettre sur le papier une histoire dont le fond est tout d'imagination, mais dont certains sentiments ne me furent pas étrangers. Lorsqu'elle fut finie, je la lus à ma cousine, elle pleura, et l'histoire en resta là.

Le besoin de s'exprimer avait donc précédé l'intention charitable et Mme Cottin, convaincue d'écrire pour elle-même, puis croyant n'être pas reconnue, a confessé dans son récit des tentations et des sentiments intimes. L'écriture est avant tout compensatoire, les premières lignes de la préface de *Claire d'Albe* le confirment, et la forme épistolaire apparaît comme le moyen le plus commode et le plus spontané de développer des états d'âme. Que l'inspiration procède de ces états vécus n'est pas douteux : trois lettres personnelles de Mme Cottin, parmi les plus splénétiques et dont elle avait probablement conservé copie, sont attribuées presque mot pour mot à l'héroïne du roman [3]. Si le récit n'a rien d'autobiographique dans les faits, il est bien libération d'aspirations contenues, refoulées et finalement condamnées par une autocensure morale et religieuse. Claire pèche et se punit, crime et châtiment : tout rentre dans l'ordre.

---

1. 12 avril 1800, cité par L. C. Sykes, *Madame Cottin, op. cit.*, p. 330.
2. Voir L. C. Sykes, *op. cit.*, p. 42.
3. Lettres du 11 juin 1795, du 1er avril 1796 et de septembre 1796 (L. C. Sykes, *op. cit.*, p. 301-305 et 41) reprises dans les lettres IX, III et XL du roman.

Le sentiment de s'être impudiquement livrée explique la «contrariété» de voir levé son anonymat : «L'entière certitude que j'avais, en écrivant ce roman, que jamais on n'en soupçonnerait l'auteur, m'y avait fait répandre des couleurs un peu voluptueuses, des passions un peu vives.» Elle se sent gênée, atteinte dans sa pudeur comme si elle s'était exposée au regard d'un voyeur. L'éducation protestante produit son effet : j'aurais aimé, disait déjà Rousseau, «écrire et me cacher». Les secrets élans comprimés, un instant libérés, appellent la condamnation de la conscience claire. Aussi ne consent-elle à écrire son deuxième roman, *Malvina*, que parce que, plus conforme à la vertu et aux bienséances, il lui semble «un peu la correction de l'autre»[1].

Claire d'Albe est un roman plus simple et plus dépouillé que les suivants et la donnée elle-même était ténue, ce dont la louait en 1817 A. Petitot, préfacier de ses *Œuvres complètes* : «Elle n'a eu à peindre que la naissance et les progrès involontaires d'une passion funeste et criminelle de deux jeunes cœurs qui semblaient nés pour la vertu. Mais quel parti elle a su tirer d'une combinaison qui paraissait d'abord si peu féconde !» En effet. Une femme chaste, mariée à quinze ans à un sexagénaire et qui se croit, sinon heureuse, du moins paisible. L'irruption dans sa vie d'un jeune homme non moins vertueux, mais impulsif, exalté, follement épris et qui lui communique sa passion. La résistance désespérée de Claire, sa chute, sa mort. C'était tout.

La formule narrative renvoyait à Rousseau. Quoique d'une structure moins complexe, *Claire d'Albe* est, comme *La Nouvelle Héloïse*, un roman épistolaire polyphonique. L'essentiel de la correspondance s'échange sans doute entre Claire et son amie et cousine Élise, mais s'intercalent aussi des lettres de Claire à Frédéric, de celui-ci à Claire, d'Élise à M. d'Albe et même, en finale, une relation, par Élise, des derniers propos et de la mort de sa cousine. Et des détails viennent encore, ici et là, rappeler le souvenir de la *Julie*. Sophie Cottin a découvert chez Jean-Jacques le modèle des grandes lettres passionnées, orchestrées comme des duos d'opéra, ou celui de l'échange de brefs billets haletants dont la succession rapide accentue la tension dramatique à la veille de l'explosion lyrique.

Pour le cadre, une campagne paisible loin de l'agitation des villes, une société peu nombreuse, un isolement propice aux retours sur soi-même et à la mélancolie : le lieu par excellence d'une «médiocrité» excluant les passions de l'âme et trouvant le bonheur dans la stabilité[2]. M. d'Albe

---

1. Quoique certaines scènes rappellent le double mouvement aspiration / condamnation. En 1817, A. Petitot observait déjà : «Il est difficile d'approuver les détails d'une espèce d'orgie qui a lieu dans le château de milady Dorset. [...]. La scène est voluptueuse plutôt que repoussante, et par cela même, elle n'est pas sans danger pour de jeunes lecteurs» (*Œuvres complètes*, t. I, p. XXX-XXXI).

2. Voir R. Mauzi, *L'Idée du bonheur au XVIIIᵉ siècle*, Paris, A. Colin, 1965, p. 175.

gère une manufacture, crée de l'emploi et dispense ses bienfaits ; Claire s'occupe de l'hôpital et de la charité : la philanthropie adapte la bienfaisance aux nouvelles exigences morales et économiques. L'auteur ne s'attarde pas aux portraits, ni à la peinture du monde — fût-ce pour en fustiger les ridicules, comme Mme de Souza dans *Adèle de Sénange* —, ni au pittoresque des paysages, rapidement esquissés.

Dès le début, c'est l'état d'âme de Claire d'Albe — dont le prénom et le nom évoquent pureté et transparence — qui requiert l'attention. Heureuse, cette jeune femme de vingt-deux ans, mariée depuis sept, mère de deux enfants ? Si l'on veut : « Je suis, dit-elle, heureuse de la satisfaction de M. d'Albe. » Pour respecter le vœu de son père mourant, elle a accepté un homme qui pouvait être son aïeul et qui l'estime, certes, tout en la traitant parfois en enfant. Au-delà des apparences et du devoir accompli, elle éprouve une indéfinissable insatisfaction, un ennui sournois dont elle ignore la cause. Bonheur raisonnable qui est, non accomplissement, mais absence de malheur et laisse insatisfaites les aspirations profondes. Un frémissement contenu d'impatience lui fait saluer les « nobles et grandes passions », une nostalgie de l'intensité la porte à dédaigner « ces petits caractères qui [...] ne sont pas même capables d'une grande faute ». Car les passions médiocres, disait déjà Diderot dans les *Pensées philosophiques*, font les hommes communs.

Cette insatisfaction larvée se révèle avec la venue du printemps, qui libère en elle un appétit de vivre et une sensualité inassouvie :

> Tout mon sang se porte vers mon cœur, qui bat plus violemment à l'approche du printemps. [...] Le désir naît, parcourt l'univers. [...] Il est des moments où ces images me font faire des retours sur moi-même, et où je soupçonne que mon sort n'est pas rempli comme il aurait pu l'être : ce sentiment, qu'on dit être le plus délicieux de tous, et dont le germe était peut-être dans mon cœur, ne s'y développera jamais. [...] Laisse-moi sous mes ombrages : c'est là qu'en rêvant un mieux idéal je trouve le bonheur que le ciel m'a refusé. [...] Mon mari n'est-il pas le meilleur des hommes ?

L'apparition de Frédéric, que M. d'Albe traite comme un fils, fera basculer le factice équilibre. L'imprudent mari favorise les tête-à-tête entre sa femme et ce jeune homme simple et sincère, un peu fruste mais passionné et rêvant d'amour idéal. L'un et l'autre sont « sensibles », ce qui, depuis Prévost et Rousseau, voue les êtres à une destinée tragique : « Que c'est un fatal présent du ciel qu'une âme sensible », se lamentait Saint-Preux. Longtemps contenue, sublimée, cette sensibilité bientôt va rompre les digues, emportée par une soif d'ailleurs et d'absolu [1]. Habilement, Mme Cottin a renoncé à exploiter le banal coup de foudre,

---

1. Voir C. Cazenobe, « Une préromantique méconnue : Madame Cottin », dans *Travaux de littérature*, I, 1988, p. 202.

depuis longtemps éculé, l'amour au premier regard dont abusaient encore Mme de Tencin, Mme de Graffigny ou Mme de Souza. Ici au contraire la progression du mal est insensible, sournoise. Claire est d'abord attirée et amusée par la franchise sans apprêt, par le comportement si peu mondain de Frédéric qui gardent à ses yeux « la piquante originalité de la nature ». La première transformation se traduit par une soudaine gaieté, une animation inaccoutumée, une vague impression de bonheur et d'éveil dont elle ne décèle pas la cause, suivies d'abattements, d'une langueur insidieuse. Quand elle comprend que Frédéric l'aime, elle se croit encore à l'abri, pense n'éprouver que de la pitié, s'indigne quand Élise, plus perspicace, la met en garde, frémit à l'idée d'éprouver une passion qui la bouleverse, croit-elle, par son seul spectacle. Inconsciente encore du danger, elle s'imagine — illusion fatale — prémunie par son culte de la vertu : « Claire serait morte avant d'être coupable. » Il lui faudra ouvrir enfin les yeux, céder au torrent, avouer ses sentiments à Frédéric, confesser qu'il « égare [ses] sens et trouble [sa] raison ». Quand éclate le feu qui couvait sous la cendre, il ne peut plus être maîtrisé.

Commence alors la période de la résistance et des déchirements intérieurs. Chez Mme Cottin — Mme de Genlis s'en indignera — l'amour n'est pas éthéré, platonique, et l'auteur ne tait pas l'appel du désir, non seulement chez Frédéric, mais chez Claire. Sur ce plan encore, la progression a été insensible : un geste familier, un serrement de mains, un négligé qui laisse apercevoir des cheveux épars, un cou et des bras nus. Si Frédéric s'embrase, sa présence fait éprouver à Claire un émoi inconnu, une gêne inexplicable, un frémissement inavouable. Au moment de l'aveu, il l'enlace ; un jour, il pose sur son cou un rapide baiser dont se souviendra Balzac au début du *Lys dans la vallée*[1]. Un faux pas la jette dans ses bras et elle se sent égarée, saisie d'un désir si violent qu'elle est sur le point de s'abandonner. Un trouble climat s'installe, où l'on se frôle et se caresse en jouant sur les confins de l'interdit, comme dans une marche au bord de l'abîme. Mme Cottin ne redoute pas la réalité des sens et jette son héroïne dans un vertige peu commun dans le roman sentimental. Ici nulle mièvrerie, yeux baissés ou pudiques rougeurs : la sensation a ses droits, même contre les interdits religieux, le sentiment est inséparable de l'exigence de possession[2].

Des premiers combats de la vertu contre la tentation de l'adultère et du péché, Claire sort victorieuse, obtient de Frédéric qu'il s'éloigne, se promet de se vaincre. Peut-on lutter contre son destin, subordonner la passion à la raison, enchaîner un amour voulu par « une effrayante fatalité », décidé par « un ciel injuste » ? La cause de la chute sera

1. Voir J. Rossard, *Pudeur et Romantisme*, Paris, Nizet, 1982, p. 20.
2. Voir J. Gaulmier, « Sophie et ses malheurs ou le romantisme du pathétique », *op. cit.*, p. 7 ; M.-F. Silver, « Le roman féminin des années révolutionnaires », dans *Eighteenth-Century Fiction*, 6, 1994, p. 321.

cependant toute humaine. M. d'Albe a deviné. Avec la complicité réticente d'Élise, il croit guérir les jeunes gens en faisant croire à Claire que Frédéric est inconstant, à Frédéric que Claire l'oublie. Stratagème vulgaire. L'un et l'autre dépérissent, mortellement déçus dans leur foi. Quand se découvre l'imposture, plus rien ne peut prévenir le drame. L'homme qui surgit dans le parc où Claire se recueille sur la tombe de son père n'est plus le héros enrubanné et respectueux du roman sentimental. Échevelé, les vêtements en désordre, « couvert de sueur et de poussière », il n'est plus que passion et délire, jusqu'au blasphème : « Amitié, foi, honneur, tout est faux dans le monde ; il n'y a de vrai que l'amour, il n'y a de réel que ce sentiment puissant et indestructible. [...] Saisissant Claire, il la serre dans ses bras, il la couvre de baisers, il lui prodigue ses brûlantes caresses. [...] Qu'elle m'appartienne un instant sur la terre, et que le ciel m'écrase pendant l'éternité ! » Ce héros sombre, frénétique, est un personnage de Byron ou du roman noir et annonce, dans son élan de sauvage démence, le Heathcliff des *Hauts de Hurlevent* d'Emily Brontë. Dans une scène spectaculaire qui faisait frémir et sangloter les lectrices du Consulat et de l'Empire, il possède Claire, à demi morte, sur le tertre même où elle était agenouillée. Et Mme Cottin aggrave l'audace en jetant Claire dans la même ivresse profanatrice : « Elle n'est plus à elle, elle n'est plus à la vertu ; Frédéric est tout, Frédéric l'emporte... Elle l'a goûté dans toute sa plénitude, cet éclair de délice qu'il n'appartient qu'à l'amour de sentir, [...] ce torrent de volupté. » Pour un instant au moins, ce personnage n'a plus rien de commun avec les sylphides éthérées et languissantes du roman conventionnel, expirant de tendresse au seuil du péché.

La nuit, le tombeau. C'est le bric-à-brac romanesque de l'époque. Encore faut-il observer dans les romans de Mme Cottin la fréquence du sépulcre, toujours lié à la thématique passionnelle : Malvina se recueille sur celui de son amie avant de faire élever le sien, Amélie pleure sur celui de son père, Mathilde choisit celui de Josselin de Montmorency pour y donner deux rendez-vous à Malek Adhel. Dans *Claire d'Albe*, le tombeau paternel apparaît à trois reprises : la première au temps du calme, où il inspire recueillement et piété ; la deuxième au moment où naît l'amour, et l'incongruité même du lieu éveille l'inquiétude ; la dernière quand l'abandon de Claire est aussi synonyme de profanation du mariage voulu par le père. Ce tombeau ne rappelle pas seulement les goûts funèbres mis à la mode par la poésie de Gray et de Young, mais l'indéfectible alliance d'Éros et de Thanatos [1]. Cette scène assurément théâtrale n'est donc pas, comme on l'a dit, une faute contre « le bon goût » [2], mais l'apogée de la profanation et l'accomplissement des pulsions de mort.

----

1. Voir *Claire d'Albe*. Préface de J. Gaulmier, Paris, Deforges, 1976, p. 13.
2. Voir A. Le Breton, *Le Roman français au XIXe siècle avant Balzac*, Paris, Société française d'imprimerie, 1901, p. 100 ; L. C. Sykes, *Madame Cottin, op. cit.*, p. 186.

Pour la première fois peut-être dans le roman sentimental, la passion s'exprime sans retenue, avec une violence iconoclaste et une sensualité qui balaient morale et religion. Chez Mme Riccoboni, Fanni Butlerd dévorée de jalousie s'écriait déjà : «L'enfer est dans mon lit!» Mais Claire d'Albe passe les bornes dans la frénésie qui l'emporte au mépris du devoir, de la foi jurée et de la terreur du châtiment divin :

> Si tu es tout pour moi, mon univers, mon bonheur, le dieu que j'adore, si la nature entière ne me présente plus que ton image ; si c'est par toi seul que j'existe, et pour toi seul que je respire ; si ce cri de mon cœur qu'il ne m'est plus possible de retenir, t'apprend une faible partie du sentiment qui m'entraîne, je ne suis point coupable...

Mais la conclusion ? Car Claire, revenue de son égarement, déteste son crime et meurt. Le roman se devait toujours, à l'époque, d'afficher un propos moral, édifiant, afin de justifier son utilité et de satisfaire à la morale conservatrice. Pour racheter la faute, mourir, accéder à un amour dont le corps soit absent [1]. Frédéric n'y manquera pas non plus, et l'on peut sourire aujourd'hui de la scène finale où, au cimetière, un homme enveloppé d'un manteau couleur de muraille se prosterne dans la poussière et s'arrache au vertige de la fosse en s'écriant : «A présent je suis libre, tu n'y seras pas longtemps seule!» Réunion des amants dans la mort : Tristan et Iseut, Roméo et Juliette. Moins purement sentimental peut-être qu'il n'y paraît. La mort succède à l'étreinte, associe Éros et Thanatos. «Ô mort, s'écriait déjà Saint-Preux comblé, viens quand tu voudras!» Au-delà de l'extase une fois atteinte, seule la mort préserve l'amour de l'inéluctable dégradation des choses humaines.

Certes, Claire se condamne avec véhémence, Élise elle-même l'appelle «infâme adultère». On nous assure qu'«il est des crimes que la passion n'excuse pas», qu'il faut se garder de «colorer le vice des charmes de la vertu». Mme Cottin peint les ardeurs de la chair avec complaisance et les réprouve avec énergie. La morale est sauve, le lecteur effaré se rassure et retrouve, un instant bousculées mais intactes, ses valeurs.

Ce n'est peut-être pas si simple. Mariée par son père et livrée à un vieillard, Claire est une femme frustrée dans ses sentiments comme dans ses désirs, contrainte par l'autorité et les conventions, devant qui s'ouvre soudain le monde de la passion et de la jeunesse, de la vie et de la volupté. S'agissait-il pour Sophie Cottin de retrouver le bonheur passé, de vivre un rêve éveillé ou de faire retraite dans un monde idéal [2] ? On en doute devant un récit qui bafoue toutes les règles de la morale et de la religion. Claire souille le mariage par l'adultère, l'aggrave par l'inceste

---

1. Voir C. Cusset, «Sophie Cottin ou l'écriture du déni», dans *Romantisme*, XXII, 1977, p. 28.
2. Voir J. Rossard, *Pudeur et Romantisme, op. cit.*, p. 17 ; L. C Sykes, *Madame Cottin, op. cit.*, p. 144 ; P. Fauchery, *La Destinée féminine dans le roman européen du dix-huitième siècle*, Paris, A. Colin, 1972, p. 685.

— ce n'est pas pour rien que Frédéric est à plusieurs reprises présenté comme le « fils » de M. d'Albe —, profane enfin le souvenir de son père et outrage Dieu lui-même. Devant cette violence et cette colère, que pèsent le moralisme de Claire agonisante et son apologie de la vertu[1] ? Ou bien ses discours sont rassurante rhétorique, concession aux exigences des bienséances ; ou bien ils traduisent l'effroi d'une conscience puritaine terrifiée après coup de ses audaces et de la découverte, au fond d'elle-même, d'une intolérable pulsion de désir et de transgression. Dans l'un et l'autre cas, son récit n'avait rien d'« inoffensif[2] » et l'on comprend qu'elle se soit inquiétée de s'être livrée à ce point. Claire, c'était bien elle[3], dans ses élans et ses réticences, ses appels et ses refus, sa conviction que la passion est la fascination des grandes âmes mais qu'elle conduit ses victimes au délire et au désastre.

La critique fit un sort à *Claire d'Albe*. En 1799, la *Décade philosophique* en apprécia la construction et la qualité littéraire : « Pas d'événements, peu d'incidents en varient le cours. La naissance, les progrès, le développement, l'explosion, les combats d'une grande passion contrariée de part et d'autre par de grands devoirs ; voilà ce que l'auteur a voulu peindre. » En 1817, Petitot regrette une entorse au bon goût, « une circonstance qui gâte le dénouement. [...] Ne pouvait-on choisir un autre lieu que le tombeau de son père pour la rendre coupable ? » Même regret dans une édition de 1831, non sans candeur : « Un jeune homme, quelque passionné qu'il soit, est toujours inexcusable de choisir un moment où une femme est à moitié morte pour satisfaire son amour. » Assurément. Certains s'enchantent de la conclusion morale : « Quant à la mort de Claire, c'est un morceau achevé ; la morale n'y trouve rien à reprendre, et la critique n'a qu'à louer »[4]. La malveillance rend clairvoyant. Mme de Genlis ne consentit pas à être dupe de la bénédiction finale et condamna avec indignation « la monstruosité de cet ouvrage ». *Claire d'Albe*, dit-elle, est le produit de l'époque révolutionnaire, c'est-à-dire d'un temps où toute morale avait disparu et où « la démence usurpa le nom de la sensibilité ». Mme Cottin eut le triste mérite de créer « le premier roman dans *le genre passionné*, [...] d'une immoralité révoltante, le premier roman où l'on ait représenté l'amour délirant, furieux et féroce, et une héroïne vertueuse, religieuse, angélique, et se livrant sans mesure et sans pudeur à tous les emportements d'un amour effréné et criminel ». La prêcheuse ne décolérait pas : « scènes cyniques... amour adultère... pages infâmes et dégoûtantes ». A ses yeux, un tel roman était un défi à l'art comme à la morale :

---

1. Voir J. H. Stewart, *Gynographs. French Novels by Women of the Late Eighteenth Century*, Lincoln et Londres, University of Nebraska Press, 1993, p. 181-184.
2. L. C. Sykes, *Madame Cottin, op. cit.*, p. 81.
3. Voir A. Marquiset, *Les Bas-bleus du premier Empire*, Paris, Champion, 1913, p. 112.
4. *Décade philosophique*, 10 thermidor an VII [28 juillet 1799], p. 227 ; *Œuvres complètes*, t. I, p. XIX-XX ; *Claire d'Albe*, Paris, Hiard, 1831, p. 8 ; Girault de Saint-Fargeau, *Revue des romans*, Paris, Firmin-Didot, 1839, t. I, p. 149.

Toutes les règles invariables du roman passionné se trouvent dans celui-ci : incorrection de style, phrases inintelligibles, impropriété d'expressions, fureurs d'amour, un jeune homme vertueux forcené ; une femme céleste s'humiliant, se prosternant dans la poussière aux pieds de son amant ; des adultères parlant toujours du ciel, de la vertu, de l'éternité ; [...] les passions divinisées, alors même qu'elles font commettre des crimes.

Il y avait bien la conclusion, mais elle ne s'y laissait pas prendre : « A quoi servent quelques lignes raisonnables lorsque, dans le cours de l'ouvrage, on n'a cherché qu'à colorer le vice du charme de la vertu [1] ? » Un grand demi-siècle plus tard, un critique s'étonne encore « qu'une veuve si discrète ait produit des pages si enflammées [2] ».

Au-delà de la révolte et de la transgression des tabous, peut-être y avait-il encore dans ce roman — nullement « illisible [3] » — une tentative de déconstruction d'un mythe littéraire. Mme Cottin est d'une génération qui a subi, très profonde, l'influence de Rousseau, en particulier celle du pédagogue et du romancier. Si elle avoue ne pas se sentir à la hauteur des spéculations abstraites du *Contrat social*, en revanche sa correspondance abonde en expressions d'admiration à l'égard de l'homme et de l'écrivain. A dix-neuf ans, elle modèle ses sentiments religieux sur ceux du vicaire savoyard, approuve les enseignements de l'*Émile*, vénère le narrateur des *Confessions* dont elle a lu, à peine publiée, la seconde partie. Elle s'est exaltée à la lecture de *La Nouvelle Héloïse*, heureuse que son amitié pour sa cousine Julie soit la réplique de celle — idéale — de Julie d'Étange pour Claire d'Orbe et tient l'ouvrage pour « un des meilleurs traités de morale », dont elle apprécie surtout « les derniers volumes », c'est-à-dire les longues descriptions de l'utopie de Clarens.

C'est pourquoi *Claire d'Albe* offre de nombreuses réminiscences de la *Julie*, dans la conception des personnages et la distribution des rôles, dans la constitution du cadre, la description des sentiments. Claire est chez Mme Cottin pourvue du même charisme et des mêmes vertus que l'héroïne rousseauiste, certains épisodes sont transposés, des phrases mêmes sont textuellement reprises. Dans le maladroit stratagème de M. d'Albe, on aura reconnu l'adaptation de la fameuse « méthode » de M. de Wolmar.

Cette transformation est capitale, tout comme la faute de Claire. Avec Mme Cottin, le mythe même de Clarens se voit mis en cause. Dans la réalité, les maris trop âgés et imposés par les pères ne sont pas des Wolmars, la passion de Claire et de Frédéric n'est pas à la merci d'un

---

1. *De l'influence des femmes sur la littérature française*, Paris, Lecointe et Durey, 1826, t. II, p. 241-251, 256-257.
2. M.-J. G. Merlet, *Tableau de la littérature française, 1800-1815*, Paris, 1883, t. II, p. 218.
3. P. de Gorsse, « Sophie, romancière oubliée », dans *Historia*, 353, 1976, p. 107. Le texte publié ici est celui de l'édition de 1799.

expédient vulgaire et cette passion emporte les amants au-delà de tous les interdits, au contraire si soigneusement intériorisés dans *La Nouvelle Héloïse*. Chez Rousseau, Julie mourante n'a pas oublié son amour, mais consent à le transcender par la mort. Le couronnement chrétien n'avait donc rien de factice : à celle à qui était refusée la passion et à qui l'ordre domestique de Clarens n'avait pas apporté l'apaisement, restait la vie éternelle, qui dispense enfin le droit d'aimer « sans crime ». Il n'en va pas de même dans *Claire d'Albe*, dont la finale édifiante n'emporte pas la conviction. Sophie Cottin aboutissait ainsi à subvertir le sens de son modèle, en dénonçant dans le mirage de Clarens un leurre, une duperie. Ce bonheur n'est qu'apparence, la vertu n'est pas inexpugnable et l'individu a droit au bonheur.

Rousseau avait montré le redressement de Julie après sa chute et exclu l'adultère de son monde idéal. Non sans en soupçonner le risque, qu'anéantit la mort de Julie, qui confessait elle-même : « J'ose m'honorer du passé ; mais qui m'eût pu répondre de l'avenir ? Un jour de plus, peut-être, et j'étais coupable. » Elle le sait, « cette réunion n'était pas bonne ». Julie adultère ? Jean-Jacques avait soin de présenter l'hypothèse comme un scrupule ultime de la vertueuse Julie. Mme Cottin a pris un plaisir amer à mettre en lumière l'irréalisme de la situation.

R. T.

Claire d'Albe

(1799)

PRÉFACE DE L'AUTEUR [1]

Le dégoût, le danger ou l'effroi du monde ayant fait naître en moi le besoin de me retirer dans un monde idéal, déjà j'embrassais un vaste plan qui devait m'y retenir longtemps, lorsqu'une circonstance imprévue, m'arrachant à ma solitude et à mes nouveaux amis, me transporta sur les bords de la Seine, aux environs de Rouen, dans une superbe campagne, au milieu d'une société nombreuse.

Ce n'est pas là où je pouvais travailler, je le savais ; aussi avais-je laissé derrière moi tous mes essais. Cependant la beauté de l'habitation, le charme puissant des bois et des eaux, éveillèrent mon imagination et remuèrent mon cœur ; il ne me fallait qu'un mot pour tracer un nouveau plan ; ce mot me fut dit par une personne de la société, et qui a joué elle-même un rôle assez important dans cette histoire. Je lui demandai la permission d'écrire son récit, elle me l'accorda ; j'obtins celle de l'imprimer, et je me hâte d'en profiter. Je me hâte est le mot, car ayant écrit tout d'un trait, et en moins de quinze jours l'ouvrage qu'on va lire, je ne me suis donné ni le temps ni la peine d'y retoucher. Je sais bien que, pour le public, le temps ne fait rien à l'affaire [2] ; aussi il fera bien de dire du mal de mon ouvrage s'il l'ennuie ; mais s'il m'ennuyait encore plus de le corriger, j'ai bien fait de le laisser tel qu'il est.

Quant à moi, je sens si bien tout ce qui lui manque, que je ne m'attends pas que mon âge ni mon sexe me mettent à l'abri des critiques, et mon

---

1. D'une lettre de décembre 1798 à Julie Verdier, cousine de Mme Cottin, il ressort que cette préface est de la plume de celle-ci : « Le libraire dit que ta préface est si convaincante, que quiconque l'aura lue ne voudra plus lire de romans, et que le mien restera là comme les autres. Cependant, comme il la trouve piquante et ne veut point priver le public de ce morceau, il propose de la mettre à la fin. Moi, je m'y oppose : jamais on ne vit un tel renversement, il faut donner le remède avant et non après le poison » (Cité par L. C. Sykes, *Madame Cottin*, Oxford, Blackwell, 1949, p. 322).

2. « Le temps ne fait rien à l'affaire » : rappel de la réplique d'Alceste dans *Le Misanthrope* de Molière (acte I, scène II).

amour-propre serait assez mal à son aise s'il n'avait pas une sorte de pressentiment que l'histoire que je médite le dédommagera peut-être de l'anecdote qui vient de m'échapper.

LETTRE I

Claire d'Albe à Élise de Bire

Non, mon Élise, non, tu ne doutes pas de la peine que j'ai éprouvée en te quittant ; tu l'as vue, elle a été telle que M. d'Albe proposait de me laisser avec toi, et que j'ai été prête à y consentir. Mais alors le charme de notre amitié n'eût-il pas été détruit ? Aurions-nous pu être contentes d'être ensemble en ne l'étant pas de nous-mêmes ? Aurais-tu osé parler de vertu sans craindre de me faire rougir, et remplir des devoirs qui eussent été un reproche tacite pour celle qui abandonnait son époux et séparait un père de ses enfants ? Élise, j'ai dû te quitter, et je ne puis m'en repentir ; si c'est un sacrifice, la reconnaissance de M. d'Albe m'en a dédommagée, et les sept années que j'ai passées dans le monde depuis mon mariage ne m'avaient pas obtenu autant de confiance de sa part que la certitude que je ne te préfère pas à lui : tu le sais, cousine, depuis mon union avec M. d'Albe, il n'a été jaloux que de mon amitié pour toi ; il était donc essentiel de le rassurer sur ce point, et c'est à quoi j'ai parfaitement réussi. Élise, gronde-moi si tu veux ; mais, malgré ton absence, je suis heureuse ; oui, je suis heureuse de la satisfaction de M. d'Albe.

« Enfin, me disait-il ce matin, j'ai acquis la plus entière sécurité sur votre attachement ; il a fallu longtemps, sans doute ; mais pouvez-vous vous en étonner, et la disproportion de nos âges ne vous rendra-t-elle pas indulgente là-dessus ? Vous êtes belle et aimable ; je vous ai vue, dans le tourbillon du monde et des plaisirs, recherchée, adulée ; trop sage pour qu'on osât vous adresser des vœux, trop simple pour être flattée des hommages, votre esprit n'a point été éveillé à la coquetterie, ni votre cœur à l'intérêt, et dans tous les moments j'ai reconnu en vous le désir sincère de glisser dans le monde sans y être aperçue : c'était là votre première épreuve ; avec des principes comme les vôtres, ce n'était pas la plus difficile. Mais bientôt je vous réunis à votre amie, je vous donne l'espérance de vivre avec elle, déjà vos plans sont formés, vous confondez vos enfants, le soin de les élever double de charme en vous en occupant ensemble ; et c'est du sein de cette jouissance que je vous arrache pour vous mener dans un pays nouveau, dans une terre éloignée. Vous voilà seule à vingt-deux ans, sans autre compagnie que deux enfants en bas âge et un mari de soixante. Eh bien ! je vous retrouve la même, toujours tendre, toujours empressée ; vous êtes la première à remarquer les agréments de ce séjour ; vous cherchez à jouir de ce que je vous donne, pour me faire oublier ce que je vous ôte ; mais le mérite unique, inappréciable de votre complaisance, c'est d'être si naturelle et si abandonnée, que j'ignore moi-même si le lieu que je préfère n'est pas celui qui vous plaît toujours davantage : c'était ma seconde épreuve ; après celle-ci il ne m'en reste plus à faire. Peut-être étais-je né soupçonneux, et vous aviez dans vos charmes tout ce qu'il fallait pour accroître cette disposition ; mais, heureusement pour tous deux, vous aviez plus encore de vertus que de charme, et ma confiance est désormais illimitée comme votre mérite.

— Mon ami, lui ai-je répondu, vos éloges me pénètrent et me ravissent ; ils m'assurent que vous êtes heureux, car le bonheur voit tout en beau ; vous me peignez comme parfaite, et mon cœur jouit de votre illusion, puisque vous m'aimez comme telle ; mais, ai-je ajouté en souriant, ne faites pas à ce que vous nommez ma complaisance tout l'honneur de ma gaieté ; vous n'avez pas oublié qu'Élise nous a promis de venir se joindre à nous, puisque nous n'avions pu rester avec elle, et cette espérance n'est pas pour moi le moins beau point de vue de ce séjour-ci. »

En effet, mon amie, tu ne l'oublieras pas, cette promesse si nécessaire à toutes deux, tu profiteras de ton indépendance pour ne pas laisser divisé ce que le ciel créa pour être uni ; tu viendras rendre à mon cœur la plus chère portion de lui-même ; nous retrouverons ces instants si doux et dont l'existence fugitive a laissé de si profondes traces dans ma mémoire ; nous reprendrons ces éternelles conversations que l'amitié savait rendre si courtes ; nous jouirons de ce sentiment unique et cher qui éteint la rivalité et enflamme l'émulation ; enfin, l'instant heureux où Claire te reverra sera celui où il lui sera permis de dire, *pour toujours* ; et puisse le génie tutélaire qui présida à notre naissance et nous fit naître au même moment, afin que nous nous aimassions davantage, mettre le sceau à ses bienfaits en n'envoyant qu'une seule mort pour toutes deux !

LETTRE II
Claire à Élise

J'ai tort, en effet, mon amie, de ne t'avoir rien dit encore de l'asile qui bientôt doit être le tien, et qui d'ailleurs mérite qu'on le décrive ; mais que veux-tu ? quand je prends la plume, je ne puis m'occuper que de toi, et peut-être pardonneras-tu un oubli dont mon amitié est la cause.

L'habitation où nous sommes est située à quelques lieues de Tours, au milieu d'un mélange heureux de coteaux et de plaines, dont les uns sont couverts de bois et de vignes, et les autres de moissons dorées et de riantes maisons ; la rivière du Cher embrasse le pays de ses replis, et va se jeter dans la Loire ; les bords du Cher, couverts de bocages et de prairies, sont riants et champêtres ; ceux de la Loire, plus majestueux, s'ombragent de hauts peupliers, de bois épais et de riches guérets ; du haut d'un roc pittoresque qui domine le château, on voit ces deux rivières rouler leurs eaux étincelantes des feux du jour dans une longueur de sept à huit lieues, et se réunir en murmurant au pied du château ; quelques îles verdoyantes s'élèvent de leurs lits ; un grand nombre de ruisseaux grossissent leur cours ; de tous côtés on découvre une vaste étendue de terre riche de fruits, parée de fleurs, animée par les troupeaux qui paissent dans les pâturages. Le laboureur courbé sur la charrue, les berlines roulant sur le grand chemin, les bateaux glissant sur les fleuves, et les villes, bourgs et villages surmontés de leurs clochers, déploient la plus magnifique vue que l'on puisse imaginer.

Le château est vaste et commode, les bâtiments dépendants de la manufacture que M. d'Albe vient d'établir sont immenses ; je m'en suis approprié une aile, afin d'y fonder un hospice de santé où les ouvriers malades et les pauvres paysans des environs puissent trouver un asile ; j'y ai attaché un chirurgien et deux gardes-malades ; et, quant à la surveillance, je me la suis réservée ; car il est peut-être plus nécessaire qu'on ne croit de s'imposer l'obligation d'être tous les jours utiles à ses semblables ; cela tient en haleine, et même pour faire le bien nous avons besoin souvent d'une force qui nous pousse.

Tu sais que cette vaste propriété appartient depuis longtemps à la famille de M. d'Albe ; c'est là que dans sa jeunesse il connut mon père et se lia avec lui ; c'est là qu'enchantés d'une amitié qui les avait rendus si heureux, ils se jurèrent d'y venir finir leurs jours et d'y déposer leurs cendres ; c'est là, enfin, ô mon Élise ! qu'est le tombeau du meilleur des pères ; sous l'ombre des cyprès et des peupliers repose son urne sacrée ; un large ruisseau l'entoure, et forme comme une île où les élus seuls ont le droit d'entrer. Combien je me plais à parler de lui avec M. d'Albe ! combien nos cœurs s'entendent et se répondent sur un pareil sujet ! « Le dernier bienfait de votre père fut de m'unir à vous, me disait mon mari, jugez combien je dois chérir sa mémoire. » Et moi, Élise, en considérant le monde et les hommes que j'y ai connus, ne dois-je pas aussi bénir mon père de m'avoir choisi un si digne époux ?

Adolphe se plaît beaucoup plus ici que chez toi ; tout y est nouveau, et le mouvement continuel des ouvriers lui paraît plus gai que le tête-à-tête de deux amies. Il ne quitte point son père ; celui-ci le gronde et lui obéit ; mais qu'importe ? quand l'excès de sa complaisance rendrait son fils mutin et volontaire dans son enfance, ne suis-je pas sûre que ses exemples le rendront bienfaisant et juste dans sa jeunesse ?

Laure ne jouit point comme son frère de tout ce qui l'entoure, elle ne distingue que sa mère, et encore veut-on lui disputer cet éclair d'intelligence ; M. d'Albe m'assure qu'aussitôt qu'elle a tété elle ne me connaît pas plus que sa bonne, et je n'ai pas voulu encore en faire l'expérience, de peur de trouver qu'il n'eût raison.

M. d'Albe part demain ; il va au-devant d'un jeune parent qui arrive du Dauphiné : uni à sa mère par les liens du sang, il lui jura à son lit de mort de servir de guide et de père à son fils, et tu sais si mon mari sait tenir ses serments ; d'ailleurs il compte le mettre à la tête de sa manufacture, et se soulager ainsi d'une surveillance trop fatigante pour son âge ; sans ce motif, je ne sais si je verrais avec plaisir l'arrivée de Frédéric : dans le monde, un convive de plus n'est pas même une différence ; dans la solitude, c'est un événement.

Adieu, mon Élise ; il règne ici un air de prospérité, de mouvement et de joie qui te fera plaisir ; et pour moi, je crois bien qu'il ne me manque que toi pour y être heureuse.

LETTRE III
Claire à Élise

Je suis seule, il est vrai, mon Élise, mais non pas ennuyée ; je trouve assez d'occupation auprès de mes enfants et de plaisir dans mes promenades pour remplir tout mon temps : d'ailleurs M. d'Albe, devant trouver son cousin à Lyon, sera de retour ici avant dix jours ; et puis comment me croire seule, quand je vois la terre s'embellir chaque jour d'un nouveau charme ? Déjà le premier né de la nature s'avance, déjà j'éprouve ses douces influences, tout mon sang se porte vers mon cœur, qui bat plus violemment à l'approche du printemps ; à cette sorte de création nouvelle tout s'éveille et s'anime ; le désir naît, parcourt l'univers, et effleure tous les êtres de son aile légère ; tous sont atteints et le suivent ; il leur ouvre la route du plaisir, tous enchantés s'y précipitent ; l'homme seul attend encore, et différent sur ce point des êtres vivants, il ne sait marcher dans cette route que guidé par l'amour.

Dans ce temple de l'union des êtres, où les nombreux enfants de la nature se réunissent, désirer et jouir étant tout ce qu'ils veulent, ils s'arrêtent et sacrifient sans choix sur l'autel du plaisir ; mais l'homme dédaigne ces biens faciles entre le désir qui l'appelle, et la jouissance qui l'excite ; il languit fièrement s'il ne pénètre au sanctuaire ; c'est là seulement qu'est le bonheur, et l'amour seul peut y conduire... Ô mon Élise ! je ne te tromperai pas, et tu m'as devinée ; oui, il est des moments

où ces images me font faire des retours sur moi-même, et où je soupçonne que mon sort n'est pas rempli comme il aurait pu l'être : ce
sentiment, qu'on dit être le plus délicieux de tous, et dont le germe était
peut-être dans mon cœur, ne s'y développera jamais, et y mourra vierge.
Sans doute, dans ma position, m'y livrer serait un crime, y penser est
même un tort ; mais crois-moi, Élise, il est rare, très rare que je m'appuie
d'une manière déterminée sur ce sujet ; la plupart du temps je n'ai à cet
égard que des idées vagues et générales, et auxquelles je ne m'abandonne
jamais. Tu aurais tort de croire qu'elles reviennent plus fréquemment à la
campagne ; au contraire, c'est là que les occupations aimables et les soins
utiles donnent plus de moyens d'échapper à soi-même. Élise, le monde
m'ennuie, je n'y trouve rien qui me plaise ; mes yeux sont fatigués de ces
êtres nuls qui s'entrechoquent dans leur petite sphère pour se dépasser
d'une ligne : qui a vu un homme n'a plus rien de nouveau à voir, c'est
toujours le même cercle d'idées, de sensations et de phrases, et le plus
aimable de tous ne sera jamais qu'un homme aimable. Ah ! laisse-moi
sous mes ombrages : c'est là qu'en rêvant un mieux idéal je trouve le
bonheur que le ciel m'a refusé. Ne pense pas pourtant que je me plaigne
de mon sort, Élise, je serais bien coupable : mon mari n'est-il pas le
meilleur des hommes ? il me chérit, je le révère, je donnerais mes jours
pour lui, d'ailleurs, n'est-il pas le père d'Adolphe, de Laure ? Que de
droits à ma tendresse ! Si tu savais comme il se plaît ici, tu conviendrais
que ce seul motif devrait m'y retenir ; chaque jour il se félicite d'y être,
et félicite de m'y trouver bien. Dans tous les lieux, dit-il, il serait heureux
par sa Claire ; mais ici il l'est par tout ce qui l'entoure ; le soin de sa
manufacture, la conduite de ses ouvriers, sont des occupations selon ses
goûts ; c'est un moyen d'ailleurs de faire prospérer son village ; par là il
excite les paresseux et fait vivre les pauvres ; les femmes, les enfants,
tout travaille : les malheureux se rattachent à lui ; il est comme le centre
et la cause de tout le bien qui se fait à dix lieues à la ronde, et cette vue
le rajeunit. Ah ! mon amie, eussé-je autant d'attrait pour le monde qu'il
m'inspire d'aversion, je resterais encore ici ; car une femme qui aime son
mari compte les jours où elle a du plaisir comme des jours ordinaires, et
ceux où elle lui en fait comme des jours de fête.

LETTRE IV

Claire à Élise

J'ai passé bien des jours sans t'écrire, mon amie, et au moment où
j'allais prendre la plume, voilà M. d'Albe qui arrive avec son parent. Il
l'a rencontré bien en deçà de Lyon ; c'est pourquoi leur retour a été plus

prompt que je ne comptais. Je n'ai fait qu'embrasser mon mari, et entrevoir Frédéric. Il m'a paru bien, très bien. Son maintien est noble, sa physionomie ouverte; il est timide, et non pas embarrassé. J'ai mis dans mon accueil toute l'affabilité possible, autant pour l'encourager que pour plaire à mon mari. Mais j'entends celui-ci qui m'appelle et je me hâte de l'aller rejoindre, afin qu'il ne me reproche pas que, même au moment de son arrivée, ma première idée soit pour toi. Adieu, chère amie.

LETTRE V

Claire à Élise

Combien j'aime mon mari, Élise! combien je suis touchée du plaisir qu'il trouve à faire le bien! Toute son ambition est d'entreprendre des actions louables, comme son bonheur est d'y réussir. Il aime tendrement Frédéric, parce qu'il voit en lui un heureux à faire. Ce jeune homme, il est vrai, est bien intéressant. Il a toujours habité les Cévennes, et le séjour des montagnes a donné autant de souplesse et d'agilité à son corps que d'originalité à son esprit et de candeur à son caractère. Il ignore jusqu'aux moindres usages. Si nous sommes à une porte, et qu'il soit pressé, il passe le premier. A table, s'il a faim, il prend ce qu'il désire, sans attendre qu'on lui en offre. Il interroge librement sur tout ce qu'il veut savoir, et ses questions seraient même souvent indiscrètes, s'il n'était pas clair qu'il ne les fait que parce qu'il ignore qu'on ne doit pas tout dire. Pour moi, j'aime ce caractère neuf qui se montre sans voile et sans détour; cette franchise crue qui le fait manquer de politesse, et jamais de complaisance, parce que le plaisir d'autrui est un besoin pour lui. En voyant un désir si vrai d'obliger tout ce qui l'entoure, une reconnaissance si vive pour mon mari, je souris de ses naïvetés, et je m'attendris sur son bon cœur. Je n'ai point encore vu une physionomie plus expressive; ses moindres sensations s'y peignent comme dans une glace. Je suis sûre qu'il en est encore à savoir qu'on peut mentir. Pauvre jeune homme! si on le jetait ainsi dans le monde, à dix-neuf ans, sans guide, sans ami, avec cette disposition à tout croire et ce besoin de tout dire, que deviendrait-il? Mon mari lui servira sans doute de soutien; mais sais-tu que M. d'Albe exige presque que je lui en serve aussi? « Je suis un peu brusque, me disait-il ce matin, et la bonté de mon cœur ne rassure pas toujours sur la rudesse de mes manières. Frédéric aura besoin de conseils. Une femme s'entend mieux à les donner, et puis votre âge vous y autorise. Trois ans de plus entre vous font beaucoup. D'ailleurs, vous êtes mère de famille, et ce titre inspire le respect. »

J'ai promis, à mon mari, de faire ce qu'il voudrait. Ainsi, Élise, me voilà érigée en grave précepteur d'un jeune homme de dix-neuf ans. N'es-tu pas tout émerveillée de ma nouvelle dignité ? Mais, pour revenir aux choses plus à ma portée, je te dirai que ma fille a commencé hier à marcher. Elle s'est tenue seule pendant quelques minutes. J'étais fière de ses mouvements. Il me semblait que c'était moi qui les avais créés. Pour Adolphe, il est toujours avec les ouvriers. Il examine les mécaniques, n'est content que lorsqu'il les comprend, les imite quelquefois, et les brise plus souvent, saute au cou de son père quand celui-ci le gronde, et se fait aimer de chacun en faisant enrager tout le monde. Il plaît beaucoup à Frédéric ; mais ma fille n'a pas tant de bonheur. Je lui demandais s'il ne la trouvait pas charmante, s'il n'avait pas de plaisir à baiser sa peau douce et fraîche : « Non, m'a-t-il répondu naïvement, elle est laide, et elle sent *le lait aigre.* »

Adieu, mon Élise, je me fie à ton amitié pour rapprocher ces jours charmants que nous devons passer ici. Je sais que l'état d'une veuve qui a le bien de ses enfants à conserver demande beaucoup de sacrifices ; mais si le plaisir d'être ensemble est un aiguillon pour ton indolence, il doit nécessairement accélérer tes affaires. Mon ange, M. d'Albe me disait ce matin que, si l'établissement de sa manufacture, et l'instruction de Frédéric, ne nécessitaient pas impérieusement sa présence, il quitterait femme et enfants pendant trois mois, pour aller expédier tes affaires et te ramener ici trois mois plus tôt. Excellent homme ! il ne voit de bonheur que dans celui qu'il donne aux autres, et je sens que son exemple me rend meilleure. Adieu, cousine.

LETTRE VI

Claire à Élise

Ce matin, comme nous déjeunions, Frédéric est accouru tout essoufflé. Il venait de jouer avec mon fils ; mais, prenant tout à coup un air grave, il a prié mon mari de vouloir bien, dès aujourd'hui, lui donner les premières instructions relatives à l'emploi qu'il lui destine dans sa manufacture.

Ce passage subit de l'enfance à la raison m'a paru si plaisant, que je me suis mise à rire immodérément. Frédéric m'a regardée avec surprise.

« Ma cousine, m'a-t-il dit, si j'ai tort, reprenez-moi ; mais il est mal de se moquer.

— Frédéric a raison, a repris mon mari ; vous êtes trop bonne pour être moqueuse, Claire ; mais vos rires inattendus, qui contrastent avec votre caractère habituel, vous en donnent souvent l'air. C'est là votre seul défaut ; et ce défaut est grave, parce qu'il fait autant de mal aux autres que s'ils étaient réellement l'objet de votre raillerie. »

Ce reproche m'a touchée. J'ai tendrement embrassé mon mari, en l'assurant qu'il ne me reprocherait pas deux fois un tort qui l'afflige. Il m'a serrée dans ses bras. J'ai vu des larmes dans les yeux de Frédéric : cela m'a émue. Je lui ai tendu la main en lui demandant pardon ; il l'a saisie avec vivacité, il l'a baisée ; j'ai senti ses pleurs… En vérité, Élise, ce n'était pas là un mouvement de politesse. M. d'Albe a souri. « Pauvre enfant ! m'a-t-il dit, comment se défendre de l'aimer, si naïf et si caressant ! Allons, ma Claire, pour cimenter votre paix, menez-le promener vers ces forêts qui dominent la Loire. Il retrouvera là un site de son pays. D'ailleurs, il faut bien qu'il connaisse le séjour qu'il doit habiter. Pour aujourd'hui, j'ai des lettres à écrire. Nous travaillerons demain, jeune homme. »

Je suis partie avec mes enfants. Frédéric portait ma fille, quoiqu'elle sentît *le lait aigre*. Arrivés dans la forêt, nous avons causé… Causé n'est pas le mot, car il a parlé seul. Le lieu qu'il voyait, en lui rappelant sa patrie, lui a inspiré une sorte d'enthousiasme. J'ai été surprise que les grandes idées lui fussent aussi familières, et de l'éloquence avec laquelle il les exprimait. Il semblait s'élever avec elles. Je n'avais point vu encore autant de feu dans son regard. Ensuite, revenant à d'autres sujets, j'ai reconnu qu'il avait une instruction solide et une aptitude singulière à toutes les sciences. Je crains que l'état qu'on lui destine ne lui plaise ni ne lui convienne. Une chose purement mécanique, une surveillance exacte, des calculs arides, doivent nécessairement lui devenir insupportables, ou éteindre son imagination, et cela serait bien dommage. Je crois, Élise, que je m'accoutumerai à la société de Frédéric. C'est un caractère neuf, qui n'a point été émoussé encore par le frottement des usages. Aussi présente-t-il toute la piquante originalité de la nature. On y retrouve ces touches larges et vigoureuses dont l'homme dut être formé en sortant des mains de la divinité ; on y pressent ces nobles et grandes passions qui peuvent égarer sans doute, mais qui, seules, élèvent à la gloire et à la vertu. Loin de lui ces petits caractères sans vie et sans couleur, qui ne savent agir et penser que comme les autres, dont les yeux délicats sont blessés par un contraste, et qui, dans la petite sphère où ils se remuent, ne sont pas même capables d'une grande faute.

LETTRE VII

Claire à Élise

J'aurais été bien surprise si l'éloge très mérité que j'ai fait de Frédéric
ne m'eût attiré le reproche d'enthousiaste de la part de ma très judicieuse
amie ; car je ne puis dire les choses telles que je les vois, ni les exprimer
comme je les sens, que sa censure ne vienne aussitôt mettre le *veto* sur
mes jugements. Il se peut, mon Élise, que je n'aie vu encore que le côté
favorable du caractère de Frédéric ; et, pour ne lui avoir pas trouvé de
défauts, je ne prétends pas affirmer qu'il en soit exempt ; mais je veux,
par le récit suivant, te prouver du moins qu'il n'y a aucun intérêt
personnel dans ma manière de le juger.

Hier, nous nous promenions ensemble assez loin de la maison. Tout à
coup Adolphe lui demande étourdiment : « Mon cousin, qui aimes-tu
mieux, mon papa ou maman ? » Je t'assure que c'est sans hésiter qu'il a
donné la préférence à mon mari. Adolphe a voulu en savoir la raison.

« Ta maman est beaucoup plus aimable, a-t-il répondu, mais je
crois ton papa meilleur, et, à mes yeux, un simple mouvement de bonté
l'emporte sur toutes les grâces de l'esprit.

— Eh bien ! mon cousin, tu dis comme maman ; elle ne m'embrasse
qu'une fois quand j'ai bien étudié, et me caresse longtemps quand j'ai
bien fait plaisir à quelqu'un, parce qu'elle dit que je ressemblerai à mon
papa… »

Frédéric m'a regardée d'un air que je ne saurais trop définir ; puis
mettant la main sur son cœur : « C'est singulier, a-t-il dit à part soi, cela
m'a porté là. » Alors, sans ajouter un mot ni me faire une excuse, il m'a
quittée, et s'en est allé tout seul à la maison. A dîner, je l'ai plaisanté sur
son peu de civilité, et j'ai prié M. d'Albe de le gronder de me laisser ainsi
seule sur les grands chemins.

« Auriez-vous eu peur ? a interrompu Frédéric. Il fallait me le dire, je
serais resté ; mais je croyais que vous aviez l'habitude de vous promener
seule.

— Il est vrai, ai-je répondu ; mais votre procédé doit me faire croire
que je vous ennuie, et voilà ce qu'il ne fallait pas me laisser voir.

— Vous auriez tort de le penser, j'éprouvais, au contraire, en vous
écoutant, une sensation agréable, mais qui me faisait mal : c'est pourquoi
je vous ai quittée. »

M. d'Albe a souri.

« Vous aimez donc beaucoup ma femme, Frédéric ? lui a-t-il dit.

— Beaucoup ? non.

— La quitteriez-vous sans regret ?

— Elle me plaît ; mais je crois qu'au bout de peu de jours je n'y penserais plus.

— Et moi, mon ami ?

— Vous ! s'est-il écrié en se levant, et courant se jeter dans ses bras, je ne m'en consolerais jamais.

— C'est bien, c'est bien, mon Frédéric, lui a dit M. d'Albe tout ému ; mais je veux pourtant qu'on aime ma Claire comme moi-même.

— Non, mon père, a repris l'autre en me regardant, je ne le pourrais pas. »

Tu vois, Élise, que je suis un objet très secondaire dans les affections de Frédéric. Cela doit être : je ne lui pardonnerais pas d'aimer un autre à l'égal de son bienfaiteur. Je crains de t'ennuyer en te parlant sans cesse de ce jeune homme. Cependant il me semble que c'est un sujet aussi neuf qu'intéressant. Je l'étudie avec cette curiosité qu'on porte à tout ce qui sort des mains de la nature. Sa conversation n'est point brillante d'un esprit d'emprunt ; elle est riche de son propre fonds. Elle a surtout le mérite, inconnu de nos jours, de sortir de ses lèvres telle que la pensée la conçoit. La vérité n'est pas au fond du puits, mon Élise, elle est dans le cœur de Frédéric.

Cet après-midi nous étions seuls, je tenais ma fille sur mes genoux, et je cherchais à lui faire répéter mon nom. Ce titre de mère m'a rappelé ce qui s'était dit la veille, et j'ai demandé à Frédéric pourquoi il donnait le nom de père à M. d'Albe.

« Parce que j'ai perdu le mien, a-t-il répondu, et que sa bonté m'en tient lieu.

— Mais votre mère est morte aussi, il faut que je devienne la vôtre.

— Vous ? Oh ! non.

— Pourquoi donc ?

— Je me souviens de ma mère, et ce que je sentais pour elle ne ressemblait en rien à ce que vous m'inspirez.

— Vous l'aimiez bien davantage ?

— Je l'aimais tout autrement ; j'étais parfaitement libre avec elle ; au lieu que votre regard m'embarrasse quelquefois ; je l'embrassais sans cesse...

— Vous ne m'embrasseriez donc pas ?

— Non ; vous êtes beaucoup trop jolie.

— Est-ce une raison ?

— C'est au moins une différence. J'embrassais ma mère sans penser à sa figure ; mais auprès de vous je ne verrais que cela. »

Peut-être me blâmeras-tu, Élise, de badiner ainsi avec lui, mais je ne puis m'en empêcher ; sa conversation me divertit et m'inspire une gaieté qui ne m'est pas naturelle ; d'ailleurs mes plaisanteries amusent M. d'Albe, et souvent il les excite. Cependant ne crois pas pour cela que j'aie mis de côté mes fonctions de moraliste ; je donne souvent des avis à Frédéric, qu'il écoute avec docilité et dont il profite ; et je sens qu'outre le plaisir qu'éprouve M. d'Albe à me voir occupée de son élève, j'en trouverai moi-même un bien réel à éclairer son esprit sans nuire à son naturel, et à le guider dans le monde en lui conservant sa franchise.

Non, mon Élise, je n'irai point passer l'hiver à Paris. Si tu y étais, peut-être aurais-je hésité, et j'aurais eu tort ; car mon mari, tout entier aux soins de son établissement, ferait un bien grand sacrifice en s'en éloignant. Frédéric nous sera d'une grande ressource pour les longues soirées ; il a une très jolie voix ; il ne manque que de méthode. Je fais venir plusieurs partitions italiennes. Quel dommage que tu ne sois pas ici ! Avec trois voix, il n'y a guère de morceaux qu'on ne puisse exécuter, et nous aurions mis notre bon vieux ami dans l'Élysée [1].

LETTRE VIII

Claire à Élise

Cela t'amuse donc beaucoup que je te parle de Frédéric ? et par une espèce de contradiction je n'ai presque rien à t'en dire aujourd'hui. Depuis plusieurs jours je ne le vois guère qu'aux heures des repas ; encore, pendant tout ce temps, s'occupe-t-il à causer avec mon mari de ce qu'ils ont fait, ou de ce qu'ils vont faire. Je suis même plus habituellement seule qu'avant son arrivée, parce que M. d'Albe, se plaisant beaucoup avec lui, sent moins le besoin de ma société. Pendant les premiers jours cela m'a attristée. Pour être avec eux, j'avais rompu le cours de mes occupations ordinaires, et je ne savais plus le reprendre ; il me semblait toujours que j'attendais quelqu'un, et l'habitude de la société désenchantait jusqu'à mes promenades solitaires. Nous sommes de vraies machines, mon amie ; il suffit de s'accoutumer à une chose pour qu'elle nous devienne nécessaire ; et par cela seul que nous l'avons eue hier, nous la voulons encore aujourd'hui. Je crois qu'il y a dans nous une inclination à la paresse, qui est le plus fort de nos penchants ; et s'il y a si peu d'hommes vertueux, c'est moins par indifférence pour la vertu que parce qu'elle tend toujours à agir, et nous toujours au repos. Mais aussi comme elle sait récompenser ceux dont le courage s'élève jusqu'à elle ! Si les premiers instants sont rudes, comme la suite dédommage des sacrifices qu'on lui fait ! Plus on l'exerce, plus elle devient chère : c'est comme deux amis qui s'aiment mieux à mesure qu'ils se connaissent

---

1. L'Élysée était le lieu des Enfers où, selon la mythologie, séjournaient les âmes des héros et des hommes vertueux, synonyme de séjour de délices.

davantage. Il est aussi un art de la rendre facile, et ce n'est pas à Paris qu'il se trouve. Du fond de nos hôtels dorés, qu'il est difficile d'apercevoir la misère qui gémit dans les greniers ! Si la bienfaisance nous soulève de nos fauteuils, combien d'obstacles nous y replongent ! Au milieu de cette foule de malheureux qui fourmillent dans les grandes villes, comment distinguer le fourbe de l'infortuné ? On commence par se fier à la physionomie ; mais bientôt, revenu de cet indice trompeur, pour avoir été dupe des fausses larmes, on finit par ne plus croire aux vraies. Que de démarches, de perquisitions ne faut-il pas pour être sûr de ne secourir que les vrais malheureux ! En voyant leur nombre infini, combien l'âme est tristement oppressée de ne pouvoir en soulager qu'une si faible partie ! Et malgré le bien qu'on a fait, l'image de celui qu'on n'a pu faire vient troubler notre satisfaction. Mais à la campagne, où notre entourage est plus borné et plus près de nous, on ne court risque ni de se tromper, ni de ne pouvoir tout faire ; si le but est moins grand, du moins laisse-t-il l'espoir de l'atteindre. Ah ! si chacun se chargeait ainsi d'embellir son petit horizon, la misère disparaîtrait de dessus la terre, l'inégalité des fortunes s'éteindrait sans efforts et sans secousse, et la charité serait le nœud céleste qui unirait tous les hommes ensemble !

LETTRE IX
Claire à Élise

Tu connais le goût de M. d'Albe pour les nouvelles politiques. Frédéric le partage. Un sujet qui embrasse le bonheur des nations entières lui paraît le plus intéressant de tous : aussi chaque soir, quand les gazettes et les journaux arrivent, M. d'Albe se hâte d'appeler son ami pour les lire et les discuter avec lui. Comme cette occupation dure toujours près d'une heure, je profite assez souvent de ce moment pour me retirer dans ma chambre, soit pour écrire ou pour être avec mes enfants. Durant les premiers jours, Frédéric me demandait où j'allais, et voulait que je fusse présente à cette lecture. A la fin, voyant qu'elle était toujours pour moi le signal de ma retraite, il m'a grondée de mon indifférence sur les nouvelles publiques, et a prétendu que c'était un tort. Je lui ai répondu que je ne donnais ce nom qu'aux choses d'où il résulterait quelque mal pour les autres ; qu'ainsi je ne pouvais pas me reprocher comme tel le peu d'intérêt que je prenais aux événements politiques.

« Moi, faible atome, perdu dans la foule des êtres qui habitent cette vaste contrée, ai-je ajouté, que peut-il résulter du plus ou moins de vivacité que je mettrai à ce qui la regarde ? Frédéric, le bien qu'une femme peut faire à son pays n'est pas de s'occuper de ce qui s'y passe, ni de donner son avis sur ce qu'on y fait, mais d'y exercer le plus de vertus qu'elle peut.

— Claire a raison, a interrompu M. d'Albe ; une femme, en se consacrant à l'éducation de ses enfants et aux soins domestiques, en donnant à tout ce qui l'entoure l'exemple des bonnes mœurs et du travail, remplit la tâche que la patrie lui impose ; que chacune se contente de faire ainsi le bien en détail, et de cette multitude de bonnes choses naîtra un bel ensemble. C'est aux hommes qu'appartiennent les grandes et vastes conceptions ; c'est à eux à créer le gouvernement et les lois ; c'est aux femmes à leur en faciliter l'exécution, en se bornant strictement aux soins qui sont de leur ressort. Leur tâche est facile ; car, quel que soit l'ordre des choses, pourvu qu'il soit basé sur la vertu et la justice, elles sont sûres de concourir à sa durée, en ne sortant jamais du cercle que la nature a tracé autour d'elles ; car, pour qu'un tout marche bien, il faut que chaque partie reste à sa place. »

Élise, je recueille bien le fruit d'avoir rempli mon devoir en accompagnant M. d'Albe ici. Je m'y sens plus heureuse que je ne l'ai jamais été ; je n'éprouve plus ces moments de tristesse et de dégoût dont tu t'inquiétais quelquefois. Sans doute c'était le monde qui m'inspirait cet ennui profond, dont la vue de la nature m'a guérie. Mon amie, rien ne peut me convenir davantage que la vie de la campagne, au milieu d'une nombreuse famille. Outre l'air de ressemblance avec les mœurs antiques et patriarcales, que je compte bien pour quelque chose, c'est là seulement qu'on peut retrouver cette bienveillance douce et universelle que tu m'accusais de ne point avoir, et dont les nombreuses réunions d'hommes ont dû nécessairement faire perdre l'usage. Quand on n'a avec ses semblables que des relations utiles, telles que le bien qu'on peut leur faire et les services qu'ils peuvent nous rendre, une figure étrangère annonce toujours un plaisir, et le cœur s'ouvre pour la recevoir ; mais lorsque, dans la société, on se voit entouré d'une foule d'oisifs qui viennent nous accabler de leur inutilité, qui, loin d'apprendre à bien employer le temps, forcent à en faire un mauvais usage, il faut, si on ne leur ressemble pas, être avec eux ou froide ou fausse ; et c'est ainsi que la bienveillance s'éteint dans le grand monde, comme l'hospitalité dans les grandes villes.

LETTRE X

Claire à Élise

Ce matin on est venu m'éveiller, avant cinq heures, pour aller voir la bonne mère Françoise, qui avait une attaque d'apoplexie ; j'ai fait appeler sur-le-champ le chirurgien de la maison, et nous avons été ensemble porter des secours à cette pauvre femme. Peu à peu les symptômes sont devenus moins alarmants ; elle a repris connaissance, et son premier mouvement, en me voyant auprès de son lit, a été de remercier le ciel de lui avoir rendu une vie à laquelle sa bonne maîtresse s'intéressait. Nous avons vu qu'une des causes de son accident venait d'avoir négligé la plaie de sa jambe, et, comme le chirurgien la blessait en y touchant, j'ai voulu la nettoyer moi-même. Pendant que j'en étais occupée, j'ai entendu une exclamation, et, levant la tête, j'ai vu Frédéric... Frédéric en extase ; il revenait de la promenade, et voyant du monde devant la chaumière, il y était entré. Depuis un moment il était là ; il contemplait, non plus sa cousine, m'a-t-il dit, non plus une femme belle autant qu'aimable, mais un ange ! J'ai rougi et de ce qu'il m'a dit, et du ton qu'il y a mis, et peut-être aussi du désordre de ma toilette ; car, dans mon empressement à me rendre chez Françoise, je n'avais eu que le temps de passer un jupon et de jeter un châle sur mes épaules ; mes cheveux étaient épars, mon cou et mes bras nus. J'ai prié Frédéric de se retirer ; il a obéi, et je ne l'ai pas revu de toute la matinée. Une heure avant le dîner, comme j'attendais du monde, je suis descendue très parée, parce que je sais que cela plaît à M. d'Albe ; aussi m'a-t-il trouvée très à son gré ; et, s'adressant à Frédéric :

« N'est-ce pas, mon ami, que cette robe sied bien à ma femme, et qu'elle est charmante avec ?

— Elle n'est que jolie, a répondu celui-ci, je l'ai vue céleste ce matin. »

M. d'Albe a demandé l'explication de ces mots ; Frédéric l'a donnée avec feu et enthousiasme.

« Mon jeune ami, lui a dit mon mari, quand vous connaîtrez mieux ma Claire, vous parlerez plus simplement de ce qu'elle a fait aujourd'hui : s'étonne-t-on de ce qu'on voit tous les jours ? Frédéric, contemplez bien cette femme, parée de tous les charmes de la beauté, dans tout l'éclat de la jeunesse, elle s'est retirée à la campagne, seule avec un mari qui pourrait être son aïeul, occupée de ses enfants, ne songeant qu'à les rendre heureux par sa douceur et sa tendresse, et répandant sur tout un village son active bienfaisance : voilà quelle est ma compagne ! qu'elle soit votre amie, mon fils ; parlez-lui avec confiance ; recueillez dans son âme de quoi perfectionner la vôtre : elle n'aime pas la vertu mieux que moi, mais elle sait la rendre plus aimable. » Pendant ce discours, Frédéric était tombé dans une profonde rêverie. Mon mari ayant été appelé par un ouvrier, je suis restée seule avec Frédéric ; je me suis approchée de lui : « A quoi pensez-vous donc ? » lui ai-je demandé. Il a tressailli, et, prenant mes deux mains en me regardant fixement, il a dit :

« Dans les premiers beaux jours de ma jeunesse, aussitôt que l'idée du bonheur eut fait palpiter mon sein, je me créai l'image d'une femme telle qu'il la fallait à mon cœur. Cette chimère enchanteresse m'accompagnait partout ; je n'en trouvais le modèle nulle part ; mais je viens de la reconnaître dans celle que votre mari a peinte ; il n'y manque qu'un trait : celle dont je me forgeais l'idée ne pouvait être heureuse qu'avec moi.

— Que dites-vous, Frédéric ? me suis-je écriée vivement.

— Je vous raconte mon erreur, a-t-il répondu avec tranquillité ; j'avais cru jusqu'à présent qu'il ne pouvait y avoir qu'une femme comme vous ; sans doute je me suis trompé, car j'ai besoin d'en trouver une qui vous ressemble. »

Tu vois, Élise, que la fin de son discours a dû éloigner tout à fait les idées que le commencement avait pu faire naître. Puissé-je, ô mon amie ! lui aider à découvrir celle qu'il attend, celle qu'il désire ! elle sera heureuse, bien heureuse, car Frédéric saura aimer !

Il faut donc s'y résigner, chère amie, encore six mois d'absence ! six mois éloignée de toi ! Que de temps perdu pour le bonheur ! Le bonheur, cet être si fugitif que plusieurs le croient chimérique, n'existe que par la réunion de tous les sentiments auxquels le cœur est accessible, et par la présence de ceux qui en sont les objets ; un vide l'empêche de naître, l'absence d'un ami le détruit. Aussi ne suis-je point heureuse, Élise, car tu es loin de moi, et jamais mon cœur n'eut plus besoin de t'aimer et de jouir de ta tendresse. Je sais que, si l'amitié t'appelle, le devoir te retient, et je t'estime trop pour t'attendre ; mais combien mes vœux aspirent à ce moment qui, les accordant ensemble, te ramènera dans mes bras ! Il me serait si doux de pleurer avec toi ! cela soulagerait mon cœur d'un poids qui l'oppresse, et que je ne puis définir ! Adieu.

LETTRE XI

Claire à Élise

Tu me demandes si j'aurais été bien aise que mon mari eût été témoin de ma dernière conversation avec Frédéric ? Assurément, Élise, elle n'avait rien qui pût lui faire de la peine ; cela est si vrai, que je la lui ai racontée d'un bout à l'autre. Peut-être bien ne lui ai-je pas rendu tout à fait l'accent de Frédéric ; mais qui le pourrait ? M. d'Albe a mis à ce récit plus d'indifférence que moi-même ; il n'y a vu que le signe d'une tête exaltée, et, a-t-il ajouté : « C'est le partage de la jeunesse.

— Mon ami, lui ai-je répondu, je crois que Frédéric joint à une imagination ardente un cœur infiniment tendre. La contemplation de la nature, la solitude de ce séjour, doivent nourrir ses dispositions, et dès lors il serait peut-être nécessaire de les fixer. Puisque vous vous intéressez à son bonheur, ne pensez-vous pas qu'il serait à propos que j'invitasse alternativement de jeunes personnes à venir quelque temps avec moi ? Ce n'est qu'ainsi qu'il pourra les connaître, et choisir celle qui peut lui convenir.

— Bonne Claire ! a repris mon mari, toujours occupée des autres, même à vos propres dépens, car je suis sûre d'après vos goûts et l'âge de vos enfants, que la société des jeunes personnes ne doit point avoir d'attraits pour vous : mais n'importe, ma bonne amie, je vous connais trop pour vous ôter le plaisir de faire du bien à mon élève ; je crois d'ailleurs vos observations à son égard très vraies, et vos projets très bien conçus. Voyons : qui inviterez-vous ? »

J'ai nommé Adèle de Raincy : elle a seize ans, elle est belle, remplie de talents, je la demanderai pour un mois…

Je pense, mon Élise, que ce plan, ainsi que ma confiance en M. d'Albe, répondent aux craintes bizarres que tu laisses percer dans ta lettre. Ne me demande donc plus s'il est bien prudent, à mon âge, de m'ensevelir à la campagne avec *cet aimable, cet intéressant jeune homme* : ce serait outrager ton amie que d'en douter ; ce serait l'avilir que d'exiger d'elle des précautions contre un semblable danger. Où il y a un crime, Élise, il ne peut y avoir de danger pour moi, et il est des craintes que l'amitié doit rougir de concevoir. Élise, Frédéric est l'enfant adoptif de mon mari ; je suis la femme de son bienfaiteur : ce sont de ces choses que la vertu grave en lettres de feu dans les âmes élevées, et qu'elles n'oublient jamais. Adieu.

LETTRE XII

Claire à Élise

Il se peut, mon aimable amie, que j'aie appuyé trop vivement sur l'espèce de soupçon que tu m'as laissé entrevoir ; mais que veux-tu ? il m'avait révoltée ; et je n'adopte pas davantage l'explication que tu lui donnes. Tu ne craignais que pour mon repos, et non pour ma conduite, dis-tu ? Eh bien ! Élise, tu as tort ; il n'y a d'honnêteté que dans un cœur pur, et on doit tout attendre de celle qui est capable d'un sentiment criminel. Mais laissons cela, aussi bien j'ai honte de traiter si longtemps un pareil sujet ; et, pour te prouver que je ne rebute point tes observations, je vais te parler de Frédéric, et te citer un trait qui, par rapport à lui, serait fait pour appuyer tes remarques, si tu l'estimais assez peu pour y persister.

En sortant de table, j'ai suivi mon mari dans l'atelier parce qu'il voulait me montrer un modèle de mécanique qu'il a imaginé, et qu'il doit faire exécuter en grand. Je n'en avais pas encore vu tous les détails, lorsqu'il a été détourné par un ouvrier. Pendant qu'il lui parlait, un vieux bonhomme, qui portait un outil à la main, passe près de moi, et casse par mégarde une partie du modèle. Frédéric, qui prévoit la colère de mon mari, s'élance prompt comme l'éclair, arrache l'outil des mains du vieillard, par ce mouvement paraît être le coupable. M. d'Albe se retourne au bruit, et, voyant son modèle brisé, il accourt avec emportement, et fait tomber sur Frédéric tout le poids de sa colère. Celui-ci, trop vrai pour se justifier d'une faute qu'il n'a pas faite, trop bon pour en accuser un autre, gardait le silence, et ne souffrait que de la peine de son bienfaiteur. Attendrie jusqu'aux larmes, je me suis approchée de mon mari. « Mon ami, lui ai-je dit, combien vous affligez ce pauvre Frédéric ! On peut acheter un autre modèle, mais non un moment de peine causé à ceux qu'on aime. » En disant ces mots, j'ai vu les yeux de Frédéric attachés sur moi avec une expression si tendre, que je n'ai pu continuer. Les larmes m'ont gagnée.

A ce même moment le vieillard est venu se jeter aux pieds de M. d'Albe. « Mon bon maître, lui a-t-il dit, grondez-moi ; le cher M. Frédéric n'est pas coupable, c'est pour me sauver de votre colère qu'il s'est jeté devant moi quand j'ai eu cassé votre machine. » Ces mots ont apaisé M. d'Albe ; il a relevé le vieillard avec bonté, et, prenant mon bras et celui de Frédéric, il nous a conduits dans le jardin. Après un moment de silence, il a serré la main de Frédéric, en lui disant : « Mon jeune ami, ce serait vous affliger que vous faire des excuses sur ma violence, aussi je n'en parlerai point. Sachez du moins, a-t-il ajouté en me montrant, que c'est à la douceur de cet ange que je dois de n'en plus avoir que de rares et de courts accès. Quand j'ai épousé Claire, j'étais sujet à des emportements terribles, qui éloignaient de moi mes serviteurs et mes amis ; elle, sans les braver ni les craindre, a toujours su les tempérer. Au plus haut période de ma colère, elle savait me calmer d'un mot, m'attendrir d'un regard, et me faire rougir de mes torts sans me les reprocher jamais. Peu à peu l'influence de sa douceur s'est étendue jusqu'à moi, et ce n'est plus que rarement que je lui donne sujet de me moins aimer : n'est-ce pas, ma Claire ? » Je me suis jetée dans les bras de cet excellent homme ; j'ai couvert son visage de mes pleurs ; il a continué en s'adressant toujours à Frédéric :

« Mon ami, je crois être ce qu'on appelle un bourru bienfaisant ; ces sortes de caractères paraissent meilleurs que les autres, en ce que le passage de la rudesse à la bonté rehausse l'éclat de celle-ci ; mais, parce qu'elle frappe moins quand elle est égale et permanente, est-ce une raison pour la moins estimer ? Voilà pourtant comment on est injuste dans le monde, et pourquoi on a cru quelquefois que mon cœur était meilleur encore que celui de Claire.

— Je crois avoir partagé cette injustice, lui a répondu Frédéric ; mais j'en suis bien revenu, et votre femme me paraît ce qu'il y a de plus parfait au monde.

— Mon fils, s'est écrié M. d'Albe, puissé-je vous en voir un jour une pareille, former moi-même de si doux nœuds, et couler ma vie entre des amis qui me la rendent si chère ! Ne nous quittez jamais, Frédéric ; votre société est devenue un besoin pour moi. Je le jure.

— Ô mon père ! a répondu le jeune homme avec véhémence et en mettant un genou en terre ; je le jure à la face de ce ciel que ma bouche ne souilla jamais d'un mensonge, et au nom de cette femme plus angélique que lui... Moi, vous quitter ? Ah Dieu ! il me semble que, hors d'ici, il n'y a plus que mort et néant.

— Quelle tête ! » s'est écrié mon mari.

Ah ! mon Élise, quel cœur !

Le soir, m'étant trouvée seule avec Frédéric, je ne sais comment la conversation est tombée sur la scène de l'atelier.

« J'ai bien souffert de votre peine, lui ai-je dit.

— Je l'ai vu, m'a-t-il répondu, et de ce moment la mienne a disparu.

— Comment donc ?

— Oui, l'idée que vous souffriez pour moi avait quelque chose de plus doux que le plaisir même ; et puis quand, avec un accent pénétrant, vous avez prononcé mon nom : *Pauvre Frédéric*, disiez-vous ; tenez, Claire, ce mot s'est écrit dans mon cœur, et je donnerais toutes les jouissances de ma vie entière pour vous entendre encore ; il n'y a que la peine de mon père qui a gâté ce délicieux moment. »

Élise, je l'avoue, j'ai été émue ; mais qu'en concluras-tu ? Qui sait mieux que toi combien l'amitié est loin d'être un sentiment froid ! N'at-elle pas ses élans, ses transports ? mais ils conservent leur physionomie, et, quand on les confond avec une sensation plus passionnée, ce n'est pas la faute de celui qui les sent, mais de celui qui les juge. Frédéric éprouve de l'amitié pour la première fois de sa vie, et doit l'exprimer avec vivacité. Ne remarques-tu pas que l'image de mon mari est toujours unie à la mienne dans son cœur ? Quand je le vois si tendre, si caressant auprès d'un homme de soixante ans ; quand je me rappelle les effusions que nous éprouvions toutes deux, puis-je m'étonner de la vive amitié de Frédéric pour moi ? Dis si tu veux qu'il ne faut pas qu'il en éprouve, mais non qu'elle n'est pas ce qu'elle doit être.

Ma petite Laure commence à courir toute seule ; il n'y a rien de joli comme les soins d'Adolphe envers elle ; il la guide, la soutient, écarte tout ce qui peut la blesser, et perd, dans cette intéressante occupation, toute l'étourderie de son âge. Adieu.

LETTRE XIII
Claire à Élise

Pourquoi donc, mon Élise, viens-tu, par des mots entrecoupés, par des phrases interrompues, jeter une sorte de poison sur l'attachement qui m'unit à Frédéric ? Que n'es-tu témoin de la plupart de nos conversations ! tu verrais que notre mutuelle tendresse pour M. d'Albe est le nœud qui nous lie le plus étroitement, et que le soin de son bonheur est le sujet inépuisable et chéri qui nous attire sans cesse l'un vers l'autre. J'ai passé la matinée entière avec Frédéric, et, durant ce long tête-à-tête, mon mari a été presque le seul objet de notre entretien. C'est dans trois jours la fête de M. d'Albe ; j'ai fait préparer un petit théâtre dans le pavillon de la rivière, et je compte établir un concert d'instruments à vent dans le bois de peupliers où repose le tombeau de mon père. C'est là qu'ayant fait descendre ma harpe, ce matin, je répétais la romance que j'ai composée pour mon mari. Frédéric est venu me joindre ; ayant deviné mon projet, il avait travaillé de son côté, et m'apportait un duo dont il a fait les paroles et la musique. Après avoir chanté ce morceau, que j'ai trouvé charmant, je lui ai communiqué mon ouvrage ; il en a été content : si M. d'Albe l'est aussi, jamais auteur n'aura reçu un prix plus flatteur et plus doux. Il commençait à faire chaud ; j'ai voulu rentrer, Frédéric m'a retenue. Assis près de moi, il me regardait fixement, trop fixement : c'est là son seul défaut, car son regard a une expression qu'il est difficile… j'ai presque dit dangereux de soutenir. Après un moment de silence, il a commencé ainsi :

« Vous ne croiriez pas que ce même sujet qui vient de m'attendrir jusqu'aux larmes, enfin que votre union avec M. d'Albe m'avait inspiré, avant de vous connaître, une forte prévention contre vous. Accoutumé à regarder l'amour comme le plus bel attribut de la jeunesse, il me semblait qu'il n'y avait qu'une âme froide ou intéressée qui eût pu se résoudre à former un lien dont la disproportion des âges devait exclure ce sentiment. Ce n'était point sans répugnance que je venais ici, parce que je me figurais trouver une femme ambitieuse et dissimulée ; et, comme on m'avait beaucoup vanté votre beauté, je plaignais tendrement M. d'Albe, que je supposais être dupe de vos charmes. Pendant la route que je fis avec lui, il ne cessa de m'entretenir de son bonheur et de vos vertus. Je vis si clairement qu'il était heureux, qu'il fallut bien vous rendre justice ; mais c'était comme malgré moi, mon cœur repoussait toujours une femme qui avait fait vœu de vivre sans aimer ; et rien ne put m'ôter l'idée que vous étiez raisonnable par froideur, et généreuse par ostentation. J'arrive, je vous vois, et toutes mes préventions s'effacent. Jamais regard ne fut plus touchant, jamais voix humaine ne m'avait paru si douce. Vos yeux, votre accent, votre maintien, tout en vous respire la tendresse, et cependant vous êtes heureuse : M. d'Albe est l'objet constant de vos soins ; votre âme semble avoir créé pour lui un sentiment nouveau ; ce n'est point l'amour, il serait ridicule ; ce n'est point l'amitié, elle n'a ni ce respect, ni cette déférence ; vous avez cherché dans tous les sentiments existants ce que chacun pouvait offrir de mieux pour le bonheur de votre époux, et vous en avez formé un tout, qu'il n'appartient qu'à vous de connaître et de pratiquer. Ô aimable Claire ! j'ignore quel motif ou quelle circonstance vous a jetée dans la route où vous êtes, mais il n'y avait que vous au monde qui pussiez l'embellir ainsi. » Il s'est tu, comme pour attendre ma réponse ; je me suis retournée, et montrant l'urne de mon père : « Sous cette tombe sacrée, lui ai-je dit, repose la cendre du meilleur des pères. J'étais encore au berceau lorsqu'il perdit ma mère ; alors, consacrant tous ses soins à mon éducation, il devint pour moi le précepteur le plus aimable et l'ami le plus tendre, et fit naître dans mon cœur des sentiments si vifs, que je joignais pour lui, à toute la tendresse filiale qu'inspire un père, toute la vénération qu'on a pour un Dieu. Il me fut enlevé comme j'entrais dans ma quatorzième année. Sentant sa fin approcher, effrayé de me laisser sans appui, et n'estimant au monde que le seul M. d'Albe, il me conjura de m'unir à lui avant sa mort. Je crus que ce sacrifice la retarderait de quelques instants, je le fis ; je ne m'en suis jamais repentie. Ô mon père ! toi, qui lis dans l'âme de ta fille, tu connais le vœu, l'unique vœu qu'elle forme : que le digne homme à qui tu l'as unie n'éprouve jamais une peine dont elle soit la cause, et elle aura vécu heureuse… »

— Et moi aussi, s'est écrié Frédéric dans une espèce de transport, et moi aussi, mes vœux sont exaucés ! Chaque jour j'en formais pour le bonheur de mon père : mais que peut-on demander pour celui qui possède Claire ? Le ciel, par un tel présent, épuisa sa munificence, il n'a plus rien à donner… »

Un moment de silence a succédé : j'étais un peu embarrassée ; mes doigts, errant machinalement sur ma harpe, rendaient quelques sons au hasard. Frédéric m'a pris la main, et la baisant avec respect : « Est-il vrai, est-il possible, m'a-t-il dit, que vous consentiez à être mon amie ? Mon père le voudrait, le désire. De tous les bienfaits qu'il m'a prodigués, c'est celui qui m'est le plus cher ; pour la première fois seriez-vous moins généreuse que lui ? » Élise, chère Élise, comment lui aurais-je refusé un sentiment dont mon cœur était plein, et qu'il mérite si bien ? Non, non, j'ai dû lui promettre de l'amitié, je l'ai fait avec ferveur : eh ! qui peut y avoir plus de droits que lui ? lui, dont tous les penchants sont d'accord avec les miens, qui devine mes goûts, pressent ma pensée, chérit et vénère le père de mes enfants ! Et toi, mon Élise, toi, la bien-aimée de mon cœur, quand viendras-tu, par ta présence, me faire goûter dans l'amitié tout ce qu'elle peut donner de félicité ? Que ce sentiment céleste me tienne lieu de tous ceux auxquels j'ai renoncé ; qu'il anime la nature ; que je le retrouve partout. Je l'écouterai dans les sons que je rendrai ; et leur vibration aura son écho dans mon cœur : c'est lui qui fera couler mes larmes, et lui seul qui les essuiera. Amitié, tu es tout ! la feuille qui voltige, la romance que je chante, la rose que je cueille, le parfum qu'elle exhale ! Je veux vivre pour toi, et puissé-je mourir avec toi !

LETTRE XIV
Claire à Élise

Si mes deux dernières lettres ont ranimé tes doutes, cousine, j'espère que celle-ci les détruira tout à fait. Adèle de Raincy est arrivée depuis trois jours, et déjà elle a fait une assez vive impression sur Frédéric. Je voulais lui laisser ignorer qu'elle dût venir, afin de le surprendre, et j'ai réussi. Aussitôt qu'Adèle fut arrivée, je la conduisis dans le pavillon que baigne la rivière, et je fis appeler Frédéric : il accourt ; mais, voyant Adèle près de moi, un cri lui échappe, et la plus vive rougeur couvre son visage ; il s'approche pourtant, mais avec embarras, et son regard craintif et curieux semblait lui dire : « Êtes-vous celle que j'attends ? » Adèle, par un sourire malin, allait achever de le déconcerter, lorsque j'ai dit en souriant : « Vous êtes surpris, Frédéric, de me trouver avec une pareille compagne ?

— Oui, m'a-t-il répondu en la regardant, j'ignorais qu'on pût être aussi belle. »

Ce compliment flatteur, et qui, dans la bouche de Frédéric, avait si peu l'air d'en être un, a changé aussitôt les dispositions d'Adèle ; elle lui a jeté un coup d'œil obligeant, en lui faisant signe de s'asseoir auprès d'elle ; il a obéi avec vivacité, et a commencé une conversation qui ne ressemble guère, ou je suis bien trompée, à celle que cette jeune personne entend tous les jours ; aussi répondait-elle fort peu, mais son silence même enchantait Frédéric ; il lui a paru une preuve de modestie et de timidité, et c'est ce qui lui plaît par-dessus tout dans une jeune personne. Adèle, de son côté, me paraît très disposée en sa faveur. L'admiration qu'elle lui inspire la flatte, l'agrément de ses discours l'attire, et le feu de son imagination l'amuse. D'ailleurs la figure de Frédéric est charmante ; s'il n'a pas ce qu'on appelle de la *tournure*, il a de la grâce, de l'adresse et de l'agilité : tout cela peut bien faire impression sur un cœur de seize ans. Depuis un an que je n'avais vu Adèle, elle est singulièrement embellie ; ses yeux sont noirs, vifs et brillants ; sa brune chevelure tombe en anneaux sur un cou éblouissant : je n'ai point vu de plus belles dents ni de lèvres si vermeilles ; et, sans être amant ni poète, je dirai que la rose, humide des larmes de l'aurore, n'a ni la fraîcheur ni l'éclat de ses joues ; son teint est une fleur, son ensemble est une grâce. Il est impossible, en la voyant, de ne pas être frappé d'admiration ; aussi Frédéric la quitte-t-il le moins qu'il peut. Vient-il dans le salon, c'est toujours elle qu'il regarde, c'est toujours à elle qu'il s'adresse. Il a laissé bien loin toutes mes leçons de politesse, et le sentiment qui l'inspire lui en a plus appris en une heure que tous mes conseils depuis trois mois. A la promenade, il est toujours empressé d'offrir son bras à Adèle, de la soutenir si elle saute un ruisseau, de ramasser un gant quand il tombe, car c'est un moyen de toucher sa main, et cette main est si blanche et si douce ! Je ne sais si je me trompe, Élise, mais il me semble que ce gant tombe bien souvent.

Ce matin Adèle examinait un portrait de Zeuxis [1] qui est dans le salon : « Cela est singulier, a-t-elle dit, de quelque côté que je me mette, je vois toujours les yeux de Zeuxis qui me regardent.

— Je le crois bien, a vivement interrompu Frédéric, ne cherchent-ils pas la plus belle ? »

Tu vois, mon amie, comment le plus léger mouvement de préférence forme promptement un jeune homme, et j'espère que désormais tu ne seras plus inquiète de son amitié pour moi. Ce mot amitié est même trop fort pour ce que je lui inspire, car, dans mes idées, l'amour même ne devrait pas faire négliger l'amitié, et je ne puis me dissimuler que je suis tout à fait oubliée. Un seul mot d'Adèle, oui, un seul mot, j'en suis sûre, ferait bientôt enfreindre cette promesse, jurée si solennellement, de ne jamais nous quitter. En vérité, Élise, je me blâme de la disposition que j'avais à m'attacher à Frédéric. Quand une fois le sort est fixé, comme le mien, aucune circonstance ne pouvant changer les sentiments qu'on éprouve, ils restent toujours les mêmes ; mais lui, dans l'âge des passions, pouvant être entraîné, subjugué par elles, peut-on compter de sa part sur un sentiment durable ? Non, l'amitié serait bientôt sacrifiée, et j'en ferais seule tous les frais. Malheur à moi, alors ! car, nous le savons, mon Élise, ce sentiment exige tout ce qu'il donne. Puissé-je voir Frédéric heureux ! mais tranquillise-toi, cousine, il n'a pas besoin de moi pour l'être. Adieu.

---

1. Fameux peintre grec de l'Antiquité, né vers 468 av. J.-C., célèbre pour son art du coloris et de fondre les ombres.

LETTRE XV

Claire à Élise

Si je ne t'ai pas écrit depuis près de quinze jours, ma tendre amie, c'est que j'ai été malade. En finissant ma dernière lettre, je me sentais oppressée, triste, sans savoir pourquoi, et faisant une très maussade compagnie à la vive et brillante Adèle. Je remettais chaque jour à t'écrire, à cause de l'abattement qui m'accablait ; enfin la fièvre m'a prise. J'ai craint que le dérangement de ma santé ne nuisît à ma fille, j'ai voulu la sevrer. Le médecin, tout en convenant que je faisais bien pour elle, m'a objecté que j'avais tort pour moi, parce que, dans un moment où les humeurs [1] étaient en mouvement, le lait pouvait passer dans le sang et causer une révolution fâcheuse. Mon mari a vivement appuyé cet avis : j'ai persisté dans le mien. A la fin il s'est emporté, et m'a dit qu'il voyait bien que je ne me souciais ni de son repos ni de son bonheur, puisque je faisais si peu de cas de ma vie ; qu'au surplus, il me défendait de sevrer tout à coup. Je tenais ma fille entre mes bras, je me suis approchée de lui, et la mettant dans les siens : «Cette enfant est à vous, mon ami, lui ai-je dit, et vos droits sur elle sont aussi puissants que les miens ; mais oubliez-vous qu'en lui donnant la vie nous prîmes l'engagement sacré de lui sacrifier la nôtre ? Et, si nous la perdons, croyez-vous pouvoir oublier que vous en serez la cause, ni m'en consoler jamais ? Par pitié pour moi, pour vous-même, souvenez-vous que, devant l'intérêt de nos enfants, le nôtre doit être compté pour rien.» Il m'a rendu ma fille. «Claire, m'a-t-il dit, vous êtes libre : malheur à qui pourrait vous résister !» J'ai promis à M. d'Albe de le dédommager de sa condescendance, en usant de tous les ménagements possibles, et c'est ce que j'ai fait : aussi ma santé va-t-elle mieux, et j'espère avant peu de jours être tout à fait rétablie. Adèle me disait ce matin :

«Je vois bien, madame d'Albe, à quel point je suis loin de pouvoir faire encore une bonne mère ; j'ai été effrayée l'autre jour des devoirs que vous vous êtes imposés envers vos enfants. Quoi ! vous croyez leur devoir le sacrifice de votre existence ? J'ai été si surprise quand vous l'avez dit, que j'ai été tentée de vous croire folle...

— Folle ! s'est écrié Frédéric, dites sublime, mademoiselle.

— Vous ne le croiriez pas, mon jeune ami, a interrompu M. d'Albe, mais dans le monde ces deux mots sont presque synonymes ; vous y verrez taxé de bizarre et d'esprit systématique [2] celui dont l'âme élevée dédaigne de copier les copies qui l'entourent.»

---

1. Dans l'ancienne médecine, les humeurs sont le sang, la lymphe, la bile et la pituite.
2. C'est-à-dire qui a un système, qui agit d'après des règles préconçues et coordonnées.

Cela est bien vrai, mon Élise, cette injustice est une suite de ce petit esprit du monde qui tend toujours à rabaisser les autres pour les mettre à son niveau. Je me rappelle que, dans ces assemblées insipides où l'oisiveté enfante la médisance, et où la futilité parvient à tout dessécher, j'ai souvent pensé que ce sot usage de s'asseoir en rond pour faire la conversation était la cause de tous nos torts et la source de toutes nos sottises... Mais je sens ma tête trop faible pour en écrire davantage. Adieu, mon ange.

LETTRE XVI

Claire à Élise

Adèle a voulu aller au bal ce soir ; Frédéric lui donne la main, et mon mari leur sert de mentor. Mes deux amis désiraient bien rester avec moi ; Frédéric surtout a insisté auprès d'Adèle pour l'empêcher de me quitter. Il a voulu lui faire sentir que, ne me portant pas bien, il était peu délicat à elle de me laisser seule ; mais l'amour de la danse a prévalu sur toutes ces raisons, et elle a déclaré que le bal, étant son unique passion, rien ne pouvait l'empêcher d'y aller : « D'ailleurs, a-t-elle ajouté avec un sourire moqueur, vous savez que Mme d'Albe n'aime pas qu'on se gêne ; et puis, comment craindrions-nous qu'elle s'ennuie, ne la laissons-nous pas avec ses enfants ? » Elle a appuyé sur ce dernier mot avec une sorte d'ironie. Frédéric l'a regardée tristement. « Il est vrai, a-t-il répondu, c'est là son plus doux plaisir, et je crois qu'il n'appartient pas à tout le monde de savoir l'apprécier. Vous avez raison, mademoiselle, il faut que chacun prenne la place qui lui convient : celle de Mme d'Albe est d'être adorée en remplissant tous ses devoirs, la vôtre est d'éblouir, et le bal doit être votre triomphe. » Adèle n'a vu qu'un éloge de sa beauté dans cette phrase ; j'y ai démêlé autre chose. Je vois trop que, malgré les charmes séduisants d'Adèle, si son âme ne répond pas à sa figure, elle ne fixera pas Frédéric. Cependant que ne peut-on pas espérer à son âge ? Élise, je veux mettre tous mes soins à cacher des défauts que le temps peut corriger. Nous sommes invités dans trois jours à un autre bal ; si je n'y vais pas, Adèle me quittera encore, et Frédéric ne lui pardonnera pas. Je suis donc décidée à l'accompagner : d'ailleurs, il est possible que la danse et le monde me distraient d'une mélancolie qui me poursuit et me domine de plus en plus. J'éprouve une langueur, une sorte de dégoût qui décolore toutes les actions de la vie. Il me semble qu'elle ne vaut pas la peine que l'on se donne pour la conserver. L'ennui d'agir est partout, le plaisir d'avoir agi nulle part. Je sais bien que le bien qu'on fait aux autres est une jouissance ; mais je le dis plus que je ne le sens, et, si je n'étais souvent agitée d'émotions subites, je croirais mon âme prête à s'éteindre. Je n'ai plus assez de vie pour cette solitude absolue où il faut se suffire à soi-même. Pour la première fois je sens le besoin d'un peu de société, et je regrette de n'avoir point été au bal. Adieu, la plume me tombe des mains.

LETTRE XVII

Claire à Élise

Adèle peint supérieurement pour son âge ; elle a voulu faire mon portrait, et j'y ai consenti avec plaisir, afin de l'offrir à mon mari. Ce matin, comme elle y travaillait, Frédéric est venu nous joindre. Il a regardé son ouvrage, et a loué son talent, mais avec un demi-sourire qui n'a point échappé à Adèle, et dont elle a demandé l'explication. Sans l'écouter ni lui répondre, il a continué à regarder le portrait, et puis moi, et puis le portrait, ainsi alternativement. Adèle, impatiente, a voulu savoir ce qu'il pensait. Enfin, après un long silence :

« Ce n'est pas là Mme d'Albe, a-t-il dit, vous n'avez pas même réussi à rendre un de ses moments.

— Comment donc ! a interrompu Adèle en rougissant, qu'y trouvez-vous à redire ? Ne reconnaissez-vous pas tous ses traits ?

— J'en conviens, tous ses traits y sont ; si vous n'avez vu que cela en la regardant, vous devez être contente de votre ouvrage.

— Que voulez-vous donc de plus ?

— Ce que je veux ? qu'on reconnaisse qu'il est telle figure que l'art ne rendra jamais, et qu'on sente du moins son insuffisance. Ces beaux cheveux blonds, quoique touchés avec habileté, n'offrent ni le brillant, ni la finesse, ni les ondulations des siens. Je ne vois point, sur cette peau blanche et fine, refléter le coloris du sang ni le duvet délicat qui la couvre. Ce teint uniforme ne rappellera jamais celui dont les couleurs varient comme la pensée. C'est bien le bleu céleste de ses yeux, mais je n'y vois que leur couleur : c'est leur regard qu'il fallait rendre. Cette bouche est fraîche et voluptueuse comme la sienne ; mais ce sourire est éternel, j'attends en vain l'expression qui le suit. Ces mouvements nobles, gracieux, enchanteurs, qui se déploient dans ses moindres gestes, sont enchaînés et immobiles… Non, non, des traits sans vie ne rendront jamais Claire ; et là où je ne vois point d'âme, je ne puis la reconnaître.

— Eh bien ! lui a dit Adèle avec dépit, chargez-vous de la peindre, pour moi je ne m'en mêle plus. »

Alors, jetant brusquement ses pinceaux, elle s'est levée et est sortie avec humeur. Frédéric l'a suivie des yeux d'un air surpris, et puis, laissant échapper un soupir, il dit : « Dans quelle erreur n'ai-je pas été en la voyant si belle ! J'avais cru que cette femme devait avoir quelque ressemblance avec vous ; mais, pour mon malheur, mon éternel malheur, je le vois trop, vous êtes unique… » Je ne puis te dire, Élise, quel mal ces mots m'ont fait ; cependant, me remettant de mon trouble, je me suis hâtée de répondre. « Frédéric, ai-je dit, gardez-vous de porter un jugement précipité, et de vous laisser atteindre par des préventions qui pourraient nuire au bonheur qui vous est peut-être destiné. Parce que Adèle n'est pas en tout semblable à la chimère que vous vous êtes faite, devez-vous fermer les yeux sur ce qu'elle vaut ? Ne savez-vous pas, d'ailleurs, combien on peut changer ? Croyez que telle personne qui vous plaît, quand elle est formée, vous aurait peut-être paru insupportable quelques années auparavant. Vous voulez toujours comparer ? Mais, parce que le bouton n'a pas le parfum de la fleur entièrement éclose, oubliez-vous qu'il l'aura un jour, et mille fois plus doux peut-être ? Frédéric, pénétrez-vous bien que, dans celle que vous devez choisir, dans celle dont l'âge doit être en proportion avec le vôtre, vous ne pouvez trouver ni des qualités complètes ni des vertus exercées ; un cœur aimant est tout ce que vous devez chercher ; un penchant au bien, tout ce que vous devez vouloir : quand même il serait obscurci par de légers travers, faudrait-il donc se rebuter ? De même qu'il est peu de matins sans nuages, on ne voit guère d'adolescence sans défauts ; mais elle s'en dégage tous les jours, surtout quand elle est guidée par une main aimée. C'est à vous qu'appartiendra ce soin touchant ; c'est à vous à former celle qui vous est destinée, et vous ne pourrez y réussir qu'en la choisissant dans l'âge où l'on peut l'être encore. Mais, ô Frédéric ! ai-je ajouté avec solennité, au nom de votre repos, gardez-vous bien de lever les yeux sur toute autre. » En disant ces mots, je suis sortie de la chambre sans attendre sa réponse.

Élise, je n'ose te dire tout ce que je crains ; mais l'air de Frédéric m'a fait frémir : s'il était possible… ! Mais non, je me trompe assurément ; inquiète de tes craintes, influencée par tes soupçons, je vois déjà l'expression d'un sentiment coupable où il n'y a que celle de l'amitié ; mais ardente, mais passionnée, telle que doit l'éprouver une âme neuve et enthousiaste. Néanmoins, je vais l'examiner avec soin ; et, quant à moi, ô mon unique amie ! bannis ton injurieuse inquiétude, fie-toi à ce cœur qui a besoin, pour respirer à son aise, de n'avoir aucun reproche à se faire, et à qui le contentement de lui-même est aussi nécessaire que ton amitié.

LETTRE XVIII

Claire à Élise

Élise, comment te peindre mon agitation et mon désespoir ? C'en est fait, je n'en puis plus douter, Frédéric m'aime. Sens-tu tout ce que ce mot a d'affreux dans notre position ? Malheureux Frédéric ! mon cœur se serre, et je ne puis verser une larme. Ah Dieu ! pour l'avoir appelé ici... Je le connais, mon amie, il aime, et ce sera pour la vie ; il traînera éternellement le trait dont il est déchiré, et c'est moi qui cause sa peine ! Ah ! je le sens, il est des douleurs au-dessus des forces humaines. Comment te dire tout cela ? comment rappeler mes idées ? dans le trouble qui m'agite, je n'en puis retrouver aucune. Chère, chère Élise, que n'es-tu ici ! je pourrais pleurer sur ton sein !

Aujourd'hui, à peine avons-nous eu dîné, que mon mari a proposé une promenade dans les vastes prairies qu'arrose la Loire. Je l'ai acceptée avec empressement, Adèle d'assez mauvaise grâce, car elle n'aime point à marcher ; mais n'importe, j'ai dû ne pas consulter son goût quand il s'agissait du plaisir de mon mari. J'ai pris mon fils avec moi, et Frédéric nous a accompagnés. Le temps était superbe ; les prairies fraîches, émaillées, remplies de nombreux troupeaux, offraient le paysage le plus charmant ; je le contemplais en silence, en suivant doucement le cours de la rivière, quand un bruit extraordinaire est venu m'arracher à mes rêveries. Je me retourne : ô Dieu ! un taureau échappé, furieux, qui accourait vers nous, vers mon fils ! Je m'élance au-devant de lui, je couvre Adolphe de mon corps. Mon action, mes cris effraient l'animal ; il se retourne, et va fondre sur un pauvre vieillard. Enfin mon mari aussi allait être sa victime, si Frédéric, prompt comme l'éclair, n'eût hasardé sa vie pour le sauver. D'une main vigoureuse il saisit l'animal par les cornes ; ils se débattent ; cette lutte donne le temps aux bergers d'arriver ; ils accourent, le taureau est terrassé : il tombe ! Alors seulement j'entends les cris d'Adèle et ceux du malheureux vieillard ; j'accours à celui-ci : son sang coulait d'une épouvantable blessure ; je l'étanche avec mon mouchoir ; j'appelle Adèle pour me donner le sien ; elle me l'envoie par Frédéric, en ajoutant qu'elle n'approchera pas, que le sang lui fait horreur, et qu'elle veut retourner à la maison.

« Quoi ! sans avoir secouru ce malheureux ? lui dit Frédéric.

— N'y a-t-il pas assez de monde ici ? répond-elle. Pour moi, je n'ai pas la force de supporter la vue d'une plaie ; j'ai besoin de respirer des sels pour calmer la violente frayeur que j'ai éprouvée ; et, si je restais un moment de plus ici, je suis sûre de me trouver mal. »

Pendant qu'elle parlait, le pauvre vieillard gémissait sur le sort de sa femme et de ses enfants, que sa mort allait réduire à la mendicité. Entraîné par le désir de consoler cette malheureuse famille, j'ai prié mon mari de ramener Adèle et Adolphe à la maison, et de m'envoyer tout de suite le chirurgien de l'hospice dans le village que le vieillard m'indiquait, et où Frédéric et moi allions nous charger de le faire conduire.

«Quoi! vous restez ici, monsieur Frédéric? lui a dit Adèle d'un air chagrin.

— Si je reste? a-t-il répondu d'un ton terrible et qui m'a remuée jusqu'au fond de l'âme... Allez, mademoiselle, a-t-il ajouté plus doucement, allez vous reposer, ce n'est point ici votre place.»

Elle est partie avec M. d'Albe. Deux bergers nous ont aidés à faire un brancard, ils y ont placé le pauvre vieillard, que nous avons conduit dans sa chaumière à une lieue de là. Ah! mon Élise, quel spectacle que celui de cette famille éplorée! quels cris déchirants en voyant un père, un mari dans cet état! J'ai pressé ces infortunés sur mon sein; j'ai mêlé mes larmes aux leurs; je leur ai promis secours et protection, et mes efforts ont réussi à calmer leur douleur. Le chirurgien est arrivé au bout d'une heure; il a mis un appareil sur la blessure, et a assuré qu'elle n'était pas mortelle. Je l'ai prié de passer la nuit auprès du malade, et j'ai promis de revenir les visiter le lendemain. Alors, comme il commençait à faire nuit, j'ai craint que mon mari ne fût inquiet, et nous avons quitté ces bonnes gens, Frédéric et moi, comblés de leurs bénédictions.

Le cœur plein de toutes les émotions que j'avais éprouvées, je marchais en silence, et en me retraçant le dévouement héroïque avec lequel Frédéric s'était presque exposé à une mort certaine pour sauver son père : j'ai jeté les yeux sur lui; la lune éclairait doucement son visage, et je l'ai vu baigné de larmes. Attendrie, je me suis approchée, mon bras s'est appuyé sur le sien, il l'a pressé avec violence contre son cœur : ce mouvement a fait palpiter le mien. «Claire, Claire, a-t-il dit d'une voix étouffée, que ne puis-je payer de toute ma vie la prolongation de cet instant! je la sens là contre mon cœur, celle qui le remplit en entier; je la vois, je la presse. En effet, j'étais presque dans ses bras. Écoute, a-t-il ajouté dans une espèce de délire, si tu n'es pas un ange qu'il faille adorer, et que le ciel ait prêté pour quelques instants à la terre; si tu es réellement une créature humaine, dis-moi pourquoi toi seule as reçu cette âme, ce regard qui la peint, ce torrent de charmes et de vertus qui te rendent l'objet de mon idolâtrie?... Claire, j'ignore si je t'offense; mais, comme ma vie est passée dans ton sang, et que je n'existe plus que par ta volonté, et si je suis coupable, dis-moi : Frédéric, meurs; et tu me verras expirer à tes pieds.» Il y était tombé en effet; son front était brûlant, son regard égaré. Non, je ne peindrai pas ce que j'éprouvais : la pitié, l'émotion, l'image de l'amour enfin, tel que j'étais peut-être destinée à le sentir, tout cela est entré trop avant dans mon cœur; je ne me soutenais

plus qu'à peine, et me laissant aller sur un vieux tronc d'arbre dépouillé :
« Frédéric, lui ai-je dit, cher Frédéric, revenez à vous, reprenez votre
raison ; voulez-vous affliger votre amie ? » Il a relevé sa tête, il l'a appuyée
sur mes genoux ; Élise, je crois que je l'ai pressée, car il s'est écrié
aussitôt : « Ô Claire ! que je sente encore ce mouvement de ta main
adorée qui me rapproche de ton sein ; il a porté l'ivresse dans le mien. »
En disant cela, il m'a enlacée dans ses bras, ma tête est tombée sur son
épaule, un déluge de larmes a été ma réponse, l'état de ce malheureux
m'inspirait une pitié si vive !... Ah ! quand on est la cause d'une pareille
douleur, et que c'est un ami qui souffre, dis, Élise, n'a-t-on pas une
excuse pour la faiblesse que j'ai montrée ?... J'étais si près de lui... J'ai
senti l'impression de ses lèvres qui recueillaient mes larmes. A cette
sensation si nouvelle, j'ai frémi ; et repoussant Frédéric avec force :
« Malheureux ! me suis-je écriée, oublies-tu que ton bienfaiteur, que ton
père est l'époux de celle que tu oses aimer ? Tu serais un perfide, toi ! ô
Frédéric ! reviens à toi, la trahison n'est pas faite pour ton noble cœur. »
Alors, se levant vivement, et me fixant avec effroi : « Qu'as-tu dit ? ah !
qu'as-tu dit, inconcevable Claire ? j'avais oublié l'univers près de toi ;
mais tes mots, comme un coup de foudre, me montrent mon devoir et
mon crime. Adieu, je vais te fuir ; adieu : ce moment est le dernier qui
nous verra ensemble. Claire, Claire, adieu !... » Il m'a quittée. Effrayée
de son dessein, je l'ai rappelé d'un ton douloureux ; il m'a entendue, il est
revenu. « Écoutez, lui ai-je dit : le digne homme dont vous avez trahi la
confiance ignore vos torts ; s'il les soupçonnait jamais, son repos serait
détruit : Frédéric, vous n'avez qu'un moyen de les réparer, c'est
d'anéantir le sentiment qui l'offense. Si vous fuyez, que croira-t-il ? Que
vous êtes un perfide ou un ingrat ; vous, son enfant ! son ami ! Non, non,
il faut se taire, il faut dissimuler enfin ; c'est un supplice affreux, je le
sais, mais c'est au coupable à le souffrir : il doit expier sa faute en en
portant seul tout le poids... » Frédéric ne répondait point, il semblait
pétrifié. Tout à coup un bruit de chevaux s'est fait entendre, j'ai reconnu
la voiture que M. d'Albe envoyait au-devant de moi. « Frédéric, ai-je dit,
voilà du monde ; si la vertu vit encore dans votre âme, si le repos de votre
père vous est cher, si vous attachez quelque prix à mon estime, ni
vos discours, ni votre maintien, ni vos regards ne décèleront votre
égarement... » Il ne répondait point ; toujours immobile, il semblait que
la vie l'eût abandonné ; la voiture avançait toujours, je n'avais plus qu'un
moment, déjà j'entendais la voix de M. d'Albe ; alors me rapprochant de
Frédéric : « Parle donc, malheureux, lui ai-je dit ; veux-tu me faire
mourir ?... » Il a tressailli... « Claire, a-t-il répondu, tu le veux, tu
l'ordonnes, tu seras obéie ; du moins pourras-tu juger de ton pouvoir sur
moi. » Comme il prononçait ces mots, mes gens m'avaient reconnue, et
la voiture s'est arrêtée : mon mari est descendu. « J'étais bien inquiet,
m'a-t-il dit ; mes amis, vous avez tardé bien longtemps : si la bienfai-

sance n'était pas votre excuse, je ne vous pardonnerais pas d'avoir oublié que je vous attendais. » Sens-tu, Élise, tout ce que ce reproche avait de déchirant dans un pareil instant ? il m'a atterrée ; mais Frédéric… Ô Amour ! quelle est donc ta puissance ? ce Frédéric si franc, si ouvert, à qui, jusqu'à ce jour, la feinte fut toujours étrangère, le voilà changé ; un mot, un ordre a produit ce miracle ! il répond d'un air tranquille, mais pénétré :

« Vous avez raison, mon père, nous avons bien des torts, mais ce seront les derniers ; je vous le jure. Au reste, c'est moi seul qui ai été entraîné, votre femme ne vous a point oublié.

— Vous vous vantez, Frédéric, a répondu M. d'Albe ; je connais le cœur de Claire sur ce sujet, il était aussi entraîné que le vôtre ; et si elle a pensé plus tôt à moi, c'est qu'elle me doit davantage : n'est-ce pas, bonne Claire ?… »

Élise, je ne pouvais répondre ; jamais, non, jamais je n'ai tant souffert : serais-je donc coupable ? Nous avons remonté en voiture ; en arrivant, j'ai demandé la permission de me retirer. Ah ! je ne feignais pas en disant que j'avais besoin de repos ! Dis, Élise, pourquoi dois-je porter la punition d'une faute dont je ne suis pas complice ? Quand j'ai exigé de Frédéric qu'il tût la vérité, je ne savais pas tout ce qu'il en coûte pour la déguiser. Je crains les regards de mon mari, de cet ami que j'aime, et que mon cœur n'a pas trahi ; car le ciel m'est témoin que l'amitié seule m'intéresse au sort de Frédéric. Je crains qu'il ne m'interroge, qu'il ne me pénètre ; le moindre soupçon qu'il concevrait à cet égard me fait trembler ; le bonheur de sa vie entière serait détruit : il faudrait éloigner ce Frédéric dont l'esprit et la société répandent tant de charmes sur ses jours ; il faudrait cesser d'aimer le fils de son adoption ; il faudrait jeter dans la vague du monde l'orphelin qu'il a promis de protéger : il lui semblerait entendre sa mère lui crier d'une voix plaintive : « Tu t'étais chargé du sort de mon fils ; cette espérance m'avait fait descendre en paix dans la tombe, et tu le chasses de chez toi, sans ressources, sans appui, consumé d'un amour sans espoir ! Regarde-le, il va mourir : est-ce donc ainsi que tu remplis tes serments ? » Élise, mon mari ne soutiendra jamais une pareille image. Plutôt que d'être parjure à sa foi, il garderait Frédéric auprès de lui ; mais alors plus de paix : la cruelle défiance empoisonnerait chaque geste, chaque regard ; le moindre mot serait interprété, et l'union domestique à jamais troublée. Moi-même serais-je à l'abri de ses soupçons ? Hélas ! tu sais combien il a douté longtemps que je puisse l'aimer. Enfin, après sept années de soins, j'étais parvenue à lui inspirer une confiance entière à cet égard : qui sait si cet événement ne la détruirait pas entièrement ? Tant de rapports entre Frédéric et moi, tant de conformité dans les goûts et les opinions ! il ne croira jamais qu'une âme neuve à l'amour comme la mienne ait pu voir avec indifférence celui que j'inspire à un être si aimable… Il doutera du moins : je verrais cet homme respectable en proie aux soupçons ! ce visage, image du calme et de la satisfaction, serait sillonné par l'inquiétude et les soucis ! Elle s'évanouirait, cette félicité que je me promettais à le voir heureux par moi jusqu'à mon dernier jour ! Non, Élise, non, je sens qu'en achetant son repos au prix d'une dissimulation continuelle, c'est plus que le payer de ma vie, mais il n'est point de sacrifices auxquels je ne doive me résoudre pour lui. Que Frédéric cherche un prétexte de s'éloigner, me diras-tu ; mais comment en trouver un ? Tu sais qu'à l'exception de M. d'Albe, la mère de Frédéric était brouillée avec tous ses autres parents, et que son père était un étranger. Il n'a donc de famille que nous, de ressource que nous, d'amis que nous : quelle raison alléguer pour un pareil départ, surtout au moment où il vient d'être chargé presque seul de la direction de l'établissement de M. d'Albe ? Que veux-tu que pense celui-ci ? Il le croira fou ou ingrat ; il m'en parlera sans cesse : que lui répondrai-je ? Ou plutôt il soupçonnera la vérité ; il connaît trop Frédéric pour ignorer que la crainte de nuire à son bienfaiteur est le seul motif capable de l'éloigner de cet asile ; mais du moment que les soupçons seront éveillés sur lui, ils le seront aussi sur moi ; il se rappellera mon trouble ; je ne pourrai plus être triste impunément, et dès lors toutes mes craintes sont réalisées. Non, non, que Frédéric reste et qu'il se taise ; j'éviterai soigneusement d'être seule avec lui, et, quand je m'y trouverai malgré moi, mon extrême froideur lui ôtera tout espoir d'en profiter. Mais crois-tu qu'il le désire ? Ah ! mon amie, si tu connaissais comme moi l'âme de Frédéric, tu saurais que, si la violence des passions l'a subjugué un moment, elle est trop noble pour y persister.

Pourquoi le ciel injuste l'a-t-il poussé vers une femme qui ne s'appartient pas ? Sans doute que celle qui eût été libre de faire son bonheur eût été trop heureuse... Mais je ne sais pas ce que je dis ; pardonne, Élise, ma tête n'est point à moi ; l'image de ce malheureux me poursuit ; j'entends encore ses accents ; ils retentissent dans mon cœur. Hélas ! si sa peine venait d'une autre cause, l'humanité m'ordonnerait de l'adoucir par toute la tendresse que permet l'amitié. Et parce que c'est moi qu'il aime, parce que c'est moi qui le fais souffrir, il faut que je sois dure et barbare envers lui ? Combien une pareille conduite choque les lois éternelles de la justice et de la vérité !...

Écris-moi, Élise, guide-moi ? je ne sais que vouloir, je ne sais que résoudre ; je me sens malade, je ne quitterai point ma chambre. Adieu.

LETTRE XIX
Claire à Élise

Je n'ai point sorti encore de mon appartement, l'idée de voir Frédéric me fait frémir. J'ai dit que j'étais malade, je le suis en effet : ma main tremble en t'écrivant, et je ne puis calmer l'agitation de mes esprits. Qu'est-ce donc que ce terrible sentiment d'amour, si sa vue, si la pitié qu'il inspire, jettent dans l'état où je suis ? Ah ! combien je bénis le ciel de m'avoir garantie de son pouvoir ! Va, mon amie, c'est bien à présent que je suis sûre d'être toujours indifférente : je l'étais moins quand je croyais que les passions pouvaient être une source de félicité ; mais à présent que j'ai vu avec quelle violence elles entraînent à la folie et au crime, j'en ai un effroi qui te répond de moi pour la vie.

Élise, ô mon Élise ! c'est lui, je l'ai vu, il vient d'entrouvrir la porte, il a jeté un billet, et s'est retiré avec précipitation ; son regard suppliant me disait *lisez*. Mais le dois-je ? je n'ose ramasser ce papier… Cependant, si on venait, qu'on le vît… Je l'ai lu. Ah ! mon amie voilà les premières larmes que j'ai versées depuis hier, j'en ai inondé ce billet ; je vais tâcher de le transcrire.

Pourquoi vous cacher ? pourquoi fuir le jour ? c'est à moi d'en avoir horreur : vous ! vous êtes aussi pure que lui [1].

                                                            FRÉDÉRIC

Adieu, Élise, j'entends mon mari ; je vais m'entourer de mes enfants. Je ne sais si je répondrai, je ne sais ce que je répondrai. Non ; il vaut mieux se taire. Adieu.

BILLET. — FRÉDÉRIC A CLAIRE

Vous m'évitez, je le vois ; vous êtes malade, j'en suis cause ; je dissimule avec un père que j'aime ; j'offense dans mon cœur le bienfaiteur qui m'accable de ses bontés : Claire, le ciel ne m'a pas donné assez de courage pour de pareils maux.

BILLET. — CLAIRE A FRÉDÉRIC

Qu'osez-vous me faire entendre, malheureux ! Une faiblesse nous a mis sur le bord de l'abîme, une lâcheté peut nous y plonger ; vous aurais-je trop estimé, en supposant que vous pouviez réparer vos torts ? et ne ferez-vous rien pour moi ?

---

1. Réminiscence de la *Phèdre* de Racine (acte IV, scène II) : « Le jour n'est pas plus pur que le fond de mon cœur. »

BILLET. — FRÉDÉRIC A CLAIRE

Je ne suis pas maître de mon amour, je le suis de ma vie ; je ne puis cesser de vous offenser qu'en cessant d'exister ; chaque battement de mon cœur est un crime, laissez-moi mourir.

BILLET. — CLAIRE A FRÉDÉRIC

Non, on n'est pas maître de sa vie quand celle d'un autre y est attachée. Malheureux ! frémis du coup que tu veux porter, il ne t'atteindrait pas seul.

BILLET. — FRÉDÉRIC A CLAIRE

Je ne résiste point… Le ton de votre billet, ce que j'y ai cru voir… Ah ! Claire, s'il était possible… Puisque vous persistez à ne point me voir seule, permettez du moins que j'écrive pour m'expliquer ; peut-être vous paraîtrai-je alors moins coupable. Demain matin, quand il me sera permis d'entrer chez vous pour savoir de vos nouvelles, daignez recevoir ma lettre.

LETTRE XX

Frédéric à Claire

Dans l'abîme de misère où je suis descendu, s'il est un lien qui puisse me rattacher à la vie, je le trouve dans l'espoir de regagner votre estime : en vous montrant mon cœur tel qu'il fut, tel qu'il est animé par vous, peut-être ne rougirez-vous pas de l'autel où vous serez adorée jusqu'à mon dernier jour.

Vous le savez, Claire, je fus élevé par une mère qui s'était mariée malgré le vœu de toute sa famille ; l'amour seul avait rempli sa vie, et elle me fit passer son âme avec son lait. Sans cesse elle me parlait de mon père, du bonheur d'un attachement mutuel ; je fus témoin du charme de leur union, et de l'excessive douleur de ma mère lors de la mort de son mari ; douleur qui, la consumant peu à peu, la fit périr elle-même quelques années après.

Toutes ces images me disposèrent de bonne heure à la tendresse ; j'y fus encore excité par l'habitation des montagnes. C'est dans ces pays sauvages et sublimes que l'imagination s'exalte, et allume dans le cœur un feu qui finit par le dévorer ; c'est là que je me créai un fantôme auquel je me plaisais à rendre une sorte de culte. Souvent, après avoir gravi une de ces hauteurs imposantes où la vue plane sur l'immensité : « Elle est là, m'écriais-je dans une douce extase, celle que le ciel destine à faire la félicité de ma vie. Peut-être mes yeux sont-ils tournés vers le lieu où elle embellit pour mon bonheur ; peut-être que, dans ce même instant où je l'appelle, elle songe à celui qu'elle doit aimer. » Alors je lui donnais des traits ; je la douais de toutes les vertus ; je réunissais sur un seul être toutes les qualités, tous les agréments dont la société et les livres m'avaient offert l'idée. Enfin, épuisant sur lui tout ce que la nature a d'aimable, et tout ce que mon cœur pouvait aimer, j'imaginai Claire !... Mais non, ce regard, le plus puissant de tes charmes, ce regard que rien ne peut peindre ni définir, il n'appartenait qu'à toi de le posséder : l'imagination même ne pouvait aller jusque-là.

Ma mère avait gravé dans mon âme les plus saints préceptes de morale et le plus profond respect pour les nœuds sacrés du mariage ; aussi, en arrivant ici, combien j'étais loin de penser qu'une femme mariée, que la femme de mon bienfaiteur, pût être un objet dangereux pour moi ! J'étais d'autant moins sur mes gardes, que, quoique votre premier regard eût fait évanouir toutes mes préventions, et que je vous eusse trouvée charmante, un sourire fin, j'ai presque dit malin, qui effleure souvent vos lèvres, me faisait douter de l'excellence de votre cœur. Aussi n'avez-vous pas oublié peut-être que, dans ce temps-là, j'osai vous dire plus d'une fois que votre mari m'était plus cher que vous ; ce n'est pas que je n'éprouvasse dès lors une sorte de contradiction entre ma raison et mon cœur, et dont je m'étonnais moi-même, parce qu'elle m'avait toujours été étrangère. Je ne m'expliquais point comment, aimant votre mari davantage, je me sentais plus attiré vers vous ; mais, à force de m'interroger à cet égard, je finis par me dire que comme vous étiez plus aimable, il était tout simple que je préférasse votre conversation à la sienne, quoique au fond je lui fusse plus réellement attaché. Peu à peu je découvris en vous non pas plus de bonté que dans M. d'Albe, nul être ne peut aller plus loin que lui sur ce point, mais une âme plus élevée, plus tendre et plus délicate ; je vous vis alternativement douce, sublime, touchante, irrésistible ; tout ce qu'il y a de beau et de grand vous est si naturel, qu'il faut vous voir de près pour vous apprécier, et la simplicité avec laquelle vous exercez les vertus les plus difficiles les ferait paraître des qualités ordinaires aux yeux d'un observateur peu attentif. Dès lors je ne cessai plus de vous contempler ; je m'enorgueillissais de mon admiration ; je la regardais comme le premier des devoirs, puisque c'était la vertu qui me l'inspirait, et, tandis que je croyais n'aimer qu'elle en vous, je m'enivrais de tous les poisons de l'amour. Claire, je l'avoue, dans ce temps-là, je sentis plusieurs fois près de vous des impressions si vives, qu'elles auraient pu m'éclairer ; mais vous ignorez sans doute combien on est habile à se tromper soi-même, quand on pressent que la vérité nous arrachera à ce qui nous plaît ; un instinct incompréhensible donne une subtilité à notre esprit qu'il avait ignorée jusqu'alors ; à l'aide des sophismes les plus adroits, il éblouit la raison et subjugue la conscience. Cependant la mienne me parlait encore ; j'éprouvais un mécontentement intérieur, un malaise confus, dont je ne voulais pas voir la véritable cause ; ce fut sans doute le motif secret de la joie que je sentis à l'arrivée de Mlle de Raincy ; en la voyant brillante de tous vos charmes, je lui prêtai toutes vos vertus, et je me crus sauvé. Je fus plusieurs jours séduit par sa figure, elle est plus régulièrement belle que vous ; j'osais vous comparer... Ah ! Claire, si la terre n'a rien de plus beau qu'Adèle, le ciel seul peut m'offrir votre modèle.

Vous m'estimez assez, j'espère, pour penser qu'il ne me fallut pas longtemps pour mesurer la distance qui sépare vos caractères ; je me rappelle qu'un jour où vous me fîtes son éloge, en me laissant entrevoir le dessein de nous unir, je fus humilié que vous pussiez penser qu'après vous avoir connue je pusse me contenter d'Adèle, et que vous m'estimassiez assez peu pour croire que, si la beauté pouvait m'émouvoir, il ne me fallût pas autre chose pour me fixer. « Ô Claire ! m'écriais-je souvent en m'adressant à votre image, si vous voulez qu'on puisse aimer une autre femme que vous, cessez d'être le parfait modèle qu'elles devraient toutes imiter : ne nous montrez plus qu'elles peuvent unir l'esprit à la franchise, l'activité à la douceur, et remplir avec dignité tous les petits devoirs auxquels leur sexe et leur sort les assujettissent... » Claire, je ne m'avouais point encore que je vous aimais ; mais souvent, lorsque attiré vers vous par mon cœur, encouragé par la touchante expression de votre amitié, je me sentais prêt à vous serrer dans mes bras par un mouvement dont je ne me rendais pas compte, je m'éloignais avec effort, je n'osais ni vous regarder, ni toucher votre main, je repoussais même jusqu'à l'impression de votre vêtement ; enfin je faisais par instinct ce que j'aurais dû faire par raison : cependant un jour... Claire, oserai-je vous le dire ? un jour vous me priâtes de dénouer les rubans de votre voile : en y travaillant, mes yeux fixèrent vos charmes ; un mouvement plus prompt que la pensée m'attira, j'osai porter mes lèvres sur votre cou : je tenais Adolphe entre mes bras, vous crûtes que c'était lui ; je ne vous détrompai pas, mais j'emportai un trouble dévorant, une agitation tumultueuse ; j'entrevis la vérité, et j'eus horreur de moi-même.

Enfin ce jour, ce jour fatal où ma lâche faiblesse vous a appris ce que vous n'auriez jamais dû entendre, combien j'étais éloigné de penser qu'il dût finir ainsi ! Dès le matin j'avais été parcourir la campagne, et, m'élevant avec une piété sincère vers l'auteur de mon être, je l'avais conjuré de me garantir d'une séduction dont la cause était si belle et l'effet si funeste. Ces élans religieux me rendirent la paix ; il me semble que Dieu venait de se placer entre nous deux, et j'osai me rapprocher de vous.

De même qu'un calme parfait est souvent le précurseur des plus violentes tempêtes, un repos qui m'était inconnu depuis longtemps avait rempli ma journée. J'acceptai avec empressement la promenade proposée par M. d'Albe, afin de revoir cette nature dont la bienfaisante influence m'avait été si salutaire le matin ; mais je la revis avec vous, et elle ne fut plus la même ; la terre ne m'offrait que l'empreinte de vos pas ; le ciel, que l'air que vous respiriez ; un voile d'amour répandu sur toute la nature m'enveloppait délicieusement, et me montrait votre image dans tous les objets que je fixais. Enfin, Claire, à cet instant où je vous vis prête à sacrifier vos jours pour votre fils, et où je craignis pour votre vie, alors seulement je sentis tout ce que vous étiez pour moi. Témoin de la sensibilité courageuse qui vous fit étancher une horrible blessure, de cette inépuisable bonté qui vous indiquait tous les moyens de consoler des malheureux, je me dis que le plus méprisable des êtres serait celui qui pourrait vous voir sans vous adorer, si ce n'était celui qui oserait vous le dire.

Ce fut dans ces dispositions, Claire, que je sortis de cette chaumière où vous aviez paru comme une déité bienfaisante ; la faible lueur de la lune jetait sur l'univers quelque chose de mélancolique et de tendre ; l'air doux et embaumé était imprégné de volupté ; le calme qui régnait autour de nous n'était interrompu que par le chant plaintif du rossignol ; nous étions seuls au monde... Je devinai le danger, et j'eus la force de m'éloigner de vous : ce fut alors que vous vous approchâtes ; je vous sentis et je fus perdu ; la vérité, renfermée avec effort, s'échappa brûlante de mon sein, et vous me vîtes aussi coupable, aussi malheureux qu'il est donné à un mortel de l'être. Dans ce moment où je venais de me livrer avec frénésie à tout l'excès de ma passion, dans ce moment où vous me rappeliez combien elle outrageait mon bienfaiteur, où l'image de mon ingratitude, tout horrible qu'elle était, ne combattait que faiblement la puissance qui m'attirait vers vous, je vois mon père... Égaré, éperdu, je veux fuir ; vous m'ordonnez de rentrer et de feindre : feindre, moi ! Je crus qu'il était plus facile de mourir que d'obéir, je me trompais ; l'impossible n'est pas quand c'est Claire qui le commande ; son pouvoir sur moi est semblable à celui de Dieu même, il ne s'arrête que là où commence mon amour.

Claire, je ne veux pas vous tromper, si dans vos projets sur moi vous faites entrer l'espoir de me guérir un jour, vous nourrissez une erreur ; je ne puis ni ne veux cesser de vous aimer ; non, je ne le veux point, il n'est aucune portion de moi-même qui combatte l'adoration que je te porte. Je veux t'aimer, parce que tu es ce qu'il y a de meilleur au monde, et que ma passion ne nuit à personne ; je veux t'aimer enfin, parce que tu me l'ordonnes : ne m'as-tu pas dit de vivre ?

Écoutez, Claire ; j'ai examiné mon cœur, et je ne crois point offenser mon père en vous aimant. De quel droit voudrait-il qu'on vous connût sans vous apprécier, et qu'est-ce que mon amour lui ôte ? ai-je jamais

conçu l'espoir, ai-je même le désir que vous répondiez à ma tendresse ?
Ah, gardez-vous de le croire ! j'en suis si loin, que ce serait pour moi le
plus grand des malheurs ; car ce serait le seul, l'unique moyen de m'arracher mon amour ; Claire méprisable n'en serait plus digne ; Claire
méprisable ne serait plus vous : cessez d'être parfaite, cessez d'être vous-
même, et de ce moment je ne vous crains plus.

D'après cette déclaration, étonnante peut-être, mais vraie, mais
sincère, que risquez-vous en vous laissant aimer ? Permettez-moi de
toujours adorer la vertu, et de lui prêter vos traits pour m'encourager à la
suivre ; alors il n'y a rien dont elle ne me rende capable. Ma raison, mon
âme, ma conscience, ne sont plus qu'une émanation de vous ; c'est à vous
qu'appartient le soin de ma conduite future. Je vous remets mon existence entière, et vous rends responsable de la manière dont elle sera
remplie ; si votre cruauté me repousse, s'il m'est défendu de vous
approcher, tous les ressorts de mon être se détendent ; je tombe dans le
néant. Éloigné de vous, je me perds dans un vague immense, où je ne
distingue plus la vertu, l'humanité ni l'honneur. Ô céleste Claire ! laisse-
moi te voir, t'entendre, t'adorer ; je serai grand, vertueux, magnanime ;
un amour chaste comme le mien ne peut offenser personne, c'est un
enfant du ciel à qui Dieu permet d'habiter la terre.

Je ne quitterai point ce séjour, j'y veux employer chaque instant de ma
vie à vous imiter, en faisant le bonheur de mon père. Ce digne homme se
plaît avec moi, il m'a prié de diriger les études de son fils : Claire, je
m'attache à votre maison, à votre sort, à vos enfants ; je veux devenir une
partie de vous-même, en dépit de vous-même : c'est là mon destin, je
n'en aurai point d'autre ; ne me parlez plus de liens, de mariage, tout est
fini pour moi, et ma vie est fixée.

Je vous promets de révérer en silence l'objet sacré de mon culte :
dévoré d'amour et de désirs, ni mes paroles ni mes regards ne vous
dévoileront mon trouble ; vous finirez par oublier ce que j'ai osé vous
dire, et je vous jure de ne jamais vous rappeler ce souvenir. Claire, si ma
situation vous paraissait pénible, si votre tendre cœur était ému de
compassion, ne me plaignez point ; il est dans votre dernier billet, un
mot… ! Source d'une illusion ravissante, il m'a fait goûter un moment
tout ce que l'humanité peut attendre de félicité ! ô Claire, ne m'ôte
point mon erreur ! qu'y gagnerais-tu ? Je sais que c'en est une, mais elle
m'enchante, me console ; c'est elle qui doit essuyer toutes mes larmes ;
laisse-moi ce bien précieux, ce n'était pas ta volonté de me le donner ; je
l'ai saisi, afin de pouvoir t'obéir quand tu m'as commandé de vivre,
aurais-tu la barbarie de me l'arracher ?

LETTRE XXI

Claire à Frédéric

Votre lettre m'a fait pitié ; si ce n'était celle d'un malheureux qu'il faut guérir, ce serait celle d'un insensé que je devrais chasser de chez moi ; le délire de votre raison peut seul vous aveugler sur les contradictions dont elle est remplie. Ce mot que je devrais désavouer, ce mot, qui seul vous a attaché à la vie, n'est-il pas le même qui rendrait Claire méprisable à vos yeux, si elle osait le prononcer ? Et jamais amour chaste fut-il dévoré de désirs, et déroba-t-il de coupables faveurs ? Malheureux ! rentrez en vous-même, votre cœur vous apprendra qu'il n'est point d'amour sans espoir, et que vous nourrissez le criminel désir de séduire la femme de votre bienfaiteur : il se peut que la faiblesse que j'ai eue de vous écouter, de vous répondre, celle que j'ai de tolérer votre présence après l'inconcevable serment que vous faites de m'aimer toujours, autorise votre téméraire espoir ; mais sachez que, quand même mon cœur m'échapperait, vous n'en seriez pas plus heureux, et que Claire serait morte avant d'être coupable.

Je répondrai dans un autre moment à votre lettre, je ne le puis à présent.

LETTRE XXII

Claire à Élise

Ah ! qu'as-tu dit, ma tendre amie ! de quelle horrible lumière viens-tu frapper mes yeux ? Qui, moi, j'aimerais ? Tu le penses, et tu me parles encore ? et tu ne rougis pas de ce nom d'amie que j'ose te donner ? Quoi ! sous les yeux du plus respectable des hommes, mon époux, parjure à mes serments, j'aimerais le fils de son adoption ? le fils que sa bonté a amené ici, et que sa confiance a remis entre mes mains ! Au lieu des vertueux conseils dont j'avais promis de pénétrer son cœur, je lui inspirerais une passion criminelle ? Au lieu du modèle que je devais lui offrir, je la partagerais ?... Ô honte ! chaque mot que je trace est un crime, et j'en détourne la vue en frémissant. Dis, Élise, dis-moi, que faut-il faire ? Si tu m'estimes encore assez pour me guider, soutiens-moi dans cet abîme dont tu viens de me découvrir toute l'horreur ; je suis prête à tout ; il n'est point de sacrifice que je ne fasse : faut-il cesser de le voir, le chasser,

percer son cœur et le mien ? Je m'y résoudrai, la vertu m'est plus chère
que ma vie, que la sienne... L'infortuné ! dans quel état il est ! Il se tait,
il se consume en silence, et, pour prix d'un pareil effort, je lui dirai :
« Sors d'ici, va expirer de misère et de désespoir ; tu ne voulais que me
voir, ce seul bien te consolait de tout, eh bien ! je te le refuse... » Élise, il
me semble le voir les yeux attachés sur les miens : leur muette expression
me dit tout ce qu'il éprouve, et tu m'ordonnerais d'y résister ? Quoi ! ne
peut-on chérir l'honnêteté sans être barbare et dénaturée, et la vertu
demanda-t-elle jamais des victimes humaines ? Laisse, laisse-moi
prendre des moyens plus doux ; pourquoi déchirer les plaies au lieu de les
guérir ? Sans doute je veux qu'il s'éloigne, mais il faut que mon amitié
l'y prépare ; il faut trouver prétexte : le goût des voyages en est un ; c'est
une curiosité louable à son âge, et je ne doute pas que M. d'Albe ne
consente à la satisfaire. Repose-toi sur moi, Élise, du soin de me séparer
de Frédéric. Ah ! j'y suis trop intéressée pour n'y pas réussir !

Comment t'exprimer ce que je souffre ? Adèle est partie hier, et,
depuis ce moment, mon mari, inquiet sur ma santé, me quitte le moins
qu'il peut ; il faut que je dévore mes larmes ; je tremble qu'il n'en voie la
trace, et qu'il n'en devine la cause. Il s'étonne de ce que j'interdis ma
chambre à tout le monde. « Ma bonne amie, me disait-il tout à l'heure,
pourquoi n'admettre que moi et vos enfants auprès de vous ? Est-ce que
mon Frédéric vous déplaît ? » Cette question si simple m'a fait tressaillir ;
j'ai cru qu'il m'avait devinée et qu'il voulait me sonder. Ô tourments
d'une conscience agitée ! c'est ainsi que je soupçonne dans le plus vrai,
dans le meilleur des hommes, une dissimulation dont je suis seule
coupable ; et je vois trop que la première peine du méchant est de croire
que les autres lui ressemblent.

LETTRE XXIII
Claire à Élise

Ce matin, pour la première fois, je me suis présentée au déjeuner :
j'étais pâle et abattue ; Frédéric était là ; il lisait auprès de la cheminée.
En me voyant entrer, il a changé de couleur, il a posé son livre, et s'est
approché de moi ; je n'ai point osé le regarder ; mon mari a avancé un
fauteuil ; en le retournant mes yeux se sont fixés dans la glace ; j'ai
rencontré ceux de Frédéric, et, n'en pouvant soutenir l'expression, je suis
tombée sans force sur mon siège. Frédéric s'est avancé avec effroi et
M. d'Albe, aussi effrayé que lui, m'a remise entre ses bras, pendant qu'il
allait chercher des sels dans ma chambre. Le bras de Frédéric était passé

autour de mon corps ; je sentais sa main sur mon cœur, tout mon sang s'y était porté ; il le sentait battre avec violence. « Claire, m'a-t-il dit à demi-voix, et moi aussi, ce n'est plus que là qu'est le mouvement et la vie... Dis-moi, a-t-il ajouté en penchant son visage sur le mien, dis-moi, je t'en conjure, que ce n'est pas la haine qui le fait palpiter ainsi. » Élise, je respirais son souffle, j'en étais embrasée, je sentais ma tête s'égarer... Dans mon effroi, j'ai repoussé sa main ; je me suis relevée : « Laissez-moi, lui ai-je dit, au nom du ciel, laissez-moi, vous ne savez pas le mal que vous me faites. » Mon mari est rentré, ses soins m'ont ranimée ; quand j'ai été un peu remise, il m'a exprimé toute l'inquiétude que mon état lui cause. « Je ne vous ai jamais vue si étrangement souffrante, ma Claire, m'a-t-il dit, je crains que la cause de ce changement ne soit une révolution de lait ; laissez-moi, je vous en conjure, faire appeler quelque médecin éclairé. » Élise, mon cœur s'est brisé, il ne peut soutenir le pesant fardeau d'une dissimulation continuelle ; en voyant l'erreur où je plongeais mon mari, en sentant près de moi le complice trop aimé de ma faute, j'aurais voulu que la terre nous engloutît tous deux. J'ai pressé les mains de M. d'Albe sur mon front : « Mon ami, lui ai-je dit, je me sens en effet bien malade, mais ne me refusez pas vos soins ; guérissez-moi, sauvez-moi, remettez-moi en état de consacrer mes jours à votre bonheur ; quels qu'en soient les moyens, soyez sûr de ma reconnaissance. » Il a paru surpris ; j'ai frémi d'en avoir trop dit : alors, tâchant de lui donner le change, j'ai attribué au bruit et au grand jour la faiblesse de ma tête, et j'ai demandé à rentrer chez moi. Il a prié Frédéric de lui aider à me soutenir ; je n'aurais pu refuser son bras sans éveiller des soupçons qu'il ne faut peut-être qu'un mot pour faire naître ; mais, Élise, te le dirai-je ? en levant les yeux sur Frédéric j'ai cru y voir quelque chose de moins triste que d'attendri ; j'ai même cru y démêler un léger mouvement de plaisir... Ah ! je n'en doute plus ! ma faiblesse lui aura révélé mon secret : mon trouble devant M. d'Albe ne lui aura point échappé ; il aura vu mes combats ; ils lui auront appris qu'il est aimé, et peut-être jouissait-il d'un désordre qui lui marquait son pouvoir... Élise, cette idée me rend à la fierté et au courage ; crois-moi, je saurai me vaincre et le désabuser ; il est temps que ce tourment finisse : ta lettre m'a dicté mon devoir, et du moins suis-je digne encore de t'entendre. Je vais lui écrire ; oui, ma tendre amie, j'y suis résolue ; il partira, qu'il se distraie, qu'il m'oublie : le ciel m'est témoin que ce vœu est sincère ; et moi, pour retrouver des forces contre lui, je vais relire cette lettre où tu me peins les devoirs d'épouse et de mère sous des couleurs qu'il n'appartient qu'à ma digne amie de savoir trouver. Adieu.

LETTRE XXIV

Claire à Frédéric

J'ignore jusqu'où la vertu a perdu ses droits sur votre âme, et si l'amour que je vous inspire vous a dégradé au point de n'être plus capable d'une action courageuse et honnête ; mais je vous déclare que, si dans deux jours vous n'avez pas exécuté ce que je vais vous prescrire, Claire aura cessé de vous estimer.

Mon mari vous aime et en fait son bonheur ; j'ai voulu et je veux encore lui laisser ignorer un égarement qui détruirait son repos, et peut-être son amitié ; mais, en lui taisant la vérité, j'ai dû m'imposer la loi d'agir comme il le ferait si elle lui était connue. Partez donc, Frédéric ; quittez un lieu que vous remplissez de trouble ; allez purifier votre cœur, et surtout oubliez une femme que les plus saints devoirs vous ordonneraient de respecter ; je ne vous reverrai qu'alors.

Le goût des voyages est un des plus vifs chez les jeunes gens ; prenez ce prétexte pour vous éloigner d'ici ; exprimez à votre père le désir d'aller vous instruire en parcourant de nouvelles contrées : l'excellent homme que vous offensez s'affligera de votre absence, mais sacrifiera son propre plaisir à celui d'un ingrat qui l'en récompense si mal. Aussitôt que vous aurez obtenu sa permission, que je hâterai de tous mes efforts, vous vous éloignerez sans tarder. Je vous défends de me voir seule, je ne recevrai point vos adieux ; ne vous imaginez pas néanmoins que je croie cette précaution nécessaire à mon repos : non, l'honnêteté est un besoin pour moi, et non pas un effort ; et si elle pouvait être jamais ébranlée, ce ne serait pas par l'homme qui, se laissant dominer par un penchant coupable, l'excuse au lieu de le combattre, humilie celle qui en est l'objet, en la rendant cause de l'avilissement où il est réduit.

LETTRE XXV

Frédéric à Claire

Qu'est-il nécessaire d'insulter avec froideur la victime qu'on dévoue à la mort ? Qu'aviez-vous besoin, pour me la donner, de me parler de votre haine ? L'ordre de mon départ suffisait ; mais il vous était doux de me montrer à quel point je vous suis odieux : je n'ai point reconnu Claire à cette barbarie.

Vous le voyez, je suis de sang-froid ; votre lettre a glacé les terribles agitations de mon sang, et je suis en état de raisonner.

Pourquoi dois-je partir, Claire ? Si c'est pour votre époux, et que le sentiment que je porte en mon cœur soit un outrage pour lui, où trouverez-vous un point de l'univers où je puisse cesser de l'offenser ? Sous les pôles glacés, sous le brûlant tropique, tant que mon cœur battra dans mon sein, Claire y sera adorée ; si c'est une froide pitié qui vous intéresse à moi, je la rejette : ce n'est point elle qui trouvera les moyens d'adoucir mes maux, et vous me rendrez trop malheureux pour que je vous laisse l'arbitre de mon sort.

Claire, l'intérêt de votre repos pouvait seul me chasser d'ici ; mais votre estime même est trop chère à ce prix, et, s'il faut m'éloigner de vous, je ne connais plus qu'un asile.

LETTRE XXVI
Claire à Élise

Où suis-je, Élise ? et qu'ai-je fait ? Une effrayante fatalité me poursuit ; je vois le précipice où je me plonge, et il me semble qu'une main invisible m'y pousse malgré moi ; c'était peu qu'un criminel amour eût corrompu mon cœur, il me manquait d'en faire l'aveu. Entraînée par une puissance contre laquelle je n'ai point de force, Frédéric connaît enfin l'excès d'une passion qui fait de ton amie la plus méprisable des créatures... Je ne sais pourquoi je t'écris encore ; il est des situations qui ne comportent aucun soulagement, et ta pitié ne peut pas plus m'arracher mes remords que tes conseils réparer ma faute. L'éternel repentir s'est attaché à mon cœur ; il le déchire, il le dévore ; je n'ose mesurer l'abîme où je me perds, et je ne sais où poser les bornes de ma faiblesse... J'adore Frédéric, je ne vois plus que lui seul au monde ; il le sait, je me plais à le lui répéter : s'il était là je le lui dirais encore ; car, dans l'égarement où je suis en proie, je ne me reconnais plus moi-même... Je voulais t'écrire tout ce qui vient de se passer ; mais je ne le puis, ma main tremblante peut à peine tracer ces lignes mal assurées... Dans un instant plus calme peut-être... Ah ! qu'ai-je dit ? le calme, la paix, il n'en est plus pour moi.

LETTRE XXVII

Claire à Élise

Depuis trois jours, Élise, j'ai essayé en vain de t'écrire ; ma main se refusait à tracer les preuves de ma honte ; je le ferai pourtant, j'ai besoin de ton mépris, je le mérite et le demande ; ton indulgence me serait odieuse ; ma faute ne doit pas rester impunie, et le pardon m'humilierait plus que les reproches. Songe, Élise, que tu ne peux plus m'aimer sans t'avilir, et laisse-moi la consolation de m'estimer encore dans mon amie.

La lettre de Frédéric, que tu trouveras ci-jointe, m'avait rendu une sorte de dignité ; je m'étonnais d'avoir pu craindre un homme qui osait me dire qu'il dédaignait mon estime : impatiente de lui prouver qu'il l'avait perdue, j'ai vaincu ma faiblesse pour paraître à dîner ; mon air était calme, froid et imposant ; j'ai fixé Frédéric avec hauteur, et, uniquement occupée de mon mari et de mes enfants, j'ai répondu à peine à deux ou trois questions qu'il m'a adressées, et je trouvais une jouissance cruelle à lui montrer le peu de cas que je faisais de lui. En sortant de table Adolphe s'est assis sur mes genoux ; il m'a rendu compte des différentes études qui l'avaient occupé pendant mon indisposition ; c'était toujours son cousin Frédéric qui lui avait appris ceci, cela ; jamais une leçon ne l'ennuie quand c'est son cousin Frédéric qui la donne.

« C'est si amusant de lire avec lui, me disait mon fils ; il m'explique si bien ce que je ne comprends pas ; cependant ce matin il n'a jamais voulu m'apprendre ce que c'était que la *vertu* ; il m'a dit de te le demander, maman.

— C'est la force, mon fils, ai-je répondu, c'est le courage d'exécuter rigoureusement tout ce que nous sentons être bien, quelque peine que cela nous fasse ; c'est un mouvement grand, généreux, dont ton père t'offre souvent l'exemple, dont la seule idée m'attendrit, mais dont ton cousin ne pouvait pas te donner l'explication. »

En disant ces derniers mots, que Frédéric seul a entendus, j'ai jeté sur lui un regard de dédain... Ô mon Élise ! il était pâle, des larmes roulaient dans ses yeux, tous ses traits exprimaient le désespoir ; mais, soumis à sa promesse de dissimuler toutes ses sensations devant mon mari, il continuait à causer avec une apparence de tranquillité. M. d'Albe, les yeux fixés sur un livre, ne remarquait pas l'état de son ami, et répondait sans le regarder. Pour moi, Élise, dès cet instant toutes mes résolutions furent changées ; je trouvai que j'avais été dure et barbare : j'aurais donné ma vie pour adresser à Frédéric un mot tendre qui pût réparer le mal que je lui avais fait et, pour la première fois, je souhaitai de voir sortir

M. d'Albe... Le jour baissait ; plongée dans la rêverie, j'avais cessé de causer, et mon mari, n'y voyant plus à lire, me demande un peu de musique. J'y consens ; Frédéric m'apporte ma harpe ; je chante, je ne sais trop quoi ; je me souviens seulement que c'était une romance, que Frédéric versait des pleurs, et que les miens, que je retenais avec effort, m'étouffaient en retombant sur mon cœur. A cet instant, Élise, un homme vient demander mon mari ; il sort : un instinct confus du danger où je suis me fait lever précipitamment pour le suivre ; ma robe s'accroche aux pédales, je fais un faux pas, je tombe : Frédéric me reçoit dans ses bras ; je veux appeler, les sanglots éteignent ma voix ; il me presse fortement sur son sein... A ce moment tout a disparu, devoirs, époux, honneur ; Frédéric était l'univers, et l'amour, le délicieux amour, mon unique pensée.

« Claire, s'est-il écrié, un mot, un seul mot : dis quel sentiment t'agite !

— Ah ! lui ai-je répondu, éperdue, si tu veux le savoir, crée-moi donc des expressions pour le peindre ! »

Alors je suis retombée sur mon fauteuil ; il s'est précipité à mes pieds, je sentais ses bras autour de mon corps ; la tête appuyée sur son front, respirant son haleine, je ne résistais plus.

« Ô femme idolâtrée ! a-t-il dit, quelles inexprimables délices j'éprouve en ce moment ! la félicité suprême est dans son âme : oui, tu m'aimes, oui, j'en suis sûr : le délire du bonheur où je suis n'était réservé qu'au mortel préféré par toi. Ah ! que je l'entends encore de ta bouche adorée, ce mot dont la seule espérance a porté l'ivresse dans tous mes sens !

— Si je t'aime, Frédéric ! oses-tu le demander ? imagine ce que doit être une passion qui réduit Claire dans l'état où tu la vois ; oui, je t'aime avec ardeur, avec violence ; et dans ce moment même, où j'oublie pour te le dire les plus sacrés devoirs, je jouis de l'excès d'une faiblesse qui te prouve celui de mon amour. Ô souvenir ineffaçable de plaisir et de honte ! »

A cet instant les lèvres de Frédéric ont touché les miennes ; j'étais perdue, si la vertu, par un dernier effort, n'eût déchiré le voile de volupté dont j'étais enveloppée : m'arrachant d'entre les bras de Frédéric, je suis tombée à ses pieds.

« Oh ! épargne-moi, je t'en conjure, me suis-je écriée ; ne me rends pas vile, afin que tu puisses m'aimer encore. Dans ce moment de trouble, où je suis entièrement soumise à ton pouvoir, tu peux, je le sais, remporter une facile victoire ; mais si je suis à toi aujourd'hui, demain je serai dans la tombe ; je le jure au nom de l'honneur que j'outrage, mais qui est plus nécessaire à l'âme de Claire que l'air qu'elle respire : Frédéric ! Frédéric ! contemple-la, prosternée à tes pieds, et mérite son éternelle reconnaissance en ne la rendant pas la dernière des créatures !

— Lève-toi, m'a-t-il dit en s'éloignant, femme angélique, objet de ma profonde vénération et de mon immortel amour ! Ton amant ne résiste point à l'accent de ta douleur ; mais, au nom de ce ciel, dont tu es l'image, n'oublie pas que le plus grand sacrifice dont la force humaine soit capable, tu viens de l'obtenir de moi. »

Il est sorti avec précipitation ; je suis rentrée chez moi égarée ; un long évanouissement a succédé à ces vives agitations. En recouvrant mes sens j'ai vu mon époux près de mon lit ; je l'ai repoussé avec effroi ; j'ai cru voir le souverain arbitre des destinées qui allait prononcer mon arrêt. « Qu'avez-vous, Claire ? m'a-t-il dit d'un ton douloureux ; chère et tendre amie, c'est votre époux qui vous tend les bras. » J'ai gardé le silence, j'ai senti que si j'avais parlé j'aurais tout dit : peut-être l'aurais-je dû, mon instinct m'y poussait ; l'aveu a erré sur mes lèvres, mais la réflexion l'a retenu. Loin de moi cette franchise barbare, qui soulageait mon cœur aux dépens de mon digne époux ! En me taisant je reste chargée de mon malheur et du sien ; la vérité lui rendrait la part des chagrins qui doivent être mon seul partage. Homme trop respectable ! vous ne supporteriez pas l'idée de savoir votre femme, votre amie, en proie aux tourments d'une passion criminelle ; et l'obligation de mépriser celle qui faisait votre gloire, et chasser de votre maison celui que vous aviez placé dans votre cœur, empoisonnerait vos derniers jours ; je verrais votre visage vénérable, où ne se peignit jamais que la bienfaisance et l'humanité, altéré par le regret de n'avoir aimé que des ingrats, et couvert de la honte que j'aurais répandue sur lui ; je vous entendrais appeler une mort que le chagrin accélérerait peut-être, et je joindrais ainsi au remords du parjure tout le poids d'un homicide. Ô misérable Claire ! ton sang ne se glace-t-il pas à l'aspect d'une pareille image ? Est-ce bien toi qui es parvenue à ce comble d'horreur ? et peux-tu te reconnaître dans la femme infidèle qui n'oserait avouer ce qui se passe dans son cœur sans porter la mort dans celui de son époux ? Quoi ! un pareil tableau ne te fera-t-il pas abjurer la détestable passion qui te consume ? ne te fera-t-il pas abhorrer l'odieux complice de ta faute, Frédéric ?... Frédéric ! qu'ai-je dit ? moi, le haïr ! moi, renoncer à ce bonheur pour lequel il n'est point d'expression ! à ce bonheur de l'entendre dire qu'il m'aime ! le chasser de cet asile, ne plus l'espérer, ne le voir, ni l'entendre ! Hé ! quels sont les crimes qui ne seraient pas trop punis par de pareils sacrifices ? et comment ai-je mérité de me les imposer ? Retirée du monde, j'étais paisible dans ma retraite ; heureuse du bonheur de mon mari, je ne formais aucun désir : il m'amène un jeune homme charmant, doué de tout ce que la vertu a de grand, l'esprit d'aimable, la candeur de séduisant ; il me demande mon amitié pour lui, il nous laisse sans cesse ensemble ; le matin, le soir, partout je le vois, partout je le trouve ; toujours seuls, sous des ombrages, au milieu des charmes d'une nature qui s'anime, il aurait fallu que nous fussions nés pour nous haïr, si nous ne nous étions pas aimés. Imprudent époux ! pourquoi réunir ainsi deux êtres qu'une sympathie mutuelle attirait l'un vers l'autre ? deux êtres qui, vierges à l'amour, pouvaient en ressentir toutes les premières impressions sans s'en douter ? Pourquoi surtout les envelopper de ce dangereux voile d'amitié, qui devait être un si long prétexte pour se cacher leurs vrais sentiments ? C'était à vous, à votre expérience, à prévoir le danger et à nous en préserver : loin de là, quand votre main elle-même nous en approche, le couvre de fleurs et nous y pousse, pourquoi, terrible et menaçant, venir nous reprocher une faute qui est la vôtre, et nous ordonner de l'expier par le plus douloureux supplice ?... Qu'ai-je dit, Élise ? c'est Frédéric que j'aime, et c'est mon époux que j'accuse ! Ce Frédéric qui m'a vue entre ses bras, faible et sans défense, c'est lui que je veux garder ici ? Ô Élise ! tu serais bien changée si tu reconnais ton amie dans celle qu'une pareille situation peut laisser incertaine sur le parti qu'elle doit prendre.

LETTRE XXVIII

Frédéric à Claire

Femme, femme trop enchanteresse, qui es-tu pour faire entrer dans mon cœur les sentiments les plus opposés ? pour me faire passer tout à coup de l'excès du bonheur à celui de l'infortune ? Ces yeux si touchants, qu'il est impossible de regarder sans la plus vive émotion, ces yeux qui n'appartiennent qu'à Claire, l'idole chérie de mon cœur, la première femme que j'aie aimée, la seule que j'aimerai jamais ; ces yeux, où elle me permettait hier de lire l'expression de la tendresse, sont voilés aujourd'hui par la douleur et la sévérité ; et mon âme, où tu règnes despotiquement, mon âme, qui n'a maintenant plus de sentiments que tu n'aies fait naître, gémit de ta peine sans en connaître la cause. Ô ma douce, ma charmante amie ! garde-toi bien de te croire coupable, ni de t'affliger du bonheur que tu m'as donné ; le repentir ne doit point entrer dans une âme dont le mal n'approcha jamais. Toi, craindre le crime, Claire ! Ton seul regard le tuerait. Femme adorée et trop craintive, oses-tu penser que la divinité qui te forma à son image nous entraîne vers le vice par tout ce que la félicité a de plus doux ? Non, non ; ces élans, ces transports, ces émotions enchanteresses me rassurent contre le remords, et je me sens trop heureux pour me croire criminel. Ah ! laisse-moi retrouver ces instants où, t'enlaçant dans mes bras et respirant ton souffle, j'ai recueilli sur tes lèvres tout ce que l'immensité de l'univers et de la vie peut donner de félicité à un mortel.

Claire, tu m'as éloigné de toi, mais je ne t'ai point quittée ; mon imagination te plaçait sur mon sein, je t'inondais de caresses et de larmes ; ma bouche avide pressait la tienne : Claire ne s'en défendait point, Claire partageait mes transports ; sans autre guide que son cœur et la nature, elle oubliait le monde, ne sentait que l'amour, ne voyait que son amant : nous étions dans les cieux. Ah ! Claire, ce n'est pas là qu'est le crime.

Claire, je t'idolâtre avec frénésie ; ton image me dévore, ton approche me brûle ; trop de feux me consument, il faut mourir ou les satisfaire. Laisse-moi te voir, je t'en conjure ; ne me fuis point, laisse-moi te presser encore une fois entre mes bras ; je les étends pour te saisir, mais c'est une ombre qui m'échappe. Je t'écris à genoux, mon papier est baigné de mes pleurs ; ô Claire ! un de tes baisers, un seul encore : il est des plaisirs trop vifs pour pouvoir les goûter deux fois sans mourir.

LETTRE XXIX

Frédéric à Claire

Je ne puis dormir ; j'erre dans ta maison, je cherche la dernière place que tu as occupée ; ma bouche presse ce fauteuil où ton bras reposa long-temps ; je m'empare de cette fleur échappée de ton sein ; je baise la trace de tes pas, je m'approche de l'appartement où tu dors, de ce sanctuaire qui serait l'objet de mes ardents désirs, s'il n'était celui de mon profond respect. Mes larmes baignent le seuil de ta porte ; j'écoute si le silence de la nuit ne me laissera pas recueillir quelqu'un de tes mouvements... J'écoute... Ô Claire ! Claire ! je n'en doute pas, j'ai entendu des sanglots. Mon amie, tu pleures, qui peut donc causer ta peine[a] ? Quand je te dois un bonheur dont le reste du monde ne peut concevoir l'idée, puisque nul mortel ne fut aimé de toi, qui peut t'affliger encore ? Claire, que ton amour est faible, s'il te laisse une pensée ou un sentiment qui ne soit pas pour lui, et si sa puissance n'a pas anéanti toutes les autres facultés de ton âme ! Pour moi il n'est plus de passé ni d'avenir : absorbé par toi, je ne vois que toi, je n'ai plus un instant de ma vie qui ne soit à toi ; tous les autres êtres sont nuls et anéantis ; ils passent devant moi comme des ombres, je n'ai plus de sens pour les voir, ni de cœur pour les aimer. Amitié, devoir, reconnaissance, je ne sens plus rien, l'amour, l'ardent amour a tout dévoré ; il a réuni en un seul point toutes les parties sensibles de mon être, et il y a placé l'image de Claire : c'est là le temple où je te recueille, où je t'adore en silence quand tu es loin de moi ; mais si j'entends le son de ta voix, si tu fais un mouvement, si mes regards rencontrent tes regards, si je te presse doucement sur mon sein... alors, ce n'est plus seulement mon cœur qui palpite, c'est tout mon être, c'est

---

a. S'il ne faisait pas cette question, il serait un monstre ; car la folie de l'amour ne serait pas complète.

tout mon sang, qui frémissent de désir et de plaisir ; un torrent de volupté sort de tes yeux et vient inonder mon âme. Perdu d'amour et de tendresse, je sens que tout moi s'élance vers toi ! je voudrais te couvrir de baisers, recevoir ton haleine, te tenir dans mes bras, sentir ton cœur battre contre mon cœur, et m'abîmer avec toi dans un océan de bonheur et de vie… Mais, ô ma Claire ! seule tu réunis ce mélange inconcevable de décence et de volupté qui éloigne et attire sans cesse, et qui éternise l'amour. Seule tu réunis ce qui commande le respect et ce qui allume les désirs ; mais comment exprimer ce qu'est et ce qu'inspire une femme enchanteresse, la plus parfaite de toutes les créatures, l'image vivante de la divinité, et quelle langue sera digne d'elle ? Je sens que mes idées se troublent devant toi comme devant un ange descendu du ciel : rempli de ton image adorée, je n'ai plus d'autre sentiment que l'amour et l'adoration de tes perfections ; toute autre pensée que la tienne s'évanouit ; en vain je cherche à les fixer, à les rassembler, à les éclairer ; en vain je cherche à tracer quelques lignes qui te peignent ce que je sens : les termes me manquent ; ma plume se traîne péniblement, et si mon premier besoin n'était pas de verser dans ton cœur tous les sentiments qui m'oppressent, effrayé de la grandeur de ma tâche, je me tairais, accablé sous ta puissance, et sentant trop pour pouvoir penser.

LETTRE XXX

Claire à Frédéric

Non, je ne vous verrai point ; trop de présomption m'a perdue, et je suis payée pour n'oser plus me fier à moi-même. Je vous écris, parce que j'ai beaucoup à vous dire, et qu'il faut un terme enfin à l'état affreux où nous sommes.

Je devrais commencer par vous ordonner de ne plus m'écrire, car ces lettres si tendres, malgré moi je les presse sur mes lèvres, je les pose contre mon cœur, c'est du poison qu'elles respirent… Frédéric, je vous aime, je n'ai jamais aimé que vous ; l'image de votre bonheur, de ce bonheur que vous me demandez et que je pourrais faire, égare mes sens et trouble ma raison ; pour le satisfaire, je comptais pour rien la vie, l'honneur, et jusqu'à ma destinée future : vous rendre heureux et mourir après, ce serait tout pour Claire, elle aurait assez vécu ; mais acheter votre bonheur par une perfidie ! Frédéric, vous ne le voudriez pas… Insensé ! tu veux que Claire soit à toi, uniquement à toi ! Est-elle donc libre de se donner ? s'appartient-elle encore ? Si tes yeux osent se fixer sur ce ciel que nous outrageons, tu y verras les serments qu'elle a faits : c'est là

qu'ils sont écrits ! Et qui veux-tu qu'elle trahisse ? son époux et ton bienfaiteur, celui qui t'a appelé dans son sein, qui te nourrit, qui t'éleva, et qui
t'aime ; celui dont la confiance a remis dans nos mains le dépôt de son
bonheur ? Un assassin ne lui ôterait que la vie ; et toi, pour prix de ses
bontés, tu veux souiller son asile, ravir sa compagne, remplacer, par
l'adultère et la trahison, la candeur et la vertu qui régnaient ici, et que tu
en as chassées. Ose te regarder, Frédéric, et dis qu'est-ce qu'un monstre
ferait de plus que toi ! Quoi ! ton cœur est-il sourd à cette voix qui te crie
que tu violes l'hospitalité et la reconnaissance ? Ton regard ose-t-il se
porter sur cet homme respectable que tu dois frémir de nommer ton
père ? ta main peut-elle presser la sienne sans être déchirée d'épines ?
Enfin n'as-tu rien senti en voyant hier des larmes dans ses yeux ? Ah !
que n'ai-je pu les payer de tout mon sang ! Tu étais agité, j'étais pâle et
tremblante. Il a tout vu, il sait tout, c'en est fait, et l'innocent porte la
peine due au vice ! Malheureuse Claire ! était-ce donc pour empoisonner
sa vie que tu juras de lui consacrer la tienne ? Femme perfide, te sied-il
d'accuser un autre quand tu es toi-même si coupable ? Frédéric, vous
fûtes faible et je suis criminelle ; il me semble que toute la nature crie
après moi et me réprouve ; je n'ose regarder ni le ciel, ni vous, ni mon
époux, ni moi-même. Si je veux embrasser mes enfants, je rougis de les
presser contre un cœur dont l'innocence est bannie ; les objets qui me
sont les plus chers sont ceux que je repousse avec le plus d'effroi... Toi-
même, Frédéric, c'est parce que je t'adore que tu m'es odieux ; c'est
parce que je n'ai plus de forces pour te résister que ta présence me fait
mourir ; et mon amour ne me paraît un crime que parce que je brûle de
m'y livrer. Ô Frédéric ! éloigne-toi ; si ce n'est pas par devoir, que ce soit
par pitié : ta vue est un reproche dont je ne peux plus supporter le
tourment ; si ma vie et la vertu te sont chères, fuis sans tarder davantage :
quelles que soient tes résolutions, de quelque force que l'honneur les
soutienne, elles ne résisteraient point à l'occasion ni à l'amour ; songe,
Frédéric, qu'un instant peut faire de toi le dernier des hommes, et me
faire mourir déshonorée, et que, si, après y avoir pensé, il était nécessaire
de te répéter encore de fuir, tu serais si vil à mes yeux que je ne te craindrais plus.

   Je vous le répète, je suis sûre que mon mari a tout deviné ; ainsi je n'ai
malheureusement plus à redouter les soupçons que votre départ peut
occasionner. D'ailleurs, vous savez que les affaires d'Élise s'accumulent
de plus en plus, et lui donnent le besoin d'un aide ; soyez le sien,
Frédéric, devenez utile à mon amie, allez mériter le pardon des maux que
vous m'avez faits ; vous trouverez dans cette femme chérie une autre
Claire, mais sans faiblesse et sans erreurs. Montrez-vous tel à ses yeux,
qu'elle puisse dire qu'il n'y avait qu'une Élise ou un ange capable de
vous résister ; que vos vertus m'obtiennent ma grâce, et que votre travail
me rende mon amie ; que ce soit à vous que je doive son retour ici, afin

que chaque heure, chaque minute où je jouirai d'elle, soit un bienfait que je vous doive, et que je puisse remonter à vous comme à la source de ma félicité. Frédéric, il dépend de vous que je m'enorgueillisse de la tendresse que j'éprouve et de celle que j'inspire ; élevez-vous par elle au-dessus de vous-même ; qu'elle vous rattache à toutes les idées de vertu et d'honneur, pour que je puisse fixer mes yeux sur vous chaque fois que l'idée du bien se présentera. Enfin, en devenant le plus grand et le meilleur des hommes, forcez ma conscience à se taire, pour qu'elle laisse mon cœur vous aimer sans remords. Ô Frédéric ! s'il est vrai que je te sois chère, apprends de moi à chérir assez notre amour pour ne le souiller jamais par rien de bas ni de méprisable. Si tu es tout pour moi, mon univers, mon bonheur, le dieu que j'adore ; si la nature entière ne me présente plus que ton image ; si c'est par toi seul que j'existe, et pour toi seul que je respire ; si ce cri de mon cœur, qu'il ne m'est plus possible de retenir, t'apprend une faible partie du sentiment qui m'entraîne, je ne suis point coupable. Ai-je pu l'empêcher de naître ? suis-je maîtresse de l'anéantir ? dépend-il de moi d'éteindre ce qu'une puissance supérieure alluma dans mon sein ? Mais, de ce que je ne puis donner de pareils sentiments à mon époux, s'ensuit-il que je ne doive point lui garder la foi jurée ? Oserais-tu le dire, Frédéric ? oserais-tu le vouloir ? L'idée de Claire livrée à l'opprobre ne glace-t-elle pas tous tes désirs, et ton amour n'a-t-il pas plus besoin encore d'estime que de jouissance ? Non, non, je la connais bien cette âme qui s'est donnée à moi ; c'est parce que je la connais que je t'ai adoré. Je sais qu'il n'est point de sacrifice au-dessus de ton courage, et quand je t'aurai rappelé que l'honneur commande que tu partes, et que le repos de Claire l'exige, Frédéric n'hésitera pas.

LETTRE XXXI
Frédéric à Claire

J'ai lu votre lettre, et la vérité, la cruelle vérité a détruit les prestiges enchanteurs dont je me berçais ; les tortures de l'enfer sont dans mon cœur, l'abîme du désespoir s'est ouvert devant moi : Claire ordonne que je m'y précipite, je partirai.

Ce sacrifice, que la vertu ne m'eût jamais fait faire, et que vous seule pouviez obtenir de moi, ce sacrifice auquel nul autre ne peut être comparé, puisqu'il n'y a qu'une Claire au monde, et qu'un cœur comme le mien pour l'aimer ; ce sacrifice, dont je ne peux moi-même mesurer l'étendue, quel que soit le mal qu'il me cause, je te jure, ô ma Claire ! de ne jamais attenter à des jours qui te sont consacrés et qui t'appartiennent ;

mais si la douleur, plus forte que mon courage, dessèche les sources de
ma vie, me fait succomber sous le poids de ton absence, promets-moi,
Claire, de me pardonner ma mort et de ne point haïr ma mémoire. Sois
sûre que l'infortuné qui t'adore eût préféré t'obéir, en se dévouant à des
tourments éternels et inouïs, que de descendre dans la paix du tombeau
que tu lui refuses.

LETTRE XXXII

Claire à Élise

Élise, il me quitte demain, et c'est chez toi que je l'envoie ; en le
remettant dans tes bras, je tiens encore à lui, et, près de mon amie, il ne
m'aura pas perdue tout à fait. Soulage sa douleur, conserve-lui la vie, et,
s'il est possible, fais plus encore, arrache-moi de son cœur. Élise, Élise,
que l'objet de ma tendresse ne soit pas celui de ton inimitié ! Pourquoi le
mépriserais-tu, puisque tu m'estimes encore ? pourquoi le haïr, quand tu
m'aimes toujours ? pourquoi ton injustice l'accuse-t-elle plus que moi ?
S'il a troublé ma paix, n'ai-je pas empoisonné son cœur ? ne sommes-
nous pas également coupables ? Que dis-je ? ne le suis-je pas bien plus ?
son amour l'emporte-t-il sur le mien ? ne suis-je pas dévorée en secret
des mêmes désirs que lui ? Il voulait que Claire lui appartînt ; eh ! ne
s'est-elle pas donnée mille fois à lui dans son cœur ? Enfin, que peux-tu
lui reprocher dont je suis innocente ? Nos torts sont égaux, Élise, et nos
devoirs ne l'étaient pas : j'étais épouse et mère, il était sans liens ; je
connaissais le monde, il n'avait aucune expérience : mon sort était fixé et
mon cœur rempli ; lui, à l'aurore de sa vie, dans l'effervescence des
passions, on le jette à dix-neuf ans dans une solitude délicieuse, près
d'une femme qui lui prodigue la plus tendre amitié, près d'une femme
jeune et sensible, et qui l'a peut-être devancé dans un coupable amour.
J'étais épouse et mère, Élise, et ni ce que je devais à mon époux, à mes
enfants, ni respect humain, ni devoirs sacrés, rien ne m'a retenue ; j'ai vu
Frédéric, et j'ai été séduite. Quand les titres les plus saints n'ont pu me
préserver de l'erreur, tu lui ferais un crime d'y être tombé ? Quand tu me
crois plus malheureuse que coupable, l'infortuné qui fut appelé ici
comme une victime, et qui s'en arrache par un effort dont je n'aurais pas
été capable peut-être, ne deviendrait pas l'objet de ta plus tendre indulgence et de ton ardente pitié ? Ô mon Élise ! recueille-le dans ton sein ;
que ta main essuie ses larmes. Songe qu'à dix-neuf ans il n'a connu des
passions que les douleurs qu'elles causent et le vide qu'elles laissent ;
qu'anéanti par ce coup, il aurait terminé ses jours s'il n'avait craint pour

les miens. Songe, Élise, que tu lui dois ma vie… Tu lui dois plus peut-être ; il m'a respectée quand je ne me respectais plus moi-même ; il a su contenir ses transports quand je ne rougissais pas d'exhaler les miens ; enfin, s'il n'était pas le plus noble des hommes, ton amie serait peut-être à présent la plus vile des créatures.

LETTRE XXXIII

Claire à Élise

Inexprimables mouvements du cœur humain ! il est parti, Élise, et je n'ai pas versé une larme ; il est parti, et il semble que ce départ m'ait donné une nouvelle vie ; j'éprouve une force inconnue qui me commande une activité continuelle ; je ne puis rester en place, ni garder le silence, ni dormir ; le repos m'est impossible, et je sens que la gaieté même est plus près de moi que le calme. J'ai ri, j'ai plaisanté avec mon mari, j'étais montée sur un ton extraordinaire ; je ne savais pas ce que je faisais, je ne me reconnaissais plus moi-même. Si tu pouvais voir comme je suis loin d'être triste ! je n'éprouve pas non plus cette satisfaction douce et paisible qui naît de l'idée d'avoir fait son devoir, mais quelque chose de désordonné et de dévorant, qui ressemblerait à la fièvre, si je n'étais d'ailleurs en parfaite santé. Croirais-tu que je n'ai aucune impatience d'avoir de ses nouvelles, et que je suis aussi indifférente sur ce qui le regarde que sur tout le reste du monde ? Je t'assure, mon Élise, que ce départ m'a fait beaucoup de bien, et je me crois absolument guérie… N'est-ce pas ce matin qu'il nous a quittés ? Je ne sais plus comment marche le temps : il me semble que tout ce qui s'est passé dans mon âme depuis hier n'a pu avoir lieu dans un espace aussi court… Cependant il est bien vrai, c'est ce matin que Frédéric s'est arraché d'ici ; je n'ai compté que douze heures depuis son départ, pourquoi donc le son de l'airain a-t-il pris quelque chose de si lugubre ? Chaque fois qu'il retentit j'éprouve un frémissement involontaire… Pauvre Frédéric ! chaque coup t'éloigne de moi ; chaque instant qui s'écoule repousse vers le passé l'instant où je te voyais encore ; le temps l'éloigne, le dévore : ce n'est plus qu'une ombre fugitive que je ne peux saisir, et ces heures de félicité que je passais près de toi sont déjà englouties par le néant. Accablante vérité ! Les jours vont se succéder ; l'ordre général ne sera pas inter-rompu, et pourtant tu seras loin d'ici. La lumière reparaîtra sans toi, et mes tristes yeux, ouverts sur l'univers, n'y verront plus le seul être qui l'habite. Quel désert ! mon Élise. Je me perds dans une immensité sans rivage ; je suis accablée de l'éternité de la vie ; c'est en vain que je me débats pour échapper à moi-même, je succombe sous le poids d'une heure, et pour aiguiser mon mal, la pensée, comme un vautour déchirant, vient m'entourer de toutes celles qui me sont encore réservées... Mais pourquoi te dis-je tout cela ? Mon projet était autre : je voulais te parler de son départ ; qu'est-ce donc qui m'arrête ? Lorsque je veux fixer ma pensée sur ce sujet, un instinct confus le repousse ; il me semble, quand la nuit m'environne et que le sommeil pèse sur l'univers, que peut-être ce départ aussi n'est qu'un songe... Mais je ne puis m'abuser plus long-temps ; il est trop vrai, Frédéric est parti, ma main glacée est restée sans mouvement dans la sienne ; mes yeux n'ont pas eu une larme à lui donner, ni ma bouche un mot à lui dire... J'ai vu sur ces lambris son ombre paraître et s'effacer pour jamais ; j'ai entendu le seuil de la porte retentir sous ses derniers pas, et le bruit de la voiture qui l'emportait se perdre peu à peu dans le vide et le néant... Mon Élise, j'ai été obligée de suspendre ma lettre ; je souffrais d'un mal singulier ; c'est le seul qui me reste, j'en guérirai sans doute. J'éprouve un étouffement insupportable, les artères de mon cœur se gonflent, je n'ai plus de place pour respirer, il me faut de l'air : j'ai été dans le jardin ; déjà la fraîcheur commençait à me soulager, lorsque j'ai vu de la lumière dans l'appartement de M. d'Albe ; j'ai cru même l'apercevoir à travers ses croisées, et, dans la crainte qu'il n'attribuât au départ de Frédéric la cause qui troublait mon repos, je me suis hâtée de rentrer ; mais, hélas ! mon Élise, je suis presque sûre, non seulement qu'il m'a vue, mais qu'il sait tout ce qui se passe dans mon cœur. J'avais espéré pourtant l'arracher au soupçon en parlant la première du départ de Frédéric, et, par un effort dont son intérêt seul pouvait me rendre capable, je le fis sans trouble et sans embarras. Dès le premier mot, je crus voir un léger signe de joie dans ses yeux ; cependant il me demanda gravement quels motifs me faisaient approuver ce projet ; je lui répondis que tes affaires, demandant un aide, et ce moment-ci étant un temps de vacance pour la manufacture, je pensais que c'était celui où Frédéric pouvait le plus s'absenter ; que, pour moi, je souhaitais vivement qu'il allât t'aider à venir plus tôt ici. Frédéric était là quand j'avais commencé à parler, mais il n'avait pas dit un mot ; il attendait, pâle et les yeux baissés, la réponse de M. d'Albe ; celui-ci, nous regardant fixement tous deux, me répondit : « Pourquoi n'irais-je pas à la place de Frédéric ? j'entends mieux que lui le genre d'affaires de votre amie, au lieu qu'il est en état de suivre les miennes ici ; d'ailleurs il dirige les études d'Adolphe avec un zèle dont je suis très satisfait, et j'ai été touché plus d'une fois en le voyant, auprès de cet enfant, user d'une patience qui prouve toute sa tendresse pour le père... » Ces mots ont atterré Frédéric. Il est affreux sans doute de recevoir un éloge de la bouche de l'ami qu'on trahit ; et une estime que le cœur dément avilit plus que l'aveu même d'avoir cessé de la mériter. Nous avons tous gardé le silence ; mon mari attendait une réponse : ne la recevant pas, il a interrogé Frédéric. «Que décidez-vous, mon ami ? a-t-il dit : est-ce à vous de rester ? est-ce à moi de partir ?» Frédéric s'est précipité à ses pieds, et les baignant de larmes : «Je partirai, s'est-il écrié avec un accent énergique et déchirant, je partirai, mon père, et du moins une fois serai-je digne de vous !» M. d'Albe, sans avoir l'air de comprendre ces derniers mots ni en demander l'explication, l'a relevé avec tendresse, et le pressant dans ses bras : «Pars, mon fils, lui a-t-il dit ; souviens-toi de ton père, sers la vertu de tout ton courage et ne reviens que quand le but de ton voyage sera rempli. Claire, a-t-il ajouté en se retournant vers moi ; recevez ses adieux et la promesse que je fais en son nom de ne jamais oublier la femme de son ami, la respectable mère de famille ; ce sont là les traits qui ont dû vous graver dans son âme : l'image de votre beauté pourra s'effacer de sa mémoire, mais celle de vos vertus y vivra toujours. Mon fils, a-t-il continué, je me charge du soin de vous parler de vos amis, il me sera si doux à remplir que je le réserve pour moi seul…» Ce mot, Élise, est une défense, je l'ai trop entendu, mais je n'en avais pas besoin : quand je me sépare de Frédéric, nul n'a le droit de douter de mon courage. Ah ! sans doute, cet inconcevable effort me relève de ma faiblesse, et plus le penchant est irrésistible, plus le triomphe est glorieux ! Non, non, si le cœur de Claire fut trop tendre pour être à l'abri d'un sentiment coupable, il est trop grand peut-être pour être soupçonné d'une lâcheté. Pourquoi M. d'Albe paraissait-il craindre de me laisser seule avec Frédéric dans ces derniers moments ? Croyait-il que je ne saurais pas accomplir le sacrifice en entier ? ne m'a-t-il pas vue regarder d'un œil sec tous les apprêts de ce départ ? ma fermeté m'a-t-elle abandonnée depuis ? Enfin, Élise, le croiras-tu, je n'ai point senti le besoin d'être seule, et de tout le jour je n'ai pas quitté M. d'Albe ; j'ai soutenu la conversation avec une aisance, une vivacité, une volubilité qui ne m'est pas ordinaire ; j'ai parlé de Frédéric comme d'un autre, je crois même que j'ai plaisanté ; j'ai joué avec mes enfants ; et tout cela, Élise, se faisait sans effort ; il y a seulement un peu de trouble dans mes idées, et je sens qu'il m'arrive quelquefois de parler sans penser. Je crains que M. d'Albe n'ait imaginé qu'il y avait de la contrainte dans ma conduite, car il n'a cessé de me regarder avec tristesse et sollicitude ; le soir il a passé la main sur mon front, et l'ayant trouvé brûlant :

«Vous n'êtes pas bien là, Claire, m'a-t-il dit, je vous crois même un peu de fièvre ; allez vous reposer, mon enfant.

— En effet, ai-je repris, je crois avoir besoin de sommeil.»

Mais ayant fixé la glace en prononçant ces mots, j'ai vu que le brillant extraordinaire de mes yeux démentait ce que je venais de dire, et, tremblant que M. d'Albe ne soupçonnât que je faisais un mensonge pour m'éloigner de lui, je me suis rassise.

«Je préférerais passer la nuit ici, lui ai-je dit, je ne me sens bien qu'auprès de vous.

— Claire, a-t-il repris, ce que vous dites là est peut-être plus vrai que vous ne le pensez vous-même ; je vous connais bien, mon enfant, et je sais qu'il ne peut y avoir de paix, et par conséquent de bonheur pour vous, hors du sentier de l'innocence.

— Que voulez-vous dire ? me suis-je écriée.

— Claire, a-t-il répondu, vous me comprenez et je vous ai devinée ; qu'il vous suffise de savoir que je suis content de vous ; ne me questionnez pas davantage : à présent, mon amie, retirez-vous, et calmez, s'il se peut, l'excessive agitation de vos esprits. »

Alors, sans ajouter un mot ni me faire une caresse, il est sorti de la chambre ; je suis restée seule. Quel vide ! quel silence ! partout je voyais de lugubres fantômes ; chaque objet me paraissait une ombre, chaque son un cri de mort ; je ne pouvais ni dormir, ni penser, ni vivre ; j'ai erré dans la maison pour me sauver de moi-même ; ne pouvant y réussir, j'ai pris la plume pour t'écrire ; cette lettre du moins ira où il est, ses yeux verront ce papier que mes mains ont touché, il pensera que Claire y a tracé son nom, ce sera un lien, c'est le dernier fil qui nous retiendra au bonheur et à la vie... Mais, hélas ! le ciel ne nous ordonne-t-il pas de les briser tous ? et cette secrète douceur que je trouve à penser qu'au milieu du néant qui nous entoure nos âmes conserveront une sorte de communication, n'est-elle pas le dernier nœud qui m'attache à ma faiblesse ? Ah ! faut-il donc que mes barbares mains les anéantissent tous ! faut-il enfin cesser de penser à lui, et vivre étrangère à tout ce qui fait vivre ? Ô mon Élise ! quand le devoir me lie sur la terre et me commande d'oublier Frédéric, que ne puis-je oublier aussi qu'on peut mourir !

LETTRE XXXIV
Élise à M. d'Albe

Mon amie, en s'unissant à vous, m'ôta le droit de disposer d'elle ; je puis vous donner des avis, mais je dois respecter vos volontés : vous m'ordonnez donc de lui taire l'état de Frédéric, j'obéirai. Cependant, mon cousin, s'il y a des inconvénients à la vérité, il y en a plus encore à la dissimulation : l'exemple de Claire en est la preuve ; il nous apprend que celui qui se sert du mal, même pour arriver au bien, en est tôt ou tard la victime. Si dès le premier instant elle vous eût fait l'aveu de l'amour de Frédéric, cet infortuné aurait pu être arraché à sa destinée ; ma vertueuse amie serait pure de toute faiblesse, et vous-même n'auriez pas été déchiré par l'angoisse d'un doute ; et pourtant où fut-il jamais des motifs plus plausibles, plus délicats, plus forts que les siens pour se taire ? Le bonheur de votre vie entière lui semblait compromis par cet aveu ; quel autre intérêt au monde était capable de lui faire sacrifier la vérité ? Qui saura jamais apprécier ce qu'il lui en a coûté pour vous tromper ? Ah ! pour user de dissimulation il lui a fallu toute l'intrépidité de la vertu.

Moi-même, lorsqu'elle me confia ses raisons, je les approuvai ; je crus qu'elle aurait le temps et la force d'éloigner Frédéric avant que vous eussiez soupçonné les feux dont il brûlait. J'espérais encore que le vœu unique et permanent de Claire, ce vœu de n'avoir été pour vous pendant sa vie qu'une source de bonheur, pouvait être rempli... Un instant a tout détruit : ces mots, échappés à mon amie dans le délire de la fièvre, éveillèrent vos soupçons, l'état de Frédéric les confirma. Vous fûtes même plus malheureux que vous ne deviez l'être, puisque vous crûtes voir dans l'excessive douleur de Claire la preuve de son ignominie. Ses caresses vous rassurèrent bientôt ; vous connaissiez trop votre femme pour douter qu'elle n'eût repoussé les bras de son époux si elle n'avait pas été digne de s'y jeter. J'ai approuvé la délicatesse qui vous a dicté de ne point l'aider dans le sacrifice qu'elle voulait faire, afin qu'en ayant seule le mérite, il pût la raccommoder avec elle-même. Mais je suis loin de redouter comme vous le désespoir de Claire ; cet état demande des forces, et tant qu'elle en aura elles tourneront toutes au profit de la vertu. En lui peignant Frédéric tel qu'il est, je donnerai sans doute plus d'énergie à sa douleur ; mais, dans les âmes comme la sienne, il faut de grands mouvements pour soutenir de grandes résolutions ; au lieu que, si, fidèle à votre plan, je lui laisse entrevoir qu'elle a mal connu Frédéric ; que non seulement il peut l'oublier, mais qu'une autre est prête à la remplacer ; si je lui montre léger et sans foi ce qu'elle a vu noble et grand ; enfin si j'éveille sa passion sur un point où elle a mis tout son cœur, la vérité, l'honneur même ne seront plus pour elle qu'un problème. Si vous lui faites douter de Frédéric, craignez qu'elle ne doute de tout, et qu'en lui persuadant que son amour ne fut qu'une erreur, elle ne se demande si la vertu aussi n'en est pas une.

Mon ami, il est des âmes privilégiées qui reçurent de la nature une idée plus exquise et plus délicate du beau moral ; elles n'ont besoin ni de raison ni de principe pour faire le bien, elles sont nées pour l'aimer, comme l'eau pour suivre son cours, et nulle cause ne peut arrêter leur marche, à moins qu'on ne dessèche leur source : mais si, remontant pour ainsi dire vers le point visuel de leur existence, vous parvenez, en l'effaçant entièrement, à ébranler l'autel qu'elles se sont créé, vous les précipitez dans un vague où elles se perdent pour jamais ; car, après l'appui qu'elles ont perdu, elles ne peuvent plus en trouver d'autre : elles aimeront toujours le bien ; mais, ne croyant plus à sa réalité, elles n'auront plus de forces pour le faire ; et cependant, comme cet aliment seul était digne de les nourrir, et qu'après lui l'univers ne peut rien offrir qui leur convienne, elles languissent dans un dégoût universel jusqu'à l'instant où le Créateur les réunit à leur essence.

Mon cousin, je ne risque rien à vous montrer Claire telle qu'elle est ; dans aucun moment elle ne perdra à se laisser voir en entier, et il n'est point de faiblesse que ses angéliques vertus ne rachètent. J'oserai donc tout vous dire : le mépris qu'elle concevra pour Frédéric pourra lui arracher la vie ; mais le devoir seul peut lui ôter son amour : fiez-vous à elle pour y travailler, personne ne le veut davantage ; si elle n'y réussit pas, nul n'aurait réussi : et du moins, si tous les moyens échouent, réservez-vous la consolation de n'en avoir employé que de dignes d'elle.

Je ne lui écris point aujourd'hui ; j'attends votre réponse pour lui parler de Frédéric.

Je le connais donc enfin cet étonnant jeune homme : jamais Claire ne me l'a peint comme il m'a paru : c'est la tête d'Antinoüs sur le corps d'Apollon ; et le charme de sa figure n'est pas même effacé par le sombre désespoir empreint dans tous ses traits. Il ne parle point, il répond à peine, enfin jusqu'au nom de Claire, rien ne l'arrache à son morne silence ; les grandes blessures de l'âme et du corps ne saignent point au moment qu'elles sont faites ; elles n'impriment pas sitôt leurs plus vives douleurs, et, dans les violentes commotions, c'est le contrecoup qui tue.

La seule excuse de ce jeune homme, mon cousin, est dans l'excès même de sa passion : s'il n'en était pas tyrannisé au point de n'avoir pas une idée qui ne fût pour elle, si les désirs que Claire lui inspire n'étouffaient pas jusqu'au sentiment de ce qu'il vous doit, s'il pouvait en l'aimant se ressouvenir de vous, ce ne serait plus un malheureux insensé, mais un monstre. Vous avez tort, je crois, de ne point permettre que Claire lui écrive ; dans ce moment il ne peut entendre qu'elle ; elle seule l'a fait partir, seule elle peut pénétrer dans son âme, lui rappeler ses devoirs, et le faire rougir des torts affreux dont il s'est rendu coupable. Mon ami je ne crains point de le dire, en interceptant toute communication entre ces deux êtres, vous les isolez sur la terre ; aucune voix ne pourra ni les sauver ni les guérir, car nulle autre n'arrivera jusqu'à eux. Croyez-moi, pour un sentiment comme celui-là, il faut d'autres moyens que ceux qui réussissent à tout le monde ; laissez-les défier leur amour en le rendant la base de toutes les vertus ; peu à peu la vérité saura briser l'idole et se substituer à sa place.

Frédéric est arrivé hier ; j'avais du monde chez moi, je me suis esquivée pour l'aller recevoir ; je voulais qu'il ne parût point, qu'il restât dans son appartement, parce que je sais que, dans les passions extrêmes, l'instinct dicte des cris, des mouvements et des gestes qui donnent un cours aux esprits et font diversion à la douleur ; mais il s'est refusé à tous ces ménagements. « Non, m'a-t-il dit, au milieu du monde, comme ici, partout je suis seul ; elle n'y est plus. » Il est descendu avec moi ; son regard avait quelque chose de si sinistre, que je n'ai pu m'empêcher de frémir en lui voyant manier des pistolets qu'il sortait de la voiture ; il a deviné ma pensée. « Ne craignez rien, m'a-t-il dit avec un sourire affreux, je lui ai promis de n'en pas faire usage. » Le reste de la soirée il a paru assez tranquille ; cependant je ne le perdais pas de vue : tout à coup je me suis aperçue qu'il pâlissait, sa tête a fléchi, et en un instant il a été couvert de sang ; des artères comprimées par la violence de la douleur s'étaient brisées dans sa poitrine. J'ai fait appeler des secours, et, d'après ce qu'on m'a dit, il est possible que cette crise de la nature, en l'affaiblissant beaucoup, contribue à le sauver ; je réponds de lui si je peux l'amener à l'attendrissement ; mais comment l'espérer si un mot de Claire ne vient lui demander des larmes ? car il ne peut plus en verser que pour elle.

Mon ami, en vous ouvrant tout mon cœur sur ce sujet, je vous ai donné la plus haute preuve d'estime qu'il soit possible de recevoir : de pareilles vérités ne pouvaient être entendues que par un homme assez grand pour se mettre au-dessus de ses propres passions, afin de juger celles des autres ; assez juste pour que ce qu'il y a de plus vif dans l'intérêt personnel ne dénature pas son jugement ; assez bon pour que le mal dont il souffre n'endurcisse pas son cœur contre ceux qui le lui causent ; et il n'appartenait qu'à l'époux de Claire d'être cet homme-là.

LETTRE XXXV
Élise à M. d'Albe

Je gémis de votre erreur, et je m'y soumets ; puissiez-vous ne vous repentir jamais d'avoir assez peu apprécié votre femme pour croire que ce qui pouvait être bon pour une autre pouvait lui convenir. J'ai éprouvé une répugnance extrême à déguiser la vérité à mon amie, c'est la première fois que cela m'arrive ; mon cœur me dit que c'est mal, et il ne m'a jamais trompée. Croyez néanmoins que je sens toute la force de vos raisons, et que je n'ignore pas combien il est dangereux pour Claire de lui laisser croire qu'aimer Frédéric c'est aimer la vertu. Ce coloris pernicieux dont la passion embellit le vice est assurément le plus subtil des poisons ; car il sait s'insinuer dans les âmes honnêtes, mettre la sensibilité de son parti et intéresser à tous ses égarements. Je m'indigne comme vous du pouvoir de l'imagination, qui, à l'aide de sophismes adroits et touchants, nous fait pardonner des choses qui feraient horreur si on les dépouillait de leur voile. Ainsi ne croyez pas que, si je voyais Claire chercher des illusions pour colorer ses torts, ma lâche complaisance autorisât son erreur ; mais l'infortunée a senti toute l'étendue de sa faute, et son cœur gémit écrasé sous ce poids. Ah ! que pouvons-nous lui dire dont elle ne soit pénétrée ? Qui peut la voir plus coupable qu'elle ne se voit elle-même ? Accablée de vos bontés et de votre indulgence, tourmentée du remords affreux d'avoir empoisonné vos jours, elle voit avec horreur ce qui se passe dans son âme, et tremble que vous n'y pénétriez. Et ne croyez pas que cet effroi soit causé par la crainte de votre indignation ; non, elle ne redoute que votre douleur. Si elle ne pensait qu'à elle, elle parlerait ; il lui serait doux d'être punie comme elle croit le mériter, et les reproches d'un époux l'aviliraient moins à son gré qu'une indulgence dont elle ne se sent pas digne ; mais elle croit ne pouvoir effacer sa faiblesse qu'en l'expiant, ni s'acquitter avec la justice qu'en portant seule tout le poids des maux qu'elle vous a faits.

Sa dernière lettre me dit qu'elle commence à soupçonner fortement que vous êtes instruit de tout ce qui se passe dans son cœur ; mais elle ne rompra le silence que quand elle en sera sûre. Croyez-moi, allez au-devant de sa confiance ; relevez son courage abattu ; joignez à la délicatesse qui vous a fait attendre pour le départ de Frédéric qu'elle l'eût décidé elle-même, la générosité qui ne craint point de le montrer aussi intéressant qu'il l'est ; qu'elle vous voie enfin si grand, si magnanime, que ce soit sur vous qu'elle soit forcée d'attacher les yeux pour revenir à la vertu. Enfin, si les conseils de mon ardente amitié peuvent ébranler votre résolution, le seul artifice que vous vous permettrez avec Claire sera de lui dire que je vous avais suggéré l'idée de la tromper ; mais que l'opinion que vous avez d'elle vous a fait rejeter tout moyen petit et bas ; que vous la jugez digne de tout entendre, comme vous l'êtes de tout savoir. En l'élevant ainsi, vous la forcez à ne pas déchoir sans se dégrader ; en lui confiant toutes vos pensées, vous lui faites sentir qu'elle vous doit toutes les siennes ; et, pour vous les communiquer sans rougir, elle parviendra à les épurer. Ô mon cousin ! quand nos intérêts sont semblables, pourquoi nos opinions le sont-elles si peu, et comment ne marche-t-on pas ensemble quand on tend au même but ?

Vous trouverez ci-joint la lettre que j'écris à Claire, et où je lui parle de Frédéric sous des couleurs si étrangères à la vérité. Depuis son accident il n'a pas quitté le lit ; au moindre mouvement le vaisseau se rouvre : une simple sensation produit cet effet. Hier j'étais près de son lit, on m'apporte mes lettres, il distingue l'écriture de Claire ; à cette vue il jette un cri perçant, s'élance et saisit le papier ; il le porte à son cœur, en un instant il est couvert de sang et de larmes. Une faiblesse longue et effrayante succède à cette violente agitation. Je veux profiter de cet instant pour lui ôter le fatal papier ; mais, par une sorte de convulsion nerveuse, il le tient fortement collé sur son sein ; alors j'ai vu qu'il fallait attendre pour le ravoir que la connaissance lui fût revenue. En effet, en reprenant ses sens, sa première pensée a été de me le rendre en silence sans rien demander, mais en retenant ma main comme ne pouvant s'en détacher, avec un regard… ! Mon cousin, qui n'a pas vu Frédéric ne peut avoir l'idée de ce qu'est l'expression ; tous ses traits parlent, ses yeux sont vivants d'éloquence, et si la vertu elle-même descendait du ciel, elle ne le verrait point sans émotion : et c'est auprès d'une femme belle et sensible que vous l'avez placé, au milieu d'une nature dont l'attrait parle au cœur, à l'imagination et aux sens ; c'est là que vous les laissiez tête à tête, sans moyens d'échapper à eux-mêmes. Quand tout tendait à les rapprocher, pouvaient-ils y rester impunément ? Il eût été beau de le pouvoir, il était insensé de le risquer, et vous deviez songer que toute force employée à combattre la nature succombe tôt ou tard. Dans une pareille situation, il n'y avait qu'une femme supérieure à tout son sexe, qu'une Claire enfin, qui pût rester honnête ; mais pour n'être pas sensible, ô mon imprudent ami ! il fallait être un ange.

En vous engageant à n'user d'aucune réserve avec Claire, je ne vous peins que les avantages qui doivent résulter de la franchise : mais qui peut nombrer les terribles inconvénients de la dissimulation, s'ils viennent à la découvrir ? et c'est ce qui arrivera infailliblement, quels que soient les moyens que nous emploierons pour les tromper ; deux cœurs, animés d'une semblable passion, ont un instinct plus sûr que notre adresse ; ils sont dans un autre univers ; ils parlent un autre langage : sans se voir ils s'entendent, sans se communiquer ils se comprennent ; ils se devineront et ne nous croiront pas. Prenez garde de mettre la vérité de leur parti, et de les approcher en leur faisant sentir que, hors eux, tout les trompe autour d'eux ; prenez garde enfin d'avoir un tort avec Claire ; ce n'est pas qu'elle s'en prévalût, elle n'en a pas le droit, et ne peut en avoir la volonté ; mais ce n'est qu'en excitant dans son âme tout ce que la reconnaissance a de plus vif, et l'admiration de plus grand, que vous pouvez la ramener à vous, et l'arracher à l'ascendant qui l'entraîne.

LETTRE XXXVI
Claire à Élise

L'univers entier me l'eût dit, j'aurais démenti l'univers ! Mais toi, Élise, tu ne me tromperais pas, et, quelque changée que je sois, je n'ai pas appris encore à douter de mon amie… Frédéric n'est point ce qu'il me paraissait être ; ardent et impétueux dans ses sensations, il est léger et changeant dans ses sentiments ; on peut captiver son imagination, émouvoir ses sens, et non pénétrer son cœur. C'est ainsi que tu l'as jugé, c'est ainsi que tu l'as vu : c'est Élise qui le dit, et c'est de Frédéric qu'elle parle ! Ô mortelle angoisse ! si ce sentiment profond, indestructible, qui me crie qu'il est toujours vertueux et fidèle, qu'on me trompe et qu'on le calomnie; si ce sentiment, qui est devenu l'unique substance de mon âme, est réel, c'est donc toi qui me trahis? Toi, Élise! quel horrible blasphème! toi, ma sœur, ma compagne, mon amie, tu aurais cessé d'être vraie avec moi? Non, non; en vain je m'efforce à le penser, en vain je voudrais justifier Frédéric aux dépens de l'amitié même; la vertu outragée étouffe la voix de mon cœur, et m'empêche de douter d'Élise. Ce mot terrible que tu as dit a retenti dans tout mon être; chaque partie de moi-même est en proie à la douleur, et semble se multiplier pour souffrir; je ne sais où porter mes pas, ni où reposer ma tête; ce mot terrible me poursuit, il est partout, il a séché mon âme et renversé toutes mes espérances.

Hélas! depuis quelques jours ma passion ne m'effrayait plus; pour sauver Frédéric je me sentais le courage d'en guérir. Déjà dans un lointain avenir j'entrevoyais le calme succéder à l'orage; déjà je formais des plans secrets pour une union qui, en le rendant heureux, lui aurait permis de se réunir à nous; notre pure amitié embellissait la vie de mon époux, et nos tendres soins effaçaient la peine passagère que nous lui avions causée. Combien j'avais de courage pour un pareil but! nul effort ne m'eût coûté pour l'atteindre, chacun devait me rapprocher de Frédéric! Mais quand il a cessé d'aimer, quand Frédéric est faux et frivole, qu'ai-je besoin de me surmonter? ma tendresse n'est-elle pas évanouie avec l'erreur qui l'avait fait naître? et que doit-il me rester d'elle qu'un profond et douloureux repentir de l'avoir éprouvée? Ô mon Élise! tu ne peux savoir combien il est affreux d'être un objet de mépris pour soi-même! Quand je voyais dans Frédéric la plus parfaite des créatures, je pouvais estimer encore une âme qui n'avait failli que pour lui; mais quand je considère pour qui je fus coupable, pour qui j'offensais mon époux je me sens à un tel degré de bassesse, que j'ai cessé d'espérer de pouvoir remonter à la vertu.

Élise, je renonce à Frédéric, à toi, au monde entier; ne m'écris plus, je ne me sens plus digne de communiquer avec toi; je ne veux plus faire rougir ton front de ce nom d'amie que je te donne ici pour la dernière fois; laisse-moi seule; l'univers et tout ce qui l'habite n'est plus rien pour moi: pleure ta Claire, elle a cessé d'exister.

LETTRE XXXVII
Claire à Élise

Hélas! mon Élise! tu as été bien prompte à m'obéir, et il t'en a peu coûté de renoncer à ton amie! ton silence ne me dit que trop combien ce nom n'est plus fait pour moi, et cependant, tout en étant indigne de le porter, mon âme, déchirée, le chérit encore, et ne peut se résoudre à y renoncer. Il est donc vrai, Élise, toi aussi tu as cessé de m'aimer ? La misérable Claire se verra donc mourir dans le cœur de tout ce qui lui fut cher, et exhalera sa vie sans obtenir un regret ni une larme ! Elle, qui se voyait naguère heureuse mère, sage épouse, aimée, honorée de tout ce qui l'entourait, n'ayant point une pensée dont elle pût rougir, satisfaite du passé, tranquille sur l'avenir, la voilà maintenant méprisée par son amie, baissant un front humilié devant son époux, n'osant soutenir les regards de personne : la honte la suit, l'environne ; il semble que, comme un cercle redoutable, elle la sépare du reste du monde, et se place entre tous les êtres et elle. Ô tourments que je ne puis dépeindre ! quand je veux fuir, quand je veux détourner les regards de moi-même, le remords, comme la griffe du tigre, s'enfonce dans mon cœur et déchire ses blessures ; oui, il faut succomber sous de si amères douleurs, celui qui aurait la force de les soutenir ne les sentirait pas ; mon sang se glace, mes yeux se ferment, et, dans l'accablement où je suis, j'ignore ce qui me reste à faire pour mourir... Mais, Élise, si mon trépas expie ma faute, et que ta sagesse daigne s'attendrir sur sa mémoire, souviens-toi de ma fille, c'est pour elle que je t'implore : que l'image de celle qui lui donna la vie ne la prive pas de ton affection ; recueille-la dans ton sein, et ne lui parle de sa mère que pour lui dire que mon dernier soupir fut un regret de n'avoir pu vivre pour elle.

LETTRE XXXVIII

Claire à Élise

Pardonne, ô mon unique consolation ! mon amie, mon refuge, pardonne si j'ai pu douter de ta tendresse : je t'ai jugée non sur ce que tu es, mais sur ce que je méritais ; je te trouvais juste dans ta sévérité, comme tu me parais à présent aveugle dans ton indulgence. Non, mon amie, non, celle qui a porté le trouble dans sa maison et la défiance dans l'âme de son époux ne mérite plus le nom de vertueuse, et tu ne me nommes ainsi que parce que tu me vois dans ton cœur.

Malgré tes conseils, je n'ai point parlé avec confiance à mon mari ; je l'aurais désiré, et plus d'une fois je lui ai donné l'occasion d'entamer ce sujet, mais il a toujours paru l'éloigner ; sans doute il rougirait de m'entendre ; je dois lui épargner la honte d'un pareil aveu, et je sens que son silence me prescrit de guérir sans me plaindre. Élise, tu peux me croire, le règne de l'amour est passé ; mais le coup qu'il m'a porté a frappé trop violemment sur mon cœur, je n'en guérirai pas ; il est des douleurs que le temps peut user ; on se résigne à celles émanées du ciel ; on courbe sa tête sous les décrets éternels, et le reproche s'éteint quand il faut l'adresser à Dieu. Mais ici tout conspire à rendre ma peine plus cuisante ; je ne peux en accuser personne ; tous les maux qu'elle cause refoulent vers mon cœur, car c'est là qu'en est la source… Cependant je suis calme, car il n'y a plus d'agitation pour celui qui a tout perdu. Néanmoins je vois avec plaisir que M. d'Albe est content de l'espèce de tranquillité dont il me voit jouir. Il a saisi cet instant pour me parler de la lettre où tu lui apprends la réunion imprévue d'Adèle et de Frédéric ; pourquoi donc m'en faire un mystère, Élise ? Si cette charmante personne parvient à le fixer, crains-tu que je m'en afflige ? crois-tu que je le blâme ? Non, mon amie, je pense au contraire que Frédéric a senti que, quand l'attachement était un crime, l'inconstance devenait une vertu, et il remplit, en m'oubliant, un devoir que l'honneur et la reconnaissance lui imposaient également ; c'est ce que j'ai fait entendre à M. d'Albe, lorsqu'il est entré dans les détails de ce que tu lui écrivais : j'ai vu qu'il était étonné et ravi de ma réponse ; son approbation m'a ranimée, et l'image de son bonheur m'est si douce, que j'en remplirais encore tout mon avenir si je ne sentais pas mes forces s'épuiser, et la coupe de la vie se retirer de moi.

LETTRE XXXIX

Claire à Élise

Non, mon amie, je ne suis pas malade, je ne suis pas triste non plus ; mes journées se déroulent et se remplissent comme autrefois : à l'extérieur je suis presque la même, mais l'extrême faiblesse de mon corps et de mes esprits, le profond dégoût qui flétrit mon âme, m'apprennent qu'il est des chagrins auxquels on ne résiste pas. La vertu fut ma première idole, l'amour la détruisit, il s'est détruit à son tour, et me laisse seule au monde, il faut mourir avec lui. Ah ! mon Élise ! je souffre bien moins du changement de Frédéric que de l'avoir si mal jugé : tu ne peux comprendre jusqu'où allait ma confiance en lui ; enfin, te le dirai-je ? il a été un moment où j'ai pensé que tu étais d'accord avec mon époux pour me tromper, et que vous vous réunissiez pour me peindre, sous des couleurs infidèles et odieuses, l'infortuné qui expirait de mon absence ; il me semblait voir ce malheureux, que j'avais envoyé vers toi pour reposer sa douleur sur ton sein, abusé par tes fausses larmes, confiant entre tes bras, tandis que tu le trahissais auprès de ton amie ; enfin mon criminel amour, répandant son venin sur tes lettres et sur les discours de mon époux, m'y faisait trouver des signes nombreux de fausseté. Élise, conçois-tu ce qu'est une passion qui a pu me faire douter de toi ? Ah ! sans doute, c'est là son plus grand forfait !

Mon amie, le coup qui me tue est d'avoir été trompée par Frédéric ; je croyais si bien le connaître ! il me semblait que mon existence eût commencé avec la sienne, et que nos deux âmes, confondues ensemble, s'étaient identifiées par tous les points. On se console d'une erreur de l'esprit, et non d'un égarement du cœur : le mien m'a trop mal guidée pour que j'ose y compter encore, et je dois voir avec inquiétude jusqu'aux mouvements qui le portent vers toi. Ô Frédéric ! mon estime pour toi fut de l'idolâtrie ; en me forçant à y renoncer, tu ébranles mon opinion sur la vertu même ; le monde ne me paraît plus qu'une vaste solitude, et les appuis que j'y trouvais, que des ombres vaines qui échappent sous ma main. Élise, tu peux me parler de Frédéric ; Frédéric n'est point celui que j'aimais : semblable au païen qui rend un culte à l'idole qu'il a créée, j'adorais en Frédéric l'ouvrage de mon imagination ; la vérité ou Élise ont déchiré le voile, Frédéric n'est plus rien pour moi ; mais comme je peux tout entendre avec indifférence, de même je peux tout ignorer sans peine, et peut-être devrais-je vouloir que tu continues à garder le silence, afin de pouvoir consacrer entièrement mes dernières pensées à mon époux et à mes enfants.

LETTRE XL
Claire à Élise

Je n'en puis plus, la langueur m'accable, l'ennui me dévore, le dégoût m'empoisonne ; je souffre sans pouvoir dire le remède ; le passé et l'avenir, la vérité et les chimères ne me présentent plus rien d'agréable ; je suis importune à moi-même ; je voudrais me fuir et je ne puis me quitter ; rien ne me distrait, les plaisirs ont perdu leur piquant et les devoirs leur importance. Je suis mal partout : si je marche, la fatigue me force à m'asseoir ; quand je me repose, l'agitation m'oblige à marcher. Mon cœur n'a pas assez de place, il étouffe, il palpite violemment ; je veux respirer, et de longs et profonds soupirs s'échappent de ma poitrine. Où est donc la verdure des arbres ? les oiseaux ne chantent plus. L'eau murmure-t-elle encore ? Où est la fraîcheur ? où est l'air ? Un feu brûlant court dans mes veines et me consume ; des larmes rares et amères mouillent mes yeux et ne me soulagent pas. Que faire ? où porter mes pas ? pourquoi rester ici ? pourquoi aller ailleurs ? J'irai lentement errer dans la campagne ; là, choisissant des lieux écartés, j'y recueillerai quelques fleurs sauvages et desséchées comme moi, quelques soucis, emblèmes de ma tristesse : je n'y mêlerai aucun feuillage, la verdure est morte dans la nature, comme l'espérance dans mon cœur. Dieu ! que l'existence me pèse ! l'amitié l'embellissait jadis, tous mes jours étaient sereins ; une voluptueuse mélancolie m'attirait sous l'ombre des bois, j'y jouissais du repos et du charme de la nature : mes enfants ! je pensais à vous alors, je n'y pense plus maintenant que pour être importunée de vos jeux, et tyrannisée par l'obligation de vous rendre des soins. Je voudrais vous ôter d'auprès de moi, je voudrais en ôter tout le monde, je voudrais m'en ôter moi-même… Lorsque le jour paraît je sens mon mal redoubler. Que d'instants comptés par la douleur ! Le soleil se lève, brille sur toute la nature et la ranime de ses feux ; moi seule, importunée de son éclat, il m'est odieux et me flétrit : semblable au fruit qu'un insecte dévore au cœur, je porte un mal invisible… et pourtant de vives et rapides émotions viennent souvent frapper mes sens ; je me sens frissonner dans tout mon corps ; mes yeux se portent du même côté, s'attachent sur le même objet ; ce n'est qu'avec effort que je les en détourne. Mon âme étonnée cherche et ne trouve point ce qu'elle attend ; alors, plus agitée, mais affaiblie par les impressions que j'ai reçues, je succombe tout à fait, ma tête penche, je fléchis, et, dans mon morne abattement, je ne me débats plus contre le mal qui me tue.

LETTRE XLI

Élise à M. d'Albe

Votre lettre m'a rassurée, mon cousin, j'en avais besoin, et je me féliciterais bien plus des changements que vous avez observés chez Claire, si je ne craignais que, abusé par votre tendresse, vous ne prissiez l'affaiblissement total des organes pour la tranquillité et la mort de l'âme pour la résignation.

Je ne m'étonne point de ce que vous inspire la conduite de Claire ; je reconnais là cette femme dont chaque pensée était une vertu et chaque mouvement un exemple. Son cœur a besoin de vous dédommager de ce qu'il a donné involontairement à un autre ; elle ne peut être en paix avec elle-même qu'en vous consacrant tout ce qui lui reste de force et de vie. Vous êtes touché de sa constante attention envers vous, de l'expression tendre dont elle l'anime ; vous êtes surpris des soins continuels de son active bienfaisance envers tout ce qui l'entoure : eh ! mon cousin, ignorez-vous que le cœur de Claire fut créé dans un jour de fête, qu'il s'échappa parfait des mains de la nature, et que, son essence étant la bonté, elle ne peut cesser de faire le bien qu'en cessant de vivre ?

Je ne vous peindrai point le mal que m'ont fait ses lettres ; je rejette avec effroi cette confiance sans bornes qui, lui faisant étouffer jusqu'à l'instinct de son cœur, me rend responsable de sa vie ; elle se reproche comme un forfait d'avoir pu douter de son époux et de son amie, et ce forfait, il faut le dire, c'est nous qui l'avons commis, car c'en est un de tromper une femme comme elle ; ses torts furent involontaires, les nôtres sont calculés ; elle repousse les siens avec horreur, nous persistons dans les nôtres de sang-froid. Animée par un motif sublime, elle put se résoudre à taire la vérité. Nous ! nous l'avons souillée par de méprisables détours, sans avoir même la certitude de réussir ; cependant je ne me reproche rien, et la vie de Claire dût-elle être le prix de l'exécution de vos volontés, en m'y soumettant, en la sacrifiant elle-même au moindre de vos désirs, je remplis son vœu, je ne fais que ce qu'elle m'eût prescrit, que ce qu'elle ferait elle-même avec transport.

Ne pensez pas pourtant que je fusse d'avis de changer de plan ; non, à présent il faut le suivre jusqu'au bout, et il n'est plus temps de reculer, une nouvelle secousse l'épuiserait ; mais n'attendez pas que je persiste à lui donner des détails imaginaires sur l'état de Frédéric ; non, elle-même ayant senti que la raison nous engageait à n'en parler jamais, je me bornerai à garder un silence absolu sur ce sujet.

Depuis que Frédéric commence à se lever, il m'a conjurée de lui donner le détail de mes affaires ; je l'ai fait avec empressement, dans l'espérance de le distraire ; il les a saisies avec intelligence, il les suit avec opiniâtreté : comment s'en étonner ? Claire lui ordonna ce travail.

Il a reçu hier votre lettre, celle où, sans lui parler directement de votre femme, vous la lui peignez à chaque page gaie et tranquille. J'ignore l'effet que ces nouvelles ont produit sur lui, il ne m'en a rien dit ; j'observe seulement que son regard est plus sombre et son silence plus absolu : il concentre toutes ses sensations en lui-même, rien ne perce, rien ne l'atteint, rien ne le touche. Ce matin, tandis qu'il travaillait auprès de moi, pour le tirer de sa morne stupeur j'ai sorti le portrait de Claire de mon sein et l'ai posé auprès de lui : son premier mouvement a été de me regarder avec surprise, comme pour me demander ce que cela signifiait ; et puis, reportant ses yeux sur l'objet qui lui était offert, il l'a contemplé longtemps ; enfin, me le rendant avec froideur : « Ce n'est pas elle », m'a-t-il dit ; puis il s'est tu et s'est remis à l'ouvrage. Quelques heures se sont passées dans un mutuel silence ; il ne me questionne que sur mes affaires ; si je l'interroge sur tout autre sujet que Claire, il n'a pas l'air de m'entendre, ou bien il me répond par un signe ou un monosyllabe ; j'écarte avec grand soin toute conversation tendant à une entière confidence, car je ne me sentirais pas la force de continuer à le tromper. A chaque instant la pitié m'entraîne à lui ouvrir mon cœur ; c'est un besoin qui s'accroît de jour en jour, et mon courage n'est pas à l'épreuve de sa douleur : je n'ai pourtant rien dit encore ; mais il ne faut peut-être qu'un mot de sa part, qu'un instant d'épanchement pour m'arracher votre secret. Ah ! mon cousin ! pardonnez mon incertitude ; mais voir souffrir un malheureux, pouvoir le soulager d'un mot, et se taire, c'est un effort auquel je ne peux pas espérer d'atteindre. Puis-je même le désirer ? Voudrais-je étouffer dans mon âme cet ascendant qui nous pousse à adoucir les maux d'autrui ? Ah ! si c'est là une faiblesse, je ne sais quel courage la vaudrait ! Il y a une heure que j'étais avec Frédéric ; les cris de ma fille m'ayant forcée à sortir avec précipitation, j'ai oublié sur ma cheminée une lettre de Claire que je venais de recevoir. L'idée que Frédéric pouvait la lire m'a fait frémir, je suis remontée comme un éclair, il la tenait dans sa main.

« Frédéric, qu'avez-vous fait ? me suis-je écriée.

— Rien qu'elle ne m'eût permis ! m'a-t-il répondu.

— Vous n'avez donc pas lu cette lettre ? ai-je repris.

— Non, elle m'aurait méprisé », m'a-t-il dit en me la remettant.

J'ai voulu louer sa discrétion, sa délicatesse ; il m'a interrompue. « Non, Élise, vous vous méprenez ; je n'ai plus ni délicatesse ni vertu ; je n'agis, ne sens et n'existe plus que par elle, et peut-être eussé-je lu ce papier si la crainte de lui déplaire ne m'eût arrêté. » En finissant cette phrase il est retombé dans son immobilité accoutumée. Que ne donnerais-je pas pour qu'il exhalât ses transports, pour l'entendre pousser des cris aigus, pour le voir se livrer à un désespoir forcené ! combien cet état serait moins effrayant que celui où il est ! Concentrant dans son sein toutes les furies de l'enfer, elles le déchirent par cent forces diverses, s'enveniment sur son cœur, et portent dans tout son être des germes de destruction. L'infortuné mérite votre pitié, et, quelle que fût son ingratitude envers vous, son supplice l'expie et l'emporte sur elle.

LETTRE XLII
Claire à Élise

Élise, je crois que le ciel a béni mes efforts, et qu'il n'a pas voulu me retirer du monde avant de m'avoir rendue à moi-même ; depuis quelques jours un calme salutaire s'insinue dans mes veines, je souris avec satisfaction à mes devoirs ; la vue de mon mari ne me trouble plus, et je partage le contentement qu'il éprouve à se trouver près de moi ; je vois qu'il me sait gré de toute la tendresse que je lui montre, et qu'il en distingue bien toute la sincérité. Son indulgence m'encourage, ses éloges me relèvent, et je me crois plus méprisable quand je vois qu'il m'estime encore ; mais à mesure que mon âme se fortifie mon corps s'affaiblit. Je voudrais vivre pour mon digne époux, c'est là le vœu que j'adresse au ciel tous les jours, c'est là le seul prix dont je pourrais racheter ma faute ; mais il faut renoncer à cet espoir. La mort est dans mon sein, Élise, je la sens qui me mine, et ses progrès, lents et continus, m'approchent insensiblement de ma tombe. Ô mon excellente amie ! ne pleure pas sur mon trépas, mais sur la cause qui me le donne ; s'il m'eût été permis de sacrifier ma vie pour toi, mes enfants ou mon époux, ma mort aurait fait mon bonheur et ma gloire ; mais périr victime de la perfidie d'un homme, mais mourir de la main de Frédéric !... Ô Frédéric ! ô souvenir mille fois trop cher ! Hélas ! ce nom fut jadis pour moi l'image de la plus noble candeur ; à ce nom se rattachaient toutes les idées du beau et du grand ; lui seul me paraissait exempt de cette contagion funeste que la fausseté a soufflée sur l'univers ; lui seul me présentait ce modèle de perfection dont j'avais souvent nourri mes rêveries, et c'est de cette hauteur où l'amour l'avait élevé qu'il tombe... Frédéric, il est impossible d'oublier si vite l'amour dont tu prétendais être atteint ; tu as donc feint de le sentir ? L'artifice d'un homme ordinaire ne paraît qu'une faute commune ; mais Frédéric artificieux est un monstre : la distance de ce que tu es à ce que tu feignais d'être est immense, et il n'y a point de crime pareil au tien. Mon plus grand tourment est bien moins de renoncer à toi que d'être forcée de te mépriser, et ta bassesse était le seul coup que je ne pouvais supporter.

Mon amie, cette lettre-ci est la dernière où je te parlerai de lui ; désormais mes pensées vont se porter sur de plus dignes objets ; le seul moyen d'obtenir la miséricorde céleste est sans doute d'employer le reste de ma vie au bonheur de ce qui m'entoure : je visite mon hospice tous les jours ; je vois avec plaisir que ma longue absence n'a point interrompu l'ordre que j'y avais établi. Je léguerai à mon Élise le soin de l'entretenir ; c'est d'elle que ma Laure apprendra à y veiller à son tour : puisse cette fille chérie se former auprès de toi à toutes les vertus qui manquèrent à sa mère ! Parle-lui de mes torts, surtout de mon repentir ; dis-lui que, si je t'avais écoutée, j'aurais vécu paisible et honorée, et que je t'aurais value peut-être. Que ses tendres soins dédommagent son vieux père de tout le mal que je lui causai ; et, pour payer tout ce qu'elle tiendra de toi, puisse-t-elle t'aimer comme Claire !... Adieu, mon cœur se déchire à l'aspect de tout ce que j'aime ; c'est au moment de quitter des objets si chers que je sens combien ils m'attachent à la vie. Élise, tu consoleras mon digne époux, tu ne le laisseras pas isolé sur la terre, tu deviendras son amie, de même que la mère de mes enfants ; ils n'auront pas perdu au change.

LETTRE XLIII

Claire à Élise

Ne t'afflige point, mon amie, la douce paix que Dieu répand sur mes derniers jours m'est un garant de sa clémence ; quelques instants encore, et mon âme s'envolera vers l'éternité. Dans ce sanctuaire immortel, si j'ai à rougir d'un sentiment qui fut involontaire, peut-être l'aurai-je trop expié sur la terre pour en être punie dans le ciel. Chaque jour, prosternée devant la majesté suprême, j'admire sa puissance et j'implore sa bonté ; elle enveloppe de sa bienfaisance tout ce qui respire, tout ce qui sent, tout ce qui souffre : c'est là le manteau dont les malheureux doivent réchauffer leurs cœurs… Mais, quand la nuit a laissé tomber son obscur rideau, je crois voir l'ombre du bras de l'Éternel étendu vers moi [1] ; dans ces instants d'un calme parfait, l'âme s'élance vers le ciel et correspond avec Dieu, et la conscience, reprenant ses droits, pèse le passé et pressent l'avenir. C'est alors que jetant un coup d'œil sur ces jours engloutis par le temps, on se demande, non sans effroi, comment ils ont été employés, et, en faisant la revue de sa vie, on compte par ses actions les témoins qui déposeront bientôt pour ou contre soi. Quel calcul ! qui osera le faire sans une profonde humilité, sans un repentir poignant de toutes les fautes auxquelles on fut entraîné ? Ô Frédéric ! comment supporteras-tu ces redoutables moments ? Quand il se pourrait que, innocent d'artifice, tu aies cru sentir tout ce que tu m'exprimais, songe, malheureux, que, pour t'absoudre de ton ingratitude envers ton père, il aurait fallu que le ciel lui-même eût allumé les feux dont tu prétendais brûler, et ceux-là ne s'éteignent point. Et toi, mon Élise, pardonne si le souvenir de Frédéric vient encore se mêler à mes dernières pensées ; le silence absolu que tu gardes à ce sujet me dit assez que je devrais t'imiter ; mais, avant de quitter cette terre que Frédéric habite encore, permets-moi du moins de lui adresser un dernier adieu, et de lui dire que je lui pardonne : s'il reste à cet infortuné quelques traits de ressemblance avec celui que j'aimais, l'idée d'avoir causé ma mort accélérera la sienne, et peut-être n'est-il pas éloigné l'instant qui doit nous réunir sous la voûte céleste. Ah ! quand c'est là seulement que je dois le revoir, serais-je donc coupable de souhaiter cet instant ?

---

1. Mme de Genlis dénonce dans cette phrase un plagiat fait par Mme Cottin. On lit en effet dans la douzième des *Nuits* d'Edward Young, dans la traduction de Le Tourneur : « Quand la nuit a laissé tomber son obscur rideau, je crois voir l'ombre du bras de l'Éternel étendu entre l'homme et les vains objets qu'il veut lui cacher » (*Les Nuits d'Young*, traduction de Le Tourneur. Nouv. éd., Paris, Ledoux, 1827, t. I, p. 214). Voir Mme de Genlis, *De l'influence des femmes sur la littérature française*, Paris, Lecointe et Durey, 1826, t. II, p. 251.

LETTRE XLIV

Élise à M. d'Albe

Il est donc vrai, mon amie s'affaiblit et chancelle, et vous êtes inquiet sur son état ! Ces évanouissements longs et fréquents sont un symptôme effrayant, et un obstacle au désir que vous auriez de lui faire changer d'air ? Ah ! sans doute je volerai auprès d'elle, je confierai mes deux fils à Frédéric, c'est une chaîne dont je l'attacherai ici ; je dissimule ma douleur devant lui, car s'il pouvait soupçonner le motif de mon voyage, s'il se doutait que tout ce que vous dites de Claire n'est qu'une erreur, s'il voyait ces terribles paroles, que vous n'avez point tracées sans frémir, et que je n'ai pu lire sans désespoir, *déjà les ombres de la mort couvrent son visage*, aucune force humaine ne le retiendrait ici.

Non, non ami, non, je ne vous fais pas de reproches, je n'en fais pas même à l'auteur de tous nos désastres. Dès qu'un être est atteint par le malheur, il devient sacré pour moi, et Frédéric est dans un état trop affreux pour que l'amertume de ma douleur tourne contre lui ; mais mon âme est brisée de tristesse, et je n'ai point d'expression pour ce que j'éprouve. Claire était le flambeau, la gloire, le délice de ma vie ; si je la perds, tous les liens qui me restent me deviendront odieux ; mes enfants, oui, mes enfants eux-mêmes ne seront plus pour moi qu'une charge pesante : chaque jour, en les embrassant, je penserai que ce sont eux qui m'empêchent de la rejoindre ; dans ma profonde douleur, je rejette et leurs caresses, et les jouissances qu'ils me promettaient, et tous les nœuds qui m'attachent au monde ; et mon âme désespérée déteste les plaisirs que Claire ne peut plus partager.

Ah ! croyez-moi, laissez-lui remplir tous ses exercices de piété, ce ne sont point eux qui l'affaiblissent ; au contraire, les âmes passionnées comme la sienne ont besoin d'aliment, et cherchent toujours leurs ressources ou très loin ou très près d'elles, dans les idées religieuses ou dans les idées sensibles, et le vide terrible que l'amour y laisse ne peut être rempli que par Dieu même.

Annoncez-moi à Claire ; je compte partir dans deux ou trois jours. Fiez-vous à ma foi ; je saurai respecter votre volonté, ma parole et l'état de mon amie, et elle ignorera toujours que son époux, cessant un moment de l'apprécier, la traita comme une femme ordinaire.

LETTRE XLV

Élise à M. d'Albe

Ô mon cousin! Frédéric est parti, et je suis sûre qu'il est allé chez vous;
et je tremble que cette lettre, que je vous envoie par un exprès, n'arrive
trop tard, et ne puisse empêcher les maux terribles qu'une explication
entraînerait après elle. Comment vous peindre la scène qui vient de se
passer? Aujourd'hui, pour la première fois, Frédéric m'a accompagnée
dans une maison étrangère; muet, taciturne, son regard ne fixait aucun
objet; il semblait ne prendre part à rien de ce qui se faisait autour de lui, et
répondait à peine quelques mots au hasard aux différentes questions qu'on
lui adressait. Tout à coup un homme inconnu prononce le nom de Mme
d'Albe; il a dit qu'il vient de chez elle, qu'elle est mal, mais très mal...
Frédéric jette sur moi un œil hagard et interrogatif, et, voyant des larmes
dans mes yeux, il ne doute plus de son malheur. Alors il s'approche de cet
homme et le questionne. En vain je l'appelle, en vain je lui promets de lui
tout dire, il me repousse avec violence en s'écriant: «Non, vous m'avez
trompé, je ne vous crois plus.» L'homme qui venait de parler, et qui
n'avait été chez vous que pour des affaires relatives à votre commerce,
étourdi de l'effet inattendu de ce qu'il a dit, hésite à répondre aux questions pressantes de Frédéric. Cependant, effrayé de l'accent terrible de ce
jeune homme, il n'ose résister ni à son ton ni à son air. «Ma foi, dit-il,
Mme d'Albe se meurt, et on assure que c'est à cause de l'infidélité d'un
jeune homme qu'elle aimait, et que son mari a chassé de chez elle.»

A ces mots, Frédéric jette un cri perçant, renverse tout ce qui se trouve
sur son passage, et s'élance hors de la chambre; je me précipite après lui,
je l'appelle, c'est au nom de Claire que je le supplie de m'entendre, il
n'écoute rien: nulle force ne peut le retenir, il écrase tout ce qui s'oppose
à sa fuite, je le perds de vue; je ne l'ai plus revu, et j'ignore ce qu'il est
devenu; mais je ne doute point qu'il n'ait porté ses pas vers l'asile de
Claire: je tremble qu'elle ne le voie; la surprise, l'émotion épuiseraient
ses forces. Ô mon amie! puisse ma lettre arriver à temps pour prévenir
un pareil malheur! L'insensé! dans son féroce délire, il ne songe pas que
son apparition subite peut tuer celle qu'il aime. Ah! s'il se peut,
empêchez-les de se voir, repoussez-le de votre maison, qu'il ne retrouve
plus en vous ce père indulgent qui justifiait tous ses torts; faites tonner
l'honneur outragé, accablez-le de votre indignation: que vous font sa
fureur, ses imprécations, sa douleur même? Songez que c'est lui qui est
le meurtrier de Claire, que c'est lui qui a porté le trouble dans cette âme
céleste, et qui a terni une réputation sans tache, car enfin les discours de

cet homme inconnu ne sont-ils pas l'écho fidèle de l'opinion publique ? Ce monde barbare, odieux et injuste, a déshonoré mon amie, sans égard pour ce qu'elle fut ; il la juge à la rigueur sur de trompeuses apparences ; mais ne distingue pas la femme tendre et irréprochable de la femme adultère. Eh ! quand ma Claire retrouverait toutes ses forces contre l'amour, en aurait-elle contre la perte de l'estime publique ? Celle qui la respecta toujours, qui la regardait comme le plus bel ornement de son sexe, pourrait-elle vivre après l'avoir perdue ? Non, Claire, meurs, quitte une terre qui ne sut pas te connaître, et qui n'était pas digne de te porter ; abreuvée de larmes et d'outrages, va demander au ciel le prix de tes douleurs, et que les anges, empressés auprès de toi, ouvrent leurs bras pour recevoir leur semblable [a].

Il était tard, la nuit commençait à s'étendre sur l'univers ; Claire, faible et languissante, s'était fait conduire au bas de son jardin, sous l'ombre des peupliers qui couvrent l'urne de son père, et où sa piété consacra un autel à la divinité. Humblement prosternée sur le dernier degré, le cœur toujours dévoré de l'image de Frédéric, elle implorait la clémence du ciel pour un être si cher, et des forces pour l'oublier. Tout à coup une marche précipitée l'arrache à ses méditations, elle s'étonne qu'on vienne la troubler ; et, tournant la tête, le premier objet qui la frappe, c'est Frédéric ! Frédéric pâle, éperdu, couvert de sueur et de poussière. A cet aspect elle croit rêver, et reste immobile, comme craignant de faire un mouvement qui lui arrache son erreur. Frédéric la voit et s'arrête, il contemple ce visage charmant qu'il avait laissé naguère brillant de fraîcheur et de jeunesse, il le retrouve flétri, abattu ; ce n'est plus que l'ombre de Claire, et le sceau de la mort est déjà empreint dans tous ses traits : il veut parler, et ne peut articuler un mot ; la violence de la douleur a suspendu son être. Claire toujours immobile, les bras étendus vers lui, laisse échapper le nom de Frédéric. A cette voix il retrouve la chaleur et la vie, et saisissant sa main décolorée : « Non, s'écrie-t-il, tu ne l'as pas cru que Frédéric ait cessé de t'aimer ; non, ce blasphème horrible, épouvantable, a été démenti par ton cœur. Ô ma Claire ! en te quittant, en renonçant à toi pour jamais, en supportant la vie pour t'obéir, j'avais cru avoir épuisé la coupe amère de l'infortune ; mais si tu as douté de ma foi, je n'en ai goûté que la moindre partie… Parle donc, Claire, rassure-moi, romps ce silence mortel qui me glace d'effroi. » En disant ces mots, il la pressait sur son sein avec ardeur.

---

a. Ici finissent les lettres de Claire ; le reste est un récit écrit de la main d'Élise. Sans doute elle en aura recueilli les principaux traits de la bouche de son amie, et elle les aura confiés au papier, pour que la jeune Laure, en les lisant un jour, pût se préserver des passions dont sa déplorable mère avait été la victime. [N. d. É.]

Claire, le repoussant doucement, se lève, fixe les yeux sur lui, et le parcourant longtemps avec surprise :

« Ô toi, dit-elle, qui me présentes l'image de celui que j'ai tant aimé ; toi, l'ombre de ce Frédéric dont j'avais fait mon dieu ! dis, descends-tu du céleste séjour pour m'apprendre que ma dernière heure approche ? et es-tu l'ange destiné à me guider vers l'éternelle région ?

— Qu'ai-je entendu ? lui répond Frédéric ; est-ce toi qui me méconnais ? Claire, ton cœur est-il donc changé comme tes traits, et reste-t-il insensible auprès de moi ?

— Quoi ! il se pourrait que tu sois toujours Frédéric ! s'écrie-t-elle, mon Frédéric existerait encore ? On me l'avait dit perdu ; l'amitié m'aurait-elle donc trompée ?

— Oui, interrompit-il avec véhémence, une affreuse trahison me faisait paraître infidèle à tes yeux, et te peignait à moi gaie et paisible ; on nous faisait mourir victimes l'un de l'autre, on voulait que nous nous enfonçassions mutuellement le poignard dans nos cœurs. Crois-moi, Claire, amitié, foi, honneur, tout est faux dans le monde ; il n'y a de vrai que l'amour, il n'y a de réel que ce sentiment puissant et indestructible qui m'attache à ton être, et qui dans ce moment même te domine ainsi que moi : ne le combats plus, ô mon amie ! livre-toi à ton amant, partage ses transports, et, sur les bornes de la vie où nous touchons l'un et l'autre, goûtons, avant de la quitter, cette félicité suprême qui nous attend dans l'éternité. »

Frédéric dit ; et saisissant Claire, il la serre dans ses bras, il la couvre de baisers, il lui prodigue ses brûlantes caresses. L'infortunée, abattue par tant de sensations, palpitante, oppressée, à demi vaincue par son cœur et par sa faiblesse, résiste encore, le repousse et s'écrie :

« Malheureux ! quand l'éternité va commencer pour moi, veux-tu que je paraisse déshonorée devant le tribunal de Dieu ? Frédéric ! c'est pour toi que je l'implore ; la responsabilité de mon crime retombera sur ta tête.

— Eh bien ! je l'accepte, interrompit-il d'une voix terrible ; il n'est aucun prix dont je ne veuille acheter la possession de Claire ; qu'elle m'appartienne un instant sur la terre, et que le ciel m'écrase pendant l'éternité ! »

L'amour a doublé les forces de Frédéric, l'amour et la maladie ont épuisé celles de Claire... Elle n'est plus à elle, elle n'est plus à la vertu ; Frédéric est tout, Frédéric l'emporte... Elle l'a goûté dans toute sa plénitude, cet éclair de délice qu'il n'appartient qu'à l'amour de sentir ; elle l'a connue, cette jouissance délicieuse et unique, rare et divine comme le sentiment qui l'a créée ; son âme, confondue dans celle de son amant, nage dans un torrent de volupté ; il fallait mourir alors ; mais Claire était coupable, et la punition l'attendait au réveil. Qu'il fut terrible ! quel gouffre il présenta à celle qui vient de rêver le ciel ! Elle a violé la foi conjugale ! Elle a souillé le lit de son époux !

La noble Claire n'est plus qu'une infâme adultère ! Des années d'une vertu sans tache, des mois de combats et de victoire sont effacés par ce seul instant ! elle le voit, et n'a plus de larmes pour son malheur, le sentiment de son crime l'a dénaturée ; ce n'est plus cette femme douce et tendre dont l'accent pénétrant maîtrisait l'âme des êtres sensibles, et en créait une aux indifférents ; c'est une femme égarée, furieuse, qui ne peut la supporter. Elle s'éloigne de Frédéric avec horreur, et levant ses mains tremblantes vers le ciel : « Éternelle justice ! s'écrie-t-elle, s'il te reste quelque pitié pour la vile créature qui ose t'implorer encore, punis le lâche artisan de mon malheur ; qu'errant, isolé dans le monde, il y soit toujours poursuivi par l'ignominie de Claire et les cris de son bienfaiteur. Et toi, homme perfide et cruel, contemple ta victime, mais écoute les derniers cris de son cœur ; il te hait ce cœur plus encore qu'il ne t'a aimé ; ton approche le fait frémir, et ta vue est son plus grand supplice. Éloigne-toi, va, ne me souille plus de tes indignes regards. » Frédéric, embrasé d'amour et dévoré de remords, veut fléchir son amante : prosterné à ses pieds, il l'implore, la conjure, elle n'écoute rien ; le crime a anéanti l'amour, et la voix de Frédéric ne va plus à son cœur. Il fait un mouvement pour se rapprocher d'elle ; effrayée, elle s'élance auprès de l'autel divin, et, l'entourant de ses bras, elle dit : « Ta main sacrilège osera-t-elle m'atteindre jusqu'ici ? Si ton âme basse et rampante n'a pas craint de profaner tout ce qu'il y a de saint sur la terre, respecte au moins le ciel, et que ton impiété ne vienne pas m'outrager jusque dans ce dernier asile. C'est ici, ajouta-t-elle dans un transport prophétique, que je jure que cet instant où je te vois est le dernier où mes yeux s'ouvriront sur toi. Si tu demeures encore, je saurai trouver une mort prompte ; et que le ciel m'anéantisse à l'instant où tu oserais reparaître devant moi. »

Frédéric, terrassé par cette horrible imprécation, et frémissant que le moindre délai n'assassine son amante, s'éloigne avec impétuosité. Mais à peine est-il hors de sa vue qu'il s'arrête ; il ne peut sortir du bois épais qui les couvre sans l'avoir entendue encore une fois, et, élevant la voix, il s'écrie : « Ô toi, que je ne dois plus revoir ! toi, qui, d'accord avec le ciel, viens de maudire l'infortuné qui t'adorait ! toi, qui, pour prix d'un amour sans exemple, le condamnes à un exil éternel ! toi enfin, dont la haine l'a proscrit de la surface du monde, ô Claire ! avant que l'immensité nous sépare à jamais, avant que le néant soit entre nous deux, que j'entende encore ton accent, et, au nom du tourment que j'endure, que ce soit un accent de pitié !... » Il se tait, il ne respire pas, il étouffe les horribles battements de son cœur pour mieux écouter, il attend la voix de Claire... Enfin ces mots faibles, tremblants, et qui percent à peine le repos universel de la nature, viennent frapper ses oreilles, et calmer ses sens : « Va, malheureux, je te pardonne. »

L'indignation avait ranimé les forces de Claire, l'attendrissement les anéantit ; subjuguée par l'ascendant de Frédéric, à l'instant où en lui pardonnant elle sentit qu'elle l'aimait encore, elle tomba sans mouvement sur les degrés de l'autel.

Cependant M. d'Albe, qui n'avait point reçu la lettre d'Élise, et qui était sorti pour quelques heures, apprend à son retour que Frédéric a paru dans la maison ; il frémit, et demande sa femme ; on lui dit qu'elle est allée, selon son usage, se recueillir près du tombeau de son père. Il dirige ses pas de ce côté ; la lune éclairait faiblement les objets : il appelle Claire, elle ne répond point ; sa première idée est qu'elle a fui avec Frédéric ; la seconde, plus juste, mais plus terrible encore, est qu'elle a cessé d'exister. Il se hâte d'arriver ; enfin, à la lueur des rayons argentés qui percent à travers les tremblants peupliers, il aperçoit un objet... une robe blanche... Il approche... c'est Claire étendue sur le marbre et aussi froide que lui. A cette vue il jette des cris perçants ; ses gens l'entendent et accourent. Ah ! comment peindre la consternation universelle ! Cette femme céleste n'est plus, cette maîtresse adorée, cet ange de bienfaisance n'est plus qu'une froide poussière ! La désolation s'empare de tous les cœurs : cependant un mouvement a ranimé l'espérance ; on se hâte, on la transporte ; les secours volent de tous côtés. La nuit entière se passe dans l'incertitude ; mais le lendemain une ombre de chaleur renaît, et ses yeux se rouvrent au jour, au moment même où Élise arrivait auprès d'elle.

Cette tendre amie avait suivi sa lettre de près ; mais sa lettre n'était point arrivée. Un mot de M. d'Albe l'instruit de tout ; elle entre éperdue. Claire ne la méconnaît point, elle lui tend les bras ; Élise se précipite, Claire la presse sur son cœur déjà atteint des glaces de la mort. Elle veut que l'amitié la ranime et lui rende la force d'exprimer ses dernières volontés : son œil mourant cherche son époux ; sa voix éteinte l'appelle ; elle prend sa main, et, l'unissant à celle de son amie, elle les regarde tous deux avec tristesse, et dit : « Le ciel n'a pas voulu que je meure innocente ; l'infortunée que vous voyez devant vous s'est couverte du dernier opprobre : mes sens égarés m'ont trahie ; et un ingrat, abusant de ma faiblesse, a brisé les nœuds sacrés qui m'attachaient à mon époux. Je ne demande point d'indulgence ; ni lui ni moi n'avons droit d'y prétendre : il est des crimes que la passion n'excuse pas, et que le pardon ne peut atteindre... » Elle se tait. En l'écoutant, l'âme d'Élise se ferme à toute espérance ; elle est sûre que son amie ne survivra pas à sa honte.

M. d'Albe, consterné de ce qu'il entend, ne repousse pas néanmoins la main qui l'a trahi. « Claire, lui dit-il, votre faute est grande sans doute, mais il vous reste encore assez de vertus pour faire mon bonheur, et le seul tort que je ne vous pardonne pas est de souhaiter une mort qui me laisserait seul au monde. » A ces mots, sa femme lève sur lui un œil attendri et reconnaissant : « Cher et respectable ami, lui dit-elle, croyez que c'est pour vous seul que je voudrais vivre, et que mourir indigne de vous est ce qui rend ma dernière heure si amère. Mais je sens que mes forces diminuent : éloignez-vous l'un et l'autre ; j'ai besoin de me recueillir quelques moments, afin de vous parler encore. »

Élise ferme doucement le rideau et ne profère pas une parole ; elle n'a rien à dire, rien à demander, rien à attendre : l'aveu de son amie lui a appris que tout était fini, que l'arrêt du sort était irrévocable, et que Claire était perdue pour elle.

M. d'Albe, qui la connaît moins, s'agite et se tourmente : plus heureux qu'Élise, il craint, car il espère ; il s'étonne de la tranquillité de celle-ci ; se muette consternation lui paraît de la froideur, il le dit et s'en irrite. Élise, sans s'émouvoir de sa colère, se lève doucement, et l'entraînant hors de la chambre : « Au nom de Dieu ! lui dit-elle, ne troublez pas la solennité de ces moments par de vains secours qui ne la sauveront point, et calmez un emportement qui peut rompre le dernier fil qui la retient à la vie. Craignez qu'elle ne s'éteigne avant de nous avoir parlé de ses enfants ; sans doute son dernier vœu sera pour eux : tel qu'il soit, fût-il de lui survivre, je jure de le remplir. Quant à son existence terrestre, elle est finie ; du moment que Claire fut coupable, elle a dû renoncer au jour ; je l'aime trop pour vouloir qu'elle vive, et je la connais trop pour l'espérer. » L'air imposant et assuré dont Élise accompagna ces mots fut un coup de foudre pour M. d'Albe ; il lui apprit que sa femme allait mourir.

Élise se rapprocha du lit de son amie : assise à son chevet, toujours immobile et silencieuse, il semblait qu'elle attendît le dernier souffle de Claire pour exhaler le sien.

Au bout de quelques heures, Claire étendit la main ; et prenant celle d'Élise : « Je sens que je m'éteins, dit-elle, il faut me hâter de parler ; fais sortir tout le monde, et que M. d'Albe reste seul avec toi. » Élise fait un signe, chacun se retire. Le malheureux époux s'avance, sans avoir le courage de jeter les yeux sur celle qu'il va perdre ; il se reproche intérieurement d'avoir peut-être causé sa mort en la trompant. Claire devine son repentir, et croit que son amie le partage ; elle se hâte de les rassurer. « Ne vous reprochez point, leur dit-elle, de m'avoir déguisé la vérité ; votre motif fut bon, et ce moyen pouvait seul réussir : sans doute il m'eût guérie, si l'effrayante fatalité qui me poursuit n'eût renversé tous vos projets. » Élise ne répond rien, elle sait que Claire ne dit cela que pour calmer leur conscience agitée, et elle ne se justifie pas d'un tort qui retomberait en entier sur M. d'Albe : mais celui-ci s'accuse, il rend à Claire la justice qui lui est due en apprenant à Claire qu'elle n'a cédé qu'à sa volonté. Elle est dédommagée de sa droiture ; un léger serrement de main, que M. d'Albe n'aperçoit pas, la récompense sans le punir. Claire reprend la parole : « Ô mon ami ! dit-elle en regardant tendrement son mari, nul n'est ici coupable que moi. Vous, qui n'eûtes jamais de pensées que pour mon bonheur, et que j'offensai avec tant d'ingratitude, est-ce à vous à vous repentir ? » M. d'Albe prend la main de sa femme et la couvre de larmes ; elle continue : « Ne pleurez point, mon ami, ce n'est pas à présent que vous me perdez ; mais quand, par une honteuse faiblesse, j'autorisai l'amour de Frédéric ; quand, par un raisonnement spécieux, je manquai de confiance en vous pour la première fois de ma vie, ce fut alors que, cessant d'être moi-même, je cessai d'exister pour vous ; dès l'instant où je m'écartai de mes principes, les anneaux sacrés qui les liaient ensemble se brisèrent, et me laissèrent sans appui dans la vague de l'incertitude ; alors la séduction s'empara de moi, fascina mes yeux, obscurcit le sacré flambeau de la vertu, et s'insinua dans tous mes sens ; au lieu de m'arracher à l'attrait qui m'entraînait, je l'excusai, et dès lors la chute devint inévitable. Ô toi, mon Élise ! continua-t-elle avec un accent plus élevé, toi, qui vas devenir la mère de mes enfants, je ne te recommande point mon fils, il aura les exemples de son père, mais veille sur ma Laure, que son intérêt l'emporte sur ton amitié. Si quelques vertus honorèrent ma vie, dis-lui que ma faute les effaça toutes : en lui racontant la cause de ma mort, garde-toi bien de l'excuser, car dès lors tu l'intéresserais à mon crime ; qu'elle sache que ce qui m'a perdue est d'avoir coloré le vice des charmes de la vertu : dis-lui bien que celui qui la déguise est plus coupable encore que celui qui la méconnaît ; car, en la faisant servir de voile à son hideux ennemi, on nous trompe, on nous égare, et on nous approche de lui quand nous croyons n'aimer qu'elle... Enfin, Élise, ajouta-t-elle en s'affaiblissant, répète souvent à ma Laure que, si une main courageuse et sévère avait dépouillé le prestige dont j'entourais mon amour, et qu'on n'eût pas craint de me dire que celle qui compose avec l'honneur l'a déjà perdu, et que jamais il n'y eut de nobles effets d'une cause vicieuse ; alors, sans doute, j'eusse foulé aux pieds le sentiment dont j'expire aujourd'hui... »

Ici Claire fut forcée de s'interrompre ; en vain elle voulut achever sa pensée, ses idées se troublèrent, et sa langue glacée ne put articuler que des mots entrecoupés. Au bout de quelques instants elle demanda la bénédiction de son époux ; en la recevant, un éclair de joie ranima ses yeux. « A présent je meurs en paix, dit-elle, je peux paraître devant Dieu... Je vous offensai plus que lui, il ne sera pas plus sévère que vous. » Alors, jetant sur lui un dernier regard, elle serra la main de son amie, prononça le nom de Frédéric, soupira et mourut.

Quelques jours après M. d'Albe reçut ce billet écrit par Élise et dicté par Claire.

CLAIRE A M. D'ALBE

Je ne veux point faire rougir mon époux en prononçant devant lui un nom qu'il déteste peut-être ; mais pourra-t-il oublier que cet infortuné voulait fuir cet asile, et que mon ordre seul l'y a retenu ; que, dans notre situation mutuelle, ses devoirs étant moindres, ses torts le sont aussi, et que mon amour fut un crime quand le sien n'était qu'une faiblesse ? Il est errant sur la terre, il a vos malheurs à se reprocher, il croira avoir causé ma mort, et son cœur est né pour aimer la vertu. Ô mon époux ! mon digne époux ! la pitié ne vous dit-elle rien pour lui, et n'obtiendra-t-il pas une miséricorde que vous ne m'avez pas refusée ?

Pour remplir les dernières volontés de sa femme, M. d'Albe s'informa de Frédéric dans tous les environs, il fit faire les perquisitions les plus exactes dans le lieu de sa naissance ; tout fut inutile, ses recherches furent infructueuses ; jamais on n'a pu découvrir où il avait traîné sa déplorable existence, ni quand il l'avait terminée. Jamais nul être vivant n'a su ce qu'il était devenu : on dit seulement qu'aux funérailles de Claire un homme inconnu, enveloppé d'une épaisse redingote, et couvert d'un large chapeau, avait suivi le convoi dans un profond silence ; qu'au moment où l'on avait posé le cercueil dans la terre, il avait tressailli, et s'était prosterné la face dans la poussière, et qu'aussitôt que la fosse avait été comblée il s'était enfui impétueusement en s'écriant : « A présent je suis libre, tu n'y seras pas longtemps seule ! »

MADAME DE GENLIS

MADEMOISELLE DE CLERMONT
(1802)

Note de l'éditeur

Les notes de Mme de Genlis sont appelées par des lettres, celles de Raymond Trousson par des chiffres.

INTRODUCTION

De l'œuvre surabondante de Mme de Genlis — pas moins de cent quarante volumes — ne survivent guère que ses *Mémoires*, à consulter avec précaution, et une ravissante nouvelle historique, *Mademoiselle de Clermont* : amère destinée pour une femme qui a consacré toutes ses forces à l'écriture. Prolixe, mais aussi ardente militante, son avenir littéraire s'est vu compromis dès le XIXᵉ siècle. En 1826, Sévelinges, collaborateur de la *Biographie universelle* de Michaud et ennemi personnel de l'écrivain, la désigne comme « une dame qui fatigue la Renommée depuis un demi-siècle » quoique, ajoute-t-il aussi méchamment qu'erronément, « la plume de Mme la comtesse [soit] inoffensive comme le paisible volatile qui la lui a fournie ». En 1852, dans les *Causeries du lundi*, Sainte-Beuve ne sauve que la pédagogue et soupire : « On n'a jamais été plus décidément *écriveuse* que Madame de Genlis. » Treize ans plus tard, il la voit s'évanouir dans les brumes de l'oubli : « Mme de Genlis parmi les noms vieillis est un des noms les plus cités, les plus familiers à l'oreille et l'un de ceux qui laissent, ce me semble, l'idée la moins nette dans l'esprit. » Elle était, grogne Barbey d'Aurevilly, une « Danaïde de l'écritoire qui a versé tant de flots d'encre inutile dans le tonneau sans fond de la publicité [...] une vieille corneille déplumée ». Les Goncourt la nommaient « la fée de la pédanterie » et pour Émile Faguet, tout au plus se situait-elle encore « au premier rang des femmes de lettres de second ordre »[1].

La postérité a donc prononcé, mais on ne peut ignorer la notoriété souvent tapageuse dont elle a joui. Prise à partie par d'Alembert, Grimm, Marmontel ou La Harpe, admirée par Buffon, elle n'a pas laissé indiffé-

---

1. Ch.-L. de Sévelinges, *Mme de Genlis peinte en miniature*, Paris, 1826, p. II, 14 ; Sainte-Beuve, *Causeries du lundi*, Paris, Garnier, 1852, t. III, p. 25 ; *Nouvelle Galerie de femmes célèbres*, Paris, Garnier, 1863, p. 529 ; Barbey d'Aurevilly, *Mémoires historiques et littéraires*, Paris, Lemerre, p. 129 ; Goncourt, *La Femme au dix-huitième siècle*, Paris, Charpentier, 1903, p. 50 ; J. Harmand, *Madame de Genlis. Sa vie intime et politique*, préface d'Émile Faguet, Paris, Martinet, 1912, p. VII.

rents quelques-uns des grands auteurs de la première moitié du XIXᵉ siècle : Chateaubriand et Lamartine lui témoignent du respect et le jeune Hugo la salue dans *Le Conservateur littéraire*. Elle agace Stendhal, qui l'a pourtant beaucoup lue et conseille ses œuvres à sa sœur Pauline en 1803 ; Balzac, en 1848, s'emporte encore contre « cette littérature à la Genlis, qui veut ramener le goût du public vers les tartines beurrées de morale sans sel ». Mais George Sand possédait seize ouvrages de « cette bonne dame qu'on a trop oubliée, et qui avait un talent réel », dit-elle dans l'*Histoire de ma vie*. Se souvenant avec plaisir des *Battuecas*, un roman lu vers 1820, elle assure : « Je lui dois mes premiers instincts socialistes et démocratiques »[1]. Du reste, le public a manifesté à la comtesse un intérêt durable, puisque certaines de ses œuvres seront rééditées pendant tout le XIXᵉ siècle et même au-delà.

Enfant malingre, Caroline Stéphanie Félicité Ducrest est née le 21 janvier 1746 dans la petite gentilhommière bourguignonne de Champcéry, non loin d'Autun, et son père ayant acquis, quelques années plus tard, le marquisat de Saint-Aubin-sur-Loire, elle se nomma désormais Ducrest de Saint-Aubin[2]. Elle fit très tôt l'apprentissage des obligations de la vie mondaine. A dix ans, elle est à Paris. Elle chante joliment, lit beaucoup et son esprit enchante la société. Son père ruiné, elle a treize ans à peine quand elle retient l'attention du richissime financier La Popelinière, qui installe à Passy, pour quelques mois, la mère et la fille. En 1763, Félicité épouse Charles Alexis Bruslart, comte de Genlis, plus tard marquis de Sillery, capitaine de vaisseau et chevalier de Saint-Louis. Ravissante, excellente musicienne, cultivée, grande liseuse, elle ne tarde pas à progresser dans le monde.

Dans la société du Palais-Royal où l'a introduite sa tante, Mme de Montesson, elle devient la maîtresse du duc de Chartres, le futur Philippe Égalité, et préceptrice de ses enfants. En 1782, elle aura l'honneur d'être nommée « gouverneur » des héritiers d'Orléans et en particulier du futur Louis-Philippe qui s'en souvenait encore quand il confiait à Victor Hugo, en 1847 : « Un rude précepteur, je vous jure. Elle nous avait élevés avec férocité, ma sœur et moi[3]. » En effet : à ses élèves princiers, elle n'hésite pas à imposer la course, le saut, la natation, le travail de la terre, le bricolage et la corvée d'eau.

Elle a commencé sa carrière de femme de lettres en composant des comédies pour un théâtre de société et ses premières publications — un

---

1. Balzac, *La Femme auteur*, dans *La Comédie humaine*, Paris, Gallimard, « Bibliothèque de la Pléiade », 1981, t. XII, p. 607 ; G. Sand, *Œuvres autobiographiques*, Paris, Gallimard, « Bibliothèque de la Pléiade », 1970, t. I, p. 627-629.

2. La biographie la plus récente est celle de G. de Broglie, *Madame de Genlis*, Paris, Perrin, 1985.

3. V. Hugo, *Œuvres complètes*, éd. J. Massin, Paris, Club français du livre, 1968, t. VII, p. 1050.

Théâtre à l'usage des jeunes personnes et un *Théâtre d'éducation* —
sont bien accueillies, en particulier par la *Correspondance littéraire* de
Grimm. Les choses se gâtent lorsque paraît, en 1782, l'un de ses grands
succès, *Adèle et Théodore*, long roman pédagogique épistolaire [1] qui
suscite une campagne de chansons et de pamphlets. Selon Bachaumont,
on chantonnait alors ce méchant couplet :

> Comme tout renchérit, disait un amateur,
> Les œuvres de Genlis à six francs le volume !
> Dans le temps que son poil valait mieux que sa plume,
> Pour douze francs, j'avais l'auteur [2].

A en croire Mme de Genlis, ce livre lui aliéna les « philosophes »
inquiets de voir surgir un nouveau champion de la religion. Pour manifester son indépendance, elle résolut de présenter son livre à la première
attribution du prix Montyon, destiné à récompenser l'ouvrage de l'année
« le plus utile et le mieux écrit », et fut fort dépitée de le voir aller aux
Conversations d'Émilie de Mme d'Épinay, l'égérie de la coterie philosophique. Ce fut le début d'une petite guerre, Mme de Genlis chargeant ses
ennemis dans le conte des *Deux Réputations*, où elle déchirait La Harpe,
Marmontel, Voltaire et les philosophes en général, puis, en 1787, dans *La
Religion considérée comme l'unique base du bonheur et de la véritable
philosophie*, où ses adversaires étaient traités de fanatiques encourageant
les peuples « à détruire les temples et le culte, à massacrer les rois » [3],
l'*Encyclopédie*, grand instrument du complot, étant dénoncé comme un
monceau de plagiats et d'erreurs. Grimm se moqua et prétendit que la
Religion lui vaudrait à l'avenir « le titre glorieux de Mère de l'Église ».
Mais ce livre charge, à propos duquel on a parlé de « *Génie du christianisme* avant la lettre » définit ce que sera désormais l'attitude de
l'écrivain devant le « philosophisme » corrupteur. Sa pensée est sans
nuances, cramponnée à une orthodoxie sans concessions. Sa tactique ne
consiste pas à argumenter, mais à simplifier, à donner de l'adversaire une
image qui éveille spontanément l'horreur des bien-pensants, à élaborer
un mythe mobilisateur.

En dépit de ses opinions, Mme de Genlis n'est pas d'abord hostile à la
Révolution, accueille dans son salon Camille Desmoulins ou Collot

---

1. Sur cet aspect, voir V. Dreyfus et S. Roche, « Madame de Genlis », dans *Écriture*, 23,
1984-1985, p. 121-152. Le succès de ses principes fut considérable en France et même en
Angleterre. Voir M. Wahba, « Madame de Genlis in England », dans *Comparative
Literature*, 13, 1961, p. 221-238.

2. Cité par F. R. Hervé-Piraux, *Les Logis d'amour au XVIIIᵉ siècle*, Paris, Daragon, 1912,
p. 64.

3. Sur la lutte de Mme de Genlis contre les philosophes, voir R. Trousson, « Madame de
Genlis et la propagande antiphilosophique », dans *Robespierre & Co.* Terzo seminario
internazionale di Bagni di Lucca, nov. 1987, Bologne, CLUEB Editrice, 1988, p. 209-243.
Voir aussi B. Nescher-Siemsen, *Madame de Genlis und die französische Aufklärung*,
Francfort, Lang, 1992.

d'Herbois, tandis que son mari reçoit Pétion et Robespierre. Comme nombre d'aristocrates, elle a cru un moment que la Révolution se contiendrait dans les limites que lui assignait Mirabeau. Bientôt détrompée, elle entre en 1791 dans un exil de neuf années qui la conduira, dans des circonstances souvent pénibles, en Angleterre, en Suisse et en Allemagne, où son orléanisme lui vaudra plus d'une fois l'hostilité des émigrés. Les années d'épreuves, la Terreur, l'exécution de son mari, du roi et de Philippe Égalité devaient renforcer la haine de Mme de Genlis pour des philosophes considérés maintenant comme les fauteurs du cataclysme révolutionnaire.

Quand, rayée de la liste des émigrés, elle rentre en France en juillet 1800, elle trouve un climat propice à l'expression de ses idées. Dès 1801, Bonaparte s'en prend aux idéologues, accuse les Jacobins de l'attentat perpétré contre lui le 24 décembre 1800, tandis que le Consulat, en 1802, reconnaît l'Église comme institution française. C'était le moment de reprendre le combat. Une nouvelle édition de ses *Annales de la vertu* consacre des pages à éreinter Voltaire, prophète de la Révolution : « Il la désire, il la prévoit, et par une inspiration infernale, il la prédit telle qu'elle a été[1]. » Napoléon la pensionne et la nomme inspectrice des écoles primaires. Si l'Empire avait été favorable à la contestation des Lumières, la Restauration l'est davantage encore. Simultanément cependant, la reprise du commerce de la librairie permet la réimpression massive d'ouvrages irréligieux célébrant le siècle des philosophes et de l'*Encyclopédie* et l'on submerge le marché, à grand renfort de prospectus et de souscriptions, sous les œuvres de Voltaire et de Rousseau.

Jugeant l'ordre et la religion plus menacés que jamais, Mme de Genlis revient au combat avec un *Dictionnaire critique et raisonné des étiquettes de la Cour* qui est surtout, elle le dit elle-même, un « dictionnaire antiphilosophiste ». Elle rêve de ranimer les principes de la morale traditionnelle, de démontrer que la morale ruinée pouvait être restaurée, comme la société après le chaos révolutionnaire[2]. Le temps passant, elle incrimine le gouvernement trop libéral de Louis XVIII et s'effare du déferlement des textes subversifs du XVIIIe siècle. En 1820, elle publie des « éditions épurées » du *Siècle de Louis XIV* et surtout de l'*Émile*, rêve de faire subir le même traitement à l'*Histoire de Charles XII*, à l'*Histoire de Pierre le Grand*, à l'*Essai sur les mœurs* et à l'*Histoire des deux Indes* de Raynal. Plus formidable encore, son projet de refaire l'*Encyclopédie* tout entière ! Idée fixe de vieille femme ? Mais Mme de Genlis inonde l'Europe de ses lettres, ameute l'Autriche, la Russie, le nonce apostolique, et donne à son aberrant combat une sorte de dérisoire grandeur. Presque octogénaire, elle lance encore en 1822 *Les Dîners du baron*

---

1. *Annales de la vertu*, Nouv. éd., Paris, Maradan, 1819, t. V, p. 156-167.
2. A. Nikliborc, *L'Œuvre de Mme de Genlis*, Wroclaw, 1969 (*Romanica Wratislaviensia*, 4), p. 114.

d'Holbach, où elle dénonce une fois de plus la coalition des philosophes contre le trône et l'autel. Elle y revient obstinément dans *Les Athées conséquents* :

> L'impiété levant sa tête audacieuse menaçait depuis longtemps et le trône et l'autel ; des innovations extravagantes, un esprit d'indépendance répandu dans toutes les classes, les effets constants et multipliés des encyclopédistes contre toutes les saines doctrines, leurs intrigues, [...] tout concourait à préparer le plus épouvantable bouleversement universel [1].

Apôtre de la contre-révolution spirituelle, elle n'a pas le talent d'un Chateaubriand ni la dialectique d'un Joseph de Maistre, mais sa considérable notoriété et le nombre impressionnant de ses ouvrages et de leurs rééditions ont fait d'elle un agent non négligeable. Le pouvoir récompensa d'ailleurs son inlassable engagement. Elle s'éteignit dans la nuit du 31 décembre 1830 après avoir vu, sans grande confiance, son ancien élève accéder au trône. Louis-Philippe lui ordonna pourtant — à ses frais, alors qu'elle l'accusait de « ladrerie » — des obsèques solennelles et splendides à Saint-Philippe-du-Roule. Inhumés au cimetière du mont Valérien, ses restes furent transférés en 1842 au Père-Lachaise. A quatre-vingt-quatre ans, la vieille lutteuse avait traversé onze régimes politiques et s'en allait satisfaite de son œuvre : « J'ose croire, écrivait-elle à la fin de sa vie, qu'elle a été utile à la religion et que, par une faveur particulière de la Providence, ma faible main a porté de redoutables coups à la fausse philosophie [2]. »

*
* *

A côté de ses écrits pédagogiques et militants, Mme de Genlis a laissé un nombre accablant de pièces de théâtre, de contes, de nouvelles et de romans. Son propos a toujours été de défendre la morale sous une forme qu'elle espérait attrayante, et il lui arrive d'y réussir lorsqu'elle renonce à certain ton doctoral pour laisser libre cours à son imagination. *Le Siège de La Rochelle, Les Battuecas, Les Parvenus* ou *Inès de Castro* n'ont guère laissé de traces, ni même ses *Chevaliers du cygne*, qui participent de la vogue du roman noir, mais on doit lire encore des récits courts, comme *La Princesse des Ursins* et surtout *Mademoiselle de Clermont*. Admiratrice des productions du Grand Siècle, elle en avait conservé les principes et ne vit guère que « galimatias » dans les premiers épanchements romantiques. « Clarté, naturel, pureté, élégance sont les marques indispensables d'un bon style », assurait-elle. Quant aux récits brefs, « ils exigent surtout des auteurs les deux qualités qui constituent principa-

---

1. *Les Athées conséquents ou Mémoires du Commandeur de Linanges*, Paris, Maradan, 1824, p. 342-343.
2. *Mémoires sur le dix-huitième siècle et la Révolution française, depuis 1756 jusqu'à nos jours*, Paris, Ladvocat, 1825, 8 vol., t. VI, p. 133.

lement les bons écrivains : la clarté parfaite et la précision sans sécheresse. Il est beaucoup plus facile de faire un roman agréable en deux ou
trois volumes que de composer une nouvelle intéressante. [...] Dans ce
dernier ouvrage tout doit marcher au but avec rapidité, ou tout doit s'y
rapporter [1]. »

Mademoiselle de Clermont, qui respecte ces critères, relève du genre
de la nouvelle historique, dans la ligne des *Nouvelles françaises* de
Segrais ou de *La Princesse de Montpensier* de Mme de La Fayette. Si
l'on en croit l'auteur, elle en tenait l'anecdote de sa parente, la marquise
de Puisieux-Sillery, qui avait été pendant vingt ans une amie intime de
l'héroïne de l'aventure et l'avait contée vers 1772 à Mme de Genlis.
Inachevé, le récit aurait sommeillé pendant trente ans dans ses cartons,
jusqu'à ce qu'elle décide, en 1802, de le publier dans la *Nouvelle Bibliothèque des romans* de l'éditeur Maradan. On l'imprima aussi à part et le
petit volume, qui eut aussitôt un vif succès, reparaîtra à plusieurs reprises
jusqu'en 1880 [2].

Survenue à la fin de la Régence, l'affaire n'est pas moins authentique
que les personnages mis en scène. Louise Marie Anne de Bourbon-
Condé, arrière-petite-fille du Grand Condé, qui portait le nom de Mlle de
Clermont, était la sœur de Louis de Bourbon, prince de Condé après la
mort de son père, mais surtout connu, comme dans le roman, sous le nom
de M. le Duc. Nommé par le Régent chef du Conseil de régence, il était
aussi surintendant de l'éducation du roi. Princesse du sang, la jeune
femme s'éprit de Louis de Melun, prince d'Épinay, créé duc de Joyeuse
en 1714 et veuf de la princesse de Rohan, qui, bien que de haute naissance, ne pouvait prétendre à une telle alliance. Un mariage secret,
dit-on, eut lieu, mais Melun fut mortellement blessé le 29 juillet 1724
dans une partie de chasse. La chronique du temps a fait place à l'incident
et l'avocat Barbier le rapporte dans ses *Mémoires* :

> Tout ce voyage de Chantilly ne s'est terminé que par une tragédie. Le
> roi devait revenir le samedi, 29 du mois de juillet ; cela a changé, on a fait
> ce jour-là une grande partie de chasse. Les animaux, qui n'entendent que
> cors et chiens à leurs trousses, sont enragés ; les seigneurs se piquent à qui
> suivra le cerf de plus près. M. le Duc et M. le duc de Melun couraient
> seuls ; ils ont rencontré le cerf. M. le Duc a passé le premier, M. le duc de
> Melun n'a pas pu arrêter son cheval pour laisser passer la bête. Ma foi ! le
> cerf a donné un coup d'andouiller dans les côtes à M. de Melun, l'a
> renversé par terre. M. de Melun est mort le lendemain de cette blessure.
> [...] Il avait vingt-sept ans [3].

---

1. *Mémoires*, t. VIII, p. 25, 128. Pour les principes généraux de son esthétique, voir
A. M. Laborde, *L'Œuvre de Madame de Genlis*, Paris, Nizet, 1966, p. 89-132.
   2. Voir G. de Broglie, *Madame de Genlis, op. cit.*, p. 323-324.
   3. *Chronique de la Régence et du règne de Louis XV*, Paris, Charpentier, 1857, 8 vol., t. I,
p. 366-367.

Dans son *Histoire de la Régence*, Pierre Lemontey évoque le mariage clandestin et l'amour interdit des deux héros du roman de Mme de Genlis et précise :

> Ce fut dans le cours de ces fêtes qu'un cerf aux abois tua le duc de Melun. Mlle de Clermont, une des sœurs du duc de Bourbon, le regretta toute sa vie, et, dans un veuvage mélancolique, resta fidèle à sa mémoire ; car on croit qu'elle s'était attachée ce jeune courtisan par une sorte de mariage clandestin, tel que le comportait l'extrême débordement de cette cour[1].

À l'Histoire, Mme de Genlis emprunte le cadre (une grande partie du récit se déroule à Chantilly, dans la propriété de M. le Duc), les personnages et l'époque, mais elle ne se borne pas à narrer une chronique. Soucieuse peut-être de réhabiliter l'une des périodes les plus dissolues de l'Ancien Régime, elle choisit la Régence pour conter une histoire d'amour tragique et très pure, aux relents d'ancienne chevalerie et d'idéalisme. Dès les premières lignes, elle prend le contre-pied de la tradition littéraire et sentimentale : « Non, quoi qu'en disent les amants et les poètes, ce n'est point dans la solitude et sous le chaume que l'amour règne avec le plus d'empire. Il aime l'éclat et le bruit, il s'exalte de tout ce qui satisfait l'ambition, la louange, la pompe et la grandeur. » C'était répondre à la mode lancée par Jean-Jacques, qui sous-titrait sa *Nouvelle Héloïse* : *Lettres de deux amants, habitants d'une petite ville au pied des Alpes*, et soutenait que les sentiments authentiques ne sauraient exister qu'à l'écart du monde et de ses pompes. Ici, il naît dans le milieu le plus brillant, sur les marches mêmes du trône, et, dans la présentation de son héroïne, Mme de Genlis s'est manifestement souvenue d'une autre brillante entrée. Mme de La Fayette écrivait dans *La Princesse de Clèves* : « Il parut alors une beauté à la cour, qui attira les yeux de tout le monde. » On lit ici : « Mlle de Clermont parut à Chantilly pour la première fois. [...] Elle y fixa tous les yeux. »

En effet, comme dans le roman de Mme de La Fayette, la Cour est par excellence le lieu de l'espionnage et de la médisance, qui exclut toute intimité. Lieu aussi de l'aliénation, où les haut placés sont asservis à l'étiquette : « Je ne suis, constate Mlle de Clermont, qu'une vile esclave, jouet éternel d'une odieuse représentation. » C'est que ce monde est un théâtre, où l'on vient pour voir et être vu. On observe plutôt qu'on n'écoute la princesse lisant à voix haute, son comportement est jugé, commenté dans les dîners, dans les bals, au jeu, à la comédie, à la promenade. On doit composer son maintien, ses attitudes ; chaque geste est étudié, interprété. M. de Melun dissimule de son mieux ses émotions et son trouble, Mlle de Clermont doit être attentive à donner le change

---

1. P. Lemontey, *Histoire de la Régence et de la minorité de Louis XV, jusqu'au ministère du cardinal de Fleury*, Paris, Paulin, 1832, t. II, p. 137.

sur le moindre de ses frémissements. Les personnages évoluent sans cesse sous un regard inquisiteur. A chaque étape du récit, un œil anonyme et omniprésent les épie. Il faut déjouer la surveillance de « six personnes clairvoyantes et curieuses [...]. Il lui semblait que tous les yeux étaient fixés sur elle et lisaient au fond de son âme [...]. M. de Melun, s'apercevant que son secret n'échappait plus à l'œil perçant de la curiosité [...]. Tous les yeux étaient fixés sur elle, même ceux du jeune roi [...]. Tous les regards se fixaient sur elle [...]. On ne la contemplait point, on l'examinait. »

Contre l'hostilité extérieure, la lutte est constante. Il faut ruser, inventer des stratagèmes, s'entendre à demi-mot dans des conversations toujours interrompues ou écoutées, recourir à des signes convenus, à un langage codé. La contrainte atteint l'insupportable lorsque Mlle de Clermont est tenue de paraître au salon devant le roi et d'assister à la comédie pendant que M. de Melun agonise. Son rang lui impose impitoyablement la dissimulation : « Loin de pouvoir remplir les devoirs d'une tendre épouse, [elle] se trouvait forcée de se livrer à une dissipation que n'eût osé se permettre, dans une telle circonstance, la femme de la société la plus légère et la moins sensible. » Il lui faut surtout, sous peine de déplaire à son frère et au souverain, tenir secret ce qui ferait le bonheur de toute autre, et le mariage de celle qui pouvait prétendre à une alliance royale a lieu la nuit, dans une chaumière de paysanne, avec pour témoins un domestique et un valet de chambre.

S'il est injuste de parler avec dédain d'un pastiche du XVIIe siècle [1], on verra cependant chez Mme de Genlis un parti pris de classicisme, de concision et de sobriété. Les portraits sont ceux des héros traditionnels du roman sentimental. Au-delà de toute description physique, Mlle de Clermont a reçu « de la nature et de la fortune tous les dons et tous les biens qu'on envie » : esprit, beauté, charme, aptitude à aimer. M. de Melun est d'une allure noble et distante, c'est un esprit supérieur, austère, peu soucieux de plaire ou de pratiquer la galanterie. Pour le reste, libre au lecteur de les imaginer comme il le souhaite.

Dédaignant de recourir à la commodité éculée du coup de foudre, Mme de Genlis a ménagé à son récit une habile progression. Entourée de flatteurs et de courtisans, la princesse ne souhaite que l'estime d'un homme différent des autres et qui ne recherche ni sa personne, ni ses faveurs ni sa protection auprès d'un frère bien en cour. Peu à peu séduite, elle croit d'abord à l'amitié : « Elle ne l'avait distingué que par son austérité, par sa raison et par la droiture de son caractère ; ce qu'elle éprouvait n'était donc point de l'amour. » Cette évolution est conforme aux conceptions de l'auteur, qui condamne sévèrement les élans passionnés

---

1. Voir J. Merlant, *Le Roman personnel de Rousseau à Fromentin*, Paris, Hachette, 1905, p. 295.

des héroïnes de Mme Riccoboni ou de Mme Cottin. Elle s'en explique elle-même dans un de ses romans :

> L'amour dans le cœur d'une femme honnête et raisonnable (c'est-à-dire véritablement pieuse) n'est qu'un sentiment fondé sur l'estime unie à la sympathie, et qui ne devient de la passion que par les écarts de l'imagination, et lorsqu'on s'y livre avec abandon et sans réserve [1].

Quant à Melun, plus tôt averti de ses sentiments, il est en même temps conscient de la distance infranchissable qui les sépare. Le respect que l'interdit social lui impose contraindra donc Mlle de Clermont, sinon à faire des avances, du moins à se laisser deviner. Elle ne sera sûre d'être aimée en retour qu'en apercevant le trouble du duc : « Elle serra doucement le bras qu'elle tenait ; le duc pâlit, ses jambes chancelèrent. [...] Tous les deux gardaient le silence et, sans effort, ils venaient de s'entendre ! » Lors même que, incapable de se dominer, Melun tombe aux genoux de Mlle de Clermont, le mot « amour » ne sera pas même prononcé et pourtant : « C'était enfin parler. » Il ne le sera pas davantage lorsqu'ils échangent leurs serments : « On entendit du bruit dans l'antichambre : *Pour toujours !* dit Mlle de Clermont d'une voix entrecoupée. *Jusqu'au tombeau !* répondit le duc en se relevant. » Ils ignorent que ces devises contiennent l'arrêt de leur destin.

L'irrépressible aveu enfin libéré, les obstacles apparaissent plus insurmontables que jamais. A l'inconcevable mésalliance s'ajoute même la raison d'État, puisque M. le Duc projette de marier sa sœur à un souverain étranger. Commence l'héroïque débat de la raison et de la passion. A plusieurs reprises, le duc tente de s'éloigner, mais l'absence ne fait qu'exaspérer leurs sentiments réciproques. A plusieurs reprises, il tente de lui faire admettre leur situation sans issue mais c'est elle alors qui, conquise par sa loyauté et son dévouement, rêve de disposer d'elle-même, de s'abaisser jusqu'à lui au mépris des conventions et des exigences de son rang. Une scène pathétique vient rendre définitive sa résolution. Atteinte d'une rougeole peut-être mortelle, Mlle de Clermont est presque inconsciente quand Melun s'introduit la nuit dans sa chambre, s'approche de son lit et contracte lui-même la dangereuse maladie. Concession, dans ce récit classique, à un souvenir littéraire plus récent : la fameuse « inoculation de l'amour » dans *La Nouvelle Héloïse*.

Mlle de Clermont emporte enfin les résistances de son amant, une union clandestine sera célébrée nuitamment. Tandis qu'elle traverse la cour du palais pour se rendre à l'autel, elle se sent retenue comme par une main mystérieuse. C'était « un pan de sa robe accroché à l'un des ornements du piédestal de la statue du Grand Condé, placée au milieu de la cour [...]. Un sentiment superstitieux rendit Mlle de Clermont immobile. [...] Il lui sembla que le visage du héros avait une expression

---

1. *Palmyre et Flaminie ou le Secret*, Paris, Maradan, 1802, t. I, p. 252-253.

menaçante.» Ultime avertissement et nouveau présage d'une fin tragique.

Les personnages — et le lecteur avec eux — auront, huit jours durant, l'illusion du bonheur enfin atteint. Mais on ne va pas contre sa destinée et l'épisode de la statue disait clairement l'interdit. Toute à sa joie, la princesse se rend à la chasse organisée en l'honneur du jeune roi quand son frère, soupçonneux, lui enjoint d'éloigner de sa voiture M. de Melun. C'est donc elle qui l'enverra trouver la mort dans «l'allée fatale». Si l'accident qui suit est conforme à la vérité historique, Mme de Genlis lui prête ainsi une tout autre signification en lui conférant la valeur d'un châtiment ou d'une décision de quelque mystérieuse *anankè* dont les amants ont imprudemment bravé les décrets et en haussant le tabou social au niveau d'un interdit quasi religieux.

Les dernières pages évoquent la souffrance d'une femme qui ne peut se rendre au chevet de celui qu'elle aime. Le péril lui fait avouer à son frère son mariage secret. Peut-être M. le Duc montrerait-il davantage de courroux, s'il ne savait Melun perdu. Afin de lui donner le courage de paraître devant la Cour qui réclame sa présence, il laissera donc croire à sa sœur que son mari peut se remettre de ses blessures et qu'il n'est pas impossible d'obtenir le consentement royal. Elle ne reverra plus son époux. Déchirée, elle joue son rôle jusqu'au départ du roi, puis rôde la nuit dans le couloir, n'osant frapper à la porte du blessé et accablée de terribles pressentiments. Au petit jour, un valet lui remet un billet portant les mots qui les avaient engagés l'un à l'autre : *Jusqu'au tombeau...*

Dans l'œuvre souvent prolixe et bavarde de Mme de Genlis, on ne peut qu'admirer ce petit roman remarquable de concision et de brièveté où, sans emphase, elle a su assurer le passage de la nouvelle historique classique au récit poétique déjà romantique [1]. Pourtant peu enclin à l'indulgence à l'égard de Mme de Genlis, Marie-Joseph Chénier en disait très justement : «Un roman fort joli d'un bout à l'autre, c'est *Mademoiselle de Clermont*; la brièveté en est le moindre mérite. Les caractères de la princesse, de son frère M. de Duc, et de son amant le duc de Melun, sont tracés avec une vérité charmante. Là, ni incidents recherchés, ni déclamations prétendues religieuses; action simple, style naturel, narration animée, intérêt toujours croissant, voilà ce qu'on y trouve. On croirait lire un ouvrage posthume de Madame de La Fayette [2].» On ne saurait mieux dire.

R. T.

---

1. Voir *Mlle de Clermont*, préface de B. Didier, Paris, Deforges, 1977, p. 33.
2. *Tableau historique de la littérature française*, Paris, Maradan, 1819, p. 136. Le texte publié ici est celui de l'édition de 1802.

Non, quoi qu'en disent les amants et les poètes, ce n'est point loin des cités fastueuses, ce n'est point dans la solitude et sous le chaume que l'amour règne avec le plus d'empire. Il aime l'éclat et le bruit, il s'exalte de tout ce qui satisfait l'ambition, la louange, la pompe et la grandeur. C'est au milieu des passions factices produites par l'orgueil et par l'imagination, c'est dans les palais, c'est entouré des plus brillantes illusions de la vie, qu'il naît avec promptitude et qu'il s'accroît avec violence ; c'est là que la délicatesse et tous les raffinements du goût embellissent ses offrandes, président à ses fêtes, et donnent à son langage passionné des grâces inimitables et une séduction trop souvent irrésistible !

J'ai vécu sur les bords heureux que la Loire baigne et fertilise ; dans ces belles campagnes, dans ces bocages formés par la nature, l'amour n'a laissé que des traces légères, des monuments fragiles comme lui, quelques chiffres grossièrement ébauchés sur l'écorce des ormeaux, et, pour traditions, quelques romances rustiques, plus naïves que touchantes. L'amour seulement a plané sur ces champs solitaires ; mais c'est dans les jardins d'Armide[1]

---

a. Le fond de cette histoire et presque tous les détails qu'elle contient sont vrais ; l'auteur les tient d'une personne (feu Mme la marquise de Puissieux-Sillery) qui fut aussi recommandable par la sincérité de son caractère que par la supériorité de son esprit, et que Mlle de Clermont honora pendant vingt ans, et jusqu'à sa mort, de son amitié la plus intime.

Ce fut à Chantilly même, et dans la fatale allée qui porte encore le nom de *Melun*, que cette histoire fut contée pour la première fois à l'auteur, qui l'écrivit alors, et ensuite oublia ce petit manuscrit pendant trente ans. Il n'était pas entièrement achevé, on n'a fait que supprimer plusieurs détails et ajouter le dénouement.

1. Armide est l'une des héroïnes de la *Jérusalem délivrée* (1580) de Torquato Tasso (1544-1595). Elle incarne les charmes les plus irrésistibles et a séduit Renaud, qu'elle retient loin de l'armée des Croisés, dans ses jardins fantastiques. L'expression « les jardins d'Armide » désigne un lieu de délices.

ou de Chantilly [1] qu'il s'arrête. c'est là qu'il choisit ses adorateurs, qu'il marque ses victimes, et qu'il signale son funeste pouvoir par des faits éclatants recueillis par l'histoire et transmis d'âge en âge. J'entreprends d'en retracer un dont le souvenir touchant poursuit partout à Chantilly et répand sur ces beaux lieux un charme mélancolique. C'est dans les bois de Sylvie [a], c'est dans l'allée fatale de Melun, c'est sur la trace de deux amants infortunés que j'ai médité le triste récit de leurs amours... Je laisse à d'autres la gloire de briller par des fictions ingénieuses, je ne veux intéresser que par la vérité; si j'y parviens, je m'en applaudirai : plaire en n'offrant que des tableaux touchants et fidèles, c'est instruire.

Mlle de Clermont reçut de la nature et de la fortune tous les dons et tous les biens qu'on envie : une naissance royale, une beauté parfaite, un esprit fin et délicat, une âme sensible, et cette douceur, cette égalité de caractère, si précieuses et si rares, surtout dans les personnes de son rang. Simple, naturelle, parlant peu, elle s'exprimait toujours avec agrément et justesse, on trouvait dans son entretien autant de raison que de charme. Le son de sa voix s'insinuait jusqu'au fond du cœur, et un air de sentiment, répandu sur toute sa personne, donnait de l'intérêt à ses moindres actions. Telle était Mlle de Clermont à vingt ans. Paisible, admirée, sans passions, sans faiblesses, heureuse alors... M. le Duc [b], son frère, la chérissait; mais naturellement imposant et sévère, il avait sur elle la supériorité et tout l'ascendant que devaient lui donner le caractère, l'âge, l'expérience, et le rôle qu'il jouait dans le monde : aussi n'eut-elle jamais pour lui qu'une tendresse craintive et réservée, qui ressemblait moins à l'amitié d'une sœur qu'à l'attachement d'une fille timide et soumise. Ce fut à peu près dans ce temps que Mlle de Clermont parut à Chantilly pour la première fois. Jusqu'alors sa grande jeunesse l'avait empêchée d'y suivre M. le Duc. Elle y arriva sur la fin du printemps ; elle y fixa tous les yeux et sut bientôt obtenir tous les suffrages. Les princesses ont l'avantage d'inspirer moins d'envie par leurs agréments que

a. Nom donné à l'une des plus charmantes parties des jardins.

b. Prince du sang et premier ministre dans la jeunesse de Louis XV. On l'appelait *Monsieur le Duc* [2], sans ajouter son nom, comme on avait désigné le Grand Condé par le titre de *Monsieur le Prince*.

1. Le château de Chantilly appartenait aux Montmorency avant de passer, en 1632, à la maison de Condé. C'est le Grand Condé qui fit dessiner les jardins par Le Nôtre. En avril 1671, le Grand Condé reçut à Chantilly la visite de Louis XIV, visite immortalisée dans une lettre de Mme de Sévigné. Louis Henri de Bourbon, son arrière-petit-fils, continua les embellissements du château et des jardins.

2. Louis Henri, duc de Bourbon (1692-1740), prince de Condé après la mort de son père, connu en effet sous le titre de M. le Duc, fut chef du Conseil de régence et surintendant de l'éducation du roi. Il tira parti de sa position pour réaliser de confortables bénéfices, en 1720, dans les opérations financières de John Law. Il fut premier ministre en 1723, fit rompre le mariage projeté de Louis XV avec l'infante d'Espagne et lui fit épouser Marie Leszczyńska. Appelé au ministère, le cardinal de Fleury fit exiler le duc, en 1726, dans sa terre de Chantilly. Autorisé, trois ans plus tard, à reparaître à la Cour, il ne revint jamais aux affaires.

les femmes d'une condition ordinaire. Leur élévation semble éloigner les idées de rivalité ; d'ailleurs, avec de la grâce et de la bonté, elles peuvent sinon gagner tous les cœurs, du moins flatter la vanité des femmes de la société ; leurs préférences sont des faveurs, et la coquetterie, qui n'est elle-même qu'une ambition, leur pardonne leurs succès, si elles sont affables et constamment obligeantes.

Chantilly est le plus beau lieu de la nature ; il offre à la fois tout ce que la vanité peut désirer de magnificence, et tout ce qu'une âme sensible peut aimer de champêtre et de solitaire. L'ambitieux y voit partout l'empreinte de la grandeur ; le guerrier s'y rappelle les exploits d'un héros. Où peut-on mieux rêver à la gloire que dans les bosquets de Chantilly ? Le sage y trouve des réduits retirés et paisibles, et l'amant s'y peut égarer dans une vaste forêt ou dans l'île d'Amour[a]. Il est difficile de se défendre de l'émotion qu'inspire si naturellement la première vue de ce séjour enchanté : Mlle de Clermont l'éprouva ; elle sentit au fond de son cœur des mouvements d'autant plus dangereux qu'ils étaient nouveaux pour elle. Le plaisir secret de fixer sur soi tous les regards et d'exciter l'admiration de la société la plus brillante, la première jouissance des hommages et de toutes les prérogatives attachés au plus haut rang ; l'éclat des fêtes les plus somptueuses et les plus ingénieuses ; le doux poison de la louange, si bien préparé là ! des louanges qui ne sont offertes qu'avec un tour délicat et neuf, et qui sont toujours si imprévues et si concises qu'on n'a le temps ni de s'armer contre elles ni de les repousser ; des louanges que le respect et le bon goût prescrivent de ne donner jamais qu'indirectement (eh ! comment refuser celles-là ?) : que de séductions réunies ! Est-il possible, à vingt ans, de se défendre de l'espèce d'enivrement qu'elles doivent inspirer ?

Mlle de Clermont avait toujours aimé la lecture ; ce goût devint une passion à Chantilly. Tous les jours, après dîner, jusqu'à l'heure de la promenade, on faisait, dans un petit cabinet séparé, une lecture tout haut des romans les plus intéressants, et communément c'était Mlle de Clermont qui voulait se charger de cet exploit. Souvent l'excès d'un attendrissement qu'elle ne pouvait modérer la forçait de s'interrompre ; on ne manquait jamais, dans ces occasions, de louer sa manière de lire et sa sensibilité. Les femmes pleuraient, les hommes écoutaient avec l'expression de l'admiration et du sentiment ; ils parlaient tout bas entre eux ; on les devinait ; quelquefois on les entendait (la vanité a l'oreille si fine !). On recueillait les mots *ravissant ! enchanteur !...* Un seul homme, toujours présent à ces lectures, gardait un morne et froid silence, et Mlle de Clermont le remarqua. Cet homme était le duc de Melun, dernier rejeton d'une maison illustre. Son caractère, ses vertus lui donnaient une considération personnelle, indépendante de sa fortune et de sa naissance.

---

a. Nom d'une île ravissante près du château.

Quoique sa figure fût noble et sa physionomie douce et spirituelle, son extérieur n'offrait rien de brillant ; il était froid et distrait dans la société ; avec un esprit supérieur, il n'était point ce qu'on appelle un homme aimable, parce qu'il n'éprouvait aucun désir de plaire, non par dédain ou par orgueil, mais par une indifférence qu'il avait constamment conservée jusqu'à cette époque. Trop austère, trop éloigné de toute espèce de dissimulation pour plaire, il était cependant généralement aimé dans le monde ; on ne trouve pas que les gens vertueux soient amusants, mais, lorsqu'on les croit sincères, on pense qu'ils sont les amis les plus solides et les rivaux les moins dangereux, surtout à la Cour : on a sur eux tant d'avantages ! Il est tant de moyens puissants de réussir qu'ils rejettent ou qu'ils dédaignent... On ne craint d'eux que leur réputation, et cette espèce de crainte ne saurait inspirer la haine ; l'intrigue l'emporte si facilement sur des droits que peut donner le mérite le mieux reconnu ! Enfin le duc de Melun, avec la politesse la plus noble, n'avait aucune galanterie ; sa sensibilité même et une extrême délicatesse l'avaient préservé jusqu'alors d'un engagement formé par le caprice : à peine âgé de trente ans, il n'était encore que trop susceptible d'éprouver une grande passion ; mais, par son caractère et par ses mœurs, il était à l'abri de toutes les séductions de la coquetterie. M. le Duc l'estimait profondément et l'honorait de sa confiance ; Mlle de Clermont le savait, et elle vit avec une sorte de peine qu'il fut le seul à lui refuser le tribut de louanges qu'elle recevait d'ailleurs de toutes les personnes de la société. Cependant, en réfléchissant à son assiduité, elle pensa que ces lectures n'étaient pas sans quelque intérêt pour lui ; elle eut la curiosité de questionner à cet égard la marquise de G…, parente et amie de M. de Melun, et elle apprit, avec un dépit mêlé de chagrin, que M. de Melun avait toujours eu l'habitude, non d'écouter ces lectures, dit Mme de G… en riant, mais d'y assister. «Il préfère notre cabinet, continua la marquise, à la bruyante salle de billard et au salon qui, à cette époque de la journée, n'est occupé que par les joueuses de cavagnole [1] ; il trouve qu'on peut rêver plus agréablement parmi nous ; il nous apporte toute sa distraction, et du moins nous ne pouvons lui reprocher de nous en causer, car il est impossible d'avoir un auditeur plus silencieux et plus immobile.»

Mlle de Clermont, vivement piquée, eut ce jour-là, pendant la lecture, plus d'une distraction ; souvent ses yeux se tournèrent vers le duc de Melun, plus d'une fois ses regards rencontrèrent les siens ; en sortant du cabinet elle résolut de lui parler.

Le soir, à la promenade, elle feignit d'être fatiguée, et pria le duc de Melun de lui donner le bras ; cette distinction parut le surprendre, et Mlle de Clermont, s'éloignant de quelques pas du reste de la compagnie :

---

1. Ancien jeu de hasard d'origine génoise, dans lequel il y a autant de tableaux d'enjeux que de joueurs. Chaque joueur misait sur un numéro de son tableau et gagnait autant de fois sa mise qu'il y avait de joueurs si la bille tirée d'un sac portait ce numéro.

« J'ai une question à vous faire, dit-elle avec un sourire plein de charmes, et je me flatte que vous y répondrez avec votre sincérité accoutumée. Vous ne manquez pas une de nos lectures ; cependant j'ai cru m'apercevoir qu'elles vous causaient du dégoût et de l'ennui ; sans doute que le choix vous en déplaît, et que vous le trouvez trop frivole : je voudrais savoir là-dessus votre manière de penser ; l'opinion de l'ami de mon frère ne peut m'être indifférente. » A ces mots, le duc, étonné, resta un instant interdit, et, se remettant de son trouble : « Je vois sans peine, reprit-il, des gens d'un esprit médiocre et d'une condition ordinaire faire du temps précieux de la jeunesse un usage inutile et vain ; mais cet abus m'afflige vivement dans les personnes que leur rang et leur supériorité élèvent au-dessus des autres. Mademoiselle m'ordonne de lui ouvrir mon cœur, et elle vient d'y lire. » Le duc prononça ces dernières paroles avec émotion. Mlle de Clermont rougit, baissa les yeux, garda le silence quelques moments, ensuite elle appela une des dames qui la suivaient, ce qui termina cette conversation.

Le lendemain, à l'heure de la lecture, on présenta à Mlle de Clermont un roman commencé la veille ; elle le prit, et, le posant sur une table : « Je suis ennuyée des romans, dit-elle en regardant le duc de Melun ; ne pourrions-nous pas faire une lecture plus utile et plus solide ? » On ne manqua pas d'applaudir à cette idée, qui cependant déplut beaucoup en secret à plus d'une femme. On fut chercher un livre d'histoire que Mlle de Clermont commença avec un air d'application et d'intérêt qui n'échappa point à M. de Melun. Le soir, à souper, Mlle de Clermont le fit placer à côté d'elle. Ils gardèrent l'un et l'autre le silence, jusqu'au moment où la conversation générale devint assez bruyante pour favoriser un entretien particulier.

« Vous avez vu tantôt, dit Mlle de Clermont, que je sais profiter des conseils qu'on me donne ; j'espère que cet exemple vous encouragera.

— La crainte de vous déplaire, répondit le duc, pourrait seule réprimer mon zèle ; autorisé par vous, je sens qu'il n'aura plus de bornes. »

Ces paroles, prononcées avec effusion, attendrirent Mlle de Clermont ; un regard plein de sentiment fut sa seule réponse. Elle n'avait jamais éprouvé autant de désir de plaire ; elle déploya dans cette soirée tous les charmes de son esprit ; et, de son côté, le duc l'étonna par une vivacité qu'on ne lui voyait jamais, par le choix et la délicatesse de ses expressions.

Les jours suivants, Mlle de Clermont n'osa donner au duc de Melun des préférences qu'on aurait fini par remarquer ; mais elle les prodigua à la marquise de G..., cousine du duc, et intimement liée avec lui depuis son enfance. En amitié ainsi qu'en amour, les princesses sont condamnées à faire tous les premiers frais. Le respect défend de les prévenir, ou de s'approcher d'elles sans leur invitation. Il résulte de ces lois trop sévères, inventées par l'orgueil, que la princesse la plus fière fait souvent des démarches et des avances que très peu de femmes d'un rang inférieur oseraient se permettre.

La subite amitié de Mlle de Clermont pour Mme de G... parut extra-ordinaire à tout le monde. La marquise n'était plus de la première jeunesse, et elle avait plus de mérite que d'agréments ; cependant personne alors ne devina le motif de Mlle de Clermont. On imagina que M. le Duc lui avait recommandé de se lier avec Mme de G..., dont la réputation était parfaite à tous égards. M. de Melun n'osa s'arrêter aux idées que lui inspirait confusément cette intimité ; mais la marquise parut lui devenir plus chère encore ; dès qu'elle était un moment éloignée de Mlle de Clermont, il se rapprochait d'elle, il avait avec elle dans ses manières quelque chose de plus affectueux qu'à l'ordinaire. Il se plaçait toujours à table à côté d'elle, et alors il n'était séparé de Mlle de Clermont que par elle : car la princesse, à dîner et à souper, ne manquait jamais d'appeler Mme de G..., dont elle devint absolument inséparable.

M. le Duc fut obligé de faire une course à Paris. Au jour fixé pour son retour, Mlle de Clermont imagina de lui préparer une espèce de fête terminée par un bal. Elle dansait parfaitement, M. de Melun ne l'avait jamais vue danser... Elle savait que, malgré son austérité, il aimait assez la danse, et qu'il était cité comme l'un des meilleurs danseurs de la Cour.

Le soir, étant à sa fenêtre, elle vit passer, dans une des cours, Mme de G... et M. de Melun qui allaient se promener. Elle descendit seule préci-pitamment, elle fut les joindre, elle prit le bras du duc, et elle dirigea ses pas vers l'île d'Amour. Débarrassée, pour quelques instants, des entraves de l'étiquette, sans suite, presque tête à tête avec M. de Melun, il lui sembla qu'elle entrait pour la première fois dans cette île délicieuse dont elle ne prononça le nom qu'avec émotion. Mme de G... ne manquait pas d'esprit, mais elle avait un désagrément qui rend extrêmement insipide dans la société ; celui de se répéter et de revenir continuellement sur les mêmes idées. M. de Melun lui inspirait autant d'estime et de confiance que d'amitié ; cependant elle avait avec lui, dans le monde, un ton fatigant de persiflage [1], qu'elle quittait rarement, et qu'elle prenait surtout quand elle voulait plaire. Elle plaisantait sans cesse, avec plus de mono-tonie que de finesse, sur sa froideur et sur sa distraction, et l'île d'Amour lui fournit un grand nombre de moqueries de ce genre. On s'assit en face d'un beau groupe en marbre, connu sous le nom de *La Déclaration* ; il représente un jeune homme aux pieds d'une nymphe, à laquelle il paraît faire une *déclaration*, tandis qu'il est lui-même instruit par l'Amour,

---

1. Persifler, c'est, selon le *Dictionnaire de l'Académie* (1762) : « Rendre quelqu'un instrument ou victime de la plaisanterie par les choses qu'on lui fait dire ingénument. » Sur l'emploi de ce mot, voir W. Krauss, « Zur Wortgeschichte von *persiflage* », dans *Perspektiven und Probleme zur französischen und deutschen Aufklärung und andere Aufsätze*, Berlin, 1965, p. 296-330 ; L. Versini, *Laclos et la tradition*, Paris, 1968, p. 354.

debout à ses côtés et lui parlant tout bas à l'oreille. M. de Melun regardant fixement ces statues, la marquise se mit à rire :

« Vous avez l'air, dit-elle, d'écouter ce jeune homme ; mais à quoi vous servirait de l'entendre ? Vous ne le comprendriez pas.

— Je pensais, reprit M. de Melun, qu'ici surtout l'Amour devrait se condamner au silence, car toutes les expressions dont il pourrait se servir ont été profanées par le mensonge et par la flatterie...

— Voilà bien la réflexion d'un misanthrope ! s'écria la marquise.

— Du moins, reprit Mlle de Clermont, ce n'est pas celle d'un courtisan ; mais elle est bien triste », ajouta-t-elle en soupirant.

Cet entretien fut interrompu par un homme d'un certain âge, d'un extérieur noble et respectable, qui s'approcha de Mlle de Clermont pour lui présenter un placet. Cette princesse était naturellement affable ; d'ailleurs, la présence de M. de Melun ajoutait infiniment à sa bonté. L'inconnu fut accueilli avec tant de bienveillance qu'il entra dans quelques détails. Sa demande était parfaitement fondée ; c'était une grâce qui dépendait de M. le Duc : il s'agissait de réparer une injustice qui ravissait à cet homme toute sa fortune ; mais l'affaire ne souffrait aucun retardement, il fallait obtenir le soir même la signature de M. le Duc. Mlle de Clermont s'en chargea formellement, et ce fut avec autant de sensibilité que de grâce, d'autant mieux que M. de Melun, qui connaissait cette affaire, l'assura que cet homme méritait à tous égards sa protection. On retourna au château ; Mlle de Clermont entra un moment dans le salon ; tout le monde n'était point encore rassemblé ; elle s'assit auprès d'une table sur laquelle, en s'appuyant, elle posa le placet qu'elle venait de recevoir. Au bout de quelques minutes, on accourt pour l'avertir qu'un habit de bal qu'elle avait commandé venait d'arriver de Paris. Elle se leva précipitamment, emmena Mme de G..., et sortit du salon. M. de Melun, resté seul auprès de la table, aperçut le placet oublié... Il le prit et le mit dans sa poche, décidé à ne le rendre que si on le redemandait. Il resta exprès dans le salon, afin de voir si on enverrait chercher ce placet reçu avec tant d'attendrissement ; mais l'habit de bal, mais l'attente d'une fête avaient fait oublier sans retour et le placet et l'homme intéressant et opprimé !

M. le Duc n'arriva qu'à l'heure du souper ; M. de Melun ne se mit point à table. Il resta dans le salon. Mlle de Clermont regarda plus d'une fois du côté de la porte ; elle fut rêveuse et préoccupée pendant tout le temps du souper. En sortant de table, elle remonta dans son appartement, afin de s'habiller pour le bal, qui commença à minuit. Alors parut Mlle de Clermont, dans une parure éblouissante. A son aspect, il y eut dans toute la salle une espèce d'exclamation universelle... M. de Melun, placé dans un coin, la vit, soupira, et, sortant aussitôt de la galerie, il passa dans un salon où l'on jouait, il s'assit tristement dans l'embrasure d'une fenêtre, et, ne faisant nulle attention à tout ce qui l'entourait, il tomba dans la plus profonde rêverie.

Cependant Mlle de Clermont, en dansant la première contredanse, jetait autour d'elle des regards inquiets, et cherchait vainement le seul objet dont elle désirât le suffrage... La contredanse lui parut d'une longueur mortelle ; quand elle en fut quitte, elle se plaignit du chaud, afin d'avoir un prétexte de traverser la galerie et d'aller dans le pièce à côté. Mme de G... l'accompagna. En entrant dans le salon des joueurs, elle aperçut dans l'instant M. de Melun, quoiqu'elle ne pût voir qu'un pan de son habit. Elle dirigea ses pas de ce côté ; à quelque distance de la fenêtre, Mme de G... s'arrêta pour parler à quelqu'un, et Mlle de Clermont, s'avançant, se trouva seule auprès du duc qui se leva en tressaillant. « Eh ! bon Dieu, monsieur de Melun, s'écria-t-elle, que faites-vous donc là ? » A cette question, le duc répondit d'un ton glacial qu'il s'était placé à l'écart parce qu'il ne voulait ni danser ni jouer. Mlle de Clermont resta pétrifiée. La marquise survint, qui, suivant sa coutume, adressa à M. de Melun plusieurs plaisanteries sur *sa sauvagerie*. Mlle de Clermont s'éloigna brusquement, et se hâta de rentrer dans la galerie. Blessée, irritée autant que surprise, mais soutenue par la fierté et par le dépit même, elle se remit à danser, en montrant la plus grande gaieté ; elle trouvait une sorte de soulagement dans cette affectation. C'était une vengeance. D'ailleurs, elle espérait toujours que M. de Melun viendrait au moins faire un tour dans la galerie ; mais il n'y parut point. Il fut demandé vainement par plusieurs danseuses, qui lui envoyèrent une députation qui ne le trouva plus dans la salle de jeu, et qui vint dire que vraisemblablement il était allé se coucher. Alors Mlle de Clermont perdit subitement toute sa gaieté factice ; le bal devint pour elle mortellement insipide ; elle ne sentit plus qu'un invincible ennui et le désir de se retrouver seule. M. le Duc fut se coucher à deux heures, et, peu de temps après, Mlle de Clermont se retira. Elle ne s'avouait point encore ses sentiments secrets ; rien de frivole n'avait contribué à les faire naître : ce n'était ni la figure ni les agréments de M. de Melun qui avaient fixé son attention sur lui ; c'était encore moins sa galanterie : elle ne l'avait distingué que par son austérité, par sa raison et par la droiture de son caractère ; ce qu'elle éprouvait n'était donc point de l'amour. Elle cherchait un ami vertueux et sévère : comment s'alarmer d'un attachement de ce genre ? C'est ainsi qu'elle raisonnait. Par la suite l'expérience lui apprit que, pour les femmes honnêtes et sensibles, le véritable amour n'est autre chose qu'une amitié exaltée, et que celui-là seul est durable. C'est pourquoi l'on peut citer tant d'exemples de femmes qui ont eu de grandes passions pour des hommes avancés en âge ou d'un extérieur repoussant.

Mlle de Clermont fit les plus tristes réflexions sur la conduite du duc de Melun. Depuis plus de trois semaines elle voyait en lui, malgré son extrême réserve, tous les signes et tous les vrais témoignages d'un vif intérêt : il n'entrait jamais dans le salon sans la chercher des yeux ; ses regards se portaient sur elle avec une expression particulière, le son de sa voix était plus doux en lui parlant... Ce jour même il s'était entretenu avec elle d'une manière si agréable, et qui souvent avait eu quelque chose de si affectueux!... Il aimait la danse, il en était convenu... Pourquoi donc ce caprice? pourquoi ce ton si sec, rempli d'humeur, et cette affectation si peu polie de ne pas paraître un instant dans la salle de bal?... Ces diverses pensées occupèrent Mlle de Clermont durant la plus grande partie de la nuit; cependant elle se leva de bonne heure; elle sortit dans l'intention d'aller se promener; en passant dans son salon, elle éprouva une surprise peu agréable en apercevant l'homme qui, la veille, lui avait présenté un placet dans l'île d'Amour; elle se rappela avec douleur l'oubli total d'une promesse solennelle qui avait eu pour témoin M. de Melun... Qu'allait-elle répondre à cet homme malheureux qui avait compté sur sa parole? Comment pourrait-elle réparer une négligence si coupable, et qu'en penserait M. de Melun?... Toutes ces idées se présentèrent à la fois à son imagination, et lui causèrent un trouble inexprimable. Elle s'arrêta sans avoir la force de dire un seul mot, et l'homme au placet, s'approchant d'elle avec une physionomie qui exprimait la joie la plus vive:

«Je viens, dit-il, remercier Votre Altesse sérénissime, à laquelle je dois le repos et le bonheur de ma vie...

— Comment?

— M. le duc de Melun, qui m'a fait l'honneur de venir chez moi ce matin, m'a appris ce que je devais à vos bontés; il a daigné m'apporter le consentement du prince obtenu, hier au soir à la sollicitation de mademoiselle...

— M. de Melun vous a dit cela?

— Oui, mademoiselle, en me rendant, avec la signature du prince, le mémoire que j'ai pris la liberté de vous remettre hier.»

A ces mots, Mlle de Clermont balbutia quelques mots obligeants sur le plaisir que lui causait le succès de cette affaire, et sur-le-champ elle se rendit chez M. le Duc, qui lui confirma tout ce qu'on venait de lui dire. «Vous devez des remerciements à M. de Melun, continua M. le Duc, pour la chaleur qu'il a mise dans cette affaire, parce qu'il savait, m'a-t-il dit, qu'elle vous intéresse vivement. En rentrant pour me coucher, je l'ai trouvé établi chez moi, m'attendant de pied ferme pour me forcer, malgré ma lassitude et l'heure indue, à écouter la lecture d'un placet, et ensuite à l'apostiller de ma main.»

Ce détail acheva de porter au comble la douloureuse confusion de Mlle de Clermont; elle se hâta de quitter M. le Duc pour aller se promener, sûre de trouver à cette heure M. de Melun près du grand canal: une femme connaît si promptement toutes les habitudes de l'objet qu'elle aime, et sans avoir l'air de s'en informer! Les femmes seules possèdent le secret d'apprendre parfaitement tout ce qu'elles n'osent demander, par l'art de savoir faire des questions indirectes avec une adresse inimitable. En effet, Mlle de Clermont trouva M. de Melun seul sur les bords du canal. « J'ai des remerciements à vous faire », dit-elle en quittant les dames qui l'accompagnaient ; et, s'avançant précipitamment vers lui, elle prit son bras, et, s'éloignant de manière à n'être entendue de personne : « Ah ! Monsieur de Melun, dit-elle, quelle opinion avez-vous de moi ! Oh ! ne me jugez point sur une action que je me reprocherai toute ma vie... Il est vrai, cette fête, ce bal m'ont causé la plus inexcusable distraction ; mais ne l'attribuez point à la coquetterie, vous seriez injuste... Une idée bien différente m'occupait. Je ne puis vous parler qu'un moment, et j'aurais tant de choses à vous dire !... Je voudrais me justifier, et je dois vous remercier... Vous avez réparé ma faute, vous avez rempli mon devoir... Ah ! si vous saviez à quel point je suis pénétrée de ce procédé ! Le plaisir de vous admirer me dédommage de la juste confusion que j'éprouve ; mais, si j'ai perdu votre estime, qui me consolera ?... » A ces mots, elle regarda M. de Melun, et elle vit ses yeux remplis de larmes ; les siennes coulèrent ; elle serra doucement le bras qu'elle tenait ; le duc pâlit, ses jambes chancelèrent... Six personnes clairvoyantes et curieuses étaient à quelques pas de lui ; l'excès de son émotion, de sa contrainte et de ses inquiétudes rendait sa situation aussi pénible qu'embarrassante... Mlle de Clermont, plus heureuse, ne sentait que la joie d'avoir lu dans son cœur. Tous les deux gardaient le silence, et, sans effort, ils venaient de s'entendre !... Enfin Mlle de Clermont, reprenant la parole :

« Voilà donc pourquoi, dit-elle en souriant, vous n'avez pas voulu danser hier ?...

— J'avoue, répondit le duc, que j'avais un peu d'humeur contre le bal...

— Ah ! s'écria Mlle de Clermont, ce n'était point le bal... »

Elle s'arrêta et rougit... « *Le bal !* reprit-elle, je le déteste, et je fais vœu de passer une année entière sans danser.

— Une année entière !

— Oui, je le jure à M. de Melun.

— Et les bals de la Cour ?

— Je trouverai un prétexte pour n'y point danser, et laissez-moi croire que ce petit sacrifice sera une espèce d'expiation, à vos yeux, d'une légèreté qui a dû vous donner de mon caractère une opinion si défavorable. »

En prononçant ces paroles, elle se tourna vers les personnes qui la suivaient et fut les rejoindre. Toute cette journée fut pour elle un enchantement : elle avait vu M. de Melun pâlir et s'attendrir ; cet homme si sage, si austère, si maître de lui-même, si froid en apparence, elle l'avait vu se troubler, chanceler, et près de se trouver mal !... Qu'elle était heureuse et fière en se retraçant ce moment de saisissement et de bonheur !...

Comme elle fut aimable, accueillante, tout le reste du jour, et contente de tout ce qui l'entourait ! A dîner, elle appela M. de Melun et Mme de G..., et les fit placer à ses côtés. Comme toutes les plaisanteries les plus rebattues de la marquise lui furent agréables ! Comme elle en rit naturellement ! Pour le duc, il ne riait pas ; il ne fut jamais plus silencieux et plus taciturne ; mais son regard était si doux ! et, quand il ne répondait pas, il soupirait : ce qui vaut mieux, en présence d'un tiers, que la réponse la plus spirituelle.

A l'heure de la promenade, au moment de monter en calèche, une des dames de Mlle de Clermont voulut prendre, des mains d'une jeune paysanne, un placet présenté à la princesse : « Donnez, dit cette dernière en regardant M. de Melun, donnez-moi ce placet, je ne le perdrai pas. » Et, se retournant vers la jeune paysanne, elle l'invita à revenir au château dans la soirée, car sa jolie figure et son air abattu faisaient pressentir que sa demande devait être intéressante. Le placet fut lu dans la calèche ; il contenait la plainte naïve et touchante d'une jeune fille séduite et abandonnée par un valet de pied de la princesse. Qu'elle fut bien inspirée, cette jeune fille, en présentant son placet ce jour-là ! Elle l'avait terminé par cette phrase : « Si Votre Altesse m'abandonne, je n'aurai plus d'autre ressource que de m'aller jeter dans le grand canal. »

M. de Melun était dans la calèche ; le secret de la jeune fille pouvait-il être bien gardé ? Comment laisser échapper une telle occasion de parler d'*amour*, de *malheur*, de *désespoir*, et de montrer toute sa sensibilité ? Pardonnons à l'amour un peu d'ostentation, le seul désir de plaire ou de briller en donne tant !...

Mlle de Clermont retrouva la paysanne au château ; le valet de pied fut appelé, sermonné, la jeune fille richement dotée, les deux amants raccommodés, et l'engagement du mariage irrévocablement pris.

Après souper, on proposa une promenade sur l'eau, et l'on se rendit au canal de Chantilly, où l'on trouva plusieurs gondoles illuminées, suivies de petites barques remplies de musiciens. Un temps pur et serein, le calme de la nuit, une musique délicieuse, la lumière douce et tendre du plus beau clair de lune, tout portait au fond du cœur de Mlle de Clermont des impressions d'autant plus vives qu'elles étaient nouvelles. Dans un moment où la conversation générale était extrêmement bruyante, Mlle de Clermont, sous prétexte de vouloir entendre mieux la musique, se retira dans le coin le plus obscur de la gondole. Elle s'abandonnait au charme d'une rêverie profonde, lorsqu'un mouvement qu'elle entendit derrière elle lui fit tourner la tête, et elle vit le duc de Melun qui paraissait vouloir s'éloigner.

« Quoi donc ! dit-elle en rougissant, c'est moi qui fais fuir M. de Melun !

— J'ai craint, reprit le duc, de troubler la solitude que Mademoiselle semble chercher...

« — En la partageant, interrompit-elle vivement, vous la rendrez plus agréable. »

M. de Melun ne répondit que par une inclination respectueuse. Il garda le silence un instant... Enfin, prenant la parole, d'une voix basse et tremblante : « Mademoiselle, dit-il, n'a-t-elle point d'ordre à donner pour Paris ? je compte partir à la pointe du jour. » Dans la disposition où se trouvait Mlle de Clermont, elle ne s'attendait guère à ce départ précipité. L'adieu de M. de Melun la rendit interdite, et, ne pouvant dissimuler entièrement ce qui se passait dans son âme : « Il faut donc, reprit-elle en le regardant fixement, que vous ayez des affaires bien importantes pour nous quitter d'une manière si brusque et si imprévue ? » Le ton interrogatif de Mlle de Clermont indiquait une question.

Le duc parut embarrassé :

« Le respect, répondit-il, est souvent un obstacle à la confiance...

— J'entends cette défaite, interrompit Mlle de Clermont ; elle ne me satisfait pas, mais elle me suffit. »

Ces mots, prononcés avec beaucoup de feu, firent soupirer M. de Melun ; il leva les yeux au ciel, et, en les baissant, il rencontra ceux de Mlle de Clermont, plus beaux, plus touchants, plus expressifs, qu'ils ne furent jamais : il allait parler, et peut-être trahir entièrement les secrets de son cœur, lorsque M. le Duc, s'approchant, mit fin à cet entretien si pénible et si dangereux.

Au moment où le jour commençait à paraître, on le vint dire à Mlle de Clermont, qui, de premier mouvement, s'écria : « Quoi ! déjà... Ah ! que j'en suis fâchée, et que je regrette la nuit ! » Ces paroles furent entendues de M. de Melun, et la sensibilité dont elles le pénétrèrent fut une nouvelle raison pour lui de hâter son départ : il comprit trop à quel point il était nécessaire. A l'instant où l'on descendait des gondoles pour retourner au château, M. de Melun s'approcha de M. le Duc, feignit d'avoir reçu des lettres qui demandaient sa présence à Paris, prit congé de lui, et s'arracha de Chantilly avec autant de peine que de courage. Son départ acheva d'éclairer Mlle de Clermont sur le sentiment qui la dominait. Livrée à l'ennui, aux regrets, à ce vide affreux qu'on éprouve loin du seul objet qui peut intéresser, elle n'avait qu'une consolation, l'espoir de son retour, et qu'un plaisir, celui de guetter à sa fenêtre toutes les voitures qui arrivaient dans la cour. Lorsqu'elle était dans le salon, elle entendait toujours la première le bruit d'un carrosse, ou celui d'un fouet de poste. Alors, les yeux attachés sur la porte, elle attendait avec saisissement que cette porte s'ouvrît ; et quelle désagréable sensation lui causait la personne qui entrait (quelque aimable qu'elle fût) ! ce n'était pas M. de Melun !... Quinze mortels jours se passèrent de la sorte. Le duc ne revint pas ; mais enfin le voyage finit. Avec quelle joie secrète Mlle de Clermont retourna à Paris, en songeant qu'elle allait se retrouver dans les lieux que M. de Melun habitait !... La première fois que le hasard le lui fit rencontrer, son trouble fut inexprimable ; il lui semblait que tous les yeux étaient fixés sur elle et lisaient au fond de son âme ; mais son agitation et son embarras ne furent remarqués que de l'objet qui les causait. Le duc, toujours prêt à se trahir, eut assez de force et de vertu pour la fuir encore de nouveau, malgré la certitude d'être aimé. Tout est compensé dans la nature : si les cœurs sensibles sont souvent ingénieux à se tourmenter, ils ne le sont pas moins à chercher, à trouver des consolations et des dédommagements dans les choses même les plus affligeantes.

Mlle de Clermont voyait dans le soin que M. de Melun mettait à l'éviter une raison de plus d'admirer son caractère ; et tout ce qui attache davantage à l'objet qu'on aime est un bonheur.

Cependant M. de Melun rencontrait souvent Mlle de Clermont, surtout à la Cour. L'hiver avançait, et l'on annonça un bal paré à Versailles, dans lequel le roi, devant danser un quadrille, nomma pour sa danseuse Mlle de Clermont. Cette dernière, se trouvant à souper chez M. le Duc avec M. de Melun, lui demanda s'il se souvenait de la promesse qu'elle lui avait faite d'être un an sans danser. « Si je m'en souviens !… » reprit vivement M. de Melun. Il n'osa poursuivre.

« Eh bien ! dit Mlle de Clermont, vous qui êtes aussi du quadrille de la Cour, vous savez que je suis désignée pour danser avec le roi !

— Aussi, répondit M. de Melun en souriant, avais-je eu l'honneur de dire à Mademoiselle qu'un *tel vœu* serait pour elle d'une difficile exécution. Convenez que vous n'avez regardé cet engagement que comme une façon de parler… Mademoiselle, en y réfléchissant, a dû voir qu'il lui serait impossible à son âge et dans sa situation.

— *Impossible !*… Combien il y a peu de choses impossibles quand… » Elle rougit, n'acheva pas, et détourna la tête. Un moment après, reprenant la conversation : « Vous croyez donc, reprit-elle, que je danserai au bal paré ? » A cette question, le duc la regarda fixement d'un air étonné. « Non, monsieur continua-t-elle, je ne danserai que l'été prochain, *à Chantilly.* » Comme elle disait ces mots, elle se leva de table, et l'on passa dans le salon. Le lendemain, Mlle de Clermont écrivit à son frère qu'en descendant seule l'un des petits escaliers de son appartement, elle s'était donné une entorse. M. le Duc reçut ce billet à l'heure de son audience, et cette nouvelle se répandit aussitôt dans tout Paris. Le chirurgien attaché à la princesse, et gagné par elle, déclara qu'il avait vu son pied, et que la princesse serait obligée de garder sa chambre six semaines. Elle se mit sur une chaise longue, et reçut ainsi les visites de toute la Cour. Le duc de Melun y accourut. Il ne savait que penser ; il se doutait bien, d'après l'entretien de la veille, que c'était une feinte ; cependant il était possible que l'accident fût réel. Le premier regard de Mlle de Clermont le tira de son incertitude ; elle sourit en l'apercevant ; et, dans le moment où il entra, plusieurs personnes s'en allant et les dames de Mlle de Clermont les reconduisant, il s'approcha de sa chaise longue :

« Eh bien ! lui dit Mlle de Clermont, était-ce une chose *impossible* ?...
Et maintenant croirez-vous que ce fut le bal ou le désir de briller dans une
nombreuse assemblée qui me fit oublier le placet ?...

— Ah ! reprit le duc avec attendrissement, pourquoi nous punir tous,
quand un seul mot vous suffisait ? »

Il n'en put dire davantage, les dames de Mlle de Clermont se rappro-
chaient d'elle.

Mlle de Clermont resta en effet six semaines dans sa chambre, et sur
une chaise longue : elle fut remplacée dans le quadrille de la Cour ; et,
comme le roi avait annoncé qu'il y aurait encore un bal, uniquement pour
dédommager Mlle de Clermont de n'avoir pu aller au premier, elle prit le
parti de feindre d'être boiteuse ; elle emmaillota son pied droit de
manière à le grossir excessivement, et parut ainsi à la Cour. M. de Melun,
qui depuis l'histoire de la fausse entorse allait assidûment chez Mlle de
Clermont, y fut ce soir-là de si bonne heure qu'il trouva le salon vide.
Lorsqu'on fut dire à la princesse qu'il venait d'arriver, elle donna l'ordre
d'avertir ses dames ; mais elle ne les attendit pas, elle se hâta d'entrer
dans le salon. M. de Melun, la voyant marcher sans boiter, la regardait de
l'air le plus touché.

« Voyez, dit-elle, comme votre vue me guérit de mes maux !...

— Ah ! s'écria le duc en mettant un genou en terre, quelle raison
humaine pourrait tenir à tout ce que j'éprouve depuis six semaines ?... »

C'était enfin parler. Mais aussi c'était la première fois qu'il se trouvait
tête à tête avec celle qu'il adorait, et qui lui donnait de ses sentiments des
preuves si extraordinaires. Mlle de Clermont, toujours debout, fut si
émue, si tremblante, qu'elle s'appuya contre une table... Le duc, toujours
à genoux, fondit en larmes... On entendit du bruit dans l'antichambre :
Pour toujours ! dit Mlle de Clermont d'une voix entrecoupée. *Jusqu'au
tombeau !* répondit le duc en se relevant et en essuyant ses yeux. La porte
s'ouvrit, les dames de la princesse entrèrent. Cette dernière eut assez de
présence d'esprit pour conter qu'en entrant dans le salon, le battant de la
porte était tombé sur son pied malade, et qu'il lui était échappé un cri qui
avait causé une frayeur extrême à M. de Melun. Cette histoire prévint
l'étonnement qu'aurait excité l'altération qu'il était impossible de ne pas
remarquer sur le visage de Mlle de Clermont et sur celui de M. de Melun.

Quelle révolution cette soirée produisit dans l'existence de Mlle de
Clermont ! Elle était adorée, elle avait reçu le serment de l'être
toujours... *jusqu'au tombeau !*... Ces paroles étaient sorties de la bouche
de M. de Melun !... Quels projets formait Mlle de Clermont ? Aucun.
Animée d'une seule pensée, elle se répétait : « Il m'aime, il me l'a dit ! »
Ce souvenir, cette idée occupaient son âme tout entière ; l'avenir ne
pouvait l'inquiéter ; elle n'y voyait que son amant fidèle *jusqu'au
tombeau*... Des obstacles ? en existait-il ? Qu'avait-elle à craindre ? elle
était sûre d'être aimée...

Cependant M. de Melun, un peu rendu à lui-même, fut épouvanté de sa faiblesse : il avait trente ans [1], il était l'ami de M. le Duc, dont il possédait toute la confiance, auquel il avait les plus grandes obligations ; et il venait de déclarer une passion extravagante à sa sœur, à une princesse du sang, jeune, sans expérience... Il savait que M. le Duc s'occupait dans ce moment d'une négociation dont le but était le mariage de Mlle de Clermont avec une tête couronnée... Dans sa situation, profiter de ses sentiments, achever de la séduire, c'était bouleverser sa destinée, c'était la perdre, et manquer à tous les devoirs de la reconnaissance et de la probité. Il n'hésita pas à sacrifier sa passion à son devoir ; mais comment se conduire après son imprudence de la veille, après avoir fait la déclaration la plus formelle !... Le résultat de ces réflexions fut d'écrire à Mlle de Clermont une lettre conçue en ces termes :

Je ne fus hier qu'un insensé, je serais aujourd'hui le plus vil des hommes si je n'éprouvais pas des remords trop fondés !... Je voudrais pouvoir racheter de mon sang un aveu téméraire et coupable ; mais, du moins, je jure, par le sentiment même qui m'égare, de garder désormais un silence éternel... Ce sentiment, devenu tout pour moi, me rendra tout possible ; je m'éloignerai, mais pour votre repos, pour votre réputation, pour votre gloire. Je souffrirai, mais pour vous !... Ah ! remplissez vos nobles destins, et ne me plaignez point !... Depuis six mois, ai-je une autre existence que la vôtre ? ne m'est-il pas aussi nécessaire de vous voir l'objet de l'admiration universelle que de m'estimer moi-même ? Soyez paisible, soyez heureuse, et mon sort ne sera-t-il pas encore assez beau ?...

Il venait de terminer cette lettre lorsqu'on entra pour lui annoncer un page de Mlle de Clermont, qui entra et lui remit un billet de la princesse, le premier billet qu'il eût reçu d'elle, un billet de son écriture !... Il l'ouvrit avec un trouble inexprimable ; mais ce billet ne contenait rien d'intéressant : il était écrit à la tierce personne ; la princesse demandait à M. de Melun, pour une de ses dames, sa loge à la Comédie-Française. M. de Melun répondit verbalement qu'il allait porter lui-même ce qu'on lui demandait, et le page sortit. Quand M. de Melun fut seul, il examina avec attention le billet de la princesse ; et quels furent sa surprise et son attendrissement en lisant sur le cachet ces mots qu'il avait prononcés la veille : *Jusqu'au tombeau !*

Mlle de Clermont, le soir même, avait envoyé chez son graveur l'ordre de tracer ces paroles sur un cachet tout fait, et de le lui envoyer le lendemain à midi ; ce qui fut exécuté. Afin d'employer ce cachet, elle saisit le prétexte que lui fournit une de ses dames, qui témoigna le désir d'aller à la Comédie ; elle écrivit en sa présence à M. de Melun, pour demander la loge ; le cachet disait assez pour qu'elle se consolât de ne pouvoir écrire que deux lignes insignifiantes.

M. de Melun se rendit chez Mlle de Clermont ; elle était seule avec sa

_____

1. Vingt-sept, selon les *Mémoires* de Barbier.

dame d'honneur, à laquelle il présenta le billet de loge pour l'offrir à la princesse. Un instant après, la dame d'honneur se leva pour aller chercher son sac à ouvrage, qui était à l'autre extrémité de la chambre. Tandis qu'elle avait le dos tourné, M. de Melun, d'un air aussi timide que touché, posa sur un guéridon, à côté de la princesse, la lettre qu'il venait d'écrire : la princesse rougit, mit son mouchoir sur la lettre, et, appuyant son bras et sa main sur le guéridon, elle resta dans cette attitude. M. de Melun prit congé d'elle, et la princesse, saisissant la lettre avec le mouchoir qui l'enveloppait et la cachait, se hâta de se retirer dans son cabinet.

M. de Melun passa le reste de la journée renfermé chez lui. Le lendemain il eut le désir de revoir Mlle de Clermont, afin de connaître, du moins à peu près, l'effet que sa lettre avait produit sur elle. Il fut souper chez M. le Duc, sachant que Mlle de Clermont y serait. Il lui trouva l'air agité, mais satisfait. Pendant qu'on arrangeait les parties de jeu et que tout le monde était debout, elle s'approcha de lui, et, en lui demandant à voir la carte qu'il avait tirée, elle la lui rendit avec un billet que M. de Melun mit aussitôt dans son sein. Malgré la présence de Mlle de Clermont, l'impatience de lire sa réponse lui fit paraître la soirée bien longue. Il se retira de bonne heure ; et, lorsqu'il fut chez lui, il s'empressa d'ouvrir le billet fermé avec le cachet nouveau, et ne contenant que ce qui suit :

Pour toujours !...

LOUISE DE BOURBON-CONDÉ

C'était le serment échappé la veille à Mlle de Clermont, au moment où M. de Melun se mit à genoux devant elle, et c'était avec réflexion qu'elle le répétait et le signait. Qu'aurait exprimé de mieux et de plus une longue lettre ? M. de Melun baisa ce touchant écrit, et, le remettant sur son sein : « Tu resteras là, dit-il, jusqu'au dernier soupir, jusqu'au dernier battement de ce cœur sensible et déchiré... »

On était au mois de février. Quelques jours après, sous prétexte d'arrangement d'affaires, le duc partit pour une terre qu'il avait en Languedoc, décidé à y rester trois ou quatre mois.

Ce départ causa autant de chagrin que d'étonnement à Mlle de Clermont ; et lorsque, au bout de deux mois, elle vit que M. de Melun ne revenait pas, elle tomba dans une mélancolie dont rien ne put la distraire. Tout le monde attribua sa tristesse au mariage brillant dont il était question pour elle, et qui devait l'éloigner à jamais de la France. M. le Duc, en effet, lui en avait parlé ; mais, l'ayant trouvée entièrement opposée à ce projet, il lui avait demandé d'y réfléchir mûrement, et de l'instruire de sa dernière résolution à cet égard dans le cours du mois de mai. A cette époque revint le duc de Melun, après une absence de trois mois. Le lendemain de son arrivée, la marquise de G... vint trouver

Mlle de Clermont pour lui faire une confidence au sujet de M. de Melun. Le comte de B..., d'une richesse immense, n'avait qu'une fille unique, âgée de dix-sept ans, aimable et belle. Cette jeune personne, dont le père commandait en Languedoc, avait beaucoup vu le duc dans cette province ; ses parents, amis de la marquise, lui avaient confié qu'ils désiraient passionnément l'alliance du duc de Melun, et d'autant plus qu'ils soupçonnaient que leur fille avait de l'inclination pour lui. Après ce récit, Mme de G... demanda à Mlle de Clermont d'engager M. le Duc à parler à M. de Melun sur une affaire si avantageuse pour lui. « Je compte aussi, continua la marquise, lui dire à cet égard tout ce que je pense ; mais, comme il a toujours montré beaucoup d'éloignement pour le mariage, je désire vivement être secondée par M. le Duc, qui a tant d'ascendant sur son cœur et sur son esprit. » Mlle de Clermont interrompit la marquise pour la questionner sur Mlle de B..., dont la marquise fit le plus grand éloge. Mlle de Clermont promit de parler à son frère.

Cette conversation causa à Mlle de Clermont la plus vive inquiétude qu'elle eût encore éprouvée. Mlle de B... aimait le duc de Melun, et elle était charmante... Tous les amis de M. de Melun allaient se réunir pour lui vanter tous les avantages de cette alliance... Quels tristes sujets de réflexion ! « Hélas ! se disait-elle, le sentiment qu'on suppose à Mlle de B... (et qu'elle n'a peut-être pas) intéresse tout le monde ; et moi, pour éviter un blâme universel, je dois cacher celui que j'éprouve ! Cependant je suis libre aussi... Que je le hais, ce rang funeste où le sort m'a placée !... M. de Melun, lui-même, croit que je dois à cette odieuse élévation le sacrifice d'un attachement si tendre ; il croirait, en y répondant, se rendre indigne de l'inspirer... Ne s'est-il pas déjà rétracté ? N'a-t-il pas fui loin des lieux que j'habitais !... Il épousera peut-être Mlle de B... par reconnaissance, tandis qu'avec moi le parjure, l'ingratitude et la barbarie ne lui paraissent que de la générosité !... » Des larmes amères accompagnaient ces tristes réflexions. Cependant elle se décida à faire auprès de M. le Duc la démarche qu'on désirait ; d'ailleurs c'était un prétexte pour parler de M. de Melun, et c'était un moyen prompt d'apprendre avec certitude ses sentiments à cet égard. M. le Duc était à Versailles pour trois jours ; il fallait attendre son retour. Pendant ce temps, Mlle de Clermont ne revit point M. de Melun ; mais elle sut qu'il était maigri, et plus distrait que jamais ; elle sut aussi tous les détails imaginables sur Mlle de B..., sur sa figure, sur son caractère, sur ses talents. Elle n'aurait pu la méconnaître si elle l'eût rencontrée.

Aussitôt que M. le Duc fut revenu de Versailles, Mlle de Clermont lui rendit compte de tout ce que Mme de G... lui avait dit, et elle eut assez d'empire sur elle-même (les princesses en ont plus que les autres femmes) pour montrer le désir de voir réussir ce mariage. M. le Duc réfléchit un moment, ensuite il dit à Mlle de Clermont que, M. de Melun ayant beaucoup d'attachement pour elle, il désirait qu'elle lui parlât aussi. «Je le verrai demain matin, continua-t-il, et ensuite je vous l'enverrai.» Ceci n'était pas dit sans dessein; M. le Duc n'avait encore aucun soupçon des sentiments mutuels de sa sœur et de M. de Melun, mais il savait que ce dernier avait obtenu l'estime et la confiance de Mlle de Clermont, et il voulait l'engager à lui parler du mariage pour lequel elle montrait tant d'éloignement. En effet, il donna cette commission à M. de Melun, en ajoutant : «Puisqu'elle tâchera de vous déterminer à ne point refuser un établissement avantageux, vous aurez bien le droit de lui donner un semblable conseil pour elle-même.» M. de Melun, désirant et craignant également de revoir Mlle de Clermont après une aussi longue absence, et cependant heureux de penser qu'il allait l'entretenir sans témoins, se rendit chez elle, en se promettant de lui parler avec une raison parfaite. «Pour son repos, se disait-il, pour le mien, il faut que je lui parle avec détail; mon courage peut seul ranimer le sien; je la déciderai au sacrifice d'un sentiment que tout condamne : c'est ainsi que je fois profiter de l'ascendant que j'ai sur elle.» Fortifié par ces pensées, M. de Melun arriva à midi chez Mlle de Clermont; il était attendu... On le fit entrer dans un salon, au rez-de-chaussée, dont les portes de glaces donnaient sur un jardin. On le pria d'attendre là, parce que la princesse était encore dans sa chambre. Au bout de quelques minutes, la porte s'ouvrit; Mlle de Clermont, suivie de deux dames, parut et s'avança vers le duc... Un regard souvent éclaircit tant de choses ! A peine Mlle de Clermont eut-elle jeté les yeux sur M. de Melun que sa jalousie et ses inquiétudes se dissipèrent; elle cessa de craindre Mlle de B...

Elle invita M. de Melun à passer avec elle dans le jardin; elle appuya sur son bras une main charmante, ornée d'un bracelet qui fixa toute l'attention de M. de Melun. On entra dans le jardin; les dames de la princesse s'assirent et restèrent sur un banc; la princesse continua sa promenade. M. de Melun, les yeux fixés sur le bracelet, tressaille en lisant ces mots tracés en lettres de diamants : *Pour toujours !* La princesse lui montra l'autre bracelet, qui contenait la réponse de M. de Melun : *Jusqu'au tombeau !*

«Ces deux serments, dit-elle, sont *ineffaçables*... C'est en vain qu'on voudrait les rétracter !...

— Les rétracter, grand Dieu ! reprit M. de Melun; j'ai pu me repentir de mon imprudence et de ma témérité, mais non d'un sentiment qui m'élève à mes propres yeux et qui m'est aussi cher que l'honneur.

— Et pourquoi donc fuir ?

— Pour conserver votre estime.

— Ah ! restez près de moi pour me guider, pour m'éclairer...

— Suivrez-vous mes conseils ?

— En doutez-vous ?

— Remplissez donc votre destinée; honorez la suprême puissance en montant sur le trône qu'on vous offre.

— C'est vous qui m'exilez pour jamais de ma patrie ! Songez-vous à l'éternel adieu que vous recevriez de moi ?... Si vous avez la force de soutenir cette image, ne me supposez pas ce courage inhumain... Enfin que me proposez-vous ? De rendre criminel le sentiment qui m'attache à vous ; maintenant, malgré tous les préjugés qui le réprouvent, il est innocent, il ne changera jamais... Ah ! combien ma liberté m'est chère ! Du moins elle me donne le droit de vous aimer sans remords... »

Ce langage séducteur ébranla toutes les résolutions austères de M. de Melun ; il se rappela bien toutes les choses raisonnables qu'il avait eu le projet de dire ; mais, dans ce moment, elles lui parurent déplacées ou trop dures : au reste, il se trouvait héroïquement vertueux, en pensant qu'un autre à sa place aurait fait éclater tous les transports de l'amour et de la reconnaissance ; il est vrai, il ne peignait pas sa passion, mais il la laissait voir tout entière : un sage amoureux, tête à tête avec l'objet qu'il aime, est tout aussi faible qu'un homme ordinaire. La sagesse en amour ne peut servir qu'à faire éviter le danger ; elle a rarement assez de force pour le braver.

M. de Melun s'oublia deux heures avec Mlle de Clermont ; il ne lui parla que d'elle et de ses sentiments, et mille fois il jura de lui consacrer sa vie. Il fallut enfin se séparer ; il fallut, en sortant de chez Mlle de Clermont, revoir M. le Duc ; il fallut dissimuler, tromper et mentir !... C'est alors qu'une âme généreuse déplore l'empire funeste des passions et qu'elle devient capable des efforts les plus courageux pour s'y soustraire. Mlle de Clermont n'éprouvait point ces combats et ces agitations cruelles dont la préservaient son innocence et la pureté de son âme ; d'ailleurs, tous les sacrifices étant de son côté, la délicatesse et la générosité, loin de combattre sa passion, ne pouvaient que la lui rendre plus chère ; mais M. de Melun, accablé d'un remords pressant, que le redoublement d'amitié de M. le Duc rendait insupportable, résolut enfin de faire à ses principes le sacrifice entier de son amour. L'ambassade d'Angleterre était vacante : il se détermina à la demander. Avant de faire cette démarche, il écrivit à Mlle de Clermont une longue lettre, dans laquelle il peignit avec autant de sévérité que de sensibilité tout ce qu'il avait éprouvé ; il détaillait les raisons qui le décidaient à se bannir pour cinq ou six ans ; elles avaient toutes pour objet et pour but les intérêts, la gloire et la tranquillité de Mlle de Clermont. Cette lettre et ce nouveau projet excitèrent dans le cœur de Mlle de Clermont autant de ressentiment que de douleur ; elle appela la fierté à son secours : c'est, en amour, une grande ressource pour les femmes, et qui souvent, pour elles, fut le supplément de la raison. La princesse, irritée, jura d'oublier M. de Melun, et même de l'éviter jusqu'au voyage de Chantilly, qui devait être sur la fin de juin ; elle cessa de porter ses bracelets, qui lui retraçaient un souvenir trop cher qu'elle voulait bannir de sa mémoire ; mais elle les renferma soigneusement dans un écrin particulier, dont elle garda la clef.

Le dépit et le chagrin altérèrent sensiblement sa santé, et dans les premiers jours du mois de juin, elle tomba tout à fait malade, et la rougeole se déclara. M. de Melun apprit cette nouvelle à Versailles ; il revint sur-le-champ, et, sous le prétexte de son attachement pour M. le Duc, il se renferma avec lui et ne le quitta plus. Lorsque le prince était dans la chambre de sa sœur, M. de Melun restait dans un cabinet à côté. La porte de ce cabinet, qui n'était jamais fermée, donnait dans la chambre de Mlle de Clermont. De violents maux de nerfs, joints à la rougeole de Mlle de Clermont, rendirent sa maladie très grave et firent craindre pour sa vie. Une nuit que M. le Duc, accablé de fatigue, s'était endormi, M. de Melun, voyant tout ce qui l'entourait livré au sommeil, s'approcha davantage encore de la porte, et l'entrouvrit de manière qu'il pouvait voir, sans être aperçu, ce qui se passait dans la chambre de Mlle de Clermont ; il entendit qu'elle parlait à voix basse à l'une de ses femmes, qui était au chevet de son lit. Il prêta l'oreille, et il recueillit ces paroles : « Quoi ! vous en êtes sûre ? quoi ! M. de Melun est enfermé avec mon frère ?... Ne vous êtes-vous pas trompée ? est-ce bien lui ?... » La femme de chambre répéta qu'elle en était certaine. « Ah ! Dieu ! » reprit Mlle de Clermont. Elle garda un instant le silence, puis elle dit : « C'est pour mon frère !... » A ces mots elle se retourna et parut agitée. La femme de chambre lui demanda comment elle se trouvait ; elle répondit : « Ma fièvre est bien forte ; je me sens mal... » Et elle ajouta : « J'aurais quitté la vie avec plus de tranquillité il y a un an, et cependant... » Elle n'acheva pas ; mais, après une courte pause, elle prit une clef sur sa table de nuit, et, la donnant à la femme de chambre, elle lui dit d'aller chercher dans l'un de ses cabinets un petit écrin qu'elle lui indiqua : c'était celui qui renfermait ses bracelets. La femme de chambre obéit. Dans ce moment il n'y avait plus auprès de la malade qu'un chirurgien endormi dans un fauteuil, et une garde couchée sur un canapé et livrée aussi au plus profond sommeil. M. de Melun, hors de lui, le visage baigné de pleurs, jette un coup d'œil dans la chambre, et au même moment s'y élance, et va tomber à genoux près du lit... Mlle de Clermont tressaille, et lui tend une main brûlante, qu'il arrose de larmes...

« Et cependant, dit-elle d'une voix douce et pénétrante, vous partez pour l'Angleterre !

— Non, non, reprit le duc, je jure de rester, et j'atteste tout ce qu'il y a de sacré que désormais je n'agirai plus que d'après vos volontés et vos ordres...

— Ô mon Dieu ! dit Mlle de Clermont en levant les yeux au ciel, mon Dieu, daignez me conserver la vie !... »

A ces mots, M. de Melun pressa contre son cœur la main qu'il tenait, et, se relevant précipitamment, il retourna dans le cabinet. Heureusement que M. le Duc dormait encore... M. de Melun sortit doucement et descendit dans le jardin. La nuit était sombre et la chaleur étouffante.

M. de Melun s'assit sur un banc en face du palais ; il fixa tristement ses regards sur l'appartement de Mlle de Clermont. La lueur vacillante de sa lampe, qu'il apercevait à travers ses vitres, lui parut une clarté funèbre qui le fit frissonner... On marchait dans la chambre ; ce qui formait de grandes ombres fugitives qui passaient avec rapidité devant les fenêtres, et qui paraissaient s'évanouir dans les airs. M. de Melun, n'osant s'arrêter aux funestes pensées que lui inspirait l'état de Mlle de Clermont, se laissa aller à une rêverie qui s'y rapportait, mais qui, du moins, ne lui présentait que vaguement ces images désolantes. Il était depuis deux heures dans le jardin, lorsqu'il remarqua dans le palais un grand mouvement ; il frémit, et, pénétré d'une mortelle inquiétude, il se hâta de rentrer. En montant l'escalier, il entendit répéter ces terribles paroles : « *Mademoiselle se meurt...* » Il fut obligé de s'appuyer sur la rampe ; il y resta quelques minutes, immobile de douleur et d'effroi. On vint l'appeler de la part de M. le Duc, qui accourut à sa rencontre avec un visage consterné. « Hélas ! dit-il à M. de Melun, je n'ai plus d'espérance ; elle est dans un état affreux, elle n'a plus sa tête, et le médecin dit que, si ses convulsions ne se calment point, elle ne passera pas la nuit. Cette funeste révolution s'est opérée tout à coup. A minuit, ayant toute sa connaissance, elle a donné une commission à l'une de ses femmes, qui, revenue au bout de cinq ou six minutes, l'a retrouvée tremblante, regardant d'un air égaré la porte du cabinet où nous passions la nuit, comme si elle voyait là quelque chose d'effrayant ; ensuite versant des larmes, et tombant enfin dans les plus terribles convulsions. »

Quel récit pour M. de Melun ! Chaque mot, chaque circonstance était un trait déchirant qui s'enfonçait jusqu'au fond de son cœur : gardant un morne silence, il écoutait M. le Duc avec un saisissement qui heureusement suspendait toutes les facultés de son âme, et qui ne lui permit ni plaintes, ni larmes, ni la plus légère marque d'attendrissement ; l'excès de sa douleur en sauva les apparences ; mais, ce premier moment passé, le plus violent désespoir succéda à cette espèce d'anéantissement. « Quoi ! se disait-il, c'est moi qui la tue, c'est mon inconcevable imprudence qui a produit cette affreuse révolution !... Grand Dieu ! c'est moi qui la tue !... Et je la perds dans l'instant où je reçois d'elle les plus touchants témoignages de tendresse !... Je ne lui en ai donné qu'un seul, en bravant tout cette nuit pour lui parler, et cette funeste preuve d'amour la précipite au tombeau !... » L'infortuné duc de Melun faisait ces réflexions désespérantes à côté de M. le Duc, et, forcé de dévorer ses larmes, il souffrait tout ce que la contrainte peut ajouter à la plus juste douleur.

Enfin, au point du jour, Mlle de Clermont parut plus calme. Une heure après, elle recouvra sa parfaite connaissance, et, le soir, les médecins répondirent de sa vie. Tranquille et rassuré, M. de Melun, le lendemain, voulut retourner à Versailles. M. le Duc exigea qu'il vît auparavant

Mlle de Clermont, qui, disait-il, le désirait, et voulait le remercier des soins qu'il lui avait rendus. M. de Melun obéit ; il respirait à peine en entrant dans la chambre de Mlle de Clermont ; mais quelle fut l'émotion de cette dernière, lorsque en jetant les yeux sur lui elle put jouir de son trouble, de son attendrissement, et que son visage pâle, abattu, défiguré, lui fit connaître tout ce qu'il avait souffert ! Malgré la présence de M. le Duc, elle trouva le moyen d'exprimer tout ce qu'elle éprouvait ; et M. de Melun, enivré de son bonheur, emporté par le moment, répondit de manière à lui faire comprendre l'excès de sa reconnaissance et de son amour. Mlle de Clermont, deux jours après cette entrevue, fut en état de se lever, et la satisfaction intérieure qu'elle éprouvait contribua à lui rendre promptement les forces et la santé. Mais elle devait ressentir un chagrin nouveau, plus accablant qu'aucun autre. M. de Melun n'avait jamais eu la rougeole ; on sait avec quelle facilité cette maladie se communique. M. de Melun revint de Versailles avec la fièvre ; il fut obligé de se mettre au lit, et le médecin qu'il envoya chercher lui déclara qu'il avait la rougeole. Devant avoir une maladie, c'était celle qu'il eût choisie de préférence à toute autre ; elle lui venait des soins qu'il avait rendus à Mlle de Clermont. Mais l'inquiétude affreuse de cette dernière fut extrême ; elle trouva une grande consolation à la montrer sans contrainte. C'était en veillant près d'elle que M. de Melun avait pris cette maladie : ainsi elle pouvait avouer le vif intérêt qu'elle y prenait, et il est si doux d'avoir un prétexte qui puisse autoriser à laisser voir publiquement une sensibilité qu'on a toujours été forcé de dissimuler !

Cependant la maladie de M. de Melun ne fut ni dangereuse ni longue, mais sa convalescence donna de vives inquiétudes ; une toux opiniâtre fit craindre pour sa poitrine, qui parut sérieusement attaquée. Mlle de Clermont consulta, sur l'état de M. de Melun, son médecin, qui déclara que le malade ne pourrait se rétablir qu'en passant l'hiver dans les provinces méridionales. Aussitôt Mlle de Clermont écrivit à M. de Melun, pour exiger positivement qu'il partît sans délai ; on était aux derniers jours de l'automne. L'état où était M. de Melun lui fournit un excellent prétexte de renoncer à l'ambassade d'Angleterre. Il partit pour le Languedoc, il y passa tout l'hiver, il y rétablit parfaitement sa santé, et revint à Paris sur la fin du mois de mai, au moment où M. le Duc et Mlle de Clermont partaient pour Chantilly ; M. de Melun fut du voyage. Avec quelle joie Mlle de Clermont se retrouva à Chantilly avec M. de Melun ! Après deux ans d'un amour combattu, d'un amour éprouvé par le temps et par des sacrifices mutuels !... Quel plaisir de revoir ensemble les lieux chéris où cet amour prit naissance ! cette vaste forêt, ces îles délicieuses, ce beau canal, ce palais, ce cabinet consacré à la lecture ! Quel bonheur de retrouver, à chaque pas, des souvenirs d'autant plus doux que nul remords n'en pouvait corrompre le charme... Telle était, du moins, la situation de Mlle de Clermont ; M. de Melun, moins heureux et plus agité, ne sentait que trop qu'il était entièrement subjugué, et que désormais l'amour seul disposerait de sa destinée. Il n'osait jeter les yeux sur l'avenir ; mais il est si facile de n'y point penser lorsqu'on est enivré du présent !...

Mlle de Clermont avait établi dans la laiterie de Chantilly la jeune Claudine, cette paysanne dotée et mariée par elle à l'un de ses valets de pied. Afin de ne point séparer le mari et la femme, on avait fait le valet de pied garçon d'appartement du château. Une chaumière élégante, bâtie nouvellement à côté de la laiterie, servait de logement à cet heureux ménage. Mlle de Clermont allait presque tous les jours déjeuner dans la laiterie ; elle y rencontrait toujours Claudine, qui l'amusait par sa simplicité : car les princes trouvent un charme particulier dans la naïveté, apparemment parce que rien n'est plus rare à la Cour ; c'est pourquoi tous les princes, en général, aiment les enfants, et ce fut peut-être par un sentiment semblable qu'ils eurent jadis des fous. Il faut convenir que près d'eux l'ingénuité ne saurait être constante sans un peu de folie.

Cependant on commença à remarquer les sentiments que Mlle de Clermont, depuis sa maladie, laissait trop éclater ; les faiblesses des princes ne déplaisent point aux courtisans, et, à moins de quelque intérêt, l'amant d'une princesse ne cause point d'ombrage ; du moins, loin de chercher à lui nuire, chacun paraît se réunir pour en dire du bien et pour le faire valoir. Les courtisans sont jaloux de l'amitié, ils ne le sont point de l'amour : ils savent qu'à la Cour on peut facilement perdre un ami ; mais qu'en aucun lieu du monde, tant que la passion dure, on ne saurait avec succès calomnier un amant et une maîtresse qui ne sont point absents. M. de Melun se vit rechercher de tout ce qui entourait Mlle de Clermont. Cette dernière entendit répéter continuellement l'éloge de M. de Melun ; des critiques ne lui auraient pas fait la moindre impression ; mais ces louanges, qui la flattaient si sensiblement, exaltaient encore son amour ; elle n'y voyait aucun artifice, elle les trouvait si fondées, et il lui était si doux de les croire sincères !...

M. de Melun, s'apercevant que son secret n'échappait plus à l'œil perçant de la curiosité, reprit dans sa conduite toute sa première circonspection ; mais, comme la parfaite intelligence établit seule entre les amants une prudence mutuelle, la réserve de M. de Melun ne servit qu'à faire mieux paraître les sentiments de Mlle de Clermont ; quand il s'éloignait, elle le cherchait, le rappelait, et M. de Melun, n'ayant ni la force ni la volonté de fuir encore de Chantilly, se persuada que, pour la réputation de Mlle de Clermont, il était nécessaire qu'il lui parlât en particulier, qu'il convînt avec elle d'un plan de conduite... Il était poursuivi depuis longtemps du désir d'obtenir un rendez-vous secret ; il fut heureux de trouver et de saisir un prétexte de le demander. Ne pouvant dire à Mlle de Clermont que quelques mots à la dérobée, et toujours en présence de témoins, forcé même alors de composer son visage, et de ne parler à celle qu'il adorait qu'avec la froide expression du respect et de la sérénité, il aurait donné la moitié de sa vie pour s'entretenir avec elle une heure sans contrainte.

La proposition du rendez-vous troubla Mlle de Clermont, sans l'effrayer : elle avait pour M. de Melun autant de vénération que d'amour... Après beaucoup de réflexions, elle se décida à mettre la jeune laitière dans sa confidence et à voir un matin M. de Melun dans la chaumière de Claudine. On attendit que M. le Duc fît une course à Versailles, et alors Mlle de Clermont, se levant avec le jour, sortit de son appartement sans être aperçue, se rendit à la chaumière, et y trouva M. de Melun. Lorsqu'ils furent tête à tête, M. de Melun se jeta aux pieds de Mlle de Clermont, et il exprima ses sentiments avec toute la véhémence que peut inspirer une passion violente, combattue et concentrée au fond de l'âme depuis plus de deux ans. Ses transports étonnèrent Mlle de Clermont, et lui causèrent une sorte de timidité qui se peignit sur son visage. Ce mouvement n'échappa point à M. de Melun ; il était à ses genoux, il tenait ses deux mains dans les siennes. Tout à coup il se releva, et, se jetant sur une chaise, à quelques pas d'elle : « Oui, dit-il d'une voix étouffée, vous avez raison de me craindre, je ne suis plus à moi-même... je ne suis plus digne de votre confiance... fuyez-moi... » En disant ces paroles, quelques larmes s'échappèrent de ses yeux, et il se couvrit le visage avec son mouchoir. « Non, non, reprit Mlle de Clermont, je ne fuirai point celui que je puis aimer sans crime, sans réserve et sans remords, s'il ose braver, ainsi que moi, les plus odieux préjugés. » A ces mots, le duc regarda Mlle de Clermont avec surprise et saisissement...

« J'ai vingt-deux ans, poursuivit-elle ; les auteurs de mes jours n'existent plus ; l'âge et le rang de mon frère ne lui donnent sur moi qu'une autorité de convention ; la nature m'a faite son égale... je puis disposer de moi-même...

— Grand Dieu ! s'écria le duc, que me faites-vous entrevoir...

— Eh quoi ! ferais-je donc une chose si extraordinaire ? Mlle de Montpensier n'épousa-t-elle pas le duc de Lauzun[1] ?

— Que dites-vous ? ô Ciel !...

— Le plus fier de nos rois n'approuva-t-il pas d'abord cette union ? Ensuite, une intrigue de Cour lui fit révoquer ce consentement, mais il l'avait donné. Votre naissance n'est point inférieure à celle du duc de

---

1. Anne Marie Louise d'Orléans, duchesse de Montpensier (1627-1693), plus connue sous le nom de Grande Mademoiselle, cousine germaine de Louis XIV, l'une des héroïnes de la Fronde. Elle s'éprit d'un cadet de Gascogne, capitaine aux gardes, alors appelé marquis de Puyguilhem, qui devint le célèbre Lauzun. Sur la demande de Mademoiselle, Louis XIV consentit au mariage, le 15 décembre 1670. Il le révoqua quelques jours plus tard. Lauzun fut mis à la Bastille, puis à Pignerol, et sa captivité dura dix ans. Sorti de prison, le mariage ne fut célébré que quatre ans plus tard et Lauzun dut abandonner, en faveur des bâtards de Louis XIV, la majeure partie de la dot. Ce mariage tant attendu ne fut pas heureux.

Lauzun. Mlle de Montpensier ne fut blâmée de personne, et il ne lui manqua, pour paraître intéressante à tous les yeux, que d'être jeune, et surtout d'être aimée.

— Qui ? moi ! j'abuserais à cet excès de vos sentiments et de votre inexpérience.

— Il n'est plus temps maintenant de nous fuir... il n'est plus temps de nous tromper nous-mêmes en projetant des sacrifices impossibles... Ne pouvant rompre le nœud qui nous lie, il faut le rendre légitime, il faut le sanctifier. »

Ce discours, prononcé avec cette fermeté qui annonce un parti irrévocablement pris, ne permettait pas de résister de bonne foi. M. de Melun, incapable d'affecter une fausse générosité, se livra à tout l'enthousiasme de la reconnaissance et de l'amour ; mais il objecta des difficultés qui lui paraissaient insurmontables : Mlle de Clermont les leva toutes. On convint que l'on ne mettrait dans la confidence qu'une des femmes de Mlle de Clermont, Claudine, son mari, et un vieux valet de chambre de M. de Melun, et le chapelain de Mlle de Clermont. Enfin il fut décidé que les deux amants recevraient la bénédiction nuptiale dans la chaumière de Claudine, la nuit suivante, à deux heures du matin, parce que M. le Duc ne devait revenir que le surlendemain. Il fallut se séparer à six heures du matin ; mais avec quel ravissement Mlle de Clermont, en sortant de la chaumière, pensa qu'elle n'y rentrerait que pour y recevoir la foi de son amant, et que, dans dix-huit heures, le plus cher sentiment de son cœur serait devenu le premier de ses devoirs !... Que cette journée parut longue, et qu'elle fut cependant délicieusement remplie ! Tout fut plaisir durant cet espace de temps, jusqu'aux confidences qu'il fallut faire. C'en est un si grand de pouvoir, sans rougir, avouer un sentiment si cher qu'on a longtemps caché ! Le secret fut solennellement promis ; la reconnaissance, l'attachement et l'intérêt même en répondaient également.

M. de Melun passa tout l'après-dîner dans le salon, assis à l'écart en face d'une pendule, et les yeux constamment attachés sur l'aiguille, ou sur Mlle de Clermont. Sur le soir on fut à la laiterie ; Mlle de Clermont tressaillit en passant devant la chaumière ; elle regarda M. de Melun ; et ce regard disait tant de choses !...

M. de Melun, à souper, n'osa se mettre à table, il était si agité, si distrait, qu'il craignit que son trouble ne fût remarqué, et que sa présence n'augmentât celui de Mlle de Clermont ; il descendit dans le jardin, il y resta jusqu'à minuit ; alors il remonta dans le salon, afin de voir si Mlle de Clermont y était encore ; elle se levait pour se retirer : en apercevant M. de Melun, elle rougit... et, se hâtant de sortir, elle disparut. Arrivée dans sa chambre, elle renvoya toutes ses femmes, à l'exception de celle qu'elle avait choisie pour confidente : alors quittant ses diamants et une robe brodée d'or, elle prit un simple habit blanc de mousseline ; ensuite elle demanda ses heures [1] et se mit à genoux. Il y avait dans cette action autant de dignité que de piété ; elle allait faire le pas le plus hardi, en formant une union légitime aux yeux de Dieu, mais clandestine, et que la loi réprouvait, puisqu'il y manquait le consentement du souverain. Dans ce moment, la religion était pour elle un refuge et la sauvegarde du mépris.

A deux heures après minuit, Mlle de Clermont se leva ; elle tremblait, et, s'appuyant sur le bras de sa femme de chambre, elle sortit ; elle descendit par un escalier dérobé, et se trouva dans la cour : le clair de lune le plus brillant répandait une lueur argentée sur toutes les vitres du palais ; Mlle de Clermont jeta un coup d'œil timide sur l'appartement de son frère ; cette vue lui causa un attendrissement douloureux…, et, tournant le dos au palais, elle précipita sa marche ; mais quelle fut sa frayeur extrême lorsque tout à coup elle se sentit fortement arrêtée par-derrière !… Elle frémit, et, se retournant, elle vit que ce qui lui inspirait tant d'effroi n'était autre chose qu'un pan de sa robe accroché à l'un des ornements du piédestal de la statue du Grand Condé, placée au milieu de la cour… Un sentiment superstitieux rendit Mlle de Clermont immobile ; elle leva les yeux avec un saisissement inexprimable vers la statue, dont la tête imposante et fière était parfaitement éclairée par les rayons de la lune. La princesse, intimidée et tremblante, fut tentée de se prosterner devant cette image, qui retraçait à son esprit des idées importunes de gloire et de grandeur… Il lui sembla que le visage du héros avait une expression menaçante… Plus elle le regardait, et plus son cœur oppressé se serrait ; enfin, ne pouvant retenir ses larmes… « Ô mon père ! dit-elle, si tu vivais, je sacrifierais tout à ta volonté révérée… Cependant, ma témérité ne souille point le sang que tu m'as transmis. Je descends, il est vrai, du rang où je suis placée, mais je ne m'abaisse point… L'antique nom de Melun est illustré par tant d'alliances royales ! Et celui qui le porte est si vertueux !… Ô toi qui, plus que tous les rois de notre race, donnas à tes enfants le droit de s'enorgueillir de leur naissance, héros chéri, du haut des cieux ne maudis point cette union secrète, et pardonne à l'amour !… » En prononçant ces paroles, Mlle de Clermont, baignée de pleurs, s'éloigna précipitamment. Elle sortit de la cour, et entra dans un bois épais, où l'attendait M. de Melun. Aussitôt qu'elle entendit le son de sa voix, toutes ses craintes, ses scrupules et ses noirs pressentiments s'évanouirent ; la fierté du rang fut oubliée, l'amour seul parla, et sa voix enchanteresse et puissante fut seule écoutée.

On arriva près de la chaumière.

« Grand Dieu ! s'écria M. de Melun en l'apercevant, c'est sous un toit de chaume que l'on va célébrer l'hymen de celle qui serait faite pour occuper un trône, et qui vient de refuser la main d'un souverain…

---

1. Les heures canoniales, c'est-à-dire les heures où l'on récite les diverses parties du bréviaire et, par extension, ces diverses parties elles-mêmes. Le *Livre d'heures* ou simplement *Heures*, est le livre qui contient certaines prières de l'Église.

— Ah ! reprit Mlle de Clermont, ce n'est point au milieu de la pompe des palais, c'est ici que résident le bonheur et la sainte fidélité. »

On entra dans la chaumière ; Claudine l'avait ornée des plus belles fleurs. Le chapelain s'était muni d'une pierre consacrée, que l'on posa sur une table de marbre, et qui servit d'autel. Deux domestiques, le mari de Claudine et le valet de chambre de M. de Melun, servirent de témoins et tinrent le poêle sur la tête des époux… Ce fut ainsi que se maria, dans l'enceinte du palais somptueux de Chantilly, la petite-fille de tant de rois et la plus belle princesse de l'Europe…

Les nouveaux époux furent obligés de se séparer une heure après avoir reçu la bénédiction nuptiale ; mais, le mariage étant fait, les moyens de se revoir étaient sûrs et faciles.

Cependant on préparait à Chantilly des fêtes magnifiques, le roi devant y passer deux jours. En effet, il y arriva un soir avec une suite aussi brillante que nombreuse, huit jours après le mariage secret de Mlle de Clermont. Le château et les jardins étaient illuminés, et le canal couvert de barques élégantes remplies de bergers et de bergères formant les concerts les plus mélodieux. Mlle de Clermont ayant été chargée par M. le Duc de faire illuminer et décorer la chaumière de Claudine, qui se trouvait située dans l'intérieur des jardins, elle fit orner la façade d'une décoration de fleurs et de mousse représentant un temple rustique, avec ces mots tracés en lettres de feu sur le frontispice : *le temple de l'Amour et du Mystère* ; inscription ingénieuse dont M. de Melun seul put comprendre le véritable sens.

Le plus bel ornement de ces fêtes superbes fut Mlle de Clermont, embellie de tous les charmes que le bonheur peut ajouter à la beauté : il lui semblait que ces fêtes, à l'époque de son mariage , en célébraient la félicité ; tous les yeux étaient fixés sur elle, même ceux du jeune roi, qui ne parut occupé que d'elle ; son cœur ne désirait qu'un suffrage ; mais il jouissait délicieusement des succès dont M. de Melun était témoin.

Le lendemain matin on partit pour la chasse du cerf. Au moment où Mlle de Clermont allait monter en voiture, M. le Duc la tira à part, et, la regardant d'un air sévère : « Je ne veux pas, dit-il, que M. de Melun suive votre calèche ; c'est à vous de l'en avertir, s'il en approche. » A ces mots, M. le Duc s'éloigna sans attendre de réponse. Mlle de Clermont, interdite et troublée, se rapprocha des dames qui devaient l'accompagner ; elle sortit du salon, et monta en calèche avec la marquise de G…, la comtesse de P… (maîtresse de M. le Duc [1]) et sa dame d'honneur. La princesse était rêveuse ; elle s'attristait en pensant que M. le Duc avait enfin remarqué ses sentiments pour M. de Melun : elle se reprocha vivement de ne les avoir point assez dissimulés, surtout depuis huit jours.

En entrant dans la forêt, M. de Melun ne se mit point à la suite du roi

---

1. La marquise de Prie était en effet la maîtresse de M. le Duc.

et de M. le Duc ; il ralentit le pas de son cheval pour les laisser passer ; et, lorsqu'il les eut perdus de vue, il s'approcha de la calèche de la princesse, qui, soupirant en le voyant, se pencha vers lui pour lui parler tout bas, et lui dit à l'oreille : « Éloignez-vous, allez rejoindre mon frère ; ce soir je vous dirai pourquoi. » M. de Melun n'en demanda pas davantage ; il adressa quelques mots aux dames qui étaient dans la calèche, ensuite il dit qu'il allait retrouver la chasse par le chemin le plus court ; et, prenant congé de la princesse, il partit au grand galop, suivi d'un seul palefrenier. Avant d'entrer dans une petite allée de traverse, il tourna la tête, et regarda la princesse qui le suivait des yeux… Ce triste regard fut un dernier adieu, un adieu éternel !… Il entra dans l'allée fatale immortalisée par son malheur, il disparut… hélas ! pour toujours !… Au bout de deux ou trois minutes on entendit un cri perçant, et au moment même on vit accourir à toute bride le palefrenier de M. de Melun : la calèche s'arrête ; Mlle de Clermont, pâle et tremblante, interroge de loin le palefrenier, qui s'écrie que le duc de Melun vient d'être renversé et blessé par le cerf qui a franchi l'allée… La malheureuse princesse, glacée par le saisissement et la douleur, fait signe qu'elle veut descendre… On la porte hors de la voiture, elle ne pouvait ni parler ni se soutenir ; on la pose au pied d'un arbre, elle exprime encore par un signe que tous ses gens doivent aller au secours de M. de Melun avec la calèche ; on obéit sur-le-champ. La marquise de G…, en pleurs, se met à genoux auprès d'elle, et, soutenant sur son sein sa tête défaillante, elle lui dit que l'on n'est pas loin du château, et que M. de Melun sera promptement secouru. Mlle de Clermont, regardant la marquise d'un air égaré : « C'est moi, répondit-elle, qui lui ai dit de s'éloigner !… » A ces mots, elle fit un effort pour se lever ; son dessein était d'aller du côté de l'allée fatale, mais elle retomba dans les bras de la marquise de P… Cette dernière ordonna au seul valet de pied resté auprès de la princesse d'aller savoir des nouvelles de M. de Melun : il partit, et revint au bout d'un quart d'heure ; il dit que M. de Melun était grièvement blessé à la tête, qu'on l'avait mis dans la calèche pour le conduire au château, et qu'aussitôt qu'il y serait arrivé, les gens de la princesse lui ramèneraient sur-le-champ une voiture. A ce récit, Mlle de Clermont fondit en larmes, mais en gardant le plus profond silence. Il était trois heures après midi ; à quatre heures et demie, on aperçut de loin la calèche ; la marquise et Mme de P… laissèrent, pour un moment, la princesse avec sa dame d'honneur, et s'avancèrent précipitamment au-devant de la voiture, afin de questionner les domestiques, qui leur dirent que les blessures de M. de Melun étaient affreuses et paraissaient mortelles. Alors Mme de P… imagina de donner l'ordre au cocher de s'égarer dans la forêt, afin d'y rester jusqu'à minuit… Dans ce moment, Mlle de Clermont, soutenue par sa dame d'honneur et son valet de pied, s'approchait. « Eh bien ? » s'écria-t-elle. On lui répondit que M. de Melun était fort blessé, mais que le chirurgien ne prononcerait sur son état que le lendemain, quand le premier appareil serait levé.

Mlle de Clermont ne fit plus de questions, et se laissa conduire, ou, pour mieux dire, porter dans la calèche ; mais quelle fut son horreur, en y entrant, de la trouver tout ensanglantée ! « Grand Dieu ! dit-elle, je marche sur son sang !... » A ces mots, l'infortunée s'évanouit.

Dans le trouble qu'avait causé un si tragique événement, on avait oublié de prendre une autre voiture ; on la remplit de feuillage afin de cacher le sang, et on s'enfonça dans la forêt. Une eau spiritueuse, que la marquise fit respirer à Mlle de Clermont, fit rouvrir les yeux à cette malheureuse princesse, et lui rendit le sentiment de sa douleur :

« Où sommes-nous ? dit-elle ; c'est au château que je veux aller...

— Hélas ! répondit Mme de P..., nous y retrouverions le roi, et Mademoiselle serait obligée de reparaître dans le salon...

— *Obligée !* reprit-elle avec une profonde amertume... Oui, poursuivit-elle en versant un torrent de pleurs, oui, je ne suis qu'une vile esclave, jouet éternel d'une odieuse représentation... Je dois cacher les sentiments les plus naturels, les plus légitimes... Je dois assister à des fêtes, je dois sourire quand je me meurs... Ce rang envié n'est qu'un rôle fatigant ou barbare qui nous impose jusqu'au tombeau les plus douloureux sacrifices et la loi honteuse d'une constante dissimulation !... »

A ces mots, se penchant vers la marquise, elle appuya et cacha son visage sur son épaule... Quelques instants après, relevant la tête et jetant de sinistres regards dans l'intérieur de la calèche, elle pâlit en disant : « Ôtez-moi d'ici, par pitié !... » On arrêta ; on aida la princesse à descendre : elle se traîna vers un petit tertre couvert de mousse et entouré de buissons ; elle s'assit là avec les trois dames qui l'accompagnaient, on ordonna au cocher de s'éloigner avec la voiture et les domestiques, et d'attendre à trois cents pas qu'on les rappelât... On resta dans ce lieu jusqu'à dix heures ; alors une petite pluie survint, et, comme la calèche était couverte, on engagea la princesse à y remonter. On erra encore deux heures dans la forêt ; ensuite on reprit le chemin du château, afin d'y arriver à minuit et demi, heure à laquelle on savait que le roi se retirait pour se coucher. En approchant du château, Mlle de Clermont se jeta dans les bras de Mme de G... ; ses sanglots la suffoquaient... Cependant on touchait presque à la grille du château, que l'obscurité profonde de la nuit ne permettait pas d'apercevoir... Tout à coup Mlle de Clermont frissonne... un son terrible parvient à son oreille, c'est celui de la sonnette funèbre qui précède et qui annonce les derniers sacrements que l'on porte aux mourants. Mlle de Clermont se retourne en frémissant, et elle découvre, en effet, à quelque distance, le cortège religieux, éclairé par des flambeaux, et qui s'avance lentement... On sait que les princes du sang royal sont obligés de donner au public l'utile et noble exemple du plus profond respect pour la religion ; s'ils rencontrent dans les rues le saint sacrement, ils doivent descendre dans la rue et s'agenouiller dans la poussière devant la majesté suprême ; dans l'enceinte des palais, ils doivent escorter les prêtres jusque dans la chambre du mourant... Le cocher s'arrêta, suivant l'usage, sans en recevoir l'ordre. Mlle de Clermont, la mort dans le cœur, rassemble toutes ses forces : « Du moins, dit-elle, je le reverrai encore !... » En disant ces paroles, elle descend, se prosterne, se relève, et, s'appuyant sur le bras d'un valet de pied, se met à la suite du cortège, malgré les représentations des dames qui l'accompagnaient, et qui la conjuraient de rentrer dans son appartement... On traverse la cour, on entre dans le palais, on y trouve M. le Duc qui venait au-devant du cortège ; sa vue sèche les larmes de Mlle de Clermont... Il parut surpris et mécontent en l'apercevant ; il s'approcha d'elle et lui dit tout bas, d'un ton impérieux et rude :

« Que faites-vous ici ?

— Mon devoir », répondit-elle avec fermeté.

Et elle poursuivit son chemin. M. le Duc, n'osant faire une scène devant tant de témoins, fut obligé de dissimuler son étonnement et sa colère. Arrivé à l'appartement de M. de Melun, le cortège passa ; M. le Duc resta seul en arrière, et, arrêtant Mlle de Clermont, il l'invita avec douceur à le suivre un instant dans un cabinet voisin, et il l'y entraîna. Là, s'enfermant avec elle, il se contraignit moins, et lui dit qu'il ne voulait pas qu'elle entrât dans la chambre de M. de Melun.

« Dans la situation où je suis, reprit Mlle de Clermont, on peut sans effort braver la tyrannie ; je veux voir M. de Melun.

— Je vous déclare que je ne le souffrirai point...

— Je veux voir M. de Melun, je suis sa femme ! »

A ces mots, M. le Duc, pétrifié d'étonnement, resta un moment immobile ; ensuite, regardant sa sœur avec des yeux où se peignait la plus vive indignation : « Songez-vous, lui dit-il, aux conséquences d'un tel aveu ? Votre séducteur n'est point mort, et même le chirurgien ne l'a point condamné ; il peut recouvrer la santé... » Mlle de Clermont ne fut frappée que de ces dernières paroles ; ce rayon d'espérance et de joie abattit toute sa fierté ; ses pleurs inondèrent son visage :

« Ô mon frère ! s'écria-t-elle en tombant aux pieds de M. le Duc ; mon cher frère ! est-il bien vrai qu'on ait encore quelque espérance pour sa vie ?...

— Je vous le répète, il n'est pas à l'extrémité...

— Ah ! mon frère ! vous ranimez ce cœur désespéré : oh ! n'y soyez point insensible ! Vous que j'aime et que je révère, rappelez-vous les droits que la nature me donne auprès de vous ! Serez-vous sans indulgence et sans pitié pour votre malheureuse sœur ?...

— Allez dans votre appartement, reprit M. le Duc.

— Promettez-moi donc, interrompit la princesse, que je trouverai toujours en vous un ami, un protecteur… Et ne dites pas que l'on m'a séduite ! Ah ! je suis la seule coupable !… Il m'a fui pendant deux ans !…

— Allez, dit M. le Duc, conduisez-vous désormais avec prudence ; laissez-vous guider par moi… et… vous pouvez tout espérer. »

Cette espèce d'engagement transporta Mlle de Clermont ; elle se jeta dans les bras de son frère, en lui promettant une aveugle soumission. Ce fut ainsi que, sans violence, on la fit rentrer dans son appartement : elle avait donné sa parole à M. le Duc de se coucher, et en effet elle se mit au lit, mais à trois heures du matin elle envoya sa femme de chambre favorite chez M. de Melun, avec ordre de parler à ses gens et au chirurgien qui le veillait. La femme de chambre revint en s'écriant de la porte que le duc était beaucoup mieux, et que le chirurgien répondait de sa santé : la sensible et crédule princesse tendit les bras à celle qui lui apportait de si heureuses nouvelles ; elle l'embrassa avec tous les transports de la reconnaissance et de la joie : « Grand Dieu ! s'écria-t-elle, quel changement dans mon sort !… Il vivra, je le reverrai !… et mon frère sait notre secret, et il m'a permis de *tout espérer* ! Il obtiendra le consentement du roi ; je jouirai du bonheur suprême de me glorifier publiquement du sentiment qui m'attache à la vie !… »

Enivrée de ces douces idées, Mlle de Clermont fit réveiller la marquise de G…, afin de lui confier tous ses secrets et de lui faire partager sa joie. La marquise, ainsi qu'elle, croyait M. de Melun hors de danger : car, en effet, le chirurgien l'avait annoncé presque affirmativement aux gens du duc et à tous ceux qui veillaient dans le palais, peu de temps après que le duc eut reçu ses sacrements…

La marquise soupçonnait depuis longtemps les sentiments de Mlle de Clermont, et le funeste événement de ce jour ne laissait aucun doute à cet égard ; mais la confidence du mariage lui causa la plus grande surprise : elle pensa, comme la princesse, que les paroles de M. le Duc donnaient le droit de se flatter d'obtenir le consentement du roi. Elle enchanta la princesse par l'enthousiasme avec lequel elle parla des vertus de M. de Melun et de son amitié pour lui. A la Cour, un ami élevé au plus haut rang devient si cher !… On s'y passionne si naturellement pour les gens heureux !… D'ailleurs la marquise était si flattée de recevoir la première la confidence d'un tel secret !… A cinq heures du matin on renvoya chez M. de Melun, et la confirmation des bonnes nouvelles rendit la conversation encore plus animée.

Sur les sept heures, Mlle de Clermont se décida à prendre quelque repos. Elle dormit deux heures d'un sommeil agité par des rêves effrayants qui la réveillèrent en sursaut et qui noircirent son imagination ; elle demanda des nouvelles de M. de Melun ; on lui fit toujours les mêmes réponses ; cependant elle ne trouva plus au fond de son cœur la vive espérance et la joie qu'elle avait ressenties peu d'heures auparavant. A midi, M. le Duc rentra chez elle pour lui dire que, le roi partant après

souper, elle ne pouvait se dispenser de descendre et de passer la journée
dans le salon. A cette proposition, elle répondit qu'elle était souffrante,
malade, et qu'il lui serait impossible de faire les honneurs d'une fête. « Il
le faut cependant, reprit M. le Duc ; vous n'avez point paru hier : le roi
croit qu'en effet vos gens vous ont égarée dans la forêt ; mais que
pourrait-on lui dire aujourd'hui ? Songez quel intérêt puissant vous avez
à lui plaire... » Cette dernière réflexion, que la princesse ne manqua pas
d'appliquer à son mariage, la décida sur-le-champ :

« Eh bien ! dit-elle en soupirant, je descendrai.

— Habillez-vous donc, reprit M. le Duc ; je vais vous annoncer. »

A ces mots, il sortit, et Mlle de Clermont, en maudissant la grandeur et
la représentation, se mit à sa toilette. Le soin fatigant et forcé de se parer
avec somptuosité, et l'idée de passer la journée au milieu d'une cour
nombreuse, lui causaient une peine d'autant plus insupportable que cette
répugnance était mêlée de remords. Elle ne craignait plus pour la vie de
M. de Melun, mais enfin il avait reçu ses sacrements ; il était blessé, souffrant, et dans son lit ; tandis qu'elle, loin de pouvoir remplir les devoirs
d'une tendre épouse, se trouvait forcée de se livrer à une dissipation que
n'eût osé se permettre, dans une telle circonstance, la femme de la société
la plus légère et la moins sensible.

Avant de sortir de son appartement, elle envoya chercher la marquise
de G..., qu'elle avait priée d'aller chez M. de Melun. La marquise vint,
et dit qu'elle n'avait pu voir M. de Melun, le chirurgien ne permettant à
qui que ce fût d'entrer dans sa chambre, parce qu'un parfait repos était
absolument nécessaire dans son état. Quoique cette précaution fût assez
simple, néanmoins elle troubla Mlle de Clermont, qui descendit dans le
salon avec le plus affreux serrement de cœur. Malgré le rouge et la
parure, elle était excessivement changée ; et la douleur peinte sur son
front et dans ses yeux démentait le sourire d'affabilité que l'on voyait
encore sur ses lèvres. Elle s'aperçut que tous les regards se fixaient sur
elle, mais avec une expression qui acheva de la troubler ; on ne la
contemplait point, on l'examinait : et la curiosité que l'on inspire aux
indifférents est surtout embarrassante, insupportable, lorsqu'on souffre et
qu'on veut le cacher. A dîner, placée à côté du roi, ce qu'elle éprouva est
inexprimable. Quel supplice, lorsqu'on est uniquement occupé d'une
idée douloureuse, d'écouter attentivement la conversation la plus frivole,
la plus décousue ; lorsqu'il faut, à toute minute, répondre à des riens !
Combien alors la gaieté des autres paraît incompréhensible et odieuse !
Comme le son d'un éclat de rire surprend et révolte ! Quels mouvements
d'aversion on ressent pour tous ceux qui s'amusent, qui ont un visage
épanoui et qui disent des folies !... A cinq heures du soir, il fallut aller au
spectacle ; Mlle de Clermont frissonna en se trouvant dans une salle de
comédie... Une affreuse pensée vint s'offrir à son imagination et ne la
quitta plus. « Si dans ce moment, se disait-elle, *il était plus mal !...* »

Bientôt elle prit cette idée cruelle pour un pressentiment. Que n'aurait-elle pas donné pour avoir la possibilité d'aller savoir de ses nouvelles ! Mais, assise entre le roi et M. le Duc, elle n'avait nul moyen de sortir un moment, ou même de donner une commission. On jouait une comédie plaisante, la salle retentissait d'éclats de rire, et l'infortunée princesse, avec des yeux pleins de larmes, était forcée d'applaudir !...

En sortant de la comédie, elle envoya (pour la dixième fois de la journée) savoir des nouvelles de M. de Melun ; on lui répéta qu'il était toujours dans le même état. Mais tout à coup son cœur fut déchiré par une pensée plus terrible que toutes les autres... Si M. de Melun était plus mal, le dirait-on pendant la fête, et tant que le roi serait à Chantilly ?... Et même pouvait-elle se fier entièrement à ce qu'on lui avait dit le matin ?... On voulait absolument qu'elle fît les honneurs de la fête !... Glacée par cette idée funeste, elle n'eut pas le courage de la fixer, elle la repoussa avec horreur ; mais le coup était porté, il avait atteint son cœur d'un trait mortel !... Elle pouvait écarter la réflexion, et non se soustraire à la souffrance. Enfin le roi partit à onze heures du soir. Mlle de Clermont se hâta de remonter dans son appartement, décidée à se rendre chez M. de Melun quand tout le monde serait couché. Elle se débarrassa de sa parure, et à trois heures après minuit elle descendit... Il fallait traverser une partie de la cour... La nuit, l'heure, le silence, tout lui rappela un souvenir déchirant dans ce moment !... « Hélas ! dit-elle, j'ai passé ici avec le même mystère il y a huit jours !... Cette nuit s'écoula pour moi dans tous les transports de l'amour et du bonheur !... et celle-ci !... Cette félicité ne fut qu'un songe rapide, et cette aurore qui va luire sera peut-être pour moi le plus affreux réveil... Arrêtons-nous... Jouissons encore un instant, sinon de l'espérance, du moins de l'incertitude, le seul bien qui me reste !... » A ces mots, elle s'assit sur une pierre, elle croisa ses mains sur sa poitrine, et, levant vers le ciel des yeux noyés de pleurs : « Ô Consolateur invisible ! s'écria-t-elle, viens fortifier ce cœur éperdu ! Ô maître souverain ! si tu ne m'as destinée sur la terre que huit jours de bonheur, préserve-moi du désespoir qui blasphème ou qui murmure, donne-moi l'humble douleur qui détache de tous les biens périssables pour se réfugier dans ton sein !... » En prononçant ces paroles, ses larmes coulaient en abondance, mais cependant avec moins d'amertume... Le jour commençait à poindre, elle frissonna. « Jour incertain et terrible, dit-elle, que seras-tu pour moi ? Tu contiens tout mon avenir !... » Après un moment de silence, elle se leva et se remit en marche. Elle rentra dans le palais et monta l'escalier ; bientôt elle fut à la porte de M. de Melun ; là, ses genoux tremblants fléchirent, elle s'appuya contre le mur... « Allons, dit-elle, connaissons mon sort ! » Elle cherche la clef pour ouvrir la porte, mais en vain... Elle n'ose frapper... Elle écoute... Un silence profond régnait dans tout le corridor : ce silence l'effraya... Hélas ! du bruit et du mouvement l'eussent épouvantée de même !... Elle resta plus d'une demi-heure collée sur cette porte ; enfin le grand jour l'obligea à se retirer. Elle rentra chez elle, s'assit dans un fauteuil, en attendant que ses femmes fussent éveillées. A sept heures, elle entend marcher, ouvrir une porte, elle sort, en tressaillant, d'une douloureuse rêverie. Elle se lève avec agitation... Une femme de chambre, avec un air consterné, entre et lui dit que le valet de chambre de M. de Melun demande à lui parler. Mlle de Clermont frémit, et ne répond que par un signe. Le valet de chambre paraît ; son maintien, sa physionomie n'annoncent que trop l'affreuse vérité. La princesse tombe sur une chaise, une pâleur mortelle se répand sur tous ses traits... Le valet de chambre s'approche lentement et lui présente un papier. La malheureuse princesse se jette à genoux pour le recevoir, et, recueillant le peu de forces qui lui reste, elle ouvre l'écrit fatal ; c'était le premier billet qu'elle écrivit jadis à M. de Melun, et qui ne contenait que ces mots : *Pour toujours !* Mais son époux mourant, avant de rendre le dernier soupir, avait aussi retracé sur ce même billet sa première déclaration. On y lisait ces paroles touchantes : « Je dépose en vos mains ce que je possédais de plus cher !... Adieu, n'oubliez point celui qui vous aima *jusqu'au tombeau...* »

MADAME DE KRÜDENER

VALÉRIE
OU
LETTRES DE GUSTAVE DE LINAR
A ERNEST DE G.
(1803)

INTRODUCTION

L'auteur de *Valérie* est né à Riga, en Livonie, le 11 novembre 1764.
D'antique noblesse, son père, le baron Vietinghoff, était grand propriétaire terrien, premier conseiller d'État et sénateur de l'Empire [1]. S'il admire
les « philosophes », la mère est au contraire de stricte obédience luthé-
rienne et dispense à la petite Barbara Juliana une éducation sévère.
A dix-huit ans, Julie épouse un diplomate, le baron de Krüdener, de vingt
ans son aîné et deux fois divorcé. Un fils, Paul, naît en février 1784.

En automne de cette année-là, Julie est officiellement présentée à la
grande Catherine avant de suivre son mari à Venise, où il a été nommé
ambassadeur. Très vite, sa vie conjugale l'a déçue. Ce n'était pourtant pas
faute de la prendre au sérieux : « En épousant mon mari, écrit-elle dans
son journal, je fis le vœu et je fis le serment de le rendre heureux. C'était
mon unique ambition et elle l'est encore. Et tout ce qui m'éloigne de ce
but pour lequel en particulier je désire le plus d'exister, tout ce qui m'en
éloigne me rend malheureuse. » Krüdener est sans doute un homme intelligent, cultivé, mais froid, posé, raisonnable, qui bride les élans et la
sensibilité de sa jeune femme. Le journal intime porte la trace de son
désenchantement : « Mes larmes coulent, mon cœur est encore oppressé,
et je n'ai personne à qui conter mes peines. [...] Elles viennent d'une âme
trop ardente, d'une sensibilité trop vive, d'un cœur trop aimant [2]. » Quoi
d'étonnant si elle s'est choisi un confident, un jeune attaché d'ambassade
russe, Alexandre de Stackhiev, fils d'un ami de son mari ? Lui s'éprend,
s'emballe, mais elle espère encore regagner l'attention du baron.

---

1. Pour les données biographiques, voir Ch. Eynard, *Vie de Madame de Krüdener*, Paris,
Cherbuliez, 1849, 2 vol. ; E. J. Knapton, *The Lady of the Holy Alliance*, Columbia
University, 1949, et surtout les travaux essentiels de Francis Ley : *Madame de Krüdener et
son temps, 1764-1824*, Paris, Plon, 1961, et *Madame de Krüdener 1764-1824. Romantisme
et Sainte-Alliance*, Paris, Champion, 1994.
2. Cité par F. Ley, *Madame de Krüdener et son temps, op. cit.*, p. 27.

Le couple visite l'Italie avant de prendre la route du Danemark, où un nouveau poste attend Krüdener. Julie a donné naissance à un second enfant, Juliette, née en été 1787. Stackhiev, nommé secrétaire d'ambassade à Copenhague, brûle toujours pour elle d'un amour platonique et chevaleresque qu'il ne peut s'empêcher de révéler au baron, un aveu qui marque, pour le couple, le début de la fin.

En mai 1789, les Krüdener sont à Paris où Julie, qui recherche les gens de lettres, se lie avec l'abbé Barthélemy, Bernardin de Saint-Pierre, Rivarol, Ducis, Mme de Genlis. Quelques mois plus tard, au cours d'un séjour à Montpellier, elle noue une liaison avec le comte Adrien de Lezay-Marnésia et, un an après, toujours à Montpellier, s'éprend d'un jeune capitaine de dragons, le marquis Charles Louis de Frégeville. Krüdener supporte avec dignité : Julie se retirera en Livonie en attendant le divorce ou le retour à la raison. Même les passions ont une fin : quand elle quitte Riga en 1792, elle en a fini avec Frégeville. Le couple se met d'accord sur un nouveau compromis : Julie ne regagnera pas le domicile conjugal, mais se rendra en Allemagne, où son fils fera ses études.

C'est une époque d'instabilité, Julie cherchant toujours l'homme susceptible de répondre à ses aspirations sentimentales. A Leipzig, en 1793, elle s'est éprise de Claude Hippolyte Terray de Rozières, fils de l'intendant de Lyon. Elle a trente ans, lui vingt, ils projettent de se marier après le divorce de Julie. Terray rentré en France, elle a le sentiment aigu d'un vide, d'un manque. La rencontre de Jean-Paul Richter qui venait de publier, en 1795, son grand roman *Hesperus*, l'oriente vers le sublime et l'exaltation intellectuelle. Elle entretient avec lui une correspondance où elle libère son tumulte intérieur. Jean-Paul n'enseignait-il pas à dépasser le réel par la poésie et le rêve ? Miroir et symbole de la sensibilité allemande, disciple de Rousseau, possédant lui aussi le sens inné du divin, il est, comme Julie, un sentimental, un idéaliste, dont l'*Hesperus* célébrait, entre Victor et Clotilde, un amour éternel et fervent, pure communion des âmes, qui leur faisait découvrir un monde transfiguré. Jean-Paul jugeait Mme de Krüdener « semblable à aucune autre » et aimait « son regard clair, limpide et chaud ». Elle le devinait capable de comprendre ses élans et lui écrivait : « Je me représente moi-même comme étant une riche mine d'or qui connaît pourtant sa valeur mais qui d'elle-même ne sait se révéler. Je porte en effet un trésor et j'en vis [1]. » Ces âmes romantiques, enchantées l'une de l'autre, étaient faites pour s'entendre et se rejoindre.

Mme de Krüdener voyage beaucoup. En Suisse, en 1796, elle rencontre Mme de Montolieu, l'auteur célèbre de *Caroline de Lichtfield*, et aussi Mme de Staël, Benjamin Constant, Joseph de Maistre. Elle-même est tentée par l'écriture, écrit *Alexis*, histoire d'un soldat russe partagé entre

---

1. Cité par F. Ley, *Madame de Krüdener (1764-1824). Romantisme et Sainte-Alliance*, *op. cit.*, p. 96-97.

l'honneur et les devoirs familiaux, puis *Élisa ou l'Éducation d'une jeune fille*, où elle se souvient des enseignements mystiques de sa mère, et *La Cabane des lataniers*, qui emprunte à *Paul et Virginie* son décor exotique. Elle a aussi retrouvé Terray, qu'elle rejoint l'année suivante à Aix-les-Bains, sur les bords de ce lac du Bourget qui verra un jour les amours de Lamartine et d'une autre Julie. En février 1798 naît un fils illégitime, baptisé sous le nom d'Hippolyte Roschak[1].

Elle retrouve en 1800 le baron de Krüdener, en poste à Berlin, mais n'a plus guère d'illusion sur leur avenir commun. De là elle gagne Riga, puis se pose à Teplitz, où elle trouve brillante compagnie : le prince de Ligne et sa fille, la princesse Clary, le prince Radziwill, la princesse Dolgorouki et le vieux prince Henri de Prusse, frère du grand Frédéric. Puis ce sera Genève, Lyon. Elle s'est mise à écrire *Valérie*, qui paraîtra au début de décembre 1803.

En février 1802, elle est à Paris, où Mme de Staël l'a introduite auprès de Chateaubriand, à qui elle entend lire deux fragments inédits du *Génie du christianisme* et qui présente les *Pensées et Maximes* de la baronne dans le *Mercure de France*. Mme de Staël n'aimait pas trop la concurrence, littéraire ou sentimentale, et elle a dû s'impatienter des confidences peut-être un peu complaisantes de Mme de Krüdener. Le 23 octobre 1802, elle écrit à un ami : «J'ai vu assez souvent Mme de Krüdener. Je la trouve toujours distinguée ; mais elle raconte une si grande quantité d'histoires de gens qui se sont tués pour elle que sa conversation a l'air d'une gageure. » Cette irritation ne l'empêchera pas d'attribuer à l'héroïne de son roman, *Delphine*, la danse que la baronne balte exécutait avec grâce dans les salons.

Julie a essayé son œuvre sur quelques auditeurs bénévoles et se dit ravie de l'effet produit : «*Valérie* est en deux volumes. Le plan en est simple, les détails heureux, le style me paraît bon. J'ai vu pleurer les âmes sensibles, et j'ai entendu dire aux gens d'esprit qu'il y avait beaucoup d'esprit et de goût. Je crois que l'ouvrage est bon ; il est pieux, moral et rempli de ce qui parle à l'imagination[2]. » A Paris, Julie a tout fait pour assurer le lancement de son roman, mais après avoir savouré pendant deux mois son triomphe, soudain, insatisfaite de ses succès mondains et littéraires, elle part pour Riga, y fait retraite de janvier 1804 à novembre 1806 et fréquente les réunions des Frères moraves. En juin 1804, elle écrit : «Ce qu'il y a de bon dans *Valérie* appartient à des sentiments religieux que le Ciel m'a donnés[3]. » Cet équilibre qui la fuit, le trouverait-elle dans un approfondissement de sa foi religieuse ? La

---

1. Voir F. Ley, «Le fils illégitime de Madame de Krüdener», dans La *Revue de Paris*, LXXII, 1965, p. 130-142.

2. Cité par Ch. Eynard, *Vie de Madame de Krüdener, op. cit.*, t. I, p. 134, 17 avril 1802.

3. F. Ley, *Madame de Krüdener (1764-1824). Romantisme et Sainte-Alliance, op. cit.*, p. 182.

méditation, la lecture de la Bible lui font découvrir la *vita nova* dont le sens lui a été révélé par le sens même de *Valérie*, qui est un peu comme un adieu au monde profane. Au fil de ses voyages, elle rencontre le poète mystique Zacharias Werner, le mystique chiliaste Jung Stilling et Adam Müller, le prophète des paysans allemands, d'autres encore, qui l'amènent à s'épanouir dans le mysticisme [1]. Elle en est convaincue, il faut rassembler les élus pour préparer la venue du Seigneur, convertir à la sainte cause les princes et les grands de ce monde, répandre la doctrine du pur amour. Désormais, elle a renoncé à publier des œuvres — *Othilde, Gens du monde* — qui demeureront inédites et elle prêche la purification, la rédemption, le retour du Christ sur la terre, s'efforce de toucher le prince de Ligne ou Mme de Staël. Cette exaltation agaçait Chateaubriand :

> Mme de Krüdener m'avait invité à l'une de ces sorcelleries célestes : moi, l'homme de toutes les chimères, j'ai la haine de la déraison, l'abomination du nébuleux et le dédain des jongleries ; on n'est pas parfait. La scène m'ennuya ; plus je voulais prier, plus je sentais la sécheresse de mon âme. Je ne trouvais rien à dire à Dieu, et le diable me poussait à rire. J'avais mieux aimé Mme de Krüdener lorsque, environnée de fleurs et habitante encore de cette chétive terre, elle composait *Valérie* [2].

Son idéalisme éperdu éveillait la même réaction chez Benjamin Constant. Il lui devait pourtant de la reconnaissance, puisqu'elle avait écouté avec bonté ses lamentations sur son amour malheureux pour Juliette Récamier. Lui prêtait-il quelque mystérieux pouvoir ? « Je voudrais, disait-il, me mettre tout à fait sous sa tutelle. Sur la passion qui me tourmente, elle a été adorable. [...] Je voudrais que Mme de Krüdener créât entre nous un lien d'âme. » Mais les assemblées mystiques n'ont pas tardé à lui paraître ridicules : « Soirée chez Mme de Krüdener. Ces gens vont trop loin avec leur description du paradis dont ils parlent comme de leur chambre. Pourquoi sortir du sentiment religieux pour entrer dans des descriptions puériles [3] ? »

A la chute de Napoléon, l'Antéchrist, toujours plus convaincue de l'imminence d'événements exceptionnels et de l'urgence de contraindre les hommes à entrer dans la véritable Église, elle attribue un rôle de prédilection au tsar Alexandre, l'homme providentiel destiné à prendre la tête des chrétiens, à combattre les forces du mal et à instaurer la paix. Elle exerce sur lui une action directe et profonde et sera la marraine de la Sainte-Alliance — le terme est de son invention —, ce pacte mystique conclu à Paris le 26 septembre 1815 entre Alexandre, l'empereur

---

1. Sur cette évolution et ses sources, voir, outre les ouvrages de F. Ley, celui de A. Viatte, *Les Sources occultes du romantisme*, Paris, Champion, 1928, t. II, p. 188-213.
2. *Mémoires d'outre-tombe*, éd. établie par M. Levaillant et G. Moulinier, Paris, Gallimard, « Bibliothèque de la Pléiade », 1951, t. II, p. 212.
3. *Œuvres.* Publ. par A. Roulin, Paris, Gallimard, « Bibliothèque de la Pléiade », 1957, p. 759, 764, septembre et octobre 1815.

INTRODUCTION823

d'Autriche et le roi de Prusse, aux termes duquel les trois souverains s'engageaient «au nom de la très sainte et indivisible Trinité» à se prêter mutuellement secours et assistance [1].

Julie de Krüdener continuera de prêcher un peu partout la sainte parole, créant missions et petites sociétés. Toujours active, à soixante ans elle quitte Saint-Pétersbourg pour fonder une colonie chrétienne en Crimée, à Karasoubazar. C'est là qu'elle meurt, le 25 décembre 1824.

*
* *

Ramenée à sa donnée essentielle, rien de plus simple, voire de plus banal que l'intrigue de *Valérie*, qui n'est pas sans faire songer à celle d'*Adèle de Sénange* chez Mme de Souza ou de *Claire d'Albe* chez Mme Cottin. A peine âgée de seize ans, Valérie se rend à Venise en compagnie de son mari, le comte de***, nommé ambassadeur de Suède auprès de la Sérénissime République. Sage, raisonnable, réfléchi, généreux, intelligent, il a vingt ans de plus qu'elle, mais ils forment un couple uni, même si Valérie est parfois un peu attristée par le sang-froid imperturbable de son mari. Avec eux, Gustave de Linar, le fils d'un défunt ami du comte, qui traite le jeune homme comme un fils et que Gustave respecte comme un père. Timide, rêveur, mélancolique et passionné, Gustave ne tarde pas à s'éprendre follement de Valérie. Pour dissimuler ses sentiments, il se prétend amoureux d'une femme mariée, laissée derrière lui en Suède. Rongé par un sentiment qui s'exacerbe chaque jour davantage, sa santé s'altère. Il se retire dans les Apennins, à Pietramala, où il meurt d'amour et de consomption, consolé cependant par l'amitié du comte, à qui il a fini par avouer son amour coupable, et par la certitude qu'il vivra dans le souvenir de Valérie. Derrière cette intrigue conventionnelle, le roman psychologique peut-être le plus nuancé du Consulat et de l'Empire, dont la substance est dans l'analyse de l'âme du personnage principal — Gustave et non Valérie — et l'illustration du danger de ce «vague des passions» que le *René* de Chateaubriand venait de révéler.

C'était un roman par lettres — le genre vivait alors ses derniers beaux jours —, la plupart écrites par Gustave à son ami Ernest, mais qui, comme déjà chez Mmes de Charrière, de Souza ou Cottin, s'acheminait vers le roman-journal, le récit à une voix, et qui comprenait d'ailleurs des fragments du journal du héros et même de celui de sa mère, dont les réflexions aident à comprendre le caractère singulier du jeune homme. Dans sa préface, Mme de Krüdener, à l'exemple de Jean-Jacques, respectait les règles du genre en réclamant l'indulgence du lecteur dans une classique *captatio benevolentiae* :

1. F. Ley, «La Sainte-Alliance, Mme de Krüdener et la France», dans *La Table ronde*, 215, 1965, p. 83-98.

J'ai senti d'avance tous les reproches qu'on pourrait faire à cet ouvrage. Une passion qui n'est point partagée intéresse rarement : il n'y a pas d'événements qui fassent ressortir les situations ; les caractères n'offrent point de contrastes frappants : tout est renfermé dans un seul développement, un amour ardent et combattu dans le cœur d'un jeune homme. De là ces répétitions continuelles, [...] de là ces tableaux peut-être trop souvent tirés de la nature.

Sous la transposition romanesque transparaissent les assises auto-biographiques [1]. A l'époque où M. de Krüdener se rendait, à travers la Pologne et l'Autriche, en Italie où il allait occuper son poste à Venise, il était accompagné par son épouse et le jeune secrétaire Alexandre Stackhiev, dont le baron n'a pas tardé à remarquer l'humeur étrange. Stackhiev a refusé de les accompagner, en août 1786, dans leur périple italien et s'est retiré seul à Pietramala, où on le sauve in extremis d'une tentative de suicide. Rejoignant alors Copenhague, il y retrouve les Krüdener, et son tourment reprend de plus belle, au point qu'il avoue son amour, à Julie d'abord, à Krüdener ensuite, à qui il adresse, en automne 1787, une interminable missive de quarante-quatre pages [2]. Avant de s'y résoudre, il a tenté de se faire affecter à Paris ou de se prétendre amoureux de la femme du ministre plénipotentiaire d'Autriche. Sa lettre le libérait enfin du secret qui l'oppressait, et sur quel ton !

Oh ! mon bienfaiteur, oh ! le meilleur des hommes ! Permettez qu'à la fin, après trois années d'agitation, trois années, j'ose le dire, des plus vives souffrances, je vous ouvre mon cœur. J'aime Madame, je l'adore, que dis-je ? Je brûle de mille feux !...

Or il semble bien que l'aveu au baron ait eu lieu à l'instigation de Julie elle-même. Pourquoi ? Tracassée par la cour à la fois galante et diploma-tique que son mari faisait à la comtesse Reventlow, se sentant incomprise, délaissée, elle a cherché à attirer son attention, à prouver à cet homme qui semblait l'oublier qu'elle pouvait être l'objet d'une passion : le pauvre Stackhiev, rentré à Saint-Pétersbourg au début de 1788, fit les frais de cette politique de récupération conjugale.

Quinze ans plus tard, l'expérience vécue se mue en souvenir épuré et idéalisé, puis en matière littéraire. C'est pourquoi les rappels autobiogra-phiques abondent dans le roman, semés un peu partout. Gustave est l'ami, presque le fils du comte, comme Stackhiev l'était de Krüdener ; leur amour à tous deux naît au fil de la descente en Italie ; Stackhiev s'agenouille, comme fera Gustave, dans une église de Venise et s'abîme dans l'adoration d'une Vierge de Solimène ; tous deux refusent le circuit

---

1. On ne peut que renvoyer, sur ces questions, à l'importante thèse de M. Mercier, *Valérie. Origine et destinée d'un roman*, thèse Paris-IV, 1972 (service de reproduction des thèses, université de Lille-III, 1974).

2. On en trouvera le texte dans la thèse de M. Mercier, *op. cit.*, p. VIII-XXIII.

italien et se retirent à Pietramala. Les ressemblances concernent aussi l'héroïne. Comme Valérie, Julie avait horreur des promenades en gondole ; à Rome, Mme de Krüdener fit exécuter son portrait par Angelica Kauffman, comme Valérie ; l'une et l'autre s'extasient devant le Tintoret, le Titien, la Sixtine ; l'inquiétude de Valérie lors d'un retour tardif de son mari est celle éprouvée par Julie, qui raconte le même épisode, le 18 mai 1790, dans une lettre à Bernardin de Saint-Pierre... Le roman comporte bien une lourde charge de vécu et de narcissisme, même si la transposition lui donne une autre portée et une autre signification.

L'œuvre prend naissance à un moment où son auteur se trouve à un confluent d'échecs : ceux de son mariage, de ses liaisons avec Lezay et Terray, à quoi s'ajoutent sa « faute » — l'enfant illégitime — et la mort de son mari, le 14 juin 1802. Commencée lors du second séjour de Mme de Krüdener à Genève, de septembre 1801 à février 1802, *Valérie* est achevée à Lyon entre décembre 1802 et avril 1803 [1]. Rien ne lui semble alors plus important que la publication d'un roman dont elle attend succès et renommée. Chateaubriand lui ayant assuré que les éditions de province n'avaient aucun écho, elle est résolue à livrer combat dans la capitale et, sitôt arrivée, déploie tout le charlatanisme nécessaire, prend contact avec ses relations, obtient une annonce dans la presse. Mieux encore : pour mettre *Valérie* à la mode, elle court incognito les boutiques en vogue, feignant de demander partout des écharpes, des chapeaux, des guirlandes, des rubans *à la Valérie*. Elle se démena si bien qu'en huit jours, et dès le mois de mai, tout fut en effet *à la Valérie* [2]. L'accueil réservé au roman, quelques mois plus tard [3], devait la payer amplement de ses peines.

Comme dans l'*Adèle de Sénange* de Mme de Souza, l'auteur met en scène une héroïne très jeune, presque une enfant. En réalité, on ne peut guère parler d'un portrait de Valérie, toujours saisie par le regard extasié de Gustave. Il en avertit d'emblée, « elle a quelque chose d'idéal [...], c'est une pensée », elle est « l'être charmant que je n'avais vu jusqu'à présent que dans ma pensée », elle est une Madone, une Vierge de Solimène, « le modèle de tous les charmes, de toutes les séductions ». Chez Rousseau, Saint-Preux nommait Julie une « fille inconcevable », et Gustave reprend sur le même ton : « Explique-moi, Ernest, comment on peut n'aimer Valérie que comme on aimerait toute autre femme. » Sa vision procède d'un idéalisme éperdu, qui transfigure l'objet aimé sans souci du réel. Ce qui transparaît de la Valérie authentique révèle surtout une femme enfant, fragile, naïve, impressionnable et fragile, parfois gentiment coquette et capricieuse, en fait vidée de véritable substance, pure création de l'imaginaire de Gustave [4]. Valérie, c'est une Julie de

1. Voir M. Mercier, *Valérie. Origine et destinée d'un roman, op. cit.*, p. 45-50.
2. Voir Ch. Eynard, *Vie de Madame de Krüdener, op. cit.*, t. I, p. 237.
3. Le roman parut au début de décembre 1803, daté de 1804.
4. Voir M. Mercier, *Valérie. Origine et destinée d'un roman, op. cit.*, p. 97.

Krüdener idéalisée, reflet d'un moi qui n'a jamais existé et qu'elle s'invente comme on se conte une histoire.

Aussi est-ce sur le héros que se porte l'attention. Âme ardente et éprise d'absolu, habitée de « fantastiques songes et [de] vœux immodérés » et, comme il se doit, infiniment sensible. Gustave vit son amour avec une telle intensité qu'il en subit physiquement les effets, se blesse sans s'en apercevoir, perd connaissance sous le coup de l'émotion bouleversante, et la phtisie qui l'emporte est le résultat des ravages opérés dans son âme par la passion de l'inaccessible. Comme René ou Werther, il est fait pour transformer en destin les brèves années de son passage terrestre : « Je porte en moi un principe qui me dévore. » Sa mère déjà, inquiète de son imagination trop vive et de l'intransigeance de son idéal, le mettait en garde contre l'avenir qu'il se traçait : « Il ne faut pas t'abandonner ainsi à ces rêves, qui préparent à l'amour et ôtent la force de le combattre. » A la fin du roman, le comte conclut de même : « Tu as eu soif de la félicité suprême ; [...] tu as détourné tes lèvres de la coupe de la vie, qui n'a pu te désaltérer. » Gustave est voué au désespoir et à la mort parce qu'il s'est détourné du réel et il en est conscient : « Je pressentais ma destinée. » La déréliction guette ceux qui, solipsistes et aspirant trop haut, n'ont ni la force ni la volonté de vivre ici-bas [1]. Qui réconcilierait chez Gustave les aspects antagonistes de l'*homo duplex* que pressentait aussi Jean-Paul ?

Des signes fatidiques jalonnent d'ailleurs cette destinée. Jouant à effeuiller une marguerite pour savoir si Valérie l'aimera jamais, la réponse ne lui laisse aucun espoir. Est-ce pur hasard si, posant pour lui-même la question, par deux fois tombe le décret : « Passionnément » ? Dès le début, il le sait, Valérie ne saurait lui appartenir : elle est mariée et il se ferait un crime de trahir le comte. Et pourtant : « Je sentais que je ne devais pas l'aimer, et j'ai voulu essayer l'amour. » Il acceptera d'être l'artisan de sa propre destruction, sans accuser le sort : « Je suis bien coupable de m'être livré moi-même à une passion qui devait me détruire ! » *Coupable* : l'abandon à un tel amour est une faute.

Dès son enfance, il a poursuivi un rêve immatériel qu'il a voulu représenter en Valérie : « J'ai vu le rêve de ma jeunesse passer devant moi, revêtu d'une forme angélique. » Cette femme, il l'aime en artiste, en platonicien, comme jadis Rousseau s'était imaginé sa Julie et des « êtres selon son cœur ». Il disait aussi, dans *La Nouvelle Héloïse* : « Le pays des chimères est en ce monde le seul digne d'être habité, et tel est le néant des choses humaines, qu'hors l'Être existant par lui-même, il n'y a rien de beau que ce qui n'est pas. » Phrase capitale, à l'origine des analyses du XIXᵉ siècle sur la dialectique de l'appétence et du *taedium vitae*, mais qui convie à la fuite dans l'irréel. Avant Baudelaire, Gustave est de « ceux-là dont les désirs ont la forme des nues » et qui vont vers « n'importe

---

1. Voir l'introduction de M. Mercier à *Valérie* (Paris, Klincksieck, 1974), p. 15.

où hors du monde » parce que rien d'ici-bas ne peut les satisfaire : « Je crois, dit-il, à un bonheur plus grand que tout ce que la terre peut donner. » Comme l'Ixion de la mythologie, il se satisfait, au bal où il admire Valérie dansant, immatérielle et pure, la danse du châle, de n'étreindre qu'une nuée :

> Et je fermai les bras avec un mouvement passionné, et la douleur que je me faisais à moi-même m'éveilla, et pourtant je n'avais embrassé que le vide ! Que dis-je ? le vide : non, non : tandis que mes yeux dévoraient l'image de Valérie, il y avait dans cette illusion, il y avait de la félicité.

Valérie est et ne peut être que la femme de son rêve : on n'est pas loin de l'idéalisation de Nodier et de Nerval. Aussi Gustave découvre-t-il comme une profanation la grossesse de Valérie : cette soudaine irruption d'une image de chair et de la souffrance de l'accouchement lui est insupportable.

Non qu'il soit épris de la beauté de la jeune femme, qu'il reconnaît sans peine assez commune. Ce qui l'attire est au-delà du physique. Quand Valérie et le comte l'ont laissé seul, Gustave s'attache un moment à Bianca, jeune Vénitienne qui est un peu le sosie de Valérie, la persuade de chanter, de se coiffer, de se vêtir comme elle, mais le simulacre échoue à tromper sa soif : « Elle a, de Valérie, presque tout ce qu'on peut séparer de son âme. » Le lieu se prêtait au jeu : avec ses masques, ses fêtes, ses bals, Venise est un théâtre propice à l'illusion.

Pour cet esprit exalté amoureux, non d'une femme mais d'un amour impossible, la passion devait conduire au rejet d'une vie nécessairement décevante parce qu'elle n'accomplit pas les aspirations d'une enfance qu'il a refusé de quitter. Gustave le reconnaît dans sa lettre d'adieu à Valérie :

> Je t'aimais comme je respirais, sans me rendre compte de ce que je faisais. Tu étais la vie de mon âme : longtemps elle avait langui après toi ; et, en te voyant, je ne vis que ta ressemblance ; je ne vis que cette image que j'avais portée dans mon cœur, vue dans mes rêves, aperçue dans toutes les scènes de la nature, dans toutes les créations de ma jeune et brûlante imagination.

A ses yeux, la mort ne sera pas sanction, mais accomplissement, seuil d'une nouvelle existence, supérieure, qui épargne l'inéluctable dégradation : « N'est-ce donc pas un bonheur de mourir jeune, doué de toutes les puissances du cœur, de rapporter tout à l'éternité, avant que tout se soit flétri ? » Comme Swedenborg — cité d'ailleurs par sa mère — Gustave croit qu'on revoit dans l'au-delà les êtres perdus. Il ne se suicide pas comme Werther, parce que Mme de Krüdener condamne le suicide [1], mais il s'abandonne à la mort comme à une amie qui le mène à la

---

1. Voir M. Mercier, *Valérie, op. cit.*, p. 223-224.

lumière : « La mort elle-même n'est qu'une illusion, c'est une nouvelle vie cachée sous la destruction. » Sa foi n'a nul besoin de démonstrations : son désir d'immortalité procède de Rousseau et de Jean-Paul, de l'intuition et des décrets du cœur, du sens inné du divin. De ce monde, il n'a plus rien à attendre et s'éteint sereinement : « Je meurs jeune, je l'ai toujours désiré ; je meurs jeune, et j'ai beaucoup vécu. »

Pas plus que Chateaubriand ne donnait René pour un exemple à suivre, Mme de Krüdener n'invite à imiter Gustave de Linar. « Les goûts charment la vie, constate-t-il mélancoliquement, et les passions la détruisent. » C'est la leçon que retenait Stendhal à l'usage de sa sœur Pauline, le 10 juin 1804, à l'époque où le roman était dans sa nouveauté : « Avec les passions, on ne s'ennuie jamais ; sans elles on est stupide. Mais ce principe a besoin d'être expliqué : là-dessus le charmant auteur de *Valérie* dit une chose bien vraie : "Les goûts (petites passions de quinze jours, un mois) charment la vie ; les passions la tuent." » Aussi Mme de Krüdener assignait-elle à son œuvre un propos didactique et moral : « J'ai pensé qu'il pouvait être utile de montrer que les âmes les plus sujettes à être entraînées par de fortes passions, sont aussi celles qui ont reçu le plus de moyens pour leur résister, et que le secret de la sagesse est de les employer à temps. » Même si, comme Mme Cottin, elle peint cette passion meurtrière avec une certaine complaisance et aime se souvenir de celle qu'elle avait elle-même suscitée, elle ne peut que reprocher à Gustave d'avoir tourné contre lui-même les forces reçues du Ciel. Elle n'eût pas renié la sévère mercuriale que Chateaubriand plaçait dans la bouche du P. Souël : « Rien, dit-il au frère d'Amélie, rien ne mérite, dans cette histoire, la pitié qu'on vous montre ici. Je vois un jeune homme entêté de chimères. [...] Quiconque a reçu des forces doit les consacrer au service de ses semblables. »

Elle a voulu éviter aussi la tentation de l'adultère, que ses héros n'éprouvent à aucun moment, Valérie parce qu'elle aime son mari et ne soupçonne pas l'amour de Gustave, celui-ci parce qu'il en aurait horreur comme d'un sacrilège. Apologie, au contraire, de la « pureté de mœurs » et d'une vie conjugale que la seconde partie de *La Nouvelle Héloïse* avait célébrée comme un idéal d'équilibre et de stabilité à l'abri des orages de la passion égoïste — celle qui emportait, au moins un instant, les personnages de Mme Cottin. Elle a laissé Gustave l'inadapté s'enfoncer dans la solitude et mourir de ses rêves inaccomplis.

Dans cette *Valérie* composée à l'aube du XIXᵉ siècle par une aristocrate balte à la culture cosmopolite, bien des courants se rencontrent. Rousseau est présent à plus d'une reprise, dans la condamnation du monde frivole et l'exaltation de la nature, seule sincère, dans le lamento sur la solitude ou encore dans tel passage qui semble extrait des *Rêveries* : « Il me semble que chacun de mes jours tombe derrière moi, comme les feuilles qui tombent vers la fin de l'automne. Tout a pâli autour de moi ; et les années de mon avenir s'entassent, comme des rochers, les unes sur les autres, sans que les ailes de l'espérance et de l'imagination m'aident à passer au-delà... »

Mme de Staël n'est pas non plus absente, au moins par les théories qu'elle venait d'énoncer, en 1800, dans *De la littérature*, à propos de l'opposition entre le Nord et le Midi. Gustave vient de Suède, où « la rêveuse mélancolie invitait à s'asseoir sur les tombeaux des anciens Scandinaves ». Ce Nord aux longues plaines hérissées de sombres mélèzes est patriarcal, rustique, raisonnable, moral et austère par la saine influence du protestantisme, ses mœurs sont candides, ses natures loyales. La mélancolie naturelle de Gustave augmente à mesure qu'il descend vers l'Italie où stagne, émolliente et tentatrice, une civilisation énervée, où la volupté chemine au côté de la mort, païenne encore quoique catholique, redoutable aux énergies alanguies par la *morbidezza* de la lagune [1]. Son art même a quelque chose d'irrationnel, d'affectif, fatal aux volontés faibles.

Mieux que Mme de Staël, Mme de Krüdener connaît aussi les Allemands, qu'elle a l'avantage de pouvoir lire dans leur langue, et par elle la littérature française s'ouvre — ce sont les lectures de Gustave — à Klopstock, à Jean-Paul, à Novalis, à Tieck, qui se rencontrent avec Rousseau, Bernardin de Saint-Pierre ou Chateaubriand dans un creuset d'où sortira le romantisme. Le souvenir de *Werther* n'est pas absent, ni celui des *Dernières Lettres de Jacopo Ortis*, de Foscolo, elles aussi produit de la nouvelle sensibilité.

On est frappé également de certaines similitudes — trop précises pour être fortuites ? —, avec les romans de Mme de Souza, *Adèle de Sénange*, et de Mme Cottin, *Claire d'Albe*. Comme Adèle, Valérie est une femme encore enfant, primesautière et naïve, et Mme de Souza offrait, elle aussi, une apologie de la passion maîtrisée et du mariage. Le 13 septembre 1807, Juliette de Krüdener note : « La pauvre Mme Cottin est morte à l'âge de trente-quatre ans, et nous n'aurons plus de ses jolis ouvrages [2]. » *Claire d'Albe* et *Valérie* sont des romans épistolaires, les héroïnes sont de beaucoup les cadettes de leurs époux, Gustave est pour le comte un fils d'adoption comme Frédéric l'était pour M. d'Albe — détails qui, il est vrai, recoupent aussi la réalité vécue par Mme de Krüdener elle-même entre son mari et Stackhiev. Reste que son propos sonne comme une condamnation de cette passion qui, chez Mme Cottin, même expiée à la fin, emportait Frédéric et Claire au-delà de toute morale : ici, les personnages respectent la vertu [3] et la donnée de base se retrouve purifiée et résolument chaste.

---

1. Voir M. Mercier, *Valérie, op. cit.*, p. 342-351.
2. Cité par F. Ley, *Madame de Krüdener (1764-1824). Romantisme et Sainte-Alliance, op. cit.*, p. 204.
3. Voir K. W. Lacy, « A forgotten best-seller : Krüdener's *Valérie* », dans *Romance Notes*, XVIII, 1977-1978, p. 366 ; J. Rossard, *Pudeur et romantisme*, Paris, Nizet, 1982, p. 36.

De son temps, elle portait enfin la marque dans l'utilisation de situations ou de clichés, d'un romantisme morbide, funèbre. Le roman noir a laissé des traces. Vers la fin, un passage rassemble quelques-uns des lieux communs à la mode :

> Le *tonnerre*, avec sa terrible voix, parcourut toutes ces montagnes, répéta, gronda, éclata avec fureur ; les voûtes silencieuses tremblèrent : je voyais le *cimetière* couvert de noires *ténèbres* ; le ciel obscurci laissait à peine entrevoir tous ces *tombeaux* où dormaient tant de *morts*. Je passai devant la *chapelle* où on les déposait avant de les *enterrer*, où se fermait sur eux le *cercueil creusé par eux-mêmes* : il me semblait que j'entendais ce chant mélancolique des religieux, ces saintes strophes qui les conduisaient à la *terre de l'oubli*. J'aimais à tressaillir, et j'envoyais ma pensée en arrière. Au milieu de ces scènes *terribles et attendrissantes*, le ciel se dégagea de ses *sombres nuages* ; le soleil reparut, et visita, à travers les vitres antiques, cette *chapelle de la mort* : les inscriptions du *cimetière* reparurent à sa clarté ; et les hautes herbes, affaissées par la pluie, se relevèrent.

On n'échappe pas à la visite d'un cimetière « que les cyprès et le silence semblaient vouer à la mort », aux fleurs effeuillées sur la tombe de l'enfant mort, au spectacle d'un Gustave moribond emporté par le délire, vêtu d'un drap qui annonce son linceul et plongeant dans l'eau glacée sa tête en feu. On n'échappera pas davantage à l'orage, à l'horloge qui compte, lugubre, ses douze coups dans la nuit que déchire le hurlement lamentable d'un chien ni au long discours de Gustave s'éteignant dans les bras du comte au moment où le soleil dissipe les brumes sur les sommets des Apennins. Relevant aussi de certain romantisme « frénétique », la rencontre du moine Félix, devenu fou par amour et faisant retentir les ténèbres de ses gémissements et de ses cris...

Benjamin Constant disait préférer Mme Cottin — qui pourtant n'évitait pas non plus ces marques du temps —, et, faisant bon marché d'un style qui a souvent le nombre et l'harmonie chers aux contemporains de Chateaubriand, ne voulait voir dans *Valérie* qu'une sorte de centon des auteurs à la mode :

> Je trouve que c'est un des plus médiocres romans qui ait paru depuis longtemps, et je préfère bien à ce galimatias *Claire d'Albe* ou *Amélie de Mansfield*. Si l'on veut faire un roman comme *Valérie*, il n'y a qu'à couper par morceaux des pages de Chateaubriand, de Bernardin de Saint-Pierre et de Rousseau, les jeter en l'air et les faire imprimer dans l'état où elles retomberont [1].

C'est fort injuste : même si elle convoque l'ensemble des grandes influences qui touchent la littérature de son époque et rencontre ainsi l'« horizon d'attente » des lecteurs, l'œuvre, un des sommets de la

1. Cité par L. C. Sykes, *Madame Cottin*, Oxford, Blackwell, 1949, p. 228.

production féminine à l'aube du XIXe siècle, a son dessein propre [1], et un succès peu commun salua en 1804 une *Valérie* qui fut un moment aussi célèbre qu'*Atala*.

*
* *

Pour lancer *Valérie*, Mme de Krüdener ne s'était pas bornée à courir les boutiques de mode ; elle avait aussi prié ses relations de faire écho à l'événement. Comme elle disait : « Lancée dans le monde, la jeune personne sera accueillie partout. » Le *Mercure de France* du 23 juillet claironna la parution prochaine. Le 10 décembre, la même feuille compara le roman au livre IV de *L'Énéide* et à *Werther*. Mme de Krüdener entrait décidément en littérature par la grande porte et déclarait, satisfaite : « M. de Saint-Pierre est enthousiasmé de *Valérie*, les autres journalistes, gens de lettres, aussi : ils prétendent que ce sera une des choses les plus marquantes qui auront paru depuis longtemps » [2]. Bernardin de Saint-Pierre était d'autant plus enthousiaste que Mme de Krüdener le plaçait, dans sa préface, à côté de Shakespeare ! Le 15 décembre 1803, il annonça donc le livre dans *Le Journal des débats* : « Vous ne verrez pas sans intérêt une dame étrangère allumer avec tant d'éclat le flambeau de la littérature française dans son pays, et apparaître sur notre horizon comme l'étoile de cette aurore qui va éclairer le nord de l'Europe de ses premiers feux » [3]. *Le Publiciste* du 26 décembre fit chorus : « L'auteur de ce roman est une femme ; il est facile de s'en convaincre à une certaine pureté de sentiments et d'images, qu'une femme seule peut-être pouvait conserver dans la peinture d'une passion aussi ardente que tendre [4]. » De son côté, le 10 mars 1804, Mme de Krüdener racontait à Jean-Paul la genèse de son roman sans oublier de soigner les pastels rousseauistes :

> Écoutez l'histoire de mon roman. J'habitais alors sur les bords du lac de Genève ; j'y menais une vie tranquille, enchantée, au sein de la nature. En face de moi, j'avais le mont Blanc, sur lequel le soleil couchant jetait chaque soir un voile rose en signe d'adieu ; autour de moi, j'avais les rives délicieuses du lac, des futaies majestueuses et l'air pur des Alpes. J'errais, perdue dans la contemplation de ces scènes magnifiques, demandant à Dieu le bonheur de lui plaire, de pouvoir être utile à mes semblables, d'aimer, comme vous l'avez dit si bien, l'infini dans le fini ! C'est dans cette disposition d'esprit que fut conçue ma *Valérie*, fille du recueillement et de la prière. Elle ne peut pas être une étrangère pour vous ! Votre âme, vos écrits, votre amour de la nature m'inspiraient, alors que j'écrivais ces

---

1. Voir M. Mercier, *Valérie, op. cit.*, p. 172.
2. Voir F. Ley, *Bernardin de Saint-Pierre, Mme de Staël, Chateaubriand, Benjamin Constant et Mme de Krüdener*, Paris, Aubier, 1967, p. 107.
3. *Ibid.*, p. 109.
4. Cité par F. Ley, *Madame de Krüdener (1764-1824). Romantisme et Sainte-Alliance, op. cit.*, p. 172-173.

pages. *Valérie* a jailli de mon âme et je ne sais si c'est un livre ou un souffle.

Édifiante histoire, dont elle modulait d'ailleurs les circonstances selon le tempérament de ceux à qui elle la racontait[1]. Elle en profitait pour quêter quelques lignes de Jean-Paul dans un journal. Le grand homme remercia, félicita mais ne rédigea aucun compte rendu.

Si Mme de Krüdener ne brille pas par la modestie, c'est qu'elle pouvait se targuer d'un succès européen. En 1804 paraissent quatre éditions françaises, trois en allemand, une en anglais, une en hollandais; en 1805, une allemande encore, et une russe en 1807. Sainte-Beuve ne dédaignera pas d'en donner une en 1837 et *Valérie* sera rééditée jusqu'en 1898. Il y avait de quoi faire parade d'une légitime fierté : « Le succès de *Valérie* est complet et inouï, écrit-elle le 15 janvier 1804, et l'on me disait encore l'autre jour : il y a quelque chose de surnaturel dans ce succès. Oui, [...] le Ciel a voulu que ces idées, que cette morale plus pure se répandissent en France. » Puisque le Ciel lui-même... Elle y revenait, le 10 mars, pour Jean-Paul : « Les écrivains les plus distingués en ont parlé avec éloge dans les journaux. Les mères donnent à leurs enfants le nom de Gustave; on voit jusque dans les boutiques des femmes lire *Valérie* en pleurant; je reçois de tous les côtés des vers, des félicitations. Mon livre est décidément à la mode; mais ne croyez pas que je sois vaine de ce succès...[2] »

Succès indéniable, mais pourtant quelques notes discordantes. Certes, Sainte-Beuve rapporte que Chateaubriand appelait Valérie « la sœur cadette de René » ou « la fille naturelle de René et de Delphine », mais d'autres étaient plus réservés. Mme de Staël ne voyait pas sans irritation une nouvelle étoile dans le firmament littéraire, d'autant plus qu'elle venait d'être exilée par Bonaparte. De Weimar, le 21 décembre 1803, elle harcèle son père : « Tu as deviné que j'étais occupée de *Valérie*; je te prie de la lire bien vite et de m'écrire si cela me détrône. » Le mot dit tout sur l'esprit de rivalité de la « trop célèbre » ! Le 17 janvier 1804, elle n'hésite pas à prétendre que Mme de Krüdener déshonore le genre romanesque : « Si vous avez lu *Valérie*, il y a là une telle caricature de ce genre qu'on est tout honteux de s'en servir encore. A travers de jolis mots, de jolis tableaux, quel fatras de mauvais allemand ! » Elle se réjouissait que Goethe n'en pensât aucun bien. En effet, un peu agacé par l'enthousiasme de la presse allemande, le Jupiter de Weimar haussait les épaules : « Le livre est nul, sans qu'on puisse dire qu'il est mauvais. » Quant à Napoléon, à qui Mme de Krüdener avait cru bon d'adresser un exemplaire, il aurait dit brutalement à son bibliothécaire Barbier en mettant les deux baronnes dans le même panier :

1. Voir M. Mercier, *Valérie*, op. cit., p. 43.
2. Cité par F. Ley, *Madame de Krüdener et son temps, 1764-1824*, op. cit., p. 234, 240.

Il paraît que la baronne de Staël a trouvé un sosie : après Delphine, Valérie ! L'une vaut l'autre : même pathos, même bavardage. Les femmes se pâmeront d'aise à lire ces extravagances sentimentales. Conseillez, de ma part, à cette folle de Mme de Krüdener, d'écrire dorénavant ses ouvrages en russe ou bien en allemand, afin que nous soyons délivrés de cette insupportable littérature [1].

Où était le temps où le futur empereur se délectait à la lecture de *La Nouvelle Héloïse* et de *Werther* ? Peut-être avait-il ses raisons. S'il n'appréciait pas les idées de la turbulente Mme de Staël, il n'avait pas dû être enchanté non plus de la lettre XXXV de *Valérie* où l'on reprochait à un « nouvel Alexandre » de faire main basse sur les trésors artistiques de l'Italie.

Ces remarques grincheuses ne contrarièrent pas la vogue du roman. En 1807, le prince de Ligne s'amusa à lui composer une suite facétieuse où Gustave, qu'on avait cru mort, revenait à la vie et épousait sa Valérie divorcée, et, en 1822, Eugène Scribe en tira une comédie en trois actes, *Valérie ou l'Aveugle*. Sainte-Beuve enfin relança l'œuvre en 1837 en lui consacrant un long article. « *Valérie*, disait-il, est une de ces lectures qu'on peut se donner jusqu'à trois fois dans sa vie, aux différents âges. » Et le grand critique saluait le roman dont il soulignait l'originalité et le ton personnel :

Dans cette langue préférée [le français], elle nous envoyait un petit chef-d'œuvre, où les teintes du Nord venaient, sans confusion, enrichir, étendre le genre des La Fayette et des Souza. Après *Saint-Preux*, après *Werther*, après *René*, elle sut être elle-même, à la fois de son pays et du nôtre, et introduire son mélancolique Scandinave dans le vrai style de la France. [...] *Valérie*, au reste, par l'ordre des pensées et des sentiments, n'est inférieure à aucun roman de plus grande composition ; mais surtout, elle a gardé, sans y songer, la proportion naturelle, l'unité véritable ; elle a, comme avait la personne de son auteur, le charme infini de l'ensemble [2].

R. T.

---

1. F. Ley, *Bernardin de Saint-Pierre, Mme de Staël, Chateaubriand, Benjamin Constant et Mme de Krüdener, op. cit.*, p. 133-135.
2. *Portraits de femmes*, dans *Œuvres*. Publ. par M. Leroy, Paris, Gallimard, « Bibliothèque de la Pléiade », 1951, t. II, p. 1333-1335. Le texte qui suit est celui de la première édition (Paris, Henrichs, 1804, 2 vol.).

Valérie

(1803)

PRÉFACE

Je me trouvais, il y a quelques années, dans une des plus belles provinces du Danemark : la nature, tour à tour sauvage et riante, souvent sublime, avait jeté dans le magnifique paysage que j'aimais à contempler, là de hautes forêts, ici des lacs tranquilles, tandis que dans l'éloignement la mer du Nord et la mer Baltique roulaient leurs vastes ondes au pied des montagnes de la Suède, et que la rêveuse mélancolie invitait à s'asseoir sur les tombeaux des anciens Scandinaves, placés, d'après l'antique usage de ce peuple, sur des collines et des tertres répandus dans la plaine.

«Rien n'est plus poétique, a dit un éloquent écrivain, qu'un cœur de seize années[1].» Sans être aussi jeune, je l'étais cependant ; j'aimais à sentir et à méditer, et souvent je créais autour de moi des tableaux aussi variés que les sites qui m'environnaient. Tantôt je voyais les scènes terribles qui avaient offert au génie de Shakespeare les effrayantes beautés de *Hamlet* ; tantôt les images plus douces de la vertu et de l'amour se présentaient à moi, et je voyais les ombres touchantes de Virginie et de Paul[2] : j'aimais à faire revivre ces êtres aimables et infortunés ; j'aimais à leur offrir des ombrages aussi doux que ceux des cocotiers, une nature aussi grande que celle des tropiques, des rivages solitaires et magnifiques comme ceux de la mer des Indes.

Ce fut au milieu de ces rêves, de ces fictions et de ces souvenirs, que je fus surprise un jour par le récit touchant d'une de ces infortunes qui vont chercher au fond du cœur des larmes et des regrets. L'histoire d'un jeune Suédois, d'une naissance illustre, me fut racontée par la personne même qui avait été la cause innocente de son malheur. J'obtins quelques fragments écrits par lui-même : je ne pus les parcourir qu'à la hâte ; mais je résolus de noter sur-le-champ les traits principaux qui étaient restés

---

1. L'écrivain est Chateaubriand, qui utilise cette formule dans *René* (1802).
2. Allusion à *Paul et Virginie* (1788), le roman de Bernardin de Saint-Pierre, l'une des grandes admirations de Mme de Krüdener.

gravés dans ma mémoire. J'obtins après quelques années la permission de les publier : je changeai les noms, les lieux, les temps ; je remplis les lacunes, j'ajoutai les détails qui me parurent nécessaires ; mais je puis le dire avec vérité, que, loin d'embellir le caractère de Gustave, je n'ai peut-être pas montré toutes ses vertus ; je craignais de faire trouver invraisemblable ce qui pourtant n'était que vrai. J'ai tâché d'imiter la langue simple et passionnée de Gustave. Si j'avais réussi, je ne douterais pas de l'impression que je pourrais produire ; car, au milieu des plaisirs et de la dissipation qui absorbent la vie, les accents qui nous rendent quelque chose de notre jeunesse ou de nos souvenirs ne nous sont pas indifférents, et nous aimons à être ramenés dans des émotions qui valent mieux que ce que le monde peut nous offrir.

J'ai senti d'avance tous les reproches qu'on pourrait faire à cet ouvrage. Une passion qui n'est point partagée intéresse rarement : il n'y a pas d'événements qui fassent ressortir les situations ; les caractères n'offrent point de contrastes frappants : tout est renfermé dans un seul développement, un amour ardent et combattu dans le cœur d'un jeune homme. De là ces répétitions continuelles, car les fortes passions, on le sait bien, ne peuvent être distraites, et reviennent toujours sur elles-mêmes ; de là ces tableaux peut-être trop souvent tirés de la nature. Le solitaire Gustave, étranger au monde, a besoin de converser avec cette amie ; il est d'ailleurs suédois ; et les peuples du Nord, ainsi qu'on peut le remarquer dans leur littérature, vivent plus avec la nature ; ils l'observent davantage, et peut-être l'aiment-ils mieux. J'ai voulu rester fidèle à toutes ces convenances ; persuadée d'ailleurs que, si les passions sont les mêmes dans tous les pays, leur langage n'est pas le même ; qu'il se ressent toujours des mœurs et des habitudes d'un peuple, et qu'en France il est plus modifié, par la crainte du ridicule, ou par d'autres considérations qui n'existent pas ailleurs. Qu'on ne s'étonne pas aussi de voir Gustave revenir si souvent aux idées religieuses : son amour est combattu par la vertu, qui a besoin des secours de la religion ; et, d'ailleurs, n'est-il pas naturel d'attacher au ciel des jours qui ont été troublés sur la terre ?

Mon sincère désir a été celui de présenter un ouvrage moral, de peindre cette pureté de mœurs dont on n'offre pas assez de tableaux, et qui est si étroitement liée au bonheur véritable. J'ai pensé qu'il pouvait être utile de montrer que les âmes les plus sujettes à être entraînées par de fortes passions, sont aussi celles qui ont reçu le plus de moyens pour leur résister, et que le secret de la sagesse est de les employer à temps. Tout cela avait été bien mieux dit, bien mieux démontré avant moi ; mais on ne résiste guère à l'envie de communiquer aux autres ce qui nous a profondément émus nous-mêmes. Il est un enthousiasme qui est à l'âme ce que le printemps est à la nature ; il fait éclore mille sentiments ; il fait verser des larmes auxquelles on croit le pouvoir d'en faire répandre d'autres.

C'était là ma situation en lisant les fragments de Gustave ; et si quelques regards attendris s'attachent sur cet ouvrage, comme sur un ami qui nous a révélé notre propre cœur, ils sauront tout à la fois et m'excuser et me défendre.

LETTRE I

Eichstadt, le 10 mars

Tu dois avoir reçu toutes mes lettres, Ernest : depuis que j'ai quitté Stockholm, je t'ai écrit plusieurs fois. Tu peux me suivre dans ce voyage, qui serait enchanteur, s'il ne me séparait pas de toi. Oh ! pourquoi n'avons-nous pu réaliser ces rêves délectables de notre jeune âge, quand notre imagination s'élançait dans ce grand univers, voyait rouler d'autres cieux, entendait gronder de plus terribles orages ! quand, assis ensemble sur ce rocher qui se séparait des autres, et qui nous donnait l'idée de l'indépendance et de la fierté, nos cœurs battaient tantôt de mille pressentiments confus, tantôt se rejetaient dans la sombre antiquité, et voyaient sortir de ces ténèbres nos héros favoris ! Où sont-ils ces jours radieux de fortes et de douces émotions ? Je t'ai quitté, aimable compagnon de ma jeunesse, sage ami qui réglait les mouvements trop désordonnés de mon cœur, et endormait mes tumultueux désirs aux accents de ton âme ingénieuse et inspirée ! Cependant, Ernest, je suis quelquefois presque heureux : il y a un charme enivrant dans ce voyage, qui souvent me ravit ; tout s'accorde bien avec mon cœur, et même avec mon imagination. Tu sais comme j'ai besoin de cette belle faculté, qui prend dans l'avenir de quoi augmenter encore la félicité présente ; de cette enchanteresse qui s'occupe de tous les âges et de toutes les conditions de la vie, qui a des hochets pour les enfants, et donne aux génies supérieurs les clefs du ciel, pour que leurs regards s'enivrent de hautes félicités... Mais où vais-je m'égarer ? Je ne t'ai rien dit encore du comte. Il a reçu toutes ses instructions ; il va décidément à Venise, et cette place est celle qu'il désirait. Il se plaît dans l'idée que nous ne nous séparerons pas, qu'il pourra me guider lui-même dans cette nouvelle carrière où il a voulu que j'entrasse, et qu'il pourra, en achevant lui-même mon éducation, remplir le saint devoir dont il se chargea en m'adoptant. Quel ami, Ernest, que ce second père ! Quel homme excellent ! La mort seule a pu interrompre cette amitié qui le liait à celui que j'ai perdu, et le comte se plaît à la continuer religieusement en moi. Il me regarde souvent ; je vois quelquefois des larmes dans ses yeux : il trouve que je ressemble beaucoup à mon père, que j'ai dans mon regard la même mélancolie ; il me reproche d'être

comme lui, presque sauvage, et de craindre trop le monde. Je t'ai déjà dit
comment j'ai fait la connaissance de la comtesse, de quelle manière
touchante il me présenta à Valérie (c'est ainsi qu'elle se nomme, et que
je l'appellerai désormais) : d'ailleurs, elle veut que je la regarde comme
une sœur, et c'est bien là l'impression qu'elle m'a faite. Elle m'en
impose moins que le comte ; elle a l'air si enfant ! Elle est très vive, mais
sa bonté est extrême. Valérie paraît aimer beaucoup son mari ; je ne m'en
étonne pas : quoiqu'il y ait entre eux une grande différence d'âge, on n'y
pense jamais. On pourrait trouver quelquefois Valérie trop jeune : on a
peine à se persuader qu'elle ait formé un engagement aussi sérieux ; mais
jamais le comte ne paraît trop vieux. Il a trente-sept ans ; mais il n'a pas
l'air de les avoir. On ne sait d'abord ce qu'on aime le plus en lui, ou de
sa figure noble et élevée, ou de son esprit, qui est toujours agréable, qui
s'aide encore d'une imagination vaste et d'une extrême culture ; mais, en
le connaissant davantage, on n'hésite pas : c'est ce qu'il tire de son cœur,
qu'on préfère ; c'est quand il s'abandonne et qu'il se découvre entièrement, qu'on le trouve si supérieur. Il nous dit quelquefois qu'il ne peut
être aussi jeune dans le monde qu'il l'est avec nous, et que l'exaltation
irait mal avec une ambassade.

Si tu savais, Ernest, comme notre voyage est agréable ! Le comte sait
tout, connaît tout, et le savoir en lui n'a pas émoussé la sensibilité. Jouir
de son cœur, aimer, et faire du bonheur des autres le sien propre, voilà sa
vie ; aussi ne gêne-t-il personne. Nous avons plusieurs voitures, dont une
est découverte ; c'est ordinairement le soir que nous allons dans celle-là.
La saison est très belle. Nous avons traversé de grandes forêts en entrant
en Allemagne ; il y avait là quelque chose du pays natal qui nous plaisait
beaucoup. Le coucher du soleil, surtout, nous rappelait à tous des
souvenirs différents que nous nous communiquions quelquefois ; mais, le
plus souvent, nous gardions alors le silence. Les beaux jours sont comme
autant de fêtes données au monde ; mais la fin d'un beau jour, comme la
fin de la vie, a quelque chose d'attendrissant et de solennel : c'est un
cadre où vont se placer tout naturellement les souvenirs, et où tout ce qui
tient aux affections paraît plus vif, comme au coucher du soleil les teintes
paraissent plus chaudes. Que de fois mon imagination se reporte alors
vers nos montagnes ! Je vois à leurs pieds notre antique demeure ; ces
créneaux, ces fossés, si longtemps couverts de glace, sur lesquels nous
nous exercions, la lance à la main, à des jeux guerriers, glissant sur cette
glace, comme sur nos jours que nous n'apercevions pas. Le printemps
revenait ; nous escaladions le rocher ; nous comptions alors ces vaisseaux
qui venaient de nouveau tenter nos mers ; nous tâchions de deviner leur
pavillon ; nous suivions leur vol rapide ; nous aurions voulu être sur leurs
mâts, comme les oiseaux marins, les suivre dans des régions lointaines.
Te rappelles-tu ce beau coucher du soleil, où nous célébrâmes ensemble
un grand souvenir ? C'était peu après l'équinoxe. Nous avions vu la

veille une armée de nuages s'avancer en présageant la tempête ; elle fut horrible : tous deux nous tremblions pour un vaisseau que nous avions découvert ; la mer était soulevée, et menaçait d'engloutir tous ces rivages. A minuit, nous entendîmes les signaux de détresse. Ne doutant pas que le vaisseau n'eût échoué sur un des bancs, mon père fit au plus vite mettre des chaloupes en mer ; au moment où il animait les pilotes côtiers, il ne résista pas à nos instances, et, malgré le danger, il nous permit de l'accompagner. Oh ! comme nos cœurs battaient ! comme nous désirions être partout à la fois ! comme nous aurions voulu secourir chacun des passagers ! Ce fut alors que tu exposas si généreusement ta vie pour moi. Mais il faut rester fidèle à ma promesse ; il faut ne point te parler de ce qui te paraît si simple, si naturel ; mais au moins laisse-moi ma reconnaissance comme un de mes premiers plaisirs, si ce n'est comme un de mes premiers devoirs, et n'oublions jamais le rocher où nous retournâmes après cette nuit, et d'où nous regardions la mer en remerciant le ciel de notre amitié.

Adieu, Ernest ; il est tard, et nous partons de grand matin.

LETTRE II

Luben, le 20 mars

Ernest, plus que jamais elle est dans mon cœur, cette secrète agitation qui tantôt portait mes pas sur les sommets escarpés des Koullen, tantôt sur nos désertes grèves. Ah ! tu le sais, je n'y étais pas seul : la solitude des mers, leur vaste silence ou leur orageuse activité, le vol incertain de l'alcion, le cri mélancolique de l'oiseau qui aime nos régions glacées, la triste et douce clarté de nos aurores boréales, tout nourrissait les vagues et ravissantes inquiétudes de ma jeunesse. Que de fois, dévoré par la fièvre de mon cœur, j'eusse voulu, comme l'aigle des montagnes, me baigner dans un nuage, et renouveler ma vie ! Que de fois j'eusse voulu me plonger dans l'abîme de ces mers dévorantes, et tirer de tous les éléments, de toutes les secousses, une nouvelle énergie, quand je sentais la mienne s'éteindre au milieu des feux qui me consumaient !

Ernest, j'ai quitté tous ces témoins de mon inquiète existence ; mais partout j'en retrouve d'autres : j'ai changé de ciel ; mais j'ai emporté avec moi mes fantastiques songes et mes vœux immodérés. Quand tout dort autour de moi, je veille avec eux ; et dans ces nuits d'amour et de mélancolie, que le printemps exhale et remplit de tant de délices, je sens partout cette volupté cachée de la nature, si dangereuse pour l'imagination, par le voile même qui la couvre : elle m'enivre et m'abat tour à tour ; elle me fait vivre et me tue ; elle arrive à moi par tous les objets, et me fait languir après un seul. J'entends le vent de la nuit, il s'endort sur les feuilles, et je crois ouïr encore des pas incertains et timides ; mon imagination me peint cet être idéal après lequel je soupire, et je me jette tout entier dans ce pressentiment d'amour et d'extase qui doit remplir le vague de mon cœur. Hélas ! serai-je jamais aimé ? Verrai-je jamais s'exaucer ces brûlants et ambitieux désirs ? Donnerai-je un moment, un seul instant, tout le bonheur que je pourrai sentir ? Vivrai-je de ce don splendide qui fait toucher au ciel ? Ah ! ce n'est pas tout, Ernest, que de donner, il faut faire recevoir ; ce n'est pas tout de valoir beaucoup, il faut être senti de même. Pour faire mûrir la datte, il faut le sol d'Afrique ; pour faire naître ces grandes et profondes émotions qui nous viennent du ciel, il faut trouver sur la terre ces âmes ardentes et rares qui ont reçu la douce et peut-être la funeste puissance d'aimer comme moi.

LETTRE III

B..., le 21 mars

Mon ami, j'ai relu ce matin ma lettre d'hier ; j'ai presque hésité à te l'envoyer : non pas que je voulusse jamais te cacher quelque chose, mais parce que je sens que tu me reprocheras avec raison de ne pas chercher, comme je te l'avais promis, à réprimer un peu ce qu'il y a de trop passionné dans mon âme. Ne dois-je pas d'ailleurs cacher cette âme, comme un secret, à la plupart de ceux avec qui je serai appelé à vivre dans le monde ? Ne sais-je pas qu'il n'y a plus rien de naturel aux yeux de ces gens-là, que ce qui nous éloigne de la nature, et que je ne leur paraîtrai qu'un insensé en ne leur ressemblant pas ? Laisse-moi donc errer avec mes chers souvenirs au milieu des forêts, au bord des eaux, où je me crée des êtres comme moi, où je rassemble autour de moi les ombres poétiques de ceux qui chantèrent tout ce qui élève l'homme, et qui surent aimer fortement. Là je crois voir encore le Tasse [1], soupirant ses vers immortels et son ardent amour ; là, m'apparaît Pétrarque [2], au milieu des voûtes sacrées qui virent naître sa longue tendresse pour Laure ; là, je crois entendre les sublimes accords du tendre et solitaire Pergolèse [3] ; partout je

---

1. Torquato Tasso (1544-1595), l'auteur de l'*Aminta* (1573) et de *La Gerusalemme liberata* (1580), le type du poète rêveur.
2. Francesco Petrarca (1304-1374), l'auteur du *Canzoniere*, qui a chanté son amour idéal pour Laure de Noves.
3. Le compositeur Giovanni Pergolesi (1710-1736), l'auteur de *La Serva padrona* (1733) et du *Stabat Mater* (1736). C'est en écoutant le *Stabat Mater* que s'éteint Caliste, l'héroïne de Mme de Charrière.

crois voir le génie et l'amour, ces enfants du ciel, fuyant la multitude, et
cachant leurs bienfaits comme leurs innocentes joies. — Ah ! si je n'ai
pas été doté comme les fils du génie, si je ne puis charmer comme eux la
postérité, au moins j'ai respiré comme eux quelque chose de cet enthousiasme, de ce sublime amour du beau, qui vaut peut-être mieux que la
gloire elle-même.

Cependant, mon Ernest, ne crois pas que je m'abandonne sans réserve
à mes rêveries. Quoique le comte soit un des hommes dont l'âme ait
gardé le plus de jeunesse, si je puis m'exprimer ainsi, il m'en impose trop
pour que je ne voile pas une partie de mon âme. Je cherche surtout à ne
pas paraître extraordinaire à Valérie, qui, si jeune, si calme, me paraît
comme un rayon matinal qui ne tombe que sur des fleurs, et ne connaît
que leur tranquille et douce végétation.

Je ne saurais mieux te peindre Valérie qu'en te nommant la jeune Ida,
ta cousine. Elle lui ressemble beaucoup ; cependant elle a quelque chose
de particulier que je n'ai encore vu à aucune femme. On peut avoir autant
de grâce, beaucoup plus de beauté, et être loin d'elle. On ne l'admire
peut-être pas, mais elle a quelque chose d'idéal et de charmant qui force
à s'en occuper. On dirait, à la voir si délicate, si svelte, que c'est une
pensée. Cependant, la première fois que je la vis, je ne la trouvai pas
jolie. Elle est très pâle ; et le contraste de sa gaieté, de son étourderie
même, et de sa figure, qui est faite pour n'être que sensible et sérieuse,
me fit une impression singulière.

J'ai vu depuis que ces moments où elle ne me paraissait qu'une
aimable enfant, étaient rares. Son caractère habituel a plutôt quelque
chose de mélancolique ; et elle se livre quelquefois à une excessive
gaieté, comme les personnes extrêmement sensibles, et qui ont les nerfs
très mobiles, passent à des situations tout à fait étrangères à leurs habitudes.

Le temps est beau ; nous nous promenons beaucoup ; le soir, nous
faisons quelquefois de la musique : j'ai mon violon avec moi ; Valérie
joue de la guitare ; nous lisons aussi : c'est une véritable fête que ce
voyage.

LETTRE IV

Stollen, le 4 avril

Mon ami, ce n'est que d'aujourd'hui que je connais bien Valérie.
Jusqu'à présent elle avait passé devant mes yeux comme une de ces
figures gracieuses et pures, dont les Grecs nous dessinèrent les formes, et

dont nous aimons à revêtir nos songes; mais je croyais son âme trop jeune, trop peu formée pour deviner les passions ou pour les sentir; mes timides regards aussi n'osaient étudier ses traits. Ce n'était pas pour moi une femme avec l'empire que pouvaient lui donner son sexe et mon imagination; c'était un être hors des limites de ma pensée: Valérie était couverte de ce voile de respect et de vénération que j'ai pour le comte, et je n'osais le soulever pour ne voir qu'une femme ordinaire. Mais aujourd'hui, oui, aujourd'hui même, une circonstance singulière m'a fait connaître cette femme, qui a aussi reçu une âme ardente et profonde. Oui, Ernest, la nature acheva son ouvrage, et, comme ces vases sacrés de l'Antiquité, dont la blancheur et la délicatesse étonnent les regards, elle garde dans son sein une flamme subtile et toujours vivante.

Écoute, Ernest, et juge toi-même si j'avais connu jusqu'à présent Valérie. Elle avait eu envie aujourd'hui d'arriver de meilleure heure pour dîner: le comte avait envie d'avancer, mais il a cédé; au lieu d'envoyer le courrier, il est monté lui-même à cheval pour faire tout préparer. Quand nous sommes arrivés, Valérie l'a remercié avec une grâce charmante; ils se sont promenés un instant ensemble, et tout à coup le comte est revenu seul et d'un air assez embarrassé. Il m'a dit: «Nous dînerons seuls; Valérie préfère ne pas manger encore.» J'ai été fort étonné de ce caprice, et déjà j'avais cru m'apercevoir qu'elle avait de l'inégalité dans le caractère. Nous nous sommes hâtés de finir le repas. Le comte m'a prié de faire prendre du fruit dans la voiture, croyant que cela ferait plaisir à sa femme. Je sortis du bourg, et je trouvai la comtesse avec Marie, jeune femme de chambre qui a été élevée avec elle et qu'elle aime beaucoup; elles étaient toutes deux auprès d'un bouquet d'arbres. Je m'avançai vers Valérie, et je lui offris du fruit, ne sachant trop que lui dire; elle rougit; elle paraissait avoir pleuré, et je sentais que je ne lui en voulais plus. Elle avait quelque chose de si intéressant dans la figure, sa voix était si douce quand elle me remercia, que j'en fus très ému.

«Vous aurez été étonné, me dit-elle avec une espèce de timidité, de ne pas m'avoir vue au dîner?

— Pas du tout», lui répondis-je, extrêmement embarrassé.

Elle sourit. «Puisque nous devons être souvent ensemble, continua-t-elle, il est bon que vous vous accoutumiez à mes enfantillages.» Je ne savais que répondre: je lui offris mon bras pour s'en retourner, car elle s'était levée.

«Êtes-vous incommodée, madame? lui dis-je enfin; le comte le craignait.

— S'est-il informé où j'étais? me demanda-t-elle précipitamment.

— Je crois qu'il vous cherche, lui répondis-je.

— Votre dîner a été cependant assez long.»

Je l'assurai que nous avions été peu de temps à table. «Cela m'a paru fort long», m'a-t-elle répondu. Elle regardait autour d'elle très souvent pour voir si elle n'apercevait pas le comte, quand un des gens est venu avertir que les chevaux étaient mis.

« Et mon mari, a-t-elle demandé, où est-il ?

— Monsieur a pris les devants, à pied, a répondu cet homme, après avoir ordonné qu'on mît les chevaux pour que madame n'arrivât pas de nuit, à cause des mauvais chemins.

— C'est bon », a dit Valérie, d'une voix qu'elle cherchait à maîtriser...

Mais je m'apercevais de toute son agitation. Nous sommes entrés dans la voiture ; je me suis assis vis-à-vis d'elle. D'abord elle a été pensive ; puis elle a cherché à cacher ce qui la tourmentait : elle a ensuite essayé de paraître avoir oublié ce qui s'était passé ; elle m'a parlé de choses indifférentes ; elle a tâché d'être gaie, me racontant plusieurs anecdotes fort plaisantes sur V…, où nous devions arriver bientôt.

Je remarquais qu'elle mettait souvent la tête à la portière, pour voir si elle n'apercevait pas le comte ; elle faisait dire aux postillons d'avancer, parce qu'elle craignait qu'il ne se fatiguât à force de marcher. A mesure que nous avancions, elle parlait moins et redevenait pensive : elle s'étonna de ce que nous ne rejoignions point son mari. « Il marche très vite, lui répondis-je » ; mais je m'en étonnais aussi. Nous traversâmes une grande forêt : l'inquiétude de Valérie augmentait toujours ; elle devint extrême. A la fin elle était descendue ; elle devançait les voitures, croyant se distraire par une marche précipitée ; elle s'appuyait sur moi, s'arrêtait, voulait retourner sur ses pas ; enfin elle souffrait horriblement. Je souffrais presque autant qu'elle : je lui disais que sûrement nous trouverions le comte arrivé à la poste, qu'il aurait pris un chemin de traverse, et je le pensais. Malheureusement, on lui avait parlé d'une bande de voleurs qui, quinze jours auparavant, avaient attaqué une voiture publique. Je sentais croître mon intérêt pour elle, à mesure que son inquiétude augmentait ; j'osais la regarder, interroger ses traits ; notre position me le permettait. Je voyais combien elle savait aimer, et je sentais l'empire que doivent prendre sur d'autres âmes, les âmes susceptibles de se passionner. J'éprouvais une espèce d'angoisse, que son angoisse me donnait ; mon cœur battait : et en même temps, Ernest, j'éprouvais quelque chose de délicieux, quand elle me regardait avec une expression touchante, comme pour me remercier du soin que je prenais.

Nous arrivâmes à la poste ; le comte n'y était pas. Valérie se trouva mal ; elle eut une attaque de nerfs qui me fit frémir. Ses femmes couraient pour chercher du thé, de la fleur d'orange ; j'étais hors de moi. L'état de Valérie, l'absence du comte, un trouble inexprimable que je n'avais jamais senti, tout me faisait perdre la tête. Je tenais les mains glacées de Valérie ; je la conjurais de se calmer : je lui dis, pour la tranquilliser, que tous les voyageurs allaient voir un château, très près du grand chemin, dont la position était singulière. Dès que je la vis un peu moins souffrante, je pris avec moi deux hommes du pays, et nous nous

dispersâmes pour aller à sa recherche. Après une demi-heure de marche,
je le trouvai qui se hâtait d'arriver : il s'était égaré. Je lui dis combien
Valérie avait souffert ; il en fut extrêmement fâché. Quand nous fûmes
près d'arriver à la maison de poste, je me mis à courir de toutes mes
forces pour annoncer le comte, et pour être le premier à donner cette
bonne nouvelle. J'eus un moment bien heureux, en voyant tout le bonheur
de Valérie. Je retournai alors vers le comte, et nous entrâmes ensemble ;
Valérie se jeta à son cou. Elle pleurait de joie ; mais l'instant d'après,
paraissant se rappeler tout ce qu'elle avait souffert, elle gronda le comte,
lui dit qu'il était impardonnable de l'avoir exposée à toutes ces inquiétudes, de l'avoir quittée sans lui rien dire ; elle repoussait son mari, qui
voulait l'embrasser.

« Oui, il est impardonnable, dit-elle, d'écouter son ressentiment.

— Mais je n'étais pas fâché, lui dit-il.

— Comment ! vous n'étiez pas fâché ?

— Non, ma chère Valérie, soyez-en sûre ; je voulais éviter une explication. Je sais que vous êtes vive, que cela vous fait mal : je sais aussi
combien vous vous apaisez facilement ; vous êtes si bonne, Valérie ! »

Elle avait les larmes aux yeux ; elle prit sa main d'une manière
touchante. « C'est moi qui ai tort, dit-elle ; je vous en demande bien
pardon. Comment ai-je pu me fâcher d'un mot qui n'était sûrement pas
dit pour me faire de la peine ? Oh ! combien vous êtes meilleur que
moi ! » J'aurais voulu me jeter à ses pieds, lui dire qu'elle était un ange.
Le comte, qui est si sensible, ne m'a pas paru assez reconnaissant.

LETTRE V

Olheim, le 6 avril

Je t'ai dit que nous devions passer quelques jours ici, pour que Valérie
se reposât : ces jours ont été les plus agréables de ma vie. Il semble
qu'elle a plus de confiance en moi, depuis que je la connais mieux ; elle
pense, je crois, que je ne m'étonne plus de quelques petites inégalités
d'humeur, dont je dois maintenant connaître la source. Une très grande
sensibilité empêche d'avoir une attention continuelle sur soi-même. Les
âmes froides n'ont que les jouissances de l'amour-propre ; elles croient
que le calme et la méthode qu'elles portent dans toutes leurs actions et
dans toutes leurs paroles, leur attireront la considération de ceux qui les
observent : elles savent pourtant bien aussi se fâcher et se réjouir ; mais
c'est pour des riens, et c'est toujours au-dedans d'elles-mêmes ; elles
craignent jusqu'aux traits de leurs visages, comme des dénonciateurs qui

vont raconter ce qui se passe au logis. Absurde prétention, de prendre pour sagesse ce qui vient de l'aridité du cœur !

Jamais Valérie ne me paraît plus aimable, plus touchante, que quand sa vivacité l'a emportée un instant, et qu'elle cherche à racheter un tort. Et quel tort ? celui d'aimer comme on ne sait pas aimer dans le monde. Je l'observais l'autre jour, lorsqu'elle reçut une lettre de sa mère ; je la lisais avec elle en suivant sa physionomie. Et quand après cela elle sera ou triste ou préoccupée, qu'elle ne saura pas, avec une étude parfaite de dissimulation, approuver tout ce qu'on lui propose, sourire à ce qui l'ennuie, appellera-t-on cela des caprices ? Et pourtant elle veut racheter comme des torts ces moments où elle ne peut appartenir qu'à l'idée qui domine son âme ! La meilleure des filles, la plus aimante des femmes voudrait être à la fois, et profondément sensible, et toujours attentive à ne jamais contrarier les autres ! Et quand on me dirait : « Il y a des femmes plus parfaites », je répondrai : « Valérie n'a que seize ans. » Ah ! qu'elle ne change jamais ! qu'elle soit toujours cet être charmant que je n'avais vu jusqu'à présent que dans ma pensée !

LETTRE VI

Le 8 avril

Je me promenais ce matin avec Valérie, dans un jardin au bord d'une rivière. Elle a demandé le déjeuner ; on nous a apporté des fraises, qu'elle a voulu me faire manger à la manière de notre pays ; car elle m'avait entendu dire que cela me rappelait les repas que je faisais avec ma sœur, et nous envoyâmes chercher de la crème. Nous avions avec nous quelques fragments du poème de *L'Imagination* [1], que nous lisions en déjeunant. Tu sais combien j'aime les beaux vers ; mais les beaux vers, lus avec Valérie, prononcés avec son organe charmant, assis auprès d'elle, environné de toutes les magiques voix du printemps, qui semblaient me parler, et dans cette eau qui courait, et dans ces feuilles doucement agitées comme mes pensées ! Mon ami, j'étais bien heureux, trop heureux peut-être ! Ernest, cette idée serait terrible ; elle porterait la mort dans mon âme, qu'habite la félicité ; je n'ose l'approfondir.

---

1. *L'Imagination*, œuvre de Jacques Delille (1738-1813), ami de Mme de Krüdener, ne parut qu'en 1806, mais elle avait été lue dans les salons. Au chant II, Volnis voit mourir Azélie (et non Amélie), qu'il aimait. Un sosie de la morte se présente tandis qu'il délire dans son lit et, l'apercevant en même temps qu'il rêve de la morte, il s'imagine la voir deux fois. Voir W. Pabst, « Jacques Delille und die "mémoire involontaire" », dans *Germanisch-romanische Monatsschrift*, 14, 1964, p. 139-170.

Valérie fut émue en lisant l'épisode enchanteur d'Amélie et de Volnis ; et quand elle arriva à ces vers :

> En longs et noirs anneaux s'assemblaient ses cheveux ;
> Ses yeux noirs, pleins d'un feu que son mal dompte à peine,
> Étincelaient encor, sous deux sourcils d'ébène.

elle a souri ; et, en me regardant, elle me dit : « Savez-vous que cela vous ressemble beaucoup ? » J'ai rougi d'embarras, et puis j'ai pensé : « Ah ! si vous étiez mon Amélie ! » Mais soudain je me suis reproché ma pensée comme un crime, et c'en était bien un. Je me suis levé, je me suis enfui ; j'ai été m'enfoncer dans la forêt voisine, comme si j'avais pu m'éloigner de cette coupable pensée.

Après une course assez rapide, réfléchissant à ce que penserait de moi Valérie, que j'avais quittée si ridiculement, je résolus de revenir à la maison, et de lui demander pardon. Cherchant dans ma tête une excuse, et n'en trouvant point, je cueillais en chemin des marguerites pour les lui apporter ; et je me mis, sans y penser, à les interroger en les effeuillant, comme nous avions fait tant de fois dans notre enfance. Je me disais : « Comment suis-je aimé de Valérie ? » J'arrachais les feuilles l'une après l'autre jusqu'à la dernière ; elle dit : *Pas du tout.* Le croirais-tu ? cela m'affligea.

J'ai voulu aussi savoir comment j'aimais Valérie. Ah ! je le savais bien ; mais je fus effrayé de trouver, au lieu de *beaucoup*, PASSIONNÉMENT : cela m'épouvanta. Ernest, je crois que j'ai pâli. J'ai voulu recommencer, et encore une fois la feuille a dit : PASSIONNÉMENT. Mon ami, était-ce ma conscience qui donnait une voix à cette feuille ? Ma conscience saurait-elle déjà ce que j'ignore moi-même, ce que je veux ignorer toute ma vie ? Ce que tu ne croirais jamais, si on te le disait, toi qui me connais si bien, toi qui sais que jamais je ne fus léger, que la femme d'un autre fut toujours un objet sacré pour moi, et j'aimerais Valérie ! Non, non !

Quelques crimes toujours précèdent les grands crimes.

Sois tranquille, Ernest, tu n'auras pas besoin de me rejeter loin de toi.

LETTRE VII

Blude, le 20 avril

Je suis bien sûr, mon ami, que la crainte seule d'aimer celle que je n'ose nommer (car je dois la respecter trop pour associer son nom à une idée qui m'est défendue) m'a fait croire... Je ne sais t'exprimer ce que je sens, cela doit être obscur pour toi ; voici quelque chose de plus clair.

Ce soir, arrivant dans un village d'Autriche, et trouvant qu'il était plus tard qu'on ne pensait, le comte s'est décidé à passer la nuit dans cet endroit. On a dressé le lit de Valérie, et, pendant qu'on arrangeait son appartement, nous sommes tous passés dans une jolie salle qu'on venait de peindre et d'approprier avec assez d'élégance. Il y avait là quelques mineurs qui jouaient des valses [1]. Tu sais combien on cultive la musique en Allemagne. Quelques jeunes filles qui étaient venues voir l'hôtesse, valsaient ; elles étaient presque toutes jolies, et nous nous amusions à voir leur gaieté et leur petite coquetterie villageoise. Valérie avec sa vivacité ordinaire, a appelé ses deux femmes de chambre, elle voulait aussi leur donner le plaisir de la danse. Bientôt le bal a cessé, les musiciens seuls sont restés. Le comte est venu prendre Valérie et l'a fait valser, quoiqu'elle s'en défendît, ayant une espèce d'éloignement pour cette danse que sa mère n'aimait pas. Quand il eut fait deux ou trois fois le tour de la salle, il s'arrêta devant moi. «Je serai spectateur à mon tour, a-t-il dit, Gustave, Valérie vous permet de finir la danse avec elle.» — Mon cœur a battu avec violence ; j'ai tremblé comme un criminel ; j'ai hésité longtemps si j'oserais passer mon bras autour de sa taille. — Elle a souri de ma gaucherie. — J'ai frémi de bonheur et de crainte ; ce dernier sentiment est resté dans mon cœur, il m'a persécuté jusqu'à ce que j'aie été complètement rassuré. Voici comment je suis devenu plus tranquille.

La soirée était si belle que le comte nous a proposé une promenade. Il avait donné le bras à Valérie, je marchais à côté de lui ; il faisait assez sombre ; les étoiles seules nous éclairaient. La conversation se ressent toujours des impressions que reçoit l'imagination ; la nôtre est devenue sérieuse, et même mélancolique comme la nuit qui nous environnait. Nous avons parlé de mon père, nous nous sommes rappelés, le comte et moi, plusieurs traits de sa vie qui mériteraient d'être publiés, pour faire l'admiration de tous ceux qui savent sentir et aimer le beau. Nous avons mêlé nos tristes et profonds regrets, et parlé de cette belle espérance que l'Être suprême laissa surtout à la douleur ; car ceux-là seuls qui ont beaucoup perdu, savent combien l'homme a besoin d'espérer. A mesure que le comte parlait, je sentais mon affection pour lui s'augmenter de toute sa tendresse pour mon père. Quelle douce immortalité, pensais-je, que celle qui commence déjà ici-bas dans le cœur de ceux qui nous regrettent !

Que j'aimais cet homme si bon qui sait connaître ainsi l'amitié ! l'amitié que tant d'hommes croient chérir, et que si peu savent honorer dans tous ses devoirs ! Comme mon cœur éprouvait alors ce sentiment pour le comte ! J'y mêlais ce qui le rend à jamais sacré, la reconnaissance. Il me semblait que mon cœur épuré ne contenait plus que ces

---

1. Mme de Krüdener écrit *wals* et, plus loin, *walsaient, walser*, etc.

heureuses affections, qui se réfléchissaient doucement sur Valérie. Nous nous étions assis, la lune s'était levée, les lumières s'éteignaient peu à peu dans le village ; quelques chevaux paissaient autour de nous, et les eaux argentées et rapides d'un ruisseau nous séparaient de la prairie.

« J'ai de tout temps aimé passionnément une belle nuit, dit le comte, il me semble qu'elle a toujours mille secrets à dire aux âmes sérieuses et tendres ; je crois aussi que j'ai conservé cette prédilection pour la nuit, parce qu'on me tourmentait le jour.

— Vous n'étiez pas heureux dans votre enfance ?

— Ni dans ma jeunesse, ma chère Valérie. »

Il soupira : « Mais j'ai sauvé ce qu'il y a de si précieux à conserver, une âme qui n'a jamais désespéré du bonheur. Le passé est pour moi comme une toile rembrunie qui attend un beau tableau qui n'en ressortira que davantage. C'est maintenant votre ouvrage à tous deux mes amis, dit-il en tendant ses bras vers nous : c'est à vous à conduire doucement mes jours. » Valérie l'embrassa avec tendresse ; je me jetai aussi à son cou ; je ne pus proférer une seule parole. Quel serment pouvait valoir les larmes que je versais ? Jamais je n'oublierai ce moment, il m'a rendu le calme et le courage.

LETTRE VIII

Bade, le 1er mai

J'ai voulu renoncer à une partie de ces douces habitudes qui étaient devenues un besoin pour moi, et qui pouvaient devenir dangereuses. J'ai demandé au comte la permission d'aller dans une autre voiture, au moins quelquefois, et j'ai prétexté l'envie que j'avais d'apprendre l'italien, afin de savoir quelque chose de cette langue quand nous arriverions à Venise. J'ai bien vu que Valérie, ainsi que son mari, me trouvaient bizarre ; mais enfin ils ne m'ont point empêché de suivre mon nouveau plan. J'évite aussi de me promener seul avec elle. Il y a un charme si ravissant dans cette belle saison auprès d'un objet aussi aimable, respirer cet air, marcher sur ces gazons, s'y asseoir, s'environner du silence des forêts, voir Valérie, sentir aussi vivement ce qui me donnerait déjà sans elle tant de bonheur, dis, mon ami, ne serait-ce pas défier l'amour ?

Le soir, quand nous arrivions, et que, fatiguée de la route, elle se couchait sur un lit de repos, je venais toujours m'établir avec le comte auprès d'elle ; mais il se mettait dans un coin à écrire, et moi j'aidais Marie à faire le thé, c'était moi qui en apportais à Valérie, et qu'elle grondait quand il n'était pas bon. Ensuite c'était sa guitare que je lui accordais. J'en joue mieux qu'elle ; il m'est arrivé de placer ses doigts sur les cordes dans un passage difficile, ou bien je dessinais avec elle ; je l'amusais, en lui faisant toutes sortes de ressemblances. Ne m'est-il pas arrivé de la dessiner elle-même ! Conçois-tu une pareille imprudence ? Oui, j'ai esquissé ses formes charmantes, elle portait sur moi ses yeux pleins de douceur, et j'avais la démence de les fixer, de me livrer, comme un insensé, à leur dangereux pouvoir. Eh bien ! Ernest, je suis devenu plus sage ; il est vrai que cela me coûte bien cher ; je perds non seulement tout le bonheur que j'éprouvais dans cette douce familiarité (je ne devrais pas le regretter, puisqu'il pouvait me conduire à des remords), mais je perdrais peut-être la confiance de Valérie, elle commençait à me témoigner de l'amitié. Hier, en arrivant dans la ville où nous devions coucher, j'ai vite demandé ma chambre. « Allez-vous donc encore vous enfermer ? m'a-t-elle dit, vous devenez bien sauvage. » Elle avait l'air mécontent en disant cela ; je l'ai suivie, j'ai arrangé le feu, porté des paquets, taillé des plumes pour le comte, pour cacher l'embarras que me donne une situation toute nouvelle. Je croyais à force d'attentions qui rappelaient la politesse, suppléer à toutes ces inspirations du cœur qui ne sont nullement calculées. Aussi Valérie s'en est-elle aperçue. « On croirait, dit-elle, que nous vous avons reproché de ne pas assez vous occuper de nous, et que vous voulez nous cacher que vous vous ennuyez. » Je me suis tu ; il m'était également impossible et de la tirer de son erreur, et de ne lui dire que quelques phrases qui n'eussent été qu'agréables. J'avais l'air sûrement bien triste, car elle m'a tendu la main avec bonté, et m'a demandé si j'avais du chagrin. J'ai fait un signe de tête comme pour dire oui, et les larmes me sont venues aux yeux.

Ernest, je suis triste, et ne veux pas m'occuper de ma tristesse. Je te quitte, pardonne-moi ces éternelles répétitions.

LETTRE IX

Arnam, le 4 mai

Je suis extrêmement troublé, mon ami, je ne sais ce que tout cela deviendra ; sans que je l'eusse voulu, Valérie s'est aperçue qu'il y avait quelque chose d'extraordinaire et d'affligeant dans mon cœur. Elle m'a fait appeler ce soir pour tirer des papiers d'une cassette que Marie ne pouvait pas ouvrir. Le comte était sorti pour se promener. Ne voulant pas sortir brusquement, j'ai pris un livre et lui ai demandé si elle désirait que je lui lusse quelque chose. Elle m'a remercié, en disant qu'elle allait se coucher. « Je ne suis pas bien, a-t-elle ajouté ; puis, me tendant la main :

je crois que j'ai de la fièvre. » Il a bien fallu toucher sa main ; j'ai fris-
sonné ; je tremblais tellement qu'elle s'en est aperçue. « C'est singulier,
a-t-elle dit, vous avez si froid, et moi si chaud ! » Je me suis levé avec
précipitation, voyant qu'elle était debout devant moi ; je lui ai dit qu'en
effet j'avais très froid et très mal à la tête.

« Et vous vouliez vous gêner et rester ici pour me faire la lecture ?

— Je suis si heureux d'être avec vous, ai-je dit timidement.

— Vous êtes changé depuis quelque temps, et je crains bien que vous
ne vous ennuyiez quelquefois. Vous regrettez peut-être votre patrie, vos
anciens amis ? Cela serait bien naturel. Mais pourquoi vous gêner ? »
Pour toute réponse, je levais les yeux au ciel et je soupirais. « Mais
qu'avez-vous donc ? » me dit-elle d'un air effrayé. Je m'appuyai contre la
cheminée sans répondre ; elle a soulevé ma tête, et, d'un air qui m'a
rappelé à moi, elle m'a dit : « Ne me tourmentez pas, parlez, je vous en
prie. » Son inquiétude m'a soulagé : elle m'interrogeait toujours. J'ai mis
ma main sur mon cœur oppressé, et je lui ai dit à voix basse : « Ne me
demandez rien, abandonnez un malheureux. » Mes yeux étaient sans
doute si égarés, qu'elle m'a dit : « Vous me faites frémir. » Elle a fait un
mouvement comme pour mettre sa main sur mes yeux : « Il faut absolument que vous parliez à mon mari, a-t-elle dit, il vous consolera. » Ces
mots m'ont rendu à moi-même ; j'ai joint les mains avec une expression
de terreur : « Non, non, ne lui dites rien, madame, par pitié ne lui dites
rien. » Elle m'a interrompu : « Vous le connaissez bien mal, si vous le
redoutez ; d'ailleurs il s'est aperçu que vous aviez du chagrin, nous en
avons parlé ensemble, il croit que vous aimez… » Je l'interrompis avec
vivacité : il me semblait qu'un trait de lumière était envoyé à mon
secours pour me tirer de cette terrible situation.

« Oui, j'aime, lui dis-je, en baissant les yeux et en cachant mon visage
dans mes mains pour qu'elle n'y vît pas la vérité, j'aime à Stockholm une
jeune personne.

— Est-ce Ida ? » me dit-elle.

Je secouai la tête machinalement, voulant dire non.

« Mais si c'est une jeune personne, ne pouvez-vous pas l'épouser ?

— C'est une femme mariée, dis-je, en fixant mes yeux à terre et
soupirant profondément.

— C'est mal, me dit-elle vivement.

— Je le sais bien », dis-je avec tristesse.

Elle se repentit apparemment de m'avoir affligé, et ajouta :

« C'est encore plus malheureux : on dit que les passions donnent des
tourments si terribles ; je ne vous gronderai plus quand vous serez
sauvage ; je vous plaindrai ; mais promettez-moi de faire vos efforts pour
vous vaincre.

— Je le jure, dis-je, enhardi par le motif qui me guidait ; et, prenant sa main : Je le jure à Valérie que je respecte comme la vertu, que j'aime comme le bonheur qui a fui loin de moi. »

Il me semblait que je voyais un ange qui me réconciliait avec moi-même, et je la quittai.

LETTRE X

Schönbrunn, le

Aujourd'hui en montant en voiture, je suis resté seul un instant avec Valérie ; elle m'a demandé avec tant d'intérêt comment je me trouvais, que j'en ai été profondément ému.

« Je n'ai rien dit à mon mari de notre conversation ; j'ignorais si cela ne vous embarrasserait pas : il est des choses qui échappent, et qu'on ne confierait pas ; votre secret restera dans mon cœur jusqu'à ce que vous me disiez vous-même de parler. Cependant, je ne puis m'empêcher de vous dire qu'à votre place, je voudrais être guidé par un ami comme le comte ; si vous saviez comme il est bon et sensible.

— Ah ! je le sais, lui dis-je, je le sais » : mais je sentais en moi-même que je pouvais tromper Valérie, et m'enorgueillir même de mon subterfuge, et qu'il m'était impossible de tromper le comte volontairement.

« Je me suis rappelé encore, a dit Valérie, que j'ai pu vous induire en erreur hier pendant notre conversation, je vous ai dit que votre ami s'était aperçu que vous aviez du chagrin : c'est vrai ; j'ai ajouté : "il croit que vous aimez" ; j'allais achever, et vous m'avez interrompu avec vivacité, croyant que je vous parlais de votre amour, tant le cœur se persuade facilement qu'on s'occupe de ce qui l'occupe ! J'avais tout autre chose à vous dire... Mais je vois le comte qui s'avance, tranquillisez-vous, il ne sait rien. »

Ernest, vit-on jamais une plus angélique bonté ? Et ne pas oser lui dire tout ce qu'elle inspire ! Lui faire croire, lui persuader qu'on en peut aimer une autre quand une fois on l'a connue. Oh ! mon ami, cet effort est bien grand !

LETTRE XI

Vienne, le

Nous sommes arrivés à Vienne. Le comte m'a prié d'aller avec lui dans le monde : j'y étais décidé. Il faut bien m'éloigner, autant que je le pourrai, de Valérie, elle est résolue à ne point faire de connaissance ici, à rester chez elle, et à ne voir qu'une jeune femme avec qui elle a passé quelque temps à Stockholm.

Le comte m'a regardé hier de manière à m'embarrasser beaucoup ; il m'a reproché doucement d'avoir de l'inégalité dans le caractère, d'être singulier : j'ai rougi. « Votre père, mon cher Gustave, avait le même besoin d'être seul ; sa santé délicate lui faisait redouter le grand monde ; mais à votre âge, mon ami, il faut apprendre à vivre avec les hommes. Et que deviendrez-vous un jour, si à vingt ans vous fuyez vos meilleurs amis. » Depuis huit jours je n'ai pas été un instant sans chercher à m'éviter moi-même ; j'ai senti toute la fatigue attachée à l'envie de s'amuser. J'ai vu des bals, des dîners, des spectacles, des promenades ; et j'ai dit cent fois que j'admirais la magnificence de cette ville tant vantée par les étrangers. Cependant je n'ai pas obtenu un seul moment de plaisir. La solitude des fêtes est si aride, celle de la nature nous aide toujours à tirer quelque chose de satisfaisant de notre âme ; celle du monde nous fait voir une foule d'objets, qui nous empêchent d'être à nous, et ne nous donnent rien.

Si je pouvais observer, former mon jugement, m'amuser des ridicules ; mais je sens trop vivement, pour que cela me soit possible. Si j'osais m'occuper de l'objet que je fuis, je ne me trouverais plus seul au milieu de ces rassemblements ; je parlerais à Valérie absente, et n'écouterais personne ; mais je ne puis me permettre ce dangereux plaisir, et je travaille sans cesse à en éloigner la pensée.

LETTRE XII

Ernest à Gustave

Hollyn, le

Cette lettre, cher Gustave, t'apportera au milieu des beaux pays que tu habites maintenant, les parfums de notre printemps, et les souvenirs de la patrie. Oui, mon ami, les cieux se sont ouverts, des milliers de fleurs sont revenues sur les prairies de Hollyn, que nos pieds foulèrent si souvent ensemble. Que ne sommes-nous encore réunis, nous traverserions ces vastes forêts, nous poursuivrions l'élan jusque dans ses retraites les plus cachées, mais sans le blesser nous le laisserions à sa sauvage liberté, et charmés de silence et de solitude, nous nous reposerions, comme nous le fîmes si souvent, de nos courses vagabondes. Ce besoin d'errer sans projet, sans dessein, t'ôtait quelque chose de ces forces trop actives, trop dévorantes. Oh ! que n'es-tu encore ici, que ne calmes-tu ainsi cette agitation de ton âme qui te jette maintenant dans des dangers que je crains tant pour toi. Tu le sais, Gustave, je n'ai jamais redouté l'amour, il est désarmé pour moi, par la tranquillité de mon imagination, par une foule d'habitudes douces, de sensations peut-être monotones, mais qui par là même ont un empire continuel. Ma vie se compose d'un doux bien-être, et je ressemble à ces végétaux de l'Inde, que la nature destina à garantir de l'orage, puisque l'orage ne les frappe jamais. C'est ainsi que je me crois plus fait que bien d'autres, pour calmer, pour diriger un peu les mouvements trop exaltés de ton âme. Ce n'est pas ton absence seule qui me chagrine, c'est cette passion que chaque jour verra augmenter avec les charmes, et surtout avec les vertus de Valérie : oui, Gustave, elle croîtra avec ces dangereuses compagnes, elle consumera ces forces avec lesquelles tu luttes encore. Oh ! crois-moi, reviens, arrache-toi à ces funestes habitudes ! Ouvre ton âme à cet ami que tu m'as appris à respecter, reviens, n'a-t-il pas pour but ton bonheur, et pour règle ses devoirs. Ton âme vaste et grande le frappa, il le crut propre aux plus brillants développements ; et, mûri lui-même par l'expérience, appelé à cette auguste adoption par l'amitié, il voulut être ton père, et achever, dans la patrie des arts, cette éducation déjà si heureusement commencée. Mais s'il voyait cette même âme dévastée, ces grandes facultés anéanties ; s'il voyait ton bonheur s'engloutir dans un terrible naufrage ; dis-moi, lui-même ne serait-il pas inconsolable ? Encore une fois, reviens, change ta *dévorante* et délicieuse fièvre, contre plus de tranquillité : que dis-je ? ta délicieuse fièvre ! non, non, Gustave n'a point d'ivresse ; pour lui l'amour n'a que des tourments, et ses félicités n'arrivent dans son sein, que comme des poignards qui le déchirent.

Adieu, mon ami, je compte t'écrire bientôt, et te parler d'Ida, qui, malgré la coquetterie que tu lui reproches, et ses petites imperfections, ne laisse pas que d'être bien bonne, et bien aimable.

(*La réponse à cette lettre d'Ernest ne s'est point trouvée.*)

LETTRE XIII

Vienne, le

Oh ! Ernest, je suis le plus malheureux des hommes ; Valérie est malade ; elle est peut-être en danger ; je ne puis t'écrire, j'ai la fièvre, je sens tous les battements de mon cœur contre la table où je suis appuyé ; je ne pourrais compter les tourments que j'ai endurés depuis ce matin.

A 6 heures du soir

Elle va mieux, elle est tranquille ; ô Valérie ! Valérie ! avais-je besoin de ces craintes pour savoir qu'il n'est plus de ressource pour moi, que je t'aime comme un insensé ! C'en est fait : il est inutile de lutter contre cette funeste passion. Ô Ernest ! tu ne sais pas combien je suis malheureux. Mais puis-je me plaindre ? elle est mieux, elle est hors de danger. Tu ne sais pas comment elle est devenue malade : c'est une chute, mais cette chute n'eût été rien, si… Quelle agitation il m'est resté, quel supplice ! ma tête est bouleversée ; mais je veux absolument t'écrire ; je veux que tu saches combien je suis faible et malheureux.

Le comte m'annonça, il y a quelques jours, que nous partirions dans peu afin d'arriver à Venise, de nous y établir ; il ajouta que Valérie avait besoin de repos, que son état l'exigeait. Son état, Ernest, cela me frappa. — Et quand le comte me dit qu'elle deviendrait mère, qu'il me le dit avec joie, crois-tu qu'au lieu de l'en féliciter, je restais dans un espèce de stupeur ; mes bras au lieu de chercher le comte pour l'embrasser, pour lui témoigner ma joie, se sont croisés machinalement sur moi-même ; je trouvais qu'il y avait de la cruauté à exposer cette jeune et charmante Valérie : j'ai beaucoup souffert, et le comte s'en est aperçu. Il m'a dit avec bonté : « Vous ne m'écoutez pas » ; et voyant que je portais la main à ma tête, il m'a demandé si j'étais malade. « Je vous trouve changé. — Oui, je suis malade », lui ai-je répondu : et rejetant sur les poêles d'Allemagne, qui sont de fonte, un mal de tête que j'éprouvais réellement, j'ai remercié le comte de sa bonté toujours attentive pour moi ; je lui ai dit que son bonheur m'était mille fois plus cher que le mien, et c'était vrai. Au dîner je n'ai osé rester dans ma chambre de peur de voir arriver le comte chez moi, de me voir interroger ; et cependant j'éprouvais un embarras extrême, j'étais tourmenté par l'idée de revoir Valérie. Il me semblait que tout était changé autour de moi, singulier effet de l'altération de ma raison : depuis quelque temps je deviens réellement fou ; les tendres attentions du comte pour Valérie m'avaient toujours rappelé celles d'un frère, d'un ami ; il est si calme ! il a tant de dignité dans sa manière de l'aimer ! Valérie est si jeune !

En entrant dans l'antichambre de la comtesse, j'ai vu un homme qui sortait de chez elle ; il avait l'air fort grave : il me semblait qu'il secouait la tête en mettant une espèce de surtout qui était jeté sur une chaise ; mon cœur a battu violemment ; j'ai cru que c'était un médecin, et que Valérie n'était pas bien : j'ai voulu lui parler, je n'ai osé élever la voix, tant je pensais qu'elle devait être troublée ; je suis entré dans la chambre de Valérie ; elle était devant une glace ; mais étant encore trop agité, je ne voyais pas ce qu'elle faisait. Cependant je me réjouissais de la voir levée, j'approchais, je la trouvais fort rouge.

« Êtes-vous malade, madame la comtesse ? dis-je avec une espèce d'inquiétude et de gravité.

— Non, monsieur de Linar », me dit-elle du même ton.

Et elle se mit à rire. Elle ajouta :

« Vous me trouvez très rouge, c'est que j'ai pris une leçon de danse.

— Une leçon de danse ? m'écriai-je.

— Oui, me dit-elle encore en riant ; me trouvez-vous trop vieille pour danser ? Au moins vous ne me défendez pas l'exercice. »

Et elle riait toujours ; elle a levé les bras un moment après, pour descendre un rideau, et tout à coup elle a jeté un cri, en mettant sa main sur le côté. « Valérie, me suis-je écrié, vous me ferez mourir ; vous nous ferez tous mourir, ai-je ajouté, avec votre légèreté. Pouvez-vous vous exposer ainsi : vous vous ferez mal. » Elle m'a regardé avec étonnement ; elle a rougi. « Pardon, madame, ai-je ajouté, pardonnez à l'intérêt le plus vif… » Je me suis arrêté.

« N'oserai-je donc plus sauter, lever les bras !

— Oui, ai-je dit timidement, mais actuellement… »

Elle m'a compris ; elle a rougi encore, et est sortie. Quand le comte est venu, elle l'a tiré à l'écart, et l'a grondé.

Deux jours après, Valérie sortit pour voir une femme de sa connaissance ; en descendant de voiture, elle a sauté étourdiment ; elle est tombée de manière à se faire beaucoup de mal ; on a été obligé de la reconduire chez elle sur-le-champ ; toute la nuit la fièvre a été forte ; on l'a saignée, car on craignait une fausse couche. Heureusement la voilà hors de tout danger !

Nous partons dans peu de jours ! je compte t'écrire de la route.

LETTRE XIV

R..., le

Nous avons quitté le Tyrol ; nous sommes entrés en Italie : nous nous sommes mis en route ce matin avant le lever du soleil. Pendant qu'on faisait rafraîchir les chevaux fatigués d'une marche de trois heures, le comte a proposé à sa femme de prendre les devants, et nous avons fait une des promenades les plus agréables : nous étions ravis de fouler aux pieds le sol de l'Italie ; nous attachions nos regards sur ce ciel poétique, sur cette terre d'antiques merveilles, que le printemps venait saluer avec toutes ses couleurs et tous ses parfums. Quand nous eûmes marché quelque temps, nous aperçûmes des maisons groupées çà et là sur un coteau, et l'impétueuse Adige se lançant avec fureur au milieu de ces tranquilles campagnes. Un groupe de cyprès et des colonnes à moitié ruinées fixèrent notre attention. Le comte nous dit que c'était sûrement quelque temple ancien. Cette terre, couverte de grands débris, s'embellit de ces ruines, et les siècles viennent expirer tour à tour dans ces monuments, au milieu de la nature toujours vivante. Nous nous écartâmes du grand chemin pour aller visiter ce temple, dont l'architecture corinthienne nous parut encore belle. Apparemment que les habitants du village aimaient ce lieu solitaire, que les cyprès et le silence semblaient vouer à la mort. Nous vîmes son enceinte remplie de croix qui indiquaient un cimetière ; quelques arbres fruitiers et des figuiers sauvages se mêlaient au vert noirâtre des cyprès. Une antique cigogne paraissait au sommet d'une des plus hautes colonnes, et le cri solitaire et aigu de cet oiseau se confondait avec la bruyante voix de l'Adige. Ce tableau à la fois religieux et sauvage, nous frappa singulièrement. Valérie, fatiguée ou entraînée par son imagination, nous proposa de nous reposer. Jamais je ne la vis si charmante ; l'air du matin avait animé son teint ; son vêtement pur et léger lui donnait quelque chose d'aérien, et l'on eût dit voir un second printemps plus beau, plus jeune encore que le premier, descendu du ciel sur cet asile du trépas ; elle s'était assise sur un des tombeaux ; il soufflait un vent assez frais, et, dans un instant, elle fut couverte d'une pluie de fleurs des pruniers voisins, qui, de leur duvet et de leurs douces couleurs, semblaient la caresser. Elle souriait en les assemblant autour d'elle ; et moi, la voyant si belle, si pure, je sentis que j'eusse voulu mourir comme ces fleurs, pourvu qu'un instant son souffle me touchât. Mais au milieu du trouble délicieux d'un premier amour, au milieu de cette volupté d'un matin et d'un printemps d'Italie, un pressentiment funeste vint me saisir ; Valérie s'en aperçut, et me dit que j'avais l'air préoccupé.

«Je pense aux feuilles de l'automne qui, flétries et desséchées, tomberont et couvriront ces fleurs.

— Et nous aussi », dit-elle.

Le comte nous appela alors pour nous montrer une inscription ; mais Valérie vint bientôt reprendre sa place. Un grand et beau papillon qu'on nomme, je crois, le *Sphinx*, enchanta Valérie par ses couleurs ; il était sur un des figuiers, le comte voulut le prendre pour l'apporter à sa femme ; mais comme le *Sphinx* de la fable, il alla s'asseoir sur le seuil du temple ; je courus pour m'en saisir, mon pied glissa, et je tombai ; bientôt relevé, j'eus le temps de saisir encore le papillon, que j'apportai à la comtesse. Tout effrayée de ma chute, elle était pâle et le comte s'en aperçut.

«Je parie, dit-il, que Valérie a la superstition de sa mère et de beaucoup de personnes de sa patrie.

— Oui, dit-elle, je suis honteuse de l'avouer.

— Et quelle est cette superstition ? » demandai-je d'une voix émue.

Le comte me répondit en riant : «C'est quelque grand malheur qui vous arrivera ; vous êtes tombé dans un cimetière, et vous verrez que Valérie s'attribuera vos désastres. » Je ne puis te dire, Ernest, ce que j'éprouvai, je tressaillis. Peut-être, pensai-je, vient-il m'avertir de mon destin, et d'une main amie, m'empêcher de tomber dans le précipice que me creuse une passion insensée.

«Asseyez-vous tous deux ici, nous dit Valérie, et ne vous moquez plus de moi. Vous rappelez-vous, mon ami, dit-elle au comte, la belle collection de papillons que possédait mon père ? Oh ! comme on aime ces souvenirs de l'enfance ! comme elle était jolie, cette maison de campagne !

— Ne me parlez pas, répondit le comte, de ces tristes sapins ; j'ai la passion des beaux pays.

— Et moi, dit Valérie, je voudrais avoir écrit tant de choses, si simples, qu'elles ne sont rien par elles-mêmes, et qui me lient pourtant si fortement à ces sapins, à ces lacs, à ces mœurs, au milieu desquels j'ai appris à sentir et à aimer. Je voudrais qu'on pût se communiquer tout ce qu'on a éprouvé ; qu'on n'oubliât rien de ce bonheur de l'enfance, et qu'on pût ramener ses amis, comme par la main, dans les scènes naïves de cet âge. Il y avait une grange auprès de la maison où revenait toujours une hirondelle avec laquelle je m'étais liée d'amitié ; il me semblait qu'elle me connaissait : quand le départ pour la campagne était retardé, je tremblais de ne plus retrouver mon hirondelle ; je défendais son nid quand mes jeunes compagnes voulaient s'en saisir.

— Voilà comment, dit le comte, Valérie promettait déjà de devenir une bonne petite maman.

— Je n'étais pas toujours si raisonnable, poursuivit Valérie ; quelquefois je me plaisais à tourmenter mes sœurs ; j'étais la seule qui sût bien conduire une petite barque que nous avions, et qui était très légère ;

je l'éloignais du rivage, fière de ma hardiesse, et n'écoutant pas leurs menaces ; seulement, quand elles me priaient et m'appelaient leur chère Valérie, je savais bien vite revenir adroitement au port. Qu'il était charmant ce petit lac, où le vent jetait quelquefois les pommes de pin de la forêt, ce lac au bord duquel croissaient des sorbiers avec leurs grappes rouges, que je venais cueillir pour mes oiseaux, tandis que sur les branches des sapins se balançaient de jeunes écureuils en se mirant dans les ondes ! »

Nous fûmes interrompus par le bruit des voitures qui vinrent nous enlever à ces doux souvenirs de l'enfance de Valérie, où je la voyais plus jeune, plus délicate encore courir sous les sapins, attacher ses yeux d'un bleu sombre, avec leurs regards si tendres, sur la petite famille qu'elle protégeait ; il me semblait que je ne l'aimais plus que comme une sœur. Ainsi, les scènes de l'innocence ramenèrent un moment dans mon cœur le sentiment qu'il m'est permis d'avoir pour elle. Nous remontâmes dans la berline qui s'avançait lentement le long de l'Adige ; les femmes de la comtesse nous suivaient dans l'autre voiture. C'est ainsi que j'ai fait ce voyage, m'habituant peu à peu à la douce présence de Valérie, et vivant toujours sous son regard.

Il est bien tard ; je reprendrai ma lettre au premier endroit où nous nous arrêterons.

LETTRE XV

Padoue, le

C'est de Padoue que je t'écris (tu vois que nous avançons à grands pas vers Venise). Cette antique ville, qui est habitée par plusieurs savants, nous parut d'une tristesse affreuse ; mais Valérie avait besoin de se reposer. Ce soir, apprenant que David et la Banti [1] devaient chanter, la comtesse eut envie d'aller à l'opéra. Le comte, ayant des lettres à écrire, ne put nous y accompagner. Valérie ne voulut point faire de toilette, et nous prîmes une loge grillée [2]. Ô Ernest ! de tous les dangers, aucun ne pouvait être aussi terrible pour ton ami ! Figure-toi ce que je devais éprouver : il me semblait que toutes les voluptés habitaient cette funeste salle ; le contraste des lumières, des parures de ces femmes éblouissantes, avec cette loge faiblement éclairée, où il me semblait que Valérie ne

---

1. Le chanteur Giacomo Davide (1750-1830), fameux pour son interprétation du *Stabat Mater* de Pergolèse, et Brigida Bandi (1756-1806), la cantatrice qui triompha dans *La Semiramide* de Bianchi.
2. La loge grillée était une loge qu'on pouvait fermer à volonté par un treillis, de manière à suivre le spectacle sans être vu des spectateurs.

vivait que pour moi ; la voix enchanteresse de David qui nous envoyait
des accents passionnés ; cet amour chanté par des voix qu'on ne peut
imaginer, qu'il faut avoir entendues, et qui, mille fois plus ardent encore,
brûlait dans mon cœur. Valérie, transportée de cette musique, et moi si
près d'elle, si près que je touchais presque ses cheveux de mes lèvres ;
alors la rose même qui parfumait ses cheveux, achevait de me troubler.
Ô Ernest ! quels tumultes ! quels combats pour ne pas me trahir ! Et
actuellement encore que j'ai quitté, depuis trois heures, ce spectacle, je ne
puis dormir ; je t'écris d'une terrasse où Valérie est venue avec le comte,
et d'où elle est sortie depuis une heure. L'air est si doux, que ma lumière
ne s'éteint pas, et je passerai la nuit sur la terrasse. Comme le ciel est pur !
Un rossignol soupire dans le lointain ses plaintives amours ! Tout est-il
donc amour dans la nature ? et les accents de David, et la complainte de
l'oiseau du printemps, et l'air que je respire, empreint encore du souffle
de Valérie, et mon âme défaillante de volupté ? Je suis perdu, Ernest ! je
n'avais pas besoin de cette Italie, si dangereuse pour moi. Ici les hommes
énervés nomment amour, tout ce qui émeut leurs sens, et languissent dans
des plaisirs toujours renouvelés, mais que l'habitude émousse ; qui ne
reçoivent pas de l'âme cette impulsion qui fait du plaisir un délire, et de
chaque pensée une émotion ; mais moi, moi, destiné aux fortes passions,
et ne pouvant pas plus leur échapper que je puis échapper à la mort, que
deviendrai-je dans ce pays ? Ah ! puisque ceux qui n'ont besoin que de
plaisirs, par cela seul ne sentent rien fortement ; moi qui apporte une âme
neuve et ardente, sortant d'un climat âpre ; moi, je suis d'autant plus
sensible aux beautés de ce ciel enchanteur, aux délices des parfums et de
la musique, que j'avais créé ces délices avec mon imagination, sans
qu'elles fussent affaiblies par l'habitude. Ernest, que faisais-tu, quand tu
me laissas partir ? Il fallait me précipiter dans les flots de la Baltique,
comme Mentor précipita Télémaque [1].

LETTRE XVI

Ernest à Gustave

H., le

Gustave, j'ai dans ma tête une suite de tableaux et de souvenirs qu'il
faut que je te communique ; ton image y a été mêlée sans cesse, et le
plaisir que j'ai à t'en parler, doit me faire pardonner si j'entre dans trop

---

1. Au livre VI des *Aventures de Télémaque* (1699) de Fénelon (1651-1715), Télémaque,
ne pouvant se détacher de l'île de Calypso, est jeté à la mer par le sage Mentor : « Fuyez,
Télémaque, fuyez ! on ne peut vaincre l'Amour qu'en fuyant. »

de détails. J'ai voulu passer la fête de Saint-Jean chez les parents d'Ida, où l'on est toujours plus gai qu'ailleurs. Tu sais combien de fois nous avions fait ce voyage ensemble, je voulus aussi le faire à pied. Je partis la nuit avec mon fusil, car j'avais le projet de chasser dans ma course. Il avait fait si chaud pendant la journée, que la fraîcheur me parut délicieuse. Je passai d'abord par le bocage des Nymphes, que nous avions nommé ainsi, parce que nous aimions à y lire Théocrite [1]. Un vent frais agitait les souples et légers bouleaux ; ces arbres exhalaient une forte odeur de rose : ce parfum me rappela vivement le souvenir de notre première course, c'était dans la même saison, à la même heure, et avec le même projet que nous partîmes ensemble. Je m'assis à l'entrée du bocage sur une des larges pierres qui sont au bord de la fontaine, et où l'on vient encore abreuver les vaches du village. Tout était calme ; je n'entendais dans le lointain que les aboiements des chiens de la ferme qui est à l'ouest. J'entendis sonner onze heures à la cloche du château, et cependant il faisait encore assez clair pour me permettre de lire sans difficulté ta dernière lettre ; les expressions de ta tendresse m'émurent vivement, et le trouble de ton malheureux amour me fit éprouver quelque chose d'inexprimable au milieu de cette tranquille nuit et de ces tranquilles campagnes ; un vent chaud soufflait dans les feuilles, il me semblait qu'il venait d'Italie pour m'apporter quelque chose de toi. Je fus tiré de ma rêverie par un jeune garçon qui faisait marcher devant lui des bœufs qu'il conduisait à la ville la plus voisine ; il chantait monotonement quelques paroles sur l'air des montagnes ; il s'arrêta auprès de la fontaine pour se reposer ; je continuai ma marche ; de jeunes coqs de bruyère s'agitaient dans leurs nids, et semblaient appeler le jour par leurs chants, ou plutôt par leur murmure matinal ; enfin je passai près du lac d'Ullen. La fraîcheur qui précède l'aurore, commençait à se faire sentir ; je vis lever sur ces bords quelques canards sauvages qui, à mon approche, secouèrent leurs ailes et leur tête appesantie de sommeil. D'abord je voulus tirer sur eux, puis je leur laissai gagner tranquillement la largeur du lac… Je doublai le petit cap, et m'enfonçai dans la forêt. Je marchais sous les hauts sapins, n'entendant que le bruit de mes pas, qui quelquefois glissaient sur les aiguilles des rameaux dont la terre était jonchée. En attendant, le court intervalle, entre la nuit et l'aurore, s'était passé. J'arrivai à la chaumière du bon André ; j'entrai dans l'enceinte de ce petit enclos, où tant de fois nous étions venus ensemble : tout dormait encore ; les animaux seuls venaient de se réveiller, ils paraissaient me recevoir avec plaisir. Je m'assis un instant, et je respirai l'air pur du matin. Je considérai autour de moi ces ustensiles si simples, si propres, et je pensai à la paix qui habitait cette demeure. Je passai une partie de la journée dans cette ferme, et je m'assis pendant le gros de la chaleur sous

---

1. Théocrite (IIIᵉ siècle av. J.-C.), l'auteur des *Idylles*.

ce vieux chêne si épais, où le soleil, dans toute sa force, ne parvenait à jeter, à travers les branches, que quelques feuilles dorées qui tombaient çà et là; des colombes des champs filaient au-dessus de ma tête; les souvenirs de notre jeunesse m'environnaient; et quand je m'en allai et que je ne vis que mon ombre solitaire, je sentis mon cœur se serrer, je sentis combien tu étais loin de moi, cher compagnon de mon heureuse enfance.

J'arrivai le soir à la jolie maison qu'habitent les parents d'Ida. C'était la veille de la fête de Saint-Jean; tout le monde me demanda de tes nouvelles, et fut peiné de ton absence. — Le lendemain matin, quand je descendis pour déjeuner, je trouvai Ida avec une couronne d'épis, que de jeunes paysannes avaient posée sur ses cheveux. Elle était sous ce grand sapin près de la fontaine qui est dans la cour; une multitude de jeunes filles et de jeunes garçons l'environnaient, chacun lui avait apporté son présent; les premières avaient posé sur la fontaine des fraises dans des paniers d'écorce de bouleaux; d'autres, comme les filles d'Israël, y avaient placé de grandes cruches de lait, tandis que d'autres encore lui offraient des rayons de miel. Ida remerciait chacune d'elles avec une grâce charmante, et passait quelquefois ses doigts délicats sur les joues vermeilles des jeunes paysannes. — Plusieurs enfants lui apportèrent des oiseaux qu'ils avaient élevés; l'un d'eux tenait dans ses petites mains, une nichée entière de rossignols, mais Ida exigea qu'on les rapportât où on les avait pris, ne voulant pas priver la mère de ses petits, ni les forêts de leurs plus aimables chantres. — Je remarquai un jeune garçon de seize à dix-huit ans, il tenait entre ses bras une petite hermine toute blanche, qu'il avait apprivoisée, et qu'il offrit en rougissant à Ida.

Le soir toute la cour fut remplie de paysans. Tu te rappelles l'antique usage de la Saint-Jean; toutes les femmes avaient une couronne de feuilles sur la tête, et leurs tabliers étaient remplis de feuilles odorantes, dont elles couvraient tous ceux qui s'approchaient d'elles, en chantant des paroles amicales et bienveillantes; on avait dressé de grandes tables dans la forêt qui touche à la cour, et on avait allumé les feux de la Saint-Jean; on soupa, et ensuite on dansa toute la nuit. Voilà, cher Gustave, le récit de cette petite fête, dont j'ai voulu te mander tous les détails afin que ton imagination les suive tous, et se rapproche des scènes où la mienne t'appelait sans cesse, et s'occupait toujours de toi. Adieu, mon cher Gustave; adieu, quand te verrai-je, ami cher?...

LETTRE XVII

Venise, le

Nous voilà depuis un mois à Venise, cher Ernest. J'ai été très occupé avec le comte, et c'est ainsi qu'il m'a fallu passer tant de temps sans t'écrire ; et puis, je suis si mécontent de moi-même, que cela me décourage souvent. Je sens qu'il m'est autant impossible de te tromper que de guérir de cette cruelle maladie, qui trouble et ma conscience et ma raison... J'étais honteux de te parler de moi ; vingt fois j'ai voulu me jeter aux pieds du comte, lui tout avouer, le quitter après ; c'est bien là mon devoir, je le sens clairement, tout m'avertit que je devrais suivre cette voix intérieure qui ne nous trompe pas, et qui me crie sans cesse : « Pars, retourne sur tes pas, il te reste encore une autre amitié, et deux patries à retrouver, dont l'une est dans le cœur d'Ernest où tu comptas tes premiers jours de bonheur. Tu déposeras dans ce cœur noble et grand l'image de Valérie, que tu n'oses garder dans le tien ; tu l'y retrouveras, non telle que ta coupable imagination te la peint, mais comme l'amie qui doit travailler au bonheur du comte. » Et malgré tout cela, je ne pars pas, et lâchement je cherche à m'abuser, et je crois encore que je pourrais guérir. Il y a quelques jours que j'étais décidé à prier le comte de me faire aller à l'ambassade de Florence, pour y passer un an. J'avais trouvé une raison plausible pour cela, je me disais, du moins je serai sous le même ciel que Valérie. Mais je la revis, elle me parla d'un voyage que le comte lui ferait faire dans huit mois, et je résolus de ne partir que deux mois avant elle, pour me déshabituer ainsi peu à peu de sa présence, espérant la revoir à son passage à Florence.

Ernest, plus que jamais j'ai besoin de ton indulgence. Je relis tes lettres, j'entends ta voix me rappeler à la vertu, et je suis le plus faible des hommes.

LETTRE XVIII

Venise, le

T'écrire, te dire tout, c'est revivre dans chaque instant de la nouvelle existence qu'elle m'a créée. Garde bien mes lettres, Ernest, je t'en conjure ; un jour peut-être, au bord de nos solitaires étangs, ou sur nos froids rochers, nous les relirons, si toutefois ton ami se sauve du naufrage qui le menace, si l'amour ne le consume, comme le soleil dévore ici la plante qui brilla un matin. Hier encore, une chose assez simple en elle-même, me montra sa confiance. Tout fortifie sa naissante amitié ; tout alimente ma dévorante passion : elle met entre nous deux son innocence ; et l'univers reste pour elle comme il est, tandis que tout est changé pour moi.

Depuis longtemps l'ambassadeur d'Espagne lui avait promis un bal ; cette réunion devait être des plus brillantes, par la quantité d'étrangers qui sont à Venise, car les nobles Vénitiens ne peuvent fréquenter les maisons des ambassadeurs [1]. Valérie s'en faisait une fête. A huit heures du soir j'entrai chez elle pour lui remettre une lettre ; je la trouvai occupée de sa toilette. Sa coiffure était charmante, sa robe simple, élégante, lui allait à ravir.

« Dites-moi sans compliment comment vous me trouvez ? me demanda Valérie : je sais que je ne suis pas jolie, je voudrais seulement ne pas être trop mal, il y aura tant de femmes agréables.

— Ah ! ne craignez rien, lui dis-je, vous serez toujours la seule dont on n'osera compter les charmes, et qui ferez toujours sentir en vous une puissance supérieure au charme même.

— Je ne sais pas, dit-elle en riant, pourquoi vous voulez faire de moi une personne redoutable, tandis que je me borne à ne pas vouloir faire peur. Oui, continua-t-elle, je suis d'une pâleur qui m'effraie moi-même, moi qui me vois tous les jours, et je veux absolument mettre du rouge. Il faut que vous me rendiez un service, Linar. Mon mari, par une idée singulière, ne veut pas que je mette du rouge : je n'en ai point. Mais ce soir au bal, paraître avec un air de souffrance au milieu d'une fête, je ne le puis pas ; je suis décidée à en mettre une teinte légère. Je partirai la première, je danserai, il ne verra rien. Faites-moi le plaisir d'aller chez la marquise de Rici ; sa campagne est à deux pas d'ici, vous lui demanderez du rouge ; mon cher Linar, dépêchez-vous, vous me ferez un grand plaisir. Passez par le jardin, afin qu'on ne vous voie pas sortir. »

En disant ces mots, elle me poussa légèrement par la porte. Je courus chez la marquise ; je revins au bout de quelques minutes. Valérie m'attendait avec l'impatience d'un enfant, une légère émotion colorait son teint ; elle s'approcha du miroir, mit un peu de rouge, puis elle s'arrêta pour réfléchir : il me semblait que j'entendais ce qu'elle se disait. Ensuite elle me regarda : « C'est ridicule, dit-elle, je tremble comme si je faisais une mauvaise action… c'est que j'ai promis… cependant le mal n'est pas bien grand. Oh ! combien il doit être affreux de faire quelque chose de vraiment répréhensible ! » En disant cela, elle s'approcha de moi : « Vous pâlissez, me dit-elle », elle prit ma main : « Qu'avez-vous, Linar, vous êtes très pâle ? » Effectivement je me sentais défaillir ; ces mots :

---

1. Cette interdiction est également mentionnée par Rousseau au livre VII des *Confessions*.

« combien il doit être affreux de faire quelque chose de vraiment répréhensible ! » étaient entrés dans ma conscience comme un coup de
poignard. Cette crainte de Valérie pour une faute aussi légère, me fit faire
un retour affreux sur ma passion criminelle et mon ingratitude envers le
comte. Valérie avait pris de l'eau de Cologne, elle voulait m'en faire
respirer. Je remarquai que d'une main elle tenait le flacon, tandis que de
l'autre elle ôtait son rouge, en passant ses jolis doigts sur ses joues. Nous
sortîmes un instant après, et elle monta en voiture. J'allai rêver au bord
de la Brenta ; la nuit me surprit, elle était calme et sombre ; je suivais le
rivage, désert à cette heure-là, et je n'entendais que dans l'éloignement le
chant de quelques mariniers qui s'en allaient vers Fusine, pour regagner
les lagunes. Quelques vers luisants étincelaient sur les haies de buis,
comme des diamants. Je me trouvai insensiblement auprès de la superbe
Villa Pisani, louée par l'ambassadeur d'Espagne, et j'entendis la musique
du bal. Je m'approchai ; on dansait dans un pavillon, dont les grandes
portes vitrées donnaient sur le jardin. Plusieurs personnes regardaient,
placées en dehors près de ces portes. Je gagnai une fenêtre et je montai
sur un grand vase de fleurs. Je me trouvai au niveau de la salle.
L'obscurité de la nuit et l'éclat des bougies me permettaient de chercher
Valérie, sans être remarqué. Je la reconnus bientôt ; elle parlait à un
Anglais qui venait souvent chez le comte. Elle avait l'air abattu, elle
tourna ses yeux du côté de la fenêtre, et mon cœur battit : je me retirai,
comme si elle avait pu me voir. Un instant après, je la vis environnée de
plusieurs personnes qui lui demandaient quelque chose ; elle paraissait
refuser, et mêlait à son refus son charmant sourire, comme pour se faire
pardonner. Elle montrait avec la main autour d'elle, et je me disais :
« Elle se défend de danser la danse du châle [1] ; elle dit qu'il y a trop de
monde. Bien, Valérie, bien ! Ah ! ne leur montrez pas cette charmante
danse ; qu'elle ne soit que pour ceux qui n'y verront que votre âme ; ou
plutôt qu'elle ne soit jamais vue que par moi, qu'elle entraîne à vos pieds
avec cette volupté qui exalte l'amour et intimide les sens. »

On continuait à presser Valérie, qui se défendait toujours et montrait
sa tête, apparemment pour dire qu'elle y avait mal. Enfin la foule
s'écoula ; on alla souper : Valérie resta ; il n'y eut plus qu'une vingtaine
de personnes dans la salle. Alors je vis le comte, avec une femme
couverte de diamants et de rouge, s'avancer vers Valérie ; je la vis la
presser, la supplier de danser : les hommes se mirent à ses genoux, les
femmes l'entouraient ; je la vis céder : moi-même, enfin, entraîné par le
mouvement général je m'étais mêlé aux autres pour la prier, comme si
elle avait pu m'entendre ; et quand elle céda aux instances, je sentis un
mouvement de colère. On ferma les portes pour que personne n'entrât

---

1. Mme de Krüdener, ici et plus loin dans le texte, écrit toujours *schall*. Le châle fut
ramené en France par les soldats de l'expédition de Bonaparte en Égypte.

plus dans la salle : lord Méry prit un violon ; Valérie demanda son châle, d'une mousseline bleu foncé ; elle écarta ses cheveux de dessus son front ; elle mit son châle sur sa tête ; il descendit le long de ses tempes, de ses épaules ; son front se dessina à la manière antique, ses cheveux disparurent, ses paupières se baissèrent, son sourire habituel s'effaça peu à peu, sa tête s'inclina, son châle tomba mollement sur ses bras croisés sur sa poitrine ; et ce vêtement bleu, cette figure douce et pure, semblaient avoir été dessinés par le Corrège [1], pour exprimer la tranquille résignation ; et quand ses yeux se relevèrent, que ses lèvres essayèrent un sourire, on eût dit voir, comme Shakespeare la peignit, la Patience souriant à la Douleur auprès d'un monument [2].

Ces attitudes différentes, qui peignent tantôt des situations terribles, et tantôt des situations attendrissantes, sont un langage éloquent puisé dans les mouvements de l'âme et des passions. Quand elles sont représentées par des formes pures et antiques, que des physionomies expressives en relèvent le pouvoir, leur effet est inexprimable. Milady Hamilton [3], douée de ces avantages précieux, donna la première une idée de ce genre de danse vraiment dramatique, si l'on peut dire ainsi. Le châle, qui est en même temps si antique, si propre à être dessiné de tant de manières différentes, drape, voile, cache tour à tour la figure, et se prête aux plus séduisantes expressions. Mais c'est Valérie qu'il faut voir : c'est elle qui, à la fois décente, timide, noble, profondément sensible, trouble, entraîne, émeut, arrache des larmes, et fait palpiter le cœur comme il palpite quand il est dominé par un grand ascendant ; c'est elle qui possède cette grâce charmante qui ne peut s'apprendre, mais que la nature a révélée en secret à quelques êtres supérieurs. Elle n'est pas le résultat des leçons de l'art ; elle a été apportée du ciel avec les vertus : c'est elle qui était dans la pensée de l'artiste qui nous donna la Vénus pudique, et dans le pinceau de Raphaël [4]... Elle vit surtout avec Valérie ; la décence et la pudeur sont ses compagnes ; elle trahit l'âme en cherchant à voiler les beautés du corps.

Ceux qui n'ont vu que ce mécanisme difficile et étonnant à la vérité, cette grâce de convenance, qui appartient plus ou moins à un peuple ou à une nation, ceux-là, dis-je, n'ont pas l'idée de la danse de Valérie.

1. Le Corrège (1489-1534), c'est-à-dire Antonio Allegri, né et mort à Correggio, chef de file de l'école de Parme, auteur, entre autres, d'une célèbre *Assomption de la Vierge*.

2. Dans *La Nuit des rois* (*Twelfth Night or What you Will*, 1600). La description est faite par Viola (acte II, scène v).

3. Emma Lyon (1761-1815) eut un destin peu commun. Fille d'un journalier, elle-même servante de bar, sa jeunesse aventureuse ne l'empêcha pas d'épouser en 1791 sir William Hamilton, ambassadeur à Naples, où elle devint l'amie intime de la reine Marie-Caroline. L'amiral Nelson s'éprit d'elle passionnément et eut d'elle deux fils. Après la mort de son mari et de Nelson, elle tomba dans la misère. Mme de Krüdener elle-même avait dansé dans les salons, et Mme de Staël s'en est souvenue pour la danse polonaise de Delphine (*Delphine*, 1re partie, lettre XXVII).

4. La Vénus pudique fait allusion aux Madones délicates de Raphaël.

Tantôt, comme Niobé[1], elle arrachait un cri étouffé à mon âme déchirée par sa douleur ; tantôt elle fuyait comme Galatée[2], et tout mon être semblait entraîné sur ses pas légers. — Non, je ne puis te rendre tout mon égarement, lorsque, dans cette magique danse, un moment avant qu'elle finît, elle fit le tour de la salle en fuyant, ou en volant plutôt sur le parquet, regardant en arrière, moitié effrayée, moitié timide, comme si elle était poursuivie par l'Amour. J'ouvris les bras, je l'appelai ; je criais d'une voix étouffée : « Valérie ! ah ! viens, viens, par pitié ! C'est ici que tu dois te réfugier ; c'est sur le sein de celui qui meurt pour toi que tu dois te reposer. » Et je fermais les bras avec un mouvement passionné, et la douleur que je me faisais à moi-même m'éveilla, et pourtant je n'avais embrassé que le vide ! Que dis-je ? le vide ; non, non : tandis que mes yeux dévoraient l'image de Valérie, il y avait dans cette illusion, il y avait de la félicité.

La danse finit : Valérie, épuisée de fatigue, poursuivie d'acclamations, vint se jeter sur la croisée où j'étais. Elle voulut l'ouvrir, en la poussant en dehors ; je l'arrêtai de toutes mes forces, tremblant qu'elle ne prît l'air. Elle s'assit, appuya sa tête contre les carreaux : jamais je n'avais été si près d'elle ; une simple glace nous séparait. J'appuyais mes lèvres sur son bras ; il me semblait que je respirais des torrents de feu : et toi, Valérie, tu ne sentais rien, rien ; tu ne sentiras jamais rien pour moi !

LETTRE XIX

Venise, le

Il n'y a que huit jours que je ne t'ai écrit, et combien de choses j'ai à te dire ! Combien le cœur fait vivre, quand on rapporte tout à un sentiment dominateur ! Il faut que je te parle d'un petit bal que j'ai donné à Valérie. Sa fête approchait ; j'ai demandé au comte la permission de la célébrer avec lui. Nous sommes convenus qu'il s'emparerait de la matinée pour donner à la comtesse un déjeuner à Sala (campagne à quatre lieues de Venise), où il réunirait plusieurs femmes de sa connaissance. On devait danser après le déjeuner, et se promener ensuite dans les beaux jardins du parc, que Valérie aime passionnément.

---

1. Fille de Tantale, Niobé eut sept filles et sept fils, fécondité qui la fit se vanter d'être supérieure à la déesse Latone qui n'avait eu que deux enfants, Apollon et Artémis. Ceux-ci, pour venger leur mère, tuèrent les enfants de Niobé à coups de flèches. La douleur de Niobé fut telle que Zeus accepta de la transformer en rocher.
2. Éprise du berger Acis, la nymphe Galatée était poursuivie par le cyclope Polyphème. Ayant surpris les amants dans une grotte, Polyphème écrasa son rival sous un rocher, tandis que Galatée fuyait dans la mer et rejoignait ses sœurs les Néréides.

Je ne pouvais trouver un lieu plus enchanteur pour seconder mes projets. Ainsi je demandai la permission d'arranger une des salles pour le soir ; ce qu'on m'a accordé. J'avais eu un plaisir extrême à m'occuper de ce qui devait l'amuser ; je me disais que ce bonheur-là était innocent, et je m'y livrais ; j'étais plus tranquille depuis que je ne songeais qu'à courir, à acheter des fleurs, à orner et arranger la salle comme je voulais qu'elle le fût.

Hier donc nous partîmes d'assez bon matin pour arriver à Sala avant la chaleur. Valérie comptait seulement y déjeuner, et revenir le soir à Venise. Il y eut une course de chevaux, donnée par mylord E…, qui vient souvent chez le comte, et que Valérie intéresse beaucoup, sans qu'elle-même s'en aperçoive. On déjeuna dans des bosquets impénétrables aux rayons du soleil. La matinée se prolongea : on voulut danser ; mais les femmes prévenues qu'il y aurait un bal le soir, préférèrent la promenade, et Valérie bouda un peu. Cela nous mena assez tard. La marquise de Rici, instruite de nos projets, proposa à la comtesse de ne pas coucher à Venise, mais de passez chez elle le reste de la journée et la nuit : on partit fort gaiement.

Nous arrivâmes les derniers chez la marquise. Les femmes avaient eu soin d'apporter d'autres robes, et elles parurent toutes très élégamment vêtues. Valérie éprouvait un moment d'embarras ; sa robe était chiffonnée ; elle avait couru dans les bosquets ; et quoiqu'elle me parût mille fois plus jolie, je la voyais promener des regards inquiets sur sa personne. Une de ses manches s'était un peu déchirée, elle y mit une épingle ; son chapeau parut lui peser, elle l'ôta, le remit : je voyais tout cela du coin de l'œil. La marquise la laissa un instant s'agiter, puis elle l'appela, et Valérie trouva une robe plus élégante ; elle arrivait de Paris ; c'était une galanterie du comte. Son coiffeur se trouva là aussi : on posa sur ses cheveux une guirlande de mauves bleues, dont la couleur allait à merveille avec le blond de ses cheveux. Elle mit un bracelet enrichi de diamants, avec le portrait de sa mère, que le comte lui avait donné. On m'appela pour me montrer tout cela ; et je me disais, en voyant la comtesse passer d'une glace à l'autre, et monter sur une chaise pour voir le bas de sa robe : « Elle a bien un peu plus de vanité que je ne croyais » ; mais je faisais grâce à cette légère imperfection en faveur du plaisir qu'elle lui donnait. Elle était surtout enchantée de l'étonnement qu'elle allait causer, puisqu'elle s'était récriée sur le désordre de sa toilette… Au moment où elle allait jouir de son triomphe, Marie, qui l'habillait, toussa ; le sang se porta à sa tête ; elle faisait des efforts pour se débarrasser de quelque chose qui la tourmentait à la gorge… Valérie, tout effrayée, lui demanda ce qu'elle avait ; Marie lui dit qu'elle sentait une épingle qu'elle avait eu l'imprudence de mettre dans sa bouche, mais qu'elle espérait que ce ne serait rien. La comtesse pâlit, et l'embrassa pour lui cacher sa frayeur. Je courus chercher un chirurgien ; mais

Valérie, tremblant qu'il ne tardât trop à venir, et n'ayant point de voiture, avait jeté sa guirlande, remis son chapeau, pris un fichu ; elle entraînait Marie tout en courant, et se trouva sur mes pas quand je frappai à la porte du chirurgien, qui demeurait près de Dole, petit bourg voisin.

Qu'elle me parut irrésistible, Ernest ! Ses traits exprimaient une inquiétude si touchante ! Son âme entière était sur son charmant visage. Ce n'était plus cette Valérie enchantée de sa parure, et attendant avec impatience un petit triomphe ; c'était la sensible Valérie, avec toute sa bonté, toute son imagination, portant le plus tendre intérêt, et toutes les craintes d'une âme susceptible de vives émotions, sur l'objet qu'elle aimait, et qu'elle aurait aimé sans le connaître dans ce moment-là, puis-qu'il était en danger. Heureusement Marie ne souffrait pas beaucoup, et l'on parvint à retirer l'épingle. La comtesse leva vers le ciel ses beaux yeux remplis de larmes, et le remercia avec la plus vive reconnaissance. Après avoir bien fait promettre à Marie qu'elle ne ferait plus la même imprudence, nous regagnâmes la campagne de la marquise ; elle-même venait à notre rencontre.

Quand nous arrivâmes, tous les yeux se portèrent sur nous ; les femmes chuchotaient : les unes plaignaient Valérie d'avoir si chaud ; les autres s'attendrissaient sur cette charmante robe, que les ronces avaient abîmée, et qui méritait plus d'égards. Valérie commençait à s'embar-rasser : sa jeunesse et sa timidité l'empêchaient de prendre le ton qui lui convenait : elle paraissait attendre que le comte parlât pour la tirer de cette situation gênante ; mais (ô étrange empire de la multitude sur les âmes les plus nobles et les plus belles !) le comte lui-même garda le silence. J'allais parler : il me regarda froidement : un instinct secret m'avertit que je nuirais à la comtesse, et je me tus.

La marquise rentra. Alors le comte se leva et s'approcha d'une fenêtre ; Valérie s'avança vers lui. J'entendis qu'il lui disait : « Ma chère amie, vous auriez dû m'appeler ; vous êtes si vive ! Tout le monde vous a attendue pour le dîner. » Je la vis chercher à se justifier. Je tremblais que son mari ne lui dît quelque chose de désagréable ; car il ne pouvait savoir que ce que les autres lui avaient peut-être mal rendu. Je vis à côté de moi un jeune enfant de la maison :

« Mon ami, lui dis-je, allez vite souhaiter la bonne fête à Mme la comtesse de M..., cette jolie dame qui est là, et vous aurez du bonbon.

— Est-ce sa fête aujourd'hui ?

— Oui, oui, allez. »

Il partit, et, avec sa grâce enfantine, il fit son petit compliment à Valérie, qui, déjà émue, le souleva, l'embrassa. Ce moyen me réussit. Comment le comte, rappelé à l'idée de la fête de Valérie, aurait-il voulu lui faire de la peine ce jour-là ? Je le vis prenant la main de sa femme ; je n'entendis pas ce qu'il lui disait, mais elle sourit d'un air attendri.

Elle passa dans une pièce attenante, pour arranger ses cheveux qui tombaient ; je restai à la porte sans oser la suivre. L'enfant alla auprès d'elle, et lui dit :

« Me donnerez-vous aussi du bonbon, comme ce monsieur, pour vous avoir souhaité la bonne fête ?

— Quel monsieur, mon petit ami ?

— Mais, celui qui est là, regardez. »

Elle m'entrevit, parut me deviner, et ses yeux s'arrêtèrent sur moi avec reconnaissance ; elle embrassa encore une fois l'enfant, et lui dit : « Oui, je vous donnerai aussi du bonbon ; mais allez embrasser ce bon monsieur. » Avec quel ravissement je reçus dans mes bras cet enfant chéri ! Comme je posai mes lèvres à la place où Valérie avait posé les siennes ! Mais comment te rendre, Ernest, ce que j'éprouvai en trouvant une larme sur la joue de l'enfant, en la sentant se mêler à tout mon être ! Il me sembla aussi repasser toute ma destinée ; cette larme me paraissait la contenir tout entière. Oui, Valérie, tu ne peux m'envoyer, me donner que des larmes ; mais c'est dans ces témoignages de ta pitié que se retrancheront désormais mes plus douces jouissances.

Je laisse là ma lettre, je suis trop affecté pour continuer.

LETTRE XX

Venise, le

J'ai à te raconter encore, mon cher Ernest, tous les détails de la petite fête que je donnai à la comtesse ; il m'en est resté un souvenir qui ne s'effacera jamais. Je t'ai laissé avec toutes les émotions que m'avaient données le petit messager de Valérie. Vers les neuf heures du soir, après qu'on eut quitté la table, et qu'elle eut pris un peu de repos, on proposa une promenade ; on prit des flambeaux et toutes les voitures partirent. Rien n'était plus joli comme cette suite d'équipages, et ces flambeaux qui jetaient une vive clarté sur la verdure des haies, et sur les arbres furtivement éclairés. Valérie ne savait pas où elle allait, et sa surprise fut extrême quand on la fit descendre à Sala : elle trouva les jardins éclairés, une musique délicieuse la reçut. Je me trouvai à l'entrée du jardin, car je l'avais devancée, et je lui présentai la main pour la conduire à la salle du bal.

« Qu'est-ce donc que tout cela ? me dit-elle.

— C'est Valérie qu'on voudrait fêter ; mais qui peut réussir à exprimer tout ce qu'elle inspire ; et quelle langue lui dirait tout ce qu'on sent pour elle ?... »

La comtesse regardait autour d'elle avec ravissement.

Nous arrivâmes à la salle ; elle était spacieuse, et tout le monde fut charmé de voir remplacer ces jardins éblouissants de lampions par un clair de lune, d'après Voléro [1]. La musique se tut ; les portes se fermèrent ; il s'était fait un silence involontaire de toute part, et Valérie l'interrompit : « Ah ! s'écria-t-elle d'une voix attendrie, c'est Dronnigor. » Je vis avec délice que mon idée m'avait réussi. Un décorateur habile m'avait parfaitement compris ; des vues gravées de la campagne où Valérie avait passé son enfance, et les conseils du comte nous avaient aidés à exécuter mon plan ; on avait peint ce lac, cette barque où elle conduisait ses sœurs ; ces pins avec leur formes pyramidales où se balançaient de jeunes écureuils ; ces sorbiers, amis de la jeune Valérie, et cette heureuse maison à moitié cachée par les arbres, où elle avait passé ses premiers jours de bonheur, tout cela était éclairé par la lune qui versait sa tranquille clarté et de longs jets de lumière sur de jeunes bouleaux, sur les joncs du lac qui paraissaient frémir et murmurer, et sur d'aromatiques calamus. Tu ne conçois pas avec quelle perfection Voléro a imité les clairs de lune ; on la voyait lutter avec les mystères de la nuit ; on entendait aussi dans le lointain les airs de nos pâtres ; j'avais fait imiter leurs chalumeaux, et ces sons errants qui tantôt s'affaiblissaient, et tantôt devenaient plus forts, avaient quelque chose de vague, de tendre et de mélancolique.

Il y avait le long de la salle des bancs de gazon et de larges bandes de fleurs : toutes ces fleurs étaient blanches ; il m'avait semblé que cette couleur virginale peignait celle à qui elles étaient venues se donner ; le jasmin d'Espagne, les roses blanches, des œillets, des lys purs comme Valérie, s'élevaient partout dans des caisses cachées sous le parquet gazonné, et son chiffre et celui du comte simplement enlacés étaient suspendus à un pin naturel, planté près de l'endroit du lac où Valérie avait dit pour la première fois au comte qu'elle consentait à devenir sa femme. Dis, Ernest, dis, après cela, si je ne sais pas l'aimer avec cette résignation qui seule excuse peut-être un peu ce funeste amour.

Mais il me reste à te détailler ce qui suivit cette première partie de la fête : à peine fûmes-nous dix minutes dans cette salle, les uns assis au milieu des fleurs, les autres parlant à voix basse, tous paraissant aimer cette scène tranquille qui semblait offrir à chacun quelques souvenirs agréables, que la toile du fond se leva ; une gaze, d'argent occupait toute la place du haut en bas, elle imitait parfaitement une glace ; la lune disparut, et on vit à travers la gaze une chambre très simplement meublée, assez éclairée pour qu'on ne perdît rien, et une douzaine de jeunes filles assises auprès de leurs rouets, ou le fuseau à la main, travaillant toutes ; leur costume était celui des paysannes de notre pays ;

---

1. Nom italianisé de Jacques Antoine Volère (1729-1802) qui fit sa carrière en Italie, spécialisé dans les clairs de lune et les paysages nocturnes.

des corsets d'un drap bleu foncé, un fichu d'une toile fine et blanche qui, se roulant comme un bandeau, enveloppait pittoresquement leurs têtes, et descendait sur leurs épaules avec des nattes de cheveux qui tombaient presque à terre. Ce tableau était charmant ; une des jeunes filles paraissait se détacher de ses compagnes ; elle était plus jeune, plus svelte, ses bras étaient plus délicats ; les autres semblaient être faites pour l'entourer. Elle filait aussi, mais elle était placée de manière à ce qu'on ne vît pas ses traits ; à moitié cachée par son attitude et par sa coiffure, elle était vêtue comme les autres, et paraissait pourtant plus distinguée. Valérie se reconnut dans cette scène naïve de sa jeunesse, où elle s'était plu, comme elle le faisait souvent, à travailler au milieu de plusieurs jeunes filles qu'on élevait chez ses parents, qui, riches et bienfaisants, recueillaient des enfants pauvres, les élevaient, et les dotaient ensuite. Elle comprit que j'avais voulu lui retracer le jour où le comte la vit pour la première fois, et la surprit au milieu de cette scène aimable et naïve. Dès lors, charmé de sa candeur et de ses grâces, il l'aima tendrement.

Mais revenons à ce miroir magique, qui ramenait Valérie au passé. Des jeunes filles, élevées dans le conservatoire des Mendicanti[1], formaient un groupe, costumées comme nos paysannes suédoises : elles chantaient mieux qu'elles ; et au lieu de leurs romances, nous entendîmes des couplets composés pour la comtesse, accompagnés par Frédéric et Ponto, placés de manière à ne pas être aperçus. Les voix ravissantes des filles des Mendicanti, le talent de ces artistes fameux, la sensibilité de Valérie, contagieuse pour les autres, tout fit de ce moment un moment délicieux ; et les Italiens, habitués à exprimer fortement ce qu'ils sentent, mêlèrent leurs acclamations à la joie douce qui me faisait ressentir le bonheur de Valérie.

Le bal commença dans une des salles attenantes ; tout le monde s'y précipita. La toile étant tombée, on vit reparaître le clair de lune. Valérie resta avec son mari ; tous deux parlèrent avec tendresse du souvenir que cette fête leur retraçait. Le comte me dit les choses les plus aimables ; et sa femme, en me tendant la main, s'écria : « Bon Gustave ! jamais je n'oublierai cette charmante soirée, et la salle des souvenirs. » Elle rentra ensuite avec le comte dans le bal. Je sortis pour respirer le grand air, et m'abandonner pendant quelques instants à mes rêveries. En rentrant, je cherchais des yeux la comtesse au milieu de la foule, et, ne la trouvant pas, je me doutais qu'elle avait cherché la solitude dans la salle des souvenirs. Je la trouvai effectivement dans l'embrasure d'une fenêtre : je m'approchai avec timidité : elle me dit de m'asseoir à côté d'elle. Je vis qu'elle avait pleuré ; elle avait encore les larmes aux yeux, et je crus qu'elle s'était rappelé la petite discussion du matin. Je savais combien les impressions qu'elle recevait étaient profondes, et je lui dis :

---

1. Les *Mendicanti* (les Mendiants) sont un des quatre *ospitali* (*Incurabili, Mendicanti, Ospedaletto, Pietà*) que Rousseau, dans *Les Confessions* (livre VII) appelle les *scuole*. On y trouvait des écoles où l'on enseignait aux jeunes filles la musique et le chant.

« Quoi ! madame, vous avez de la tristesse, aujourd'hui que nous désirons surtout vous voir contente.

— Non, me dit-elle ; les larmes que j'ai versées ne sont point amères : je me suis retracé cet âge que vous avez su me rappeler si délicieusement ; j'ai pensé à ma mère, à mes sœurs, à ce jour heureux qui commença l'attachement du comte pour moi ; je me suis attendrie sur cette époque si chère : mais j'aime aussi l'Italie, je l'aime beaucoup », dit-elle.

Je tenais toujours sa main, et mes yeux étaient fixement attachés sur cette main qui, deux ans auparavant, était libre ; je touchais cet anneau qui me séparait d'elle à jamais, et qui faisait battre mon cœur de terreur et d'effroi ; mes yeux s'y fixaient avec stupeur. « Quoi ! me disais-je, j'aurais pu prétendre aussi à elle ! Je vivais dans le même pays, dans la même province ; mon nom, mon âge, ma fortune, tout me rapprochait d'elle ; qu'est-ce qui m'a empêché de deviner cet immense bonheur ? » Mon cœur se serrait, et quelques larmes, douloureuses comme mes pensées, tombaient sur sa main. « Qu'avez-vous, Gustave ? dites-moi ce qui vous tourmente. » Elle voulait retirer sa main ; mais sa voix était si touchante, j'osai la retenir. Je voulais lui dire… que sais-je ? — Mais je sentis cet anneau, mon supplice et mon juge ; je sentis ma langue se glacer. Je quittai la main de Valérie, et je soupirais profondément.

« Pourquoi, me dit-elle, pourquoi toujours cette tristesse ? je suis sûre que vous pensez à cette femme. Je sens bien que son image est venue vous troubler aujourd'hui plus que jamais ; toute cette soirée vous a ramené en Suède.

— Oui, dis-je, en respirant péniblement.

— Elle a donc bien des charmes, me dit-elle, puisque rien ne peut vous distraire d'elle ?

— Ah ! elle a tout, tout ce qui fait les fortes passions ; la grâce, la timidité, la décence, avec une de ces âmes passionnées pour le bien, qui aiment parce qu'elles vivent, et qui ne vivent que pour la vertu : enfin, par le plus charmant des contrastes, elle a tout ce qui annonce la faiblesse et la dépendance, tout ce qui réclame l'appui ; son corps délicat est une fleur que le plus léger souffle fait incliner et son âme forte et courageuse braverait la mort pour la vertu et pour l'amour. »

Je prononçai ce dernier mot en tremblant, épuisé par la chaleur avec laquelle j'avais parlé, ne sachant moi-même jusqu'où m'avait conduit mon enthousiasme. Je tremblais qu'elle ne m'eût deviné, et j'appuyais ma tête contre un des carreaux de la fenêtre, attendant avec anxiété le premier son de sa voix.

« Sait-elle que vous l'aimez ? me dit Valérie, avec une ingénuité qu'elle n'aurait pu feindre.

— Oh ! non, non, m'écriai-je, j'espère bien que non ; elle ne me le pardonnerait pas.

— Ne le lui dites jamais, dit-elle ; il doit être affreux de faire naître une passion qui rend si malheureux. Si jamais je pouvais en inspirer une semblable, je serais inconsolable ; mais je ne le crains pas, et cela me console de ne pas être belle. »

Je m'étais remis de mon trouble. « Croyez-vous, madame, que ce soit la beauté seule qui soit si dangereuse ? Regardez milady Erwin, la marquise de Ponti : je ne crois pas qu'un statuaire puisse imaginer de plus beaux modèles ; cependant, on vous disait encore hier que jamais elles n'avaient excité un sentiment vif ou durable. Non, poursuivis-je, la beauté n'est vraiment irrésistible qu'en nous expliquant quelque chose de moins passager qu'elle, qu'en nous faisant rêver à ce qui fait le charme de la vie au-delà du moment fugitif où nous sommes séduits par elle ; il faut que l'âme la retrouve quand les sens l'ont assez aperçu. L'âme ne se lasse jamais : plus elle admire, et plus elle s'exalte ; et c'est quand on sait l'émouvoir fortement, qu'il ne faut que de la grâce pour créer la plus forte passion. Un regard, quelques sons d'une voix susceptible d'inflexions séduisantes, contiennent alors tout ce qui fait délirer. La grâce, surtout, cette magie par excellence, renouvelle tous les enchantements. Qui plus que vous, dis-je, entraîné par le charme de son regard, de son maintien, en a de cette grâce ? Ô Valérie (je pris sa main) Valérie ! dis-je avec un accent passionné. » Son extrême innocence pouvait seule lui cacher ce que j'éprouvais. Cependant, je tremblais de lui avoir déplu ; et comme on jouait dans cet instant une valse très animée, je la priai, avec la vivacité qu'inspirait la musique, de danser avec moi, et, sans lui laisser le temps de réfléchir, je l'entraînai. Je dansais avec une espèce de délire, oubliant le monde entier, sentant avec ivresse Valérie presque dans mes bras, et détestant pourtant ma frénésie. J'avais absolument perdu la tête, et la voix seule de ce que j'aimais pouvait me rappeler à moi. Elle souffrait de la rapidité de la valse, et me le reprochait. Je la posai sur un fauteuil ; je la conjurai de me pardonner. Elle était pâle ; je tremblais d'effroi : j'avais l'air si égaré, que Valérie en fut frappée. Elle me dit avec bonté : « Cela va mieux ; mais une autre fois, vous serez plus prudent : vous m'avez bien effrayée ; vous ne m'écoutiez pas du tout. Ô Gustave ! me dit-elle, avec un accent très significatif, que vous êtes changé ! » Je ne répondis rien. « Promettez-moi, dit-elle encore, de chercher à recouvrer votre raison : promettez-le-moi, dit-elle d'une voix attendrie, aujourd'hui, dans ce jour où vous m'avez montré tant d'intérêt. » Elle se leva, voyant qu'on se rapprochait de nous : je lui tendis la main, comme pour l'aider à marcher ; et en serrant avec respect et attendrissement cette main, je lui dis : « Je serai digne de votre intérêt, ou je mourrai. » Je m'enfonçai dans les jardins, où je marchai longtemps, en proie à mille tourments, que me créaient les remords dont j'étais déchiré.

LETTRE XXI

Venise, le

Je ne t'ai point encore parlé de cette singulière ville qui s'élève au sein de la mer, et commande aux vagues de venir se briser contre ses digues, d'obéir à ses lois, de lui apporter les richesses de l'Europe et de l'Asie, de la servir en lui amenant chaque jour les productions dont elle a besoin, et sans lesquelles elle périrait au milieu de son faste et de son superbe orgueil. La place qu'occupe cette cité, d'abord couverte de pauvres pêcheurs, voyait leurs nacelles raser timidement ces eaux, où voguent maintenant les galères du sénat. Peu à peu le commerce s'empara de ce passage qui liait si facilement l'Orient à l'Europe, et Venise devint la chaîne qui unit les mœurs d'une autre partie du monde à celles de l'Italie. De là ces couleurs si variées, ce mélange de cultes, de costumes, de langages, qui donnent une physionomie si particulière à cette ville, et fondent les teintes locales avec le singulier assemblage de vingt peuples différents. Peu à peu aussi s'éleva ce gouvernement sage et doux pour la classe obscure et paisible de la république, implacable et cruel pour le noble qui aurait voulu le braver ou le compromettre ; semblable à ce Tarquin dont le fer frappait chacune de ces fleurs qui osait s'élever au-dessus de leurs compagnes[1]. Il fallait, à Venise, que chaque tête altière pliât ou tombât, si elle ne se courbait pas sous le fer d'un gouvernement appuyé sur dix siècles de puissance, et enveloppé eu lugubre appareil de l'inquisition et des supplices.

Aussi, rien n'effraie l'imagination comme ce tribunal ; tout vous épouvante : ces gouffres sans cesse ouverts aux dénonciations ; ces prisons affreuses où, courbé sous des voûtes de plomb[2] que le soleil embrase, le coupable expire lentement ; le silence habitant ces vastes corridors, où l'on craint jusqu'à l'écho, qui redirait un accent imprudent. Et cependant autour de cette enceinte, qu'habite l'épouvante et que frappe si souvent le deuil, le peuple, comme un essaim d'abeilles, bourdonne le jour et s'endort sur les marches de ces palais où vivent ses souverains, et à l'ombre du despotisme, jouit d'une grande liberté et même d'une coupable indulgence pour ses crimes. Heureux de paresse et d'insouciance, le Vénitien vit de son soleil et de ses coquillages, se baigne dans ses canaux, suit ses processions, chante ses amours sous un ciel calme et propice, et regarde son carnaval comme une des merveilles du monde.

---

1. L'anecdote bien connue provient de l'*Histoire romaine* de Tite-Live (livre I).
2. Les célèbres Plombs (*Piombi*) de Venise, la prison pour les condamnés politiques, dont s'était échappé Casanova.

Les arts ont embelli la magnificence des monuments ; le génie du Titien, de Paul Veronèse et du Tintoret, ont illustré Venise ; le Palladio [1] a donné une immortelle splendeur aux palais des Cornaro, des Pisani ; et le goût, et l'imagination, ont revêtu de beautés ce qui serait mort sans eux.

Venise est le séjour de la mollesse et de l'oisiveté. On est couché dans des gondoles qui glissent sur les vagues enchaînées ; on est couché dans ces loges où arrivent les sons enchanteurs des plus belles voix de l'Italie. On dort une partie de la journée ; on est la nuit ou à l'Opéra, ou dans ce qu'on appelle ici des cazins [2]. La place de Saint-Marc est la capitale de Venise, le salon de la bonne compagnie la nuit, et le lieu du rassemblement du peuple le jour. Là, des spectacles se succèdent : les cafés s'ouvrent et se referment sans cesse ; les boutiques étalent leur luxe ; l'Arménien fume silencieusement son cigare ; tandis que, voilée et d'un pas léger, la femme du noble Vénitien, cachant à moitié sa beauté, et la montrant cependant avec art, traverse cette place, qui lui sert de promenade le matin, et le soir la voit, resplendissante de diamants, parcourir les cafés, visiter les théâtres, et se réfugier ensuite dans son cazin pour y attendre le soleil. Ajoute à tout cela, Ernest, le tumulte du quai qui avoisine Saint-Marc, ces groupes de Dalmates et d'Esclavons, ces barques qui jettent sur la rive, tous les fruits des îles, ces édifices où domine la majesté, ces colonnes où vivent ces chevaux, fiers de leur audace et de leur antique beauté : vois le ciel de l'Italie fondre ses teintes douces avec le noir antique des monuments ; entends le son des cloches se mêler aux chants des barcarolles : regarde tout ce monde ; en un clin d'œil tous les genoux sont pliés, toutes les têtes se baissent religieusement ; c'est une procession qui passe. Observe ce lointain magique ; ce sont les Alpes du Tyrol qui forment ce rideau, que dore le soleil. Quelle superbe ceinture embrasse mollement Venise ! C'est l'Adriatique ; mais ses vagues resserrées n'en sont pas moins filles de la mer ; et si elles se jouent autour de ces belles îles, d'où se détachent de sombres cyprès, elles grondent aussi, elles se courroucent, et menacent de submerger ces délicieuses retraites.

Je me promène souvent, Ernest, sur ces quais ; je me perds dans la foule de ce peuple ; je m'élance au-delà de cette mer, mais je ne me fuis pas moi-même. Je voulais cependant ne pas te parler de moi aujourd'hui. Je cherche à m'étourdir, et je te peins tout ce qui m'environne pour ne pas te parler d'une passion que je ne puis dompter.

Adieu, Ernest ; je sens que je te parlerais de Valérie.

---

1. Venise, cité des arts, est en quelque sorte résumée dans ses grands peintres (Le Titien 1488-1576), Véronèse (1528-1588), le Tintoret (1518-1594) et architectes (Palladio 1508-1580).

2. Petites maisons (*casetta*).

LETTRE XXII

Venise, le

Non, Ernest, non, jamais je ne m'habituerai au monde ; le peu que j'en ai vu ici m'inspire déjà le même éloignement, le même dégoût qui me poursuit toujours dès que je suis obligé de vivre dans la grande société. Tu as beau vouloir que je cherche par ce moyen à oublier Valérie, ou à m'en occuper plus faiblement, y parviendrai-je jamais ? et faut-il encore altérer mon caractère, l'aigrir ? dois-je tâcher de recouvrer la tranquillité, aux dépens des principes les plus consolants ? Tu le sais, mon ami, j'ai besoin d'aimer les hommes ; je les crois en général estimables, et si cela n'était pas, la société depuis longtemps ne serait-elle pas détruite ? L'ordre subsiste dans l'univers, la vertu est donc la plus forte. Mais le grand monde, cette classe que l'ambition, les grandeurs et la richesse séparent tant du reste de l'humanité, le grand monde me paraît une arène hérissée de lances, où à chaque pas on craint d'être blessé ; la défiance, l'égoïsme et l'amour-propre, ces ennemis nés de tout ce qui est grand et beau, veillent sans cesse à l'entrée de cette arène, et y donnent des lois qui étouffent ces mouvements généreux et aimables par lesquels l'âme s'élève, devient meilleure, et par conséquent plus heureuse. J'ai souvent réfléchi aux causes qui font que tous ceux qui vivent dans le grand monde, finissent par se détester les uns les autres, et meurent presque toujours en calomniant la vie. Il existe peu de méchants, ceux qui ne sont pas retenus par la conscience, le sont par la société ; l'honneur, cette fière et délicate production de la vertu, l'honneur garde les avenues du cœur, et repousse les actions viles et basses, comme l'instinct naturel repousse les actions atroces. Chacun de ces hommes séparément, n'a-t-il pas presque toujours quelques qualités, quelques vertus ? Qu'est-ce qui produit donc cette foule de vices qui nous blessent sans cesse ? C'est que l'indifférence pour le bien, est la plus dangereuse des immoralités ; les grandes fautes seules épouvantent, parce qu'elles effraient la conscience. Mais on ne daigne pas seulement s'occuper des torts qui reviennent sans cesse, qui attaquent sans cesse le repos, la considération, le bonheur de ceux avec qui l'on vit, et qui troublent par là journellement la société.

Nous parlions de cela hier encore, Valérie et moi, et je lui faisais remarquer dans ces réunions brillantes, au milieu de cette foule de gens de tous les pays, qui viennent ici pour s'amuser, je lui faisais remarquer cette teinte monotone de froideur et d'ennui répandue sur tous les visages. « Les petites passions, lui disais-je, commencent par effacer ces traits primitifs de candeur et de bonté que nous aimons à voir dans les enfants : la vanité soumet tout à une convenance générale ; il faut que tout prenne ses couleurs ; la crainte du ridicule ôte à la voix ses plus aimables inflexions, inspecte jusqu'au regard, préside au langage, et soumet toutes les impressions de l'âme à son despotisme. Ô ! Valérie ! lui disais-je, si vous êtes si aimable, c'est que vous avez été élevée loin de ce monde qui dénature tout ; si vous êtes heureuse, c'est que vous avez cherché le bonheur là où le ciel a permis qu'il puisse être trouvé. C'est en vain qu'on le cherche ailleurs que dans la piété, dans la touchante bonté, dans les affections vives et pures, enfin dans tout ce que le grand monde appelle exaltation ou folie, et qui vous offre sans cesse les plus heureuses émotions. »

Ernest, je sentais que si je l'aimais ainsi, c'était parce qu'elle était restée près de la nature ; j'entendais sa voix qui ne déguise jamais rien ; je voyais ses yeux qui s'attendrissent sur le malheur, et qui ne connaissent que les plus célestes expressions ; je l'ai quittée brusquement, Ernest, je l'ai quittée, j'ai craint de me trahir.

LETTRE XXIII

Venise, le

J'apprends que toutes mes lettres écrites depuis deux mois sont à Hambourg, chez M. Martin, banquier. Le courrier expédié par le comte avait eu l'ordre de remettre ses dépêches à notre consul, à Hambourg, et de se rendre lui-même à Berlin. Malheureusement il a oublié de remettre le paquet de lettres à ton adresse.

Mais qu'aurais-tu appris ? Je suis toujours le même ; quelquefois repentant, et toujours le plus faible des hommes. Mon fatal secret est toujours caché à Valérie ; mais ma situation envers le comte est vraiment bien douloureuse. Je l'ai vu quelquefois au moment de m'interroger ; il me disait qu'il me trouvait triste, que jamais je n'aurais de meilleur ami : n'était-ce pas me dire qu'il comptait sur ma confiance ? Et moi, je le fuyais, j'évitais ses regards ; je lui paraissais défiant, ingrat peut-être ! Ernest, combien cette idée me tourmente ! Je ne puis t'en dire davantage, le comte m'attend.

LETTRE XXIV

Venise, le

Je ne sais comment je vis, comment je puis vivre avec les violentes émotions que j'éprouve sans cesse. Était-ce à moi d'aimer ? Quelle âme ai-je donc reçue ! Celles qui sont le plus sensibles, celle du comte même, qu'elle est loin de souffrir comme la mienne ! et cependant il l'aime bien cette même femme qui consume ma raison, mon bonheur et ma vie ; et qui, sans se douter de son empire, me verra peut-être mourir sans deviner la cause de mon funeste sort. — Cruelle pensée ! Ah ! pardonne, Valérie, ce n'est pas de toi que je me plains, c'est moi que je déteste. — La faiblesse seule peut être aussi malheureuse ; toujours dépendante, elle a des tourments qui n'osent aborder qu'elle ; je traîne à ma suite mille inquiétudes inconnues aux autres.

Mais j'oublie que tu ne sais encore rien ; non, tu ne conçois pas ce que j'ai souffert, Ernest ; j'ai si peu de raison, si peu d'empire sur moi-même ! Écoute donc, mon ami, s'il m'est possible toutefois de mettre un peu d'ordre dans mon récit : — Quoique Valérie ne soit qu'au septième mois de sa grossesse, on a craint qu'elle n'accouchât avant-hier. Son extrême jeunesse la rend si délicate, qu'on a toujours présumé qu'elle n'atteindrait pas le terme prescrit par la nature. Nous avions dîné plus tard qu'à l'ordinaire, parce que Valérie ne s'était pas trouvée bien ; vers la fin du repas, je l'ai vue pâlir et rougir successivement ; elle m'a regardé, et m'a fait signe de me taire ; mais après quelques minutes, elle a été obligée de se lever : nous l'avons suivie dans le salon, où elle s'est couchée sur une ottomane ; le comte inquiet a voulu sur-le-champ faire chercher un médecin. Valérie ayant passé dans sa chambre, je n'ai point osé l'y accompagner ; mais je suis entré dans une petite bibliothèque attenante, où je pouvais rester sans être vu. Là, j'entendais Valérie se plaindre, en cherchant à étouffer ses plaintes ; je ne sais plus ce que j'ai senti, car heureusement les douleurs ont un trouble qui empêche de les retrouver dans tous leurs détails ; tandis que le bonheur a des repos où l'âme jouit d'elle-même, note, pour ainsi dire, ses sensations, et les met en réserve pour l'avenir.

Il ne m'est resté que des idées confuses et douloureuses de ces cruels moments. Quand Valérie paraissait souffrir beaucoup, tout mon sang se portait à ma tête, et j'en sentais battre les artères avec violence. J'étais debout, appuyé contre une porte de communication qui donnait dans la chambre de la comtesse ; je l'entendais quelquefois parler tranquillement, et alors le calme revenait dans mon âme. Mais que devins-je, quand je l'entendis dire qu'elle avait perdu une sœur en couche de son premier enfant ! — Je frissonnai de terreur, mon sang paraissait s'arrêter dans mes veines, et je fus obligé de me traîner le long des panneaux pour m'asseoir sur une chaise.

La comtesse appela Marie, et lui dit de me chercher ; je sortis de la bibliothèque, j'allai à sa rencontre, et je la suivis chez Valérie. « Je vous envoie chercher, Gustave, me dit-elle, en prenant un air presque gai ; mais les traces de la souffrance qui étaient encore sur son visage ne m'échappèrent pas : j'ai voulu vous voir un moment, et vous dire que cela ne sera rien ; mes douleurs passent. J'ai pensé que vous seriez bien aise d'être rassuré ; je sais l'intérêt que vous prenez à vos amis. » Avec quelle bonté elle me dit cela ! Mes yeux lui exprimèrent combien j'étais touché qu'elle m'eût deviné. « Vous devriez faire de la musique, Gustave, me dit-elle, mais pas au salon, je ne vous entendrais pas ; ici à côté vous trouverez le petit piano, cela me distraira. » Savait-elle, Ernest, qu'il fallait me distraire moi-même et me tranquilliser ? Je trouvai le piano ouvert ; il y avait une romance qu'elle avait copiée elle-même ; ce fut celle-là que je pris, elle m'était inconnue, je me mis à la chanter ; je te noterai le dernier couplet pour que tu voies comment, par une inconcevable combinaison, cette romance me replongea dans mes tourments et dans la plus horrible anxiété : elle commence ainsi :

J'aimais une jeune bergère.

L'air et les paroles sont, je crois, de Rousseau [1] ; il n'y avait peut-être que moi qui ne connusse pas cette romance. Il me semblait que Valérie recommençait à se plaindre ; je continuai pourtant. j'arrivai au dernier couplet.

Après neuf mois de mariage,
Instants trop courts !
Elle allait me donner un gage
De nos amours,
Quand la Parque, qui tout ravage,
Trancha ses jours.

Ma voix altérée ne put achever ; une sueur froide me rendit immobile : Valérie jeta un cri ; je voulus me lever, voler à elle, je retombai sur ma chaise, et je crus que j'allais perdre entièrement connaissance. Je me remis cependant assez pour courir à la porte de l'appartement de la comtesse. L'accoucheur sortit dans ce moment. « Au nom du ciel ! dis-je, en lui prenant la main, et en tremblant de toutes mes forces, dites-moi s'il y a du danger. » Il leva les épaules, et me dit : « J'espère bien que non ; mais elle est si délicate qu'on ne peut en répondre, et elle souffrira beaucoup. » Il me semblait que l'enfer et tous ses tourments étaient dans

1. D'auteur inconnu, cette chanson, en tout cas, n'est pas de Rousseau.

ce mot *j'espère*. Pourquoi ne me disait-il pas : «*Non*, il n'y a pas de
danger. » — «Mais, vous-même, me dit-il, vous ne me paraissez pas
bien.» Dans tout autre moment j'eusse pu être inquiet de son observation, mais j'étais si malheureux que toute autre considération
disparaissait dans cet instant. Je me mis à courir par toute la maison, mon
agitation ne me laissant aucun repos ; je ne sais tout ce qui se passa, mais
je me trouvai à la chute du jour dans les rues de Venise, courant sans
m'arrêter ; je voulus demander un verre d'eau dans un café ; je vis un
homme de ma connaissance qui s'avançait vers moi ; la crainte qu'il ne
m'abordât fit que je me remis à marcher très vite du côté opposé : mes
forces s'épuisaient entièrement. Je passais devant une église ; elle était
ouverte, j'y entrai pour me reposer. Il n'y avait personne qu'une femme
âgée qui priait ; elle était devant un autel où était un christ, et à la faible
clarté de quelques cierges, je voyais son visage où était répandue une
douce sérénité. Ses mains étaient jointes, ses yeux envoyaient au ciel des
regards où se peignait une résignation mêlée d'une joie céleste. Je m'étais
appuyé contre un des piliers de l'église, quand mes yeux s'arrêtèrent sur
cette femme : cette vue me calma beaucoup ; il me semblait que la piété
et le silence qui régnaient autour de moi, abattaient la tempête de mon
âme agitée. La femme se leva doucement, passa devant moi, me fixa un
moment avec bienveillance, puis elle regarda la place où elle avait prié,
et reporta ses yeux sur moi ; ensuite elle baissa son voile et sortit. Je
m'avançai vers cette place, je tombai à genoux, je voulus prier, mais
l'extrême agitation que je venais d'éprouver ne me permit pas d'assembler mes idées. Cependant je souffrais moins ; il me semblait qu'en
présence de l'Éternel, sans pouvoir même l'invoquer, mes peines étaient
adoucies, par cela seul que je les déposais dans son sein au milieu de cet
asile, où tant de mes semblables venaient l'invoquer. Je ne faisais que
répéter ces mots : «Dieu de miséricorde ! »… «Pitié ! »… «Valérie ! »…
puis je me taisais, et je sentais des larmes qui me soulageaient. Je ne sais
combien de temps je restai ainsi ; quand je me levai, il me sembla que ma
vie était renouvelée, je respirais librement, je me trouvais auprès d'un des
plus beaux tableaux de Venise, une vierge de Solimène [1] ; plusieurs
cierges l'éclairaient, des fleurs fraîches encore et nouvellement offertes à
la Madone, mêlaient leurs douces couleurs et leurs parfums à l'encens
qu'on avait brûlé dans l'église. C'est peut-être l'amour, me disais-je, qui
est venu implorer la Vierge ; ce sont deux cœurs timides et purs qui
brûlent de s'unir l'un à l'autre par des nœuds légitimes. Je soupirais
profondément, je regardais la Madone ; il me semblait qu'un regard
céleste, pur comme le ciel, sublime et tendre à la fois, descendait dans
mon cœur ; il me semblait qu'il y avait dans ce regard quelque chose de
Valérie. Je me sentais calmé : «Elle ne souffre plus, me disais-je, bientôt

---

1. Francesco Solimena (1657-1747), représentant de la peinture baroque à Naples.

elle sera remise, ses traits auront repris leur douce expression. Elle me
plaindra d'avoir tant souffert pour elle ; elle me plaindra, elle m'aimera
peut-être. » Insensiblement ma tête s'exalta ; je tombai à genoux : Ô !
honte, ô ! turpitude de mon cœur abject ! le croirais-tu, Ernest ? j'osais
invoquer le Dieu du ciel et de la vertu, qui ne peut protéger que la vertu,
qui la donna à la terre pour qu'elle nous fît penser à lui, j'osais le prier
dans ce lieu saint de me donner le cœur de Valérie. Je ne voyais qu'elle ;
les fleurs, leur parfum, la mélancolie du silence qui régnait autour de
moi, tout achevait de jeter mon cœur dans ces coupables pensées. J'en
fus tiré par un enfant de chœur ; il m'avait apparemment appelé plusieurs
fois, car il me secoua par le bras : « Signor, me dit-il, on va fermer
l'église. » Il tenait un cierge à la main ; je le regardais d'un air étonné ;
absorbé dans mon délire, j'avais oublié le lieu sacré où je me trouvais. Le
cierge incliné de l'enfant de chœur me montra la place où j'étais à
genoux, c'était un tombeau : j'y lus le nom d'Euphrosine, et ce nom
paraissait être là pour citer ma conscience devant le tribunal du juge
suprême. Tu le sais, Ernest, c'était le nom de ma mère, de ma mère,
descendue aussi au tombeau, et qui reçut mes serments pour la vertu.
Il me semblait sentir ses mains glacées, lorsqu'elle les posa pour la
dernière fois sur mon front pour me bénir ; il me semblait les sentir
encore, mais pour me repousser. Je me levai d'un air égaré ; je n'osais
plus invoquer l'Éternel, et je revoyais Valérie mourante ; mon imagination
me la montrait pâle et luttant contre la mort. Je tordis mes mains ; je
cachai ma tête en embrassant un des piliers avec une angoisse inexprimable. « Ô signor ! dit l'enfant effrayé, qu'avez-vous ? » Je le regardais ;
il voulut s'éloigner de moi. « Ne crains rien », lui dis-je, et ma voix
altérée le rappela. « Je suis malheureux, mon ami ; ne me fuis pas. » Il se
rapprocha de moi.

« Êtes-vous pauvre ? dit-il ; mais vous avez un bel habit.

— Non, je ne suis pas pauvre, mais je suis bien malheureux. »

Il me tendit sa petite main, et serra la mienne.

« Eh bien, dit-il, vous achèterez des cierges pour la Madone, et je
prierai pour vous.

— Non, pas pour moi, dis-je vivement, mais pour une dame bien
bonne, bonne comme toi. Oh ! viens, lui dis-je, en le serrant sur mon
cœur, et laissant couler mes larmes sur son visage ; viens, être pur et
innocent ! toi, qui plais à Dieu et ne l'offenses pas, prie pour Valérie.

— Elle s'appelle Valérie ?

— Oui.

— Et qu'est-ce qu'il faut demander à Dieu ?

— Qu'il la conserve ; elle est dans les douleurs ; elle est malade.

— Ma mère est malade aussi, et elle est pauvre : Valérie l'est-elle
aussi ?

— Non, mon ami ; voilà ce qu'elle envoie à ta mère. »

Je tirai ma bourse, où il y avait heureusement de l'or; il me regarda avec étonnement :

« Oh! comme vous êtes bon! comme je prierai Dieu et la sainte Vierge tous les jours pour vous! et avant pour... Comment s'appelle-t-elle?

— Valérie.

— Ah! oui, pour Valérie!»

Ses mains se joignirent; il tomba à genoux. Pour moi, sans oser proférer une parole, j'élevais aussi mes mains, je baissais mes regards vers la tombe; mon cœur était contrit, déchiré; et il me sembla que je déposais mon repentir et ses supplices au pied de la croix sur laquelle les Carrache [1] avaient essayé d'exprimer la grandeur du Christ mourant; je voyais devant moi ce superbe tableau, faiblement éclairé par le cierge de l'enfant.

LETTRE XXV

Venise, le

Toutes mes inquiétudes sont finies; je ne tremble plus pour celle qui n'a été qu'un moment, il est vrai, la plus heureuse des mères, mais qui existe, qui se porte bien. Oui, Ernest, j'ai vu la sensible Valérie, mille fois plus belle, plus touchante que jamais, répandre sur son fils les plus douces larmes, me le montrer éveillé, endormi, me demander si j'avais remarqué tous ses traits, pressentir qu'il aurait le sourire de son père, et ne jamais se lasser de l'admirer et de le caresser.

Hélas! quelque temps après, ces mêmes yeux ont répandu les larmes du deuil et de la douleur la plus amère : le jeune Adolphe n'a vécu que quelques instants, et sa mère le pleure tous les jours. Cependant, elle est résignée; mais elle a perdu cette douce gaieté qui suivit ses premiers transports de bonheur; la plus profonde mélancolie est empreinte dans ses traits; ils ont toujours quelque chose qui peint la douleur. En vain le comte cherche à la distraire; ce qui la calme, est justement ce qui la ramène à Adolphe. Elle a acheté un petit terrain qui appartient à des religieuses; ce terrain est à Lido, île charmante, près de Venise : c'est là que l'on a enterré le fils de Valérie. Le comte a été profondément affecté de la perte qu'il a faite; je ne l'ai pas quitté pendant son chagrin. Ma douleur, si véritable, la manière dont je l'exprimais, mes soins assidus, ont touché cet homme excellent. Il m'a témoigné une tendresse si vive!

---

1. Peintres nés à Bologne : Ludovico (1555-1619) et ses cousins Agostino (1557-1602) et Annibale (1560-1609), ce dernier connu surtout pour avoir décoré la galerie du palais Farnèse, à Rome.

Je voyais qu'il me savait gré d'avoir quitté mon genre de vie solitaire. Hélas ! il ne saura jamais combien il m'a fallu de courage pour la fuir, pour lutter contre ces longues habitudes de mon cœur, si douces, si chères ! Je ne serai jamais compris. Toi seul, Ernest, tu pourras me plaindre, concevoir mes douleurs, et pleurer sur moi.

LETTRE XXVI

Venise, le

Explique-moi, Ernest, comment on peut n'aimer Valérie que comme on aimerait toute autre femme. Hier, je me promenais avec le comte, nous avons rencontré une femme qui était arrêtée devant une boutique du pont de Rialto. « Voilà une bien jolie personne », me dit le comte. Je l'ai regardée, et sa taille et ses cheveux m'ont rappelé Valérie ; j'ai eu envie de dire qu'elle ressemblait à la comtesse, mais je craignais que ma voix ne me trahît. Cependant, comme il y avait beaucoup de bruit sur le pont, et qu'il ne m'observait pas, je le lui ai dit. « Nullement, m'a-t-il répondu, cette femme est extrêmement jolie ; Valérie a de la jeunesse, de la physionomie, mais jamais on ne la remarquera. » J'éprouvais quelque chose de douloureux, non pas que j'eusse besoin que d'autres que moi la trouvassent charmante, mais de penser que je l'aime avec une passion si violente, qu'elle est pour moi le modèle de tous les charmes, de toutes les séductions, et que jamais je ne pourrai lui expliquer un seul instant de ma vie ce que j'éprouve ; je n'osais dire au comte combien je le trouvais injuste.

« Au moins, lui dis-je, on ne peut refuser à la comtesse le prix des vertus et de la beauté de l'âme.

— Ah ! sans doute, c'est une excellente femme ; ce sera une femme bien essentielle, et quand elle aura été plus dans le monde, elle sera même extrêmement aimable. »

Quoi ! Valérie, tu as besoin de plus de développement pour être extrêmement aimable ! Ton esprit, ta sensibilité, tes grâces enchanteresses ne t'assignent-elles pas déjà la première de ces places qu'osent te disputer des femmes légères, qui, avec quelques mines, quelques grâces factices et de froides imitations de ce charme suprême que la vraie bonté seule donne, se croient aimables ? Comment peux-tu devenir meilleure ; toi, qui ne respires que pour le bonheur des autres ; qui, renfermée dans le cercle de tes devoirs, ne comptes tes plaisirs que par tes vertus ; emploies chaque moment de la vie au lieu de la dissiper ; diriges ta maison et la remplis des félicités les plus pures. Moi seul, serais-je donc destiné à te

comprendre, à t'apprécier ; et n'aurais-je eu cette faculté que pour
devenir si malheureux ! Ces tristes réflexions avaient absorbé mon
attention ; je marchais silencieusement à côté du comte, et je me disais :
l'homme ne saura-t-il donc jamais jouir du bonheur que le ciel lui
donne ? Et cet homme si distingué, si bien fait pour être heureux par
Valérie, ne se trouverait-il pas en effet plus à envier, et plus heureux
qu'un autre ? Mais pourquoi, me disais-je, faut-il que le bonheur soit un
délire ? Cette ivresse même avec laquelle l'amour le juge, ne le dégrade-
t-il pas ? et ne vois-je pas le comte rendre chaque jour le plus beau des
hommages à Valérie, lui confier son avenir, lui dire qu'elle embellit sa
vie, et avoir besoin d'elle comme d'un air pur pour respirer ? Mais j'avais
beau me dire tout cela, je finissais toujours par penser : « Ah ! comme je
l'aimerais mieux ! »

LETTRE XXVII

Venise, le

Le comte, tu le sais déjà, redoute pour Valérie les courses qu'elle fait
à Lido ; mais il finit toujours par céder : ses affaires l'occupent, et c'est
moi qui l'ai accompagnée, avec Marie, ces jours-ci. Nous y allâmes la
semaine passée. Sa douce confiance m'enchante. Elle est si sûre que ce
qu'elle désire ne trouvera jamais d'opposition de ma part, qu'elle ne
demande pas : « Pouvez-vous venir avec moi ? » mais elle me dit :
« N'est-ce pas, Gustave, vous viendrez avec moi ? »

J'ai été à Lido en son absence, j'y ai apporté des arbustes enlevés avec
soin d'un jardin, et qui ont continué à fleurir : j'ai planté des saules
d'Amérique et des roses blanches auprès du tombeau d'Adolphe. Valérie
était fort triste le jour que nous devions y aller ensemble. En débarquant
à Lido, je la voyais oppressée ; elle paraissait souffrir beaucoup ; ses yeux
étaient mélancoliquement baissés vers la terre. Nous arrivâmes à l'enceinte
du couvent ; nous passâmes par une grande cour abandonnée, où l'herbe
haute et flétrie par la sécheresse embarrassait nos pas. La journée était
encore fort chaude, quoique nous fussions déjà à la fin d'octobre. Une
des sœurs du couvent vint nous ouvrir la porte qui donnait sur le petit
terrain que Valérie a acheté ; Valérie l'a remerciée ; elle lui a pris la main
affectueusement, et lui a dit :

« Ma sœur, vous devriez remettre une clef à un de mes gondoliers ; je
vous donnerai trop souvent la peine d'ouvrir cette porte. Y a-t-il longtemps que vous êtes dans ce couvent ? a-t-elle ajouté ?

— Depuis mon enfance.

— Vous ne vous y ennuyez pas ?

— Oh ! jamais ; la journée ne me paraît pas assez longue. Notre ordre n'est pas sévère. Nous avons de très belles voix dans notre couvent ; cela nous fait rechercher par beaucoup de monde.

— Mais vous ne voyez pas ce monde ?

— Je vous demande pardon : nous avons beaucoup plus de liberté qu'ailleurs ; et, avec la permission de l'abbesse, nous pouvons voir les personnes qu'elle admet. Les jours de fête, nous ornons l'église de fleurs ; nous en cultivons de bien belles ; nous sommes aussi chargées de l'instruction des enfants.

— Aimez-vous les enfants ? demanda vivement Valérie.

— Beaucoup », répondit la sœur.

Dans ce moment, la cloche appela la religieuse. Valérie était restée à la place où elle nous avait quittés ; ses yeux la suivirent.

« Jamais, dit-elle, elle ne connaîtra la douleur de perdre un fils bien-aimé !

— Ni les peines de l'amour malheureux ! ajoutai-je, en souriant.

— Elle paraît si calme ! Mais aussi elle ne connaît pas toutes les félicités attachées au bonheur d'aimer ; et il y en a de si grandes ! Et puis, Gustave, nous reverrons les êtres que nous avons aimés et perdus ici-bas. L'amour innocent, l'amitié fidèle, la tendresse maternelle, ne continueront-ils pas dans cette autre vie ? Ne le pensez-vous pas, Gustave ? me demanda-t-elle avec émotion.

— Je le crois », lui répondis-je, profondément ému ; et, prenant sa main, je la mis sur ma poitrine : « Peut-être alors, lui dis-je, des sentiments réprouvés ici-bas oseront-ils se montrer dans toute leur pureté ; peut-être des cœurs séparés sur cette terre se confondront-ils là-bas. Oui : je crois à ces réunions, comme je crois à l'immortalité. Les récompenses ni les punitions ne peuvent exister sans souvenirs ; rien ne continuerait de nous-mêmes sans cette faculté. Vous vous rappellerez le bien que vous fîtes, Valérie, et vous retrouverez dans votre souvenir ceux que votre bienfaisance chercha sur cette terre ; vous aimerez toujours ceux que vous aimâtes. Pourquoi seriez-vous punie par leur absence ? Ô ! Valérie, la céleste bonté est si magnifique ! »

Le soleil, en cet instant, jeta sur nous ses rayons ; la mer en était rougie, ainsi que les Alpes du Tyrol, et la terre semblait rajeunie à nos yeux, et belle comme l'espérance qui nous avait occupés. Nous arrivâmes à l'enceinte du tombeau ; les arbustes le cachaient : Valérie, étonnée de ce changement, se douta que je les avais fait planter ; elle me remercia d'une voix attendrie, en me disant que j'avais réalisé son idée. Nous écartâmes des branches touffues d'ébéniers qui avaient fleuri encore une fois dans cet automne, et quelques branches de saule et d'acacia. Valérie fixa ses regards sur la tombe d'Adolphe ; ses larmes coulèrent ; elle leva ses yeux au ciel ; je vis ses lèvres se remuer doucement, son visage s'embellir de piété ; elle priait pour son fils. Des voix célestes se mêlèrent à ce moment d'attendrissement ; les religieuses chantaient de saintes strophes qui arrivaient jusqu'à nous à travers le silence, au moment où le soleil se retirait lentement, abandonnant la terre et s'éteignant au milieu des vagues, comme la vie de l'homme qui s'éteint, qui paraît tomber dans l'abîme des ténèbres, pour en ressortir plus belle et plus brillante.

LETTRE XXVIII

Venise, le

Le comte veut distraire Valérie de sa douleur ; il craint pour sa santé ; il trouve qu'elle est maigrie ; il veut, dit-on, hâter son voyage de Rome et de Naples. Il paraît qu'il n'en a point encore parlé à sa femme. C'est mon vieux Erich qui a appris du valet de chambre du comte qu'on faisait en secret les préparatifs du voyage, afin de surprendre Valérie plus agréablement. Ernest, j'ai parlé souvent avec enthousiasme au comte de cette partie de l'Italie, du désir que j'avais de la voir ; eh bien, s'il me proposait d'être de ce voyage, je refuserais, je refuserais, j'y suis décidé. Est-ce à moi à abuser de son inépuisable bonté ? Si, par un miracle, je n'ai pas encore été le plus méprisable des hommes ; si mon secret est encore dans mon sein ; si l'extrême innocence de Valérie m'a mieux servi que ma fragile vertu, l'exposerai-je, ce funeste secret, au danger d'un nouveau voyage, à cette présence continuelle, à cette dangereuse familiarité ? Non, non, Ernest, je refuserai ; et si je pouvais ne pas le faire, après avoir si clairement senti mon devoir, il faudrait ne plus aimer. Ô ma mère ! du haut de votre céleste séjour, jetez un regard sur votre fils ! il est bien faible, il s'est jeté dans bien des douleurs ; mais il aime encore cette vertu, cette austère et grande beauté du monde moral, que vos leçons et votre exemple gravèrent dans son cœur.

LETTRE XXXIX

Venise, le

Toi seul, tu es assez bon, assez indulgent pour lire ce que je t'écris, et ne pas sourire de pitié, comme ceux qui se croient sages, et que je déteste.

Hier, dans la sombre rêverie qui enveloppe tous mes jours, et dans laquelle je ne pense qu'à Valérie, et à l'impossibilité d'être jamais heureux, je suivais le tumulte de la place Saint-Marc; le jour baissait. Le vaste canal de la Judeïca était encore rougi des derniers rayons du soir, et les vagues murmuraient doucement; je les regardais fixement, arrêté sur le quai, quand tout à coup le bruit d'une robe de soie vint me tirer de ma rêverie. Elle avait passé si près de moi que mon attention avait été éveillée. Je levai les yeux, et mon cœur battit avec violence; la femme qui avait passé près de moi, dont je ne pouvais voir les traits, mais dont je voyais encore la taille, les cheveux, je crus... je crus que c'était elle; le trouble qu'elle m'inspire toujours me retint à ma place, je n'osais la suivre, éclaircir mes doutes. Elle avait encore l'habillement du matin; le zendale, le mystérieux zendale, qui tantôt voile et tantôt cache toute la figure, la grande jupe de satin noir, le corset de satin lilas, le même que Valérie porte toujours, et que je lui avais encore vu la veille; un voile noir enveloppait sa tête, et laissait échapper une boucle de cheveux cendrés, de ces cheveux qui ne peuvent être qu'à Valérie. Est-ce la comtesse? me disais-je. Mais seule, sans aucun de ses gens, traversant ce quai, à cette heure, c'est impossible; et si, comme elle le fait souvent, elle allait chercher l'indigence, Marie, sa chère Marie serait avec elle. Tout en observant cette femme, je la suivais machinalement. Enfin elle s'est arrêtée devant une maison de bien peu d'apparence. Elle a frappé un grand coup de marteau; le jour était entièrement tombé. «Qui est là?» cria une voix cassée. «Ah! c'est toi Bianca»; en même temps la porte s'ouvrit, et je vis disparaître cette femme. Je restai anéanti de surprise à cette place, où me retenaient encore l'étonnement, la curiosité et un charme secret. Il faut que je revoie cette femme, me disais-je... Quelle étonnante ressemblance! Il existe donc encore un être qui a le pouvoir de faire battre mon cœur! Mille idées confuses s'associaient à celle-là : si je voyais partir Valérie de Venise, si je m'éloignais d'elle, comme une loi sévère me l'ordonne, alors il me resterait quelque chose qui rendrait mes souvenirs plus vivants, un être qui aurait le pouvoir de me retracer l'image de Valérie. Ah! sans doute jamais je ne pourrais un seul instant lui être infidèle. Mais, comme on voudrait arrêter l'ombre d'un objet aimé, quand on ne peut l'arrêter lui-même, ainsi cette femme me la rappellera. — La nuit était venue; elle était sombre; je m'étais assis sous les fenêtres du rez-de-chaussée; je pensais à Valérie, quand j'entendis ouvrir une des jalousies; je levai la tête, et je vis de la lumière; une femme s'avança, s'assit sur la fenêtre; je me doutais que c'était Bianca, et toute ma curiosité était revenue. Je sentis, après quelques minutes, quelque chose tomber à mes pieds; c'étaient des écorces d'orange que Bianca venait de jeter. Le croirais-tu, Ernest? l'écorce d'une orange, le parfum d'un fruit dont l'Italie entière est couverte, que je vois, que je sens tous les jours, me fit tressaillir, remplit d'une volupté inexprimable tous

mes sens. Il y avait quinze jours, qu'assis auprès de Valérie, sur le balcon
qui donne sur le grand canal, elle me parla de son voyage de Naples et du
projet du comte de m'emmener avec lui ; je sentis mes joues brûlantes et
mon cœur battre et défaillir tour à tour ; tantôt de ravissantes espérances
me transportaient au bord de ce rivage enchanté ; Valérie était à mes
côtés, et les félicités du ciel m'environnaient ; mais bientôt je soupirais,
n'osant me livrer à ces images de bonheur ; forcé à plier sous la terrible loi
que me prescrivait le devoir ; décidé à refuser ce voyage, et n'ayant pas la
force de prononcer mon propre arrêt. Valérie avait engagé les autres à
aller souper, se plaignant d'un léger mal de tête, et ne voulant manger que
quelques oranges qu'elle me pria de lui apporter ; nous étions restés seuls ;
j'étais assis à ses pieds sur un des carreaux de son ottomane ; je me livrais
à la volupté d'entendre sa voix me dépeindre tous les plaisirs qu'elle se
promettait de ce voyage ; mon imagination suivait vaguement ses pas ; et
l'instant où je la voyais s'éloigner de moi, jetait un voile mélancolique sur
toutes ces images. « Bientôt, dit-elle, nous verrons Pausilippe [1], et ce beau
ciel que vous aimez tant. » Impatientée de ce que je ne partageais pas
assez vivement ce qui l'enchantait, elle me jeta quelques écorces d'oranges.
J'en vis une que ses lèvres avaient touchée, je l'approchai des miennes ;
un frisson délicieux me fit tressaillir ; je recueillis ces écorces : je respirais
leur parfum ; il me semblait que l'avenir venait se mêler à mes présentes
délices ; la douce familiarité de Valérie, sa bonté, l'idée de ne la quitter
que pour peu de temps, tout fit de ce moment un moment ravissant. Je me
disais qu'au sein des privations, condamné à un éternel silence, j'étais
encore heureux, puisque je pouvais sentir cet amour, dont les moindres
faveurs surpassaient toutes les voluptés des autres sentiments.

Voilà, mon ami, voilà le souvenir qui ce soir revint avec tant de
charme ; et, quand assis sous le même ciel qui nous avait couverts
Valérie et moi, environné d'obscurité et de l'air tiède et suave de l'Italie,
le cœur toujours plein d'elle, je sentis ce même parfum, dis-moi, mon
Ernest, quand tout se réunissait pour favoriser mon illusion, et me
rappeler ce moment magique, mon délire était-il donc si étonnant ?

LETTRE XXX

Venise, le

Elle est partie, je te l'ai déjà dit ; je te le répète, parce que cette pensée
est toujours là pour appesantir mon existence. Il me semble que je traîne
après moi des siècles dans ces espaces qu'on nomme des jours. Je ne

---

1. Promontoire sur la mer Tyrrhénienne entre les golfes de Naples et de Pouzzoles.

souffre que de cet ennui qui est un mal affreux, de cet ennui insurmontable, qui place dans une vaste uniformité tous les instants comme tous les objets. Rien ne m'émeut, pas même son idée. Je me dis : « Elle n'est plus là » ; mais à peine ai-je la force de la regretter ; je me sens mort au-dedans de moi, quoique je marche et que je respire encore. Quelle est donc cette terrible maladie, cette langueur qui me fait croire que je ne suis plus susceptible de passion ni même d'un intérêt vif ; qui me ferait envier les hommes les plus médiocres, seulement parce qu'ils ont l'air d'attacher du prix aux choses qui n'en ont point ? Quand la nature, et sa grandeur, et son silence me parlaient, était-elle autre qu'elle n'est aujourd'hui ? Où sont-elles les voix de la montagne, des torrents, des forêts ? Sont-elles éteintes ? ou bien l'homme porte-t-il en lui, avec la faculté de mesurer la grandeur, le pouvoir de rêver aussi d'ineffables harmonies ? Ah ! sans doute il est un langage vivant au-dedans de nous-mêmes, qui nous fait entendre tous ces secrets langages. — Les ondes deviennent pittoresques en réfléchissant de beaux paysages ; mais, pour les réfléchir, il faut qu'elles soient pures.

Il semble qu'un ouragan ait passé au-dedans de moi, et y ait tout dévasté ; et cet amour, qui crée des enchantements, n'a laissé après lui, pour moi, qu'un désert.

Je sens que je m'abandonne moi-même. Quand je la voyais, j'étais souvent malheureux. Forcé de lui cacher mon amour, comme on cache un délit, je voyais un autre en être aimé, suffire à son bonheur ; et cet autre était un bienfaiteur, un père, que je craignais d'outrager ; et je sentais en moi un autre empire, une force de passion qui me rejetait dans un coupable vertige. Ainsi, forcé de les aimer tous deux, ne pouvant échapper à aucun de ces deux ascendants, ma vie était une lutte continuelle ; mais au milieu des vagues, je m'efforçais encore d'atteindre l'un ou l'autre rivage. L'un, escarpé et sévère, m'effrayait ; mais je voyais la vertu me tendre la main, et il y avait quelque chose en moi qui, dès mes plus jeunes années, m'animait pour elle. L'autre rivage était comme une de ces belles îles, jetées sur des mers lointaines, dont les parfums viennent enivrer le voyageur, avant même qu'il l'aperçoive. Je fermais les yeux, je perdais la respiration, et la volupté m'entraînait comme un faible enfant ; mais dans ces courts instants, au moins, j'avais le bonheur de l'ivresse, qui ne compte pas avec la raison. Sans doute, je me réveillais, et c'était pour souffrir ; mais dans ces jours de danger, et souvent de douleurs, j'étais soutenu par une activité, par une fièvre de passion, par des moments d'orgueil, par des moments plus beaux de défiance, et que la vertu réclamait : mon existence se composait de grandes émotions ; et le souffle de Valérie, quelque chose qui arrivât, m'environnait, et m'empêchait de m'éteindre comme à présent.

LETTRE XXXI

Venise, le

Il y a bien longtemps, mon ami, que je ne t'ai écrit ; mais qu'avais-je à te dire ? Parle-t-on d'un rivage abandonné où tout attriste, d'où les eaux vives se sont retirées, et sur lequel a passé le vent de la destruction, qui a tout desséché ? Mais actuellement que l'espérance d'être moins malheureux est venue derechef visiter mon âme, je pense à toi ; toi, dont l'amitié jeta de si beaux rayons dans ma vie ; toi, que j'aimais dans cet âge qui prépare aux longues affections, dans l'enfance, où le cœur n'a été rétréci par rien.

Ernest, je suis moins malheureux : que dis-je ? je ne le suis plus. Je vis, je respire librement ; je pense, je sens, j'agis pour elle : et si tu savais ce qui a produit cet énorme changement ! Une pensée d'elle est venue me toucher, à cent lieues de distance. Il m'a semblé qu'elle reprenait des rênes abandonnées, qu'elle se chargeait de ma conduite, et j'ai soulevé ma tête, un sang plus chaud a circulé dans mes veines, une douce fierté a relevé mon regard abaissé vers la terre.

Il y a eu hier deux mois, qu'elle est partie. On est venu me demander à l'hôtel, pour me dire qu'il y avait à la douane des caisses de Florence, avec une lettre de la comtesse, qu'on me priait de réclamer moi-même. A ces mots, je sentis le reste de mon sang se porter à mon cœur en battements précipités et inégaux ; j'éprouvais une impatience qui contrastait bien avec mon état ; j'étais si faible qu'à peine pouvais-je m'habiller, et mes yeux voyaient tous les objets doubles. Enfin, j'ai suivi mon conducteur. J'ai trouvé la lettre ; mais je n'ai osé la lire, de peur de me trouver mal, et je la serrais convulsivement dans mes doigts ; et quand je pus me dérober à la vue des commis, je la portai à mes lèvres. Je pris une gondole ; j'embarquai les caisses ; j'allai tout près de là dans un jardin solitaire, et je m'étendis sous un laurier : déjà sensible aux douces émotions, je laissai venir sur ma tête les rayons du soleil, qui allait se coucher dans la mer, je comptais déjà avec les plaisirs ; et, puisque je vivais depuis deux instants, je voulais déjà vivre heureux. Voilà bien l'homme ! Et qu'est-ce qui m'avait tiré de cet état de stupeur ? Une feuille de papier. Je ne savais encore ce qu'elle contenait, n'importe : avec elle étaient revenus mes souvenirs, mon imagination ; c'était Valérie qui l'avait touchée ; c'était elle qui avait pensé à moi. Longtemps je ne pus lire ; des nuages épais couvraient mes yeux ; quelquefois je frissonnais, et je me disais : « Peut-être le comte a-t-il été rappelé et ne reviendra-t-il pas à Venise. » Quand je pus lire, je cherchai les dernières lignes, pour voir si elles ne disaient pas un plus long adieu… Je vis : « Faites suspendre mon portrait dans le petit salon jaune où nous prenons le thé. »

Oh ! quels moments d'enivrante extase ! Valérie, je reverrai tes traits chéris, je pourrai les voir à toute heure ! Le matin, quand l'aube encore honteuse n'aura paru que pour moi, je volerai à ce salon chéri ; ou plutôt, ignoré du reste de la maison, j'y passerai les nuits, je croirai voir ton regard sur moi, et tu viendras encore, comme un esprit bienfaisant, dans mes songes. Mon ami, malgré moi il faut que je finisse ; je suis trop faible pour écrire de longues lettres.

LETTRE XXXII

Venise, le

Voilà la copie de la lettre de Valérie ; ne pouvant dormir, je l'ai transcrite pour toi, mon ami. Quelle nuit délicieuse je viens de passer ! — Je me suis établi dans le petit salon jaune : j'y avais fait placer le portrait de Valérie ; mais tu ignores encore ce qu'il y a d'enchanteur pour moi dans ce tableau, peint par Angélica [1], je veux que toi-même tu l'apprennes dans les paroles ingénues et presque tendres de Valérie. Reviens avec moi au salon, Ernest. Au-dessous du tableau, qui occupe une grande place, est une ottomane de toile des Indes : je m'y suis assis ; j'ai fait du feu ; j'ai mis auprès de l'ottomane un grand oranger que Valérie aime beaucoup ; j'ai arrangé la table à thé ; j'en ai pris comme j'en prenais avec elle, car elle l'aime passionnément. Le parfum du thé et de l'oranger, la place où elle était assise, et où je n'ai eu garde de m'asseoir, croyant la voir occupée par elle, tout m'a rappelé ce temps de ravissants souvenirs. Je suis resté comme cela jusqu'à deux heures du matin, et puis j'ai lentement copié sa lettre, m'arrêtant à chaque ligne, comme on s'arrête en revoyant, après une longue absence, son lieu natal, à chaque place qui vous parle du passé.

Copie de la lettre de Valérie.

Vous n'avez pas cru, bon et aimable Gustave, que vos amis aient pu vous oublier au milieu de leur bonheur. Si j'ai tardé si longtemps à vous écrire, c'est que j'ai voulu vous faire plus d'un plaisir à la fois ; et je savais que mon portrait vous en ferait, surtout parce qu'il vous rappellerait les moments que vous aimiez. J'ai donc retardé ma lettre, et vous avez aujourd'hui les traits de Valérie ; vous avez les souvenirs de Lido, et ces paroles, que je voudrais rendre touchantes, par l'amitié si vraie que j'ai pour vous.

---

1. Angelica Kauffmann (1741-1807), femme peintre suisse, qui fit le portrait de Mme de Krüdener elle-même.

Que n'ai-je, comme vous ou comme mon mari, étudié l'histoire et les arts, pour vous parler plus dignement de tout ce que je vois ! Mais je ne suis qu'une ignorante ; et si j'ai senti, ce n'est pas parce que je sais penser, c'est parce qu'il y a des choses si belles qu'elles vous transportent, et qu'elles semblent éveiller en vous une faculté qui vous avertit que c'est là la beauté. Je vous écris de Florence, qui est, dit-on, la ville des arts. Ah ! la nature l'a bien adoptée ! Aussi, que de fois j'ai rêvé aux bords de l'Arno, et sous les épais ombrages des Caccines [1] ! Cela m'a rappelé nos promenades de Sala, et près de Vérone. Il n'y a pas de cirque ici ; mais que de monuments appellent l'attention ! que d'écoles différentes ont envoyé leurs chefs-d'œuvre ! C'est ici aussi que vivent la Vénus et le jeune Apollon [2] : on peut réellement dire qu'ils vivent ; ils sont si purs, si jeunes, si aimables ! Ne sachant rien dire moi-même, il faut que je vous rende ce que disait mon mari : « Que la Vénus est belle ; et l'on sent pourtant que s'il y avait une femme comme celle-là, les autres n'en pourraient être jalouses. Elle a si bien l'air de s'ignorer, d'être étonnée d'elle-même ! Sa pudeur la voile ; quelque chose de céleste couvre ses formes ; et elle intimide en paraissant demander de l'indulgence. » J'ai été à la fameuse galerie du grand-duc ; j'y ai vu la Madonna della Seggiola, de Raphaël ; mes regards se sont pénétrés de sa haute beauté. Quel céleste amour remplit ses traits si purs ! Un saint respect, un doux ravissement sont entrés dans mon cœur.

J'ai vu, non loin d'elle, un tableau d'un maître peu connu ; c'était un berceau, et une jeune femme assise à côté. Soudain je me suis prise à pleurer, et j'ai pensé à mon fils et aux douces félicités que j'avais rêvées si souvent : je me suis retracé ce berceau où je ne l'ai couché que deux fois ; ce berceau que je m'étais si délicieusement peint, tantôt éclairé par le premier rayon du soleil, et mon enfant dormant : tantôt moi-même, m'arrachant au sommeil, murmurant sur lui de douces paroles pour l'endormir ; et je me disais : « Ô mon jeune Adolphe ! tu es tombé de mon sein comme une fleur de deux matins, et tu es tombé dans le cercueil ! et mes yeux ne te verront plus sourire ! » et je me suis retirée dans l'embrasure d'une fenêtre, où j'ai abondamment pleuré, cherchant à cacher mes larmes. Mon mari, qui est survenu, a voulu me consoler. Vous savez combien cet être si aimable, si excellent, a de pouvoir sur moi ; mais ma douleur ne m'en a pas moins aussi ramenée à votre souvenir, à votre infatigable patience. Oh ! comme vous cherchiez toujours à calmer mes peines ! comme vous me parliez toujours de mon Adolphe ! Je n'ai rien oublié, Gustave. Je vous vois encore à Lido, changer mon aride douleur en larmes mélancoliques, et cueillir auprès du tombeau de mon fils les roses que vous y aviez fait croître : ces fleurs, si souvent destinées au bonheur, me paraissaient mille fois plus belles, par le triste contraste même de leur beauté et de la mort ; tant la pensée qui touche l'âme embellit tout !

Ces chers et tristes souvenirs m'ont donné le désir de les arrêter encore, de les fixer, et, si je quitte une fois Venise et la place où dort mon Adolphe, de les emporter dans une terre où ils me rappelleront vivement Lido.

Mon mari désirait depuis longtemps avoir mon portrait, fait par la fameuse Angelica, et j'ai pensé qu'un tableau tel que j'en avais l'idée pouvait réunir nos deux projets. Ma pensée a merveilleusement réussi ; jugez-en vous-même. N'est-ce pas Valérie, telle qu'elle était assise si souvent à Lido, la mer se brisant dans

---

1. Les *Cascine* de Florence, parc entourant les laiteries du grand-duc.
2. La Vénus de Médicis et l'Apollon du Vatican.

le lointain, comme sur la côte où je jouais dans mon enfance ; le ciel vaporeux ; les nuages roses du soir, dans lesquels je croyais voir la jeune âme de mon fils ; cette pierre qui couvre ses formes charmantes, maintenant, hélas ! décomposées ; et ce saule si triste, inclinant sa tête, comme s'il sentait ma douleur ; et ces grappes de cytise, qui caressent en tombant la pierre de la mort ; et dans le fond, cette antique abbaye où vivent de saintes filles, qui ne seront jamais mères, dont la voix nous paraissait la musique des anges ? — N'est-ce pas le tableau fidèle de cette scène d'attendrissante douleur ? Quelque chose y manque encore : c'est l'ami qui consolait Valérie, et ne l'abandonnait pas à sa morne douleur ; c'est Gustave. Peut-il la croire assez ingrate pour l'avoir oublié ? Valérie ne pouvait le placer lui-même dans le tableau ; mais il y est pourtant, il s'y reconnaîtra. Qu'il se rappelle le 15 novembre, où, dans une sombre tristesse, mes yeux restaient attachés sur la tombe d'Adolphe : Gustave accourut ; il apportait un jeune arbuste, qu'il voulait planter près de cette place ; il avait aussi des lilas noués dans un mouchoir : il savait combien j'aimais cette fleur hâtive et douce, et ses soins en avaient obtenu quelques-unes de la saison même, qui les refuse presque toujours. Leur parfum me réveilla de ma sombre rêverie ; je vis Gustave si heureux de m'en apporter, que je ne pus m'empêcher de lui sourire pour l'en remercier ; et Gustave retrouvera dans le tableau, près de la place où je suis assise, un mouchoir noué d'où s'échappent des lilas, et son nom tracé sur le mouchoir.

Je vous envoie aussi une très belle table de marbre de Carrare, rose comme la jeunesse, et veinée de noir comme la vie ; faites-la placer sur le tombeau de mon fils. Elle n'a que cette simple inscription : *Ici dort Adolphe de M..., du double sommeil de l'innocence et de la mort.*

Je vous envoie aussi de jeunes arbustes que j'ai trouvés dans la Villa Médicis, qui viennent des îles du sud, et fleurissent plus tard que ceux que nous avons déjà : en les couvrant avec précaution l'hiver, ils ne périront pas, et nous aurons encore des fleurs quand les autres seront tombées.

Mon mari vous écrira de Rome : il vous envoie deux vues de Volpato. Faites placer mon portrait dans le petit salon jaune, où nous prenons le thé ordinairement.

Eh bien, Ernest, que dis-tu de cette charmante lettre, si enivrante pour moi, et pourtant si pure ? Que je serais le plus abject des hommes, si je pensais à Valérie autrement qu'avec la plus profonde vénération. Qu'elle est touchante cette lettre ! qu'elle est belle l'âme de Valérie, de celle qui daigne être ma sœur, mon amie ! et qu'il serait lâche celui dont la passion ne s'arrêterait respectueusement devant cet ange, qui ne semble vivre que pour la vertu et la tendresse maternelle.

LETTRE XXXIII

Venise, le

J'ai repris ma santé ; au moins, je suis mieux. Je m'occupe de mes devoirs, et mes jours ne se passent pas sans que je ne compte même de grands plaisirs. Chaque matin je visite le tableau ; je me remplis de cette douce contemplation ; je retrouve Valérie : il me semble, dans ces heures d'amour et de superstition, qu'elle me voit, qu'elle m'ordonne de ne pas me livrer à une honteuse oisiveté, à un lâche découragement, et je travaille.

Cette maison, qui me paraissait si triste depuis qu'elle est partie, est redevenue une habitation délicieuse, depuis que je suis souvent dans le salon jaune ; la ressemblance du portrait est frappante : ce sont absolument ses traits, c'est l'expression de son âme, ce sont ses formes. Il m'arrive quelquefois de lui parler, de lui rendre compte de ce que j'ai fait. Je retourne souvent à Lido. J'ai planté les arbustes qu'elle m'a envoyés ; j'ai fait mettre aussi la pierre sur le tombeau d'Adolphe. Hier, je suis resté fort tard à Lido ; j'ai vu la lune se lever. Je me suis assis au bord de la mer ; j'ai repassé lentement toute cette époque qui contient ma vie, depuis que je connais Valérie : je me suis retracé ces soirées où, assis ensemble, nous entendions murmurer le jonc flétri autour de nous ; où la lune jetait une douteuse et pâle clarté sur le sondes, sur les nacelles des pêcheurs ; où sa timide lueur arrivait en tremblant entre les feuilles de quelques vieux mûriers, comme mes paroles arrivaient en tremblant sur mes lèvres, et parlaient à Valérie d'un autre amour. Alors aussi les filles de Sainte-Thérèse entonnèrent de saints cantiques ; et ces voix, réservées pour le ciel seul, arrivant tranquillement à nous, conjurèrent l'orage de mon sein, comme autrefois le divin législateur des chrétiens conjurait la tempête de la mer, et ordonnait aux vagues de se calmer. Tout cela m'est revenu dans cette mémoire que nous portons dans notre cœur, et qui n'est jamais sans larmes et sans doux attendrissement.

Peut-être ne devrais-je pas penser ainsi à Valérie, revenir à elle par tous les objets qui me la retracent ; je le sens bien : il n'est pas prudent de chercher le calme par ces chemins dangereux.

Mais enfin l'essentiel n'est-il pas de me retrouver moi-même, et avant de jeter le passé dans l'abîme de l'oubli, ne faut-il pas chercher à acquérir des forces ? Si je faisais chaque jour seulement un pas, si je pouvais m'habituer à la chérir tranquillement... Oui, je te le promets, Ernest, je le ferai ce pas, qui, en m'éloignant d'elle, m'en rapprochera et me rendra digne de son estime et de la tienne.

LETTRE XXXIV
Ernest à Gustave

H., le 26 janvier

Je suis en Scanie [1], cher Gustave ; j'ai quitté Stockholm, et pour retourner chez moi, j'ai passé par tes domaines. J'ai fait le voyage avec l'extrême vitesse que permet la saison ; mon traîneau a volé sur les neiges. Hélas ! pourquoi ce mouvement si rapide ne me rapprochait-il pas de toi ? Depuis près de deux mois j'ignore ce que tu fais, et cela ajoute encore aux chagrins de l'absence. Je sais d'ailleurs combien le départ de Valérie t'a affligé. Pauvre ami ! que fais-tu ? Hélas ! je le demande en vain à la nature engourdie autour de moi ; mon cœur même, mon cœur si brûlant d'amitié, ne me répond pas quand je l'interroge sur ton sort : il me présage je ne sais quoi de triste et même de sombre. Gustave, Gustave, tu m'effrayes souvent... Je voudrais partir, te voir, me rassurer sur ta destinée. Cher ami, je le sens, je ne puis plus vivre sans toi... J'irai t'arracher à ces funestes lieux. Tu le sais, sous cette apparence de calme, ton ami porte un cœur sensible, et c'est peut-être cette même sensibilité qui a trouvé dans l'amitié de quoi suffire doucement à mon cœur.

Je continuerai ma lettre demain ; je t'écrirai du château de tes pères, et ne pouvant être avec toi, je visiterai ces lieux témoins de nos premiers plaisirs.

Je t'écris de ta chambre même que j'ai fait ouvrir, et dans laquelle j'ai encore trouvé mille choses à toi ; j'ai tout regardé, ton fusil, tes livres : il me semblait que j'étais seul au monde avec tous ces objets. J'ai feuilleté un de tes philosophes favoris ; il parlait du courage, il enseignait à supporter les peines, mais il ne me consolait pas, je l'ai laissé là ; puis j'ai ouvert la porte qui donne sur la terrasse, je suis sorti. La nuit était claire et très froide ; des milliers d'étoiles brillaient au firmament. J'ai pensé combien de fois nous nous étions promenés ensemble, regardant le ciel, oubliant le froid, cherchant parmi les astres la couronne d'Ariane, dont l'amour et les malheurs te touchaient tant, et l'étoile polaire, et Castor et Pollux qui s'aimaient comme nous : leur amitié fut éternisée par la fable ; la nôtre, disions-nous, le sera aussi, parce que rien de ce qui est grand et beau ne périt. Je me rappelais nos conversations, et je sentis mon cœur apaisé. La nature seule unit à sa grandeur ce calme qui se communique toujours ; tandis que les beaux ouvrages de l'art nous fatiguent, quand ils ne nous montrent que l'histoire des hommes.

---

1. La partie méridionale de la Suède.

Je rentrai dans ta chambre ; combien je fus touché, Gustave, en trouvant dans ton bureau ouvert un monument de ta bienfaisance, un fragment de billet[a] : je le copie, afin que ton cœur flétri par le chagrin, se repose doucement pendant quelques instants.

Gustave, ces lignes achevèrent de m'attendrir ; un besoin inexprimable de te serrer contre mon cœur qui sait si bien t'aimer, me donnait une agitation que je ne pouvais calmer, que tout augmentait dans ce lieu si rempli de ton souvenir. Je descendis dans la grande cour du château ; je traversai ces vastes corridors, jadis si animés par nos jeux et ceux de nos compagnons, maintenant déserts et silencieux ; je passai devant la loge aux renards, et je me rappelai, en voyant ces animaux, le jour où par mon imprudence, l'un d'eux te blessa dangereusement. Je saisis les barreaux de la grille, et je les regardai s'agiter et courir çà et là. Hector, ce beau chien danois si fidèle, arriva, me vit, et tourna autour de moi en signe de reconnaissance ; je pris ses larges oreilles, je le caressai, en pensant qu'il t'aimait, qu'il ne t'avait sûrement pas oublié : et soudain une idée, dont tu riras, me passa par la tête ; je courus à ta chambre, où j'avais vu un de tes habits de chasse ; je l'apportai à Hector en le lui faisant flairer, et je crus voir que ce bon chien le reconnaissait. Ce qu'il y a de sûr, c'est qu'il mit ses pattes sur l'habit, remua la queue, et donna toutes les démonstrations de la joie auxquelles il mêla quelques sons plaintifs. Ce spectacle m'attendrit tellement, que je pressai la tête de cet animal contre mon sein, et sentis couler mes larmes.

Adieu Gustave, je pars pour le presbytère de***, d'où je t'écrirai dans quelques jours.

J'ai été au presbytère ; j'ai revu notre respectable ami, le vieux pasteur, et ses charmantes filles. Le croirais-tu ? Hélène se marie demain, et j'ai promis d'assister à ses noces. J'arrivai à six heures du soir à cette paisible maison ; un vaste horizon de neige m'éclairait assez pour me conduire, car il faisait déjà nuit quand je partis. Mon traîneau fendait l'air ; les lumières du presbytère me guidaient et je dirigeai ma course par le lac où de jeunes mélèzes m'indiquaient le chemin que je devais suivre ; car tu sais combien ce lac est dangereux par les sources qui s'y trouvent, et qui l'empêchent de geler également partout. Le silence de la nuit et de ces eaux enchaînées me faisait entendre chaque pas des chevaux, et laissait arriver jusqu'à moi le bruit des sonnettes d'autres chevaux de paysans qui regagnaient les hameaux ; et auquel se mêlait de temps en temps la voix rauque et solitaire de quelques loups de la forêt voisine ; j'en vis un passer devant mon traîneau, il s'arrêta à quelque distance, mais il n'osa m'attaquer.

Quand j'arrivai au presbytère, je vis une quantité de traîneaux dessous le hangar, près de la maison, avec de larges peaux d'ours qui les

---

a. Ce fragment ne s'est pas trouvé.

couvraient, et qui me firent juger qu'ils n'appartenaient pas à des
paysans ; je trouvai le corridor très éclairé, couvert d'un sable fin et
blanc, et jonché de feuilles de mélèze et d'herbes odorantes : j'eus à
peine le temps d'ôter mon énorme wilshoura [1] que la porte s'ouvrit, et me
laissa voir une nombreuse compagnie. Le vieux pasteur me reçut avec
une touchante cordialité ; il se réjouit beaucoup de me revoir. La jeune
sœur d'Hélène vint me présenter des liqueurs faites par elle-même, et des
fruits séchés ; et le vieillard ensuite me fit faire la connaissance d'un
jeune homme de bonne mine, en me disant : « Voilà mon gendre futur ;
demain il épouse Hélène. » A ces mots, je sentis quelques battements de
cœur. Tu sais combien la jeune Hélène me plut. J'avais été bien près de
l'aimer ; et l'idée que ma mère n'approuverait jamais une union entre elle
et moi, me donna la force de combattre tout de suite un sentiment qui ne
demandait qu'à se développer. La raison m'avait ordonné de la quitter ;
mais, dans cet instant, tous ces aimables souvenirs revinrent à ma
mémoire, et je me rappelai vivement cet été tout entier passé avec elle.
Hélène s'approcha de moi, sur l'ordre de son père ; elle me salua une
seconde fois, et avec plus de timidité que la première. Le vieillard fit
apporter du vin de Malaga, qu'on versa dans une coupe d'argent, pour
me faire boire, selon l'usage, à la santé des futurs époux. Hélène, pour
suivre encore la coutume, porta cette coupe à ses lèvres, puis elle me la
présenta en baissant les yeux. Je rougis, Gustave, je rougis prodigieusement. Je me rappelai qu'autrefois, quand j'étais à table auprès
d'Hélène, et que cette même coupe faisait la ronde, mes lèvres cherchaient la trace des siennes : maintenant, tout m'ordonnait une conduite
opposée. Ma jeune amie s'en aperçut, et je vis ce front si pur se couvrir
aussi de rougeur. Je sortis précipitamment, et fis quelques tours de
promenade dans le petit jardin, où je vis encore des arbres que nous
avions plantés ensemble. La lune s'était levée ; j'étais redevenu calme
comme elle : je m'applaudis de n'avoir pas troublé le cœur d'Hélène par
une passion qui aurait pu être douloureusement traversée, de n'avoir pas
aussi affligé ma mère ; et je me composai, du bonheur d'Hélène, que je
voyais déjà heureuse épouse et mère, une suite d'images qui me conso-
laient de ce que j'avais perdu.

Adieu, Gustave. Que n'es-tu ici au milieu de ces scènes naïves et tranquilles, ou que ne suis-je près de toi pour adoucir tes maux !

---

1. Épaisse pelisse de fourrure.

LETTRE XXXV

Venise, le

Ce jour est un jour de bonheur pour ton ami.

J'ai reçu ta lettre, cher Ernest, et en même temps que j'en recevais une du comte. Il semblait que l'amitié eût choisi cette journée pour l'embellir de tous ses bienfaits. Et quand ton cœur me ramenait en Suède, au milieu de tant de tableaux où s'enlaçaient et les souvenirs de la patrie, et ceux des affections plus chères encore, le comte me transportait à son tour au milieu de ces merveilleuses créations du génie, de ces antiques souvenirs d'où l'histoire semble sortir toute vivante pour nous raconter encore ce que d'autres siècles ont vu. Il faut, Ernest, que tu partages ce que j'ai éprouvé, et je t'envoie des fragments des endroits qui m'ont le plus intéressé. Je ne veux point toucher au passage qui peint la constante affection du comte ; tu verras comme il me juge, et comme j'en suis aimé.

Fragment de la lettre du comte à Gustave

Je ne sais par où commencer, Gustave. Au milieu de tant de beautés, mon âme s'arrête indécise ; elle voudrait vous conduire partout, vous faire partager ses plaisirs, et offrir du moins à votre imagination quelques esquisses de ces tableaux que vous n'avez pas voulu voir avec moi.

Mais comment vous rendre ce que j'admire ? Comment parler de cette terre aimée de la nature, de cette terre toujours jeune, toujours parée, au milieu des antiques débris qui la couvrent ? Vous le savez : deux fois mère des arts, la superbe Italie ne reçut pas seulement toutes les magnifiques dépouilles du monde ; magnifique à son tour, elle donna aussi de nouvelles merveilles et de nouveaux chefs-d'œuvre à l'univers. Ses monuments ont vu passer les siècles, disparaître les nations, s'éteindre les races, et leur muette grandeur parlera encore longtemps aux races futures.

Le temps a dévoré ces générations qui nous étonnèrent : les fortes pensées, les mâles vertus de l'antique Rome, et sa barbare grandeur, tout a disparu ; la mémoire seule plane silencieusement sur ces campagnes, tantôt appelle de grands noms, tantôt cite des cendres coupables, dessine ces scènes gigantesques où se mêlent le triomphe et la mort, les fêtes et les douleurs, le pouvoir et l'esclavage : ces scènes où Rome donna des lois, régna sur l'univers, et périt par ses victoires même.

Le voyageur alors aime à rêver sur les ruines du monde ; mais, fatigué d'interroger la poussière des conquérants, sur laquelle il croit voir encore peser tant de calamités, il cherche, dans des bosquets tranquilles, ou près d'un monument consolateur élevé par la religion, il cherche les restes de ces hommes qui, dans le siècle des Médicis, donnèrent à l'Italie une nouvelle splendeur, qui parlèrent à leurs frères un langage simple et céleste. Nous croyons les voir consacrer les arts à élever l'âme, à la rapprocher d'un bonheur plus pur, et essayer en tremblant de rendre les saintes beautés qui les transportent.

La peinture, la poésie et la musique, se tenant par la main comme les Grâces, vinrent une seconde fois charmer les mortels ; mais ce ne fut plus, comme dans la fable, en s'associant à de folles absurdités. Ces pudiques et charmantes sœurs avaient apporté des traits célestes ; et, en souriant à la terre, elles regardaient le ciel ; et les arts alors se vouèrent à une religion épurée, austère, mais consolante, et qui donna aux hommes les vertus qui font leur bonheur.

Ici s'élevèrent aussi le Dante et Michel-Ange, comme des prophètes, qui annoncèrent toute la splendeur de la religion catholique. Le premier chanta ses vers pompeux et mystiques qui nous remplissent de terreur ; l'autre, avec une grâce sauvage qui ne reconnaît de loi que celle qu'elle créa elle-même, conçut ces formes grandes et hardies, qu'il revêtit d'une beauté sévère : il s'abîme dans les secrets de la religion, il épuise l'effroi, il fait fuir le temps, et laisse enfin à l'art étonné son miracle du jugement dernier[1].

Mais que j'aime surtout son génie, quand il se dépose dans cette grande conception, dans ce temple dont la vaste immensité appelle pensée sur pensée, et qu'un siècle entier construisit lentement ! Des rochers ont été arrachés à la nature, de froides carrières ont été dévastées, d'innombrables mains ont travaillé à assembler ces pierres, et se sont engourdies elles-mêmes ; mais où est-il celui qui donna une pensée à tout cela ? qui dit à ces magnifiques colonnes de s'élever ? qui fit la loi à cette énorme coupole, et la fit obéir à sa téméraire conception ? qui réalisa ainsi cet incroyable rêve, par un art pieux et les secours de ces pontifes qui portèrent la triple couronne[2] ? Hélas ! il a passé aussi l'auteur de ces merveilles ; et, comme lui, les pontifes se sont levés lentement de leurs sièges sacrés ; ils ont déposé leur tiare, et ont passé sous tes voûtes, sublime monument, majestueux Saint-Pierre ! toi qui, créé par des hommes, as vu s'effacer la race de tes créateurs, et qui verras encore, pendant des siècles, les générations plier religieusement sous tes dômes (Tieck[3]).

Vous voyez, Gustave, combien je me suis laissé entraîner ; et pourtant, de combien de choses encore je voudrais vous parler !

Suivez-moi. Voyez près de là, où dorment d'ambitieux Césars, veiller d'humbles filles qui ont renoncé à tout ; voyez, sous l'arc du triomphateur, l'araignée filer silencieusement sa toile. C'est au pied de ce Capitole, où vinrent expirer tant d'empires, que j'ai lu Tite-Live ; c'est aussi du rivage, où je considérais Caprée[4], que j'aimais à lire Tacite, et à voir l'affreux Tibère, par un juste châtiment de la Providence, forger son propre malheur en forgeant celui des autres, et écrire au sénat qu'il était le plus à plaindre des hommes.

Mais laissons les crimes des Romains : voyons, de ce même rivage, ces verdoyantes îles parées d'une éternelle jeunesse, et le Vésuve, tonnant sur ce même golfe où nous nous laissons tranquillement aller vers Pausilippe. Plus loin, que j'aime, sur cette terre mythologique, près de l'antre où prophétisait la

---

1. La célèbre fresque de Michel-Ange (Michelangelo Buonarroti, 1475-1564), à la chapelle Sixtine, à Rome.

2. La couronne du pape, la tiare, est une sorte de mitre environnée de trois couronnes à fleurons l'une sur l'autre.

3. Ludwig Tieck (1773-1853), l'un des grands représentants du romantisme allemand, l'auteur des *Fantaisies sur l'art*, influencées par l'esthéticien Wackenroder.

4. C'est-à-dire Capri, l'île du golfe de Naples, où l'empereur Tibère vécut ses dernières années.

Sibylle [1], le couvent d'où sort un pauvre religieux qui s'en va prêchant la vertu, et prophétisant sa récompense !

Que j'aime à m'arrêter dans ces vallons que le ciel semble regarder avec joie, et où mon pied heurte souvent contre une pierre funèbre ! Bocages de Tibur, aimable Tivoli [2], jardins où méditait Cicéron, sentiers que suivait Pline en observant la nature, qu'avec volupté je me suis vu au milieu de vous ! Ah ! du moins vous resterez toujours à l'Italie, et le voyageur cherchera vos traces et les retrouvera.

Mais vous, chefs-d'œuvre que mes sens enchantés contemplent souvent, où vivent encore des hommes que nous n'admirons pas assez, vous pouvez quitter ce ciel, comme des captifs emmenés loin de leur pays natal ; un nouvel Alexandre [3] peut étonner l'univers, et enrichir son triomphe de vos superbes dépouilles : heureux alors celui qui vous aura vus ici ; ici, où vous fûtes inspirés par la religion, et où la religion vous entoura de ses pompes ! Heureux qui vous aura vus dans ces temples où se prosterna devant vous la dévotion humble et errante, et la puissance orgueilleuse et superbe !

En ôtant d'ici la Transfiguration, la Sainte-Cécile, la Sainte-Cène, du Dominicain [4], où les placera-t-on ? Quel que soit le palais magnifique, ou l'édifice qui leur est destiné, leur effet sera détruit. C'est au fond d'une chartreuse ; c'est, rempli de terreur et d'effroi, qu'il faut voir un saint Bruno [5], et non auprès d'un front couronné de roses. Et ces Vierges si pures, qui ont apporté des traits divins et des âmes qui ne connaissent que le ciel, les verra-t-on sans tristesse à côté de profanes et d'impudiques amours ?

Et vous aussi, enfants de la Grèce, race de demi-dieux, modèles enchanteurs de l'art, vous qui, en quittant la Grèce, n'avez changé que de terre sans changer de ciel, ne quittez jamais cette seconde patrie, où les souvenirs de la première sont vivement empreints ! Ici, sous de légers portiques, ou bien sous la voûte plus belle d'un ciel pur, vos regards se tournent encore vers l'Attique ou la fabuleuse Sicile. Irez-vous cacher vos fronts sous d'épaisses murailles et au milieu d'une terre étrangère ? Vous, Nymphes, dispersées dans ces bocages, vivrez-vous auprès des ruisseaux enchaînés ? Et vous aussi, Grâces, qui n'êtes point vêtues, qui ne pouvez point l'être, que feriez-vous dans des climats rigoureux ?

Vous devez me savoir gré, mon ami, d'une aussi longue lettre ; car ce n'est pas le pays où il faut écrire, et j'emploie chaque minute à amasser des souvenirs. D'ailleurs, vous m'avez presque donné le droit de vous en vouloir, si je ne trouvais pas bien plus doux de vous aimer comme vous êtes. Il faudra pourtant, Gustave, que je vous parle de vous-même ; ce ne sera pas aujourd'hui, mais au premier moment. Vous m'effrayez quelquefois ; et cela, parce que vous avez dépassé votre âge. Gustave, Gustave, il n'est pas bon de se retirer devant la vie comme devant un ennemi avec lequel nous dédaignons également et de nous battre et de nous récon-

---

1. Les sibylles étaient les prêtresses légendaires d'Apollon, personnifications féminines de la science divinatoire. La sibylle de Cumes est Déiophobé, qui passe pour avoir inspiré les *Livres sibyllins*, recueils d'oracles, qui brûlèrent dans l'incendie du Capitole, sous Sylla. Virgile a décrit son antre au chant VI de *L'Énéide*. Elle passait pour avoir prédit la venue du Christ.

2. Tibur est l'ancien nom de Tivoli, un des principaux lieux de villégiature des Romains, où Horace, Catulle, Mécène eurent leurs villas.

3. Napoléon Bonaparte, bientôt empereur.

4. Le Dominiquin (Domenico Zampieri, 1581-1641), né à Bologne, élève des Carrache.

5. Saint Bruno (1030-1101), né à Cologne, est le fondateur de l'ordre des Chartreux, qu'il établit en 1084 près de Grenoble, à la Grande Chartreuse.

cilier. Quelles sont ces sombres préventions, cette défiance du bonheur ? J'aimerais mieux vous voir faire des fautes ; votre âme me rassurerait sur toutes celles qui peuvent vous être vraiment dangereuses. Vous êtes absolument le contraire de la plupart des jeunes gens, qui comptent la jeunesse pour tout, et croient que ces belles années nous ont été données, avec leurs couleurs vives et leur ivresse, pour nous cacher l'ennui et les dégoûts des années qui suivent ; tandis que, si nous connaissions la vie, nous verrions qu'en nous en rendant dignes elle n'est pas un don funeste, un fruit amer sous une écorce douce et brillante : mais je réserve à une autre lettre de plus longues réflexions. Je voudrais, Gustave, que votre jeunesse fût comme un beau péristyle qui doit conduire à un plus bel ordre d'architecture. Je voudrais, Gustave, vous voir, non pas toujours heureux, il est trop utile de ne pas toujours l'être, mais vous voir avec le bonheur de votre âge et avec ses beaux défauts. C'est de nous-mêmes que nous devons tirer notre bonheur ; c'est à nous à tout donner aux autres, même en croyant recevoir beaucoup d'eux : être riche, c'est être susceptible de la faculté de jouir ; c'est avoir en soi quelque chose qui vaut mieux que ce que les hommes peuvent donner.

Que le vulgaire se plaigne des illusions détruites ; il existe, pour l'homme supérieur, une réalité constante, et je ris quand je vois cette multitude dégradée vouloir des biens qu'elle ne sait pas donner, et dont le poids seul l'écraserait.

Quant à vous, Gustave, vous êtes fait pour jouir de vos douleurs mêmes, et pour vous plaire dans votre force. Je devrais, au lieu de douleurs, dire contrariétés, obstacles, auxquels on donne trop de latitude dans la vie, et que la Providence envoie pour nous apprendre à lutter, à les vaincre, à les voir sous nos pieds, tandis que nos regards embrassent un superbe horizon.

Les grandes douleurs sont rares, et ne les sent pas qui veut. J'ai promis à votre père mourant, d'être votre ami, je vous pressai contre mon cœur, et mon cœur vous adopta ; je mis la main de Valérie dans la vôtre, comme celle d'une sœur dont la voix et les regards devaient charmer votre vie ; ou plutôt je mis à vos côtés les douces vertus, sûr que vous les respecteriez, que leur ascendant vous ferait fuir tout ce qui ne leur ressemblerait pas, et que mon bonheur vous ferait aimer un bonheur pareil. Vous le dirai-je ? je vous trouvai sauvage, habitué à une vie austère ; vous étiez trop loin de ces douces affections qui sont les grâces de la vie, et qui, en fondant ensemble notre sensibilité et nos vertus, nous préservent également et des passions extrêmes et d'une honteuse dégradation. Gustave, puissé-je ne pas m'être trompé ! puissiez-vous marcher dans la vie en sentant votre âme s'agrandir, et en voyant tout ce qu'elle a d'aimable ! puissent vos derniers regards tomber sur mes cendres, et les bénir !

LETTRE XXXVI

Venise, le

Te rappelles-tu, Ernest, cette singulière aventure à laquelle je ne donnai aucune suite, mais dont je te parlai il y a six mois ; cette Bianca, qui m'avait vivement ému par sa ressemblance prodigieuse avec la comtesse ? Je pris quelques informations sur elle : j'appris que c'était la fille d'un pauvre compositeur qui s'était ruiné en faisant de méchants opéras ; qu'il était mort, et qu'elle vivait avec une vieille tante ; que toutes deux ne voyaient personne, et que Bianca était la filleule de la duchesse de M..., qui se plaît à relever ses charmes par une mise élégante ; elle lui a donné des talents ; et Bianca, disait-on, était très bonne musicienne. J'en parlai à Valérie dans le temps ; nous cherchâmes à la voir, mais vainement, et je l'oubliai.

En revenant, il y a quelques jours, vers les six heures du soir, de l'île Saint-Georges, je repassai sur le quai des Esclavons, sous ces mêmes fenêtres où je m'étais déjà arrêté une fois : mes oreilles furent surprises par une ravissante mélodie. D'abord, je ne comprenais pas ce qui produisait sur moi cet effet ; ensuite, je me rappelai une romance que Valérie chantait souvent. Je m'arrêtai, et livrai mes sens et mon cœur à cette muette extase qui ne peut être connue que des âmes que l'amour a habitées. Peu à peu, me rappelant que c'était là que j'avais vu, il y avait plusieurs mois, Bianca, je pensai que ce pouvait être elle qui chantait ainsi, et j'eus une curiosité extrême de la voir, de me représenter plus vivement Valérie ; car cette singulière Bianca n'a pas seulement beaucoup de ressemblance avec la comtesse, elle a aussi beaucoup de sa voix.

Après plusieurs tentatives, trop longues à détailler, je parvins jusqu'à elle ; je la vis un instant, et ce ne fut pas sans trouble. Elle a, de Valérie, presque tout ce qu'on peut séparer de son âme ; il ne lui manque que ses grâces, que cette expression qui trahit sans cesse cette âme profonde et élevée, et qui est dangereuse pour ceux qui savent aimer.

La tante de Bianca me reçut très bien, ainsi qu'elle-même. J'eus occasion de leur rendre quelques services auprès d'un homme que je connaissais beaucoup, et je revins les voir plusieurs fois : je les menai au spectacle à différentes reprises, ce qui leur fit beaucoup de plaisir à toutes deux. J'étais bien aise de m'étourdir, de rapetisser même mon existence, afin de m'éloigner de cette dangereuse solitude qu'habite Valérie. Je sentais bien que son image me suivait ; mais, au milieu de ce cercle de nouvelles habitudes, dans lesquelles je cherchais à me jeter ; dans ces chambre mesquines, mal éclairées ; dans ces loges ténébreuses, où vont s'engloutir les personnes qui ne marquent pas ; à la vue de ces manières, qui ôtent tout à l'imagination ; de ces inquiétudes, pour paraître quelque chose ; de ces éclats de rire forcés ; de ces chuchoteries, qui sont la coquetterie de ces sortes de gens qui par là croient se rapprocher du bon ton : au milieu de tout cela, j'éloigne Valérie autant qu'il est possible ; il me semble que j'aurais honte de l'associer à des scènes si peu faites pour elle, et je pense souvent à ces grands contrastes qu'établissent les diffé-rentes nuances de la société. Ce qui marque surtout le rang, ce n'est ni l'or, ni le luxe ; c'est une certaine élégance dans les manières, quelque chose de calme, de naturellement noble, sans calcul et sans effort, qui met chacun à sa place, et reste toujours à la sienne.

Quoi qu'il en soit, Ernest, et quoique mon âme n'en revienne que plus fortement à Valérie, par les soins que je me donne pour m'en éloigner, comme une branche qu'on veut écarter avec force du tronc y revient avec plus de violence, quoi qu'il en soit, je sens que Bianca fait quelquefois une vive impression sur mes sens. Ce n'est rien de ce trouble céleste qui mêle ensemble tout mon être, et me fait rêver au ciel, comme si la terre ne pouvait contenir tant de félicités ; c'est une flamme rapide, *qui ne brûle pas*, qui n'a rien de ce qui consume, et que j'appellerais désir, si je ne savais pas si bien ce que c'est que désirer.

Il m'arrive quelquefois de regarder longtemps Bianca ; et quand un de ses traits ou quelque chose de sa taille m'a rappelé Valérie, je cherche alors à l'oublier elle-même, et à écarter tout ce qui pourrait troubler mon illusion. Je crois que ces moments, où je suis à cent lieues de Bianca, lui font croire que je l'aime ; je souris alors, comme s'il était si facile de m'inspirer de l'amour !

Il en est de la voix de Bianca comme de ses traits ; elle a des sons de Valérie, mais aucune de ses inflexions : et où les aurait-elle prises ces inflexions, ces leçons que donne l'âme, qu'on reçoit sans s'en apercevoir, et qui prouvent l'excellence du maître ?

Hier, j'ai été chez Bianca ; et, comme il faisait très beau, j'ai proposé à sa tante et à elle de prendre des glaces, ce que nous avons fait. Bianca et moi, nous nous sommes promenés ; et elle m'a parlé de la duchesse, de son père, de l'envie qu'elle avait eue d'entrer au théâtre de *La Phénice*[1], du plaisir que lui faisaient les bals, et combien elle aimait à voir ces grandes dames bien parées. Pendant tout cela, je n'écoutais pas bien attentivement, jusqu'à ce qu'elle se baissât pour cueillir une violette : en la prenant, elle fit envoler un grand papillon qui passa près de moi. Tout à coup, une multitude d'idées, de souvenirs, qui avaient dormi longtemps, vinrent se réveiller ; je me rappelai vivement notre entrée en Italie, ce cimetière, l'Adige, le Sphinx, et quelques traits de l'enfance de Valérie, si différents de ce que je venais d'entendre. Je devins si rêveur que Bianca m'en fit des reproches : alors, je m'efforçai de paraître extrêmement gai ; et je me permis même quelques petites libertés, bien innocentes, qui ne furent pas repoussées, ce qui me contint au lieu de m'enhardir. Je ne me comprends pas moi-même ; quelquefois je suis si bizarre, si singulier ! J'aurais honte de te parler de tout cela, Ernest, si au fond je ne me disais pas que je puis abuser de ton amitié comme de ta patience. Cette idée m'est douce ; et puis je travaille pour un but que tu approuves : ne faut-il pas tâcher de retrouver ma raison ? *Tâcher*, que sais-je ?... poursuivons. Voyant que Bianca ne savait que penser de tout

---

1. *La Fenice*, l'un des grands théâtres de Venise qui vient de brûler.

ce qu'elle voyait, et devenant toujours plus embarrassé moi-même, je lui proposai une promenade sur l'eau : j'appelai les gondoliers, et nous partîmes, avec la permission de sa tante, qui, pour finir un ouvrage, voulut rester.

Bianca se plaça dans la gondole ; les rames commencèrent à nous emporter doucement. Il me semblait qu'elle me regardait avec intérêt, mais sans timidité. Tout à coup elle prit ma main et me dit : « *N'avete mai amato ?*[1] » Je ne sais pourquoi ces paroles me troublèrent autant : mon sang se porta à ma tête, mon cœur battit ; je n'eus la force ni de parler, ni de prendre légèrement cette question ; et je souris mélancoliquement, en même temps que je sentais mes yeux se remplir de larmes. Je vis Bianca rougir, et son visage exprimer la joie. Cette singulière méprise me peina, et je me reprochai d'y donner lieu. Soudain je me levai, et résolus de ne plus la voir : je me dis aussi que je devais éviter de produire quelque impression sur elle quand même ce ne serait pas de l'amour, quand même je la croirais incapable d'en ressentir ; le moindre intérêt, la moindre espérance déjouée pouvait lui faire du mal.

Je m'étais avancé à l'extrémité de la gondole ; Bianca me rappela. « *Siete matto*, me dit-elle ; *perche non state qui ?*[2] » Je sentis que ma position allait devenir embarrassante, et je cherchai à m'en tirer. « Bianca, lui dis-je, en lui prenant la main, faites-moi le plaisir de chanter *t'amo più che la vita*[3]. » C'était cette romance de Valérie. J'appuyai ma tête de manière que mes yeux glissaient sur le vaste horizon, et franchissaient dans le lointain les Alpes du Tyrol, que nous avions franchies ensemble. Bianca, soit qu'elle fût émue, soit qu'elle me parût telle, chanta d'une manière passionnée qui me saisit ; sa voix entra dans tous mes sens ; j'éprouvais une inquiétude délicieuse, un besoin d'exhaler l'oppression de ma poitrine... Dans ce moment, les gondoliers firent un cri pour saluer une autre gondole. Je levai machinalement les yeux, je vis Lido de loin ; et, comme la voix des Sirènes enchantait les compagnons d'Ulysse, de même je me sentis enchanté : Valérie me semblait être sur le rivage ; un désir ardent de sa présence s'empara de mon cœur. — Je n'osais étendre les bras pour ne pas étonner Bianca ; mais je les étendis dans la pensée ; je l'appelais à voix basse ; je languissais, je me mourais ; et, sentant toute mon indigence, je me disais : « Jamais tu ne la tiendras dans tes bras ! » Attendri aussi par les sons de Bianca, par ces paroles : « *Lascia mi morir !*[4] » je me mis à pleurer amèrement.

Elle cessa de chanter ; elle se rapprocha de moi ; puis elle me dit : « Je ne puis vous comprendre. Vous êtes un jeune homme bien mélancolique ! Êtes-vous tous comme cela dans votre pays ? En ce cas-là, je vois bien

---

1. « N'avez-vous jamais aimé ? »
2. « Vous êtes fou ; pourquoi ne restez-vous pas ici ? »
3. « Je l'aime plus que la vie. »
4. « Laisse-moi mourir ! »

qu'il vaut mieux rester en Italie. » Et comme elle crut que je pouvais être blessé, ne lui répondant pas, elle prit son mouchoir, essuya mes yeux, souffla dessus, pour qu'ils ne parussent pas rouges, et me dit : «C'est pour que ma tante ne voie pas que vous avez pleuré. Ah! dit-elle, ne soyez pas triste, je vous prie.» Elle mit à ces paroles un accent caressant qui me toucha.

« Non, lui dis-je, Bianca, je tâcherai de ne pas l'être ; mais c'est une maladie à laquelle vous ne comprenez rien.

— Êtes-vous malade? me dit-elle, en paraissant m'interroger de son regard.

— Mon âme l'est beaucoup, dis-je.

— Oh! en ce cas, répondit-elle, je vous guérirai bien vite. Nous irons souvent rire à la comédie ; je tâcherai aussi de vous égayer.»

Je souris. «Oui, dit-elle, nous ne penserons qu'à nous amuser, qu'à être toujours ensemble.» Elle avait repris ma main. «Bianca, dis-je tout embarrassé, je vous demanderais un plaisir…» Je ne savais pas encore ce que je lui demanderais ; mais j'avais retiré ma main, et c'était pour dire quelque chose. Nous approchions du jardin ; la tante nous attendait déjà sur le rivage ; elle n'eut que le temps de me dire : «Je ferai volontiers ce que vous me demanderez.» Je les ramenai.

J'hésitai le lendemain si je retournerais chez Bianca, plusieurs raisons me retenaient ; une espèce de charme qui faisait diversion à l'ennui où je retombais si souvent, et la crainte de choquer cette bonne fille, me ramena auprès d'elle. Je la trouvai seule ; à peine me vit-elle, qu'elle me dit, après m'avoir fait asseoir, et m'avoir fait prendre du café, d'après l'usage des Vénitiens : «Eh bien, quel est ce plaisir que je dois vous faire?» Elle s'était rapprochée familièrement de moi, je fus très embarrassé ; je n'y avais plus pensé, et n'avais nullement préparé ma réponse ; je me remis à une seconde question qui suivit rapidement la première.

«Bianca, dis-je, ne mettez plus de poudre ainsi sur votre visage, cela vous abîme la peau.

— Comment, dit-elle, en éclatant de rire, c'est pour me dire cela, qu'il vous a fallu vingt-quatre heures ?»

Je sentis tout le ridicule de ma position.

«Au reste, dit-elle, c'est l'usage ici, parmi les femmes un peu comme il faut, de mettre de la poudre : ne l'avez-vous pas remarqué?

— Oui, dis-je, en me remettant ; mais vous n'en avez pas besoin, vous êtes si blanche.»

Elle sourit : «Eh bien! puisque cela vous fait plaisir, et qu'il ne faut pas contrarier une âme malade, poursuivit-elle en riant, je vous promets de n'en plus mettre. Mais il est impossible, dit-elle, en cherchant à me deviner, que vous n'ayez pas voulu me demander autre chose.»
A l'accent qu'elle mit à ces paroles, je vis bien qu'il fallait me tirer d'affaire moins gauchement que la première fois :

« Oui, Bianca, lui dis-je, en fixant mes regards sur elle, j'ai encore une prière à vous faire ; me promettez-vous de consentir à ce que je vous demanderai ?

— Oui, dit-elle, si ce n'est pas un péché que mon patron me défende » ; en même temps elle me montra un petit saint Antoine peint à l'huile, qui était suspendu près de la cheminée.

« Rassurez-vous », lui dis-je, et je sortis précipitamment ; j'allai dans une des plus belles boutiques de la mercerie, acheter un châle bleu, très beau, comme celui que porte Valérie et qu'elle a presque toujours. Je revins auprès de Bianca qui était encore seule ; on avait apporté des lumières, fermé les stores ; elle m'attendait :

« Eh bien ! lui dis-je, me voici ; êtes-vous toujours disposée à m'accorder ma prière ?

— Oui, dit-elle.

— Eh bien ! asseyez-vous là. »

Elle le fit.

« Permettez que j'ôte cette guirlande ; laissez-moi relever vos cheveux tout simplement : ils sont si beaux ! et effectivement je touchais de la soie. Ce désordre va si bien : heureusement vous n'avez pas de poudre dans vos cheveux comme sur votre visage.

— Mais qu'est-ce que cela signifie ? dit Bianca tout étonnée.

— Ah ! vous m'avez promis de faire ce que je vous demanderais, tenez parole.

— Eh bien ?

— Eh bien ! il faut encore ôter ce tablier de couleur ; il faut que votre robe soit toute blanche. »

Et j'arrangeai sa robe afin qu'elle coulât doucement en longs replis jusqu'à terre ; puis je tirai le châle bleu, je le jetai négligemment sur ses épaules : « Voilà qui est fait, dis-je ; actuellement, Bianca, permettez que je m'asseye là, vis-à-vis de vous. » Je posai les lumières de manière à projeter son ombre vers moi, et à ne l'éclairer que faiblement ; je travaillais ainsi à construire le plus artistement possible, une illusion, mais une illusion pleine de ravissantes délices.

« Actuellement, Bianca, encore une prière ! » Elle sourit, et leva les épaules : « Chantez la romance d'hier » ; elle commença : « Diminuez votre voix. » Elle chanta plus bas. Ô Ernest ! j'eus quelques moments bien enivrants ! Je croyais la voir ; je fermais les yeux à moitié pour voir moins distinctement : alors ces cheveux, cette taille, ce châle, cette tête que je l'avais priée d'incliner un peu, tout me paraissait Valérie. Mon imagination se monta à un point incroyable ; la réalité était disparue, le passé revivait, m'enveloppait ; la voix que j'entendais m'envoyait les accents de l'amour ; j'étais hors de moi ; je frissonnais, je brûlais tour à tour. Je rencontrai un regard de Bianca qui me parut passionné ; je m'élançai vers elle pour la saisir dans mes bras ; ma démence allait

jusqu'à l'appeler Valérie ; dans ce moment on frappa à la porte ; je vis
entrer un grand homme assez mal mis. « Ah ! c'est toi, Angelo, dit Bianca
en se levant et courant au-devant lui. » En même temps, elle jeta son
châle, reprit sa guirlande, la remit sur sa tête, me dit : « C'est mon beau-
frère. » Tout cela se suivait coup sur coup, et me donnait le temps de me
reconnaître. Il me semblait que je sortais d'un nuage, que je m'éveillais
de ces songes légers qui nous font vivre deux fois du même bonheur, en
nous rappelant ce que nous avons déjà senti, et que je ne voyais plus
qu'une froide comédie. Bianca était là comme une marionnette qui ne se
doutait nullement de mon âme, et qui, dans l'atmosphère d'une passion
brûlante, n'était pas même susceptible de la moindre contagion.

Je me mis à rire d'elle, en la voyant sauter par la chambre, et bientôt
après de moi-même ; je sortis, je courus chez moi le long du quai, et ce
ne fut qu'en sentant que j'avais successivement froid et chaud, que je me
rappelai d'avoir eu la fièvre.

*(Plusieurs lettres, et entre autres celles qui annoncent le retour du
comte et de Valérie à Venise, ont été perdues.)*

FIN DU PREMIER VOLUME

LETTRE XXXVII

De la Brenta, le

Comment peut-il me pousser lui-même dans le précipice, cet homme
excellent ! N'a-t-il pas aimé Valérie ? Ne l'aime-t-il plus ? A-t-il oublié
les effets de l'amour ? Peut-on voir impunément ses charmes, quand elle
me laisse avec autant de sécurité auprès d'elle, qu'elle me livre ses
dangereux attraits sous le voile de la plus rigide pudeur ? Elle ne sait pas
que mon imagination se peint ce qu'elle me cache, elle ne sait pas
combien elle a de charmes, car elle s'ignore ; mais lui, lui ! aujourd'hui
encore, à peine avait-il dîné, qu'il est allé à Venise, me disant expressément de ne pas sortir, puisque la comtesse restait seule. Elle était un
peu incommodée ; je ne l'ai pas vue, je suis sorti.

De la Brenta, le

Je suis au désespoir, Ernest, les plus affreux sentiments m'agitent ; je
veux cependant t'écrire ; ce sera sans ordre, sans suite, écoute : hier, je
n'avais pas vu Valérie, j'étais content des efforts que j'avais faits sur

moi-même, et ma triste victoire me donnait quelques instants de repos ;
j'aimais encore ce bienfaiteur excellent ; aujourd'hui je sens que mon
amour me rend le plus vil des hommes. Le comte a paru mécontent de
moi ; il m'a reproché mon humeur sauvage ; il m'a expressément ordonné
de rester avec Valérie ; il est retourné à Venise pour des affaires : j'ai été
chez elle, je lui ai demandé ses ordres, en lui disant que j'étais envoyé par
le comte ; elle m'a dit de revenir dans deux heures, et de lui apporter
Clarisse [1]. Nous en avons lu une vingtaine de pages ; vers le soir, elle
s'est levée ; elle m'a prié de demander sa gondole ; se sentant beaucoup
mieux, elle voulait aller à la rencontre de son mari, qui, disait-elle, serait
tout étonné de la trouver au milieu des vagues, elle qui craignait tant
l'eau ; elle m'a ordonné de l'accompagner, a passé une robe légère
pendant que j'étais allé chercher Marie ; nous avons trouvé la gondole sur
la Brenta, et nous sommes partis enchantés de la douceur de l'air.
Valérie, heureuse de se mieux porter, se livrait avec transport aux
charmes de cette belle soirée ; c'était un beau jour de printemps qui était
venu à la suite de plusieurs jours de froid. Une quantité d'enfants que
nous vîmes sur le rivage, jetèrent dans la gondole des paquets de fleurs,
que la comtesse aime passionnément : elle se réjouissait comme un
enfant. Il me semblait qu'avec son innocente joie, elle me rendait
quelque chose du premier bonheur de mon enfance. En attendant la lune
se leva doucement, et de longues gerbes d'une pâle lumière venaient
tomber sur les joues pâles de Valérie, à travers les glaces de la gondole ;
elle était couchée, Marie tenait ses pieds charmants sur ses genoux ; sa
tête était appuyée contre les glaces de sa gondole ; elle chantait
doucement une romance, et les paroles de l'amour, murmurées par elle
s'harmonisaient aux vagues, au bruit des rames et à celui des feuilles des
peupliers. Ô Ernest ! que devins-je dans ce moment ? Qu'il me fait mal
cet air de l'enivrante Italie ! Il me tue ; il tue jusqu'à la volonté du bien.
Où êtes-vous, brouillards de la Scanie ? froids rivages de la mer qui me
vit naître, envoyez-moi des souffles glacés ; qu'ils éteignent le feu
honteux qui me dévore. Où êtes-vous, vieux château de mes vieux pères,
où je jurai tant de fois, sur les armures de mes aïeux, d'être fidèle à
l'honneur ? où, dans la faible adolescence, mon cœur battait pour la
vertu, et promettait à une mère bien aimée d'écouter toujours sa voix ?
N'est-ce donc qu'alors que je me sentais né pour cette vertu que je
déserte lâchement aujourd'hui ? Oui, Ernest, il faut mourir, ou… Je n'ose
poursuivre ; je n'ose sonder cet abîme d'iniquité. Pourquoi, pourquoi tout
me précipite-t-il dans les ténèbres du crime ? Elle, surtout, pourquoi me
livre-t-elle au double supplice de l'amour malheureux et du remords ?
Encore, si un instant de ma vie je pouvais être heureux ! Mais, non, elle

---

1. *Clarissa Harlowe* (1748), roman fameux de Samuel Richardson (1689-1761), l'un des
plus fameux du XVIIIe siècle avant *La Nouvelle Héloïse* de Rousseau (1761).

ne m'aimera jamais ! Et je suis criminel, et je mourrai criminel ! Je ne sais ce que je t'écris ; ma tête s'égare encore davantage : la nuit m'environne ; l'air s'est rafraîchi ; tout est calme : elle dort, et moi seul je veille avec ma conscience ! Cette soirée d'hier a achevé de me perdre ; sa voix, sa fatale voix a complété mon malheur. Pourquoi chante-t-elle ainsi, si elle n'aime pas ? Où a-t-elle pris ces sons ? Ce n'est pas la nature seule qui les enseigne, ce sont les passions. Elle ne chante jamais, elle n'a point appris à chanter ; mais son âme lui a créé une voix tendre, quelquefois si mélancoliquement tendre... Malheureux ! je lui reproche jusqu'à cette sensibilité sans laquelle elle ne serait qu'une femme ordinaire, cette sensibilité qui lui fait deviner des situations qu'elle est peut-être loin de connaître. Je veux t'achever mon récit. Nous rencontrâmes le comte à l'entrée des lagunes : le vent s'était levé, et la barque commençait à avoir un mouvement pénible. Je m'étonnais du calme de Valérie. Le comte avait été enchanté de la trouver et de la voir mieux portante ; mais il nous dit qu'il avait eu un courrier désagréable : il paraissait rêveur. J'avais déjà remarqué qu'alors la comtesse ne lui parlait jamais. Elle était assise à côté de moi ; elle s'approcha de mon oreille, et me dit : «Comme j'ai peur ! C'est en vain que je tâche de m'aguerrir pour plaire à mon mari ; jamais je ne m'habituerai à l'eau. » Elle prit en même temps ma main, et la mit sur son cœur : «Voyez comme il bat», me dit-elle. Hors de moi, défaillant, je ne lui répondis rien ; mais je plaçai à mon tour sa main sur mon cœur, qui battait avec violence. Dans ce moment, une vague souleva fortement la barque ; le vent soufflait avec impétuosité, et Valérie se précipita sur le sein de son mari. Oh ! que je sentis bien alors tout mon néant, et tout ce qui nous séparait ! Le comte, préoccupé des affaires publiques, ne s'occupa qu'un instant de Valérie : il la rassura, lui dit qu'elle était un enfant, et que, de mémoire d'homme, il n'avait pas péri de barque dans les lagunes. Et cependant elle était sur son sein, il respirait son souffle, son cœur battait contre le sien, et il restait froid, froid comme une pierre ! Cette idée me donna une fureur que je ne puis rendre. Quoi ! me disais-je, tandis que l'orage qui soulève mon sein menace de me détruire, qu'une seule de ses caresses je l'achèterais par tout mon sang, lui ne sent pas son bonheur ! Et toi, Valérie, un lien que tu formas dans l'imprévoyante enfance, un devoir dicté par tes parents t'enchaîne, et te ferme le ciel que l'amour saurait créer pour toi ! Oui, Valérie, tu n'as encore rien connu, puisque tu ne connais que cet hymen que j'abhorre, que ce sentiment tiède, languissant, que ton mari réserve à tout ce qu'il y a de plus enchanteur sur la terre, et dont il paie ce qu'il devrait acheter comme je l'achèterais, si... Voilà, Ernest, les funestes pensées qui font de moi le plus misérable, le plus criminel des hommes. J'étais si agité, si tourmenté... Je détestais l'amour, le comte, et moi-même plus que tout le reste ; et quand la barque rentra dans le canal et se rapprocha du rivage, je saisis un instant où elle était près de moi, je sautai à terre, ne voulant plus renfermer mes horribles sentiments dans l'espace étroit d'une gondole ; je m'accrochai aux branches d'un buisson, et je vis avec délice couler mon sang de mes mains meurtries, que j'enfonçai dans les épines : une espèce de rage indéfinissable me poussait ; il s'y mêlait une sorte de volupté ; et, tout en détestant les caresses que Valérie faisait au comte, j'aimais à me les retracer ; j'en créais de nouvelles ; ma jalousie était avide de nouveaux tourments : je sentais aussi que je rompais les derniers liens de la vertu en commençant à haïr le comte. Eh bien ! Ernest, suis-je assez avili, assez lâche ? Est-ce là cet ami que tu adoptas, ce compagnon de ta jeunesse ? Du moins, je ne te cache rien : si tu continues à m'aimer, que ce soit de toi seul que tu tires ta faiblesse ; je suis libre de toute responsabilité. Faible comme l'insecte qu'on écrase, ingrat, traînant d'inutiles jours, mort à la vertu, et ayant mis l'enfer dans ce cœur où vivait tout ce qui élève l'homme, je suis en horreur à moi-même.

Adieu, Ernest ; je crois que je ne t'écrirai plus.

LETTRE XXVIII

De la Brenta, le

J'ai été malade, Ernest, assez malade, et cela, depuis ma dernière lettre. Tu as pu voir combien ma raison était égarée. J'ai erré comme un vagabond qui se fuit encore plus lui-même qu'il ne fuit les autres ; j'ai erré sans projet, sans repos, dans la campagne, passant les nuits en plein champ, me cachant le jour, évitant la lumière, et consumé de feux plus dévorants que ceux de ce brûlant soleil. D'autres fois, quand tout dormait, je me suis précipité dans des eaux agitées comme mon âme ; je cherchais les torrents les plus froids, les lieux les plus sauvages, pour être oublié de tous les hommes ; mais tout est riant ici ; tout est embelli par la nature heureuse ; tout porte dans mon cœur le sentiment de sa présence : je la vois partout ; elle est si près de moi : il faudrait la mer glaciale entre ses charmes si dangereux et ce cœur si faible. Faible ! non, non ; c'est criminel qu'il faut dire.

J'ai été bien malade. La fraîcheur des nuits, le tourment de ma conscience, les insomnies, que sais-je ? tout a détruit ma santé déjà si altérée ; ma poitrine s'en est ressentie ; une fièvre, que les médecins ont appelée inflammatoire, m'a saisi. Comme ils m'ont soigné tous les deux ! comme le comte a enfoncé dans mon cœur le poignard du remords ! Je veux partir, je veux l'aimer loin d'ici, je veux mourir loin d'elle. Adieu.

LETTRE XXXIX

De la Brenta, le

Aujourd'hui, pour la première fois, je suis sorti de ma chambre ; j'ai été dans le cabinet du comte : il était à écrire ; il ne m'a pas remarqué. Le portrait de mon père, qui est dans cette chambre, s'est présenté à moi ; je l'ai regardé longtemps ; j'étais très attendri : il me semblait que ses traits étaient vivants d'amitié ; que le sentiment qu'il avait pour le comte, quand il se fit peindre, y respirait : qu'il me disait à moi-même ce que je devais à cet ami généreux, qui venait encore de me témoigner tant de tendresse. Je me rappelai les heures qu'il avait passées auprès de mon lit, ses regards inquiets, sa sollicitude, son envie de connaître le fond de mon âme, et la crainte délicate qui ne lui permettait pas de me demander mon secret ; enfin, ses longues et constantes bontés, qui ne s'étaient jamais fatiguées ; et je pensai que j'allais encore l'affliger, en lui disant que j'étais résolu de partir. Mes yeux se tournèrent encore vers le portrait : « Ô mon père ! mon père ! que votre fils est malheureux ! » Ces mots, qui m'échappèrent, que je croyais avoir dits à voix basse, avaient été entendus par le comte ; il s'était levé précipitamment, et me pressait dans ses bras : « Ô mon fils ! m'a-t-il dit, je n'aurai donc jamais votre confiance ! Vous souffrez, et me cachez vos maux ! Votre père n'était pas ainsi ; il aimait assez pour être sûr de ma tendresse. Mon cher Gustave ! n'avez-vous point hérité de la faculté de croire à mon amitié ? C'est au nom de ce père qui vous aima tant, que je vous conjure de me parler. » Je pris ses mains avec impétuosité ; je les pressai sur mon sein ; et ma voix, enchaînée comme ma langue, ne put produire un seul son ; et mes sombres regards étaient fixés à terre. « Vous déplaisez-vous dans cette carrière ? » Je secouai la tête pour dire non. « Est-ce une faute de jeunesse dont le souvenir vous poursuit, qui vous donne du remords ? » Je frissonnai, et je laissai aller ses mains, que j'avais toujours tenues. Il me fixa avec inquiétude : « Est-ce donc une faute irréparable ? Non, dit-il en se rassurant, non, Gustave s'exagère un tort qui peut-être ne serait pas aperçu par un autre. Non, dit-il, en posant sa main sur mon sein, ce cœur-là est incapable de ce qui dégrade. Votre tête est vive, votre âme est passionnée ; vous avez quelque chose de mélancolique qui vient de votre père, qui est plus dans votre sang que dans votre caractère. Gustave, Gustave, ouvrez-moi votre âme ! J'en atteste l'amitié sainte qui m'unit encore à vos parents ; si le silence de la mort pouvait se rompre, eux-mêmes ne vous presseraient pas avec plus d'amour de leur dire ce qui vous tourmente ; eux-mêmes n'auraient pas plus d'indulgence. » Il me pressait entre ses bras. Entraîné par tant de bonté, je ne lui résistai plus ; je croyais entendre mon père lui-même ; je me jetai à ses genoux : en vain il voulut me relever, je les serrai avec une espèce d'égarement. J'étais résolu à tout avouer ; je ne cherchais plus que mes premières paroles pour resserrer dans le moins de mots possible cet aveu si effrayant. Ce moment de silence, après mon entraînement, lui montrait apparemment combien il m'en coûtait de parler. « Mon ami, dit-il, d'une voix douce qui cherchait à me ménager, si vous avez moins de peine à parler à Valérie, faites-le, si vous croyez que vous serez moins agité par sa présence. Peut-être je vous rappelle plus vivement votre père, et cette idée vous en impose malgré vous ; je saurai par elle ce qui vous tourmente. » A ces mots, il me sembla que toutes les facultés expansives de mon âme se retiraient au-dedans de moi-même ; tout me disait si clairement : « Il ne se doute pas du tout, pas du tout de la vérité ; il ne devinera rien ; il faudra passer par le supplice de ne le voir préparé à rien. » Cette idée m'écrasa de tout son poids ; et, ne sachant plus ni comment parler, ni comment m'excuser sur mon silence, je me laissai tomber sur le parquet, avec une espèce de stupeur, comme si je disais au comte : « Abandonnez-moi, c'est tout ce qu'il me reste à désirer. » Le comte me releva avec une tranquillité qui me fit mal ; elle ne m'échappa pas au milieu de mon trouble même.

« Au nom du ciel ! dis-je, après un moment de silence, ne me jugez pas ; croyez que je sais apprécier votre âme : vous saurez tout un jour ; et peut-être, ajoutai-je, en fixant mes regards sur lui avec plus de courage, peut-être le jour où j'aurai la force de vous parler, n'est-il pas loin. Il aura quelque chose d'attendrissant, dis-je, en soupirant involontairement, et vous me pardonnerez tout. Permettez-moi, en attendant, et je regardai le portrait de mon père pour m'appuyer de cette intercession, permettez-moi de vous faire une prière d'où dépend mon repos : laissez-moi aller à Pise ; les médecins me le conseillent ; je vous écrirai de là.

— Inconcevable jeune homme ! me dit le comte, je ne peux vous en vouloir ; et pourtant qu'est-ce qui peut excuser votre silence, vous qui connaissez toute ma tendresse pour vous ? Mais je ne veux pas vous affliger davantage ; partez, quand vous aurez repris quelque force ; et surtout, tâchez de revenir plus calme. »

Il m'embrassa… et nous fûmes interrompus.

LETTRE XL

Près de Connegliano, le

J'ai passé quelques jours seul, entièrement seul, voulant éviter de me montrer au comte ; j'ai fait une course dans les environs, et je t'écris d'un petit village qui est près de Connegliano [1], endroit charmant, mais dont le site romantique était trop riant pour moi : j'ai cherché les montagnes ; leur solitude me convient mieux.

As-tu jamais entendu, Ernest, ces sources souterraines dont le bruit sourd et mélancolique se perd dans le mouvement de l'activité, et n'est point remarqué ; mais le soir, quand le voyageur passe, et que, fatigué, il s'assied avant d'entreprendre le chemin qui lui reste à faire, et que, se recueillant, il semble écouter la nature, il en est frappé, il y abandonne sa pensée, et tombe dans des rêveries profondes ?

Je suis comme ces sources cachées et ignorées, qui ne désaltéreront personne, et qui ne donneront que de la mélancolie ; je porte en moi un principe qui me dévore, et l'on passe à côté de moi sans me comprendre, et je ne suis bon à rien, Ernest.

Où est-il ce temps où mon cœur, plus jeune encore que mon imagination, ressemblait aux poètes qui, dans un petit espace, aperçoivent un monde entier ; où un écho au-dedans de moi répondait à chaque voix qui se faisait entendre ; où il y avait en moi de quoi remplir tant de jours ? La vie me paraissait comme une fleur d'où sortait lentement un fruit superbe ; et maintenant il me semble que chacun de mes jours tombe derrière moi, comme les feuilles qui tombent vers la fin de l'automne. Tout a pâli autour de moi ; et les années de mon avenir s'entassent, comme des rochers, les unes sur les autres, sans que les ailes de l'espérance et de l'imagination m'aident à passer au-delà. Quoi ! d'une seule émotion, d'une seule secousse ai-je donc épuisé l'existence ? On dit que le cœur de l'homme est si changeant, qu'une affection est bannie par une autre, qu'une passion s'élève à peine qu'elle voit déjà sa rivale lui succéder. Suis-je donc meilleur, ou ne suis-je qu'autre ? J'ai vu tant de douleurs si passagères, que je me suis dit souvent : « Nos douleurs sont écrites sur le sable, et le vent du printemps ne trouve plus les traces de l'automne. » Il est des âmes, dirais-je, plus distinguées, je le croirais presque ; des âmes plus susceptibles de se jeter tout entières dans une seule pensée ; elles ont le privilège d'être et plus heureuses et plus misérables. Mais admire, Ernest, cette

---

1. Au nord de Venise, au pied des Alpes vénitiennes.

Providence qui sait leur laisser de longs, d'ineffaçables souvenirs de leur bonheur, et les faire disparaître dans la tempête.

Et moi aussi, Ernest, enfant de l'orage, je disparaîtrai dans l'orage, je le sens ; un pressentiment, que j'accueille comme un ami, me le dit ; je le sentais hier lorsque, me promenant, je marchais à grands pas le long d'un précipice. Je regardais les arbres déracinés, les pierres qui roulaient, et des eaux qui se précipitaient sans repos au milieu des rochers : je vis un amandier qui paraissait comme exilé au milieu d'une nature trop forte pour lui ; cependant il avait porté des fleurs que le vent vint chasser les unes après les autres dans le précipice ; et je m'arrêtai et contemplai cette image de destruction, sans éprouver de tristesse : je tombai dans une morne stupeur ; et je vis, en me réveillant, que moi-même j'avais dépouillé plusieurs branches du jeune amandier, et jeté une grande partie de ses fleurs dans le précipice.

Ernest, il n'est pas bon que l'homme soit seul [1]. Sublime vérité, comme mon cœur te sent ! comme, dans ma misère et ma triste solitude, je rêve à ces paroles ! comme je place là son image, non pas comme ma compagne, ce serait trop de félicité, mais arrivant à moi quelquefois pour m'aider à vivre et à reprendre avec courage le fardeau de ces jours vides et languissants !

J'ai pensé souvent que les hommes passaient à travers l'amour comme à travers les années de leur jeunesse, qu'ils l'oubliaient comme on oublie une fête, et qu'un autre amour, celui de l'ambition, auquel on donne le nom de gloire, occupait l'âme tout entière. Et moi aussi j'ai rêvé quelquefois à la gloire, dans ces belles années où mon sommeil n'était pas troublé par des jours d'ennui et de douleur, et où mes songes étaient si beaux ; je me figurais la gloire comme l'amour, s'agrandissant de tout ce qui est beau, et portant en elle tout ce qui est grand. Celle que je rêvais s'occupait du bonheur de tous, comme l'amour s'occupe du bonheur d'un seul objet ; elle cherchait à attendrir, sans songer à étonner ; elle était vertu pour celui qui la portait dans son sein, avant que les hommes l'eussent appelée gloire, et que les événements eussent servi ses beaux projets. Mais qu'a de commun la gloire avec la petite ambition de la foule, avec cette misérable prétention de se croire quelque chose parce qu'on s'agite ? Si peu furent destinés à compter pour l'humanité, à vivre dans les siècles, à marcher avec leur ascendant comme avec leur ombre, et à forcer tous les regards à se baisser ! Il est une gloire cachée, mais délicieuse, dont personne ne parle ; mon cœur a battu pour elle mille et mille fois ; elle s'emparait de chacun de mes jours, elle en faisait une trame magnifique ; je me créais une compagne, j'avais un ami ; j'aimais non seulement la vertu, j'aimais aussi les hommes. Tout est fini ; je ne puis plus rien, ni pour moi, ni pour les autres.

---

1. Genèse, 2, 18.

Je le sens ; c'est moi-même qui me suis jeté sur l'écueil contre lequel je me suis brisé. Je me rappelle ces jours où je pressentais ma destinée, et où l'ami que nous portons tous en nous m'avertissait du danger. C'était alors qu'il fallait fuir, et je restais ; je sentais que je ne devais pas l'aimer, et j'ai voulu essayer l'amour, comme les enfants, sans mémoire et sans prévoyance, essaient la vie et ne songent qu'à jouir ; je sentais que son regard, que sa voix, que son âme surtout, étaient du poison pour moi, et je voulais en prendre et m'arrêter, quand il serait temps. Insensé ! il n'a plus été temps ! Et cependant, Ernest, l'amour que je sens est grand comme la véritable gloire, il en rendrait capable ; une seule de ses extases ferait renoncer à l'empire du monde ; il est la félicité que les hommes aveugles poursuivent sous mille formes : il vit avec la vertu ; il est beau comme elle, mais il en est la jeunesse ; et ceux qui, dans un rare concours de circonstances, eurent, pour présent du ciel, des jours coulés dans cet amour, doivent être les meilleurs des hommes.

Ernest, je crois que tu ne comprendras rien à cette lettre : je laisse errer mes pensées : je confonds le passé, le présent ; mes idées sont là comme un ancien héritage qu'il faudrait mettre en ordre. Mais je n'arrangerai plus rien ; je remettrai ma vie à mon père céleste ; je lui dirai : « Pardonne, ô mon Dieu ! si je n'en tirai pas un meilleur parti ; donne-moi la paix que je n'ai pu trouver sur la terre. Mon père ! toi qui es toute bonté, tu me donneras une goutte de cette félicité pure et divine dont tu tiens un océan dans tes mains ; tu retireras de mon cœur le trouble et l'orage de la passion qui me tourmente, comme tu retires, d'un mot, la tempête qui a soulevé la mer. Mais laisse-moi, mon Dieu ! le souvenir de Valérie, comme on voit à travers la vapeur du soir les arbres et la fontaine, et le toit auprès duquel on commença la vie, et desquels nous avaient éloignés nos pas errants et nos jours chargés d'ennui. »

LETTRE XLI

De la Brenta, le

Je suis revenu depuis quelques jours ; je les ai revus tous deux. Mon parti est pris, il est irrévocable ; je veux partir ; je suis trop malheureux. Il me méjuge, il me croit ingrat ; il ne peut descendre dans mon cœur, et y lire mes tourments ; il ne peut me concevoir, en ne voyant en moi que des contradictions perpétuelles. La douleur dans mes traits, le dégoût de la vie, qu'il n'a que trop aperçu en moi, tout lui fait croire que je suis sous la dépendance d'un caractère sombre, peut-être haineux. C'est en vain qu'il a cherché à me ramener au bonheur ; toutes les apparences sont contre moi : je repousse chacun des moyens qu'il m'offre pour me distraire, et jamais je ne réponds à sa tendresse par ma confiance. Je vois que je donne du chagrin à Valérie, que ma situation afflige. Il faut donc les quitter ! L'amour et l'amitié me repoussent également ; tous deux je les outrage. Ne serai-je donc jamais justifié ? Hélas ! je mourrais content si une seule fois Valérie se disait, en versant une larme de pitié : « Il m'aima trop pour son repos ! » — Oui, une fois, n'est-ce pas, Ernest, quand je ne serai plus, elle le saura ? — Il saura aussi que je l'aimai ; que l'amitié ne me trouva pas ingrat. — Une fois, tout sera dévoilé, — quand je serai descendu dans la demeure du repos ; — là, d'où l'effroi parle aux autres ; mais où celui qui l'inspire a laissé derrière soi les passions et les douleurs. — Ne t'effraie pas, Ernest, jamais je n'attenterai à ma vie ; jamais je n'offenserai cet être qui compta mes jours, et me donna pendant si longtemps un bonheur si pur. Ô mon ami ! je suis bien coupable de m'être livré moi-même à une passion qui devait me détruire ! Mais, au moins, je mourrai en aimant la vertu et la sainte vérité ; je n'accuserai pas le ciel de mes malheurs, comme font tant de mes semblables ; je souffrirai, sans me plaindre, la peine dont je fus l'artisan, et que j'aime, quoiqu'elle me tue : je souffrirai, mais je dormirai ensuite. Je m'avancerai à la voix de l'Éternel, chargé de bien des fautes, mais non marqué par le suicide. Je ne vous épouvanterai pas, êtres chers et vertueux, ô mes parents ! vous qui versâtes sur mon berceau des larmes de joie ; je ne vous épouvanterai pas par l'affreuse idée que je rejetai loin de moi ce beau présent de la vie, que Dieu vous permit de me faire, et que vous avez encore si fidèlement embelli d'innocents plaisirs, de belles leçons, de grandes espérances. Je vous bénis d'avoir gravé dans mon cœur les saints préceptes d'une religion que le bonheur me fit aimer, que le malheur me rend encore plus nécessaire, qui me donne le courage de souffrir. Sur le froid rivage de la vie écoulée, au bord de ce sombre passage qu'il faut que chacun franchisse, que reste-t-il à celui qui n'a rien cru ? En vain son regard se tourne vers le passé, il ne peut plus le recommencer ; il n'a pas aussi ces ailes merveilleuses de l'espérance qui le portent vers l'avenir. Ainsi les plus grandes, les plus consolantes pensées de l'homme ne le bercent pas sur le bord de la tombe !

LETTRE XLII

De la Brenta, le

Je viens de passer une soirée terrible ! A peine ai-je la force de respirer. Je ne puis cependant rester tranquille ; tout mon sang est en mouvement ; il faut que je t'écrive. Je lui ai dit que je partais ; elle en a été affectée, très affectée, Ernest. Nous avons dîné seuls, le comte étant parti. Je me sentais plus malade qu'à l'ordinaire ; elle l'a remarqué : elle m'a trouvé si pâle ! Elle s'est alarmée d'une toux que j'ai depuis quelque temps, et que j'attribue aux suites de ma dernière maladie. J'ai pris de là occasion de lui dire que les bains de Pise me seraient nécessaires ; on me les a conseillés en effet. Elle m'a regardé avec intérêt. « Que ferez-vous à Pise ? m'a-t-elle dit. Vous y serez seul, tout seul ; et vous savez combien vous vous livrez déjà ici à une solitude qui ne peut que vous être dangereuse. » Nous nous étions levés de table, et j'étais passé avec elle dans le salon. « Ne partez pas, Gustave, m'a-t-elle dit ; vous êtes trop malade pour pouvoir être seul : vous avez besoin d'amitié ; et où en trouverez-vous plus qu'ici ? » En disant cela, je voyais des larmes dans ses yeux ; je tenais mes mains sur mon visage, et je voulais lui cacher le profond attendrissement que me causaient ses paroles. « N'est-ce pas, m'a-t-elle répété, vous ne partirez pas ? » Je l'ai regardée. « Si vous saviez combien je suis malheureux, combien je suis coupable, ai-je ajouté à voix basse, vous ne m'engageriez pas à rester ! » Pour la première fois, j'ai lu de l'embarras dans ses yeux ; il m'a semblé la voir rougir. « Partez donc, m'a-t-elle dit d'une voix émue ; mais ressaisissez-vous de vous-même ; chassez de votre âme la funeste... » Elle s'est arrêtée.

« Revenez ensuite, Gustave, jouir du bonheur que tout promet à votre avenir.

— Du bonheur ! dis-je, il ne peut plus en exister pour moi ! »

Je me promenais à grands pas : l'agitation que j'éprouvais, l'affreuse idée de la quitter peut-être pour jamais, aliénait ma raison : j'ai dû l'effrayer. Craignait-elle un aveu qu'elle pouvait enfin deviner ? Elle s'est levée, elle a sonné : je me suis mis à la fenêtre, pour que le valet de chambre qui est entré ne me vît pas. Elle lui a demandé d'une voix altérée : « Où est Marie ? Dites-lui de m'apporter son ouvrage et le métier ; nous travaillerons ensemble. Vous me lirez quelque chose, Gustave. » Je n'ai rien répondu.

« Gustave, a-t-elle répété, quand le valet de chambre a été sorti, soyez plus calme.

— Je le suis tout à fait », ai-je répondu en contraignant ma voix, et en m'avançant vers elle.

Elle a jeté un cri. « Qu'avez-vous, Gustave ? du sang !... » et sa frayeur l'a empêchée de parler. Effectivement, mon front saignait. J'avais été si affecté de ce qu'elle appelait Marie, si peiné de cette espèce de défiance, que pendant qu'elle donnait cet ordre, appuyant brusquement ma tête contre la fenêtre, je m'étais blessé.

« Votre pâleur, vos regards, votre voix, tout est déchirant. Ô Gustave ! ô mon cher ami ! dit-elle, en posant son mouchoir sur mon front, et prenant mes mains, ne m'effrayez pas ainsi !

— Ne me montrez donc plus cette... (je n'osais dire défiance, je

n'osais m'avouer qu'elle me devinât), cette froideur, dis-je. Valérie !
songez que je vous quitte, et pour jamais !

— D'où viennent ces funestes idées ?

— De là, dis-je, en montrant mon cœur ; elles ne me trompent point :
ne me refusez donc pas encore quelques moments. »

Et je tombai à genoux devant elle, j'embrassai ses pieds : elle se
baissa, et le portrait du comte s'échappa de son sein... Je ne sais plus ce
qui m'arriva : l'agitation que j'avais éprouvée avait fait couler le sang de
ma blessure ; et la terrible émotion que je ressentais dans cet instant, où
j'allais peut-être lui dire que je l'aimais, me fit trouver mal. Quand je
revins à moi, je vis la comtesse et Marie me prodiguer leurs soins ; elles
me faisaient respirer des sels ; elles n'avaient osé appeler personne. Ma
tête était appuyée contre un fauteuil qu'elles avaient renversé ; Valérie, à
genoux auprès de moi, tenait sur mon front son mouchoir imbibé d'eau
de Cologne, et une de mes mains était dans les siennes. Je la regardai
stupidement jusqu'à ce que ses larmes qui coulaient sur moi me tirèrent
de cet état. Je me levai, je voulus lui parler ; elle me conjura de me taire :
elle mit sa main sur ma bouche, me fit asseoir sur un fauteuil, et se plaça
à côté de moi. « Valérie », dis-je, voulant la remercier de ses soins, que je
commençais à comprendre, car je me rappelai alors que je m'étais trouvé
mal. Elle me fit signe de me taire. « Si vous parlez, dit-elle, il faut que je
vous quitte. » Je lui promis d'obéir. Elle m'a tendu la main avec un
regard angélique de bonté et de compassion ; et, voyant que je voulais
parler, elle a ajouté : « J'exige absolument que vous ne disiez rien, et que
vous vous tranquillisiez. » Elle s'est assise au piano ; là, elle a chanté un
air d'opéra de Bianchi [1], dont voici à peu près les paroles, traduites de
l'italien : *Rendez, rendez le repos à son âme ; son cœur est pur, mais il
est égaré.* J'entendais des larmes dans sa voix, si on peut parler ainsi.
Enfin, elle a été entraînée par ses pleurs, et a rejeté sa tête sur son
fauteuil. Je m'étais levé ; et, au lieu de lui témoigner avec transport
l'ivresse que j'éprouvais, en pensant qu'elle m'avait deviné et qu'elle me
plaignait, un saint et religieux frémissement, que sa douleur me causait,
m'arrêta. Si elle se reprochait son excessive sensibilité ; si, tourmentée
par une pitié trop vive, elle souffrait plus qu'aucune autre femme, irai-je
jeter sur sa vie la douleur et le reproche ?... Mais bientôt, entraîné par la
violence de ma passion, oubliant tout, concentrant le reste de mon avenir
dans ce court et ravissant instant où je lui dirais : « Je t'aime, Valérie ; je
meurs pour m'en punir ! » je m'élançai à ses genoux, que je serrai
convulsivement. Elle me regarda d'un air qui me fit frissonner, d'un air
qui arrêta sur mes lèvres mon criminel aveu.

« Levez-vous, me dit-elle, Gustave, ou vous me forcerez à vous
quitter.

---

1. Francesco Bianchi (1752-1811), surtout auteur de *Merope* et de *Tarara*.

— Non, non, m'écriai-je, vous ne me quitterez pas ! Regardez-moi, Valérie ; voyez ces yeux éteints, cette pâleur sinistre, cette poitrine oppressée où est déjà la mort, et repoussez-moi ensuite sans pitié ; refermez sur moi ce tombeau où je suis déjà à moitié descendu ! Vous entendrez pourtant mon dernier gémissement ; partout, Valérie, il vous poursuivra.

— Que voulez-vous que je fasse ? dit-elle, en tordant ses mains. Mon amitié ne peut rien ; ma pitié ne peut pas vous tranquilliser ; votre délire insensé me trouble, m'effraie, me déchire... Je sens, oui, je sens que je ne dois pas être la confidente d'une passion... »

Elle s'arrêta. « Gustave, me dit-elle avec un accent d'inexprimable bonté, ce n'était pas moi qu'il fallait choisir ; c'était lui, lui, cet homme estimable, celui qui tient ici-bas la place de votre père. Pourquoi m'avez-vous empêchée de lui parler ? Pouvez-vous le craindre ? » Elle détacha son portrait. « Regardez-le, emportez-le, Gustave ; il est impossible que ces traits qui appartiennent à la vertu, ne calment votre âme. » Je repoussai de la main le portrait. « Je suis indigne, m'écriai-je avec un sombre désespoir, je suis indigne de sa pitié ! » Je la regardai ; la mort était dans mon âme : ma raison n'était revenue que pour me montrer que Valérie ne m'avait pas compris, ou ne voulait pas me comprendre ; et les plus affreux sentiments étaient en moi et m'agitaient. « Ne me regardez pas ainsi, Gustave, mon frère, mon ami ! » Ces noms si doux me sauvèrent. J'étais toujours à ses genoux ; je cachai ma tête dans sa robe, et je pleurai amèrement. Elle m'appela doucement ; ses yeux étaient remplis de larmes ; ses regards étaient tournés vers le ciel ; ses longs cheveux s'étaient défaits, et tombaient sur ses genoux. « Valérie, lui dis-je, un seul instant encore ! C'est au nom d'Adolphe, d'Adolphe que j'ai tant pleuré avec vous, (à ces mots, ses larmes coulèrent) que je vous demande d'exaucer ma prière. » Elle fit un signe comme pour me dire oui. « Eh bien ! figurez-vous un instant que vous êtes la femme que j'aime... que j'aime comme aucune langue ne peut l'exprimer... Elle ne répond pas à mon amour ; vous ne devez donc point avoir de scrupule... Je ne vous dirai rien ; je vous écrirai son nom ; et l'on vous remettra, après ma mort, ce nom, qui ne sortira pas de mon cœur tant que je vivrai. Valérie, promettez-moi, si mon repos éternel vous est cher, de penser quelquefois à ce moment, et de me nommer, quand je ne serai plus, à celle pour qui je meurs, d'obtenir mon pardon, de répandre une larme sur mon tombeau... Un instant encore, Valérie ; c'est pour la dernière fois de ma vie que je vous parle peut-être. » Cette idée affreuse glaça mon sang ; ma tête tomba sur ses genoux. Une sueur d'angoisse, qui coulait de mon front, se mêlait à mes pleurs amers ; mais j'éprouvais une volupté secrète, en sentant ses cheveux recevoir mes larmes, et les siennes tomber sur ma tête. Elle la pressa de ses mains, puis la souleva. « Gustave, me dit-elle d'un ton solennel, je vous promets de ne jamais oublier ce moment ;

mais, vous, promettez-moi aussi de ne me plus parler de cette passion, de ne plus me montrer ce délire insensé, de vous vaincre, de ménager votre santé, de conserver votre vie, qui ne vous appartient pas, et que vous devez à la vertu et à vos amis. » Sa voix s'émut : elle me tendit les mains, en disant : « Valérie sera toujours votre sœur, votre amie. Oui, Gustave, vous jouirez longtemps du bonheur que la mère d'Adolphe désire si ardemment pour vous. » Elle souleva mes mains avec les siennes vers le ciel, et y envoya le plus touchant des regards. « Vous êtes un ange ! lui dis-je, le cœur déchiré de douleur, et cédant à son ascendant suprême, qui m'ordonnait de paraître calme : ne m'abandonnez jamais ! » Elle voulut relever ses cheveux. « Pensez quelquefois, dis-je en joignant les mains, pensez quand vous toucherez ces cheveux, aux larmes amères du malheureux Gustave ! » Elle soupira profondément.

Elle s'était approchée de la fenêtre ; elle l'ouvrit. Le jour baissait. Nos regards errèrent longtemps, sans nous rien dire, sur les nuages que le vent chassait, et qui se succédaient les uns aux autres, comme les sentiments tumultueux s'étaient succédé dans mon âme, dans cette journée. Il faisait froid pour la saison : le vent, qui avait passé sur les montagnes couvertes de neige, soufflait avec violence ; il secouait les arbres qui étaient devant la fenêtre, et des feuilles tombèrent auprès de nous. Je frissonnai ; un mélancolique souvenir me fit penser aux fleurs du cimetière qui couvrirent Valérie, et à ces feuilles qui annonçaient l'automne, et tombaient au soir de ma vie. Cette journée était la dernière que je passais auprès d'elle ; je le sentais ; j'avais pris à jamais congé d'elle... et du bonheur ! Je m'étonnais d'être aussi calme : rien ne m'agitait plus ; la vie et ses espérances étaient derrière moi ; tout était fini ; mais j'emportais avec moi, dans la nouvelle patrie que bientôt j'allais habiter, la tendre affection de Valérie ; elle était ma sœur, ma meilleure amie ici-bas ; j'en étais sûr. Pardonne, Ernest, pardonne ! Le ciel, pour dédommager les femmes des injustices des hommes, leur donna la faculté d'aimer mieux. Je n'avais pas blessé sa délicatesse ; je n'avais même jamais désiré qu'elle fût à moi. Si, entraîné par une passion fougueuse, j'avais été au moment de la lui avouer, était-ce avec la moindre idée qu'elle pût y répondre ? N'avais-je pas aussi, à quelques instants près d'un délire involontaire, toujours senti que le comte la méritait mieux ? L'avais-je jamais enviée à cet ami ? Voilà quelles étaient mes réflexions ; et si, avant cette soirée, je n'avais pas si bien senti la nécessité de m'éloigner d'elle, si ma résolution n'avait pas été commandée par un devoir aussi sacré, je crois que je serais resté, tant j'étais calme et résigné, tant j'étais loin de ces mouvements orageux qui m'avaient rendu si malheureux !

Valérie rompit enfin le silence. « Vous nous écrirez ; nous saurons tout ce que vous ferez ; vous aurez bien soin aussi de votre santé, n'est-ce pas Gustave ? » et elle posa sa main sur mon bras. Marie passa devant la fenêtre, et elle dit à sa maîtresse : « Il fait bien froid, madame ; vous êtes vêtue trop légèrement. » En même temps, elle lui donna un bouquet de fleurs d'orange : Valérie le partagea ; elle m'en donna la moitié et soupira. « Personne, dit-elle, désormais, n'aura soin comme vous des fleurs de Lido ; cela m'attristera bien d'y aller seule. » Sa voix s'altéra ; elle se leva précipitamment, et gagna la porte de sa chambre ; je la suivis : elle me tendit la main : j'y portai mes lèvres. « Adieu, Valérie ! adieu, pour bien longtemps !... Ô Valérie ! encore un regard, un seul, ou je croirai que je ne vous retrouverai plus nulle part ! » Effectivement, une angoisse superstitieuse me poursuivait. Elle me regarda, et je vis les pleurs qu'elle avait voulu me cacher ; elle tâcha de sourire. « Adieu, Gustave, adieu : je ne prends pas congé de vous ; j'ai encore mille choses à vous dire. »

Elle tira la porte, et je tombai dans un fauteuil, terrassé par ce bruit comme si l'univers se fût anéanti. Je ne sais combien de temps je restai dans cet état : ce ne fut qu'aux coups réitérés d'une pendule, qui m'annonçait qu'il était tard, que je me levai ; l'obscurité la plus profonde m'environnait. Je n'avais souffert qu'au premier moment où la porte se ferma. Je me réveillai comme d'un songe ; je me sentais fatigué ; je descendis dans la cour pour gagner ma chambre. J'aperçus en passant de la lumière dans la remise, et je vis un des garçons de la maison nettoyer une voiture ; il sifflait tranquillement en travaillant. Je m'arrêtai, je le regardai. C'était ma voiture qu'on avait amenée. Le cœur me battit ; mon calme et ma stupeur disparurent également : je n'étais plus soutenu par la vue de Valérie. L'amour le plus infortuné, en présence de l'objet aimé, est bien moins malheureux : il s'enveloppe de cette magie de la présence ; ses souffrances ont du charme, elles sont remarquées. Mais alors toute la douleur de la séparation vint me saisir ; je me sentais défaillir en regardant cette voiture qui m'entraînerait loin d'elle : il n'y avait pas jusqu'à cet homme qui sifflait si tranquillement, qui ne me fît mal ; j'enviais son repos ; il me semblait qu'il insultait à l'horrible tourment qui m'agitait. Je courus à ma chambre ; je me jetai à terre, frappant ma tête contre le plancher, et répétant en gémissant le nom de Valérie. « Hélas ! me disais-je, elle ne m'entendra donc plus jamais ! » Erich, le vieux Erich entra. Ce n'était pas la première fois qu'il m'avait vu dans cet état violent : il me gronda. Je feignis de me jeter sur mon lit pour le renvoyer ; je passai plusieurs heures dans la plus violente agitation, et je résolus de t'écrire. Je retrouvai dans ma tête toutes les situations douloureuses de cette journée ; cela me calmait : il est si doux de donner au moins une idée du trouble qui nous détruit ! Et quand je pense que mon Ernest, le meilleur des amis, le plus sensible des hommes, me plaindra, je prie le ciel de le récompenser du charme que cette idée verse dans mon cœur flétri.

A cinq heures du matin

Je l'ai revue, Ernest, je l'ai revue encore une fois, par une des combinaisons les plus singulières, cette nuit même ! Tu ne le conçois point, n'est-ce pas ? Après t'avoir écrit, j'ai mis en ordre tout ce qui me restait à arranger. J'avais destiné un petit cadeau à Marie et à quelques personnes de la maison ; j'avais cacheté une lettre pour le comte, une lettre bien touchante, dans laquelle je lui demandais pardon de tous les torts que j'avais pu avoir envers lui ; je le priais de me pardonner mon prompt départ ; je lui disais que j'espérais me justifier un jour à ses yeux de toutes mes apparentes bizarreries, je le conjurais de m'aimer toujours, en lui disant que sans cette amitié je serais bien misérable. Enfin, après avoir tout arrangé, je m'étais assis sur une chaise, tout habillé, attendant et redoutant l'heure où je devais partir, mais déterminé à ce départ, que je regardais comme l'unique fin à mes tourments. J'étais dans cet état horrible d'angoisse et d'anxiété, trop difficile à dépeindre, quand je vis une des fenêtres en face de moi trop vivement éclairée pour qu'il n'y eût pas à cela quelque chose d'extraordinaire : c'était une chambre habitée par une jeune Italienne, depuis peu dans la maison, et qui y couchait pour être à porté de Valérie, dont la chambre à coucher n'était séparée de celle-là que par un cabinet. Je vole, je traverse la cour, je monte l'escalier, tout dormait encore : je pousse la porte, je vois la jeune Giovanna, tout habillée, endormie sur une table, et auprès d'elle son lit, dont les rideaux étaient tout en flammes. Elle ne se réveille pas ; elle avait le sommeil qu'on a à seize ans, lorsqu'on n'a pas encore passé par quelque passion malheureuse. J'ouvre les fenêtres pour faire sortir la fumée ; j'arrache les rideaux : par bonheur Valérie s'était baignée dans cette chambre ; j'éteins le feu avec l'eau de la baignoire, en faisant le moins de bruit possible. Je craignais que Giovanna ne s'éveillât et ne jetât un cri qui pouvait être entendu par la comtesse : je l'éveille donc doucement, et lui montre les suites de son imprudence. Elle se met à pleurer, en disant qu'elle ne faisait que s'endormir ; qu'elle avait écrit à sa mère, et posé ensuite la lumière près du lit pour se coucher, et qu'elle ne comprenait pas encore comment elle s'était endormie sur cette table. Pendant qu'elle parlait, j'achève d'éteindre le feu, qui avait déjà gagné les matelas ; je passe dans le petit corridor, pour m'assurer si la fumée n'y avait pas pénétré. A peine avais-je mis les pieds dans ce corridor, qu'un désir insurmontable de voir encore un instant Valérie s'empara de mon âme : j'avais vu sa porte entrouverte. « Elle dort, me dis-je ; personne ne le saura jamais, si Giovanna l'ignore. Je la verrai encore une fois ; je resterai à la porte du sanctuaire, que je respecte comme l'âme de Valérie. » Il ne fallait qu'un moyen pour éloigner pour quelques instants la jeune Italienne ; j'y parviens. Je m'approche en tremblant du corridor ; je m'arrête, effrayé de l'horrible idée que Valérie pouvait se réveiller, je

veux retourner sur mes pas… mais mon désir de la voir était si
violent!… «Je la quitte peut-être pour jamais! Ah! je veux lui dire
encore une fois que c'est elle que j'aime! Si Valérie me voit, je ne
supporterai pas son courroux, j'enfoncerai un poignard dans mon cœur.»
Ma tête égarée me présentait confusément et ce crime et son image. Je
me glisse dans la chambre; elle était éclairée par une veilleuse, assez
pour me faire voir Valérie endormie: la pudeur veillait encore auprès
d'elle; elle était chastement enveloppée d'une couverture blanche et pure
comme elle. Je contemplai avec ravissement ses traits charmants: son
visage était tourné de mon côté; mais je ne le voyais que peu distinctement. Je lui demandai pardon de mon délit; je lui adressai les paroles
de l'amour le plus passionné. Un songe paraissait l'agiter. Que devins-
je? ô moment enchanteur! quelle ivresse tu me donnas!… Elle
prononça… *Gustave!*… Je m'élançai vers son lit; le tapis recélait mes
pas mal assurés. J'allais couvrir de mes baisers ses pieds charmants,
tomber à genoux devant ce lit qui égarait ma raison, quand tout à coup
elle prononça cet autre mot qui doit finir ma destinée. Elle dit d'une voix
sinistre… *la mort!*… et se retourna de l'autre côté. «La mort! répétai-je;
hélas! oui, la mort seule me reste! Tu rêves à mon sort, ô Valérie! dis-je
à voix basse, et me mettant doucement à genoux, reçois mon dernier
adieu; pense à moi; songe quelquefois au malheureux Gustave; et, dans
tes rêves, au moins dis-lui qu'il ne t'est pas indifférent!» Je ne voyais
pas ses traits: une de ses mains était hors de son lit; je la touchai légèrement de mes lèvres, et je sentis encore son anneau. «Et toi aussi, toi qui
me sépares d'elle à jamais, je te donne le baiser de paix; je te bénis,
quoique tu m'ouvres la tombe…» Et mes larmes couvraient sa main.
«Tu l'unis à l'homme que je ne cesserai d'aimer, qui la rend heureuse;
je te bénis!» dis-je. Et je me levai, calmé par cet effort. «Encore un
regard, Valérie, un regard sur toi! Que j'imprime encore une fois tes
traits dans mon cœur! Que j'emporte cette douce image de ton repos, de
ton sommeil innocent, pour m'encourager à la vertu quand je serai loin
de toi!

J'allai prendre la veilleuse; je m'approchai du lit. Ô douce et céleste
image de virginité, de candeur! Sa main était toujours hors du lit; l'autre
était sous une de ses joues, ainsi que dorment les enfants: cette joue était
rouge, tandis que celle qui était de mon côté était pâle, emblème du songe
dont la moitié me parut si douce, tandis que l'autre était si sinistre. Ses
draps l'enveloppaient jusqu'à son cou; et ses formes pures comme son
âme, ne se trahissaient que comme elle, légèrement, en se voilant de
modestie. Ô Valérie! que l'amour s'accroît de ces magiques liens dont
l'enlacent la pudeur et la pureté morale! Jamais le plus séduisant
désordre ne m'eût ainsi troublé!… jamais il n'eût rempli tout mon être
d'une aussi douce volupté! comme je l'idolâtrais! comme je serais mort
pour un seul des plus chastes baisers pris sur tes lèvres qui semblaient

languir! Oui, tu paraissais triste, ma Valérie, et je n'en étais que plus ivre... J'ai pu m'éloigner de toi!... Je t'ai respectée, ô Valérie! tiens-moi compte de ce sublime courage, il anéantit toutes mes fautes!

Bientôt il me sembla entendre les pas de la jeune Italienne; j'allai à sa rencontre; je me précipitai dans la cour, dans le jardin, cherchant à respirer, à me calmer; le jour commençait à poindre, le vent frais du matin s'était levé; une lisière d'or courait le long de l'horizon, à l'orient, et annonçait l'aurore. Les feuilles de l'acacia fermées pendant la nuit, commençaient à s'ouvrir; des aigles privés et nourris dans la maison, sortaient de leurs creux; les oiseaux s'élevaient dans les airs, et de jeunes mères quittaient leurs nids. Toutes ces images m'environnaient: toutes me peignaient la vie qui recommençait partout, et qui s'éteignait en moi. Je m'assis sur les marches de l'escalier qui donne sur le jardin; les alouettes papillonnaient sur ma tête, et leur chant si gai, si joyeux, m'arracha des larmes: j'étais si faible, si oppressé, ma poitrine semblait être allumée, tandis que mon corps frissonnait, et que mes lèvres tremblaient. J'essayai de reposer un moment; ce fut en vain. Je restai quelque temps couché sur ces marches que nous avions descendues si souvent ensemble. Enfin, je me levai, et passant près du salon, où nous avions été la veille, je voulus emporter l'air qu'avait chanté Valérie. Le jour était entièrement venu, et le duo si touchant de Roméo et Juliette [1] tomba sous ma main. Tout devait donc se réunir pour enfoncer dans mon cœur ces scènes de douleur et de regret! Et ce morceau de musique me ramena tout entier à la séparation qui m'était si affreuse. Il n'y avait pas jusqu'au chant des alouettes qui ne me fît penser à ce moment déchirant, où Roméo et Juliette se quittent. Je restai accablé d'une sombre douleur; et je me traînai chez moi, d'où je t'écris encore. Je n'ose te dire l'espoir caché de mon cœur! Ignorera-t-elle toujours ce que je souffre? Il me serait si affreux qu'il ne restât sur la terre aucune trace de ces douleurs! Au moins, en t'écrivant, je laisse un monument qui vivra plus que moi. Tu garderas mes lettres: qui sait, si une circonstance, qu'aucun de nous ne peut prévoir, ne les lui fera pas une fois connaître? Mon ami, cette idée, quelque invraisemblable quelle me paraisse, m'anime en t'écrivant, et m'empêche de succomber sous le poids de la fatigue et du chagrin qui me consume.

---

1. Le célèbre duo de la séparation, à l'aube, dans le *Roméo et Juliette* de Shakespeare, évoqué ici dans la *Giuletta e Romeo* de Nicola Zingarelli (1751-1837).

LETTRE XLIII

De la chartreuse de B., le

C'est ici, c'est près d'une austère retraite d'où sont bannies les passions, les folles agitations de ce monde, que j'ai voulu essayer de me reposer. J'ai obtenu une chambre dans une maison d'où l'on a la vue du couvent.

Je me sens plus calme, Ernest, depuis que j'ai pris la résolution d'écarter de moi tout ce qui a rapport à cet amour insensé. Je veux, s'il est possible, sauver les derniers jours de cette existence si agitée ; et, ne pouvant les passer dans le calme, les remplir au moins de résignation.

Comme je me parais petit à moi-même, au milieu de cette enceinte consacrée aux plus sublimes vertus ! Les pensées de l'amour me paraissent un délit, ici où tous les sens sont enchaînés ; où les plaisirs les plus permis dans le monde, n'osent se montrer ; où l'âme détachée des liens les plus naturels, ne se permet d'aimer que les plus austères devoirs.

Je viens de lire la vie d'un saint que j'ai trouvée dans une des armoires de ma chambre. Ce saint avait été homme, il était resté homme : il avait souffert ; il avait jeté loin de lui les désirs de ce monde, après les avoir combattus avec courage. Il s'était fait dans son cœur une solitude où il vivait avec Dieu. Il n'aimait pas la vie ; mais il n'appelait pas la mort.

Il avait exilé de ses pensées toutes les images de sa jeunesse, et élevé le repentir entre elles et ses années de solitude. Il croyait entendre quelquefois les anges l'appeler, quand il marchait les nuits les pieds nus dans les vastes cloîtres de son couvent. S'il eût osé, il eût désiré mourir. Il travaillait tous les jours à son tombeau, en pensant avec joie qu'il ne léguerait à la terre que sa poussière ; et il espérait, mais en tremblant, que son âme irait dans le ciel. Il vivait dans cette chartreuse en 1715 ; il mourut, ou plutôt il disparut, tant sa mort fut douce ; on arrosa de larmes sa dépouille mortelle ; et chacun crut voir son existence attristée, parce que la douce sérénité, les regards consolants, la bienveillante bonté du père Jérome étaient enlevés à la terre.

Après cela, Ernest, n'avons-nous pas honte de parler de nos douleurs, de nos combats, de nos vertus ?

Depuis longtemps, je désirais voir cette chartreuse, cette pensée sévère de saint Bruno, confiée au mystère et au silence, qui est cachée comme un profond secret sur ces hauteurs. Là, vivent des hommes qu'on nomme exaltés ; mais qui font du bien tous les jours à d'autres hommes ; qui changèrent un terrain inculte, le couvrirent d'industrie, d'ateliers utiles, et remplirent le silence des bénédictions du pauvre. Quelle idée sublime et touchante que celle de trois cents chartreux, vivant de la vie la plus sainte, remplissant ces cloîtres si vastes, ne levant leurs mélancoliques regards que pour bénir ceux qu'ils rencontrent, peignant dans tous leurs mouvements le calme le plus profond ; disant avec leurs traits, avec leurs voix, que l'agitation ne frappe jamais, qu'ils ne vivent que pour ce Dieu si grand, oublié dans le monde, adoré dans leur désert ! Oh ! comme l'âme est émue ! comme elle est pénétrante la voix de la religion qui s'est réfugiée là, qui descend dans les torrents et frémit dans les cimes de la forêt, qui parle du haut de la roche escarpée, où l'on croit voir saint Bruno lui-même, fondant sa chapelle, et méditant sa sévère législation ! Oh ! qu'il connut bien le cœur de l'homme qui se fatigue de délices, et s'attache par les douleurs ; qui veut plus que du plaisir, et cherche ces grandes, ces profondes émotions qui émanent du sein de Dieu, et ramènent l'homme tout entier dans les pensées de l'éternité !

Il est impossible de décrire ce que j'éprouvais : j'étais heureux de larmes, de profond recueillement et d'humilité ; je me prosternai devant cet être si grand, qui appela ces scènes magnifiques de la nature, imprima tour à tour aux formes du monde, la majesté et la riante douceur ; appela aussi l'homme pour qu'il sentît et qu'il désirât sentir davantage, forma ces âmes ardentes et tendres, et leur confia tous ses secrets ignorés des hommes légers. Que de voix, me disais-je, se sont éteintes dans ces déserts ! Que de soupirs ont été envoyés au-delà de cet horizon borné ; là, où habite l'infini ! Je voyais ces traits où siégeait la mélancolie, où l'espérance avait survécu aux orages, pour répandre la sérénité ; je les voyais garder leur tranquille expression au milieu des changements des saisons et de la nature ; ces mains flétries se joignaient aux pieds de ces croix saintement placées dans la solitude. Là, fléchissaient péniblement des genoux affaissés par l'âge ; là, coulaient des larmes que séchait quelquefois le vent âpre du sombre hiver ; ici, un écho religieux murmurait les douleurs et les espérances du chrétien ; et plus loin, sur ce rocher stérile, abandonné de la nature, où tout est mort, où tout est froid comme le cœur de l'incrédule, à travers ces ronces suspendues sur le torrent, au milieu de ces hauteurs inanimées qui ne voient rouler que de noirs orages ; là, peut-être, le long, l'ineffaçable remords appelait sa victime : marquée par lui, elle ne pouvait lui échapper ; elle venait le front baissé, l'œil ombragé, le visage sillonné, elle venait, et son sein déchiré se brisait sur la pierre, et sa voix expirante disait sourdement à cette froide pierre quelque forfait inconnu.

Que j'ai vécu ici, Ernest ! combien j'y ai pensé ! J'ai vu hier un orage : le tonnerre, avec sa terrible voix, parcourut toutes ces montagnes, répéta, gronda, éclata avec fureur ; les voûtes silencieuses tremblèrent : je voyais le cimetière couvert de noires ténèbres ; le ciel obscurci laissait à peine entrevoir tous ces tombeaux où dormaient tant de morts. Je passai devant la chapelle où on les déposait avant de les enterrer, où se fermait sur eux le cercueil creusé par eux-mêmes : il me semblait que j'entendais ce

chant mélancolique des religieux, ces saintes strophes qui les condui-
saient à la terre de l'oubli. J'aimais à tressaillir, et j'envoyais ma pensée
en arrière. Au milieu de ces scènes terribles et attendrissantes, le ciel se
dégagea de ses sombres nuages ; le soleil reparut, et visita, à travers les
vitres antiques, cette chapelle de la mort : les inscriptions du cimetière
reparurent à sa clarté ; et les hautes herbes, affaissées par la pluie, se relevèrent.

Un oiseau, fatigué par les vents, qui l'avaient apparemment chassé
jusque sur ces hauteurs, vint s'abattre sur le cimetière. Ainsi, pensai-je,
peut-être, dans la saison des fleurs, vient s'égarer quelquefois un rossignol :
il cherche en vain une rose jaune comme lui, ou l'arbuste qui la porte ;
mais la fleur de l'amour est exilée de ces lieux, comme l'amour lui-
même : le chantre de la volupté vient s'asseoir sur une tombe, et soupire
sa tendresse sur le territoire de la mort. Hélas ! peut-être cette pierre
couvre-t-elle un cœur qui eut aussi un printemps ; peut-être, avant d'avoir
servi ce Dieu qui remplit son âme du saint effroi du monde, l'adora-t-il
comme le Dieu qui créa l'amour et le donna à la terre : mais bientôt,
comme l'oiseau battu par les vents, battu par l'orage des passions, il est
venu se réfugier sur ces hauteurs ; et, fatigué de la vie, il a voulu
commencer l'éternité, en oubliant tout ce qui tenait au monde.

Ernest, Ernest, il n'est aucun endroit sur la terre inaccessible à cette
funeste passion : ici, ici même, où tout la réprouve, où tout devrait
l'épouvanter, elle sait encore trouver ses victimes, et les traîner à travers
tous ses supplices. En vain la nature sévère veut-elle effrayer l'amour, et
le repousser par sa sauvage âpreté ; en vain la religion menaçante élève-
t-elle partout de saintes barrières, appelle-t-elle la pénitence, le jeûne, les
images du trépas, les tourments de l'enfer ; en vain les tombeaux parlent
et s'ouvrent de tous côtés ; en vain la pierre insensible est-elle animée du
pieux verset qui montre à l'homme la longue récompense de la vertu : ce
passager d'un moment ne sait pas triompher de lui ; il est encore atteint
ici même par ce terrible ascendant ; il partage ici même sa fugitive existence entre d'inutiles remords et de vaines résolutions ; il dispute à la
mort, à la sombre nature, à son corps flétri d'abstinences, à la menaçante
éternité, il dispute un sentiment à la fois délice et fléau de sa vie ; il jette
un long et douloureux regard sur de funestes erreurs ; il tressaille, se
trouble, et garde de son souvenir une coupable volupté qu'il aime encore,
qu'il nourrit dans son sein.

Écoute, Ernest, et frémis. Hier je me promenais, ou plutôt je parcourais
d'un pas inégal les environs de la chartreuse : la lune enveloppait d'un
crêpe mélancolique, et le couvent, et les arbres, et le cimetière ; l'orfraie
seul interrompait de son cri sinistre la tranquillité de la nuit. Une croix
s'est présentée à ma vue ; elle était sur une hauteur que j'ai gravie. Je me
suis assis ; j'ai regardé longtemps le ciel et l'étoile du soir, que j'avais
vue si souvent de la maison que j'habitais avec Valérie. Des gémisse-

ments m'ont frappé ; je me suis levé : j'ai vu près de la croix, et à moitié caché par un arbre, un religieux, le visage couché contre terre. Sa voix plaintive, ses accents déchirants n'osaient peut-être monter vers le séjour de la paix ; la terre les engloutissait. Mon cœur a tressailli ; j'ai cru reconnaître des maux trop bien connus. Je n'ai osé l'interrompre ; mais j'ai pleuré sur lui, en m'oubliant moi-même.

Son long silence m'a effrayé. J'ai osé l'approcher ; je l'ai soulevé. La lune éclairait son visage pâle, ses traits flétris étaient encore jeunes, sa voix l'était aussi. Il m'a d'abord considéré comme s'il sortait d'un rêve ; puis il m'a dit : « Qui es-tu ? souffres-tu aussi ? » Je l'ai pressé contre mon sein, et mes larmes sont tombées sur ses joues arides. « Tu pleures, a-t-il dit, tu es sensible. Je te remercie, a-t-il ajouté d'une voix tranquille. » Son regard m'a effrayé : ses gestes, son agitation, me frappaient, et contrastaient avec sa voix, qui paraissait étrangère à son âme, et qui semblait s'être séparée de sa douleur.

Je lui ai demandé qui il était. « Qui je suis ?... a-t-il dit, en paraissant vouloir se rappeler quelque chose. » Puis il m'a montré son habit. « Je suis un infortuné ! Mon histoire est courte. Je suis Félix. On m'avait donné ce nom ; on se plaisait à croire que je serais heureux [1] : c'était en Espagne qu'on croyait cela ; mais, dit-il, en secouant la tête et respirant péniblement, on s'est trompé. Le bonheur n'a pu demeurer là ; les méchants m'ont tué là ! » et il frappa son cœur d'une manière qui me déchira.

« Quel mal, dis-je, vous a-t-on fait ?

— Oh ! dit-il, il ne faut pas en parler : il faut oublier ici, me dit-il, en regardant la croix et joignant ses mains, il faut tout oublier ici, car il faut pardonner. »

Il a voulu s'en aller, je l'ai retenu. « Que veux-tu de moi ? a-t-il dit. Il est tard ; et quand le matin viendra, il faut que j'aille au chœur, et avant ne faut-il pas que je dorme ? Tu ne sais pas qu'alors je suis quelquefois heureux, oh ! bien heureux ! Je vois alors les plaines de Valence, des haies de fleurs de grenades. Mais ce n'est pas tout, me dit-il ; ce n'est pas mon plus grand bonheur (et il se pencha vers mon oreille). Je n'ose te parler de Laure... (il frissonna). Elle n'est pas morte dans mes rêves ; mais, quand je veille, elle est morte !... » Il jeta un cri déchirant et se tut.

Ô Ernest ! je ne me plaignis plus ; ma douleur s'arrêta devant une douleur mille fois plus terrible :

« Tu vis, m'écriai-je ; tu vis, Valérie ! Ô ciel ! conserve-la ; conserve aussi ma raison pour te bénir ! » Et puis me retournant vers le malheureux Félix, je le serrai dans mes bras ; muet par l'excès de la pitié, je ne trouvai aucun son, aucune parole digne de son malheur.

« Ne dis à personne, je t'en prie, que je t'ai parlé de Laure, ici c'est un

---

1. *Felix* signifie *heureux*, en latin.

grand péché j'ai voulu l'expier tous les jours, mais j'aime malgré moi ; et quand je veux penser au ciel, au paradis, je pense que Laure y est ; et quand je viens ici la nuit, car depuis que je suis... tu sais bien comment, dit-il en montrant sa tête, on me permet tout. Je sors du couvent par cette petite porte ; j'ai une clef, car je crains de troubler les frères dans leur sommeil ; je pleure, c'est un scandale... Eh bien ! qu'est-ce que je voulais te dire ?

— Quand vous veniez ici la nuit, Félix, disiez-vous...

— Eh bien ! oui, la nuit ; le vent, les arbres, cette eau qui roule, tout semble me dire son nom. Il me semble que tout serait beau si elle était là : je la presserais contre mon sein qui brûle ; elle n'aurait pas froid, et le feuillage nous cacherait le couvent ; car je n'oserais l'aimer au milieu du couvent ; j'ai tant promis aux pieds des autels de l'oublier ! Mais, dit-il en soupirant longuement, je ne peux pas.

— Tu ne peux pas », répétai-je ! et je soupirai.

Une sueur froide inondait mon corps ; j'ajoutai son malheur au mien : j'étais anéanti. « Écoute, me dit-il, ne te fais pas chartreux, va-t'en bien loin, va en Espagne, mais n'aime pas. La religion a raison de défendre d'aimer ainsi un seul objet plus que le ciel, plus que la vie, plus que tout. Adieu, me dit-il, n'aime pas : si tu savais comme on est malheureux ! On me l'avait bien dit quand il en était temps, et je n'ai rien écouté. »

Je ne sais plus ce qu'il me dit, ma tête se troubla ; je sais qu'il rentra dans son couvent, que le matin me trouva encore au pied de la croix, que mon hôte me dit que le frère Félix était aimé de tout le couvent, qu'il ne faisait de mal à personne, que le supérieur, homme doux et excellent, lui permet de se promener la nuit, depuis qu'il a perdu la raison ; et qu'il l'a perdue parce qu'une jeune Espagnole qu'il aimait est morte. Sa mélancolie l'avait jeté dans cette retraite, ne pouvant obtenir Laure que ses parents forcèrent à se faire religieuse ; il a appris qu'elle n'existait plus, et sa raison s'est entièrement égarée.

Je pars, Ernest ; ce séjour ne me convient plus : le malheureux Félix se montre partout à moi.

LETTRE XLIV

De la Pietramala, le

Je t'écris, quoique je sois si faible, mon ami, que je puis à peine me soutenir. Je viens de passer dix heures au lit, mais sans que cela m'ait donné plus de force ; la fièvre m'a repris ; je souffre beaucoup de la poitrine. J'arrivai ici au milieu des Apennins, hier dans la journée. Le site de Pietramala [1] est presque sauvage. Ce bourg est caché dans des gorges de montagnes ; mais j'aime ce lieu qui paraît oublié du monde entier. J'y suis depuis peu de temps, et déjà j'y ai vu de bonnes gens. Ernest, je resterai ici quelques jours, peut-être quelques semaines. Eh ! n'est-il pas indifférent en quels lieux je traîne des jours que Valérie ne voit plus, pourvu que je sois loin d'elle, et que je n'outrage plus le comte par cet amour que je dois cacher ? Ici du moins, je serai libre ; mes regards, ma voix, ma solitude, tout sera à moi ; personne ne m'observera... Malheureux ! quel triste privilège tu réclames ; quel triste bonheur te reste ! Ô Valérie ! je ne verrai donc plus ta pitié ? Elle était si tendre ! si bonne !

A six heures du soir

J'ai été quelques heures sans fièvre ; je me suis promené lentement ; je respirais avec plus de liberté ; l'air est si pur dans ces montagnes ! J'ai été voir une petite maison qui appartient à mon hôte, et qui me plaît beaucoup. Un torrent, destructeur comme la passion qui me dévore, a renversé près de la maison de hauts pins et de vieux érables ; ces arbres déracinés du rivage opposé, se rencontrent dans leur chute, et semblent se rapprocher pour former sur le torrent, un pont sous lequel passe une écume blanche qui s'élève au-dessus de ces eaux tourmentées. Je me suis arrêté au bord de ce torrent, et j'ai regardé quelques corneilles qui passaient les unes après les autres sur ces arbres renversés, et dont les cris lugubres convenaient à l'état de mon âme.

JOURNAL DE GUSTAVE

De Pietramala, le

Ernest, je commence pour toi ce journal ; mais quand je souffre, je ne peux t'écrire que quelques lignes. Cette maison que j'habite actuellement me convient beaucoup. Je m'applaudis bien de m'être arrêté ici ; j'y resterai jusqu'à ce que je sois mieux... Mieux : ah ! ne t'abuse pas... Mais que ferais-je à Pise ? Pourrais-je échapper à ces regards d'une multitude oisive, qui toujours occupée de ses plaisirs, est encore avide de pénétrer chaque secret, et ne pardonne pas qu'on se sépare d'elle.

───────────

1. Pietramala est au nord de Florence, dans l'Apennin toscan.

Ici la nature semble me plaindre et s'attendrir sur moi. Elle me recevra dans son sein, et fidèle amie, elle gardera mes tristes secrets. Pourquoi donc tant me tourmenter du lieu où je passerai quelques jours ? Errant comme Œdipe, je ne cherche comme lui qu'un tombeau : il faut si peu de place pour cela.

Mon séjour ici convient à mon funeste état ; ce lieu mélancolique et sauvage est fait pour l'amour malheureux. Je reste des heures entières au bord de ce torrent ; je gravis péniblement une montagne d'où la vue se porte sur la Lombardie ; et quand je crois avoir aperçu dans le lointain cet horizon qui couvre Venise, il me semble alors que j'ai obtenu une faveur du ciel.

J'ai avec moi quelques auteurs favoris ; j'ai les odes de Klopstock, Gray, Racine ; je lis peu, mais ils me font rêver au-delà de la vie, et ils m'enlèvent ainsi à cette terre où il me manque Valérie.

Il y a ici un jeune homme, parent de mon hôte, qui joue bien du piano. Aujourd'hui j'ai entendu cet air que sa voix a gravé dans mon cœur ; cet air qui la fit pleurer sur le malheureux Gustave. Ne me plains pas, Ernest ; la douleur sans remords porte en soi une mélancolie qui a pour elle des larmes qui ne sont pas sans volupté.

J'ai passé le bourg, et j'ai été me promener sur le grand chemin. J'ai rencontré un pauvre matelot en habit de pèlerin. Cet homme, pour apaiser sa conscience, avait fait vœu d'aller à Lorette [1]. Il avait eu, dans sa jeunesse, la passion de la mer ; et, comme Robinson, il avait quitté ses parents malgré leur défense. Il me fit un tableau touchant de ses chagrins, et cela avec une vérité qu'on ne pouvait méconnaître. Il me dit comment après avoir obtenu une place sur un vaisseau qui allait aux Indes, au milieu des délices que lui faisait éprouver son voyage, il s'était réveillé la nuit, croyant voir sa mère en rêve, qui lui reprochait son départ ; qu'alors il avait couru sur le tillac, et qu'il lui avait semblé que les vagues se plaignaient comme si la voix de sa mère arrivait à lui ; et quand il s'élevait une tempête, il ne pouvait travailler, tremblant de toutes ses forces, et pensant qu'il périrait peut-être chargé de la malédiction de ses parents. C'est alors qu'il avait promis au ciel que s'il pouvait revoir sa mère,

---

1. Loreto, dans la province d'Ancône, où l'on trouve la Santa Casa, la maison de la Vierge à Nazareth, transportée par des anges.

obtenir son pardon, il ferait un pèlerinage à Lorette. — Puis il poursuivit, et me dit que, pendant dix ans, il n'avait pu revenir dans sa patrie ; qu'enfin il avait vu la rade de Gênes ; qu'il avait cru mourir de joie en revoyant cette terre, qu'il avait brûlé de quitter. — Ernest, comme voilà bien tout l'homme ! ses désirs, ses inquiétudes, ses fautes, et puis cette inévitable douleur appelée remords, qui le ramène à la vérité. Voilà comment il faut qu'il achète l'expérience ; il n'en voudrait pas autrement ; il faut qu'elle soit payée pour qu'elle lui appartienne bien.

Ce pauvre matelot ! Pendant qu'il me parlait, je l'avais plaint sincèrement ; mais j'avais souri de pitié en le voyant mettre son pèlerinage au rang de ses meilleures actions. Et puis je me repris moi-même de mon orgueil, et je me dis : « Les hommes sont si petits, et pourtant ils rejettent tant de choses comme au-dessus d'eux ! Dieu est si grand, et rien ne se perd devant lui ! Chaque mouvement, chaque pensée vertueuse même vient s'épanouir devant ses regards ; il a compté chaque intention, chaque sentiment louable de sa créature, comme chaque battement de son cœur ; il dit à la vie de s'arrêter, et au bien de croître et de prospérer dans les siècles. Ô Dieu de miséricorde ! pensai-je, tu comptes aussi les pas du pauvre matelot que la piété filiale fait cheminer à travers les ronces de l'Apennin et sous le ciel brûlant de sa patrie. »

Quand je regarde dans le vallon solitaire une timide fleur qui meurt avec ses parfums, et qui n'a point été vue ; quand j'entends le chant rare de l'oiseau solitaire qui meurt et ne laisse point de traces ; que je pense que je puis mourir comme eux, c'est alors que je suis bien malheureux ! Une douloureuse inquiétude, un besoin d'être pleuré par elle vient me saisir. J'entends quelquefois les cris des pâtres qui rassemblent les chèvres sur les montagnes, et les comptent : j'en entendis un l'autre jour se lamenter, parce que sa chèvre favorite lui manquait, et qu'il craignait qu'elle ne fût tombée dans le précipice, et je pensais que bientôt ceux qui m'aimaient, en comptant les félicités de leur vie, diraient avec un soupir : « Ce pauvre Gustave ! il nous manque, il est tombé dans la profonde nuit de la mort ! »

Je ne suis pas toujours aussi malheureux que tu pourrais le croire ; j'ai besoin de te consoler, mon Ernest ; il me semble sentir les larmes que je te fais verser. Chaque moment ne tombe pas tristement sur mon cœur ; souvent il y a des repos, des intervalles, où une espèce d'attendrissement, une vague rêverie, qui n'est pas sans charme, vient me bercer...

Quel est donc ce fonds intarissable de bonheur qui se trouve dans l'homme dont le cœur est resté près de la nature ? Quel est ce souffle incompréhensible et ravissant qui, sublimement confondu avec l'instinct moral et les mystères de nos grandes destinées, nous donne ces vagues et douces inquiétudes ; ce besoin du bonheur qui, dans la jeunesse, en tient quelquefois lieu ; enfin, cet inconcevable enchantement qui ne tient à rien de positif, et qui ne peut être banni par le malheur même ?

Je me promène dans ces montagnes parfumées par la lavande et le chèvrefeuille, et je me dis : « Dans ces retraites les plus cachées, dans ces asiles les plus inabordables, la nature, encore élégante, toujours belle, se pare pour le bonheur et pour l'amour ; des millions de créatures ont vécu et vivent encore sur ces feuilles tendres et veloutées, et sentiront les innombrables voluptés que donnent la vie et l'amour réunis ; et si l'homme, superbe favori de la puissance qui l'appela à la lumière ; si l'homme fier et sensible pénètre ici, beau de jeunesse, heureux d'amour, dans la pompe des espérances, dans l'ivresse des désirs permis, oh ! quel paradis il trouve ici ! son cœur battra à la fois de toutes les émotions, ses regards s'élèveront avec une douce fierté avec le firmament, et s'abaisseront avec extase sur sa compagne. Puissance du ciel ! que réservez-vous donc à vos élus ? »

Je suis retourné dans ces mêmes lieux, Ernest ; j'y suis retourné : j'ai vu un jeune homme qui me paraissait transporté de bonheur. Près de lui était une jeune personne svelte, jolie ; une de ses mains était sur l'épaule du jeune homme : tous deux étaient simplement, mais élégamment vêtus. Je les regardais, placé derrière un buisson ; j'étais descendu par un sentier qui m'est connu, et il me semblait que je faisais le songe de mes pensées d'hier. Ils parlaient, mais je ne les entendais pas. Ils se sont promenés, ils se sont assis ; il semblait qu'ils venaient annoncer une époque de félicité à ces lieux, qu'ils doivent connaître et aimer beaucoup. Ils ont élevé ensemble leurs mains vers le ciel, ils ont essuyé des larmes, ils se sont embrassés. Ah ! l'innocence seule aime ainsi ! Il y avait du calme des anges au milieu de leurs transports. Jamais je n'embrasserai ainsi la beauté idolâtrée, la femme choisie pour moi par la passion et le malheur ; je le pensais. Ô Valérie ! si mes lèvres, flétries par une consumante ardeur, osaient approcher des tiennes ; si ces larmes rares, passionnées, qui contiennent mes longues douleurs, étaient changées en larmes voluptueuses, et tombaient sur tes paupières ; si nos cœurs, l'un sur l'autre, se répondaient tumultueusement, je le sens, en expirant de félicité, le cri du désespoir se mêlerait à la voix des délices, et la hideuse figure du crime se placerait auprès de la vision des anges !

Il n'est donc pas possible, il n'est aucun moyen d'arriver à cette félicité révélée à mon imagination seule, à la félicité innocente !… « Hélas ! un moment, un seul moment, Dieu tout-puissant ! disais-je, toi, auquel rien n'est impossible, et je rendrais ensuite goutte à goutte ce sang qui menace de briser mes veines, où les flammes du désir courent et me consument ! »

Ernest, j'étais tombé à genoux ; mes cheveux étaient trempés de sueur ; une oppression affreuse fatiguait mon sein ; un froid mortel raidissait mes bras. J'ai voulu me lever ; mais, accablé de faiblesse, je suis retombé, et je me suis couché le visage contre terre, cherchant à me calmer. Je te l'avoue, un instant j'avais espéré que j'allais expirer : je humais l'humidité de la terre, qu'une pluie légère venait de rafraîchir ; et cette odeur, si délicieuse ordinairement, n'excitait en moi que de sinistres pressentiments. Cependant mes lèvres et ma poitrine desséchées cherchaient à se rafraîchir ; et l'instinct de la vie agissait, sans que je m'en aperçusse, au moment même où j'appelais, où je désirais la mort. Dans cet instant, les amants mêlaient leur voix, et chantaient un de ces airs tendres qui sont si facilement répétés en Italie. Je les écoutais en fermant les yeux, et en voulant me livrer à cette espèce de distraction qui s'offrait au milieu de mes tourments. Cette musique, chantée par des voix heureuses, me soulagea ; je pus me lever. Je les vis s'avancer vers moi ; j'en fus frappé, quoique je désirasse les voir de plus près. « Non, non, me dis-je, le bonheur aussi est une chose sacrée : il est si beau ce moment fugitif, ce ravissant éclair de la vie, où tout est enchantement ! Je ne mêlerai pas l'image de la mort, le deuil de mes traits flétris, à leur inno-cente et vive joie ; ils reculeraient devant moi comme devant un pressentiment funeste ; ils liraient le malheur de ma vie sur mon visage ; et ma jeunesse, altérée, décomposée par la souffrance, leur dirait : "Voilà ce que fait l'amour !" »

Je me cachai dans d'épaisses broussailles, ils passèrent. J'allai lentement sur la place où ils avaient été assis ; et, mêlant ma mélancolie aux scènes de leur bonheur, je regardai longtemps cette place aban-donnée maintenant à la méditation, et je pensai à ce tableau du Poussin [1], où de jeunes amants, dans l'ivresse du bonheur, foulent aux pieds des tombeaux qui bientôt les engloutiront eux-mêmes.

J'ai appris que les jeunes gens que j'avais vus si heureux, s'étaient mariés hier. Ernest, je te l'avais bien dit, c'était de cet amour qui fait vivre.

Aujourd'hui, je me suis levé avec le jour. J'avais éprouvé une si forte oppression que j'ai cru que l'air du matin m'aiderait à respirer. Il y a ici

---

1. Nicolas Poussin (1594-1665), qui fit à Rome une grande partie de sa carrière, fameux pour ses *Bergers d'Arcadie*.

une colline couverte de hauts pins, au milieu desquels se trouve une fontaine : plusieurs enfants s'y étaient rassemblés. Je cherchais à ne pas troubler leurs jeux. L'insomnie de la nuit m'avait fatigué, je me suis endormi. Il m'a semblé voir un sentier dans ce même bois, et Valérie s'avancer vers moi. Mon âme était ravie ; mais je me sentais retenu à cette place. Les vents frais et légers se disputaient son voile blanc ; le lierre paraissait vouloir enlacer son pied délicat. Déjà elle était près de la fontaine : elle a soulevé un des enfants, elle l'a embrassé. J'ai fait un effort pour voler à elle ; je me suis éveillé, et j'ai vu que ce n'était qu'un songe : mais mon sang était rafraîchi, des larmes de bonheur étaient encore sur mes paupières humides. J'ai été prendre le plus jeune des enfants ; et, ne pouvant respirer le souffle de Valérie, j'aurais voulu respirer quelque chose de la tranquillité de cet enfant. Qu'ils sont beaux ces êtres qui n'ont rien deviné ! Que j'aime ces yeux où dort encore l'avenir avec ses tristes inquiétudes ; ces yeux qui vous regardent sans vous comprendre, et qui vous disent pourtant qu'ils vous veulent du bien !

Il faut que je revienne souvent à cette colline, que j'habitue ces enfants à y revenir, que j'obtienne une place qui sera à moi, et près de laquelle ils viendront jouer en disant : « Notre ami était là ; comme nous aimions à le voir avant qu'il soit disparu ! »

Je me suis regardé dans la fontaine, je ne sais comment, et j'ai été saisi de ma pâleur, de mon air de souffrance. Il est bizarre que la maladie ne m'effraye pas, et que ses effets me fassent reculer d'effroi. Je tousse beaucoup ; ma dernière crise a épuisé le reste de mes forces. Je n'ai qu'un regret, bon Ernest, c'est de ne pouvoir te dire, avec ces regards qui sont des paroles, avec ces accents qui n'appartiennent qu'à la plus tendre amitié, que tu m'es bien cher ! Cher... que cette expression est faible pour tant de dettes !

Adieu, Ernest. Que ce mot me frappe ! Il me semble que je quitte la vie par ce mot !... J'avais pensé si souvent à la mort, et le repos m'avait paru bien doux ! — Nous nous reverrons, ami bien-aimé, ami digne de ce nom, premier bonheur de ma vie, avant que je connusse celle pour qui je ne puis vivre, pour qui je meurs !

Erich te fera parvenir ce journal avec d'autres papiers. J'y joins une lettre pour Valérie ; je n'ose la lui envoyer. Tu la liras, Ernest ; et si un jour tu crois qu'elle puisse la voir, je te devrai plus que tout ce que tu fis déjà pour moi. Cette idée adoucit ma mort. Vis heureux, mon Ernest !

LETTRE XLV

Gustave à Valérie

Je vais encore une fois vous parler, Valérie! mais ce n'est plus d'un autre amour; je ne puis plus vous tromper. Vous ne me refuserez pas votre pitié; vous me lirez sans colère. Songez que déjà étendu dans le cercueil, par la douleur qui me tue, je me relève encore une fois pour vous dire un long adieu. Est-ce en quittant la vie, est-ce blessé d'un trait mortel qu'on peut songer à altérer la vérité, à faire mentir le dernier accent de la voix? Cette voix vous dit enfin que c'est vous que j'aimai... Ah! ne détournez pas de moi ces yeux auxquels fut confiée l'expression de toutes les vertus; plaignez-moi! J'ai souffert tous les tourments, j'ai épuisé toutes les douleurs pour expier mon cruel égarement, j'ai combattu jusqu'à la mort cette passion que tout réprouve, et maintenant encore elle est là pour me suivre dans cette lugubre demeure qui épouvante l'amour ordinaire. Ô Valérie! vous ne pouvez plus me la défendre!

Ne me plaignez pas. Vous pleurerez sur moi, n'est-ce pas, femme généreuse, angélique bonté, vous pleurerez sur moi? Non, je ne voudrais pas ne pas vous avoir aimée. Ah! pardonne, Valérie, pardonne! ton innocence me fut toujours sacrée, je l'aimais comme ta vie. Si j'ai osé rêver quelquefois à une félicité trop grande pour la terre, c'était en pensant à ce temps où vous étiez libre, où vos regards auraient pu tomber sur moi; mais, jamais, non, jamais je ne désirai un bonheur qui eût été enlevé au plus généreux des hommes. Valérie, je l'ai vu aimé de vous, j'ai vu votre bonheur, et j'ai éprouvé tous les remords du crime. — Valérie, ai-je assez souffert!...

Mais je ne suis pas indigne de toi, beauté angélique! Non, non; cette passion pouvait m'être défendue, et m'élever pourtant. Que de fois, forcé de paraître au milieu d'un monde que je fuyais, j'ai vu tomber sur moi les regards d'une insultante pitié! On me plaignait comme un insensé indigne des plaisirs de la terre, puisqu'il ne les recherchait pas. Ces hommes, qui regardent comme chimérique le bonheur composé de sentiments purs, me voyaient comme un triste reproche qui importune: ils m'auraient pardonné des vices, ils ne me pardonnaient pas de ne point attacher de prix à ce qu'ils appréciaient tant. La fortune, la naissance, ces dons si splendides selon eux, leur paraissaient tout. Ô Valérie! que j'eusse été indigent avec tous ces biens, sans ce cœur créé pour d'inépuisables félicités, et que l'amour a détruit! Que de fois, solitaire et rentrant dans ce cœur, je me trouvais plus heureux, au sein de la souffrance, que ceux qui ne savaient rien se défendre et ne jouissaient de rien, qui pour-

suivaient chaque plaisir, et le voyaient s'évanouir en l'atteignant. Ô
Valérie ! je sentais alors avec orgueil les battements de ce cœur qui savait
si bien t'aimer !

Valérie, j'eusse dû te fuir ; je me suis préparé moi-même ces maux
sous lesquels je succombe maintenant. Mais, si je n'ai pu t'arracher ces
jours que l'amour a dévorés ; si j'ai offensé ce Dieu qui te créa à son
image, prie pour moi ; prononce quelquefois au pied des autels, ou dans
la vaste enceinte de cette nature que tu aimes, prononce le nom de
Gustave, dont la passion fut égarée par tes charmes et tes vertus.

Surtout, femme céleste ! ne te reproche rien ; ne crois pas que tu eusses
pu me faire éviter cette passion funeste. Je connais ton âme si délicate et
si sensible, qui se crée des tourments qui prouvent sa perfection ; ne te
reproche rien. Je t'aimais comme je respirais, sans me rendre compte de
ce que je faisais. Tu étais la vie de mon âme : longtemps elle avait langui
après toi ; et, en te voyant, je ne vis que ta ressemblance ; je ne vis que
cette image que j'avais portée dans mon cœur, vue dans mes rêves,
aperçue dans toutes les scènes de la nature, dans toutes les créations de
ma jeune et brûlante imagination. Je t'aimai *sans mesure*, Valérie ; tes
attraits me consumèrent ; et l'amour me sépara des jours de l'adolescence, comme un violent orage sépare quelquefois les saisons.

Adieu, Valérie, adieu ! *Mes derniers regards se tourneront vers la
Lombardie.* Peut-être tressailleras-tu ; peut-être tes pieds fouleront-ils un
jour la terre qui couvrira ce sein si agité. Il n'y aura pas de fleurs comme
sur le tombeau d'Adolphe, elles sont pour l'innocence ; mais, dans la
cime des hauts pins, le vent murmurera comme les vagues de la mer près
de Lido ; et de mélancoliques accents descendront des montagnes, se
mêleront aux souvenirs de Lido, et ta voix confondra le nom de Gustave
et celui de ton Adolphe, et tu croiras le voir près de moi, et tes bras
s'étendront vers nous. Oh ! laisse-moi la touchante volupté de tes
regrets ! Adieu, ma Valérie ! Tu es mienne, par la toute-puissance de ce
sentiment qu'aucun être n'a pu éprouver comme moi. Adieu. Mon cœur
bat et s'arrête tour à tour. Vivez heureux tous deux : je meurs en vous
aimant.

LETTRE XLVI

Ernest au comte de M...

Dans la terrible anxiété que j'éprouve, la seule idée qui me calme,
c'est de penser que ma lettre pourra encore vous parvenir à temps, et que
la même amitié qui embellit les jours du père de Gustave, veillera sur cet

infortuné, et l'arrachera à l'abîme creusé par lui-même, et qui doit infailliblement l'engloutir. Oh ! Monsieur le comte, ce que je souffre est inexprimable, en pensant aux maux de Gustave, du premier et du plus cher de mes amis ! Je tremble quelquefois qu'il ne soit trop tard pour le sauver ; je tombe alors dans un égarement de douleur qui me trouble et m'ôte la faculté de penser. Ma lettre ne se ressent que trop du désordre de mes idées ! Je viens d'en recevoir plusieurs à la fois de Gustave ; elles avaient été retardées par le Sund [1]. Je n'y vois que trop le funeste état de mon ami ! Il a quitté Venise. Je ne m'aveugle ni sur sa douleur, ni sur sa santé, et je suis bien malheureux ! Pourquoi ne vous ai-je pas écrit plutôt ? Pourquoi, connaissant votre âme généreuse, ai-je craint de manquer à la délicatesse, à l'amitié, et ai-je exposé les jours du meilleur, du plus aimable des hommes ? Je ne sais ce que j'écris. Lisez, lisez les lettres de Gustave. Je vous expédie un de mes parents sur lequel je puis compter ; il va sans s'arrêter à Venise : il vous remettra plusieurs de ses lettres ; elles vous peindront son funeste état ; elles vous montreront cette âme sublime et tendre, qu'une passion terrible frappa, malgré tous ses efforts et tous ses combats. Quand vous les aurez lues, je serai plus tranquille. Eh ! que pourrais-je vous demander que votre cœur ne vous ait déjà conseillé ? Qui veillera avec plus de tendresse sur cet infortuné que vous, qui fûtes toujours pour lui un père tendre ? Qui saura mieux trouver ce qui lui convient que vous, dont l'âme est aussi sensible qu'éclairée ? Vous verrez qu'une de ses peines les plus déchirantes vient de vous avoir paru ingrat. Sa tête malade s'exagère ses torts. Son affreuse situation le forçait au silence. Il souffre d'avoir eu contre lui toutes les apparences de la méfiance ; et d'avoir paru insensible à votre amitié : il souffre de vous avoir offensé par cet amour involontaire pour cet objet si doux, si pur, si respecté, pour cette femme charmante, la récompense de vos vertus. Oh ! Monsieur le comte, je voudrais vous montrer à la fois tout ce qui peut rendre Gustave et plus excusable et plus intéressant. J'oublie que vous l'aimez autant que moi. Que ne puis-je voler vers lui, vers vous, homme généreux ! Mais je suis retenu auprès d'une mère trop malade pour que je songe à m'en éloigner dans ce moment. Dès que son état ne souffrira pas de mon absence, j'espère que ce sera bientôt, je partirai pour l'Italie. Puissé-je retrouver Gustave ! Je ne sais pourquoi de si noirs pressentiments m'agitent quelquefois : rien alors ne peut rendre ce que j'éprouve. Ah ! je ne serai tranquille que lorsque je l'aurai ramené ici ; ici, où tout lui rendra encore les souvenirs de l'enfance, et où il respirera peut-être quelque chose du calme de ses premières années !

Je finis ma lettre. Je n'ai pas besoin de vous prier d'accueillir avec bonté le baron de Boysse, mon parent ; c'est un jeune homme sûr et estimable.

---

1. Le Sund est un bras de mer faisant communiquer la mer Baltique et la mer du Nord. Le Danemark y percevait un droit de péage et opérait un contrôle qui retardait une circulation maritime très intense.

Agréez, Monsieur le comte, les assurances de mon respect. Daignez excuser le désordre de ma lettre ; c'est à votre âme que je l'adresse, et je n'y ai point observé les formes que me prescrivaient les convenances. Daignez me mettre aux pieds de Mme de M..., et me permettre de joindre au respect que je vous dois, l'attachement le plus vrai.

J'ai l'honneur d'être,
Monsieur le comte,

Votre très humble et
obéissant serviteur,
ERNEST DE G...

LETTRE XLVII
Le comte à Ernest

Je ne perds pas un moment à vous répondre. Le baron de Boysse est arrivé, il m'a remis votre lettre et le paquet qui contient le récit des malheurs et des vertus de Gustave. — L'infortuné ! combien il a souffert ! Mon cœur a été déchiré en lisant ces tristes lignes, en repassant tous ses jours de douleur. Oh ! combien je me suis reproché ma fatale imprudence ! Depuis que je connais la source de ses peines, mon affection semble s'être accrue de mes injustices mêmes, et je tremble des dangers auxquels il est livré, car je connais maintenant toute l'influence que doit avoir sur son cœur une passion si violente. Je pars pour Pietramala. Nous avons appris indirectement que Gustave s'y était arrêté. Il ne nous a point écrit lui-même, et son silence commençait à nous inquiéter. Nous fîmes la semaine passée, Valérie et moi, une promenade à Lido. Vous connaissez le mélancolique intérêt qui nous attache à ce lieu. Le souvenir de notre jeune ami vint se mêler aux entretiens, et je vis Valérie extraordinairement affectée. — Quelques mots qui lui sont échappés ont excité ma curiosité, et bientôt tout mon intérêt : j'ai insisté pour qu'elle continuât de me parler. — Alors, avec douleur et timidité, Valérie m'a peint le funeste état de Gustave ; elle m'a dit qu'il était causé par une passion terrible... « Une passion ! ai-je dit ; et la plus tendre pitié s'est emparée de moi. Et qui, qui, Valérie, a troublé la vie de Gustave ? » Elle s'est jetée sur mon sein ; j'ai senti ses larmes, j'ai tremblé ; un muet effroi a glacé ma langue.

« Ô mon ami ! il m'a toujours dit que c'était en Suède qu'il aimait.

— Eh bien, ai-je dit, si c'est en Suède... »

Elle ne m'a pas laissé achever, et, avec un regard qui contenait toute la douleur d'une âme aussi bonne, elle a ajouté : « Le silence est criminel, quand il peut être aussi dangereux. Mon ami, je crains d'être la cause innocente et malheureuse de l'état de Gustave. Je n'en ai pas de certitude ; mais j'ai des soupçons, j'en ai beaucoup. » Elle m'a embrassé. « Ô mon ami ! qu'il a dû souffrir… lui, qui est si sensible ! De quels tourments il a dû être déchiré, lui, qui se reprochait les moindres fautes ! » Alors il m'a semblé qu'un voile épais tombait de dessus mes yeux. Valérie m'a rendu compte de tout ce qui lui avait donné ces soupçons, et, au nom de notre bonheur, elle m'a conjuré d'aller rejoindre cet infortuné, et de m'occuper de lui.

Valérie m'a dit avec quelle vertueuse adresse Gustave avait su lui faire accroire qu'il aimait une femme en Suède, et que ce n'était qu'à la fin de son séjour qu'elle avait cru s'apercevoir qu'elle était elle-même l'objet de cette passion, sans cependant en avoir une entière certitude ; qu'elle avait voulu dès lors m'en parler, persuadée que mon amitié pour Gustave m'aurait fait prendre de mon cœur les conseils qui convenaient à sa situation, mais qu'une extrême timidité l'avait retenue. Il lui paraissait si extraordinaire, ajouta-t-elle, d'avoir pu inspirer une passion, qu'elle n'avait jamais osé me dire qu'elle le pensait. Cette âme douce et modeste ignore tout son pouvoir, comme vous voyez, et se reproche actuellement d'avoir immolé son devoir à la crainte de paraître ridicule ; cependant elle sent bien qu'il fallait laisser partir Gustave, et que l'absence est le véritable remède à ses maux.

Je voulais vous donner tous ces détails, à vous, l'ami de Gustave, et le nôtre par conséquent. Ah ! pourquoi, en vous développant le caractère de Valérie, en vous la montrant faisant mon bonheur, et me découvrant à moi-même de nouvelles vertus, pourquoi suis-je ramené à ces terribles circonstances qui me peignent le malheur de l'être que j'aime le plus après elle !

Je pars dans deux jours. Je vous écrirai dès que je serai à Pietramala. Mon cœur s'agite dans de sombres idées ; je ne sais pourquoi elles m'assaillent ainsi à présent. J'ai vu Gustave malade et changé ; mais, à vingt-deux ans, avec une constitution forte, on ne s'alarme point.

Qu'il me tarde de vous voir, et de voir Gustave avec vous, qui reçûtes les premiers élans de ce cœur si bien fait pour l'amitié !

Agréez, Monsieur, les expressions de tous les sentiments que vous inspirez ; et si ma lettre n'exprime pas tout ce que je voudrais vous dire, dites-vous que, pour vous parler ainsi et de Gustave, et de Valérie, et de moi-même, il fallait vous apprécier beaucoup, et, je puis dire, vous aimer.

J'ai l'honneur d'être, etc.

LETTRE XLVIII

Le comte de M... à Ernest

Pietramala, le 28 novembre

Nos cruels pressentiments n'étaient que trop fondés ! Le silence de Gustave tenait à son funeste état. Depuis quinze jours une fièvre dévorante le consume ; elle est accompagnée d'un délire qui vient tous les soirs à la même heure, et qui empêche le malade de prendre le moindre repos. Erich nous a écrit, et malheureusement cette lettre ne nous est pas parvenue.

Je suis arrivé le soir avant-hier, et je suis descendu à une petite auberge de ce bourg : de là je me suis rendu chez Gustave, où Erich m'a vu arriver avec bien de la joie. J'ai trouvé ce vieillard si changé, que cela seul me peignait déjà tout ce que notre ami avait souffert. Mon cœur battait avec violence en lui demandant où était Gustave. Il a haussé les épaules, et m'a dit :

« Vous n'avez donc pas reçu ma lettre ?

— Non, répondis-je, d'une voix altérée. Il est donc bien malade ? ajoutai-je, en me troublant de plus en plus.

— Hélas ! depuis quinze jours il est très mal, a-t-il répondu ; et, dans ce moment, le délire est revenu comme tous les soirs. »

J'ai craint qu'il ne me reconnût et que cette surprise ne l'émût trop ; mais le médecin qui était présent, me dit que je pouvais entrer, et qu'il ne me reconnaîtrait pas. Comment vous rendre ce que j'ai éprouvé en m'avançant vers ce lit de douleur, en voyant cette physionomie si touchante décomposée par la souffrance ? L'agitation la plus violente était dans ses traits, sa poitrine oppressée était découverte, et je frémis en voyant sa maigreur. Ses mains se plaçaient alternativement sur sa tête, où il paraissait souffrir, et retombaient sur le lit. Il me regarda avec des yeux égarés, mais sans témoigner la moindre surprise. Je m'assis près de son lit, et me laissai aller à ma douleur ; elle fut extrême. Il est inutile de vous dire tout ce que j'éprouvai ; vous devez le concevoir.

Le médecin m'a demandé lui-même de faire venir un de ses confrères de Bologne qui n'est pas éloigné d'ici ; il m'a indiqué un homme qui a de la réputation et qu'il connaît beaucoup. J'ai expédié sur-le-champ un exprès pour l'engager à se rendre auprès de nous…

Je vous quitte pour prendre un peu de repos. Je vous ai écrit de la chambre de Gustave. Je me suis entretenu longtemps avec Erich de son genre de vie ici ; il m'a dit qu'il vous écrivait tous les jours.

24 novembre

Plaignez-moi ; je souffre plus que jamais d'un accident qui augmente encore les reproches que je me fais, et la douleur que j'éprouve. Je n'avais pas vu Gustave de toute la journée qui suivit la soirée de mon arrivée, et où son délire empêchait de me reconnaître. Le médecin, craignant qu'il ne ressentît une émotion trop vive, m'avait conseillé de laisser passer cette journée, où il était plus accablé qu'à l'ordinaire. Je passais tristement les heures à parcourir les environs de la demeure de Gustave ; je me disais : « Ici il a souffert, tandis que je m'occupais si faiblement de lui ; que je l'accusais de s'abandonner à une humeur sauvage et bizarre. Oh ! triste vérité, qu'on ne saurait assez redire ! Nous ne savons nous inquiéter que pour ce qui ne mérite pas nos soucis. Et moi, qui quelquefois osais me croire plus sage, n'ai-je pas cent fois songé à l'avancement de Gustave, à lui faire avoir une place plus importante ? Je pensais à son avenir, et je négligeais le moment d'où dépendait peut-être toute sa destinée ! »

Voilà les tristes réflexions que je faisais en parcourant ces lieux solitaires, témoins des douleurs de Gustave. Je savais qu'il les avait souvent visités ; je m'arrêtais aux lieux dont les sites me frappaient le plus, et je me disais : « Ici, il se sera arrêté aussi ; ici, peut-être, cette âme si sensible aux beautés de la nature aura-t-elle éprouvé un moment l'oubli de sa fatigante douleur. »

Je rentrai vers le soir, et je profitai des moments qui me restaient à passer loin de Gustave pour écrire à Valérie, avec tous les ménagements possibles, pour ne pas trop l'effrayer sur la situation du malade, et la préparer pourtant au danger dans lequel il se trouve.

Le délire ne vint point comme à l'ordinaire ; à sa place, il y eut un assoupissement qui procura un repos qu'on pouvait croire favorable au malade. Il était dix heures du soir. Je m'assis derrière un paravent d'où je pouvais l'observer sans en être vu. Le médecin dit qu'il reviendrait à minuit pour le veiller le reste de la nuit. Le pauvre Erich étant très fatigué, je l'engageai à aller se reposer un moment : pour moi, je restai abîmé dans mes tristes pensées. Le malade paraissait dormir profondément. Fatigué de l'air vif des montagnes et de ma course, je m'assoupis un moment. Je fus tiré de ce léger sommeil par un bruit qui me réveilla ; c'était une des portes de la chambre qu'on avait fermée avec violence. Je me lève ; jugez de mon étonnement, en voyant que Gustave n'était pas dans son lit. Epouvanté, et convaincu que c'était lui qui avait jeté ainsi cette porte, et qui, dans son délire, s'était échappé, je cours aussitôt comme un insensé, le cherchant dans le corridor voisin. Erich, réveillé comme moi par le bruit, me suit. Notre frayeur augmente en ne le trouvant pas. Enfin je vois une petite porte entrouverte qui donnait sur le jardin ; je m'élance, appelant Gustave à grands cris. La lune éclairait faiblement le jardin. J'entends quelques gémissements ; je tressaille d'horreur et d'effroi : je m'avance vers une fontaine placée près d'un monument ; je trouve Gustave plongeant sa tête dans les eaux du bassin, et se plaignant douloureusement. A peine l'eus-je pris dans mes bras, qu'il s'évanouit. Moment affreux ! je crus qu'il était expiré. Le drap, qu'il avait entraîné après lui, l'enveloppait comme un linceul ; l'eau froide et presque glacée qui découlait de ses cheveux, inondait ma poitrine, sur laquelle sa tête était penchée ; l'horloge frappait lentement minuit ; la lune, froide et silencieuse comme la mort, projetait de longues ombres qui ressemblaient à des fantômes ; et le chien, enchaîné dans sa loge, poussait d'affreux hurlements qui augmentaient encore l'effroi dont mon âme était saisie... Je rapporte, ou plutôt je traîne Gustave, pouvant à peine me soutenir moi-même ; nous le mettons sur son lit. Le médecin arrive. Saisi d'un tremblement universel, ma main sur le cœur de l'infortuné, j'attendais l'espérance, je n'en avais plus ; j'invoquais un seul battement de son cœur, pour en demander au ciel un autre. « Que je puisse, me disais-je, que je puisse le serrer encore une fois dans mes bras, lui dire combien il m'est cher ! » Enfin, des moments plus calmes succédèrent à ces moments de terreur, pendant lesquels je me reprochais jusqu'à ce sommeil involontaire qui avait permis à Gustave de sortir du lit. Le pouls s'établit ; ses yeux s'ouvrirent. D'abord il ne me reconnut pas. Il était appuyé sur mon sein ; je soutenais sa tête. Il demanda ce qui s'était passé : le médecin lui dit que, dans un accès de délire, il s'était échappé de sa chambre. Il ne se rappelait rien. Il demanda du thé.

Pendant qu'on lui en préparait, le médecin me dit à l'oreille de m'éloigner. Je voulus poser sa tête sur l'oreiller ; mais, sans rien dire, il me retint par la main pour ne pas changer de position : je restai. On avait éloigné les lumières ; le plus profond silence régnait autour de nous. Il soupira profondément ; je le pressai contre mon cœur, et soupirai aussi : il ne parut pas s'en apercevoir, et prononça à voix basse le nom de Valérie. « Valérie ! » répétai-je avec émotion, et des larmes tombèrent de mes yeux sur son visage. Alors il se tourna vers moi ; et, pressant faiblement ma main :

« Qui êtes-vous, dit-il, vous qui me plaignez ?

— Ô mon fils ! mon ami ! lui dis-je, ne me reconnaissez-vous pas ? Est-il sur la terre quelqu'un qui vous aime davantage ? »

A ces mots, aux accents de ma voix que je ne contraignais plus, il me reconnaît, il se dégage de mes bras avec une vivacité incroyable ; et laissant tomber sa tête sur l'oreiller, il couvre son visage de ses mains et dit : « Malheureux Gustave ! »

Je l'embrasse en l'inondant de mes larmes.

« Vous m'aimez donc encore ? dit-il. Ah ! ne m'est-il rien échappé ? N'ai-je pas eu un long délire ? Comment êtes-vous ici vous, me dit-il d'un accent déchirant, vous, époux de Valérie !

— Cher Gustave ! calmez-vous. Je sais tout, je vous plains, je vous aime, je donnerais ma vie pour vous. »

Alors, s'abandonnant à la tendresse et à la joie même, il me dit qu'il mourrait content si je l'aimais encore : il me demanda ce que je voulais dire, en l'assurant que je savais tout. En vain je voulus retarder une explication qui devait trop l'affecter ; il fallut céder à ses instances, lui dire que vous m'aviez écrit. Oh ! comme il sut gré à son cher Ernest de cette idée bienheureuse ! Je lui cachai que Valérie fût instruite ; je lui dis qu'elle le savait malade, et qu'elle m'envoyait. Il leva les mains au ciel, mais sans parler. « Est-ce un rêve ? Quoi ! vous me pardonnez ! vous savez mon funeste amour, et vous me pardonnez ! » Alors il voulut continuer, et me peindre ses combats, ses souffrances ; je lui prouvai que ses lettres mêmes m'avaient tout appris. Il se jeta sur mon sein. « Je meurs content, répétait-il, vous me pardonnez ! » Cette explication, qui aurait dû alarmer par les émotions qu'elle produisait, ne lui fit que du bien ; il parut soulagé d'un poids terrible. Il prit avec plaisir le thé qu'on lui apporta.

Lorsque le délire fut entièrement passé, sa tête moins souffrante, sa poitrine moins oppressée, tout nous fit espérer un mieux considérable ; mais, hélas ! cette espérance s'évanouit bientôt : la fièvre reparut avec un affreux redoublement. L'impression de cette eau froide et de l'air de la nuit ne se manifesta que trop ; la toux devint si alarmante que nous craignions qu'il ne succombât dans les crises.

Voilà le récit de cette affreuse nuit d'hier. Il est si accablé aujourd'hui, qu'il ne peut proférer une parole ; mais il me regarde souvent avec tendresse ; il met la main sur son cœur pour me montrer sa reconnaissance, et essaie de sourire. Oh ! qu'il me fait mal ! que je souffre !

25 novembre

Ce matin, je suis entré chez lui ; il avait dormi une heure ; il était un peu mieux. Je me suis assis tristement sur son lit ; il a vu des larmes dans mes yeux. Je ne disais rien ; je le regardais douloureusement. « Ne pleurez pas sur moi, a-t-il dit, mon digne ami ! Pourquoi ceux qui m'aiment s'affligeraient-ils ? N'ont-ils pas comme moi, ces grandes idées qui s'attachent à un avenir immense ? Cette vie est-elle donc tout pour eux, comme pour l'incrédule ? Je sens que j'emporte avec moi ce qui fait vivre, même quand ces yeux seront fermés. (Et il ouvrit ses grands yeux noirs, abattus par la douleur, et regarda le ciel.) Je meurs jeune, je l'ai toujours désiré ; je meurs jeune, et j'ai beaucoup vécu. Mon père ! mon cher maître ! ajouta-t-il, en me regardant avec un charme de mélancolie inexprimable, ne m'avez-vous pas souvent appris à user de la vie, et ne croyez-vous pas que, dans cet espace de vingt-deux années, j'ai eu des jours, des heures qui valaient une longue existence ? » Il s'était recouché comme pour prendre haleine ; je l'entendais respirer avec peine, mais il cherchait à me cacher son oppression. Erich avait emporté la bougie qui blessait la vue affaiblie de Gustave ; il restait une petite lampe, « elle va s'éteindre, dit-il vivement, empêchez-la ; il ne faut pas encore qu'elle s'éteigne. » Il soupira. Oh ! comme ce soupir me déchira ! « Le jour est encore loin, me dit-il ; pour cacher apparemment ce qu'il avait éprouvé ; quelle heure est-il ? (Je fis sonner ma montre.) Cinq heures ? Je voudrais un peu dormir ; mais je sens que je ne le pourrai pas. Ô mon ami ! ajouta-t-il en s'appuyant sur mon bras, que de biens dans la vie dont nous n'apprécions pas la valeur, ou si faiblement !... Combien de fois j'ai dormi neuf heures de suite ! »

« Elle dort à présent ; ne le pensez-vous pas ? me dit-il. Elle a le sommeil de la santé et du bonheur ; et peut-être rêve-t-elle à vous, digne ami. Oh ! puisse-t-elle longtemps dormir tranquille, et vous aussi ! et il serra ma main.

— Non, répondis-je, elle ne peut être tranquille ; elle sait que l'ami de son bonheur, l'ami de son cœur pur et sensible, souffre.

— Ah ! mon ami, je ne voudrais troubler ni son sommeil ni son cœur. Non, non, quelques larmes seulement, et un de ces longs souvenirs qui durent toute la vie, mais sans la déchirer, qui honorent ceux qui sont capables de les avoir. » Il pleura doucement.

Je passai mes bras autour de son cou, je l'embrassai ; il se coucha sur mon sein : j'étais assis sur son lit. Il resta longtemps sans parler, et je m'aperçus, à un certain mouvement de respiration plus calme et plus égal, qu'il s'était assoupi. J'éprouvai du charme en voyant cet infortuné jouir de quelques moments de repos ; je retenais ma respiration. Il sommeilla ainsi pendant une demi-heure.

Le novembre

J'ai passé quelques jours sans vous écrire. Découragé, abattu, et passant de la plus terrible crainte à des moments d'espoir, j'ai besoin de m'y livrer pour ne pas succomber moi-même. Il va mieux ; il tousse moins. Le médecin dit que sa constitution doit être des plus fortes, puisque après quinze jours de fièvre et de délire il peut être ainsi.

On voit que sa poitrine seule le détruit ; sa jeunesse même est un danger de plus ; son sang est si vif ! Il a voulu qu'on le portât au jardin ; nous n'y avons pas consenti ; il faisait trop froid aujourd'hui.

Le novembre, 7 heures du matin

Je continue mon triste récit. Il me semble que c'est un devoir d'arracher à l'oubli chaque instant qui nous parlera seul, hélas ! à l'avenir, de

notre ami commun, et je trace scrupuleusement chaque mot, chaque
circonstance de ces tristes scènes...

Qu'il est difficile de manier les douleurs de l'âme ! Par combien de
chemins on y arrive, quand on croit être loin de la blesser ! Quand je
suis entré chez Gustave, aujourd'hui, on avait ouvert les fenêtres pour
renouveler l'air de sa chambre ; il paraissait assez bien ; je voyais qu'il
prendrait ce moment pour me parler, et je craignais sa toux, qui revient à
la moindre irritation. Voyant des livres sur une table, je lui proposai de
lire quelque chose, en lui demandant s'il y avait une lecture qu'il aimât
de préférence. Il me répondit qu'il voudrait entendre quelque chose en
anglais ; et *Les Saisons* de Thompson [1] tombant sous ma main, j'ouvris le
livre, et commençai sans y songer ces beaux vers :

> *But happy they ! the happiest of their kind !*
> *Whom gentler stars unite, etc.* [2].

Un cri étouffé de Gustave me fit frémir. « Qu'avez-vous ? m'écriai-je,
et le livre me tomba des mains.

— J'ai mal, bien mal, dit-il en montrant sa poitrine » ; et il ferma les
yeux, cacha sa tête dans l'oreiller pour éviter de me parler. Un secret
instinct m'avertit que je lui avais fait mal. Je m'approchai de la fenêtre ;
et ce tableau si fidèle d'une heureuse union, que Thompson a peint si
délicieusement, revint à ma mémoire, et m'affecta vivement.

Le novembre

Il a voulu que nous le portassions dans le jardin pour voir coucher le
soleil et respirer l'air, qui le calme toujours. On l'a placé dans un
fauteuil. Il a paru jouir de ces moments où la nature semblait jeter mélancoliquement autour de nous les dernières teintes du jour qui allait finir.
Ce jour avait été beau comme la jeunesse de Gustave. Mes yeux
suivaient la dégradation de la lumière, et se portaient involontairement,
tantôt sur l'horizon, tantôt sur lui. Il parut me deviner ; il prit ma main :
« Que la nature est belle ! quel calme elle répand dans tout mon être !
Jamais je ne l'eusse aimée ainsi, si je n'avais connu le malheur (il me
regarda avec une sérénité touchante). Comme elle m'a consolé, cette
nature si sublime ! Semblable à la religion, elle a des secrets qu'elle ne
dit qu'aux grandes douleurs. Mon digne ami ! continua-t-il, voyant que
j'étais très affecté, il est doux de se reposer dans son sein ; ne me
plaignez pas. »

Dans ce moment, on me remit un paquet de lettres que le courrier
venait d'apporter. Gustave reconnut l'écriture de Valérie ; il se leva avec

---

1. L'Écossais James Thompson (1700-1748), auteur de *The Seasons* (1726-1730)
2. « Heureux, les plus heureux de leur espèce, ceux qu'a unis une étoile bienfaisante. »

agitation, puis il retomba aussitôt affaibli par cet effort ; il sourit tristement.

« Imaginez ma démence, dit-il, je croyais que le courrier pouvait m'avoir apporté quelque chose aussi, et j'allais pour le demander.

— Sûrement Valérie m'aura parlé de vous ; rentrons, lui dis-je.

— Ah ! lisez, lisez.

— Non pas, si vous vous livrez à cette violente émotion. »

Il ne me dit rien ; mais, posant la main sur son cœur, il me montra qu'il en arrêtait les battements.

Nous rentrâmes. Il ne voulut pas se coucher ; il s'assit sur son lit, s'appuya contre un des piliers, et joignit les mains pour me prier de lire. Valérie me parlait en effet de notre ami infortuné ; elle disait qu'elle languissait dans une douleur qu'elle ne pouvait confier à personne, qui agitait ses jours par de noirs pressentiments ; elle se plaignait d'être séparée de moi ; elle demandait mille détails sur Gustave, et s'attendrissait sur cette malheureuse victime d'un amour si funeste.

Je n'osais lire cette lettre à notre ami ; je craignais de lui montrer que Valérie connaissait son triste secret.

« Que fait-elle ? me demanda-t-il avec anxiété.

— Elle souffre, et fait des vœux pour vous.

— Elle souffre ! répéta-t-il. Oh ! si elle savait tout ! »

Il s'arrêta, leva timidement ses yeux sur moi ; je baissai les miens. « Mon père ! dit-il avec un accent déchirant, en étendant vers moi ses mains suppliantes, mon père ! promettez-moi qu'un jour elle saura que je meurs pour elle ! » Sa voix m'émut tellement, me rappela tellement celle de mon ami, qu'entraîné par la plus tendre pitié, je lui dis : « Elle sait tout. — Elle sait tout ! répéta-t-il avec ivresse », et il se précipita à mes pieds. En vain je voulus le relever ; il serrait mes genoux, il répétait :

« Elle sait tout ! je meurs content. Elle pleurera ma mort. Ô mon digne ami ! permettez-lui ces larmes religieuses… Ami de mon père ! mon bienfaiteur ! encore, encore une prière ! Valérie vous donnera des fils ; le ciel vous rendra encore père, pour vous payer de tout ce que vous fîtes pour moi : qu'un de ses fils s'appelle Gustave ; qu'il porte mon nom ; que Valérie prononce souvent ce nom ; que le doux sentiment de la maternité se mêle à mon souvenir, et qu'ainsi se confondent le bonheur et les regrets.

— Calmez-vous, cher Gustave, dis-je en le relevant et en l'embrassant avec tendresse ; tout ce que je pourrai faire pour mon fils d'adoption, pour le fils de mon meilleur ami, je le ferai. »

Il s'était rejeté à mes genoux ; son exaltation lui donnait une force extraordinaire ; ses joues, si pâles, s'étaient colorées ; ses yeux éteints brillaient encore une fois, comme aux jours de la santé ; et la passion luttait avec la mort, sur ce visage enchanteur que la nature doua de ses plus célestes expressions. « Je suis heureux, me dit-il en ôtant de dessus mes yeux mes mains qui cachaient les larmes douloureuses que je cherchais à retenir. Je suis heureux, ne pleurez pas. Repassez avec moi tous les biens que j'ai connus, et tous ceux qui me restent encore. La nature jette quelquefois sur la terre ces âmes qu'elle se plaît à rendre plus ardentes et plus tendres ; elle leur associe l'imagination, et leur fait engloutir, dans un court espace de temps, toutes les félicités, tous les bienfaits de l'existence. N'est-ce donc pas un bonheur de mourir jeune, doué de toutes les puissances du cœur, de rapporter tout à l'éternité, avant que tout se soit flétri ? Sont-ils plus heureux, ces hommes devant lesquels la vie se retire comme un débiteur insolvable qui n'a rien acquitté ? Elle m'a tout donné. J'entends encore la voix de cette mère bien-aimée, de ma sœur, de mon Ernest ; ces magiques accents qui me reçurent à l'entrée de la vie, résonnent encore à mes oreilles ; aucun ne m'a déçu dans ces premiers et derniers jours. Ainsi la nature et l'amitié se chargèrent du bonheur de ma jeunesse ; ainsi j'arrivai... Pardonnez, mon père, dit-il avec un long soupir ; puisque je vous ouvre mon cœur, il faut bien que vous l'y trouviez, elle... Ainsi j'arrivai à ce sentiment, continua-t-il d'une voix plus basse, dont les douleurs valent mieux que les enchantements de ce que les hommes appellent amour. Éclair d'un autre monde, il m'a consumé ; mais il ne m'a pas flétri. » Ici il s'arrêta, cacha son visage dans mon sein ; puis il dit : « J'ai vu le rêve de ma jeunesse passer devant moi, revêtu d'une forme angélique ; il m'a souri, j'ai étendu les bras : la vertu s'est mise entre Valérie et moi, et m'a montré le ciel où il n'y a point d'orage. » Ici il est tombé dans la rêverie ; puis il a ajouté avec transport : « Mais les regrets de Valérie perceront ma tombe ; la voix de l'amitié m'appellera dans de mélancoliques nuits, et son génie portera jusqu'à moi ses touchants accents. Ne suis-je donc pas heureux, moi qui emporte un cœur pur, des larmes qui me bénissent ? Ah ! mon père, les hommes appellent romanesques ces âmes plus richement douées, qui ne veulent vivre que de ce qui honore la vie ; et l'exaltation ne leur paraît qu'une fièvre dangereuse, tandis qu'elle n'est qu'une révélation faite aux âmes plus distinguées, une étincelle divine qui éclaire ce qui est obscur et caché pour le vulgaire ; un sentiment exquis de plus hautes beautés qui rend l'âme plus heureuse en la rendant meilleure. C'est moi, c'est moi qui emporte tout ce qu'il y a de grand et de consolant : ce ne sont pas eux, qui passent devant les félicités de la vie comme devant une énigme qu'ils ne comprennent pas, qui s'arrêtent avec leur égoïsme et leurs petites idées devant les petites passions. Insensés ! ils n'osent demander au ciel du bonheur ; ils demandent à la terre des plaisirs, et le ciel et la terre les déshéritent tous deux. »

Effrayé de la véhémence avec laquelle Gustave m'avait parlé, craignant qu'il n'eût épuisé entièrement le peu de force qui lui restait, j'avais vainement tenté de l'arrêter. Entraîné moi-même par son enthousiasme, par ce sublime développement d'une de ces âmes si rares, si distinguées, je m'étais laissé aller à cette admiration si touchante qui nous ravit et nous élève : je le sentais sur mon cœur ; sa poitrine s'agitait, sa respiration devenait pénible, ses joues étaient brûlantes, sa tête tomba sur mon sein. Je crus qu'il cherchait à se reposer, il s'était évanoui, et ce long évanouissement me jeta dans la plus affreuse terreur ; ce moment fut un des plus déchirants de ma vie. Mon effroi s'augmenta d'une circonstance qui devait le rendre terrible. Pendant que je cherchais à faire revenir Gustave à lui-même, la cloche des agonisants se fit entendre dans un couvent voisin ; c'était apparemment un des religieux qui luttait aussi avec la mort. Ce triste et lugubre tintement enfonçait l'agonie de la douleur dans mon âme, et mon front était inondé d'une sueur froide. Enfin, Gustave revint à la vie. On avait été chercher le médecin : le pouls s'effaçait sous sa main, la pâleur la plus sinistre couvrait ses traits ; il ne put rien prendre. Combien je me reprochais de l'avoir laissé parler ! Mais dans ces terribles maladies, la vie se mêle tellement à la mort, qu'on a constamment les illusions de l'espérance. Je l'avais cru bien plus fort qu'il ne pouvait l'être. Je ne le quittai pas ; il s'endormit enfin à cinq heures du matin, et je le laissai alors. Je vous écris ces détails après avoir pris quelques heures de repos.

Cette nuit, voyant qu'il ne pouvait dormir, et voulant l'arracher à ses profondes rêveries, je lui ai proposé de lui lire un journal de sa mère que j'ai trouvé dans ses papiers, espérant ramener ses sombres pensées vers un temps plus doux. Un morceau que j'en avais lu m'avait montré une bonne action de Gustave ; c'était un souvenir doublement consolant dans cette triste époque. Il m'a dit qu'il voulait que ce journal vous fût remis ; je le joins donc ici. Combien il aime cette mère si aimable ! combien son idée a adouci ses souffrances ! Je voyais qu'il s'élançait vers elle dans ces régions du repos où il aspire à aller.

FRAGMENTS DU JOURNAL
De la mère de Gustave

Tu es sur mon sein, tu existes, mon fils, toi que rêvèrent mes orgueilleuses espérances ; toute mon âme suffit à peine à ce bonheur de la maternité ! Et ces jours si purs, si beaux, d'une heureuse union, sont devenus encore plus purs, encore plus beaux. Ô femmes ! que votre destinée est belle ! L'univers entier n'est pas assez vaste pour les hommes ; ils y portent leurs désirs inquiets ; ils veulent le remplir de leur nom ; ils fatiguent leurs jours ; ils prodiguent la vie ; elle est toujours hors d'eux-mêmes. Et nous, qu'elle est belle notre destinée ignorée, qui ne cherche que les regards du ciel! Comme il a doué nos cœurs, à la fois courageux et sensibles! ce cœur qui brave la douleur et la mort, et se rend à un sourire. Puissance divine! tu nous laissas l'amour; et l'amour sous mille formes, enchante nos jours! Nous aimons en ouvrant les yeux à la lumière, et nous donnons toute notre âme d'abord à une mère, ensuite à une amie, toujours aux malheureux; ainsi de plaisirs en plaisirs nous arrivons à l'enchantement d'un autre amour; et tout cela n'a fait que nous apprendre mieux le devoir pour lequel nous fûmes créées. Délice de ma vie, cher Gustave, je suis donc aussi mère! mes yeux ne peuvent se lasser de te regarder; mille espérances se succèdent, et occupent toute ma journée, et mes rêves mêmes. J'attends ton premier regard; quand tu t'éveilles j'épie ton premier sourire.

Je rêve déjà à ce temps où tu me connaîtras, où mêlant ensemble toutes tes petites idées, tes besoins, tes affections, ton choix, tout te portera vers moi...

Je t'ai porté à l'église, Gustave; j'ai remercié le Dieu de l'univers qui te donna à moi : j'ai juré, non, j'ai promis, et jamais promesse ne fut faite avec cette chaleur, j'ai promis de remplir mes devoirs envers toi. Je te tenais dans mes bras; j'étais fière et humble, j'étais mère. J'étais si riche! Comment ne pas sentir ce cœur qui s'enorgueillissait de toi, mon Gustave! Mais j'étais humble aussi. Qu'avais-je fait, pour mériter ce bonheur si grand? Je t'ai déposé sur cet autel où l'église bénit mon union avec ton père : je suis revenue au château, environnée de nos vassaux; leurs regards te bénissaient, car ils aiment ton père, et je promis pour toi que tu les aimerais un jour.

Et quand j'ai été seule, je suis allée avec toi dans la longue galerie où sont les portraits de tes aïeux; et, faible encore, car il n'y a que quelques semaines depuis ce jour où je souffris et où j'oubliai si délicieusement mes douleurs, je m'assis près d'un faisceau d'armes : ton noble grand-père les avait illustrées dans des guerres pour la patrie. Autrefois elles me faisaient peur; mais aujourd'hui je pensais que le jour viendrait où tes jeunes mains les soulèveraient aussi, et où un ardent et sublime courage t'animerait. Puis je parcourus cette galerie, te montrant avec ivresse à tes ancêtres, comme s'ils me voyaient; et je m'arrêtais devant celui dont tu es aussi le descendant, qui servit si bien son Dieu et ses rois; et, te soulevant avec fierté, je dis au héros : « Regarde mon Gustave; il tâchera de te ressembler. »

Aujourd'hui, tu as eu deux ans, cher Gustave. Ton père, absent depuis plusieurs mois, est revenu hier de Stockholm; avec quel bonheur nous nous sommes revus! Il a demandé à te voir; je lui ai dit que tu dormais, et je l'ai entraîné dans le salon. J'ai cherché à l'occuper un instant; mais je ne pouvais cacher mon inquiète joie et mon attente; je regardais vingt fois la porte. Nous étions assis près du grand poêle dont tu aimes à voir les antiques peintures. Enfin la porte s'est ouverte, et tu es entré habillé, pour la première fois, des habits de ton sexe; et ce costume de notre nation, qui est si beau, t'allait à ravir. Tu as hésité, en entrant, si tu avancerais, tu croyais qu'il y avait un étranger. J'ai eu peur pour toi; puis tu as fait quelques pas, et la joie m'est revenue. Cette distance à parcourir, qui devait montrer à ton père que tu savais marcher, je la mesurais avec des battements de cœur, comme si c'était toute la carrière de la vie; je tremblais pour toi; j'avais tout fait ôter sous tes pas; je t'encourageais de mon sourire; je t'appelais. J'avais caché à moitié, derrière ma robe, de nouveaux joujoux; tu les as vus, tu as redoublé d'efforts. Ton père ne se contenait qu'avec peine; il voulait toujours s'élancer vers toi; je le retenais. Enfin tu as presque couru, et, près de nous, tu l'as regardé du haut en bas, et tu t'es jeté dans mes bras. Ô moment ravissant! Tous trois, ton père et moi, une seule étreinte nous confondait, et ses larmes coulaient, et tu passais de l'un à l'autre comme une aimable promesse de nous aimer toujours. Ô mon fils! que j'ai eu de bonheur à sentir, à l'écrire! Je le relirai souvent, et je te le ferai relire.

Aujourd'hui à dîner, on a parlé d'un trait touchant, arrivé pendant je ne sais quelle guerre d'Allemagne. Le magistrat d'une ville assiégée, et sur le point d'être livrée au pillage, fait assembler toutes les mères à l'hôtel de ville, et leur ordonne d'amener tous leurs enfants, depuis l'âge de sept jusqu'à douze ans, et de les revêtir d'habits de deuil. Cette touchante cohorte de jeunes citoyens, et peut-être de victimes, devait aller implorer l'ennemi. Le désespoir de ces mères, le tumulte des armes, les cris des ennemis, tout se peignait sur tes traits, Gustave; ta jeune imagination te montrait tout. Enfin tu te lèves de table, tu cours dans mes bras, et me regardant avec fierté et tendresse, tu me dis: «Maman, j'ai sept ans! j'aurais été aussi à l'ennemi, et je l'aurais prié pour toi.» Gustave, est-il une plus heureuse mère?

Gustave, tu as fait aujourd'hui une action héroïque; et tu n'as que douze ans!

Un pauvre enfant du village, en jouant près de la rivière, a été entraîné par le courant. Gustave se promenait dans les environs; il venait d'être malade; il était faible, et savait à peine nager. Il accourt, s'élance, et saisit l'enfant au moment où il reparaissait sur l'eau; mais, manquant de force, et ne voulant pas l'abandonner, il appelait du secours… Heureusement on l'avait vu. Ô mon Dieu! que serais-je devenue sans cela? On les a ramenés tous deux; Gustave a eu un long évanouissement. En ouvrant les yeux, son premier cri a été pour l'enfant; il a pleuré de joie, il l'a embrassé, il lui a donné ce qu'il avait pour le porter à sa mère: il n'y est pas allé lui-même, il avait la pudeur de son bienfait.

Qu'elle est intéressante l'amitié qui unit Gustave à Ernest ! Les belles âmes seules aiment ainsi. Nous étions assis au bord du grand étang ; les deux amis étaient sous un arbre, ils lisaient ensemble Homère ; leurs jeunes cœurs s'enflammaient ; il y avait un charme inspirant dans cette scène. Ces riches tableaux d'une imagination si forte ; ces sentiments qui sont de tous les âges et de tous les temps, et qui frappaient sur ces cœurs si purs, les transportaient tour à tour sous le ciel de l'Orient, et les ramenaient dans le cercle enchanté de leurs affections.

Ernest et Gustave se livrent à la botanique avec ardeur.

Je crois que si Linné[1] n'avait pas été suédois, ils aimeraient moins cette étude. Qu'ils sont heureux ! Qu'il est beau cet âge poétique de la vie, où l'on fait des appels de bonheur à tout ce qui existe, et où tout vous répond ! Cependant, il y a quelque chose de passionné dans le caractère de Gustave qui m'alarme quelquefois.

Gustave a quinze ans. Je le regardais avec la tendresse qui devine tout, et j'ai éprouvé une espèce de frayeur ; je ne sais sur quoi elle se fonde. Gustave, doué par le ciel de toutes les vertus généreuses ; Gustave, aimé de tous ; Gustave, enfin, qui reçut en partage les biens de la nature et ceux de l'opinion, n'avait-il pas tout ce qui promet le bonheur ? Et pourtant je sens que son âme est une de celles qui ne passent pas sur la terre sans y connaître ces grands orages qui ne laissent trop souvent que des débris. Quelque chose de si tendre, de si mélancolique, semble errer autour de ses grands yeux noirs, de ses longs cils abattus quelquefois ! Il n'a plus cette inquiète mobilité de l'enfance ; il a abandonné ses chevaux, les fleurs de son herbier ; il se promène souvent seul, beaucoup avec Ossian[2], qu'il sait presque par cœur. Un mélange singulier d'exaltation guerrière et d'une indolence abandonnée aux longues rêveries, le fait passer tour à tour d'une vivacité extrême à une tristesse qui lui fait répandre des larmes.

Hier, il revenait d'une de ses promenades solitaires ; je l'ai appelé.

« Gustave, lui ai-je dit, tu es trop souvent seul à présent.

— Non, ma mère, jamais je n'ai été moins seul ; et il a rougi.

---

1. Carl von Linné (1707-1778), naturaliste suédois, auteur d'une classification des plantes et de la description de milliers d'espèces (*Systema naturae*, 1735 ; *Philosophia botanica*, 1751 ; *Species plantarum*, 1753).

2. Guerrier et barde gaélique légendaire, fils de Fingal, qui vécut vers le IIIᵉ siècle. Les poèmes qui lui sont attribués ont été traduits, et en majeure partie réinventés, par James MacPherson, en 1760 et 1762.

— Avec qui es-tu donc, mon fils, dans tes courses solitaires ? »

Il a tiré Ossian ; et, d'un air passionné, il a dit : « Avec les héros, la nature, et...

— Et qui ? mon fils. »

Il a hésité ; je l'ai embrassé. « Ai-je perdu ta confiance ? » Il m'a embrassée avec transport. « Non, non ! » Puis il a ajouté en baissant la voix :

« J'ai été avec un être idéal, charmant ; je ne l'ai jamais vu, et le vois pourtant ; mon cœur bat, mes joues brûlent ; je l'appelle ; elle est timide et jeune comme moi, mais elle est bien meilleure.

— Mon fils, ai-je dit, avec une inflexion tendre et grave, il ne faut pas t'abandonner ainsi à ces rêves qui préparent à l'amour, et ôtent la force de le combattre. Pense combien il se passera de temps avant que tu puisses te permettre d'aimer, de choisir une compagne ; et qui sait si jamais tu vivras pour l'amour heureux !

— Eh bien, ma mère, ne m'avez-vous pas appris à aimer la vertu ? »

J'ai souri, et j'ai secoué la tête comme pour lui dire : « Cela n'est pas aussi facile que tu penses ! »

« Oui, ma belle maman, la vertu ne m'effraie plus depuis qu'elle a pris vos traits. Vous réalisez pour moi l'idée de Platon, qui pensait que si la vertu se rendait visible on ne pourrait plus lui résister. Il faudra que la femme qui sera ma compagne vous ressemble, pour qu'elle aie toute mon âme. » J'ai encore souri. « Oh ! comme je saurais aimer ! bien, bien au-delà de la vie, et je la forcerais à m'aimer de même ; on ne résiste pas à ce que j'ai là dans le cœur ; quelque chose de si passionné ! a-t-il dit en soupirant et frémissant ; puis, après un moment de silence, il a ajouté : Un de nos hommes les plus étonnants, les plus excellents, Swedenborg [1], croyait que des êtres qui s'étaient bien, bien aimés ici-bas, se confondaient après leur mort, et ne formaient ensemble qu'un ange : c'est une belle idée, n'est-ce pas, maman ? »

Ici finissait le journal ; et vous seul pouvez imaginer ce qu'il me fit souffrir par les terribles rapprochements que je faisais. Ces brillantes espérances, qui venaient se briser contre un cercueil ; cette mère si aimable, qui semblait pressentir le malheur que nous avons sous les yeux ; et ce caractère si pur, si noble, si sensible, qui a tenu toutes les promesses de l'enfance. Il n'est pas d'expression pour tout ce que j'éprouvais. Pour lui, il m'écoutait avec un calme que j'aurais cru impossible. Vingt fois je voulus m'arrêter, me repentant de n'avoir pas assez

---

1. Emmanuel Swedenborg (1688-1772), savant et philosophe suédois, auteur, entre autres, des *Arcanes célestes* (1749-1756), où il relate ses expériences mystiques. Pour lui, la vie terrestre n'est qu'une préparation à la vie spirituelle.

prévu ce qu'il y avait de trop douloureux dans cet écrit ; il me conjurait, mais avec calme, de continuer.

Quelquefois il semblait qu'il cherchait à se rappeler ces scènes de son jeune âge ; il écartait, en rêvant, de dessus son front, ses cheveux, qui paraissaient l'embarrasser ; et la pâleur de son front alors *me faisait si mal.* Quand je lui lus ce passage où il est parlé d'Homère, il s'est soulevé, il a joint ses mains sans rien dire ; une joie encore belle, malgré ses traits flétris, était sur son visage ; il a prononcé longuement votre nom ; puis il a ajouté ; « Oh ! comme je me rappelle bien cela ! Ô doux plaisirs de mon enfance ! vous venez donc encore vous asseoir sur ma tombe ! »

Au moment où il est parlé de la botanique, que vous aimiez tous deux, il a dit tranquillement et en soupirant : « Les goûts charment la vie, et les passions la détruisent. »

Mais quand il en est venu au souvenir de ce jour où sa mère l'embrassa, où il lui promit d'aimer la vertu, il pleura amèrement ; il tendait les bras comme s'il pouvait encore l'atteindre ; et, couvrant son front de ses mains, il dit d'une voix étouffée : « Pardonne-moi, ombre chérie ! ombre sacrée ! de n'avoir pas assez écouté ta prophétique voix ; j'ai bien souffert ! »

Il est bien mal ; le médecin n'espère rien ; mon âme découragée se livre à une mortelle douleur. Si vous pouviez arriver, s'il pouvait encore voir cet Ernest qu'il aime tant ! Hélas ! vos larmes ne tomberont que sur la terre qui couvrira bientôt le plus vertueux, le plus aimable des hommes.

J'ai trouvé Erich avec lui aujourd'hui. Ce vieillard ne dit rien, il ne pleure pas, il a perdu jusqu'aux larmes : il en a beaucoup répandu ; vous savez comme il aime Gustave, dont la jeunesse s'éleva sous ses yeux. Que la douleur à cet âge-là fait mal ! Les larmes de la jeunesse sont une rosée du printemps qui s'évapore et embellit la fleur qu'elle a visitée ; mais les chagrins de la vieillesse sont comme la sombre tempête de l'automne qui abat les feuilles et dévaste l'arbre lui-même. Erich, les joues sillonnées par les années et les souffrances, était assis sur le lit de Gustave ; ses cheveux gris se mêlaient aux rides de son front ; ses mains tremblaient ; ses yeux mornes interrogeaient les traits de Gustave ; il tenait une cassette ouverte ; il y avait quelques lettres ; j'en vis une pour sa sœur, une autre adressée à Valérie ; il rougit en voyant mes yeux tomber dessus : je l'embrassai.

« Lisez-la, me dit-il, c'est la première que je lui écris, et c'est de ma tombe que je la date.

— Non, non, dis-je avec la plus vive douleur, vous ne mourrez point ; vous vivrez, vous guérirez ; le temps effacera les traces d'une passion orageuse : Valérie a une sœur qui lui ressemble beaucoup ; vous l'obtiendrez, et nous serons tous heureux. »

Il secoua tristement la tête ; il me confia un paquet qui contenait ses dernières dispositions. Il sortit le portrait de sa mère, le porta à ses lèvres, et le plaça sur son cœur : « Il faut qu'il y reste », dit-il.

Il me remit une croix de Malte, pour la rendre à l'ordre de Saint-Jean [1], dont le prince Ferdinand est le chef. Il l'avait regardée un moment : « Mon père l'a portée longtemps, me dit-il ; et à sa mort le roi la demanda pour moi, afin que cette distinction restât dans la maison des Linar. »

Un vieillard, un ecclésiastique déporté de France, qui a trouvé un asile dans un couvent près de cette maison, est venu voir Gustave. Il l'avait rencontré souvent, et avait lu dans son âme la douleur qui le consumait. Il lui avait parlé quelquefois ; l'avait plaint sans vouloir lui arracher son secret, et l'avait entretenu aussi de sa patrie. Ainsi s'était formé entre eux un lien cher à tous deux. Il s'approcha du lit de Gustave ; et je remarquai l'altération de ses traits, en voyant l'extrême pâleur et l'oppression du malade. Gustave lui présenta sa main, et de l'autre il montra sa poitrine pour lui indiquer qu'il ne pouvait pas lui parler ; il essaya de sourire pour le remercier. Le vieillard posa silencieusement deux œillets sur le lit de Gustave en lui disant : « Ce sont les derniers de mon jardin, je les ai cultivés moi-même. » Puis il joignit ses tremblantes mains, les mit sur sa poitrine, et regarda longtemps Gustave sans parler ; seulement je vis deux larmes se détacher lentement de ses paupières ; il semblait que la nature qui ne veut rien perdre à cet âge, les retenait malgré lui. Gustave avait remarqué aussi ces larmes ; car un rayon de soleil venait éclairer la tête auguste du pasteur. « Ne vous affligez pas sur moi, lui dit Gustave à voix basse ; je crois à un bonheur plus grand que tout ce que la terre peut donner » ; il regarda le ciel, et ajouta : « Priez pour moi, apôtre de Jésus-Christ ; vous qui l'avez servi, et ne l'avez pas offensé. » Le vieillard lui répondit : « Je ne suis qu'un pauvre pécheur. »

Il prit un crucifix qu'il avait posé sur la table à côté du lit, et le présenta à Gustave, qui de ses languissantes mains le saisit et le porta à ses lèvres en inclinant sa tête ; puis il le remit en levant pieusement ses yeux au ciel ; et joignant ses mains, il dit : « Ô sauveur et bienfaiteur des hommes, il est plusieurs demeures dans la maison de ton père, ainsi tu l'as dit ; donne-moi aussi une place, ô toi qui fus tout amour ! Ne regarde pas ma vie, regarde ce cœur qui aima beaucoup et souffrit. » Le saint homme s'était mis à genoux près du lit de Gustave ; et absorbé dans une fervente prière, il oubliait la terre des hommes : il était dans le ciel.

La grande cloche du couvent commença à sonner ; elle annonçait que l'office allait commencer. C'était une grande fête ; toutes les cloches des environs se mêlèrent à celle-là ; et deux enfants de chœur entrant dans la chambre, vinrent avertir le vieillard qu'on le demandait. Il s'était déjà levé, et avait posé ses vénérables mains sur la tête de notre ami ; il se

---

1. Fondé au XIIᵉ siècle, l'ordre des chevaliers hospitaliers de Saint-Jean de Jérusalem, dit ordre de Malte, était un ordre militaire.

retourna vers moi, qui, muet témoin de toute cette scène, laissais couler des larmes, et me demanda si l'on ne songeait pas à faire administrer les sacrements au malade.

« J'attends à tout moment, dis-je, notre aumônier qui doit venir de Venise : le jeune comte de Linar, ajoutai-je, n'est pas catholique.

— Il n'est pas catholique ! » s'écria le vieillard avec un accent douloureux ; et laissant échapper un soupir que je voyais lui être pénible : « Mais je l'ai vu à la messe, je l'ai vu prier Dieu avec ferveur.

— Nous pensons, dis-je, que le père de tous les hommes peut être invoqué partout ; et là où nous trouvons nos semblables nous mêlons nos prières, notre reconnaissance : la même miséricorde n'existe-t-elle pas pour tous ceux qui ont les mêmes misères ? »

Il soupira : sa religion et la bonté de son âme luttaient ensemble. « Homme excellent, qui ne voulez que bénir, dis-je, je vois combien il en coûterait à ce cœur pour nous rejeter. Celui que vous cherchez à imiter, celui qui dit : "Venez tous à moi, vous qui souffrez, est encore mille et mille fois meilleur pour les hommes." » Il regarda Gustave ; Erich essuyait son visage pâle, sur lequel étaient des gouttes de sueur.

Le pasteur leva ses mains au ciel, et dit : « La miséricorde de Dieu est plus grande que le sable de la mer » ; et puis il sortit lentement, retourna sa tête, et à la porte il bénit le malade.

A deux heures de la nuit

Il m'a demandé si je connaissais la place où il voulait être enterré ; je n'ai pu lui répondre que par un signe de tête négatif. Je souffrais horriblement, il s'en est aperçu. Il a toute sa raison. Il m'a fait approcher, et m'a prié d'une voix faible de prendre les arrangements nécessaires pour qu'il pût être enterré sur une colline voisine, d'où la vue porte sur la Lombardie ; elle est couverte de hauts pins. Il a légué une somme pour secourir toutes les mères pauvres de ce bourg, pour les aider à élever leurs enfants. Il a voulu que chaque année, au jour de son enterrement, ces enfants vinssent sur sa tombe ; qu'on leur fît aimer ce lieu solitaire, où coule une fontaine d'une eau pure. Il se plaît à penser que ces innocentes créatures aimeront cette place où il trouvera le repos. Je lui ai promis de remplir ses volontés.

Le médecin de Bologne est arrivé ; il le trouve bien mal ; il ne croit pas qu'il puisse vivre encore quatre jours. Oh ! quelle affreuse nuit j'ai passée !

J'ai été visiter la colline, comme je le lui avais promis. Il soufflait un vent impétueux ; une nuée d'oiseaux de passage s'est abattue sur les arbres : ces oiseaux, dans leurs cris monotones, semblaient répéter leurs adieux en commençant leur nouvelle migration. Ils se sont élevés dans les airs, ont tourbillonné, se sont abattus encore, et ont disparu. J'ai vu une place ; c'était celle qu'il a choisie ; il y a travaillé : il y avait un arbre dont les rameaux étaient dépouillés, mais il vivait toujours, et s'élançait vers le ciel. La bêche qui avait servi à Gustave était appuyée contre cet arbre ; sur sa rude et antique écorce était cette inscription : *Le voyageur qui dormira à tes pieds n'aura plus besoin de ton ombre ; mais tes feuilles tomberont sur la place où il reposera, et diront au passant que tout périt.*

Quand je suis revenu près de Gustave, il achevait d'écrire avec beaucoup de peine quelques lignes ; il me les remit. Je ne pus les déchiffrer ; il l'avait prévu, et me les dicta.

J'ai passé la nuit près de lui : il a prononcé souvent votre nom ; il vous appelait ; il a aussi prononcé le nom de sa sœur, m'a donné un paquet pour elle, écrit avant qu'il fût si mal. Il m'a bien recommandé de vous remettre tout ce qui était à votre adresse, et de vous dire combien il vous aimait. Un moment il a fermé les yeux, puis il les a rouverts, m'a tendu les mains, et m'a dit en soupirant : « J'ai cherché à rassembler les traits de Valérie, je n'ai pu réussir : ils sont si bien là ; il a montré son cœur : mais déjà mon imagination est morte ; je n'ai pu avoir une idée distincte de ses traits ; je voulais prendre congé d'elle. Dites-lui, dites-lui combien je l'aimai. » Il a pris ma main ; il a fixé les yeux dessus, et a dit : « Elle conduira Valérie par une route fleurie et douce ; *elle sera toujours dans la sienne.* » Il est tombé dans une longue rêverie ; puis il m'a demandé à quelle heure son père était expiré.

Il s'est endormi. Au bout d'une heure, il m'a demandé de lui lire quelques chapitres de l'Évangile ; ce que je fais tous les matins.

Le médecin est venu lui apporter une potion calmante ; il l'a éloignée doucement de la main, en disant : « Je suis assez calme pour mourir ; c'est tout ce qu'il faut. » Il s'est retourné vers Erich, et lui a dit : « Je vous remercie de tous vos soins ; je vous attendrai là-bas, où nous ne nous séparerons plus. » Ce bon Erich pressait en sanglotant les mains de Gustave contre ses lèvres, et celui-ci pressait sa tête blanchie contre son cœur.

Le 4 décembre

Ce matin il m'a fait appeler ; il m'a demandé si je n'avais pas de réponse de l'aumônier, et m'a dit qu'il désirait bien le voir arriver.

« Il sera trop tard, a-t-il ajouté.

— Je l'attends d'une minute à l'autre, dis-je.

— Je suis bien faible, mon digne ami », a-t-il continué.

Puis j'ai vu qu'il voulait me parler de Valérie ; il a hésité.

« Avez-vous quelque chose à me dire ? lui ai-je demandé.

— Non, non, je dois m'interdire ce sujet de conversation. Tout est réglé d'ailleurs ; tout est fini ; et je suis trop heureux, puisqu'elle sait que je meurs pour elle. Pardonnez-moi, homme excellent et respectable ! N'est-ce pas, vous m'avez pardonné ? Donnez-moi votre main, serrez la mienne : hélas ! il ne me reste plus de force pour exprimer mes sentiments ! »

Il avait pris des mesures pour que les vassaux de sa terre fussent aussi heureux qu'il était en son pouvoir de les rendre. Cette terre, qui revient à sa sœur, est en Scanie, et c'est celle où vous passâtes ensemble une partie de votre enfance. Il vous a nommé, ainsi que moi, pour surveiller ses volontés. Avec quelle touchante inquiétude il s'est assuré si ses dispositions étaient entre mes mains ! Il a absolument voulu ouvrir encore une fois le paquet cacheté, pour se convaincre qu'il ne les avait pas oubliées. Souvent il vous appelle ; il dit : « Mon Ernest ! mon Ernest ! où es-tu ? » Je lui ai lu votre lettre : calmez-vous ; il sait que le devoir seul pouvait vous retenir. D'autres fois il appelle Valérie ; il dit : « Ma sœur ! ma tendre sœur ! tu me promis de m'aimer comme un frère. »

Il a voulu vous écrire encore ; il n'en a pas eu la force. Les deux premières lignes sont de lui ; j'ai écrit le reste sous sa dictée. Voilà ces lignes : je ne vous les envoie pas, car je vous attends.

Mon Ernest, je viens te parler encore une fois avant de disparaître de la terre. J'ai tenu ma parole ; j'ai tenu les promesses de l'enfance, les serments d'un âge plus mûr, je t'ai aimé jusqu'à la mort. Ne t'effraie pas de ce mot : la mort elle-même n'est qu'une illusion ; c'est une nouvelle vie cachée sous la destruction. L'amitié ne meurt pas ; la mienne attend celle d'Ernest dans les demeures inébranlables du repos. Ô mon Ernest ! si tu avais pu fermer mes yeux, garder mon dernier regard dans ton cœur, pour te consoler dans ces moments où tu te diras : « Je ne le reverrai plus ! » il me semble que ce dernier regard t'eût peint un sentiment indestructible qui doit consoler de ce qui est passager.

Ernest, je te dois un bien grand bonheur ; tu m'as sauvé d'une douleur horrible, celle de croire que je mourrais sans être connu de lui, de cet ami incomparable. Ah ! les âmes sublimes ont seules des inspirations sublimes ! Telle était la tienne, en lui envoyant mes lettres, en mettant sous les regards de son âme si supérieure, les combats, les douleurs, les fautes et les regrets d'un cœur qu'il peut encore plaindre, et que sa bonté sait environner d'une indulgence paternelle. Et elle aussi, l'ange de ma vie ! elle sait que je l'aimai d'un amour pur comme elle. Je meurs heureux ; c'est aux accents touchants des regrets que je m'endors ; j'entends ceux de ta voix ; j'ose y mêler ceux de Valérie.

Adieu, mon Ernest ; vis heureux. Non, ce n'est pas le bonheur que je désire le plus pour toi, garde ton âme : c'est un si grand bien que, dusses-tu l'acheter par de vives souffrances, il ne serait assez payé.

Adieu, Ernest, ami fidèle, enfant de la piété et de la vertu, je t'attends.

La voilà, cette lettre touchante, et dont vous êtes digne : elle n'a pas été dictée sans l'agiter beaucoup ; elle a été interrompue souvent ; elle a été ensuite mouillée de larmes. Lorsqu'il a essayé de la relire, il était trop affaibli ; mais il a voulu la toucher, la regarder, parce qu'elle était pour vous.

Il n'est plus pour nous ni crainte ni espoir ; la douleur seule reste et ronge mon cœur. Le vertueux Gustave, mon fils, mon espérance, n'est plus... il a été rejoindre ses pères, et ses jours orageux sont ensevelis dans la froide demeure de la destruction. Je vais accomplir le triste et dernier devoir que j'ai à lui rendre ; je vais tâcher de faire vivre encore les derniers instants de celui qui n'est plus, pour les retracer à celui qu'il aima tant... Je m'arrête : laissez couler mes larmes ; laissez couler les vôtres, pour que votre sein ne se brise pas.

J'ai eu un violent accès de fièvre ; j'ai été dans mon lit, privé pendant quelque temps de sentiment, puis tout entier à la douleur dont je me ressens encore. Je tâcherai de vous peindre, non ce que j'ai éprouvé, mais ce qui me reste de souvenir de ce terrible moment et de ce qui le concerne.

Le lendemain du jour où il vous écrivit, sa poitrine et sa tête s'embarrassèrent tellement que le médecin craignit qu'il ne passât la nuit. Nous ne le quittâmes pas d'un instant. Cependant, à cinq heures du matin, il y eut un grand mieux ; il se sentit tout à coup plus calme ; l'oppression diminua ; ses mains seulement étaient extraordinairement froides et s'engourdissaient. On les lui fit mettre dans de l'eau tiède ; ce sentiment parut lui faire plaisir. A six heures, à peu près, il demanda quel quantième du mois nous avions ; je lui dis que c'était le huit décembre. « Le huit ! » répéta-t-il, sans rien ajouter. Puis il me demanda si je croyais que nous aurions du soleil ; le médecin lui répondit qu'il le croyait, parce que le ciel avait été très pur pendant la nuit. « Cela me ferait plaisir », dit-il. Il demanda du lait d'amande. A huit heures, il dit à Erich : « Mon ami, regardez le temps ; voyez s'il fera beau. » Erich revint et lui dit : « Les brouillards montent et les montagnes se dégagent ; il fera beau.

— Je voudrais bien, dit Gustave, voir encore un beau jour sur la terre. » Puis se retournant vers moi, il me dit : « L'aumônier ne vient pas : je mourrai sans avoir accompli les devoirs de la religion.

— Mon ami, dis-je, votre volonté vous est comptée par celui devant qui rien ne se perd.

— Je le sais », dit-il en joignant ses mains. Puis il se retourna encore vers moi, et me dit : « Je voudrais me lever » ; et, prévoyant que je m'y opposerais, il continua : « Je me sens fort bien ; je voudrais en profiter pour prier. » En vain je lui objectai qu'il prierait dans son lit, qu'il était trop faible, je ne pus le détourner de cette idée. Il passa une robe de chambre ; mais, à peine eut-il essayé de se tenir sur ses jambes, qu'un vertige l'obligea à se rasseoir en s'appuyant sur moi. Il se leva derechef, s'agenouilla lentement ; et mettant sa tête dans ses mains, et s'appuyant contre le dossier d'un fauteuil, il pria avec ferveur. J'entendais quelques mots que la piété, le repentir, lui faisaient prononcer avec onction ; j'entendais mon nom et celui de Valérie se confondre ; il demandait notre bonheur. Moi-même, à genoux à ses côtés, je voulais prier pour lui ; mais trop distrait, des paroles sans suite arrivaient sur mes lèvres ; je ne pensais qu'à lui.

Quand il eut fini, et qu'on l'eut aidé à se relever, il nous dit : « Je suis tranquille ; la paix est dans mon cœur. » Il sourit doucement, ne voulut point être déshabillé, et se recoucha ainsi. Il nous pria d'avancer son lit vers la fenêtre, de mettre sa tête de manière à voir l'ouest. « C'est là la Lombardie, me dit-il ; c'est là où le soleil se couche : je l'ai vu bien beau auprès de vous et auprès d'elle ! » Il fit approcher son lit encore plus près de la fenêtre. Le médecin craignit qu'il ne vînt de l'air. « Cela ne me fera plus de mal », dit Gustave, et il sourit tristement. Il nous pria de lui mettre des coussins, pour qu'il fût assis. On avait une vue très étendue de cette fenêtre, d'où l'on embrassait une grande partie de la chaîne de l'Apennin ; l'aurore éclatait dans l'orient ; et le soleil, déjà levé en Toscane, s'avançait vers nos montagnes. Gustave écarta les rideaux, se retourna, et contempla ce magnifique spectacle. Pour moi qui avais suivi toutes ses idées, de noirs pressentiments, d'affreuses images me glaçaient ; j'étais assis sur son lit, et ma tête était dans mes mains. Il leva les siennes au ciel avec un regard inspiré, et me dit :

« Laissons la douleur à celui pour qui la vie est tout, et qui n'est pas initié dans les mystères de la mort.

— Hélas ! lui dis-je, l'avenir m'épouvante malgré moi, Gustave.

— Oh ! que je bénis le ciel, dit-il, de l'espérance et de la tranquillité qui se confondent dans mon cœur, et le rendent aussi serein que le sera ce jour. Oui, dit-il, et sa figure s'anima de la plus céleste expression en regardant l'horizon ; oui, ô mon Dieu ! l'aurore répond du soleil ; ainsi le pressentiment répond de l'immortalité ! »

Il répandit doucement alors les deux dernières larmes qu'il a versées sur cette terre ; il ne parla plus. Il pria qu'on lui jouât le superbe cantique de Gellert, sur la résurrection [1] ; Berthi le joua. Il respirait péniblement ; il avait presque toujours les yeux fermés : un instant il les ouvrit quand le cantique fut fini ; il me tendit la main, fixa ses yeux du côté du couchant. Deux ramiers privés vinrent s'asseoir sur la corniche de la fenêtre ; il me les fit remarquer de la main. « Ils ne savent pas que la mort est si près d'eux », dit-il.

Le soleil s'était entièrement levé ; je voyais que Gustave cherchait ses rayons. Sa respiration s'embarrassait de plus en plus ; sa tête s'appesantit ; il me cherchait de la main, et je vis qu'il ne me reconnaissait plus. Il soupira ; une légère convulsion altéra ses traits ; il expira sur mon sein, une de ses mains dans celles d'Erich...

---

1. L'*Osterlied*, cantique de Pâques et de la résurrection du poète allemand Christian Gellert (1715-1769).

Je reprends mon récit interrompu ; j'avais besoin de force et de courage pour le continuer. J'ai encore devant mes yeux la plus triste des images, telle qu'elle me frappa en rentrant dans cette chambre d'où avait disparu l'âme la plus tendre et la plus sublime. Je reculai d'horreur en voyant ce jeune et superbe Gustave couché dans le cercueil ; je m'appuyai contre la porte ; il me semblait que je faisais un rêve dont je ne pouvais sortir. Je m'avançai pour le considérer encore, et soulevai le mouchoir qui couvrait ses traits ; la mort y avait déjà gravé son uniforme repos. Je le contemplai longtemps, mais sans attendrissement ; il me semblait que ma douleur s'arrêtait devant une pensée auguste, plus grande que la douleur ; et, sur ce cercueil même, je me sentais vivant d'avenir. Mon âme s'adressait à la sienne : « Tu as eu soif de la félicité suprême, lui disais-je ; tu as détourné tes lèvres de la coupe de la vie, qui n'a pu te désaltérer ; mais tu respires maintenant la pure félicité de ceux qui vécurent comme toi. » Sa bouche avait conservé les dernières traces de cette douce résignation qui était dans son âme ; la mort l'avait enlevé sans le toucher de ses mains hideuses. A côté de lui était la table où étaient rangés tous ses papiers. A cette vue, mon cœur s'émut comme s'il était encore vivant. Je voyais toutes ses dispositions écrites de sa main ; sa montre y était aussi. Je me rappelai qu'il m'avait prié de la porter : je la pris silencieusement ; je la regardai, elle était arrêtée. Je sentis un frisson désagréable ; et, en me retournant pour m'asseoir et prendre quelques forces, je renversai un des cierges ; il tomba sur la poitrine de Gustave : je me précipitai pour le relever ; et, en voyant l'inaltérable repos de celui qui ne pouvait plus rien sentir ici-bas, je fis un cri. « Ô Gustave ! me disais-je, Gustave ! tu ne peux donc plus rien éprouver, rien entendre ! La voix gémissante de l'amitié passe à côté de toi, et ne t'émeut plus ! » Je posai mes lèvres sur son front glacé : « Ô mon fils ! mon fils !... » c'est tout ce que je pus dire. Je restai immobile ; mon âme disait un long adieu à cet objet si cher de mes affections ; et, lorsque je voulus fermer le cercueil, mes yeux tombèrent sur la main de Gustave qui était restée suspendue. Il avait à un de ses doigts la bague décorée de ses armes, selon l'usage de notre pays : je voulus la lui ôter ; puis, me rappelant que c'était là le dernier rejeton de cette illustre maison des Linar : « Reste, lui dis-je, reste, et descends avec lui dans la tombe. » Alors mes larmes coulèrent ; je replaçai cette main sur la poitrine du mort, et je fermai son cercueil.

MADAME DE DURAS

OURIKA
(1823)

ÉDOUARD
(1824)

INTRODUCTION

Aîné de sept enfants, Armand de Coëtnempren, comte de Kersaint, appartenait à une noble famille bretonne. Noble, mais pauvre. Breton, et donc marin, lieutenant de vaisseau en service à la Martinique. Sa valeur le fit remarquer du comte d'Ennery, gouverneur des îles du Vent, qui lui fit épouser une cousine richement dotée, Claire de Paul d'Alesso d'Éragny, qu'il ramena en France en janvier 1772. Le mariage ne sera pas heureux. Brave, brillant — il a pris part à la guerre de l'Indépendance et a été fait capitaine de frégate en 1778 — Kersaint n'a pas le caractère facile et il est souvent en mer. Des heurts de plus en plus fréquents entraîneront la séparation, de fait d'abord, puis de droit, des époux [1].

De cette peu harmonieuse union, une fille est née à Brest, le 22 mars 1777. De douze à quatorze ans, Claire Louise Rose Bonne de Kersaint est pensionnaire au couvent de Panthémont, fréquenté par les filles du meilleur monde. C'est le temps où l'on s'achemine vers la Révolution. Kersaint, acquis aux principes réformateurs des philosophes, y fonde tous ses espoirs. Le voilà militant de la Société des amis de la Constitution, lié aux Girondins, membre de la Législative, puis de la Convention. Au lendemain du 10 août, l'illustre mathématicien Monge, alors ministre de la Marine, l'a nommé vice-amiral. Mais Kersaint est un libéral, non un républicain. Déjà écœuré par les massacres de septembre, il refuse avec éclat de voter la mort du roi. Emprisonné à la Force, où il est voisin de cellule de Mme Roland, il est décapité le 5 décembre 1793, à cinquante-deux ans.

Ce jour-là, Mme de Kersaint et sa fille étaient à Bordeaux, et c'est dans la rue que Claire entendit crier l'exécution de son père. En avril 1794, les deux femmes s'embarquèrent pour Philadelphie, d'où elles gagnèrent les Antilles, où la veuve entreprit de recueillir les débris de sa fortune. De là,

---

1. Pour les données biographiques, voir : A. Bardoux, *La Duchesse de Duras*, Paris, Calmann-Lévy, 1898 ; R. Tezenas du Montcel, « Madame de Duras, cette inconnue », dans *La Revue des Deux Mondes*, juillet-août 1968, p. 364-384.

elles passent en Suisse, puis à Londres. Un autre exilé y battait alors le pavé : Chateaubriand, qui sera un jour un ami très cher. Claire de Kersaint a dix-huit ans, elle est jolie, riche, mais elle est aussi fille de Girondin, mal vue dans les milieux d'émigrés. Un homme d'illustre maison se présente pourtant : Amédée Bretagne-Malo Durfort de Duras l'épouse en 1797. Une fille, Félicie, naît la même année ; une autre, Clara, deux ans plus tard. En 1801, le nom des Kersaint est radié de la liste des émigrés et la duchesse regagne la France, bientôt rejointe par son mari, qui y vivra dans une semi-clandestinité jusqu'à la radiation officielle de son propre nom, en 1807. L'année suivante, les époux acquièrent le château d'Ussé, en Touraine.

A la fin de 1808, Mme de Duras a fait la connaissance de celui à qui la liera une amitié profonde, fidèle et parfois difficile. Chateaubriand est déjà célèbre, auteur d'un *Essai sur les révolutions* qu'il préfère oublier, mais aussi du *Génie du christianisme*, d'*Atala*, de *René*, bientôt des *Martyrs*. Mme de Duras fut conquise d'emblée :

> Je ne sais, écrit-elle à Rosalie de Constant le 21 avril 1809, si nous avons parlé ensemble de cet homme extraordinaire qui unit à un si beau génie la simplicité d'un enfant. Je ne le connaissais point, je l'ai rencontré, puis il est venu chez moi, et j'espère que ce premier rapport amènera une connaissance plus solide ; il est si simple et si indulgent qu'on se sent à l'aise avec lui. On voit qu'il n'apprécie que les qualités de l'âme. On doit moins avoir besoin de l'esprit des autres lorsqu'on en possède tant soi-même [1].

Lui l'appelle bientôt sa « chère sœur » et poursuit son ascension. Révolté par l'assassinat du duc d'Enghien, il a choisi d'ignorer l'Empire dans un voyage en Orient, puis dans sa retraite de La Vallée-aux-Loups. Avec l'*Itinéraire de Paris à Jérusalem, De Buonaparte et des Bourbons, La Monarchie selon la Charte,* il a affirmé son talent comme ses positions politiques.

A la Restauration s'ouvre pour les Duras une période faste. Premier gentilhomme de la chambre, le duc est l'homme de confiance de Louis XVIII. Le salon de sa femme, rue de Varennes, est l'un des plus brillants du temps. On y rencontre Humboldt, Cuvier, Rémusat, Molé, Villèle, Montmorency, Barante, Villemain, Talleyrand, Mme de Staël, sans négliger un certain dosage : le duc attire anciens émigrés et ultras, la duchesse, fidèle aux engagements de son père, reçoit aussi les royalistes modérés [2]. Surtout, elle se dévoue sans réserves pour le « cher frère », que le roi n'apprécie pourtant pas trop. Elle fait obtenir à Chateaubriand l'ambassade de Suède, un poste qu'il ne daignera pas occuper. Elle se

---

1. Cité par G. Pailhès, *La Duchesse de Duras et Chateaubriand*, Paris, Perrin, 1910, p. 58-59.

2. Voir le comte d'Haussonville, *Femmes d'autrefois, hommes d'aujourd'hui*, Paris, Perrin, 1912, p. 189. Sur la composition de ce salon, voir G. Pailhès, *La Duchesse de Duras et Chateaubriand, op. cit,* p. 386-442 ; A. Villemain, *Souvenirs contemporains*, Paris, Didier, 1854, t. I, p. 465-471.

démène, le fait appeler à la Chambre des pairs, lui obtient l'ambassade de Berlin. Mais il veut Londres, où on l'a vu jadis crevant de misère, et elle l'obtient encore, comme elle arrachera à Villèle sa désignation au congrès de Vérone. L'Enchanteur, volontiers égoïste et oublieux, ne sera pas toujours à la hauteur de ce dévouement, mais il reconnaîtra, dans ses *Mémoires d'outre-tombe* : « Madame de Duras était ambitieuse pour moi. »

Des années douloureuses se préparaient pour elle qui était attachée à ses filles — à Félicie surtout — par une affection absolue, exclusive, déraisonnable. Félicie avait épousé en 1813, à quinze ans, le prince de Talmont, qu'elle perdit après deux ans de mariage. Mais surtout, la jeune femme subit l'influence de sa belle-famille et des milieux ultras, se dépense en chasses, fêtes et dissipations. Peu à peu, la fille s'éloigne de la mère, qui en souffre profondément. En 1819, Mme de Talmont brandit la menace de sommations respectueuses parce que Mme de Duras est hostile à son remariage avec le marquis de La Rochejaquelein, frère des héros de la Vendée et vivant symbole des ultras. Situation pénible pour Mme de Duras, demeurée la fille du conventionnel Kersaint, l'auteur du *Bon Sens*, pamphlet contre les privilèges. Cette blessure ira s'approfondissant et fera le drame des dernières années de son existence. Clara, heureusement, lui donne moins de soucis. En 1819, elle épouse le comte de Chastellux, nommé par le roi duc de Durfort-Duras, titre qui eût été celui d'un fils aîné des Duras mais qui, par convenance de famille, sera converti en celui de duc de Rauzan-Duras. Clara reste proche de sa mère, mais la duchesse ne se remet pas du coup porté par Félicie, sa préférée. Elle écrit en 1824 : « On ne guérit point [...] de ce que j'ai souffert. [...] Quand on a accompli son œuvre, qu'on n'a plus d'enfants à élever et à marier, que personne n'a plus besoin de vous, que devenir[1] ? » Sa mélancolie, sa sensibilité excessive ont-elles pour origine le tempérament créole et le manque d'équilibre mental de sa mère, Mme de Kersaint[2] ? Elle est malade, ruinée par le chagrin, frappée d'une maladie de langueur. Elle écrit à Rosalie de Constant, le 31 juillet 1826 :

Je crois souvent que c'est de l'hypocondrie à son plus haut degré, car je n'ai pas de fièvre ; je ne souffre pas violemment, mais toutes les fonctions sont lentes, difficiles et accompagnées de spasmes qui me fatiguent beaucoup ; — ma tristesse est excessive et augmente tous les jours, avec l'horreur de voir du monde. La société même de mes amis m'est importune, mon caractère est changé ; je le vois, et je m'en effraie ; ma force, mon énergie ont disparu ; je n'ai plus de volonté ni de courage ; je pleure toute la journée comme un enfant[3].

---

1. Cité par G. Pailhès, *La Duchesse de Duras et Chateaubriand, op. cit.*, p. 448.
2. Voir J. Decreus, *Sainte-Beuve et la critique des auteurs féminins*, Paris, Boivin, 1949, p. 25.
3. Cité par G. Pailhès, *La Duchesse de Duras et Chateaubriand, op. cit.*, p. 488. Sur cette amitié avec Rosalie de Constant, voir « Rosalie de Constant and Claire de Duras. An epistolary friendship », dans *Swiss-French Studies*, II, 1, 1981, p. 91-117.

Est-ce pour tromper son chagrin qu'elle s'est tournée vers l'écriture ?
Un premier roman, *Ourika*, a paru en 1823, suivi d'*Édouard* l'année
suivante. Un troisième lui sembla si osé qu'elle n'osa le faire imprimer.
« J'ai fait, dit-elle à Rosalie le 15 mai 1825, un autre roman dont je
n'oserais vous dire le sujet. C'est un défi, un sujet qu'on prétendait ne
pouvoir être traité. Je vous en dirai seulement le titre. Cela s'appelle
Olivier ou le Secret... » En effet : écrit en 1822, *Olivier* ne sera publié
qu'un siècle et demi plus tard [1]. Le thème de ce roman épistolaire était
assurément scandaleux pour l'époque puisqu'il traitait de l'impuissance
sexuelle. On en connaissait pourtant l'essentiel et Hyacinthe de Latouche
s'empressa de publier en 1826 un *Olivier* anonyme qu'il laissa attribuer
à la duchesse [2]. On sait la suite. Stendhal devait reprendre, en 1827, le
thème de l'impuissant — le *babilan* — dans *Armance*.

Elle ne songeait plus à publier, mais écrivait encore, elle l'avoue à
Rosalie :

> J'ai fait un moine du Mont Saint-Bernard ; c'est un abbé d'autrefois,
> bien factice d'esprit et de cœur, mondain sans être scandaleux, dans lequel
> l'éducation et l'influence des mœurs de ce temps ont détruit le naturel et
> la vérité et simplicité du caractère, et qui est ramené à tout cela et même à
> la vraie piété par l'amour. Car rien ne détruit le factice et tous les genres
> de factice comme la passion.
>
> [...] A présent je fais des Mémoires, la vie d'une femme racontée par
> elle-même. Cela est à moitié, je n'y travaille plus. Tout ce beau zèle est
> passé, je ne suis pas sûre de finir [3]...

Elle laissera aussi des *Pensées de Louis XIV* et un manuel de morale
chrétienne, les *Réflexions et Prières*, publié par sa famille en 1839. Mais
les années passaient et avec elles le goût de vivre. Au chagrin causé par
la conduite de sa fille s'ajoutaient ceux que lui causait l'amitié distraite
de Chateaubriand, trop empressé auprès de Juliette Récamier pour ne pas
oublier souvent sa fidèle protectrice. Parfois sa révolte éclate, comme
dans cette lettre du 14 mai 1822 : « Une amitié comme la mienne n'admet
pas le partage. » Puis elle s'en attristera auprès de son amie Rosalie, avec
une amertume résignée : « M. de Chateaubriand ne me croira malade que
quand je serai morte : c'est sa manière ; elle épargne bien des inquiétudes, et si j'avais eu cette manière d'aimer, il est probable que je me
porterais mieux. » Elle lui conservait pourtant une inaltérable indul-

---

1. *Olivier ou le Secret.* Texte inédit publié par D. Virieux, Paris, Corti, 1971. Pour le
modèle d'Olivier, on a parlé d'Astolphe de Custine, qui avait un moment songé à épouser
Clara, la seconde fille de Mme de Duras. En réalité, il s'agissait de Charles de Simiane,
dont l'épouse fut la maîtresse de La Fayette à son retour d'Amérique et qui se suicida à
Aix-en-Provence le 28 février 1787. Voir P. Riberette, « Le modèle d'*Olivier* », dans
Bulletin de la Société Chateaubriand, 28, 1985, p. 93-100.
2. Voir C. Jensen, *L'Évolution du romantisme. L'année 1826*, Paris, Minard, 1959.
3. 15 mai 1825. Cité par G. Pailhès, *La Duchesse de Duras et Chateaubriand, op. cit.*,
p. 462.

gence : « Hélas ! sans doute il n'est pas toujours ce que je voudrais et m'a souvent affligée, mais [...] ceux que le talent et le génie possèdent [...] ne sont pas eux-mêmes les trois quarts du temps. » Parfois, tout de même, perce une douleur aiguë : « Il oublie tout et surtout ceux qu'il aime, le tien n'est rien pour lui. [...] Il faut l'aimer quand même, mais ne jamais compter sur ce qui exige un sacrifice. A Paris il vient tous les jours, je suis sa promenade et son habitude ; ici [elle séjourne alors à Saint-Germain] il faut une journée, et chaque jour il dit : demain. Voilà l'homme ; et voilà ce qui fait que toutes les personnes qui l'ont aimé ont été malheureuses [1]. »

Frappée d'hémiplégie en août 1826, elle se plaignait maintenant de douleurs violentes, de l'hiver trop rude. L'huile baissait dans la lampe. « Je ne vois personne, dit-elle à Rosalie le 7 décembre 1827 ; je deviens plus sauvage tous les jours ; le silence est le seul plaisir qui me reste, je l'écoute et il me calme comme une musique délicieuse. » Le 1er janvier 1828, elle reçut de l'infidèle ami une lettre de vœux affectueux qui la réconforta. Elle mourut le 16 du même mois. Vingt ans plus tard, dans les *Mémoires d'outre-tombe* et lui-même au seuil de la mort, Chateaubriand rendit hommage à son amie, non sans laisser percer quelque remords :

> Depuis que j'ai perdu cette personne si généreuse, d'une âme si noble, d'un esprit qui réunissait quelque chose de la force de la pensée de madame de Staël à la grâce du talent de madame de La Fayette, je n'ai cessé, en la pleurant, de me reprocher les inégalités dont j'ai pu affliger quelquefois des cœurs qui m'étaient dévoués. Veillons bien sur notre caractère ! Songeons que nous pouvons, avec un attachement profond, n'en pas moins empoisonner des jours que nous rachèterions au prix de tout notre sang. Quand nos amis sont descendus dans la tombe, quel moyen avons-nous de réparer nos torts ? Nos inutiles regrets, nos vains repentirs, sont-ils un remède aux peines que nous leur avons faites ? Ils auraient mieux aimé de nous un sourire pendant leur vie que toutes nos larmes après leur mort [2].

Indulgente, Mme de Duras n'en eût pas demandé davantage.

*
* *

Avant d'être un personnage de roman, Ourika avait été un être réel. Son histoire était simple et rappelait un peu celle de la célèbre Mlle Aïssé, la petite Circassienne ramenée en 1698 de Turquie par M. de Ferriol. De son premier séjour au Sénégal, où il occupait le poste de gouverneur, le chevalier Stanislas de Boufflers avait rapporté, en août 1786, une fillette de trois ou quatre ans dont il avait fait cadeau à sa tante,

---

1. 7 juin, 31 juillet, 10 septembre 1826. Cité par G. Pailhès, *La Duchesse de Duras et Chateaubriand, op. cit.*, p. 484, 488, 495-496.
2. *Mémoires d'outre-tombe*, éd. établie par M. Levaillant et G. Moulinier, Paris, Gallimard, « Bibliothèque de la Pléiade », 1951, t. I, p. 931.

la maréchale de Beauvau. Il parle d'elle dans son journal : « Elle est jolie, non pas comme le jour, mais comme la nuit. Ses yeux sont comme de petites étoiles, et son maintien est si doux, si tranquille, que je suis touché aux larmes en pensant que cette pauvre enfant m'a été vendue comme un petit agneau [1]. » C'était en effet une victime arrachée à la mort ou aux trafiquants d'esclaves, mais la philanthropie n'explique pas tout et un mignon moricaud s'offrait un peu comme un perroquet ou un sapajou. Mme du Barry avait le sien et un siècle plus tôt, dans les *Lettres diverses de M. le chevalier d'Her...*, Fontenelle met en scène un Maure et un singe présentés à une dame avec ces mots : « L'Afrique s'épuise pour vous, Madame ; elle vous envoie les deux plus vilains animaux qu'elle ait produits [2]. » Boufflers lui-même n'était pas avare d'attentions de ce genre. Parmi les fanfreluches, curiosités, peignes, pistolets, calebasses, perruches — et même un étalon réservé au roi — il rapportait volontiers des babioles animées : « J'ai avec moi un petit Maure très joli, que je destine pour la Reine [...] ; j'attends aussi une petite Mauresse de vingt mois, qu'on dit charmante [3]. »

Mme de Beauvau se prit pour Ourika d'une réelle affection, mais l'enfant était aussi l'objet de la curiosité des visiteurs et jouait un peu le rôle d'une attraction de salon. Mme de la Tour du Pin, amie intime de Mme de Duras, s'en souvenait avec agacement : « Mme la maréchale s'amusait à me voir faire tableau avec sa petite Ourika. Je la prenais sur mes genoux, elle me passait les bras autour du col et appuyait son petit visage noir comme l'ébène, sur ma joue blanche. Mme de Beauvau ne se lassait pas de cette représentation, qui m'ennuyait extrêmement, parce que j'ai toujours eu horreur des choses factices [4]. » La petite Sénégalaise ne fit pas de vieux os et mourut en 1799, sincèrement pleurée par la maréchale :

> La mort d'une enfant de seize ans vient de rouvrir toutes mes plaies. [...] Jamais fille ne fut plus aimée : elle justifiait tous mes sentiments. [...] Jusqu'à son dernier soupir, elle m'appelait, avec ce son de voix si touchant qui était un de ses charmes : *Amie, Madame ; mon amie, Madame !* Elle était née avec beaucoup d'esprit. [...] Sa pureté ne pouvait se comparer qu'à celle des anges. Elle avait une fierté douce et modeste, une pudeur naturelle qui l'aurait préservée à jamais des inconvénients que son âge, son état, sa figure, sa couleur, auraient pu faire craindre pour elle. [...] Tout me charmait en elle ; et elle m'est enlevée à seize ans [5].

---

1. *Correspondance inédite de la comtesse de Sabran et du chevalier de Boufflers (1778-1788)*, éd. établie par E. de Magnieu et H. Prat, Paris, Plon, 1875, p. 413-414.
2. R. Mercier, « Les débuts de l'exotisme africain en France », dans *Revue de littérature comparée*, 36, 1962, p. 192.
3. *Correspondance inédite, op. cit.*, p. 190.
4. *Journal d'une femme de cinquante ans, 1778-1815*, éd. établie par A. de Liedekerke-Beaufort, Paris, Chapelot, 1913, t. I, p. 184.
5. *Souvenirs de la princesse de Beauvau*, Paris, Techener, 1872, p. 147-150. Ourika était morte le 17 janvier 1799.

Sans doute eût-elle été bientôt oubliée si Mme de Duras n'avait fait d'elle l'héroïne d'une attachante nouvelle. A en croire Sainte-Beuve, elle ne songeait nullement à écrire quand elle contait, aux habitués de son salon, l'histoire de la petite Africaine : « Ce fut par hasard en effet si elle devint auteur. En 1820 seulement, ayant un soir raconté avec détail l'anecdote réelle d'une jeune négresse élevée chez la maréchale de Beauvau, ses amis, charmés de ce récit (car elle excellait à raconter), lui dirent : "Mais pourquoi n'écririez-vous pas cette histoire[1] ?" » Elle l'écrivit donc, en la modifiant à sa fantaisie, elle l'explique en 1824 à Rosalie de Constant. C'est, dit-elle, « une petite nouvelle que j'ai faite il y a deux ans et dont j'ai fait imprimer cette année quelques exemplaires pour mes amis. Le fond de l'histoire est vrai. Ourika fut rapportée par le chevalier de Boufflers à Mme la maréchale de Beauvau, mais, hors leurs deux caractères et la triste cause de la fin d'Ourika, tout le reste est d'imagination[2]. »

Les choses se sont bien passées ainsi. Mme de Duras écrivit son récit de la mi-décembre 1821 au début de mars 1822 et sa composition fut suivie de près par Chateaubriand, qui se disait « tout ému d'*Ourika*[3] ». L'œuvre parut d'abord sans nom d'auteur ni date en décembre 1823, tirée à une trentaine d'exemplaires sur les presses de l'Imprimerie royale. Elle était réservée à quelques intimes, mais le bruit ne tarde pas à se répandre, et Mme de Duras s'inquiète d'un tapage de mauvais aloi. « Je ne crains rien tant qu'une édition contrefaite et une publicité contre mon gré », dira-t-elle le 30 octobre 1825 à propos d'*Édouard*. Ses craintes étaient les mêmes pour *Ourika*, qu'elle fit imprimer le 15 mars 1824 chez Ladvocat, toujours anonyme et au bénéfice d'un établissement de charité. Trois tirages de mille exemplaires chacun furent rapidement épuisés, de même que, à la fin de 1824, une édition pirate qui livrait le nom de l'auteur et ceux du texte désignés par des initiales, révélant ainsi que le chevalier de B... était Boufflers et Mme de B... la maréchale de Beauvau[4]. Le succès fut bientôt européen.

C'était pourtant peu de chose et qui se résumait en peu de mots. Élevée avec tendresse par Mme de B..., Ourika vit dans l'insouciance jusqu'au jour où une conversation entre sa protectrice et la marquise de*** lui fait prendre conscience de sa différence irrémédiable et de son isolement. Elle espère un instant, en vain, dans la Révolution qui prétend apporter l'égalité à tous mais dépérit, comprenant qu'elle ne sera jamais heureuse ni à sa place dans un monde qui n'est pas le sien. La marquise de*** lui

---

1. *Portraits de femmes*, dans *Œuvres*, éd. établie par M. Leroy, Paris, Gallimard, « Bibliothèque de la Pléiade », 1951, t. II, p. 1048.
2. G. Pailhès, *La Duchesse de Duras et Chateaubriand, op. cit.*, p. 279, 1er janvier 1824.
3. *Ibid.*
4. Voir Mme de Duras, *Olivier ou le Secret*, texte inédit publié par D. Virieux, éd. cit., p. 14-15 ; L. Scheler, « Un best-seller sous Louis XVIII : *Ourika* par Mme de Duras », dans *Bulletin du bibliophile*, 1988, p. 11-28.

fait enfin s'avouer qu'elle aime Charles, le petit-fils de sa mère adoptive, qui a conclu un heureux mariage avec la belle Anaïs de Thémines. Convaincue qu'elle nourrit un amour coupable, elle se retire dans un couvent où, avant de mourir, elle raconte sa triste histoire au médecin qui la soigne, impuissant à lutter contre son désir de mort.

Si brève et si menue que fût cette intrigue, elle n'en a pas moins donné lieu à des lectures diverses.

La première tentation fut celle de l'interprétation biographique. *Ourika* est composé après le mariage et l'éloignement de la fille de Mme de Duras, Félicie, après l'attachement de Chateaubriand pour Juliette Récamier : comment n'y entendrait-on pas l'écho de ces événements douloureux — voire de quelques autres ? *Ourika* est le tableau d'une solitude. N'est-ce pas celle de Mme de Duras depuis son enfance ? Ourika s'écrie : « Ô mon Dieu, retirez de la terre la pauvre Ourika, personne n'a besoin d'elle » — et ce sont presque les mots de Mme de Duras délaissée par sa chère Félicie. Une partie de l'action se déroule dans la forêt de Saint-Germain, c'est-à-dire dans la propriété des Duras à Saint-Cloud. Appliquons quelques clés : Charles est Félicie, Mme de B... est Clara, duchesse de Rauzan, la seconde fille de l'auteur, qui a pris soin d'elle quand Félicie l'abandonnait, Anaïs est M. de La Rochejaquelein, le second mari de Félicie... Mais Mme de Duras brouille les pistes, mêle volontairement faits réels et détails étrangers, livre des confidences mais indirectes, transposées. Le résultat est d'une belle complication : selon les nécessités de l'interprétation, les personnages permutent, échangent leur identité : voici qu'Anaïs n'est plus M. de La Rochejaquelein, mais Clara enceinte ou mère de famille, avec peut-être, tout de même, quelque chose de Félicie et Charles, ex-Félicie, incarne le négligent Chateaubriand, le frère qui ne veut pas de l'amour de Mme de Duras. Mme de B..., qui à l'instant était Clara, deviendra, s'il le faut, la maréchale de Beauvau, à moins qu'elle ne soit la maréchale de Duras, belle-mère de l'écrivain, ou Mme d'Ennery, tante de Mme de Duras, laquelle doit être — forcément — Ourika elle-même. Mais Ourika est noire... Qu'est-ce donc, s'est-on demandé, qui rendait *figurativement* noire la duchesse de Duras ? Réponse double : elle se trouvait laide [1] et, dans son milieu conservateur, on lui en voulait de professer les opinions libérales de son père [2]. Il s'agit donc de débusquer les frustrations affectives subtilement transposées, de

---

1. Il est vrai que cette remarque est déjà faite par une contemporaine, Mme de Boigne : « *Ourika* retrace les sentiments intimes de madame de Duras. Elle a peint sous cette peau noire les tourments que lui avait fait éprouver une laideur qu'elle s'exagérait » (*Mémoires de la comtesse de Boigne,* éd. établie par J.-Cl. Berchet, Paris, Mercure de France, 1971, t. II, p. 11. Cité par R. Little dans son excellente édition d'*Ourika* (Exeter, University Press, 1993, p. 58).

2. Ces lectures à la lumière de la biographie ont été particulièrement pratiquées par G. Pailhès, *La Duchesse de Duras et Chateaubriand, op. cit.,* p. 258-277, 292-313. Voir aussi les notes de Cl. Herrmann à son édition d'*Ourika* (Paris, Éditions des Femmes, 1979).

décrypter dans le roman le véridique récit des épreuves vécues par un auteur qui se confesse sous le masque. Même si certains éléments rappellent en effet la situation et la psychologie de l'écrivain et si Mme de Duras a sans doute emprunté des traits à divers familiers, ces lectures sont parfois plus ingénieuses que convaincantes et transforment le récit en devinette. Mme de Duras a précisé elle-même qu'en dehors du « fond de l'histoire », tout le reste était « d'imagination », à commencer d'ailleurs par l'âge d'Ourika. La vraie Sénégalaise, née vers 1783, était morte en 1799. Ici, Ourika a bien plus de six ans au début de la Révolution et ne s'éteint qu'au début du XIXe siècle [1].

En laissant de côté l'ensemble des chagrins familiaux de la duchesse, on a tenu aussi à lire dans *Ourika* la romantique histoire d'une jeune Noire éprise d'un aristocrate français ou celle de la passion sans retour de Mme de Duras pour l'Enchanteur : plainte discrète, dolent récit d'amour, sanglot d'un cœur brisé [2]. Dans le récit même, pourtant, cet amour n'est nullement avoué par l'héroïne et déjà Mme de Genlis suggérait que, si cet amour existe, Ourika n'en est pas consciente jusqu'à ce que la marquise de*** le lui révèle : « Ourika aime avec tant d'innocence qu'elle ne soupçonne même pas son amour. Son imagination est si chaste et son cœur si pur qu'elle confond très naturellement avec une amitié parfaite le sentiment qu'elle éprouve [3]. » Mme de Duras en avait fait autant, appelant amitié un sentiment que son amie, Mme de La Tour du Pin, inquiète de la voir « au bord du précipice », se chargea de lui nommer plus justement.

Quoi qu'il en soit, la lecture biographique a ses limites. Faut-il tout attribuer au chagrin causé par l'abandon de Félicie et l'indifférence de Chateaubriand, ou n'y avait-il pas chez Mme de Duras une prédisposition à la mélancolie ? Le 15 février 1807 — Félicie n'a que dix ans et elle-même ne connaît pas encore Chateaubriand — elle écrit à propos d'un voyage dans les Pyrénées en compagnie de son mari : cette excursion « a été une des époques les plus tristes et les plus pénibles de ma vie ; et vous dirai-je toutes les faiblesses de mon cœur ? Le chagrin le resserre ; j'ai besoin de conter mon bonheur ; mais je renferme mes peines et ne sais plus rien épancher lorsque je souffre. [...] Je ne sais si vous avez éprouvé une peine assez vive pour sentir ce découragement qui fait que tous les lieux sont égaux et que les personnes même et tout ce qui vous environne vous devient entièrement indifférent [4]. »

---

1. L'observation est faite par R. Little, éd. cit., p. 49.
2. Voir J. Larnac, *Histoire de la littérature féminine en France*, Paris, Kra, 1929 ; A. L. A. Mooij, *Caractères principaux et tendances des romans psychologiques chez quelques femmes-auteurs, de Mme Riccoboni à Mme de Souza*, thèse, Groningen, De Waal, 1949, p. 82.
3. Mme de Genlis, *Mémoires inédits sur le XVIIIe siècle et la Révolution française depuis 1756 jusqu'à nos jours*, Paris, Ladvocat, 1825, t. VII, p. 293.
4. Cité par G. Pailhès, *La Duchesse de Duras et Chateaubriand, op. cit.*, p. 51. A Rosalie de Constant, 15 février 1807.

Plus récemment, la négritude d'Ourika a aussi été considérée dans une perspective féministe. Exclue par la couleur de sa peau, elle se trouve dans la même situation que Mlle Gamard, la vieille fille du *Curé de Tours* de Balzac, célibat féminin et racisme constituant à l'époque deux formes équivalentes d'aliénation[1]. Le regard de l'autre — en l'occurrence celui de la marquise de*** — provoque en elle la crise d'identité, c'est-à-dire la prise de conscience d'une négritude romanesque qui est en réalité prise de conscience des limites de la condition féminine. La situation de la femme est semblable à celle du colonisé, la supériorité sociale de la duchesse n'excluant pas, chez la femme, le complexe d'infériorité dans la société masculine. Lorsque la jeune Noire tente de dissimuler sa peau sous ses vêtements et bannit les miroirs de sa chambre, elle refuserait avant tout la réalité de sa féminité soudain révélée[2]. Et pourquoi ne pas imaginer que la race d'Ourika, qui l'exclut et l'isole irrémédiablement, est proposée comme équivalent féminin de l'impuissance sexuelle dont sera frappé le héros d'*Olivier*, autre isolé[3] ? Ourika offrirait donc une image emblématique de la condition féminine.

Ingénieuses, ces interprétations ont l'intérêt de rafraîchir le texte, de le montrer susceptible de lectures modernes, mais peut-être aussi l'inconvénient de négliger sa donnée première, qui fait le drame de l'héroïne : Ourika est une Noire égarée dans une société où elle a, malgré elle, usurpé une place qu'on ne saurait lui concéder. Mme de Duras s'est refusée à tout exotisme pour faire d'Ourika une jeune fille parfaitement intégrée à son milieu d'adoption. Tout au plus présente-t-elle Ourika enfant « vêtue à l'orientale », sans même décrire son costume, et lui fait-elle, à l'occasion d'une fête, danser une « comba » africaine[4] : « négresse » de salon, instruite et cultivée, elle n'a rien de commun avec les personnages de *Bug-Jargal* ou de *Tamango*. Pour la première fois, une héroïne noire évolue dans un cadre européen et convainc par son authenticité et sa vraisemblance. Ce n'était pas chose aisée, car l'auteur qui prétendait mettre en scène un Noir s'exposait à tomber dans un double piège. D'une part, il risquait de le rendre si brillant que sa crédibilité s'effritait, de l'autre on lui faisait alors observer que cette éventuelle excellence était atypique, puisqu'il est entendu que les Noirs sont stupides et superstitieux et qu'il faisait bon marché de la masse anonyme et abrutie[5].

1. Voir R. Switzer, « Mme de Staël, Mme de Duras and the question of race », dans *Kentucky Romance Quarterly*, XX, 1973, p. 305
2. Voir C. Bertrand-Jennings, « Condition féminine et impuissance sociale. Les romans de la duchesse de Duras », dans *Romantisme*, XIX, 1989, p. 39-50.
3. Voir I. Rosi, « Il gioco del doppio senso nei romanzi di Madame de Duras », dans *Rivista di letterature moderne e comparate*, XL, 1987, p. 131.
4. La scène est un peu la réplique des « numéros » exécutés par les héroïnes dans *Delphine* chez Mme de Staël et dans *Valérie* chez Mme de Krüdener.
5. Voir D. O'Connell, « The Black Hero in French Romantic fiction », dans *Studies in Romanticism*, XII, 1973, p. 516-529; « *Ourika* : Black Face, White Mask », dans *The French Review*, XLVII, 1974, p. 51-52.

Au moment où Mme de Duras se penche sur le sort de son Ourika, il y a beau temps que la traite des Noirs et l'esclavage préoccupent l'opinion éclairée. Le XVIIIᵉ siècle avait connu un courant anti-esclavagiste. Dans *L'Esprit des lois*, Montesquieu avait dit que «l'esclavage est contre la nature» et, avec une ironie amère, concédé que les Noirs «ont le nez si écrasé qu'il est presque impossible de les plaindre» et qu'on imagine mal une âme dans un corps d'ébène. Dans *Candide*, Voltaire s'était apitoyé sur le sort atroce du nègre de Surinam, torturé et mutilé : «C'est à ce prix que vous mangez du sucre en Europe.» Divers personnages avaient aussi traversé la littérature, depuis le roman fameux d'Aphra Behn, *Oroonoko*, publié en 1688 et traduit en français en 1745, jusqu'à la nouvelle *Mirza*, de Mme de Staël, en 1795, en passant par la pièce d'Olympe de Gouges, *L'Esclavage des Noirs*, jouée en 1789. Les théoriciens s'étaient penchés sur le problème. Condorcet, dès 1781, avec ses *Réflexions sur l'esclavage*, Olympe de Gouges encore, en 1788, avec ses *Réflexions sur les hommes nègres*. La Révolution ne pouvait ignorer le problème. En 1791, l'Assemblée nationale, en 1794 la Convention abolissent la traite et l'esclavage dans les colonies françaises, du moins en théorie, car la pratique demeure. Du reste, la sanglante insurrection de Saint-Domingue, en août 1791, a discrédité la cause abolitionniste et l'on retrouve la trace de cette déception dans le roman de Mme de Duras. En 1802, Napoléon a rétabli la traite qui ne sera supprimée dans les territoires français qu'en 1831, dix-sept ans avant l'abolition de l'esclavage dans les colonies. La Restauration n'avait rien changé à la situation, en dépit des discours enflammés où Benjamin Constant, en 1821 et 1822, réclamait un changement de législation [1]. En définitive, l'affranchissement des Noirs aura été bien plus tributaire de l'implantation de la betterave sucrière que de la philanthropie.

Mme de Duras a choisi de s'intéresser au sort d'une enfant noire en effet sauvée de l'esclavage et accueillie en Europe, mais aussi de se demander quel serait son sort dans une société où le métissage — racial ou social — était impensable. Offerts comme des jouets ou des animaux familiers, que pouvaient espérer ces Noirs importés lorsque, devenus adultes, ils perdaient les séductions de l'enfance ou que passait la mode de l'exotisme ? Cuisinières, soubrettes, portefaix ou domestiques. S'il est de petite taille, les élégants décrits par Balzac feront de lui un *tigre*, qui monte derrière les voitures, et chez Proust, la princesse de Luxembourg sera encore accompagnée, sur la plage de Balbec, d'un charmant petit nègre vêtu de satin rouge.

Peut-être le sort d'Ourika n'est-il enviable qu'à première vue. Promise

---

1. Voir R. Mercier, *L'Afrique noire dans la littérature française : les premières images* (*XVIIᵉ -XVIIIᵉ siècle*), Dakar, Presses de l'Université, 1962 ; L. Fanoudh-Siefer, *Le Mythe du nègre et de l'Afrique noire dans la littérature française de 1800 à la Seconde Guerre mondiale*, Paris, Klincksieck, 1968 ; L.-F. Hoffmann, *Le Nègre romantique. Personnage littéraire et obsession collective*, Paris, Payot, 1973.

à la mort en bas âge ou à la servitude, certes le caprice ou la compassion d'un Blanc l'ont fait échapper à l'une et à l'autre. Mais transférée dans un autre monde et une autre civilisation, elle ne se définit que par la négative : ni blanche, ni noble, ni riche. On ne saurait être davantage étranger. Mme de B... s'est ingéniée à développer ses talents, à lui enseigner la lecture, le chant, le dessin, à faire d'elle une jeune fille accomplie qui n'imagine pas même qu'on puisse vivre autrement. Comment se plierait-elle à une destinée «commune»? Sa protectrice le reconnaîtra elle-même : «Je vous ai fait tant de mal en voulant vous faire du bien...» C'est juste : élevée au-dessus de sa condition, Ourika vit en porte-à-faux. Parce qu'elle est noire, elle ne devrait être qu'une domestique et elle l'ignore. Son enfance est comblée, rien ne lui laisse percevoir sa différence : «Je n'étais pas fâchée d'être une négresse [...]; d'ailleurs rien ne m'avertissait que ce fût un désavantage.»

Le choc révélateur se produit lorsqu'elle surprend une conversation et soudain son univers s'effondre [1]. Elle sort de l'enfance, observe la marquise de***, et que deviendra-t-elle? qui l'épousera? Sa couleur lui apparaît soudain pour ce qu'elle est : une tare honteuse qui la condamne à la solitude. Orpheline, elle ne pourra non plus, dans ce monde étranger, avoir ni époux ni enfants, ses aspirations les plus naturelles seront impitoyablement frustrées. Ourika prend tragiquement conscience de son aliénation : «Je me vis négresse, dépendante, méprisée, sans fortune, sans appui, sans un être de mon espèce à qui unir mon sort, jusqu'ici un jouet, un amusement pour ma bienfaitrice, bientôt rejetée d'un monde où je n'étais pas faite pour être admise.» Terrible lucidité, confirmée par la sentence de la marquise : «Ourika n'a pas rempli sa destinée : elle s'est placée dans la société sans sa permission ; la société se vengera.» Le châtiment sera cette solitude qui devient bientôt une obsession. Aucune échappatoire à son destin de paria. Elle a même songé à prier Mme de B... de la renvoyer dans son pays, mais qu'y ferait-elle, aussi différente des Noirs qu'elle l'est des Blancs? «Je n'appartenais plus à personne ; j'étais étrangère à la race humaine tout entière !» Littéralement, elle n'a plus d'être, puisqu'elle n'a plus d'une Africaine que la couleur [2]. Au sens le plus tragique, Ourika est un monstre, Sainte-Beuve l'avait bien vu : «L'idée d'*Ourika*, [...] c'est une idée d'inégalité, [...] une idée d'empêchement, d'obstacle entre le désir de l'âme et l'objet mortel ; c'est quelque chose qui manque et qui dévore, et qui crée une sorte d'envie sur

---

1. Faut-il vraiment chercher dans l'*Ernestine* de Mme Riccoboni la source de cette révélation qui détermine la «révolution intérieure» du personnage et qui la fait passer d'un état de bonheur dû à l'ignorance à un état de souffrance et d'inquiétude? (I. Rosi, «Sui romanzi di Madame de Duras. La rivoluzione interiore», dans *Saggi e ricerche du letteratura francese*, XXVII, 1988, p. 184).

2. Voir G. Crichfield, *Three Novels of Madame de Duras*, The Hague, Mouton, 1975, p. 7 ; R. Little, éd. cit., p. 54.

la tendresse ; c'est la laideur et la couleur d'Ourika [1]. » Cette couleur devient l'indice de son exclusion. Incapable d'assumer sa différence, elle se prend en horreur, se juge hideuse, répugnante, intériorisant ainsi les jugements portés sur sa race.

Un instant elle imagine que la Révolution peut changer son sort en bouleversant les mentalités. Puisqu'elle prétend reconnaître la valeur des individus en reniant les préjugés de classe, pourquoi ne rejetterait-elle pas aussi ceux de la race ? Comme Olympe de Gouges avant elle, Ourika ne tarde pas à comprendre que la Déclaration des droits de l'homme ne concerne ni les femmes ni les gens de couleur. L'opposition des propriétaires et des colons n'a pas tardé à faire avorter les espoirs abolitionnistes. Quant aux massacres qui accompagnent la révolte de Saint-Domingue, ils ont surtout pour effet de renforcer la position des esclavagistes et, de nouveau, Ourika se soumet à la perspective du maître : « J'avais honte d'appartenir à une race de barbares et d'assassins. » Elle y revient inlassablement : son drame est celui de la couleur, de la race. Un moment épargnée parce que les événements ont dispersé la société, son tourment reprend au lendemain de la Terreur :

> Plus la société rentrait dans son ordre naturel, plus je m'en sentais dehors. [...] J'étais sûre d'être bientôt l'objet d'un aparté dans l'embrasure de la fenêtre, ou d'une conversation à voix basse : car il fallait bien se faire expliquer comment une négresse était admise dans la société intime de Mme de B... Je souffrais le martyre pendant ces éclaircissements ; j'aurais voulu être transportée dans ma patrie barbare, au milieu des sauvages qui l'habitent, moins à craindre pour moi que cette société cruelle qui me rendait responsable du mal qu'elle seule avait fait.

Comment s'étonner si s'installe en elle, irrésistible, le désir d'une mort qui seule la délivrerait de la solitude : « Je voudrais mourir. » Qu'advient-il de cette âme déjà brisée lorsque la marquise de***, celle-là même par qui elle avait déjà pris conscience de son altérité, prétend lui révéler, nouveau péché, qu'elle aime Charles : « Si vous n'étiez pas folle d'amour pour Charles, vous prendriez fort bien votre parti d'être négresse. » Coupable par sa couleur, elle le serait encore par ses sentiments : « Quoi ! j'avais une passion criminelle, [...] un amour coupable ! [...] Mais qu'ai-je donc fait pour qu'on puisse me croire atteinte de cette passion sans espoir ? » Il ne lui reste que la retraite au couvent où, sans échapper à l'isolement, elle échappera au moins à la société, Mme de Duras l'explique elle-même : « Lorsque ce besoin des affections naturelles devient aussi impérieux qu'il était dans Ourika, il n'y a que Dieu qui puisse en tenir lieu. Mme de Beauvau était tout pour elle, mais elle n'était pas tout pour Mme de Beauvau. Et l'amour ? Et l'amour devenu coupable ? Il me semble qu'il n'y avait qu'un cloître pour la tirer

---

1. Sainte-Beuve, *Portraits de femmes*, dans *Œuvres*, t. II, p. 1049.

de là [1]. » Le cloître n'a pas ici les charmes dont le revêt Mme de Souza. Il est refuge, bientôt tombeau, et l'on n'y entre que pour attendre la mort. Le couvent lui-même suggère l'idée de destruction : il a été en partie ruiné par la Révolution, les dalles qui couvrent les tombes des religieuses sont fêlées ou brisées, son jardin solitaire incline à la méditation mélancolique. Dernière image funèbre qui associe la mort de la nature à celle de l'être : Ourika y « tombe avec les dernières feuilles de l'automne ».

La tristesse profonde qui se dégage du récit relève sans doute du sujet même, mais elle traduit aussi l'état d'esprit d'une génération marquée par les événements révolutionnaires et la mise à sac de l'ancien monde. On sait à quel point le fantasme de la guillotine a obsédé l'imaginaire romantique, chez Nodier, Janin, Hugo, Dumas ou Balzac [2] et quelle empreinte indélébile la Terreur a laissée dans la conscience collective. Ceux qui l'ont vécue ont eu le sentiment d'un insurmontable échec vital et de l'impossibilité du bonheur. Charles Nodier l'exprime dans ses *Méditations du cloître* : « Je le déclare avec amertume, avec effroi ! le pistolet de Werther et la hache des bourreaux nous ont déjà décimés ! Cette génération se lève, et vous demande des cloîtres [3]. »

Sainte-Beuve en était conscient : « Les romans de Mme de Duras, disait-il, sont bien de la Restauration, écho d'une lutte non encore terminée, avec le sentiment de grandes catastrophes en arrière. Une de ses pensées habituelles était que, pour ceux qui ont subi jeunes la Terreur, le bel âge a été flétri, qu'il n'y a pas eu de jeunesse, et qu'ils porteront jusqu'au tombeau cette mélancolie première [4]. » Peut-être la destinée d'Ourika était-elle aussi celle d'une classe frappée dans ses forces vives et désormais vouée à l'extinction ?

Le succès de ce petit texte fut immédiat et considérable. Seul bouda Louis XVIII : « Une Atala de salon », grogna Sa Majesté [5]. D'autres furent meilleurs juges, comme l'anonyme du *Diable boiteux*, le 1er décembre 1823 : « Si vous voulez lire un traité de philosophie sans aucune prétention à la philosophie, un écrit pur et sans tache dans lequel il n'y ait pas une phrase ambitieuse, un drame rapide et court, dont toutes les scènes, quoique souvent les mêmes, offrent un intérêt particulier, sans

1. Cité par G. Pailhès, *La Duchesse de Duras et Chateaubriand, op. cit.*, p. 281. A Rosalie de Constant, 6 février 1824.
2. Voir M. Janion et R. Forycki, « Les fantasmes de la Révolution : la tête coupée dans la littérature romantique », dans *L'Image de la Révolution française*. Dir. par M. Vovelle, Paris, Pergamon Press, 1989, t. III, p. 2272-2277.
3. *Romans de Charles Nodier*, Paris, Charpentier, 1840, p. 238. Voir aussi D. Virieux, éd. cit., p. 65.
4. Sainte-Beuve, *Portraits de femmes*, dans *Œuvres*, t. II p. 1051-1052. L'auteur d'*Ourika* l'écrivait en effet dans ses *Mémoires de Sophie* : « Ceux dont la jeunesse a connu la Terreur n'ont jamais connu la franche gaieté de leurs pères, et ils porteront au tombeau la mélancolie prématurée qui atteignit leurs âmes. » Cité par A. Bardoux, *La Duchesse de Duras, op. cit.*, p. 54.
5. Voir *Ourika*, éd. établie par P. Lescure, Paris, Jouaust, 1878, p. VII.

qu'on ait cherché à graduer ou à renforcer leur effet, demandez *Ourika* [1]. » Mme de Genlis, habituellement peu tendre pour ses consœurs en littérature, se déclara enchantée. C'est une œuvre, dit-elle, « où l'on ne trouve pas seulement de la grâce, de la gentillesse, mais qui contient aussi des beautés du premier ordre, des comparaisons ingénieuses et neuves, etc. Tout y est original, naturel, moral et vrai. [...] Il y a certainement du génie dans cette conception et dans cette peinture tracée avec autant de charme que de simplicité, et il fallait une âme bien pure pour avoir ce génie-là [2]. » Talleyrand aussi s'avoua conquis et Alexandre Humboldt se chargea de rapporter à Mme de Duras les éloges de Goethe lui-même :

> J'entre chez Goethe. « Je sais, me dit-il, que vous connaissez la duchesse de Duras, l'auteur d'*Ourika* et d'*Édouard*. Que vous êtes heureux ! Elle m'a fait cependant bien du mal. A mon âge, il ne faut pas se laisser émouvoir à ce point. Parlez-lui de mon admiration. » Puis, à la Cour, on m'a raconté qu'un autre roman (de Walter Scott) ayant été placé sur la table, il le fit ôter avec ces mots : « Qu'en trois mois on n'ose me placer un livre là où se trouve *Ourika* [3]. »

De quoi combler d'aise de plus exigeantes [4]. Très vite, il y eut une édition française à Saint-Pétersbourg et deux traductions espagnoles. En mars et avril 1824, ce furent des pièces de théâtre exploitant le succès du roman : *Ourika, Ourika ou la petite négresse, Ourika ou l'orpheline africaine, Ourika la négresse...* Delphine Gay, Gaspard de Pons, Ulric Guttinguer ou Pierre-Ange Vieillard composèrent de larmoyantes élégies. Gérard brossa d'Ourika un portrait gravé par Johannot. Il y eut des bonnets, des collerettes à la Ourika et l'on surnomma les filles de Mme de Duras « Bourika » et « Bourgeonika ». Mieux qu'un succès : une mode [5]. Le roman eut enfin un retentissement quelque peu politique, comme en témoigne Humboldt citant à son amie une lettre reçue de la Martinique où l'on pouvait lire : « Le commerce clandestin de chair humaine va à merveille, les colons regardent chaque Français récemment arrivé comme un négrophile et le spirituel et généreux auteur d'*Ourika* est accusé à chaque instant ici d'avoir rendu intéressante dans son détestable roman une négresse qui n'avait pas même l'avantage d'être créole [6]. »

1. Cité par G. Pailhès, *La Duchesse de Duras et Chateaubriand, op. cit.*, p. 314.
2. Mme de Genlis, *Mémoires*, t. VII, p. 294.
3. G. Pailhès, *La Duchesse de Duras et Chateaubriand, op. cit.*, p. 501-502.
4. Même si Mme de Duras écrivait le 6 avril 1824 à Rosalie de Constant : « Voilà *Ourika* imprimée. [...] Toute cette publicité m'a été désagréable, et je ne conçois pas qu'on se soucie des éloges des gens qu'on ne connaît pas. Je ne suis pas encore assez auteur pour priser cette gloire » (G. Pailhès, *La Duchesse de Duras et Chateaubriand, op. cit.*, p. 283).
5. Voir R. Little, éd. cit., p. 63 ; L.-F. Hoffmann, *Le Nègre romantique. Personnage littéraire et obsession collective, op. cit.*, p. 225-227 ; L. Scheler, « Un best-seller sous Louis XVIII : *Ourika* par Mme de Duras », *op. cit.*, p. 23-27.
6. Voir G. Pailhès, *La Duchesse de Duras et Chateaubriand, op. cit.*, p. 463.

Cette réaction des colons des îles souligne à quel point le problème
posé dans *Ourika* était bien avant tout celui de la couleur. Renonçant aux
fulminations vengeresses des écrivains engagés, Mme de Duras avait mis
en scène une héroïne vulnérable et sans défense qui subit sa négritude
comme un mal sans remède. Ses larmes et sa marche inexorable vers
l'autodestruction étaient peut-être plus impressionnantes que la colère et
la révolte.

*
* *

Le succès inattendu d'*Ourika* encouragea Mme de Duras à persévérer
dans une carrière littéraire où elle s'était aventurée un peu par hasard.
Dans un billet antérieur à son départ pour Londres, le 21 mars 1822,
Chateaubriand lui écrit : « Achevez *L'Avocat*. Vous me le lirez demain. »
L'Avocat, c'est le premier titre du roman qui s'intitulerait bientôt
Édouard, et qui dut être composé rapidement, puisque le manuscrit est
prêté à une amie dès le 14 mai [1]. Il est vrai que, comme pour *Ourika*, le
sujet était en quelque sorte tout prêt.

Sans être encore ambitieuse, la composition était cette fois plus ample
et plus longue sur une donnée après tout fort semblable à celle du récit
précédent. Fils d'un avocat fameux, Édouard est un jeune homme dont
on se plaît à louer les vertus et les talents. Introduit dans la société aristocratique, il s'éprend de la fille du maréchal d'Olonne, Natalie de
Nevers. Ils sont faits pour s'unir, mais les préjugés sociaux interdisent à
un roturier d'épouser la fille d'un maréchal de France. Elle est prête à lui
faire le sacrifice de son rang, mais lui ne saurait l'accepter sans lâcheté ni
trahir la confiance du maréchal qui l'a accueilli comme un père. Comme
Ourika fuyait au couvent, Édouard s'embarque pour l'Amérique où il
espère se faire tuer dans les combats.

Cette histoire, rapporte Sainte-Beuve, fut inspirée à Mme de Duras par
la mésaventure arrivée à un M. Benoist, fils d'un respectable conseiller
d'État, qui avait eu la folle idée d'aspirer à la main de Clara, future
duchesse de Rauzan, et s'était vu rappeler au respect des incompatibilités
sociales. Le roman connut d'abord un tirage confidentiel de cinquante
exemplaires destinés aux intimes mais l'auteur, redoutant de nouveau les
contrefaçons, en fit faire chez Ladvocat une édition qui parut en
décembre 1825. La réussite d'*Ourika* rendait Mme de Duras un peu
inquiète sur la qualité de sa nouvelle entreprise : « J'ai de grands doutes
que cela soit bon, confie-t-elle à Rosalie de Constant. Je n'aurais jamais
cru à cette conscience timorée d'auteur. Je les vois tous si sûrs que ce
qu'ils font est superbe... je les envie [2]. »

---

1. G. Pailhès, *La Duchesse de Duras et Chateaubriand, op. cit.*, p. 353 ; A. Bardoux, *La
Duchesse de Duras, op. cit.*, p. 317.
2. G. Pailhès, *La Duchesse de Duras et Chateaubriand, op. cit.*, p. 467, 23 juillet 1825.

Cette fois encore, les partisans d'une explication biographique ont pu s'en donner à cœur joie. Le domaine de Faverange, au fond du Limousin, ne désignait-il pas clairement la propriété des Duras à Ussé ? Natalie de Nevers qui a en Mme de C... une confidente et une amie bien chère établie à La Haye, n'est-ce pas Mme de Duras liée avec Mme de La Tour du Pin, dont le mari avait été ministre plénipotentiaire à La Haye en 1791-1792 ? Une Mme d'Anville citée dans le roman doit être Mme de Sainte-Maure, autre amie très chère... Que Mme de Duras se soit inspirée de quelques-uns de ses familiers pour esquisser ses personnages est en effet vraisemblable, sans pour autant autoriser ces identifications quasi mécaniques qui plus tard irriteront tellement Marcel Proust.

Du reste, la clé biographique conduit, comme dans *Ourika*, à de singulières acrobaties. Si, dans le premier roman, il s'agissait surtout de Félicie, la fille infidèle, dans *Édouard*, c'est Clara, la fille aimante, qui passerait au premier plan. Non sans complications. En célébrant la beauté et les qualités de la duchesse de Nevers, Mme de Duras a voulu dire à Clara sa reconnaissance et son amour. Mais on saura que, par exception, Édouard au chevet d'un ami blessé, c'est aussi Clara au chevet de sa mère, tandis que certains traits de Natalie rappellent tout de même Félicie. Quant à Édouard, il peut être bien des choses encore, car il incarne tantôt Mme de Duras aimant sa fille Clara, tantôt Claire de Kersaint se souvenant de son amour de jeune fille pour M. de Duras. Bref, *Édouard* sera la glorification et l'idéalisation de Clara, la couronne décernée à sa piété filiale, comme *Ourika* livrait le secret des tourments causés par Félicie. En ce sens, *Ourika* et *Édouard* se font pendant et s'opposent [1].

Et l'on songera naturellement, ici encore, aux sentiments de Mme de Duras pour Chateaubriand, sinon dans leur réalité, puisqu'ils n'étaient pas réciproques comme ceux d'Édouard et de Natalie, du moins dans certaines évocations qui ont un accent saisissant d'authenticité, comme lorsqu'elle fait dire à Édouard :

Il était impossible qu'elle ne vît pas que je l'adorais : quelquefois j'oubliais l'obstacle éternel qui nous séparait. Dans cette solitude, le bonheur était le plus fort. La voir, l'entendre, marcher près d'elle, sentir son bras s'appuyer sur le mien, c'étaient autant de délices auxquelles je m'abandonnais avec transport...

Sans se laisser obnubiler par la recherche des clés, reste que les romans présentent sans doute une thématique commune. On peut y lire — comme ce devait être plus ouvertement le cas dans *Olivier* — le thème de l'impuissance : à cause de ses origines sociales, Édouard ne peut pas plus se réaliser dans la société qu'Ourika ne le pouvait en raison de sa

---

1. Pour cette interprétation, voir G. Pailhès, *La Duchesse de Duras et Chateaubriand, op. cit.*, p. 337-359.

race. Dans les deux situations, même impossibilité de transgresser le tabou, même impuissance[1]. De là la présence de certains éléments récurrents. Les deux romans offrent l'image du bonheur illusoire de l'enfance privilégiée et protégée, Édouard vivant heureux en province et auprès de ses parents comme Ourika insouciante auprès de Mme de B... Tous deux réservent aux personnages le même répit avant la chute[2]. Dans *Ourika*, la jeune fille connaissait quelque temps de paix dans une retraite à la campagne avec Charles et sa protectrice ; dans *Édouard*, le jeune homme vit six mois délicieux dans le Limousin en compagnie de Natalie et du maréchal d'Olonne exilé. Dans les deux récits, le retour dans le monde entraîne la catastrophe, le malheur et la mort.

Il s'agit ici aussi de l'étude d'un phénomène de rejet, la société aristocratique refusant d'accepter un élément étranger, quelle que soit sa valeur individuelle et quelle que soit l'estime qu'on lui porte. Le thème est bien celui de l'exclusion, et Mme de Duras parlait de ses personnages comme d'«isolés» en exposant clairement son propos : «J'ai fait un roman qui s'appelle *Édouard* et dont l'idée est de montrer l'infériorité sociale, telle qu'elle existait avant la Révolution. [...] J'ai essayé de peindre les souffrances de cœur et d'amour-propre qu'une telle situation faisait naître[3].»

Le grand monde y est parfois traité sans douceur. Superficiels, égoïstes, médisants, insouciants, bien élevés, creux, tels sont la plupart des fils d'aristocrates qui bâillent ou s'amusent dans les bals et les réceptions. Ils sont frères de ces «jeunes gens à moustaches» qui, dans *Le Rouge et le Noir*, fréquenteront le salon des La Môle, lui-même fort semblable à celui du maréchal d'Olonne. Tel est le frivole duc de L... : «Jamais il ne disait rien qui ne fût convenable et agréablement tourné ; mais aussi jamais rien d'involontaire ne trahissait qu'il eût dans l'âme autre chose que ce que l'éducation et l'usage du monde y avaient mis.» Rien pourtant qui appelle à la révolution. La mère d'Édouard lui enseigne à respecter la hiérarchie sociale et à se tenir à sa place : «On se trouve toujours mal d'en sortir.» D'ailleurs, si Édouard dédaigne les richesses d'un parent parvenu, il éprouve une sorte de respect sacré à l'égard de la famille d'Olonne. Le maréchal lui-même incarne une haute et ancienne noblesse à laquelle la richesse impose des devoirs plutôt qu'elle ne confère des privilèges. C'est en grand féodal des anciens temps qu'il reçoit ceux qui ont quelque faveur à demander : «Il y avait une sorte de paternité dans cette protection bienveillante.» Roturier, humilié, Édouard ne peut s'empêcher d'admirer cette classe prestigieuse qui demeure à ses yeux le modèle de référence et l'idéal social par excellence.

---

1. Voir I. Rosi, «Il gioco del doppio senso nei romanzi di Madame de Duras», *op. cit.*, p. 139-159.

2. Voir D. Virieux, éd. cit., p. 56-60.

3. G. Pailhès, *La Duchesse de Duras et Chateaubriand, op. cit.*, p. 339. A Rosalie de Constant, 15 mai 1825.

Il n'a pourtant rien à en attendre, aussi exclu par sa roture qu'Ourika l'était par sa race. S'il assiste au bal offert à la reine par l'ambassadeur d'Angleterre, c'est dans les gradins d'où l'on permet au vulgaire d'admirer les grands de ce monde; s'il est finalement convié à se mêler à eux, c'est par la haute protection du maréchal. Celui-ci, qui l'aime comme un fils, est disposé à tout lui offrir — sauf sa fille. Lorsqu'il apprend que le duc de L... a fait courir le bruit qu'il était l'amant de Natalie, Édouard exige une réparation par les armes refusée au nom d'un préjugé qui lui dénie même le droit à l'honneur : « Vous n'êtes point gentilhomme, vous n'avez aucun état dans le monde, et je me couvrirais de ridicule si je consentais à ce que vous désirez. [...] J'en suis désespéré [...]; soyez persuadé que je vous estime du fond du cœur, monsieur G..., et que j'aurais été charmé que nous puissions nous battre ensemble. » Édouard n'a pas tort de trouver partout la « fatalité de l'ordre social » qui pèse sur lui comme le châtiment d'une faute originelle. Stendhal y songera lui aussi. D'ailleurs Édouard est un peu secrétaire du maréchal d'Olonne comme Julien Sorel du marquis de La Môle, et quand Julien se bat en duel avec le chevalier de Beauvoisis, on fait oublier cette embarrassante faute de goût en le donnant pour le fils naturel d'un ami du marquis.

Le fonctionnement de la hiérarchie sociale, le thème du droit au bonheur avaient de quoi retenir l'attention de Stendhal, qui écrit en 1825 : « Enfin l'aristocratie même devient éclairée. Elle a quelque raison d'être fière d'un ouvrage qu'un de ses membres vient de publier. Je veux parler d'*Édouard*. [...] Il y a de la vérité et du naturel dans ce roman; et l'on dit même que l'auteur y décrit ce qui s'est passé dans sa propre famille [1]. » La différence est dans l'attitude des personnages : Édouard n'a rien de la colère, de la révolte, de l'arrivisme forcené de Julien. Comme Ourika, il est une victime qui se soumet. Passe qu'il se reproche de trahir la confiance du maréchal, mais il adhère lui-même aux valeurs qui le condamnent [2], admet que Natalie se déshonorerait si elle acceptait de « déchoir » en épousant un roturier, un « obscur ». Déclassé, il se sent mal à l'aise, dans la scène du bal, parmi les bourgeois admis à contempler les altesses et dont le choquent désormais les manières communes. Il en prend conscience : « Qu'il est indigne à moi de désavouer ainsi au fond de mon âme le rang où je suis placé, et que je tiens de mon père ! » Il a honte de sa classe comme Ourika avait horreur de sa couleur. L'ordre social se voit ainsi protégé et maintenu par ceux mêmes qui font les frais de son injustice.

Cette soumission d'Édouard aux normes imposées ramène à l'éventualité d'une lecture féministe du roman. L'obstacle à l'amour d'Édouard est cette distance sociale infranchissable. La transgression est inimagi-

---

1. Cité par R. Bolster, « Stendhal, Mme de Duras et la tradition sentimentale », dans *Studi francesi*, XXXVI, 1992, p. 301.

2. Voir G. Crichfield, *The Three Novels of Madame de Duras, op. cit.*, p. 16.

nable dans une société aux stratifications rigides dans laquelle il aspirait à s'insérer car, pas plus qu'Ourika, Édouard ne songe à renverser cet ordre mais bien à s'y faire une place, mais il n'a ni l'énergie de Julien Sorel ni la détermination froide de Rastignac. Son infériorité sociale le culpabilise au point de le faire se sacrifier au respect du tabou. Il essaiera de se faire tuer en Amérique — le Nouveau Monde, où il n'est pas nécessaire d'être noble pour être officier — comme Ourika attendait la mort dans le calme du cloître : même désir de mort et d'autodestruction. Verra-t-on dans cet état d'altérité intériorisé jusqu'à l'aliénation l'attitude caractéristique de la condition féminine dont on retrouverait ici la projection emblématique [1] ?

Si le roman sentimental impose une certaine idéalisation des personnages et un dénouement tragique, *Édouard* est cependant un roman au ton très personnel, cohérent et bien construit, qui vise à la concision et à l'économie tout en préservant le bonheur de quelques jolies scènes. Il devait d'ailleurs servir de modèle à Fromentin pour *Dominique*, l'un des chefs-d'œuvre du roman sentimental et psychologique [2].

Mme de Duras appartenait au monde décrit dans son roman, et ses amis apprécièrent d'abord la justesse de son pinceau et son art consommé de ressusciter une époque disparue. Quel talent, lui écrit le duc de Doudeauville, pour faire revivre « un temps que votre âge vous rend étranger », et de même pensait la princesse Louise de Prusse. Tatillon, le duc de Lévis lui reprocha cependant une invraisemblance née d'un accroc à l'étiquette. Passe encore que l'ambassadeur convie Édouard, « petit bourgeois toléré par une extrême condescendance », à quitter les gradins des spectateurs. Mais le faire danser avec la duchesse de Nevers dans un bal honoré de la présence de la reine ! Comment Mme de Duras avait-elle pu commettre un tel impair — heureusement aisé à corriger — et absoudre aussi légèrement « le péché originel de l'inégalité de condition [3]. » Avec raison, Sainte-Beuve choisit de se montrer moins sensible à cette entorse au protocole qu'aux qualités du roman :

> On ne peut rien détacher d'un tel tissu, et il n'est point permis de broder en l'admirant. S'il est quelques livres que les cœurs oisifs et cultivés aiment tous les ans à relire une fois, et qu'ils veulent sentir refleurir dans leur mémoire comme le lilas ou l'aubépine en sa saison, *Édouard* est de ces livres [4].

R. T.

1. Voir C. Bertrand-Jennings, « Condition féminine et impuissance sociale. Les romans de la duchesse de Duras », *op. cit.*, p. 40-47.

2. Voir les démonstrations de G. Pailhès, *La Duchesse de Duras et Chateaubriand*, *op. cit.*, p. 364-380 et J. Vier, « Pour l'étude du *Dominique* de Fromentin », dans *Archives des lettres modernes*, 4, 1958, p. 1-56.

3. G. Pailhès, *La Duchesse de Duras et Chateaubriand, op. cit.* p. 472, 473, 475.

4. *La Revue des Deux Mondes*, 1834, t. II, p. 713. Les textes publiés ici sont ceux des éditions de 1824.

Ourika

(1823)

This is to be alone, this, this is solitude!

BYRON [1]

INTRODUCTION

J'étais arrivé depuis peu de mois de Montpellier, et je suivais à Paris la profession de la médecine, lorsque je fus appelé un matin au faubourg Saint-Jacques, pour voir dans un couvent une jeune religieuse malade. L'empereur Napoléon avait permis depuis peu le rétablissement de quelques-uns de ces couvents [2] ; celui où je me rendais était destiné à l'éducation de la jeunesse, et appartenait à l'ordre des Ursulines. La Révolution avait ruiné une partie de l'édifice ; le cloître était à découvert d'un côté par la démolition de l'antique église, dont on ne voyait plus que quelques arceaux. Une religieuse m'introduisit dans ce cloître que nous traversâmes en marchant sur de longues pierres plates, qui formaient le pavé de ces galeries : je m'aperçus que c'étaient des tombes, car elles portaient toutes des inscriptions pour la plupart effacées par le temps. Quelques-unes de ces pierres avaient été brisées pendant la Révolution : la sœur me le fit remarquer, en me disant qu'on n'avait pas encore eu le temps de les réparer. Je n'avais jamais vu l'intérieur d'un couvent ; ce spectacle était tout nouveau pour moi. Du cloître nous passâmes dans le jardin, où la religieuse me dit qu'on avait porté la sœur malade : en effet, je l'aperçus à l'extrémité d'une longue allée de charmille ; elle était assise, et son grand voile noir l'enveloppait presque tout entière. « Voici le médecin », dit la sœur, et elle s'éloigna au même moment. Je m'approchais timidement, car mon cœur s'était serré en voyant ces tombes, et je me figurais que j'allais contempler une nouvelle victime des cloîtres [3] :

---

1. Ce vers est extrait de la strophe 26 du deuxième chant du *Childe Harold's Pilgrimage* (1812) de Byron (1788-1824).
2. Avec le Concordat de 1801, les églises sont rendues au culte. Le 13 février 1790, l'Assemblée avait décrété l'interdiction des vœux monastiques et la suppression des ordres religieux.
3. Les couvents avaient mauvaise réputation, parce qu'on y enfermait parfois, malgré elles, des jeunes filles sans dot dont la famille souhaitait se débarrasser. On connaît le roman célèbre de Diderot, *La Religieuse* (1796) ou encore *Le Couvent ou les Vœux forcés* (1790-1792), une pièce d'Olympe de Gouges.

les préjugés de ma jeunesse venaient de se réveiller, et mon intérêt s'exaltait pour celle que j'allais visiter, en proportion du genre de malheur que je lui supposais. Elle se tourna vers moi, et je fus étrangement surpris en apercevant une négresse ! Mon étonnement s'accrut encore par la politesse de son accueil et le choix des expressions dont elle se servait. « Vous venez voir une personne bien malade, me dit-elle : à présent je désire guérir, mais je ne l'ai pas toujours souhaité, et c'est peut-être ce qui m'a fait tant de mal. » Je la questionnai sur sa maladie. « J'éprouve, me dit-elle, une oppression continuelle ; je n'ai plus de sommeil, et la fièvre ne me quitte pas. » Son aspect ne confirmait que trop cette triste description de son état ; sa maigreur était excessive, ses yeux brillants et fort grands, ses dents, d'une blancheur éblouissante, éclairaient seuls sa physionomie ; l'âme vivait encore, mais le corps était détruit, et elle portait toutes les marques d'un long et violent chagrin. Touché au-delà de l'expression, je résolus de tout tenter pour la sauver ; je commençai à lui parler de la nécessité de calmer son imagination, de se distraire, d'éloigner des sentiments pénibles. « Je suis heureuse, me dit-elle ; jamais je n'ai éprouvé tant de calme et de bonheur. » L'accent de sa voix était sincère ; cette douce voix ne pouvait tromper ; mais mon étonnement s'accroissait à chaque instant.

« Vous n'avez pas toujours pensé ainsi, lui dis-je, et vous portez la trace de bien longues souffrances.

— Il est vrai, dit-elle, j'ai trouvé bien tard le repos de mon cœur, mais à présent je suis heureuse.

— Eh bien ! s'il en est ainsi, repris-je, c'est le passé qu'il faut guérir ; espérons que nous en viendrons à bout ; mais ce passé, je ne puis le guérir sans le connaître.

— Hélas ! répondit-elle, ce sont des folies ! »

En prononçant ces mots, une larme vint mouiller le bord de sa paupière.

« Et vous dites que vous êtes heureuse ! m'écriai-je.

— Oui, je le suis, reprit-elle avec fermeté, et je ne changerais pas mon bonheur contre le sort qui m'a fait autrefois tant d'envie. Je n'ai point de secret : mon malheur, c'est l'histoire de toute ma vie. J'ai tant souffert jusqu'au jour où je suis entrée dans cette maison, que peu à peu ma santé s'est ruinée. Je me sentais dépérir avec joie ; car je ne voyais dans l'avenir aucune espérance. Cette pensée était bien coupable ! vous le voyez, j'en suis punie ; et lorsque enfin je souhaite de vivre, peut-être que je ne le pourrai plus. »

Je la rassurai, je lui donnai des espérances de guérison prochaine ; mais en prononçant ces paroles consolantes, en lui promettant la vie, je ne sais quel triste pressentiment m'avertissait qu'il était trop tard et que la mort avait marqué sa victime.

Je revis plusieurs fois cette jeune religieuse ; l'intérêt que je lui montrais parut la toucher. Un jour, elle revint d'elle-même au sujet où je désirais la conduire.

« Les chagrins que j'ai éprouvés, dit-elle, doivent paraître si étranges, que j'ai toujours senti une grande répugnance à les confier : il n'y a point de juge des peines des autres, et les confidents sont presque toujours des accusateurs.

— Ne craignez pas cela de moi, lui dis-je ; je vois assez le ravage que le chagrin a fait en vous pour croire le vôtre sincère.

— Vous le trouverez sincère, dit-elle, mais il vous paraîtra déraisonnable.

— Et en admettant ce que vous dites, repris-je, cela exclut-il la sympathie ?

— Presque toujours..., répondit-elle : cependant, si, pour me guérir, vous avez besoin de connaître les peines qui ont détruit ma santé, je vous les confierai quand nous nous connaîtrons un peu davantage. »

Je rendis mes visites au couvent de plus en plus fréquentes ; le traitement que j'indiquai parut produire quelque effet. Enfin, un jour de l'été dernier, la retrouvant seule dans le même berceau, sur le même banc où je l'avais vue la première fois, nous reprîmes la même conversation, et elle me conta ce qui suit.

OURIKA

« Je fus rapportée du Sénégal, à l'âge de deux ans, par M. le chevalier de B..., qui en était gouverneur. Il eut pitié de moi, un jour qu'il voyait embarquer des esclaves sur un bâtiment négrier qui allait bientôt quitter le port : ma mère était morte, et on m'emportait dans le vaisseau, malgré mes cris. M. de B... m'acheta, et, à son arrivée en France, il me donna à Mme la maréchale de B..., sa tante, la personne la plus aimable de son temps, et celle qui sut réunir aux qualités les plus élevées la bonté la plus touchante.

« Me sauver de l'esclavage, me choisir pour bienfaitrice Mme de B..., c'était me donner deux fois la vie : je fus ingrate envers la Providence en n'étant point heureuse ; et cependant le bonheur résulte-t-il toujours de ces dons de l'intelligence ? Je croirais plutôt le contraire : il faut payer le bienfait de savoir par le désir d'ignorer, et la fable ne nous dit pas si Galatée trouva le bonheur après avoir reçu la vie [1].

---

1. Le sculpteur chypriote Pygmalion s'était voué au célibat pour se livrer tout entier à son art. Pour le punir, Aphrodite le rendit amoureux d'une de ses statues, qu'il avait nommée Galatée. Touchée par les prières de Pygmalion, la déesse anima la statue, dont naquit un fils, Paphus, qui fonda la ville de Paphos, dédiée aux amours.

« Je ne sus que longtemps après l'histoire des premiers jours de mon
enfance. Mes plus anciens souvenirs ne me retracent que le salon de
Mme de B… ; j'y passais ma vie, aimée d'elle, caressée, gâtée par tous
ses amis, accablée de présents, vantée, exaltée comme l'enfant le plus
spirituel et le plus aimable.

« Le ton de cette société était l'engouement, mais un engouement dont
le bon goût savait exclure tout ce qui ressemblait à l'exagération : on
louait tout ce qui prêtait à la louange, on excusait tout ce qui prêtait au
blâme, et souvent, par une adresse encore plus aimable, on transformait
en qualités les défauts mêmes. Le succès donne du courage ; on valait
près de Mme de B… tout ce qu'on pouvait valoir, et peut-être un peu
plus, car elle prêtait quelque chose d'elle à ses amis sans s'en douter elle-
même : en la voyant, en l'écoutant, on croyait lui ressembler.

« Vêtue à l'orientale, assise aux pieds de Mme de B…, j'écoutais, sans
la comprendre encore, la conversation des hommes les plus distingués de
ce temps-là. Je n'avais rien de la turbulence des enfants ; j'étais pensive
avant de penser, j'étais heureuse à côté de Mme de B… : aimer, pour
moi, c'était être là, c'était l'entendre, lui obéir, la regarder surtout ; je ne
désirais rien de plus. Je ne pouvais m'étonner de vivre au milieu du luxe,
de n'être entourée que de personnes les plus spirituelles et les plus
aimables ; je ne connaissais pas autre chose : mais, sans le savoir, je
prenais un grand dédain pour tout ce qui n'était pas ce monde où je
passais ma vie. Le bon goût est à l'esprit ce qu'une oreille juste est aux
sons. Encore toute enfant, le manque de goût me blessait ; je le sentais
avant de pouvoir le définir, et l'habitude me l'avait rendu comme nécessaire. Cette disposition eût été dangereuse si j'avais eu un avenir ; mais je
n'avais pas d'avenir, et je ne m'en doutais pas.

« J'arrivai jusqu'à l'âge de douze ans sans avoir eu l'idée qu'on
pouvait être heureuse autrement que je ne l'étais. Je n'étais pas fâchée
d'être une négresse ; on me disait que j'étais charmante ; d'ailleurs rien
ne m'avertissait que ce fût un désavantage ; je ne voyais presque pas
d'autres enfants ; un seul était mon ami, et ma couleur noire ne l'empêchait pas de m'aimer.

« Ma bienfaitrice avait deux petits-fils, enfants d'une fille qui était
morte jeune. Charles, le cadet, était à peu près de mon âge. Élevé avec
moi, il était mon protecteur, mon conseil et mon soutien dans toutes mes
petites fautes. A sept ans, il alla au collège : je pleurai en le quittant ; ce
fut ma première peine. Je pensais souvent à lui, mais je ne le voyais
presque plus. Il étudiait, et moi, de mon côté, j'apprenais, pour plaire à
Mme de B…, tout ce qui devait former une éducation parfaite. Elle
voulut que j'eusse tous les talents : j'avais de la voix, les maîtres les plus
habiles l'exercèrent ; j'avais le goût de la peinture, et un peintre célèbre,
ami de Mme de B…, se chargea de diriger mes efforts ; j'appris l'anglais,
l'italien, et Mme de B… elle-même s'occupait de mes lectures. Elle

guidait mon esprit, formait mon jugement : en causant avec elle, en découvrant tous les trésors de son âme, je sentais la mienne s'élever, et c'était l'admiration qui m'ouvrait les voies de l'intelligence. Hélas ! je ne prévoyais pas que ces douces études seraient suivies de jours si amers : je ne pensais qu'à plaire à Mme de B... ; un sourire d'approbation sur ses lèvres était tout mon avenir.

« Cependant des lectures multipliées, celle des poètes surtout, commençaient à occuper ma jeune imagination ; mais sans but, sans projet, je promenais au hasard mes pensées errantes, et, avec la confiance de mon jeune âge, je me disais que Mme de B... saurait bien me rendre heureuse : sa tendresse pour moi, la vie que je menais, tout prolongeait mon erreur et autorisait mon aveuglement. Je vais vous donner un exemple des soins et des préférences dont j'étais l'objet.

« Vous aurez peut-être de la peine à croire, en me voyant aujourd'hui, que j'aie été citée pour l'élégance et la beauté de ma taille. Mme de B... vantait souvent ce qu'elle appelait ma grâce, et elle avait voulu que je susse parfaitement danser. Pour faire briller ce talent, ma bienfaitrice donna un bal dont ses petits-fils furent le prétexte, mais dont le véritable motif était de me montrer fort à mon avantage dans un quadrille des quatre parties du monde où je devais représenter l'Afrique. On consulta les voyageurs, on feuilleta les livres de costumes, on lut des ouvrages savants sur la musique africaine, enfin on choisit une *Comba*, danse nationale de mon pays. Mon danseur mit un crêpe sur son visage : hélas ! je n'eus pas besoin d'en mettre sur le mien ; mais je ne fis pas alors cette réflexion : tout entière au plaisir du bal, je dansais la comba, et j'eus tout le succès qu'on pouvait attendre de la nouveauté du spectacle et du choix des spectateurs, dont la plupart, amis de Mme de B..., s'enthousiasmaient pour moi, et croyaient lui faire plaisir en se laissant aller à toute la vivacité de ce sentiment. La danse d'ailleurs était piquante ; elle se composait d'un mélange d'attitudes et de pas mesurés ; on y peignait l'amour, la douleur, le triomphe et le désespoir. Je ne connaissais encore aucun de ces mouvements violents de l'âme ; mais je ne sais quel instinct me les faisait deviner ; enfin je réussis. On m'applaudit, on m'entoura, on m'accabla d'éloges : ce plaisir fut sans mélange ; rien ne troublait alors ma sécurité. Ce fut peu de jours après ce bal qu'une conversation, que j'entendis par hasard, ouvrit mes yeux et finit ma jeunesse.

« Il y avait dans le salon de Mme de B... un grand paravent de laque. Ce paravent cachait une porte ; mais il s'étendait aussi près d'une des fenêtres, et entre le paravent et la fenêtre, se trouvait une table où je dessinais quelquefois. Un jour, je finissais avec application une miniature : absorbée par mon travail, j'étais restée longtemps immobile, et sans doute Mme de B... me croyait sortie, lorsqu'on annonça une de ses amies, la marquise de***. C'était une personne d'une raison brusque, d'un esprit tranchant, positive jusqu'à la sécheresse ; elle portait ce caractère dans l'amitié : les sacrifices ne lui coûtaient rien pour le bien et pour l'avantage de ses amis ; mais elle leur faisait payer cher ce grand attachement. Inquisitive et difficile, son exigence égalait son dévouement, et elle était la moins aimable des amies de Mme de B... Je la craignais, quoiqu'elle fût bonne pour moi ; mais elle l'était à sa manière : examiner, et même assez sévèrement, était pour elle un signe d'intérêt. Hélas ! j'étais si accoutumée à la bienveillance, que la justice me semblait toujours redoutable.

« "Pendant que nous sommes seules, dit Mme de***à Mme de B..., je veux vous parler d'Ourika : elle devient charmante, son esprit est tout à fait formé, elle causera comme vous, elle est pleine de talents, elle est piquante, naturelle ; mais que deviendra-t-elle ? et enfin qu'en ferez-vous ?

« — Hélas, dit Mme de B..., cette pensée m'occupe souvent, et, je vous l'avoue, toujours avec tristesse : je l'aime comme si elle était ma fille ; je ferais tout pour la rendre heureuse ; et cependant, lorsque je réfléchis à sa position, je la trouve sans remède. Pauvre Ourika ! je la vois seule, pour toujours seule dans la vie !"

« Il me serait impossible de vous peindre l'effet que produisit en moi ce peu de paroles ; l'éclair n'est pas plus prompt : je vis tout, je me vis négresse, dépendante, méprisée, sans fortune, sans appui, sans un être de mon espèce à qui unir mon sort, jusqu'ici un jouet, un amusement pour ma bienfaitrice, bientôt rejetée d'un monde où je n'étais pas faite pour être admise. Une affreuse palpitation me saisit, mes yeux s'obscurcirent, le battement de mon cœur m'ôta un instant la faculté d'écouter encore ; enfin je me remis assez pour entendre la suite de cette conversation.

« "Je crains, disait Mme de***, que vous ne la rendiez malheureuse. Que voulez-vous qui la satisfasse, maintenant qu'elle a passé sa vie dans l'intimité de votre société ?

« — Mais elle y restera, dit Mme de B...

« — Oui, reprit Mme de***, tant qu'elle est un enfant : mais elle a quinze ans. A qui la marierez-vous, avec l'esprit qu'elle a et l'éducation que vous lui avez donnée ? Qui voudra jamais épouser une négresse ? Et si, à force d'argent, vous trouvez quelqu'un qui consente à avoir des enfants nègres, ce sera un homme d'une condition inférieure, et avec qui elle se trouvera malheureuse. Elle ne peut vouloir que de ceux qui ne voudront pas d'elle.

« — Tout cela est vrai, dit Mme de B... ; mais heureusement elle ne s'en doute point encore, et elle a pour moi un attachement qui, j'espère, la préservera longtemps de juger sa position. Pour la rendre heureuse, il eût fallu en faire une personne commune : je crois sincèrement que cela était impossible. Eh bien ! peut-être sera-t-elle assez distinguée pour se placer au-dessus de son sort, n'ayant pu rester au-dessous.

« — Vous vous faites des chimères, dit Mme de*** : la philosophie nous place au-dessus des maux de la fortune ; mais elle ne peut rien contre les maux qui viennent d'avoir brisé l'ordre de la nature. Ourika n'a pas rempli sa destinée : elle s'est placée dans la société sans sa permission ; la société se vengera.

« — Assurément, dit Mme de B..., elle est bien innocente de ce crime : mais vous êtes sévère pour cette pauvre enfant.

« — Je lui veux plus de bien que vous, reprit Mme de*** ; je désire son bonheur, et vous la perdrez."

« Mme de B... répondit avec impatience, et j'allais être la cause d'une querelle entre les deux amies, quand on annonça une visite : je me glissai derrière le paravent ; je m'échappai ; je courus dans ma chambre, où un déluge de larmes soulagea un instant mon pauvre cœur.

« C'est un grand changement dans ma vie, que la perte de ce prestige qui m'avait environnée jusqu'alors ! Il y a des illusions qui sont comme la lumière du jour ; quand on les perd, tout disparaît avec elles. Dans la confusion des nouvelles idées qui m'assaillaient, je ne retrouvais plus rien de ce qui m'avait occupée jusqu'alors : c'était un abîme avec toutes ses terreurs. Ce mépris dont je me voyais poursuivie ; cette société où j'étais déplacée ; cet homme qui, à prix d'argent, consentirait peut-être que ses enfants fussent nègres ! toutes ces pensées s'élevaient successivement comme des fantômes et s'attachaient sur moi comme des furies : l'isolement surtout ; cette conviction que j'étais seule, pour toujours seule dans la vie, Mme de B... l'avait dit ; et à chaque instant je me répétais, "seule ! pour toujours seule !" La veille encore, que m'importait d'être seule ? je n'en savais rien ; je ne le sentais pas ; j'avais besoin de ce que j'aimais, je ne songeais pas que ce que j'aimais n'avait pas besoin de moi. Mais à présent, mes yeux étaient ouverts, et le malheur avait déjà fait entrer la défiance dans mon âme.

« Quand je revins chez Mme de B..., tout le monde fut frappé de mon changement ; on me questionna : je dis que j'étais malade ; on le crut. Mme de B... envoya chercher Barthez [1], qui m'examina avec soin, me tâta le pouls, et dit brusquement que je n'avais rien. Mme de B... se rassura, et essaya de me distraire et de m'amuser. Je n'ose dire combien j'étais ingrate pour ces soins de ma bienfaitrice ; mon âme s'était comme resserrée en elle-même. Les bienfaits qui sont doux à recevoir, sont ceux dont le cœur s'acquitte : le mien était rempli d'un sentiment trop amer pour se répandre au-dehors. Des combinaisons infinies des mêmes pensées occupaient tout mon temps ; elles se reproduisaient sous mille formes différentes : mon imagination leur prêtait les couleurs les plus sombres ; souvent mes nuits entières se passaient à pleurer. J'épuisais ma pitié sur moi-même ; ma figure me faisait horreur, je n'osais plus me

---

1. Paul-Joseph Barthez (1734-1806), médecin fameux et collaborateur de l'*Encyclopédie*. Il était le fondateur du vitalisme et parlait d'un « principe vital » distinct des forces physico-chimiques et de l'âme pensante.

regarder dans une glace ; lorsque mes yeux se portaient sur mes mains noires, je croyais voir celles d'un singe ; je m'exagérais ma laideur, et cette couleur me paraissait comme le signe de ma réprobation ; c'est elle qui me séparait de tous les êtres de mon espèce, qui me condamnait à être seule, toujours seule ! jamais aimée ! Un homme, à prix d'argent, consentirait peut-être que ses enfants fussent nègres ! Tout mon sang se soulevait d'indignation à cette pensée. J'eus un moment l'idée de demander à Mme de B... de me renvoyer dans mon pays ; mais là encore j'aurais été isolée : qui m'aurait entendue, qui m'aurait comprise ! Hélas ! je n'appartenais plus à personne ; j'étais étrangère à la race humaine tout entière !

« Ce n'est que bien longtemps après que je compris la possibilité de me résigner à un tel sort. Mme de B... n'était point dévote ; je devais à un prêtre respectable, qui m'avait instruite pour ma première communion, ce que j'avais de sentiments religieux. Ils étaient sincères comme tout mon caractère ; mais je ne savais pas que, pour être profitable, la piété a besoin d'être mêlée à toutes les actions de la vie : la mienne avait occupé quelques instants de mes journées ; mais elle était demeurée étrangère à tout le reste. Mon confesseur était un saint vieillard, peu soupçonneux ; je le voyais deux ou trois fois par an, et, comme je n'imaginais pas que des chagrins fussent des fautes, je ne lui parlais pas de mes peines. Elles altéraient sensiblement ma santé ; mais, chose étrange ! elles perfectionnaient mon esprit. Un sage d'Orient a dit : "Celui qui n'a pas souffert, que sait-il ?" Je vis que je ne savais rien avant mon malheur ; mes impressions étaient toutes des sentiments ; je ne jugeais pas, j'aimais : les discours, les actions, les personnes plaisaient ou déplaisaient à mon cœur. A présent, mon esprit s'était séparé de ces mouvements involontaires : le chagrin est comme l'éloignement, il fait juger l'ensemble des objets. Depuis que je me sentais étrangère à tout, j'étais devenue plus difficile, et j'examinais, en le critiquant, presque tout ce qui m'avait plu jusqu'alors.

« Cette disposition ne pouvait échapper à Mme de B... ; je n'ai jamais su si elle en devina la cause. Elle craignait peut-être d'exalter ma peine en me permettant de la confier, mais elle me montrait encore plus de bonté que de coutume ; elle me parlait avec un entier abandon, et, pour me distraire de mes chagrins, elle m'occupait de ceux qu'elle avait elle-même. Elle jugeait bien mon cœur ; je ne pouvais en effet me rattacher à la vie que par l'idée d'être nécessaire ou du moins utile à ma bienfaitrice. La pensée qui me poursuivait le plus, c'est que j'étais isolée sur la terre, et que je pouvais mourir sans laisser de regrets dans le cœur de personne. J'étais injuste pour Mme de B... ; elle m'aimait, elle me l'avait assez prouvé : mais elle avait des intérêts qui passaient bien avant moi. Je n'enviais pas sa tendresse à ses petits-fils, surtout à Charles ; mais j'aurais voulu pouvoir dire comme eux : "Ma mère !" »

Les liens de famille surtout me faisaient faire des retours bien douloureux sur moi-même, moi qui jamais ne devais être la sœur, la femme, la mère de personne ! Je me figurais dans ces liens plus de douceur qu'ils n'en ont peut-être, et je négligeais ceux qui m'étaient permis, parce que je ne pouvais atteindre à ceux-là. Je n'avais point d'amie, personne n'avait ma confiance : ce que j'avais pour Mme de B... était plutôt un culte qu'une affection ; mais je crois que je sentais pour Charles tout ce qu'on éprouve pour un frère.

« Il était toujours au collège, qu'il allait bientôt quitter pour commencer ses voyages. Il partait avec son frère aîné et son gouverneur, et ils devaient visiter l'Allemagne, l'Angleterre et l'Italie ; leur absence devait durer deux ans. Charles était charmé de partir ; et moi, je ne fus affligée qu'au dernier moment : car j'étais toujours bien aise de ce qui lui faisait plaisir. Je ne lui avais rien dit de toutes les idées qui m'occupaient ; je ne le voyais jamais seul, et il m'aurait fallu bien du temps pour lui expliquer ma peine : je suis sûre qu'alors il m'aurait comprise. Mais il avait, avec son air doux et grave, une disposition à la moquerie, qui me rendait timide : il est vrai qu'il ne l'exerçait guère que sur les ridicules de l'affectation ; tout ce qui était sincère le désarmait. Enfin je ne lui dis rien. Son départ, d'ailleurs, était une distraction, et je crois que cela me faisait du bien de m'affliger d'autre chose que de ma douleur habituelle.

« Ce fut peu de temps après le départ de Charles, que la Révolution prit un caractère plus sérieux : je n'entendais parler tout le jour, dans le salon de Mme de B..., que des grands intérêts moraux et politiques que cette Révolution remua jusque dans leur source ; ils se rattachaient à ce qui avait occupé les esprits supérieurs de tous les temps. Rien n'était plus capable d'étendre et de former mes idées, que le spectacle de cette arène où des hommes distingués remettaient chaque jour en question tout ce qu'on avait pu croire jugé jusqu'alors. Ils approfondissaient tous les sujets, remontaient à l'origine de toutes les institutions, mais trop souvent pour tout ébranler et pour tout détruire.

« Croiriez-vous que, jeune comme j'étais, étrangère à tous les intérêts de la société, nourrissant à part ma plaie secrète, la Révolution apporta un changement dans mes idées, fit naître dans mon cœur quelques espérances, et suspendit un moment mes maux ? tant on cherche vite ce qui peut consoler ! J'entrevis donc que, dans ce grand désordre, je pourrais trouver ma place ; que toutes les fortunes renversées, tous les rangs confondus, tous les préjugés évanouis, amèneraient peut-être un état de choses où je serais moins étrangère ; et que si j'avais quelque supériorité d'âme, quelque qualité cachée, on l'apprécierait lorsque ma couleur ne m'isolerait plus au milieu du monde, comme elle avait fait jusqu'alors. Mais il arriva que ces qualités mêmes que je pouvais me trouver, s'opposèrent vite à mon illusion : je ne pus désirer longtemps beaucoup de mal pour un peu de bien personnel. D'un autre côté, j'apercevais les ridicules de ces personnages qui voulaient maîtriser les événements ; je jugeais les petitesses de leurs caractères, je devinais leurs vues secrètes ; bientôt leur fausse philanthropie cessa de m'abuser, et je renonçai à l'espérance, en voyant qu'il resterait encore assez de mépris pour moi au milieu de tant d'adversités. Cependant je m'intéressais toujours à ces discussions animées ; mais elles ne tardèrent pas à perdre ce qui faisait leur plus grand charme. Déjà le temps n'était plus où l'on ne songeait qu'à plaire, et où la première condition pour y réussir était l'oubli des succès de son amour-propre : lorsque la Révolution cessa d'être une belle théorie et qu'elle toucha aux intérêts intimes de chacun, les conversations dégénérèrent en disputes, et l'aigreur, l'amertume et les personnalités prirent la place de la raison. Quelquefois, malgré ma tristesse, je m'amusais de toutes ces violentes opinions, qui n'étaient, au fond, presque jamais que des prétentions, des affectations ou des peurs : mais la gaieté qui vient de l'observation des ridicules, ne fait pas de bien ; il y a trop de malignité dans cette gaieté, pour qu'elle puisse réjouir le cœur qui ne se plaît que dans les joies innocentes. On peut avoir cette gaieté moqueuse, sans cesser d'être malheureux, peut-être même le malheur rend-il plus susceptible de l'éprouver, car l'amertume dont l'âme se nourrit fait l'aliment habituel de ce triste plaisir.

« L'espoir sitôt détruit que m'avait inspiré la Révolution, n'avait point changé la situation de mon âme ; toujours mécontente de mon sort, mes chagrins n'étaient adoucis que par la confiance et les bontés de Mme de B… Quelquefois, au milieu de ces conversations politiques dont elle ne pouvait réussir à calmer l'aigreur, elle me regardait tristement ; ce regard était un baume pour mon cœur ; il semblait me dire : "Ourika, vous seule m'entendez !"

« On commençait à parler de la liberté des nègres [1] : il était impossible que cette question ne me touchât pas vivement ; c'était une illusion que j'aimais encore à me faire, qu'ailleurs, du moins, j'avais des semblables : comme ils étaient malheureux, je les croyais bons, et je m'intéressais à leur sort. Hélas ! je fus promptement détrompée ! Les massacres de Saint-Domingue [2] me causèrent une douleur nouvelle et déchirante : jusqu'ici je m'étais affligée d'appartenir à une race proscrite ; maintenant j'avais honte d'appartenir à une race de barbares et d'assassins.

« Cependant, la Révolution faisait des progrès rapides ; on s'effrayait en voyant les hommes les plus violents s'emparer de toutes les places. Bientôt il parut que ces hommes étaient décidés à ne rien respecter : les

---

1. L'esclavage, supprimé par la Convention (16 pluviôse an II), fut rétabli dans les colonies en 1802 (16 floréal an X). Un débat avait déjà eu lieu du 7 au 15 mai 1791 à l'Assemblée nationale, qui avait maintenu l'esclavage. Quant aux hommes de couleur libres, s'ils étaient nés de parents libres, ils seraient admis aux assemblées paroissiales et coloniales, non à être élus à l'Assemblée nationale.

2. La révolte des esclaves noirs de Saint-Domingue ou Haïti, en août 1791.

affreuses journées du 20 juin et du 10 août[1] durent préparer à tout. Ce qui restait de la société de Mme de B... se dispersa à cette époque : les uns fuyaient les persécutions dans les pays étrangers ; les autres se cachaient ou se retiraient en province. Mme de B... ne fit ni l'un ni l'autre ; elle était fixée chez elle par l'occupation constante de son cœur : elle resta avec un souvenir et près d'un tombeau.

« Nous vivions depuis quelques mois dans la solitude, lorsque, à la fin de l'année 1792, parut le décret de confiscation des biens des émigrés[2]. Au milieu de ce désastre général, Mme de B... n'aurait pas compté la perte de sa fortune, si elle n'eût appartenu à ses petits-fils ; mais, par des arrangements de famille, elle n'en avait que la jouissance. Elle se décida donc à faire revenir Charles, le plus jeune des deux frères, et à envoyer l'aîné, âgé de près de vingt ans, à l'armée de Condé[3]. Ils étaient alors en Italie, et achevaient ce grand voyage, entrepris, deux ans auparavant, dans des circonstances bien différentes. Charles arriva à Paris au commencement de février 1793, peu de temps après la mort du roi[4].

« Ce grand crime avait causé à Mme de B... la plus violente douleur ; elle s'y livrait toute entière, et son âme était assez forte pour proportionner l'horreur du forfait à l'immensité du forfait même. Les grandes douleurs, dans la vieillesse, ont quelque chose de frappant : elles ont pour elles l'autorité de la raison. Mme de B... souffrait avec toute l'énergie de son caractère ; sa santé en était altérée, mais je n'imaginais pas qu'on pût essayer de la consoler, ou même de la distraire. Je pleurais, je m'unissais à ses sentiments, j'essayais d'élever mon âme pour la rapprocher de la sienne, pour souffrir du moins autant qu'elle et avec elle.

« Je ne pensai presque pas à mes peines, tant que dura la Terreur ; j'aurais eu honte de me trouver malheureuse en présence de ces grandes infortunes : d'ailleurs, je ne me sentais plus isolée depuis que tout le monde était malheureux. L'opinion est comme une patrie ; c'est un bien dont on jouit ensemble ; on est frère pour la soutenir et pour la défendre. Je me disais quelquefois que moi, pauvre négresse, je tenais pourtant à toutes les âmes élevées, par le besoin de la justice que j'éprouvais en commun avec elles : le jour du triomphe de la vertu et de la vérité serait un jour de triomphe pour moi comme pour elles : mais, hélas ! ce jour était bien loin.

---

1. Le 20 juin 1792, les Tuileries sont envahies par les sans-culottes qui veulent forcer le roi à lever son veto et à rappeler les ministres jacobins ; c'est alors que Louis XVI fut contraint de coiffer le bonnet rouge et de boire une bouteille de vin à la santé du peuple. Le 10 août 1792, les insurgés marchent sur les Tuileries et massacrent les gardes suisses avant de mettre le château à sac.

2. Le 2 septembre 1792.

3. Louis-Joseph de Bourbon, prince de Condé (1736-1818), général en chef de l'émigration, qui avait rassemblé à Coblence les gentilshommes émigrés pour lutter contre la Révolution.

4. Louis XVI fut guillotiné le 21 janvier 1793.

« Aussitôt que Charles fut arrivé, Mme de B... partit pour la campagne. Tous ses amis étaient cachés ou en fuite ; sa société se trouvait presque réduite à un vieil abbé que, depuis dix ans, j'entendais tous les jours se moquer de la religion, et qui à présent s'irritait qu'on eût vendu les biens du clergé[1], parce qu'il y perdait vingt mille livres de rente. Cet abbé vint avec nous à Saint-Germain. Sa société était douce, ou plutôt elle était tranquille : car son calme n'avait rien de doux ; il venait de la tournure de son esprit, plutôt que de la paix de son cœur.

« Mme de B... avait été toute sa vie dans la position de rendre beaucoup de services : liée avec M. de Choiseul[2], elle avait pu, pendant ce long ministère, être utile à bien des gens. Deux des hommes les plus influents pendant la Terreur avaient des obligations à Mme de B... ; ils s'en souvinrent et se montrèrent reconnaissants. Veillant sans cesse sur elle, ils ne permirent pas qu'elle fût atteinte ; ils risquèrent plusieurs fois leurs vies pour dérober la sienne aux fureurs révolutionnaires : car on doit remarquer qu'à cette époque funeste, les chefs mêmes des partis les plus violents ne pouvaient faire un peu de bien sans danger ; il semblait que, sur cette terre désolée, on ne pût régner que par le mal, tant lui seul donnait et ôtait la puissance. Mme de B... n'alla point en prison ; elle fut gardée chez elle, sous prétexte de sa mauvaise santé. Charles, l'abbé et moi, nous restâmes auprès d'elle et nous lui donnions tous nos soins.

« Rien ne peut peindre l'état d'anxiété et de terreur des journées que nous passâmes alors, lisant chaque soir, dans les journaux, la condamnation et la mort des amis de Mme de B..., et tremblant à tout instant que ses protecteurs n'eussent plus le pouvoir de la garantir du même sort. Nous sûmes qu'en effet elle était au moment de périr, lorsque la mort de Robespierre[3] mit un terme à tant d'horreurs. On respira ; les gardes quittèrent la maison de Mme de B..., et nous restâmes tous quatre dans la même solitude, comme on se retrouve, j'imagine, après une grande calamité à laquelle on a échappé ensemble. On aurait cru que tous les liens s'étaient resserrés par le malheur : j'avais senti que là, du moins, je n'étais pas étrangère.

« Si j'ai connu quelques instants doux dans ma vie, depuis la perte des illusions de mon enfance, c'est l'époque qui suivit ces temps désastreux. Mme de B... possédait au suprême degré ce qui fait le charme de la vie intérieure : indulgente et facile, on pouvait tout dire devant elle ; elle savait deviner ce que voulait dire ce qu'on avait dit. Jamais une interpré-

---

1. Le 2 novembre 1789, l'Assemblée décréta que les biens du clergé seraient mis à la disposition de la nation pour combler le déficit budgétaire ; le 19 décembre, les biens du clergé devenus biens nationaux doivent gager les assignats, bons du Trésor qui serviront à payer les dettes de l'État.

2. Étienne François, duc de Choiseul (1719-1785), qui fut secrétaire d'État des Affaires étrangères, surintendant général des postes, secrétaire d'État de la Guerre et de la Marine, etc.

3. Robespierre fut exécuté le 28 juillet 1794 (10 thermidor an II).

tation sévère ou infidèle ne venait glacer la confiance ; les pensées passaient pour ce qu'elles valaient ; on n'était responsable de rien. Cette qualité eût fait le bonheur des amis de Mme de B..., quand bien même elle n'eût possédé que celle-là. Mais combien d'autres grâces n'avait-elle pas encore ! Jamais on ne sentait de vide ni d'ennui dans sa conversation ; tout lui servait d'aliment : l'intérêt qu'on prend aux petites choses, qui est de la futilité dans les personnes communes, est la source de mille plaisirs avec une personne distinguée ; car c'est le propre des esprits supérieurs, de faire quelque chose de rien. L'idée la plus ordinaire devenait féconde si elle passait par la bouche de Mme de B... ; son esprit et sa raison savaient la revêtir de mille nouvelles couleurs.

« Charles avait des rapports de caractère avec Mme de B..., et son esprit aussi ressemblait au sien, c'est-à-dire qu'il était ce que celui de Mme de B... avait dû être, juste, ferme, étendu, mais sans modifications ; la jeunesse ne les connaît pas : pour elle, tout est bien ou tout est mal, tandis que l'écueil de la vieillesse est souvent de trouver que rien n'est tout à fait bien et rien tout à fait mal. Charles avait les deux belles passions de son âge, la justice et la vérité. J'ai dit qu'il haïssait jusqu'à l'ombre de l'affectation ; il avait le défaut d'en voir quelquefois où il n'y en avait pas. Habituellement contenu, sa confiance était flatteuse ; on voyait qu'il la donnait, qu'elle était le fruit de l'estime et non le penchant de son caractère : tout ce qu'il accordait avait du prix, car presque rien en lui n'était involontaire, et tout cependant était naturel. Il comptait tellement sur moi, qu'il n'avait pas une pensée qu'il ne me dît aussitôt. Le soir, assis autour d'une table, les conversations étaient infinies : notre vieil abbé y tenait sa place ; il s'était fait un enchaînement si complet d'idées fausses, et il les soutenait avec tant de bonne foi, qu'il était une source inépuisable d'amusement pour Mme de B..., dont l'esprit juste et lumineux faisait admirablement ressortir les absurdités du pauvre abbé, qui ne se fâchait jamais ; elle jetait tout au travers de son *ordre d'idées*, de grands traits de bon sens que nous comparions aux grands coups d'épée de Roland ou de Charlemagne.

« Mme de B... aimait à marcher ; elle se promenait tous les matins dans la forêt de Saint-Germain, donnant le bras à l'abbé ; Charles et moi nous la suivions de loin. C'est alors qu'il me parlait de tout ce qui l'occupait, de ses projets, de ses espérances, de ses idées sur tout, sur les choses, sur les hommes, sur les événements. Il ne me cachait rien, et il ne se doutait pas qu'il me confiât quelque chose. Depuis si longtemps il comptait sur moi, que mon amitié était pour lui comme sa vie ; il en jouissait sans la sentir ; il ne me demandait ni intérêt ni attention ; il savait bien qu'en me parlant de lui, il me parlait de moi, et que j'étais plus *lui* que lui-même : charme d'une telle confiance, vous pouvez tout remplacer, remplacer le bonheur même !

« Je ne pensais jamais à parler à Charles de ce qui m'avait tant fait souffrir ; je l'écoutais, et ces conversations avaient sur moi je ne sais quel effet magique, qui amenait l'oubli de mes peines. S'il m'eût questionnée, il m'en eût fait souvenir ; alors je lui aurais tout dit : mais il n'imaginait pas que j'avais aussi un secret. On était accoutumé à me voir souffrante ; et Mme de B… faisait tant pour mon bonheur, qu'elle devait me croire heureuse. J'aurais dû l'être ; je me le disais souvent ; je m'accusais d'ingratitude ou de folie ; je ne sais si j'aurais osé avouer jusqu'à quel point ce mal sans remède de ma couleur me rendait malheureuse. Il y a quelque chose d'humiliant à ne pas savoir se soumettre à la nécessité : aussi, ces douleurs, quand elles maîtrisent l'âme, ont tous les caractères du désespoir. Ce qui m'intimidait aussi avec Charles, c'est cette tournure un peu sévère de ses idées. Un soir, la conversation s'était établie sur la pitié, et on se demandait si les chagrins inspirent plus d'intérêt par leurs résultats ou par leurs causes. Charles s'était prononcé pour la cause ; il pensait donc qu'il fallait que toutes les douleurs fussent raisonnables. Mais qui peut dire ce que c'est que la raison ? est-elle la même pour tout le monde ? tous les cœurs ont-ils les mêmes besoins ? et le malheur n'est-il pas la privation des besoins du cœur ?

« Il était rare cependant que nos conversations du soir me ramenassent ainsi à moi-même ; je tâchais d'y penser le moins que je pouvais ; j'avais ôté de ma chambre tous les miroirs, je portais toujours des gants ; mes vêtements cachaient mon cou et mes bras, et j'avais adopté pour sortir un grand chapeau avec un voile, que souvent même je gardais dans la maison. Hélas ! je me trompais ainsi moi-même : comme les enfants, je fermais les yeux, et je croyais qu'on ne me voyait pas.

« Vers la fin de l'année 1795, la Terreur était finie, et l'on commençait à se retrouver ; les débris de la société de Mme de B… se réunirent autour d'elle, et je vis avec peine le cercle de ses amis s'augmenter. Ma position était si fausse dans le monde, que plus la société rentrait dans son ordre naturel, plus je m'en sentais dehors. Toutes les fois que je voyais arriver chez Mme de B… des personnes qui n'y étaient pas encore venues, j'éprouvais un nouveau tourment. L'expression de surprise mêlée de dédain que j'observais sur leur physionomie, commençait à me troubler ; j'étais sûre d'être bientôt l'objet d'un aparté dans l'embrasure de la fenêtre, ou d'une conversation à voix basse : car il fallait bien se faire expliquer comment une négresse était admise dans la société intime de Mme de B… Je souffrais le martyre pendant ces éclaircissements ; j'aurais voulu être transportée dans ma patrie barbare, au milieu des sauvages qui l'habitent, moins à craindre pour moi que cette société cruelle qui me rendait responsable du mal qu'elle seule avait fait. J'étais poursuivie, plusieurs jours de suite, par le souvenir de cette physionomie dédaigneuse ; je la voyais en rêve, je la voyais à chaque instant ; elle se plaçait devant moi comme ma propre image. Hélas ! elle était celle des chimères dont je me laissais obséder ! Vous ne m'aviez pas encore appris, ô mon Dieu ! à conjurer ces fantômes ; je ne savais pas qu'il n'y a de repos qu'en vous.

« A présent, c'était dans le cœur de Charles que je cherchais un abri ; j'étais fière de son amitié, je l'étais encore plus de ses vertus ; je l'admirais comme ce que je connaissais de plus parfait sur la terre. J'avais cru autrefois aimer Charles comme un frère ; mais depuis que j'étais toujours souffrante, il me semblait que j'étais vieillie, et que ma tendresse pour lui ressemblait plutôt à celle d'une mère. Une mère, en effet, pouvait seule éprouver ce désir passionné de son bonheur, de ses succès ; j'aurais volontiers donné ma vie pour lui épargner un moment de peine. Je voyais bien avant lui l'impression qu'il produisait sur les autres ; il était assez heureux pour ne s'en pas soucier : c'est tout simple ; il n'avait rien à en redouter, rien ne lui avait donné cette inquiétude habituelle que j'éprouvais sur les pensées des autres ; tout était harmonie dans son sort, tout était désaccord dans le mien.

« Un matin, un ancien ami de Mme de B... vint chez elle ; il était chargé d'une proposition de mariage pour Charles : Mlle de Thémines était devenue d'une manière bien cruelle, une riche héritière ; elle avait perdu le même jour, sur l'échafaud, sa famille entière ; il ne lui restait plus qu'une grande tante, autrefois religieuse, et qui, devenue tutrice de Mlle de Thémines, regardait comme un devoir de la marier, et voulait se presser, parce que ayant plus de quatre-vingts ans, elle craignait de mourir et de laisser ainsi sa nièce seule et sans appui dans le monde. Mlle de Thémines réunissait tous les avantages de la naissance, de la fortune et de l'éducation ; elle avait seize ans ; elle était belle comme le jour : on ne pouvait hésiter. Mme de B... en parla à Charles, qui d'abord fut un peu effrayé de se marier si jeune : bientôt il désira voir Mlle de Thémines ; l'entrevue eut lieu, et alors il n'hésita plus. Anaïs de Thémines possédait en effet tout ce qui pouvait plaire à Charles ; jolie sans s'en douter, et d'une modestie si tranquille, qu'on voyait qu'elle ne devait qu'à la nature cette charmante vertu. Mme de Thémines permit à Charles d'aller chez elle, et bientôt il devint passionnément amoureux. Il me racontait les progrès de ses sentiments : j'étais impatiente de voir cette belle Anaïs, destinée à faire le bonheur de Charles. Elle vint enfin à Saint-Germain ; Charles lui avait parlé de moi ; je n'eus point à supporter d'elle ce coup d'œil dédaigneux et scrutateur qui me faisait toujours tant de mal : elle avait l'air d'un ange de bonté. Je lui promis qu'elle serait heureuse avec Charles ; je la rassurai sur sa jeunesse, je lui dis qu'à vingt et un ans il avait la raison solide d'un âge bien plus avancé. Je répondis à toutes ses questions : elle m'en fit beaucoup, parce qu'elle savait que je connaissais Charles depuis son enfance ; et il m'était si doux d'en dire du bien, que je ne me lassais pas d'en parler.

« Les arrangements d'affaires retardèrent de quelques semaines la conclusion du mariage. Charles continuait à aller chez Mme de

Thémines, et souvent il restait à Paris deux ou trois jours de suite : ces absences m'affligeaient, et j'étais mécontente de moi-même, en voyant que je préférais mon bonheur à celui de Charles ; ce n'est pas ainsi que j'étais accoutumée à aimer. Les jours où il revenait, étaient des jours de fête ; il me racontait ce qui l'avait occupé ; et s'il avait fait quelque progrès dans le cœur d'Anaïs, je m'en réjouissais avec lui. Un jour pourtant il me parla de la manière dont il voulait vivre avec elle : "Je veux obtenir toute sa confiance, me dit-il, et lui donner toute la mienne ; je ne lui cacherai rien, elle saura toutes mes pensées, elle connaîtra tous les mouvements secrets de mon cœur ; je veux qu'il y ait entre elle et moi une confiance comme la nôtre, Ourika." Comme la nôtre ! Ce mot me fit mal ; il me rappela que Charles ne savait pas le seul secret de ma vie, et il m'ôta le désir de le lui confier. Peu à peu les absences de Charles devinrent plus longues ; il n'était presque plus à Saint-Germain que des instants ; il venait à cheval pour mettre moins de temps en chemin, il retournait l'après-dîner à Paris ; de sorte que tous les soirs se passaient sans lui. Mme de B... plaisantait souvent de ces longues absences ; j'aurais bien voulu faire comme elle !

« Un jour, nous nous promenions dans la forêt. Charles avait été absent presque toute la semaine : je l'aperçus tout à coup à l'extrémité de l'allée où nous marchions ; il venait à cheval, et très vite. Quand il fut près de l'endroit où nous étions, il sauta à terre et se mit à se promener avec nous : après quelques minutes de conversation générale, il resta en arrière avec moi, et nous recommençâmes à causer comme autrefois ; j'en fis la remarque. "Comme autrefois ! s'écria-t-il ; ah ! quelle différence ! avais-je donc quelque chose à dire dans ce temps-là ? Il me semble que je n'ai commencé à vivre que depuis deux mois. Ourika, je ne vous dirai jamais ce que j'éprouve pour elle ! Quelquefois je crois sentir que mon âme tout entière va passer dans la sienne. Quand elle me regarde, je ne respire plus ; quand elle rougit, je voudrais me prosterner à ses pieds pour l'adorer. Quand je pense que je vais être le protecteur de cet ange, qu'elle me confie sa vie, sa destinée ; ah ! que je suis glorieux de la mienne ! Que je la rendrai heureuse ! Je serai pour elle le père, la mère qu'elle a perdus : mais je serai aussi son mari, son amant ! Elle me donnera son premier amour ; tout son cœur s'épanchera dans le mien ; nous vivrons de la même vie, et je ne veux pas que, dans le cours de nos longues années, elle puisse dire qu'elle ait passé une heure sans être heureuse. Quelles délices, Ourika, de penser qu'elle sera la mère de mes enfants, qu'ils puiseront la vie dans le sein d'Anaïs ! Ah ! ils seront doux et beaux comme elle ! Qu'ai-je fait, ô Dieu ! pour mériter tant de bonheur !"

« Hélas ! j'adressais en ce moment au ciel une question toute contraire ! Depuis quelques instants, j'écoutais ces paroles passionnées avec un sentiment indéfinissable. Grand Dieu ! vous êtes témoin que j'étais heureuse du bonheur de Charles : mais pourquoi avez-vous donné la vie à la pauvre Ourika ? pourquoi n'est-elle pas morte sur ce bâtiment négrier d'où elle fut arrachée, ou sur le sein de sa mère ? Un peu de sable d'Afrique eût recouvert son corps, et ce fardeau eût été bien léger ! Qu'importait au monde qu'Ourika vécût ? Pourquoi était-elle condamnée à la vie ? C'était donc pour vivre seule, toujours seule, jamais aimée ! Ô mon Dieu, ne le permettez pas ! Retirez de la terre la pauvre Ourika ! Personne n'a besoin d'elle ; n'est-elle pas seule dans la vie ? Cette affreuse pensée me saisit avec plus de violence qu'elle n'avait encore fait. Je me sentis fléchir, je tombai sur les genoux, mes yeux se fermèrent, et je crus que j'allais mourir. »

En achevant ces paroles, l'oppression de la pauvre religieuse parut s'augmenter ; sa voix s'altéra, et quelques larmes coulèrent le long de ses joues flétries. Je voulus l'engager à suspendre son récit ; elle s'y refusa. « Ce n'est rien, me dit-elle ; maintenant le chagrin ne dure pas dans mon cœur : la racine en est coupée. Dieu a eu pitié de moi ; il m'a retirée lui-même de cet abîme où je n'étais tombée que faute de le connaître et de l'aimer. N'oubliez donc pas que je suis heureuse ; mais, hélas ! ajouta-t-elle, je ne l'étais point alors. »

« Jusqu'à l'époque dont je viens de vous parler, j'avais supporté mes peines ; elles avaient altéré ma santé, mais j'avais conservé ma raison et une sorte d'empire sur moi-même : mon chagrin, comme le ver qui dévore le fruit, avait commencé par le cœur ; je portais dans mon sein le germe de la destruction, lorsque tout était encore plein de vie au-dehors de moi. La conversation me plaisait, la discussion m'animait ; j'avais même conservé une sorte de gaieté d'esprit ; mais j'avais perdu les joies du cœur. Enfin jusqu'à l'époque dont je viens de vous parler, j'étais plus forte que mes peines ; je sentais qu'à présent mes peines seraient plus fortes que moi.

« Charles me rapporta dans ses bras jusqu'à la maison ; là tous les secours me furent donnés, et je repris connaissance. En ouvrant les yeux, je vis Mme de B… à côté de mon lit ; Charles me tenait une main ; ils m'avaient soignée eux-mêmes, et je vis sur leurs visages un mélange d'anxiété et de douleur qui pénétra jusqu'au fond de mon âme : je sentis la vie revenir en moi ; mes pleurs coulèrent. Mme de B… les essuyait doucement ; elle ne me disait rien, elle ne me faisait point de questions : Charles m'en accabla. Je ne sais ce que je lui répondis ; je donnai pour cause à mon accident le chaud, la longueur de la promenade : il me crut, et l'amertume rentra dans mon âme en voyant qu'il me croyait : mes larmes se séchèrent ; je me dis qu'il était donc bien facile de tromper ceux dont l'intérêt était ailleurs ; je retirai ma main qu'il tenait encore, et je cherchai à paraître tranquille. Charles partit, comme de coutume, à cinq heures ; j'en fus blessée ; j'aurais voulu qu'il fût inquiet de moi : je souffrais tant ! Il serait parti de même, je l'y aurais forcé ; mais je me serais dit qu'il me devait le bonheur de sa soirée, et cette pensée m'eût consolée. Je me gardai bien de montrer à Charles ce mouvement de mon cœur; les sentiments délicats ont une sorte de pudeur; s'ils ne sont devinés, ils sont incomplets : on dirait qu'on ne peut les éprouver qu'à deux.

« A peine Charles fut-il parti, que la fièvre me prit avec une grande violence; elle augmenta les deux jours suivants. Mme de B... me soignait avec sa bonté accoutumée; elle était désespérée de mon état, et de l'impossibilité de me faire transporter à Paris, où le mariage de Charles l'obligeait à se rendre le lendemain. Les médecins dirent à Mme de B... qu'ils répondaient de ma vie si elle me laissait à Saint-Germain, elle s'y résolut, et elle me montra en partant une affection si tendre, qu'elle calma un moment mon cœur. Mais après son départ, l'isolement complet, réel, où je me trouvais pour la première fois de ma vie, me jeta dans un profond désespoir; je voyais se réaliser cette situation que mon imagination s'était peinte tant de fois; je mourais loin de ce que j'aimais, et mes tristes gémissements ne parvenaient pas même à leurs oreilles : hélas! ils eussent troublé leur joie. Je les voyais s'abandonnant à toute l'ivresse du bonheur, loin d'Ourika mourante. Ourika n'avait qu'eux dans la vie; mais eux n'avaient pas besoin d'Ourika : personne n'avait besoin d'elle! Cet affreux sentiment de l'inutilité de l'existence, est celui qui déchire le plus profondément le cœur; il me donna un tel dégoût de la vie, que je souhaitai sincèrement mourir de la maladie dont j'étais attaquée. Je ne parlais pas, je ne donnais presque aucun signe de connaissance, et cette seule pensée était bien distincte en moi : *je voudrais mourir*. Dans d'autres moments, j'étais plus agitée; je me rappelais tous les mots de cette dernière conversation que j'avais eue avec Charles dans la forêt; je le voyais nageant dans cette mer de délices qu'il m'avait dépeinte, tandis que je mourais abandonnée, seule dans la mort comme dans la vie. Cette idée me donnait une irritation plus pénible encore que la douleur. Je me créais des chimères pour satisfaire à ce nouveau sentiment; je me représentais Charles arrivant à Saint-Germain; on lui disait : "Elle est morte." Eh bien! le croiriez-vous? je jouissais de sa douleur; elle me vengeait; et de quoi? grand Dieu! de ce qu'il avait été l'ange protecteur de ma vie! Cet affreux sentiment me fit bientôt horreur; j'entrevis que si la douleur n'était pas une faute, s'y livrer comme je le faisais pouvait être criminel. Mes idées prirent alors un autre cours; j'essayai de me vaincre, de trouver en moi-même une force pour combattre les sentiments qui m'agitaient; mais je ne la cherchais point, cette force, où elle était. Je me fis honte de mon ingratitude. "Je mourrai, me disais-je, je veux mourir; mais je ne veux pas laisser les passions haineuses approcher de mon cœur. Ourika est un enfant déshérité; mais l'innocence lui reste : je ne la laisserai pas se flétrir en moi par l'ingratitude. Je passerai sur la terre comme une ombre; mais, dans le tombeau, j'aurai la paix. Ô mon Dieu ! ils sont déjà bien heureux : eh bien ! donnez-leur encore la part d'Ourika, et laissez-la mourir comme la feuille tombe en automne. N'ai-je donc pas assez souffert ?"

« Je ne sortis de la maladie qui avait mis ma vie en danger, que pour tomber dans un état de langueur où le chagrin avait beaucoup de part. Mme de B... s'établit à Saint-Germain après le mariage de Charles ; il y venait souvent, accompagné d'Anaïs, jamais sans elle. Je souffrais toujours davantage quand ils étaient là. Je ne sais si l'image du bonheur me rendait plus sensible ma propre infortune, ou si la présence de Charles réveillait le souvenir de notre ancienne amitié ; je cherchais quelquefois à le retrouver, et je ne le reconnaissais plus. Il me disait pourtant à peu près tout ce qu'il me disait autrefois : mais son amitié présente ressemblait à son amitié passée, comme une fleur artificielle ressemble à la fleur véritable : c'est la même chose, hors la vie et le parfum.

« Charles attribuait au dépérissement de ma santé le changement de mon caractère ; je crois que Mme de B... jugeait mieux le triste état de mon cœur, qu'elle devinait mes tourments secrets, et qu'elle en était vivement affligée : mais le temps n'était plus où je consolais les autres ; je n'avais plus pitié que de moi-même.

« Anaïs devint grosse, et nous retournâmes à Paris : ma tristesse augmentait chaque jour. Ce bonheur intérieur si paisible, ces liens de famille si doux, cet amour dans l'innocence toujours aussi tendre, aussi passionné ; quel spectacle pour une malheureuse destinée à passer sa triste vie dans l'isolement ! à mourir sans avoir été aimée, sans avoir connu d'autres liens que ceux de la dépendance et de la pitié ! Les jours, les mois se passaient ainsi ; je ne prenais part à aucune conversation, j'avais abandonné tous mes talents ; si je supportais quelques lectures, c'étaient celles où je croyais retrouver la peinture imparfaite des chagrins qui me dévoraient. Je m'en faisais un nouveau poison, je m'enivrais de mes larmes ; et, seule dans ma chambre pendant des heures entières, je m'abandonnais à ma douleur.

« La naissance d'un fils mit le comble au bonheur de Charles ; il accourut pour me le dire, et dans les transports de sa joie, je reconnus quelques accents de son ancienne confiance. Qu'ils me firent mal ! Hélas ! ils m'apparaissaient comme le fantôme de l'ami que je n'avais plus ! et tout le passé venait, avec lui, déchirer de nouveau ma plaie.

« L'enfant de Charles était beau comme Anaïs ; le tableau de cette jeune mère avec son fils touchait tout le monde : moi seule, par un sort bizarre, j'étais condamnée à le voir avec amertume ; mon cœur dévorait cette image d'un bonheur que je ne devais jamais connaître, et l'envie, comme le vautour, se nourrissait dans mon sein. Qu'avais-je fait à ceux qui crurent me sauver en m'amenant sur cette terre d'exil ? Pourquoi ne me laissait-on pas suivre mon sort ? Eh bien ! je serais la négresse esclave de quelque riche colon ; brûlée par le soleil, je cultiverais la terre d'un

autre ; mais j'aurais mon humble cabane pour me retirer le soir ; j'aurais
un compagnon de ma vie, et des enfants de ma couleur, qui m'appelle-
raient : "Ma mère !" ils appuieraient sans dégoût leur petite bouche sur
mon front ; ils reposeraient leur tête sur mon cou, et s'endormiraient dans
mes bras ! Qu'ai-je fait pour être condamnée à n'éprouver jamais les
affections pour lesquelles seul mon cœur est créé ! Ô mon Dieu ! ôtez-
moi de ce monde ; je sens que je ne puis plus supporter la vie.

« A genoux dans ma chambre, j'adressais au Créateur cette prière
impie, quand j'entendis ouvrir ma porte : c'était l'amie de Mme de B…,
la marquise de***, qui était revenue depuis peu d'Angleterre, où elle
avait passé plusieurs années. Je la vis avec effroi arriver près de moi ; sa
vue me rappelait toujours que, la première, elle m'avait révélé mon sort ;
qu'elle m'avait ouvert cette mine de douleurs où j'avais tant puisé.
Depuis qu'elle était à Paris, je ne la voyais qu'avec un sentiment pénible.

« "Je viens vous voir et causer avec vous, ma belle Ourika, me dit-elle.
Vous savez combien je vous aime depuis votre enfance, et je ne puis voir,
sans une véritable peine, la mélancolie dans laquelle vous vous plongez.
Est-il possible, avec l'esprit que vous avez, que vous ne sachiez pas tirer
un meilleur parti de votre situation ?

« — L'esprit, madame, lui répondis-je, ne sert guère qu'à augmenter
les maux véritables ; il les fait voir sous tant de formes diverses !

« — Mais, reprit-elle, lorsque les maux sont sans remède, n'est-ce pas
une folie de refuser de s'y soumettre, et de lutter ainsi contre la
nécessité ? car enfin, nous ne sommes pas les plus forts.

« — Cela est vrai, dis-je, mais il me semble que, dans ce cas, la
nécessité est un mal de plus.

« — Vous conviendrez pourtant, Ourika, que la raison conseille alors
de se résigner et de se distraire.

« — Oui, madame ; mais, pour se distraire, il faut entrevoir ailleurs
l'espérance.

« — Vous pourriez du moins vous faire des goûts et des occupations
pour remplir votre temps.

« — Ah ! madame, les goûts qu'on se fait sont un effort, et ne sont pas
un plaisir.

« — Mais, dit-elle encore, vous êtes remplie de talents.

« — Pour que les talents soient une ressource, madame, lui répondis-
je, il faut se proposer un but ; mes talents seraient comme la fleur du
poète anglais, qui perdait son parfum dans le désert [1].

« — Vous oubliez vos amis qui en jouiraient.

« — Je n'ai point d'amis, madame, j'ai des protecteurs, et cela est bien
différent !

---

1. Cette phrase s'inspire d'un passage d'un poème fameux de Thomas Gray (1716-1771),
Elegy Written in a Country Church-Yard (1751) : « *Full many a flower is born to blush
unseen / And wasre its sweetness on the desert air* ». Voir R. Little, éd. cit., p. 37.

« — Ourika, dit-elle, vous vous rendez bien malheureuse, et bien inutilement.

« — Tout est inutile dans ma vie, madame, même la douleur.

« — Comment pouvez-vous prononcer un mot si amer, vous, Ourika, qui vous êtes montrée si dévouée, lorsque vous restiez seule à Mme de B… pendant la Terreur ?

« — Hélas ! madame, je suis comme ces génies malfaisants qui n'ont de pouvoir que dans les temps de calamités, et que le bonheur fait fuir.

« — Confiez-moi votre secret, ma chère Ourika ; ouvrez-moi votre cœur ; personne ne prend à vous plus d'intérêt que moi, et peut-être que je vous ferai du bien.

« — Je n'ai point de secret, madame, lui répondis-je ; ma position et ma couleur sont tout mon mal, vous le savez.

« — Allons donc, reprit-elle, pouvez-vous nier que vous renfermez au fond de votre âme une grande peine ? Il ne faut que vous voir un instant pour en être sûr. »

« Je persistai à lui dire ce que je lui avais déjà dit ; elle s'impatienta, éleva la voix ; je vis que l'orage allait éclater.

« "Est-ce là votre bonne foi ? dit-elle, cette sincérité pour laquelle on vous vante ? Ourika, prenez-y garde ; la réserve quelquefois conduit à la fausseté.

« — Eh ! que pourrais-je vous confier, madame, lui dis-je, à vous surtout qui, depuis si longtemps avez prévu quel serait le malheur de ma situation ? A vous, moins qu'à personne, je n'ai rien de nouveau à dire là-dessus.

« — C'est ce que vous ne me persuaderez jamais, répliqua-t-elle : mais puisque vous me refusez votre confiance, et que vous assurez que vous n'avez point de secret, eh bien ! Ourika, je me chargerai de vous apprendre que vous en avez un. Oui, Ourika, tous vos regrets, toutes vos douleurs ne viennent que d'une passion malheureuse, d'une passion insensée ; et si vous n'étiez pas folle d'amour pour Charles, vous prendriez fort bien votre parti d'être négresse. Adieu, Ourika, je m'en vais, et, je vous le déclare, avec bien moins d'intérêt pour vous que je n'en avais apporté en venant ici."

« Elle sortit en achevant ces paroles. Je demeurai anéantie. Que venait-elle de me révéler ! Quelle lumière affreuse avait-elle jetée sur l'abîme de mes douleurs ! Grand Dieu ! c'était comme la lumière qui pénétra une fois au fond des enfers, et qui fit regretter les ténèbres à ses malheureux habitants. Quoi ! j'avais une passion criminelle ! c'est elle qui, jusqu'ici, dévorait mon cœur ! Ce désir de tenir ma place dans la chaîne des êtres, ce besoin des affections de la nature, cette douleur de l'isolement, c'étaient les regrets d'un amour coupable, et lorsque je croyais envier l'image du bonheur, c'est le bonheur lui-même qui était l'objet de mes vœux impies ! Mais qu'ai-je donc fait pour qu'on puisse me croire

atteinte de cette passion sans espoir ? Est-il donc impossible d'aimer plus
que sa vie avec innocence ? Cette mère qui se jeta dans la gueule du lion
pour sauver son fils, quel sentiment l'animait ? Ces frères, ces sœurs qui
voulurent mourir ensemble sur l'échafaud, et qui priaient Dieu avant d'y
monter, était-ce donc, un amour coupable qui les unissait ? L'humanité
seule ne produit-elle pas tous les jours des dévouements sublimes ?
Pourquoi donc ne pourrais-je aimer ainsi Charles, le compagnon de mon
enfance, le protecteur de ma jeunesse ?... Et cependant, je ne sais quelle
voix crie au fond de moi-même qu'on a raison, et que je suis criminelle.
Grand Dieu ! je vais donc recevoir aussi le remords dans mon cœur
désolé ! Il faut qu'Ourika connaisse tous les genres d'amertume, qu'elle
épuise toutes les douleurs ! Quoi ! mes larmes désormais seront
coupables ! il me sera défendu de penser à lui ! quoi ! je n'oserai plus
souffrir !

    « Ces affreuses pensées me jetèrent dans un accablement qui ressem-
blait à la mort. La même nuit, la fièvre me prit, et, en moins de trois
jours, on désespéra de ma vie : le médecin déclara que, si l'on voulait me
faire recevoir mes sacrements, il n'y avait pas un instant à perdre. On
envoya chercher mon confesseur ; il était mort depuis peu de jours. Alors
Mme de B... fit avertir un prêtre de la paroisse ; il vint et m'administra
l'extrême-onction, car j'étais hors d'état de recevoir le viatique ; je
n'avais aucune connaissance, et on attendait ma mort à chaque instant.
C'est sans doute alors que Dieu eut pitié de moi ; il commença par me
conserver la vie : contre toute attente, mes forces se soutinrent. Je luttai
ainsi environ quinze jours ; ensuite la connaissance me revint. Mme de
B... ne me quittait pas, et Charles paraissait avoir retrouvé pour moi son
ancienne affection. Le prêtre continuait à venir me voir chaque jour, car
il voulait profiter du premier moment pour me confesser : je le désirais
moi-même ; je ne sais quel mouvement me portait vers Dieu, et me
donnait le besoin de me jeter dans ses bras et d'y chercher le repos. Le
prêtre reçut l'aveu de mes fautes : il ne fut point effrayé de l'état de mon
âme ; comme un vieux matelot, il connaissait toutes ces tempêtes. Il
commença par me rassurer sur cette passion dont j'étais accusée : "Votre
cœur est pur, me dit-il : c'est à vous seule que vous avez fait du mal ;
mais vous n'en êtes pas moins coupable. Dieu, vous demandera compte
de votre propre bonheur qu'il vous avait confié ; qu'en avez-vous fait ?
Ce bonheur était entre vos mains, car il réside dans l'accomplissement de
nos devoirs ; les avez-vous seulement connus ? Dieu est le but de
l'homme : quel a été le vôtre ? Mais ne perdez pas courage ; priez Dieu,
Ourika : il est là, il vous tend les bras ; il n'y a pour lui ni nègres ni
blancs : tous les cœurs sont égaux devant ses yeux, et le vôtre mérite de
devenir digne de lui." C'est ainsi que cet homme respectable encoura-
geait la pauvre Ourika. Ces paroles simples portaient dans mon âme je ne
sais quelle paix que je n'avais jamais connue ; je les méditais sans cesse,

et, comme d'une mine féconde, j'en tirais toujours quelque nouvelle réflexion. Je vis qu'en effet je n'avais point connu mes devoirs : Dieu en a prescrit aux personnes isolées comme à celles qui tiennent au monde ; s'il les a privées des liens du sang, il leur a donné l'humanité tout entière pour famille. La sœur de la charité, me disais-je, n'est point seule dans la vie, quoiqu'elle ait renoncé à tout, elle s'est créé une famille de choix ; elle est la mère de tous les orphelins, la fille de tous les pauvres vieillards, la sœur de tous les malheureux. Des hommes du monde n'ont-ils pas souvent cherché un isolement volontaire ? Ils voulaient être seuls avec Dieu ; ils renonçaient à tous les plaisirs pour adorer, dans la solitude, la source pure de tout bien et de tout bonheur ; ils travaillaient, dans le secret de leur pensée, à rendre leur âme digne de se présenter devant le seigneur. C'est pour vous, ô mon Dieu ! qu'il est doux d'embellir ainsi son cœur, de le parer, comme pour un jour de fête, de toutes les vertus qui vous plaisent. Hélas ! qu'avais-je fait ? Jouet insensé des mouvements involontaires de mon âme, j'avais couru après les jouissances de la vie, et j'en avais négligé le bonheur. Mais il n'est pas encore trop tard ; Dieu, en me jetant sur cette terre étrangère, voulut peut-être me prédestiner à lui ; il m'arracha à la barbarie, à l'ignorance, par un miracle de sa bonté ; il me déroba aux vices de l'esclavage, et me fit connaître sa loi. Cette loi me montre tous mes devoirs ; elle m'enseigne ma route : je la suivrai, ô mon Dieu ! je ne me servirai plus de vos bienfaits pour vous offenser, je ne vous accuserai plus de mes fautes.

« Ce nouveau jour sous lequel j'envisageais ma position fit rentrer le calme dans mon cœur. Je m'étonnais de la paix qui succédait à tant d'orages : on avait ouvert une issue à ce torrent qui dévastait ses rivages, et maintenant il portait ses flots apaisés dans une mer tranquille.

« Je me décidai à me faire religieuse. J'en parlai à Mme de B... ; elle s'en affligea, mais elle me dit : "Je vous ai fait tant de mal en voulant vous faire du bien, que je ne me sens pas le droit de m'opposer à votre résolution." Charles fut plus vif dans sa résistance ; il me pria, il me conjura de rester ; je lui dis : "Laissez-moi aller, Charles, dans le seul lieu où il me soit permis de penser sans cesse à vous..." »

Ici, la jeune religieuse finit brusquement son récit. Je continuai à lui donner des soins : malheureusement ils furent inutiles ; elle mourut à la fin d'octobre ; elle tomba avec les dernières feuilles de l'automne.

Édouard

(1824)

INTRODUCTION

J'allais rejoindre à Baltimore mon régiment, qui faisait partie des troupes françaises employées dans la guerre d'Amérique ; et, pour éviter les lenteurs d'un convoi, je m'étais embarqué à Lorient sur un bâtiment marchand armé en guerre. Ce bâtiment portait avec moi trois autres passagers : l'un d'eux m'intéressa dès le premier moment que je l'aperçus ; c'était un grand jeune homme, d'une belle figure, dont les manières étaient simples et la physionomie spirituelle ; sa pâleur, et la tristesse dont toutes ses paroles et toutes ses actions étaient comme empreintes, éveillaient à la fois l'intérêt et la curiosité. Il était loin de les satisfaire ; il était habituellement silencieux, mais sans dédain. On aurait dit au contraire qu'en lui la bienveillance avait survécu à d'autres qualités éteintes par le chagrin. Habituellement distrait, il n'attendait ni retour ni profit pour lui-même de rien de ce qu'il faisait. Cette facilité à vivre, qui vient du malheur, a quelque chose de touchant ; elle inspire plus de pitié que les plaintes les plus éloquentes.

Je cherchais à me rapprocher de ce jeune homme ; mais, malgré l'espèce d'intimité forcée qu'amène la vie d'un vaisseau, je n'avançais pas. Lorsque j'allais m'asseoir auprès de lui, et que je lui adressais la parole, il répondait à mes questions ; et si elles ne touchaient à aucun des sentiments intimes du cœur, mais aux rapports vagues de la société, il ajoutait quelquefois une réflexion ; mais dès que je voulais entrer dans le sujet des passions, ou des souffrances de l'âme, ce qui m'arrivait souvent, dans l'intention d'amener quelque confiance de sa part, il se levait, il s'éloignait, ou sa physionomie devenait si sombre que je ne me sentais pas le courage de continuer. Ce qu'il me montrait de lui aurait suffi de la part de tout autre, car il avait un esprit singulièrement original ; il ne voyait rien d'une manière commune, et cela venait de ce que la vanité n'était jamais mêlée à aucun de ses jugements. Il était l'homme le plus indépendant que j'aie connu ; le malheur l'avait rendu comme étranger aux autres hommes ; il était juste parce qu'il était impartial, et impartial parce que tout lui était indifférent. Lorsqu'une telle manière de voir ne rend pas fort égoïste, elle développe le jugement, et accroît les facultés de l'intelligence. On voyait que son esprit avait été fort cultivé ; mais, pendant toute la traversée, je ne le vis jamais ouvrir un livre ; rien en apparence ne remplissait pour lui la longue oisiveté de nos jours. Assis sur un banc à l'arrière du vaisseau, il restait des heures entières appuyé sur le bordage à regarder fixement la longue trace que le navire laissait sur les flots. Un jour il me dit :

« Quel fidèle emblème de la vie ! Ainsi nous creusons péniblement notre sillon dans cet océan de misère qui se ferme après nous.

— A votre âge, lui dis-je, comment voyez-vous le monde sous un jour si triste ?

— On est vieux, dit-il, quand on n'a plus d'espérance.

— Ne peut-elle donc renaître ? lui demandais-je.

— Jamais », répondit-il.

Puis, me regardant tristement : « Vous avez pitié de moi, me dit-il, je le vois ; croyez que je suis touché, mais je ne puis vous ouvrir mon cœur ; ne le désirez même pas, il n'y a point de remède à mes maux, et tout m'est inutile désormais, même un ami. » Il me quitta en prononçant ces dernières paroles.

J'essayai peu de jours après de reprendre la même conversation ; je lui parlai d'une aventure de ma jeunesse ; je lui racontai comment les conseils d'un ami m'avaient épargné une grande faute. « Je voudrais, lui dis-je, être aujourd'hui pour vous ce qu'on fut alors pour moi. » Il prit ma main : « Vous êtes trop bon, me dit-il ; mais vous ne savez pas ce que vous me demandez, vous voulez me faire du bien, et vous me feriez du mal : les grandes douleurs n'ont pas besoin de confidents ; l'âme qui peut les contenir se suffit à elle-même ; il faut entrevoir ailleurs l'espérance pour sentir le besoin de l'intérêt des autres ; à quoi bon toucher à des plaies inguérissables ? Tout est fini pour moi dans la vie, et je suis déjà à mes yeux comme si je n'étais plus. » Il se leva, se mit à marcher sur le pont, et bientôt alla s'asseoir à l'autre extrémité du navire.

Je quittai alors le banc que j'occupais pour lui donner la facilité d'y revenir ; c'était sa place favorite, et souvent même il y passait les nuits. Nous étions alors dans le parallèle des vents alizés, à l'ouest des Açores, et dans un climat délicieux. Rien ne peut peindre le charme de ces nuits des tropiques : le firmament semé d'étoiles se réfléchit dans une mer tranquille. On se croirait placé, comme l'archange de Milton [1], au centre de l'univers, et pouvant embrasser d'un seul coup d'œil la création tout entière.

Le jeune passager remarquait un soir ce magnifique spectacle :

---

1. Dans *Le Paradis perdu* (1667).

« L'infini est partout, dit-il ; on le voit là, en montrant le ciel ; on le sent ici, en montrant son cœur : et cependant quel mystère ! qui peut le comprendre ? Ah ! la mort en a le secret ; elle nous l'apprendra peut-être, ou peut-être nous fera-t-elle tout oublier. Tout oublier ! répéta-t-il d'une voix tremblante.

— Vous n'entretenez pas une pensée si coupable ! lui dis-je.

— Non, répondit-il : qui pourrait douter de l'existence de Dieu en contemplant ce beau ciel ? Dieu a répandu ses dons également sur tous les êtres, il est souverainement bon ; mais les institutions des hommes sont toutes-puissantes aussi, et elles sont la source de mille douleurs. Les Anciens plaçaient la fatalité dans le ciel ; c'est sur la terre qu'elle existe, et il n'y a rien de plus inflexible dans le monde que l'ordre social tel que les hommes l'ont créé. »

Il me quitta en achevant ces mots. Plusieurs fois je renouvelais mes efforts, tout fut inutile ; il me repoussait sans me blesser, et cette âme inaccessible aux consolations était encore généreuse, bienveillante, élevée ; elle aurait donné le bonheur qu'elle ne pouvait plus recevoir.

Le voyage finit ; nous débarquâmes à Baltimore. Le jeune passager me demanda de l'admettre comme volontaire dans mon régiment ; il y fut inscrit, comme sur le registre du vaisseau, sous le seul nom d'Édouard. Nous entrâmes en campagne, et, dès les premières affaires que nous eûmes avec l'ennemi, je vis qu'Édouard s'exposait comme un homme qui veut se débarrasser de la vie. J'avoue que chaque jour m'attachait davantage à cette victime du malheur ; je lui disais quelquefois : « J'ignore votre vie, mais je connais votre cœur ; vous ne voulez pas me donner votre confiance, mais je n'en ai pas besoin pour vous aimer. » Souffrir profondément appartient aux âmes distinguées, car les sentiments communs sont toujours superficiels. « Édouard, lui dis-je un jour, est-il donc impossible de vous faire du bien ? » Les larmes lui vinrent aux yeux. « Laissez-moi, me dit-il, je ne veux pas me rattacher à la vie. » Le lendemain nous attaquâmes un fort sur la Skulkill. S'étant mis à la tête d'une poignée de soldats, Édouard emporta la redoute l'épée à la main. Je le suivais de près ; je ne sais quel pressentiment me disait qu'il avait fixé ce jour-là pour trouver la mort qu'il semblait chercher. En effet, je le vis se jeter dans les rangs des soldats ennemis qui défendaient les ouvrages intérieurs du fort. Préoccupé de l'idée de garantir Édouard, je ne pensais pas à moi-même ; je reçus un coup de feu tiré de fort près, et qui lui était destiné. Nos gens arrivèrent, et parvinrent à nous dégager. Édouard me souleva dans ses bras, me porta dans le fort, banda ma blessure, et, soutenant ma tête, il attendit ainsi le chirurgien. Jamais je n'ai vu une physionomie exprimer si vivement des émotions si variées et si profondes ; la douleur, l'inquiétude, la reconnaissance, s'y peignaient avec tant de force et de fidélité qu'on aurait voulu qu'un peintre pût en conserver les traits. Lorsque le chirurgien prononça que mes blessures n'étaient pas mortelles, des larmes coulèrent des yeux d'Édouard. Il me pressa sur son cœur : « Je serais mort deux fois », me dit-il. De ce jour, il ne me quitta plus ; je languis longtemps : ses soins ne se démentirent jamais ; ils prévenaient tous mes désirs. Édouard, toujours sérieux, cherchait pourtant à me distraire ; son esprit piquant amenait et faisait naître la plaisanterie : lui seul n'y prenait aucune part ; seul il restait étranger à cette gaieté qu'il avait excitée lui-même. Souvent il me faisait la lecture ; il devinait ce qui pouvait soulager mes maux. Je ne sais quoi de paisible, de tendre, se mêlait à ses soins, et leur donnait le charme délicat qu'on attribue à ceux des femmes : c'est qu'il possédait leur dévouement, cette vertu touchante qui transporte dans ce que nous aimons ce *moi*, source de toutes les misères de nos cœurs, quand nous ne le plaçons pas dans un autre.

Édouard cependant gardait toujours sur lui-même ce silence qui m'avait longtemps affligé ; mais chaque jour diminuait ma curiosité, et maintenant je craignais bien plus de l'affliger que je ne désirais le connaître. Je le connaissais assez ; jamais un cœur plus noble, une âme plus élevée, un caractère plus aimable, ne s'étaient montrés à moi. L'élégance de ses manières et de son langage montrait qu'il avait vécu dans la meilleure compagnie. Le bon goût forme entre ceux qui le possèdent une sorte de lien qu'on ne saurait définir. Je ne pouvais concevoir pourquoi je n'avais jamais rencontré Édouard, tant il paraissait appartenir à la société où j'avais passé ma vie. Je le lui dis un jour, et cette simple remarque amena ce que j'avais si longtemps sollicité en vain. « Je ne dois plus vous rien refuser, me dit-il ; mais n'exigez pas que je vous parle de mes peines ; j'essayerai d'écrire, et de vous faire connaître celui dont vous avez conservé la vie aux dépens de la vôtre. » Bientôt je me repentis d'avoir accepté cette preuve de la reconnaissance d'Édouard. En peu de jours, il retomba dans la profonde mélancolie dont il s'était un moment efforcé de sortir. Je voulus l'engager à interrompre son travail. « Non, me dit-il ; c'est un devoir, je veux le remplir. » Au bout de quelques jours, il entra dans ma chambre, tenant dans sa main un gros cahier d'une écriture assez fine. « Tenez, me dit-il, ma promesse est accomplie, vous ne vous plaindrez plus qu'il n'y a pas de *passé* dans notre amitié ; lisez ce cahier, mais ne me parlez pas de ce qu'il contient ; ne me cherchez même pas aujourd'hui, je veux rester seul. On croit ses souvenirs ineffaçables, ajouta-t-il ; et cependant quand on va les chercher au fond de son âme, on y réveille mille nouvelles douleurs. » Il me quitta en achevant ces mots, et je lus ce qui va suivre.

ÉDOUARD

Je suis le fils d'un célèbre avocat au parlement de Paris ; ma famille est de Lyon, et depuis plusieurs générations elle a occupé les utiles emplois réservés à la haute bourgeoisie de cette ville. Un de mes grands-pères mourut victime de son dévouement dans la maladie épidémique qui désola Lyon en 1748. Son nom révéré devint dans sa patrie le synonyme du courage et de l'honneur. Mon père fut de bonne heure destiné au barreau ; il s'y distingua, et acquit une telle considération, qu'il devint d'usage de ne se décider sur aucune affaire de quelque importance sans la lui avoir soumise. Il se maria déjà vieux à une femme qu'il aimait depuis longtemps ; je fus leur unique enfant. Mon père voulut m'élever lui-même ; et lorsque j'eus dix ans accomplis, il se retira avec ma mère à Lyon, et se consacra tout entier à mon éducation. Je satisfaisais mon père sous quelques points ; je l'inquiétais sous d'autres. Apprenant avec une extrême facilité, je ne faisais aucun usage de ce que je savais. Réservé, silencieux, peu confiant, tout s'entassait dans mon esprit et ne produisait qu'une fermentation inutile et de continuelles rêveries. J'aimais la solitude, j'aimais à voir le soleil couchant ; je serais resté des journées entières, assis sur cette petite pointe de sable qui termine la presqu'île où Lyon est bâtie, à regarder se mêler les eaux de la Saône et du Rhône, et à sentir comme ma pensée et ma vie entraînées dans leur courant. On m'envoyait chercher ; je rentrais, je me mettais à l'étude sans humeur et sans dégoût ; mais on aurait dit que je vivais deux vies ; tant mes occupations et mes pensées étaient de nature différente. Mon père essayait quelquefois de me faire parler ; mais c'était ma mémoire seule qui lui répondait. Ma mère s'efforçait de pénétrer dans mon âme par la tendresse ; je l'embrassais, mais je sentais même dans ces douces caresses quelque chose d'incomplet au fond de mon âme.

Mon père possédait au milieu des montagnes du Forez, entre Boën et Saint-Étienne, des forges et une maison. Nous allions chaque année passer à ces forges les deux mois de vacances. Ce temps désiré et savouré avec délices s'écoulait toujours trop vite. La position de ce lieu avait quelque beauté ; la rivière qui faisait aller la forge descendait d'un cours rapide, et souvent brisé par les rochers ; elle formait au-dessous de la forge une grande nappe d'eau tranquille ; puis elle se détournait brusquement, et disparaissait entre deux hautes montagnes recouvertes de sapins. La maison d'habitation était petite ; elle était située au-dessus de la forge, de l'autre côté du chemin, et placée à peu près au tiers de la hauteur de la montagne. Environnée d'une vieille forêt de sapins, elle ne possédait pour tout jardin qu'une petite plate-forme, dessinée avec des buis, ornée de quelques fleurs, et d'où l'on avait la vue de la forge, des montagnes, et de la rivière. Il n'y avait point là de village. Il était situé à un quart de lieue plus haut, sur le bord du torrent, et chaque matin la population, qui travaillait aux forges presque toute entière, passait sous la plate-forme en se rendant aux travaux. Les visages noirs et enfumés des habitants, leurs vêtements en lambeaux, faisaient un triste contraste avec leur vive gaieté, leurs chants, leurs danses, et leurs chapeaux ornés de rubans. Cette forge était pour moi à la campagne ce qu'était à Lyon la petite pointe de sable et le cours majestueux du Rhône : le mouvement me jetait dans les mêmes rêveries que le repos. Le soir, quand la nuit était sombre, on ne pouvait m'arracher de la plate-forme ; la forge était alors dans toute sa beauté ; les torrents de feu qui s'échappaient de ses fourneaux éclairaient ce seul point d'une lumière rouge, sur laquelle tous les objets se dessinaient comme des spectres ; les ouvriers dans l'activité de leurs travaux, armés de leurs grands pieux aigus, ressemblaient aux démons de cette espèce d'enfer ; des ruisseaux d'un feu liquide coulaient au-dehors ; des fantômes noirs coupaient ce feu, et en emportaient des morceaux au bout de leur baguette magique ; et bientôt le feu lui-même prenait entre les mains une nouvelle forme. La variété des attitudes, l'éclat de cette lumière terrible dans un seul point du paysage, la lune qui se levait derrière les sapins, et qui argentait à peine l'extrémité de leur feuillage, tout ce spectacle me ravissait. J'étais fixé sur cette plate-forme comme par l'effet d'un enchantement, et, quand on venait m'en tirer, on me réveillait comme d'un songe.

Cependant, je n'étais pas si étranger aux jeux de l'enfance que cette disposition pourrait le faire croire ; mais c'était surtout le danger qui me plaisait. Je gravissais les rochers les plus inaccessibles ; je grimpais sur les arbres les plus élevés ; je croyais toujours poursuivre je ne sais quel but que je n'avais encore pu atteindre, mais que je trouverais au-delà de ce qui m'était déjà connu ; je m'associais d'autres enfants dans mes entreprises ; mais j'étais leur chef, et je me plaisais à les surpasser en témérité. Souvent je leur défendais de me suivre, et ce sentiment du danger perdait tout son charme pour moi si je le voyais partagé.

J'allais avoir quatorze ans ; mes études étaient fort avancées, mais je restais toujours au même point pour le fruit que je pouvais en tirer, et mon père désespérait d'éveiller en moi ce feu de l'âme sans lequel tout ce que l'esprit peut acquérir n'est qu'une richesse stérile, lorsqu'une circonstance, légère en apparence, vint faire vibrer cette corde cachée au fond de mon âme, et commença pour moi une existence nouvelle. J'ai parlé de mes jeux : un de ceux qui me plaisaient le plus était de traverser la rivière en sautant de rocher en rocher par-dessus ses ondes bouillon-nantes ; souvent même je prolongeais ce jeu périlleux, et, non content de traverser la rivière, je la remontais ou je la descendais de la même façon. Le danger était grand ; car, en approchant de la forge, la rivière encaissée se précipitait violemment sous les lourds marteaux qui broyaient la mine, et sous les roues que le courant faisait mouvoir. Un jour, un enfant un peu plus jeune que moi me dit :

« Ce que tu fais n'est pas difficile.

— Essaye donc », répondis-je.

Il saute, fait quelques pas, glisse, et disparaît dans les flots. Je n'eus pas le temps de la réflexion ; je me précipite, je me cramponne aux rochers, et l'enfant, entraîné par le courant, vient s'arrêter contre l'obstacle que je lui présente. Nous étions à deux pas des roues, et, les forces me manquant, nous allions périr, lorsqu'on vint à notre secours. Je fondis en larmes quand le danger fut passé. Mon père, ma mère accoururent et m'embrassèrent ; mon cœur palpita de joie en recevant leurs caresses. Le lendemain, en étudiant, je croyais lire des choses nouvelles ; je comprenais ce que jusque-là je n'avais fait qu'apprendre ; j'avais acquis la faculté d'admirer ; j'étais ému de ce qui était bien, enflammé de ce qui était grand. L'esprit de mon père me frappait comme si je ne l'eusse jamais entendu : je ne sais quel voile s'était déchiré dans les profondeurs de mon âme. Mon cœur battait dans les bras de ma mère, et je comprenais son regard. Ainsi un jeune arbre, après avoir langui long-temps, prend tout à coup l'essor ; il pousse des branches vigoureuses, et on s'étonne de la beauté de son feuillage ; c'est que sa racine a enfin rencontré le filon de terre qui convient à sa substance ; j'avais rencontré aussi le terrain qui m'était propre ; j'avais dévoué ma vie pour un autre.

De ce moment, je sortis de l'enfance. Mon père, encouragé par le succès, m'ouvrit les voies nouvelles qu'on ne parcourt qu'avec l'imagination. En me faisant appliquer les sentiments aux faits, il forma à la fois mon cœur et mon jugement. « Savoir et sentir, disait-il souvent, voilà toute l'éducation. »

Les lois furent ma principale étude ; mais par la manière dont cette étude était conduite, elle embrassait toutes les autres. Les lois furent faites en effet pour les hommes et pour les mœurs de tous les temps : elles suivirent les besoins ; compagnes de l'histoire, elles sont le mot de toutes les difficultés, le flambeau de tous les mystères ; elles n'ont point de secret pour qui sait étudier, point de contradiction pour qui sait les comprendre.

Mon père était le plus aimable des hommes ; son esprit servait à tout, et il n'en avait jamais que ce qu'il fallait. Il possédait au suprême degré l'art de faire sortir la plaisanterie de la raison. L'opposition du bon sens aux idées fausses est presque toujours comique ; mon père m'apprit à trouver ridicule ce qui manquait de vérité. Il ne pouvait mieux en conjurer le danger.

C'est un danger pourtant et un grand malheur que la passion dans l'appréciation des choses de la vie, même quand les principes les plus purs et la raison la plus saine sont vos guides. On ne peut haïr fortement ce qui est mal, sans adorer ce qui est bien ; et ces mouvements violents sont-ils faits pour le cœur de l'homme ? Hélas ! ils le laissent vide et dévasté comme une ruine, et cet accroissement momentané de la vie amène et produit la mort.

Je ne faisais pas alors ces réflexions ; le monde s'ouvrait à mes yeux comme un océan sans bornes. Je rêvais la gloire, l'admiration, le bonheur ; mais je ne les cherchais pas hors de la profession qui m'était destinée. Noble profession, où l'on prend en main la défense de l'opprimé, où l'on confond le crime, et fait triompher l'innocence ! Mes rêveries, qui avaient alors quelque chose de moins vague, me représentaient toutes les occasions que j'aurais de me distinguer ; et je créais des malheurs et des injustices chimériques, pour avoir la gloire et le plaisir de les réparer.

La révolution qui s'était faite dans mon caractère n'avait produit aucun changement dans mes goûts. Comme aux jours de mon enfance, je fuyais la société ; je ne sais quelle déplaisance s'attachait pour moi à vivre avec des gens, respectables sans doute, mais dont aucun ne réalisait ce type que je m'étais formé au fond de l'âme, et qui, au vrai, n'avait que mon père comme modèle. Dans l'intimité de notre famille, entre mon père et ma mère, j'étais heureux ; mais dès qu'il arrivait un étranger, je m'en allais dans ma chambre vivre dans ce monde que je m'étais créé, et auquel celui-là ressemblait si peu.

Ma mère avait beaucoup d'esprit, de la douceur et une raison supérieure ; elle aimait les idées reçues, peut-être même les idées communes, mais elle les défendait par des motifs nouveaux et piquants. La longue habitude de vivre avec mon père et de l'aimer avait fait d'elle comme un reflet de lui ; mais ils pensaient souvent les mêmes choses par des motifs différents, et cela rendait leurs entretiens à la fois paisibles et animés. Je ne les vis jamais différer que sur un seul point. Hélas ! je vois aujourd'hui que ma mère avait raison.

Mon père avait dû la plus grande partie de son talent, et de sa célébrité comme avocat, à une profonde connaissance du cœur humain. Je lui ai ouï dire que les pièces d'un procès servaient moins à établir son opinion que le tact qui lui faisait pénétrer jusqu'au fond de l'âme des parties intéressées. Cette sagacité, cette pénétration, cette finesse d'aperçus, étaient des qualités que mon père aurait voulu me donner ; peut-être même la solitude habituelle où nous vivions avait-elle pour but de me préparer à être plus frappé du spectacle de la société qu'on ne l'est lorsque graduellement on s'est familiarisé avec ses vices et ses ridicules, et qu'on arrive blasé sur l'impression qu'on en peut recevoir. Mon père voulait montrer le monde à mes yeux, lorsqu'il serait assuré que le goût du bien, la solidarité des principes, et la faculté de l'observation, seraient assez mûris en moi pour retirer de ce spectacle le profit qu'il se plaisait à en attendre.

Mon père avait été assez heureux dans sa jeunesse pour sauver dans un procès fameux la fortune et l'honneur du maréchal d'Olonne. Les rapports où les avait mis cette affaire avaient créé entre eux une amitié qui, depuis trente ans, ne s'était jamais démentie. Malgré des destinées si différentes, leur intimité était restée la même : tant il est vrai que la parité de l'âme est le seul lien réel de la vie. Une correspondance fréquente alimentait leur amitié. Il ne se passait pas de semaine que mon père ne reçût des lettres de M. le maréchal d'Olonne, et la plus intime confiance régnait entre eux. C'est dans cette maison que mon père comptait me mener quand j'aurais atteint ma vingtième année ; c'est là qu'il se flattait de me faire voir la bonne compagnie, et de me faire acquérir ces qualités de l'esprit qu'il désirait tant que je possédasse. J'ai vu ma mère s'opposer à ces desseins.

« Ne sortons point de notre état, disait-elle à mon père : pourquoi mener Édouard dans un monde où il ne doit pas vivre, et qui le dégoûtera peut-être de notre paisible intérieur ?

— Un avocat, disait mon père, doit avoir étudié tous les rangs ; il faut qu'il se familiarise d'avance avec la politesse des gens de la cour pour n'en être pas ébloui. Ce n'est que dans le monde qu'il peut acquérir la pureté du langage et la grâce de la plaisanterie. La société seule enseigne les convenances, et toute cette science de goût, qui n'a point de préceptes, et que pourtant on ne vous pardonne pas d'ignorer.

— Ce que vous dites est vrai, reprenait ma mère ; mais j'aime mieux, je vous l'avoue, qu'Édouard ignore tout cela et qu'il soit heureux ; on ne l'est qu'en s'associant avec ses égaux : *Among unequals no society / Can sort* [a].

— La citation est exacte, répondit mon père, mais le poète ne l'entend que de l'égalité morale, et, sur ce point, je suis de son avis, j'ai le droit de l'être.

— Oui, sans doute, reprit ma mère, mais le maréchal d'Olonne est une exception. Respectons les convenances sociales ; admirons la hiérarchie des rangs, elle est utile, elle est respectable ; d'ailleurs n'y tenons-nous pas notre place ? Mais gardons-la, cette place ; on se trouve toujours mal d'en sortir. »

Ces conversations se renouvelaient souvent ; et j'avoue que le désir de voir des choses nouvelles, et je ne sais quelle inquiétude cachée au fond de mon âme, me mettaient du parti de mon père, et me faisaient ardemment souhaiter d'avoir vingt ans pour aller à Paris, et pour voir le maréchal d'Olonne.

Je ne vous parlerai pas des deux années qui s'écoulèrent jusqu'à cette époque. Des études sérieuses occupèrent tout mon temps : le droit, les mathématiques, les langues employaient toutes les heures de mes journées ; et cependant ce travail aride, qui aurait dû fixer mon esprit, me laissa tel que la nature m'avait créé, et tel sans doute que je dois mourir.

---

a. Milton.

A vingt ans, j'attendais un grand bonheur, et la Providence m'envoya la plus grande de toutes les peines : je perdis ma mère. Comme nous allions pour Paris, elle tomba malade ; et à cette maladie succéda un état de langueur qui se prolongea six mois. Elle expira doucement dans mes bras ; elle me bénit, elle me consola. Dieu eut pitié d'elle et de moi ; il lui épargna la douleur de me voir malheureux, et à moi celle de déchirer son âme ; elle ne me vit pas tomber dans ce piège que sa raison avait su prévoir, et dont elle avait inutilement cherché à me garantir. Hélas ! puis-je dire que je rejette la paix que j'ai perdue ? Voudrais-je aujourd'hui de cette existence tranquille que ma mère rêvait pour moi ? Non, sans doute. Je ne puis plus être heureux ; mais cette douleur, que je porte au fond de mon âme, m'est plus chère que toutes les joies communes de ce monde. Elle fera encore la gloire du dernier de mes jours, après avoir fait le charme de ma jeunesse ; à vingt-trois ans, des souvenirs sont tout ce qui me reste ; mais, qu'importe ? ma vie est finie, et je ne demande plus rien à l'avenir.

Dans le premier moment de sa douleur, mon père renonça au voyage de Paris. Nous allâmes en Forez, où nous croyions nous distraire, et où nous trouvâmes partout l'image de celle que nous pleurions. Qu'elle est cruelle l'absence de la mort ! Absence sans retour ! Nous la sentions, même quand nous croyions l'oublier. Toujours seul avec mon père, je ne sais quelle sécheresse se glissait quelquefois dans nos entretiens. C'est par ma mère que la décision de mon père et mes rêveries se rencontraient sans se heurter ; elle était comme la nuance harmonieuse qui unit deux couleurs vives et trop tranchées. A présent qu'elle n'y était plus, nous sentions pour la première fois, mon père et moi, que nous étions deux, et que nous n'étions pas toujours d'accord.

Au mois de novembre nous partîmes pour Paris. Mon père alla loger chez un frère de sa mère, M. d'Herbelot, fermier général [1] fort riche. Il avait une belle maison à la Chaussée-d'Antin, où il nous reçut à merveille. Il nous donna de grands dîners, me mena au spectacle, au bal, me fit voir toutes les curiosités de Paris. Mais c'était M. le maréchal d'Olonne que je désirais voir, et il était à Fontainebleau, d'où il ne devait revenir que dans quinze jours. Ce temps se passa dans des fêtes conti-nuelles. Mon oncle ne me faisait grâce d'aucune façon de s'amuser ; les pique-niques, les parties de toute espèce, les comédies, les concerts, Géliot [2], et Mlle Arnould [3]. J'étais déjà fatigué de Paris, quand mon père reçut un billet de M. le maréchal d'Olonne, qui lui mandait qu'il était

---

1. La perception des revenus publics, tels que la taille, l'impôt du sel, du tabac, les droits d'octroi, etc., faisait l'objet d'une spéculation, et l'on appelait fermiers généraux les finan-ciers qui prenaient à ferme ou à bail le recouvrement de ces droits.

2. Ou plutôt Pierre Jélyotte (1711-1782), d'abord choriste à la cathédrale de Toulouse, appelé en 1733 à l'Opéra de Paris. Retiré en 1755, il continua à chanter pendant une dizaine d'années aux spectacles de la Cour.

3. Sophie Arnould (1744-1803), célèbre cantatrice de l'Opéra.

arrivé, et qu'il l'invitait à dîner pour ce même jour. «Amenez notre Édouard», disait-il. Combien cette expression me toucha!

Je vous raconterai ma première visite à l'hôtel d'Olonne, parce qu'elle me frappa singulièrement. J'étais accoutumé à la magnificence chez mon oncle M. d'Herbelot; mais tout le luxe de la maison d'un fermier général fort riche ne ressemblait en rien à la noble simplicité de la maison de M. le maréchal d'Olonne. Le passé dans cette maison servait d'ornement au présent; des tableaux de la famille, qui portaient des noms historiques et chers à la France, décoraient la plupart des pièces; de vieux valets de chambre marchaient devant vous pour vous annoncer. Je ne sais quel sentiment de respect vous saisissait en parcourant cette vaste maison, où plusieurs générations s'étaient succédé, faisant honneur à la fortune et à la puissance plutôt qu'elles n'en étaient honorées. Je me rappelle jusqu'au moindre détail de cette première visite; plus tard tout est confondu dans un seul souvenir; mais alors j'examinais avec une vive curiosité ce qui avait fait si souvent le sujet des conversations de mon père, et cette société dont il m'avait parlé tant de fois.

Il n'y avait que cinq ou six personnes dans le salon lorsque nous arrivâmes. M. le maréchal d'Olonne causait debout auprès de la cheminée; il vint au-devant de mon père, et lui prit les mains. «Mon ami, lui dit-il, mon excellent ami! enfin vous voilà! Vous m'amenez Édouard. Savez-vous, Édouard, que vous venez chez l'homme qui aime le mieux votre père, qui honore le plus ses vertus, et qui lui doit une reconnaissance éternelle?» Je répondis qu'on m'avait accoutumé de bonne heure aux bontés de monsieur le maréchal.

«Vous a-t-on dit que je devais vous servir de père, si vous n'eussiez pas conservé le vôtre?

— Je n'ai pas eu besoin de ce malheur pour sentir la reconnaissance», répondis-je.

Il prit occasion de ce peu de mots pour faire mon éloge. «Qu'il est bien! dit-il; qu'il est beau! qu'il a l'air modeste et spirituel!» Il savait qu'en me louant ainsi il réjouissait le cœur de mon père. On reprit la conversation. J'entendis nommer les personnes qui m'entouraient; c'étaient les hommes les plus distingués dans les sciences et dans les lettres, et un Anglais, membre fameux de l'opposition. On parlait, je m'en souviens, de la jurisprudence criminelle en Angleterre et de l'institution du jury. Je sentis, je vous l'avoue, un mouvement inexprimable d'orgueil en voyant combien dans ces questions intéressantes l'opinion de mon père était comptée. On l'écoutait avec attention, presque avec respect. La supériorité de son esprit semblait l'avoir placé tout à coup au-dessus de ceux qui l'entouraient; et ses beaux cheveux blancs ajoutaient encore l'autorité et la dignité à tout ce qu'il disait. C'est la mode d'admirer l'Angleterre. M. le maréchal d'Olonne soutenait le côté de la question qui était favorable aux institutions anglaises, et les personnes qui se montraient d'une opinion opposée s'étaient placées sur un mauvais terrain pour la défendre. Mon père en un instant mit la question dans son véritable jour. Il présenta le jury comme un monument vénérable des anciennes coutumes germaniques; et montra l'esprit conservateur des Anglais et leur respect pour le passé dans l'existence de ces institutions, qu'ils reçurent de leurs ancêtres presque dans le même état où ils les possèdent encore aujourd'hui; mais mon père fit voir dans notre système judiciaire l'ouvrage perfectionné de la civilisation. Notre magistrature, dit-il, a pour fondement l'honneur et la considération, ces grands mobiles des monarchies[a]; elle est comme un sacerdoce, dont la fonction est le maintien de la morale à l'extérieur de la société, et elle n'a au-dessus d'elle que les ministres d'une religion qui, réglant cette société dans la conscience de l'homme, en attaque les désordres à leur seule et véritable source. Mon père alla jusqu'à défendre la vénalité des charges que l'Anglais attaquait toujours. « Admirable institution, dit mon père, que celle qui est parvenue à faire payer si cher le droit de sacrifier tous les plaisirs de la vie, et d'embrasser la vertu comme une convenance d'état. Ne nous calomnions pas nous-mêmes, dit encore mon père; la magistrature qui a produit Molé, Lamoignon, d'Aguesseau[1], n'a rien à envier à personne; et si le jury anglais se distingue par l'équité de ses jugements, c'est que la classe qui le compose en Angleterre est remarquable, surtout par ses lumières et son intégrité. En Angleterre l'institution repose sur les individus; ici les individus tirent leur lustre et la valeur de l'institution. Mais il se peut, ajouta mon père en finissant cette conversation, que ces institutions conviennent mieux à l'Angleterre que ne feraient les nôtres; cela doit être; les nations produisent leurs lois, et ces lois sont tellement le fruit des mœurs et du génie des peuples, qu'ils y tiennent plus qu'à tout le reste; ils perdent leur indépendance, leur nom même, avant leurs lois. Je suis persuadé que cette expression, *subir la loi du vainqueur*, a un sens plus étendu qu'on ne le lui donne en général; c'est le dernier degré de la conquête que de subir la loi d'un autre peuple; et les Normands, qui en Angleterre ont presque conquis la langue, n'ont jamais pu conquérir la loi. »

Ces matières étaient sérieuses, mais elles ne le paraissaient pas. Ce

---

a. Montesquieu[2].

1. Mathieu Molé (1584-1656), magistrat fameux pour son intégrité. Premier président du Parlement pendant la Fronde, il soutint loyalement le pouvoir royal. Il y eut plusieurs magistrats du nom de Lamoignon, mais il s'agit sans doute de Chrétien-Guillaume Lamoignon de Malesherbes (1721-1794), successivement conseiller au Parlement et président à la Cour des aides de Paris et directeur de la librairie. Il défendit le roi devant la Convention et fut guillotiné. Henri-François d'Aguesseau (1668-1751). Connu pour ses réflexions sur la législation criminelle et son opposition à la bulle *Unigenitus*. Lui aussi était fameux pour son intégrité.

2. Dans *L'Esprit des lois* (1748), Montesquieu esquisse une typologie des gouvernements. Selon lui, la démocratie a pour principe la vertu, l'aristocratie la modération, la monarchie l'honneur.

n'est pas la frivolité qui produit la légèreté de la conversation ; c'est cette justesse qui, comme l'éclair, jette une lumière vive et prompte sur tous les objets. Je sentis en écoutant mon père qu'il n'y a rien de si piquant que le bon sens d'un homme d'esprit.

Je me suis étendu sur cette première visite, pour vous montrer ce qu'était mon père dans la société de M. le maréchal d'Olonne. Ne devais-je pas me plaire dans un lieu où je le voyais respecté, honoré, comme il l'était de moi-même ? Je me rappelais les paroles de ma mère : sortir de son état ! Je ne leur trouvais point de sens ; rien ne m'était étranger dans la maison de M. le maréchal d'Olonne : peut-être même je me trouvais chez lui plus à l'aise que chez M. d'Herbelot. Je ne sais quelle simplicité, quelle facilité dans les habitudes de la vie me rendaient la maison de M. le maréchal d'Olonne comme le toit paternel. Hélas ! elle allait bientôt me devenir plus chère encore.

« Natalie est restée à Fontainebleau, dit M. le maréchal d'Olonne à mon père ; je l'attends ce soir. Vous la trouverez un peu grandie, ajouta-t-il en souriant. Vous rappelez-vous le temps où vous disiez qu'elle ne ressemblerait à nulle autre, et qu'elle plairait plus que toute autre ? Elle avait neuf ans alors.

— Mme la duchesse de Nevers promettait dès ce temps-là tout ce qu'elle est devenue depuis, dit mon père.

— Oui, reprit le maréchal, elle est charmante ; mais elle ne veut pas se remarier, et cela me désole. Je vous ai parlé de mes derniers chagrins à ce sujet ; rien ne peut vaincre son obstination. »

Mon père répondit quelques mots, et nous partîmes. « Je suis du parti de Mme de Nevers, me dit mon père ; mariée à douze ans, elle n'a jamais vu qu'à l'autel ce mari, qui, dit-on, méritait peu une personne aussi accomplie. Il est mort pendant ses voyages. Veuve à vingt ans, libre et charmante, elle peut épouser qui elle voudra ; elle a raison de ne pas se presser, de bien choisir et de ne pas se laisser sacrifier une seconde fois à l'ambition. » Je me récriai sur ces mariages d'enfants. « L'usage les autorise, dit mon père ; mais je n'ai jamais pu les approuver. »

Ce fut le lendemain de ce jour que je vis pour la première fois Mme la duchesse de Nevers ! Ah ! mon ami ! comment vous la peindre ? Si elle n'était que belle, si elle n'était qu'aimable, je trouverais des expressions dignes de cette femme céleste. Mais comment décrire ce qui tout ensemble formait une séduction irrésistible ? Je me sentis troublé en la voyant, j'entrevis mon sort ; mais je ne vous dirai pas que je doutai un instant si je l'aimerais : cet ange pénétra mon âme de toute part, et je ne m'étonnai point de ce qu'elle me faisait éprouver. Une émotion de bonheur inexprimable s'empara de moi ; je sentis s'évanouir l'ennui, le vide, l'inquiétude qui dévoraient mon cœur depuis si longtemps ; j'avais trouvé ce que je cherchais, et j'étais heureux. Ne me parlez ni de ma folie ni de mon imprudence ; je ne défends rien ; je paye de ma vie d'avoir osé

l'aimer. Eh bien, je ne m'en repens pas; j'ai au fond de mon âme un
trésor de douleur et de délices que je conserverai jusqu'à la mort. Ma
destinée m'a séparé d'elle, je n'étais pas son égal, elle se fût abaissée en
se donnant à moi : un souffle de blâme eût terni sa vie; mais du moins je
l'ai aimée comme nul autre que moi ne pouvait l'aimer, et je mourrai
pour elle, puisque rien ne m'engage plus à vivre.

Cette première journée que je passai avec elle, et qui devait être suivie
de tant d'autres, a laissé comme une trace lumineuse dans mon souvenir.
Elle s'occupa de mon père avec la grâce qu'elle met à tout; elle voulait
lui prouver qu'elle se souvenait de ce qu'il lui avait autrefois enseigné;
elle répétait les graves leçons de mon père, et le choix de ses expressions
semblait en faire des pensées nouvelles. Mon père le remarqua, et parla
du charme que les mots ajoutent aux idées. « Tout a été dit, assurait mon
père; mais la manière de dire est inépuisable. » Mme de Nevers se mêlait
à cette conversation. Je me souviens qu'elle dit qu'elle était née défiante,
et qu'elle ne croyait que l'accent et la physionomie de ceux qui lui
parlaient. Elle me regarda en disant ces mots; je me sentis rougir, elle
sourit; peut-être vit-elle en ce moment en moi la preuve de la vérité de sa
remarque.

Depuis ce jour, je retournai chaque jour à l'hôtel d'Olonne.
Habituellement peu confiant, je n'eus pas à dissimuler : l'idée que je
pusse aimer Mme de Nevers était si loin de mon père, qu'il n'eut pas le
moindre soupçon; il croyait que je me plaisais chez M. le maréchal
d'Olonne, où se réunissait la société la plus spirituelle de Paris, et il s'en
réjouissait. Mon père assurément ne manquait ni de sagacité ni de finesse
d'observation; mais il avait passé l'âge des passions, il n'avait jamais eu
d'imagination, et le respect des convenances régnait en lui à l'égal de la
religion, de la morale et de l'honneur; je sentais aussi quel serait le
ridicule de paraître occupé de Mme de Nevers, et je renfermais au fond
de mon âme une passion, qui prenait chaque jour de nouvelles forces.

Je ne sais si d'autres femmes sont plus belles que Mme de Nevers;
mais je n'ai vu qu'à elle cette réunion complète de tout ce qui plaît. La
finesse de l'esprit, et la simplicité du cœur; la dignité du maintien, et la
bienveillance des manières : partout la première, elle n'inspirait point
l'envie; elle avait cette supériorité que personne ne conteste, qui semble
servir d'appui, et exclut la rivalité. Les fées semblaient l'avoir douée de
tous les talents et de tous les charmes. Sa voix venait jusqu'au fond de
mon âme y porter je ne sais quelles délices qui m'étaient inconnues. Ah !
mon ami qu'importe la vie quand on a senti ce qu'elle m'a fait éprouver ?
Quelle longue carrière pourrait me rendre le bonheur d'un tel amour !

Il convenait à ma position dans le monde de me mêler peu de la
conversation. M. le maréchal d'Olonne, par bonté pour mon père, me
reprochait quelquefois le silence que je préférais garder, et je ne résistais
pas toujours à montrer devant Mme de Nevers que j'avais une âme, et

que j'étais peut-être digne de comprendre la sienne ; mais habituellement c'est elle que j'aimais à entendre : je l'écoutais avec délices ; je devinais ce qu'elle allait dire ; ma pensée achevait la sienne ; je voyais se réfléchir sur son front l'impression que je recevais moi-même, et cependant elle m'était toujours nouvelle, quoique je la devinasse toujours.

Un des rapports les plus doux que la société puisse créer, c'est la certitude qu'on est ainsi deviné. Je ne tardai pas à m'apercevoir que Mme de Nevers sentait que rien n'était perdu pour moi de tout ce qu'elle disait. Elle m'adressait rarement la parole ; mais elle m'adressait presque toujours la conversation. Je voyais qu'elle évitait de la laisser tomber sur des sujets qui m'étaient étrangers, sur un monde que je ne connaissais pas ; elle parlait littérature, elle parlait quelquefois de la France, de Lyon, de l'Auvergne ; elle me questionnait sur nos montagnes, et sur la vérité des descriptions de l'Urfé [1]. Je ne sais pourquoi il m'était pénible qu'elle s'occupât ainsi de moi. Les jeunes gens qui l'entouraient étaient aussi d'une extrême politesse, et j'en étais involontairement blessé ; j'aurais voulu qu'ils fussent moins polis, ou qu'il me fût permis de l'être davantage. Une espèce de souffrance sans nom s'emparait de moi, dès que je me voyais l'objet de l'attention. J'aurais voulu qu'on me laissât seul, dans mon silence, entendre et admirer Mme de Nevers.

Parmi les jeunes gens qui lui rendaient des soins, et qui venaient assidûment à l'hôtel d'Olonne, il y en avait deux qui fixaient plus particulièrement mon attention : le duc de L... et le prince d'Enrichemont. Ce dernier était de la maison de Béthune et descendait du grand Sully [2] ; il possédait une fortune immense, une bonne réputation, et je savais que M. le maréchal d'Olonne désirait qu'il épousât sa fille. Je ne sais ce qu'on pouvait reprendre dans les princes d'Enrichemont, mais je ne vois pas non plus qu'il y eût rien à admirer. J'avais appris un mot nouveau depuis que j'étais dans le monde, et je vais m'en servir pour lui : ses formes étaient parfaites. Jamais il ne disait rien qui ne fût convenable et agréablement tourné ; mais aussi jamais rien d'involontaire ne trahissait qu'il eût dans l'âme autre chose que ce que l'éducation et l'usage du monde y avaient mis. Cet acquis était fort étendu, et comprenait tout ce qu'on ne croirait pas de son ressort. Le prince d'Enrichemont ne se serait jamais trompé sur le jugement qu'il fallait porter d'une belle action ou d'une grande faute ; mais jusqu'à son admiration, tout était factice ; il savait les sentiments, il ne les éprouvait pas ; et l'on restait froid devant sa passion et sérieux devant sa plaisanterie, parce que la vérité seule touche, et que le cœur méconnaît tout pouvoir qui n'émane pas de lui.

Je préférais le duc de L..., quoiqu'il eût mille défauts. Inconsidéré,

---

1. Édouard lui a parlé de ses séjours dans le Forez, la région dans laquelle se déroule l'action de *L'Astrée* (1607-1627), le célèbre roman pastoral d'Honoré d'Urfé (1567-1625).
2. Maximilien de Béthune, baron de Rosny, duc-pair de Sully (1560-1641), le surintendant des finances d'Henri IV et fameux protecteur de l'agriculture.

moqueur, léger dans ses propos, imprudent dans ses plaisanteries, il aimait pourtant ce qui était bien, et sa physionomie exprimait avec fidélité les impressions qu'il recevait ; mobile à l'excès, elles n'étaient pas de longue durée, mais enfin il avait une âme, et c'était assez pour comprendre celle des autres. On aurait cru qu'il prenait la vie pour un jour de fête, tant il se livrait à ses plaisirs ; toujours en mouvement, il mettait autant de prix à la rapidité de ses courses que s'il eût eu les affaires les plus importantes ; il arrivait toujours trop tard, et cependant il n'avait jamais mis que cinquante minutes pour venir de Versailles ; il entrait sa montre à la main, en racontant une histoire ridicule, ou je ne sais quelle folie qui faisait rire tout le monde. Généreux, magnifique, le duc de L... méprisait l'argent et la vie ; et quoiqu'il prodiguât l'un et l'autre d'une manière souvent indigne du prix du sacrifice, j'avoue à ma honte que j'étais séduit par cette sorte de dédain de ce que les hommes prisent le plus. Il y a de la grâce dans un homme à ne reconnaître aucun obstacle ; et quand on expose gaiement sa vie dans une course de chevaux, ou qu'on risque sa fortune sur une carte, il est difficile de croire qu'on n'exposerait pas l'un et l'autre avec encore plus de plaisir dans une occasion sérieuse. L'élégance du duc de L... me convenait donc beaucoup plus que les manières, un peu compassées, du prince d'Enrichemont ; mais je n'avais qu'à me louer de tous deux. Les bontés de M. le maréchal d'Olonne m'avaient établi dans sa société de la manière qui pouvait le moins me faire sentir l'infériorité de la place que j'y occupais. Je n'avais presque pas senti cette infériorité dans les premiers jours ; maintenant elle commençait à peser sur moi : je me défendais par le raisonnement ; mais le souvenir de Mme de Nevers était encore un meilleur préservatif. Il m'était bien facile de m'oublier quand je pensais à elle, et j'y pensais à chaque instant.

Un jour, on avait parlé longtemps dans le salon du dévouement de Mme de B..., qui s'était enfermée avec son amie intime, Mme d'Anville, malade et mourante, de la petite vérole. Tout le monde avait loué cette action, et l'on avait cité plusieurs amitiés de jeunes femmes dignes d'être comparées à celle-là. J'étais debout devant la cheminée, et près du fauteuil de Mme de Nevers.

« Je ne vous vois point d'amie intime ? lui dis-je.

— J'en ai une qui m'est bien chère, me répondit-elle, c'est la sœur du duc de L... Nous sommes liées depuis l'enfance ; mais je crains que nous ne soyons séparées pour bien longtemps ; le marquis de C... son mari est ministre en Hollande, et elle est à La Haye depuis six mois.

— Ressemble-t-elle à son frère ? demandais-je.

— Pas du tout, reprit Mme de Nevers ; elle est aussi calme qu'il est étourdi. C'est un grand chagrin pour moi que son absence, dit Mme de Nevers. Personne ne m'est si nécessaire que Mme de C..., elle est ma raison, je ne me suis jamais mise en peine d'en avoir d'autre, et, à présent que je suis seule, je ne sais plus me décider à rien.

— Je ne vous aurais jamais cru cette indécision dans le caractère, lui dis-je.

— Ah ! reprit-elle, il est si facile de cacher ses défauts dans le monde ! Chacun met à peu près le même habit, et ceux qui passent n'ont pas le temps de voir que les visages sont différents.

— Je rends grâces au ciel d'avoir été élevé comme un sauvage, repris-je ; cela me préserve de voir le monde dans cette ennuyeuse uniformité ; je suis frappé au contraire de ce que personne ne se ressemble.

— C'est, dit-elle, que vous avez le temps d'y regarder ; mais quand on vient de Versailles en cinquante minutes, comment voulez-vous qu'on puisse voir autre chose que la superficie des objets ?

— Mais quand c'est vous qu'on voit, lui dis-je, on devrait s'arrêter en chemin.

— Voilà de la galanterie, dit-elle.

— Ah ! m'écriai-je, vous savez bien le contraire ! »

Elle ne répondit rien, et se mit à causer avec d'autres personnes. Je fus ému toute la soirée du souvenir de ce que j'avais dit ; il me semblait que tout le monde allait me deviner.

Le lendemain, mon père se trouva un peu souffrant ; nous devions dîner à l'hôtel d'Olonne, et, pour ne pas me priver d'un plaisir, il fit un effort sur lui-même et sortit. Jamais son esprit ne parut si libre et si brillant que ce jour-là. Plusieurs étrangers qui se trouvaient à ce dîner témoignèrent hautement leur admiration, et je les entendis qui disaient entre eux qu'un tel homme occuperait en Angleterre les premières places. La conversation se prolongea longtemps, enfin la société se dispersa ; mon père resta le dernier, et, en lui disant adieu, M. le maréchal d'Olonne lui fit promettre de revenir le lendemain. Le lendemain ! grand Dieu ! il n'y en avait plus pour lui. En traversant le vestibule, mon père me dit : « Je sens que je me trouve mal. » Il s'appuya sur moi et s'évanouit. Les domestiques accoururent ; les uns allèrent avertir M. le maréchal d'Olonne ; les autres transportèrent mon père dans une pièce voisine. On le déposa sur un lit de repos, et là tous les secours lui furent donnés. Mme de Nevers les dirigeait avec une présence d'esprit admirable. Bientôt, un chirurgien attaché à la maison de M. le maréchal d'Olonne arriva, et, voyant que la connaissance ne revenait point à mon père, il proposa de le saigner. Nous attendions Tronchin [1], que Mme de Nevers avait envoyé chercher. Quelle bonté que la sienne ! Elle avait l'air d'un ange descendu du ciel, près de ce lit de douleur ; elle essayait de ranimer les mains glacées de mon père en les réchauffant dans les siennes. Ah ! comment la vie ne revenait-elle pas à cet appel ? Hélas ! tout était inutile. Tronchin arriva, et ne donna aucune espérance. La

---

1. Le médecin genevois Théodore Tronchin (1709-1781), grand spécialiste de l'inoculation, c'est-à-dire de la vaccine. Il devint le premier médecin du duc d'Orléans en 1766. Voltaire l'appelait « Esculape Tronchin ».

saignée ramena un instant la connaissance. Mon père ouvrit les yeux ; il fixa sur moi son regard éteint, et sa physionomie peignit une anxiété douloureuse. M. le maréchal d'Olonne le comprit ; il saisit la main de mon père et la mienne. « Mon ami, dit-il, soyez tranquille, Édouard sera mon fils. » Les yeux de mon père exprimèrent la reconnaissance ; mais cette vie fugitive disparut bientôt ; il poussa un profond gémissement : il n'était plus ! Comment vous peindre l'horreur de ce moment ! je ne le pourrais même pas ; je me jetai sur le corps de mon père, et je perdis à la fois la connaissance et le sentiment de mon malheur. En revenant à moi, j'étais dans le salon, tout avait disparu ; je crus sortir d'un songe horrible : mais je vis près de moi Mme de Nevers en larmes. M. le maréchal d'Olonne me dit : « Mon cher Édouard, il vous reste encore un père. » Ce mot me prouva que tout était fini. Hélas ! je doutais encore ; mon ami, quelle douleur ! Accablé, anéanti, mes larmes coulaient sans diminuer le poids affreux qui m'oppressait. Nous restâmes longtemps dans le silence ; je leur savais gré de ne pas chercher à me consoler.

« J'ai perdu l'ami de toute ma vie, dit enfin M. le maréchal d'Olonne.

— Il vous a dû sa dernière consolation, répondis-je.

— Édouard, me dit M. le maréchal d'Olonne : de ce jour je remplace celui que vous venez de perdre ; vous restez chez moi ; j'ai donné l'ordre qu'on préparât pour vous l'appartement de mon neveu, et j'ai envoyé l'abbé Tercier prévenir M. d'Herbelot de notre malheur. Mon cher Édouard, je ne vous donnerai pas de vulgaires consolations ; mais votre père était un chrétien, vous l'êtes vous-même ; un autre monde nous réunira tous. »

Voyant que je pleurais, il me serra dans ses bras. « Mon pauvre enfant, dit-il, je veux vous consoler, et j'aurais besoin de l'être moi-même ! » Nous retombâmes dans le silence ; j'aurais voulu remercier M. le maréchal d'Olonne, et je ne pouvais que verser des larmes. Au milieu de ma douleur, je ne sais quel sentiment doux se glissait pourtant dans mon âme ; les pleurs que je voyais répandre à Mme de Nevers étaient déjà une consolation : je me la reprochais, mais sans pouvoir m'y soustraire.

Dès que je fus seul dans ma chambre, je me jetai à genoux ; je priai pour mon père, ou plutôt je priai mon père. Hélas ! il avait fourni sa longue carrière de vertu, et je commençais la mienne en ne voyant devant moi que des orages. Je fuyais ses sages conseils quand il vivait, me disais-je, et que deviendrai-je maintenant que je n'ai plus que moi-même pour guide et pour juge de mes actions ? Je lui cachais les folies de mon cœur ; mais il était là pour me sauver ; il était ma force, ma raison, ma persévérance ; j'ai tout perdu avec lui. Que ferai-je dans le monde sans son appui, sans le respect qu'il inspirait ? Je ne suis rien, je n'étais quelque chose que par lui ; il a disparu, et je reste seul comme une branche détachée de l'arbre et emportée par les vents. Mes larmes recommencèrent ; je repassai les souvenirs de mon enfance ; je pleurai de

nouveau ma mère, car toutes les douleurs se tiennent, et la dernière
réveille toutes les autres ! Plongé dans mes tristes pensées, je restai longtemps immobile, et dans l'espèce d'abattement qui suit les grandes
douleurs ; il me semblait que j'avais perdu la faculté de penser et de
sentir ; enfin, je levai les yeux par hasard, et j'aperçus un portrait de
Mme de Nevers ; indigne fils ! en le contemplant je perdis un instant le
souvenir de mon père ! Qu'était-elle donc pour moi ? Quoi ! déjà, son
seul souvenir suspendait dans mon cœur la plus amère de toutes les
peines ! Mon ami, ce sera un sujet éternel de remords pour moi que cette
faute dont je vous fais l'aveu ; non, je n'ai point assez senti la douleur de
la mort de mon père ! Je mesurais toute l'étendue de la perte que j'avais
faite ; je pleurais son exemple, ses vertus ; son souvenir déchirait mon
cœur, et j'aurais donné mille fois ma vie pour racheter quelques jours de
la sienne ; mais quand je voyais Mme de Nevers, je ne pouvais pas
m'empêcher d'être heureux.

Mon père témoignait par son testament le désir de reposer près de ma
mère. Je me décidai à le conduire moi-même à Lyon. L'accomplissement
de ce devoir soulageait un peu mon cœur. Quitter Mme de Nevers me
semblait une expiation du bonheur que je trouvais près d'elle malgré
moi. Mon père me recommandait aussi de terminer des affaires relatives
à la tutelle des enfants d'un de ses amis ; je voulais lui obéir ; je me disais
que je reviendrais bientôt, que j'habiterais sous le même toit que Mme de
Nevers, que je la verrais à toute heure ; et mon coupable cœur battait de
joie à de telles pensées !

La veille de mon départ, M. le maréchal d'Olonne alla passer la
journée à Versailles ; je dînai seul avec Mme de Nevers et l'abbé Tercier.
Cet abbé demeurait à l'hôtel d'Olonne depuis cinquante ans ; il avait été
attaché à l'éducation du maréchal, et la protection de cette famille lui
avait valu un bénéfice et de l'aisance. Il faisait les fonctions de chapelain,
et était un meuble aussi fidèle du salon de l'hôtel d'Olonne que les
fauteuils et ottomanes de tapisseries des Gobelins qui le décoraient. Un
attachement si long de la part de cet abbé avait tellement lié sa vie à
l'existence de la maison d'Olonne, qu'il n'avait d'intérêt, de gloire, de
succès et de plaisirs que les siens ; mais c'était dans la mesure d'un esprit
fort calme, et d'une imagination tempérée par cinquante ans de dépendance. Il avait un caractère fort facile : il était toujours prêt à jouer aux
échecs, ou au trictrac [1], ou à dévider les écheveaux de soie de Mme de
Nevers ; et pourvu qu'il eût bien dîné, il ne cherchait querelle à personne.
La veille donc du jour où je devais partir, voyant que Mme de Nevers ne
voulait faire usage d'aucun de ses petits talents, l'abbé s'établit après
dîner dans une grande bergère auprès du feu, et s'endormit bientôt
profondément. Je restai ainsi presque tête à tête avec celle qui m'était

---

1. Jeu compliqué, où l'on joue avec des dés et des dames, sur un tableau divisé en deux
compartiments, comme au jacquet.

déjà si chère. J'aurais dû être heureux, et cependant un embarras indéfinissable vint me saisir, quand je me vis ainsi seul avec elle. Je baissai les yeux, et je restai dans le silence. Ce fut elle qui le rompit.

« A quelle heure partez-vous demain ? me demanda-t-elle.

— A cinq heures, répondis-je ; si je commençais ici la journée, je ne saurais plus comment partir.

— Et quand reviendrez-vous ? dit-elle encore.

— Il faut que j'exécute les volontés de mon père, répondis-je ; mais je crois que cela ne peut durer plus de quinze jours, et ces jours seront si longs que le temps ne me manquera pas pour les affaires.

— Irez-vous en Forez ? demanda-t-elle.

— Je le crois ; je compte revenir par là, mais sans m'y arrêter.

— Ne désirez-vous donc pas revoir ce lieu ? me dit-elle ; on aime tant ceux où l'on a passé son enfance !

— Je ne sais ce qui m'est arrivé, lui dis-je, mais il semble que je n'ai plus de souvenirs.

— Tâchez de les retrouver pour moi, dit-elle. Ne voulez-vous pas me raconter l'histoire de votre enfance et de votre jeunesse ? A présent que vous êtes le fils de mon père, je ne dois plus rien ignorer de vous.

— J'ai tout oublié, lui dis-je ; il me semble que je n'ai commencé à vivre que depuis deux mois. »

Elle se tut un instant ; puis elle me demanda si le monde avait donc si vite effacé le passé de ma mémoire. « Ah ! m'écriai-je, ce n'est pas le monde ! » Elle continua :

« Je ne suis pas comme vous, dit-elle ; j'ai été élevée jusqu'à l'âge de sept ans chez ma grand-mère, à Faverange, dans un vieux château, au fond du Limousin, et je me le rappelle jusque dans ses moindres détails, quoique je fusse si jeune : je vois encore la vieille futaie de châtaigniers, et ces grandes salles gothiques boisées de chêne et ornées de trophées d'armes, comme au temps de la chevalerie. Je trouve qu'on aime les lieux comme des amis, et que leur souvenir se rattache à toutes les impressions qu'on a reçues.

— Je croyais cela autrefois, lui répondis-je ; maintenant je ne sais plus ce que je crois, ni ce que je suis. »

Elle rougit, puis elle me dit : « Cherchez dans votre mémoire, peut-être trouverez-vous les faits, si vous avez oublié les sentiments qu'ils excitaient dans votre âme. Si vous voulez que je pense quelquefois à vous quand vous serez parti, il faut bien que je sache où vous prendre, et que je n'ignore pas comme à présent tout le passé de votre vie. »

J'essayai de lui raconter mon enfance, et tout ce que contient le commencement de ce cahier ; elle m'écoutait avec attention, et je vis une larme dans ses yeux, quand je lui dis quelle résolution avait produite en moi l'accident de ce pauvre enfant dont j'avais sauvé la vie. Je m'aperçus que mes souvenirs n'étaient pas si effacés que je le croyais, et près d'elle je trouvais mille impressions nouvelles d'objets qui jusqu'alors m'avaient été indifférents. Les rêveries de ma jeunesse étaient comme expliquées par le sentiment nouveau que j'éprouvais, et la forme et la vie étaient données à tous ces vagues fantômes de mon imagination.

L'abbé se réveilla comme je finissais le récit des premiers jours de ma jeunesse. Un moment après, M. le maréchal d'Olonne arriva. Mme de Nevers et lui me dirent adieu avec bonté. Il me recommanda de hâter tant que je le pourrais la fin de mes affaires, et me dit que, pendant mon absence, il s'occuperait de moi. Je ne lui demandai pas d'explication. Mme de Nevers ne me dit rien ; elle me regarda, et je cru lire un peu d'intérêt dans ses yeux ; mais que je regrettais la fin de notre conversation ! Cependant j'étais content de moi ; je ne lui ai rien dit, pensais-je, et elle ne peut m'avoir deviné. C'est ainsi que je rassurais mon cœur. L'idée que Mme de Nevers pourrait soupçonner ma passion me glaçait de crainte, et tout mon bonheur à venir me semblait dépendre du secret que je garderais sur mes sentiments.

J'accomplis le triste devoir que je m'étais imposé, et pendant le voyage je fus un peu moins tourmenté du souvenir de Mme de Nevers. L'image de mon père mort effaçait toutes les autres : l'amour mêle souvent l'idée de la mort à celle du bonheur ; mais ce n'est pas la mort dans l'appareil funèbre dont j'étais environné, c'est l'idée de l'éternité, de l'infini, d'une éternelle réunion, que l'amour cherche dans la mort ; il recule devant un cercueil solitaire.

A Lyon, je retrouvai les bords du Rhône et mes rêveries, et Mme de Nevers régna dans mon cœur plus que jamais. J'étais loin d'elle, je ne risquais pas de me trahir, et je n'opposai aucune résistance à la passion qui venait de nouveau s'emparer de toute mon âme. Cette passion prit la teinte de mon caractère. Livré à mon unique pensée, absorbé par un seul souvenir, je vivais encore une fois dans un monde créé par moi-même, et bien différent du véritable ; je voyais Mme de Nevers, j'entendais sa voix, son regard me faisait tressaillir ; je respirais le parfum de ses beaux cheveux. Ému, attendri, je versais des larmes de plaisir pour des joies imaginaires. Assis sur une pierre au coin d'un bois, ou seul dans ma chambre, je consumais ainsi des jours inutiles. Incapable d'aucune étude et d'aucune affaire, c'était l'occupation qui me dérangeait ; et malgré que je susse bien que mon retour à Paris dépendait de la fin de mes affaires, je ne pouvais prendre sur moi d'en terminer aucune. Je remettais tout au lendemain ; je demandais grâce pour les heures, et les heures étaient toutes données à ce délice ineffable de penser sans contrainte à ce que j'aimais. Quelquefois on entrait dans ma chambre, et on s'étonnait de me voir impatient et contrarié comme si l'on m'eût interrompu. En apparence, je ne faisais rien ; mais en réalité, j'étais occupé de la seule chose qui m'intéressât dans la vie. Deux mois se passèrent ainsi. Enfin, les affaires dont mon père m'avait chargé finirent, et je fus libre de quitter

Lyon. C'est avec ravissement que je me retrouvai à l'hôtel d'Olonne, mais cette joie ne fut pas de longue durée. J'appris que Mme de Nevers partait dans deux jours pour aller voir à La Haye son amie Mme de C... Je ne pus dissimuler ma tristesse, et quelquefois je crus remarquer que Mme de Nevers aussi était triste ; mais elle ne me parlait presque pas, ses manières étaient sérieuses ; je la trouvais froide, je ne la reconnaissais plus, et ne pouvant deviner la cause de ce changement, j'en étais au désespoir.

Après son départ, je restai livré à une profonde tristesse. Mes rêveries n'étaient plus comme à Lyon mon occupation chérie ; je sortais, je cherchais le monde pour y échapper. L'idée que j'avais déplu à Mme de Nevers, et l'impossibilité de deviner comment j'étais coupable, faisaient de mes pensées un tourment continuel. M. le maréchal d'Olonne attribuait à la mort de mon père l'abattement où il me voyait plongé. « Notre malheur a fait une cruelle impression sur Natalie, me dit un jour M. le maréchal d'Olonne ; elle ne s'en est point remise ; elle n'a pas cessé d'être triste et souffrante depuis ce temps-là. Le voyage, j'espère, lui fera du bien : la Hollande est charmante au printemps, Mme de C... la promènera, et des objets nouveaux la distrairont. »

Ce peu de mots de M. le maréchal d'Olonne me jeta dans une nouvelle anxiété. Quoi ! c'était depuis la mort de mon père que Mme de Nevers était triste ! Mais qu'était-il arrivé ? qu'avais-je fait ? Elle était changée pour moi. Voilà ce dont j'étais trop sûr, et ce qui me désespérait.

M. le maréchal d'Olonne, avec sa bonté accoutumée, s'occupait de me distraire. Il voulait que j'allasse au spectacle, et que je visse tout ce qu'il croyait digne d'intérêt ou de curiosité. Il me questionnait sur ce que j'avais vu, causait avec moi comme l'aurait fait mon père ; et pour m'encourager à la confiance, il me disait que ces conversations l'amusaient, et que mes impressions rajeunissaient les siennes. M. le maréchal d'Olonne, quoiqu'il ne fût point ministre, avait cependant beaucoup d'affaires. Ami intime du duc d'A..., il passait pour avoir plus de crédit qu'en réalité il ne s'était soucié d'en acquérir ; mais les grandes places qu'il occupait lui donnaient le pouvoir de rendre d'importants services. Toute la Guyenne, dont il était gouverneur, affluait chez lui. Pendant la plus grande partie de la matinée, il recevait beaucoup de monde. Quatre fois par semaine, il s'occupait de sa correspondance qui était fort étendue : il avait deux secrétaires qui travaillaient dans un de ses cabinets ; mais il me demandait souvent de rester dans celui où il écrivait lui-même. Il me parlait des affaires qui l'occupaient avec une entière confiance. Il me faisait quelquefois écrire un mémoire sur une chose secrète, ou des notes relatives aux affaires qu'il m'avait confiées, et dont il ne voulait pas que personne eût connaissance. J'aurais été bien ingrat, si je n'eusse été touché et flatté d'une telle préférence. Je devais à mon père les bontés de M. le maréchal d'Olonne ; mais ce n'était pas une raison pour en être moins reconnaissant. Je cherchais à me montrer digne de la confiance dont je recevais tant de marques, et M. le maréchal d'Olonne me disait quelquefois, avec un accent qui me rappelait mon père, qu'il était content de moi.

Il est singulièrement doux de se sentir à son aise avec des personnes qui vous sont supérieures. On n'y est point, si l'on éprouve le sentiment de son infériorité ; on n'y est pas non plus en apercevant qu'on l'a perdu : mais on y est, si elles vous le font oublier. M. le maréchal d'Olonne possédait ce don touchant de la bienveillance et de la bonté. Il inspirait toujours la vénération, et jamais la crainte. Il avait cette sorte de sécurité sur ce qui nous est dû qui permet une indulgence sans bornes. Il savait bien qu'on n'en abuserait pas, et que le respect pour lui était un sentiment auquel on n'avait jamais besoin de penser. Je sentais mon attachement pour lui croître chaque jour, et il paraissait touché du dévouement que je lui montrais.

J'allais quelquefois chez mon oncle M. d'Herbelot, et j'y retrouvais la même gaieté, le même mouvement qui m'avaient tant déplu à mon arrivée à Paris. Mon oncle ne concevait pas que je fusse heureux dans cet intérieur grave de la famille de M. le maréchal d'Olonne ; et moi, je comparais intérieurement ces deux maisons tellement différentes l'une de l'autre. Quelque chose de bruyant, de joyeux, faisait de la vie chez M. d'Herbelot comme un étourdissement perpétuel. Là, on ne vivait que pour s'amuser, et une journée qui n'était pas remplie par le plaisir paraissait vide ; là, on s'inquiétait des distractions du jour autant que de ses nécessités, comme si l'on eût craint que le temps qu'on n'occupait pas de cette manière ne se fût pas écoulé tout seul. Une troupe de complaisants, de commensaux, remplissaient le salon de M. d'Herbelot, et paraissaient partager tous ses goûts : ils exerçaient sur lui un empire auquel je ne pouvais m'habituer ; c'était comme un appui que cherchait sa faiblesse. On aurait dit qu'il n'était jamais sûr de rien sur sa propre foi ; il lui fallait le témoignage des autres. Toutes les phrases de M. d'Herbelot commençaient par ces mots : « Luceval et Bertheney trouvent », « Luceval et Bertheney disent » ; et Luceval et Bertheney précipitaient mon oncle dans toutes les folies et les ridicules d'un luxe ruineux, et d'une vie pleine de désordres et d'erreurs. Dans cette maison, toutes les frivolités étaient traitées sérieusement, et toutes les choses sérieuses l'étaient avec légèreté. Il semblait qu'on voulût jouir à tout moment de cette fortune récente, et de tous les plaisirs qu'elle peut donner, comme un avare touche son trésor pour s'assurer qu'il est là.

Chez M. le maréchal d'Olonne, au contraire, cette possession des honneurs et de la fortune était si ancienne qu'il n'y pensait plus. Il n'était jamais occupé d'en jouir ; mais il l'était souvent de remplir les obligations qu'elle impose. Des assidus, des commensaux, remplissaient aussi très souvent le salon de l'hôtel d'Olonne ; mais c'étaient des parents pauvres, un neveu officier de marine venant à Paris demander le prix de ses services ; c'était un vieux militaire couvert de blessures et réclamant la croix de Saint-Louis [1] ; c'étaient d'anciens aides de camp du maréchal ; c'était un voisin de ses terres ; c'était, hélas ! le fils d'un ancien ami. Il y avait une bonne raison à donner pour la présence de chacun d'eux. On pouvait dire pourquoi ils étaient là ; et il y avait une sorte de paternité dans cette protection bienveillante autour de laquelle ils venaient tous se ranger.

Les hommes distingués par l'esprit et le talent étaient tous accueillis chez M. le maréchal d'Olonne, et ils y valaient tout ce qu'ils pouvaient valoir ; car le bon goût qui régnait dans cette maison gagnait même ceux à qui il n'aurait pas été naturel : mais il faut pour cela que le maître en soit le modèle, et c'est ce qu'était M. le maréchal d'Olonne.

Je ne crois pas que le bon goût soit une chose si superficielle qu'on le pense en général ; tant de choses concourent à le former ; la délicatesse de l'esprit, celle des sentiments ; l'habitude des convenances, un certain tact qui donne la mesure de tout sans avoir besoin d'y penser ; et il y a aussi des choses de position dans le goût et le ton qui exercent un tel empire ; il faut une grande naissance, une grande fortune ; de l'élégance, de la magnificence dans les habitudes de la vie : il faut enfin être supérieur à sa situation par son âme et ses sentiments ; car on n'est à son aise dans les prospérités de la vie que quand on s'est placé plus haut qu'elles. M. le maréchal d'Olonne et Mme de Nevers pouvaient être atteints par le malheur sans être abaissés par lui ; car l'âme du moins ne déchoit point, et son rang est invariable.

On attendait Mme de Nevers de jour en jour, et mon cœur palpitait de joie en pensant que j'allais la revoir. Loin d'elle, je ne pouvais croire longtemps que je l'eusse offensée ; je sentais que je l'aimais avec tant de désintéressement ; j'avais tellement la conscience que j'aurais donné ma vie pour lui épargner un moment de peine, que je finissais par ne plus croire qu'elle fût mécontente de moi, à force d'être assuré qu'elle n'avait pas le droit de l'être ; mais son retour me détrompa cruellement !

Dès le même soir, je lui trouvai l'air sérieux et glacé qui m'avait tant affligé : à peine me parla-t-elle, et mes yeux ne purent jamais rencontrer les siens. Bientôt il parut que sa manière de vivre même était changée ; elle sortait souvent, et, quand elle restait à l'hôtel d'Olonne, elle y avait toujours beaucoup de monde ; elle était depuis quinze jours à Paris, et je n'avais encore pu me trouver un instant seul avec elle. Un soir après souper on se mit au jeu ; Mme de Nevers resta à causer avec une femme qui ne jouait point. Cette femme, au bout d'un quart d'heure, se leva pour

---

1. L'ordre de Saint-Louis fut institué par Louis XIV, en 1693, pour récompenser les services rendus par les officiers de terre et de mer, sans distinction de naissance, professant la religion catholique. Aboli par la Révolution, il fut rétabli en 1816 et disparut définitivement en 1830.

s'en aller, et je me sentis tout ému en pensant que j'allais rester tête à tête avec Mme de Nevers. Après avoir reconduit Mme de R..., Mme de Nevers fit quelques pas de mon côté; mais se retournant brusquement, elle se dirigea vers l'autre extrémité du salon, et alla s'asseoir auprès de M. le maréchal d'Olonne, qui jouait au whist, et dont elle se mit à regarder le jeu. Je fus désespéré. Elle me méprise! pensais-je; elle me dédaigne! Qu'est devenue cette bonté touchante qu'elle montra lorsque je perdis mon père? C'était donc seulement au prix de la plus amère des douleurs que je devais sentir la plus douce de toutes les joies; elle pleurait avec moi alors; à présent elle déchire mon cœur, et ne s'en aperçoit même pas. Je pensai pour la première fois qu'elle avait peut-être pénétré mes sentiments, et qu'elle en était blessée. Mais pourquoi le serait-elle? me disais-je. C'est un culte que je lui rends dans le secret de mon cœur; je ne prétends à rien, je n'espère rien; l'adorer c'est ma vie: comment pourrais-je m'empêcher de vivre? J'oubliais que j'avais mortellement redouté qu'elle ne découvrît ma passion, et j'étais si désespéré, que je crois qu'en ce moment je la lui aurais avouée moi-même pour la faire sortir, fût-ce par la colère, de cette froideur et de cette indifférence qui me mettaient au désespoir.

Si j'étais le prince d'Enrichemont, ou le duc de L..., me disais-je, j'oserais m'approcher d'elle; je la forcerais à s'occuper de moi; mais dans ma position je dois l'attendre, et puisqu'elle m'oublie je veux partir. Oui, je la fuirai, je quitterai cette maison; mon père y apportait trente ans de considération, et une célébrité qui le faisait rechercher de tout le monde; moi je suis un être obscur, isolé, je n'ai aucun droit par moi-même, et je ne veux pas des bontés qu'on accorde au souvenir d'un autre, même de mon père. Personne aujourd'hui ne s'intéresse à moi; je suis libre, je la fuirai, j'irai au bout du monde avec son souvenir; le souvenir de ce qu'elle était il y a six mois! Livré à ces pensées douloureuses, je me rappelais les rêveries de ma jeunesse, de ce temps où je n'étais l'inférieur de personne. Entouré de mes égaux, pensai-je, je n'avais pas besoin de soumettre mon instinct à l'examen de ma raison; j'étais bien sûr de n'être pas *inconvenable*, ce mot créé pour désigner des torts qui n'en sont pas. Ah! ce malaise affreux que j'éprouve, je ne le sentais pas avec mes pauvres parents; mais je ne le sentais pas non plus il y a six mois, quand Mme de Nevers me regardait avec douceur, quand elle me faisait raconter ma vie, et qu'elle me disait que j'étais le fils de son père. Avec elle, je retrouverais tout ce qui me manque. Qu'ai-je donc fait? en quoi l'ai-je offensée?

Le jeu était fini; M. le maréchal d'Olonne s'approcha de moi, et me dit: «Certainement, Édouard, vous n'êtes pas bien; depuis quelques jours vous êtes fort changé, et ce soir vous avez l'air tout à fait malade.» Je l'assurai que je me portais bien, et je regardai Mme de Nevers; elle venait de se retourner pour parler à quelqu'un. Si j'eusse pu croire qu'elle savait que je souffrais pour elle, j'aurais été moins malheureux. Les jours suivants, je crus remarquer un peu plus de bonté dans ses regards, un peu moins de sérieux dans ses manières ; mais elle sortait toujours presque tous les soirs, et, quand je la voyais partir à neuf heures, belle, parée, charmante, pour aller dans ces fêtes où je ne pouvais la suivre, j'éprouvais des tourments inexprimables ; je la voyais entourée, admirée ; je la voyais gaie, heureuse, paisible, et je dévorais en silence mon humiliation et ma douleur.

Il était question depuis quelque temps d'un grand bal chez M. le prince de L..., et l'on vint tourmenter Mme de Nevers pour la mettre d'un quadrille russe, que la princesse voulait qu'on dansât chez elle, et où elle devait danser elle-même. Les costumes étaient élégants, et prêtaient fort à la magnificence ; on arrangea le quadrille ; il se composait de huit jeunes femmes toutes charmantes ; et d'autant de jeunes gens, parmi lesquels le prince d'Enrichemont et le duc de L... Ce dernier fut le danseur de Mme de Nevers, au grand déplaisir du prince d'Enrichemont. Pendant quinze jours, ce quadrille devint l'unique occupation de l'hôtel d'Olonne ; Gardel [1] venait le faire répéter tous les matins ; les ouvriers de tout genre employés pour le costume prenaient les ordres ; on assortissait des pierreries ; on choisissait des modèles ; on consultait des voyageurs pour s'assurer de la vérité des descriptions, et ne pas s'écarter du type national, qu'avant tout on voulait conserver. Je savais mauvais gré à Mme de Nevers de cette frivole occupation ; et cependant je ne pouvais me dissimuler que, si j'eusse été à la place du duc de L..., je me serais trouvé le plus heureux des hommes. J'avais l'injustice de dire des mots piquants sur la légèreté en général, comme si ces mots eussent pu s'appliquer à Mme de Nevers ! Des sentiments indignes de moi, et que je n'ose rappeler, se glissaient dans mon cœur. Hélas ! il est bien difficile d'être juste dans un rang inférieur de la société ; et ce qui nous prime peut difficilement ne pas nous blesser. Mme de Nevers cependant n'était pas gaie, et elle se laissait entraîner à cette fête plutôt qu'elle n'y entraînait les autres. Elle dit une fois qu'elle était lasse de tous ces plaisirs ; mais pourtant le jour du quadrille arriva, et Mme de Nevers parut dans le salon à huit heures en costume, et accompagnée de deux ou trois personnes, qui allaient avec elle répéter encore une fois le quadrille chez la princesse avant le bal.

Jamais je n'avais vu Mme de Nevers plus ravissante qu'elle ne l'était ce soir-là. Cette coiffure de velours noir, brodée de diamants, ne couvrait qu'à demi ses beaux cheveux blonds ; un grand voile brodé d'or et très léger surmontait cette coiffure, et tombait avec grâce sur son cou et sur ses épaules, qui n'étaient cachées que par lui ; un corset de soie rouge

---

1. Pierre Gabriel Gardel (1758-1840), danseur et chorégraphe, qui débuta à l'Opéra de Paris en 1774 et devint, en 1787, maître des ballets.

boutonné, et aussi orné de diamants, dessinait sa jolie taille ; ses manches blanches étaient retenues par des bracelets de pierreries, et sa jupe courte laissait voir un pied charmant, à peine pressé dans une petite chaussure en brodequin, de soie aussi, et lacée d'or ; enfin, rien ne peut peindre la grâce de Mme de Nevers dans cet habit étranger, qui semblait fait exprès pour le caractère de sa figure et la proportion de sa taille. Je me sentis troublé en la voyant ; une palpitation me saisit ; je fus obligé de m'appuyer contre une chaise ; je crois qu'elle le remarqua. Elle me regarda avec douceur. Depuis si longtemps je cherchais ce regard, qu'il ne fit qu'ajouter à mon émotion.

« N'allez-vous pas au spectacle ? me demanda-t-elle.

— Non, lui dis-je, ma soirée est finie.

— Mais cependant, reprit-elle, il n'est pas encore huit heures ?

— N'allez-vous pas sortir ! » répondis-je.

Elle soupira ; puis me regardant tristement : « J'aimerais mieux rester », dit-elle. On l'appela, elle partit. Mais, grand Dieu ! quel changement s'était fait autour de moi ! J'aimerais mieux rester ! Ces mots si simples avaient bouleversé toute mon âme ! J'aimerais mieux rester ! Elle me l'avait dit, je l'avais entendu ; elle avait soupiré, et son regard disait plus encore ! Elle aimerait mieux rester ! rester pour moi ! ô ciel ! cette idée contenait trop de bonheur ; je ne pouvais la soutenir ; je m'enfuis dans la bibliothèque ; je tombai sur une chaise. Quelques larmes soulagèrent mon cœur. Rester pour moi ! répétai-je ; j'entendis sa voix, son soupir, je voyais son regard, il pénétrait mon âme, et je ne pouvais suffire à tout ce que j'éprouvais à la fois de sensations délicieuses. Ah ! qu'elles étaient loin les humiliations de mon amour-propre ! que tout cela me paraissait en ce moment petit et misérable ! Je ne concevais pas que j'eusse jamais été malheureux. Quoi ! elle aurait pitié de moi ! Je n'osais dire : Quoi ! elle m'aimerait ! Je doutais, je voulais douter ! mon cœur n'avait pas la force de soutenir cette joie ! Je la tempérais, comme on ferme les yeux à l'éclat d'un beau soleil ; je ne pouvais la supporter tout entière. Mme de Nevers se tenait souvent le matin dans cette bibliothèque où je m'étais réfugié. Je trouvai sur la table un de ses gants ; je le saisis avec transport ; je le couvris de baisers ; je l'inondai de larmes. Mais bientôt je m'indignai contre moi-même d'oser profaner son image par mes coupables pensées ; je lui demandais pardon de la trop aimer. Qu'elle me permette seulement de souffrir pour elle ! me disais-je ; je sais bien que je ne puis prétendre au bonheur. Mais est-il donc possible que ce qu'elle m'a dit ait le sens que mon cœur veut lui prêter ! Peut-être que, si elle fût restée un instant de plus, elle aurait tout démenti. C'est ainsi que le doute rentrait dans mon âme avec ma raison ; mais bientôt cet accent si doux se faisait entendre de nouveau au fond de moi-même. Je le retenais, je craignais qu'il ne s'échappât : il était ma seule espérance, mon seul bonheur ; je le conservais comme une mère serre son enfant dans ses bras !

Ma nuit entière se passa sans sommeil ; j'aurais été bien fâché de dormir, et de perdre ainsi le sentiment de mon bonheur. Le lendemain, M. le maréchal d'Olonne me fit demander dans son cabinet ; je commençai alors à penser qu'il fallait cacher ce bonheur, qu'il me semblait que tout le monde allait deviner : mais je ne pus surmonter mon invincible distraction. Je n'eus pas besoin longtemps de dissimuler pour avoir l'air triste ; je revis à dîner Mme de Nevers, elle évita mes regards, ne me parla point, sortit de bonne heure, et me laissa au désespoir. Cependant sa sévérité s'adoucit un peu les jours suivants, et je crus voir qu'elle n'était pas insensible à la peine qu'elle me causait. Je ne pouvais presque pas douter qu'elle ne m'eût deviné ; si j'eusse été sûr de sa pitié, je n'aurais pas été malheureux.

Je n'avais jamais vu danser Mme de Nevers, et j'avais un violent désir de la voir, sans en être vu, à une de ces fêtes où je me la représentais si brillante. On pouvait aller à ces grands bals comme spectateur ; cela s'appelait aller *en beyeux*. On était dans des tribunes, ou sur des gradins, séparés du reste de la société ; on y trouvait en général des personnes d'un rang inférieur, et qui ne pouvaient aller à la cour. J'étais blessé d'aller là ; et la pensée de Mme de Nevers pouvait seule l'emporter sur la répugnance que j'avais d'exposer ainsi à tous les yeux l'infériorité de ma position. Je ne prétendais à rien, et cependant, me montrer ainsi à côté de mes égaux m'était pénible. Je me dis qu'en allant de bonne heure, je me cacherais dans la partie du gradin où je serais le moins en vue, et que dans la foule on ne me remarquerait peut-être pas. Enfin, le désir de voir Mme de Nevers l'emporta sur tout le reste, et je pris un billet pour une fête que donnait l'ambassadeur d'Angleterre, et où la reine devait aller. Je me plaçai en effet sur des gradins qu'on avait construits dans l'embrasure des fenêtres d'un immense salon ; j'avais à côté de moi un rideau, derrière lequel je pouvais me cacher, et j'attendis là Mme de Nevers, non sans un sentiment pénible, car tout ce que j'avais prévu arriva, et je ne fus pas plus tôt sur ce gradin que le désespoir me prit d'y être. Le langage que j'entendis autour de moi blessait mon oreille. Quelque chose de commun, de vulgaire dans les remarques, me choquait et m'humiliait, comme si j'en eusse été responsable. Cette société momentanée où je me trouvais avec mes égaux m'apprenait combien je m'étais placé loin d'eux. Je m'irritais aussi de ce que je trouvais en moi cette petitesse de caractère qui me rendait si sensible à leurs ridicules. Le vrai mérite dépend-il donc des manières ! me disais-je. Qu'il est indigne à moi de désavouer ainsi au fond de mon âme le rang où je suis placé, et que je tiens de mon père ! N'est-il pas honorable ce rang ? qu'ai-je donc à envier ? Mme de Nevers entrait en ce moment. Qu'elle était belle et charmante ! Ah ! pensai-je, voilà ce que j'envie ; ce n'est pas le rang pour le rang, c'est qu'il me ferait son égal. Ô mon Dieu ! huit jours seulement d'un tel bonheur, et puis la mort. Elle s'avança, et elle allait passer près du gradin sans me voir, lorsque le duc de L… me découvrit au fond de mon rideau, et m'appela en riant. Je descendis au bord du gradin, car je ne voulais pas avoir l'air honteux d'être là. Mme de Nevers s'arrêta, et me dit :

«Comment! vous êtes ici?

— Oui, lui répondis-je, je n'ai pu résister au désir de vous voir danser; j'en suis puni, car j'espérais que vous ne me verriez pas.»

Elle s'assit sur la banquette qui était devant le gradin, et je continuai à causer avec elle. Nous n'étions séparés que par la barrière qui isolait les spectateurs de la société : triste emblème de celle qui nous séparait pour toujours! L'ambassadeur vint parler à Mme de Nevers, et lui demanda qui j'étais.

«C'est le fils de M. G…, avec lequel je me rappelle que vous avez dîné chez mon père, il y a environ un an, lui répondit-elle.

— Je n'ai jamais rencontré un homme d'un esprit plus distingué», dit l'ambassadeur.

Et s'adressant à moi : «Je fais un reproche à Mme de Nevers, dit-il, de ne m'avoir pas procuré le plaisir de vous inviter plus tôt : quittez, je vous prie, cette mauvaise banquette, et venez avec nous.» Je fis le tour du gradin, et l'ambassadeur continuant : «La profession d'avocat est une des plus honorées en Angleterre, dit-il; elle mène à tout. Le grand chancelier actuel, lord D…, a commencé par être un simple avocat, et il est aujourd'hui au premier rang dans notre pays. Le fils de lord D… a épousé une personne que vous connaissez, madame, ajouta l'ambassadeur en s'adressant à Mme de Nevers; c'est lady Sarah Benmore, la fille aînée du duc de Sunderland. Vous souvenez-vous que nous trouvions qu'elle vous ressemblait?» L'ambassadeur s'éloigna. «Comme vous êtes pâle! qu'avez-vous?» me dit Mme de Nevers.

«Je l'emmène, dit le duc de L… sans l'entendre; je veux lui montrer le bal, et d'ailleurs vous allez danser.» Le prince d'Enrichemont vint chercher Mme de Nevers, et j'allai avec le duc de L… dans la galerie, où la foule s'était portée, parce que la reine y était. Le duc de L…, toujours d'un bon naturel, était charmé de me voir au bal; il me nommait tout le monde, et se moquait de la moitié de ceux qu'il me nommait. J'étais inquiet, mal à l'aise; l'idée qu'on pouvait s'étonner de me voir là m'ôtait tout le plaisir d'y être. Le duc de L… s'arrêta pour parler à quelqu'un; je m'échappai, je retournai dans le salon où dansait Mme de Nevers, et je m'assis sur la banquette qu'elle venait de quitter. Ah! ce n'est pas au bal que je pensais! je croyais encore entendre toutes les paroles de l'ambassadeur; que j'aimais ce pays où toutes les carrières étaient ouvertes au mérite! où l'impossible ne s'élevait jamais devant le talent! où l'on ne disait jamais : «Vous n'irez que jusque-là!» Émulation, courage, persévérance, tout est détruit par l'impossible, cet abîme qui sépare du but, et qui ne sera jamais comblé! Et ici l'autorité est nulle comme le talent; la puissance elle-même ne saurait franchir cet obstacle, et cet obstacle, c'est ce nom révéré, ce nom sans tache, ce nom de mon père dont j'ai la lâcheté de rougir ! Je m'indignai contre moi-même, et, m'accusant de ce sentiment comme d'un crime, je restai absorbé dans mille réflexions douloureuses. En levant les yeux, je vis Mme de Nevers auprès de moi.

« Vous étiez bien loin d'ici, me dit-elle.

— Oui, lui répondis-je, je veux aller en Angleterre, dans ce pays où rien n'est impossible.

— Ah ! dit-elle, j'étais bien sûre que vous pensiez à cela ! Mais ne dansez-vous pas ? me demanda-t-elle.

— Je crains que cela ne soit inconvenable, lui dis-je.

— Pourquoi donc ? reprit-elle ; puisque vous êtes invité, vous pouvez danser, et je ne vois pas ce qui vous en empêcherait. Et qui inviterez-vous ? ajouta-t-elle en souriant.

— Je n'ose vous prier, lui dis-je ; je crains qu'on ne trouve déplacé que vous dansiez avec moi.

— Encore ! s'écria-t-elle ; voilà réellement de l'humilité fastueuse.

— Ah ! lui dis-je tristement, je vous prierais en Angleterre. »

Elle rougit.

« Il faut que je quitte le monde, ajoutai-je ; il n'est pas fait pour moi, j'y souffre, et je m'y sens de plus en plus isolé ; je veux suivre ma profession ; j'irai au Palais, personne là ne demandera pourquoi j'y suis ; je mettrai une robe noire, et je plaiderai des causes. Me confierez-vous vos procès ? lui demandai-je, je les gagnerai tous.

— Je voudrais commencer par gagner celui-ci, me dit-elle. Ne voulez-vous donc pas danser avec moi ? »

Je ne pus résister à la tentation ; je pris sa main, sa main que je n'avais jamais touchée ! et nous nous mîmes à une contredanse. Je ne tardai pas à me repentir de ma faiblesse ; il me semblait que tout le monde nous regardait. Je croyais lire l'étonnement sur les physionomies, et je passais du délice de la contempler, et d'être si près d'elle, de la tenir presque dans mes bras, à la douleur de penser qu'elle faisait peut-être pour moi une chose inconvenante, et qu'elle en serait blâmée. Comme la contredanse allait finir, M. le maréchal d'Olonne s'approcha de nous, et je vis son visage devenir sérieux et mécontent. Mme de Nevers lui dit quelques mots tout bas, et son expression habituelle de bonté revint sur-le-champ. Il me dit : « Je suis bien aise que l'ambassadeur vous ait prié, c'est aimable à lui. » Cela voulait dire : « Il l'a fait pour m'obliger, et c'est par grâce que vous êtes ici. » C'est ainsi que tout me blessait, et que, jusqu'à cette protection bienveillante, tout portait un germe de souffrance pour mon âme, et d'humiliation pour mon orgueil.

Je fus poursuivi pendant plusieurs jours après cette fête par les réflexions les plus pénibles, et je me promis de ne plus me montrer à un bal. L'infériorité de ma position m'était bien moins sensible dans l'intérieur de la maison de M. le maréchal d'Olonne, ou même au milieu de sa société intime, quoiqu'elle fût composée de grands seigneurs, ou d'hommes célèbres par leur esprit. Mais là du moins on pouvait valoir quelque chose par soi-même, tandis que dans la foule on n'est distingué que par le nom ou l'habit qu'on porte ; et y aller comme pour y étaler son infériorité me semblait insupportable, tout en ne pouvant m'empêcher de trouver que cette souffrance était une faiblesse. Je pensais à l'Angleterre. Que j'admirais ces institutions qui du moins relèvent l'infériorité par l'espérance ! Quoi ! me disais-je, ce qui est ici une folie sans excuse serait là le but de la plus noble émulation ; là je pourrais conquérir Mme de Nevers ! Sept lieues de distance séparent le bonheur et le désespoir. Qu'elle était bonne et généreuse à ce bal ! elle a voulu danser avec moi, pour me relever à mes propres yeux, pour me consoler de tout ce qu'elle sentait bien qui me blessait. Mais est-ce d'une femme ? est-ce de celle qu'on aime qu'on devrait recevoir protection et appui ? Dans ce monde factice tout est interverti, ou plutôt c'est ma passion pour elle qui change ainsi les rapports naturels ; elle n'aurait pas *rendu service* au prince d'Enrichemont en le priant à danser. Il prétendait à ce bonheur ; il avait droit d'y prétendre, et moi toutes mes prétentions sont déplacées, et mon amour pour elle est ridicule ! J'aurais mieux aimé la mort que cette pensée ; elle s'empara pourtant de moi au point que je mis à fuir Mme de Nevers autant d'empressement que j'en avais mis à la chercher ; mais c'était sans avoir le courage de me séparer d'elle tout à fait, en quittant comme je l'aurais dû peut-être la maison de M. le maréchal d'Olonne, et en suivant ma profession. Mme de Nevers par un mouvement opposé m'adressait plus souvent la parole, et cherchait à dissiper la tristesse où elle me voyait plongé ; elle sortait moins le soir ; je la voyais davantage, et peu à peu sa présence adoucissait l'amertume de mes sentiments.

Quelques jours après le bal de l'ambassadeur d'Angleterre, la conversation se mit sur les fêtes en général ; on parla de celles qui venaient d'avoir lieu, et l'on cita les plus magnifiques et les plus gaies. « Gaies ! s'écria Mme de Nevers : je ne reconnais pas qu'aucune fête soit gaie ; j'ai toujours été frappée au contraire qu'on n'y voyait que des gens tristes, et qui semblaient fuir là quelque grande peine.

— Qui se serait douté que Mme de Nevers ferait une telle remarque ? dit le duc de L... Quand on est jeune, belle, heureuse, comment voit-on autre chose que l'envie qu'on excite, et l'admiration qu'on inspire ?

— Je ne vois rien de tout cela, dit-elle, et j'ai raison. Mais sérieusement, ne trouvez-vous pas comme moi que la foule est toujours triste ? Je suis persuadée que la dissipation est née du malheur ; le bonheur n'a pas cet air agité.

— Nous interrogerons les assistants au premier bal, dit en riant le duc de L...

— Ah ! reprit Mme de Nevers, si cela se pouvait, vous seriez peut-être bien étonné de leurs réponses !

— S'il y a au bal des malheureux, dit le duc de L…, ce sont ceux que vous faites, madame. Voici le prince d'Enrichemont, je vais l'appeler, et invoquer son témoignage. »

Le duc de L… se tirait toujours de la conversation par des plaisanteries : observer et raisonner était une espèce de fatigue dont il était incapable ; son esprit était comme son corps, et avait besoin de changer de place à tout moment. Je me demandai aussi pourquoi Mme de Nevers avait fait cette réflexion sur les fêtes, et pourquoi depuis six mois elle y avait passé sa vie. Je n'osais croire ce qui se présentait à mon esprit, j'aurais été trop heureux.

Les jours suivants, Mme de Nevers me parut triste, mais elle ne me fuyait pas. Un soir elle me dit :

« Je sais que mon père s'est occupé de vous, et qu'il espère que vous serez placé avantageusement au ministère des Affaires étrangères ; cela vous donnera des moyens de vous distinguer prompts et sûrs, et cela vous mettra aussi dans un monde agréable.

— Je tenais à la profession de mon père, lui dis-je, mais il me sera doux de laisser M. le maréchal d'Olonne et vous disposer de ma vie. »

Peu de jours après elle me dit :

« La place est obtenue, mais mon père ne pourra pas longtemps vous y être utile.

— Les bruits qu'on fait courir sur la disgrâce de M. le duc d'A… sont donc vrais ? lui demandai-je.

— Ils sont trop vrais, me répondit-elle, et je crois que mon père la partagera. Suivant toute apparence, il sera exilé à Faverange au fond du Limousin, et je l'y accompagnerai.

— Grand Dieu ! m'écriai-je, et c'est en ce moment que vous me parlez de place ? Vous me connaissez donc bien peu, si vous me croyez capable d'accepter une place pour servir vos ennemis ! Je n'ai qu'une place au monde, c'est à Faverange, et ma seule ambition c'est d'y être souffert. »

Je la quittai en disant ces mots, et j'allai, encore tout ému, chez M. le maréchal d'Olonne lui dire tout ce que mon cœur m'inspirait. Il en fut touché. Il me dit qu'en effet le duc d'A… était disgracié, et que, sans avoir partagé ni sa faveur ni sa puissance, il partagerait sa disgrâce. « J'ai dû le soutenir dans une question où son honneur était compromis, dit-il ; je suis tranquille, j'ai fait mon devoir, et la vérité sera connue tôt ou tard. J'accepterai votre dévouement, mon cher Édouard, comme j'aurais accepté celui de votre père ; je vous laisserai ici pour quelques jours, vous terminerez des affaires importantes, que sans doute on ne me donnera pas le temps de finir. Restez avec moi, me dit-il, je veux mettre ordre au plus pressé, être prêt, et n'avoir rien à demander, pas même un délai. »

L'ordre d'exil arriva dans la soirée, et répandit la douleur et la consternation à l'hôtel d'Olonne. M. le maréchal d'Olonne, avec le plus grand calme, donna des ordres précis, et, en fixant une occupation à chacun, suspendit les plaintes inutiles.

Le duc de L..., le prince d'Enrichemont, et les autres amis de la famille, accoururent à l'hôtel d'Olonne au premier bruit de cette disgrâce. M. le maréchal d'Olonne eut toutes les peines du monde à contenir le bouillant intérêt du duc de L..., à enchaîner son zèle inconsidéré, et à tempérer la violence de ses discours. Le prince d'Enrichemont, au contraire, toujours dans une mesure parfaite, disait tout ce qu'il fallait dire, et je ne sais comment, en étant si convenable, il trouvait le moyen de me choquer à tout moment. Quelquefois en écoutant ces phrases si bien tournées, je regardais Mme de Nevers, et je voyais sur ses lèvres un léger sourire, qui me prouvait que le prince d'Enrichemont n'avait pas auprès d'elle plus de succès qu'après de moi. J'eus à cette époque un chagrin sensible. M. d'Herbelot se conduisit envers M. le maréchal d'Olonne de la manière la plus indélicate. Ils avaient eu à traiter ensemble une affaire relative au gouvernement de Guyenne, et après des contestations assez vives, mon oncle avait eu le dessous. Il restait quelques points en litige ; mon oncle crut le moment favorable pour le succès, il intrigua, et fit décider l'affaire en sa faveur. Je fus blessé au cœur de ce procédé.

Cependant les ballots, les paquets remplirent bientôt les vestibules et les cours de l'hôtel d'Olonne. Quelques chariots partirent en avant avec une partie de la maison, et M. le maréchal d'Olonne et Mme de Nevers quittèrent Paris le lendemain, ne voulant être accompagnés que de l'abbé Tercier. Tout Paris était venu dans la soirée à l'hôtel d'Olonne ; mais M. le maréchal d'Olonne n'avait reçu que ses amis. Il dédaignait cette insulte au pouvoir dont les exemples étaient alors si communs. Il trouvait plus de dignité dans un respectueux silence. Je l'imite ; mais je ne doute pas qu'à cette époque vous n'ayez entendu parler de l'exil de M. le maréchal d'Olonne comme d'une grande injustice, et d'un abus de pouvoir, fondé sur la plus étrange erreur.

Les affaires de M. le maréchal d'Olonne me retinrent huit jours à Paris. Je partis enfin pour Faverange, et mon cœur battit de joie en songeant que j'allais me trouver presque seul avec celle que j'adorais. Joie coupable ! indigne personnalité ! J'en ai été cruellement puni, et cependant le souvenir de ces jours orageux que j'ai passés près d'elle sont encore la consolation et le seul soutien de ma vie.

J'arrivai à Faverange dans les premiers jours de mai. Le maréchal d'Olonne se méprit à la joie si vive que je montrai en le revoyant ; il m'en sut gré, et je reçus ses éloges avec embarras. S'il eût pu lire au fond de mon cœur, combien je lui aurais paru coupable ! Lorsque j'y réfléchis, je ne comprends pas que M. le maréchal d'Olonne n'eût point encore deviné mes sentiments secrets ; mais la vieillesse et la jeunesse manquent également de pénétration, l'une ne voit que ses espérances, et l'autre que ses souvenirs.

Faverange était ce vieux château où Mme de Nevers avait été élevée, et dont elle m'avait parlé une fois. Situé à quelques lieues d'Uzerche, sur un rocher, au bord de la Corrèze, sa position était ravissante. Un grand parc fort sauvage environnait le château ; la rivière qui baignait le pied des terrasses fermait le parc de trois côtés. Une forêt de vieux châtaigniers couvrait un espace considérable, et s'étendait depuis le sommet du coteau jusqu'au bord de la rivière. Ces arbres vénérables avaient donné leur ombre à plusieurs générations, on appelait ce lieu la Châtaigneraie. La rivière, les campagnes, les collines bleuâtres qui fermaient l'horizon, tout me plaisait dans cet aspect ; mais tout m'aurait plu dans la disposition actuelle de mon âme. La solitude, la vie que nous menions, l'air de paix, de contentement de Mme de Nevers, tout me jetait dans cet état si doux où le présent suffit, où l'on ne demande rien au passé ni à l'avenir, où l'on voudrait faire durer le temps, retenir l'heure qui s'échappe et le jour qui va finir.

M. le maréchal d'Olonne en arrivant à Faverange avait établi une régularité dans la manière de vivre qui laissait du temps pour tout. Il avait annoncé qu'il recevrait très peu de monde, et, avec le bon esprit qui lui était propre, il s'était créé des occupations qui avaient de l'intérêt parce qu'elles avaient un but utile. De grands défrichements, la construction d'une manufacture, celle d'un hospice, occupaient une partie de ses matinées ; d'autres heures étaient employées dans son cabinet à écrire des Mémoires sur quelques parties de sa vie plus consacrées aux affaires publiques. Le soir, tous réunis dans le salon, M. le maréchal d'Olonne animait l'entretien par ses souvenirs ou ses projets ; les gazettes, les lectures, fournissaient aussi à la conversation, et jamais un moment d'humeur ne trahissait les regrets de l'ambition dans le grand seigneur exilé, ni le dépit dans la victime d'une injustice. Cette simplicité, cette égalité d'âme n'étaient point un effort dans M. le maréchal d'Olonne. Il était si naturellement au-dessus de toutes les prospérités et de tous les revers de la fortune, qu'il ne lui en coûtait rien de les dédaigner, et si la faiblesse humaine, se glissant à son insu dans son cœur, y eût fait entrer un regret de la vanité, il l'aurait raconté naïvement, et s'en serait moqué le premier. Cette grande bonne foi d'un caractère élevé est un des spectacles les plus satisfaisants que l'homme puisse rencontrer ; il console et honore ceux mêmes qui ne sauraient y atteindre.

Je parlais un jour avec admiration à Mme de Nevers du caractère de son père.

« Vous avez, me dit-elle, tout ce qu'il faut pour le comprendre ; le monde admire ce qui est bien, mais c'est souvent sans savoir pourquoi ; ce qui est doux, c'est de retrouver dans une autre âme tous les éléments de la sienne : et quoi qu'on fasse, dit-elle, ces âmes se rapprochent ; on veut en vain les séparer !

— Ne dites pas cela, lui répondis-je, je vous prouverais trop aisément le contraire.

— Peut-être ce que vous me diriez fortifierait mon raisonnement, reprit-elle ; mais je ne veux pas le savoir. »

Elle se rapprocha de l'abbé Tercier, qui était sa ressource pour ne pas rester seule avec moi.

Il était impossible qu'elle ne vît pas que je l'adorais ; quelquefois j'oubliais l'obstacle éternel qui nous séparait. Dans cette solitude, le bonheur était le plus fort. Le soir, l'entendre, marcher près d'elle, sentir son bras s'appuyer sur le mien, c'étaient autant de délices auxquelles je m'abandonnais avec transport. Il faut avoir aimé pour savoir jusqu'où peut aller l'imprévoyance. Il semble que la vie soit concentrée dans un seul point, et que tout le reste ne se présente plus à l'esprit que comme des images effacées. C'est avec effort que l'on appelle sa pensée sur d'autres objets ; et dès que l'effort cesse, on rentre dans la nature de la passion, dans l'oubli de tout ce qui n'est pas elle.

Quelquefois je croyais que Mme de Nevers n'était pas insensible à un sentiment qui ressemblait si peu à ce qu'elle avait pu inspirer jusqu'alors ; mais, par la bizarrerie de ma situation, l'idée d'être aimé, qui aurait dû me combler de joie, me glaçait de crainte. Je ne mesurais qu'alors la distance qui nous séparait ; je ne sentais qu'alors de combien de manières il était impossible que je fusse heureux. Le remords aussi entrait dans mon âme avec l'idée qu'elle pouvait m'aimer. Jusqu'ici je l'avais adorée en secret, sans but, sans projets et sachant bien que cette passion ne pouvait me conduire qu'à ma perte ; mais enfin je n'étais responsable à personne du choix que je faisais pour moi-même. Mais si j'étais aimé d'elle, combien je devenais coupable ! Quoi ! je serais venu chez M. le maréchal d'Olonne, il m'aurait traité comme son fils, et je n'aurais usé de la confiance qui m'admettait chez lui que pour adorer sa fille, pour m'en faire aimer, pour la précipiter peut-être dans les tourments d'une passion sans espoir ! Cette trahison me paraissait indigne de moi, et l'idée d'être aimé qui m'enivrait ne pouvait pourtant m'aveugler au point de voir une excuse possible à une telle conduite ; mais là encore l'amour était le plus fort, il n'effaçait pas mes remords, mais il m'ôtait le temps d'y penser. D'ailleurs la certitude d'être aimé était bien loin de moi, et le temps s'écoulait comme il passe à vingt-trois ans, avec une passion qui vous possède entièrement.

Un soir la chaleur était étouffante ; on n'avait pu sortir de tout le jour ; le soleil venait de se coucher, et l'on avait ouvert les fenêtres pour obtenir un peu de fraîcheur. M. le maréchal d'Olonne, l'abbé, et deux hommes d'une petite ville voisine assez instruits, étaient engagés dans une conversation sur l'économie politique ; ils agitaient depuis une heure la question du commerce des grains, et cela faisait une de ces conversations pesantes où l'on parle longuement, où l'on suit un raisonnement, où les arguments s'enchaînent, et où l'attention de ceux qui écoutent est entièrement absorbée ; mais rien aussi n'est si favorable à la rêverie de ceux qui n'écoutent pas ; ils savent qu'ils ne seront pas interrompus, et qu'on est trop occupé pour songer à eux. Mme de Nevers s'était assise dans l'embrasure d'une des fenêtres pour respirer l'air frais du soir ; un grand jasmin qui tapissait le mur de ce côté du château montait dans la fenêtre, et s'entrelaçait dans le balcon. Debout, à deux pas derrière elle, je voyais son profil charmant se dessiner sur un ciel d'azur, encore doré par les derniers rayons du couchant ; l'air était rempli de ces petites particules brillantes qui nagent dans l'atmosphère à la fin d'un jour chaud de l'été ; les coteaux, la rivière, la forêt, étaient enveloppés d'une vapeur violette qui n'était plus le jour et qui n'était pas encore l'obscurité. Une vive émotion s'empara de mon cœur. De temps en temps un souffle d'air arrivait à moi ; il m'apportait le parfum du jasmin, et ce souffle embaumé semblait s'exhaler de celle qui m'était si chère ! Je le respirais avec avidité. La paix de ces campagnes, l'heure, le silence, l'expression de ce doux visage, si fort en harmonie avec ce qui l'entourait, tout m'enivrait d'amour. Mais bientôt mille réflexions douloureuses se présentèrent à moi. Je l'adore, pensai-je, et je suis pour jamais séparé d'elle ! Elle est là ; je passe ma vie près d'elle, elle lit dans mon cœur, elle devine mes sentiments, elle les voit peut-être sans colère : eh bien ! jamais, jamais, nous ne serons rien l'un à l'autre ! La barrière qui nous sépare est insurmontable, je ne puis que l'adorer ; le mépris la poursuivrait dans mes bras ! et cependant nos cœurs sont créés l'un pour l'autre. Et n'est-ce pas là peut-être ce qu'elle a voulu dire l'autre jour ? Un mouvement irrésistible me rapprocha d'elle ; j'allai m'asseoir sur cette même fenêtre où elle était assise, et j'appuyai ma tête sur le balcon. Mon cœur était trop plein pour parler.

« Édouard, me dit-elle, qu'avez-vous ?

— Ne le savez-vous pas ? » lui dis-je.

Elle fut un moment sans répondre ; puis elle me dit :

« Il est vrai, je le sais ; mais si vous ne voulez pas m'affliger, ne soyez pas ainsi malheureux. Quand vous souffrez, je souffre avec vous ; ne le savez-vous pas aussi ?

— Je devrais être heureux de ce que vous me dites, répondis-je, et cependant je ne le puis.

— Quoi ! dit-elle, si nous passions notre vie comme nous avons passé ces deux mois, vous seriez malheureux ? »

Je n'osai lui dire que oui ; je cueillis des fleurs de ces jasmins qui l'entouraient, et qu'on ne distinguait plus qu'à peine ; je les lui donnai, je les lui repris ; puis je les couvris de mes baisers et de mes larmes. Bientôt j'entendis qu'elle pleurait, et je fus au désespoir.

« Si vous êtes malheureuse, lui dis-je, combien je suis coupable ! Dois-je donc vous fuir ?

— Ah ! dit-elle, il est trop tard. »

On apporta des lumières, je m'enfuis du salon ; je me trouvais si à plaindre, et pourtant j'étais si heureux, que mon âme était entièrement bouleversée.

Je sortis du château, mais sans pouvoir m'en éloigner ; j'errais sur les terrasses, je m'appuyais sur ces murs qui renfermaient Mme de Nevers, et je m'abandonnais à tous les transports de mon cœur. Être aimé, aimé d'elle ! elle me l'avait presque dit ; mais je ne pouvais le croire. Elle a pitié de moi, me disais-je, voilà tout ; mais n'est-ce pas assez pour être heureux ? Elle n'était plus à la fenêtre ; je vis des lumières dans une tour qui formait l'un des angles du château. Cette lumière venait d'un cabinet d'étude qui dépendait de l'appartement de Mme de Nevers. Un escalier tournant, pratiqué dans une tourelle, conduisait de la terrasse à ce cabinet. La porte était ouverte, je m'en rapprochai involontairement ; mais à peine eus-je franchi les premières marches que je m'arrêtai tout à coup. Que vais-je faire ? pensai-je ; lui déplaire peut-être, l'irriter ! Je m'assis sur les marches ; mais bientôt, entraîné par ma faiblesse, je montai plus haut. Je n'entrerai pas, me disais-je ; je resterai à la porte, je l'entendrai seulement, et je me sentirai près d'elle. Je m'assis sur la dernière marche, à l'entrée d'une petite pièce qui précédait le cabinet. Mme de Nevers était dans ce cabinet ! Bientôt je l'entendis marcher, puis s'arrêter, puis marcher encore ; mon cœur plein d'elle battait dans mon sein avec une affreuse violence. Je me levai, je me rassis, sans savoir ce que je voulais faire En ce moment sa porte s'ouvrit :

« Agathe, dit-elle, est-ce vous ?

— Non, répondis-je ; me pardonnerez-vous ? J'ai vu de la lumière dans ce cabinet, j'ai pensé que vous y étiez, je ne sais comment je suis ici.

— Édouard, dit-elle, venez ; j'allais vous écrire ; il vaut mieux que je vous parle, et peut-être que j'aurais dû vous parler plus tôt. »

Je vis qu'elle avait pleuré.

« Je suis bien coupable, lui dis-je, je vous offense en vous aimant, et cependant que puis-je faire ? Je n'espère rien, je ne demande rien, je sais trop bien que je ne puis être que malheureux. Mais dites-moi seulement que si le sort m'eût fait votre égal, vous ne m'eussiez pas défendu de vous aimer ?

— Pourquoi ce doute ? me dit-elle ; ne savez-vous pas, Édouard, que je vous aime ? Nos deux cœurs se sont donnés l'un à l'autre en même temps ; je ne me suis fait aucune illusion sur la folie de cet attachement ; je sais qu'il ne peut que nous perdre. Mais comment fuir sa destinée ? L'absence eût guéri un sentiment ordinaire ; j'allai près de mon amie chercher de l'appui contre cette passion, cette passion qui fera, Édouard, le malheur de tous deux. Eugénie employa toute la force de sa raison pour

me démontrer la nécessité de combattre mes sentiments. Hélas ! vous
n'ignorez pas tout ce qui nous sépare ! Je crus qu'elle m'avait persuadée ;
je revins à Paris, armée de sa sagesse bien plus que de la mienne. Je pris
la résolution de vous fuir ; je cherchai la distraction dans ce monde où
j'étais sûre de ne pas vous trouver. Quelle profonde indifférence je portais
dans tous ces lieux où vous n'étiez pas, où vous ne pouviez jamais venir !
Ces portes s'ouvraient sans cesse, et ce n'était jamais pour vous ! Le duc
de L... me plaisantait souvent sur mes distractions. En effet, je sentais
bien que je pouvais obéir aux conseils d'Eugénie, et conduire ma
personne au bal ; mais, Édouard, n'avez-vous jamais senti que mon âme
était errante autour de vous, que la meilleure moitié de moi-même restait
près de vous, qu'elle ne pouvait pas vous quitter ? »

Je tombai à ses pieds. Ah ! si j'avais osé la serrer dans mes bras ! Mais
je n'avais que de froides paroles pour peindre les transports de mon
cœur. Je lui redis mille fois que j'étais heureux ; que je défiais tous les
malheurs de m'atteindre ; que ma vie se passerait près d'elle à l'aimer, à
lui obéir ; qu'elle ne pouvait rien m'imposer qui ne me parût facile. En
effet, mes chagrins, mes remords, son rang, ma position, la distance qui
nous séparait, tout avait disparu ; il me semblait que je pouvais tout
supporter, tout braver, et que j'étais inaccessible à tout ce qui n'était pas
l'ineffable joie d'être aimé de Mme de Nevers.

« Je ne vous impose qu'une loi, me dit-elle, c'est la prudence. Que
mon père ne puisse jamais soupçonner nos sentiments : vous savez assez
que s'il en avait la moindre idée, il se croirait profondément offensé ; son
bonheur, son repos, la paix de notre intérieur seraient détruits sans retour.
C'est de cela que je voulais vous parler, ajouta-t-elle en rougissant ;
voyez, Édouard, si je dois ainsi rester seule avec vous ? Je vous ai dit tout
ce que je ne voulais pas vous dire ; hélas ! nous ne savons que trop bien à
présent ce qui est au fond de nos cœurs ! ne nous voyons plus seuls.

— Je vais vous quitter, lui dis-je, ne m'enviez pas cet instant de
bonheur ; est-il donc déjà fini ? »

L'enchantement d'être aimé suspendit en moi pour quelques jours toute
espèce de réflexion ; j'étais devenu incapable d'en faire. Chacune des
paroles de Mme de Nevers s'était gravée dans mon souvenir, et y
remplaçait mes propres pensées ; je les répétais sans cesse, et le même
sentiment de bonheur les accompagnait toujours. J'oubliais tout : tout se
perdait dans cette idée ravissante que j'étais aimé ; que nos deux cœurs
s'étaient donnés l'un à l'autre en même temps ; que, malgré tous ses
efforts, elle n'avait pu se détacher de moi ; qu'elle m'aimait ; qu'elle avait
accepté mon amour : que ma vie s'écoulerait près d'elle ; que la certitude
d'être aimé me tiendrait lieu de tout bonheur. Je le croyais de bonne foi,
et il me paraissait impossible que la félicité humaine pût aller au-delà de
ce que Mme de Nevers venait de me faire éprouver, lorsqu'elle m'avait
dit que, même absente, son âme était errante autour de moi.

Cet enivrement aurait peut-être duré longtemps si M. le maréchal d'Olonne, qui se plaisait à louer ceux qu'il aimait, n'eût voulu un soir faire mon éloge. Il parlait à quelques voisins qui avaient dîné à Faverange, et, quoique j'eusse essayé de sortir dès le commencement de la conversation, il m'avait forcé de rester. Ah! quel supplice il m'imposait! M'entendre vanter pour ma délicatesse, pour ma reconnaissance, pour mon dévouement! il n'en fallait pas tant pour rappeler ma raison égarée, et pour faire rentrer le remords dans mon âme. Il s'en empara avec violence, et me déchira d'autant plus que j'avais pu l'oublier un moment. Mais par une bizarrerie de mon caractère, j'éprouvai une sorte de joie de voir que pourtant je sentais encore ce que devait sentir un homme d'honneur; que la passion m'entraînait sans m'aveugler, et que du moins Mme de Nevers ne m'avait pas encore ôté le regret des vertus que je perdais pour elle. J'essayai de me dire qu'un jour je la fuirais. Fuir Mme de Nevers! m'en séparer! Je ne pouvais en soutenir la pensée, et cependant j'avais besoin de me dire que dans l'avenir j'étais capable de ce sacrifice. Non, je ne l'étais pas; j'ai senti plus tard que m'arracher d'auprès d'elle, c'était aussi m'arracher de la vie.

Il était impossible qu'un cœur déchiré comme l'était le mien pût donner ni recevoir un bonheur paisible. Mme de Nevers me reprochait l'inégalité de mon humeur; elle qui n'avait besoin que d'aimer pour être heureuse, tout était facile de sa part : c'était elle qui faisait les sacrifices. Mais moi qui l'adorais et qui étais certain de ne la posséder jamais! Dévoré de remords, obligé de cacher à tous les yeux cette passion sans espoir, qui ferait ma honte si le hasard la dévoilait à M. le maréchal d'Olonne. Que me dirait-il? que je devais fuir. Il aurait raison, et je sentais que je n'avais d'autre excuse qu'une faiblesse indigne d'un honnête homme, indigne de mon père, indigne de moi-même; mais cette faiblesse me maîtrisait entièrement; j'adorais Mme de Nevers, et un de ses regards payait toutes mes douleurs; grand Dieu! je n'ose dire qu'il effaçait tous mes remords.

On passait ordinairement les matinées dans une grande bibliothèque que M. le maréchal d'Olonne avait fait arranger depuis qu'il était à Faverange. On venait de recevoir de Paris plusieurs caisses remplies de livres, de gravures, de cartes géographiques, et un globe fort grand et fort beau nouvellement tracé d'après les découvertes encore récentes de Cook et de Bougainville [1]. Tous ces objets avaient été placés sur des tables, et

---

1. L'Anglais James Cook (1728-1779) explora l'océan Pacifique, découvrit les îles de la Société et la Nouvelle-Zélande, précisa la position des Nouvelles-Hébrides et de la Nouvelle-Calédonie et démontra l'inexistence du mythique continent austral. Il découvrit encore les îles Sandwich où il fut tué par les indigènes. Le comte Louis-Antoine de Bougainville (1729-1811) entreprit, de 1766 à 1769, un voyage de circumnavigation qui lui fit découvrir divers archipels de la Polynésie. Il raconta son expédition dans son *Voyage autour du monde* (1771), qui servit de point de départ à la réflexion de Diderot dans le *Supplément au Voyage de Bougainville*.

M. le maréchal d'Olonne, après les avoir examinés avec soin, sortit, emmenant avec lui l'abbé Tercier.

Je demeurai seul avec Mme de Nevers, et nous restâmes quelque temps debout devant une table à faire tourner ce globe avec l'espèce de rêverie qu'inspire toujours l'image, même si abrégée, de ce monde que nous habitons. Mme de Nevers fixa ses regards sur le grand océan Pacifique et sur l'archipel des îles de la Société [1], et elle remarqua cette multitude de petits points qui ne sont marqués que comme des écueils. Je lui racontai quelque chose du voyage de Cook que je venais de lire, et des dangers qu'il avait courus dans ces régions inconnues par ces bancs de corail que nous voyons figurés sur le globe, et qui entourent cet archipel comme pour lui servir de défense contre l'Océan. J'essayai de décrire à Mme de Nevers quelques-unes de ces îles charmantes ; elle me montra du doigt une des plus petites, située un peu au nord du tropique et entièrement isolée. «Celle-ci, lui dis-je, est déserte, mais elle mériterait des habitants ; le soleil ne la brûle jamais ; de grands palmiers l'ombragent ; l'arbre à pain, le bananier, l'ananas y produisent inutilement leurs plus beaux fruits ; ils mûrissent dans la solitude ; ils tombent, et personne ne les recueille. On n'entend d'autre bruit dans cette retraite que le murmure des fontaines et le chant des oiseaux, on n'y respire que le doux parfum des fleurs : tout est harmonie, tout est bonheur dans ce désert. Ah ! lui dis-je, il devrait servir d'asile à ceux qui s'aiment. Là, on serait heureux des seuls biens de la nature, on ne connaîtrait pas la distinction des rangs ni l'infériorité de la naissance ! Là, on n'aurait pas besoin de porter d'autres noms que ceux que l'amour donne, on ne serait pas déshonoré de porter le nom de ce qu'on aime ! » Je tombai sur une chaise en disant ces mots, je cachai mon visage dans mes mains, et je sentis bientôt qu'il était baigné de larmes ; je n'osais lever les yeux sur Mme de Nevers. «Édouard, me dit-elle, est-ce un reproche ? Pouvez-vous croire que j'appellerais un sacrifice ce qui me donnerait à vous ? Sans mon père, croyez-vous que j'eusse hésité ? » Je me prosternai à ses pieds ; je lui demandai pardon de ce que j'avais osé lui dire : «Lisez dans mon cœur, lui dis-je ; concevez, s'il est possible, une partie de ce que je souffre, de ce que je vous cache ; si vous me plaignez, je serai moins malheureux. »

Cette île imaginaire devint l'objet de toutes mes rêveries ; dupe de mes propres fictions, j'y pensais sans cesse ; j'y transportais en idée celle que j'aimais : là, elle m'appartenait ; là, elle était à moi, toute à moi ! Je vivais de ce bonheur chimérique ; je la fuyais elle-même pour la retrouver dans cette création de mon imagination, ou loin de ces lois sociales, cruelles et impitoyables ; je me livrais à de folles illusions d'amour, qui me conso-

---

1. Les îles de la Société ou archipel de Tahiti, groupe d'îles polynésiennes de l'océan Pacifique. Elles furent nommées par Cook «îles de la Société» en l'honneur de la Société royale de Londres.

laient un moment, pour m'accabler ensuite d'une nouvelle et plus poignante douleur.

Il était impossible que ces violentes agitations n'altérassent point ma santé ; je me sentais dépérir et mourir ; d'affreuses palpitations me faisaient croire quelquefois que je touchais à la fin de ma vie, et j'étais si malheureux que j'en voyais le terme avec joie. Je fuyais Mme de Nevers, je craignais de rester seul avec elle, de l'offenser peut-être en lui montrant une partie des tourments qui me déchiraient.

Un jour, elle me dit que je lui tenais mal la promesse que je lui avais faite d'être heureux du seul bonheur d'être aimé d'elle. « Vous êtes mauvais juge de ce que je souffre, lui dis-je, et je ne veux pas vous l'apprendre ; le bonheur n'est pas fait pour moi, je n'y prétends pas ; mais dites-moi seulement, dites-moi une fois que vous me regretterez quand je ne serai plus ; que ce tombeau qui me renfermera bientôt attirera quelquefois vos pas ; dites que vous eussiez souhaité qu'il n'y eût pas d'obstacle entre nous. » Je la quittai sans attendre sa réponse ; je n'étais plus maître de moi ; je sentais que je lui dirais peut-être ce que je ne voulais pas lui dire ; et la crainte de lui déplaire régnait dans mon âme autant que mon amour et que ma douleur. Je m'en allais dans la campagne ; je marchais des journées entières, dans l'espérance de fuir deux pensées déchirantes qui m'assiégeaient tour à tour : l'une, que je ne posséderais jamais celle que j'aimais ; l'autre, que je manquais à l'honneur en restant chez M. le maréchal d'Olonne. Je voyais l'ombre de mon père me reprocher ma conduite, me demander si c'était là le fruit de ses leçons et de ses exemples. Puis à cette vision terrible succédait la douce image de Mme de Nevers ; elle ranimait pour un moment ma triste vie ; je fermais les yeux pour que rien ne vînt me distraire d'elle ; je la voyais, je me pénétrais d'elle ; elle devenait comme la réalité, elle me souriait, elle me consolait, elle calmait par degrés mes douleurs, elle apaisait mes remords. Quelquefois je trouvais le sommeil dans les bras de cette ombre vaine ; mais, hélas ! j'étais seul à mon réveil ! Ô mon Dieu ! si vous m'eussiez donné seulement quelques jours de bonheur ! Mais jamais, jamais ! tout était inutile ; et ces deux cœurs formés l'un pour l'autre, pétris du même limon, pénétrés du même amour, le sort impitoyable les séparait pour toujours !

Un soir, revenant d'une de ces longues courses, je m'étais assis à l'extrémité de la châtaigneraie, dans l'enceinte du parc, mais cependant fort loin du château. J'essayais de me calmer avant que de rentrer dans ce salon où j'allais rencontrer les regards de M. le maréchal d'Olonne, lorsque je vis de loin Mme de Nevers qui s'avançait vers moi ; elle marchait lentement sous les arbres, plongée dans une rêverie dont j'osai me croire l'objet : elle avait ôté son chapeau, ses beaux cheveux tombaient en boucles sur ses épaules ; son vêtement léger flottait autour d'elle ; son joli pied se posait sur la mousse si légèrement qu'il ne la foulait même pas ; elle ressemblait à la nymphe de ces bois ; je la contemplais avec délices ; jamais je ne m'étais encore senti entraîné vers elle avec autant de violence ; le désespoir auquel je m'étais livré tout le jour avait redoublé l'empire de la passion dans mon cœur. Elle vint à moi, et dès que j'entendis le son de sa voix, il me sembla que je reprenais un peu de pouvoir sur moi-même.

« Où avez-vous donc passé la journée ? me demanda-t-elle ; ne craignez-vous pas que mon père ne s'étonne de ces longues absences ?

— Qu'importe ? lui répondis-je, mon absence bientôt sera éternelle.

— Édouard, me dit-elle, est-ce donc là les promesses que vous m'aviez faites ?

— Je ne sais ce que j'ai promis, lui dis-je ; mais la vie m'est à charge, je n'ai plus d'avenir, et je ne vois de repos que dans la mort. Pourquoi s'en effrayer ? lui dis-je, elle sera plus bienfaisante pour moi que la vie ; il n'y a pas de rang dans la mort ; je n'y retrouverai pas l'infériorité de ma naissance qui m'empêche d'être à vous, ni mon nom obscur ; tous portent le même nom dans la mort ! Mais l'âme ne meurt pas, elle aime encore après la vie ; elle aime toujours. Pourquoi dans cet autre monde ne serions-nous pas unis ?

— Nous le serons dans celui-ci, me dit-elle. Édouard, mon parti est pris ; je serai à vous, je serai votre femme. Hélas ! c'est mon bonheur aussi bien que le vôtre que je veux ! Mais dites-moi que je ne verrai plus votre visage pâle et décomposé comme il l'est depuis quelque temps ; dites-moi que vous reprendrez goût à la vie, à l'espérance ; dites-moi que vous serez heureux.

— Jamais ! m'écriai-je avec désespoir. Grand Dieu ! c'est donc quand vous me proposez le comble de la félicité que je dois me trouver le plus malheureux de tous les hommes ! Moi ! vous épouser ! moi ! vous faire déchoir ! vous rendre l'objet du mépris, changer l'état de votre rang contre mon obscurité ! vous faire porter mon nom inconnu !

— Eh ! qu'importe ? dit-elle, j'aime mieux ce nom que tous ceux de l'histoire ; je m'honorerai de le porter, il est le nom de ce que j'aime. Édouard ! ne sacrifiez pas notre bonheur à une fausse délicatesse.

— Ah ! ne me parlez pas de bonheur, lui dis-je ; point de bonheur avec la honte ! Moi ! trahir l'honneur ! trahir M. le maréchal d'Olonne ! je ne pourrais seulement soutenir son regard ! Déjà je voudrais me cacher à ses yeux ! de quelle juste indignation ne m'accablerait-il pas ! Le déshonneur ! c'est comme l'impossible ; rien à ce prix.

— Eh bien ! Édouard, dit-elle, il faudra donc nous séparer ? »

Je demeurai anéanti.

« Vous voulez ma mort, lui dis-je, vous avez raison, elle seule peut tout arranger. Oui, je vais partir ; je me ferai soldat, je n'aurai pas besoin pour cela de prouver ma noblesse, j'irai me faire tuer. Ah ! que la mort me sera douce ! je bénirais celui qui me la donnerait en ce moment. » Je ne regardais pas Mme de Nevers en prononçant ces affreuses paroles. Hélas ! la vie semblait l'avoir abandonnée. Pâle, glacée, immobile, je crus un moment qu'elle n'existait plus ; je compris alors qu'il y avait encore d'autres malheurs que ceux qui m'accablaient ! A ses pieds j'implorai son pardon ; je repris toutes mes paroles, je lui jurai de vivre, de vivre pour l'adorer, d'être son esclave, son ami, son frère ; nous inventions tous les doux noms qui nous étaient permis. « Viens, me dit-elle en se jetant à genoux ; prions ensemble ; demandons à Dieu de nous aimer dans l'innocence, de nous aimer ainsi jusqu'à la mort ! » Je tombai à genoux à côté d'elle ; j'adorai cet ange presque autant que Dieu même ; elle était un souffle émané de lui ; elle avait la beauté, l'angélique pureté des enfants du ciel. Comment un désir coupable m'aurait-il atteint près d'elle ? elle était le sanctuaire de tout ce qui était pur. Mais loin d'elle, hélas ! je redevenais homme, et j'aurais voulu la posséder ou mourir.

Nous entrâmes bientôt dans la lutte la plus singulière et la plus pénible ; elle, pour me déterminer à l'épouser ; et moi, pour lui prouver que l'honneur me défendait cette félicité que j'eusse payée de mon sang et de ma vie. Que ne me dit-elle pas pour me faire accepter le don de sa main ! Le sacrifice de son nom, de son rang ne lui coûtait rien ; elle me le disait, et j'en étais sûr. Tantôt elle m'offrait la peinture séduisante de notre vie intérieure. « Retirés, disait-elle, dans notre humble asile, au fond de nos montagnes, heureux de notre amour, en paix avec nous-mêmes, saurons-nous seulement si l'on nous blâme dans le monde ? » Et elle disait vrai, et je connaissais assez la simplicité de ses goûts pour être certain qu'elle eût été heureuse, sous notre humble toit, avec mon amour et l'innocence. Quelquefois elle me disait : « Il se peut que j'offense, en vous aimant, les convenances sociales, mais je n'offense aucune des lois divines ; je suis libre, vous l'êtes aussi, ou plutôt nous ne le sommes plus ni l'un ni l'autre. Y a-t-il, Édouard, un lien plus sacré qu'un attachement comme le nôtre ? Que ferions-nous dans la vie maintenant, si nous n'étions pas unis ? Pourrions-nous faire le bonheur de personne ? » Je ne puis dire ce que me faisait éprouver un pareil langage ; je n'étais pas séduit, je n'étais pas même ébranlé ; mais je l'écoutais comme on prête l'oreille à des sons harmonieux qui bercent et endorment les douleurs. Je n'essayais pas de lui répondre ; je l'écoutais, et ses paroles enchante-resses tombaient comme un baume sur mes blessures. Mais, par une bizarrerie que je ne saurais expliquer, quelquefois ces mêmes paroles produisaient en moi un effet tout contraire, et elles me jetaient dans un profond désespoir. Inconséquence des passions ! le bonheur d'être aimé me consolait de tout, ou mettait le comble à mes maux. Mme de Nevers quelquefois feignait de douter de mon amour :

« Vous m'aimez bien peu, disait-elle, si je ne vous console pas des mépris du monde.

— J'oublierais tout à vos pieds, lui disais-je, hors le déshonneur, hors le blâme dont je ne pourrais pas vous sauver. Je le sais bien, que les maux de la vie ne vous atteindraient pas dans mes bras ; mais le blâme n'est pas comme les autres blessures, sa pointe aiguë arriverait à mon cœur avant que de passer au vôtre ; mais elle vous frapperait malgré moi, et j'en serais la cause. De quel nom ne flétrirait-on pas le sentiment qui nous lie ? Je serais un vil séducteur, et vous une fille dénaturée. Ah ! n'acceptons pas le bonheur, au prix de l'infamie ! Tâchons de vivre encore comme nous vivons, ou laissez-moi vous fuir et mourir. Je quitterai la vie sans regret : qu'a-t-elle qui me retienne ? Je désire la mort plutôt ; je ne sais quel pressentiment me dit que nous serons unis après la mort, qu'elle sera le commencement de notre éternelle union. »

Nos larmes finissaient ordinairement de telles conversations ; mais, quoique le sujet en fût si triste, elles portaient en elles je ne sais quelle douceur qui vient de l'amour même. Il est impossible d'être tout à fait malheureux quand on aime, qu'on se le dit, qu'on est près l'un de l'autre. Ce bien-être ineffable que donne la passion ne saurait être détruit que par le changement de ceux qui l'éprouvent ; car la passion est plus forte que tous les malheurs qui ne viennent pas d'elle-même.

Cependant nous sentions la nécessité de nous distraire quelquefois de ces pensées douloureuses pour conserver la force de les supporter. Nous essayâmes de lire ensemble, de fixer sur d'autres objets que nous-mêmes nos idées et nos réflexions ; mais l'imagination préoccupée par l'amour ressemble à cette forêt enchantée que nous peint le Tasse [1], et dont toutes les issues ramenaient toujours dans le même lieu. La passion répond à tout, et tout ramène à elle. Si nous trouvions dans nos lectures quelques sentiments exprimés avec vérité, c'est qu'ils nous rappelaient les nôtres ; si les descriptions de la nature avaient quelque charme pour nous, c'est qu'elles retraçaient à nos cœurs l'image de la solitude où nous eussions voulu vivre. Je trouvais à Mme de Nevers la beauté et la modestie de l'Ève de Milton, la tendresse de Juliette, et le dévouement d'Emma [2]. La passion qui produit tous les fruits de la faiblesse est cependant ce qui met l'homme de niveau avec tout ce qui est grand, noble, élevé. Il nous semblait quelquefois que nous étions capables de tout ce que nous lisions de sublime ; rien ne nous étonnait, et l'idéal de la vie nous semblait l'état naturel de nos cœurs, tant nous vivions facilement dans cette sphère élevée des sentiments généreux. Mais quelquefois aussi un mot qui nous rappelait trop vivement notre propre situation, ou ces tableaux touchants de l'amour dans le mariage, qu'on rencontre si fréquemment dans la

---

1. Dans l'œuvre de Torquato Tasso (1544-1595), *La Jérusalem délivrée* (1581). Au chant XIII, Ismen ensorcelle la forêt de Saron.

2. Une légende rapporte que Emma, peut-être fille ou parente de Charlemagne, s'éprit d'Éginhard, secrétaire de l'empereur et lui accorda un rendez-vous nocturne. Pour ne pas être trahie par l'empreinte de leurs pas dans la neige, elle porta son amant sur ses épaules à travers le jardin. Charlemagne, par hasard témoin de la scène, fut touché de ce dévouement et la maria à Éginhard.

poésie anglaise, me précipitaient au faîte de mes illusions dans un violent désespoir. Mme de Nevers alors me consolait, essayait de nouveau de me convaincre qu'il n'était pas impossible que nous fussions heureux, et la même lutte se renouvelait entre nous, et apportait avec elle les mêmes douleurs et les mêmes consolations.

Il y avait environ six mois que M. le maréchal d'Olonne était à Faverange, et nous touchions aux derniers jours de l'automne, lorsqu'un soir comme on allait se retirer, on entendit un bruit inaccoutumé autour du château : les chiens aboyaient, les grilles s'ouvraient, les chaînes des ponts faisaient entendre leur claquement en s'abaissant, les fouets des postillons, le hennissement des chevaux, tout annonçait l'arrivée de plusieurs voitures de poste. Je regardai Mme de Nevers : le même pressentiment nous avait fait pâlir tous deux, mais nous n'eûmes pas le temps de nous communiquer notre pensée ; la porte s'ouvrit, et le duc de L... et le prince d'Enrichemont parurent. Leur présence disait tout ; car M. le maréchal d'Olonne avait annoncé qu'il ne voulait recevoir aucune visite tant que durerait son exil, et il n'était venu à Faverange que deux ou trois vieux amis, qui même n'y avaient fait que peu de séjour. M. le maréchal d'Olonne était en effet rappelé. Le duc de L... le lui annonça avec le bon cœur et la bonne grâce qu'il mettait à tout, et le prince d'Enrichemont recommença à dire toutes ces choses convenables que Mme de Nevers ne pouvait lui pardonner. Il en avait toujours de prêtes pour la joie comme pour la douleur, et il n'en fut point avare en cette occasion. Il s'adressait plus particulièrement à Mme de Nevers ; elle répondait en plaisantant ; la conversation s'animait entre eux, et je retrouvais ces anciennes souffrances que je ne connaissais plus depuis six mois ; seulement elles me paraissaient encore plus cruelles par le souvenir du bonheur dont j'avais joui près de Mme de Nevers, seul en possession du moins de ce charme de sociabilité qui n'appartenait qu'à elle : à présent il fallait le partager avec ces nouveaux venus ; et pour que rien ne me manquât, je retrouvais encore leur politesse, cérémonieuse de la part du prince d'Enrichemont, cordiale de la part du duc de L... ; mais enfin, me faisant toujours ressouvenir, et de ce qu'ils étaient, et de ce que j'étais moi-même.

La conversation s'établit sur les nouvelles de la société, sur Paris, sur Versailles. Il était simple que M. le maréchal d'Olonne fût curieux de savoir mille détails que personne depuis longtemps n'avait pu lui apprendre ; mais j'éprouvais un sentiment de souffrance inexprimable en me sentant si étranger à ce monde, dans lequel Mme de Nevers allait de nouveau passer sa vie. Le prince d'Enrichemont conta que la reine avait dit qu'elle espérait que Mme de Nevers serait de retour pour le premier bal qu'elle donnerait à Trianon. Le duc de L... parla du voyage de Fontainebleau qui venait de finir. Je ne pouvais m'étonner que Mme de Nevers s'occupât de personnes qu'elle connaissait, de la société dont elle faisait partie ; mais cette conversation était si différente de celles que nous avions ordinairement ensemble, qu'elle me faisait l'effet d'une langue inconnue, et j'éprouvais une sensation pénible en voyant cette langue si familière à celle que j'aimais. Hélas ! j'avais oublié qu'elle était la sienne, et le doux langage de l'amour que nous parlions depuis si longtemps avait effacé tout le reste.

Le duc de L…, qu'on ne fixait jamais longtemps sur le même sujet, revint à parler de Faverange, et s'engoua de tout ce qu'il voyait, de l'aspect du château par le clair de lune, de l'escalier gothique, surtout de la salle où nous étions. Il admira la vieille boiserie de chêne, noir et poli comme l'ébène, qui portait dans chacun de ses panneaux un chevalier armé de toutes pièces, sculpté en relief, avec le nom et la devise du chevalier, sculptés aussi en bas du panneau. Le duc de L… lut les devises, et plaisanta sur la délivrance de Mme de Nevers, enfermée dans ce donjon gothique comme une princesse du temps de la chevalerie. Il lui demanda si elle ne s'était pas bien ennuyée depuis six mois.

« Non sans doute, dit-elle, je ne me suis jamais trouvée plus heureuse, et je suis sûre que mon père quittera Faverange avec regret.

— Oui, dit M. le maréchal d'Olonne, le souvenir du temps que j'ai passé ici sera toujours un des plus doux de ma vie. Il y a deux manières d'être heureux, ajouta M. le maréchal d'Olonne : on l'est par le bonheur qu'on éprouve, ou par celui qu'on fait éprouver ; s'occuper du perfectionnement moral et du bien-être physique d'un grand nombre d'hommes est certainement la source des jouissances les plus pures et les plus durables ; car le plaisir dont on se lasse le moins est celui de faire le bien, et surtout un bien qui doit nous survivre. »

Je fus frappé au dernier point de ce peu de paroles. Une pensée traversa mon esprit. Quoi ! M. le maréchal d'Olonne, si je lui ravissais sa fille, aurait encore une autre manière d'être heureux ; et moi, grand Dieu ! en perdant Mme de Nevers, je sentais que tout était fini pour moi dans la vie : avenir, repos, vertu même, tout me devenait indifférent ; et jusqu'à ce fantôme d'honneur auquel je me sacrifiais, je sentais qu'il ne me serait plus rien si je me séparais d'elle. La mort seule alors deviendrait ma consolation et mon but : rien n'était plus rien pour moi dans le monde, le monde lui-même n'était plus qu'un désert et un tombeau. Cette idée que M. le maréchal d'Olonne serait heureux sans sa fille était le piège le plus dangereux qu'on eût encore pu m'offrir.

Deux jours après l'arrivée des deux amis, M. le maréchal d'Olonne quitta Faverange. Avec quelle douleur je m'arrachai de ce lieu où Mme de Nevers m'avait avoué qu'elle m'aimait ! Je ne partis que quelques heures après elle ; je les employai à dire un tendre adieu à tout ce qui restait d'elle. J'entrai dans le cabinet de la tour, dans ce cabinet où elle n'était plus ; je me mis à genoux devant le siège qu'elle occupait : je baisais ce qu'elle avait touché ; je m'emparais de ce qu'elle avait oublié ; je pressais sur mon cœur ces vestiges qu'avait laissés sa présence, hélas !

c'était tout ce qu'il m'était permis de posséder d'elle, mais ils m'étaient chers comme elle-même, et je ne pouvais m'arracher de ces murs qui l'avaient entourée, de ce siège où elle s'était assise, de cet air qu'elle avait respiré. Je savais bien que je serais moins avec elle où j'allais la retrouver, que je ne l'étais en ce moment, dans cette solitude remplie de son image ; un triste pressentiment me disait que j'avais passé à Faverange les seuls jours heureux que le ciel m'eût destinés.

En arrivant à l'hôtel d'Olonne, j'éprouvai un premier chagrin : Mme de Nevers était sortie. Je parcourus ces grands salons déserts avec une profonde tristesse. Le souvenir de la mort de mon père se réveilla dans mon cœur. Je ne sais pourquoi cette maison semblait me présager de nouveaux malheurs. J'allai dans ma chambre : j'y retrouvai le portrait de Mme de Nevers enfant ; sa vue me consola un peu, et je restai à le contempler jusqu'à l'heure du souper. Alors je descendis dans le salon ; je le trouvai plein de monde. Mme de Nevers faisait les honneurs de ce cercle avec sa grâce accoutumée, mais je ne sais quel nuage de tristesse couvrait son front. Quand elle m'aperçut, il se dissipa tout à coup. Magie de l'amour ! j'oubliai toutes mes peines ; je me sentis fier de ses succès, de l'admiration qu'on montrait pour elle ; si j'eusse pu lui ôter une nuance de ce rang qui nous séparait pour toujours, je n'y aurais pas consenti. En ce moment, je jouissais de la voir au-dessus de tous, encore plus que je ne souhaitais de la posséder, et j'éprouvais pour elle un enivrement d'orgueil dont j'étais incapable pour moi-même. Si j'avais pu ainsi m'oublier toujours, j'aurais été moins malheureux ; mais cela était impossible. Tout me froissait, tout blessait ma fierté : ce que j'enviais le plus dans une position élevée, c'est le repos que je me figurais qu'on devait y éprouver, c'était de ne compter avec personne, et d'être à sa place partout. Cette inquiétude, ce malaise d'amour-propre, aurait été un véritable malheur, si un sentiment bien plus fort m'eût laissé le temps de m'y livrer ; mais je pensais trop à Mme de Nevers pour que les chagrins de ma vanité fussent durables, et je les sentais surtout, parce qu'ils étaient une preuve de plus de l'impossibilité de notre union. Tout ce qui me rabaissait m'éloignait d'elle, et cette réflexion ajoutait une nouvelle amertume à des sentiments déjà si amers.

J'occupai, à mon retour de Faverange, la place que M. le maréchal d'Olonne m'avait fait obtenir aux Affaires étrangères, et qu'on m'avait conservée par considération pour lui. Le travail n'en était pas assujettissant, et cependant je le faisais avec négligence. La passion rend surtout incapable d'une application suivie ; c'est avec effort qu'on écarte de soi une pensée qui suffit au bonheur, et tout ce qui distrait d'un objet adoré semble un vol fait à l'amour. Cependant ces sortes d'affaires sont si faciles qu'on était content de moi, et que je recueillais de ma place à peu près tout ce qu'elle avait d'agréable ; elle me donnait des relations fréquentes avec les hommes distingués qui affluaient à Paris de toutes les

parties de l'Europe, et je prenais insensiblement un peu plus de consistance dans le monde, à cause des petits services que je pouvais rendre. Je
logeais toujours à l'hôtel d'Olonne ; j'y passais toutes mes journées, et ce
nouvel arrangement n'avait rien changé à ma vie que de créer quelques
rapports de plus ; les étrangers qui venaient chez M. le maréchal
d'Olonne, me connaissant davantage, me montraient en général plus
d'obligeance et de bonté.

J'avais bien prévu qu'à Paris je verrais moins Mme de Nevers ; mais je
me désespérais des difficultés que je rencontrais à la voir seule. Je
n'osais aller que rarement dans son appartement, de peur de donner des
soupçons à M. le maréchal d'Olonne, et dans le salon il y avait toujours
du monde. Elle était obligée d'aller assez souvent à Versailles, et quelquefois d'y passer la journée. Il me semblait que je n'arriverais jamais à
la fin de ces jours où je ne devais pas la voir ; chaque minute tombait
comme un poids de plomb sur mon cœur. Il s'écoulait un temps énorme
avant qu'une autre minute vînt remplacer celle-là. Lorsque je pensais
qu'il faudrait supporter ainsi toutes les heures de ce jour éternel, je me
sentais saisi par le désespoir, par le besoin de m'agiter du moins, et de me
rapprocher d'elle à tout prix. J'allais à Versailles : je n'osais entrer dans
la ville de peur d'être reconnu par les gens de M. le maréchal d'Olonne,
mais je me faisais descendre dans quelque petite auberge d'un quartier
éloigné, et j'allais errer sur les collines qui entourent ce beau lieu. Je
parcourais les bois de Satory ou les hauteurs de Saint-Cyr : les arbres
dépouillés par l'hiver étaient tristes comme mon cœur. Du haut de ces
collines, je contemplais ces magnifiques palais dont j'étais à jamais
banni ! Ah ! je les aurais tous donnés pour un seul regard de Mme de
Nevers ! Si j'avais été le plus grand roi du monde, avec quel bonheur
j'aurais mis à ses pieds toutes mes couronnes ! Qu'il est heureux
l'homme qui peut élever à lui la femme qu'il aime, la parer de sa gloire,
de son nom, de l'éclat de son rang, et, quand il la serre dans ses bras,
sentir qu'elle tient tout de lui, qu'il est l'appui de sa faiblesse, le soutien
de son innocence ! Hélas ! je n'avais rien à offrir à celle que j'aimais
qu'un cœur déchiré par la passion et par la douleur. Je restais longtemps
abîmé dans ces pénibles réflexions ; et quand le jour commençait à
tomber, je me rapprochais du château ; j'errais dans ces bosquets déserts
qui semblent attendre encore la grande ombre de Louis XIV. Quelquefois
assis aux pieds d'une statue, je contemplais ces jardins enchantés créés
par l'amour ; ils ne déplaisaient pas à mon cœur : leur tristesse, leur
solitude étaient en harmonie avec la disposition de mon âme. Mais quand
je tournais les yeux vers ce palais qui contenait le seul bien de ma vie, je
sentais ma douleur redoubler de violence au fond de mon âme. Ce
château magique me paraissait défendu par je ne sais quel monstre
farouche. Mon imagination essayait en vain d'en forcer l'entrée : elle
tentait toutes les issues, toutes étaient fermées, toutes se terminaient par

des barrières insurmontables, et ces voies trompeuses ne menaient qu'au désespoir. Je me rappelais alors ce qu'avait dit l'ambassadeur d'Angleterre. Ah ! si j'avais eu une seule carrière ouverte à mon ambition, quelles difficultés auraient pu m'effrayer ? J'aurais tout vaincu, tout conquis ; l'amour est comme la foi, et partage sa toute-puissance ; mais l'impossible flétrit toute la vie ! Bientôt la triste vérité venait faire évanouir mes songes ; elle me montrait du doigt cette fatalité de l'ordre social qui me défendait toute espérance, et j'entendais sa voix terrible qui criait au fond de mon cœur : Jamais, jamais tu ne posséderas Mme de Nevers ! La mort m'eût semblé douce en comparaison des tourments qui me déchiraient. Je retournais à Paris dans un état digne de pitié, et cependant je préférais ces agitations à la longue attente de l'absence, où je me sentais me consumer sans pourtant me sentir vivre.

Je tombai bientôt dans un état qui tenait le milieu entre le désespoir et la folie ; en proie à une idée fixe, je voyais sans cesse Mme de Nevers : elle me poursuivait pendant mon sommeil ; je m'élançais pour la saisir dans mes bras, mais un abîme se creusait tout à coup entre nous deux : j'essayais de le franchir, et je me sentais retenu par une puissance invincible ; je luttais en vain ; je me consumais en efforts superflus ; je sortais épuisé, anéanti, de ce combat qui n'avait de réel que le mal qu'il me faisait, et la passion qui en était cause. Mystérieuse alliance de l'âme et du corps ! Qu'est-ce que cette enveloppe fragile qui obéit à une pensée, que le malheur détruit, et qu'une idée fait mourir ? Je sentais que je ne résisterais pas longtemps à ces cruelles souffrances. Mme de Nevers me montrait sans déguisement sa douleur et son inquiétude ; elle cherchait à adoucir mes peines sans pouvoir y parvenir ; sa tendresse ingénieuse me prouvait sans cesse qu'elle me préférait à tout. Elle, si brillante, si entourée, elle dédaignait tous les hommages, elle trouvait moyen de me montrer à chaque instant qu'elle préférait mon amour aux adorations de l'univers. Une reconnaissance passionnée venait se joindre à tous les autres sentiments de mon cœur, qui se concentraient tous en elle seule. Si j'avais pu lui donner ma vie ! mourir pour elle, pour qu'elle fût heureuse ! ajouter mes jours à ses jours, ma vie à sa vie ! Hélas ! je ne pouvais rien, et elle me donnait ce trésor inestimable de sa tendresse sans que je pusse lui rien donner en retour.

Chaque jour la contrainte où je vivais, la dissimulation à laquelle j'étais forcé, me devenaient plus insupportables. J'avais renoncé au bonheur, et il me fallait sacrifier jusqu'au dernier plaisir des malheureux, celui de s'abandonner sans réserve au sentiment de leurs maux ! Il me fallait composer mon visage, et feindre quelquefois une gaieté trompeuse qui pût masquer les tourments de mon cœur, et prévenir des soupçons qui atteindraient Mme de Nevers. La crainte de la compromettre pouvait

seule me donner assez d'empire sur moi-même pour persévérer dans un
rôle qui m'était si pénible.

Je m'apercevais depuis quelque temps que cette bienveillance dont
j'avais eu tant à me louer de la part du prince d'Enrichemont et du duc de
L... avait entièrement cessé. Le prince d'Enrichemont me montrait une
froideur qui allait jusqu'au dédain ; et le duc de L... avait avec moi une
sorte d'ironie qui n'était ni dans son caractère ni dans ses manières habituelles. Si j'eusse été moins préoccupé, j'aurais fait plus attention à ce
changement ; mais M. le maréchal d'Olonne me traitait toujours avec la
même bonté, me montrait toujours la même confiance : il me semblait
que je n'avais à craindre que lui seul, et que tant qu'il ne soupçonnerait
pas mes sentiments pour Mme de Nevers, j'étais en sûreté. La conduite
du prince d'Enrichemont et du duc de L... me blessa donc sans
m'éclairer ; je n'avais jamais aimé le premier, et je me sentais à mon aise
pour le haïr ; je n'étais pas jaloux de lui ; je savais que Mme de Nevers ne
l'épouserait jamais, et cependant je l'enviais d'oser prétendre à elle, et
d'en avoir le droit. Je lui rendais avec usure la sécheresse et l'aigreur
qu'il me montrait, et je ne perdais pas une occasion de me moquer devant
lui des défauts ou des ridicules dont on pouvait l'accuser, et de louer avec
exagération les qualités qu'on savait bien qu'il ne possédait pas.

Un jour, M. le maréchal d'Olonne alla souper et coucher à Versailles :
Mme de Nevers devait l'accompagner, mais elle se trouva souffrante ;
elle fit fermer sa porte, resta dans son cabinet, et l'abbé et moi nous
passâmes la soirée avec elle. Jamais je ne l'avais vue si belle que dans
cette parure négligée, à demi couchée sur un canapé, et un peu pâle de la
souffrance qu'elle éprouvait. Je lui lus un roman qui venait de paraître, et
dont quelques situations ne se rapportaient que trop bien avec la nôtre.
Nous pleurâmes tous deux : l'abbé s'endormit ; à dix heures il se réveilla,
et mon cœur battit de joie en voyant qu'il allait se retirer. Il partit, et nous
laissa seuls. Dangereux tête-à-tête, pour lequel nous étions bien mal
préparés tous deux !

« Édouard, me dit-elle, je veux vous gronder. Qu'est-ce que ces continuelles altercations dans lesquelles vous êtes avec le prince
d'Enrichemont ? Hier, vous lui avez dit les choses les plus aigres et les
plus piquantes.

— Prenez-vous son parti ? lui demandai-je. Il est vrai, je le hais ; il
prétend à vous, et je ne puis le lui pardonner.

— Je vous conseille d'être jaloux du prince d'Enrichemont, me dit-
elle ; je vous offre ce que je lui refuse, et vous ne l'acceptez pas.

— Ah ! faites-moi le plus grand roi du monde, m'écriai-je, et je serai
à vos genoux pour vous demander d'être à moi.

— Vous ne voulez pas recevoir de moi ce que vous voudriez me
donner, me dit-elle. Est-ce ainsi que l'amour calcule ? Tout n'est-il pas
commun dans l'amour ?

— Ah ! sans doute, lui dis-je ; mais c'est quand on s'appartient l'un à l'autre, quand on n'a plus qu'un cœur et qu'une âme ; alors en effet tout est commun dans l'amour.

— Si vous m'aimiez comme je vous aime, dit-elle, combien il vous en coûterait peu d'oublier ce qui nous sépare ! »

Je me mis à ses pieds.

« Ma vie est à vous, lui dis-je, vous le savez bien ; mais l'honneur ! il faut le conserver : vous m'ôteriez votre amour si j'étais déshonoré.

— Vous ne le serez point, me dit-elle ; le monde nous blâmerait peut-être. Eh ! qu'importe ? quand on est à ce qu'on aime, que faut-il de plus ?

— Ayez pitié de moi, lui dis-je ; ne me montrez pas toujours l'image d'un bonheur auquel je ne puis atteindre : la tentation est trop forte.

— Je voudrais qu'elle fût irrésistible, dit-elle. Édouard ! ne refusez pas d'être heureux ! Va ! dit-elle avec un regard enivrant, je te ferais tout oublier !

— Vous me faites mourir, lui dis-je. Eh bien ! répondez-moi. Ce sacrifice que vous me demandez, c'est celui de mon honneur. Le feriez-vous, ce sacrifice ? dites, le feriez-vous à mon repos, le feriez-vous, hélas ! à ma vie ? »

Elle ne me comprit que trop bien. « Édouard, dit-elle d'une voix altérée, est-ce vous qui me parlez ? » J'allai me jeter sur une chaise à l'autre extrémité du cabinet. Je crus que j'allais mourir, cette voix sévère avait percé mon cœur comme un poignard. Me voyant si malheureux, elle s'approcha de moi, et voulut prendre ma main. « Laissez-moi, lui dis-je, ne me faites pas perdre le peu de raison que je conserve encore. » Je me levai pour sortir ; elle me retint. « Non, dit-elle en pleurant, je ne croirai jamais que vous ayez besoin de me fuir pour me respecter ! » Je tombai à ses genoux.

« Ange adoré, je te respecterai toujours, lui dis-je ; mais tu le vois, tu le sens bien toi-même, que je ne puis vivre sans toi ! Je ne puis être à toi, il faut donc mourir ! Ne t'effraye pas de cette pensée, nous nous retrouverons dans une autre vie, bien-aimée de mon cœur ! Y seras-tu belle, charmante, comme tu l'es en ce moment ? Viendras-tu là te rejoindre à ton ami ? Lui tiendras-tu les promesses de l'amour, dis, seras-tu à moi dans le ciel ?

— Édouard, vous le savez bien, dit-elle toute troublée, si vous mourez, je meurs : ma vie est dans ton cœur, tu ne peux mourir sans moi ! »

Je passai mes bras autour d'elle ; elle ne s'y opposa point ; elle pencha sa tête sur mon épaule.

« Qu'il serait doux dit-elle, de mourir ainsi !

— Ah ! lui dis-je, il serait bien plus doux d'y vivre ! Ne sommes-nous pas libres tous deux ? Personne n'a reçu nos serments : qui nous empêche d'être l'un à l'autre ? Dieu aura pitié de nous. »

Je la serrai sur mon cœur.

« Édouard, dit-elle, aie toi-même pitié de moi, ne déshonore pas celle que tu aimes ! Tu le vois, je n'ai pas de forces contre toi. Sauve-moi ! sauve-moi ! S'il ne fallait que ma vie pour te rendre heureux, il y a long-temps que je te l'aurais donnée ; mais tu ne te consolerais pas toi-même de mon déshonneur. Eh quoi ! tu ne veux pas m'épouser, et tu veux m'avilir ?

— Je ne veux rien, lui dis-je, au désespoir, je ne veux que la mort ! Ah ! si, du moins, je pouvais mourir dans tes bras, exhaler mon dernier soupir sur tes lèvres ! »

Elle pleurait ; je n'étais plus maître de moi : j'osai ravir ce baiser qu'elle me refusait. Elle s'arracha de mes bras ; ses larmes, ses sanglots, son désespoir me firent payer bien cher cet instant de bonheur. Elle me força de la quitter. Je rentrai dans ma chambre le plus malheureux des hommes ; et pourtant jamais la passion ne m'avait possédé à ce point. J'avais senti que j'étais aimé ; je pressais encore dans mes bras celle que j'adorais. Au milieu des horreurs de la mort, j'aurais été heureux de ce souvenir. Ma nuit entière se passa dans d'affreuses agitations ; mon âme était entièrement bouleversée ; j'avais perdu jusqu'à cette vue distincte de mon devoir qui m'avait guidé jusqu'ici. Je me demandais pourquoi je n'épouserais pas Mme de Nevers ; je cherchais des exemples qui pussent autoriser ma faiblesse ; je me disais que dans une profonde solitude j'oublierais le monde et le blâme ; que, s'il le fallait, je fuirais avec elle en Amérique, et jusque dans cette île déserte, objet de mes anciennes rêveries. Quel lieu du monde ne me paraîtrait pas un lieu de délices avec la compagne chérie de mes jours, mon amie, ma bien-aimée ? Natalie ! Natalie ! Je répétais son nom à demi-voix pour que ces doux sons vinssent charmer mon oreille, et calmer un peu mon cœur. Le jour parut, et peu d'instants après on me remit une lettre. Je reconnus l'écriture de Mme de Nevers ; jugez de ce que je dus éprouver en la lisant.

Ne craignez pas mes reproches, Édouard, je ne vous en ferai point : je sais trop que je suis aussi coupable, et plus coupable que vous ; mais que cette leçon nous montre du moins l'abîme qui est ouvert sous nos pas : il est encore temps de n'y point tomber. Plus tard, Édouard, cet abîme ensevelirait à la fois et notre bonheur et notre vertu. Ne trahissons pas les sentiments qui ont uni nos deux cœurs. C'est par ce qui est bon, c'est par ce qui est juste, vrai, élevé dans la vie, que nous nous sommes entendus. Nous avons senti que nous parlions le même langage, et nous nous sommes aimés. Ne démentons pas à présent ces qualités de l'âme auxquelles nous devons notre amour, et sachons être heureux dans l'innocence, et nous contenter du bonheur dont nous pouvons jouir devant Dieu.

Il le faut, Édouard, oui, il faut nous unir ou nous séparer. Nous séparer ! Crois-tu que je pourrais écrire ce mot, si je ne savais bien que l'effet en est impossible ? Où trouverais-tu de la force pour me fuir ? Où en trouverais-je pour vivre sans toi ? Toi, moitié de moi-même, sans lequel je ne puis seulement supporter la vie un seul jour, ne sens-tu pas comme moi que nous sommes inséparables ? Que

peux-tu m'opposer ? Un fantôme d'honneur qui ne reposerait sur rien. Le monde
t'accuserait de m'avoir séduite ! Eh ! quelle séduction y a-t-il entre deux êtres qui
s'aiment que la séduction de l'amour ? N'est-ce pas moi d'ailleurs qui t'ai séduit !
Si je ne t'avais montré que je t'aimais, m'aurais-tu avoué ta tendresse ? Hélas ! tu
mourais plutôt que de m'en faire l'aveu ! Tu dis que tu ne veux pas m'abaisser ?
Mais pour une femme y a-t-il une autre gloire que d'être aimée ? un autre rang
que d'être aimée ? un autre titre que d'être aimée ? Te défies-tu assez de ton cœur
pour croire qu'il ne me rendrait pas tout ce que tu te figures que tu me ferais
perdre ? Imagine, si tu le peux, le bonheur qui nous attend quand nous serons
unis, et regrette, si tu l'oses, ces prétendus avantages que tu m'enlèves. Mon père,
Édouard, est le seul obstacle ; je méprise tous les autres, et je les trouve indignes
de nous. Eh bien, je veux t'avouer que je ne suis pas sans espérance d'obtenir un
jour le pardon de mon père. Oui, Édouard, mon père m'aime ; il t'aime aussi : qui
ne t'aimerait pas ! Je suis sûre que mon père a regretté mille fois de ne pouvoir
faire de toi son fils ; tu lui plais, tu l'entends, tu es le fils de son cœur. Eh ! n'es-
tu pas celui de son vieil ami, qui sauva autrefois son honneur et sa fortune ? Eh
bien, nous forcerons mon père d'être heureux par nos soins, par notre tendresse ;
s'il nous exile de Paris, il nous admettra à Faverange. Là, il osera nous reconnaître pour ses enfants ; là, il sera père dans l'ordre de la nature, et non dans
l'ordre des convenances sociales, et la vue de notre amour lui fera oublier tout le
reste. Ne crains rien. Ne sens-tu pas que tout nous sera possible, quand nous
serons une fois l'un à l'autre ? Crois-moi, il n'y a d'impossible que de cesser de
nous aimer, ou de vivre sans nous le dire. Choisis, Édouard ! ose choisir le
bonheur. Ah ! ne le refuse pas ! Crois-tu n'être responsable de ton choix qu'à toi
seul ? Hélas ! ne vois-tu pas que notre vie tient au même fil ? Tu choisirais la mort
en choisissant la fuite, et ma mort avec la tienne !

En achevant cette lettre, je tombai à genoux ; je fis le serment de
consacrer ma vie à celle qui l'avait écrite, de l'aimer, de l'adorer, de la
rendre heureuse. J'étais plongé dans l'ivresse, tous mes remords avaient
disparu, et la fidélité du ciel régnait seule dans mon cœur. Mme de
Nevers connaît bien mieux que moi ce monde où elle passe sa vie, me
disais-je ; elle sait ce que nous avons à en redouter. Si elle croit notre
union possible, c'est qu'elle l'est. Que j'étais insensé de refuser le
bonheur ! M. d'Olonne nous pardonnera d'être heureux ; un jour il nous
bénira tous deux ; et Natalie ! Natalie sera ma compagne chérie, ma
femme bien-aimée ; je passerai ma vie entière près d'elle, uni à elle. Je
succombais sous l'empire de ces pensées délicieuses, et mes larmes
seules pouvaient alléger cette joie trop forte pour mon cœur, cette joie
qui succédait à des émotions si amères, si profondes, et souvent si
douloureuses.

J'attendais avec impatience qu'il fût midi, heure à laquelle je pouvais,
sans donner de soupçons, paraître un instant chez Mme de Nevers, et la
trouver seule. Les plus doux projets remplirent cet intervalle ; j'étais trop
enivré pour qu'aucune réflexion vînt troubler ma joie. Mon sort était
décidé ; je me relevais à mes propres yeux de la préférence que m'accordait Mme de Nevers, et une pensée, une seule pensée absorbait toutes les

autres : elle sera à moi, elle sera toute à moi ! La mort, s'il eût fallu payer de la mort une telle félicité, m'en eût semblé un léger salaire. Mais penser que ce serait là le bonheur, le charme, le devoir de ma vie ! Non, l'imagination chercherait en vain des couleurs pour peindre de tels sentiments ou des mots pour les rendre ! Que ceux qui les ont éprouvés les comprennent, et que ceux qui les ignorent les regrettent ; car tout est vide et fini dans la vie sans eux ou après eux !

Les deux jours qui suivirent cette décision de notre sort furent remplis de la félicité la plus pure. Mme de Nevers essayait de me prouver que c'était moi qui lui faisais des sacrifices et que je ne lui devais point de reconnaissance d'avoir voulu son bonheur, et un bonheur sans lequel elle ne pouvait plus vivre. Nous convînmes qu'elle irait au mois de mai en Hollande. Ce voyage était prévu ; une visite promise depuis longtemps à Mme de C… en serait le prétexte naturel. Je devais de mon côté feindre des affaires en Forez, qui me forceraient de m'absenter quinze jours ; j'irais secrètement rejoindre Mme de Nevers à La Haye, où le chapelain de l'ambassade devait nous unir ; c'était un vieux prêtre qu'elle connaissait, et sur la fidélité duquel elle comptait entièrement. Une fois de retour, nous avions mille moyens de nous voir et d'éviter les soupçons.

Lorsque je réfléchis aujourd'hui sur quelles bases fragiles était construit l'édifice de mon bonheur, je m'étonne d'avoir pu m'y livrer, ne fût-ce qu'un instant, avec une sécurité si entière ; mais la passion crée autour d'elle un monde idéal. On juge tout par d'autres règles ; les proportions sont agrandies ; le factice, le commun disparaissent de la vie ; on croit les autres capables des mêmes sacrifices qu'on ferait soi-même ; et lorsque le monde réel se présente à vous, armé de sa froide raison, il cause un douloureux et profond étonnement.

Un matin, comme j'allais descendre chez Mme de Nevers, mon oncle, M. d'Herbelot, entra dans ma chambre. Depuis l'exil de M. le maréchal d'Olonne, je le voyais peu ; ses procédés à cette époque avaient encore augmenté l'éloignement que je m'étais toujours senti pour lui. Croyant qu'il était de mon devoir de ne pas me brouiller avec le frère de ma mère, j'allais chez lui de temps en temps. Il me traitait toujours très bien ; mais depuis près de trois semaines je ne l'avais pas aperçu. Il entra avec cet air jovial et goguenard qui annonçait toujours quelque histoire scandaleuse. Il se plaisait à cette sorte de conversation, et y mêlait une bonhomie qui m'était encore plus désagréable que la franche méchanceté ; car porter de la simplicité et un bon cœur dans le vice est le comble de la corruption [a].

---

a. Je ne sais si les expressions de cette conversation ne paraîtront pas un peu forcées ; elles sont copiées textuellement, et on les trouvera toutes dans les Mémoires du temps ; dans ceux de Mme d'Épinay, du baron de Bezenval, du duc de Lauzun ; dans les lettres de Mme de Graffigny, etc. ; monuments mémorables d'une époque où le vice était tellement entré dans les mœurs d'une portion de la société, qu'on peut dire qu'il s'y était établi

«Eh bien, Édouard, me dit-il, tu débutes bien dans la carrière; vraiment, je te fais mon compliment, tu es passé maître. Ma foi, nous sommes dans l'admiration, et Luceval et Bertheney prédisent que tu iras au plus loin.

— Que voulez-vous dire, mon oncle? lui demandai-je assez sérieusement.

— Allons donc, dit-il, vas-tu faire le mystérieux? Mon cher, le secret est bon pour les sots; mais quand on vise haut, il faut de la publicité, et la plus grande. On n'a tout de bon que ce qui est bien constaté; l'une est un moyen d'arriver à l'autre, et il faudra bientôt grossir ta liste.

— Je ne vous comprends pas, lui dis-je, et je ne conçois pas de quoi vous voulez parler.

— Tu t'y es pris au mieux, continua-t-il sans m'écouter, tu as mis le temps à profit. Que diront les bégueules et les cagots? Toutes les femmes voudront t'avoir.

— M'avoir! répétai-je, qu'est-ce que tout cela signifie?

— Tu es un beau garçon; je ne suis pas étonné que tu leur plaises: diable! elles en ont de plus mal tournés.

— Qui donc? de quoi parlez-vous?

— Comment! de quoi je parle? eh mais, mon cher, je parle de Mme de Nevers. N'es-tu pas son amant? tout Paris le dit. Ma foi, tu ne peux pas avoir une plus jolie femme, et qui te fasse plus d'honneur. Il faut pousser ta pointe; nous établirons le fait publiquement, et c'est là, Édouard, le chemin de la mode et de la fortune.»

Je sentis mon sang se glacer dans mes veines. «Quelle horreur! m'écriai-je, qui a pu vous dire une si infâme calomnie? Je veux connaître l'insolent, et lui faire rendre raison de son crime.» Mon oncle se mit à rire.

« Comment donc, dit-il, ne serais-tu pas si avancé que je croyais? Serais-tu amoureux par hasard? Va, tu te corrigeras de cette sottise. Mon cher, on a une femme aujourd'hui, une autre demain; elles ne sont occupées elles-mêmes qu'à s'enlever leurs amants les unes aux autres. Avoir et enlever, voilà le monde, Édouard, et la vraie philosophie.

---

comme un ami, dont la présence ne dérange plus rien dans la maison. A côté des modèles les plus admirables de l'intégrité de la vie, la corruption se montrait sans voile, et semblait faire gloire d'elle-même; la perversité était devenue telle que, dans ce monde nouveau, le vice n'était plus qu'un sujet de plaisanterie; l'esprit abusé par de fausses doctrines niait presque également le bien et le mal, et ne reconnaissait d'autre culte que le plaisir. Une seule chose avait survécu à ce naufrage de la morale; cette chose était un mot indéfinissable dans sa puissance, et qui n'avait peut-être échappé à la ruine de toutes les vertus que par son vague même : c'était l'honneur. Il a été pour nous la planche dans le naufrage; car il est remarquable que, dans la Révolution, c'est par l'honneur qu'on est rentré dans la morale; c'est l'honneur qui a fait l'émigration; c'est l'honneur qui a ramené aux idées religieuses. Dès que le mépris s'est attaché à la puissance, on a voulu être opprimé; dès que le déshonneur s'est attaché à l'impiété, on a voulu être homme de bien. Tant il est vrai que les vertus se tiennent comme les vices, et que, tant qu'on en conserve une, il ne faut pas désespérer de toutes les autres.

« — Je ne sais où vous avez vu de pareilles mœurs, lui dis-je indigné ; grâce au ciel, elles me sont étrangères, et elles le sont encore plus à la femme angélique que vous outragez. Nommez-moi dans l'instant l'auteur de cette horrible calomnie ! »

Mon oncle éclata de rire de nouveau et me répéta que tout Paris parlait de ma bonne fortune, et me louait d'avoir été assez habile et assez adroit pour séduire une jeune femme qui était sans doute fort gardée.

« Sa vertu la garde, répliquai-je dans une indignation dont je n'étais plus le maître ; elle n'a pas besoin d'être autrement gardée.

— C'est étonnant ! dit mon oncle. Mais où as-tu donc vécu ? dans un couvent de nonnes ?

— Non, monsieur, répondis-je, j'ai vécu dans la maison d'un honnête homme, où vous n'êtes pas digne de rester. »

Et, oubliant ce que je devais au frère de ma mère, je poussai dehors M. d'Herbelot, et fermai ma porte sur lui.

Je demeurai dans un désespoir qui m'ôtait presque l'usage de la raison. Grand Dieu ! j'avais flétri la réputation de Mme de Nevers ! La calomnie osait profaner sa vie, et j'en étais cause ! On se servait de mon nom pour outrager l'ange adorable, objet de mon culte et de mon idolâtrie ! Ah ! j'étais digne de tous les supplices, mais ils étaient tous dans mon cœur. C'est mon amour qui la déshonore, pensai-je ; qui la livre au blâme, au mépris, à cette honte que rien n'efface, qui reparaît toujours comme la tache sanglante sur la main de Macbeth [1] ! Ah ! la calomnie ne se détruit jamais, sa souillure est éternelle ; mais les calomniateurs périront, et je vengerai l'ange de tous ceux qui l'outragent. Se peut-il qu'oubliant l'honneur et mon devoir, j'aie risqué de mériter ces vils éloges ? Voilà donc comment ma conduite peut se traduire dans le langage du vice ? Hélas ! le piège le plus dangereux que la passion puisse offrir, c'est ce voile d'honnêteté dont elle s'enveloppe. Je voyais à présent la vérité nue, et je me trouvais le plus vil comme le plus coupable des hommes. Que faire ! que devenir ! Irais-je annoncer à Mme de Nevers qu'elle est déshonorée, qu'elle l'est par moi ! Mon cœur se glaçait dans mon sein à cette pensée. Hélas ! qu'était devenu notre bonheur ! Il avait eu la durée d'un songe ! Mon crime était irréparable ! Si j'épousais à présent Mme de Nevers, que n'imaginerait-on pas ? Quelle calomnie nouvelle inventerait-on pour la flétrir ? Il fallait fuir ! il fallait la quitter ! je le sentais, je voyais que c'était mon devoir ; mais cette nécessité funeste m'apparaissait comme un fantôme dont je détournais la vue. Je reculais devant ce malheur, ce dernier malheur, qui achevait pour moi tous les autres, et mettait le comble à mon désespoir. Je ne pouvais croire que cette séparation fût possible : le monde ne m'offrait pas un asile loin d'elle ; elle

---

1. La tache sanglante imaginaire que ne peut effacer la criminelle lady Macbeth dans le *Macbeth* (1606) de Shakespeare.

seule était pour moi la patrie ; tout le reste, un vaste exil. Déchiré par la douleur, je perdais jusqu'à la faculté de réfléchir ; je voyais bien que je ne pouvais rester près de Mme de Nevers ; je sentais que je voulais la venger, surtout sur le duc de L…, que mon oncle m'avait désigné comme l'un des auteurs de ces calomnies. Mais le désespoir surmontait tout ; j'étais comme noyé, abîmé, dans une mer de pensées accablantes : aucune consolation, aucun repos ne se présentait d'aucun côté, je ne pouvais pas même me dire que le sacrifice que je ferais en partant serait utile ; je le faisais trop tard ; je ne prenais pas une résolution vertueuse ; je fuyais Mme de Nevers comme un criminel, et rien ne pouvait réparer le mal que j'avais fait : ce mal était irréparable ! Tout mon sang versé ne rachèterait pas sa réputation injustement flétrie ! Elle, pure comme les anges du ciel, verrait son nom associé à ceux de ces femmes perdues, objets de son juste mépris ! et c'était moi, moi seul, qui versais cet opprobre sur sa tête ! La douleur et le désespoir s'étaient emparés de moi à un point que l'idée de la vengeance pouvait seule en ce moment m'empêcher de m'ôter la vie.

Je balançais si j'irais chez le duc de L… avant de parler à Mme de Nevers, lorsque j'entendis sonner avec violence les sonnettes de son appartement ; un mouvement involontaire me fit courir de ce côté ; un domestique m'apprit que Mme de Nevers venait de se trouver mal, et qu'elle était sans connaissance. Glacé d'effroi, je me précipitai vers son appartement ; je traversais deux ou trois grandes pièces sans savoir ce que je faisais, et je me trouvai à l'entrée de ce même cabinet où la veille encore nous avions osé croire au bonheur. Mme de Nevers était couchée sur un canapé, pâle et sans mouvement. Une jeune femme que je ne connaissais point la soutenait dans ses bras ; je n'eus que le temps de l'entrevoir. M. le maréchal d'Olonne vint au-devant de moi.

« Que faites-vous ici ? me dit-il d'un air sévère, sortez.

— Non, lui dis-je ; si elle meurt, je meurs. »

Je me précipitai au pied du canapé. M. le maréchal d'Olonne me relava. « Vous ne pouvez rester ici, me dit-il ; allez dans votre chambre, plus tard je vous parlerai. » Sa sécheresse, sa froideur aurait percé mon cœur, si j'avais pu penser à autre chose qu'à Mme de Nevers mourante ; mais je n'entendais qu'à peine M. le maréchal d'Olonne, il me semblait que ma vie était comme en suspens et ne tenait plus qu'à la sienne. La jeune femme se tourna vers moi ; je vis des larmes dans ses yeux.

« Natalie va vous voir quand elle reprendra connaissance, dit-elle, votre vue peut lui faire du mal.

— Le croyez-vous ? lui dis-je, alors je vais sortir. »

J'allai dans la pièce qui précédait le cabinet ; je ne pus aller plus avant ; je me jetai à genoux : « Ô mon Dieu ! m'écriai-je, sauvez-la ! sauvez-la ! » Je ne pouvais répéter que ces seuls mots : « Sauvez-la ! » Bientôt j'entendis qu'elle reprenait conscience ; on parlait, on s'agitait autour d'elle. Un vieux valet de chambre de Mme de Nevers, qui la servait depuis son enfance, parut en ce moment ; me voyant là, il vint à moi. « Il faut rentrer chez vous, monsieur Édouard, me dit-il. Bon Dieu ! comme vous êtes pâle ! Pauvre jeune homme, vous vous tuez. Appuyez-vous sur moi, et regagnons votre chambre. » J'allais suivre ce conseil, lorsque M. le maréchal d'Olonne sortit de chez sa fille.

« Encore ici ! dit-il d'une voix altérée. Suivez-moi, monsieur, j'ai à vous parler.

— Il ne peut se soutenir, dit le vieillard.

— Oui, je le puis », dis-je en l'interrompant.

Et essayant de reprendre des forces pour la scène que je prévoyais, je suivis M. le maréchal d'Olonne dans son appartement.

« Les explications sont inutiles entre nous, me dit M. le maréchal d'Olonne ; ma fille m'a tout avoué. Son amie, instruite plus tôt que moi des calomnies qu'on répandait sur elle, est venue de Hollande pour l'arracher de l'abîme où elle était prête à tomber. Je pense que vous n'ignorez pas le tort que vous avez fait à sa réputation ; votre conduite est d'autant plus coupable qu'il n'est pas en votre pouvoir de réparer le mal dont vous êtes cause. Je désire que vous partiez sur-le-champ ; je n'abandonnerai point le fils d'un ancien ami, quelque peu digne qu'il se soit montré de ma protection. J'obtiendrai pour vous une place de secrétaire d'ambassade dans une cour du Nord, vous pouvez y compter. Partez sans délai pour Lyon, et vous y attendrez votre nomination.

— Je n'ai besoin de rien, monsieur, lui dis-je, permettez-moi de refuser vos offres ; demain je ne serai plus ici.

— Où irez-vous ? me demanda-t-il.

— Je n'en sais rien, répondis-je.

— Quels sont vos projets ?

— Je n'en ai point.

— Mais que deviendrez-vous ?

— Qu'importe ?

— Ne croyez pas, Édouard, que l'amour soit toute la vie.

— Je n'en désire point une autre, lui dis-je.

— Ne perdez pas votre avenir.

— Je n'ai plus d'avenir.

— Malheureux ! que puis-je donc faire pour toi ?

— Rien.

— Édouard ! vous déchirez mon cœur, je l'avais armé de sévérité, mais je ne puis en avoir longtemps avec vous ; je n'ai point oublié les promesses que je fis à votre père mourant, je ferais tout pour votre bonheur ; mais vous le sentez vous-même, Édouard, vous ne pouvez épouser ma fille.

— Je le sais, monsieur, je le sais parfaitement ; je partirai demain ; me permettez-vous de me retirer ?

— Non, pas ainsi ; Édouard, mon enfant ! ne suis-je pas ton second père ?

— Ah ! lui dis-je, vous êtes celui de Mme de Nevers ! Soignez-la, aimez-la, consolez-la quand je n'y serai plus. Hélas ! elle aura besoin de consolation ! »

Je le quittai. J'allai chez moi, dans cette chambre que j'allais abandonner pour toujours ! dans cette chambre où j'avais tant pensé à elle, où je vivais sous le même toit qu'elle ! Il faudra donc m'arracher d'ici, me disais-je. Ah ! qu'il vaudrait bien mieux y mourir ! J'eus la pensée de mettre un terme à ma vie et à mes tourments. L'idée de la douleur que je causerais à Mme de Nevers et le besoin de la vengeance me retinrent.

Ma fureur contre le duc de L... ne connaissait pas de bornes ; car il nous voyait d'assez près, pour avoir pu juger que mon respect pour Mme de Nevers égalait ma passion, et il n'avait pu feindre de me croire son amant que par une méchanceté réfléchie, digne de tous les supplices. Je brûlais du désir de tirer de lui la vengeance qui m'était due, et je jetais sur lui seul la fureur et le désespoir que tant de causes réunies avaient amassés dans mon sein. Je passai la nuit à mettre ordre à quelques affaires ; j'écrivis à Mme de Nevers et à M. le maréchal d'Olonne des lettres qui devaient leur être remises si je succombais ; je fis une espèce de testament pour assurer le sort de quelques vieux domestiques de mon père que j'avais laissés en Forez. Je me calmais un peu en songeant que je vengerais Mme de Nevers, ou que je finirais ma triste vie, et que je serais regretté par elle. Je me défendais de l'attendrissement qui voulait quelquefois pénétrer dans mon cœur, et aussi des sentiments religieux dans lesquels j'avais été élevé et des principes qui, malgré moi, faisaient entendre leur voix au fond de mon âme. A huit heures, je me rendis chez le duc de L... Il n'était pas réveillé. Il me fallut attendre ; je me promenais dans un salon avec une agitation qui faisait bouillonner mon sang. Enfin, je fus admis. le duc de L... parut étonné de me voir.

« Je viens, monsieur, lui dis-je, vous demander raison de l'insulte que vous m'avez faite, et des calomnies que vous avez répandues sur Mme de Nevers à mon sujet. Vous ne pouvez croire que je supporterai un tel outrage, et vous vous devez, monsieur, de m'en donner satisfaction.

— Ce serait avec le plus grand plaisir, me dit le duc de L... Vous savez, monsieur G..., que je crains peu ces occasions-là ; mais malheureusement, dans ce cas-ci, c'est impossible.

— Impossible ! m'écriai-je, c'est ce qu'il faudra voir. Ne croyez pas que je vous laisserai impunément calomnier la vertu, et noircir la réputation d'un ange d'innocence et de pureté !

— Quant à calomnier, dit en riant le duc de L..., vous me permettrez de ne pas le prendre si haut. J'ai cru que vous étiez l'amant de Mme de Nevers : je le crois encore, je l'ai dit ; je ne vois pas en vérité ce qu'il y a là d'offensant pour vous ; on vous donne la plus charmante femme de

Paris, et vous vous fâchez ? bien d'autres voudraient être à votre place, et moi tout le premier.

— Moi, monsieur, je rougirais d'être à la vôtre ; Mme de Nevers est pure, elle est vertueuse, elle est irréprochable. La conduite que vous m'avez prêtée serait celle d'un lâche, et vous devez me rendre raison de vos indignes propos.

— Mes propos sont ce qu'il me plaît, dit le duc de L... ; je penserai de vous, et même de Mme de Nevers, ce que je voudrai. Vous pouvez nier votre bonne fortune, c'est fort bien fait à vous, quoique ce soit peu l'usage aujourd'hui. Quant à me battre avec vous, je vous donne ma parole d'honneur qu'à présent j'en ai autant d'envie que vous ; mais, vous le savez, cela ne se peut pas. Vous n'êtes point gentilhomme, vous n'avez aucun état dans le monde, et je me couvrirais de ridicule si je consentais à ce que vous désirez. Tel est le préjugé. J'en suis désespéré, ajouta-t-il en se radoucissant ; soyez persuadé que je vous estime du fond du cœur, monsieur G..., et que j'aurais été charmé que nous puissions nous battre ensemble. Vous pâlissez ! dit-il, je vous plains, vous êtes un homme d'honneur. Croyez que je déteste cet usage barbare ; je le trouve injuste, je le trouve absurde ; je donnerais mon sang pour qu'il me fût permis de me battre avec vous.

— Grand Dieu ! m'écriai-je, je croyais avoir épuisé toutes les douleurs !

— Édouard, dit le duc, qui paraissait de plus en plus touché de ma situation, ne prenez pas un ami pour un ennemi ; ceci me cause, je vous l'assure, une véritable peine. Quelques paroles imprudentes ne peuvent-elles se réparer ?

— Jamais, répondis-je. Me refusez-vous la satisfaction que je vous demande ?

— J'y suis forcé, dit le duc.

— Eh bien, repris-je, vous êtes un lâche ; car c'est une lâcheté que d'insulter un homme d'honneur, et de le priver de la vengeance. »

Je sortis comme un furieux de la maison du duc de L... Je parcourais les rues comme un insensé ; toutes mes pensées me faisaient horreur. Les furies de l'enfer semblaient s'attacher sur moi : le mal que j'avais fait était irréparable, et on me refusait la vengeance ! Je retrouvais là cette fatalité de l'ordre social qui me poursuivait partout, et je croyais voir des ennemis dans tous les êtres vivants et inanimés qui se présentaient à mes regards. Je m'aperçus que c'était la mort que j'avais cherchée chez le duc de L..., car je ne m'étais occupé de rien au-delà de cette visite. La vie se présentait devant moi comme un champ immense et stérile, où je ne pouvais faire un pas sans dégoût et sans désespoir. Je me sentais accablé sous le fardeau de mon existence comme sous un manteau de plomb. Un instant pour me délivrer de ce supplice ! pensai-je ; et une tentation affreuse, mais irrésistible, me précipita du côté de la rivière !

Le duc de L… logeait à l'extrémité du faubourg Saint-Germain, vers les nouveaux boulevards, et je descendais la rue du Bac avec précipitation dans ces horribles pensées. J'étais coudoyé et arrêté à chaque instant par la foule qui se pressait dans cette rue populeuse. Ces hommes qui allaient tranquillement à leurs affaires me faisaient horreur. La nature humaine se révolte contre l'isolement, elle a besoin de compassion ; la vue d'un autre homme, d'un semblable, insensible à nos douleurs, blesse ce don de pitié que Dieu mit au fond de nos âmes, et que la société étouffe et remplace par l'égoïsme. Ce sentiment amer augmentait encore mon irritation : on dirait que le désespoir se multiplie par lui-même. Le mien était au comble, lorsque tout à coup je crus reconnaître la voiture de Mme de Nevers, qui venait vers moi. Je distinguai de loin ses chevaux et ses gens, et mon cœur battit encore une fois d'autre chose que de douleur en pensant que j'allais la voir passer. Cependant la voiture s'arrêta à dix pas de moi, et entra dans la cour du petit couvent de la Visitation des filles Sainte-Marie. Je jugeai que Mme de Nevers allait y entendre la messe ; et au même instant l'idée me vint de l'y suivre, de prier avec elle, de prier pour elle, de demander à Dieu des forces pour nous deux, d'implorer des secours, de la pitié de cette source de tout bien, qui donne des consolations, quand rien n'en donne plus ! C'est ainsi que cet ange me sauva, que sa seule présence enchaîna mon désespoir, et me préserva du crime que j'allais commettre.

Je me jetai à genoux dans un coin obscur de cette petite église. Avec quelle ferveur je demandai à Dieu de consoler, de protéger, de bénir celle que j'aimais ! Je ne la voyais pas, elle était dans une tribune grillée ; mais je pensais qu'elle priait peut-être en ce moment elle-même pour son malheureux ami, et que nos sentiments étaient encore une fois semblables. « Ô mon Dieu ! que nos prières se confondent en vous, m'écriai-je, comme nos âmes s'y confondront un jour ! C'est ainsi que nous serons unis, pas autrement : vous n'avez pas voulu que nous le fussions sur la terre ; mais vous ne nous séparerez pas dans le ciel. Ne la rendez pas victime de mes imprudences ; alors je pourrai tout supporter : confondez ses calomniateurs. Je ne suis pas digne de la venger ? dit-on : qu'importe ? Qu'importe ma vie, qu'importe tout, pourvu qu'elle soit heureuse, qu'elle soit irréprochable ? Seul je suis coupable. Si j'eusse écouté la voix de mon devoir, je n'aurais pas troublé sa vie ! Il faut maintenant avoir le courage de lui rendre l'honneur que ma présence lui fait perdre ; il faut partir, partir sans délai. » Il me semblait que je retrouvais dans cette église une force qui m'était inconnue, et que le repentir, au lieu de me plonger dans le désespoir, m'animait de je ne sais quel désir d'expier mes fautes, en me sacrifiant moi-même, et de retrouver ainsi la paix, ce premier besoin du cœur de l'homme. Je pris avec moi-même l'engagement de partir ce même jour ; mais ensuite je ne pus résister à l'espoir de voir encore une fois Mme de Nevers, quand elle monterait en voiture. Je sortis : hélas ! elle n'y était plus ! En quittant le couvent, je rencontrai un jeune homme que je connaissais un peu. Il arrivait d'Amérique : il m'en parla. Ce seul mot d'Amérique m'avait décidé, tout m'était si égal ! je me résolus à partir dans la soirée. On fait la guerre en Amérique, pensai-je, je me ferai soldat, je combattrai les ennemis de mon pays. Mon pays ! hélas ! ce sentiment était pour moi amer comme tous les autres. Enfant déshérité de ma patrie, elle me repousse, elle ne me trouve pas digne de la défendre ! Qu'importe ? mon sang coulera pour elle ; et si mes os reposent dans une terre étrangère, mon âme viendra errer autour de celle que j'aimerai toujours. Ange de ma vie ! tu as seule fait battre mon cœur, et mon dernier soupir sera pour toi !

Je rentrai à l'hôtel d'Olonne, comme un homme condamné à mort, mais dont la sentence ne sera exécutée que dans quelque temps. J'étais résigné, et mon désespoir s'était calmé en pensant que mon absence rendrait à Mme de Nevers sa réputation et son repos. C'était du moins me dévouer une dernière fois pour elle.

Le vieux valet de chambre de Mme de Nevers vint dans ma chambre. Il m'apprit qu'elle était restée à la Visitation avec son amie Mme de C…, et qu'elles n'en reviendraient que le lendemain. Je perdais ainsi ma dernière espérance de la voir encore une fois. Je voulus lui écrire, lui expliquer, en la quittant pour toujours, les motifs de ma conduite, surtout lui peindre les sentiments qui déchiraient mon cœur. Je n'y réussis que trop bien : ma lettre était baignée de mes larmes. A quoi bon augmenter sa douleur, pensai-je, ne lui ai-je pas fait assez de mal ? Et cependant, est-ce mon devoir de me refuser à lui dire une fois, une dernière fois, que je l'adore ! J'ai espéré pouvoir le lui dire tous les jours de ma vie : elle le voulait, elle croyait que c'était possible ! J'essayai encore d'écrire, de cacher une partie de ce que j'éprouvais : je ne pus y parvenir. Autant le cœur se resserre quand on n'aime pas, autant il est impossible de dissimuler avec ce qu'on aime : la passion perce tous les voiles dont on voudrait l'envelopper. Je donnai ma lettre au vieux valet de chambre de Mme de Nevers, il la prit en pleurant. Cet intérêt silencieux me faisait du bien, je n'aurais pu en supporter un autre. Je demandai des chevaux de poste, à la nuit tombante, et je m'enfermai dans ma chambre. Ce portrait de Mme de Nevers, qu'il fallait encore quitter, avec quelle douleur ne lui dis-je point adieu ! je baisais cette toile froide, je reposais ma tête contre elle ; tous mes souvenirs, tout le passé, toutes mes espérances, tout semblait réuni là, et je ne sentais pas en moi-même la faculté de briser le lien qui m'attachait à cette image chérie : je m'arrachais à ma propre vie en déchirant ce qui nous unissait ; c'était mourir que de renoncer ainsi à ce qui me faisait vivre. On frappa à ma porte. Tout était fini. Je me jetai dans une chaise de poste, qui me conduisit, sans m'arrêter, à Lorient, où je m'embarquai le lendemain sur le bâtiment qui nous amena ici tous deux.

BIBLIOGRAPHIE

On ne trouvera ici que les ouvrages généraux et les travaux d'ensemble. Ceux relatifs aux différents auteurs figurent dans les introductions aux textes.

ABENSOUR (L.), *Histoire générale du féminisme*, Paris, Delagrave, 1921.
— *La Femme et le féminisme avant la Révolution*, Paris, Leroux, 1928.
ALBERT (M.), *La Littérature française sous la Révolution, l'Empire et la Restauration*, Paris, Lecène et Oudin, 1891.
ALBISTUR (M.) et ARMOGATHE (D.), *Le Grief des femmes. Anthologie des textes féministes du Moyen Âge à la seconde République*, Paris, Hier et Demain, 1979, 2 vol.
— *Histoire du féminisme français du Moyen Âge à nos jours*, Paris, éditions Des femmes, 1977.
ANGENOT (M.), *Les Champions des femmes. Examen des discours sur la supériorité des femmes, 1400-1800*, Québec, Presses de l'Université du Québec, 1977.
BAADER (R.), « Die Frau im Ancien Régime (II). Forschungsbericht und Sammelrezensionen von 25 Neuerscheinungen », *Romanistische Zeitschrift für Literaturgeschichte*, V, 1981, p. 296-339.
BADINTER (É.), *Émilie, Émilie. L'ambition féminine au XVIIIe siècle*, Paris, Flammarion, 1983.
BERTAUT (J.), *La Vie littéraire au XVIIIe siècle*, Paris, Tallandier, 1954.
BOULAN (E.), « La littérature féminine et le XVIIIe siècle "charmant et maudit" », *Neophilologus*, VI, 1921-1922, p. 5-13.
CARRELL (S. L.), *Le Soliloque de la passion féminine ou le Dialogue illusoire. Étude d'une formule monographique de la littérature épistolaire*, Tübingen, Narr - Paris, Place, 1982.
CHARBONNEL (P.), « Repères pour une étude du statut de la femme dans quelques écrits théoriques des philosophes », *Études sur le XVIIIe siècle*, III, 1976, p. 93-110.

COULET (H.), *Le Roman jusqu'à la Révolution*, Paris, A. Colin, 1967, 2 vol.

— «Quelques aspects du roman antirévolutionnaire sous la Révolution», *Revue de l'Université d'Ottawa*, 54, 1984, p. 27-47.

DARNTON (R.), *Bohème littéraire et Révolution*, Paris, Gallimard, 1983.

— *Le Grand Massacre des chats : attitudes et croyances dans l'ancienne France*, Paris, Robert Laffont, 1985.

DECREUS (J.), *Sainte-Beuve et la critique des auteurs féminins*, Paris, Boivin, 1949.

DEVANCE (L.), «Le féminisme pendant la Révolution française», *Annales historiques de la Révolution française*, XLIX, 1977, p. 341-376.

DIACONOFF (S.), «Feminism and the feminine periodical press in the age of ideas», *Studies on Voltaire and the Eighteenth Century*, 264, 1989, p. 680-684.

DIDIER (B.), *L'Écriture-femme*, Paris, PUF, 1991.

ÉTIENNE (S.), *Le Genre romanesque en France depuis l'apparition de « La Nouvelle Héloïse » jusqu'à la Révolution*, Bruxelles, Lamertin, 1922.

FAUCHERY (P.), *La Destinée féminine dans le roman européen du dix-huitième siècle*, Paris, A. Colin, 1972.

FELLOWS (O.), «Naissance et mort du roman épistolaire français», *Dix-Huitième Siècle*, 4, 1972, p. 17-38.

Französische Autorin vom Mittelalter bis zur Gegenwart, p. p. R. Baader et D. Fricke, Wiesbaden, Bergen, 1979.

French Women and the Age of Enlightenment, éd. établie par S. I. Spencer, Bloomington, Indiana University Press, 1984.

GARDNER (E.), « The Philosophes and women. Sensationalism and sentiment», dans *Woman and society in eighteenth-century France*, Essays in honour of J. S. Spink, Londres, The Athlone Press, 1979, p. 19-27.

GELBART (N. R.), *Feminine and Opposition Journalism in Old Regime France : « Le Journal des dames »*, Berkeley, University of California Press, 1987.

GENLIS (F. de), *De l'influence des femmes sur la littérature française*, Paris, Lecointe, 1866, 2 vol.

GIRAUD (Y.), *Bibliographie du genre épistolaire en France des origines à 1842*, Fribourg, Éditions universitaires, 1977.

GIROU-SWIDERSKI (M. L.), «Profil socio-économique de la femme de lettres française», *Studies on Voltaire and the Eighteenth Century*, 264, 1989, p. 1159-1161.

GODENNE (R.), *Histoire de la nouvelle française aux XVIIᵉ et XVIIIᵉ siècles*, Genève, Droz, 1970.

GONCOURT (Edm. et J. de), *La Femme au dix-huitième siècle*, Paris, Charpentier, 1903.

HOFFMANN (P.), *La Femme dans la pensée des Lumières*, Paris, Ophrys, 1977.

— «Sur le thème de la révolte de la femme dans quelques romans du XVIIIᵉ siècle français», *Romanische Forschungen*, XCIX, 1987, p. 19-34.

IKNAYAN (M.), *The idea of the novel in France : the critical reaction, 1815-1848*, Paris, Minard - Genève, Droz, 1961.

JACOBS (E.), « Diderot and the education of girls », dans *Woman and society in eighteenth-century France*, Essays in honour of J. S. Spink, Londres, The Athlone Press, 1979, p. 83-95.

JONES (S. P.), *A List of French Prose Fiction from 1700 to 1750*, New York, Wilson, 1939.

JOST (F.), « Le roman épistolaire et la technique narrative au XVIIIe siècle », dans *Comparative Literature. Matter and Method*, éd. établie par O. Aldridge, Chicago, University of Illinois Press, 1969, p. 175-205.

KIBÉDI-VARGA (A.), « La désagrégation de l'idéal classique dans le roman français de la première moitié du XVIIIe siècle », *Studies on Voltaire and the Eighteenth Century*, 26, 1963, 1965, p. 965-998.

LARNAC (J.), *Histoire de la littérature féminine en France*, Paris, Kra, 1929.

LE BRETON (A.), *Le Roman français au XIXe siècle avant Balzac*, Paris, Société française d'imprimerie et de librairie, 1901.

LOUGH (J.), *An introduction to eighteenth-century France*, Londres, Longmans, 1960.

LUPPÉ (A. de), *Les Jeunes Filles de l'aristocratie et de la bourgeoisie à la fin du XVIIIe siècle*, Paris, Champion, 1924.

MARTIN (A.), « Romans et romanciers à succès de 1751 à la Révolution d'après les rééditions », *Revue des sciences humaines*, 35, 1970, p. 383-389.

— « Le roman en France sous la Révolution. Thèmes et tendances », *Studi francesi*, 16, 1972, p. 281-294.

— « Le roman de l'époque révolutionnaire (1789-1794) », *Lendemains*, 55-56, 1989, p. 87-95.

MARTIN (A.), MYLNE (V. G.), FRAUTSCHI (R.), *Bibliographie du genre romanesque français 1751-1800*, Londres, Mansell - Paris, France Expansion, 1977.

MASTRODONATO (P. G.), *La rivolta della ragione. il discorso del romanzo durante la Rivoluzione francese (1789-1800)*, Potenza, Congedo, 1991.

MAUZI (R.), « Les maladies de l'âme au XVIIIe siècle », *Revue des sciences humaines*, 1960, p. 460-493.

— *L'Idée du bonheur dans la littérature et la pensée françaises au XVIIIe siècle*, Paris, A. Colin, 1965.

MAY (G.), *Le Dilemme du roman au XVIIIe siècle*, Paris, PUF, 1963.

MERCIER (M.), *Le Roman féminin*, Paris, PUF, 1976.

MERLANT (J.), *Le Roman personnel de Rousseau à Fromentin*, Paris, Hachette, 1905.

MERLET (G.), *Tableau de la littérature française, 1800-1815*, Paris, 1883, 3 vol.

MICHELET (J.), *Les Femmes de la Révolution*, Paris, Kiessling, 1854, 2 vol.

MOOIJ (A. L. A.), *Caractères principaux et tendances des romans psycholo-*

giques chez quelques femmes auteurs, de Mme Riccoboni à Mme de Souza, Groningen, De Waal, 1949.

MYLNE (V. G.), *The eighteenth-century French novel*, Cambridge, University Press, 2ᵉ éd., 1981.

NICOLETTI (G.), *Introduzione allo studio del romanzo francese nel Settecento*, Bari, Adriatica editrice, 1967.

NIKLAUS (R.), «Diderot and women», dans *Woman and society in eighteenth-century France*, Essays in honour of J. S. Spink, Londres, The Athlone Press, 1979, p. 69-82.

OUELLET (R.), «La théorie du roman épistolaire en France au XVIIIᵉ siècle», *Studies on Voltaire and the Eighteenth Century*, 89, 1972, p. 1209-1227.

PELLISSON (M.), *Les Hommes de lettres au XVIIIᵉ siècle*, Genève, Slatkine reprints, 1970.

PIAU (C.), «L'écriture féminine», *Dix-Huitième Siècle*, 16, 1984, p. 369-386.

RABAUT (J.), *Histoire des féminismes français*, Paris, Stock, 1978.

Rebel Daughters. Women and the French Revolution, éd. établie par S. E. Melzer et L. W. Rabine, New York - Oxford, Oxford University Press, 1992.

ROUBEN (C.), «Une polémique inattendue à la fin du siècle des Lumières : le Projet d'une loi portant défense d'apprendre à lire aux femmes, de P. S. Maréchal», *Studies on Voltaire and the Eighteenth Century*, 304, 1992, p. 763-766.

ROUSSELOT (P.), *Histoire de l'éducation des femmes en France*, Paris, Didier, 1883, 3 vol.

ROUSSET (J.), *Forme et Signification*, Paris, Corti, 1962.

SAINTE-BEUVE, *Œuvres*, éd. établie par M. Leroy, Paris, Gallimard, «Bibliothèque de la Pléiade», 1951, 2 vol.

SHOWALTER (E.), «French women dramatists of the eighteenth century», *Studies on Voltaire and the Eighteenth Century*, 264, 1989, p. 1203.

SILVER (M.-F.), «Le roman féminin des années révolutionnaires», *Eighteenth-century fiction*, 6, 1994, p. 309-326.

SIMMONS (S.), «Héroïne ou figurante? La femme dans le roman du XVIIIᵉ siècle en France», *Studies on Voltaire and the Eighteenth Century*, 193, 1980, p. 1918-1924.

SNYDERS (G.), *La Pédagogie en France aux XVIIᵉ et XVIIIᵉ siècles*, Paris, PUF, 1964.

SONNET (M.), *L'Éducation des filles au temps des Lumières*, Paris, Cerf, 1987.

STEINBRÜGGE (L.), «Le concept de "nature féminine" dans le discours philosophique et littéraire du dix-huitième siècle», *Studies on Voltaire and the Eighteenth Century*, 304, 1992, p. 743-745.

— «Qui peut définir les femmes? L'idée de la "nature féminine" au siècle des Lumières», *Dix-Huitième Siècle*, 26, 1994, p. 333-348.

STEWART (J. H.), *Gynographs. French Novels by Women of the Late Eighteenth Century*, Lincoln et Londres, University of Nebraska Press, 1993.

SUARD (J.-B.), « Sur les femmes auteurs », dans *Mélanges de littérature*, Paris, Dentu, 1804.

SULLEROT (E.), *Histoire de la presse féminine en France des origines à 1848*, Paris, Nizet, 1966.

SWIDERSKI (M. L.), « La thématique féministe dans le roman sentimental après 1750 », dans *Aufsätze zum 18. Jahrhundert in Frankreich*, p. p. H. J. Lope, Francfort, Lang, 1979, p. 111-126.

VAN DIJCK (S.), « Femmes et journaux au XVIIIᵉ siècle », *Australian Journal of French Studies*, XVIII, 1981, p. 164-178.

VERSINI (L.), *Laclos et la tradition*, Paris, Klincksieck, 1968.

— *Le Roman épistolaire*, Paris, PUF, 1979.

— « Le roman en 1778 », *Dix-Huitième Siècle*, 11, 1979, p. 43-61.

WILLIAMS (D.), « The politics of feminism in the French Enlightenment », dans *The Varied Pattern. Studies in the 18th century*, éd. établie par H. et D. Williams, Toronto, Hakkert, 1971, p. 333-351.

TABLE DES MATIÈRES

MADAME RICCOBONI

LETTRES DE MISTRISS FANNI BUTLERD
(1757)

MADAME DE CHARRIÈRE

LETTRES NEUCHÂTELOISES
(1784)

LETTRE DE MISTRISS HENLEY
(1784)

LETTRES ÉCRITES DE LAUSANNE
(1785 et 1787)

Dernières nouvelles du crime : L'Amateur d'escargots — Le Rat de Venise — Toutes à tuer — L'Épouvantail — La Proie du chat — Le Jardin des disparus — Les Sirènes du golf — Catastrophes *(1 volume)*

HOMÈRE
L'Iliade et l'Odyssée *(1 volume)*

HOUGRON, Jean
La Nuit indochinoise *(2 volumes)* : *Tome 1* : Tu récolteras la tempête — Soleil au ventre — Rage blanche — *Tome 2* : Mort en fraude — Les Portes de l'aventure — Les Asiates — La Terre du barbare

HUGO, Victor
Romans *(3 volumes)* : *Tome 1* : Han d'Islande — Bug-Jargal — Le Dernier Jour d'un condamné — Notre-Dame de Paris — Claude Gueux — *Tome 2* : Les Misérables — *Tome 3* : L'Archipel de la Manche — Les Travailleurs de la mer — L'homme qui rit — Quatrevingt-treize
Poésie *(4 volumes)* : *Tome 1* : Premières publications — Odes et Ballades — Les Orientales — Les Feuilles d'Automne — Les Chants du Crépuscule — Les Voix intérieures — Les Rayons et les Ombres — *Tome 2* : Châtiments — Les Contemplations — La Légende des Siècles, première série — Les Chansons des rues et des bois — La Voix de Guernesey — *Tome 3* : L'Année terrible — La Légende des siècles, nouvelle série — La Légende des siècles dernière série — L'Art d'être grand-père — Le Pape — La Pitié suprême — Religions et Religion — L'Âne — Les Quatre Vents de l'esprit — *Tome 4* : La Fin de Satan — Toute la lyre — Dieu — Les Années funestes — Dernière Gerbe — Océan vers
Théâtre *(2 volumes)* : *Tome 1* : Cromwell — Amy Robsartl — Hernani — Marion de Lorme — Le roi s'amuse — Lucrèce Borgia — Marie Tudor — Angelo, tyran de Padoue — La Esmeralda — *Tome 2* : Ruy Blas — Les Burgraves — Torquemada — Théâtre en liberté — Les Jumeaux — Mille francs de récompense — L'Intervention
Politique : Paris — Mes fils — Actes et paroles I — Actes et paroles II — Actes et paroles III — Actes et paroles IV — Testament littéraire — Préface à l'édition *ne varietur (1 volume)*
Critique : Préface de *Cromwell* — Littérature et philosophie mêlées — William Shakespeare — Proses philosophiques des années 60-65 *(1 volume)*
Histoire : Napoléon le Petit — Histoire d'un crime — Choses vues *(1 volume)*
Voyages : Le Rhin — Fragment d'un voyage aux Alpes — France et Belgique — Alpes et Pyrénées — Voyages et excursions — Carnets 1870-1871 *(1 volume)*
Chantiers : Notre-Dame de Paris — Châtiments — La Fin de Satan (fragment) — Dieu (fragment) — Le Dossier des Misérables — Autour des Chansons des rues et des bois — Fragments critiques — Fragments dramatiques *(1 volume)*
Océan : Océan prose — Philosophie prose — Faits et croyances — Moi, l'amour, la femme — Philosophie vers — Plans et projets *(1 volume)*
Correspondance familiale et écrits intimes, 1802-1839 *(2 volumes)*

JACQ, Christian
Ramsès *(2 volumes)* : *Tome 1* : Le Fils de la lumière — Le Temple des millions d'années — La Bataille de Kadesh — *Tome 2* : La Dame d'Abou Simbelt — Sous l'acacia d'Occident

JAMES, Henry
Daisy Miller — Les Ailes de la colombe — Les Ambassadeurs *(1 volume)*

KIERKEGAARD, Soren
Œuvres : L'Alternative (Ou bien... Ou bien...) — La Répétition (La Reprise) — Stades sur le chemin de la vie — La Maladie à la mort *(1 volume)*

KIPLING, Rudyard
Œuvres *(3 volumes)* : *Tome 1* : Le Livre de la jungle — Le Second Livre de la jungle — La Première Apparition de Mowgli — Kim — Simples Contes des collines — Fantômes et Prodiges de l'Inde — Capitaines courageux — *Tome 2* : Au hasard de la vie — Histoires en noir et blanc — Trois Soldats — Le Naulahka — Sous les cèdres de l'Himalaya — Wee Willie Winkie — L'Administration Smith — Le Rickshaw fantôme et autres contes étranges — Monseigneur l'éléphant — *Tome 3* : Puck, lutin de la colline — Retour de Puck — La lumière qui s'éteint — Histoires comme ça — Ce chien, ton serviteur — Stalky et Cie — L'Histoire des Gadsby — Les Yeux de l'Asie — Histoire des mers violettes — Souvenirs. Un peu de moi-même pour mes amis connus et inconnus

ÉRASME

Éloge de la folie — Adages — Colloques — Réflexions sur l'art, l'éducation, la religion, la guerre, la philosophie — Correspondance, *précédé d'un* Dictionnaire d'Érasme et de l'humanisme

ÉVADÉS DES TÉNÈBRES (LES)

Ann Radcliffe : Les Mystères du château d'Udolphe — Mary W. Shelley : Frankenstein ou le Prométhée moderne — Joseph Sheridan Le Fanu : Carmilla — Bram Stoker : Dracula — Gustav Meyrink : Le Golem *(1 volume)*

FÉVAL, Paul

Les Habits Noirs *(2 volumes)* : Tome 1 : Les Habits Noirs — Cœur d'acier — La Rue de Jérusalem — L'Arme invisible — *Tome 2* : Maman Léo — L'Avaleur de sabres — Les Compagnons du trésor — La Bande Cadet

FLAUBERT, Gustave

Madame Bovary — L'Éducation sentimentale — Bouvard et Pécuchet — Le Dictionnaire des idées reçues — Trois Contes *(1 volume)*

FLEMING, Ian

James Bond 007 *(2 volumes)* : Tome 1 : Casino Royal — Vivre et laisser mourir — Entourloupe dans l'azimut — Les diamants sont éternels — Les Contrebandiers du diamant — Bons Baisers de Russie — Docteur No — *Tome 2* : Goldfinger — Bons Baisers de Paris — Opération Tonnerre — Motel 007 ou l'Espion qui m'aimait — On ne vit que deux fois — L'Homme au pistolet d'or — Meilleurs Vœux de la Jamaïque

FONTANE, Theodor

Errements et Tourments — Jours disparus — Frau Jenny Treibel — Effi Briest *(1 volume)*

GALLO, Max

Romans : La Baie des Anges — Le Palais des fêtes — La Promenade des Anglais *(1 volume)*

GALSWORTHY, John

Histoire des Forsyte *(2 volumes)* : Tome 1 : La Saga des Forsyte — *Tome 2* : Comédie moderne — Fin de chapitre

GAUTIER, Théophile

La Cafetière — Omphale — Les Jeunes-France — Mademoiselle de Maupin — La Morte amoureuse — La Chaîne d'or — Fortunio — La Pipe d'opium — Une nuit de Cléopâtre — La Toison d'or — Le Pied de momie — La Mille et Deuxième Nuit — Le Roi Candaule — Le Club des hachichins — Arria Marcella — Avatar — Jettatura — Le Roman de la momie — Le Capitaine Fracasse — Spirite *(1 volume)*

GONCOURT, Edmond et Jules de

Journal. Mémoires de la vie littéraire, 1851-1896 *(3 volumes sous coffret)*

GRAND-GUIGNOL (LE)

Le théâtre des peurs de la Belle Époque *(1 volume)*

GREENE, Graham

La Puissance et la Gloire — Le Fond du problème — La Fin d'une liaison *(1 volume)*
Un Américain bien tranquille — Notre agent à La Havane — Le Facteur humain *(1 volume)*

HARRISON, Jim

Wolf, Mémoires fictifs — Un bon jour pour mourir — Nord-Michigan — Légendes d'automne — Sorcier *(1 volume)*

HIGHSMITH, Patricia

L'Inconnu du Nord-Express — Monsieur Ripley (Plein soleil) — Ripley et les ombres — Ripley s'amuse (L'Ami américain) — Sur les pas de Ripley *(1 volume)*
Eaux profondes — Les Deux Visages de janvier — Ceux qui prennent le large — L'Empreinte du faux — La Rançon du chien — Carol *(1 volume)*

DIDEROT, Denis

Œuvres *(5 volumes)* : *Tome 1 :* Philosophie : Pensées philosophiques — Addition aux Pensées philosophiques — De la suffisance de la religion naturelle — La Promenade du sceptique — Lettre sur les aveugles — Additions à la Lettre sur les aveugles — Encyclopédie — Suite de l'apologie de M. l'abbé de Prades — Pensées sur l'interprétation de la nature — Le Rêve de d'Alembert — Principes philosophiques sur la matière et le mouvement — Observations sur Hemsterhuis — Réfutations d'Helvétius — Entretien d'un philosophe avec la maréchale de *** — Sur les femmes — Essai sur les règnes de Claude et de Néron — Éléments de physiologie — *Tome 2 :* Contes : Les Bijoux indiscrets — L'*Oiseau blanc, conte bleu* — La Religieuse — Mystification — La Vision de M. de Bignicours — Les Deux Amis de Bourbonne — Entretien d'un père avec ses enfants — Ceci n'est pas un conte — Madame de La Carlière — Supplément au Voyage de Bougainville — Satyre première — Lui et moi — Le Neveu de Rameau — Jacques le Fataliste — *Tome 3 :* Politique : Articles de politique tirés de l'*Encyclopédie* — Lettre sur le commerce de la librairie — Apologie de l'abbé Galiani — L'Anti-Frédéric — Mélanges philosophiques, historiques, etc. pour Catherine II — Plan d'une université — Observations sur le Nakaz — Contributions à l'histoire des deux Indes — Lettre apologétique de l'abbé Raynal à Monsieur Grimm — *Tome 4 :* Esthétique-Théâtre : Esthétique : Lettre sur les sourds et muets — Additions à la Lettre sur les sourds et muets — Traité du beau — Articles d'esthétique tirés de l'*Encyclopédie* — Au petit prophète de Boehmischbroda — Les Trois Chapitres — Éloge de Richardson — Les Salons de 1759, 1761, 1763, 1765, 1767, 1769, 1771, 1775 et 1781 — Pensées détachées sur la peinture, la sculpture et la poésie — Théâtre : Le Fils naturel — Entretiens sur Le Fils naturel — Le Père de famille — De la poésie dramatique — Sur Térence — Paradoxe sur le comédien — Est-il bon ? Est-il méchant ? — *Tome 5 :* Correspondance

DOYLE, Arthur Conan

Sherlock Holmes *(2 volumes)* : *Tome 1 :* Une étude en rouge — Le Signe des quatre — Les Aventures de Sherlock Holmes — Les Mémoires de Sherlock Holmes — Le Retour de Sherlock Holmes — *Tome 2 :* La Vallée de la Peur — Le Chien des Baskerville — Les Archives de Sherlock Holmes — Son dernier coup d'archet — Les Exploits de Sherlock Holmes

Les Exploits du Pr Challenger et autres aventures étranges : Le Monde perdu — La Ceinture empoisonnée — La Machine à désintégrer — Quand la terre hurla — Au pays des brumes — Le Monde perdu sous la mer — Contes de terreur — Contes de crépuscule — Contes d'aventures — La Tragédie du « Korosko » — Contes de l'eau bleue — Contes de pirates *(1 volume)*

Le Brigadier Gérard : Les Exploits du brigadier Gérard — L'Oncle Bernac — Les Aventures du brigadier Gérard — La Grande Ombre — Contes du camp — Les Réfugiés — Contes d'autrefois — Contes du ring — Contes de médecins — Contes de mystère *(1 volume)*

Inédits et introuvables : Le Mystère de Cloomber — L'oncle Jérémie et les siens — Mystères et aventures — Autres mystères et aventures — Le parasite — Raffles Haw — Girdlestone et Cie — Idylle de banlieue — Les Lettres de Stark Munro — Un duo *(1 volume)*

DUMAS, Alexandre

Mes mémoires *(2 volumes sous coffret)* : *Tome 1 :* (1802-1830) — *Tome 2 :* (1830-1833) *suivi d'un* Quid d'Alexandre Dumas

Mémoires d'un médecin *(3 volumes)* : *Tome 1 :* Joseph Balsamo, *suivi d'un* Dictionnaire des personnages — *Tome 2 :* (1830-1833) Le Collier de la reine, Ange Pitou — *Tome 3 :* La Comtesse de Charny — Le Chevalier de Maison-Rouge

Les Mousquetaires *(3 volumes)* : *Tome 1 :* Les Trois Mousquetaires — Vingt ans après, *précédé d'un* Dictionnaire des personnages — *Tomes 2 et 3 :* Le Vicomte de Bragelonne

Les Valois *(2 volumes)* : *Tome 1 :* La Reine Margot — La Dame de Monsoreau, *précédé d'un* Dictionnaire des personnages — *Tome 2 :* Les Quarante-Cinq, *suivi des* Adaptations théâtrales.

Le Comte de Monte-Cristo *(1 volume)*

DU MAURIER, Daphné

Rebecca — Ma cousine Rachel — L'aventure vient de la mer — L'Auberge de la Jamaïque *(1 volume)*

ÉLUARD, Paul

La Poésie du passé : De Chrestien de Troyes à Cyrano de Bergerac *(1 volume)*

embrouillée — Le Magazine du presbytère — Le Parapluie du presbytère — Méli-Mélo — Logique sans peine — La Vie à Oxford — Essais et Opinions

CASANOVA

Histoire de ma vie *(3 volumes sous coffret)* : *Tome 1* : Volumes 1 à 4 — Annexes : A la recherche de trois femmes — Théologie et religion — Philosophie et morale — Amour du beau — Le pédagogue — *Tome 2* : Volumes 5 à 8 — Annexes : L'évasion des Plombs — L'Icosameron — A propos des œuvres de Bernardin de Saint-Pierre — Sur la loterie — La Kabbale — Casanova économiste — *Tome 3* : Volumes 9 à 12 : Annexes : Casanova après les Mémoires — Derniers textes de Casanova

CESBRON, Gilbert

Notre prison est un royaume — Les saints vont en enfer — Chiens perdus sans collier — Il est plus tard que tu ne penses *(1 volume)*

COLETTE

Romans, récits, souvenirs *(3 volumes)* : *Tome 1* : (1900-1919), Claudine à l'école — Claudine à Paris — Claudine en ménage — Claudine s'en va — La Retraite sentimentale — Les Vrilles de la vigne — L'Ingénue libertine — La Vagabonde — L'Envers du music-hall — L'Entrave — La Paix chez les bêtes — Les Heures longues — Dans la foule — Mitsou — *Tome 2* : (1920-1940) : Chéri — La Chambre éclairée — Le Voyage égoïste — La Maison de Claudine — Le Blé en herbe — La Femme cachée — Aventures quotidiennes — La Fin de Chéri — La Naissance du jour — La Seconde — Sido — Douze Dialogues de bêtes — Le Pur et l'Impur — Prisons et Paradis — La Chatte — Duo — Mes apprentissages — Bella-Vista — Le Toutounier — Chambre d'hôtel — *Tome 3* : (1941-1949), *suivi de* Critique dramatique (1934-1938) : Journal à rebours — Julie de Carneilhan — De ma fenêtre — Le Képi — Trois... six... neuf... — Gigi — Belles Saisons — L'Étoile Vesper — Pour un herbier — Le Fanal bleu — Autres bêtes — En pays connu — La Jumelle noire

COURTELINE, Georges

Théâtre, contes, romans et nouvelles, philosophie, écrits divers et fragments retrouvés : Théâtre : Boubouroche — La Peur des coups — Un client sérieux — Hortense couche-toi ! — Monsieur Badin — Théodore cherche des allumettes — La Voiture versée — Les Boulingrin — Le gendarme est sans pitié — Le commissaire est bon enfant — L'Article 330 — Les Balances — La Paix chez soi — Mentons bleus — Contes : Le Miroir concave — Lieds de Montmartre — Dindes et grues — Les Miettes de la table — Scènes de la vie de bureau — Les Fourneaux — L'Ami des lois — Romans et nouvelles : Messieurs les ronds de cuir — Les Linottes — Le Train de 8 h 47 — Les Gaîtés de l'escadron — Philosophie — Écrits et fragments retrouvés : Pochades et chroniques — L'Affaire Champignon — Rimes — X..., roman impromptu *(1 volume)*

CROISADES ET PÈLERINAGES

Récits, chroniques et voyages en Terre sainte, XIIᵉ-XVIᵉ siècle : Chansons de croisades — La Chanson d'Antioche — La Conquête de Jérusalem — Le Bâtard de Bouillon — Saladin — Chronique de la croisade — La Conquête de Constantinople — La Fleur des histoires de la Terre d'Orient — Traité sur le passage en Terre sainte — Récits de pèlerinages — Récits de voyages hébraïques — Le Livre de Messire Jean de Mandeville *(1 volume)*

CURWOOD, James Oliver

Bêtes et gens du Grand Nord : Kazan — Bari, chien-loup, fils de Kazan — Le Grizzly — Nomades du Nord — Rapide-Éclair — Les Chasseurs de loups — Les Chasseurs d'or — L'Honneur des grandes neiges — Le Piège d'or — Le Fils des forêts *(1 volume)*

DAUDET, Léon

Souvenirs et Polémiques : Souvenirs — Député de Paris — Paris vécu — Le Stupide XIXᵉ siècle *(1 volume)*

DES ENFANTS SUR LES ROUTES

Hector Malot : Romains Kalbris ; Sans famille — G. Bruno : Le Tour de la France par deux enfants — Jules Verne : P'tit Bonhomme *(1 volume)*

DICKENS, Charles

Les Grandes Espérances — Le Mystère d'Edwin Drood — Récits pour Noël *(1 volume)*

BIGGERS, Earl Derr

Charlie Chan : La Maison sans clef — Le Perroquet chinois — Derrière ce rideau — Le Chameau noir — Charlie Chan à la rescousse — Le Gardien des clefs *(1 volume)*

BLONDIN, Antoine

L'Europe buissonnière — Les Enfants du bon Dieu — L'Humeur vagabonde — Un singe en hiver — Monsieur Jadis — Quat' saisons — Certificats d'études — Ma vie entre les lignes — L'Ironie du sport *(1 volume)*

BLOY, Léon

Journal *(2 volumes)* : *Tome 1* : 1892-1907 : Le Mendiant Ingrat — Mon Journal — Quatre Ans de captivité à Cochons-sur-Marne — L'Invendable — *Tome 2* : 1907-1917 : Le Vieux de la Montagne — Le Pèlerin de l'Absolu — Au seuil de l'Apocalypse — La Porte des Humbles

BOILEAU-NARCEJAC

Quarante ans de suspense *(5 volumes)* : *Tome 1* : L'Ombre et la Proie — Celle qui n'était plus — Les Visages de l'ombre — L'Ange gardien — D'entre les morts — Les Louves — Le Dernier Mot — Le Mauvais Œil — Au bois dormant — Meurtre au ralenti — Les Magiciennes — L'ingénieur aimait trop les chiffres — Le Grand Secret — Le Retour — A cœur perdu — *Tome 2* : Sylvestre à qui je dois la vie — Maléfices — Maldonne — Les Victimes — 6 – 1 = 6 — Le Mystère de Sutton Place — … Et mon tout est un homme — Le Train bleu s'arrête treize fois... — Les Apprenties détectives 1967 — La Mort a dit : peut-être — Télé-crime — La Bête noire — La Porte du large — La Clef — *Tome 3* : Delirium — L'Ile — Les Veufs — Récital pour une blonde — Sans Atout et le cheval fantôme — Sans Atout contre l'homme à la dague — Trois indispensables alibis — Manigances — La Vie en miettes — Trois nouvelles pour le *Journal du Dimanche* — Les Pistolets de Sans Atout — Opération Primevère — Nouvelles 1973-1974 — Frère Judas — *Tome 4* : L'Étrange Traversée — La Tenaille — Nouvelles 1975-1976 — La Lèpre — Nouvelles 1977 — Les Apprenties détectives 1977 — L'Âge bête — Impunité — Carte vermeil — Les Intouchables — Terminus — A une heure près — Box-office — Mamie — Un cas unique — Les Eaux dormantes — Dans la gueule du loup — *Tome 5* : L'Invisible Agresseur — Les Énigmes littéraires de Boileau-Narcejac — La Dernière Cascade — Le Soupçon — Schuss — Une étrange disparition — L'As de pique — Mr. Hyde — Le cadavre fait le mort — Champs clos — La Brebis galeuse — Nouvelles Pièces retrouvées — Tandem ou 35 ans de suspense

BOULGAKOV, Mikhaïl

La Garde blanche — La Vie de monsieur de Molière — Le Roman théâtral — Le Maître et Marguerite *(1 volume)*

BRONTË, Anne, Charlotte, Emily et Patrick Branwell

Œuvres *(3 volumes)* : *Tome 1* : E. Brontë : Wuthering Heights — A. Brontë : Agnès Grey — C. Brontë : Villette — *Tome 2* : C. Brontë : Jane Eyre — A. Brontë : La Châtelaine de Wildfell Hall — C. Brontë : Le Professeur — *Tome 3* : C. Brontë : Shirley ; Caractères des hommes célèbresdu temps présent ; Albion et Marina ; Le Grand Monde à Verdopolis ; Le Sortilège ; Quatre Ans plus tôt — P. B.Brontë : Magazine (juin) (juillet) ; L'Histoire des jeunes hommes ; Le Pirate ; The Monthly Intelligencer ; La Mort de Mary Percy ; « Et ceux qui sont las se reposent »

BUZZATI, Dino

Œuvres : Bàrnabo des Montagnes — Le Secret du Bosco Vecchio — Le Désert des Tartares — Petite Promenade — Les Sept Messagers — La Fameuse Invasion de la Sicile par les ours — Panique à la Scala — Un cas intéressant *(1 volume)*

CAMÕES, Luís de

Les Lusiades *(1 volume)*

CARROLL, Lewis

Œuvres *(2 volumes sous coffret)* : *Tome 1* : Les Aventures d'Alice sous terre — Les Aventures d'Alice au pays des merveilles — De l'autre côté du miroir et ce qu'Alice y trouva — Le Frelon à perruque — Alice racontée aux petits enfants — Autour du pays des merveilles — Lettres à ses amies-enfants — Petites Filles en visite — Jeux, casse-tête, inventions — Les Feux de la rampe — Fantasmagorie et poésies diverses — Journaux — *Tome 2* : La Chasse au Snark — Sylvie et Bruno — Tous les contes et nouvelles — Une histoire

DANS LA MÊME COLLECTION

LITTÉRATURE

MADAME DE DURAS

OURIKA
(1823)

ÉDOUARD
(1824)

OLYMPE DE GOUGES

MÉMOIRE DE MADAME DE VALMONT
(1788)

MADAME DE SOUZA

ADÈLE DE SÉNANCE
(1794)

IMPRIMÉ EN ITALIE
PAR G. CANALE & C. S.p.A.
BORGARO TORINESE - TURIN

DÉPÔT LÉGAL : AOÛT 2000

Nº D'ÉDITEUR : L 08097 (E02)

TWAIN, Mark

Les Aventures de Tom Sawyer — Les Aventures de Huckleberry Finn, l'ami de Tom Sawyer — Tom Sawyer à travers le monde — Tom Sawyer détective — Le Prince et le Pauvre — Un Yankee à la cour du roi Arthur — Wilson Tête-de-Mou — Les Jumeaux extraordinaires *(1 volume)*

UNE ANTHOLOGIE DE LA POÉSIE FRANÇAISE

par Jean-François Revel *(1 volume)*

VERLAINE, Paul

Œuvres poétiques complètes *(1 volume)*

VIDOCQ, Eugène-François

Mémoires — Les Voleurs *(1 volume)*

VOYAGES AUX PAYS DE NULLE PART

Lucien de Samosate : Histoire véritable d'un voyage à la Lune — Benoît : Navigation de saint Brendan à la recherche du paradis — H. de Saltray : Le Purgatoire de Saint-Patrick — Anonyme : La Vision d'Albéric — Thomas Morus : L'Utopie — Tommaso Campanella : La Cité du Soleil ou Idée d'une république philosophique — Savinien Cyrano de Bergerac : L'Autre Monde : les États et empires de la Lune et du Soleil — John Bunyan : Voyage du pèlerin, de ce monde à celui qui doit venir — Jonathan Swift : Voyages de Gulliver dans des contrées lointaines — Charles-François Tiphaigne de La Roche : Giphantie — Anonyme : Le Passage du pôle arctique au pôle antarctique — Restif de La Bretonne : La Découverte australe par un homme-volant ou le Dédale français *(1 volume)*

ZÉVACO, Michel

Les Pardaillan *(3 volumes)* : *Tome 1* : Les Pardaillan — L'Épopée d'amour — La Fausta — *Tome 2* : La Fausta *(suite)* — Fausta vaincue — Pardaillan et Fausta — Les Amours du Chico — *Tome 3* : Le Fils de Pardaillan — La Fin de Pardaillan — La Fin de Fausta
Nostradamus — Le Pré-aux-Clercs — Fiorinda la Belle *(1 volume)*

ZINOVIEV, Alexandre

Les Hauteurs béantes — L'Avenir radieux — Notes d'un veilleur de nuit *(1 volume)*

ZOLA, Émile

Les Rougon-Macquart *(5 volumes)* : *Tome 1* : La Fortune des Rougon — La Curée — Le Ventre de Paris — La Conquête de Plassans — *Tome 2* : La Faute de l'abbé Mouret — Son Excellence Eugène Rougon — L'Assommoir — Une page d'amour — *Tome 3* : Nana — Pot-Bouille — Au Bonheur des dames — La Joie de vivre — *Tome 4* : Germinal — L'Œuvre — La Terre — Le Rêve — *Tome 5* : La Bête Humaine — L'Argent — La Débâcle — le Docteur Pascal
Dictionnaire d'Émile Zola : Sa vie, son œuvre, son époque *(1 volume)*

PONSON DU TERRAIL
Rocambole *(2 volumes sous coffret)* : *Tome 1* : Les Exploits de Rocambole — *Tome 2* : La Résurrection de Rocambole

PROUST, Marcel
À la recherche du temps perdu *(3 volumes)* : *Tome 1* : Du côté de chez Swann — A l'ombre des jeunes filles en fleurs, *précédé d'un* Quid de Marcel Proust — *Tome 2* : Le Côté de Guermantes — Sodome et Gomorrhe — *Tome 3* : La Prisonnière — La Fugitive — Le Temps retrouvé

RÉCITS D'AMOUR ET DE CHEVALERIE (xiie-xve siècle)
Pirame et Tisbé — Narcisse — Ipomédon — Protheselaüs — Floris et Lyriopé — Joufroi de Poitiers — Le Roman de Silence — Durmart le Gallois — Le Roman du comte d'Anjou — Ponthus et Sidoine — Histoire d'Olivier de Castille et Artus d'Algarbe — Histoire de Jason *(1 volume)*

RENAN, Ernest
Histoire et Parole. *Morceaux choisis* de : Correspondance — Lettres intimes — Cahiers de jeunesse — Fragments intimes — L'Avenir de la science — Essais de morale et de critique — Vie de Jésus — Les Apôtres — Saint Paul — L'Antéchrist — L'Église chrétienne — Marc-Aurèle — La Réforme intellectuelle et morale — Dialogues philosophiques — Drames philosophiques — Examen de conscience philosophique — Souvenirs d'enfance et de jeunesse — Feuilles détachées — Histoire du peuple d'Israël — Conférences d'Angleterre *(1 volume)*
Histoires des origines du christianisme *(2 volumes sous coffret)* : *Tome 1* : Vie de Jésus — Les Apôtres — Saint Paul, *précédé d'un* Dictionnaire de Renan — *Tome 2* : L'Antéchrist — Les Évangiles — L'Église chrétienne — Marc-Aurèle

RENARD, Jules
Journal (1887-1910) *(1 volume)*

RENARD, Maurice
Romans et contes fantastiques : Fantômes et Fantoches — Le Docteur Lerne, sous-dieu — Le Péril bleu — Monsieur d'Outremort — Les Mains d'Orlac — L'Homme truqué — Un homme chez les microbes — Le Professeur Krantz — Le Maître de la lumière — Contes des « Mille et Un Matins » *(1 volume)*

RENDELL, Ruth
L'Été de Trapellune — Un enfant pour un autre — L'Homme à la tortue — La Maison des escaliers — La Gueule du loup *(1 volume)*

RESTIF DE LA BRETONNE et MERCIER, Sébastien
Paris le jour, Paris la nuit : Tableau de Paris — Les Nuits de Paris *(1 volume)*

RIDER HAGGARD, Henry
Elle-qui-doit-être-obéie : Elle ou la Source du feu — Le Retour d'Elle — La Fille de la sagesse — Les Mines du roi Salomon — Elle et Allan Quatermain *(1 volume)*

RIMBAUD, Arthur
Œuvres complètes et correspondance *(1 volume)*

RIMBAUD — CROS — CORBIERE — LAUTRÉAMONT
Œuvres poétiques complètes *(1 volume)*

ROMAINS, Jules
Les Hommes de bonne volonté *(4 volumes)* : *Tome 1*: Le 6 octobre — Crime de Quinette — Les Amours enfantines — Éros de Paris — Les Superbes — Les Humbles — Recherche d'une Église — *Tome 2* : Province — Montée des périls — Les Pouvoirs — Recours à l'abîme — Les Créateurs — Mission à Rome — Le Drapeau noir — *Tome 3*: Prélude à Verdun — Verdun — Vorge contre Quinette — La Douceur de la vie — Cette grande lueur à l'Est — Le monde est ton aventure — Journées dans la montagne — *Tome 4* : Les Travaux et les Joies — Naissance de la bande — Comparutions — Le Tapis magique — Françoise — Le 7 octobre

de Javel — Boulevard... ossements — Casse-pipe à la Nation — Micmac moche au Boul'Mich' — Du rébecca rue des Rosiers — L'Envahissant Cadavre de la plaine Monceau — Trois enquêtes inachevées de Nestor Burma — Cinq chansons — *Tome 3* : Dernières enquêtes de Nestor Burma — L'Homme au sang bleu — Nestor Burma et le monstre — Gros plan du macchabée — Hélène en danger — Les Paletots sans manches — Nestor Burma en direct — Nestor Burma revient au bercail — Drôle d'épreuve pour Nestor Burma — Un croque-mort nommé Nestor — Nestor Burma dans l'île — Nestor Burma court la poupée — *Tome 4* : Les Confrères de Nestor Burma : Johnny Metal — Aux mains des réducteurs de têtes — Miss Chandler est en danger — Le Dé de jade — Affaire double — Le Gang mystérieux — La Mort de Jim Licking — L'Ombre du grand mur — L'Enveloppe bleue — Erreur de destinataire — Derrière l'usine à gaz — L'Auberge de banlieue — Le Dernier Train d'Austerlitz — La Cinquième Empreinte — Recherché pour meurtre — Cité interdite — Mort au bowling — Énigme aux Folies-Bergère — Abattoir ensoleillé — *Tome 5* : Romans, nouvelles et poèmes : La vie est dégueulasse — Le soleil n'est pas pour nous — Sueur aux tripes — « Contes doux » — La Forêt aux pendus — La Louve du Bas-Graoul — Le Diamant du Huguenot — Un héros en guenilles — Le Capitaine Cœur-en-Berne — Gérard Vindex gentilhomme de fortune — La Sœur du flibustier — L'Évasion du Masque de Fer — Le Voilier tragique — Vengeance à Ciudad-Juarez — Vacances sous le pavillon noir — Contes et nouvelles divers — Poèmes — Pièces radiophoniques et téléfilm

MAUPASSANT, Guy de
Contes et nouvelles. Romans *(2 volumes)* : *Tome 1* : Quid de Guy de Maupassant — Contes divers (1875-1880) — La Maison Tellier — Contes divers (1881) — Mademoiselle Fifi — Contes divers (1882) — Contes de la Bécasse — Clair de lune — Contes divers (1883) — Une vie — Miss Harriet — Les Sœurs Rondoli — *Tome 2* : Yvette — Contes divers (1884) — Contes du jour et de la nuit — Bel-Ami — Contes divers (1885) — Toine — Monsieur Parent — La Petite Roque — Contes divers (1886) — Le Horla — Contes divers (1887) — Le Rosier de Mme Husson — La Main gauche — Contes divers (1889) — L'Inutile Beauté

MAUROIS, André
Prométhée ou la Vie de Balzac — Olympio ou la Vie de Victor Hugo — Les Trois Dumas *(1 volume)*

MILLE ET CENT ANS DE POÉSIE FRANÇAISE
De la séquence de sainte Eulalie à Jean Genet. Anthologie établie par Bernard Delvaille *(1 volume)*

MILLE ET UNE NUITS (LES)
Dans la traduction du Dr J.-C. Mardrus *(2 volumes)*

MONTESQUIEU
Pensées — Le Spicilège *(1 volume)*

MORALISTES DU XVIIᵉ SIÈCLE (LES)
La Rochefoucauld : Maximes et réflexions diverses — Mme de Sablé : Maximes — Abbé d'Ailly : Pensées diverses — Étienne de Vernage : Nouvelles Réflexions — Pascal : Pensées — Jean Domat : Pensées ; Discours sur les passions de l'amour — La Bruyère : Les Caractères — Dufresny : Amusements sérieux et comiques *(1 volume)*

NIETZSCHE, Friedrich
Œuvres *(2 volumes)* : *Tome 1* : La Naissance de la tragédie — Considérations inactuelles — Humain, trop humain — Aurore — *Tome 2* : Le Gai Savoir — Ainsi parlait Zarathoustra — Par-delà le bien et le mal — La Généalogie de la morale — Le Cas Wagner — Le Crépuscule des idoles — L'Antéchrist — Ecce homo — Nietzsche contre Wagner — Dithyrambes de Dionysos

PEPYS, Samuel
Journal (1660-1669) *(2 volumes sous coffret)*

PEYRAMAURE, Michel
Henri IV : L'Enfant roi de Navarre — Ralliez-vous à mon panache blanc ! — Les amours, les passions et la gloire *(1 volume)*

POE, Edgar Allan
Contes, essais, poèmes *(1 volume)*

LEROUX, Gaston

Le Fantôme de l'Opéra — La Reine du sabbat — Les Ténébreuses — La Mansarde en or *(1 volume)*
Les Aventures extraordinaires de Rouletabille, reporter *(2 volumes)* : *Tome 1* : Le Mystère de la chambre jaune — Le Parfum de la dame en noir — Rouletabille chez le tsar — Le Château noir — Les Étranges Noces de Rouletabille — *Tome 2* : Rouletabille chez Krupp — Le Crime de Rouletabille — Rouletabille chez les bohémiens, *suivis de* : La Double Vie de Théophraste Longuet — Balaoo — Les Fils de Balaoo
Chéri-Bibi : Les Cages flottantes — Chéri-Bibi et Cécily — Palas et Chéri-Bibi — Fatalitas ! — Le Coup d'État de Chéri-Bibi — Les Mohicans de Babel *(1 volume)*
Aventures incroyables : Le Capitaine Hyx — La Bataille invisible — La Poupée sanglante — La Machine à assassiner — L'homme qui a vu le diable — Le Cœur cambriolé — L'homme qui revient de loin — Histoires épouvantables — Mister Flow *(1 volume)*
Les Assassins fantômes : Le Fauteuil hanté — La Colonne infernale — Tue-la-mort — Le Sept de trèfle *(1 volume)*

LONDON, Jack

Œuvres *(6 volumes)* : *Tome 1* : Romans, récits et nouvelles du Grand Nord : L'Appel de la forêt — Le Fils du loup — Croc-Blanc — Construire un feu — Histoires du pays de l'or — Les Enfants du froid — La Fin de Morganson — Souvenirs et aventures du pays de l'or — Radieuse Aurore — *Tome 2* : Romans maritimes et exotiques : Le Loup des mers — Histoires des îles — L'Ile des lépreux — Jerry, chien des îles — Contes des mers du Sud — Fils du soleil — Histoires de la mer — Les Mutinés de l'Elseneur — *Tome 3* : Du possible à l'impossible : Michael, chien de cirque — Trois Cœurs — Le Vagabond des étoiles — Le Bureau des assassinats — Le Dieu tombé du ciel — Histoires des siècles futurs — Avant Adam — *Tome 4* : Romans et récits autobiographiques : Martin Eden — Les Pirates de San Francisco — La Croisière du Dazzler — Les Vagabonds du rail — Le Peuple de l'abîme — La Croisière du Snark — Le Mexique puni — Le Cabaret de la dernière chance — *Tome 5* : Aventures des neiges et d'ailleurs : Belliou la Fumée — L'Amour de la vie — En pays lointain — Fille des neiges — L'Aventureuse — Cherry ou les Yeux de l'Asie — La Petite Dame de la grande maison — *Tome 6* : Épisodes de la lutte quotidienne : Le Talon de fer — Les Temps maudits — Le Jeu du ring — La Brute des cavernes — La Vallée de la lune — Avec vous pour la révolution

LOTI, Pierre

Voyages (1872-1913) : L'Ile de Pâques — Une relâche de trois heures — Mahé des Indes — Obock (en passant) — Japoneries d'automne — Au Maroc — Constantinople en 1890 — Le Désert — Jérusalem — La Galilée — L'Inde (sans les Anglais) — Les Pagodes d'or — En passant à Mascate — Vers Ispahan — Les Derniers Jours de Pékin — Un pèlerin d'Angkor — La Mort de Philae — Suprêmes visions d'Orient *(1 volume)*

LOVECRAFT, Howard Phillips

Œuvres *(3 volumes)* : *Tome 1* : Les Mythes de Cthulhu — Légendes et mythes de Cthulhu — Premiers contes — L'Art d'écrire selon Lovecraft — *Tome 2* : Contes et Nouvelles — L'Horreur dans le musée et autres révisions — Fungi de Yuggoth et autres poèmes fantastiques — Épouvante et surnaturel en littérature — Documents — *Tome 3* : Le Monde du rêve — Parodies et Pastiches — Les « collaborations » Lovecraft-Derleth — Rêve et Réalité — Documents

MAITRES DE L'ÉTRANGE ET DE LA PEUR (LES)

De l'abbé Prévost à Guillaume Apollinaire *(3 volumes)* : *Tome 1* : L'abbé Prévost — François de Rosset — Dom Augustin Calmet — Jacques Cazotte — Restif de la Bretonne — Marquis de Sade — Jan Potocki — Charles Nodier — Comtesse de Bradi — Jacques Boucher de Perthes — Philarète Chasles — Abel Hugo — Émile Morice — Honoré de Balzac — Victor Hugo — Samuel-Henry Berthoud — Prosper Mérimée — Charles Rabou — Paul Gavarni — Eugène Sue — Jules Janin — Édouard de Puycousin — Aloysius Block — S. Duffau — Léon de Wailly — Paul-Lacroix Jacob — Alphonse Karr — Gérard de Nerval — Alphonse Brot — Théophile Gautier

MALET, Léo

Œuvres *(5 volumes)* : *Tome 1* : Les Enquêtes de Nestor Burma et les Nouveaux Mystères de Paris : 120, rue de la Gare — Nestor Burma contre C.Q.F.D. — Solution au cimetière — Le Cinquième Procédé — Faux Frère — Pas de veine avec le pendu — Poste restante — Le soleil naît derrière le Louvre — Des kilomètres de linceuls — Fièvre au Marais — La Nuit de Saint-Germain-des-Prés — Les Rats de Montsouris — M'as-tu vu en cadavre ? — *Tome 2* : Les Enquêtes de Nestor Burma et les Nouveaux Mystères de Paris : Corrida aux Champs-Élysées — Pas de bavards à la Muette — Brouillard au pont de Tolbiac — Les Eaux troubles

LABICHE, Eugène

Théâtre *(2 volumes)* : *Tome 1* : Rue de l'Homme-Armé n° 8 bis — Embrassons-nous, Folleville ! — Un garçon de chez Véry — La Fille bien gardée — Un chapeau de paille d'Italie — Un monsieur qui prend la mouche — Le Misanthrope et l'Auvergnat — Edgard et sa bonne — Le Chevalier des dames — Mon Isménie — Si jamais je te pince… ! — L'Affaire de la rue de Lourcine — L'Avocat d'un grec — Voyage autour de ma marmite — La Sensitive — Les Deux Timides — Le Voyage de monsieur Perrichon — Les Vivacités du capitaine Tic — Le Mystère de la rue Rousselet — La Poudre aux yeux — *Tome 2* : La Station Champbaudet — Les 37 sous de M. Montaudoin — La Dame au petit chien — Permettez, madame !… — Célimare le bien-aimé — La Cagnotte — Moi — Premier Prix de piano — Un pied dans le crime — La Grammaire — Les Chemins de fer — Le Papa du prix d'honneur — Le Dossier de Rosafol — Le Plus Heureux des trois — Doit-on le dire ? — 29 degrés à l'ombre — Garanti dix ans — Madame est trop belle — Les trente millions de Gladiator — Un mouton à l'entresol — Le Prix Martin — La Cigale chez les fourmis

LAWRENCE, T. E.

Œuvres *(3 volumes)* : *Tome* 1 : Dépêches secrètes d'Arabie — Correspondance et autres textes — *Tome 2* : Les Sept Piliers de la sagesse — *Tome 3 : à paraître*

LE BRAZ, Anatole

Magies de la Bretagne *(2 volumes)* : *Tome 1* : La Bretagne à travers l'Histoire — La Légende de la mort chez les Bretons armoricains — Récits de passants — Vieilles Histoires du pays breton — Pâques d'Islande — Contes du soleil et de la brume — Les Saints bretons — Au pays des pardons — *Tome 2* : Le Gardien du feu — Le Sang de la Sirène — Âmes d'Occident — Chansons populaires de la Basse-Bretagne — Le Théâtre celtique — Cognomerus et sainte Tréfine — Croquis de Bretagne et d'ailleurs — Vieilles Chapelles de Bretagne — Îles bretonnes — La Terre du passé

LEBLANC, Maurice

Arsène Lupin *(5 volumes)* : *Tome 1* : La Comtesse de Cagliostro — Arsène Lupin, gentleman cambrioleur — Les Confidences d'Arsène Lupin — Le Retour d'Arsène Lupin — Arsène Lupin — Le Bouchon de cristal — Arsène Lupin contre Herlock Sholmès — L'Aiguille creuse — *Tome 2* : La Demoiselle aux yeux verts — Les Huit Coups de l'horloge — « 813 » — L'Éclat d'obus — Le Triangle d'or — L'Île aux trente cercueils — *Tome 3* : Les Dents du tigre — L'Homme à la peau de bique — L'Agence Barnett et Cie — Le Cabochon d'émeraude — La De-meure mystérieuse — La Barre-y-va — La Femme aux deux sourires — Victor, de la brigade mondaine — La Cagliostro se venge — *Tome 4* : Boileau-Narcejac : Le Secret d'Eunerville ; La Poudrière ; Le Second Visage d'Arsène Lupin ; La Justice d'Arsène Lupin ; Le Serment d'Arsène Lupin ; L'Affaire Oliveira — Maurice Leblanc : Dorothée danseuse de corde ; Le Prince de Jéricho ; Les Milliards d'Arsène Lupin ; Valère Catogan : Le Secret des rois de France — *Tome 5* : Les Rivaux d'Arsène Lupin : La dent d'Hercule Petitgris — De minuit à sept heures — La Vie extravagante de Balthazar — Le Chapelet rouge — Le Cercle rouge — La Frontière — La Forêt des aventures — Le Formidable Événement — Les Trois Yeux — Un gentleman

LE CARRÉ, John

La Taupe — Comme un collégien — Les Gens de Smiley *(1 volume)*
Œuvres *(3 volumes)* : *Tome 1* : L'Appel du mort — Chandelles noires — L'Espion qui venait du froid — Le Miroir aux espions — La Taupe — Comme un collégien — *Tome 2* : Les Gens de Smiley — Une petite ville en Allemagne — La Petite Fille au tambour — Le Bout du voyage — *Tome 3* : Un amant naïf et sentimental — Un pur espion — La Maison Russie

LÉGENDE ARTHURIENNE (LA)

Le Graal et la Table Ronde : Perceval le Gallois, par Chrétien de Troyes — Perlesvaus — Merlin et Arthur, attribué à Robert de Boron — Le Livre de Caradoc — Le Chevalier à l'épée — Hunbaut — La Demoiselle à la mule, attribué à Païen de Maisières — L'Âtre périlleux — Gliglois — Méraugis de Portlesguez, par Raoul de Houdenc — Le Roman de Jaufré — Blandin de Cornouaille — Les Merveilles de Rigomer — Méliador, par Jean Froissart — Le Chevalier au Papegau *(1 volume)*

LE ROUGE, Gustave

Le Mystérieux Docteur Cornélius — Le Prisonnier de la planète Mars — La Guerre des vampires — L'Espionne du grand Lama — Cinq Nouvelles retrouvées — Les Poèmes du Docteur Cornélius *(1 volume)*
L'Amérique des dollars et du crime : La Conspiration des milliardaires — À coups de milliards — Le Régiment des hypnotiseurs — La Revanche du Vieux Monde — L'Héroïne du Colorado *(1 volume)*